Nothing is impossible …

REISE KNOW-HOW im Internet

Aktuelle Reisetips und Neuigkeiten
Erg nzungen nach Redaktionsschlu§
B chershop und Sonderangebote
Weiterf hrende Links zu ber 100 L ndern

www.reisebuch.de

und

www.reise-know-how.de

eMail-Adresse des Verlags:
rkhhermann@aol.com

Der
REISE KNOW-HOW Verlag
Helmut Hermann
ist Mitglied der Verlagsgruppe
REISE KNOW-HOW

Helmut Hermann • Fahrrad Weltführer

Helmut Hermann

Fahrrad Weltführer

Mit Rad und Mountainbike durch die Kontinente.

Der Reiseführer für Fernradler.

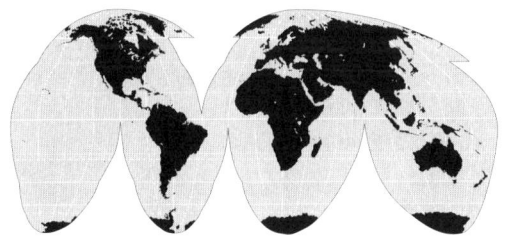

IMPRESSUM

Helmut Hermann

Fahrrad Weltführer

erschienen im
REISE KNOW-HOW Verlag

ISBN 3-89662-304-4

© Helmut Hermann
Untere Mühle
D - 71706 Markgröningen

2., komplett aktualisierte Auflage **2002**

Alle Rechte vorbehalten

– Printed in Germany –

eMail-Adresse des Verlags: rkhhermann@aol.com
Websites von REISE KNOW-HOW:
www.reisebuch.de • www.reise-know-how.de

Gestaltung u. Herstellung
Umschlagkonzept: M. Schömann, P. Rump
(Realisierung C. Blind/H. Hermann)
Inhalt, Karten: H. Hermann
Druck u. Bindung: Fuldaer Verlagsagentur
Fotos: s. Bildnachweis im Anhang; Titelfoto: Claude Marthaler

Dieses Buch ist erhältlich in jeder Buchhandlung in
Deutschland, Österreich, Schweiz, Niederlande und Belgien
Bitte informieren Sie Ihren Buchhändler über
folgende Bezugsadressen:
D: PROLIT GmbH, Postfach 9, 35461 Fernwald
(sowie alle Barsortimente)
CH: AVA-buch 2000, Postfach 27, 8910 Affoltern
A: Mohr Morawa Buchvertrieb GmbH, Postfach 260, 1011 Wien
Niederlande, Belgien: Willems Adventure, Postbus 403, NL-3140 AK Maassluis
Wer im Buchhandel trotzdem kein Glück hat, bekommt
unsere Bücher auch über unsere Büchershops im Internet (s.o.)

Vorab

Die vollständig überarbeitete 2. Auflage des Fahrrad Weltführers liegt vor und bringt wieder zahllose authentische Raderlebnisse aus aller Welt, kombiniert mit Fakten und Wissenswertem vieler Länder in Amerika, Asien, Afrika, Australien und Ozeanien.

Bearbeitender Redakteur – mit vielen eigenen Beiträgen – war **Clemens Carle,** der wie kaum ein anderer dafür die Voraussetzungen mitbrachte (s. seine Vita im Anhang). Mit seinen Bikes war er als Weltradler in allen Kontinenten unterwegs, viele kennen das Buch seiner Panamericana-Radfahrt von Feuerland nach Alaska (zur Zeit der Drucklegung kämpft er sich mit seiner Partnerin *Silvia Rüger* bikend durch Afrika Richtung Kapstadt … (mehr davon unter www.clemens-carle.de)

Zwischen der 1. und der 2. Auflage setzte sich das Internet als Nachrichten- und Kommunikationsmittel weltweit durch, wovon auch alle Globetreter profitieren: Nie war es einfacher, nun auch unterwegs immer aktuell auf dem letzten Stand der (politischen) Dinge zu sein, schnell eine eMail an die Lieben abzusetzen (egal, ob von einem Winkel in der Sahara, von Himalaya-Höhen oder aus dem Treibhaus Amazoniens) oder die Daheimgebliebenen über die eigene Homepage umittelbar an seinen Reiseabenteuern teilnehmen zu lassen. Zum Vorrecherchieren über Länder, Strecken und Ziele oder zur Kontaktaufnahme mit anderen Fernradlern haben wir auch zahllose eMail- und www-Adressen angegeben.

Neu sind außerdem Raderlebnisse und Angaben von Ländern, die bisher noch nicht im Buch vertreten waren oder die bis vor kurzem bezüglich einer Radtour noch als „weiße Flecken" galten, wie z.B. Moçambique, Laos, Kambodscha, Myanmar, Kirgistan, Turkmenistan u.a. Etliche Radberichte aus der 1. Auflage wurden als nach wie vor lesenswerte Zeitdokumente übernommen. Herzlichen Dank allen Co-Autoren und Informanten (und wer für die nächste Auflage neue tolle Beiträge liefern kann, bitte uns kontakten).

Genug der Vorrede. Pedalt euch also durch die Seiten und beginnt zu planen und zu träumen … denn unmittelbarer als wie mit dem Fahrrad kann man nicht reisen, trotz Schweiß, mürbem Hinterteil und Reifenpannen ...

Herzlichst, euer Helmut Hermann und Clemens Carle

Inhaltsverzeichnis

Teil 1 – Vor der Reise

Teil 2 – Rad und Ausrüstung

Teil 3 – Unterwegs

Teil 4 – Kontinente und Länder

Nordamerika

Die USA

Canada und Alaska

Mittelamerika

Südamerika

Afrika

A. PLANUNG, VORBEREITUNG, WISSENSWERTES

B. TOUREN-TIPS FÜR AFRIKA

C. ROUTEN UND RADREISEN DURCH AFRIKA

D. NORDAFRIKA

E. WESTAFRIKA UND SAHEL-LÄNDER

Asien

Australien

Ozeanien

Weltumradlungen

Anhang

Karten

USA S. **136** • Bicycle Trail Network USA S. **143** • Canada S. **191** •
Mittelamerika S. **220** • Südamerika S. **232** • Brasilien S. **253** •
Afrika S. **312** •
Mittelasien S. **440** • Indischer Subkontinent S. **445** • Jammu and Kashmir S. **461** •
Südostasien S. **486** • China S. **489** • Naher Osten S. **606** •
Australien S. **632** • Neuseeland S. **659** • Ozeanien S. **676** •

Teil 1
Vor der Reise

A. PLANUNG, VORBEREITUNG, VORAUSSETZUNGEN

1. Einstimmung

Heimweh und Bike- weh
Es gibt Fernweh, und es gibt Heimweh. Aber wirklich weh tut nur das Heimweh. Man kann es nur unterwegs erleben, weit genug von zuhause, wenn man die Schnauze voll hat vom Pedale treten …

Bikeweh ist wie Fernweh, nämlich schön. Man infiziert sich damit nur zuhause, beim Globus drehen, über die Südamerika-Karte gebeugt, beim Lesen von Rad- und Abenteuerbüchern. Von Fern- und Bikeweh kann man nur unterwegs in der weiten Welt geheilt werden.

Jede Reise beginnt immer zuerst in Gedanken und Träumen. Man muß im Leben ausbrechen können und einmal nur das tun, was einem Spaß macht. Eine lange Reise mit dem Rad kann das eigene Leben, meist als klein und gewöhnlich empfunden, endgültig umkrempeln …

Der Blick ins Kontoheft stutzt dann meist allzuhoch fliegende Pläne auf Machbares zusammen. Geld und Zeit sind wichtig, doch noch mehr ist es der heiße Wunsch und der Wille, von einer Radfernreise nicht nur zu träumen, sondern solche Gedanken auch in die Realität umzusetzen. Ist die Entscheidung dann einmal gefallen, fahr los.

Planen
Man kann noch soviel vorausplanen, Pech und Pannen werden unterwegs nicht zu vermeiden sein. Überplane deshalb Deine Radreise nicht – wo bleibt sonst das Abenteuer, das Unvorhergesehene, die Überraschungen? Plant, recherchiert, organisiert – doch werdet nicht zu Sklaven eurer eigenen Pläne. Wenn es unterwegs notwendig werden sollte - stellt die Route um, nehmt andere Verkehrsmittel oder verkauft notfalls auch das Fahrrad. Von Beginn an sollte man Improvisationen und Änderungen mit einkalkulieren.

Die Reisezeit bei langen Transkontinental-Touren am besten mit „open end" planen, dann setzt man sich unterwegs nicht unter Terminstreß. Reisezeit-Fixpunkte sind ungünstige oder schlechte Jahreszeiten. Bedenkt, daß nicht nur das Vorankommen, sondern auch das Verweilen an Orten das Wesentliche einer Reise ausmachen kann.

Ausgebuffte Radvagabunden betreiben Anti-Planung – sie beschränken die Vorbereitungen auf das Allerwichtigste. Sie brauchen auch ein solches Buch nicht.

Keine Norm- Touristen
Ferntour-Radler sind keine Einheits-Touristen, sie lassen sich nicht normieren, jeder hat andere Vorlieben, Ansichten, Ansprüche, Ziele, Reisegewohnheiten. Die einen wollen mit einem möglichst leichten Rad ohne großes Gepäck auf guten Straßen durch ein „zivilisiertes" Land fahren, andere zählen sich zu den Rad-Abenteurern, denen kein Berg zu hoch, keine Wüste zu groß und keine Strecke zu schwierig ist. Sie brauchen die Herausforderung, ihnen geht es vor allem um die Selbsterfahrung, dem Ausloten der Leistungsgrenzen. Einige überlassen am liebsten die gesamte Reiselogistik einem Radreise-Veranstalter. Man sollte sich Gedanken machen, warum man mit dem Rad weit weg will: Um Abenteuer zu erleben, um Kulturen, Menschen und Länder zu sehen, um einmal eine Zeitlang „auszusteigen" – oder will man etwa irgendwelchen Problemen davonfahren …?

Verantwortungsbewußtes Reisen

In die Entwicklungsländer Afrikas, Asiens und Lateinamerikas zu reisen bedeutet – gerade bei einer Reise mit dem Rad –, nicht nur Freiheit und Abenteuer zu erleben, sondern auch fast ständig mit 3.-Welt-, Ökologie- und oder Tourismusproblemen konfrontiert zu werden. Man sollte sich deshalb auch über die politischen, sozialen und geschichtlichen Hintergründe sowie über die aktuelle Situation seiner Reiseländer informieren. Beachtet und respektiert unterwegs die Sitten, Bräuche und Religionen eurer Gastländer (s.a. „Reise-Sachbücher, Hintergrundliteratur", s.S. 40 und „Einheimische, Fernradler und Tourismus", s.S. 117).

Mentale Vorbereitung

Die gedankliche Vorbereitung ist für eine Radreise genauso wichtig, wenn nicht noch wichtiger als die Lösung technischer Probleme. Ohne Sprachkenntnisse nützt in einem fremden Land das schönste Bike nichts, ohne kulturelle, soziale und geografische Kenntnisse wird man unterwegs nur wenig verstehen, begreifen oder erkennen. Die „Software" ist so wichtig wie die „Hardware".

Es ist auch eine alte Weisheit, daß der Kopf mitkurbelt, die Psyche sollte genauso fest im Sattel sitzen wie ihr. Deshalb trainieren manche vor der großen Tour nicht nur ihren Körper, sondern auch den Geist – Stichwort „mentales Training". Zwei Literaturtips dazu: Psycho-Training für Sportler, RoRoRo Sport 8614 und „Mentales Training", von Porter und Foster, BLV-Verlag. Eine gute Grundlage übrigens, wer nach Asien fährt und wer sich mit den dortigen Religionen (Buddhismus, Hinduismus), mit Yoga, Meditation und autogenem Training auseinandersetzen will.

Tiefpunkte

Unterwegs ist man mit zwei Extremen beschäftigt (sofern man alleine fährt): Mit dem Alleinsein und dem Nie-Allein-Sein-Können. Soloradler haben viel Zeit, über sich selbst und diejenigen Dinge des Lebens nachzudenken, über die man sich im Alltag wenig Gedanken macht.

Der Mensch braucht den Menschen, doch er braucht auch Rückzugsmöglichkeiten. In dichtbesiedelten Ländern, wie z.B. Indien, gibt es diese kaum. Du wirst begafft wie eine bunte Kuh, mußt dauernd die gleichen Fragen beantworten, hast kaum eine Chance, unbeobachtet zu sein, und das zerrt mit der Zeit ganz schön an den Nerven.

Von der Sonne verbrannt, von den Mücken zerstochen, gerädert von endlosen Staub- und Naturpisten, genervt vom Reisepartner, frustriert vom Kulturschock in Dritt-Welt-Ländern – es kommen Tage, in denen man seinen Entschluß, mit einem Fahrrad durch die Welt zu pedalen, verfluchen wird. An solchen Tagen ist es gut, sich zu erinnern, mit welchen Erwartungen und Vorstellungen man auf Tour gegangen ist. Jetzt erlebst du die Realität.

Sind die ersten Wochen überstanden und ist der innere Anpassungsprozeß einmal vollzogen, wird man sich, die Welt und seine Reise aus einer neuen Perspektive sehen. Man darf nur nicht das Ziel aus den Augen verlieren, muß sich immer wieder aufraffen. Es erscheint mir sehr wichtig, mit dem Rad auch wirklich ein Ziel erreichen zu wollen, an das man sich halten kann, bei dem man noch die Kilometer, die Wochen (oder Monate) zählen kann. Einfach so drauflosfahren und dann sehen, wie weit man kommt, kann bei ersten Problemen leicht zum Aufgeben verleiten – man hat ja kein Ziel.

Körperliche Vorbereitung

Paradox: Wer im Urlaub eine vierwöchige Radreise mit entsprechenden Kilometerleistungen machen will, braucht mehr körperliche Kondition als ein Weltradler. Die stellt sich nämlich bei langen Touren und bei der viel längeren Zeit ganz von alleine ein. Natürlich muß man gesund und belastbar sein, doch ein spezielles Training brauchen Longtime-Pedaleure nicht. Wer die üblichen Ausdauer-Sportarten (joggen, schwimmen) betreibt, regelmäßig auf sein Rad steigt, kann getrost sogar auf eine globale Strampeltour gehen. Einige längerwöchige Touren sollten als Vorbereitung absolviert werden, besonders diejenigen, die noch unentschlossen sind und ihre Belastbarkeit noch nicht kennengelernt haben. Ärzte raten, das Training auf Ausdauer, nicht auf Krafttraining anzulegen. Wer sich intensiver mit Ausdauertraining befassen will, sollte entsprechende Fachliteratur lesen und einen Trainingsplan aufstellen.

2. Mit Sprachkenntnissen ist alles leichter

Radfahrer sind wesentlich mehr als Rucksack-Traveller auf Sprachkenntnisse angewiesen, denn unterwegs müssen laufend Auskünfte über die Straßen, Orte, Übernachtungsmöglichkeiten etc. eingeholt werden, ständig wird man angesprochen, wird man Dinge gefragt, soll man erzählen. Ganz ohne Sprachkenntnisse gerät man in die Isolierung.

Wenn du mit den Menschen eines Landes kommunizieren kannst, entstehen unterwegs kaum Probleme, und erst mit (Teil-)Kenntnissen einer Landes- oder Umgangssprache kann man auch ganz unübliche Routen mit dem Fahrrad planen.

Zu unterschätzen ist nicht die psychische Belastung, wenn man ohne Sprachkenntnisse wie ein Taubstummer ganze Länder mit einem Fahrrad durchqueren will. Natürlich kommt man auch mit Gesten und der Zeichensprache durch, doch das ist meist nur am Anfang einer Reise lustig.

Hauptweltreisesprache ist **Englisch,** das man in ganz Asien, Vorderer Orient, Australien, Neuseeland und Ozeanien (außer französische Inseln), Nordamerika bis Mexiko, in Ost- und Südafrika sowie in einigen westafrikanischen Staaten braucht. **Französisch** ist unabdingbar für nördliche, west- und zentralafrikanische Staaten. **Spanisch** braucht man für ganz Lateinamerika mit Ausnahme von Brasilien, dort spricht man Portugiesisch. Wer durch arabische Länder fährt, sollte vorher ein wenig Arabisch lernen, auch bei Reisen ins große China muß man sich sprachlich vorbereiten, zumindest einen guten Sprachführer im Gepäck haben. In allen Ländern der ehemaligen Sowjetunion, wird russisch verstanden.

Zusätzlich schwierig wird es in jenen Ländern, die keine lateinische Schriftzeichen verwenden, wie z.B. arabische Länder, Japan, China, Thailand etc., denn dort lassen sich nicht nur die Straßenschilder nicht mehr lesen, sondern es funktioniert auch die normale Sprach/Schrift-Kommunikation nicht mehr bzw. nur noch eingeschränkt.

Investiert also noch vor der Abreise in einen guten Sprachkurs oder kauft einen entsprechenden Sprachführer. Eine bekannte Sprachführer-Reihe sind die kleinen **Kauderwelsch-Sprechführer** von Reise Know-How, da gibt es selbst Bände für die exotischsten Sprachen wie Laotisch oder Quetschua. Grüße, Redewendungen und Zahlen lassen sich auch in schwierigen Sprachen schnell erlernen.

Hier einige Tips zum Erlernen einer Sprache oder wie unterwegs Kommunikation Spaß macht:
- wichtigste und gängige Redewendungen aufschreiben und auswendig lernen; unterwegs ein kleines Vokabelheft anlegen
- keine Angst vor der Grammatik, besser „drauflos" sprechen als es gar nicht versuchen
- Pausen, Zwangsaufenthalte und einsame Strecken zum Sprachen lernen nützen
- auch zu zweit versuchen, sich nicht in deutsch, sondern in einer Fremdsprache zu unterhalten
- gut und in lustiger Weise läßt sich eine Landessprache mit Kindern lernen, die eine helle Freude haben können, dem komischen Radler während einer Rast Sprachunterricht zu erteilen. Dazu braucht nur auf Dinge gedeutet zu werden, mit den Fingern werden die Zahlen gezeigt etc. Mit Bleistift und Papier läßt sich auch Schwieriges optisch definieren und das Wort dafür finden.

3. Spätere Vermarktung der Radreise

Wer mit dem Gedanken spielt, seine Reise im Nachhinein publizistisch oder visuell zu vermarkten, muß sich bereits bei der Planung entsprechende Gedanken machen. Damit ist nicht gemeint, irgendwelche Zeitschriften und Verlage anzuschreiben, damit die deine Reise vor-finanzieren (die reagieren erst auf Vorgelegtes), sondern daß man spätere Reiseartikel, ein Buchprojekt oder Diavorträge genauso vorplanen muß wie Strecke und Ausrüstung.

Für Berichte über eure Fahrt würde ich bei der örtlichen Zeitung vorsprechen, die veröffentlichen meist gerne einen Artikel über außergewöhnliche Radreisen. Vielleicht kann man sie auch zu Fortsetzungsberichten überreden. Evtl. kann man seine Reiseberichte auch noch bei anderen Zeitungen unterbringen. Wenn man zurück ist, hat man bereits Referenzen für Zeitschriften oder einen Verlag. Tips, wie man in der Fotografie bzw. mit Bildern für Vorträge vorausplant, stehen im Kapitel „Fotografieren unterwegs" (s.S. 99).

Möglichkeiten für ein finanzielles „Recycling" (ein schönes Wortspiel):
1. Reiseberichte für Rad- und Reisezeitschriften schreiben, wichtig sind dabei gute Fotos (Dias).
2. Ein Buch verfassen. In Frage kommen solche Verlage, die Rad- und Reisebücher verlegen (Verlagsnamen stehen bei den Radbüchern). Voraussetzung ist eine außergewöhnliche Tour, eine nicht langweilige Schreibe und gutes Fotomaterial – und Glück (über einen tollen Buchverkauf würde ich mir aber keine allzu großen Illusionen machen – der Markt ist gesättigt. Höchstens, du hast eine kleine Sensation anzubieten, z.B. mit dem Fahrrad durch Sibirien – wurde aber auch schon gemacht –, oder mit dem Liegerad zum Südpol.
3. Diavorträge halten. Das setzt nicht nur fotografisches Können, sondern auch Redegewandtheit und gleichfalls eine interessante Tour voraus.
4. Eine Fotoausstellung von der Reise machen, die örtliche Bank oder ein Unternehmen dafür als Sponsor gewinnen.

4. Mit oder ohne Partner auf die Radtour?

Vor- und Nachteile

Mit oder ohne Partner auf die Radtour – darauf gibt es sicherlich so viele Meinungen und Ratschläge, wie Radfahrer zu diesem Thema. Nachfolgende „pro & contra"-Fakten und Erfahrungen erleichtern evtl. deine Entscheidung – oder erschweren sie noch mehr.

Wer schon alleine, zu zweit oder mit mehreren Radtouren gemacht hat, wird die Vor- und Nachteile des Allein- oder Gemeinsam-Reisens kennen: Alleine brauchst du keine Rücksicht auf andere zu nehmen, es gibt keine langwierigen Entscheidungsdiskussionen, du selbst bestimmst Tempo, Tag und Richtung. Fernab der Heimat findest du viel eher Kontakt zu Einheimischen, wirst öfter angesprochen und eingeladen. Dafür ist man aber auch in weniger schönen Situationen allein und immer auf sich selbst angewiesen, kann keine Freude und kein Leid teilen oder in Notfällen auf die Hilfe des Radelpartners zählen (die Einsamkeit kommt meist dann, wenn es dunkel wird …).

Radelt man zu zweit, fährt nicht nur immer ein Stück Heimat mit, sondern vieles ist auch leichter, nicht nur die geteilte Ausrüstung, auch das Alltagsmanagement: während der eine z.B. bei den Rädern bleibt, kann der andere sich um Einkäufe, Auskunft, um ein Hotelzimmer etc. kümmern. Allein bist du immer in Sorge um Rad und Ausrüstung, mußt deine Probleme selbst lösen.

Ist die Entscheidung, ob „solo" oder zu zweit bzw. zu mehreren zu fahren gefallen, heißt dies jedoch nicht, daß damit unterwegs auch alle Probleme gelöst sind! Persönliche Konflikte – egal ob allein oder zu zweit fahrend – werden unterwegs nicht ausbleiben, denn du stehst vor faszinierenden, aber auch niederschmetternden Erlebnissen und Eindrücken. Dein bisher festgefügtes Bild von dir oder von deinem Partner, selbst im bisher optimalen Fall einer Beziehung, wird sich verändern, weil auf einer Strapazentour gewohnte Ansichten und Wertmaßstäbe zerbrechen. Wenn nicht schon unterwegs, dann spätestens bei der Rückkehr – so berichten fast alle Weltradler.

Zu zweit

Ob solo oder zu zweit ist natürlich für all diejenigen kein Thema mehr, die von vornherein schon gemeinsam Radtouren gefahren sind, die als alte Radelkumpels, als Freund und Freundin oder als Paar auf eine long-distance-Tour gehen wollen. Mit gelegentlichen Konflikten und Spannungen wird man leben, sie aushalten müssen, so wie auch im richtigen Leben, in Freund- und Partnerschaften. Doch unter vorher nie erlebten Schwierigkeiten und Streßsituationen können selbst langjährige Partnerschaften zerbrechen, es gibt täglich zu viele wichtige Dinge (Tagespensum, Route, Ruhetage), über die Meinungsverschiedenheiten entstehen können oder über die man gar in ernsthaften Streit geraten kann.

Um mögliche Spannungen möglichst klein zu halten, sollten absehbare Konfliktfelder entschärft werden, z.B. sollten beide in der Rad-Technik, beim Kochen etc. fit sein – wenn immer nur eine Person die „Platten" repariert, kann leicht Frust entstehen.

Unterschiede in der Leistungsfähigkeit können unterwegs gleichfalls belastend werden – während der eine noch 20 km weiter radeln will, ist der andere schon fix und fertig, und er quält sich nur noch, um damit „Gemeinsamkeit" zu demonstrieren. Unterschiedliche Leistungsgrenzen müssen akzeptiert und durch Kooperation ausgeglichen werden. Tröstlich für „Schwächere": letztendlich sind es unterwegs weniger Konditionsprobleme, sondern meist Probleme mentaler, psychischer Natur, die zu Differenzen führen, z.b. vorher nicht genügend ausdiskutierte Reisevorstellungen und Reiseerwartungen.

Manche(r) überschätzt aber nicht nur seine Leistungskraft, sondern auch seine Leidensfähigkeit, und sitzt man erst einige Tage im Dauerregen im Zelt, schmerzen Hintern und Knochen, kann man nachts vor Hitze nicht mehr schlafen, gibt es tagelang nichts mehr richtiges zu essen, hat der Durchfall einen geschwächt usw., dann ist es mit der Toleranz und der Kompromißbereitschaft gegenüber dem anderen schnell vorbei.

„… es gibt Augenblicke, in denen man es leid ist, ständig zusammen zu sein und den anderen 24 Stunden am Tag zu sehen. Ich sehe ein, daß es Babeth schwer fällt, meinen Gestank einzuatmen. Unsere Shorts und T-Shirts sind steif vor Dreck und mit Schweiß und mit Salz vollgesogen, wie auch unsere Haare, die wir – mangels Wasser zum Waschen – fein durchkämmen, um das Salz herauszubekommen. Unsere Falten werden zu Gossen. Schweiß rinnt in Strömen und bildet auf unseren T-Shirts große Flecken an Nabel, Brust, unter Armen und am Rücken entlang der Wirbelsäule. Und abends zwängen wir uns dann ins Zelt. Es gibt darin kein anderes Zimmer, keine Küche oder eine noch so winzige Ecke, in die man sich verkriechen könnte, um den anderen für fünf Minuten einmal nicht zu sehen. Wenn man ihn nicht mehr ertragen kann, kann man noch nicht einmal sagen: ‚Ich vertrete mir mal eben die Füße'. Denn draußen ist das Reich der Moskitos, und die nächste Kneipe liegt unendlich weit entfernt! Also vergiß es und leg dich hin!" (aus „Auf 2 Fahrrädern ans Ende der Welt", von Alain Guigny, Pietsch-Verlag).

Spätestens an solchen Tagen wird aus einer Tour eine Tortur und ein Machtkampf, wer sich durchzusetzen vermag. Jede Person reagiert unter körperlichen und psychischen Strapazen anders bzw. sie zeigt erst dann ihren wahren Charakter. Doch wer kennt sich und sein Verhalten unter Extrembelastungen, wenn man noch nie welche wirklich durchlitten hat?

Reisepart-nersuche

„Suche Radelpartner(in) für etwa halbjährige Australien/Neuseeland Radtour im nächsten Frühjahr. Wer hat Lust? Bin 27, m, Telefon …"

So oder ähnlich lauten sie, die Anzeigen für Reisepartner in den Rad- und Outdoor-Zeitschriften sowie auf Bike-Websites, die wohl immer meist dann veröffentlicht werden, wenn die Suche im näheren Freundes- und Bekanntenkreis für eine gemeinsame Radreise ergebnislos blieb (auch der ADFC vermittelt Reisepartner, es gibt auch Vermittlungsbüros, s. Anzeigen in Radzeitschriften, oder auf Websites).

Anzahl und Auswahl an möglichen Reisepartnern sind abhängig vom Zielland und der veranschlagten Reisedauer: Je extremer (und teurer) die Reise, desto kleiner die mögliche Resonanz – Türkeifahrer gibt es potentiell wesentlich mehr als Weltumradler.

Ideal ist, wenn es irgendwo jemanden gibt, der die gleichen Fernweh-Träume träumt, der zu einem paßt und den man dann auch noch findet. Das Kennenlernen und die Vorbereitung funktionieren um so besser, je näher man beieinander wohnt. Nur in vielen Gesprächen und durch intensiven Gedankenaustausch kann geklärt werden, was jeder von der Reise erwartet und welche Gründe und Hintergründe Motivation für die geplante Tour sind.

Ob man dann auch praktisch zusammenpaßt, kann sich nur auf Test- und Probefahrten zeigen, die unbedingt unternommen werden sollten, ehe man sich gemeinsam auf die lange Meile durch das tibetanische Hochland oder durch die argentinische Pampa macht. Sei darauf gefaßt, daß die anfängliche Euphorie, endlich einen Pedalfreund gefunden zu haben, noch in der Vorbereitungsphase oder bei Testfahrten immer kleiner werden kann und schließlich auseinanderbricht. Dann ist viel Zeit und sind auch Kosten investiert worden, und du kannst wieder von vorne anfangen (während der festgelegte Abfahrtstermin immer näherrückt …). Deshalb bei langdauernden Unternehmungen mit der Reisepartnersuche nicht nur Monate, sondern ein bis zwei Jahre vorher beginnen.

Eventuell kann der Partner auch direkt im Zielland gefunden werden, z.B. in den USA. Dazu die Reisepartneranzeigen im „Adventure Cyclist Magazine", dem Magazin des amerikanischen Fahrradclubs „Adventure Cycling Association" durchsehen (s. Kap. „USA"), oder dort eine Anzeige aufgeben. Vielleicht kommt es einem amerikanischen Tour-Partnersuchenden gerade recht, durch einen „fellow tourer" aus Germany seine deutschen Sprachkenntnisse verbessern zu können, während du auf eurer gemeinsamen Tour nebenher dein Englisch perfektionieren kannst.

Vorbereitung zu zweit

Potentielle Radelpartner sollten von Beginn an ihre Reise zusammen planen und erarbeiten. Mit ihm (oder ihr) auch einige Zeit zusammenleben, nur so lernt man mögliche Reibungspunkte, Marotten, gute und fiese Eigenarten des anderen wirklich kennen und kann sie besprechen, bevor sie sich später zu nicht mehr auszuräumenden Differenzen steigern.

Konfliktpunkte unterwegs können auch unterschiedliche Ansprüche bezüglich der Qualität der Unterkünfte, des Essens etc. werden, was wiederum vom Reiseetat des einzelnen abhängt. Es ist keine gute Basis, wenn ein Partner über wesentlich mehr Reisemittel verfügt und sich immer mehr leisten kann als der andere.

Sind die „Tests" dann gut verlaufen, sollte man sich trotzdem – wie oben schon angeführt – nicht der Illusion hingeben, daß dann auch unterwegs alles harmonisch verlaufen wird. Wenn zwei zusammen fahren, verringert sich die Ausrüstung bzw. man braucht vieles nur einmal mitzuführen. Doch könnte es nicht auch so kommen, daß ihr euch bei eurer geplanten Asienreise schon in der Türkei nicht mehr versteht? Und was dann mit dem gemeinsam angeschafften Zelt, dem Kocher, den gemeinsamen Objektiven für eure Kameras etc.? So verlockend es ist, die Ausrüstung zu teilen, bei einer sehr langen Tour würde ich die Ausrüstung so planen, daß notfalls auch jeder für sich allein weiterradeln kann.

Alleinfahrer

Alleinfahrer, Around-the-world-biker, sind meist eingefleischte (und oft auch eigensinnige) Individualisten, Typen, denen die Unabhängigkeit und die Selbstbestimmung über alles geht. Es sind Zweirad-Abenteurer, die jede schwierige Situation meistern und die sich durchzusetzen wissen. Unsicherheiten und Ängste lassen sie erst gar nicht an sich heran. Welt-Tourer sind überwiegend Solofahrer, entweder schon alleine gestartet oder sie haben sich unterwegs von ihrem Partner getrennt.

Wer auf einer langen Tour alleine fahren will, sollte sich ehrlich prüfen: kann ich gut Sprachen, kann ich totale Einsamkeit aushalten, bin ich zäh und willensstark genug, meine Tour von Anfang bis zum Ende durchzuziehen? Andererseits kann man sich erst durch eine Soloreise letztendlich auch „selbsterfahren" – bei vielen ein wichtiger Motivationsaspekt.

Zu diesem Thema eine sehr gute Buchempfehlung: „Jupiters Fahrt - Mit dem Motorrad um die Welt". Zwar ein Motorradbuch, doch der Autor Ted Simon beschreibt äußerst intensiv und spannend, was man nicht nur auf der Straße, sondern auch mit sich selbst auf einer Weltreise alles erleben kann.

Allein fahren zu gefährlich? Bei der Überlegung, ob man zu zweit oder alleine losfahren soll, spielt meist auch der Sicherheitsaspekt eine Rolle. Zu zweit auf eine Globo-Tour zu gehen mag auf den ersten Blick „sicherer" erscheinen, doch ich würde mich von diesem Gedanken nicht allzu sehr vereinnahmen lassen. Wer oder was soll dann „sicherer" sein, was wird dann nicht passieren? Auch zu zweit kannst du genauso krank werden oder einen Unfall erleiden. Sicherheit *durch* einen anderen schließt nämlich auch Verantwortung *für* den anderen mit ein! Wenn ein Partner krank wird, muß der andere gleichfalls pausieren, und bei einem Unglück muß auch der Nichtbetroffene meist gleichfalls auf Heimreise gehen.

Resümee Man sieht: eine „richtige" Antwort auf „Allein oder zu zweit"-fahren gibt es nicht. Ob einsam oder zweisam – die Reise kann so oder so für den oder die Beteiligten glücklich oder unglücklich verlaufen.

Bist du unschlüssig, ob alleine oder zu zweit oder findet sich kein passender Reisepartner, würden wir raten: fahr alleine los. Alles andere ergibt sich unterwegs. Du bist ganz bestimmt nicht der einzige, der mit seinem Drahtesel irgendwo auf dem Globus unterwegs ist, und irgendwann treffen sich World-Biker immer, das scheint vorausbestimmt. Radler-Freundschaften von unterwegs halten oft über Monate und über viele Länder zusammen (manchmal sogar für ein ganzes Leben), und wenn nicht, dann trennt man sich wieder in Freundschaft.

Oder warum nicht so planen: zusammen losfahren, solange „es geht". Aus anfänglichen Greenhorns werden mit der Zeit nämlich selbstbewußte, erfahrene Tourenprofis, und erfahrungsgemäß wächst dann die Neigung, nun auch mal alleine fahren zu wollen. Eine solche Ausgangsidee macht dann unterwegs eine Trennung leichter, ohne Zorn und Traurigkeit. Oder: rechnet fest mit einer Trennung – und seid überrascht, wenn ihr es dann doch nicht tut. Als Test kann man ja einige Zeit getrennt radeln, sich dann wieder treffen und erst dann die endgültige Entscheidung treffen.

Letzter Tip: Und wer keinen menschlichen Partner findet oder keinem Vertrauen mag, der nimmt vielleicht seinen Hund mit auf die große Radreise. Daß dies machbar ist, haben Raphaela und Harald Wiegers bewiesen, die mit ihren zwei Hunden (im Körbchen auf dem Gepäckträger!) durch Süd- und Nordamerika radelten (s. ihr Buch: „Mit dem Fahrrad unterwegs in Südamerika", Schettler-Verlag, 1991, Antiquariat).

B. REISEZIELE, REISEZEITEN, FLÜGE

1. Wohin in die Welt?

Auch Velo-Weltenbummler haben bestimmte Vorlieben für Kontinente, Länder und Kulturen: Da gibt es die eingefleischten Wüstenliebhaber, die am liebsten in nordafrikanischen Ländern radeln, Asien-Freaks, die sich von den dortigen großen Kulturen angezogen fühlen, USA-, Australien- oder Neuseeland-Radler, die es gerne übersichtlich und weniger abenteuerlich mögen, Südamerika-Begeisterte, die vielleicht wegen ihren guten Spanisch-Kenntnissen in den dortigen Ländern mühelos zurechtkommen, Afrika-Fans, die das große Abenteuer lockt – und manche planen gleich den großen Trip rund um den Globus (s. Teil 4, „Weltumradlungen").

Und wo zeigt dein Gefühlskompaß hin? Falls du noch unsicher bist, kann vielleicht der „Kontinente und Länder"-Teil deine Entscheidung erleichtern.

Gut geeignete Radfahr-Länder sind jene Länder, wo es ein gutes Straßennetz, aber relativ nur wenig motorisierten Verkehr gibt. Doch solche Länder gibt es nicht viele auf der Welt. Als „Geheimtip" wäre z.B. Kuba zu nennen. Abwechslungsreiche Landschaften, eine gewisse touristische Infrastruktur sowie die Möglichkeit zur sprachlichen Verständigung sollten in einem guten Radfahrland gleichfalls vorhanden sein und natürlich sollte das Reisen dort auch erschwinglich sein. Eine Aufzählung öfter befahrener Routen und Länder könnte etwa so aussehen (Reihenfolge ohne Wertungsbedeutung):

Afrika: Von Kenia nach Südafrika. Malawi. Marokko. Ägypten. Sahara. Westafrikanische Länder.

Asien: Karakorum Highway nach China. Nordindien mit Nepal. Thailand – Malaysia – Singapur. Bali. Vietnam.

Australien: Ostküste, Tasmanien

Neuseeland: Süd- und Nordinsel

Nordamerika: Kalifornien, Pazifikküste. Utah (für Mountainbiker). Neuengland-Staaten. Westkanada. Südmexiko.

Südamerika: Südchile. Nordargentinien, Boliven, Peru. Die Panamericana.

Krisenstaaten und Krisengebiete

Irgendwo auf der Welt toben immer größere oder kleinere Kriege, kommt es zu Umstürze und Unruhen, häufen sich Naturkatastrophen, grassieren Seuchen, werden Überfälle auf Touristen gemeldet. Gefährliche bzw. kritische Länder und Regionen müssen bei der Routen- und Länderauswahl also beachtet werden!

Doch oft sieht es „vor Ort" weit weniger „schlimm" aus, als es bei uns in den Medien dargestellt wird, d.h., ein Radfahrer ist in einem evtl. Krisengebiet kaum mehr gefährdet als sonst auch. Andererseits können die Verhältnisse auch wesentlich gefährlicher sein, man sollte sich deshalb nicht auf nur eine Informationsquelle verlassen.

Oft verlieren Krisengebiete auch ihren Nachrichtenwert, was aber nicht heißt, daß in diesen Ländern oder Regionen nicht weiterhin geschossen wird. Es kann auch vorkommen, daß man unterwegs gerade „mitten drin" steckt, wenn in einem Land Unruhen stattfinden oder ein Krieg ausbricht. Dann sollte man umgehend Kontakt zu seiner Landesvertretung aufnehmen. **Auf der Homepage des Auswärtigen Amts** in Berlin (www.auswaertiges-amt.de) kann man die ständig aktualisierte Liste der Länder abrufen, **vor denen gewarnt wird und auch zu jedem Land der Erde genauere Sicherheitshinweise erfahren.**

2. Die besten Reisezeiten in den Kontinenten

Wichtigster Planungspunkt einer weltweiten Radreise sind die Wetterverhältnisse vor Ort, denn die Laune und das Wohlbefinden beim Radeln sind bekanntlich immer wetterabhängig. Eisige Kälte und Schnee, Dauerregen, wochenlanger Gegenwind (die Hauptwindrichtungen und -zeiten werden bei den einzelnen Ländern genannt) oder Backofenhitze können jede Tour kippen, und wer mit dem Fahrrad im (dortigen) Winter durch Patagonien fährt, in der Regenzeit durch Afrika oder im Monsun durch Indien, der muß irgend was falsch gemacht haben …

Natürlich läßt es sich bei monate- oder gar jahrelangen Radreisen nicht immer vermeiden, daß man mal auch bei weniger optimalen Wetterbedingungen durch ein Land kommt. Dann muß man sich eben darauf einstellen, z.B. warme Kleidung mitführen.

Noch eine Bemerkung zu tropischen „Trockenzeiten" und „Regenzeiten": In der Regenzeit regnet es selten ununterbrochen, nach schweren Wolkenbrüchen scheint auch immer wieder die Sonne. Wer hitzeempfindlich ist, doch Schwüle gut vertragen kann, sollte eher in der Regenzeit durch ein Land reisen, als in der oft sehr heißen Trockenzeit (vorausgesetzt natürlich, daß dann der Reiseweg nicht ausschließlich über Erdpisten führt, denn die sind dann aufgeweicht und kaum mehr befahrbar). Die beste Reise- und Radelzeiten in einem tropischen Land sind die Übergangswochen zwischen Regen- und Trockenzeit bzw. zwischen Trocken- und Regenzeit, denn dann ist der Himmel meist noch bedeckt, was das Radeln erleichtert, weil die Sonne nicht so runterknallt.

Zur ersten Übersicht hier ganz grob die besten Reise-Jahreszeiten auf den Kontinenten (mit den hier genannten Jahreszeitenangaben sind die unsrigen, mitteleuropäischen gemeint!). Weitere Details zum Wetter und den besten Reisezeiten stehen hinten bei den einzelnen Ländern und bei den Kontinenten.

Nordamerika   USA: Frühling, Herbst; Canada, Alaska: Sommer

Mittelameri.   Herbst/Winter/Frühling

Südamerika   Andenhochländer: Mai bis Oktober
Südspitze (Patagonien): Wintermonate
Amazonasbecken: Juli bis Oktober
Brasilien, Norden: Herbst und Winter
Brasilien, Süden: Frühling, Sommer
Argentinien und Chile: Herbst/Winter/Frühling

Afrika   Nordafrika, Mittelmeerländer: Frühling/Sommer/Herbst
Sahara: Winter
Ostafrika: Winter und Sommer
Westafrika: Winter
Südliches Afrika: Frühling/Herbst/Winter

Asien   Vorderer Orient, Wüstenländer: Winter
GUS-Südstaaten: Sommer
Indischer Subkontinent: Winter, Nepal: Frühling
Südostasien: Winterhalbjahr
Ostasien, China: Frühling, Sommer, Herbst

Australien/ Pazifik

Süd-Australien, Neuseeland: Herbst/Winter/Frühling
Zentral- und Nordaustralien: Sommer
Südpazifische Inseln: Mai bis Oktober

Ramadan-Zeiten

Wer in islamische Länder reisen will, sollte neben dem Wetter auch die vierwöchige **Ramadan-Zeit** beachten. Es ist das einschneidende Ereignis im Lebensrhythmus der islamischen Welt. Für die Muslime bedeutet es ein Verbot der Nahrungsaufnahme von Sonnenaufgang bis Sonnenuntergang, für den Touristen (je nach Land in unterschiedlicher Strenge), daß es tagsüber nicht einfach ist, Lebensmittel zu kaufen, daß die Restaurants erst nach Sonnenuntergang öffnen, Behördengänge länger dauern, allgemein das Reisen insgesamt schwieriger ist. Eine noch ungünstigere Reisezeit ist die Aid-Woche im Anschluß an den Ramadan (Kleiner Aid oder Aid al-Fitr). Der Große Aid dauert gleichfalls ein Woche und ie findet etwa acht Wochen nach dem Kleinen Aid statt (der islamische Kalender ist ein Mondkalender).

Hier die ungefähren Daten zum Beginn des vierwöchigen Ramadans (jedes Jahr etwa 11 Tage später) und in Klammer der Beginn des Großen Aid (al-Adha).

06.11.2002 (12.02.2003)
27.10.2003 (02.02.2004)
15.10.2004 (21.01.2005)
04.10.2005 (10.01.2006)
24.09.2006 (31.12.2006)
13.09.2007 (20.12.2007)
02.09.2008 (09.12.2008)

Weitere Termine aus dem islamischen Festtagskalender unter www.holidayfestival.com/Islam.html

Zeitbedarf, Reisedauer

Zur Reiseplanung gehört auch die Überlegung des Zeitbedarfs für bestimmte Strecken bzw. wie weit kann ich in einigen Monaten, in einem halben oder einem ganzen Jahr kommen, oder welche Strecke ist in einem vorgegebenen Zeitlimit machbar.

Ausgangs- und Berechnungspunkt dafür kann nur der persönliche Fahr- und Reisestil sein. Für Langzeitreisen unter „normalen" Bedingungen mit „normaler" Gepäckzuladung würde ich die täglichen durchschnittlichen Radelstrecken auf etwa 70 bis 100 Kilometer ansetzen. Dieser Wert ist natürlich sehr abhängig von den topografischen, den Straßen- und Klimabedingungen des oder der Reiseländer. Zu den täglichen Fahrleistungen kommen noch die wöchentlichen Rast-, Ruhe- und Besichtigungstage dazu. Erfahrungsgemäß wird man sich in solchen Regionen und Ländern länger aufhalten, wo es klimatisch angenehm und kulturell abwechslungsreich ist, wo es viel zu sehen und zu erleben gibt und wo man mal einen „Urlaub vom Radfahren" machen kann.

3. Wieviel Geld braucht man?

Auch hier läßt sich ein Durchschnitts- oder ein exakter Zahlenwert kaum nennen, weil dies immer von den Lebenshaltungskosten in euren Ziel- und Reiseländern abhängig ist.

Sehr teuer ist es z.B. in Japan, kostenähnlich oder geringfügig billiger als zuhause sind z.B. alle westlichen Industrieländer. Relativ billig bis sehr billig sind die allermeisten Entwicklungsländer (doch darunter gibt es auch einige, die sehr teuer sind!). Details zu den Lebenskosten finden sich im Länderteil, genauere Auskünfte können auch aktuelle Reiseführer geben. Ein guter **Internet-Währungsrechner** ist www.oanda.com.

Vorherige Fixkosten sind Rad- und Ausrüstungskauf, Ersatzteile und Filme, Impfungen, Reise- und Krankenversicherung und andere während der Abwesenheit weiterlaufende Versicherungen und Gebühren sowie evtl. An- und Rückflüge. Unterwegs sind die Hauptkosten die Übernachtungskosten (sofern man nicht dauernd im Zelt schläft), Eintrittspreise, Restaurantbesuche, neue Kleidung, evtl. Visagebühren. Bei Selbstversorgern schlagen die Kosten für Lebensmittel erfahrungsgemäß am wenigsten zu Buche.

Kalkuliert nicht zu knapp – es reist sich mit einem Finanzpolster einfach entspannter. Wer einen Großteil seiner Zeit damit verbringt, immer nur die billigsten Restaurants und die billigsten Zimmer zu suchen, vergällt sich mit der Zeit die Freude am Reisen, schafft sich zusätzlichen Reisestreß. Wichtig bei den Kosten ist auch der Faktor „Zeit": Wer viel Zeit hat, reist billiger, weil er z.B. einen billigeren Flug oder eine günstigere Schiffsüberfahrt abwarten kann oder statt eines Inlandflugs die wesentlich billigere Bahn nehmen kann.

Wer vorhat, länger oder gar Jahre auf Radweltreise zu gehen, der sollte folgenden Gedanken miteinbeziehen: Je länger eine Tour dauert, um so billiger wird *relativ* jede Reisewoche oder jeder Reisemonat. Es lohnt kaum, für nur ein halbes Jahr ein teures Rad und eine teure Ausrüstung zu kaufen, eine Wohnung aufzulösen oder aufzugeben, ein vorhandenes Auto zu verkaufen, Versicherungen einzustellen oder gar den Job zu kündigen. Deshalb ist unterm Strich eine sehr lange Reise letztendlich wirtschaftlicher als ein nur etwas verlängerter Urlaub. Allerdings muß man sich bei einer solchen Entscheidung auch über die möglichen Konsequenzen klar sein: daß man dann die Tour auch wirklich durchzieht und durchhält und daß auch das notwendige Reisekapital bereitsteht. Daß man hinterher dann „blank" ist und vieles wieder neu kaufen und anschaffen muß, darüber würde ich mir wenig Gedanken machen. Nach spätestens ein, zwei Jahren Unterwegssein hat man sich sowieso so verändert, so daß man sein Leben nach der Rückkehr meist ohnedies ganz neu ein- und ausrichten wird.

4. Geld durch Jobben unterwegs?

Ist das Fernweh größer als der Reiseetat, mag mancher mit dem Gedanken spielen, unterwegs noch etwas dazuzuverdienen, um so die Reisekasse wieder etwas aufzufüllen. Vorneweg gesagt: die Geldverdien-Möglichkeiten sind unterwegs sehr gering. In den Dritt-Welt-Ländern gibt es genügend Arbeitslose und weltweit ist das Lohnniveau viel niedriger als in Deutschland bzw. in Mitteleuropa. Lieber vorher länger arbeiten und einige Zeit später losfahren, das ist besser, als unterwegs auf Arbeitsuche zu gehen. Abgesehen davon sind Erwerbsarbeiten in fast allen Ländern der Welt für Touristen nicht gestattet, und wer schwarzarbeitet, riskiert die Ausweisung.

Doch möglich ist natürlich vieles, immer wieder erzählen Traveller, sie hätten in den USA, in Canada, Australien, Neuseeland oder sonstwo etwas Geld verdient. Das sind meist Jobs in der Landwirtschaft (auf einer Farm), man verdingt sich als Erntehelfer, Obstpflücker oder hilft bei der Weinlese (zur Erntezeit in bestimmten Landesteilen ankommen). Als Kellner oder Koch kann man im Gaststättengewerbe Glück haben, und einen schnelle Euro kann man unterwegs auch manchmal als Sprachlehrer, Friseur, als Automechaniker und Handwerker machen. Man sollte sich aufs arbeiten unterwegs jedoch besser nicht verlassen, sondern es eher als eine mögliche Chance sehen, ohne Belastung der Reisekasse (oft wird einem für seine Arbeit auch nur freie Kost und Logis angeboten) einmal in einem Land länger bleiben zu können.

World-Biker und Langzeit-Traveller sollten jedoch evtl. die Möglichkeit überlegen, unterwegs mit Dia-Vorträgen die Reisekasse aufzubessern (macht nur Sinn in Ländern mit harter Währung). Vorträge über eure Tour sind evtl. möglich bei örtlichen Radclubs, bei deutschen Goethe-Instituten, bei Deutschen Vereinen und Vereinigungen im Ausland (südamerikanische Länder, USA, Canada, Australien) oder in anderen kulturellen Begegnungszentren eures Gastlandes. Dazu von zuhause von eurer Tour Duplikat-Dias schicken lassen. Man könnte auch gleich von Beginn an eine Deutschland-Diaserie mitführen. Vorträge sind gut für Kontakte und Einladungen. Ein paar Euro mag man auch noch für Zeitungsartikel, Radio- und Fernseh-Interviews bekommen (in den zuvor in Klammern genannten Ländern gibt es teils noch deutschsprachige Zeitungen, für die man Artikel seiner Radreise schreiben könnte).

5. Fahrradmitnahme im Flugzeug

War die Mitnahme eines Rades im Flugzeug früher eine recht umständliche und frustrierende Prozedur, so sind die Airlines internationale Bike-Traveller inzwischen gewöhnt.

Unterschiede je nach Flug und Airline

Am besten geschieht die Mitnahme des Fahrrads im Flugzeug im Rahmen des normales Reise-Freigepäcks, wobei das kg-Limit in der Regel in der Economy-Klasse 20 kg beträgt. Bei Linienflügen und z.T. auch bei Charterflügen und bei teureren Sitzklassen kann dieses Limit höher sein, abhängig ist dies von der Airline, dem Zielland und ob Kurz-, Mittel- oder Langstrecke. So sind auf vielen Transatlantikflügen in die USA/Canada z.B. zwei Gepäckstücke mit je 32 kg frei.

Das Freigepäck ist auf dem Ticket vermerkt und sollte beim Buchen erfragt werden. Wer mehr als das Limit an Bord nehmen will, muß – theoretisch – enorme Zuschläge bezahlen, doch bei einigen Kilos mehr werden selten Umstände gemacht, die Airlines sind fast durchweg kulant.

Nehmt alle schweren Teile vom Rad mit ins Handgepäck (Limit 8 kg, wird aber fast nie gewogen), zieht die schweren Schuhe und Kleidungsstücke an. Weltumradler Cindy und Willi Dahinden geben den Tip, bei zwei Rädern das leichtere als erstes wiegen zu lassen, das zweite, schwerere geht dann meist ungewogen durch. Clever machten es Christoph und Doris Schneider-Travnicek: „Beim einchecken mit zuviel Handgepäck ankommen, dann wird moniert, und sie nehmen Teile des

Handgepäcks, ohne das Gesamtgewicht zu beachten, zum aufgegebenen Gepäck. Es klappte bei uns immer, doch wohl nichts für empfindliche Gemüter!".

Für Fahrräder besteht fast immer **Voranmeldepflicht.** Auf Transatlantikflügen unbedingt die Kosten vergleichen – nicht daß das Billig-Ticket mit einem Fahrrad teurer kommt als der Flug mit einem Linienflug, wo das Rad evtl. kostenlos befördert worden wäre! Manche Charterfluggesellschaften (z.B. Condor, LTU, Aero Lloyd) und Linienfluggesellschaften (z.B. Lufthansa, British Airways) verlangen für Räder bzw. Sportgeräte einen Pauschal-, andere wiederum einen kg-Preis. Der Pauschalpreis ist meist nach inner- oder außereuropäischen Flügen gestaffelt (25 bzw. 50 Euro pro Strecke), bei kg-Preisen werden auf Fernstrecken je nach Land – nach Abzug des Freigepäcks – zwischen 6 und 9 Euro pro kg fällig.

Das Rad verpackt aufgeben? Bezüglich der Verpackung bzw. dem Auseinanderbauen des Rades gibt es bei den Airlines keine generellen Vorschriften, jede handhabt es anders. Viele (europäische) Airlines verlangen, besonders bei Nordamerika-Flügen, daß das Rad verpackt aufgegeben wird (sonst wäre es nicht versichert, sagen sie, was keinen Sinn macht). Dazu stellen sie Kartons bereit (bei manchen gibt es sogar spezielle feste Fahrradboxen oder eine Plastikabdeckung), die je nach Airline eine Gebühr oder nichts kosten. Beim örtlichen Radhändler kann man sich eine stabile Fahrrad-Box oder einen Radversandkarton besorgen und auf die erforderlichen Maße zuschneiden (für Tourenräder mit Gepäckträger braucht ihr meist zwei Kartons). Hohlräume mit sperrigen Ausrüstungsgegenständen (bevorzugt Zelt und Schlafsack) ausfüttern.

Spezielle Radverpackungstaschen und Radkoffer gibt es in verschiedenen Ausführungen in Radgeschäften und im Rad-Versandhandel, sind aber meist auf die knapperen Maße eines Rennrades oder Mountainbikes abgestimmt. Dann müßt ihr viele Teile, wie Schutzbleche und Gepäckträger, demontieren. Und was macht man mit dem (teuren) Radkoffer am Ankunftsort? Bereist man nur ein Land bzw. will man später vom gleichen Flugplatz mit dem Rad weiterfliegen, so kann man derweil die Bikebox bei der Gepäckaufbewahrung auf dem Flughafen deponieren. Ansonsten fährt man mit einer Do-it-yourself-Lösung wesentlich billiger, muß aber beim Rückflug je nachdem einen neuen Karton organisieren. Verpackte Räder laufen meist über den Sperrgepäckschalter (Aufgabe und Empfang) und nicht auf dem normalen Koffer-Förderband! Bei einigen Linien außerhalb Europas kann das Rad sogar vollgepackt aufgegeben werden („roll on – roll off"). Immer vorher erkundigen.

Bei einem Abflug von Deutschland bzw. Mitteleuropa wird meist verlangt, den Sattel und die Pedale abzunehmen und den Lenker um 90 Grad zu verdrehen. Pedale nie nach innen anschrauben, beim Rückwärtsschieben beschädigen sie unweigerlich die Rahmenrohre! Die Kette muß gereinigt oder abgedeckt sein, scharfe Kanten sind zu entschärfen. Manche Airlines wollen auch, daß das Vorderrad ausgebaut und im Rahmendreieck befestigt wird. Dann sollte man allerdings die Gabel mit einem Holzklotz oder einer speziellen Transportsicherung vor Beschädigungen schützen. Und alle Airlines verlangen, die Luft aus den Reifen zu lassen, aus „Sicherheitsgründen", obwohl moderne Fahrradreifen sehr wohl den Unterdruck in der Frachtkabine aushalten würden. Senkt den

Luftdruck nur teilweise ab, das schützt die Felgen vor der ruppigen Behandlung bei der Be-/Entladung.

Beim Einchecken Werkzeuge zum Auseinandernehmen und Packband bereithalten. Am Abflugtag mit dem Rad frühzeitig am Schalter sein! Es kann manchmal auch vorkommen, daß verlangt wird, daß man das Rad einen Tag oder Tag vorher aufgegeben hat.

Wie gesagt: Alles vorher mit der Fluglinie bzw. dem Reisebüro abklären und sich alles möglichst schriftlich bestätigen bzw. im Buchungscomputer vermerken lassen, damit es beim Einchecken nicht zu Meinungsverschiedenheiten mit dem Personal kommt.

Abzuraten ist, sein Rad als *unbegleitetes Fluggepäck* (unaccompanied baggage) aufzugeben, dieses Gepäck wird nach Kilogramm und Entfernung abgerechnet. Es ist zwar günstiger als bezahltes Übergepäck oder Luftfracht, doch es wird selten auf dem gebuchten Flug befördert, es muß fast immer ein oder zwei Tage vorher aufgegeben werden.

Fahrrad verpacken

Grundsatz: Das Fahrrad sollte trotz Verpackung noch als solches zu erkennen sein, sonst wird es evtl. weniger vorsichtig behandelt als ein unverpacktes. Wenn nötig, kann man den Lack bzw. die Rahmenrohre unverpackter Räder gut mit Heizungs-Isolierschläuchen aus Schaumstoff schützen (Armaflex, mit „Reißverschluß", erhältlich in Baumärkten oder beim Installateur), günstiger ist Luftpolsterfolie und eine Rolle Paketklebeband.

Schalthebel und Schaltwerk würde ich zusätzlich durch einen starken Karton schützen, Zerbrechliches abmontieren (Radcomputer, Rückspiegel). Die Packtaschen und das restliche Gepäck in großen, billigen Nylontaschen verpacken oder zusammenschnüren. Manche Airlines halten auch Behälter für viele Einzelgepäckstücke bereit, danach fragen. Namensaufkleber am Rad und Angabe des Zielflughafens nicht vergessen! Achtung, Diebstahlsgefahr bei leicht zu öffnenden Packtaschen, besonders bei Flügen in ärmere Länder!

Fahrrad in Karton-Box packen

Vorderrad herausnehmen und unter das Rahmen-Dreieck legen, drauf achten, daß die Speichen nicht verdrückt werden. Die Gabel nach hinten drehen. Alle hervorstehenden Teile abmontieren und mit Klebeband am Rahmen sichern. Wellpappe zwischen scheuergefährdete Stellen schieben. Vor Entfernen des Sattels Sitzhöhe markieren. Luft nur wenig herauslassen. Zum Schluß Ersatzteile, Wasserflaschen, Schuhe, die leeren Packtaschen, Schlafsack, Zelt etc. in die freien Zwischenräume stecken. Je enger das Rad im Karton verpackt wird, desto sicherer wird es transportiert. Auf belastbare Tragelöcher des Kartons achten oder einen Tragegriff anbringen, den Karton mit „Fragile – handle with care" beschriften.

Doch wie bereits gesagt – der Aufwand des vollständigen Verpackens wird nur in den seltensten Fällen notwendig sein oder verlangt werden.

Luft aus den Reifen lassen?

Das hängt davon ab, ob der Gepäckraum eines Flugzeugs unter Druckausgleich steht oder nicht (beruhigend zu wissen: selbst vollaufgepumpte Reifen würden ihren erhöhten Eigendruck in einer Gepäckkabine auch ohne Druckausgleich gut aushalten). Es ist also nicht nötig, Luft aus den Reifen zu lassen, höchstens ein wenig, keinesfalls ganz.

6. Das richtige Ticket

Steht das Radel-Land fest, braucht man ein günstiges Flugticket. Der Dschungel der Flugtarife ist verwirrend. Billigflüge erhält man nicht direkt bei den Airlines, sondern nur bei spezialisierten Reise- und Flugbüros, z.B. bei „Travel Overland", 80799 München, Barerstr. 73, Tel. 089-

272760, www.travel-overland.de oder in der Schweiz beim „Globetrotter Travel Service" (Zürich, Rennweg 35 sowie in deren Läden in Baden, Basel, Bern, Biel, Fribourg, Luzern, Olten, St. Gallen, Thun, Winterthur, Zug; www.globetrotter.ch („220.000 Flugtarife tagesaktuell" ...). Als „Gegenmaßnahmen" zum weltweiten Billig-Graumarkt haben die Luftverkehrsgesellschaften „offizielle" Billig-Tarife eingeführt, die sich z.B. „Pex-Tarif", „Apex", „ABC", „Holdiday", „IT-Tarif" etc. nennen. Lernt die Bedingungen der verschiedenen Tarife kennen. Die Ticketpreise sind abhängig von der Gültigkeitsdauer eines Tickets, deshalb diesen Zeitraum nicht länger als nötig wählen. Einen Überblick über Flugkosten und die Flug-Frequenz in sein Zielland verschaffen spezielle Flugzeitschriften, z.B. „Reise & Preise" oder „fliegen & sparen", die auch online erreichbar sind: www.reise-preise.de und www.fliegen-sparen.de. Für Schnellentschlossene kommen auch evtl. Last-Minute-Flüge in Frage (www.ltur.de u.a.).

Da es in vielen Ländern meist keine Billigflugtickets zu kaufen gibt, empfiehlt es sich, bei geplanten Zwischenflügen bereits hier zu buchen. Es kann aber auch umgekehrt sein; gute Städte zum Kauf von Billig-Tickets sind z.B. südostasiatische Städte (Bangkok, Singapur u.a.).

Für Radfahrer besonders interessant sind sog. „Gabelflüge", also Hinflug zu einer Stadt (z.B. New York), Rückflug von einer anderen (z.B. Los Angeles). Dazwischen wird geradelt.

Airpässe sind gekoppelt an den Kauf eines internationalen Flugtickets. Es sind deutlich verbilligte Flugtickets für individuelle Rundreisen des gesellschaftseigenen Streckennetzes im Zielland (oder im Verbund mit anderen Airlines auch über Ländergrenzen hinweg). Es gibt viele Pass-Varianten mit unterschiedlichen Bestimmungen (Nachteil ist die oft kurze Gültigkeitsdauer). Für Radfahrer sind Airpässe deshalb interessant, weil man damit nicht auf eine Region eines Landes beschränkt ist, sondern mit seinem Rad preiswert die schönsten Gebiete eines Landes (und evtl. des Nachbarlandes) anfliegen kann. Details über diese Airpässe wieder in Reisebüros bzw. bei den Fluggesellschaften. Besorgen muß man diese Airpässe immer bereits daheim, im Reiseland selbst werden sie nicht mehr verkauft.

Bei Fernrouten (Neuseeland, Australien etc.) bei der Wahl des Tickets aufpassen, daß das Rad vom Abflugs- bis zum Zielflughafen durchgecheckt werden kann, sonst muß es evtl. bei Zwischenlandungen immer wieder neu eingecheckt werden, und weil ein Rad oft auch über den Sperrgepäckschalter geht, besteht bei knappen Umsteigezeiten evtl. die Gefahr, die Weiterflug-Maschine zu verpassen! Da kann ein Direktflug letztendlich billiger kommen als ein Billigticket mit Umsteigestationen.

Aufpassen muß man auch bei Flügen mit Airline-Wechsel, nicht daß unterwegs bei der Umsteig-Airline weniger Freigepäck erlaubt ist! Das Limit von Inlandsflügen mit kleinen Maschinen beträgt manchmal weniger als 20 kg!

Flüge im Internet buchen?

Das klingt doch einfach: Einen Internetanbieter auswählen, Start, Ziel und Termin eingeben, ein paar Mausklicks, und schon werden die günstigsten Flüge serviert und können sofort gebucht werden. Im Prinzip ist es das auch, doch sollte man einige Dinge beachten. So gibt es zwar eine unüberschaubare Zahl von Anbietern, die aber alle auf nur wenige Reservierungssysteme und deren Tarife zurückgreifen (A & B Flugdatenbank,

Ires, Infosys u.a.). Bei manchen muß noch die Verfügbarkeit jedes Angebots recht umständlich geprüft werden, bei anderen erledigt das das System im Vorfeld. Immer die Tarife mehrerer Anbieter abfragen, Variationen beim Flugdatum oder beim Abflugort können beträchtliche Preisunterschiede ergeben. Buchungsbedingungen unbedingt lesen (Umbuchungen oder Stornierungen möglich? Direktflug oder Zwischenstopps? Wie lange ist das Ticket gültig? Wird für Rückfragen eine Telefonnummer angegeben? Wird eine Rechnung ausgestellt? Wie muß bezahlt werden?). Vergleicht auf jeden Fall euer Suchergebnis mit den Angaben in den o.g. Flugzeitschriften.

Eine kleine Auswahl von Ticketanbietern: fliegen-ist-schoener.de, www.mcflight.de, www.start.de, www.flug.de, www.ticketman.de, www.expedia.de. Gut sollen sein www.traveljungle.de, www.billiger-reisen.de. und auch www.opodo.de.

Bei komplizierteren Flugwünschen, z.B. „Round-the-world-tickets", bleibt aber weiterhin nur der Gang zu einem spezialisierten Flugbüro.

7. Radfahren weltweit mit Radreise-Veranstaltern

Potentielle Weltradler mit einer gewissen Schwellenangst sollten sich überlegen, ob sie nicht bei einem Radreiseveranstalter eine organisierte Rad-Gruppenreise buchen, die es inzwischen auch zu den exotischsten außereuropäischen Zielen gibt. Wer einmal ohne Gepäck den Manali-Leh-Highway im Himalaya oder quer durch die USA biken möchte, findet ebenso ein Angebot bei kommerziellen Reiseveranstaltern wie Afrika- oder Patagonienradler. Hier Radreiseveranstalter mit ihren außereuropäischen Ziellländern (die Touren sind in der Regel nicht billig!) aufzulisten würde zu weit führen, es gibt mittlerweile einfach zu viele. Besser, man vergleicht im Internet das Angebot verschiedener Veranstalter und kontaktiert dann den Veranstalter direkt.

Eine lange Liste mit Radreiseveranstaltern findet man z.B. unter www.bikesport.de, www.fahrradreisen.de, www.fahrradreisen-weltweit.de. Bei www.reiseradler.de wartet gar eine Suchmaschine auf speziellere Anfragen. Der VIA Urlaub-Service, Postfach 2668, 72016 Tübingen, Tel. 07472-43586, Fax 07472-43981, via@rad-reisen.com, www.rad-reisen.com verschickt auf Anfrage kostenlos den „Radreiseführer" mit Kurzportraits von über 80 Veranstaltern weltweit.

Tip: Wenn man eine organisierte Tour in den USA, Canada, Neuseeland, Australien oder in anderen Ländern buchen will, lohnt evtl. die direkte Buchung bei landeseigenen Veranstaltern.

C. INFORMATIONSBESCHAFFUNG, BÜCHER, KARTEN

1. Wie an neueste Länder-Infos gelangen?

Wichtig ist, gezielt und systematisch vorzugehen. So erscheinen in den Radzeitschriften „aktiv Radfahren" und „Radtouren" Reisepartner-Anzeigengesuche für bestimmte Länder oder Touren. Diese Radler anrufen, wenn sie deine Zielländer bereist haben (da die Touren lange vorgeplant werden und oft auch lange dauern, muß man dazu in älteren Heften nachsehen).

Auf der IFMA, der alle zwei Jahre stattfindenden Zweirad-Messe in Köln, veranstaltet der ADFC ein Tourenradler-Treffen, hier kann man Fernradler treffen und Rad-, Routen- und Länder-Infos bekommen. Auskunft beim ADFC. Auch veranstalten manche ADFC-Ortsverbände regelmäßig Reiseradler-Stammtische, nachfragen lohnt sich, vielleicht findet man so auch gleich einen Partner für die nächste Tour.

Alljährlich wollen sich im Frühjahr/Sommer in Altnau in der Schweiz – oder auch anderswo – **internationale Fernradler treffen.** Anfänglich waren es ca. 15 Leute. Organisator ist Markus Greter (markusgreter@gmx.ch). Er schreibt: „Es ist durchaus in unserem Sinne, daß sich unsere Gilde erweitert. Wenn ihr also Freundinnen und Freunde habt, die wie wir ein paar tausend Kilometer abpedalt und Lust haben, bei unserer losen Vereinigung mit dabei zu sein – her mit den Adressen! Neuzuzügerinnen und Neuzuzüger sind herzlich willkommen."

Infos von Fahrrad-Clubs

ADFC, Postfach 10 77 47, 28077 Bremen. Infoline/Tel. 0421-346290, Fax 0421-3462950, kontakt@adfc.de, www.adfc.de.

Der ADFC ist der Allgemeine Deutsche Fahrrad Club mit diversen Landesbezirken. Die Bundesgeschäftsstelle ist in Bremen, Grünenstr. 8–9. Der Club stellt eine Menge (europäische) Länderinformationen ins Internet und gibt Informationshefte für Reisen mit dem Rad heraus.

USA: Adventure Cycling Association (ACA), POB 8308-W, Missoula, MT 59807, www.adventurecycling.org.

Die ACA (ehemals BikeCentennial) ist der größte Radclub der USA mit eigenem Kartenwerk, Ausrüstungs- und Buchversand. Mehr Details s. „USA".

England: CTC – Cyclists' Touring Club, National Headquarters, Cotterell House, 69 Meadrow, Godalming, E – Surrey GU7 3HS, Tel. 01483-417217, Fax 01483-426994, cycling@ctc.org.uk, www.ctc.org.uk.

Das Touring-Department dieses Clubs bringt Info-Sheets für verschiedene Länder der Welt heraus und hat Radfahrerberichte von Touren durch Länder und Kontinente. Fordert vom Touring Department die aktuelle Liste an. Auch online möglich. Nicht kostenlos.

Infos von Globetrotter-Clubs

DZG Deutschland: Die „Deutsche Zentrale für Globetrotter e.V." ist eine lockere Vereinigung von ca. 700 Weltenbummlern. Die DZG fördert die Kommunikation zwischen Globetrottern und sammelt einschlägige Reise-Informationen, die für Individualreisen notwendig und nützlich sind. Mitgliederzeitschrift „Der Trotter". Einzelne Mitglieder haben Spezialwissen über einzelne Länder und können evtl. weiterhelfen. Anschrift: DZG, Postfach 30 10 33, 40410 Düsseldorf.

Die DZG gibt das nützliche **Info-Heft** heraus, mit Informationen zur DZG und einem Probeexemplar der Vereinszeitschrift „Der Trotter". Kann auch von Nicht-Mitgliedern gegen Gebühr bezogen werden. Hier kann auch das empfehlenswerte **„Selbstreise-Handbuch"** (zwei Bände) bestellt werden (Peter Meyer Verlag), mit Literatur und Informationsquellen für Globetrotter, Ausrüstungsläden, Sanfter Tourismus, Wissenswertes vor der Reise, Reisemedizin, Billigflug-Büros, Globetrotter-Treffen, Adressen der Botschaften und Konsulate aller für Deutsche visapflichtiger Staaten, Fremdenverkehrsämter u. Informationsstellen außereuropäischer Staaten, Ausrüster-Läden u.v.a. mehr. Online erreichbar ist die DZG unter www.globetrotter.org.

Globetrotter-Club Schweiz: Dieser Club ist der führende, unkonventionelle Globetrott- und Reisefanclub der Schweiz mit Travel-Service-Läden in 12 Schweizer Städten. Herausgegeben werden die Hefte **„Globetrotter – das Reise-Magazin für Weltentdecker"** (Reiseberichte, Reisepartneranzeigen u.v.m.), der informative „Reiseplaner" mit Billigflügen sowie das gleichfalls gute „Travel-Info" mit den wichtigsten Basisinformationen für weltweites Reisen. Gegen den Jahresbeitrag bekommt man regelmäßig die Hefte. Adresse: Globetrotter-Club, Rennweg 35, Postfach 7126, CH – 8023 Zürich. Tel. 0041-01-2138060, Fax 01-2138013, club@globetrotter.ch, www.globetrotter.ch.

Traveller Club Österreich: Traveller Club Austria, Markgraf Rüdiger-Str. 1, A – 1150 Wien, www.travellerclub.org, globi@travellerclub.org. Dieser Club gibt die aktuellen TCA-News heraus und hat mittlerweile eine der besten Internetpräsenzen aller Globetrotterclubs aufgebaut, angefangen von Reiseinfos aller Art über Diskussionsforen bis hin zu einer Reisebibliothek. Umfangreiche Linkliste (z.B. zu Reisemedizin-Websites).

Infos von Freundschaftsgesellschaften

Für etliche Länder gibt es in Deutschland (private) Organisationen, Gesellschaften und Vereine, die als Kontaktstelle und zum Austausch von kulturellen Belangen dienen (z.B. Euro-Arabischer Freundeskreis, Lateinamerikanischer Freundeskreis, Deutsch-Jemenitische Gesellschaft usw.). Sie geben Informationen und oft auch Broschüren und Zeitschriften heraus. Eine Anschriften-Liste dieser Gesellschaften steht im o.g. Selbstreise-Handbuch. Vielleicht könnt ihr auf diese Weise schon im Voraus Kontakte zu Menschen eures Reisezieles oder eurer Reiseländer knüpfen. Gut sind auch Kontakte über ausländische Studentenvereinigungen. Weitere (europäische) Globetrotter-, Radler- und Wanderclubs findet man auf der Website der DZG, www.globetrotter.org.

Reise-Infos im Internet

Vorbemerkung: Jeder Versuch, hier auch nur ansatzweise einen Überblick über das Angebot an Reiseinformationen, Tourenberichten, Diskussionsforen, Anbieteradressen und Partnersuchmöglichkeiten im World Wide Web zu geben, ist zum Scheitern verurteilt ... gebt sie in eine oder besser zwei Suchbegriffe in eine Suchmaschine ein und ihr bekommt Hunderte, wenn nicht Tausende von Websitevorschlägen. Empfohlen seien die Suchmaschinen www.google.de, www.fireball.de, www.altavista.de, u.v.a.m.

Einsteigseiten: www.dino-online.de/seiten/go10tourist.htm (DINO ist das deutsche Internetverzeichnis, und alles, was DINO zum Reisen finden kann, ist dort aufgelistet).

www.fernweh.com (gut sortierte Seien mit vielen Reiselinks). www.reiseplanung.de (umfassendes Portal zum Thema Reisen).

www.reiselinks.de (Sammlung von weiterführenden Links, wichtige Portale)
http://travel.exite.com (Links zu Ländern u.a.)

Rad-
Webseiten

Das Radfahrer-Portal www.bikesport.de hat momentan den wohl umfassendsten und besten deutschsprachigen Web-Katalog für alles, was mit Radfahren nur irgendwie zu tun hat. Mehr als 5000 Bikeevents und Touren weltweit listet die Website www.bicycletour.com. Ein schier unglaubliches Verzeichnis von Bike-Webadressen, staatlichen Stellen, Bikeclubs, -karten und -berichten zu vielen Ländern findet man auf der privaten US-Webpage http://tigger.uic.edu/~jfazio/internationalbike.html.

Einige engagierte Reiseradler präsentieren nicht nur ihre eigenen Touren im Web, sondern sammeln auch die Reiseberichte anderer Radler – ein guter Startpunkt für aktuelle länder- und radlerspezifische Informationen (Routen). Viele der beschriebenen Reisen liegen bereits mehrere Jahre zurück, einige sind ganz neu, andere Websites verschwinden über Nacht aus dem Internet, vor Überraschungen ist man da nie gefeit (das gilt übrigens auch für die in diesem Buch genannten Webadressen). Am besten interessante **Reiseberichte** (engl. *travelogue* oder *travelog*) **runterladen**, dann kann man sie in aller Ruhe lesen. Oft gibt der Autor auch seine eMail-Adresse für Rückfragen an.

Hier einige ausgewählte Webadressen, die Links zu weiteren Biker-Homepages enthalten: Die Homepage von **Karl Brodowsky** bietet eine der umfangreichsten Linksammlungen, die auch weiterhin wächst: www.swb.de/personal/elch/index.html. Auch **Michael Schmitz** hat eine sehr gute Linksammlung unter www.radtouren4u.de (Radtourer-Liste, Extreme Rad-Links, Ländersuche).

Links, Bücherlisten und natürlich seine eigenen Touren stellt **Tom Schleicher** vor auf der Website http://members.aol.com/tomschlei/index.htm

Interessant sind auch die Homepages von **Martin van Baal** http://home.t-online.de/home/Martin.vanBaal und **Ingo Harrach**, www.bikesite.de. Unter www.pedalglobal.net gibt es weitere Linklisten. „Alles rund um das Reisen mit dem Fahrrad" bietet die Seite www.bikefreaks.de, die Seite www.radreise.de hat Länderinfos, Links, Radbücher, Radreiseberichte etc.

Dann gibt es noch Reiseberichte aus aller Welt (meist von Rucksack-Travellern), z.B. http://1001-reiseberichte.de, www.travel-library.com, www.derreisetipp.de, www.reiseerlebnis.de, www.reiseberichte-aus-aller-welt.de, u.v.a.m.

Hier noch einige Bikesites, die uns persönlich hervorragend gefallen haben, eine ganz subjektive Auswahl: Einfach Spaß macht die Homepage von **Peter Smolka,** er radelt zur Zeit um die Welt und hat es als einer der bisher wenigen Reiseradler geschafft, ein Visum für Saudi Arabien zu erhalten: www.lemlem.de. **Martin Moschek** bietet auf seiner Homepage eine Packliste zum Herunterladen, überzeugt hat uns das hervorragende und übersichtliche Layout: www.biketour.lda.de. **Sascha Rochhausen** ist vom Karakorum Highway und der Landschaft drumherum begeistert, das merkt man auch seiner Website an: www.muenster.de/~rochhaus/pakistan-Bericht.htm (umfangreiches Literaturverzeichnis, vieles zu Flora und Fauna etc.). **Tilmann Waldthaler** werden wahrscheinlich bereits viele aus Funk, Fernsehen und Zeitschriften kennen, ein Profi, der vom Reiseradeln lebt. 2002 pedalt(e) er die Panamericana von Alaska nach Feuerland runter: www.tilmann.com. Wen unsere Afrikatour nach Kapstadt interessiert, klickt auf **www. clemens-carle.de.**

Natürlich gibt es unzählige weitere Homepages, einige mehr werden im „Kontinente und Länder"-Teil erwähnt. Falls ihr weitergehende Fragen habt, könnt ihr ja die Autoren direkt anmailen.

> Sehr viele Länder haben Botschaft-Websites eingerichtet, die alle nur möglichen Fragen beantworten, von den Visa-Bestimmungen über Kulturelles bis hin zu zahllosen Adressen (z.B. die aktuellen Anschriften der Honorarkonsulate in einem Land) und Hilfestellung in Notfällen. Sowohl ausländische Staaten in Deutschland als auch die deutschen bzw. Heimatlandvertretungen im Ausland. Beispiel Mexiko: www.embajada-alemana.org.mx; www.embamex.de.

Buchtips   „Internet für die Reise", Reihe PRAXIS, Reise Know-How (RKH), Reiseportale, Reiselinksammlungen, Länderinformationen, Reisepartnersuche, Reiseberichte u.v.a.m. „Fernreisen auf eigene Faust", dto. RKH-PRAXIS (Tourenplanung, Info-Quellen, Dokumente, Vorbereitungen, Landkartenspezialisten, Ausrüstungsfirmen u.a. mehr).

Reise-Sendungen im Fernsehen   Alle öffentlichen und privaten Fersehsender bringen täglich Reisesendungen mit Themen aus aller Welt (Reiseregionen, Länderporträts, Abenteuerberichte u.a.). Zwar ganz selten speziell für Radreisende, dennoch für ein evtl. Zielgebiet meist recht informativ. Unter der Adresse www.reisepreise.de/reise-tv/index.html kann man das Tagesprogramm aller Sender einsehen.

2. Nachschlagewerke, Radzeitschriften, Radbücher

Im Zeitalter des Internet informiert man sich natürlich kurzweiliger im Web als in dicken und meist teuren Büchern ... hier trotzdem noch ein paar Tips für Gedrucktes.

Länder-Nachschlagewerke gibt es alljährlich von bekannten Verlagen neu, z.B. vom SPIEGEL oder den „Fischer Weltalmanach", mit Daten, Zahlen, der politischen Lage.

Das Statistische Bundesamt gibt für mehr als 150 Länder der Erde **aktuelle Länderberichte** heraus. Der Inhalt umfaßt alle Daten zur Wirtschaft, Bevölkerung, Preise, Tourismus, Umwelt, Bildung, Verkehr, Soziales, Geld etc. Sehr aufschlußreich. Zu bestellen beim Verlag Metzler-Poeschel, Postfach 11, 72127 Kusterdingen.

Falls ihr von Deutschland oder Europa mit einem Schiff wegfahren wollt ist der **„ABC Passenger Shipping Guide"** das richtige Buch. Einsehbar in größeren Reisebüros. Monatlich neu, fragt nach einem alten Exemplar. Zwei bekannte Adressen für Frachtschiff-Reisen sind: „Frachtschiff-Touristik Kapitän Zylmann GmbH", Exhöft 12, 24404 Maasholm, www.zylmann.de und „Fachreiseagentur für Seereisen Kapitän Hoffmann", Seestr. 40, 23677 Scharbeutz, www.frachtschiff-reisen.net.

Das schon erwähnte **Selbstreise-Handbuch** von Norbert Lüdtke erschien in zwei Bänden im Peter Meyer Verlag Frankfurt (Herausgeber: DZG, s.o.) und listet zusammen auf 680 Seiten alle nur denkbaren Aspekte für die Reiseplanung und für unterwegs auf – empfehlenswert! Sehr hilfreich ist das „Länderlexikon A–Z" und in Band 2 „Die Welt im Internet" mit Länder-www-Adressen.

Fahrrad-Zeitschriften

„aktiv Radfahren", 6x jährlich, Bielefelder Verlagsanstalt. Alles rund ums Rad, auch kritische Themen, Fahrradtests, manchmal Radreiseberichte, http://zeuss.bva-bielefeld.de/aktivrad.

„Radwelt", die Mitgliederzeitschrift des ADFC. 6x jährlich. Für Alltagsradler, Rad- und Zubehörtests, Tourenberichte, www.radwelt-online.de.

„Radtouren", hauptsächlich Touren in Deutschland, gelegentlich auch ein Bericht für Fernradler. Zubehör-Tests. Zweimonatlich. Wüst Repro Service GmbH, www.radtouren-magazin.de.

„Bike", Delius-Klasing-Verlag. Alles über Mountainbikes und das Biken. Touren-Berichte. Monatlich. www.bike-magazin.de.

USA: Bicycling (11x jährlich), Box 13, Emmaus, PA, 18099-0013, USA, www.bicycling.com.

Frankreich: Le Cycle (11 Ausgaben pro Jahr), 59 de la Grande-Armee, 75782 Paris

Reisezeitschriften, Reisemagazine

Bringen Länder- und Reiseberichte. Wer gezielt über etwas nachlesen will, muß die Jahrgangsindexe durchsehen. „GEO" und „National Geographic" sind die besten Reisemagazine, viele Spezialthemen; www.geo.de und www.nationalgeographic.com.

„Outdoor" beschäftigt sich mit Trekking, Kanu- und Fahrradreisen und allen Ausrüstungsbereichen, www.outdoorchannel.de. „Tours" setzt zwar den Schwerpunkt bei Autoreisen, bringt aber regelmäßig auch Rad- und Trekkingtourenberichte, www.tours-magazin.de.

Rad-Bücher zur Reisevorbereitung

Radwandern, Andreas Bugdoll, Conrad Stein Verlag 1996. Behandelt in knapper Form alle Aspekte des Reiseradeln, von der Auswahl des richtigen Fahrrades und seiner Komponenten über die Ausrüstung bis zur Planung und Durchführung einer Tour, mit Praxistips eher für den Einsteiger.

Das Europa BikeBuch; ein Kompendium für Touren durch alle Länder Europas, von Herbert Lindenberg, Reise Know-How Verlag, 2. Afl. 2003. Jedes Länderkapitel ist unterteilt in einen Info- und einen Tourenteil, steckt voller Praxistips und Berichten von gestandenen Toureros und nennt auch Offroad-Strecken für Stollenliebhaber. Ein guter Ergänzungsband zu obigem Buch.

Das Lateinamerika BikeBuch; als ich 1989 zum meine Radabenteuer Panamericana startete, hatte ich von solch einem Radführer vergeblich geträumt: hier werden nicht nur jedes lateinamerikanische Land und seine Eigenheiten kurz vorgestellt, sondern auch konkrete Routentips genannt. Spannende Bikestories und Praxistips vertreiben die einsame Zeit im Zelt bei Regentagen. Die Autoren Raphaela und Harald Wiegers sind selbst zigtausend Kilometer (mit 2 Hunden!) durch Lateinamerika getourt. Reise Know-How Verlag.

Weitere Radführer und Radreise-Erzählungen sind bei „Kontinente und Länder" aufgeführt. Erlebnisbücher von globalen Radtouren siehe Teil 4, „Weltumradlungen".

3. Die richtigen Reiseführer

Je mehr man sich vorher über die Besonderheiten, die Topografie, das Klima, die Kultur etc. seines Reiselandes oder seiner Tourenländer informiert, desto besser kann man sich auf die Reise einstellen und vorbereiten.

Spezielle Radführer zu außereuropäischen Ländern gab es bis vor kurzem nur sehr wenige, Radfahrer waren auf allgemeine oder Globetrotter-Reiseführer angewiesen. Doch langsam gibt es nun auch spezielle Radführer, wenngleich meist nur für bekannte bzw. touristische Länder, und die meisten erscheinen in englischen oder amerikanische Verlagen (diese Bücher sind bei den einzelnen Ländern aufgeführt). Für kaum besuchte oder touristisch wenig bekannte Länder wird sich der Rad-Globi nach wie vor mit „normalen" Reiseführern zufriedengeben müssen, empfehlenswerte haben wir gleichfalls bei den Ländern aufgeführt.

Der Markt für Reiseführer ist inzwischen nur noch für Spezialisten zu überschauen, die Regale der Reisebuchhandlungen biegen sich mit meterweise Bedrucktem. War früher das Angebot veraltet und war man froh, überhaupt ein einigermaßen brauchbares Buch zu finden, so liegt heutzutage das Problem darin, aus den Dutzenden, die es für jedes einzelne Land gibt, den für Radfahrer nützlichsten herauszufinden.

Auswahl- und Kauftips Vermeidet banale, biedere, uninformative Bücher, die nur Sehenswürdigkeiten aufzählen und die in der Regel auf Pauschaltouristen zugeschnitten sind. Globetrotterbücher und Reiseführer für Individualreisende sind konkreter, detaillierter und aktueller (im Impressum nachsehen – viele Auflagen sind ein Qualitätsmerkmal) und sie geben auch ausführliche, sensible Hinweise zum Alltagsleben der Menschen. Für Radfahrer wichtig sind billige Unterkünfte und Restaurants, Treffpunkt-Hotels der Rucksackreisenden und natürlich Streckenbeschreibungen. Doch diese finden sich meist nur in Reiseführern für Auto- oder Motorradfahrer. Preisangaben sind in der Regel bei allen Führern nur Anhaltswerte, rechnet immer mit höheren Kosten. Da wo man am längsten bleibt, braucht man den genauesten Führer.

Eine Übersicht über das Angebot an weltweiten Reiseführern (und Landkarten) findet man in den Kataloge von Reiseausrüstern, z.B. bei Därr bzw. Lauche & Maas in München und Woick in Ostfildern (ihre und andere Buchbezugs-Adressen s.u. bei „5. Bücher- und Karten-Bezugsquellen").

Bereist man mehrere Länder, ist es wegen Gewicht und Volumen kaum möglich, für alle Länder Reiseführer mitzuführen. Man kopiert sich das Wichtigste und Informativste aus mehreren Führern heraus (evtl. auch verkleinern oder den Führer zerschneiden) und stellt sich so einen ganz speziellen für seine Reiseroute zusammen. Bei einer langen Tour kann man auch für jedes Land einen Führer vorbereiten und diesen dann sich von zuhause nachschicken lassen (aber erst später kaufen, damit man die neueste Auflage hat). Man kann aber auch noch unterwegs Reiseführer kaufen, z.B. über www.amazon.com, Lieferung und Bezahlung über eine Adresse im Reiseland.

Verlage Führende deutsche Verlage mit Büchern für Individualreisende sind *Reise Know-How* (RKH, Websites www.reise-know-how.de und www.reise-buch.de), RKH hat auch **Karten aus aller Welt** (world mapping project), dieses Programm wird ständig erweitert.

Stefan Loose (beim DuMont Verlag), *Peter Meyer* und ein paar kleinere mehr. Die große australisch/englische Globetrotter-Reiseführerserie *Lo-*

nely *Planet* (www.lonelyplanet.com) hat so ziemlich alle wichtigen Reiseländer im Programm, auch Radführer (Australien, Neuseeland, Cuba,
Vietnam u.a.). Der englische Verlag *Hilary Bradt* verlegt gleichfalls empfehlenswerte Globetrotter-Reiseführer, gleichfalls die Verlage Rough Guide (www.roughguides.com) und Let's go (www.letsgo.com).

Wie schon erwähnt, kann man engl. und US-Bücher leicht über
www.amazon.com (oder www.amazon.de) bestellen.

Viele Verlage bieten auf ihrer Homepage aktualisierte Informationen für
den Zeitraum bis zur Neuauflage eines Reiseführers an. Am perfektesten
gelöst hat das bisher Lonely Planet mit meist sechsmonatigen Upgrades,
auf der Website www.lonelyplanet.com/upgrades/index.htm findet ihr
Aktualisierungen zu sehr vielen Reiseführern. Das geht natürlich auch
noch unterwegs in einem Internetcafé. Auch www.reise-know-how.de
bzw. www.reisebuch.de bringen unter „Latest News" Neuigkeiten nach
dem Druck.

Reise-
Sachbücher,   Neben Reiseführern gibt es auf dem Markt noch eine Menge Bücher zu
Hinter-   speziellen oder allgemeinen Reise-Themen. Gut und vielseitig sind z.B.
grund-   die Bändchen der Reihe **PRAXIS** von Reise Know-How, u.a. **Reisefoto-**
literatur   **grafie** (von Helmut Hermann, Autor dieses Buchs), Reisen und Schreiben, Dschungel-Wandern, Selbstdiagnose und Behandlung unterwegs,
Tropenreisen, Kommunikation von unterwegs, u.v.a. Titel mehr. **Geogra-**
phisches Hand- und Lesebuch, von Horst Eichler, Touristikbuch Hannover. Das meiner Ansicht wohl beste Handbuch zum Verständnis
unserer Welt. Wer es gelesen hat, wird doppelten Nutzen aus seiner Tour
ziehen, weil es sämtliche Natur-, Bevölkerungs- und auch kulturellen
Aspekte der Welt anschaulich beschreibt und erklärt. Ersetzt ein Schulle-
ben Geografieunterricht.

Zu der Sparte Hintergrundliteratur, Tourismusethik, Verhaltens- und
Verständnis-Führer gehören die bekannten und bewährten **Sympathie-**
Magazine. Für bislang fast 40 Länder, darunter auch Spezialthemen.
Länderliste und Bezug vom Studienkreis für Tourismus und Entwicklung
e.V., Kapellenweg 3, 82541 Ammerland, Tel. 08177-1783, Fax 08177-
1349 (Bestellung online unter www.studienkreis.org). Weitere Titel zum
Thema findet man in der Reihe **KulturSchock** (Reise Know-How) sowie
in dem PRAXIS-Büchlein „Respektvoll Reisen", von Harald A. Friedl,
gleichfalls RKH. Spezielle Dritte-Welt-Literatur bringen die Verlage Hammer, Union und Lamuv heraus.

4. Landkarten

Wie bei Büchern ist es weniger ein Problem, von jedem Land und nahezu
jeder Region der Erde Karten zu bekommen, viel eher jedoch, aus dem
großen Angebot die für Rad-Ferntouren am besten geeigneten herauszufinden. Im Kontinente- und Länderteil des Weltführers wird auf entsprechende Landes- und Regionenkarten hingewiesen. Neben den unten
aufgeführten Bezugsquellen finden sich zusätzliche Kartenempfehlungen
meist auch in den empfohlenen Reiseführern.

Karten ferner Länder bekommt man hier in gut sortierten geografischen Buchhandlungen (die auch Spezialkarten besorgen können), in

Ausrüsterläden, unterwegs in Buchhandlungen, nationalen Automobil-clubs und bei Radclubs eurer Reiseländer. Doch unterwegs sind Karten fast immer schwieriger zu bekommen als zuhause, auch deshalb, weil es immer noch Staaten gibt, die Herstellung, Vertrieb und Verkauf von Land-karten militärischem Sicherheitsdenken unterordnen (im Länderteil wird auf solche Restriktionen hingewiesen). Deshalb möglichst alle Karten schon hier besorgen oder sie bei einer langen Reise per Post nach- bzw. vorausschicken (in vielen Dritt-Welt-Ländern gibt es Karten-Kaufmöglich-keiten erst in der Hauptstadt).

Die richtigen Karten
Die für Radfahrer am besten geeigneten Karten werden von Radclubs gemacht, sie zeigen in der Regel empfehlenswerte Routen, Steigstrek-ken, Campingplätze etc., doch solche Karten gibt es meist nur für euro-päische Länder bzw. für USA/Canada, Australien und Neuseeland. In fast allen anderen Fällen wird man sich mit den herkömmlichen, den für Auto-fahrer konzipierten Straßenkarten zufriedengeben müssen. Sie sollten genügend Unterscheidungen über den Beschaffenheitscharakter der Straßen und Pisten aufweisen. Gute Ausgaben lassen auch die Oberflä-chengestalt (Topografie) eines Landes erkennen.

■ *Und nun wo-hin ...? Eine gute Karte ist Gold wert! (Iran)*

Mit etwas Erfahrung kann man auch aus einfachen Karten viel heraus-lesen: autofreie Straßen finden sich eher in dünn besiedelten Gebieten, viele enge Kurven deuten auf große Höhenunterschiede hin, Straßen ent-lang von Eisenbahnlinien, Flüssen, Seen und am Meer sind meist ohne große Steigungen.

Auch renommierte Karten haben Fehler, meist stimmen die km-Anga-ben nicht, der Straßenverlauf ist falsch oder neue Straßen fehlen noch. Man sollte sich also, besonders bei Karten von Dritt-Welt-Ländern, Wü-sten, kaum besiedelten Regionen etc. nicht voll auf sie verlassen! Politi-sche oder touristische Karten taugen in der Regel nicht zum Radfahren.

ONC und TPC-Karten: Das ONC-(Operational Navigation Chart) Flug-Kartenwerk 1:1 Mio. umfaßt die ganze Erde (mit Ausnahme von Canada und Australien), ist aktuell mit topografischen Angaben und Geländedarstellung, jedoch nur mit grobem, wenig klassifiziertem Verkehrsnetz, denn schließlich sind sie ja für den Überblick aus der Luft gedacht. Hauptsächlich zu empfehlen für Gebiete ohne gutes Kartenmaterial. Das gleiche gilt für die TPC-Flugkarten, doch die sind mit ihrem Maßstab 1:500.000 noch detaillierter. Vorsicht mit diesen Karten in „empfindlichen" Ländern, man setzt sich evtl. dem Verdacht der Spionage aus! Die Kartenschnitte beider Kartenwerke sind im Därr-Katalog abgedruckt oder aber anzufordern bei Karten-Schrieb.

Sowjetische Generalstabskarten: ein vom russischen militärgeografischen Institut herausgegebenes Kartenwerk in den Maßstäben 1:1 Mio., 1:500.000, 1:200.000 und 1:100.000. Umfaßt die ganze Erde, mit gleichfalls sehr guter Geländedarstellung und besserer Information, was Orte, Straßen, Pisten, Eisenbahnlinien, Brunnen etc. angeht, als die o.g. Fliegerkarten. Meist nicht mehr auf dem neuesten Stand und nur als Ergänzung für Gebiete geeignet, für die es keine anderen geeigneteren Karten gibt (z.B. Sahara). Beschriftung in kyrillisch. Der Kartenschnitt ist ebenfalls im Därr-Katalog abgedruckt.

Kartentips   Es klingt komisch, doch es ist so: Je mehr Straßen es in einem Land gibt, desto wichtiger werden Karten – um nämlich dem Verkehr ausweichen zu können! Extrem-Beispiel sind die USA. Wo es kaum Straßen gibt, gibt es in der Regel auch kaum Autos.

In Ländern mit eigenem Alphabet bzw. mit eigenen Schriftzeichen (arabische Länder, Thailand, China u.a.) sollte man im Land weitere Karten kaufen, nur so ist – durch Vergleich mit lateinisch gedruckten Karten – unterwegs eine Orientierung möglich (Einheimische können nur ihre Schriftzeichen lesen).

Karten, die ihr wochen- und monatelang durch Länder oder Kontinente benützt, würde ich vorher zur Haltbarkeit mit einer Klarsicht-Klebefolie überziehen.

Macht euch auch mit den geografischen Begriffen in der Sprache eurer Reiseländer vertraut (z.B. Río in spanischspr. Ländern = Fluß, Dschebel in arabischen Ländern = Berg, La = Paß in Tibet etc.). Gute Atlanten haben meist ein solch entsprechendes Verzeichnis. Und immer die neueste Ausgabe der Karten verlangen!

5. Bücher- und Karten-Bezugsquellen

Karten- und Reiseführerversand Schrieb, 71706 Markgröningen, Schwieberdingerstr. 10/2, Tel./Fax 07145-26078, karten.schrieb@t-online, www.Karten-Schrieb.de. – Brettschneider Fernreisebedarf, Hauptstraße 5, 85586 Poing, Tel. 08121-71436. – Därr Expeditionsservice GmbH, Theresienstr. 66, 80333 München (Katalog unter www.daerr.de). – Woick GmbH, Plieninger Str. 21, 70794 Filderstadt (Katalog unter www.woick.de). – Lauche & Maas, Alte Allee 28, 81245 München (Katalog unter www.lauche-maas.de).

Eine Liste mit Landkartenspezialisten (Buchhandlungen) findet man in dem Buch „Fernreisen auf eigene Faust", Hans Strobach, Reise Know-How, Reihe PRAXIS.

Schweiz   *Zürich:* Travel Book Shop und Map-House Gisela Treichler, Rindermarkt

20. Buchhandlung Orell-Füssli, Pelikanstr. 10. Buchhandlung Barth, Bahnhofstr. 94. – *Bern:* Atlas-Reisebuchladen, Schauplatzgasse 31. Stauffacher-Buchhandlung, Neuengasse 25. – *Basel:* Buchhandlung Sphinx, Spalenberg 38 u. Nadelberg 47.

Bücher und Landkarten auch in den Läden des Globetrotter Club & Travel Service in Zürich, Rennweg 35 bzw. Kirchgasse 3. In Baden: Badstr. 8. Basel: Falknerstr. 4 und Aeschengraben 13. Bern: Neuengasse 23 und Aarbergstr. 21. Luzern: Rütligasse 3. Olten: Hauptgasse 25. St. Gallen: Merkurstr. 4. Thun: Bälliz 61. Winterthur: Untertor 21. Zug: Alpenstr. 11.

Österreich   Hof & Turacek Expeditions-Service, Markgraf-Rüdiger-Str. 1, 1150 Wien. – Freytag u. Berndt Artaria, Kohlmarkt 9, 1010 Wien.

England   Spezialist für Outdoor- und Reiseliteratur, Radbücher und Karten für weltweite Ziele ist „Cordee", 3a de Montfort Street, Leicester, LE1 7HD. Cordee führt auch in Deutschland nur schwer erhältliche Titel und Karten fremder Länder, z.B. die American Atlas & Gazetteer-Series (s. USA). Laßt euch die *stocklist* schicken. Das Programm ist auch über Brettschneider oder Schrieb (s.o.) erhältlich.

D. BÜROKRATIE, FINANZEN, VERSICHERUNGEN

1. Abwesenheits-Organisation

Kontaktperson   Bestimmt beizeiten eine Person eures Vertrauens, die während eurer Abwesenheit all die Dinge erledigt, die zuhause anfallen und erledigt werden müssen und mit der ihr in Kontakt seid. Wichtig ist so eine heimatliche Stallwache auch als Postverteilstelle. Der Reisekoordinator kennt eure nächste Postanschrift, empfängt eure Rundbriefe, kopiert sie und schickt sie dann an eure Freunde weiter. Ihm eine Post- und Bankvollmacht hinterlassen. Habt ihr eine **Homepage,** solltet ihr auch einen Administrator bestimmen, der die Website pflegt, neue Berichte und Digitalfotos einarbeitet und bei allen technischen Problemen eingreifen kann. Er sollte auch eine komplette Liste aller eMail-Adressen eurer Freunde und Bekannten haben, damit er ggf. Rundmails verschicken kann.

Reisetagebuch, Visitenkarten, Fahrtenbuch   Im Reisetagebuch werden alle wichtigen Adressen notiert: die heimatlichen Adressen, eMail-Adressen aller Bekannten (ggf. für die Rundmails), Konsulate und Botschaften mit Telefon- und Fax-Nummern eurer Reiseländer, Adressen von Radfahrverbänden u. sonstige wichtige Adressen, z.B. deutschsprechende Ärzte. Auch die Nummern von Fahrrad, vom Paß, von Ausweisen, Tickets, Traveller-Schecks, die heimatlichen Telefon- und Fax-Nummern sowie die Sperr-Telefonnummern für eure Kreditkarten (falls Verlust; auch über Internet möglich)! Im Tagebuch stehen auch Notizen über eure belichteten Filme. Um ganze wirklich perfekt zu machen, solltet ihr bereits zuhause alle relevanten **Daten in elektronischer Form archivieren:** Bei Verlust oder Diebstahl fordert ihr dann im nächsterreichbaren Internetcafé von eurer Kontaktperson eine Kopie dieses Datenblattes an und ihr druckt es nur noch aus.

Wichtig sind auch Visitenkarten. Nehmt genügend davon mit – am besten gleich als netter Entwurf, mit z.b. einem Rad drauf (s.a. im Teil 2, C. 8 „Gastgeschenke").

Globe-Radler sollten sich ein Fahrtenbuch anlegen, mit Bildern von unterwegs, eurer Reiseroute, Zeitungsartikel über die Radreise, empfehlende Worte und „Gute-Reise-Wünsche" von getroffenen Personen und auch Behörden (Stempel). So ein Buch kann zur Kontaktaufnahme sehr hilfreich sein (besonders in Ländern, wo man sich kaum verständigen kann). Man erspart sich so auch immer wieder die gleichen Erklärungen über seine Tour.

2. Stempeln gehen – Paß, Visa, Ausweise, Papiere

Paß

Euer Paß sollte noch eine genügend lange Gültigkeit haben (auch über das angepeilte Rückreisedatum hinaus – wer weiß, wo ihr hängenbleibt), und er muß genügend leere Seiten haben, damit all die schönen Stempelchen, die im Laufe des Trips zusammenkommen, Platz haben. Das Paßfoto sollte nicht zu alt sein und keine starken Abweichungen von eurem gegenwärtigen Aussehen haben (Bart, Mähne).

Wichtig: Unterwegs den Paß nie aus der Hand geben, weder der Polizei noch in Hotels, Campingplätzen etc. Pässe werden nämlich oft als „Pfand" verlangt. Eure Begründung: Pässe sind Eigentum der Bundesrepublik Deutschland (steht in jedem drin). Kopiert die Hauptseiten ein paar mal und gebt nur die her, falls mal jemand euren Paß verlangen sollte (bei Kontrollen gibt sich die Polizei allerdings kaum mit einer Paßkopie zufrieden).

Ein Zweitpaß ist verlockend – wenn der eine weg ist, hat man noch einen zweiten. Kann von der ausstellenden Paßbehörde unter wenigen bestimmten Voraussetzungen bewilligt werden, z.B. bei langwierigen Visa-Formalitäten für mehrere Länder oder wegen „Stempel-Unverträglichkeit" verfeindeter Länder (s.u.). Doch ein zweiter Paß kann unterwegs bei Kontrollen auch Probleme verursachen, man macht sich bei Behörden und Polizei verdächtig – haben Spione nicht immer zwei Pässe …? Deshalb immer nur den Paß mit dem aktuellen Visum vorzeigen – was ja auch Sinn macht –, und den anderen Paß ganz tief im Gepäck vergraben.

Visa

Für etwa 100 Länder der Welt (von ca. 190) benötigen Deutsche ein Sichtvermerk im Paß, Visum genannt. Tendenz leider wieder steigend. Ohne ein solches Stempelchen endet mancher Trip schon an einer Grenze oder bereits am Abflugschalter. Das schon erwähnte „Selbstreise-Handbuch" der DZG führt die Adressen aller Staaten mit Visumpflicht für Deutsche auf. Auch online findet man auf der Homepage des Auswärtigen Amtes (www.auswaertiges-amt.de) eine Übersicht mit den Visumerfordernissen aller Länder.

Für welches Land deutsche (Schweizer, österreichische) Staatsbürger nun ein Visum brauchen, ändern sich ab und zu, sind abhängig von der politischen (Groß-)Wetterlage und den Beziehungen untereinander. Deshalb immer bei den entsprechenden Botschaften oder Konsulaten den neuesten Stand erfragen, alle Angaben, egal wo sie stehen, können von heute auf morgen überholt sein! Zuständig für die Ausstellung eines Visums ist fast immer die Botschaft des Reiselandes, selten ein Konsulat.

Fremdenverkehrsbüros (und auch Airlines) geben aber meist nur „Touristenkarten" aus, sofern erforderlich.

Visum-Vorschriften, Kosten

Es gibt einen wahren Verhau von Vorschriften, die die Erteilung eines Visums regeln. Da ist ein Ausreiseticket nachzuweisen, genügend Finanzierungsmittel (Bankgarantie), es wird eine Einladung oder Bürgschaftserklärung eines Bürgers des Einreiselandes verlangt oder einen sog. „Letter of Recommendation" (von Behörden oder Firmen), Übersetzung des Passes ins Arabische (Libyen), und manchmal auch ein amtliches Gesundheitszeugnis (oder ein negativer Aids-Test), wenn man länger als nur ein paar Wochen in einem Land bleiben will. *Transitvisa* gibt es generell nur, wenn das Folge-Reiseland bereits eurer Einreise zugestimmt hat.

Wenn sich unterwegs in einem Land keine Botschaft des Landes befindet, von welchem man ein Visum benötigt, so geht man zur zuständigen Schutzmachtvertretung, welche die Interessen des gewünschten Landes diplomatisch vertritt (viele kleine Länder haben weltweit nur wenige Botschaften). Welches Land wen vertritt, erfahrt ihr von der deutschen Botschaft oder den offiziellen Stellen eures Reiselandes.

Nur ganz selten bekommt man ein Visum direkt bei der Einreise an der Grenze oder am Airport. Und wenn, dann meist auch nur mit einer sehr kurzen Gültigkeitsdauer! Nehmt Durchschlagpapier mit, weil an Grenzen und bei Behörden Formulare oft mehrfach auszufüllen sind (außerdem könnt ihr so Sicherheitskopien von euren wichtigen Briefen machen, wenn gerade kein Kopierer in der Nähe ist).

Tragt in einen Visumsantrag als Grund der Reise immer „Tourist/Tourismus" und (wenn verlangt), einen schön verständlichen Beruf ein, bloß nicht Journalist, Reporter, Fotograf, Soldat, Nachrichteningenieur o.ä.! Höfliche Begleitbriefe, am besten in der Landes- oder Verkehrssprache des zu bereisenden Staates, mögen gleichfalls zur Beschleunigung eines Visumsantrags beitragen.

Unterschätzt nicht die **Kosten,** die von Staaten für eine Visum verlangt werden! Von kostenlos (USA) bis zurzeit Euro 436 z.B. für ein Mehrfachvisum in die Vereinigten Arabischen Emirate ist alles möglich … Im „Normalfall" liegen die Gebühren zwischen Euro 25 und Euro 50. Fast immer billiger bekommt man ein Visum im Vorland eures Ziellandes. Nur kann es da manchmal mit der Bewilligung und mit der Aufenthaltsdauer Probleme geben.

„Einfache" und schwierige" Länder

Generell läßt sich sagen, daß die Länder des Kontinents **Amerika** für Leute mit deutschem Paß relativ problemlos zu bereisen sind. Visa werden dort, bis zu drei Monaten Aufenthaltsdauer, von kaum einem Land verlangt, Verlängerungen sind in der Regel problemlos möglich. Schwieriger ist **Afrika.** Hier sind für fast alle Länder Visa nötig, der Kampf durch den Bürokraten-, Papier- und Ein-/Ausreise-Dschungel kann schwieriger sein als durch den afrikanischen Busch. Auch **arabische Länder** sind Problemländer bezüglich Reisevisa. In **Asien** ist es gemischt, von gänzlichen Restriktionen (z.B. läßt das Himalayaland Bhutan Einzelreisende nicht herein, und für das schöne Myanmar bzw. Burma bekommt man höchstens vier Wochen) bis liberal (Thailand, Philippinen, Indonesien u.a.). Auch in den GUS-Staaten muß man den Grenzverlauf aufmerksam studieren: manche Hauptstraßen (z.B. Taschkent – Bischkek) führen durch Drittländer, die dann ein teures Transitvisum erforderlich machen.

Manche Länder mögen sich nicht, und ihre amtlichen Stempel vertragen sich nicht mal in Pässen: Arabische Länder (Libyen) und Israel, in Asien Taiwan und China und Nepal und China (falls als Einreise „Überland" angegeben wird, denn China mag keine Tibetradler). Weil die Weiterreise mit einem Stempel des „Feindes" im Paß ins andere Land dann evtl. verwehrt wird, stempeln Problemländer auf Wunsch Visa auch auf Paß-Einlageblätter. Oder man hat dafür einen Zweitpaß.

Gültigkeits- und Aufenthaltsdauer

Fast jedes Land verlangt, daß der Paß noch ein halbes Jahr über den beantragten Visums-Zeitraum hinaus gültig ist. Ein Handicap bei der Beantragung eines Visums ist die oftmals lange Bearbeitungsdauer. Wer Visa für mehrere Länder braucht, dessen Paß ist dann evtl. Monate unterwegs – hat man alle zusammen, mag derweil dann die Gültigkeitsdauer für das zuerst ausgestellte Visum bereits wieder verfallen sein ... Man sollte deshalb die ausstellende Stelle bitten, die Gültigkeit für etwa auf den Zeitpunkt vorauszudatieren, in dem man das Land erreichen wird (oder man beantragt zuerst jenes Visum, das am längsten gültig ist). Manche Botschaften bieten auch eine beschleunigte Bearbeitung an – gegen einen deftigen Mehrpreis. Dann kann die Einschaltung eines spezialisierten „Visumbüros" in Betracht kommen, mehr dazu s.u.

Die **Gültigkeitsdauer** (meist drei Monate) ist **nicht** die bewilligte Aufenthaltsdauer sondern die Frist, innerhalb der der Reisende ins betreffende Land eingereist sein muß, damit das Visum nicht seine Gültigkeit verliert! Rühmliche Ausnahmen: Visa für die USA und Australien z.B. sind meist „indefinitely", also zeitlich unbeschränkt bzw. so lange gültig, wie der Reisepaß gültig ist (diese beiden Visa sind unterwegs nur schwierig zu bekommen, unbedingt hier beantragen).

Die bewilligte **Aufenthaltsdauer** kann von Land zu Land beträchtlich schwanken: von z.B. nur ein paar Tagen bis meist max. ein halbes Jahr. Üblich sind vier bis 12 Wochen, die im Land dann meist nochmals verlängert werden können.

Grundsätzlich sollte man immer eine längere Aufenthaltsdauer und mehr Einreisen beantragen als eigentlich geplant – du kannst ja nie wissen, wie deine Reise verläuft. Wenn man dir an einer Grenze eine zu kurze Aufenthaltsdauer geben will, weise auf das Fahrrad als dein Reisemittel hin, Radfahrer brauchen zum Durchqueren eines Landes bekanntlich etwas länger als Flug- oder Autotouristen ...

Visumbüros

Durch das Dickicht der Visumvorschriften und -erteilungen führen auch Spezialfirmen, die gegen (teures) Geld alle erforderlichen Visa besorgen. Sie füllen gar die Formulare aus und übersetzen ggf. alle wichtigen Dokumente. Dieser Service kommt nicht nur Geschäftsreisenden zugute, sondern auch Radlern, die einen Last-Minute-Flug gebucht haben und nun noch auf die Schnelle ein Visum benötigen. Blitzservice und Hinterlegung am Flughafen kosten extra, dazu kommen noch die normalen Bearbeitungsgebühren der Botschaft. Hat man mehr Zeit, wird es spürbar billiger. Möglich wäre es auch, noch von unterwegs mit einem Zweitpaß Visa im Heimatland zu beantragen, der Paß wird dann mit einem (teuren) Kurierdienst zugestellt. Einige Visumsdienste: Visum Centrale in Bonn und Berlin, Tel. 0180-5084786, www.visum-centrale.de; Visa Dienst Bonn, Tel. 0228-367990, www.visum.de; Visa Direkt in Berlin, Tel. 030-4866291, www.visa-direct.de, oder Visa Express in Berlin, Tel. 030-

84409060, www.visa-express.de. Im Frankfurter Flughafen: Dokumen-tenservice, Tel. 069-69072232, www.visumservice.de. Es gibt noch viele andere Firmen.

Fazit

Man sollte versuchen, möglichst viele Visa schon im Heimatland zu be-kommen. Doch bei einer langen Radreise ist dies kaum möglich. Die rest-lichen Visa müssen unterwegs beschafft werden (übrigens: Botschaften im Ausland haben meist nur morgens Sprechstunde, auf oftmals lange Wartezeiten bzw. langdauernde Prozeduren einstellen, immer genügend Paßfotos mitnehmen).

Von seiner Hausbank ein Schreiben geben lassen (mehrsprachig), daß du genügend auf der Kante hast, deine Reise zu finanzieren. Kann bei der Visumsbeschaffung nützlich sein oder nötig werden, hilft auch unterwegs bei störrischen Grenzbeamten weiter. Meist will die ausstellende Behör-de aber auch ein Weiter- oder ein Rückflugticket sehen. In diesem Fall ein IATA-Flugticket kaufen (keines vom Grauen Markt), das du dann im Zielland jederzeit wieder zu Bargeld machen kannst.

Letzter Tip: Billiger oder manchmal sogar kostenlos besorgen auch gute Reisebüros ein nötiges Visum. Fragt nach diesem Service, wenn ihr in einem Reisebüro ein Flugticket für ein visumspflichtiges Land kauft.

Ausweise

Außer dem Paß sind auf euerer Fahrradreise noch einige Papierchen mehr von Bedeutung:
– Der Internationale gelbe WHO-Impfausweis und Blutgruppenausweis
– Ärztliches Attest (verlangen meist Schiffahrtslinien, wenn ihr unterwegs an Bord eines Schiffes zur Überfahrt anheuern wollt, heute eher selten)
– Krankenrücktransport-Versicherung
– Versicherungsschein der (privaten) Krankenkasse
– Jugendherbergsausweis
– Internationaler Studentenausweis (für verbilligte Eintritte, Ermäßigun-gen), ist jedoch nicht mehr so wichtig wie in der Frühzeit der Globetrot-terei. In bestimmten Billigflugreisebüros Asiens (Bangkok u.a. Städte) auch so käuflich.
– Internationaler Führerschein (falls ihr unterwegs mal einen Mietwagen nehmen wollt)

Empfeh-lungs-schreiben

Ein (fingiertes), mehrsprachiges Empfehlungsschreiben eurer Uni, des Radvereins, des örtlichen Kaninchenzüchtervereins etc. Besonders wirk-sam ist ein Empfehlungsschreiben eines Polizeivereins.

Bank-Bürgschaftsschreiben (wie oben erwähnt, wird von manchen Ländern für die Erteilung eines Visums verlangt. An Grenzen kann eine Bankbürgschaft den Nachweis eines bezahlten Rückflugtickets oder gar eine Kautionshinterlegung überflüssig werden lassen, oft wollen die Grenzer aber auch nur eine Kreditkarte sehen).

Empfehlungsschreiben-Muster:
To whom it may concern
With this letter, we hereby verify that Mr. Michael Mustermann has at least 5000 US$ at his disposal and is able to purchase a return ticket to Germa-ny if needed.
Yours faithfully – Stempel und Unterschrift der Bank
A la personne concernée
Nous soussignés, certifions que Michael Mustermann est recommanda-

ble pour un montant de 5000 US$, afin de payer son billet de retour pour Allemagne soie le besoin se présente.

Veuillez agréer, Monsieur, l'expression de mes meilleures sentiments – Stempel und Unterschrift der Bank

Sicherheits-kopien Die ersten Seiten des Passes kopieren, auch evtl. die Seiten mit den Visa eurer Zielländer, und – sobald ihr in ein Land eigereist seid – die Seite mit dem Einreisestempel des betreffenden Landes. Bei Paßverlust könnt ihr so nachweisen, daß ihr legal ins Land eingereist seid und die Neuausstellung der Visa kann beschleunigt werden.

Kopiert auch euer Flugticket, den Impfpaß, die Kreditkarte und die Nummernliste und Kaufquittung eurer Reiseschecks. Die Kopien dann getrennt aufbewahren, zweckmäßig ist der Austausch mit dem Reisepartner und ein Satz Kopien im Fahrradrahmen. Einen weiteren Satz Kopien zuhause lassen.

Für „ganz gefährliche" Länder beim Reisen durchs Land eine von der Botschaft beglaubigte Paß-Kopie machen und mit der durchs Land reisen. Den Paß dann vor der Ausreise wieder abholen (sofern man über die Hauptstadt wieder ausreist).

3. Alles übers Geld bei Rad-Fernreisen

Ohne Moos nichts los, auch beim Globetreten mit dem Fahrrad. Doch in welcher Form Geld mitnehmen, wie gelange ich an Nachschub – wichtige Punkte bei der Reisevorbereitung, auf die hier etwas ausführlicher eingegangen werden soll.

Grundsätzliches Es ist durchweg fast immer günstiger, erst im Zielland Landeswährung zu kaufen, als sie sich hier über die Bank zu beschaffen. Je „weicher" oder inflationsgefährdeter die Währung eines Landes, desto einfacher läßt es sich dort mit harter fremder Währung, also mit Euro, Schweizer Franken oder Dollars bezahlen. „Weichwährungs-" bzw. Inflationsländer sind traditionell fast alle südamerikanischen Länder, aber auch viele afrikanische, asiatische und die ehemaligen Ostblockländer. In solchen Ländern existieren dann manchmal auch Schwarzmärkte (s.u.). Je weiter man in touristisch „unerschlossene" Gebiete vorstößt, desto wichtiger wird Bargeld, mit Reiseschecks und Kreditkarte ist dann nicht mehr viel anzufangen. In „abgelegenen" Ländern oder auf „unüblichen" Routen gibt es meist kaum mehr Banken bzw. Großstädte mit Wechselmöglichkeiten oder Geldautomaten, so daß man vorausschauend vorab immer genügend Geld wechseln muß.

Einige Länder, wie z.B. Myanmar, haben Devisen-Sonderregelungen oder man darf die Landeswährung nicht oder nur beschränkt ein- oder ausführen, wie z.B. in viele afrikanische Länder. Details dazu bei den einzelnen Ländern.

Geld-mitnahme **1.** Etwas **Bargeld** in seiner Landeswährung sowie Dollarnoten. Braucht man, um „flüssig" zu sein, damit man bei der Ankunft in einem Land bzw. an einer Grenze gleich wechseln kann.

2. Reiseschecks (Traveller-Schecks). Es gibt sie als Euro und als Währungsschecks, z.B. auf US-Dollar, Schweizer Franken u.a. lautend.

Welche Scheck-Währung man wählt, ist abhängig vom Reiseland- bzw. Reise-Kontinent, die Entscheidung nach Einführung des Euro aber nicht mehr so schwierig wie früher. Obwohl die Welt-Reisewährung immer noch der US-Dollar ist, liegt man auch richtig, wenn man für die überwiegende Anzahl afrikanischer, asiatischer oder südamerikanischer Länder auch die Währung des früheren Kolonialherren wählt. Für Westafrika also Euro, für Ost- und Südafrika (noch) englische Pfund, für Südamerika Euro (oder, besser, US-Dollar). Euro- oder Schweizer-Franken-Reiseschecks – bei denen man beim Kauf als Deutscher bzw. Schweizer kein Kursrisiko hat – werden zwar weltweit bei Banken durchweg auch gegen Bargeld gewechselt, doch in manchen Ländern haben diese Währungen eine niedrigere Akzeptanz.

Beim Kauf von Reiseschecks wird 1% Gebühr fällig, und beim Einlösen nochmals ein – oder mehrere – Prozente. Kleinere bis mittlere Stückelungen wählen. **Tip:** Sind die Einlösegebühren überzogen hoch, so beschwert euch bei eurer Gesellschaft (American Express, Thomas Cook). Zwar haben die Scheckgesellschaften keinen Einfluß auf die Gebührenpolitik der XY-Bank in Caracas, doch werden zu hohe Einlösegebühren oft auf dem Kulanzweg ersetzt. Gebührenfrei werden American Express-Reiseschecks weltweit in den firmeneigenen Reisebüros und Banken eingelöst. Am unproblematischsten sind Traveller-Schecks in den USA: Dort kann man mit Dollarschecks fast überall wie mit Bargeld bezahlen.

Marktführer bei weltweiten Reiseschecks sind American Express und Thomas Cook. Beim Wechseln ist stets der Paß vorzulegen und die zweite Unterschrift zu leisten. Kaufquittungen kopieren und getrennt von den Schecks aufbewahren. Hier gekaufte Schecks sind „totes Kapital" beim Reisen, im Bedarfsfall besser unterwegs neue Reiseschecks mit einer Kreditkarte kaufen.

Scheck-Wechselmöglichkeiten gibt es oft nur in größeren Städten. An den allermeisten Grenzen Afrikas, Asiens oder Lateinamerikas gibt es keine Banken oder Wechselstuben, höchstens mal einen Geldwechsler. Wenn ihr Grenzen an Wochenenden oder an Feiertagen überschreitet (oder über kleine Grenzübergänge einreist), kann es unter Umständen lange dauern, bis ihr endlich Geld wechseln könnt. Deshalb schon im Vorland sicherheitshalber einige Scheinchen des nächsten Landes kaufen – doch Vorsicht, wenn die Einfuhr einer Währung verboten ist.

3. Kreditkarten

Früher war das Plastikgeld exklusives Status-Zahlungsmittel wohlsituierter Traveller, heute ist es auch für Rucksack- oder Fahrrad-Globis unentbehrlich. Weniger, um mit der Karte bei den (meist teureren) Akzeptanzstellen (also Hotels, Geschäfte) bezahlen zu können, sondern als das beste und schnellste Mittel, um fernab **Bargeld aus Bankautomaten** „tanken" zu können, oder um unterwegs neue Reiseschecks kaufen zu können (für uns – mit dem Internet – die beste „Erfindung" beim Reisen … was waren das früher für zeitraubende Aktionen, um wieder flüssig zu sein; heute schiebt man in allen Weldgegenden, quasi „im Vorübergehen", seine Euro-, Master- oder VISA-Card in einen Geldautomaten und schwuppdiwupp blättert es die Banknoten raus …). sog. Bankautomaten heißen auf Englisch **ATM** (Automatic Teller Machine).

Zahlungen mit der Karte greifen nicht euer Reisebudget an, nur das heimatliche Bankkonto wird damit belastet. Um die Kreditzinsen im Griff zu behalten, evtl. noch vorher ein Guthaben auf dem Kreditkarten-Konto deponieren oder – falls möglich – einen täglichen Abrechnungsmodus wählen. Manche Banken zahlen gar recht attraktive Guthabenzinsen auf Kreditkartenkonten oder berechnen nur geringe Gebühren, falls die Abbuchung durch ein Guthaben gedeckt ist.

Das Plastic-Money ist auch das beste Mittel für finanzielle Absicherung in Notfällen (z.B. schneller Heimflug), bei größeren Ausgaben, z.B. beim Kauf eines inländischen Flugtickets, wenn man mal ein Auto mieten will und besonders auch als Liquiditätsnachweis bei Grenzüberschreitungen, weil viele Länder von Touristen zum Nachweis der Finanzierung ihres Aufenthalts immer noch entweder Bargeld, Schecks oder eine Kreditkarte sehen wollen.

Welche Karte? Meist wird EuroCard/MasterCard oder VISA der Vorzug gegeben. Der Klassiker American Express, Barclays (Englands größte), Diners Club u.a. werden in Dritt-Welt-Ländern bei weitem nicht so bereitwillig akzeptiert. Alle haben Vor- und Nachteile bzw. verschieden hohe Mitgliedsbeiträge. American Express z.B. zahlt Bargeld und Schecks nur in den American-Express eigenen Reisebüros und durch eigene Automaten an Flughäfen aus, mit VISA und EuroCard bekommt man Geld in den (sehr zahlreichen) Vertragsbanken und deren Geldautomaten. Interessant für Globetrotter ist evtl. ein „Doppelpack", nämlich VISA kombiniert mit EuroCard/MasterCard, wie ihn z.B. der ADAC für seine Mitglieder und manche Banken anbieten. Die Banken versuchen, so neue Kunden zu werben, mit weiteren Angeboten kann man immer mal wieder rechnen. Am besten die Kartenangebote selbst vergleichen, dazu Anträge schicken lassen. Die Zeitschrift „Finanztest" der Stiftung Warentest führt von Zeit zu Zeit auch vergleichende Karten-Tests durch.

Die Organisationen bieten gelegentlich auch „Mitgliedschaft zum Testen" an, kostenlos für drei Monate – also gut für einen Kurztrip. Bei **Kartenverlust** unverzüglich die Kartenorganisation benachrichtigen (anrufen oder faxen, Nummern mitnehmen) und **sperren lassen** (auch übers Internet, z.B. bei www.eurocard.de, www.visa.de u.a.). In Notfällen gewähren sie meist ein Sofortgeld von maximal 1000 US-Dollar.

Tauglichkeit in Ländern und Kontinenten Doch noch vor den Kosten einer Karte ist die Tauglichkeit für eure geplante Reise ausschlaggebend. Wer allein oder zu zweit auf Weltreise geht ist mit einer American Express und einer EuroCard/Mastercard oder VISA-Karte zumindest in den USA bestens abgesichert. AE hat in Nordamerika ca. 500 Büros, ist aber auf den restlichen Kontinenten weit schwächer vertreten (Länderliste von American Express schicken lassen). Die Firma rühmt sich immerhin mit weltweit schnellstem Ersatz bei Verlust. In Asien, Afrika oder Australien fahren Radler(pärchen) mit einem VISA-/MasterCard-Duo wesentlich besser. Barclays ist in allen englischsprechenden Ländern bzw. in ehemals englischen Kolonial-Ländern bekannt.

In **Europa** genügt die **EC-Card (Maestro)** und/oder die Postbank Card. Mit der **EC-Maestro-Card kann mittlerweile** in weiterhin steigendem Maß **weltweit Bargeld aus Geldautomaten** gezogen werden (achtet auf die Logos am Automaten), und zwar **erheblich gebührengünstiger als mit einer herkömmlichen Kreditkarte** (MasterCard, VISA-Card)! Natürlich Geheimnummer parat haben.

Hier eine grobe Übersicht über die **Verbreitung** von Kreditkarten:

Asien: Am verbreitetesten sind EuroCard und VISA, in den GUS-Staaten auch American Express (aber nur wenige Stellen akzeptieren dort überhaupt Kreditkarten).

Australien: Hohe Karten-Akzeptanz, EuroCard und VISA, Geldziehen aus Automaten auch mit EC-Maestro-Card.

Amerika: In den USA und Canada sind Kreditkarten ein „muß" - Euro-Card/Mastercard und VISA sind am verbreitetsten, auch American Express. Hohe Karten-Verbreitung in Mittelamerika (Kuba nur mit VISA-Card!). In südamerikanischen Ländern ist die Karten-Akzeptanz mittelmäßig – EuroCard und/oder VISA wählen. Geldziehen aus Automaten auch mit EC-Maestro-Card!

Afrika: Karten-Akzeptanz gering bis mittel, in Tourismusländern (Kenia, Tunesien, Ägypten etc.) höher, sehr hoch in Südafrika und Namibia. American Express wohl am besten, in Marokko, Tunesien und Ägypten auch EuroCard, im südlichen Afrika EuroCard und VISA, Geldziehen aus Automaten auch mit EC-Maestro-Card.

Geldnachschub

Langzeitreisende können nicht die ganze Reisekasse mit sich herumschleppen (Radler durch die GUS-Länder müssen es!), doch mit der weltweiten Ziehung von Bargeld aus Geldautomaten ist Nachschub heutzutage kaum mehr ein Problem. Hier ein paar weitere Möglichkeiten:

1. Geld von zuhause in sein Reiseland überweisen ist meist kompliziert und mit hohen Gebühren verbunden. Überweisungen sind meist nur in Groß- bzw. in die Hauptstädte bzw. Vertretungen bzw. Korrespondenzbanken deutscher Banken möglich. Dies vorher mit seiner Hausbank bzw. der weltweit operierenden Deutschen Bank abklären, evtl. dort zuvor ein Konto eröffnen. Sinnvoll sind Überweisungen von zuhause nur in Länder mit „harter", also frei konvertierbarer Währung. Hartwährungen sind echt wichtig vor der Weiterfahrt in „Weichwährungsländer", in denen man für seine Dollars oder Euros in cash auf dem Schwarzmarkt viel mehr als offiziell bekommt. Achtung! Schwierig wird's, wenn man in einem Land Geldüberweisungen nur in der Landeswährung ausbezahlt bekommt und dann diese Währung nicht ausführen darf! Dann habt ihr euch ausgetrickst! Die wichtigste Frage also beim Nachsenden durch eine Bank lautet also: In welcher Währung bekommt man sein Überweisungsgeld in X-land ausbezahlt? Bestehen dort Restriktionen bezüglich der Konvertierbarkeit bzw. Ausfuhr?

Bei Geldtransfers dem heimatlichen Sachwalter eine Bankvollmacht hinterlassen. Alles, wie gesagt, vorher mit der Hausbank abklären. Je schneller, desto teurer sind Transaktionen.

Man kann auch bei Banken einen **garantieren Bankscheck** kaufen und im Ausland an eine Adresse schicken lassen. Den Betrag erhält man dann dort bei einer Bank ausbezahlt.

Eine Sonderstellung nehmen **Blitzüberweisungen** ein, die vor allem bei Notfällen (Diebstahl, Überfall) in Betracht kommen. Führend ist die US-Bank Western Union (www.westernunion.com) mit mehr als 100.000 Agenturen weltweit (mit Ausnahme der Länder, die vom US-Embargo betroffen sind, z.B. Kuba und Syrien). Partner in Deutschland sind z.B. die **Reisebank** und die Postbank. Die Auszahlung erfolgt auch in Supermärkten, Tankstellen etc., meist innerhalb von einer halben Stunde und ohne weitere Gebühren (die wurden bereits in Deutschland berechnet), allerdings nur in Landeswährung und man muß sich irgendwie ausweisen können. Kosten ca. Euro 30 bei einer Überweisung von Euro 500, bei höheren Beträgen wird es relativ gesehen billiger. Weitere Infos unter www.reisebank.de und www.postbank.de (die Reise-bank bietet auch einen Währungsrechner, man kann Währungen sehr vieler Länder kaufen/verkaufen und Geldscheine exotischer Länder vorab ansehen).

2. Konto im Reiseland eröffnen. Eine gute Alternative für Australien-, Neu-seeland- oder USA-Biker, die einige Monate im Land bleiben wollen, ist die Er-öffnung eines Bank- oder Postsparkontos. Das kann im Reiseland vorgenommen werden (als Adresse kann man auch eine Poste Restante-Adresse angeben), viele Großbanken dieser Länder haben aber auch Nieder-lassungen in Frankfurt. Somit kann man bereits hier ein Konto eröffnen und läßt sich dann eine Bankkarte und Geheimnummer aushändigen, um an den Bankautomaten im Reiseland jederzeit Geld abheben zu können (s. „Austra-lien").

Manche Anbieter von Online-Konten, wie z.B. die Postbank, ermöglichen auch Online-Überweisungen ins Ausland. Der große Vorteil: Man kann später im Reiseland größere Beträge an sich selbst überweisen. Voraussetzung ist die Einrichtung eines eigenen Kontos bei einer Bank im Reiseland.

3. Bei Langzeitreisen am besten ein Konto bei einer internationalen Bank eröffnen, also z.B. bei American Express. Dann kann man unterwegs bequem immer Geld abheben (vorausgesetzt, die Reise führt durch Länder, wo diese internationale Bank auch vertreten ist). Oder, wie schon gesagt, bei einer On-line-Bank.

Schwarz-geld

In vielen Ländern der Welt existieren Schwarzmärkte für den Tausch von Devisen, d.h., einheimisches Geld ist auf der Straße günstiger als in Ban-ken oder bei offiziellen Geldwechselstellen. Der günstigere Kurs kann nur ein paar Prozent oder auch ein vielfaches vom offiziellen Kurs betragen. Die Gründe für eine existierenden Schwarzmarkt sind meist eine sehr hohe, versteckte Inflation und eine darniederliegende Volkswirtschaft. Je nach Gesetzeslage in einem Land wird ein Geldschwarzmarkt mehr oder weniger toleriert oder auch mit Strafen geahndet! Generell muß man beim Schwarztauschen immer vorsichtig sein, es werden Tricks ange-wandt! Bei im Ausland arbeitenden Europäern und bei Landsleuten kann in der Regel immer gefahrlos getauscht werden.

Besonders aufpassen muß man, wenn man neu in einem Land an-kommt, die Scheine und den Kurs noch nicht kennt. Vorsicht auch beim Einschmuggeln von schon im Vorland getauschtem Schwarzgeld oder von undeklarierten Devisen. Undeklariert eingeführtes oder schwarzge-tauschtes Geld erfordert ein laufendes Abstimmen auf offiziell gewech-seltes Geld („Doppelhaushalt").

Für das Schwarztauschen braucht man natürlich eine Hart-Währung in bar, wie Dollar, Euro oder Franken. Die muß man sich noch im vor- oder vorvorherigen Reiseland besorgen, z.B. indem man seine American Ex-press Dollar-Schecks in Bar-Dollars bei einem AE-Büro umtauscht (ist nicht in allen Ländern machbar). Geschäftsleute und Händler in Schwarz-marktländern tauschen meist auch Reiseschecks.

Geld- und Finanztips

Vorsicht mit Kreditkarten! Nicht aus der Hand geben oder aus den Augen lassen (Kopiergefahr), immer dabeisein, wenn die Rechnung und der Be-leg erstellt wird. Wenn ein mit Kohlepapier durchschreibender Beleg ver-wendet wurde, das Kohlepapier aushändigen lassen und vernichten. Der Kontaktmann zuhause muß innerhalb von 6 Wochen mißbräuchliche Ab-buchungen bei der Kartengesellschaft reklamieren! Nie die Kreditkarte in einem Hotelsafe deponieren, der auch anderen zugänglich ist! Vorsehen, daß die Karte während einer langen Reise nicht abläuft, den Nachschub der neuen sicherstellen.

Im Internet-Zeitalter kann man auch von unterwegs von jedem PC aus sein Konto verwalten – Voraussetzung ist ein Online-Konto bei einer Direkt-Bank (oder Homebanking). PIN- und TAN-Nummern nicht vergessen und Sicherheitaspekte beachten!

Weltweit kursieren viele US-Dollarfälschungen (counterfeits), besonders gerne gefälscht werden 100-$- und 50-$-Noten. So kann man eine falsche von einer echten Dollarnote unterscheiden: die schwarze Farbe auf der Note etwas anfeuchten und auf ein Papier reiben; färbt das Schwarz ab, ist der Schein echt. Die neuen 50- und 100-Dollar-Noten haben links neben dem runden Federal-Reserve-Siegel einen ins Papier eingebetteten Polyesterstreifen, auf dem der Wert der Note erscheint („USA 100" bzw. „USA 50"). Das Vorderseiten-Porträt ist mit Mikro-Schrift umrandet („The United States of America").

Nicht alles Geld vor dem Verlassen des Landes verbrauchen, Restnoten können an der Grenze gleich in die Währung des nächsten Reiselandes eingetauscht werden (auf Ausnahmen wird im Länderteil hingewiesen). In Ländern mit Devisen-Zwangsbewirtschaftung immer alle Geldwechsel-Quittungen und Devisenerklärungen aufbewahren. Die Kaufquittung eurer Reiseschecks mitnehmen, denn manche Banken in Dritt-Welt-Ländern (meist in solchen mit Devisenbewirtschaftung) wechseln Traveller-Schecks nur bei gleichzeitiger Vorlage des Kaufbelegs!

Geld/Scheckaufbewahrung: Am besten verteilt am Körper, in den Packtaschen und im Fahrrad (Notgeld z.B. im Sattelstütz- und im Lenkerrohr oder unter dem Doppelboden der Packtaschen). Brustbeutel sind verbreitet, stören jedoch meist beim Radeln. Besser ist evtl. ein Schulterhalfterbeutel, ein Hüftgurt, ein Geldgürtel oder eine Hosen-Innentasche. Ausstatter-Läden bieten viele Versionen an, z.B. den großzügigen *Document Organizer* von Eagle Creek und die *Standby Gürteltasche* von VAUDE, die sowohl am Gürtel als auch durch einen Nackengurt am Körper getragen werden können. Beim Kauf auf das Material des Beutels achten, es sollte hautfreundlich sein (Baumwolle). Aber macht euch keine falschen Hoffnungen: Alle diese Verstecke sind sehr wohl bekannt. Geld und Dokumente lassen sich auch gut in den durchsichtigen, weichen Ortlieb-Dokumentenbeuteln/Kartentaschen aufbewahren. Gibt es in verschieden Größen, nach eigener Erfahrung absolut wasserdicht- und scheuerfest.

Einen zweiten Geldbeutel mitnehmen, in dem nur Geld für wenige Tage ist. Nie mit dicken Geldbündeln herumwedeln, beim Geldwechseln nicht das gesamte Vermögen in der Öffentlichkeit ausbreiten, sondern vorher schon die Summe oder die Schecks bereithalten. Schecks erst nach Aufforderung gegenzeichnen. In Ländern mit Devisenbewirtschaftung den Vorgang in die Devisen-Deklaration eintragen lassen.

Um an Grenzen oder bei Aufenthaltsverlängerungen den notwendig werdenden Geldnachweis erfüllen zu können, wenden schlitzohrige Globetrotter den (illegalen) Trick mit der Scheck-Verdoppelung an: Sie melden Reiseschecks als gestohlen und können so nach Ersatzleistung die doppelte Menge an Devisen vorweisen.

Ein **MCO** (Miscellaneous Charges Order) ist ein käuflicher Gutschein, der verwendet wird, um Dienstleistungen im Zusammenhang mit einer Flugreise zu bezahlen. Dieses Umtauschdokument ist aufgebaut wie ein internationaler Flugschein und kann für Länder, die zur Einreise ein Ausreiseticket sehen wollen, anstelle eines Flugtickets präsentiert werden. Einmal im Land, kann das MCO wieder zu Bargeld gemacht werden.

4. Post, Pakete, Telefon, Fax, Internet

Briefe und Karten sind für Fahrrad-Weltreisende nach wie vor bedeutsam, sie sind – auch im eMail-Zeitalter – stoffliche Brücken nach zuhause. Rundbriefe von euch lassen den Bekanntenkreis an euren Erlebnissen teilhaben. Deshalb hier nochmals ausführlich alles über die gute alte Post. Sendungen aus der Heimat zu empfangen geht auf verschiedene Weise:

1. Möglichkeit

Postlagernd an die Hauptpostämter in den Haupt- oder Großstädten eines Landes. So sollte adressiert werden:

Mustermann, Emil
Poste restante
General Post Office (span.-spr. Länder: *Central de Correos;* franz.-spr. Länder: *Bureau de Poste Central*)
Lima (mit Postleitzahl, wenn bekannt), *Peru*

Adresse immer in Druckschrift. Nicht „Herr" oder „Frau" anführen, den Vornamen nach Komma hinter den Familiennamen schreiben, da sonst der Brief evtl. in eine falsche Buchstabenbox eingeordnet wird (sicherheitshalber auch immer zusätzlich unter dem Vornamen nachschauen lassen).

Post-Probleme vermeiden

GPO heißt (in englischsprachigen Ländern) General Post Office, das ist die Hauptpost („Main Post Office" in den USA und Canada, auch „Central Post Office"). Postlagernde Sendungen gehen, wenn nicht anders angegeben, immer zur Hauptpost einer Stadt.

P.O.B. heißt „Post Office Box", also Postfach. In allen „jungen" Staaten und in Entwicklungsländern sind Adressen mit Postfachangaben verbreiteter als Straßennamen mit Hausnummern.

Beim Versenden von Post in arabische und andere Länder mit eigener Landeschrift (Thailand, Myanmar, Länder mit kyrillischem Alphabet etc.) euren Schreibern eintrichtern, die Adresse klar und deutlich in Druckbuchstaben zu schreiben, denn nicht jeder Postbeamte in solchen Ländern kann eine Schreibschrift-Klaue entziffern. Am besten ist Schreibmaschine, oder ihr verteilt noch zuhause Adress-Aufkleber (falls ihr nur ein Land bereist), was auch den Vorteil hat, daß ihr eure Briefe beim Suchen des Postbeamten schon von weitem erkennt.

Vorsicht mit den Zahlen bei Sendungen in angelsächsische Länder (USA u.a.): dort schreibt man die „1" nicht mit Aufstrich, sondern als gerader senkrechter Strich. Die Eins könnte sonst mit der „7" verwechselt werden, die ohne Querstrich in der Mitte geschrieben wird! Postlagernde Briefe nicht „Per Einschreiben" oder „Wertbrief" schicken, da nur kurze Lagerzeit!

Auf Briefen von zuhause keine Sondermarken kleben lassen – das verführt evtl. einen Briefmarkensammler bei der Post zum Verschwindenlassen des Briefes. Briefe in arme Länder, die den gleichen Empfänger und Absender-Namen haben (z.B. „Meier"), sind als Familienbriefe identifizierbar und lassen Geldgeschenke darin vermuten …

Problem Lagerzeit: postlagernde Briefe gehen nach einiger Zeit – meist nach vier Wochen, aber auch schon nach vierzehn Tagen – wieder an den Absender zurück. Berücksichtigt dies bei eurem Timing, gebt euren heimatlichen Briefschreibern das früheste und späteste Absendedatum an oder laßt ein in engl.-sprachigen Ländern draufschreiben: „will be collected by … (Datum)". Die Luftpost-Beförderungsdauer müßt ihr abschätzen, je nach Zielland meist zwischen vier Tagen und 14 Tagen. Füllt einen *Nachsendeauftrag* aus, wenn ihr von einem Ort abreist und noch Post erwartet.

Man kann das Problem auch umgehen, indem man an die Post in dem betreffenden Ort schreibt und bittet, eure Briefe bis zum soundsovielten aufzubewahren, ihr würdet euch verspäten. In englischsprachigen Ländern heißt das: „To the Postmaster: Please hold until arrival". In spanischsprachigen: „Al jefe de correos: Favor de retener hasta la llegada". In französischsprachigen: „Chef du bureau de poste: Garder les envois poste restante jusqu'a notre venue".

2. Möglichkeit

Briefe (keine Pakete) an deutsche (Schweizer, österreichische) Botschaften oder Konsulate senden:
Emil Mustermann
c/o Embassy/Consulate of Germany (engl.-spr. Länder), sonst
c/o Ambassade/Consulat d'Allemagne
– Wird abgeholt – will be collected -
Straße oder Postfach, Stadt, Land

Das Schicken von Post an Botschaften sollte nur in Ausnahmefällen erfolgen, z.B. nur zu Botschaften in Länder, wo kaum ein Tourist hinkommt. Die allermeisten deutschen Botschaften und Konsulate, besonders in Ländern mit hohem deutschen Touristenaufkommen, leiten Touristenpost an die Hauptpost der Stadt weiter oder schicken sie an den Absender zurück, denn Botschaften sind nun mal keine Postämter … Abseits des Touristenstroms gelegene Konsulate kann man aber sicherlich weiterhin als Postanlaufstation benützen, doch sollte man evtl. zuvor wieder einen Brief schreiben mit der Bitte der Aufbewahrung bis zu eurem Eintreffen („mit dem Rad würde es nun mal ein wenig länger dauern …").

Es gibt übrigens auch noch den Weg der Zusendung wichtiger Dokumente (z.B. den Zweitpaß) an eine deutsche Botschaft im Ausland per Diplomatenpost. Dabei wird der Brief an ein bestimmtes dt. Postfach adressiert, mit normalem Inlandsporto, von wo aus er in den Diplomatensack für das betreffende Land kommt.

3. Möglichkeit

Für AE-Kreditkarten- oder AE-Reisescheckbesitzer an American Express-Reisebüros schicken:
American Express, c/o Emil Mustermann
Clients Mail, will be collected
Straße, Stadt, Land

Liegezeit meist vier Wochen. Auch hier evtl. Nachsendeadresse hinterlassen. Wegen Adressen dazu das Heft mit den weltweiten AE-Büros zur Hand nehmen.

4. Möglichkeit

Dokumente (aber auch wichtige Ersatzteile) mit einem weltweiten **Kurierdienst** (UPS, DHL, Federal Express etc.) an eine Niederlassung im Reiseland schicken lassen. Das ist sehr sicher, aber natürlich teurer als alle o.g. Möglichkeiten. In guten Reiseführern findet ihr einen Hinweis, welche Unternehmen eine Niederlassung wo im Reiseland unterhalten, oder ruft die gebührenfreie Nummer in Deutschland für weitere Informationen an bzw. schaut auf der Firmen-Website nach.

Eine letzte Möglichkeit: Die Briefe an die Adresse von Auslands-Freunden oder Verwandten schicken lassen. Dies ist auch die beste Form für zu empfangende Päckchen oder Pakete.

Briefe heimschicken

Natürlich nur per Luftpost. Am billigsten sind Aerogramme. Wichtige Briefe kopieren und evtl. zweimal schicken. „Einschreiben" heißt auf engl. „Registered", auf französisch „Recommandée". Noch besser: wichtige Briefe faxen oder gleich eine eMail schreiben.

Gebt euren Briefen zur heimatlichen Empfangskontrolle eine laufende Nummer und legt eine Liste an. Auch die Kontaktperson oder die Eltern zuhause sollten ihre Briefe numerieren. So merken Sender und Empfänger sofort, wenn ein Brief abhanden gekommen ist.

Briefe nicht in Briefkästen stecken, sondern auf der (Haupt-)Post abgeben bzw. abstempeln lassen.

Wie Pakete und Filme heimschicken?

Filme in den speziellen Filmtüten. Für Pakete, die ihr mit Souvenirs und nicht mehr benötigten Dingen heimschicken wollt, muß eine Zollerklärung ausgefüllt werden, oder das Paket muß durch eine Zollstelle des Absendelandes gehen. Bezüglich der Paket-Verpackung kann es Vorschriften geben! In manchen Ländern übernehmen den Versand auch Geschäfte („Parcel-Service"), Hinweis-Adressen meist auf Postämtern. Von Ländern der Dritten Welt ist Pakete heimschicken meist eine nervtötende Angelegenheit, viel Zeit und Lauferei geht drauf. Deshalb evtl. nur Päckchen schicken, macht weniger Umstände. **Pakete kann man versenden als:**

Luftpost: sehr teuer; Luftfracht: nicht ganz so teuer. Wenn man heimfliegt, ist Gepäck- bzw. Paketmitnahme im Flugzeug auch als „unaccompanied baggage" möglich. Billiger als Luftfracht.

Per Seeweg ist es am günstigsten, lange Laufzeiten (Monate!) beachten. SAL = Surface Air Lifted, kombinierter Land/Luftweg. Ist schneller als auf dem reinen See/Landweg. Nur aus/in bestimmte Länder.

Päckchen/Pakete am besten aus Großstädten, aus Städten mit internationalen Flughäfen oder von Hafenstädten aus heimschicken (Tip: Liegt ein deutsches Schiff im Hafen, läßt sich vielleicht durch einen Kontakt zu einem Seemann erreichen, daß der gefälligkeitshalber was mitnimmt und zuhause aufgibt).

Äußerst wichtige Dinge einem weltweiten **Kurierdienst** übergeben, z.B. DHL Federal Express (s.o.). Billiger: nach einem Privat-Kurier umschauen, seine Filme z.B. freundlichen heimfliegenden Touristen oder Geschäftsleuten mitgeben. Kennenlernen tut man solche Menschen in Touristen-Orten, auf Flughäfen (wenn Maschinen nach Deutschland fliegen), in Lufthansa-Büros, Botschaften, Goethe-Instituten, Touristen-Hotels (leider hat die Bereitschaft für solche Botendienste stark nachgelassen, seitdem Touristen als unwissende Drogenkuriere mißbraucht wurden und schlimmstenfalls im Reiseland im Gefängnis landeten …). Immer auch die Anschrift und Telefonnummer des Kuriers notieren, nicht alle sind auch tatsächlich zuverlässig.

Päckchen/
Pakete
empfangen

Pakete schicken zu lassen ist problematisch: es drohen Verlust, hohe Zollgebühren, meist keine Annahme bei den o.g. Empfangsstationen. Doch es kann auch gut gehen. Am besten man hat dafür in einem Land eine Privatadresse. Dringende Radersatzteile als (Luftpost-)Päckchen schicken. Wenn Zeit alles und die Kosten nichts sind: wieder Kurierdienst.

Telefonie-
ren, Fax

Mittlerweile kann man auch vom letzten Land Deutschland ohne Problem antelefonieren, meist sogar im Selbstwählverfahren. Doch das Telefonieren hat in den allermeisten Ländern nichts mit der (Brief-/Paket-)Post zu tun. Telefonkarten sind weltweit üblich. Erkundigt euch über die neuen Möglichkeiten sowohl in euren Zielländern als auch über das Telefonieren von dort nach Deutschland in einem Reiseführer. Beispielsweise kann man von vielen Ländern mit einer CallingCard über einen Operator, der vom Ausland direkt angewählt werden kann, **bargeldlos** mit Deutschland telefonieren. Die Deutsche Telekom bietet einen (teuren) Deutschland-Direkt-Dienst an (nach der neuesten Länderliste fragen). Die Gebühren werden dann dem Angerufenen (oder der eigenen Telefonkarte) belastet.

In einigen Ländern (z.B. Thailand), wird bereits das Telefonieren übers Internet angeboten, meist spottbillig verglichen mit den üblichen Gebühren für ein internationales Gespräch, aber die Übertragungsqualität ist immer noch mies.

Das **Fax** hat schon längst dem Fernschreiber weltweit den Rang abgelaufen (und die eMail dem Fax). Mancher Internetprovider, wie www.web.de, bietet die Möglichkeit eines elektronischen Faxes, damit lassen sich nun Faxe verschicken oder empfangen, ohne daß ein Faxgerät vorhanden sein muß. Voraussetzung ist natürlich ein Internetcafé, das auch funktionierende Drucker hat (keine Selbstverständlichkeit), denn meist handelt sich bei Faxen um wichtige Dokumente, die man herunterladen will. Steht ein Faxgerät zuhause oder bei Freunden, könnt ihr euch auch von Deutschland in den Urwald rückfaxen lassen, wenn ihr die Nummer eines Fax-Geräts an eurem Standort zunächst heimfaxt oder per Telefon durchsagt.

Internet

Selten hat sich eine technische Neuerung so rasant über den ganzen Erdball ausgebreitet wie das Internetcafé, ob in Industrie- oder in Dritt-Welt-Ländern. Überall, wo die Touristenströme Einnahmen versprechen und einigermaßen stabile Telekomeinrichtungen vorhanden sind, sprießen sie aus dem Boden. Eine Ausnahme bilden nur Länder, die mit der Pressefreiheit – oder allgemeiner Demokratie – so ihre Probleme haben (Iran, Libyen u.a.m.). Selbst die chinesische Regierung wurde von der Entwicklung vollkommen überrollt, heute zählt China zu den weltgrößten Internetgemeinden. Viele der oben angesprochenen Probleme lassen sich mit eMails vermeiden, sie sind schnell und sicher, aber auch unpersönlich und austauschbar.

Achtet bei der Provider-Auswahl auf die weltweite Zugangsmöglichkeit eurer eMail-Adresse. Besonders beliebt bei Travellern sind web.de, .gmx.de und .hotmail.com Computerzeitschriften testen regelmäßig den Leistungsumfang (und auch Sicherheitsstandard) neuer Internetprovider. Bestimmt einen Account-Manager – das sollte günstigstenfalls auch euer Reisekoordinator sein –, der regelmäßig sein eMail-Postfach nach neuen Mails durchschaut. Legt eine Datei mit den Details aller wichtiger Dokumente an, das können auch gescannte Seiten aus eurem Reisepaß u.ä. sein. Bei Verlust oder Diebstahl fordert ihr die Datei(en) an und druckt sie aus.

Es gibt keine länderspezifischen Cybercafé-Verzeichnisse, dazu verläuft die Entwicklung viel zu schnell. Angaben in Reiseführern sind bereits bei der Drucklegung veraltet, und auch Online-Verzeichnisse wie z.B. www.netcafeguide.com, www.cybercafe.com oder www.cyberiacafe.net listen nur die Cafés, die für diesen Service bezahlen.

Die beste Infobörse sind andere Touris, schnelle Verbindungen und etwaige Peripheriegeräte (Drucker, Scanner, USB-Anschlüsse für Digital-Kameras) sprechen sich schnell herum. In Dritt-Welt-Ländern sind Uni-Städte ein recht sicherer Tip, fragt modisch gekleidete Jugendliche nach Internetmöglichkeiten. In manchen Ländern erlauben auch Touristenämter die Benutzung ihres Computers, in den USA ist die Computerbenutzung in den Bibliotheken meist gar umsonst. Hier rüsten bereits viele Campingplätze mit Anschlußbuchsen für Notebooks nach. Oft sind die Verbindungen während der Geschäftszeiten sehr langsam, manche Länder haben nur wenige Internetknotenpunkte, verlegt eure Aktivitäten deshalb in die Nachtstunden. Weiteres in den einzelnen Länderkapiteln.

Noch ein Tip: Erkundigt euch bei der Zusammenstellung der eMail-Listen bei euren Freunden und Bekannten, wer vielleicht lieber einen Kartengruß aus der Ferne erhalten möchte. Es gibt sie nämlich noch, die Liebhaber schön bunter, selbstbeschriebener Ansichtspostkarten, die mit einer exotischen Briefmarke verziert irgendwann überraschend im Briefkasten landen …

Buchtips: „Internet für die Reise" und „Kommunikation von unterwegs" (Einsatz von Laptops, Notebooks, Digital-Kameras, Mobiltelefon u.a.m.) beide Reihe PRAXIS, Reise Know-How.

5. Versicherungen

Versicherungen schützen zwar nicht vor Diebstahl, Unfall und Unglück, doch wer eine hat, reist entspannter. Selbstvertrauen und Selbstsicherheit und Erkennen möglicher Diebstahl- und Gesundheitsrisiken sind beim Reisen jedoch noch wichtiger als Policen.

Vordrucke bzw. Überweisungsaufträge von Reiseversicherungen gibt es bei Reise- und Versicherungsbüros und in Banken. Vergleicht das „Kleingedruckte", d.h. den Umfang der Leistungen und deren Einschränkung (z.B. Benachrichtigungspflicht der Versicherung bei Krankenhausaufenthalt im Ausland, Selbstbeteiligung für jeden Versicherungsfall). Da die Leistungen durch das Bundesaufsichtsamt für das Versicherungswesen weitgehend vorgeschrieben sind, sollten die Kosten der Versicherung, bezogen auf den Versicherungszeitraum, euer Entscheidungskriterium sein. Kurzfristige Versicherungen (bis ein Monat) werden häufig als „Paket" (Gepäck-/Unfall-/Haftpflicht-/Krankenversicherung) angeboten. Gepäckversicherungen sind meist über ein Jahr abzuschließen.

Führende Reiseversicherungen sind z.B. „Elvia", die „Europäische", „HanseMerkur", „DKV" u.v.m., Anschriften s.u. Von der Stiftung Warentest gibt es ein Sonderheft „Versicherungen".

**Krankenver-
sicherung**
Ob eine spezielle Unfall-, Haftpflicht- und Gepäckversicherung für die Reise nötig ist, muß jeder selbst entscheiden. Erkundigt euch bei eurem Versicherer, ob die heimische Unfall- und Haftpflichtversicherung – die man ja auf jeden Fall haben sollte – auch für den Versicherungsfall im Ausland gilt oder ob sie für einen geringen Extrabeitrag auf das Ausland ausgedehnt werden kann.

Die **wichtigste** für euren Rad-Trip ist auf alle Fälle die **Auslands-Krankenversicherung.** Prüft zunächst die Auslands-Gültigkeit eurer jetzigen gesetzlichen Krankenkasse (AOK, Ersatzkasse) oder eurer privaten Krankenversicherung. Die gesetzliche ist gültig in den EU-Staaten und noch in jenen weiteren Ländern, mit denen Deutschland ein Sozialversicherungsabkommen abgeschlossen hat (z.B. einige afrikanische Mittelmeerstaaten). Dazu ist dann ein vorher ausgestellter Auslandskrankenschein nötig. Meist werden Urlauber im Ausland als Privatpatient behandelt – selbst mit Auslandskrankenschein – und müssen die Behandlungskosten vorbezahlen. Von der Krankenkasse wird dann maximal nur der auch in Deutschland erstattungsfähige Betrag bezahlt.

Private Krankenversicherungen sind meist ohne zeitliche Begrenzung europaweit gültig und für außereuropäische Länder zumindest für einen Monat. Gegen einen Aufpreis auch weltweit – erkundigen.

Informiert euch auch über die „Ruhezeit" eurer jetzigen (gesetzlichen) Krankenversicherung, d.h., wie die Bestimmungen sind, wenn ihr nun längere Zeit im Ausland seid und wie es nachher ist, wenn ihr wieder zurückkommt. Evtl. muß weiterhin ein Mindestbeitrag bezahlt werden (sog. **Anwartschaftsbeitrag** – sehr ratsam!). Denn sofortiger Versicherungsschutz, ohne eine evtl. Wartezeit, ist bei eurer (kranken) Rückkehr nach Deutschland **unbedingt wichtig!!!** Bei schweren Erkrankungen, die nach ärztlichem Attest einen Rücktransport mit einem Flugzeug erforderlich machen, übernehmen die gesetzlichen Krankenkassen keinerlei Kosten – auch nicht aus dem europäischen Ausland! Hier hilft nur eine private.

Private Auslandskrankenversicherungen sind meist nur bis 6 oder 7 Wochen gültig, und dann auch relativ preiswert. Versicherungen mit längeren Laufzeiten sind teurer, meist wird auf Tagesbasis abgerechnet; z.B. verlangt die „Süddeutsche" nach 45 Tagen Euro 2/Tag, die DKV für Reisen zwischen 3 und 60 Monaten außerhalb Europas (mit Ausnahme der USA) monatlich Euro 16 im ersten Reisejahr und monatlich 37 bis 95 je nach Alter ab dem zweiten Reisejahr (die Prämien werden natürlich zwischenzeitlich gestiegen sein). Für Frauen gelten höhere Tarife. Bei privaten Auslandsversicherungen ist meist auch ein Rettungsflug-Rücktransport (was im Notfall auch in einer normalen Linienmaschine sein kann) miteingeschlossen – darauf achten! So braucht ihr nicht noch extra Mitglied z.B. bei der Rettungsflugwacht, beim DRK-Flugdienst oder bei der schweizerischen Rettungsflugwacht REGA werden.

Langzeit-Versicherungen: Viele Versicherer haben sich aus dem (riskanteren?) Geschäft mit Langzeit-Versicherungen zurückgezogen. Wer länger als ein Jahr *on the road* gehen möchte, hat nur noch die Wahl zwischen wenigen teuren Anbietern. Für eine aktuelle Übersicht solltet ihr auf die Homepage des Verbandes der privaten Krankenversicherung e.V. (www.pkv.de) gehen, dort sind alle Mitglieder mit Anschrift, Tel.-/Fax-Nummer und Leistungsspektrum aufgeführt. Dann die Versicherungen anrufen oder anfaxen und aktuelle Unterlagen anfordern. Bis ein Jahr:

Axa Colonia, Barmenia, Berlin-Kölnische, Concordia, Deutscher Ring, LVM, Union, Vereinte, Victoria und Volksfürsorge (Prämie ca. Euro 350 bis 450). Bis zwei Jahre: Süddeutsche (ca. 1300 Euro für 2 Jahre). Bis 3 Jahre: Continentale, HanseMerkur. Bis 5 Jahre: DKV (Stand bei Drucklegung).

Achtung! Bei der Prämienfestsetzung differenzieren manche Versicherungen zwischen Männern und Frauen, deshalb ist z.B. die DKV für Männer günstiger! Andere verlangen pro Versicherungsfall eine Selbstbeteiligung von derzeit Euro 55. Und es gelten nicht für alle Länder immer einheitliche Tarife (z.B. bei der Continentale), deshalb Reiseroute bzw. die Länder angeben, die ihr besuchen wollt! Fast alle Unternehmen – eine Ausnahme ist die DKV – machen es zur Bedingung, daß die Versicherung vom ersten Reisetag ab für die gesamte Reisedauer abgeschlossen wird. Wer hier schummelt, geht ein teures Risiko ein!

Im Krankheitsfall sich für die Weiterbehandlung zuhause und für die Abrechnung mit der Krankenversicherung im Original eine Kostenquittung und einen detaillierten Krankheits-/Behandlungsbericht (Namen, Arzt, Krankenhaus, Diagnose, Ort, Datum, Behandlung etc.) aushändigen lassen! Genügend Geld – Schecks/Kreditkarte – dabeihaben, denn ihr müßt im Notfall die Arzt- bzw. Krankenhauskosten zuerst selbst zahlen!

Reisegepäckversicherung, Fotoversicherung

Ob es sinnvoll ist, eine Reisegepäckversicherung für den großen Rad-Trip zu machen, wird euch ein genaues Studium des „Kleingedruckten" einer Reisegepäckversicherung zeigen. Die einschränkenden Bestimmungen, bei der die Versicherung bei einem Diebstahl oder bei Verlust eurer Ausrüstung und des Fahrrads nicht zahlen muß, sind sehr umfangreich! So sind Wertsachen bei Reisegepäckversicherungen in der Regel auch nur bis 50% der Versicherungssumme gedeckt. Für ein 1000-Euro-Rad oder eine Fotoausrüstung müßte dann eine Versicherung über das Doppelte abgeschlossen werden.

Ob euer teures Fahrrad oder Mountainbike unter den Begriff „Wertsachen" fällt, vorher abklären. Geld, Tickets und Dokumente lassen sich nicht versichern. Marktführer ist neben einigen anderen Versicherungsgesellschaften die „Europäische".

Radfahrer, die mit teurer Fotoausrüstung aufbrechen, können eine spezielle **Foto-Versicherung** abschließen, die neben Diebstahl auch die Kosten für Bruch und Reparatur mit einschließen. Adressen: Lloyds Insurance Co., c/o Interbroke Ltd., Am Schanzgraben 23, CH - 8022 Zürich, www.interbroke.ch; Northern Assurance Co, Blickensdorferstr. 15a, CH - 6340 Baar, www.northern.ch. Oder: Burmester, Duncker und Joly, Trostbrücke 1, 20457 Hamburg.

Im Versicherungsfall Schaden immer durch die Polizei aufnehmen lassen und Meldung an die Versicherung noch von unterwegs machen. Wegen eines evtl. Rad-Diebstahls würde ich ein Bild vom Rad machen (mit und ohne Gepäck) und die Fotos mitnehmen, sowie die Kopie der Kaufrechnung (auch gut für eventuelle Einfuhr/Ausfuhr-Probleme an Grenzen).

Versicherungsanschriften: Elvia Reiseversicherungen, Ludmilla-Str. 26, 81543 München, www.elvia.de. – EUROPÄISCHE Reiseversicherung, Postfach 80 05 45, 81605 München, www.erv.de. – AXA COLONIA Krankenversicherung, 50592 Köln, www.axa-colonia-kranken.de. – Barmenia Krankenversicherung, 42094 Wuppertal, www.barmenia.de. – BERLIN-KÖLNI-

SCHE Krankenversicherung, 50586 Köln, www.berlin-koelnische.de. – DKV Deutsche Krankenversicherung, 50594 Köln, www.dkv.com. – VICTORIA Krankenversicherung, 40198 Düsseldorf, www.victoria.de. – Volksfürsorge Krankenversicherung, 20084 Hamburg, www.volksfuersorge.de. – HanseMerkur Krankenversicherung, 20352 Hamburg, www.hanse-merkur.de. – Verband der privaten Krankenversicherung e.V., Postfach 51 10 40, 50946 Köln, Tel. 0221-376620, Fax 0221-3766210, www.pkv.de.

E. MEDIZIN, GESUNDHEIT, ERNÄHRUNG

1. Impfungen und Impfprogramme

Wissen um Gesundheitsrisiken, Krankheitsbilder und Therapien sind für eine transkontinentale Fahrrad-Fernreise genauso wichtig wie das Wissen der Funktion der Fahrrad-Gangschaltung. Macht euch mit einem guten Fernreise-Medizinbuch (Empfehlungen s.u., auf neue Auflage achten) über Tropen- und sonstige Krankheiten einigermaßen kundig. Ausschlaggebend sollte jedoch immer der Rat des Arztes sein. Auch ein vorheriger Erste-Hilfe-Kurs kann nicht schaden.

Prüft zunächst eure Impfbescheinigungen, den internationalen gelben Impfpaß der WHO – wie lange liegen die Impfungen gegen Kinderlähmung (Polio), Diphterie und Tetanus zurück? Hier wird wohl eine Wiederauffrischung nötig werden, denn die drei Impfungen gehören zu den sog. Grundimpfungen, die ihr unabhängig vom Reiseziel machen solltet. Dabei kann gleichzeitig ein Notfallpaß/Patientenpaß angelegt werden (wenn ihr z.B. Allergien habt, besondere Medikamente braucht). Anschließend der Gang zum Zahnarzt – sind die Zähne in Ordnung? Brillenträger brauchen eine Ersatzbrille, und wer keine Brille trägt, braucht zum Schutz der Augen (Staub, Mücken, Fahrtwind, Austrocknung) unbedingt eine gute Sonnenbrille oder ein Brille mit klaren Gläsern! Kontaktlinsenträger sollten überlegen, ob sie für die Dauer der Reise nicht besser zu einer Brille zurückkehren.

Danach bei einem Gesundheitsamt oder Tropeninstitut informieren (in Berlin, Bonn, Hamburg, Heidelberg, Koblenz, München, Tübingen, Würzburg, Wien, Basel), welche Krankheiten in euren Reiseländern vorkommen, und welche Impfungen angeraten sind. Mit einem Internetanschluß kann man auf die teils hervorragend aufbereiteten Informationen über Tropenkrankheiten und deren weltweiter Verbreitung, Impfstoffe und deren Nebenwirkungen, Impfpläne u.v.a.m. auf den Websites von Tropeninstituten und reisemedizinischen Zentren zugreifen.

Die Palette der Anbieter ist groß, hier eine kleine Auswahl: Der reisemedizinische InfoService des Tropeninstituts in München hat wohl eine der am besten aufgebauten Homepages überhaupt, sehr empfehlenswert (www.fit-for-travel.de) Institut für medizinische Information in Freiburg: www.reisevorsorge.de. Robert-Koch-Institut: www.rki.de. TravelMED: www.travelmed.de. Zentrum für Reisemedizin in Wien: www.reisemed.at. Eine gute englischsprachige Website ist www.tripprep.com. **Besonders wichtig ist der neueste Medikamenten-Stand bei Malaria** (s.u.).

Impfbera-
tungen

Grundlage der ärztlichen Beratung sind zum einen die Impf- und Medika-
mente-Empfehlungen der Weltgesundheitsorganisation WHO (im Internet
unter www.who.int) und anderer Institutionen, die Impf-Einreisebestim-
mungen eurer Reiseländer und jene Impfungen, die ihr zu eurem weiteren
Schutz zusätzlich durchführt (z.B. eine Impfung gegen Hepatitis).

Es gibt auch Gesellschaften, die Interkontinental-Reisenden Beratung
und Hilfe bei der Zusammenstellung eines Impfplans leisten, so z.B. das
CRM, Centrum für Reisemedizin, Hansaallee 321, 40549 Düsseldorf,
Tel. 0211-904290. Auf dessen Website www.crm.de kann man den sog.
„Reise-Gesundheits-Brief" online bestellen (gebührenpflichtig). Mit diesem Protokoll dann zu eurem Arzt gehen, nur er kann dann die wirklich
notwendigen Impfungen und Impftermine bestimmen. Mit allem rechtzeitig (mindestens ein viertel Jahr vorher) beginnen, weil zwischen den einzelnen Impfungen für den Körper Erholungsphasen liegen sollen.

Dann gibt es noch eine Vereinigung, die sich **IAMAT** - *International Association for Medical Assistance to Travellers* - nennt, die medizinische
Hilfe für Reisende in fremden Ländern anbietet. Die Mitgliedschaft ist
gratis, Spenden erwünscht. Dafür erhält man im Notfall umfassende medizinische Hilfe (natürlich nicht kostenlos) durch gut ausgebildete Ärzte in
125 Ländern der Erde. Als Mitglied bekommt man ein Verzeichnis aller
angeschlossenen Ärzte mit deren Landesadressen, Impf- und Malariarisi-
kopläne, die Mitgliedskarte und einen *Traveller Clinical Record,* der vom
Hausarzt auszufüllen ist und Angaben über Blutgruppe, Impfungen etc.
enthält. Adresse: IAMAT, 57 Voirets, 1212 Grand-Lancy-Géneve,
Schweiz, oder schaut auf deren Homepage www.iamat.org.

Übrigens: die Adressen deutschsprechender Ärzte im Ausland kann
man auch von der Botschaft oder von Lufthansa-Büros bekommen.

2. Gesundheitsrisiken in verschiedenen Kontinenten

Kontinent	Krankheiten/Impfungen
Lateinamerika	Malaria-Prophylaxe für die Regenwaldgebiete Mittel- und Süd-amerikas, Gelbfieberimpfungen für das Amazonas-Tiefland. Gelbsuchtgefahren in den Andenländern.
Nordamerika	keine speziellen Impfungen nötig
Australien/Ozeanien	Nur in tropischen Landesteilen Malaria-Prophylaxe
Asien	Für den Indischen Subkontinent und Südostasien Malaria-Pro-phylaxe, ausgenommen die Hochlandregionen (Nepal). Gelb-sucht-(Hepatitis-)gefahr in vielen Tropen- und Subtropen-Ländern mit niedrigem Hygiene-Standard
Afrika	Für die meisten Länder südlich der Sahara Malaria-Prophylaxe (hohes Infektionsrisiko) und Gelbfieber-Impfungen, für einige Länder auch gegen Cholera (falls Ausbruch), Hepatitis
Ganze Welt	Diarrhoe, Amöbenruhr, Tetanus, Kinderlähmung, Typhus

Krankheiten und Impfschutz

Krankheit	Impfung	Schutz ca.	Schutzdauer ca.
Kinderlähmung	Spritze	95–100%	10 Jahre
Tetanus	Spritze	100%	10 Jahre
Typhus	Spritze	70%	3 Jahre
Malaria	Tabletten	90–95 %	solange wie Einnahme
Gelbfieber	Spritze	100%	10 Jahre
Hepatitis A u. B	Spritze	80–90 %	5–10 Jahre
Cholera	nicht mehr empfohlen		

3. Tropenkrankheiten und andere Krankheitsgefahren
(bitte nach dem allerneuesten medizin. Stand erkundigen)

Die **Malaria** ist eine der häufigsten Tropenkrankheiten und die gefährlichste für Weltenbummler. Dreierlei Verlaufsformen: *Malaria tertiana, quartana* und *Malaria tropica* (die tödliche Form). Je nach Reisegebiet müssen verschiedene Mittel zur Vorbeugung und (Selbst-)Behandlung im Krankheitsfall genommen werden. Das Hauptproblem liegt in der fortschreitenden Resistenz der Erregerstämme in bestimmten Weltgegenden gegenüber den verschieden Chloroquin-Präparaten (Handelsname *Resochin* u. andere). Dann muß auf ein anderes Präparat oder auf eine Kombination ausgewichen werden. Langzeitreisende sollten die zu erwartende Schutzwirkung gegenüber den möglichen Nebenwirkungen sehr genau abwägen und nur solche Präparate auf Dauer einnehmen, deren Nebenwirkungen sich auch über längere Zeit in Grenzen halten. Empfohlen wird in Gebieten mit partieller Chloroquinresistenz zusätzlich zur Chloroquinprophylaxe der Wirkstoff Proguanil (Handelsname *Paludrine*) zur regelmäßigen Einnahme und Mefloquin (Handelsname *Lariam*) als „Standby-Medizin" im Falle einer Ansteckung. Paludrine muß allerdings täglich eingenommen werden, wer über Jahre in Infektionsgebieten unterwegs ist, hat dann eine halbe Packtasche voll mit Tabletten … Über die Eignung von Lariam zur Langzeitprophylaxe gehen die Meinungen bisher auseinander, momentan ist es aber das wirksamste Medikament gegen die Malaria tropica. Das früher oft verabreichte *Fansidar* wurde wegen starker Nebenwirkungen vom Markt genommen. Die Deutsche Gesellschaft für Tropenmedizin und internationale Gesundheit hat eine sehr gute Übersicht über alle Malariaprophylaxen, deren Dosierung und Nebenwirkungen in Web gestellt: www.dtg.mwn.de.

Malaria-Überträger sind die (weiblichen) Anophelesmücken (Moskitos), die fast nur abends und nachts stechen. Deshalb am Abend möglichst immer die Körperteile bedeckt halten, unbedeckte Haut mit Anti-Mückenmittel einreiben (Autan) und unter einem Moskitonetz schlafen oder eine Moskitospirale abbrennen (die aber auf Dauer auch gesundheitsschädlich ist!). Die Einnahme von Vitamin-B-Tabletten zur Mückenabwehr ist, wie oft empfohlen, kaum wirksam.

Malaria äußert sich durch regelmäßige oder unregelmäßige Fieberschübe, Kopf- und Gliederschmerzen (ähnlich wie eine Grippe). Tabletten rechtzeitig vor Erreichen eines Infektionsgebietes und auch einige Zeit nachher einnehmen (wegen evtl. Vergessen am besten immer sonntags, wenn einmal wöchentlich Tabletten erforderlich). Malaria-Tabletten könnt ihr auch unterwegs in den Risikoländern (billiger!) nachkaufen.

Die **Cholera**, eine bakterielle Darmentzündung („Seuche der Armen"), ist bis auf kleine Herde in Afrika und Indien so gut wie ausgerottet, kein Land verlangt zurzeit eine Cholera-Pflichtimpfung. Überträger sind Wasser und Nahrung, Symptome sind massive, wässrige Durchfälle – ohne Fieber – mit enormen Flüssigkeitsverlusten und innerer Austrocknung.

Gelbfieber ist eine echte Tropenkrankheit, sie tritt in den tropischen Regenwäldern von Afrika und Südamerika auf, in Asien nicht. Zum Glück ist sie selten. Überträger sind Stechmücken, Symptome sind hohes Fieber, Schüttelfrost, Gliederschmerzen.

Typhus und **Paratyphus** sind bakterielle Infektionskrankheiten. Symptome sind Durchfall und hohes Fieber. Übertragung geschieht durch Wasser, Milch, Nahrung und auch Staub. Wenngleich echte Typhus-Erkrankungen selten geworden sind, ist Impfschutz bei Trips durch Afrika, Lateinamerika und Asien anzuraten (Impfstoff *Typhim Vi* mit dreijähriger Schutzdauer).

Durchfall oder „Montezumas Rache" lauert nicht nur in Mexiko auf Opfer, sondern weltweit. Die Übertragung erfolgt meist durch bakterienverseuchtes Wasser oder durch Lebensmittel (Fäkaldüngung von Gemüse). Bei Durchfall muß vor allen Dingen das starke Wasser- und Mineraldefizit ausgeglichen werden. Auskurieren, reichlich Salz- und Zuckerlösungen trinken. Schleimig-blutige Durchfälle deuten auf eine **Amöbenruhr** hin! Dann keine Durchfallmedikamente einnehmen, schnelle ärztliche Behandlung ist nötig (Antibiotika-Mittel)!

Die **Hepatitis A und B** (infektiöse Gelbsucht, Leberentzündung) kommt weltweit vor, besonders in Ländern mit geringem Hygiene-Standard. Übertragung durch verseuchtes Wasser und Essen (Austern!). Symptome sind Appetitlosigkeit, Übelkeit und Oberbauchschmerzen, dunkler Urin und Gelbfärbung der Augenbindehaut. Heilt meist nach einigen Wochen gut aus. Gammaglobulin als Impfstoff ist endlich out, der neue Impfstoff *Twinrix* schützt 5–10 Jahre (3 Spritzen, 6 Monate vor Reisebeginn mit den Impfungen beginnen).

Bilharziose oder Schistosomiasis ist eine gefährliche Wurmerkrankung, die in tropischen Süßgewässern (Seen, Staudämme, Tümpel, träge Flüsse, Kanäle) durch Wurmlarven (Schnecken) übertragen wird. Sie dringen durch die Haut ein und befallen Blase, Darm und Leber. Symptome sind blutiger Urin und Stuhl. Impfen ist nicht möglich. Deshalb nicht in Gewässern baden! Ägypten (Nil) ist besonders davon betroffen, doch die Krankheit kommt auch in den übrigen Gewässern und Seen fast ganz Afrikas und auch in Asien und Lateinamerika vor. In Gewässer in Höhen ab etwa 1500 m bzw. in kühlen Hochlagen treten die Schnecken nicht mehr auf.

Aids. Weltweit ist die tödliche Infektions-Krankheit weiterhin im Vormarsch, besonders in ost-, zentral- und südafrikanischen Ländern, auch auf dem indischen Subkontinent und in Südostasien. Gelegenheiten zum Sex ergeben sich unterwegs mehr als genug – ungeschützt kann das

tödlich enden ... Bei einem Unfall in einem Land mit niedrigem Gesundheitsstandard Blutübertragungen vermeiden – gleichfalls Aids-Gefahr! Eigene originalverpackte Spritzen bzw. Kanülen mitführen, falls in einem
Land mit niedrigem Medizinstandard eine Spritze notwendig werden sollte (bei Grenzüberschreitungen aber verstecken, um nicht in den Verdacht
zu geraten, drogenabhängig zu sein).

Hautparasiten. Außer Moskitos werden euch sicherlich auch mal Flöhe, Läuse oder Wanzen am Blut naschen. Rote, juckende Stellen am Körper sind die Beweise. Nicht aufkratzen! Wenn es gar zu bunt kommt, zur
Chemie greifen, die Apotheken in euren Reiseländern halten entsprechende Pülverchen bereit. Hauptübertragungsorte sind verschmutzte
Betten und Bettwäsche. Ein vorheriger prüfender Blick unter die Matratze
eines (zweifelhaften) Hotelbetts kann nicht schaden. Schon deshalb ist
ein eigener (Leinen-)Schlafsack und eine Matte, um damit manchmal lieber auf dem Boden zu schlafen, viel wert (... es sei denn, dort tummeln
sich zur gleichen Zeit Kakerlaken ...).

Infektionen. In feuchtheißen Ländern heilen Wunden nur schlecht.
Deshalb auch kleine Wunden immer behandeln (offene Wunden ziehen
Fliegen und Insekten an). Reibt euch nicht wegen Moskitostichen die
Haut wund (Moskitos stechen gerne in die Kniekehlen und unter die Fuß-
knöchel!). Entzündete Haut pudern und verbinden.

Erkältungen sind, so seltsam es klingen mag, eine der häufigsten Erkrankungen in heißen, tropischen Ländern. Vorsicht vor kalter Luft in klimatisierten Räumen, nachts im Hotel keine Klimaanlage laufen lassen,
besser ist ein Zimmer mit Ventilator. Wer leicht Halsschmerzen bekommt,
sollte Halstabletten mitnehmen. Erkälten kann man sich auch, wenn man
verschwitzt ist und dann bergab fährt. Eine Zeitung unter das T-Shirt ge-
steckt schützt bestens vor zuviel Zugluft auf der Brust. Vorsichtige haben
für solche Fälle eine leichte Windweste im Gepäck.

Wenn man verschwitzt eine schnelle Abfahrt runtersaust, kann man
mit Wattepfropfen Ohrenschmerzen vermeiden. Wattepfropfen verbessern auch die Hörfähigkeit, wenn einem ein starker Wind um die Ohren
pfeift! *Vaselinecreme* auf Lippen, Nase und Gesicht schützt vor Kälte und
eisigem Wind.

Höhen-
krankheit Ab etwa 2000 m müßt ihr mit einem Leistungsabfall rechnen, durch den
reduzierten Sauerstoffanteil im Blut. Bei Radtouren durch die südamerikanischen Anden oder in asiatischen Hochgebirgsländern kann es ab
etwa 3000 m zur Höhenkrankheit kommen. Details dazu stehen s. „Höhenkrankheit" bei „Bolivien", s.S. 283.

Gefahren
durch Sonne Auch wenn es verführerisch ist – beim Radfahren sich der Sonne nicht
und Hitze schutzlos aussetzen, besonders nicht in südlichen, sonnenintensiven
Ländern! Der kühlende Fahrtwind täuscht über die Intensität der Sonnenstrahlen hinweg, laßt euch nicht von der Verdunstungskühle eures
Schweißes beim Radeln täuschen! Immer eine Kopfbedeckung mit Nak-
kenschutz tragen, helle, leichte und weite Baumwollkleidung anziehen,
die Handrücken bedecken (dünne Handschuhe), exponierte Haut (Na-
senspitze, Stirn) dick mit Sonnencreme mit sehr hohem Lichtschutzfaktor
eincremen (auch eine Zinkoxydsalbe ist gut). Übrigens setzt die voll
schützende Wirkung von Sonnenschutzmitteln erst nach etwa 40 Minuten ein – also rechtzeitig vorher eincremen!

Ein *Hitzschlag* ist eine nicht zu unterschätzende Gefahr! Bei ersten Anzeichen Schatten aufsuchen, nasse Tücher auf Kopf und Nacken.

Durst ist ein schlechter Indikator für Flüssigkeitsmangel! In starker, trockener Hitze (Wüste) oder bei extremer Trockenheit (extreme Höhen) muß man sich zwingen, zu trinken, auch wenn man keinen Durst verspürt, sonst droht später evtl. eine Nierenschädigung (Warnsignal: dunkelfarbener Urin). Und bei extremer Trockenheit den Körper immer bedeckt halten, damit nicht zuviel Feuchtigkeit über die Haut verdunstet. In starken Höhen schützt man sich so gleichzeitig vor der gefährlichen UV-Strahlung! Bei vielem Schwitzen den Salzverlust durch Einnahme von mehr Salz oder speziellen Salz- bzw. Mineralpräparaten ausgleichen.

Das zunehmende **Ozonloch** ließ in den letzten Jahren Hautkrebserkrankungen in sonnenreichen Ländern der südlichen Hemisphäre wie Australien, Neuseeland, Argentinien, Südafrika u.a. stark ansteigen. In Australien z.B. wird mit dem Wetterbericht für den nächsten Tag auch die Zeit genannt, die man sich ungeschützt in der Sonne aufhalten kann. doch selbst in Canada wurde bereits eine erhöhte UV-Strahlung gemessen! Langzeitradler auf der südlichen Erdhalbkugel, besonders helle, blonde Typen, sollten diese Gefährdung mit berücksichtigen. Intensiv ist die Strahlung um die Mittagszeit, als Gegenmaßnahme den Körper mit leichter, langer Kleidung bedeckt halten und die unbedeckte Haut mit Sonnencreme mit hohem Lichtschutzfaktor eincremen. Oder macht es wie die Einheimischen, frei nach dem Motto „Between 11 and three – stay under a tree …!"

Auch auf die hohe Konzentration des gesundheitsschädlichen **Ozons** in den Millionenstädten der Erde muß hier hingewiesen werden (ganz zu schweigen vom Großstadt-Smog mit Dieselruß und Autoabgasen). In dichtem Stadtverkehr deshalb evtl. ein Mundschutztuch tragen.

4. Beschwerden beim Radeln und ihre Abhilfe

Sitzbeschwerden treten beim Radfahren am häufigsten auf, sie äußern sich meist durch wunde Stellen, Knochenschmerzen, aber auch durch Furunkel und Infektionen. Ursache ist der Sattel und seine falsche Positionierung, auch wenn er schon tausende Kilometer „eingeritten" ist. Auch scheuernde Nähte von Unterwäsche kann mit beitragen. Erleichterung verschaffen regelmäßig gewechselte Radlerhosen oder Unterhosen mit eingenähten Sitzledern und Cremes (Vaseline). Hilfreich sind auch täglich veränderte Sattelstellungen, dabei wird der Sattel jeden Tag ein paar Millimeter höher oder tiefer gestellt (leicht verstellbare Sattelstütze montieren, aber Diebstahlsgefahr). So wird verhindert, daß Sitzfläche und Gelenke immer nur an gleicher Stelle einseitig belastet werden (machen, *bevor* die Beschwerden auftreten!).

Rücken- und Knieschmerzen. Diese sind fast immer ein Zeichen für falsches Sitzen und falsches pedalieren (schneller treten ist besser als langsam in einem zu hohen Gang, das belastet die Knie stärker). Oder die Radmaße stimmen nicht – aber darauf habt ihr ja beim Kauf des Rades geachtet. Oftmals hilft bei Rückenschmerzen ein ganz geringes Vor- oder Zurückstellen des Sattels, eine andere Sattelneigung oder ein leichtes Verdrehen des Lenkers. Vorsicht bei Abfahrten, daß die Rückenmuskeln nicht unterkühlt werden, evtl. das verschwitzte Hemd wechseln. Um das Rückgrat nachts zu entlasten, empfehlen Ärzte eine Seitenlage. Beim Bergauffahren mit einem zu hohen Gang wird gleichfalls der Rücken überanstrengt. Morgens nicht „kalt" mit „voller Pulle" in die Pedale steigen. Wer die Schmerzen öfter hat, sollte sich vorher ärztlich untersuchen lassen und entsprechende Cremes gegen Muskelschmerzen einpacken.

Wadenkrämpfe sind Zeichen mangelnder Mineralien, die durch das Schwitzen ausgeschieden werden. Viel Trinken, mehr Salz bzw. salzhaltige Speisen (doch nicht nur Salz alleine!) und Elektrolyt-Getränke bzw. Mineralstoffpräparate oder mineralhaltige Nahrungsmittel einnehmen. Wer Wadenkrämpfe öfter bekommt, muß die Mittel schon vorher einnehmen. Nach dem Halten die Waden ausschütteln, massieren.

Taubheit in den Fingern oder Händen. Hat seine Ursache von zu starkem Druck auf die Handnerven. Öfter umgreifen, das Lenkerband sollte gut gepolstert sein. Ggf. zwei Lagen wickeln. Oder versucht es mit „Biogrips", das sind nach der Handinnenfläche ausgeformte Lenkergriffe, die den Druck flächiger verteilen. Bei allen Schmerzen ist es besser, einen Ruhetag einzulegen und auf Besserung zu warten, anstatt sich weiterzuquälen, wodurch vieles erst nur noch schlimmer wird. Dann kann die Zwangspause noch länger dauern.

Beispiel für eine Reiseapotheke

Sonnenbrand/Mückenstiche (Fenistil, Systral, Soventol)
Fieber/Schmerzen/Erkältung (Aspirin)
Verbandsmaterial (Pflaster, Mullbinde, Leukoplast)
Elastische Binde
Breitbandantibiotika
Salbe gegen Muskelschmerzen/Verstauchungen
Desinfektionsmittel
Antibiotikumpuder (für nässende Wunde und auch für wunde Hintern)
Durchfall (Kohletabletten, Immodium)
Keine Zäpfchen und Sprühdosen mit in heiße Länder nehmen.
Tropfen gegen Augeninfektion (Chibro-Uvelin)
Sonnenschutzmittel mit hohem Lichtschutzfaktor
Mineralstoff-Präparat
Sterile Kanülen oder Spritzen
Darauf achten, daß alle Medikamente noch ein langes Verfallsdatum haben und möglichst kühl (im Inneren der Packtaschen) aufbewahren.

Was ihr sonst noch braucht, könnt ihr fast immer unterwegs nachkaufen, in vielen Ländern sind Medikamente wesentlich billiger als bei uns und es gibt sie rezeptfrei.

Ausrüster bieten kleine Mini-Apotheken in Kunststofftaschen mit praktischem Gleitverschluß an, in denen die wichtigsten Medizin-Artikel schon drin sind.

Gesundheitsbücher

„Wo es keinen Arzt gibt – Gesundheitshandbuch zur Hilfe und Selbsthilfe", von David Werner, Reise Know-How Verlag (RKH). „Erste Hilfe", von Armin Wirth, RKH. „Selbstdiagnose und Behandlung unterwegs", von Dürfeld, Rickels, RKH-PRAXIS (handlich und empfehlenswerte). „Gesundheit auf Reisen", von Frühwein/Nothdurft, Fink-Verlag. Ist dünn genug, um noch in die Reiseapotheke zu passen, gibt einen guten Überblick über die Tropenkrankheiten, deren Symptome und Therapien, beschreibt Medikamente und hilft mit Tips für die Reiseapotheke. Eine Liste aller Tropeninstitute und Gelbfieberimpfstellen in Deutschland rundet das empfehlenswerte Taschenbuch ab.

5. Gesundheits-Vorsorge

Bewußte Hygiene ist der beste Schutz vor Ansteckungen und Erkrankungen. Also verstärkt auf persönliche Körper- und Vorsorgehygiene achten (mehrmals täglich Hände waschen, keine Gemeinschaftshandtücher benützen – Schmierinfektion). Möglichst nie barfuß gehen, beim Duschen immer Badelatschen anhaben.

Gesundheits-Grundsätze bei Fahrten durch Länder mit niedrigem Hygiene-Standard:

1. Nur vorbehandeltes oder gefiltertes offenes Wasser trinken (doch Trinkwasserhygiene ist in der Praxis selten möglich, mehr Details s.u.)
2. Kein Speiseeis oder Eiswürfel in Getränken
3. Obst schälen („peel it, cook it, or forget it")
4. Kein rohes Fleisch (Hackfleisch), Bodengemüse, Salate. Keinen rohen Fische oder Meeresfrüchte
5. Fleisch und Fisch immer nur gut durchgebraten
6. Möglichst keine Rohmilch trinken
7. Kein Hautkontakt mit Tieren – Übertragung von Krankheitserregern und Parasiten.
8. Benutzt bei Straßenrestaurants eure eigenen Löffel/Gabel/Messer, weil das Besteck oft nur in kaltem Wasser abgewischt wird.

Ungewohntes Essen und Landesspezialitäten können, besonders am Anfang einer Radreise, leicht zu Magen- und Darmbeschwerden – sprich Durchfall – führen. Doch anders als der Jet-Urlauber, der innerhalb weniger Stunden um den halben Globus geschossen wird, kann ein Fernradler seinem Organismus eher die Chance geben, sich neuen Speise- und Klimabedingungen anzupassen.

Wasserent-keimung Der Wassernachschub ist Radlers tägliches Hauptproblem, er braucht es gleich literweise, in extrem trockenen Zonen (Hochgebirge) oder in sehr heißen Regionen (Wüsten) kann der Verbrauch schon mal auf zehn Liter und mehr pro Tag hochschnellen … Doch wie bekannt, können in diesem lebensnotwendigen Medium Viren und Bakterien stecken, die eine ernste Gefahr für die Gesundheit bedeuten.

Laßt euch nicht täuschen, wenn ihr irgendwo in der Pampa oder sonstwo einen Wasserhahn aufdreht … in Dritt-Welt-Ländern gibt es vielerorts überhaupt kein Wasserleitungssystem. Das Hauswasser stammt entweder vom Dach aus einer Regentonne oder von einem Behälter an höherer Stelle, der bei Bedarf nachgefüllt wird. Vielerorts fährt auch noch der Wasserverkäufer von Haus zu Haus oder man holt es in ländlichen Gebieten vom Brunnen bzw. von Wasserlöchern.

All dieses Wasser kann o.k. sein – oder auch nicht. Entweder alle Skrupel beiseite lassen oder das Wasser behandeln. Doch in der Reisepraxis hat man nur selten die Gelegenheit oder die Zeit, das Wasser jedesmal zu behandeln, schon gar nicht, wenn man zu einem Trunk eingeladen wird oder jemand am Straßenrand dem lechzenden Radler ein Glas kühles Wasser unter die Nase hält. In der Regel kann man davon ausgehen, daß angebotenes Wasser auch ohne Folgen trinkbar ist. Ihr müßt einfach eurem Glück und eurem durch das Reisen hoffentlich robuster gewordenen Magen-Darm-Trakt vertrauen. Riecht Hahnenwasser nach Chlor, könnt ihr gleichfalls von „sicherem" Wasser ausgehen – je stärker der

Geruch bzw. Geschmack, um so besser.

Zum **Entkeimen** zweifelhaften Wassers gibt es mehrere Methoden. Da Abkochen aus verständlichen Gründen kaum in Frage kommt, bleiben nur noch chemische oder mechanische Mittel (Filterpumpen). Die üblichen Silberpräparate (Micropur, Certisil) machen aber nur *klares* Wasser keimfrei (Einwirkzeit beachten), Keime, die in Schmutz eingeschlossen sind, werden nicht abgetötet (um Schmutzwasser von größeren Partikeln zu befreien, tut es zur Not ein Kaffeefilter).

Für die Reise am besten geeignet sind Chlor-/Silber-Kombipräparate (Certisil Combina oder Micropur Forte), denn sie wirken schneller (ca. 15–30 min., mit der Zeit verflüchtigt sich jedoch das Chlor und ihr müßt es länger – ca. 2 Stunden – einwirken lassen!). Es gibt sie als Tabletten und in flüssiger Form – bei beiden ist die genaue Dosierung wichtig, haltet euch exakt an die Anleitung, bei Certisil Combina flüssig bspw. 25 Tropfen auf 1 Liter Wasser. Präparate auf Jod-Basis entkeimen Wasser mit evtl. *Giardia-Erregern* besser, diese Parasiten können auch in gemäßigten Zonen auf der ganzen Welt vorkommen, gleichermaßen in klaren Bergbächen oder in Quellwasser.

Filterkerzen sind schwer und ihre Handhabung ist nicht immer einfach, denn wenn sich der Schmutz an der Oberfläche absetzt, kostet es viel Anstrengung, bis das Wasser durchgepreßt ist (wer mit einem solchen Keramikfilter in eisige Höhen kommt, muß darauf achten, daß der Filter ausgetrocknet ist; sonst kann bei Minustemperaturen das Mikroporengefüge Schaden erleiden). Es gibt aber auch wesentlich leichtere Mini- bzw. Taschenfilter von den Firmen Katadyn, Relags und MSR, die jeweiligen (günstigeren) Kunststoffausführungen sind aber nur für den gelegentlichen Einsatz gedacht.

Für das Behandeln von Wasser muß man immer zwei, besser drei oder vier Gefäße bzw. Flaschen dabeihaben, welche für schmutziges und welche für gereinigtes bzw. entkeimtes Wasser. Nicht verwechseln! Zum desinfizierendem Waschen von Obst, Tomaten u.a. kann man dem Wasser etwas Kaliumpermanganat zusetzen (ca. 1 g pro Liter, aus der Apotheke).

6. Die richtige Ernährung

Wegen der extremen Leistungsbeanspruchung des Körpers auf langen Touren sollte man sich ein wenig in Nahrungsmittel- und Ernährungskunde auskennen, auch deshalb, weil es z.B. in Dritt-Welt-Ländern nur selten immer die Möglichkeit gibt, sich richtig und ausgewogen zu ernähren. Mit entsprechenden Kenntnissen lassen sich Defizite gezielt ausgleichen. Genaueres über die richtige Ernährung findet ihr in speziellen Ernährungs -und Sporternährungsbüchern in eurer Buchhandlung (z.B. „High Energie für Champions – Sporternährung in neuer Sicht", von Erwin Kaussner, Eviva Verlag, ISBN 3-98066143-1).

Stellt euch bei Touren durch Entwicklungsländer schon mal auf wenig Fleisch, dafür aber auf wohlschmeckendes Vegetarisches ein, besonders in asiatischen Ländern. Gegessen wird dort und in Afrika und Lateinamerika überwiegend an Straßenküchen, kleinen Eßlokalen am Straßenrand und auf Märkten. Weltweite Hauptnahrungsmittel sind Reis, Maisprodukte, alle Arten von Gemüse und auch Nudeln. Brot findet sich außerhalb Europas bzw. außerhalb von Ländern mit westlicher Lebensweise und in der Art wie wir es kennen und mögen (leider) nur selten.

Allgemein wichtig für Ausdauer, Kraft und Muskelerholung sind hochwertige, kohlehydratreiche Lebensmittel, wie Vollkornprodukte (Brot, Müsli), Reis, Kartoffeln, Obst, Obstsäfte, Trockenobst, Hülsenfrüchte (Erbsen, Bohnen, Linsen). Vermeidet nach Möglichkeit Fette und Öle, Zucker und zuckerhaltige Speisen sowie Weißmehlprodukte. Auch von Traubenzucker wird abgeraten, wenn man nicht gleichzeitig für Flüssigkeitsnachschub sorgen kann, denn Traubenzucker entzieht dem Körper viel Wasser. Die wohl beste Frucht für den Radfahrer ist die kalorien- und mineralienreiche Banane.

Achtet auch auf eine ausreichende Vitamin- und Mineralstoffversorgung (beim Schwitzen verliert man viele Mineralstoffe!). Der Wert von genügend Vitaminen ist heute unumstritten, und viele Ärzte raten inzwischen – auch bei einer relativ ausgewogenen Ernährung – zur Einnahme von Vitaminpillen mit dem täglichen Quantum aller Vitamine. Bei Reisen in Länder mit schwieriger Versorgung frischer Lebensmittel würde ich Vitaminpillen mitnehmen.

Mehrere Mahlzeiten über den Tag verteilt sind besser als drei große Portionen. Weder mit hungrigem noch mit vollem Magen radeln. Schwere Speisen vermeiden. Wenn immer möglich, morgens ausgiebig frühstükken. Dies sollte bis zum Abend vorhalten, dazwischen gibt es Früchte und Kleinigkeiten. Und immer viel Trinken, doch gezuckerten Getränke, sondern Mineralwasser und Fruchtsäfte. Coffeinhaltige Getränke entziehen dem Körper neben dem Schwitzen noch mehr Wasser, was nicht erwünscht ist.

Hauptgetränk rund um die Erde ist, hauptsächlich in Entwicklungsländern, Tee und auch Wasser. Landeseigene Limonaden schmecken oft nachgerade scheußlich.

Zum Schluß drei Radfahr-Grundregeln: Trinken, bevor man durstig wird, essen, bevor der Hunger kommt, rasten, bevor man müde ist …

Selber-kochen, Einladungen Wer vorhat, seine Mahlzeiten selbst zu kochen und wer darunter mehr versteht als nur Büchseninhalte zu erhitzen, übt schon mal zuhause am heimatlichen Herd oder er läßt sich in die Kochkunst einweisen. Selbstversorger haben in ihrer Radler-Speisekammer meist Reis, Nudeln, Mehl, Trockensuppen, Milchpulver, Zucker, Salz, Brühwürfel, Soßen, Haferflocken, Nüsse, Trockenobst (Pflaumen, Mandarinen, Äpfel, Birnen, Rosinen) und ein paar weitere dehydrierte Nahrungsmittel. Man kann sich auch z.B. „Das Fahrrad-Kochbuch", von Christoph Riemer und Ulrich Herzog, Delius Klasing Verlag, zulegen, dort wird beschrieben, was man als Strampler alles zubereiten kann, vom Power-Frühstück bis zum Sunset-Dinner. Auch die „Wildnis-Küche" von Rainer Höh, Reise Know-How-PRAXIS, ist ein gutes Büchlein.

Haferflocken sind ideal, sie sind leicht und gehaltvoll. Gemischt und verfeinert mit Rosinen, Früchten, Zimt, Zucker oder Honig sind sie Radlers tägliche Kost.

Auch in Entwicklungsländern lassen sich die Zutaten zum gewohnten Speiseplan oder zum Müsli-Kraftfutter nachkaufen, wenngleich meist nur in Großstädten in großen Supermärkten. Unterwegs findet ihr Lokale und

Kneipen meist um Bahnhöfe und Busterminals, bei Märkten und Markt-plätzen. Gute Restaurant-Tips können Einheimischen oder andere Tra-veller geben.

Bei Einladungen wird es nicht ausbleiben, daß man obskure Gerichte vorgesetzt bekommt – besser nicht nach den Ausgangsprodukten fra-gen, denn was machst du, wenn es Hundefleisch (China), Affe oder Buschratte (Afrika) oder Meerschweinchen (Südamerika) gibt? Wenn es gar „zu dick" kommt, kannst du ja sagen, du wärst Vegetarier oder der Arzt hätte kein Fleisch erlaubt oder deine Religion würde keinen Fleisch-genuß erlauben ...

Tropen-
früchte

Hier einige tropische/subtropische Früchte und Gemüsesorten, mit de-nen ihr bei Touren durch Tropenländer in Berührung kommt und die euch Power und Vitamin-Nachschub liefern. Natürlich ist es nicht möglich, all die vielen weiteren Früchte vorzustellen, die man unterwegs bei einer Reise durch tropische Länder kennenlernt; es soll nur Anreiz sein, sich ein wenig mit Früchten zu beschäftigen und unterwegs neue auszupro-bieren – Clemens Carle hat sich bei seinem Radabenteuer Panamericana den Spaß erlaubt, alle neuen Früchte zu notieren, die er auf Märkten oder am Straßenrand probierte: es waren allein in Lateinamerika über 50 neue! (Für Asien gibt es das PRAXIS-Büchlein „Eßbare Früchte Asiens" von Reise Know-How).

Kokosnüsse werden oft an Straßenständen und auf Märkten feilgeboten. Kokoswasser und das noch weiche Fruchtfleisch schmecken köstlich!

Bananen und *Orangen* sind reich an Mineralien (Kalium, Phosphor, Eisen, Kupfer). Sie ersetzen das Kalium, das ihr bei täglicher Muskelarbeit und beim Schwitzen verliert. Orangen, Grapefruits und Kiwis sind ähnlich reich an Mine-ralien und Vitaminen.

Die *Batate* (Süßkartoffel) hat gleichfalls einen hohen Kohlenhydratanteil, sie ist ein Hauptnahrungsmittel in tropischen Ländern. Die Knollen werden wie Kartoffeln entweder gekocht, geröstet oder gebraten.

Maniok sind große, überaus stärkehaltige Wurzelknollen, auch *Cassava*, *Mandioka* oder *Tapioka* genannt. Als gekochter Brei tägliches Hauptnahrungs-mittel und wichtigster Kohlehydratlieferant tropischer Dritt-Welt-Länder. Der Milchsaft von rohen Maniokknollen ist jedoch giftig, deshalb wird die Frucht vorher geschält und geschnitzelt und der Saft ausgewaschen. *Yams* ist eine ähnliche Knollenfrucht.

Datteln und *Feigen* sind das Brot der Wüstenländer, besonders im ara-bisch-islamischen Kulturkreis. Täglich eine Handvoll läßt einen auch in kargen Wüstenländern überleben.

Die *Avocado* ist eine sehr fettreiche Frucht mit allen Vitaminen, sehr kalori-enreich und gesund. Mit etwas Zitrone, gesalzen oder mit Zucker gesüßt schmeckt sie immer – für mich die Frucht die am besten sättigt.

Papayas sind wohlschmeckend und sehr nützlich für den Magen und die Verdauung (Wirkstoff Papain).

Melonen sind wegen ihrem hohen Wassergehalt und dem Fruchtfleisch für Radler ideal (leider ein wenig schwer für den Transport ...).

Erdnüsse findet man in allen tropischen und subtropischen Gebieten, be-sonders in Westafrika, China, USA, Indien. Hoher Öl- und Eiweißgehalt. In den Erzeugerländer bekommt man sie hauptsächlich zu Brei zerstampft und ge-kocht (Erdnußsoße, Südostasien).

Teil 2
Rad und Ausrüstung

A. DAS RAD

Vorbemer-kung

Heutzutage ist die Typenvielfalt und das Angebot von Rädern, Komponenten und Radzubehör eigentlich unüberschaubar, und für einen Neuling ist es sehr schwierig, den richtigen Weg durch den Velo-Dschungel zu finden. In diesem Kapitel finden sich nun keine langatmigen Rad- und Zubehör-Tests und auch keine theoretische Abhandlungen, sondern praktische, selbst-„erfahrene Erfahrungen" von Tour-Experten. Folgender aktualisierter Beitrag stammt von Wüsten- und Nordafrika-Radler F.-J. Ahl.

Welches Rad?

Heinz Helfgen ist 1951 mit einem Dreigang-Rad zweieinhalb Jahre lang um die Erde gefahren, weil er der Zuverlässigkeit der Kettenschaltungen von damals nicht traute. Kettenschaltungen der oberen Preisklassen sind heute zuverlässiger als das damalige Material, haben jedoch noch nicht das Optimum an Zuverlässigkeit erreicht. Wer aber einmal mit vierundzwanzig oder mehr Gängen auf Tour war, nimmt lieber mehr Ersatzteile mit und schont seine Knie, die schwerer Instand zu setzen sind.

1. Das Mountain-bike

Das MTB ist das Moderad schlechthin. Die MTB-Welle hat für einen Technik- und Qualitätsschub gesorgt, der nur zu begrüßen ist. Man bekommt gute Bremsen, stabile Rahmen und Felgen, gedichtete Lager und umfangreiche Schaltungen, sobald man einen gewissen Mindestbetrag investiert. Wobei diese Schaltungen nicht nur Vorteile haben: Wegen des umfangreichen Ritzelpakets hinten stehen die kettenseitigen Speichen steiler, brauchen mehr Spannung und sind somit bruchgefährdeter. Außerdem erschwert die mangelnde Modellkonstanz der Japaner die Ersatzteilversorgung. Wenn man einen neuen Schalthebel für seinen 8fach-Schaltkranz braucht, kann es passieren, daß es nur noch 9fach-Schalter gibt, man muß also Ritzelpaket und Kette umrüsten und kaufen, kaufen, kaufen …

Die neuesten Sperenzien, wie vollgefederte Räder, elektronische Schaltungen und was ihnen noch so einfallen mag, bringen vor allem mehr Gewicht und Anfälligkeit, für Radreisende jedoch keine erkennbaren Vorteile. Insbesondere die schicken, ultraharten Rahmen rütteln einen schon auf schlechtem Asphalt ordentlich durch, während Reiseradler, die sowieso kaum im Stehen fahren dürften oder es nicht auf Spurts anlegen, diese Steifigkeit nicht brauchen, da sie in der richtigen Untersetzung mit rundem Tritt im Sitzen fahren. Ein dämpfender Rahmen ist also sinnvoller.

MTB-Stabilität hat ihren Preis – nämlich **zehn Prozent mehr Energieaufwand** für dieselben Fahrleistungen gegenüber den anderen aufgeführten Radtypen! Einige schwören auf das MTB, andere lehnen es als Reiserad radikal ab. Man kann es aber mit ein paar Tricks reisetauglich machen:

Die **Lenker** bei MTBs sind meist zu breit. Griffbreite = Schulterbreite kann man mit einer Eisensäge erreichen. Leicht nach hinten gebogene Griff-Enden sind vorzuziehen, da man bei geraden Enden die Arme zu stark verdreht und sich somit verspannt. Anstatt der modischen, aber durchaus sinnvollen „Hörner", montiert man besser einen gleichartig geformten Lenker aus einem Stück (leichter und billiger), mit leicht nach innen gebogenen Enden. Man muß aber die ganze Sitzposition (Vorbau) an die seitliche Griffhaltung anpassen, sonst wird es *nicht* gemütlicher.

Der Lenker muß nicht immer gerade stehen. Meiner ist ein paar Millimeter nach links gedreht. Seit das so ist, habe ich keine Schulterschmerzen mehr. Bei Rechtshändern greift (normalerweise) der linke Arm etwas kürzer (bei Linkshändern natürlich umgekehrt.) Mir ist das nach 27 Lebensjahren auch erst am Rad aufgefallen. Ähnliches gilt für den Sattel. Daß mein linkes Bein etwas kürzer ist, sehe ich am einseitig eingefahrenen Ledersattel.

Ein Sattel aus dickem Kernleder, ob gefedert oder nicht, ist nach der Einfahrzeit immer noch am komfortabelsten. Die meisten Vielfahrer schwören auf „eingerittene" Kernledersättel (ohne Federung, da sonst Kraft verloren geht). Robuster sind sie bei entsprechender Pflege auch. Was bei einem Ledersattel nur ein Kratzer ist, ist bei anderen Sätteln ein Riß, der das Innenleben offenlegt. Wer seinen Sattel vor der Tour noch ca. 1000 km lang einfahren kann (und das sollte man immer), sollte einen Ledersattel nehmen, wer nicht, einen guten Gelsattel, der möglichst noch nach orthopädischen Kriterien ausgeformt sein sollte.

Die Sitzstellung kann man bei MTBs gut einstellen, wenn ein passender Vorbau und eine Sattelstütze eingebaut sind. Vielleicht hast du einen Händler, der dir das Rad auf deine Maße einstellt. Ein guter Händler macht das schon beim Kauf im Austausch. Die Nachrüstung wird sonst teuer.

Je aufrechter man sitzt, desto besser sollte der Sattel federn, und je weiter man sich nach vorne neigt, desto dämpfender sollten die Griffpolster sein. An den Griffenden sollte man keine „Form-Loch-Noppengriffe" benutzen. Dicke, mittelharte Moosgummigriffe (z.B. Grab-On) polstern am besten und geben den besten Halt.

Reifen mit Profil braucht man nur bei nass-schmierigem und trocken-rolligem Untergrund. Also Slicks drauf, die laufen leichter und leiser, und als Ersatzmantel einen Profilreifen, wenn die Tour solcherart Routen einbezieht. Auf schlechten Straßen bieten die fetten Schlappen ein wichtiges Mehr an Komfort. Die kleineren 26er Laufräder der MTBs sind prinzipiell stabiler als 28er, das hängt aber stark von der Ausführung bzw. vom Typ ab. Auch wenn „man" es mit dem MTB angeblich nicht macht: Montierte Schutzbleche halten den Rücken von Straßennässe, weichem Asphalt u.a. sauber.

2. Das Trekking-Rad

Ist das Fernweh-Bike schlechthin. Ein Zwitter zwischen Sport- bzw. Straßenrad und Mountain-Bike, wobei Trekking-Räder eigentlich nur die High-Tech-Ausführung des früheren Sportrades sind. Bis auf die Laufräder gilt dasselbe wie für die MTB-Technik. Es ist der Radtyp, auf den viele warteten, denn Trekking steht als Synonym für universelles Radfahren auf Asphalt, Feldwegen, Pisten, mit und ohne viel Gepäck.

Die Schnelligkeit liegt zu einem guten Teil an der 28er (622 mm-)Bereifung. Für harte, lange Touren ist der „Schwalbe Marathon" unschlagbar – pannenfest und langlebig. Pannenfestigkeit bezieht sich nicht nur auf die Lauffläche. Ein Schnitt in die Reifenschulter, und es gibt seitliche Blasen. Durch den stabilen Aufbau ist der „Schwalbe Marathon" schwerer zu montieren, und auch kein ausgesprochener Leichtlaufreifen. Schneller sind die modernen Mäntel wie Continental „Top Touring 2000" oder Panaracer „Tour Guard". Der „Marathon" verträgt maximal fünf bar, bevor er einen Höhenschlag bekommt, weil er einseitig aus der Felge rutscht, die anderen beiden bis zu maximal neun bar. Dieser Druck- und Reifenunterschied macht ca. eineinhalb Gänge an Geschwindigkeit aus. Der Komfort ist bei den hohen Drücken gering, für den z.T. groben Asphalt vieler Strecken außerhalb Europas ein wichtiges Kriterium. Ganz schmale Reifen unter 28mm sind anderen Zwecken vorbehalten. Reifenbreiten für 28er Felgen gibt es bis 47 mm. Grenzen setzt meist die Rahmenbreite (nicht vermessen, ausprobieren!).

Prinzipiell gibt es von den vorgenannten Typen auch einige mit Reiserad-Geometrien, d.h. langer Hinterbau, damit der Schwerpunkt der Packtaschen *vor* die Hinterachse kommt (sonst fängt das Rad an zu schlingern), ohne daß die Füße daran stoßen (bei großen Füßen und kurzem Hinterbau kann es dabei zu Problemen kommen). Ein langer Radstand sorgt für einen sauberen Geradeauslauf. Gepäck vorne unten macht auch aus dem nervösesten Kurvenflitzer eine gemächliche Fuhre.

3. Reise- und Rennräder

Das Reiserad mit 28er Laufrädern ist das Langstreckenrad schlechthin. Durch den langen Radstand hat es einen satten Geradeauslauf. Wechselnde Griffstellungen am Randonneur-Lenker verhindern Verkrampfungen. Gegen hochgezogene Schultern, abgeknickte Handgelenke und andere Haltungsfehler oder gegen eine nicht korrekte Anpassung hilft aber kein noch so gutes Rad!

Bezüglich der Ausstattung gilt das gleiche wie das bei den anderen Radtypen gesagte, nur sollte man auf ein Dreifach-Kettenblatt achten, da sonst die ganz kurzen Untersetzungen, wie z.B. 24-32, nicht erreicht werden können.

Rennräder wurden vor der MTB-Welle und werden z.T. auch heute noch als Berg- und Reiseräder benutzt, teils mit modifizierten Übersetzungen (bis zu vier Kettenblätter). Sie haben meist wenig Anlötsockel für die Gepäckträgerbefestigungen.

Kaufempfehlungen

Für den Neukauf gilt generell: Qualität gibt es ab 750 Euro. Mit 1000 Euro für das nackte Rad (ohne Gepäckträger, Licht u.a.) ist man gut dabei. Ab dieser Preisklasse kann man nicht mehr viel verkehrt machen, da sich die Ausstattungs- bzw. Qualitätsstandards innerhalb der einzelnen Preisklassen angeglichen haben. Wenn das eine Rad bessere Bremsen hat, hat das andere den besseren Rahmen, die besseren Felgen o.ä.

Preiswertere Ausstattungen brauchen einfach mehr Pflege, vor allem wegen der schlechteren Abdichtung. Wobei jemand, der kein Geld hat, sich ein optimales Rad leisten zu können, sich keine übermäßigen Sorgen machen muß. MTBs auf US-Highways, Rennräder im tiefsten Schwarzafrika und schwere Eingang-Vollautomatik-Holländer in der Sahara – der Radtourenspaß hängt nicht vor allem an der Radtechnik. Eines muß das Rad jedoch sein, wenn man weit entfernt ist vom Ersatzteilnachschub: zuverlässig, zuverlässig, zuverlässig. Ein unnötiges Sicherheitsrisiko, gerade in entlegenen Gebieten wie z.B. der Sahara, darf nicht sein.

4. Ersatzteile, Wartung

Je schmäler die Kette (d.h. je mehr Gänge), desto eher muß man sie auswechseln. Meine Kette auf einem 6-Gang-Kranz war schon nach 1200 km Wüstenstraßen mit schlampiger Wartung ca. 5 cm länger (auf normalen Straßen ohne Sand und Staub halten Ketten wesentlich länger). Ausgeleierte Ketten verschleißen die Zahnräder stärker, diese dann wiederum die neue Kette usw. Alles zusammen auswechseln kostet bei 18 bis 21 Gängen gut über 150 Euro. Also lieber drei Ketten mitnehmen, wenn's sein muß, und die dann alle 700 bis 800 km auswechseln. Es gibt kleine Kettenverschleißlehren für unterwegs, z.B. die von Wippermann. Öl – und noch stärker Fett – zieht Sand und Staub an und vermengt sich mit diesen zu einer Schmirgelpaste, die den Stahl verschleißt. Aber wenn man gar nicht ölt, schaltet der Antrieb nicht mehr richtig und quietscht, als wäre ein Kanarienvogel in die Kette geraten. Das kann ganz schön nerven auf Strecken ohne allzu viele ablenkende Verkehrsgeräusche … Am besten jeden Tag reinigen. Da bieten sich diese Reinigungsmaschinen mit Zahnrädern und Bürsten an (z.B. der „Barbieri Chain Cleaner" für unterwegs). Die Kette nur einmal durchziehen, um den Schmutz anzulösen, und dann mit einem Lappen abwischen, sonst wird nicht nur der Dreck gelöst, sondern auch das Fett in den Rollen, was wiederum den Verschleiß beschleunigt. Alles ganz leicht mit speziellem Kettenöl (wenig staubanziehend) ölen, indem man einen Lappen tränkt und die Kette einreibt.

Ersatzspeichen unbedingt vor der Reise ausprobieren! Nicht schätzen, abmessen oder dranhalten, sondern ausprobieren! Ich hatte eineinhalb Jahre die falschen Ersatz-Speichen dabei, die ich schon beim Radneukauf vom Händler bekam. Dasselbe gilt für alle Werkzeuge: Ausprobieren, ob's paßt, und vor allem damit umgehen lernen. Gute Lichtanlage und Reflektoren mitnehmen. Nachtfahrten habe ich, besonders auf einsamen, öden Straßen, häufig gehabt. Ein Schaltungsschutz hält viel von der hinteren Schaltung ab, wenn ich mir die Schrammen an meinem so anschaue.

■ … hoffentlich nichts vergessen … (Reparatur in der Mongolei)

5. Checkliste, diverse Tips   Je nach Rad und Reise und Gegend z.B. Kurbelabzieher, Gabelschlüssel dazu, Tretlagerwerkzeug. Konusschlüssel für Radlager, Schlüssel zum Kontern, Kompaktwerkzeug, z.B. von Park-Tools, Minoura, Topeak u.v.a.

Ritzelabzieher braucht man, um Speichen auf der Kettenseite, wo sie meistens brechen, zu wechseln. Für Hyperglide den „Hyper-Cracker". Schraubkränze kriegt man mit dem großen Geschirr, mit Ketten und Hebeln auf.

Kette(n)/Kettenverschleißlehre
Kettenöl/Kettenreiniger
Kettennietdrücker/Kettenglieder, für Hyperglide den Spezialniet
Flickzeug/Reifenheber (drei Stück)
Speichen (mit Nippeln)
Speichenschlüssel
Schläuche
Ventile
Bindedraht/Kombizange
Klebeband
Einstellanleitungen (falls man es nicht auswendig weiß)
Putzlappen/Waschpaste
Taschenmesser
Bremsgummis
Schrauben
Schlauchbinder
Brems- und Schaltzüge, evtl. Schraubnippel
Birnen/Kabel
(Falt-)Mantel, evtl. Ausweichprofil
Fett
Evtl. Ersatzschaltwerk

Diese Aufzählung ist eine Gesamtliste. Es ist unsinnig, für alle Reparaturen entsprechende Werkzeuge und Ersatzteile mitschleppen zu wollen. Sprecht mit einem guten Fahrradmechaniker über mögliche Schwachpunkte und Bruchstellen an Rad und Komponenten (gefährdet sind z.B. Schaltungshebel aus Kunststoff). Wer sein Rad selbst zusammenbaut, kann durch die Wahl richtiger Komponenten Werkzeug sparen (es gibt z.B. Steuersätze, die sich auch mit einem Inbus-Schlüssel lösen bzw. anziehen lassen). Überwacht „on the road" mit technisch geschulten Augen die Radmechanik, so kann mancher drohende Defekt schon vorher erkannt und manche Reparatur vermieden werden. Und improvisieren läßt es sich unterwegs fast immer.

Weitere Ersatz- und Ausrüstunglisten s. Kapitel „Weltumradlungen" und „Panamericana", zusätzliche Tips zu Ersatzteilmitnahme finden sich auch bei den Rad-Erlebnisberichten in diesem Buch.

Diverse Tips Metallbremshebel an MTBs reflektieren das Sonnenlicht konzentriert und können die Fingerrücken an einem Tag schon ernsthaft verbrennen (dann ist man aber sowieso mit der falschen Griffhaltung gefahren).

Die Mountainbike-Lähmung ist bei Ärzten ein bekanntes Phänomen: Ein Kribbeln oder ein taubes Gefühl in den Fingern. Da hilft dann nur noch pausieren, bis es vergeht. Bei Langstreckenfahrern, die mit dem Daumen unter ihren Lenker fassen und die keine Handschuhe tragen, werden die Nerven auf der Handinnenfläche gequetscht. Daß mir das noch nicht passiert ist, liegt daran, daß ich (nicht in der Stadt!) eine flache Faust mache und mich auf dem Ballen abstütze. Außerdem trage ich immer Handschuhe, die es anscheinend nur in undezenten Farben gibt. Handschuhe ganz aus Leder leiern so aus, daß sie keinen Halt mehr geben. Ledergrifflächen mit Elastik-Handrücken sind kühler als Handschuhe ganz aus Kunststoff, lassen sich aber nicht so gut waschen und vor allem trocknen. Für das Futter im Schritt bei gepolsterten Radhosen gilt dasselbe wie für die Handschuhe. Nur bräuchte man unterwegs zwei Lederhosen, da diese auch in der Wüste lange zum Trocknen brauchen. Ich habe allerdings mit Kunstledereinsatz seit Jahren keinerlei Beschwerden.

Wer mit Jeans oder ähnlichen Hosen fahren will, weil die Radhosen so „seltsam" aussehen, soll sich dünne Stoffhosen zulegen, da die dicken Jeansnähte stark scheuern und drücken. Untendrunter gehören Radunterhosen mit einem Einsatz ohne Naht oder mit Flachnähten (neuerdings gibt es ausgewachsene Radhosen mit Jeansaufdruck, mit denen man schon fast „angezogen" aussieht …).

Ich fahre in leichten Nylontrekkingschuhen mit einer relativ steifen Sohle. So habe ich zum Laufen auch gleich ein paar Schuhe. Ein paar Flip-Flaps aus Schaumstoff als Dusch- und Hausschuhe (besonders sinnvoll bei Haus-Einladungen) nehme ich bei auch mit.

6. Gepäck-träger I   Unsere Lastenträger sind meist aus Rundaluminium. Schwach- und Bruchstelle ist das flachgedrückte, durchbohrte untere Trägerende. Jeder Ingenieurstudent im 2. Semester versteht warum – Gepäckträgerkonstrukteure lernen es z.T. nie … Blackburn macht den konstruktiven Mangel mit hervorragendem Material weitgehend wett, ESGE hat eine logischere Halterung, in der nicht gelöchert, sondern flächig geklemmt wird. Die ESGE-Träger sind zwar wieder schwerer als die gewöhnlichen Alu-Träger, deren Gewichtsvorteil jedoch schrumpft, sobald sie nach einem Bruch geschient werden müssen, fern jedes Aluschweißers. An Anlötösen für die Gepäckträger lassen sich Träger stabiler montieren als mit Schellen, so wird das Gepäck ruhiger gehalten. Als Alternative zu Alu-Trägern gibt es sehr empfehlenswerte (und leider schwere) Stahldrahtträger, oder noch besser, leichte Stahlrohrkonstruktionen, die wiederum den Nachteil haben, sehr teuer zu sein (Tubus, Gordon, Patria).

Für die Zusatztasche gefüllt mit Datteln, für gebrochene Träger, zur Taschensicherung und für vieles andere mehr empfehle ich ein halbes Dutzend (man verliert sie) gewebte **Nylon-Packriemen.** Gummi-Expander geben Erschütterungen immer elastisch nach, d.h., das Gepäck arbeitet sich in Richtung Straße. Außerdem können sie beim Packen übel ins Auge schnalzen. Ich verlor meine Phototasche auf dem hinteren Träger am ersten Tag einer Tour dreimal (mit zwei Expandern), mit einem Packriemen später nie mehr (davon abgesehen kostete die Transportvariante hinten auf dem Träger mehrere verbogene und gebrochene Filter. Man nimmt für den Foto besser die Lenkertasche).

B. RADZUBEHÖR

Zu diesen Ausführungen von Franz-Joachim Ahl hier noch weitere Ratschläge und Tips für Rad und Ausrüstung von **Clemens Carle:**

Der wichtigste Entscheidungs-Grundsatz beim Kauf eines Rades, bei den Komponenten und der Ausrüstung sollte sein: Bewährtes und Herkömmliches hat Vorrang vor Neuem. Je länger und ausgefallener die Tour und die Route, desto wichtiger. Keinen markigen Werbesprüchen aufsitzen. Wenn die Hitze in der Wüste die Zunge festklebt und das Hirn ausdörrt, der Hunger und der Gegenwind einen zur Verzweiflung bringt, dann hilft auch kein XX-Rohr und keine YY-Schaltung weiter … Jedes Rad ist nur so gut wie sein Fahrer. Doch wir leben halt im Zeitalter des Technik-Fetischismus.

1. Rad und Rahmen

Ob Mountainbike, Reise- oder Trekking-Rad ist abhängig von den Ländern und den Strecken bzw. den Straßenverhältnissen dort. Wer überwiegend auf Asphalt zu fahren gedenkt, der tut sich mit einem MTB schwerer. In Ländern mit schlechten und größtenteils unasphaltierten Straßen bzw. in reinen Pisten-Regionen hält ein robustes MTB mehr aus. Bei einer Tour zu zweit würde ich die Räder mit den gleichen Komponenten ausstatten.

Rahmenmaterial: Heute meist aus Aluminium unterschiedlicher Legierungen. Bedenken sollte man, daß Alu-Rohre mit großem Durchmesser und dünner Wandstärke sehr empfindlich sind und beispielsweise beim Transport im Flugzeug oder auf dem Lkw eindellen können. Gestandene Toureros empfehlen meist **Stahlrahmen,** da man sie im Falle eines Bruches besser schweißen kann … das war vielleicht früher der Fall, aber moderne Stahlrohre sind aus Gewichtsgründen so dünn gezogen, daß sie ein nicht sehr versierter Schweißer beim ersten Versuch durchbrennt! Oder der Stahl wird an der neuen Schweißnaht wegen zu hoher Temperatur dann so spröde, daß er bald wieder brechen wird. Gute Alurahmen sind unbeladen knüppelhart, Pistenfahrten ohne Gepäck werden zur Tortur. Erst mit weiterer Beladung entwickeln sie das von vielen Fernradlern als angenehm empfundene „weiche" Fahrverhalten, ohne deshalb gleich zum „Flattern" zu neigen. Bei Stahlrahmen hochwertigen „CroMo"-Stahl vorziehen, evtl. konifiziert, d.h. mit dickeren Wandstärken an den Rohrenden (wo die höchsten Belastungen auftreten), für Extrem-Belastungen auch in „oversized" machen. Auf saubere Verarbeitung (Schweißnähte, „Raupenform") achten! Geschliffene und verspachtelte Schweißnähte sehen ästhetisch aus, können aber auch mangelhafte Arbeit kaschieren. Der Hinterbau des Rahmens und die Gabel müssen ausreichend Platz für breitere Reifen haben.

Entscheidend ist die Rahmengröße, die von den eigenen Körpermaßen abhängig ist. Gemessen wird die Innenbeinlänge (ohne Schuhe und Hose) und mit 0,65 multipliziert. Dieses Maß ist der wichtigste Anhaltspunkt für die Rahmenhöhe (Abstand von Mitte Tretlager bis Oberkante Sitzrohr – das gilt aber nur bei waagrechtem Oberrohr!). Im Zweifelsfall einen etwas niedrigeren Rahmen wählen und mit dem ja verstellbaren Sattelrohr auf das Ideal-Maß bringen. Gute Fahrradläden haben zum Messen auch ein Positionsmeßgerät, denn für einen wirklich paßgenauen Rahmen spielen weitere Faktoren eine Rolle: das Verhältnis Oberkörper zur Beinlänge, die Länge der Arme, die Schulterbreite, die bevorzugte Sitzposition. Ein solchermaßen angepaßter Rahmen fühlt sich an wie aus einem Guß, die Vorbaulänge, Lenkerhöhe und -breite, die Rahmenlänge und -höhe stimmen dann. Gute Rad- bzw. Rahmenhersteller bieten Rahmen zumindest in Abstufungen von zwei Zentimetern an.

Ein einfachere Methode zum Ermitteln der Rahmenhöhe: Wenn man im Rahmen steht, sollten zwischen Schritt und Oberrohr mindestens 2 bis 3 Zentimeter Luft bleiben. Bei MTBs etwa 4 bis 8 Zentimeter (nur bei waagrechtem Oberrohr!).

2. Felgen, Speichen, Reifen

Standard-(Alu-)Hohlkammerfelgen würde ich gegen stabilere mit gelösten Speichenlöchern austauschen. Bei sehr hohem Gepäckgewicht breitere Felgen („Downhill-Felgen") nehmen. Welches Kastenprofil nun das beste ist, darüber läßt sich unter Radlern am Lagerfeuer trefflich streiten: Ob V-

Profil, doppelt geöst, mit Verstärkungsrohren, keramikbeschichtet oder hartanodisiert – jeder hat da seine eigenen Erfahrungen gemacht. Wert gelegt werden sollte auf abgedrehte (= plangefräste) Flanken – um das Bremsruckeln am Felgenstoß zu vermeiden – und ggf. auf einen „Verschleißindikator": Das können in die Flanken eingearbeitete Stifte sein, die bei einem bestimmten Flankenabrieb zum Vorschein kommen und ein Ruckeln verursachen. Im Extremfall können zu dünne Felgenflanken schlagartig aufreißen, bei Bergabfahrten sind dann böse Stürze programmiert (ich hatte im Himalaya auf einer steilen Sand- und Geröllpiste bei Regen eine fast nagelneue Felge innerhalb von 80 km „durchgebremst"!). Edelstahlfelgen sind „out", deren Bremsverhalten bei Nässe ist lebensgefährlich! Ausreichend breites Felgenband aufspannen. Laufräder sind nur (dauer-)stabil, falls die Handarbeit stimmt (billige Massenfelgen werden maschinell eingespeicht). Zentrierte Laufräder werden dabei nochmals von Hand abgedrückt und nachzentriert. Falls frisch eingespeichte Felgen nach ein paar hundert Kilometern stark schlagen, wurde geschludert, und man kann sich auf Probleme einstellen. Speichenspannung regelmäßig durch Anschlag nach Gehör (etwa gleiche Tonhöhe) prüfen. Gerissene **Speichen** gleich ersetzen, sonst brechen evtl. noch mehr. Es gibt auch flexible 1.-Hilfe-Speichen, sie sind leicht und schnell montierbar, gerade wegen ihrer Flexibilität aber keine Lösung für Gepäckradler und/oder miese Pisten.

Ob 2,0 mm oder 2,34 mm Speichen, ob Doppeldickend mit 1,8 oder 1,5 mm, ob 3- oder 4fach gekreuzt – alles kann stabil oder instabil sein, denn die Handarbeit entscheidet. Früher waren 48-Loch Naben das Nonplusultra unter Reiseradlern, auch heute werden noch 40-Loch Naben statt normal 36 als die stabilere Variante verkauft. Bedenkt, daß dafür im Ausland noch weniger wahrscheinlich Ersatz aufzutreiben ist als für eine normale 36-Loch Felge oder –Nabe. Verschiedene Speichenlängen vorne und hinten am hinteren Laufrad beachten!

Sehr wichtig: Laufräder vor der Reise (und unterwegs) immer sauber zentriert halten! Bei Speichenbruch Speiche wie gesagt immer sofort ersetzen und das Laufrad neu zentrieren (durch Spannen und Entspannen).

Reifen Continental, Michelin, Schwalbe, Corratec, IRC u.a. Firmen fertigen diverse Qualitätsreifen für Ferntouren. Bewährt haben sich für Langstrecken besonders der Schwalbe „Marathon" (hohe Durchschlagsfestigkeit, dafür etwas höherer Rollwiderstand), der Continental „Top Touring" und „Goliath Semislick". Vom „Marathon" gibt es verschiedene Ausführungen, die sich in Profil und Karkassenaufbau unterscheiden: „Marathon" als Allround-, „Marathon XR" als Gelände- und „City Marathon" als Semislickversion. Alle haben einen Kevlar-Pannenschutzgürtel. Ein Traum für Globetrotter mit Platzproblemen ist die Faltversion des „Marathon XR". Reifenoberfläche regelmäßig nach Dornen, Glassplittern etc. absuchen und entfernen. Bei manchen muß man auch die Laufrichtung beachten. **Fast alle außereuropäische Ferntouren erfordern möglichst breite Reifen, mindestens 37 mm!**

Die Beschaffung von Ersatzreifen kann in diversen Ländern außerhalb Europas schwierig werden. Deshalb vor der Reise klären, welche Reifengrößen unterwegs erhältlich sind (s. Teil 4, „Kontinente und Länder"), oder Nachschub von zuhause sicherstellen. Generell sind aber 26er Reifen eher erhältlich als 28er, meist allerdings nur als kräfteraubende Stollenversion. Und gerade dann ist die Straße einmal super asphaltiert …

Die **Lebensdauer** von Fahrradreifen ist sehr unterschiedlich: Weltreisende berichten von Laufleistungen von durchschnittlich 5000 bis 6000 Kilometer – das können also einmal nur 1000 km, das andere mal 10.000 km oder gar 15.000 km sein! Sie hängt auch stark vom richtigen Luftdruck und vom Gewicht (Fahrrad, Gepäck, Radler) ab. Wegen der wesentlich rauheren Oberfläche von Asphaltstraßen in Afrika, Asien und Lateinamerika nutzen sich Radreifen dort sehr viel schneller ab als auf unserem gewohnt glatten Asphalt, für Touren dorthin würde ich also immer breite Reifen aufziehen. Nicht lange halten meist unterwegs gekaufte Reifen unbekannter Hersteller. Faltreifen lassen sich eng zusammenlegen. Wer keinen Platz mehr in den Packtaschen findet: probiert mal die Verstauung zwischen den Speichen des Vorderrades. Geht aber nur bei kleinem Reifendurchmesser. Reifen möglichst klein falten (nicht knicken!): so halten und falten, daß zunächst drei gleichgroße Bögen entstehen, dann die beiden äußeren Bögen auf den mittleren einklappen. Falls ihr die Ersatzreifen monatelang auf dem Gepäckträger stechender Tropensonne aussetzt, solltet ihr sie vielleicht besser in ein Stück Tuch einwickeln und so vor Aushärtung schützen.

3. Schläuche, Ventile, Luftpumpe

Schläuche aus Polyurethan sind abzulehnen, sie können sich mit der Zeit zersetzen. Drei Stück sind das Minimum, im Fall einer Panne erspart man sich das Flicken unterwegs. Evtl. können sog. „Anti-Platt-Bänder", die zwischen die Innenseite des Reifens und des Schlauchs eingelegt werden, vor zuviel Pannen schützen. Oft läuft der Reifen dann aber nicht mehr rund – ausprobieren! Und die Bänder können mit der Zeit die Schläuche aufritzen. Gewichtsoptimierte „Light"-Schläuche rollen besser, sind aber auch pannengefährdeter, gerade bei Verwendung der „Anti-Platt-Bänder".

Ventile: Blitz-Ventile (Dunlop) sind heute nicht mehr so verbreitet, sie sind schwerer aufzupumpen und nur selten richtig dicht. Gebräuchlicher sind Autoventile *(schrader valve)* oder die französischen Sclaverand-Ventile *(presta valve).* Auto- und Sclaverandventile haben verschiedene Durchmesser (8,5 bzw. 6,5 mm), für Felgen mit 8,5 mm-Ventilloch gibt es Reduzierstücke. Felgen mit 6,5 mm-Loch keinesfalls aufbohren, Bruchgefahr! V-Felgen mit höherem Kasten („Aero-Felgen") erfordern manchmal extralange Ventile.

Zur **Luftpumpe** kann ich folgende Anekdote beisteuern: „Dumm gelaufen: Schlauch geflickt und montiert, Kunststoff-Pumpe beim Aufpumpen abgebrochen – und das irgendwo auf der Baja California! So schob ich dann einige Kilometer bis zum nächsten Dorf. In den USA angekommen kaufte ich mir eine ‚Zefal HP X', Vollmetall, mit umsteckbarem Ventilkopf für Auto- und Sclaverand-Ventil und schlankem, langem Pumpenrohr, um ordentlich Druck machen zu können. Die Pumpe habe ich auch heute (nach 10 Jahren!) noch, ein wenig verbeult nach Hundeattacken und unansehnlich nach hunderten von platten Reifen …"

So meine Erfahrungen mit einem ziemlich wichtigen, aber oft vernachlässigten Ausrüstungsgegenstand für Ferntourer. Ventiladapter ermöglichen Luftzapfen an allen möglichen Luftpumpen. Wegen Diebstahlgefahr muß die Luftpumpe am Rad gesichert werden, oder man wählt eine kleinere, die auch in den Packtaschen verstaut werden kann. Auch hier auf eine (stabilere) Metallausführung achten, mit ausklappbarem T-Griff pumpt es sich leichter (z.b. die SKS T-Zoom oder Blackburn AS-1 Airstick).

4. Schaltung Muß es immer die wartungsintensive Kettenschaltung sein? O.k., die meisten werden ihre vielen Gänge haben wollen, aber eine Siebengang-Nabenschaltung hat für die allermeisten Strecken gleichfalls genügend Abstufung. Nabenschaltungen sind besser geschützt, und das Schalten ist im Gegensatz zu den anfänglich gewöhnungsbedürftigen Kettenschaltungen äußerst einfach (besonders beim Anfahren), was besonders Frauen schätzen dürften. Und die Kette verschleißt kaum. In Afrika, Asien oder Südamerika wird man sein Rad oft auch auf polternde Lkw aufladen, auf Busdächern liegen sie unter Bergen von Kisten und Koffern, und da sind Kettenschaltungen sehr gefährdet. Nabenschaltungen kann man durch ein größeres Ritzel berggängiger machen, Bedienungsanleitung wegen der maximalen Ritzelgröße beachten. Auf die Rücktrittsbremse sollte man aber verzichten, bei längeren Paßabfahrten kann sie so heiß werden, daß das Öl heraussiedet und die Bremse blockiert … Für Normalsterbliche sind Nabenschaltungen im Schadensfall allerdings irreparabel. Eine sehr teure Alternative ist die 14-Gang-Schaltung „Rohloff Speedhub", nach Radlerberichten „bringt" sie es tatsächlich …

Bei Kettenschaltungen dem Tourcharakter und der Topografie eures Reiselandes angepaßte Abstufung von Zahnkränzen und Kettenblättern wählen (z.B. 24/36/46 und Ritzelpaket 12–32 Zähne). Als Ersatz evtl. nur die stark beanspruchten Ritzel mitnehmen (falls es sie überhaupt einzeln gibt), sonst den kompletten Ersatzkranz. Langzeitradler sollten auch einen Satz Schaltungsrädchen zu den Ersatzteilen packen, nehmt gedichtete mit Kugellagern, die sind nicht so wartungsintensiv. Bei den Ritzeln gibt es praktisch nur noch Kassetten-Systeme. Bei Hinterradnaben sind gedichtete, wartungsfreie Industrie- bzw. Rillenkugellager die richtigen.

5. Kette, Tretlager, Pedale Schaltungsketten sind generell kurzlebiger als Ketten für Nabenschaltungen. Über die Lebensdauer einer Fahrradkette wird sehr unterschiedlich berichtet. „Ich hatte auf meiner großen Tour drei Fahrrad-Ketten mit, die ich im ständigen Wechsel immer jeweils ca. 1000 km gefahren bin. Dadurch war der Verschleiß minimal und ich bin mit *einem* Ritzelkranz und *einem* Kettenblattsatz fast 20.000 km ohne Probleme durch Afrika gefahren, trotz Schlamm, Sand und Staub" (Afrikaradler Hartmut Fiebig). „Wir ersetzten Kette, Kettenblatt und Ritzelsatz nach 12.000 km, weil wir von Australien nach Südostasien gingen und Bedenken hatten, bei Schwierigkeiten in Asien Ersatz zu finden. Die Lebensdauer wäre jedoch noch länger gewesen", berichten Weltumradler Cindy und Willi Dahinden. Panamericana-Radler Clemens Carle ersetzte seine Ketten nach jeweils nur 4- bis 5000 Kilometer, während die Weltumradlerin Heidi Triet auf 57.000 km nur 4 Mal die Kette ersetzen mußte …

Seit den seligen Shimano-„Uniglide"-Zeiten Ende der 1980er-Jahre hat die Schaltfähigkeit mit jeder Entwicklungsstufe zwar zu-, die Haltbarkeit aber gleichzeitig abgenommen. Denn damit die Kette bei den Schaltvorgängen besser von einem Ritzel zum nächsten klettert oder fällt, wurde hier an den Zähnen gefeilt, da noch eine Einkerbung angebracht, die Zähne verloren immer mehr Material und sind auch nur noch in einer

Richtung einsetzbar (die „Uniglide"-Ritzel konnte man noch drehen, sobald sie abgenutzt waren!). **Mit dem Ritzelverschleiß steigt auch der Kettenverschleiß, man muß heute seine Kette viel früher wechseln!** Ersatzketten entsprechend eurem Schaltsystem (7-, 8- oder 9fach) auswählen, achtet auf gehärtete Bolzen und vergeßt den Kettennietdrücker nicht (sollte zum Kettenmodell passen).

Siliconöl auf der Kette, wie manchmal empfohlen, mag weniger Schmutz bzw. Sand und Staub auf Wüstenstrecken anziehen, doch es ist in erster Linie ein Gleit- oder Trennmittel, kein Schmiermittel. Es gibt auch Teflon-Schmiermittel. Wer keine Öl- und Fetthandlung mitschleppen mag, verwendet unterwegs am besten zähes Auto-Getriebe-Öl oder sonstiges Motorenöl, an jeder Tankstelle erhältlich. Eine alte Zahnbürste ist bestens geeignet zum Kettenreinigen (auch Pfeifenreiniger). Wer (beim Bergauffahren) so richtig in die Pedale steigt, verzieht eine Weile die Kette.

Tretlager, Pedale

Tretlager sollten am Tourbeginn neu und gekapselt sein, also ein gedichtetes, wartungsfreies Industrie- bzw. Rillenkugellager wählen. Als Kurbeln Alu-Tretkurbeln (längere für längere Beine, kürzere für kürzere Beine) mit verschraubter Vierkantbefestigung (oder Vielverzahnung) und wechselbaren 4- bzw. 5-Stern Kettenblättern wählen. Zumindest das kleinste Kettenblatt sollte aus Stahl sein.

Bei Pedalen muß jeder selbst entscheiden, ob er mit Sicherheitspedalen fahren will, was wiederum abhängig ist von Strecken und Straßen. Dann braucht ihr aber ein zusätzliches Paar Schuhe für Stadtrundgänge oder Trekkingtouren. Auch für gelegentliche Schiebeeinlagen auf Paßstraßen sind diese Schuhe ungeeignet (die Kunststoff-Adapterplatten unter der Schuhsohle verschleißen schnell und beeinflussen die Auslöseverhalten der Sicherheitspedale negativ). Es gibt unterschiedliche Systeme (Shimano, Look, Time u.a.) und entsprechende Schuhadapterplatten. Eine Alternative wären Pedalhaken und -riemen, dann könnt ihr mit euren normalen Schuhen radeln und die Pedalhaken ggf. für rauhe Überland-Touren auch einmal abschrauben. Nur hochwertige Pedale wählen, mit Alu-Grundkörper, gedichteten Lagern und gezahnten Metallstegen (bessere Griffigkeit).

6. Lenker, Bremsen, Sattel

Breit ausladende, gerade Lenker vermitteln das Gefühl bequemer, sicherer Radbeherrschung, doch mit ihnen verspannt man sich schnell. Ein Lenker sollte etwa so breit wie die Schultern des Fahrers sein. Ideal finde ich Lenker, die verschiedene ergonomische Griffpositionen zulassen, wie z.B. der Bullbar von Humpert oder die verschiedene Ausführungen des Yuma-Lenkers. Gegebenenfalls braucht eure Lenkertasche dann aber einen zusätzlichen Adapter, ausprobieren. Einen geraden Lenker zumindest mit „Hörnchen" aufrüsten. Auch hier gibt es verschiedene Varianten: gerade Ausführungen (nur *eine* zusätzliche Griffposition) und geschwungene Ausführungen (mindestens zwei zusätzliche Griffpositionen). Unerreicht in den Griffmöglichkeiten ist der gute alte Rennlenker, den es nun von Modolo mit geschwungenem Oberrohr für mehr Komfort (= steilere Sitzposition) gibt. Aus Sicherheitsgründen (Bruchgefahr) nur hochwertige Alu-Lenker wählen. Nach schweren Stürzen sollte der Lenker immer ausgetauscht werden. An die modischen Triathlon-Lenker kann man keine Lenkertasche mehr hängen. Lenkerumhüllungen sind wichtig, um Stöße abzufedern, doch bei zu harten Hüllen oder ganz ohne kann es evtl. zu tauben Fingern kommen, wenn man die Griffe (auf Rüttelpisten) zu fest umklammern muß … Gut sind auch Lenkerbänder aus atmungsaktivem Kork, während sich Überzüge aus Neopren innerhalb weniger Monate durch Schweiß und Sonne zersetzen. Bei geraden Lenkern habe ich mit den Biogrip-Griffen sehr gute Erfahrungen gemacht.

Man unterscheidet zwischen Steuersätzen für gewindelose Gabeln (sog. „Ahead-Steuersätze"), und den herkömmlichen für Gabeln mit eingeschnittenem Gewinde. Beide funktionieren gut, die herkömmlichen kann man später noch ein wenig in der Höhe variieren. Wichtig ist, daß der Steuersatz hochwertig (gedichtet) ist, Walzen-/Nadellager verteilen den Druck besser auf die Laufflächen als Kugellager, besonders langlebig sind gekapselte Präzisionsrillenkugellager („cartridge"). Eine Konterung per Inbusschraube erleichtert das Nachjustieren (Steuersatz regelmäßig auf zuviel Spiel kontrollieren!).

Bremsen: „V-Brakes" bremsen wesentlich besser als hochwertige Cantileverbremsen und sind ebenso wartungsarm. Auch mit Hydraulikbremsen (von Magura) haben Reiseradler sehr gute Erfahrungen gemacht, hier entfällt zusätzlich das Reibung durch den Schaltzug und sie erfordern eher noch weniger Wartung als die V-Brakes. Scheibenbremsen können nur an entsprechenden (verstärkten) Gabeln und Naben montiert werden, sie sind technisch kompliziert, problematisch ist auch die Wärmeableitung, falls mit Radtaschen gefahren wird (Fahrtwind als Kühlung fehlt). Bremsgummis müssen auf die Felgen (Alu, mit/ohne Anodisierung, Keramikbeschichtung) abgestimmt sein und halten in der Regel sehr lange.

Sattel   Der Sattelschnabel muß genügend schmal sein, daß die Oberschenkel nicht scheuern können. Sättel mit weicher Sitzfläche sind zwar für Anfänger verführerisch bequem, reiben aber bei längeren Tagesetappen bald unangenehm. Die schon erwähnten Gel-Sättel, ein eingearbeitetes Polster, das den Sattel weicher macht, sind gut für jene, die Hosen ohne Ledereinsatz fahren wollen. Frauen sollten auf jeden Fall einen anatomisch angepaßten Damensattel wählen (breitere, kürzere Sitzfläche), und er sollte auch einen großen Längsverstellbereich nach vorne haben, um eine optimale Sitzposition zu erreichen! Ob die orthopädischen Sättel mit ihren Einbuchtungen oder Löchern wirklich so effektiv sind wie von der Werbung versprochen, hängt von der eigenen Anatomie ab. Sattelkauf ist – leider – Risikokauf, in guten Radläden wird man euch aber einen Sattel für den Proberitt ausleihen.

Ledersättel muß man vor Feuchtigkeit und Nässe schützen (dazu eine ganz normale Plastiktragetasche drüberstülpen, gut eigen sich auch Duschhauben), und sie müssen vor dem ersten Gebrauch innen und außen mit speziellem Sattelfett eingerieben werden (damit das Fett besser einziehen kann, den Sattel am besten eine Viertelstunde in einen ca. 50 Grad warmen Backofen legen. Den Sattel anschließend mit der Hand kräftig walken. Dann ist er reif zum „Einreiten", viel Spaß auf den ersten 1000 schmerzhaften Kilometern …). Auch später ab und zu fetten. Es gibt aber auch vorgewalkte Sättel.

Qualitätssättel fertigen: Brooks, Idéale, Avocet, Selle Italia, Lepper, Specialized, Terry, Vetta u.a.

7. Gepäck-träger II, was sonst noch?
Auch wenn er viel teurer ist – ich würde bei einem langen, harten Konti-nental-Trip immer einen CroMo-Träger (von Tubus u.a.) vorziehen, der ist im Falle eines Bruches jederzeit schweißbar. Fast immer berichten Velo-Weltenbummler, daß ihre Alu-Träger früher oder später brachen. Es gibt nur eine Ausnahme: die legendären, für ihre Dauerhaltbarkeit bekannten Alu-Träger von Blackburn. Gute Gepäckträger haben nur wenige Schrau-ben, die sich lockerrütteln können. Auf alle Fälle muß ein Gepäckträger drei Streben haben, gegen das Schwingen der Taschen am besten eine davon als Taschenabstützung nach hinten ausgezogen. Spannungsfrei montieren!

Die hohen **Vorderrad-Gepäckträger** widersprechen einem tiefen Schwerpunkt, deshalb kommen am Vorderrad fast immer nur Low-Rider in Betracht. Einige Modelle sind auch für Federgabeln geeignet. Nur für reine Off-Road-Touren, wenn Bodenfreiheit wichtig ist, sind höher hän-gende Taschen besser. Gepäckträger und Gepäcktaschen müssen auf-einander abgestimmt sein, einmal in den Größen und dann in der Art der Befestigung. Hochwertige Radtaschen haben auf der Rückseite einen verstellbaren Kunststoffhaken, der in eine Strebe des Gepäckträgers ein-gehängt wird und schwingungsfreien Sitz gewährleistet. Für heftige Pi-sten zusätzliche Gummi-Spannbänder anbringen. CroMo-Träger haben größere Rohrdurchmesser als die aus Alu, je nachdem muß man bei der Gepäckträgerumrüstung auch andere Taschenhaken wählen.

Was sonst noch?
Radständer sind wichtig und unverzichtbar, um das Rad schnell hinstel-len zu können. Standfestigkeit immer mit vollem Gepäck testen. Einbein-ständer werden meist am Hinterbau angebracht, solche aus Aluminium können sich (wegen der ungünstigen Hebelverhältnisse) verbiegen oder, beim Umfallen des Rads, brechen. Besser sind stählerne, z.B. die CroMo-Ausführung von Hebie, oder ein Zweibeinständer aus Alu, der un-ter dem Tretlager montiert wird.

Ob man eine **Lichtanlage** braucht, würde ich vom Reiseziel abhängig machen. Wichtig ist sie in jenen Ländern, in denen es schnell dunkel wird, also in Äquatornähe. Evtl. verzichtbar in solchen Ländern und Jah-reszeiten, wo es lange Dämmerungsphasen gibt (extrem nördlich oder südlich gelegene Länder). Man hat die Qual der Wahl zwischen Walzen-, Seiten-, Felgen-, Speichen- und Nabendynamos. Besonders beliebt bei Reiseradlern sind *Walzendynamos,* je nach Anbringung sind sie aber schmutz- und bruchgefährdet, und die Lauffläche verschleißt recht schnell. Für grobstollige Reifen sind sie ungeeignet. Hochwertige *Seiten-dynamos* haben viel von ihrem kraftraubenden Image verloren, dank neu-er Rotortechnik und Kugellagerung erreichen sie heute den Wirkungs-grad eines guten Nabendynamos und können auch bei Stollenreifen be-dingt eingesetzt werden. *Speichendynamos* werden an der Nabe ange-bracht, bei Bedarf klappt man einen kleinen Mitnehmer in die Speichen. Ihr Hauptvorteil ist, daß der Reifen nicht verschleißt, Hauptnachteil, daß sich der Antriebsriemen im Kunststoffgehäuse recht schnell abnützt. Zu-mindest einen Ersatzzahnriemen mitführen! Bei überwiegenden Sand-passagen sind sie eher wartungsintensiv. Unauffällig und beliebt bei Alltagsradlern sind dagegen *Nabendynamos.* Man tauscht einfach die Vorderradnabe gegen das kleine Kraftwerk aus. Kein Reifenverschleiß und Unabhängigkeit von Witterungsbedingungen und Reifenarten, aber immer ein gewisser Rollwiderstand, auch im ausgeschalteten Zustand. Für Vielfahrer bestimmt die derzeit beste Alternative. *Batterieleuchten* sind wegen ihres hohen Batterie-/Akku-Bedarfs auf Fernreisen nutzlos, ein kleines Diodenrücklicht kann dagegen bei Nebel- oder Tunnelfahrten den entscheidenden Sicherheitsgewinn bedeuten.

Ein **Spiralkabelschloß** zum Anketten des Rades. Länge so wählen, daß auch beide Laufräder gesichert werden können; achtet auf leichte Handhabung und geringes Gewicht. Sattelschnellverstellung durch eine Schraubversion ersetzen.

Rückspiegel sind sehr nützlich und notwendig, wenn es durch verkehrsreiche Länder geht. Es gibt auch kleine Spiegel für den Helm oder die Brille, sie sollten aber nicht zu stark verkleinern.

Bei einem **Helm** auf geringes Gewicht und gute Durchlüftung achten. Sinnvoll finde ich ein Schild gegen Sonne und Regen.

Ein **Fahrradcomputer** ist nützlich, falls man nach dem km-Logbuch eines Radführerbuchs fährt. Außerdem macht es einfach Spaß, zu sehen, wieviel Kilometer man heute wieder geschafft hat, wie hoch die Spitzengeschwindigkeit auf der Paßabfahrt war etc. Es gibt High-Tech-Geräte mit Höhen- und Pulsfrequenzmessung und -zig Funktionen, für die man ein kleines Handbuch braucht. Achtet darauf, daß nach einem Batteriewechsel die Gesamtkilometer programmierbar sind! Und Ersatzbatterie nicht vergessen. Noch schöner ist, wenn diese von ihrer Größe auch irgendwo in fernen Ländern erhältlich ist. Ob ein drahtloses Gerät fernreisetauglich ist, bleibt dahingestellt. Zumindest brauchen Sender und Empfänger zusätzliche Batterien, die auch als Ersatz mitgenommen oder irgendwo wieder aufgetrieben werden müssen.

Schutzbleche sollten so breit sein, daß auch sehr breite Reifen Platz haben, und wegen Spritzwasser müssen sie am Rad weit genug hinten runtergehen. Viele Radbauer glauben, durch gekürzte, sog. „Trekking-Schutzbleche", für ein sportlicheres Erscheinungsbild ihres Fahrrades sorgen zu müssen, darunter leidet aber die Funktion.

8. Ersatzteilversorgung
Stellt sicher, daß ihr von eurem Händler oder eurem Kontaktmann Ersatzteile hinterhergeschickt bekommt bzw. alle wichtigen Teile eures Rades beim Händler auf Lager liegen. Größere Rad-Ausrüster (wie z.B. Rose, Veloplus in der Schweiz) bieten ihren Kunden diesen Versand-Service an.

Die wichtigsten Ersatzteile, wie z.B. Speichen und Ketten, Schläuche und Mäntel, würde ich schon zuhause auf Vorrat halten. Von Unterwegs solltest du genau sagen bzw. schreiben können (eMail!), welches Teil du brauchst, deshalb Kopie der technischen Schaltungs-Zeichnungen oder Auszug aus einem Katalog mitnehmen.

Rad- und Reparatur-Tips
Morgens (oder in langen Mittagspausen) das Bike checken: Bremsen, Schaltung, Speichen, lockere Schrauben usw.

Kabel am Rad mit klarem Fugen-Silikon ankleben. Hält gut, greift den Radlack nicht an und ist kaum sichtbar.

Ein guter Platz, um etwas Schmierfett aufzubewahren, ist der hintere Teil des Kolbens der Luftpumpe.

Um nicht allzuviele Schlüsselweiten und Schlüssel nötig zu machen, würde ich alle Schrauben am Rad auf möglichst wenige Größen vereinheitlichen. Schrauben sichern: es gibt Selbstsichernde mit einem Plastikeinsatz im Gewinde.

Handschuhe aus dünner Plastikfolie ersparen die Reinigung der Hände bei Reparaturen an Kette und Schaltwerk (oder vor Schmutzarbeiten die Hände gut eincremen, dann lassen sie sich nachher besser sauberkriegen).

Wenn an der Schaltung nach einem Sturz so ziemlich alles hinüber und fahren mit Gängen nicht mehr möglich ist: Schaltung abbauen und Kette mit Nietendrücker oder Durchschlag auf passende Länge kürzen (jetzt weißt du auch, wie es früher war, als man noch ohne Gangschaltung fuhr …).

Wenn der Reifen abgefahren ist, einen Gummiflicken in entsprechender Größe in den Schlauch einlegen (aus einem alten Autoschlauch herausschneiden, für den Notfall welche dabeihaben, mit immer reichlich Gewebeband). In der allergrößten Not kann man einen Reifen auch mit Gras ausstopfen!

Radtechnik-Bücher Das Studium guter Fach- und Technikbücher und Gespräche beim Fachhändler helfen bei Problemen weiter. Unter sehr vielen einige empfehlenswerte:

„Das Reiserad", von Ulrich Herzog, Moby Dick Verlag.

„Das Große Fahrradlexikon", von Christian Smolik und Stefan Etzel, BVA. *Das* Kompendium, wenn es um Materialkunde und Hintergrundwissen geht. – Mehr auf die Praxis zugeschnitten, klein genug für die Packtasche, mit Schritt-für-Schritt-Anleitungen: „Das neue Fahrrad Reparaturbuch", selbe Autoren, selbe Verlag.

„Die Fahrrad Werkstatt", von Rob van der Plas, BVA. Ein gutes Reparatur-Handbuch, das jeder durcharbeiten sollte, bevor es auf die große Tour geht.

C. AUSRÜSTUNG

1. Generelle Überlegungen Während Heinz Helfgen auf seine Weltumradlung 1951 nur ein Zelt und ein paar Kleinigkeiten mitnahm (es gab in jener Zeit sowieso kaum etwas), steht dem heutigen Globetreter für seine Tour eine geradezu ungeheure Menge und unübersehbare Vielfalt an Radreise-Ausrüstung zur Auswahl. Da ist die Versuchung, alles Mögliche, allzu vieles oder Unnützes mitnehmen zu wollen, sehr groß. Gründe mögen ein übertriebenes Komfort- und Sicherheitsbedürfnis sein, Verführung durch Werbung oder Kompensierung eigener Unsicherheiten. Ausrüstungs-Fetischismus – nicht nur bei Rädern und Radausrüstung – ist oft auch Ausdruck mangelnden Selbstvertrauens und „Durchblicks", so heißt es.

Damit möchte ich nun keineswegs sagen, nur spartanischer, verzichtvoller Radtourismus ist richtiger Radtourismus, nein, wir möchten nur – wie immer mal wieder in diesem Buch – auf den Grundgedanken und Sinn einer Radfernreise zurückkommen: die Welt und fremde Länder und Kulturen und Menschen kennenzulernen. Und um dies zu erleben, braucht es weder teure Technik noch die neuesten Ausrüstungskreationen, sondern in erster Linie Willenskraft, Optimismus, Selbstvertrauen und Sprachkenntnisse.

Klar, der Schlafsack muß aus dem richtigen Material sein, daß Zelt gut dicht und die Taschen haltbar, und alles soll leicht und langlebig sein, denn unterwegs will man sich ja nicht ständig über schlechte oder falsch ausgewählte Ausrüstung ärgern. Deshalb hier einige wichtige Kriterien für die Ausrüstungs-Zusammenstellung und für Kaufentscheidungen.

Denkt bei allem immer an das Gewicht – wer es hier nicht tut, wird es unterwegs täglich und stündlich tun müssen. Knallt erstmals die mörderische Sonne Afrikas auf euer Haupt oder ihr schiebt tagelang die Anden hoch, fliegt so manches in den Straßengraben, von dem man vor der Abreise noch dachte, es wäre unverzichtbar …

Bei einer monate- oder jahrelangen Tour wird es auch kaum dabei bleiben, immer die gleiche Ausrüstung zu haben. Vieles geht kaputt oder verloren, erweist sich als unnötig oder unpraktikabel oder muß ersetzt werden.

Was für eure Reise nützlich oder notwendig ist, könnt nur ihr selbst entscheiden, und diese Entscheidung wiederum ist abhängig von den klimatischen und versorgungsmäßigen Gegebenheiten eurer Reiseländer, ob ihr alleine oder zu zweit reist, wie lange man unterwegs ist. Gegen jede Eventualität und für jede mögliche Situation kann man sich sowieso nicht ausrüsten bzw. absichern. Und so wie jeder Fernradler ein Individualist ist, so sollte auch jede Reise-Ausrüstung ganz speziell und individuell zusammengestellt werden, sich an fertige Listen zu halten, wäre unklug (vergleiche dazu die unterschiedlichen Ausrüstungen beim Kapitel „Weltumradlungen“).

Gegen Schluß der Reise wird man (hoffentlich) staunen, mit wie wenig man letztendlich auskommen kann, und das ist nicht nur eine gute Erfahrung für die nächste Reise, sondern auch für das ganz Leben.

So macht ihr euch kundig, was Markt und Technik anbieten: Bestellt die Kataloge vom Fahrradfachhandel und von Reiseausrüstern, vergleicht Produktbeschreibungen und Preise. Wer den Direktkauf und den Service von Fachgeschäften nicht braucht, dem eröffnet das Angebot der Versender weitere Möglichkeiten (die Adressen von großen Reise-Ausrüstungshäusern und vom Rad-Versandhandel stehen am Schluß dieses Kapitels). Wer noch mehr über Materialien und Ausrüstungsgegenstände wissen will, sollte sich z.B. den Ratgeber „Wildnis Ausrüstung“ von Rainer Höh, Reihe PRAXIS von Know-How zulegen.

Noch einen Aspekt möchte ich hier einflechten: Warum nicht einmal ein Land mit Rad und Minimal-Gepäck bereisen? Es wird nicht gezeltet und nicht gekocht, es werden keine schweren Ersatzteile und keine vollgestopften Packtaschen herumgefahren. Befreit von Gewicht und Radsorgen kann man dann intensiv Land und Leute erleben, das Radvergnügen steht an erster Stelle. Dazu ein schönes, radfahrfreundliches Land zur guten Reisezeit aussuchen. Man kann dabei auch Inlandsflüge, Busse und Bahnen benützen, um mal diese, mal jene Landsecke kennenzulernen. Klar, daß man dazu ein etwas besser gepolstertes Reisebudget braucht, doch eine Idee ist das allemal.

2. Gepäcktaschen

Nur die universellen, paarweise erhältlichen Seitentaschen kommen für Touren-Profis in Frage. An den Packtaschen sollte bei einer langen Tour nicht gespart werden. Noch vor dem endgültigen Kauf den Sitz der Taschen auf dem eigenen Gepäckträger und die Fersenfreiheit testen. Von Dreifachtaschen ist abzuraten, weil damit der Platz auf dem Gepäckträger belegt ist.

Packtaschen müssen robust und sollten *möglichst wasserdicht* sein, was vom Material der Taschen und der Verarbeitung abhängig ist. Bei Tourenradlern haben sich die wasserdichten Radtaschen von Ortlieb und VauDe bewährt, mittlerweile sieht man auch schon amerikanische und neuseeländische Biker damit touren. Diese Taschen bestehen aus ver-schweißtem und ein-/beidseitig beschichtetem Polyestermaterial (Lkw-Planen), haben abgeschrägte Seiten (Fersenfreiheit), eine stabile Rücken-platte und ein sehr komfortables, durchdachtes Befestigungssystem. Die einseitig beschichteten Modelle aus Cordura bleichen zwar bei starker Sonnenstrahlung schnell aus, sind aber nach unserer Erfahrung ebenso haltbar und dauerhaft wasserdicht wie die schwerere Ausführung. Vorbei sind damit die Zeiten, als alles nässeempfindliche zweifach in Plastikbeu-tel eingepackt werden mußte und die Feuchtigkeit merkwürdigerweise doch immer ein Schlupfloch fand …

Weiterhin auf dem Markt sind noch Taschen aus imprägnierter *Baum-wolle* bzw. Baumwoll-Planenstoff (sehr reiß- und scheuerfest, doch sel-ten richtig wasserdicht und auch ziemlich schwer, von Carradice) und solche aus *Nylongewebe*. Hier sollte man dem dickeren und gröberen Cordura-Material den Vorzug geben. Schwachpunkte an allen diesen Ta-schen sind die Beschichtung, die Nähte und Reißverschlüsse, die meist unzureichend abgedeckt sind. Wichtig ist eine Versteifung auf der den Speichen zugewandten Seite mittels einer Kunststoffplatte (nicht Pap-pe!). Wenn nötig, evtl. eine dünne Bodenplatte einlegen, damit sie stand-fest werden. Haken, Ösen und Verschlüsse sollten gut dimensioniert und nichtrostend sein.

Generell sollten Gepäcktaschen wegen der Fersenfreiheit eine abge-schrägte Vorderseite haben, hinten erhöhen Reflektoren oder Reflexions-streifen die Sicherheit im Straßenverkehr. Große Taschen brauchen nicht unbedingt vollgestopft werden, besser man hat für unterwegs noch Re-serve-Stauraum.

Da fast alle Taschen nur von oben zugänglich sind, wird man bei wei-terem Gepäck auf dem Träger damit leben müssen, daß man nur noch „blind" in das Innere greifen kann. Doch bei einer zusätzlichen, hinten an-gesetzten Außentasche fällt dieses Manko kaum ins Gewicht (mehr als eine Zusatztasche ist unnötig).

Farben: ich würde eine unauffällige Farbe vorziehen. Wer z.B. in heißen Ländern viele Filme mitzuführen gedenkt, sollte wegen der Erhitzung eine helle Farbe wählen.

Tip 1: Wer all die knallbunten, labbrigen Taschen nicht mag, sollte mal nach Frankreich oder Holland fahren, dort kann man in alteingeführten Radgeschäften evtl. noch so richtig stabile, robuste Ledertaschen finden, die eine Ewigkeit halten.

Tip 2: Stürze oder hungrige Nagetiere können auch dem kräftigsten Planenmaterial die Wasserdichtigkeit rauben. Für solche Fälle ein kleines Reparaturset mit Flicken und Kleber mitnehmen, wie es z.B. von Ortlieb und VauDe angeboten wird.

Verschlüsse Bewährt haben sich Taschen mit Abdeckklappen und Schnappver-schlüssen, ein zusätzlicher Kordel-(Tanka)Verschluß unter der Deckel-klappe schützt den Inhalt vor Staub. Mit einem Rollverschluß sind Taschen am dichtesten. Ortlieb und VauDe haben beide Systeme im Pro-gramm, so kann sich jeder Radler sein Modell heraussuchen. Bedenkt vor dem Taschenkauf, daß nur der Rollverschluß (falls er mindestens dreimal gerollt ist) auch bei kurzem Untertauchen, wie es bei Flußdurch-querungen schon einmal vorkommen kann, wasserdicht ist! Reiß- und

Klettverschlüsse sind nicht dauerhaft haltbar und haben an (guten) Radtaschen nichts zu suchen.

**Packta-
schen-
Befestigung**
Sehr wichtig ist die schnelle, rutschfeste und sichere Befestigung auf dem Gepäckträger (je weniger Riemchen und Haken man braucht, desto besser), und natürlich auch schnelles Abladen. Unten werden die neueren Modelle mit einem Kunststoffhaken in eine Gepäckträgerstrebe eingehängt, das verhindert Klappern und Schwingen, oben kommen Klemm- oder Rastsysteme zum Einsatz. Bei üblen Holperpisten sollte man die Taschen mit einem zusätzlichen Gummizug mit Haken sichern. **Tip:** Da die Radtaschen mit einem einzigen kräftigen Zug an der Trageschlaufe vom Rad gelöst werden können, sollte man in diebstahlgefährdeten Regionen und Großstädten zusätzliche Schnallgurte anbringen.

**Lowrider-
Taschen**
Ich würde Lowrider-Taschen nur wegen der besseren Gewichtsverteilung montieren, nicht, um damit noch mehr Gepäck transportieren zu können. Denkt immer auch an das tägliche Be- und Entladen des Rades. Zuviel Gewicht am Lowrider verschlechtert das Lenkverhalten und verbiegt evtl. den Träger.

Für das Material und Verarbeitung gilt für Lowrider-Taschen das gleiche wie für Hinterrad-Packtaschen. Stimmt Träger und Taschen beim Kauf aufeinander ab. Die Taschen dürfen keinesfalls an den Speichen schleifen, und sie müssen sicher zu befestigen sein! Ein Trägerbruch kann einen sehr schlimmen Sturz zur Folge haben! Eine extra **Rahmentasche** im Rahmendreieck beult leicht auf und scheuert an den Beinen. Man kann sie nur für kleine, schwere Dinge nützen.

**Lenker-
tasche**
Unverzichtbar auf einer langen Strampeltour ist eine qualitativ gute, robuste Lenkertasche – man braucht sie für den Fotoapparat, die Karte, die täglichen Kleinutensilien, den Energieriegel. Immer wenn man sich vom Rad entfernt, nimmt man dabei die Lenkertasche mit, die dann zur Schultertragetasche wird. Eine Lenkertasche an einem langen Vorbau hat einen starken Einfluß auf die Lenkbarkeit des Rades, auf Holperstrecken kann der Lenkeradapter oder Kunststoffrahmen in der Tasche brechen. Deshalb ist es besser, die Tasche auf einen kleinen Vorderradgepäckträger zu stellen (diesen evtl. als Eigenkonstruktion ausführen), so daß sie unter dem Vorbau nahe dem Steuerrohr anliegt. Man kann so mehr reinladen und es läßt sich besser lenken. Tip von Panamericana-Radler Clemens Carle: spannt auf einen normalen Vorderradgepäckträger einen 5-Liter-Wasserkanister (sofern für die Tour viel Wasser erforderlich) und setzt darauf die Lenkertasche. Man könnte auch einen Einkaufskorb (vom Supermarkt) auf den Träger montieren, und dann in den die Tasche reinstellen. Unterwegs kann man den Korb noch mit zusätzlichen Dingen beladen.

Lenkertaschen müssen ohne Gefummel schnell abzunehmen und wieder einhängbar sein (Rastsysteme), und sie sollten wasser- und staubdicht sein. Klettbefestigungen taugen nichts, Bügelbefestigungen verbiegen bei größerem Gewicht leicht. Außerdem sollte die Tasche etwas ausgesteift sein, damit man sie besser be- und entladen kann und sie sollte auch während der Fahrt leicht mit einer Hand zu öffnen sein. Ordnung im Innern erreicht man mit (flexiblen) Unterteilungen, von Tatonka und Ortlieb gibt es dazu auch gut gepolsterte Kameraeinsätze. Eine wasserdichte Klarsichttasche oben für die Karte ist praktisch, zumindest das Ortlieb-Material hält auch jahrelanger Tropensonne stand (vergilbt aber mit der Zeit).

Tip: Wenn die Lichtlampe im Weg ist, kann man sie statt nach unten an die Gabel mit einem Verlängerungsbügel auch über den Vorbau setzen, was wegen der besseren Straßenausleuchtung ein Vorteil bei Nachtfahrten ist.

3. Zelt und Kocher

Kleine Vorüberlegung: Ein Zelt (und einen Kocher) mitzunehmen ist meist sehr sinnvoll, wenn ihr zu zweit reist und möglichst lange unterwegs sein wollt. Dann läßt sich in der Regel auch einiges an Geld für Unterkünfte und Restaurants sparen. Ein weiterer Vorteil eines Zeltes ist die Unabhängigkeit beim Schlafen, d.h., man kann täglich wählen, ob man sich eine Unterkunft sucht oder lieber abends in sein Zelt kriecht. Außerdem ist das Platz- und Schlafproblem bei einem evtl. Gastgeber mit einem Zelt im Gepäck schnell gelöst (sofern ein Garten vorhanden).

Ein Zelt braucht weiter, wer durch einsame, spärlich oder nicht besiedelte Wüsten-, Steppen-, Busch-, Pampa-, Prärien- und Tundra-Regionen der Erde radelt. Last but not least ist auch die Privatsphäre der eigenen „vier Tücher" ein nicht zu unterschätzender Aspekt für die Psyche, wenn man vor Blicken geschützt im Zelt liegt (und nicht nur unter einem Moskitonetz, wie z.B. in Afrika möglich).

Eine Menge Gründe also, ein Zelt mitzunehmen. Dagegen sprechen eigentlich nur das Gewicht und das Packvolumen, was ein Problem werden kann, wenn man alleine fährt.

Zelt-belüftung ist wichtig

Welche Bauart? Prinzipiell in Frage kommen für Fernreisen unter wechselnden Klimabedingungen nur hochwertige Kuppelzelte und Tunnelzelte als Doppeldach-Konstruktion (weniger Kondenswasserprobleme, bessere Belüftung). Bei *Kuppelzelten* kreuzen sich zwei Stangen an einem Punkt, die Konstruktion ist selbsttragend, einfach aufzubauen und bietet relativ viel Innenraum. Das Innenzelt kann problemlos separat aufgestellt werden, in schwülheißen Tropennächten ein nicht zu unterschätzender Vorteil. Dazu den Eingang mit Moskitonetz in Windrichtung stellen. Es gibt viele Varianten: ein oder zwei Eingänge und Apsiden, Stangenbefestigung am Innenzelt oder am Außenzelt, mit oder ohne Firststange (schützt den Eingang vor Regen und vergrößert die Apsis). *Geodäten* sind eine Sonderform der Kuppelzelte, hier überkreuzen sich die Stangen an mehreren Punkten, das Außenzelt wird so in kleinere Flächen unterteilt, die Konstruktion ist windstabiler, aber meist auch schwerer. *Tunnelzelte* sehen aus wie eine halbierte Tonne, man braucht mindestes zwei Stangen und einige Häringe zur Stabilisierung, sie sind also nicht selbsttragend, bieten aber die beste Raumausnutzung und sind mit zusätzlichen Abspannungen sehr windstabil. Auch hier gibt es ganz unterschiedliche Varianten. Gerade Solofahrer schätzen den unproblematischen Aufbau bei Tunnelzelten. So kann man sich, hat man sich einmal für ein Konstruktionsprinzip entschieden, ein Zelt (fast) ganz nach seinen Wünschen und dem Einsatzbereich (ob für Winter, Sommer, die Tropen, das Hochgebirge usw.) aussuchen. Wer oft wild zeltet, sollte eine unauffällige Farbe wählen (grün), wer in Länder mit Schlechtwetter-Garantie fahren will (z.B. Island, Irland), wählt dagegen eine eher helle Farbe.

Für Laien ist es praktisch unmöglich, die tatsächliche Qualität eines

Zeltes zu beurteilen. Vom Preis auf die Qualität zu schließen ist nicht der schlechteste Ansatz, wer 500 bis 600 Euro in eine bekannte Marke investiert, macht eigentlich nichts falsch. An der Nahtverarbeitung (gradlinige Nähte? keine zu großen Nahtlöcher? Doppel-Kappnähte?) läßt sich die Qualität noch am ehesten beurteilen. Ob die Beschichtung auch noch nach Jahren des UV-Beschusses einem Tropenguß standhält, kann man nur hoffen. Abgeklebte Nähte sind anfangs dicht, aber nicht wirklich ein Qualitätskriterium: mit der Zeit lösen sich die Tapes auch beim teuersten Zelt, und man muß mit Nahtdichter arbeiten (dünn auftragen und immer gut aushärten lassen!). Der **Boden** sollte aus robustem Material bestehen, durch eine stabile Zeltunterlage (die auch als Regenplane oder als ein Schattendach verwendbar ist) kann man ihn zusätzlich vor Abrieb und Feuchtigkeit schützen. Das **Gestänge** besteht nur noch bei Billigzelten aus Glasfiber, sonst kommt (eloxiertes) Alu unterschiedlicher Durchmesser zum Einsatz. Auch hier gibt es große Unterschiede bei Legierungen (Easton Alloy 7075 T9 ist momentan eines der besten!) und Verarbeitung. Für harte Böden einige hammerfeste Häringe zusätzlich einpacken.

Immer zumindest eine Reparaturhülse, besser: ein Gestängesegment, mitnehmen, dazu ein oder zwei Ersatzhäringe und ein Stück von jedem Zeltgewebe.

Ein interessantes Zelt für Soloradler ist z.B. das Akto von Hilleberg. Mit 1,75 kg ist sehr leicht, und es hat ein sehr kleines Packmaß. Auch das Big Pack Solo wiegt nur 1,9 kg. Weitere bekannte Zelt-Marken sind Helsport, Salewa, The North Face, VauDe, Fjällräven, u.a. Vor dem Kauf viele verschiedene ansehen, probeliegen, Testberichte lesen (die Zeitschrift „Outdoor" führt immer wieder welche durch).

Kocher Kocher werden nach dem Brennstoff unterschieden. **Gaskocher** sind zwar bequemer als Benzinkocher, doch dies ist auch immer eine Frage des Nachschubs an Gas-Kartuschen. Die blauen von „Camping Gaz" sind heute in vielen Ländern verbreitet (s. „Kontinente und Länder"), man darf sie jedoch nicht mit ins Flugzeug nehmen und sie tragen zu den wachsenden Müllbergen bei. Sie eignen sich nicht für Zonen mit sehr tiefen Temperaturen (außer es ist Mischgas). Im rauhen Radler-Alltag können Gaskocher nicht ganz ungefährlich sein.

Spirituskocher sind leise, hier ist der *Trangia*-Kocher seit langem ein Begriff, er ist in diversen Versionen und Größen erhältlich. Doch ist Spiritus in Dritt-Welt-Ländern oft nur unter Schwierigkeiten zu erhalten, in islamischen Ländern mit Alkoholverbot gleich gar nicht.

Für den Fernradler auf internationaler Tour am besten geeignet ist ein **Benzinkocher,** Benzin bekommt man überall auf der Welt. Zwar verlangen Benzinkocher etwas Übung und man muß die empfindlichen Düsen regelmäßig reinigen (Trick: freiblasen mit Druckluft aus der Pumpe oder aus einem Reifen), doch ist die Heizleistung sehr gut (dafür ist die Regelfähigkeit beschränkt). Betrieben werden sie am besten mit gereinigtem Benzin (engl.: „white gas"), sie vertragen aber auch Normalbenzin bzw. „Super bleifrei", manche nach Austausch des Generators gar Petroleum oder Diesel (Herstellerangaben beachten). Evtl. Ersatz-Generator mitnehmen!

Die absolute Minimalversion ist der *Borde-Benzin-Brenner* (270 g). Sehr beliebt und praktischer ist der leichte *MSR WhisperLite International*

600. Dazu noch eine leichte Sigg- oder MSR-Benzinflasche (für lange Strecken ohne Nachschubmöglichkeit, z.B. durch die Sahara, evtl. ein zweite Flasche mitnehmen! Verbrauch testen. Ein Liter Benzin bringt beim WhisperLite ca. 70 Liter Wasser zum Kochen).

Zum Kochen einen Halb- oder einen 1-Liter-Topf mit passendem Teller-Pfannen-Deckel, eine Tasse und Besteck. Fertig ist die Küche.

Überlegt, ob für kürzere Touren oder für bestimmte Länder oder Weltregionen überhaupt ein Kocher nötig ist. Empfehlungen stehen bei den einzelnen Kontinenten und Ländern.

4. Schlaf-sack, Iso-Matte

Auch hier sollte das Gewicht bzw. ein geringes Packmaß im Vordergrund stehen. Sofern die Radtour durch kalte Weltgegenden bzw. durch Winterregionen führt, ist ein Schlafsack mit hoher Wärmedämmung nötig. Dafür geben die Hersteller Temperaturbereiche an (die aber mit Vorsicht zu genießen sind). Trockene (!) Daunenschlafsäcke dämmen sehr gut, doch sie sind feuchtigkeitsempfindlich, einmal naß geworden, brauchen **Daunenschlafsäcke** sehr lange zum Trocknen. Deshalb solche nicht im Freien benützen und wasserdicht verpacken! Daunenschlafsäcke gibt es auch mit imprägnierten Daunen oder wind- und wasserdichtem Außenstoff, die sollen dann weniger feuchtigkeitsempfindlich sein. Beim Daunen/Federn-Verhältnis auf das *Gewichtsverhältnis* und nicht auf das Volumenprozentverhältnis achten! Das Gewichtsverhältnis sagt aber nichts über die tatsächliche Qualität der Daune aus, deshalb geben viele Hersteller nun zusätzlich die Bauschfähigkeit („fillpower") in Kubik-inches an. Gute Füllungen haben ab 550 Kubik-inches. Probeliegen nicht vergessen.

Regnet es auf eurer Tour voraussichtlich des öfteren oder es wird sehr feuchtheiß (Tropenländer), sind Füllungen aus Kunstfasern besser (Hohlfasern wie Hollofil, Quallofil-7 oder Terraloft, Endlosfasern wie Polarguard 3D). Diese Fasern nehmen nur wenig Feuchtigkeit auf, isolieren auch noch im nassen Zustand, trocknen schneller und bleiben schimmelfrei. Die meisten Fernradler ziehen solche Schlafsäcke vor.

Für Radreisen in warme und heiße Länder ist ein warmer Schlafsack entbehrlich, dafür besser geeignet ist einer aus **Leinen** oder **Baumwolle**. Er schützt auch vor evtl. Kleingetier in zweifelhaften Betten und vor Zugluft (Klimaanlage, Ventilator). Versieht man ihn mit einem seitlichen Reißverschluß, kann man ihn in Wüstenzonen auch als ein Schattendach benützen. Als **Innenschlafsack** verwendet schützen Baumwoll- oder Leinen-Inlets (luxuriöser: Seideninlets) das Schlafsackgewebe vor Verschmutzung (man kann sie schnell mal durchwaschen), bei Futterstoffen aus Kunstfasern erhöhen sie auch den Schlafkomfort.

Wird es sowohl sehr heiß als auch kalt auf eurer Tour, würde ich zwei Schlafsäcke mitnehmen: einen Innen-Schlafsack (ca. 250 bis 400 g), und dazu noch einen ganz leichten und klein verpackbaren zweiten, z.B. den „Apache" von Western Mountaineering (1000 g), den Yeti „Light" (900 g) oder ähnliche. So ist man sowohl für warme als auch kalte Reisezonen (und auch für weniger saubere Hotelbetten) gut gerüstet.

Und noch ein **Tip:** Viele Schlafsäcke gibt in verschiedenen Längen. Zu lange sind immer fußkalt, da das zu große Volumen von den Füßen nicht erwärmt werden kann: entweder Fußraum mit trockener Kleidung auspolstern oder mit einem Gurt abbinden.

Iso-Matten

Guter Schlaf ist unterwegs das wichtigste – ohne nächtliche Erholung kein Energietanken! Auch wenn sie noch etwas schwerer als normale Isolier-Matten sind, würde ich einer komfortablen, selbstaufblasenden Matte (Therm-a-Rest, Metzeler, Artiach) den Vorzug geben. Man liegt einfach bequemer darauf. Es gibt sie in verschiedenen Längen, Breiten und Stärken, für wärmere Länder reicht die Therm-a-Rest „Litefoam Ultra Lite" (660 g), die sich in der Mitte nochmals knicken läßt und so ein handliches Transportmaß von 12 x 30 cm besitzt. Soll noch mehr Gewicht und Volumen gespart werden, tut es evtl. auch die kurze Version (120 cm), das Kopfende kann man ja mit einem Pullover verlängern. In dornenreichen Gegenden (z.B. Sahelzone) ggf. noch eine billige Iso-Matte als Schutzunterlage mitnehmen, dann kann sie ja dann später verschenken.

Sofern man kein Zelt mitnimmt, ist ein Moskitonetz in tropischen Ländern für ungestörten Schlaf und als Vorsorge gegen Malaria wichtig! Bei den Ausrüstern gibt inzwischen sehr leichte Nylon-Modelle in Kasten- oder Pyrymidenform, die man sowohl im Freien als auch über Hotelbetten spannen kann. Darauf würde ich für Radfernfahrten in tropische Länder nicht verzichten – gute Nacht und schöne Träume …

5. Bekleidung, Schuhe

Nehmt nur das an Kleidung mit, was ihr am Anfang eurer Radfernreise benötigt, unterwegs kann man dann im Bedarfsfall noch immer zukaufen (besonders in asiatischen und lateinamerikanischen Ländern, dabei sind diese Klamotten oft viel schöner und landestypischer als unsere Normkonfektion). In kühleren Bergländern, wie z.B. in Nepal, Bolivien, Peru etc., kann man auch warme Pullover, Hosen, Jacken u.a. kaufen, auch sind meist komplette Trekking-Ausrüstungen kauf- oder mietbar. Wer weniger Klamotten mitnimmt, muß eben öfter waschen.

Die Zusammenstellung der Kleidung sollte nach dem bewährten „**Zwiebelprinzip**" geschehen: mehrere „Schalen" unterschiedlicher Bekleidungsstücke (Unterhemd, T-Shirt, Hemd, Pullover, Jacke) sind besser und praktischer als nur wenige, dicke Kleidungsstücke.

Klamotten für eine Radreise müssen vielen Anforderungen genügen: leicht sollen sie sein, warm oder luftig, angenehm zu tragen, pflegeleicht und strapazierfähig. Weitgeschnittene Baumwollhemden (praktisch sind solche mit aufgesetzter Brusttasche) und T-Shirts sind sowohl für heiße als auch kühle Länder angenehm und nützlich, doch müssen sie lang genug sein, um den empfindlichen Lenden- und Rückenbereich vor kühlem Fahrtwind zu schützen (Nierenerkältung). Noch geeigneter für alle sportlichen Aktivitäten mit hoher Schweißproduktion sind aber die neuen Funktionsmaterialien (s.u.).

Radlerhosen mit einer Sitzeinlage aus synthetischem Vlies schützen vor Wundscheuern, und sind sie gepolstert, dämpfen sie auch noch ein wenig harte Ledersättel. Wer in normalen Shorts radeln möchte, für den gibt es auch Innenslips mit Einsatz.

Als **lange Hose** keine mit engem Schnitt wählen. Eine in den Oberschenkeln und im Kniebereich weit geschnittene, strapazierfähige Allround-Hose aus Mischgewebe ist die Richtige. Sehr praktisch und sinnvoll ist eine „Zip-Hose", denn durch die abtrennbaren Hosenbeine verfügt man über eine zusätzliche kurze Hose (Gewichtsersparnis!).

Unterwäsche sollte entweder aus Baumwolle oder, besser, aus modernen, hautfreundlichen Kunstfasern bestehen. Baumwolle (T-Shirts) saugt sich mit Schweiß voll, gibt ihn nur langsam wieder ab. Das kann zu Erkältungen führen (in sehr heißen Ländern hat man aber dafür den Effekt der Verdunstungskälte beim Fahren). Jeder, der schon mal in Saunaschwüle geradelt ist, kennt dies (beim stoppen wird es einem noch heißer als beim Fahren …).

Neue Materialien

Radfahr-Kleidung muß nach außen schützen und nach innen ein angenehmes Klima erzeugen – doch das kann nur eine Kombination verschiedener Bekleidungsschichten. Bei Textilien gibt es ständig neue Materialien und Fasern mit klangvollen Namen. Das Angebot ist extrem vielfältig, nach dem Studium entsprechender Fachartikel (in Outdoor-Zeitschriften) und der Fachberatung in einem gutem Ausrüster-Geschäft seht ihr (vielleicht) klarer …

Wichtig für unterwegs ist ein Pullover oder eine Jacke aus *Polyester-Fleece* (z.B. Malden „Polartec"). Dieses Material ist leichter und auch wärmer als Wolle, und es trocknet auch schneller. Überlänge ist von Vorteil, damit er beim Fahren nicht hinten hochrutscht und man mit unten unbedecktem Rücken fährt. Außerdem kann ein Pullover auch als Kopfkissen dienen.

Aus Fleece werden auch Hosen und Mützen und viele andere Kleidungsstücke hergestellt, je nach Temperatur- und Einsatzbereich kommen unterschiedliche Sorten zum Einsatz.

Jacken aus sogenannten Klima-Materialien („Membranen", wie Goretex, Sympatex u.a.), die wasser-/winddicht und gleichzeitig wasserdampfdurchlässig sind, funktionieren nur in kühlen Regionen. Für Radfernreisen durch warme und tropische Zonen sind sie ungeeignet, weil der Feuchtigkeitstransport vom innen nach draußen nur bei einem entsprechenden Temperaturgefälle – niedrigere Temperatur außerhalb der Kleidung – funktioniert. Für tropische Regionen nützen auch wasserdichte Anoraks nichts, denn wenn euch von außen der Regen nicht naß macht, so „badet" innen im eigenen Schweiß … Hier ist ein großer und leichter Poncho zweckmäßiger, mit dem man sich und das Rad bzw. Packtaschen abdecken kann – denn radeln ist bei tropischen Wolkenbrüchen nicht möglich. Wer auch hier Gewicht sparen möchte, wirft die Zeltunterlage übers Fahrrad und hockt sich darunter. Für Nichttropische Regionen tut es eine normale Regen- oder **Schlechtwetterjacke,** die weit geschnitten und hinten länger sein sollte, die eine Kapuze hat und unten mit einem Gurtband versehen ist, damit die Jacke nach unten abschließt und der Wind draußen bleibt. Auch an etwas „Kleidsames" denken – für Einladungen, Behördengänge und dergleichen.

Radler-Handschuhe sind besonders wichtig bei Fahrten durch heiße und kalte Länder – unsere Handrücken waren in Afrika dauernd verbrannt … Wenn es kalt wird, müssen natürlich noch Wärmehandschuhe mit. Zur Not kann man auch Socken überziehen.

Schuhe

Empfehlenswert für Velo-Weltenbummler sind Wanderschuhe mit niedrigem Schaft, die man zugleich als normale Laufschuhe benützen kann. Wichtig ist der Halt auch bei Nässe – auf gute Sohlenprofilierung achten – und gute Kraftübertragung auf die Pedale, und dafür muß die Sohle hart genug sein, nur so kann die volle Tretkraft auf die Pedale kommen. Bei Fahrten in tropischen Gegenden sollte die Fütterung nicht zu dicht sein, besser noch sind luftige Cordura-Einsätze im vorderen Bereich oder Ventilationslöcher. Goretex-Membranen in Schuhen machen selten Sinn und behindern bei Hitze nur den Luftaustausch. Schnürsenkel dürfen sich auf keinen Fall in den Kettenblättern verfangen, deshalb je nach Bedarf kürzen und/oder in die Schuhe stecken. Wer mit Sicherheitspedalen radelt, kann auch auf Kombinationsschuhe zurückgreifen: hier ist das Adaptersystem bündig in der Sohle versenkt und ermöglicht normales Gehen. Für längere Wandertouren sind diese Schuhe aber nicht geeignet – viele Reiseradler hatten Probleme mit gebrochenen Sohlen oder herausgebrochenen Adapterplatten.

Schuhe vor Regen schützen: Radfahrer-Gamaschen darüberziehen (z.B. die „Bike Boots" von AGU in kurzer oder langer Ausführung) oder – Not macht bekanntlich erfinderisch – Plastiktaschen mit Gummibändern an den Schuhen fixieren. Vorsicht, daß sie nicht ins Kettenblatt geraten!

Daneben würde ich, besonders bei Fahrten in tropische Länder, noch ein Paar guter Markensportsandalen wie die von TEVA, Lowa oder Timberland mitnehmen. Die sind von Vorteil, wenn du bei Einladungen die Nase der Leute schonen willst, denn nach langem pedalen in engen Schuhen verströmen deine Socken bzw. deine Füße sicherlich ein schönes Düftchen! Und: Bei einer Langzeittour wird es kaum bei einem Paar Radschuhen bleiben! **Tip:** Toureros mit „europäischen" Fußgrößen ab Größe 43/44 sollten sich ein zweites Paar Schuhe ins heimatliche Depot legen, in Asien und Lateinamerika leben die Leute auf kleinerem Fuß, solche „Kindersärge" sind dort normalerweise nicht erhältlich … US-amerikanische Schuhe sind dagegen in der Regel sehr breit geschnitten.

Kleidung und Sitten Auch daran denken: Die Wahl der Radkleidung ist neben praktischen Erwägungen und der Zweckmäßigkeit auch abhängig von den Kleidersitten und den Konventionen und den Traditionen des Gastlandes. Während sich in europäischen Ländern oder in den USA kein Mensch mehr nach einem papageienbunten Radler umdreht, kann ein solches Neon-Outfit z.B. in afrikanischen oder asiatischen Ländern geradezu schockierend wirken … In arabischen Ländern macht sich ein Mann mit kurzen Hosen lächerlich (kurze Hosen gelten als Unterhosen), und ein Frau in kurzen Hosen ist dort ein öffentliches Ärgernis – mit allen bedrohlichen Konsequenzen (siehe auch „Als Frau mit dem Rad in islamisch/hinduistischen Ländern", s.S. 123). Ist man also in sensiblen Ländern schon als Radler exotisch genug, sollte der „Kulturschock" zwischen dir und den Einheimischen nicht noch weiter vergrößert werden (besonders „exotisch" wirkt man dort, wo die Leute noch keinen Rad-Sturzhelm kennen …). Anpassen, nicht Auffallen heißt die Devise. Persönlich würde ich in kurzen, enganliegenden Radlerhosen nicht durch Asien, Afrika, Lateinamerika oder durch ein islamisches Land radeln wollen. Zu einem unauffälligen Erscheinungsbild gehören auch gedeckte Farben des Rades und der Ausrüstung.

6. Trinkflaschen, Wasser, Licht Statt einer Plastikflasche würde ich eine aus Alu mit geschmacksneutraler Beschichtung wählen, und wer einmal durch heiße Länder (und kalte Nächte) gefahren ist, schätzt die Annehmlichkeit einer (1-Liter) Thermosflasche! Damit meine ich nicht die in Radflaschenform und auch nicht die Thermohüllen für normale Alu-Flaschen. Die isolieren viel zu schlecht. Viel besser sind Vakuum-Flaschen aus Edelstahl von Seshin, Aladdin Stanley oder Shira. Trotz des hohen Preises von ca. Euro 50 würde ich mir eine solche leisten. Eine Alternative und günstiger sind hartschaumisolierte Flaschen wie die „Isotherm" von Camping Gaz. Nur muß man für sie evtl. den Halter für das vordere Schrägrohr selbst herstellen. Eine zweite Trinkflasche ist gleichfalls nötig.

Früher gab es nur die gute alte, ovale Aluminium-Flasche mit Filzummantelung. Naß gemacht entsteht durch den Fahrtwind am Rad (wenn auch nur geringe) Verdunstungskühle, die zumindest das Warmwerden des Getränks in der Flasche verzögert. Heutezutage kann man einen Socken über die schlanke Alu-Flasche ziehen und den naßmachen.

Empfehlenswert sind ein oder zwei Wasserbeutel, z.B. von Ortlieb, vier Liter wiegen nur 100 Gramm! „Man kann ihn als supersparsame Dusche irgendwo aufhängen, und braucht man die zusätzliche Wasserkapazität einmal nicht, nehmen sie fast keinen Platz weg, wiegen tun sie praktisch auch nichts. Außerdem verwende ich meine Wassersäcke auch nachts immer noch gerne als komfortables Ruhekissen …" (Afrikaradler Hartmut Fiebig). Doch sollte man immer darauf achten, wo man ihn ablegt, das dünne Nylongewebe ist schnell von Dornen durchlöchert.

Wer weniger Kleidung mitnimmt, muß öfter waschen: dazu evtl. eine zusammenfaltbare Schüssel miteinpacken. Gewicht für 5 Liter nur 140 Gramm, für 10 Liter 240 Gramm!

Licht

Nur eine solche Taschenlampe wählen, bei denen ihr weltweit Batterien nachkaufen könnt, also welche mit Mignon- oder Monozellen (Größe AA bzw. D). Qualitätsmarke ist die amerikanische Mag-Lite, die es in verschiedenen Größen für Mignon und auch Mono-Zellen gibt. Andere Marken sollten gleichfalls eine Halogen (Krypton-)Birne haben (Ersatz mitnehmen). Taschenlampen sollten leicht sein und einen solchen Schalter haben, der sich nicht versehentlich einschalten kann (Drehschalter). Ich würde mir für meine Tour viel Licht gönnen, also eine mittelgroße Lampe mitnehmen.

Für öfter notwendig werdende Nachtfahrten (z.B. in Wüsten wegen der Tageshitze) und auch sonst sind Stirnlampen ideal: wo immer man den Kopf beim Fahren auch hinwendet, geht der Lichtstrahl mit. Sehr praktisch, wenn man nach rechts oder links schauen will, um z.B. einen Lagerplatz oder die beste Fahrspur auf einer Holperstrecke zu suchen, oder bei nächtlichen Abfahrten im Vorbeifahren Wegweiser beleuchten und lesen zu können. Bekannt ist z.B. ist die Marke Petzl. Es gibt aber auch für Mag-Lite-Lampen Stirnband-Halter.

Licht im Zelt: In Äquatornähe wird es gegen 18 Uhr fast schlagartig dunkel, die Moskitos starten zur Blut-Rallye und vor euch liegen zwölf lange Stunden im Zelt. Schön, wenn man dann Licht zum Tagebuchschreiben, Lesen etc. hat. Normale Halogen-Taschenlampen brauchen aber viel Strom, im Dauerbetrieb brennen die Krypton-Birnen bald durch. Kerzen im Zelt sind zwar romantisch, aber auch unpraktisch und gefährlich (moderne Zeltmaterialien müssen feuerhemmend beschichtet sein, darauf ankommen lassen würde ich es aber nicht). Sicherer sind Kerzenlaternen, zumindest die „Candle Lantern" von UCO bringt recht viel Licht und das Prinzip der automatisch nachgeschobenen Kerze ist (genial-)einfach. Kerzenlaternen mit Teelichtern besser gleich im Ladenregal stehen lassen, das sind dürftige Funzeln. Eine Alternative wären (noch recht teure) LED-Lampen, die es als Stab- oder Stirnlampen gibt, die mit einem

Satz Batterien tagelang leuchten und deren LED-Einsatz auch dauerlicht-
fest ist. Viele Zelte haben eine Zeltschnur am Giebel, daran könntet ihr
die Lampe befestigen. Beim Wildzelten aber eher sparsam mit Licht umgehen.

7. Fotoaus-
rüstung

Eine Kamera sollte natürlich auf eurer Tour dabei sein, mag das Fotogra-
fieren und das Gewicht am Rad auch manchmal lästig werden. Doch als
Radfahrer hat man die allerbesten Möglichkeiten, schöne und unübliche
Fotos machen zu können – nützt diesen Vorteil aus!

Wer später seine Tour auswerten und vermarkten will (Berichte in Zeitschriften, Vorträge, Bücher), braucht ein qualitativ gutes Kleinbild-Ge-
häuse, mehrere Objektive (oder ein bzw. zwei gute Zooms) und muß mit
Dia-Filmen fotografieren. Für Extrem-Routen auf materialmordenden
Strecken würde ich mir eine *mechanische Kamera* zulegen, das kann ruhig ein älteres Modell sein, wie z.B. die Nikon FM2 (oder die neue FM3A).
Moderne elektronische Kameras sind wahre Stromfresser und funktionieren nur mit Batterien – doch woher evtl. Spezialbatterien bekommen,
wenn sie mitten im afrikanischen Busch leergelaufen sind? Bei manchen
Kameras kann man über einen Bodenansatz, wie z.B. bei der Nikon F 80,
für die üblichen Mignon-(AA) Batterien nachrüsten. Autofocus hat natürlich Vorteile, man ist einfach schneller. Für Kontinente/Länder mit harten
Schlagschatten (z.B. Afrika), ist eine Kamera mit eingebautem computer-
gesteuertem Aufhellblitz sehr vorteilhaft, so lassen sich Porträts schwarzer Gesichter vor hellem Hintergrund ohne Belichtungsprobleme
meistern. Eine hochkomplizierte Hi-Tech-Kamera würde ich nicht mitnehmen.

An **Objektiven** würde ich bei Festbrennweiten maximal wählen, z.B.
ein 28-mm-Weitwinkel, ein 85er als „Normal" und ein 200er Tele. Heutige
Zoom-Objektive sind qualitativ gut bis sehr gut, mit einem Weitwinkel-
Zoom 28–105 (oder 24–85) plus einem Tele-Zoom 80–300 ist man für
jede Aufnahmesituation bestens gerüstet. **Möglichst nur Original-Obje-**
kive kaufen, auf hohe Lichtstärke achten! Mit einem UV-Filter die
Frontlinse der Objektive schützen.

Wenn ihr zu zweit seid, könnt ihr euch bei zwei gleichen Gehäusen die
Objektive teilen. Doch auch da würde ich noch eine dritte, kleine Kom-
paktkamera mitnehmen, für Papier-Erinnerungsbilder und zum unauffälligen Fotografieren in fotosensiblen Situationen. Das kann dann evtl. auch
so ein Digital-Winzling sein – damit kann man über einen Computer von
unterwegs Bilder an seine Lieben zuhause schicken (Buchtips: „Internet
für die Reise" und „Kommunikation von unterwegs" (Einsatz von Digital-
Kameras u.a. Dingen, Reihe PRAXIS, Reise Know-How).

Als **Dia-Filme** werden der Fujichrome 100 und Ektachrome 100 Extra
Colour bevorzugt. Profis und Schärfefanatiker greifen zum Kodachrome
64 und 200. Diafilme sind unterwegs immer teurer als hier, deshalb genügend mitnehmen oder weitere nachschicken lassen. Filme immer kühl
und trocken aufbewahren (tief unten in den Packtaschen oder im Schlafsack). Belichtete Filme nach Hause schicken oder heimfliegenden Touristen mitgeben (s. Teil 1, D. 4 – „Post").

Beim Verstauen der Ausrüstung in der Lenkertasche ist eine gute Bo-
denpolsterung wichtig, denn Kamera und Objektive werden bei einem
langen Trip arg durchgerüttelt.

Hier noch ausführlicher über die Technik u.v.a.m. zu schreiben läßt leider der Platz nicht zu – ich rate allen ernsthaft fotografierenden Radlern zu meinem (packtaschengerechten) Büchlein **„Reisefotografie",** Reise Know-How, Reihe PRAXIS.

Fotografieren unterwegs

Hier einige wichtige Ratschläge für gute Fotos von eurer Radreise:
Wer mehr als die üblichen Erinnerungsbildchen heimbringen will, seine Reise richtig dokumentieren will, muß beim Fotografieren genauso überlegt vorgehen wie bei der Planung der Reiseroute. Gute Aufmacherfotos und gute Dias für Vorträge kommen nicht von ungefähr. Schreibt noch zuhause ein „Drehbuch" mit Motiven, orientiert euch an guten, schon veröffentlichten Rad-Fotos in Radzeitschriften und plant noch bessere. Gute Fotos – also die mit einer Bildidee – müssen unterwegs fast immer gestellt oder nachgestellt werden, und das braucht Zeit.

■ „Bitte recht freundlich …" (Indonesien)

Gut macht sich immer das Rad mit Wegweisern („Kapstadt 11.000 km"), Ortstafeln, Pässe-Schildern (Name, Höhenangabe), Kilometersteinen mit Ortsangaben (aus der Froschperspektive, mit Weitwinkelobjektiv), Nationalpark-Schilder usw., also von allen Motiven, die eure Anwesenheit dokumentieren. Oder ihr mit dem Rad vor Sehenswürdigkeiten und Kulturdenkmälern. Bei Landschaftsaufnahmen das Rad miteinbeziehen: Blick durch das Vorderrad, „Schuß" über den Lenker, nach hinten über den Gepäckträger etc. Bei total „wahnsinnigen" Motiven (z.B. Elefanten kreuzen vor euch die Straße) immer den Radlenker als Vordergrund miteinbeziehen, sonst glaubt euch das später niemand …

Alleinradler sollten ein kleines (Klemm-)Stativ dabeihaben, um sich selbst ins Bild zu setzen, oder man muß des Wegs kommende Personen bitten, einen zu fotografieren. Wichtiger als „Pausenbilder" sind Fotos, auf denen man fahrend drauf ist. Mitradler mittels „Mitziehtechnik" fotografieren (Kamera gleichmäßig mitschwenken und mit längerer Zeit, ca. 1/15 sec., auslösen).

Setzt Weitwinkel- und Tele-Objektive bewußt zur Bildgestaltung „normaler" Motive ein und nicht, um mit dem Weitwinkel nur „mehr drauf" oder mit dem Tele das Motiv „näher ran" zu haben ...!

Das Wetter mittels sog. Sekundäreffekte fotografieren: Wind durch wehende Halstücher, Haare etc., Regen durch aufgespannte Regenschirme, Kälte durch dicke Kleidung etc. Stimmungen mit außergewöhnlichem Licht – also frühmorgens, spätabends, vor Gewittern u.a. – ergeben die schönsten Motive. Von einmaligen etliche Aufnahmen machen, nicht am Film sparen! Wichtig sind auch immer Details: die sonnenverbrannten Handrücken, die mit Schlamm zugekleisterte Schaltung, der tolle Lagerplatz usw.

Foto-Ethik In vielen Ländern oder abgelegenen Regionen ist das Fotografieren von Menschen aus religiösen Gründen oder aus ethischen Traditionen unerwünscht oder man handelt sich damit Ärger ein: Vielfach sind Menschen in Südamerika der Ansicht, durchs Fotografieren würden sie ihrer Seele beraubt, in Schwarzafrika glauben noch vieler Ethnien, durch ein Bild von ihnen könnten böse Geister die Macht über sie erlangen, in islamischen Ländern ist das Fotografieren von Frauen unerwünscht usw. „Fotofreundliche" Regionen sind – mit Einschränkungen – alle westlichen Länder sowie Länder des chinesisch/buddhistisch/hinduistischen Kulturkreises. Vorsicht bei allen Objekten, die auch nur irgendwie mit militärischen Dingen in Verbindung gebracht werden könnten – also nicht nur Kasernen, sondern auch Flughäfen, Bahnhöfe, Brücken, Hafenanlagen u.a. Dinge mehr.

8. Dies und das **Gastgeschenke.** Zu jeder Ausrüstung sollten auch kleine Geschenke gehören, die nicht viel wiegen, die aber im Fall einer Einladung beim Gastgeber viel Freude machen: Gut ist ein Foto von Euch mit dem Rad, laßt davon schon vor der Abreise etliche machen oder gleich viele drucken (mit euerer Adresse auf der Rückseite und dem Tour-Verlauf). Fotos von der Heimatstadt, eurem Haus, der Familie etc. Postkarten mit Schnee sind besonders interessant in Ländern mit „ewiger" Sonne! Auch ein kleines Taschenmesser ist z.B. eine gute Idee.

Weltempfänger. Ein kleines Radio ist sicherlich bei den meisten Touren überflüssig, doch einige World-Biker wollen auch einen Mini-Weltempfänger dabeihaben: um mit zuhause verbunden zu sein, um unterwegs (bei Alleinfahrten) etwas Abwechslung zu haben, um beim Durchradeln von Krisenregionen über die neueste politische Lage informiert zu sein. Es gibt inzwischen Mini-Empfänger, die nur um die 200 g wiegen, und die mit erstaunlichen Empfangseigenschaften aufwarten können. Für europäische Sender bzw. für die Deutsche Welle sind vor allem gute Kurzwellenbänder wichtig, UKW-Sender gibt es in der Dritten Welt kaum (obwohl die hier folgenden auch UKW besitzen): Sony ICF-SW 12, Sony ICF-SW 100. Von der Deutschen Welle, Köln, Postfach 10 04 44, www.dwelle.de/dw/empfang/radio/Welcome.html gibt es weltweite Frequenzen. Der britische BBC-World-Service ist jedoch viel informativer! Anschrift für Programmhefte und Frequenzen: BBC World Service, POB 76, London WC2B 4PH, oder online www.bbc.co.uk/worldservice.

Nützliche Kleinigkeiten. Um deine vielen Kleinigkeiten staub- und wasserdicht einzupacken, sind durchsichtige Plastikbeutel mit Klemmverschluß (engl. zip-locs) am nützlichsten. Für Dokumente gibt es wasserdichte Dokumententaschen. Toilettensachen kommen in Kulturbeutel, Medikamente in eine kleine Isoliertasche mit Reißverschluß, Lebensmittel in Kunststoff-Lebensmittelbehälter. Eine dünne Angel- oder Nylonschnur ist gut zum Flicken, zum nähen, als Leine. Eine kleine Rolle reißfestes Gewebeband ist gleichfalls in vielen Situationen sehr nützlich, und eine Rasierklinge kann man gleichfalls oft brauchen. Ein normales Nylon-Einkaufsnetz leistet als Zusatzgepäcktasche gute Dienste! Das Schweizer Offiziersmesser sollte eine Schere und einen Büchsenöffner haben. Oder nehmt gleich ein Multifunktions-Werkzeug, das auch einige Fahrradwerkzeuge ersetzen kann (von Leatherman, Gerber, Victorinox u.a.). Komponentenkleber ist wichtig für vielerlei Reparaturen. Evtl. auch einen Kompaß, Höhenmesser und Thermometer (Kombi-Instrument).

Nicht-Brillenträger sollten auch an eine Radbrille bzw. an ein Schutzschild denken (es gibt auch Stirn- und Schweißbänder mit getöntem Schutzschild). Brillenträger unbedingt eine Ersatzbrille in bruchfestem Etui mitnehmen und ein Mikrofasertuch zum Reinigen der Gläser (von den Gläsern jedoch immer vorher Sand und Staub abspülen!). Eine Armbanduhr mit Wecker braucht man für frühes Losfahren, eine Trillerpfeife bei Gefahr, um den Radpartner zu rufen und als wesentlich lauterer „Klingel" in lautem Großstadtverkehr (es ist übrigens besser, in gefährlichen Verkehrssituationen sofort zu bremsen, als entscheidende Sekunden durch klingeln zu verlieren!).

9. Jetzt wird gepackt ... Wer noch am Grübeln ist: Ausrüstungslisten für Rad-Weltreisen stehen im Teil 4, „Weltumradlungen", und auch viele Radreisende stellen auf ihren Homepages ihre Packlisten vor. Um den Schwerpunkt des Rades tief zu halten, gehören die schwersten Dinge zuunterst in die Packtaschen, also Kocher, Lebensmittel, Bücher/Reiseführer, Radersatzteile und eigentlich auch das Werkzeug (aber dann kommt man bei Pannen nicht gut dran). Kleidung über alle Gepäcktaschen verteilen, man kann so auch für zusätzlichen Hitzeschutz sorgen. Das größere Gepäck (Schlafsack oder Zelt) würde ich in einem wasserdichten Packsack in Längsrichtung auf dem Gepäckträger verstauen. So kommt ihr auch noch bei vollbepacktem Fahrrad an die seitlichen Radtaschen dran. Führt ihr auch noch einen Rucksack für Trekkingtouren mit, dann einen größeren Packsack besorgen, ggf. das Tragesystem entfernen und den Rucksack zusammengefaltet mit im Packsack verstauen. Den Packsack lieber größer als nötig wählen, dann seid ihr flexibler, falls ihr mal mehr Lebensmittel oder auch Souvenirs mitnehmen müßt oder wollt, oder für kältere Länder zusätzliche voluminöse Klamotten braucht. Den Packsack auf dem Gepäckträger mit zwei Spannriemen mit Klemmschnallen festzurren (Blitzverschlüsse erleichtern dagegen den Diebstahl!).

Für Kurz- und Stadtfahrten ist ein kleiner und leichter Day-Pack nützlich, von Ortlieb gibt es ein praktisches Tragegestell, an dem eine der beiden Radtaschen eingehängt werden kann. Radeln mit einem vollen Rucksack auf dem Rücken ist total unprakatisch.

Wenn fertiggepackt ist: Kannst du das Rad mit dem Gepäck noch mit einer Hand hochheben? Dann ist das Packgewicht perfekt (oder du hast Muskeln wie Arnold Schwarzenegger ...). Unternehmt anschließend einige Touren mit dem vollgepackten Bike, vielleicht fällt anschließend die Entscheidung leichter, mehr abzuspecken.

Low-Rider-Taschen nicht allzu sehr belasten, sonst kann man beim Fahren auf Pisten und auf schlechten Straßen nicht mehr das Vorderrad vor überraschenden Schlaglöchern und Steinen hoch- bzw. herumreißen.

Ein „D" oder ein „A"-Autoaufkleber oder ein Schweizer Kreuz auf den Packtaschen ist für manche Länder zur Kontaktaufnahme recht nützlich (oder wenn man z.b. in lateinamerikanischen Ländern nicht für einen „gringo norteamericano" gehalten werden will …).

Reiseausrüstungsläden   **Deutschland:** Därr (Ladengeschäft und Katalog), Theresienstr. 66, 80333 München, www.daerr.de. – Lauche & Maas (Laden und Katalog), Alte Allee 28, 81245 München, www.lauche-maas.de. – Woick GmbH (Ausstellungsraum und Katalog), Plieninger Str. 21, 70794 Filderstadt, www.woick.de. – Globetrotter Ausrüstung, Bargkoppelstieg 12, 22145 Hamburg, www.globetrotter.de (weitere Läden in Berlin, Dresden und Frankfurt/M.), sehr guter Katalog. Und viele andere mehr in ganz Deutschland, Adressen stehen im „Selbstreise-Handbuch" der DZG (s. „Globetrotter Clubs", Teil 1 C. 1.), dort auch Läden mit Schwerpunkt Rad und Rad-Ausrüstung. Eine weitere Ausrüster-Liste findet man in dem Buch „Fernreisen auf eigene Faust", Hans Strobach, Reise Know-How, Reihe PRAXIS.

Die Adressen spezieller Fahrradläden und von Radversandgeschäften finden sich in den Annoncen von Radzeitschriften, im Internet z.B. unter www.bikesport.de/veloweb/versand.html. Drei Adressen:

2 Rad Center Rose, Ravardistr. 48–52, 46399 Bocholt, www.roseversand.de. *Brügelmann Fahrrad GmbH,* Oberliederbacher Weg 42, 65842 Sulzbach, www.bruegelmann.de. *Bicycles,* Otto-Brenner-Str. 207, 33604 Bielefeld, www.bicycles.de.

Schweiz: *Ausrüstungs- und Radläden:* Transa, Velo- und Outdoor-Läden in: Missionsstrasse 13a, 4055 Basel; Aeschengraben 13, 4051 Basel; Speichergasse 35 und 39, 3011 Bern; Pfistergasse 23, 6300 Luzern; St. Leonhard-Str. 20, 9000 St. Gallen; Gasometerstr. 29, 8005 Zürich; Josefstr. 59, 8005 Zürich. Internet: www.transa.ch. Kaktus-Reiseausrüstung, Hirschmattstr. 29, Luzern. *Spezielle Fahrradläden:* Veloplus, Rapperswilerstr. 22, 8620 Wetzikon 1; Leimenstr. 78, 4051 Basel (Veloplus-Handbuch, www.veloplus.ch)

Österreich: Expeditionsservice Hof & Turacek, Markgraf-Rüdiger-Str. 1, 1150 Wien (Katalogbestellung unter http://turecek.at)

Teil 3
Unterwegs

A. SCHLAFEN, ESSEN, WEITERKOMMEN

Hotels in den Kontinenten

Das tägliche Hauptproblem unterwegs: Wo lege ich heute abend meine müden Knochen hin, findet mein Stahlroß einen Stall. Da ihr nicht jeden Tag damit rechnen könnt, allabendlich von netten Einheimischen in die warme Stube oder in die kühle Lehmhütte gebeten zu werden, sind schon bei der Reiseplanung Überlegungen zum Übernachten erforderlich. Faustregel: Je entwickelter ein Land, desto teurer die Übernachtungsstätten. Eine grobe Bewertung der Kontinente:

Asien: gute bis sehr gute Hotel- und Herbergssituation, in fast allen Ländern (Ausnahme Japan) preiswerte Hotels, auch in Großstädten. Freies Campen in den meisten Ländern jedoch kaum möglich oder anzuraten.

Afrika: Überwiegend schlechte Beherbergungssituation, wenige oder teure Hotels. Ein Zelt leistet gute Dienste.

Australien: Gute Hotel-Übernachtungsmöglichkeiten (günstig: Backpacker-Hostels), zelten gut möglich.

Nordamerika: überwiegend teure Hotels, ein Zelt ist notwendig.

Lateinamerika: preiswerte Hotels, doch in abgelegenen und spärlich besiedelten Gebieten gleichfalls Zelt nötig.

1. Hotels, Youth Hostels

Weltweit ist es bei vielen Hotels möglich, außerhalb der Saisonzeiten Rabatte zu bekommen, und sehr viele haben teurere und billigere Zimmer. Immer danach fragen. Wenn ihr nicht wißt, wohin ihr euch wegen eines Hotels wenden sollt, fahrt zum Marktplatz, Busterminal, Bahnhof. Dort gibt es meist ein gutes Hotelangebot oder „Schlepper" sprechen euch an (in Drittwelt- und Entwicklungsländern).

Billigzimmer immer vorher anschauen und alles kontrollieren. Wichtig ist die Sicherheit: Gibt es Einstiegsmöglichkeiten (Zimmer in den obersten Stockwerken sind am sichersten und ruhigsten)? Türschloß o.k.? Wo kann das Fahrrad sicher untergestellt werden? Nehmt es, wenn immer möglich, mit ins Zimmer. An Sauberkeit darf man bei Budget-Hotels in Dritt-Welt-Ländern keine hohen Ansprüche stellen. Wenn die Bettwäsche nicht sauber ist, wechseln lassen. Gegen Krabbelgetier (Bettgestell von der Wand wegschieben) schützt der eigene Schlafsack und ein Moskitonetz. In tropischen Ländern keine Angst vor *Geckos,* die an den Wänden und Decken kleben, es sind wichtige Moskito-Vertilger und tun dir nichts. Kakerlaken halten sich meist im Bad auf. Lebensmittel und Packtaschen immer verschlossen, da nachts erscheinen man in Absteigen oder Hütten oft Mäuse und suchen Freßbares (den Essensvorrat evtl. von der Deckenlampe abhängen). Gegen Ameisen hilft eine mit Wasser gefüllte Schale, in die die Vorräte gestellt werden.

Nächtlicher Lärm ist in Dritt-Welt-Ländern ein häufiger Grund, daß man nicht einschlafen kann oder aufgeweckt wird: unentwegt knattern Mopeds vorbei, und wenn man Pech habt, werden gerade vor eurem Fenster die Essensstände des Nachtmarktes aufgebaut. Später kommen dann die Hunde: wundert euch nicht, wenn in eurem Viertel eine jämmerlich kläffende Hundehorde die ganze Nacht um eine läufige Hündin buhlt … Dann könnt ihr euch glücklich schätzen, wenn ihr die Ohropax nicht vergessen habt. Prüft bei der Hotelwahl, ob sich nicht z.B. eine Karaoke-Bar oder Disco in der Nähe (oder gar im selben Gebäude) befindet …

Und glaubt nicht, daß wenigstens in den frühen Morgenstunden dann endlich Ruhe einkehrt: wir hatten auf unseren Asienbiketrips oft das Gefühl, daß Asiaten ohne Schlaf auskommen ...

„Billig"-Hotel heißt meist oft auch: Lage in dubiosen, unsicheren Vierteln, und es sind oft auch „Begegnungsorte" für käufliche Liebesdienste ... In konservativ-islamischen Ländern (z.B. im Nord-Sudan), ist es in manchen Hotels auf dem Land üblich, daß sowohl Paare als auch Alleinreisende in getrennten „Frauen- und Männer-Abteilungen" übernachten müssen ...

Unterwegs in Asien, Afrika, Amerika oder Australien empfiehlt es sich, immer wieder mal die üblichen Globetrotter-Hotels anzulaufen, denn sie sind gleichzeitig auch gute Info-Börsen für die Weiterfahrt.

Jugendher- Die einst deutsche Erfindung der Jugendherberge hat sich längst welt-
bergen, weit durchgesetzt, wenngleich in sehr unterschiedlicher Herbergsdichte
Back- in einzelnen Ländern. Für einen Überblick legt euch die Broschüre „The
packers Guide to Budget Accommodation", Band 2 zu (das sind die außereuropäischen Kontinente und Länder), oder sucht im Internet unter www.iyhf.org/home_de.html. Dann könnt ihr euch zu den Homepages der einzelnen Landesverbände durchklicken, die meist alle ihre angeschlossenen „Juhes" kurz vorstellen. Manchmal sind auch Vorausbuchungen möglich. Erhältlich ist der Budget Guide in gut sortierten Buchhandlungen oder beim Jugendherbergsverband, Bismarckstr. 8, 32756 Detmold, service@djh.de, www.djh.de. Schweiz: Schweizer Jugendherbergen, Postfach 161, 8042 Zürich, www.youthhostel.ch. Österreich: Österreichischer Juhe-Verband, Schottenring 28, 1010 Wien, www.oejhv.or.at. Dort kann man auch jeweils Mitgliedsausweise erhalten.

Jugendherbergen findet man am zahlreichsten in europäischen Ländern, gefolgt von den USA und Canada. In Mittel- und Südamerika gibt es nur wenige (die meisten in Brasilien), doch sowohl in den Andenländern wie auch in Mittelamerika/Mexiko gibt es sehr viele billige Hotels. In Asien hat Japan die meisten Juhes, einige gibt es in Indien. Zum Ausgleich gibt es auf dem ganzen indischen Subkontinent und in den Ländern Südostasiens viele billige Hotels. In Australien und Neuseeland gibt es viele Juhes, doch gar keine oder nur wenige in Afrika (einige in Kenia und Südafrika).

„**Backpackers"** ähneln den Juhes in Aufmachung und Preisen, sind aber meist in Privatbesitz oder einer Organisation angeschlossen. Man braucht keinen Mitgliedsausweis, die „Hausregeln" sind wesentlich laxer, gemischte Schlafräume beispielsweise üblich, und oft herrscht bis in die frühen Morgenstunden „Stimmung" ... an eine ruhige Nacht ist dann nicht zu denken. Da die Qualität sehr stark vom Engagement des Eigentümers oder „Managers" abhängt und nicht von einem Landesverband überwacht wird, sollte man die Häuser immer vorher besichtigen (es herrscht eine recht hohe Fluktuation, fragt andere Traveller nach empfehlenswerten Häusern).

Die meisten Backpackers gibt es in Neuseeland und Australien, gefolgt von den USA/Canada und Südafrika, weitere findet man vereinzelt auch in Europa. Backpacker-Unterkünfte sind immer gute Info-Börsen, auch wenn man hier nicht übernachtet, sollte man mal einen Blick auf das Schwarze Brett werfen. Backpacker-Webadressen wie www.ho-stels.com, www.hostelsofamerica.com, www.thebackpacker.net u.a. listen viele auf, sind aber gewiß nicht erschöpfend. Weitere Web-Adressen findet ihr in den einzelnen Länderkapiteln oder in guten Reiseführern.

2. YMCA/ YWCA, Studenten- wohnheime

Noch relativ preiswert und eine gute Alternative sind die gleichfalls weltweit vorzufindenden – wenngleich weniger zahlreichen – CVJM-Hotels (engl. YMCA, für Frauen: YWCA). Es gibt sie hauptsächlich in den englischsprachigen Ländern bzw. in den ehemaligen engl. Kolonialländern. Das **YWCA**-Hotelverzeichnis (YWCA-World Directory) kann gegen Gebühr angefordert werden vom: World YWCA, 16 Ancienne Route, CH-1218 Grand Saconnex, Geneva, Schweiz, worldoffice@worldywca.org, www.worldywca.org (hier findet ihr auch eine Liste mit den Adressen und Homepages aller YWCA-Landesverbände).

Das **YMCA**-World Directory gibt es von der World Alliance of YMCAs, 12 Clos Belmont, 1208 Geneva, Schweiz, office@ymca.int, www.ymca.int (evtl. sind die Verzeichnisse auch erhältlich vom CVJM-Gesamtverband in Deutschland e.V., Postfach 41 01 54, 34063 Kassel, info@cvjm.de, www.cvjm.org).

Studenten- wohnheime

Für Leute mit dem Studentenausweis der International Student Travel Confederation, Weinbergstr. 31 in CH – 8006 Zürich (der dort erhältlich ist) gibt es spezielle Hostel-Guides, die für verschiede Länder und Erdteile günstige Herbergen nennen. Weiteres auf der Homepage www.istc.org. Unterwegs kann aber auch so Universitäten und Studentenwohnheime ansteuern, um Kontakte zu schließen oder eine Billigunterkunft in Erfahrung zu bringen. An vielen Unis, in den USA z.B. gibt es auch die Möglichkeit, Wäsche zu waschen, zu duschen und evtl. zu übernachten. Private Kontakte/Einladungen zu Studenten können sich natürlich auch ergeben.

Eine Liste mit allen Universitäten in Nordamerika, Australien, Neuseeland und Europa, die während der Semesterferien Unterkünfte für Budget-Reisende anbieten, ist erhältlich bei Campus Travel Service, POB 8355, Newport Beach, Ca. 92660 (gegen 13 US$ und 6 US$ Versand). Das Verzeichnis heißt „US and Worldwide Travel Accommodations Guide".

Wer noch in Europa (EU-Staaten) preiswerte Uni-Unterkünfte ansteuern will: Die Unterkünfte sind im „Vademecum" gelistet, erhältlich beim Verlag Dr. Hans Heger, Postfach 20 08 21, 53173 Bonn.

3. Hospitali- ty Directo- ries,Bed & Breakfast, Hospitality Clubs

Für manche Länder, wie die USA, Canada, Australien, Neuseeland u.a. existieren „Touring Cyclist's Hospitality Directories" bzw. Listen von „Cyclist Accommodation", das sind Adressen gastfreundlicher Menschen, die Fernradlern im Gegenseitigkeitsprinzip einfache Übernachtungsmöglichkeiten bieten. Eine feine Sache, ideal für Fernradler. Details stehen im Länderteil. Auskunft auch beim ADFC, Postfach 10 77 47, 28077 Bremen (**ADFC-Dachgeber**, www.adfc.de.

Landestypisch unterkommen kann man weltweit auch in „**B & B**"-Häusern (Bed & Breakfast, www.bedandbreakfast.com), übernachten bei Familien, die nur Übernachtung mit Frühstück anbieten. B & B findet man außer in Europa hauptsächlich in den USA, Südafrika, Australien, Neuseeland, Canada, Japan. Nicht immer ganz billig! (doch evtl. besser als ein steriles Hotel; die Adressen der B & B-Landesverbände sowie weitere günstige Übernachtungs-Angebote stehen bei den Reiseländern).

Internationale Gastfreundschaften bieten **Hospitality Clubs,** es gibt zahlreiche Websites (z.B. www.stay4free.com u.a.). Dazu zählt auch die weltweite, eingeführte Organisation **Servas,** bei der man lt. Selbstdarstellung „nach Bewerbung und Vorstellung Mitglied werden kann und bei der man anschließend Adressen von gastfreundlichen Menschen in über 70 Ländern anfordern darf". Evtl. nützlich für westliche bzw. teure Länder, ein Bekannter berichtet von guten Erfahrungen damit in Japan. Kontaktadressen und Infos in Deutschland von: SERVAS Germany, Birkenweg 30d, 21629 Neu Wulmstorf. Die Anschriften der regionalen Koordinatoren und weitere Infos über die Anmeldeprozedur und die Folgekosten findet man auf der Website www.servas.de oder www.servas.org.

4. Einladungen zum Übernachten

Je weniger besiedelt, je einsamer oder „härter" ein Land, desto mehr wird man in der Regel Gastfreundschaft erleben, selbst oder gerade bei ärmsten Menschen, und in manchen Weltregionen wird man geradezu von der Straße geangelt – als „Rad-Exot" aus Europa …

„Es ist immer wieder rührend zu erleben, wie arme Leute dir alles geben wollen. Manchmal bieten sie dir buchstäblich ihr eigenes Bett an. Und dann sieht man all die reichen Menschen, die angstvoll auf ihrem Geld sitzen. Ich möchte all diesen satten Leuten ganz spontan zurufen: Seid nicht so egoistisch. Verwendet einen Teil eurer positiven Energie für andere" – so Weltumradlerin Heidi Triet. Ein Schild am Rad, das die (Welt)Tour erklärt bzw. die Route zeigt, ist ein guter Kontaktmacher.

Radfahrer sind ja auch Sportler, und Sportler genießen weltweit einen Bonus (doch es soll auch unter Bike-Travellern inzwischen jene Spezies geben, denen tägliche Einladungen und kostenloses Übernachten das Wichtigste ihrer Tour ist …). Wehret den Anfängen, werdet keine Globeschnorrer, nicht daß einmal den Radfernfahrern das gleiche Negativ-Image anhängt wie den Gastfreundschaft-Ausnützern unter den Rucksack-Globis!

Wenn ihr eingeladen seid, so versucht, möglichst rücksichtsvoll zu sein und euch z.B. mit irgendwelchen Arbeiten nützlich zu machen. Oder laßt kleine Gastgeschenke zurück (das kann in manchen Weltgegenden z.B. Zucker oder Tee sein, wenn diese Dinge rar oder relativ teuer sind). Oder ihr revanchiert euch mit einer Gegeneinladung in ein Restaurant, bringt beim Abschied vorher Lebensmittel vom Markt mit etc. Längerbleibende sollten mal ein „original" heimatliches Gericht kochen, sofern ihr kochen könnt (nicht jeder ist wie Weltumradler *Tilmann Waldthaler* gelernter Koch). Selbstverständlich sollte sein, später mal mit einer Karte für die Gastfreundschaft zu bedanken (man kann auch die Fotos schicken, die man zusammen mit den Gastgebern aufgenommen hat).

In manchen Weltgegenden muß man aus Einladungsangeboten heraushören, ob die nun wirklich ernstgemeint sind oder nur pro forma ausgesprochen werden (z.B. ist in Lateinamerika der Satz „mi casa es su casa" selten wörtlich gemeint).

Ein gesundes Mißtrauen ist bei manchen schnell ausgesprochenen Einladungen angebracht, besonders bei weiblichen Bikern. Lernt abzuschätzen, was Eigennutz und echte Gastfreundschaft ist. Manche Gastgeber verbinden mit ihrer Einladung auch gleich eine Erwartungshaltung gegenüber dem „reichen" Europäer (Bitten um Geld, ein Ticket nach Deutschland etc.). Von Übernachtungs-Einladungen in Kasernen, Zelt-Camps (Pioniereinheiten) oder z.B. in militärisch bewachte Anlagen ist abzuraten, das bringt meist nur Probleme mit sich!

In westlichen Ländern, wie z.B. in den USA, Australien oder Neuseeland, ist es erfahrungsgemäß schwieriger, Einladungen zu erhalten. Bucht man dort (bei Landes-Fahrradverbänden oder in Reisebüros) jedoch mal zwischendurch eine organisierte Radreise, können bei diesem Radtrip Kontakte und Freundschaften entstehen, man tauscht Adressen aus und erhält Einladungen für später. Solch eine organisierte Tour mit einheimischen Radlern ist nicht nur eine schöne Abwechslung, sondern man lernt Land und Leute auch mal von einer ganz anderen Seite kennen.

Weitere Übernachtungsstellen in Dritt-Welt-Ländern sind Schulen (bei einem Lehrer oder dem Schulleiter nachfragen), auch Polizeistationen nehmen manchmal einen verirrten Radler auf. Eine gute Idee, in Städten unterzukommen, sind Feuerwehrstationen (sofern die Männer der Nachtwache darauf eingehen). Schlafgelegenheiten gibt es auch manchmal bei Kirchen- und Gemeindehäusern, Missionen, in Bahnhofs-Warteräumen, in Asien in Tempeln usw.

5. Campingplätze, wildes Campen

„Richtige", also kommerziell betriebene **Campingplätze** mit allem drum und dran finden sich weltweit überwiegend nur in westlichen bzw. entwickelten Ländern. Doch das kostet dann auch entsprechend und man wird trotz dieser Möglichkeiten wieder wildes Campen vorziehen (in manchen Ländern gibt es auch einfache, billige Campgrounds, wie z.B. in Neuseeland gemeindeeigene Plätze, sog. *domains,* wo Campen erlaubt ist, oder die „Hiker & Biker"-Sites in den Pazifikstaaten der USA). Wer kein Zelt hat (oder wenn es schüttet), sollte nach einem Miet-Wohnwagen fragen (on-site-vans).

In der Dritten Welt sind Campingplätze oft in einem desolaten Zustand, so daß man besser gleich ein schöneres Plätzchen in der Natur sucht. Viele Hotels in Asien und Afrika oder Südamerika haben auf ihrem Areal auch noch ein Ecke für Zelt- oder Autoreisende, danach fragen. Auch viele Jugendherbergen und Backpackers haben Zeltplätze beim Haus.

In großen Teilen der Welt hat man mit dem freien Campen wegen zu dichter Besiedlung Probleme. Ausnahmen sind spärlich besiedelte Regionen, Ödland, Wüsten oder steppenartige Gegenden und Bergregionen. Probleme kann es auch in stark „eigentumsbewußten" Länder geben, wie z.B. in den USA, wo Grund und Boden als „heilig" gelten. Clemens Carle: „Ich wurde sogar mal bei strömendem Regen aus einer Tiefgarage hinausgeworfen, als ich gerade einen platten Reifen flickte …" Sowohl kultivierter als auch nichtkultivierter Boden ist in Dritt-Welt-Ländern oft Gemeineigentum von Dörfern oder Stämmen und selten Privatbesitz.

Tips zur Platzsuche: den Platz so aussuchen, daß man entweder von niemanden oder von vielen Menschen gesehen wird … Möglichst nicht in der Nähe von Häusern, Bauernhöfen, Hütten etc. – doch wenn, dann gleich in Hausnähe, und dann vorher fragen. Bei Bauern machen meist die dortigen Tiere nächtlichen Lärm oder Hunde schleichen ums Zelt.

Rechtzeitig am Nachmittag Ausschau halten, es kann oft lange dauern, bis eine geeignete Stelle kommt. Am besten von der Hauptstraße in einen Seitenweg abbiegen und einen versteckten Platz finden (in kurvigen Straßengegenden muß man aufpassen, daß einen die Scheinwerfer von Autos nicht erfassen). Nicht in der Nähe von Tierspuren campen (die Tiere könnten nachts vorbeikommen), und aus Sicherheitsgründen nicht in der Nähe von Städten. Sowohl Hügelspitzen als auch Senken meiden (und in Wüsten und Steppen wegen weit entfernter, plötzlicher Regenfälle ausgetrocknete Flußläufe bzw. Wadis!). Lagerplatz vor dem Zeltaufbau von spitzen Steinen oder Dornen säubern. Und: einen schönen, sauberen Platz zu finden heißt, ihn so auch wieder zu verlassen.

Zeltplätze bzw. Plätze zum Schlafen findet man weiter bei Sport- und Schulanlagen, Fußballplätzen (Stadion), in der Nähe von Polizeistationen, bei Wald-Picknickplätzen, in Rohbau-Häusern, in Scheunen und leerstehenden Hütten, in afrikanischen und asiatischen Dorf-Gemeinschaftshäusern. In manchen Ländern kann man zur Not auch in größeren Bushaltestellen unterwegs an der Landstraße pennen, unter Brücken, bei Boots- und Yachtclubs usw. usw.

In Städten sind **Stadtparks** fast immer unsicher und **gefährlich!** Gefährlich (Überfall) sind auch immer Stadtstrände, am Meer allgemein. In Dörfern oder Städten einfach so viele Leute ansprechen, bis jemand einen Platz weiß oder jemand evtl. seinen Garten zur Verfügung stellt.

Wenn ihr in einer Gegend ein unsicheres Gefühl habt, evtl. noch bei Tag einen günstigen Platz suchen und diesen erst nach Einbruch der Dunkelheit aufsuchen. Dann auch kein Licht mehr machen.

In fast allen Dritt-Welt-Ländern, besonders in Afrika und Lateinamerika, gibt es bei Privathäusern oder bei öffentlichen Gebäuden Nachtwächter. Freunde dich mit ihnen an, sie kennen gute Ecken, wo man sicher und ungestört schlafen kann (und sie bewachen dich evtl. gleich mit …).

6. Anlaufstellen, Treffpunkte

Wer immer längere Zeit auf Achse war, kennt den Hunger nach heimatlichen Informationen, nach einem Gedanken- und Neuigkeitenaustausch. Zum Teil kann man dieses Bedürfnis in Hotels beim Treffen mit anderen Globetrottern gestillt werden, man liest im Internet-Café die aktuellen News oder man besucht z.B. ein Goethe-Institut, wo deutsche Zeitungen und Zeitschriften ausliegen (weltweit gibt es über 150 Goethe-Institute in über 70 Ländern). Die Adressen kann man sich von der Zentralverwaltung der Goethe-Institut Inter Nationes e.V., Postfach 19 04 19, 80604 München, Tel. 089-159210, Fax 089-15921450, zusenden lassen (zv@goethe.de). Eine Liste aller Goethe-Institute weltweit auch unter www.goethe.de.

Andere Anlaufstellen für Heimatliches sind in Hafenstädten deutsche Schiffe und (internationale) Seemannsheime (s.u., „Mit Schiffen weiter"), deutsche Clubs (Telefonbuch checken), deutsche Auslandsschulen (heißen in Lateinamerika meist Humboldt), Honorar-Konsulate, Campingplätze für Autotraveller u.a.m. In Lufthansa-Büros kann man evtl. mal wieder deutsche Zeitungen bekommen (auch gut um Leute zu treffen, die in Kürze heimfliegen, und die für euch Kurierdienst für Post und Filme übernehmen könnten). Andere Traveller trifft man in französischen oder englischen Kulturinstituten (die sind manchmal an die Botschaften angegliedert).

7. Radtransportmöglichkeiten in den Kontinenten Langweilige Abschnitte, radelunfreundliche oder auch gefährliche Regionen kann man auf den Kontinenten mit lokalen öffentlichen Verkehrsmittel überbrücken. Je ärmer ein Land oder eine Region, desto besser ist in der Regel das Bus- bzw. Kollektivtaxi-Netz ausgebaut. Privatautos gibt es in armen Ländern kaum. In reicheren Ländern ist es meist umgekehrt.

Bezieht also in eure Reiseplanung auch die Möglichkeit mit ein, mit Bussen, Bahnen, Lkw, Schiffen, Flugzeugen, Sammel-, Busch- und Überlandtaxis weiterzukommen. Hier eine kontinentale Transportmittel-Übersicht.

Afrika ist der Kontinent der Buschtaxis, Eisenbahnen gibt es nur spärlich, Linienbusse gleichfalls nicht übermäßig viel. Lkw und Kleintransporter übernehmen den Last- und Personenverkehr. Mit ihnen ist guter Radtransport durch Wüste, Busch und Urwald möglich. Binnenschiffahrt auf dem Nil, Kongo, Niger.

Asien hat ein dichtes Netz öffentlicher Verkehrsmittel. Viele Überlandbusse, Kollektivtaxis, Eisenbahnen. Indien, Pakistan, China und auch Japan sind „Eisenbahnländer". Radtransport leicht möglich, billige Preise (nicht in Japan).

Nordamerika besitzt ein gutes Bus- und ein genügend großes Ferneisenbahnnetz. Radtransport teils umständlich, Tickets sind nicht billig. In *Mittelamerika* gibt es sehr viele Buslinien, Radtransport ist gut möglich.

Südamerika durchqueren gleichfalls viele Busse, Radtransport ist in den ärmeren Ländern kein Problem. Wenige, dafür attraktive Eisenbahnlinien, besonders spektakuläre Fahrten in den Anden. Dort auch viele Kollektivtaxis.

Australien besitzt ein großes, modernes Fernbussystem und einige (teure) Eisenbahnlinien. Radmitnahme möglich.

8. Mit Schiffen weiter, überarbeiten Es gibt etliche Länder und Regionen, wo die Binnen-, Küsten- und die Schifffahrt von Insel zu Insel gang und gäbe ist und man auch mit dem Rad mitkommen kann. Schifffahrtsländer sind z.B. Indonesien, Philippinen, Japan, die Südsee-Inselstaaten. Binnenschiffsreisen mit dem Rad lassen sich z.B. auf dem Amazonas, dem Kongo, auf dem Yangtse in China und noch auf anderen großen Flüssen machen.

Überarbeiten (engl. „robben" oder „work-away" genannt) von Land zu Land oder von Kontinent zu Kontinent ist auch im Zeitalter der Containerschiffe noch möglich, doch es wird immer schwieriger. Ich bin damals in Afrika mit dem Rad als Überarbeiter auf einem Frachtschiff von Libreville (Gabun) zum Kongo-Brazzaville gefahren und als 2. Schiffsmaschinist von Kapstadt nach England.

Regel: Je weiter weg von Europa bzw. der „Zivilisation", desto eher die Chance, von einem Kapitän mitgenommen zu werden. Es ist auch leichter, nach Europa überzuarbeiten als von einem deutschen/europäischen Hafen nach Übersee anzuheuern. Glück mag man auch eher bei Schiffen haben, die unter exotischen Flaggen fahren. Wendet euch in Häfen zuerst an Schiffsagenten oder an Reederei-Büros, z.B. bei deutschen Linien nach/von Südamerika an die *Hamburg-Süd* (Postfach 11 15 33, 20415 Hamburg, www.hamburg-sued.com, in Afrika an *Wörman* oder an die *Deutsche Afrika-Linie,* in Australien und Neuseeland wieder an die Hamburg-Süd oder an die *Columbus-Linie.* Oder ihr sprecht gleich beim Kapitän eines Schiffes vor, das in euer Zielland fährt. Alles über Hafenstädte weltweit unter www.mglobal.com.

Welche Schiffe in welches Land fahren oder von dort erwartet werden, erfährt man aus Hafenstadt-Zeitungen, von Schiffahrtsbüros im Hafen oder aus dem Buch „ABC Passenger Shipping Guide" (Reisebüros).

Zwei bekannte Anbieter von **Frachtschiff-Reisen** sind: „Frachtschiff-Touristik Kapitän Zylmann GmbH", Exhöft 12, 24404 Maasholm, www.zylmann.de und „Fachreiseagentur für Seereisen Kapitän Hoffmann", Seestr. 40, 23677 Scharbeutz, www.frachtschiff-reisen.net.

Kann der Kapitän Hilfskräfte brauchen, dauert es einige Tage bis alle beteiligten Stellen (Reederei, Chartergesellschaft, Schiffsbüro) benachrichtigt und einverstanden sind (sowieso darf man bei der Schiffssuche für Überfahrten nicht unter Zeitdruck stehen).

Für offizielles Anheuern ist, zumindest in Mitteleuropa, ein Seefahrtsbuch notwendig. Das stellt die Hafenbehörde – nach Bestätigung durch eine Reederei – aus. Einmal im Besitz eines solchen Büchleins könnt ihr unterwegs wesentlich einfacher anheuern und eure Weiterfahrt- bzw. die Rückreisekosten wesentlich senken.

Bevorzugt als Überarbeiter werden Leute mit technischen Berufen. Auch Frauen haben eine Chance, als Stewardessen, in der Küche, bei der Zimmerreinigung. Männer werden meist zum (anstrengenden) Rostklopfen, Anstreichen, Deckschruppen u.ä. eingesetzt. In der Maschine ist es wegen der Hitze und dem Lärm sehr anstrengend! Schiffe, Schiffsreisen und Schiffsbesatzungen sind eine eigene, besondere Welt – man braucht bei der Seefahrt eine „dicke Haut" …

Darf man mitkommen, muß meist eine Verpflichtungserklärung unterschrieben werden, die den Kapitän und die Reederei von Schadenersatzansprüchen im Krankheitsfall oder bei einem Unfall freistellt (oder ihr müßt noch eine extra See-Krankenversicherung abschließen). Schaut, daß eure Papiere (Ausreisestempel/Einreisevisum fürs nächste Land) in Ordnung sind.

Auch wenn eure Bemühungen nicht klappen sollten: Fernab der Heimat wird man sicherlich von Seeleuten an Bord eingeladen, kann wieder mal tüchtig (heimatliches) futtern und einen trinken. Seemanns-Treffpunkte: Hafenkneipen, Seemannsheime und Seemanns-Missionen. Auch bei meinen Rucksackreisen war ich in den Häfen ferner Länder öfter bei Seeleuten auf ihren Schiffen zu Gast. Das klappt, wie erwähnt, weniger in modernen europäisch/amerikanischen Container-Terminals, sondern eher in verlassenen Weltgegenden, wo sonst kaum ein Tourist geschweige denn ein Radfahrer hinkommt.

Im „Landgangführer" stehen nicht nur die Adressen aller Seemannsheime der wichtigsten Häfen der Welt, sondern auch touristisches und allgemeine Hafeninformationen. Bezug über: Sozialwerk für Seeleute, Friedensallee 48, 22765 Hamburg.

Yacht-Trampen

Mal angenommen, man erreicht eines Tages mit seinem Drahtesel irgendwo auf dem Globus eine Hafenstadt bzw. einen Yachthafen, wo sich Segelboote und Yachten aus aller Welt ein Stelldichein geben. Warum dann nicht versuchen, statt auf dem Landweg nun mit einer Yacht kostenlos übers Meer ins nächste Land, zu einer Insel oder auf einen anderen Kontinent zu gelangen? Zwar sind das meist nur Rucksack-Globetrotter, die eine solche Chance suchen (und manchmal Glück haben), doch es sollte – bei einer größeren Yacht – auch Platz für ein Rad geben. Viele Segelbootbesitzer nehmen Mitfahrer mit – „Hand gegen Bett" heißt das. Man muß Wache halten, kochen u.a., die Tagesarbeiten erledigen. Voraussetzung ist natürlich, seefest zu sein, nicht jeder hält tage- oder wochenlanges Segeln in kleinen Booten aus.

Falls so ein Trip also in eure Reisepläne paßt: In Yachthäfen die Bootseigentümer (Skipper) fragen, beim Hafenmeister einen Zettel auf dem Anschlagbrett hinterlassen, die Kleinanzeigen der Segelzeitschriften lesen.

Die Route der Segelboote, die von Europa in die Karibik fahren, geht von Spanien und Portugal über die Kanarischen Inseln. Hauptsegelzeit ab dort ist von Mitte September bis Mitte Oktober (Passatwinde). Aus der Karibik geht es ab Ende April wieder mit den Winden nach Europa.

Weitere Möglichkeiten bestehen auf den Hauptrouten zwischen Kalifornien, Hawaii und Australien über diverse Südsee-Inseln, von den Karibikinseln gleichfalls nach Neuseeland/Australien und zu Südsee-Inseln, und je nach Jahreszeit wieder in die andere Richtung. Welcher Globe-Radler schreibt mir einmal seine Erfahrungen? Übrigens: Es gibt in Deutschland auch einige Mitsegel-Agenturen, z.B. DMC-Reisen Mühlbauer – Deutsches Mitsegler Centrum, Kurt-Schumacher-Str. 71, 86165 Augsburg, info@dmcreisen, www.dmcreisen.de. Die „Mitsegeldatenbank" findet man unter www.dmcreisen.de/mitsegel/mitsegelframe.html.

B. MIT DEM RAD DURCH EXTREM-REGIONEN

1. Durch Wüsten

„Leiden ist der Ursprung des Bewußtseins" (F. Dostojewski)

Es gibt nicht nur die Wüste Sahara, die größte der Welt, die man mit dem Rad (in Teilabschnitten) ganz durchqueren kann. Weitere Wüsten oder Halbwüsten erstrecken sich rings um die Erde in Höhe der nördlichen und südlichen Wendekreise: die Atacama in Nordchile, die Nullabor in Australien, die Wüste Thar in Indien, die Wüsten in Arizona und in Neumexiko, die wüstenartige Halbinsel Baja California, die Namib und Kalahari im südlichen Afrika, Takla Makan in China und einige andere mehr. Endlose Wüsten, riesige Ebenen und Hochplateaus können schnell zum Alptraum eines Radler werden – man kann quasi heute schon sehen, wo man übermorgen radeln wird" ...

Zusätzlich zu den schon in „Afrika" über die Wüste Sahara gesagten Dingen und den Hitzegefahren-Tips (s.S. 65, „Gefahren durch Sonne und Hitze") hier noch weitere Wüsten-Ratschläge.

Kein Risiko eingehen

Erfahrene Wüstenradler wissen, daß eine Wüste, auch bei bester Ausrüstung und Kondition, immer stärker ist als der Mensch. Der Routenverlauf, die vorherrschende Windrichtung, der Zustand der Straße oder Piste, die Entfernungen zwischen Siedlungen oder Oasen und die Versorgungsmöglichkeiten mit Wasser und Proviant müssen bei langen Touren genau geprüft werden – nie ein Risiko eingehen!

Was bei Wüstenfahrten vor lauter Technik, Tips und Ausrüstung meist vergessen wird: Eine Wüste ist nicht nur eine körperliche, sondern auch eine psychische Herausforderung! Die Stille, die Einsamkeit, die Weite – „das Nichts" – sowie das Wissen, daß man einer Wüste total ausgeliefert und eine Verkettung unglücklicher Umstänen tödlich endlich kann, belasten das Nervenkostüm erheblich. Doch Wüsten „geben" auch, sie sind nicht nur langweilig oder „tot", sondern höchst interessant, man muß sich nur vorher ein wenig mit Wüstengeologie und -biologie befassen. Und wer sich länger in Wüsten aufhält, erlebt ganz neue Daseinserfahrungen.

Hitze und Körper

Der Körper wird in Wüsten durch drei extreme Klimabedingungen beansprucht: Hitze, Trockenheit und Nachtkälte. Gegen sie muß man sich schützen können. Der Wind ist eine weitere Gefahr, gegen peitschende Sandstürme anzukämpfen ist aussichtslos – legt einen Ruhetag ein.

Nach Untersuchungen und Tests liegt der Wasserverbrauch in sehr heißen Wüsten (bei mehr als 40 °C im Schatten) bei etwa 8–10 Liter pro Tag und Person, bei starker Anstrengung – wie dem Radfahren – noch höher. Der Wasserverbrauch läßt sich etwas senken, wenn man sehr früh losfährt, über die heißeste Tageszeit rastet und dann am späten Nachmittag nochmals kurbelt. Evtl. müssen auch Nachtetappen eingeplant werden.

Mit dem Wasser möglichst auch Mineralien (Kalium, Magnesium) einnehmen, salzige Brühen trinken oder dem Wasser Salztabletten beifügen. Wie erwähnt, ist es nötig, immer mehr zu trinken, als das Durstgefühl vermittelt, der trockene Wüstenwind entzieht dem Körper über Haut und Schleimhäute enorme Wassermengen. In der Hitze langsam und stetig radeln.

Kann man sich nicht mehr waschen, sieht man nach einigen Tagen aus wie paniert – der Staub und Sand setzt sich überall fest. Doch durch die extreme Trockenheit ist das alles noch erträglich. Das Schlimmste in Wüsten sind oft die Fliegen. Bei einem Halt kommen sie aus dem völligen Nichts, sie sind einfach da und krabbeln und schwirren dir unablässig an Augen, Ohren, Nasenlöchern und Mundwinkel herum.

■ *Sahara-TorTour ...*
(im Sandsturm südlich von Tamanrasset/Algerien)

Bekleidung Gegen Austrocknung schützt luftige, alle Körperpartien bedeckende (Baumwoll-)Kleidung. Sie sollte so weit geschnitten sein, daß jeder Luftzug den Körper erreicht. Nur so kann der Schweiß verdunsten, was den Körper kühlt. Die Kleidung sollte Schließmöglichkeiten (Gummibündchen) an Hand- und Fußgelenk haben, denn dadurch kann das angenehme Mikroklima, das sich durch das Schwitzen zwischen Bekleidung und Haut bildet, nicht entweichen (gleichzeitig jedoch darauf achten, daß kein Hitzestau entsteht).

Im Gegensatz zu landläufigen Meinungen sind dunkle Kleidungsfarben nicht verkehrt. Warum? Dunkle Farbe absorbiert besser das Sonnenlicht, das sich dann auf dem Stoff und nicht erst auf der Haut in Wärme umwandelt. Wer dennoch sehr enge Radlerhosen anzieht und nicht geröstet werden will, darf keine schwarzen anziehen (dunkle *enge,* hautanliegende Kleidung wird sehr heiß!).

Auch der Kopf, der Nacken und die Füße sollten immer bedeckt sein, damit so wenig wie möglich Flüssigkeit über die Haut verdunstet. Ein Tuch vor Mund und Nase (wie es z.B. die Tuareg in der Sahara tragen) bewirkt, daß ein Teil der beim Ausatmen abgegebenen Feuchtigkeit wieder eingeatmet wird und sich somit der Wasserbedarf des Körpers etwas reduziert. Für kalte Wüstennächte benötigt man lange Unterwäsche und einen warmen Schlafsack.

Rad, Pisten, Ausrüstung In Wüsten setzt sich der Flugsand oder der normale Straßen- bzw. Pistenstaub schnell auf Schaltwerk, Kette und Zahnräder. Alle sich bewegenden Teil sorgsam täglich von Staub und Sand reinigen. Für Pistenfahrten läßt man, um die Auflagefläche des Reifens zu erhöhen und weniger einzusinken, Luft aus den Reifen. Das funktioniert freilich nur bei einem breiten Reifen. Durch die Walkarbeit wird der Reifen beschädigt, auch für die Felge droht Gefahr. Hier sind „gum walled" -Reifen besser als „skin-walled", die sind nämlich an den Flanken eher rißanfällig.

In Sand das Rad zu schieben wird schnell zur Qual. Da ist es besser, das Gepäck für solche Abschnitte vorübergehend auf den Rücken zu nehmen. **Bei Strecken- und Pistenauskünften immer mißtrauisch sein!** Auto- oder Motorradfahrer und auch Fußgänger haben keine Ahnung, welche Pistenoberflächen für einen Radfahrer möglich oder nicht mehr möglich sind! Pistenbeschreibungen in Reiseführern sind immer nur für motorisierte Traveller geschrieben!

Eine gute, seitlich schließbare Sonnenbrille ist notwendig, noch besser ist eine Gletscherbrille. Für Nachtfahrten sind Stirnlampen ideal. Gegen die trockene, staubige Luft Halspastillen mitnehmen. Für ein Schattendach eine leichte Plane und Zeltstangen mitführen (man kann die Plane auch zwischen zwei Bikes ausspannen).

Campieren Nicht im Bereich von befahrenen Pisten, nicht in Wadis (periodisch wasserführende Flußtäler), nicht zu dicht an Wasserstellen und neben Brunnen (Tiere könnten kommen). Zelt gegen die Hauptwindrichtung aufbauen. In Wüsten gibt es oft dornige Pflanzen, Kakteen und stachlige Disteln, die Dornen liegen herum, und um platte Reifen zu vermeiden ist es besser, das Gepäck und das Rad ein Stück von der Straße weg zum ausgesuchten Campplatz zu tragen. Zum Herausziehen von Dornen aus Reifen und Haut eine gute Pinzette mitführen. Steine in der Nähe des Lagerplatzes vorsichtig wegschieben – es könnte ein Skorpion daruntersitzen. Aus dem gleichen Grund morgens die Schuhe ausschütteln.

2. In Schnee und Eis, Kälte Bei vielen Touren ist es nicht auszuschließen, daß ihr auch mal mit Kälte, Schnee und Eis in Berührung kommt, entweder in richtigen Winterzeiten oder auch nur tageweise z.B. in extremen Gebirgshöhen. Hier Erfahrungen und Tips für Kälte-, Schnee- und Wintertouren:

Das Rad und sich selbst kälte- und schneefest machen, z.B. alle sich bewegenden Teile, wie Kette, Brems- und Schaltungszüge gut einfetten. Breite Reifen mit ausgeprägtem, grobstolligem Profil aufziehen, mit reduziertem Luftdruck fahren (bessere Bodenhaftung). Dicke, isolierende Lenkergriffe, rutschfeste Pedale, Schmutzfänger an Vorder- und Hinterradschutzblechen, warme Satteldecke.

Angepaßte, windfeste Winterkleidung, Winter- und Regenhose (Signalfarben erhöhen das Gesehenwerden). Winter-Unterwäsche, Thermo-Schuhe und Gamaschen, eine Pudelmütze für den Kopf und eine Sturmmütze („Bankräubermütze") fürs Gesicht. Der Körper verliert über einen unbedeckten Kopf viel Wärme, ihn deshalb bedeckt halten.

Wichtig ist das Eincremen des Gesichts (besonders der Nase), der Lippen und der Hände, doch nicht mit einer wasserhaltigen Creme, sondern mit einer auf Pflanzenölbasis (Vaseline).

Dann braucht man noch winddichte, warme (Finger-)Handschuhe oder Seiden-Fingerhandschuhe unter Fäustlingen. Wer keine Handschuhe hat oder wem trotz Handschuhe die Hände wegen des Fahrtwindes zu Eis gefrieren, bastelt sich Lenkerstulpen (aus Autoschläuchen), die über die Griffe geschoben werden und die so die Hände schützen.

Fahrtips: Bremsen nur dosiert ziehen, eher die Hinterrad- als die Vorderrad-Bremse benützen. Ein blockierendes Vorderrad führt fast immer zum Sturz. Vorsicht bei Abfahrten – unterm Schnee kann die Straße gefroren sein. Nasser, pappiger Schnee kann sich zwischen die Zahnkränze festsetzen und die Schaltung lahmlegen.

Wer noch mehr über das Biken in Schnee, Eis und Permafrost wissen möchte, sollte unbedingt die Website „Icebike – Home of the Wintercyclist" (www.enteract.com/~icebike) anklicken. Hier gibt's Bekleidungs- und Ausrüstungshinweise, dazu Fahrtips und einige Erlebnisberichte. Selbst Grönland ist vor Radlern nicht sicher, *Andreas von Heßberg* war einer von ihnen. Nachzulesen auf seiner Homepage www.geocities.com/Yosemite/6988.

3. High-Ways – Radfahren im Hochgebirge, extreme Höhen

Gebirgs- und Hochlandtouren sind für Radler immer Herausforderungen: Steile Anstiege, dünne Luft und kurvenreiche, gefährliche Abfahrten (nicht die Felgen überhitzen!) erfordern ein Höchstmaß an Kondition und Konzentration. Wasser- und Nahrungsmittelnachschub kann zum Problem werden, auch die Kälte. Gefährlich sind vor allem überraschende, schnelle Wetter- und Temperaturstürze. Hat man dann, abseits besiedelten Gebiets, keine warmen Kleidungsstücke, unzulängliche Ausrüstung, nicht genügend Nahrung, Wasser und einen Kocher bei sich kann dies evtl. bös enden … – in einsame Hochgebirgsregionen darf man nicht gedankenlos aufbrechen.

Um die Leistungsfähigkeit in hohen Höhen zu erhalten, solltet ihr genügend oft Pause machen und für genügend Kaloriennachschub sorgen. So wichtig wie das Essen ist das Trinken in extremen Höhen, denn über 3000 m kommt es weniger durch Schwitzen zu Flüssigkeitsverlusten, sondern durch die hohe Lufttrockenheit. Sie kann euch wie eine Pflaume ausdörren.

Die größte Gefahr droht jedoch durch die **Höhenkrankheit.** Sie tritt auf, wenn man zu schnell große Höhenunterschiede überwindet oder in extremen Höhen (4000 bis 5000 m) radfährt. Über die Höhenkrankheit und das Radfahren in Extremregionen (Anden, Himalaya, Tibet etc.) ausführliche Hinweise bei „Bolivien" (s.S. 282/283).

4. Wetter, Blitz und Winde

Wer tagtäglich der Natur ausgesetzt ist bekommt bald ein Gespür dafür, wie sich das Wetter entwickelt bzw. er sollte Anzeichen zu deuten wissen. Achtet auf typische, wetterverändernde Phänomene wie Morgennebel, Abendrot, verhangener Mond, Wolkenbilder etc. (evtl. sich vorher mit Wetterkunde befassen, es gibt dazu einige gute Bücher, z.B. den handlichen Ratgeber „Sonne, Wind und Wetter, von Friederike Vogel, Reise Know-How Verlag, Reihe PRAXIS). In den Bergen und in den Tropen schlägt das Wetter oft blitzschnell um, und tropische Gewitter können wie der Weltuntergang sein. Lebensgefährlich sind die weltweiten tropischen und außertropischen Wirbelstürme, die alles mit Orkangewalt niedermachen. In Wirbelsturmgefährdeten Ländern auf Warnungen in Zeitungen, Rundfunk und Fernsehen achten!

Gewitter: Es wird nicht ausbleiben, daß man unterwegs von Gewittern überrascht wird. Deshalb schon beizeiten Schutz suchen, zumal das metallene Rad Blitze „anzieht". Blitzschlag-Gefahren bestehen in freiem Gelände unter Bäumen, Holzmasten, in Hütten, auf Aussichtspunkten, auf Bergen und hochliegenden Punkten. Besondere Gefahr im und am Wasser! Weg von Schwimmbädern, Flüssen und Seen. Abstand halten von metallenen Gegenständen, wie Weidezäune, eisernen Leitern, Strommasten usw. Sicheren Blitzschutz bieten Gebäude mit Blitzschutzanlagen und geschlossene Körper aus (Ganz-)Metall, also Autos, Eisenbahnwagen, Sesselliftkabinen („Faradayscher Käfig"). Im Gebirge ist man unter Felsvorsprüngen und am Fuß von Felswänden sicher. In Hütten und Häusern ohne Blitzschutz möglichst in der Mitte und in Hockstellung aufhalten.

Wird man im Freien überrascht, versuchen, tiefergelegene Stellen zu erreichen, also Täler, Hohlwege, Mulden. Doch an nichts anlehnen und nichts Anfassen, und vor allen Dingen **nicht beim Fahrrad stehen bleiben!** Wenn kein Schutz zu erreichen ist, in größerem Abstand vom Rad hockend in Bodenmulden verharren. Doch nicht hinlegen! Die Beine geschlossen halten, damit bei einem Einschlag der Blitzstrom nicht durch den Körper fließen kann. In Wäldern mit gleichmäßigem Baumbestand ist man sicherer als am Waldesrand. Keinesfalls unter einzelne Bäume stehen!

Winde sind des Radfahrers beste Freunde und schlimmste Feinde. „Tailwind" läßt dich jauchzen, „Headwind" macht dich schon nach wenigen Stunden mürbe. Starke Winde wehen immer in Ländern mit einem extremen Landklima, in Wüsten (das hohe Temperaturgefälle zwischen Luft und Boden bringt die Luft praktisch an allen Tagen zum wehen), in Prärien, in den Pampas Südamerikas, auf Hochebenen, an Küsten (immer vom Meer her) – überall dort, wo sich dem Wind kein Hindernis in den Weg stellt. Fast immer steigern sich Winde mit fortschreitender Tageszeit. Ist Gegenwind zu erwarten, früh losradeln! Meteorologische Karten mit vorherrschenden Windrichtungen können in Kartenläden gekauft werden. Wenn nötig, könnte man unterwegs auch bei Wetterstationen anrufen.

Wer alles ganz genau über weltweite Winde, ihre Namen, Richtungen und ihr Auftreten in welchen Jahreszeiten wissen will, sollte das Buch „Die Winde der Erde und ihre Namen" zur Hand nehmen (Franz Steiner Verlag, leider vergriffen, evtl. in Bibliotheken oder im Antiquariat). Auch der o.g. PRAXIS-Ratgeber enthält Kapitel über Winde.

C. RADFAHREN IN 3.-WELT- UND ENTWICKLUNGSLÄNDERN

1. Einheimische, Fernradler und Tourismus

Das Welt- und Lebensbild der Menschen in Ländern der „Dritten Welt" und in den sog. „Schwellenländern" wird grundlegend von anderen Dingen geprägt als unsere europäisch-westlichen Denkweisen. Eure hierzulande verständlichen und von jedermann nachvollziehbaren Reisegründe wie z.B. „Freiheit erleben", „alles hinter sich lassen", „die Welt sehen" u.a. werden irgendwo in Afrika, Asien oder Lateinamerika nicht immer verstanden werden und selten auf Anerkennung, eher auf Unverständnis stoßen, besonders dann, wenn fremde Kulturen ausschließlich als Kulisse für's geile Hi-Tech Bike-Abenteuer herhalten müssen. Wer mit seinem Rad in solche Weltteile vorstößt, wo selten oder noch nie europäische Radfahrer vorbeikamen, sollte also wissen, daß ihn weniger eine heile Welt, sondern eher Probleme erwarten. Wer Verständnis und Einfühlungsvermögen in die Denkweisen und Lebensvorstellungen fremder Völker mitbringt, kommt da besser durch (auf entsprechende Vorbereitungsliteratur wurde schon im Teil 1 hingewiesen, s.S. 40).

„Am meisten habe ich damit zu kämpfen, daß ich ständig mit Menschen konfrontiert werde, mit denen ich mich nicht verständigen kann. Das übt Druck aus, denn man ist ja unterwegs sehr abhängig von den Leuten. Was machst du, wenn in einem Dorf in Sumatra 100 Leute um dich herumstehen, und keiner von ihnen spricht englisch? Bevor es langweilig wird, fangen die Leute meist an zu lachen. Ich entwickle dann leicht eine Antipathie, weil ich denke, die lachen mich aus. Wenn das nun tagtäglich passiert, artet das in Stress aus. Und es gibt viele Leute, die damit nicht fertig werden, ihre Sachen zusammenpacken und wieder heimfahren" (Weltradler Tilman Waldthaler in „Die Äqua-Tour").

Als Radfahrer hast du (noch) den Vorteil, nicht als ein reicher Tourist zu gelten (doch nicht überall!). Doch glaube nicht, daß du mit deinem Rad kein „richtiger" Tourist bist und dir Privilegien rausnehmen kannst – „die müssen doch sehen, daß ich ein armer Student und Sportler bin, der sich ein Auto oder einen teuren Flug hierher nicht leisten kann …". Oft bist du halt ein verrückter Europäer, der sich nicht mal ein Bus-Ticket leisten kann, und sich deshalb mit einem Rad durchs Land plagen muß …

Seit der Tourismus in die Kulturen und in die Lebensweise ehedem isoliert lebender Bevölkerungsgruppen eingebrochen ist, hat sich in solchen Gegenden das Verhalten der Einheimischen gegenüber Fremden grundlegend verändert. Wundere dich nicht, wenn auch du als Radfahrer für die Menschen solcher Regionen nichts weiter bist als gleichfalls eine prima Möglichkeit zum Anbetteln oder zum Souvenir verkaufen. Lästig ist sicherlich auch, wenn man müde und ausgelaugt von Tag immer wieder die gleichen Fragen gestellt bekommt und keine Privatsphäre mehr hat.

„Jedesmal, wenn ich angefangen habe zu kochen, sind gleich 50, 60, 70 Leute um mich herumgestanden. Schon beim Zeltaufbau habe ich die ganzen im Kinder im Zelt gehabt – ‚oh, I like your house, let me sleep in your house'" – so wieder Tilmann Waldthaler. Hintergrund ist, daß es die meisten Menschen in Dritt-Welt-Länder selten verstehen, daß es Leute gibt, die gerne alleine reisen und allein bleiben wollen. In Dritt-Welt-Ländern ist man nicht „allein" …!

Gebt acht vor bettelnden Kindern, wenn sie in Gruppen auftreten. Wer

nichts gibt, wird manchmal mit Steinen beworfen – oft auch nur „so zum
Spaß", ihr seid ihre fahrende Zielscheibe! In Ägypten kann der Plage sogar einfallen, euch beim Fahren Stöcke zwischen die Speichen zu werfen!

Auf Strecken, wo viele Autotouristen durchkommen, oder in Orten, wo
sich der Kommerz- und Rucksacktourismus breitgemacht hat, wirst du
früher oder später mit all diesen Punkten konfrontiert werden.

Kontakte machen

Rad-Nomaden sind jedoch auf Kontakte und Hilfe angewiesen, täglich
ergeben sich Begegnungen und auch Einladungen wie von alleine. Doch
in manchen Regionen und Ländern können sich die Menschen auch sehr
reserviert verhalten – dann greift der schlaue Globetreter in seine Trickki-
ste: Erwachsene kennenlernen tut man am besten über Kinder, und um
die für sich zu gewinnen, braucht es nicht viel: ein Späßchen, kleine Zau-
berkunststücke; beste Chancen haben Mundharmonikaspieler oder jene,
die Seifenblasen fliegen lassen oder im Handstand laufen ... eine „One-
man-Show" kann manchmal sehr nützlich sein! Das haben sich auch die
Franzosen Alexandre Poussin und Sylvain Tesson während ihrer Radweltreise zunutze gemacht (nachzulesen in „Paris – Auckland und zurück", Bastei-Lübbe Verlag).

2. Grenzen

Grenzstädte in der Dritten Welt sind oft unangenehm und trostlos, da gibt
es meist Militär, Polizei, Schmuggler, Bars, zwielichtige Gestalten, Geldwechsler, die einen übers Ohr hauen wollen, schäbige Hotels – keine guten Plätze zum Bleiben.

Vor der Abfahrt vom Landesinnern zur Grenze immer zuerst prüfen, ob
ihr alles beieinander habt, bevor ihr evtl. wieder wegen eines Visums zurückfahren müßt. Fast immer werdet ihr an Grenzen nach genügend
Geldmitteln gefragt (Tips zum Vorweisen von genügend Knete s.S. 48,
„Alles übers Geld bei Rad-Fernreisen"). Wahrscheinlich wird an den
Grenzen auch euer Gepäck durchsucht werden – schon aus Neugierde,
was so ein Radler nicht alles in seinen Packtaschen hat! Die Uniformierten verkörpern die volle Macht ihres Landes, sie sind oft arrogant und
wichtigtuerisch, und je kleiner und unwichtiger das Land, desto mehr lassen sie dich ihre Macht spüren. Man braucht starke Nerven, stoische Ruhe, und opportunistisches Schwätzen ist oft auch vonnöten.

Zollbeamte versuchen manchmal, wegen des (teuren) Rads Zollgebühren zu verlangen – hart bleiben, nichts bezahlen, das ist dein persön-
liches Gepäck, und außerdem ist das Rad gebraucht und keine
Handelsware. Es kann aber schon mal vorkommen, daß das Rad in den
Paß eingetragen wird. Für diesen Fall mußt du eine Rad-Nummer (Rah-
men-Nummer) nennen können. Falls beim Ausfüllen von Einreiseformula-
ren eine Adresse angegeben werden muß: einfach eine Adresse eines
Hotels in der nächsten Stadt erfinden.

Richtet es an „kritischen" oder kleinen Grenzübergängen so ein, daß
ihr nicht gerade an Sonn- oder Feiertagen eintrefft, denn der Stempel
darf oft nur von einem bestimmten Mann „bedient" werden, und wenn
der im Weekend ist, heißt es warten. In den Mittagsstunden werden oft
Pausen gemacht, und wer sich erdreistet, außerhalb der üblichen Ar-
beitszeit die Beamten zu stören, muß evtl. Extragebühren zahlen. Erscheint an Grenzen einigermaßen ordentlich, manche Länder sind
bezüglich Kleiderordnung und Aussehen empfindlich.

Auch von Radfahrern können an Grenzen ab und zu Geld oder „Geschenke" gefordert werden – als Gegenleistung gibt es dann meist ohne weiteres Palaver den Einreisestempel, oder man gewährt die gewünscht längere Aufenthaltsdauer. Bietet nicht plump und offen Geld an („how much?"), sondern geht diskret darauf ein, erfindet selbst einen Grund, warum ihr die „Gebühr" zu zahlen gedenkt (fragt z.B. nach „Stempelgebühren"). Wollt ihr nichts zahlen, nie zeigen, daß ihr es eilig habt. Euer standfestes, freundliches Palaver muß den Typen mit der Zeit so lästig werden, daß sie schließlich froh sind, euch loszuhaben …

3. Beamte, Polizei, Schmiergeld   Nicht nur ein westlicher Auto- oder „Normaltourist", sondern auch ein „notleidender" Radfahrer ist in den Augen vieler Polizisten armer Länder ein „reicher" Tourist, den man bei Bedarf und Laune schröpfen kann. Wird z.B. euer Reisepaß von der Polizei aus irgendwelchen Gründen verlangt, nur herzeigen, nicht abgeben, es könnte sein, daß ihr ihn erst gegen Zahlung einer Geldsumme wiederbekommt. Zeichnet sich Ärger mit der Polizei ab (weil ihr z.B. eine Verkehrsregel „mißachtet" habt), dann nehmt dem Polizisten gleich den Wind aus den Segeln, indem ihr ihn um den richtigen Weg, nach einem bestimmten Hotel oder nach sonstwas fragt.

Beim Umgang mit Beamten, Bürokraten, Uniformierten und Behörden ist in den Ländern Afrikas, Asiens und Lateinamerikas viel Geduld, Ruhe, Höflichkeit und Zeit erforderlich. Tretet selbstbewußt und beharrlich, aber nicht arrogant oder unterwürfig auf. Auch in einer verfahrenen Situation gibt es immer einen Ausweg. Alles, was es braucht, ist Zeit. Verlangt bei wirklichen Problemen immer jemanden zu sprechen, der wirklich was zu sagen hat. Langes herumdiskutieren mit unteren Chargen ist meist Zeitverschwendung. Verliert nicht euer Gesicht, doch laßt es euren Kontrahenten auch nicht verlieren, treibt eine brenzlige oder unangenehme Situation nicht auf die „entweder-oder"-Spitze.

Schmiergeld hat weltweit viele Namen: *Bakschisch* (Asien), *mordida* (Mexiko), *bribe*, *„grease"* oder *„facilitating payments"* (engl.-sprachige Länder), *cadeau* (franz.), *regalo* (span.), *jeito* (brasil.), *dash* (Afrika), *kumshaw* (Südost-Asien) usw. Schmiergeld hilft, mit ein paar Scheinchen oder Münzen Probleme aus der Welt zu schaffen, es ist das Schmieröl zur Funktionsfähigkeit der Bürokratie (und auch der Wirtschaft) in armen Ländern. Schmiergeld hat in Dritt-Welt-Ländern nicht unbedingt mit verwerflicher Korruption und Bestechung in unserem Verständnis zu tun, es ist eher ein staatlich und gesellschaftlich anerkanntes Umverteilungsregulativ. Dies zu wissen, erscheint mir wichtig beim Reisen und Radfahren in Dritt-Welt- und Entwicklungsländern. Doch in vielen Fällen ist ein Geschenk besser als Geld.

4. Fragen und Auskunft, Orientierung   Richtig fragen muß gelernt sein. Andere Länder, andere Denkweisen. Schlimmer als keine Information ist eine falsche Information. Wenn du jemand in einem Dritt-Welt-Land wegen der richtigen Fahrtrichtung ansprichst, wird die Person selten zugeben, deine Frage nicht verstanden zu haben oder die Richtung nicht zu wissen (vorausgesetzt natürlich, man kann sich überhaupt verständigen). Und bevor zugegeben wird, eine Frage nicht beantworten zu können, wird sie lieber falsch beantwortet, denn man möchte ja nicht unhöflich sein oder gar nichts sagen (in vielen Kulturen gilt „nein" als unhöflich).

Fragen nach der Richtung nicht so stellen, daß sie mit „ja" oder „nein" beantwortet werden können: „Ist dies die Straße nach X?" – die Antwort wird dann meist „ja" lauten, auch wenn dem nicht so ist. Besser ist: „Wohin führt diese Straße?" Und nicht nur eine Person, sondern zwei oder drei fragen. Bei verschiedenen Auskünften nach der Mehrheit richten (aus Religions-, Traditions- und Sitten-Gründen möglichst nur männliche Personen ansprechen).

Und wenn du fragst: „Ist es noch weit zum nächsten Ort?", dann kann darauf sowohl mit „ja" oder „nein" geantwortet werden, je nachdem, an welches Verkehrsmittel der Befragte denkt. Besser: „Wie lange braucht der Bus/ein Fußgänger nach X-Stadt?". Kilometerangaben wirst du gleichfalls selten hören, eher Worte wie „es ist nicht weit" oder „es ist nah", oder auch „ganz weit", weil die Leute selten in Kilometern denken, sondern in Zeiten. Und die Durchschnittsgeschwindigkeit eines Radfahrers wissen sie sowieso nicht. Deshalb ist es besser, anstatt nach Kilometern nach der Zeitdauer des Fußwegs zu fragen. Das kann dann leicht umgerechnet werden.

Also immer einfache Fragen stellen, und die Antwort darf nicht schon in der Fragestellung drin sein. Bei „Ist die Strecke flach oder bergig?" wirst du als Antwort eine von beiden Möglichkeiten hören. Auf der Strecke könnten aber auch gerade alle Brücken weggeschwemmt worden sein, doch danach hast du ja nicht gefragt …

Dem Gefragten eine Landkarte unter die Nase zu halten, bringt in der Regel auch nicht viel, weil viele einfache Leute meist nicht lesen können. Hinzu kommt das Aussprache- bzw. das Betonungsproblem eines Ortsnamens, der im lokalen Dialekt ganz anders klingen kann. Erwarte auch nicht, daß du genau erklärt bekommst, wann du nach links oder rechts abbiegen mußt, denn es gibt viele Menschen, die rechts und links nicht auseinanderhalten können.

**Unter-
haltungen**

Sind Unterhaltungen möglich, wird oft auch die Frage nach dem Wert bzw. dem Kaufpreis deines Rades gestellt werden. In einem armen Land den tatsächlichen Preis zu nennen wäre ungeschickt, die Summe würde die Vorstellungskraft einfacher Leute übersteigen. Sag diplomatischer einige Wochenlöhne, wie hoch immer der auch sein mag. Oder erkläre, es sei ein Geschenk deiner Eltern, das wird eigentlich immer akzeptiert.

Vermeide Gesprächsthemen wie Politik und Religion, weiche besser auf Fußball, Kultur und ähnliches aus, leicht könnte man sonst ins Fettnäpfchen treten. Keine Kritik an eurem Gastland, sich kritisch über dieses oder jenes zu äußern, bringt absolut nichts. Die Bewohner „junger Länder" sind sensibel und haben einen (oft übersteigerten, verletzlichen) Nationalstolz.

**5. Tips für
Globo-Rad-
lerinnen**

Früher undenkbar, heute keine Seltenheit mehr: als Frau alleine (oder mit einer Partnerin) auf Radtour durch Amerika, Australien, Asien oder Afrika. Daß es geht und möglich ist, beweisen viele Berichte und Bücher. Bettina Selby, eine Engländerin, fuhr mit ihrem Rad von Kairo über den Sudan bis nach Uganda, ihre Erlebnisse sind nachzulesen in den Büchern „Ah, Agala" und „Timbuktu". Es gibt auch Frauen, die mit dem Rad gleich auf Weltreise gehen und es gibt viele mehr, die mit ihrem Freund oder Mann aufbrechen (s.a. „Weltumradlungen"). Einen Partner oder eine Partnerin zu haben, ist für eine fernwehgeplagte Radlerin sicherlich noch am besten, Solo-Touren werden wohl die Ausnahme bleiben.

Voraussetzungen

Um als Frau eine Rad-Ferntour zu machen oder gleich auf Weltreise zu gehen, braucht es zwar einigen Mut, doch in erster Linie auch einen gesunden Menschenverstand und das nötige Hintergrundwissen, um in anderen Kulturkreisen mögliche Gefahren einschätzen zu können bzw. ihnen schon im Voraus aus dem Weg zu gehen.

Selbstsicherheit und Sprachkenntnisse sind äußerst wichtig. Du mußt in der Lage sein, kompromißlos aufzutreten, dich durchzusetzen. Also Anmachen entschieden zurückweisen, eine Einladung abschlagen, wenn sie auch nur den leisesten Verdacht der Ausnützung hat. Aufpassen muß frau bei all jenen Personen, von denen ihr abhängig seid – Zöllner, Behörden, in Unterkünften – denn die mögen evtl. schnell an einen Gefälligkeits-Deal denken, um eure Situation auszunützen.

Ein wütend gezischtes „Hau ab!" wird wohl auch weltweit ohne Deutsch-Kenntnisse verstanden werden, doch die wirksamste Verteidigung gegen zudringliche Bewerber sind immer noch verbale Abhau- oder „Verschwinde-Kommandos" in der Landessprache. Lern solche Sätze vorher oder laß sie dir aufschreiben.

Natürlich braucht es auch ein gutes Nervenkostüm – in fast allen Dritt-Welt-Ländern, besonders z.B. auf dem indischen Subkontinent oder in Afrika wirst du ständig, aber auch ständig angesprochen werden, sobald du die Bremse ziehst. Doch letztendlich können dir die Männer jedoch weniger aggressiv vorkommen. Das schwierige ist, daß die Männer wirklich nett und freundlich sein mögen, vielleicht in einer Art, wie du sie als Europäerin noch gar nicht kennst, und daß du jedesmal unterscheiden mußt zwischen echter Freundlichkeit und Freundlichkeit als Vorwand für andere Absichten.

„Ich hatte überhaupt keine Probleme. Im Gegenteil – als Frau alleine unterwegs – da wollten mich immer alle schützen. Ab und zu traf ich auf einen Exhibitionisten. Doch solche gibt es ja auch hier fast um jede Ecke" – so die Schweizer Weltumradlerin Heidi Triet.

Welche Länder empfehlenswert?

Europäisch-westlich geprägte Reiseländer, also z.B. Nordamerika, Australien, Japan, Neuseeland sind für alleinreisende Frauen – ob mit Fahrrad oder Rucksack – relativ problemlos zu bereisen. Dazu zählen auch buddhistisch-hinduistisch geprägte Länder, wie z.B. Thailand, Indien, Nepal, auch China. Doch schon bei einer Reise durch lateinamerikanische „Macho"-Länder muß frau ein paar zusätzliche „Spielregeln" beachten, sie muß das Bild kennen, das sich lateinamerikanische Männer im allgemeinen von einer Europäerin/Amerikanerin machen. Die Übernahme der jeweils in einem Land erwarteten Frauenrolle mag das Ausmaß von Belästigungen erheblich verringern.

Problematisch kann es in islamischen Ländern werden, wobei die Schwierigkeiten, denen Frauen in solchen Ländern ausgesetzt sind, abhängig sind vom Grad der Islamisierung bzw. ob fundamentalistische Kräfte den Staat regieren. In islamisch-fundamentalistischen Ländern – die Liste ändert sich bekanntlich alle Jahre – wäre eine Frau mit einem Rad, unverschleiert und ohne männlichen Begleiter, eine Provokation. Du würdest angesprochen, angefaßt, auch angegriffen werden, ohne daß dir vielleicht jemand helfen würde (Libyen läßt alleinreisende Frauen nicht ins Land). Selbständige Frauen lösen in solchen Ländern keine Bewunderung, sondern eher Verachtung aus. Dagegen sind in liberalen islamischen Ländern, wie z.B. in Malaysia und Indonesien, kaum Probleme zu erwarten, sofern du dich an die Regeln hältst (s. dazu den Beitrag von Barbara Friese). Es gibt auch entsprechendes Buchmaterial, für islamische Länder z.B. das Buch „KulturSchock Islam - zwischen Kuß und Cous-Cous" – Reise- und Verhaltenstips für Frauen (und deren Begleiter), von Christine Pollok, Reise Know-How.

Doch nicht nur in islamischen Ländern wirkt ein öffentlich daherradelndes weibliches Wesen ungewöhnlich oder gar anstößig. Berücksichtigt die Konventionen und Traditionen eures Reiselandes, wenn ihr Wert darauf legt, respektiert zu werden. Wenngleich z.B. knappe Shorts und T-Shirts und kein BH-Tragen in afrikanischen oder asiatischen und lateinamerikanischen Ländern durchaus der Hitze entsprechen mögen, den dortigen Regeln von Religion und Tradition entsprechen sie nicht. Die Bevölkerung, besonders auf dem Land, empfindet freizügiges Auftreten westlicher Touristen als Verstoß gegen Tradition und Anstand, eine gute Basis für Kontakt und Wohlwollen ist damit nicht gegeben. Und in vielen Ländern ist das Baden „oben ohne" nach wie vor eine grobe, vorsätzliche Verletzung der Sitten (von FKK natürlich ganz zu schweigen).

„Vor allen Dingen sollten sich Frauen nicht provozierend anziehen. Frauen sollten weite Kleidung tragen und sich all den Sitten sofort anpassen. Weiter sollten Reisende nicht zickig und kompliziert herumfuchteln, wenn ihnen etwas nicht paßt. Alles sollte gegessen werden, was vor die Nase gestellt wird, ob es nun eine Schwarzwäldertorte ist oder ein Fruchtsaft voller Ameisen (ist mir mal in Panama passiert). Wenn eine Frau dazu nicht bereit ist, wünsche ich ihr einen schönen Urlaub im Club Med!" – so nochmals Heidi Triet.

Hier Erfahrungen und Ratschläge von *Barbara Friese,* die mit einer Freundin (und auch alleine) vom Himalaya bis nach Neuseeland radelte:

■ *„Besser schlecht gefahren als gut gestrampelt ..."* *(Indien)* *Foto Barbara Friese*

6. Als Frau mit dem Rad in islamisch/hinduistischen Ländern

oder: Rad(t)schläge für die „andere Hälfte des Himmels"
(Mao Tse-Tung bezeichnete so die Frauen), von *Barbara Friese*

Weibliche Erfahrungen
„Hallo Mister", und damit war ich gemeint. Erstaunt über diese (vordergründige) Geschlechtsumwandlung löste ich durch Nachdenken das Geheimnis dieser Verwechslung: Der Ort, meine Tätigkeit und das Geschlecht paßten nicht zusammen für meine Umwelt – eine Straße, ein Rad, ein Mann hieß die Indizienkette. Es schien exotisch genug, wenn der Ort und die Fortbewegungsart nicht harmonisierten, wie zum Beispiel Radfahren in der Wüste, aber das Ende des Verständnisses und der Vorstellungskraft der Menschen außerhalb der westlichen Welt schien erreicht, wenn der letzte Punkt dieser Dreisamkeit nicht paßte. So wurde ich eben zum Mann erklärt. Fügt sich dann noch „allein reisend" als Katalysator hinzu, konnte ich die gleiche Reaktion im heimatlichen Europa erleben.

Diese Fehlinterpretation meiner Betrachter im Orient und Fernost berührte mich nicht sehr stark. Allerdings änderte ich meine Einstellung sehr schnell, als in Pakistan, dem ersten islamischen Land meiner Radreise, die wenigen Frauen, die ich sah, vor mir wegliefen. Ablehnung von Männern war ich gewohnt, aber nicht durch meine eigenen Geschlechtsgenossinnen … Ich beschloß, den letzten verbliebenen Rest meines westlichen Unisex-Sportler-Outfits zu entfernen, damit ich eindeutig als Frau identifiziert werden konnte. Ich ließ mir die Haare wachsen und ergänzte mein Äußeres durch weibliche Accessoires wie Schmuck, Tücher und Kosmetik oder eindeutige Frauenkleidung des jeweiligen Landes. Ich wollte eine Frau bleiben, trotz des Rades, trotz der Straße.

Konfliktfreies Reisen als Frau mit dem Rad nicht möglich
Verlassen wir den eigenen Kulturkreis, müssen wir uns von anvertrauten Mustern lösen, die unser Verhalten und das der Anderen berechenbar werden lassen. Konfliktfreies Reisen als Frau auf dem Rad ist schlichtweg nicht möglich. Allein schon eine Reise in konservative südlich-europäische Mittelmeerstaaten und Anrainerländer muten uns wie eine Reise in die Vergangenheit an. So sehr uns auch dies Fremdartigkeit anzieht, so sehr werden wir Frauen manchmal gefangen in der Zwickmühle unserer eigenen emanzipatorischen Gefühlswelt. Wissen und Verständnis über die Menschen in ihren jeweiligen Lebens- und Kulturkreisen ermöglicht es uns, sensibler zu werden für das Spannungsfeld, in das wir uns Frauen begeben, schon allein durch unser Auftreten und erst recht durch unser Handeln. Es geht darum, kein Opfer unberechenbarer Auswirkungen zu werden. Das erworbene Selbstverständnis soll uns helfen, spannungsreiche Situationen zu erkennen, zu vermeiden oder zu entschärfen. Dies ist ein bißchen mehr als die Beachtung einer äußerlichen Kleiderordnung.

Frauen- und Mänerwelten
Meine Ausführungen beziehen sich insbesondere auf Reisen in Länder mit überwiegender moslemischer oder hinduistischer Religionszugehörigkeit und einer ausgeprägten, männerbeherrschten Gesellschaft, also Länder wie die Türkei, Pakistan, Indien, Indonesien u.a.

Frühere Erfahrungen aus Reisen in Mittelmeerländer wie Marokko und

Ägypten, aber auch Begegnungen mit den christlichen Machos Latein-amerikas, hatten mir klar gemacht, daß das Reisen als Frau besonderer Überlegungen und Auseinandersetzungen bedarf.

Die Erfahrungen und Situationen variieren sicherlich in den verschiedenen Kulturkreisen, und meine Beispiele sollen nur praktische Verhaltensweisen skizzieren, sie sollen keine moralische Bewertung sein. An dieser Stelle möchte ich Erlebnisse aus der islamischen Welt exemplarisch aufgreifen, weil sie mich besonders intensiv betroffen gemacht und verunsichert haben.

In der islamischen Welt gehört die Straße dem Mann. Weiblichkeit ist aus dem öffentlichen Leben verbannt. Alles, was mit Sex und Körper (= Frau) zu tun hat, unterliegt einem Tabu. Ohne geschützte weibliche Lebenswelt fährst du mit deinem Rad gleich mitten hinein in diese männli-che Hemisphäre. Du wirst nicht sanktioniert werden wie eine einheimische Frau, da man sich doch gleichzeitig von dir freien Zugang zu sexuellen Erlebnissen verspricht, so wie es in vielen westlichen Filmen und in westlicher Werbung gezeigt wird. Allein durch deine Existenz im männlichen Lebensbereich verführst du zu solchen Gedanken. Es scheint für die Männer keine andere Erklärung möglich (zur Erinnerung: Ich möchte Interpretationsmöglichkeiten deines Verhaltens aufzeigen).

Als (allein)reisende Europäerin fällst du aus der Rolle, gleichzeitig nimmst du aber einen Sonderstatus ein, den du für dich nutzen kannst. Auf der einen Seite widersetzt du dich den herrschenden traditionellen Lebensgrundsätzen und verhältst dich männlich-gleichberechtigt, auf der anderen Seite wirst du als greifbares erotisches Objekt begriffen, aus der idealisierten, freizügig-westlichen Welt kommend. Allein durch deine Existenz rufst du Irritationen, Verunsicherung, Abwehr und Aggression hervor. In diesem Freiraum aus deinem Wissen heraus gelassener zu reagieren, das ist deine Chance.

Schwieriger Lernprozeß Mit ärmellosem T-Shirt und unbedeckten Knien, ohne BH, erteilst du unausgesprochen dein Einverständnis, wie ein Flittchen behandelt zu werden – ein willkommenes Ventil für aufgestaute Gefühle. Du kannst dich aber leicht durch angemessene Kleidung und den „Schleier der westlichen Welt", eine verspiegelte Sonnenbrille, schützen. Schaust du einem Mann direkt in die Augen, forderst du ihn zur Kontaktaufnahme heraus, worauf er unweigerlich reagieren wird. Als Anlaß aller Erregung wirst du zur Schuldigen erklärt, und nicht der Mann, der sich doch das nahm, was sich ihm anbot. Der fast grenzenlosen Freizügigkeit der Männer steht eine klar umschriebene Sittenstrenge der Mädchen gegenüber. Mit dieser **Doppelmoral** fertig zu werden, fiel mir sehr schwer. Als emanzipatorisches Wesen hatte ich mich zu Haus bemüht, aktiv zu sein, mich ernst zu nehmen und mir nichts gefallen zu lassen. Und nun sollte ich den Rückzug als Sieg bewerten? Es war ein schwerer Lernprozeß und es dauerte sehr lange, bis ich begriff, daß ich durch meine Überlegungen und Kenntnisse aktiv eine Situation beeinflussen konnte, selbst gefährliche Fallen vermeiden lernte. So konnte ich mich selbst schützen und fühlte mich nicht hilflos ausgeliefert.

Als Frau sind einige Regeln im mitmenschlichen Umgang zwecks Aggressionsvermeidung zu beachten: Vermeide eine offene Austragung von Konflikten, die die männliche Ehre des anderen in Frage stellen.

Im männlichen Stolz verletzt zu werden bedeutet, in aller Öffentlichkeit sein Gesicht zu verlieren, und dies fordert besonders den Orientalen oder Asiaten zur Reaktion heraus. In Lahore mußte ich miterleben, wie eine Touristin eine körperliche Berührung durch einen Mann, der ihr offensichtlich hinterherlief, abwehrte, in dem sie ihn ohrfeigte. Die Passanten griffen nicht ein, als er mehrmals heftig zurückschlug. Es war dem Pakistani moralisch erlaubt, die Frau für ihren Übergriff durch Schläge zurechtzuweisen, um sein Gesicht und seine Ehre zu retten.

Besser ist es, sich an die landesüblichen Verhaltensweisen zu erinnern, und den Übergriff verbal abzuwehren. Jede Sprache hat ihre Ausdrücke, die, laut gerufen, Neugier und Interesse in der Öffentlichkeit erwecken. In der islamischen Welt sind Worte wie *„aib"* (Schande) oder *„haraam"* (moralisch schlecht) solche Losungsworte. Meist läßt der anonyme Schänder ab und die neugierig gewordene Öffentlichkeit wird zu deinem Schutz.

Vorsichtig sein

Angriffe auf dein Frausein werden häufig stattfinden, verspricht der Mann sich doch von dir die Erfüllung seiner unerfüllten Wünsche. Häufig versuchen Männer, dich in ein Gespräch (über Sex) zu verwickeln. Laß dich nicht darauf ein! Das Zulassen eines anrüchigen Gesprächsthemas oder allein das Zusammensein an einem abgelegenen Ort kann zum Ausnützen provozieren! Kannst du eine Situation nicht einschätzen, vermeide sie lieber, bis du sicherer geworden bist. Mit zunehmender Erfahrung wirst du auf deine Intuition zurückgreifen können.

Wähle öffentliche Plätze, um dich mit Unbekannten zu treffen. Informiere andere (Mitreisende, Hotelbesitzer) über dein Treffen und laß es einen Gastgeber wissen, daß du andere über euer Treffen informiert hast. Wähle deinen Nacht-Aufenthaltsort sorgfältig, egal ob du im Zelt oder im Hotel übernachtest. Campiere lieber „öffentlich" (z.B. auf einem Marktplatz), als unüberlegt im Haus eines zu „freundlichen" Gastgebers.

Meine Reisebegleiterin Brigitte und ich wurden mit der Zeit sehr sorgfältig in der Wahl unseres Schlaf- oder Campplatzes, da wir aus unserer Unerfahrenheit lernten:

Todmüde suchen wir in den engen Tälern des nordindischen Himalaya (Kaschmir) einen Platz zum Schlafen. Wir erreichen zwei abschreckende Lkw-Stopps, es ist keine einzige Frau dort, auch nicht als Bedienung. Auch keine Polizeistation, keine Schule, nur ein staatliches Resthouse (man kann in diesen Unterkünften nur ein Zimmer bekommen, wenn es nicht gerade von Staatsbediensteten belegt ist). Und dieses Resthouse liegt 4 bis 5 km tiefer der Straße, wir müßten morgen die ganze Strecke wieder hochfahren. Wir entscheiden uns für die Weiterfahrt, nehmen das Risiko in Kauf. Die Straße wird eng, links durch eine Bergwand begrenzt, rechts gähnt ein Abgrund. Ein kleiner Abzweig zu einem Brückenpfeiler erscheint uns als die gesuchte Möglichkeit, endlich von der Straße runterzukommen, denn es wird immer dunkler und die Straße immer schlechter. Müde sitzen wir auf unserem Gepäck und trinken einen Tee. Wir lagern so, daß uns die Scheinwerfer der Lkw von der Straße nicht erfassen können. Doch wir übersehen in der Dunkelheit den weiterführenden Pfad zu Häusern in einem Tal. Der Mann, der uns auf seinem Heimweg entdeckt, kann es nicht fassen, daß zwei Frauen sich allein in dieser Gegend verstecken. Es verführt ihn, geradezu auszuprobieren, erst vorsichtig, dann hartnäckig und zuletzt gewalttätig, wie weit er gehen kann. Eine Verstauchung, Biß- und Kratzwunden, zerrissene Kleider, eine zerbrochene Brille und verlorene Ausrüstung sind das Ergebnis dieser schlimmen Auseinandersetzung. Immer wieder hat er es geschafft, eine von uns an ihrem Rad festzuhalten, bis er endlich abließ, als wir schließlich doch vom Scheinwerferlicht eines Lkw erfaßt wurden ...

Wähle also Schlafplätze und Treffpunkte wenn immer möglich zu Zeiten, die frauensicher sind. Nachts allein als Frau auf der Straße sein zu müssen ist durch Planung oder Begleitung vermeidbar. Versuche, in der Beurteilung der Lage von deinem Blickwinkel abzurücken und die Sicht deines Gastlandes miteinzubeziehen. Du mußt dir vorstellen, daß dein Auftreten öffentlich ist und nicht unbeachtet bleibt. Selbst wenn du unsichtbar würdest, dein Rad fällt auf!

Kühler Kopf gegen überhitztes Gemüt

Sobald du stoppst, wirst du, umringt von Kindern und Männern und Frauen, immer wieder hautnah Kontakt bekommen. Jeder will dein Heimatland wissen und den Preis deines Rades. Da durch dein Äußeres klar ist, daß du eine Frau bist, ersparst du dir die Zeit des Rätselratens und der Versuche, durch körperliches Betasten das Rätsel zu lösen. Wenn Männer andere Männer anfassen, ist das kein Problem, sie gehen oft händehaltend durch die Straßen, aber wenn Männer dich als Frau anfassen, ist das ein unerlaubter Übergriff, vor dem du dich durch Klarheit schützen kannst.

Allgemein ist es wichtig, „den Anfängen zu wehren", d.h., entweder deutlich ja oder nein zu signalisieren. Wenn du durch Passivität erlaubst, dein Rad zu be„greifen", ist es später schwer verständlich, die Gangschaltung oder die Packtaschen von den Untersuchungen auszuschließen. Außerdem ist die Grenze von deinem Rad zu deinem Körper fließend. Rempeleien durch die Masse um dich herum sind unvermeidlich, nicht jedoch persönliche Übergriffe. Du kannst hier schnell versuchen, jemand zu finden, der englisch spricht und sich geehrt fühlt, dir Schutz und Hilfe anbieten zu können.

Wenn du in aller Öffentlichkeit die Nerven verlierst, verlierst du auch dein Gesicht. Dies bietet eine gute Basis für eine Aggressionsspirale oder Belustigung auf deine Kosten. Denke daran, Daß du so schnell mit dem Rad nicht weg kannst ...

Es geht stetig bergauf. Wir folgen dem Lauf des Indus durch enge Täler im indischen Himalaya. Kinder und Jugendliche stürzen sich auf uns, sobald sie uns herannahen sehen. In unserem Schneckentempo sind wir leichte Beute für Übermut und Neugier. Teilweise bewerfen uns einzelne Kinder von einem Überhang mit Steinen, oder andere, dicht hinter uns, versuchen, ein Stück Gepäck zu erhaschen. Laut lärmend laufen sie hinter, neben, vor uns her. Als ich merke, daß meine Nerven aufs Äußerste angespannt sind, stoppe ich. Diesmal werde ich nicht wütend herumschreien oder wie irr in die Pedale treten zur Belustigung all derer, die zu Fuß genauso schnell sind wie ich. Nicht noch einmal möchte ich, umringt von Kindern und von Erwachsenen, ausgelacht werden, weil ich wütend bin und schreiend klarzumachen versuche, daß ich in Ruhe gelassen werden möchte. Die Atmosphäre könnte dann leicht in Feindseligkeit kippen, und es würde dann noch schwieriger, zu entkommen.

Diesmal halten wir lieber an und setzen uns auf einen Kilometerstein.

Ich frage die Kinder, wie sie heißen, wo sie wohnen, erkläre mein Rad. Ich will erstmal Ruhe finden, Spannung abbauen, dann kann es weiter gehen. Ruhige und bestimmte Gesten erleichtern den Aufbruch, und unser Abschied wird akzeptiert. Nimm dir lieber die Zeit, die du benötigst, um dich durch Ruhe und Bestimmtheit zu schützen.

Das Standardinterview und die Notlüge

„Woher kommst du? Wie heißt du? Bis du verheiratet? Hast du Kinder? Wo ist dein Mann?"

Beantwortest du die Fragen wahrheitsgemäß, dürftest du viele Erklärungen abgeben müssen, und kannst trotzdem Unverständnis nicht ausräumen. Wenn es nötig war, habe ich mir zu meinem eigenen Schutz eine ergänzende Identität zugelegt: Ich war verheiratet, unterstand also dem Schutz eines Mannes, hatte 2 (wenn auch nur weibliche) Kinder, erfüllte also die Wesensbestimmung der Frau und ehrte meinen Mann. Natürlich hatte ich Fotos dabei. Meine Emanzipation wurde alleine dadurch schon deutlich, daß mein Mann und meine Familie mir die Erlaubnis zu reisen gegeben hatten. Selbstverständlich wünschten sie auch, daß ich wieder gesund nach Hause käme. Sie hatten mich nicht verstoßen. Das war an sich verständlich genug, gab mir aber genügend Hintergrund, um keinen Zweifel an meiner Würde aufkommen zu lassen. Es half mir, meine Kräfte richtig einzusetzen und reduzierte kritische Fragen auf ein überschaubares Maß. Es gab genügend weiteren Anlaß zum Gespräch.

Gastfreundschaft und gewünschte Kontakte

Der Kontakt zu den eigenen Geschlechtsgenossinnen führt oft über den Umweg ihrer Brüder, Väter oder Männer. Es ist weniger der Fall, daß dich Frauen zuerst ansprechen. Sie brauchen oft deine Ermutigung durch Blicke oder Gesten. Sehr selten werden männliche Touristen Zugang zum privaten Heim und zum weiblichen Lebensbereich erhalten. Endlich einmal hast du einen Vorteil und erhältst Zugang zu der sonst abgeschirmten Frauenwelt.

Da viele Frauen Analphabetinnen sind oder selten eine Fremdsprache beherrschen, kann ein ihnen vertrauter männlicher Übersetzer nützlich sein, um sich verständigen zu können. Ansonsten sind alle Mittel der Körper- und Zeichensprache einzusetzen, was lustig und mühsam ist. Hilfreich sind hier Fotos von dir und deiner Familie, die zeigen, was du arbeitest, wo und wie du wohnst, was es zu essen gibt, wie deine Stadt aussieht usw. Fotos machen Erklärungen einfacher als Worte, und sie können auch zeigen, daß bei dir zuhause auch die Frauen radfahren.

Wenn die Frauen allein mit dir sind, brauchst du keine Verhaltensregeln. Es gibt viel Anlaß zu giggeln und zu erklären. Endlich darfst du dein Schutzschild fallen lassen und ihre Gemeinschaft genießen. Deinen Körper anzufassen und zu betrachten ist jetzt erlaubt, und es gibt viel zu fragen und zu gucken, auf beiden Seiten.

Die einzige Informationsquelle dieser Frauen war oft bisher für sie nur das Radio oder der Fernseher. Du kannst dir also vorstellen, welche Welten es zu überbrücken gilt. An dieser Stelle möchte ich einfügen, daß es sein kann, daß deine sicheren Vorstellungen von Emanzipation schnell in Frage gestellt werden können. Die Sorge um das Existenzminimum, die Armut und die Gewalt, die diese Frauen erfahren, sind konkrete Lebensbedingungen, die sie innerhalb festgelegter traditioneller Verhaltensweisen versuchen zu bewältigen. Jede aktive Verbesserung der Alltagssituation kann ein Ausbrechen aus der traditionellen Frauenrolle mit sich ziehen. Unsere westlichen Vorstellungen von individueller Selbstverwirklichung im Beruf, von Selbstfindung und Entwicklung persönlicher Bedürfnisse erscheinen mir hier als Gradmesser emanzipatorischer Bemühungen fehl am Platz.

Verhaltens-
regeln
Achtung und Respekt gegenüber den Menschen, die dir begegnen, praktisch auch zu beweisen werden deutlich in deiner Bereitschaft, dein eigenes Verhalten an ihre Regeln anzupassen. Diese Bemühungen werden immer zur Kenntnis genommen und mit einer überwältigenden Gastfreundschaft beantwortet.

Einheimische Begrüßungsworte, auch wenn man sie nur radebrechend herausbringt, finden ihre Anerkennung. Lädt man dich zu einem gemeinsamen Essen ein oder zum Gebet, ist es in der buddhistisch-hinduistischen Glaubenswelt unhöflich, dem Gastgeber oder Anzubetenden im Sitzen seine Fußsohlen zu zeigen. Genausowenig schickt es sich, mit der linken Hand, die für die Säuberung auf der Toilette benötigt wird, jemanden zu begrüßen, zu winken oder damit zu essen.

Zärtlichkeit ist eine Ausdrucksform zwischen Mutter und Kind, und Berührungen zwischen den beiden Geschlechtern ist eine öffentliche Provokation. Sogar Warteschlangen vor Fahrkartenschaltern werden beispielsweise in Indien und Bangladesh getrennt, um unnötige Berührungen zu vermeiden.

Du kannst nicht damit rechnen, daß in der jeweiligen Situation dein Faux-pas angesprochen oder erklärt wird, weil es bedeuten würde, dich zu entehren. Entweder bemüht man sich darüber hinwegzusehen oder reagiert mit mangelndem Respekt. Im Hunza-Valley in Pakistan wollte mir eine Frau unbedingt ihr Kopftuch schenken, was ich nicht verstand, da ich doch schon meinen Kopf bedeckt hatte. Sie befestigte es über meiner nach außen gewendeten Radlerhose, die ich zum Trocknen während der Fahrt auf dem hinteren Gepäckträger befestigt hatte. Es war ihr unangenehm, daß ich öffentlich meine Unterhose zur Schau stellte. Ich verstand und ließ die Hose da wo sie war, bedeckte sie aber mit ihrem Tuch.

Wenig Verständnis kannst du für westliches Freizeitverhalten wie Sonnenbaden erwarten, nicht nur aus moralischen, sondern auch aus gesundheitlichen Gründen, wo doch jeder Einheimische den Schutz vor der intensiven Sonne sucht. Sich in Seen, Bächen und im Meer abzukühlen ist nur bekleidet und mit bedeckten Körperteilen möglich.

Der beste Leitfaden wird sein, sich an den Frauen deiner unmittelbaren Umgebung zu orientieren oder in unverfänglichen Situationen nachzufragen.

Sollten dich Ungeduld und Gereiztheit überkommen, weiche auf Touristenorte aus, die die Errungenschaften der westlichen Welt bereithalten, mit Privatstränden, Alkohol, Sauberkeit und Klimaanlage. Hier wirst du auch meist die Oberschicht des jeweiligen Landes treffen. Ich meine das nicht zynisch, sondern ernsthaft. So ein Aufenthalt kann gut für die Wiederherstellung der seelischen Balance sein. Du wirst sicher solche Orte bald wieder verlassen, denn du willst ja Land und Leute kennenlernen.

Mit dem Rad zu reisen ermöglicht, fernab von touristischen Routen zu sein und in hautnahen Kontakt mit der Bevölkerung zu kommen, als Frau auch die „andere Hälfte des Himmels" kennenzulernen …

D. GEFAHREN

1. Verkehrsgefahren in anderen Weltteilen

In den Entwicklungsländern und Dritt-Welt-Staaten wird meist halsbrecherisch gerast, auf Radfahrer wird wenig oder absolut keine Rücksicht genommen, besonders nicht von Bus- und Lkw-Fahrern. Da kann oftmals nur noch ein rascher Sprung in den Straßengraben Rad und Leben und retten. Niemals auf seine „Vorfahrt" oder auf sein „Recht" als „gleichberechtigter" Verkehrsteilnehmer beharren, **es gilt das Prinzip des Stärkeren,** d.h., der Respekt vor dem anderen Verkehrsteilnehmer (besser: Verkehrsgegner) hängt von seiner räumlichen Größe ab. Und da ein Radfahrer nun mal zu den kleinen und leicht verwundbaren gehört, hilft nichts als nachgeben und ausweichen. Zieht, wenn immer möglich, weniger stark befahrene Nebenstraßen vor, auch wenn der Straßenbelag wesentlich schlechter sein sollte. Aktuelle Straßenverhältnisse wissen am besten die Busfahrer in den Busterminals.

In Afrika, Asien und Lateinamerika wird nicht nach Regeln wie bei uns, sondern situationsangepaßt gefahren! Zwischen den Beteiligten existiert eine unsichtbare Kommunikation, die für einen Neuling nicht durchschaubar ist. Überholt wird rechts wie links, Verkehrszeichen werden selten beachtet, Ampeln sind keine Vorschriften, sondern eher Empfehlungen, statt dem Blinker wird oft noch mit der herausgehängten Hand das Abbiegen angezeigt. Omnibusse halten auf freier Strecke immer dann, wenn jemand aus- oder zusteigen möchte. Steine oder Zweige auf der Straßen sollen vor liegengebliebenen Fahrzeugen oder in Bergstrecken vor Straßenabbrüchen oder großen Löchern warnen. Bremslichter an Autos funktionieren oft nicht.

Das alles bereitet einem ahnungslosen Neu-Radler aus Vorschrifts-Deutschland schon arge Probleme … Wenn es gar zu schlimm kommt und es möglich ist: Steigt auf Busse, Sammeltaxis oder die Bahn um, Radfahren soll ja auch noch Spaß machen.

Und noch ein wichtiger Hinweis: an Wochenenden sind viele Autofahrer (nicht nur!) in Dritt-Welt-Ländern an- oder vollbetrunken, dann kann Radfahren lebensgefährlich werden! Doch auch die Unmotorisierten lassen sich vollaufen, die allgemeine Stimmung ist dann aggressiv!

Weitere Gefahrenpunkte

In tropischen Ländern gibt es in den Städten wegen der starken Regenfälle oft mächtig große Gully- bzw. Dolenlöcher. Das wäre nicht weiter erwähnenswert, wenn meist nicht die Deckel fehlen würden … Vorsicht auch vor den übergroßen Gehsteig-Rinnen, der fließende Verkehr kann dich da hinein abdrängen, Sturzgefahr! Achtung bei alten wackligen Holzbrücken: Die Planken sind meist in Längsrichtung verlegt, gleichfalls Sturzgefahr! Besonders aufpassen muß man vor dem starken Luftsog überholender Lkw und Busse und deren zu frühem Wiedereinscheren!

Tückisch ist Sand auf Asphaltstraßen, aber auch Öllachen oder Kuhdung können zur Schleuderfalle werden! Die Straßenoberfläche immer im Auge behalten.

Vermeiden, zu den Verkehrsstoßzeiten in eine brodelnde Millionenstadt einzuradeln. Am besten sehr früh morgens, Samstagnachmittage sind meist ruhiger, auch Sonn- und Feiertage.

Verführerisch, besonders bei Bergauffahrten, ist das (lebensgefährliche) Schleppenlassen von langsamfahrenden Lkw, Traktorenanhängern etc. Es erfordert eine Menge Kraft und Balancegefühl, mit einer Hand zu lenken und mit der anderen sich ziehen zu lassen. Wenn das Fahrzeug in einen höheren/niederen Gang schaltet, zu nahe an den Straßenrand gerät oder plötzlich Schlaglöcher auftauchen, kann man leicht stürzen…

Notfall: Bei Pannen, bei Verletzungen, einem Unglück: Vorderrad ausbauen und hochhalten, bis ein Fahrzeug hält.

Vorsicht auf verkehrsreichen Straßen, wenn du direkt in die Sonne fährst – also frühmorgens nach Osten oder abends in westlicher Richtung – dann werden die Autofahrer gleichfalls stark geblendet und könnten dich übersehen!

Bei Dämmerung und bei Nachtfahrten sind Leucht- und Reflexstreifen an Gepäck oder Körper sinnvoll, du wirst eher gesehen. Oder montiert – wie bereits an früherer Stelle empfohlen – ein leichtes Dioden-Rücklicht am Fahrrad, die halten mit einem Satz Batterien (möglichst eines mit überall erhältlichen Mignon-AA-Zellen wählen!) sehr lange. Man kann auch eine dünne Stange (Zeltstange) mit einem Wimpel obenan am Gepäckträger befestigen.

Gefahren drohen in engen, langen und unbeleuchteten Tunnels in Bergregionen. Seht zu, daß man euch auch von hinten sehen kann (Reflektoren, Diodenrücklicht), notfalls ein Fahrzeug anhalten, das Rad aufladen und mit diesem durchfahren. In sehr verkehrsreichen und langen Tunnels droht Abgas-Vergiftungsgefahr!

Ein Rückspiegel kann nicht nur in dichtem Straßenverkehr lebenswichtig sein, sondern auch dann, wenn man wegen Windgeräuschen oder die ohrenbedeckender Kopfbedeckung von hinten herannahende Autos nicht mehr hört. Wenn man zu zweit fährt, kann man so auch eher Blickkontakt halten.

Auch in westlichen Ländern, wie z.B. in den USA, wo es in den Städten und auf den Straßen zwar viele Autos, doch kaum Radfahrer gibt, reagieren Autofahrer auf plötzlich auftauchende Radfahrer meist falsch oder gar nicht, d.h., sie halten nicht den nötigen Abstand ein oder sie neigen dazu, dich einfach zu übersehen.

Auf der Straße hart rechts oder mehr zur Mitte hin fahren? Dies ist nur in Ländern mit „zivilisiertem" Verkehr manchmal überlegenswert. Fährt man mehr zur Mitte zu, sind von hinten kommende Autos gezwungen, beim Überholen auszuscheren. Doch dies nur auf geraden, übersichtlichen Strecken machen, nicht auf kurvigen Straßenverläufen oder in Kurven, da ist Mitten-Fahren höchst gefährlich, man sieht dich nach einer Kurve zu spät! In Dritt-Welt Ländern mit Chaos-Verkehr immer ganz rechts bzw. links fahren, alles andere wäre Selbstmord!

2. Links-verkehr

Gibt es überwiegend da, wo einmal die Engländer Kolonien hatten (Ost- und Südafrika, Australien, Neuseeland etc., auch Südostasien, Japan u.a.). Hier Tips zum Umgewöhnen und Gefahrenpunkte:

Am meisten Probleme hat man, den Kopf immer auf die richtige Seite zu wenden! Zum hinteren Verkehr müßt ihr jetzt nach *rechts* über die Schulter blicken, bei Straßenüberquerungen zuerst nach *rechts* und dann in der Straßenmitte nach *links*. Man muß sich das nur eine Weile vorsagen, dann geht's (Fehlreaktionen gibt es auch beim Gehen auf Gehsteigen, Rolltreppen etc. wo man bei Gegenverkehr wie gewohnt immer nach rechts ausweicht – was der Entgegenkommende jedoch auch macht). Rückspiegel am Rad auf die rechte Seite schrauben.

Besonders aufpassen muß man an Kreuzungen, wenn man nach rechts abbiegen will. Richtig einordnen und die Spur halten! Vorsicht beim Start oder nach Pausen, denn gedankenverloren biegt man wieder auf die rechte Straßenseite ein! Doch auch bei Linksverkehr hat bei unbeschilderten Kreuzungen und Einmündungen der von *rechts* kommende Vorfahrt!

3. Gefahr durch Hunde, Gefahr durch Schlangen

Radfahrer sind immer wieder das Ziel von **Hundeangriffen.** Ein Radfahrer weckt den Jagdinstinkt von Hunden, sie stürzen euch nach, versuchen zu beißen. Es gibt mehrere Reaktionsmöglichkeiten: Schnell davonfahren (sofern möglich), oder stoppen (gegenüber der Angriffsseite absteigen), sie anbrüllen, und dabei ganz langsam weiterschieben bzw. fahren, den Hund dabei nicht aus den Augen lassen, weiter beruhigend auf ihn einreden. Wer Hunde vom Rad aus abwehren will, muß einen schnell greifbaren Stock dabei haben – sehr gut ist eine Reitpeitsche, weniger eine Zeltstange oder die Luftpumpe. Oft helfen auch ein paar gezielte Spritzer aus der (Plastik-)Wasserflasche (eine gute Wasserpistole dabeizuhaben wäre wohl auch nicht schlecht). Wenn nötig, den Fuß auf der Angriffsseite hochziehen, doch Vorsicht, Sturzgefahr! Beißangriffe lassen sich auch noch mit einem Reizgasspray (CS-Gas oder Pfefferspray, das man evtl. sowieso zur Eigenverteidigung mitführt) abwehren (dabei aber die Windrichtung bedenken; während dem pedalen sind die Sprays nutzlos, und in tropisch-heißen Gegenden wegen der Erhitzung auch nicht ganz gefahrlos).

Bei Hundeattacken muß man wissen, daß Hunde in westlichen Ländern weitaus gefährlicher sind, weil dort Hunde fast immer zur Bewachung von Häusern, Grundstücken und Besitz gehalten werden. Anders sieht es in armen oder in Entwicklungsländern aus: Hier hat man es fast immer mit herrenlosen, halb verwilderten und auch halbverhungerten Kläffern und Horden zu tun, die auf staubigen Straßen oder auf Müllkippen herumstreunen, ein bedauernswertes Pack, das oft die halbe Nacht heult und jault und euch nicht schlafen läßt. Die sind weniger wild und scharf, da genügt oft schon ein angedeuteter Fußtritt oder ein Bücken, und die Meute stiebt auseinander, weil sie weiß, daß nach bückenden Menschen Steine folgen, die schmerzhaft treffen können (evtl. immer einige passende Steine in der Lenkertasche haben). Bei den Hunden draußen auf dem Land, die ihren Zuständigkeitsbereich bei Hirten und Nomaden, bei Viehherden oder um einzelstehende Hütten haben, muß man jedoch aufpassen, dies sind Schutzhunde, und sie sind meist scharf.

Hunde können tollwutinfiziert sein, deshalb allergrößte Vorsicht, keinen ran lassen! Und weil diese Hunde fast immer auch voller Parasiten und Krankheitserregern sind, keinen streicheln oder euch lecken lassen.

Gefahr durch Schlangen

Da Fernradler oft in freier Natur campieren, besteht in tropischen bzw. in Ländern mit Schlangen durchaus auch die Möglichkeit, Begegnungen mit Schlangen zu haben. Nicht jede ist jedoch giftig, und meist sind sie auch alle nachtaktiv, d.h., tagsüber wird man sie nur selten zu Gesicht bekommen. Schlangen haben kein Gehör, fast alle flüchten, wenn sie jemanden herannahen spüren. Deshalb in Schlangengegenden, im Grasland oder Busch, immer fest auftreten, nicht schnell gehen oder rennen.

Vorsicht vor den meist giftigen Baumschlangen! Wer nachts aus dem Zelt muß, immer Taschenlampe und einen Stock bereithalten. Vor der Rast im Schatten eines Baumes den Boden zuerst auf unliebsame, gleichfalls schattensuchende Mitraster absuchen. **Das Zelt immer verschlossen halten,** Kleidungsstücke nicht im Freien liegen lassen, Schuhe vor dem Anziehen ausschütteln, nicht barfuß laufen, Zelt und Unterlegplane beim Abbau vorsichtig anheben. Schlangen halten sich in tropischen Ländern oft in der Nähe von Asphaltstraßen auf, sie lieben die gespeicherte Straßenwärme, viele werden dabei überfahren (Vorsicht, manche leben noch!).

Hinweise zu sonstigen gefährlichen Tieren – Löwen in Afrika, Bären in Canada und Alaska, giftige Spinnen in Australien usw. stehen bei den diesbezüglichen Ländern.

4. Diebstahl- und Überfallgefahren

Reisende, auch Rad-Globetrotter, sind heutzutage weltweit potentielle Diebstahlsopfer, uns berichteten schon etliche Radfernfahrer Diebstähle, Raub und Überfall! Ist schon ein normales Fahrrad in vielen armen Ländern ein unerschwinglicher Luxusartikel, so kann ein tolles MTB und deine Ausrüstung überaus starke Bedürfnisse wecken. Je krasser die sozialen Mißstände in einem Land, desto mehr muß man damit rechnen, ein Opfer zu werden. Doch auch in westlichen Ländern ist man dagegen nicht gefeit, da hat der Radklau in den Städten, wie man weiß, teils schlimme Ausmaße angenommen. Unterwegs muß man besonders in bekannten internationalen Tourismus-Orten aufpassen, dort hat sich meist eine örtliche, auf Touristen spezialisierte Diebesszene gebildet! Fast durchweg ist man in Städten gefährdeter als auf dem Land bzw. im touristischen „Niemandsland". Wenn ihr durch ein Land reist, erkundigt euch, sprecht mit anderen Travellern über Diebstahlsgefahren und evtl. Vorkommnisse.

Wer sich abseits ausgetretener Touristenpfade auf unüblichen Strecken und Routen bewegt – und das ist der größte Vorteil eines Radfahrers –, der braucht nur wenig Befürchtungen zu haben. Doch eine Garantie gibt es nirgendwo mehr, man muß leider immer und überall mit Diebstählen und zunehmend auch mit Überfällen rechnen.

Vorsichtsregeln

Wenn ihr euer Rad alleinlassen müßt, immer anketten und wenn möglich jemanden bitten es zu beaufsichtigen. In Orten, wo eventuelle Gefahren bestehen, ein besseres, d.h., ein sichereres Hotelzimmer nehmen. Es zuvor überprüfen, ob es einbruchsicher ist. Papiere, Geld und Ausweise im Safe des Hotels deponieren. Generell Vorsicht, wenn ihr in Touristenzentren angesprochen oder in ein Gespräch verwickelt werdet. Trickdiebe nutzen eure Unaufmerksamkeit in Zusammenarbeit mit Komplicen aus. Diebe sind meist auch perfekte „Schauspieler" – Diebstähle in der Dritten Welt werden oft mit geplanter Freundlichkeit und Taktik inszeniert ... Laßt euch bei Polizeikontrollen nichts heimlich zustecken!

Gelegenheit macht Diebe – haltet eure Sachen zusammen, verzurrt die Packtaschen, laßt beim Campen über Nacht nichts draußen liegen, breitet unter den Augen von Zuschauern beim Zeltaufbauen nie eure ganzen Besitztümer aus, laßt das Zelt nie alleine! Schließt immer das Rad ab an etwas an. Verstaut nicht alles Geld an einem Platz und bewahrt es möglichst immer am Körper auf. Überprüft das Rad und die Ausrüstungsgenstände nach möglichen Geldverstecken (eingenähte Geheim-Innentaschen in Kleidungsstücken, doppelte Böden in Behältern etc.). Für den Notfall eine Geldreserve am bzw. im Rad verstecken. Falls ihr mal das Rad auf ein Auto aufgeladen habt, laßt euch nicht vom Fahrer fortschikken, um z.B. ihm was zu kaufen – er könnte ohne euch losfahren! Eine Waffe mitzunehmen kann man vergessen. Der Versuch würde schnell an einer Landesgrenze (womöglich im Gefängnis) enden. Und die anderen sind sowieso immer schneller und entschlossener – mit ihren Revolvern, Messern, Macheten oder Fäusten. Materielles ist ersetzbar, eure Gesundheit und euer Leben nicht.

Überfallge-fahren Es ist schwierig, hier allgemein weltweit gültige Tips gegen Diebstahl- und Überfallgefahren zu geben. Ein Aspekt scheint mir jedoch bedenkenswert: Überfälle werden oftmals nach Alkoholgenuß geplant und ausgeführt, insbesondere häufig samstags und sonntags, wenn sich die Leute in entsprechenden (armen) Regionen vollaufen lassen, aggressiv werden und dann auf den Gedanken kommen, einen reichen Touristen zu überfallen (sofern es eine Tourismus-Region ist). Achtet in euren Reiseregionen auf übermäßig viel Herumlungernde und Betrunkene. Vor allem die GUS-Staaten sind bekannt für ihren exzessiven Wodka-Genuß: haltet euch in den Städten fern von Alkoholisierten (auch von Jugendgruppen), mach einen großen Bogen oder geht nachts erst gar nicht auf die Straße.

Einige Vorsichtsregeln mehr: nicht an Stadtstränden campieren oder nachts dort spazieren gehen, nicht durch unsichere (Eends-)Viertel fahren. Stadtparks sind generell überall gefährlich!

In unsicher erscheinenden Gegenden beim Rasten nicht von der Straße entfernen, es ist besser, an der Straße zu bleiben. Überfälle passieren meist da, wo eben noch „überhaupt niemand" zu sehen war …

Vorsichtig muß man auch in Hafenstädten bzw. Hafenvierteln sein. Ist man als Paar in der Stadt unterwegs, trägt eher die Frau das Geld und die Ausweise (am Körper), weil oft gedacht wird, der „starke" Mann hat das Geld (bei richtigen Raubüberfällen wird das aber wenig nützen). Ist einmal ein Überfall geschehen, und man hat fast nichts mehr, über die Zeitung und den Rundfunk an die Öffentlichkeit wenden. Das kann neue Kontakte und Hilfe verschaffen.

5. Notsitua-tion – was tun? Bei einem Notfall, einer Verhaftung etc. das nächste Konsulat oder die Botschaft anrufen oder anfaxen (Deutschland ist in über 150 Staaten durch Vertretungen präsent). Dies kann euch auch im Gefängnis nicht verwehrt werden! Die Konsulte bzw. Botschaften wissen Rat, sie sind verpflichtet, im Notfall für ihre Landsleute tätig zu werden (doch nur in strengbegrenztem Rahmen, keineswegs als Bank, Krankenkasse, Versicherungs- oder Detektivbüro o.ä.). Es können Überbrückungsgelder zur Selbsthilfe ausgelegt werden, bis also der Bestohlene wieder für eigenen Nachschub gesorgt hat. Bei akuten Erkrankungen oder Unfällen kann die Botschaft Geld für den Arzt oder das Krankenhaus vorstrecken. Bei Totalverlusten, die eine Weiterreise unmöglich machen, kann auch ein Tikket für den Heimflug vorfinanziert werden. Muß man wegen schwerer Krankheit oder einem Unfall sofort heimfliegen und das Flugzeug ist ausgebucht, nützt evtl. eine ärztliche Bescheinigung, um doch noch einen Platz zu bekommen.

Diebstahl: Anzeige bei der Polizei – hingehen oder sie kommen lassen. In den seltensten Fällen wird sie aber Gestohlenes wiederbeschaffen können, ihr benötigt aber ein Polizeiprotokoll für eure Diebstahlversicherung. Erwartet jedoch von der Polizei i.d.R. nicht allzuviel Hilfe und Freundlichkeit.

Paßverlust: Deutsche Auslandsvertretungen (nur Botschaften) können bei Diebstahl oder Verlust einen Ersatzpaß ausstellen, der aber meist nur ein Jahr gültig ist (daran ist die Paßbehörde des Heimatortes beteiligt, deshalb dauert das einige Tage). Paßbilder dabeihaben. Zur Identifikation Fotokopien des verlorenen oder gestohlenen Passes – und bei Diebstahl Polizeiprotokoll – vorlegen. Bereits vorhandene Visa für die nächsten Länder müssen nachbeschafft werden. Um bei der Ausreise mit dem neuen Paß – der ja kein Einreisevermerk enthält – keine Schwierigkeiten zu bekommen, empfiehlt es sich, nach der Einreise in ein Land eine Fotokopie der Paßseite mit dem Einreisestempel zu machen (und natürlich getrennt vom Paß aufzubewahren).

Reisescheck-Verlust: Lest dazu die Bedingungen durch, die man mit den Schecks ausgehändigt bekommt. Ersatz gibt es nur bei Vorlage des Passes und des Diebstahl-Polizeiprotokolls! Ihr müßt die Nummern der gestohlenen Schecks angeben können (Nummernliste separat aufbewahren).

Kreditkarten-Verlust: Sofort bei der Kartenorganisation sperren lassen, dort anrufen oder faxen, aktuelle Nummern mitführen.

Flugticket weg: Ein Problem kann sich ergeben, wenn man nicht die Tikketnummer, den Ort und das Ausstellungsdatum nennen kann (aber immerhin seid ihr im Buchungscomputer). Manchmal muß dann ein neues gekauft werden, die Kosten für das verlorene oder gestohlene werden oft erst nach Monaten erstattet. Deshalb immer eine Kopie vom Flugticket machen und getrennt aufbewahren.

Globetrotter Notservice: Verschiedene Ausrüster bieten Kunden in echten Notfällen einen SOS-Notruf-Service an. Die Heimat-Kontaktperson muß sich verpflichten, anfallende Kosten für die Besorgung von Medikamenten etc. zu übernehmen. Schweizer Fahrrad-Globis, die Mitglied im Globetrotter-Club sind (s.S. 35), können gleichfalls in wirklichen Notfällen das Büro des Club kostenlos als Nachrichtenzentrale nützen, d.h., per Telefon/Telex und Fax eintreffende Hilferufe werden weitergeleitet. Aber heute wird man ja eine eMail nach Hause schicken.

**Teil 4
Kontinente
und Länder**

Nordamerika

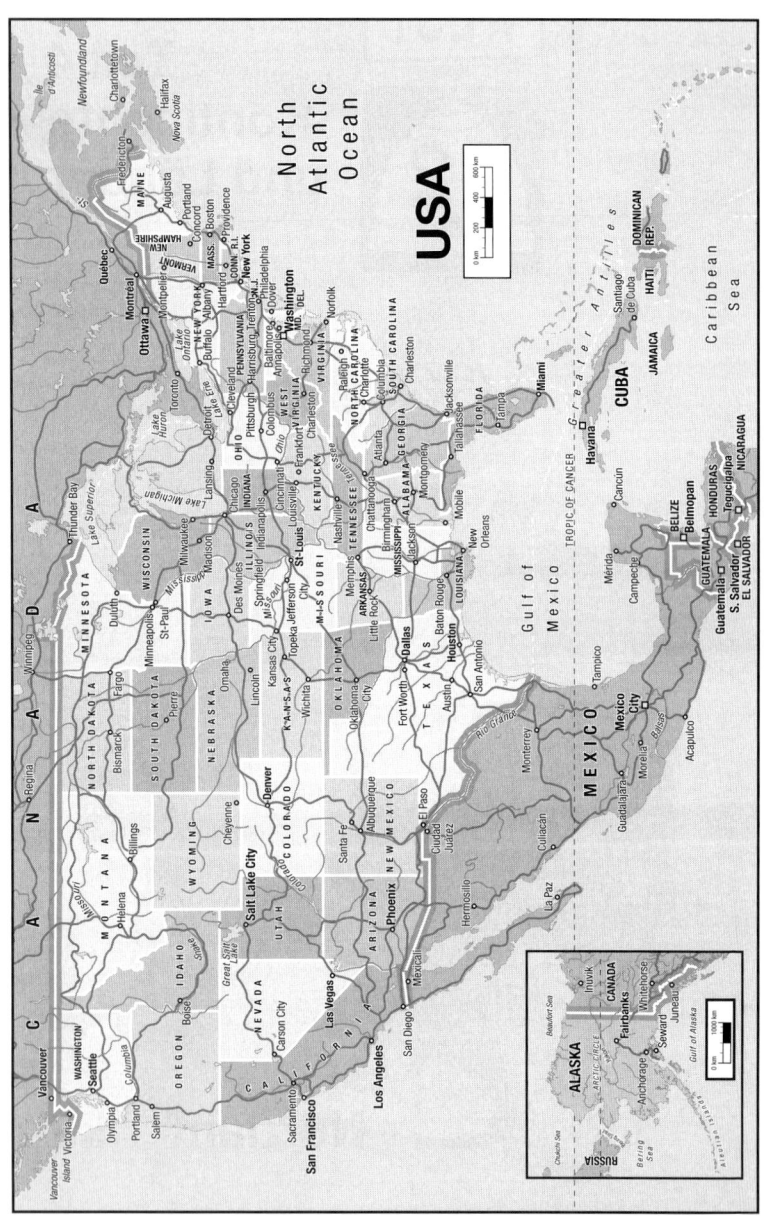

NORDAMERIKA / Die USA

A. VORBEREITUNG UND WISSENSWERTES

1. Die USA als Fahrrad-land
Die USA mit dem Fahrrad? Amerika ist doch ein Auto-Land! Ja und Nein. Die USA sind auch ein Traumland für Radfahrer, doch nur wenige scheinen es zu wissen … Die Fahrrad-Welle in den USA begann schon in den 1970er Jahren, und was mit der Erfindung des „All Terrain Bike" bzw. „Mountain Bike" in Kalifornien als Freizeitspaß begonnen hatte, nahm unaufhaltsam seinen Lauf. Längst sind in Staaten wie Kalifornien, Oregon oder Washington Fahrräder mehr als nur Hobby und Zeitvertreib, Räder sind dort akzeptierte Verkehrsmittel, und selbst die Polizei jagt in Städten mit dem Bike Gesetzesbrechern hinterher …

Ein gut ausgebautes Radwegenetz führt nicht nur durch schöne Landschaften, sondern es gibt sie auch immer mehr in Großstädten. Es gibt sogar „Bicycle Touring Adviser", die Radfahrern Hilfe leisten, in Kalifornien stellt bezeichnenderweise der Automobil Club einen solchen Adviser. Die Städte fördern Bicycle Commuter (Fahrrad-Pendler), und in Kalifornien sieht man außer den rennsportlich gestylten Sunnyboys längst auch Manager, die mit ihren Top-Maschinen ins Büro biken. Die meisten Rad-Freaks gibt es in den USA im Westen und im Osten, in den meisten Staaten dazwischen zählen Cyclists noch zur eher seltsamen Verkehrs-Minderheit.

Doch wenn schon Touristen mit einem Auto wegen der Größe der USA kaum mit ihrem Besuchsprogramm zurechtkommen, wie schwierig muß es dann sein, die USA mit dem Fahrrad zu bereisen … Es geht, nur müssen einige Grundsatzentscheidungen getroffen werden, z.B.: Was will man sehen, wieviel Zeit steht dafür zur Verfügung, sollen außer dem Fahrrad noch andere Verkehrsmittel eingesetzt werden? Wer längere Zeit touren will, sollte flexibel auch die Möglichkeiten des Radreisens mit Bus, Flugzeug, Auto oder Bahn miteinplanen. Dazu nachfolgend Anregungen und Tips.

2. Anreise, Einreise
Checkt ab, welche Airline nicht nur einen billigen Flug bietet, sondern wie die Konditionen für Gepäck und das Fahrrad sind. Bei einem Flug über den großen Teich sind normalerweise (Linienflug) maximal 2 Gepäckstükke à 32 kg erlaubt (das Rad gilt als ein Stück), bei Charterflügen einige Kilos weniger. Wenn ihr eure restlichen Sachen in einen Karton packt, darf dieser in Länge + Höhe + Breite nicht mehr als 158 Zentimeter messen. Fragt, ob das Fahrrad verpackt werden muß und ob die Airline einen Behälter bzw. Karton stellt.

Die zahlreichsten und billigsten Flüge gehen nach New York, Los Angeles, San Francisco, Chicago, Florida. Wollt ihr eine oder mehrere Ekken der Staaten beradeln, erkundigt euch nach einem Air Pass. Die meisten gelten nur für zwei Monate, manche Airline bietet auch einen für vier Monate an, aber das ändert sich oft. Eine erste Übersicht in den Dschungel-Tarif geben die Flugzeitschriften „fliegen & sparen" und „Reise & Preise", im Web zum Beispiel die Seiten www.traveljungle.de, www.billiger-reisen.de u.v.a.)

Ihr könntet natürlich auch erst in den USA ein Rad mieten („rent-a-bike") oder kaufen (und es dann wiederverkaufen, oder es mit nach Hause nehmen, nehmt euren eingefahrenen Sattel mit). Es gibt vielerorts Händler, besonders in Kalifornien. Alle Adressen, *nationwide,* stehen in dem Heft „Cyclists' Yellow Pages" von der „Adventure Cycling Association – ACA", dem früheren „Bikecentennial", www.adventurecycling.org. (Wenn ihr euer in den USA gekauftes Bike mit nach Deutschland nehmen wollt, so bedenkt, daß sie bei der Einfuhr versteuert werden müssen. Die Zöllner an den deutschen Flughäfen sind da mittlerweile sensibilisiert, sieht euer Fahrrad noch so gut wie neu aus, werdet ihr euch ein paar kritische Fragen gefallen lassen und je nachdem auch eine deutsche Kaufquittung vorlegen müssen.) Ausrüstungsgegenstände wie Zelt, Schlafmatte, Kocher etc. kann man auch noch drüben in riesiger Auswahl kaufen.

Einreise   In die USA können Bürger aus D, CH und A ohne Visum einreisen, auch wenn sie den (Land-)Umweg über Mexiko oder Canada machen sollten. Die maximale Aufenthaltsdauer ohne Visum beträgt drei Monate. Mit einem Visum – zu beantragen bei den US-Konsulaten – darf man bis zu einem halben Jahr bleiben. Wichtig zu wissen: Die endgültige Aufenthaltsdauer wird erst bei der Einreise vom Grenzbeamten bestimmt („Gesichtskontrolle" – ausreichender Geldbesitz und Rück-Ticket muß nachgewiesen werden! Eine Kreditkarte hilft!). Wer länger als seine genehmigte Zeit im Land bleiben will, muß notfalls nach Mexiko aus- und wieder neu einreisen. **Eine Aufenthaltsverlängerung in den USA ist praktisch unmöglich.** „Multiple Entry"-Visa berechtigen zur mehrmaligen Einreise. Nähere Auskünfte erteilt der Visa Informationsdienst der US-Botschaft unter (teuren) 0190er-Nummern: Tel. 0190-270789 (Tonband) und Tel. 0190-882211 (persönlich). Viel günstiger und auch informativer ist ein Blick auf deren Websites www.usembassy.de/visa oder www.us-botschaft.de, Visa-Antragsformulare lassen sich gleich herunterladen.

3. Infos, Führer, Radbücher   In den Buchhandlungen biegen sich die Regale mit USA-Reiseführern und -Bildbänden. Wir empfehlen die USA/Nordamerika-Bücher aus dem **Reise-Know-Verlag Hans Grundmann** (www.reisebuch.de), z.B. „USA/Canada", „USA – der ganze Westen, „USA – Südwesten, Natur und Wandern, USA – Der große Süden", „USA – Kalifornien und der Südwesten der USA", „Florida", „Canadas Osten, Nordosten der USA" sowie „Canadas großer Westen mit Alaska. **Moon Publications,** Chico, USA (www.moon.com) hat hervorragende „Travel Handbooks" zu zahlreichen US-Bundesstaaten, besonders empfehlenswert, falls nur bestimmte Bundesstaaten beradelt werden sollen. Vom Visit USA Committee Germany e.V., Postfach 5825 in 65048 Wiesbaden (www.usa.de), dem Dachverband der Fremdenverkehrsämter der US-Bundesstaaten in Deutschland, gibt es weiteres Info-Material und Karten (viele US-Bundesstaaten haben sich in Deutschland eigene Fremdenverkehrsbüros eingerichtet!). Noch mehr Material gibt es dann in den USA direkt bei den dortigen Tourist Offices in den einzelnen US-Bundesstaaten. Wer noch nicht weiß wohin, kann sich mittels Bildbänden oder mit den bekannt schön bebilderten Polyglott-APA-Guides, die für verschiedene USA-Regionen gibt schon mal „warmsehen" ... Zum Bereisen der amerikanischen Nationalparks empfiehlt sich der „Geo Guide – USA-Nationalparks", RV-Verlag. Eine Reihe guter US-Bücher findet man auch bei National Geographic (deutsche Ausgaben, www.nationalgeographic.de).

Eine gute Einführung in die amerikanische Kultur, Lebensart und Mentalität liefert das Sympathie-Magazin „USA verstehen" des Studienkreis für Tourismus (www.studienkreis.org) und – ausführlicher – „Reisegast in USA", von Howald Pferdekaemper, Iwanowski Reisebuchverlag. Probleme mit dem „American Slang"? Mehrere Kauderwelsch-Sprachführer aus dem Reise Know-How Verlag helfen bestimmt weiter.

Internet

Gebt „USA" oder den Namen eines US-Bundesstaates in eine Suchmaschine ein und ihr werdet erschlagen von Website-Vorschlägen ... Es ist deshalb faktisch unmöglich, an dieser Stelle auch nur eine grobe Übersicht über das Info-Angebot im Internet zu geben. Einzelne empfehlenswerte Websites werden in den folgenden Kapiteln aufgeführt. Im folgenden nur einige Start-Websites, von denen man dann weiter tief ins World-Wide-Web eintauchen kann.

Auf der Website des Dachverbandes der amerikanischen Fremdenverkehrsämter, www.usa.de (Adresse s.o.), könnt ihr Prospekte und Info-Material bestellen, mit Links führen zu Fluggesellschaften, Mietwagenfirmen u.v.a.m. Weitere Websites (mit kommerziellem Hintergrund) sind z.B. www.usaplus.de, www.magazinusa.com, www.usatourist.com, www.usatipps.de. Auch die Website der US-Botschaft listet unter www.us-botschaft.de/usa/reisen.htm einige Links, klickt auf der interaktiven USA-Karte einen Bundesstaat an, und ihr erhaltet speziellere Links.

Bikepages: Für Radler besonders interessant sind die Websites der nationalen Radorganisationen. Sie geben Einblick in die Verbandsarbeit, stellen Touren vor und helfen mit zahllosen Links zu Bikeshops, Tour Operators etc. bei der Planung oder Durchführung eines USA-Trips weiter: „Adventure Cycling Association" (www.adventurecycling.org), „League of American Bicyclists" (www.bikeleague.org) oder „International Mountain Bicycling Association" (www.imba.com). Die Website des Online-Buchversenders „Pete & Ed Books" in Indianapolis (www.peteandedbooks.com/blinks.htm) enthält eine Vielzahl von Links zu allen Themen rund ums Rad, sehr empfehlenswert! Das „Open Directory Project" listet ebenfalls eine Fülle von Webadressen auf, http://dmoz.org/Sports/Cycling. Nur zwei Beispiele für private Linksammlungen: die „WWW Bicycle Lane" (www.bikelane.com) und „Mike's Mega Bicycle Links" (http://mikebentley.com/bike/). Die Infosite www.pedaling.com hilft allen Unentschlossenen mit Tourenvorschlägen, die man sich ganz individuell nach Tagesform und weiteren Kriterien aus der Datenbank heraussuchen lassen kann. Zu jeder Tour bekommt man noch weitere Websites geliefert. „Your Guide to Outdoor Recreation & Active Travel – GORP" ist zwar eine kommerziell ziemlich überladene Website, aber unter www.gorp.com/gorp/activity/biking/bik_guid.htm könnt ihr eine interaktive USA-Karte aufrufen und dann für jeden Bundesstaat allerlei Infos über Routen und Karten bis hin zu für Radler gesperrte Highways abrufen.

Informationsquellen in den USA

Als Info-Quellen in den USA kann man in den einzelnen Staaten die *State Departments of Tourism* und die *Chambers of Commerce* (Handelskammern) zwecks touristischen Dingen (Veranstaltungskalender), historischen oder landschaftlichen Besonderheiten anschreiben (von dem vielen Selbstlob sollte man sich jedoch nicht verwirren lassen ...). Die Adressen der Tourist Offices aller US-Staaten stehen im Grundmann USA-Führer und in den „Cyclists' Yellow Pages".

Jeder US-Bundesstaat unterhält an seinen Haupteinfallsstraßen sog. *Visitor-* oder *Welcome Centers,* wo Ankömmlinge mit Gratismaterial über Sehenswürdigkeiten, Straßenkarten, Campingplätze etc. versorgt werden. Auch in den Städten gibt es Tourist- oder Visitor Centers bzw. die oben erwähnten Chambers of Commerce.

Und dann gibt es für Radfahrer in den einzelnen Staaten noch eine ganz besondere Einrichtung, den „State Bicycle Coordinator". Er gibt mehr oder weniger engagiert Auskunft darüber, welche Strecken, Ziele und Dinge für Radfahrer in seinem State besonders lohnenswert sind. Die Bicycle-Coordinator-Adressen für jeden US-Bundesstaat stehen gleichfalls in den „Cyclists' Yellow Pages".

Radführer
Die „Bibel" für alle Tourenradler und Mountainbiker, das Buch, auf das im folgenden immer dann verwiesen wird, wenn es eine Fülle weiterer Informationen gibt, auf die allein schon aus Platzgründen hier nicht weiter eingegangen werden kann, ist **„Das USA/Canada BikeBuch"** von Raphaela Wiegers, Reise Know-How-Verlag H. Hermann.

(**Anmerkung des Verlags:** Leider zurzeit der Drucklegung vergriffen, nur noch im Antiquariat oder in Büchereien. Eine neue Auflage wird später erscheinen, neue Raderlebnisberichte und Tips USA/Canada sind willkommen).

Weitere, meist englische Bike Guides, werden in den entsprechenden Kapiteln erwähnt. Ein riesiges Programm von mehreren hundert regionalen und überregionalen, auch internationalen Guidebooks haben Pete & Ed Books, 5506 Madison Ave., Indianapolis, IN 46227, auf Lager, auf deren empfehlenswerter Website http://peteandedbooks.com/#BICYCLING könnt ihr euch informieren und auch gleich bestellen.

Radbücher
Werner Kirsten: „Westcoast-Story – Auf dem Pazifik-Highway nach Süden", Frederking & Thaler 1992. Eine Radreise von Vancouver auf dem Highway 101 bis zur mexikanischen Grenze. Guter Erlebnisbericht mit Tips zur Durchführung.

Martin Winkelmann: „Von South Carolina nach Kalifornien", Pietsch-Verlag 1992 (s. „Transamerica", s.S. 187).

Christian E. Hannig: „Mit dem Fahrrad durch Alaska – 5000 km durch das Land der Bären", Frederking & Thaler 1993.

Thomas Schröder: „Cycling 66 – Mit dem Fahrrad von Chicago nach L.A.", Biber-Verlag 1995. Schöner, reich bebilderter Erlebnisbericht mit genauem Roadbook der historischen Route.

Thomas Schröder: „Go South!", Kettler Verlag 2000. Mit dem Fahrrad auf dem Pacific Coast Highway von Seattle nach San Diego, kombiniert Erlebnisbericht mit Roadbook.

Stefan und Tobias Micke: „Biker's Barbecue – Die Wiederentdeckung Amerikas", Orac Verlag 2000. Eine Radtour von Boston nach San Francisco, bemüht locker geschrieben und polarisierend (für unseren Geschmack wurde die Gastfreundschaft der Amerikaner doch ziemlich überstrapaziert ...).

Claude Marthaler: „Durchgedreht" – 7 Jahre im Sattel, Reise Know-How 2002, ISBN 3-89662-305-2 (Abschnitt Alaska bis Mexiko). Claudes „Velosophie" muß man einfach gelesen haben!

4. Beste Reisezeiten, Klimate
Über weite Regionen herrscht in den USA ein ähnliches gemäßigtes Klima wie in Mitteleuropa, doch es wird dabei übersehen bzw. viele wissen es nicht, daß das Wetter in den USA manchmal auch mörderisch werden kann! Dies gilt sowohl für die vielerorts extreme Sommerhitze als auch für

die starke Kälte im Winter, für schwere Regenfälle und Überschwemmungen, die extrem kreislaufbelastende Schwüle und die immer wieder auftretenden, verheerenden Wirbelstürme, Blizzards und Sandstürme. **Nehmt das Wetter in den USA ernst!**

Die angenehmsten Zeiten fürs Radfahren sind in den USA in den meisten Regionen Frühjahr und Herbst. Für die überwiegend wüstenhafte Gebiete im Südwesten sind Winter, Frühjahr und Spätherbst am besten. Für Bergregionen (Rocky Mountains) sind die Sommermonate vorteilhaft. Für die schwülheißen Südstaaten der USA ist wiederum nur der Winter und beschränkt auch das Frühjahr und der Spätherbst geeignet. Hauptschulferien sind in den USA im Juli und August. Dann sind die Nationalparks überfüllt, und die Preise steigen überall.

■ *USA, vor schwerer Gewitterfront*

Klima im Westen

Günstig: März bis Mai und September bis November in den Staaten Arizona, New Mexico, Utah, Nevada. Die Sommermonate bis Oktober sind günstig für das nördliche Landesinnere, also die Staaten Colorado, Wyoming, Montana und Idaho sowie die höheren Lagen in Utah.

Süd-Kalifornien ist von November bis Mai angenehm, die Pazifikküste nördlich ab San Francisco von Mai bis Oktober mit dann vorherrschenden Winden aus Nordwest. Von Herbst bis Frühjahr und bei Regenwetter drehen sie auf Südwest. Weniger günstig sind: Von Juni bis Mitte September, dann wird es in den Staaten des südlichen Landesinnern (Arizona, New Mexico, Utah, Nevada) und in Südkalifornien sehr, sehr heiß. An der nördlichen Pazifikküste gibt es von Mitte Oktober bis April Regen, es ist kalt und es blasen auch starke Winde. Die Staaten des nördlichen Landesinnern (Colorado, Wyoming, Montana und Idaho) sind winters sehr kalt und sie haben viel Schneefall! Schnee liegt auch in den Rocky Mountains von Oktober bis Mai. Über die Plains von North Dakota bis hinab nach Oklahoma fegen zwischen November und März eiskalte Blizzards.

Klima im Osten

Günstig sind: Mai/Juni und September/Oktober. Die Neuengland-Staaten (Maine, Vermont, New Hampshire, Rhode Island, Connecticut) von Juni bis September. Florida und die schwülheißen Südstaaten: Dezember bis Mitte April.

Weniger günstig: Für Chicago, New York und die Ostküste ist es von Juni bis in den September hinein sehr heiß und schwül! Von November bis April sind die Neuengland-Staaten und New York wegen Kälte und Regen ungastlich. Von Oktober bis April Schnee in den Appalachians. Von Mai bis Oktober in Florida und in den Südstaaten hohe Hitze und Schwüle. Im Januar und Februar regnet es viel in Louisiana und in Osttexas. Von Ende August bis Ende September herrscht in Florida und in den angrenzenden Staaten Hurricane-Gefahr.

5. US-Rad-Organisationen

Adventure Cycling Association – ACA
Der beste Weg für eine USA-Radreise ist der Beitritt zur ACA. Dies ist die größte Organisation für Freizeitradler in den Staaten. Sie wurde 1974 zum 200jährigen Geburtstag der USA unter dem Namen „Bikecentennial" gegründet. Ziele des Vereins sind u.a., die ganzen Vereinigten Staaten für Radfahrer durch Karten, Radwege, Rund- und Überlandrouten zu erschließen, den Gedanken des Fahrrad-Freizeitsports zu fördern, Touren durch die USA zu organisieren und alle für Radfahrer wichtigen Informationen in den USA zu sammeln und zu publizieren. Bikecentennial initiierte den über 7000 km langen **Trans America Bicycle-Trail,** der 1976 mit einer Beteiligung von über 4000 Radfahrern eingeweiht wurde, die dann die USA von Küste zu Küste (oder auch nur in Teilabschnitten) befuhren. Bis heute hat die ACA ein mehr als 40.000 km langes Netzwerk von ruhigen Rad(neben)straßen, MTB-Trails und Radfahrten durchs amerikanische Hinterland beschrieben und kartographiert, weitere Radstraßen sind in Bearbeitung.

Die Mitgliedschaft kostet für Übersee-Mitglieder derzeit 45 $. Dafür bekommt man die Mitgliedszeitschrift „Adventure Cyclist Magazine" (9x jährlich), den „Cyclosource Catalog", in dem spezielle Rad- und Touren-Ausrüstung, Landkarten und Bücher angeboten werden, und das **Heft „Cyclists' Yellow Pages",** das Anschriften von allen Stellen auflistet, die für Radfahrer in den USA relevant sind (Bike Shops, Kartenläden, Info-Stellen der US-Bundesstaaten, Ausrüstung, Rad-Clubs, das ACA-Radwege-Netz in den USA, Airlines, Tips und Bestimmungen für US-Radreisen, Tour Operators, Bücherlisten usw., usw., auch für Canada). Bücher beim ACA bestellt man am besten mit Angabe einer Kreditkarten-Nummer.

Adventure Cycling Association, POB 8308-W, Missoula, MT 59807, USA, www.adventurecycling.org.

Die zweite große Radler-Organisation in den USA ist die **League of American Bicyclists** (früher: League of American Wheelmen)

1612 K Street NW, Suite 401, Washington, DC 20006-2082, USA, www.bikeleague.org.

Die LAB gibt ihren jährlichen *Almanac* heraus, der voller Info-Adressen ist, wie z.B. Radfahrclubs, Ämter und Einzelpersonen in jedem Staat, die wegen Radfahr-Routen, Wünschen etc. angeschrieben oder gefragt werden können, u.v.a.m. Interessant sind ihre Listen von Sehenswürdigkeiten und Naturschönheiten für Radfahrer in jedem Staat.

Die größte Mountainbike-Organisation in den USA ist die **International Mountain Bicycling Association, IMBA,** 1121 Broadway Ste 203, P.O.Box 7578, Boulder, CO 80306, USA, www.imba.com.

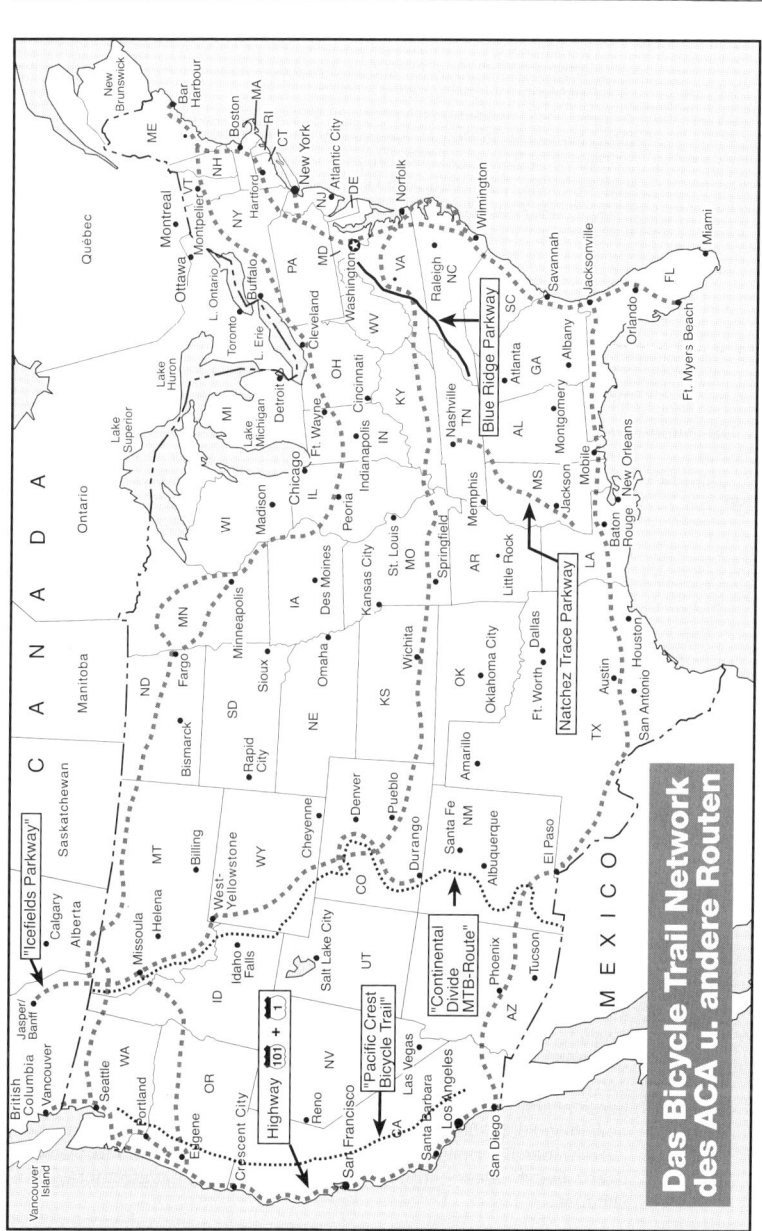

Das Bicycle Trail Network des ACA u. andere Routen

Die IMBA fördert den Bau neuer und den Erhalt bestehender Biketrails, Mitglieder erhalten zweimonatlich die „IMBA Trail News" und jährlich ein „IMBA Member Handbook".

Speziell für Mädchen und Frauen ist von Bedeutung das **Womens Cycling Network,** POB 303, Sharon, WI 53585, USA

Das WCN bringt ein Directory mit Adressen heraus, bei denen Frauen während ihrer Tour durch die USA übernachten können.

Auch der **Amerikanische Automobilclub AAA** („Triple A"), in diesem Fall der von Southern California, ist Radfahrern bei einer Radreise durch die USA mit Karten und Routenvorschlägen etc. behilflich. Doch dazu muß man auch Mitglied des amerikanischen oder eines deutschen Autoclubs sein (evtl. über einen Bekannten laufen lassen. Oder über einen amerikanischen Freund mit AAA-Mitgliedschaft anfragen). Kopie des Mitgliedsausweises muß beigefügt werden.

Automobilclub of Southern California, ACSC, Bicycle Touring Department, Terminal Annex POB 30432, Los Angeles CA 90054, USA.

6. US-Reisepartner, Gruppenreisen

Wer nicht allein durch die USA radeln will, findet im Lande genügend Möglichkeiten, einen *fellow biker* jeden Alters und für jedmögliche Tour zu finden. Im Adventure Cyclist Magazine der ACA stehen Companion-Anzeigen, dort könnt ihr Partner bzw. Mitfahrer suchen oder selbst eine Anzeige aufgeben (dies auch als Ideenanstoß, die USA mit einem/einer amerikanischen Biker/in kennenzulernen …).

Wer Spaß an Gruppenreisen hat und noch nicht weiß, wo er mitfahren will, sollte von der ACA den „Calendar Of Bike Rides And Events" anfordern. Darin sind Hunderte von Touren, *state by state,* mit Zeitpunkt, Routen, Teilnehmerzahl etc. aufgelistet. Doch auch in den „Yellow Pages" und auf Websites, wie bspw. http://peteandedbooks.com/brides.htm, stehen Dutzende von *bike events* aller Art, von MTB-Rennen, Frauen-, Fun- und Familientouren, gemütlichen Tages- und Wochenendfahrten mit Barbecues, Cross-Country bis hin zu Massenveranstaltungen und internationalen Rennen. Dort bei einem Treffen mitzufahren ist sicher eine sehr gute Möglichkeit, die USA und das Radfahren in den USA kennenzulernen. Meist wird ein geringe Startgebühr erhoben (… wolltest du nicht immer schon mal deine Tante in Oklahoma besuchen?)

Neben dem *RAAM* (Race Across America), dem äußerst harten und längsten Profi-Straßenrennen der Welt von der West- zur Ostküste ist die größte und verrückteste Tour das (internationale) *RAGBRAI,* Abkürzung für „Des Moines Register's Annual Great Bicycle Ride Across Iowa". Des Moines ist die Hauptstadt von Iowa, und die größte Zeitung dort heißt Register. Jedes Jahr Ende Juli quer durch Iowa, über 7000 Teilnehmer allen Alters, eine einwöchige, 800 km lange Spaß-Tour, sehr frühzeitige Anmeldung ist nötig! Die Teilnehmer werden dann durch Los ermittelt. Der Begleitpulk an Verpflegung, Mechanikern, Gepäcktransportern, Toilettenwagen, Hamburger-Buden etc. zählt über 2000 Leute! Auskunft auf der Website www.ragbrai.org, dort könnt ihr euch die Anmeldeformulare herunterladen. Anmeldung bei: RAGBRAI FEES, P. O. Box 622, Des Moines, Iowa 50303-0622, USA. Man kann auch Räder mieten. Startgebühr jedoch über 100 Dollar (wer noch unschlüssig ist, kann sich den letztjährigen Event unter http://desmoinesregister.com/extras/ragbrai/) anschauen.

Natürlich veranstaltet auch die ACA Rad-Gruppenreisen quer durch die USA, auf dem „National Bicycle Trails Network". Eine Gruppe besteht meist aus 8 bis 14, manchmal auch 25 Leuten, Durchschnittsalter etwa 30 Jahre. Die Gruppe bleibt auf den Etappen nicht beieinander, es fahren immer zwei, drei oder vier Leute miteinander, manche steigen erst später ein oder früher wieder aus. Einige Tourenbeispiele unter www.adventure-cycling.org/tours (Preise werden sich sicherlich erhöht haben): „Transamerica", von Virginia nach Oregon, 4450 Meilen, 93 Tage, 3200 $. „Southern Tier", von San Diego (Kalifornien) nach St. Augustine (Florida), 3135 Meilen, 65 Tage, 2300 $. „North Star", von Missoula (Montana) nach Anchorage (Alaska), 3200 Meilen, 73 Tage, 2700 $.

Kommerzielle Radreise-Veranstalter – „Tour Operators" – gibt es in den USA jede Menge, und es werden sowohl nationale als auch internationale Touren (nach Mexiko, Guatemala, Belize, Canada und weltweit) angeboten. Buchbar sind auch Mountainbike-, Abenteuer- oder Luxus-Radtouren (wo man nur noch seine Kreditkarte und ein Rennrad braucht). Anzeigen finden sich im „Adventure Cyclist Magazine", eine Adressen-auflistung aller Tour Operators steht in den „Yellow Pages". Ihr könnt aber auch einmal auf der Website der „League of American Bicyclists", www.bikeleague.org/linkstouring.htm, nachschauen, hier sind die Web-adressen vieler Tour-Veranstalter gelistet. Die ein- oder mehrwöchigen Touren sind jedoch nicht billig! Nur ein Beispiel:

„Backroads", 801 Cedar St, Berkeley, CA 94710-1800, hat ein riesiges (amerikanisches und internationales) Angebot. Infos unter www.back-roads.com.

Mittlerweile tummeln sich auch zahlreiche deutschsprachige Veran-stalter auf dem US-/Canada-Markt, studiert die Anzeigen in den deut-schen Radmagazinen. Die Programme spannen sich von geruhsamen Touren über harte MTB-Trips bis zu leistungsorientierten Rennradfahrten.

7. Übernachtungs-möglichkeiten

Bicycle-Camping

Die USA mit dem Rad zu bereisen heißt in erster Linie auch Campen, und im ganzen Land, besonders in den touristischen Regionen und in den Nationalparks, gibt es überall Public Campgrounds. Sie gehören entweder privaten Betreibern (*Commercial Campgrounds,* z.B. *KOA, Red Arrow, Good Sam, Holiyday Inn,* u.a.), und sie sind meist immer komfortabler und teurer als die *Public Campgrounds,* die man in den städtischen, staatlichen oder nationalen Park- und Freizeit-Einrichtungen findet.

Angelegt sind die Campgrounds zwar überwiegend als Stellplätze für RVs (*Recreation Vehicles,* Camper/Wohnmobile, mit *full-hookup*-An-schlüssen), doch haben sie immer auch ein schönes Stück Rasen, auf denen Backpacker, Motorrad- und Fahrradtourer unterkommen können. Ein Picknicktisch und eine Feuerstelle gehören aber zu jedem Platz.

Das „All State Motor Club RV Park & Campground Directory" und das „Woodall's The Campground Directory" sind umfassende Nachschlag-werke über alle Plätze in den USA und Canada. Viele weitere Regional-führer. Der amerikanische ADAC, der „Triple-A" (AAA), gibt auch (regional gegliederte) Campingführer heraus, in erster Linie gleichfalls für motori-siert Reisende gedacht.

Für Biker mit einem Zelt ist folgender Campground Guide empfehlens-wert: „Woodall's The Tenting Directory: North America Edition". Woodall

Publications Corp., 2575 Vista Del Mar, Ventura, CA 93001, www.woodalls.com, (ca. 13 $).

Doch einen schweren Campingführer auf einem Rad mitzuschleppen ist kaum sinnvoll. Es ist besser, entsprechende Karten mitzuführen, auf denen auch Campgrounds verzeichnet sind, schon deshalb, weil auf genügend genauen Karten auch noch kleinere Plätze verzeichnet sind, die nicht in Campingführern stehen.

Die Übernachtungspreise der Plätze orientieren sich an der Ausstattung, und wenn sie zudem im Umfeld von touristischen Attraktionen oder in Stadtnähe liegen, wird kräftig hingelangt, besonders bei den privaten. In der Regel zahlt man seinen Campground nicht nach Personenanzahl, sondern durch Belegung einer **„Site"**, d.h., es kostet für eine oder 6 Personen dasselbe.

Tips: Es lohnt sich daher, nach anderen Leuten Ausschau zu halten, mit denen man den Zeltplatz und die Kosten teilen kann. Laßt euch auch von „Campground full"-Schildern nicht abschrecken, sondern bietet den Leuten eines schon besetzten Platzes Kostenteilung an. Auf den privaten Plätzen könnt ihr meist, auch ohne zu übernachten, eine Dusche nehmen (evtl. gegen geringe Gebühr). Außerdem kann man einkaufen oder die Waschsalons benützen. Fragt einfach. Die **öffentlichen Campgrounds** heißen

■ *National Parks Campgrounds, National Forest (NF-)Campgrounds, State Park Campgrounds, Bureau of Land Management (BLM-)Campgrounds, Corps of Engineers Campgrounds* (meist sehr einfach, oft bei Stauseen), *County Campgrounds,* und innerhalb von Städten sind es die *City-* bzw. *Municipal Campgrounds.*

Zu den empfehlenswerten gehören die (überwiegend einfachen) *National Park Campgrounds,* die meist sehr schön in der Natur eingebettet sind (bezahlt wird fast durchweg durch „self-registration", d.h., ihr notiert eure Platznummer auf einem speziellen Umschlag und werft ihn zusammen mit dem Geldbetrag in eine Box; einmal am Tag schaut dann ein Ranger vorbei). Eine Übersicht über alle 56 National Parks bieten die Websites www.us-national-parks.net oder www.llbean.com/parksearch. Wegen einem City- bzw. Municipal Campground bei der City Hall (Rathaus) oder bei der Chamber of Commerce nachfragen.

Oft haben uns die *State Park Campgrounds* aber besser gefallen als ihre großen Brüder in den National Parks: Sie sind kleiner, überschaubarer, meist ebenso wunderschön gelegen, nicht teurer und häufig besser ausgestattet (heiße Duschen!). Meist füllten sie sich schon um die Mittagszeit, man sollte also früh einen Platz reservieren und dann den State Park erkunden. Eine Linkliste mit den Infosites der State Parks bietet die private Site http://members.home.com/state-parks-online.

Einfache, billige Plätze verwaltet auch das *BLM,* ihr findet sie hauptsächlich in Kalifornien, Oregon, Washington, Arizona, New Mexico und Alaska.

Informationen über NF- und BLM-Campgrounds stehen in den Karten, die in den Büros beider Verwaltungen und oft auch in Tourist Offices ausliegen. Alle NF-Campgrounds in den USA beschreibt der „Coleman National Forest Campground and Recreation Directory", Globe Pequot Press, weitere gibt es zu einzelnen Regionen. Offizielle Homepage der National Forests: www.fs.fed.us.

Alle Nationalparks verfügen über Zeltplätze, die in ihrer Ausstattung meist einfach sind (Toilettenhäuschen und kaltes Wasser). Die Preise liegen zwischen 7 $ und 12 $. Gratis sind dort für Wanderer *Walk-in Campgrounds,* gelegen an Hiking Trails, man braucht lediglich ein Permit, das am Parkeingang ausgestellt wird. Reservierung zum Campen ist – vor allem in den Saisonmonaten – wegen des hohen Andrangs fast immer nötig. Näheres über Nationalparks in Reiseführern oder in dem erwähnten „Geo-Guide Nationalparks in den USA" oder online unter www.nps.gov/parks.html.

Übrigens: Es scheint nur so, daß Nationalparks in erster Linie für Auto-Touristen mit ihren Wohnmobilen gemacht sind, denn abseits der üblichen Straßen erschließen sich für Wanderer und Radfahrer auf Trails noch ganz andere Parkansichten! Infos jedesmal bei den Visitor Centers an den Parkeingängen. Das Buch „Cycling U.S. Parks – Scenic Bicycle Tours in the National Parks" von Jim Clark stellt 50 Touren in 30 Nationalparks vor und gibt zumindest einen Eindruck, was die NP's für Biker bieten.

In den Staaten entlang der Pazifikküste, also in Kalifornien, Oregon und – seltener – in Washington gibt es **Hiker-Biker Sites,** Gruppen-zeltplätze für Radler und Wanderer, auf denen pro Person abgerechnet wird. Preis je nach Staat 3 bis 6 $. Oft sind diese Campsites ruhig, schön und nahe an Waschräumen angelegt, manchmal sind sie lieblos abseits irgendwo im Matsch und Müll („undeveloped campgrounds"). Besser nicht zuviel erwarten, doch eine sehr gute Möglichkeit, um amerikanische fellow biker kennenzulernen und Erfahrungen auszutauschen! Für Einzelreisende eine kostengünstige Alternative, für Gruppenradler sind meist die „normalen" Sites die bessere Wahl. Hiker-Biker Sites gibt es auch in State-, Forest- und Nationalparks, z.B. im Yosemite Park oder beim Lake Tahoe. Als zusätzliche Unterkunftsmöglichkeit bieten sich in den Parks auch des öfteren **Cabins** an, mietbare Holzhütten von primitiv bis komfortabel.

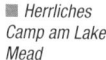
Herrliches Camp am Lake Mead

Wildes Campen

In den Wildnis- und Waldgebieten der USA ist es kein Problem, einen Zeltplatz für eine oder zwei Nächte zu finden, und, sofern nicht ausdrücklich Verbotsschilder prangen, man verstößt damit nicht gegen Gesetze. Ansonsten jedoch **sind die USA eingezäunt,** und man kann sich in der Regel am Abend nicht gleich neben die Straße schlagen. Vor allem ist in den USA die Respektierung von Privatbesitz wichtig, und wo immer Besitz als solcher ausgewiesen ist, vorher fragen (sonst kann schon mal der Sheriff auftauchen!). Eigentum hat in den Staaten einen weitaus höheren Stellenwert als bei uns, und so mancher reagiert sauer, wenn man ohne Erlaubnis seinen Grund und Boden betritt.

■ Besonderen Bestimmungen unterliegt das Campieren in Indianerreservaten (z.B. im Monument Valley), da muß man vorher die Indianerbehörde verständigen. Schilder weisen rechtzeitig darauf hin!

Raphaela Wiegers weiß noch weiteres übers Campen:

„Lieber als auf Zeltplätzen zelteten wir eigentlich ‚wild‘. Das ist kein leichtes Spiel in dichtbesiedelten Regionen, wo wir neben Kirchen (die haben meist einen schönen Rasen, und das Pfarrhaus ist meist gleich neben der Kirche), bei Feuerwachen, auf Sportanlagen (immer eine gute Möglichkeit) und auf zum Verkauf stehenden Grundstücken landeten.

■ *„My tent is my castle …“*

In dünnbesiedelten Regionen hingegen ist es weniger problematisch ein Plätzchen zu finden um das Zelt aufzubauen. Im Westen der USA z.B. gibt es viele Ländereien, die im Besitz der öffentlichen Hand sind, sogenanntes ‚public land‘. Meist sind diese Gebiete dem National Forest Service oder dem Bureau of Land Management unterstellt. Auf all diesen Grundstücken darf man in der Regel ohne besondere Erlaubnis sein Zelt aufschlagen. **Tip:** Wegen Tieren vorsichtig sein! Keine Lebensmittel liegen lassen!

Wie beliebt auch unter Amerikanern solche Wildcampingplätze sind, zeigen zahlreiche Feuerstellen, die man bereits fertig eingerichtet allerorten vorfindet (und leider auch der liegengelassene Müll). Ein Grund mehr, wenigstens den eigenen Abfall wieder mitzunehmen und keine unnötigen Spuren zu hinterlassen, auch wenn die nächste Mülltonne manchmal 50 Meilen weit weg ist.

Besondere Vorsicht ist auf diesen Wildcampingplätzen geboten, wenn

Jagdzeit herrscht. Wenn das Wild zum Abschuß freigegeben wird, verwandelt sich ‚public land' in die Spielwiese schießwütiger Freizeitjäger, und man hat mitunter den Eindruck, versehentlich in ein Truppenmanöver geraten zu sein. Unter diesem Aspekt ist eigentlich grundsätzlich Vorsicht geboten. Amerika hat lockere Waffengesetze, und so manches angetrunkene Männerklübchen zieht sich abends aufs unbewohnte Land zurück, kippt dort angesichts fehlender Kneipen ein paar Dosen Bier, und wenn man so richtig guter Laune ist, demonstriert man Männlichkeit bevorzugt mit Schußwaffen. In solchen Situationen wird gerne geballert, nur so zum Spaß, keiner will dir etwas tun, aber wenn niemand weiß, daß du dort zeltest, kann man schon mal in ein unerwartetes Kreuzfeuer geraten. Schützen kann man sich, indem man Plätze meidet, an denen leere Bierdosen und Patronenhülsen auf nächtliche Ausflügler hinweisen.

Wild in Cityparks oder Fairgrounds in (größeren) Städten zu campen ist in den USA wegen zwielichtiger Gestalten oder Umtriebe nicht ratsam und auch verboten, wenn es nicht ausdrücklich erlaubt ist."

Zwei weitere Websites, die viele (kostenpflichtige bzw. kostenlose) Plätze aufführen, sich allerdings primär an „RV'ler" wenden, sind www.gocapingamerica.com/main.html und http://freecampgrounds.com.

Hotels und Motels

Während Campen die billigste und flexibelste Form des Übernachtens in den USA ist, mag ab und zu ein Zimmer und ein Bett auch dem härtesten Long-Time-Biker eine nicht unwillkommene Abwechslung sein. Doch Motels kosten mindestens ab 40 Dollar aufwärts die Nacht, Motor Inns und Hotels wesentlich mehr. Mit am preiswertesten ist die „Motel 6"-Kette. **Tip:** Wenn ihr nach einer Dusche lechzt, fragt in Motels nach Zimmern, bei denen der Gast schon ausgezogen ist und die noch nicht gereinigt worden sind. Evtl. geringe Gebühr.

Die „B & B", die Bed- und Breakfast-Unterkünfte bei Privatpersonen, sind in den USA nicht billig. Ein Verzeichnis von **Budget-Hotels** und Unterkünften listet das Buch „Where to stay in the USA from 3.- to 25.- Dollar a Night" auf, Frommer/Pasmantier-Verlag, Council's of International Education Exchange. Die Website www.traveldata.com bietet eine Suchfunktion für B & B's in ganz Nordamerika. Das Buch „**Let's go, the Budget Guide to the USA**" (Harvard Student Agency) ist eine Fundgrube für billige Unterkünfte in Städten, für Restaurants, öffentliche Verkehrsmittel, Sehenswürdigkeiten, Treffpunkte, Unterhaltung etc. Alljährlich neu, führt fast jede Buchhandlung in den USA, auch in Deutschland in großen Buchhandlungen erhältlich.

Youth Hostels

Die amerikanischen Jugendherbergen (AYH-Federation) sind nicht so zahlreich wie in Europa, es gibt etwa 130, die meisten finden sich entlang der Pazifikküste in Kalifornien und Washington, in den Colorado-Rockies, in Ohio und Michigan und in den New England States. Sie kosten für Mitglieder zwischen 10 und 15 $ pro Nacht (keine Altersbeschränkung), haben auch meist Kochgelegenheit. Gut, um andere Traveller zu treffen. Vorausbuchungen (mit Kreditkarte Master/Euro oder VISA) fast immer notwendig! Das Buch „Hostelling North America" bekommt man in Buchhandlungen oder beim DJH-Verband in 32756 Detmold, Postfach 1455. In den USA: „**North American Hostel Handbook**", bei AYH Inc., POB 37613, Washington DC 20013-7613, bei jedem Hostel in den USA oder auch in Reisebuchhandlungen. Website: www.hiayh.org/, mit einer kompletten Liste aller Hostels, Suchfunktion, einem Verzeichnis sonstiger Discounts bei Vorlage des Hostelausweises u.v.a.m.

Außer den AY-Hostels gibt es auch noch ca. 100 HH („Home Hostels", Privatunterkünfte, telefonische Anmeldung immer notwendig) und SA („Supplementals Accommodations", Ergänzungsunterkünfte). Näheres in den genannten Büchern. Weitere Unterkunftsmöglichkeit ähnlich den Youth Hostels bieten die Häuser der **American Association of International Hostels** (AAIH), das sind Herbergen unter freier Trägerschaft, die vor allem Häuser im Westen der USA haben (ab ca. 12 $). Adresse: AAIH, 19 West, Phoenix St, Flagstaff AZ 86002.

Rund 600 Hostels in den USA und Canada (Juhes, Backpackers, unabh. Hostels) listet **„The Hostel Handbook",** von John Williams, 722 St. Nicholas Avenue, New York, NY 10031. Erhältlich in den USA in allen Buchhandlungen oder online unter www.hostelhandbook.com (hier auch Updates, Links etc.). Zu beziehen in Deutschland gegen Vorauskasse beim Reise Know-How Verlag Grundmann, Am Hamjebusch 29, 26655 Westerstede.

Weitere Websites mit Hostelverzeichnissen usw.: www.hostelsofamerica.com, (ca. 60 Hostels) und www.thebackpacker.net.

YMCA und YWCA

Die *Y's,* wie die CVJM in den Staaten genannt werden, bieten vor allem in den Großstädten Übernachtungsplätze. Diese Unterkünfte sind teurer als Youth Hostels, doch billiger als ein Hotel. Während bei den YMCA auch Mädchen und Paare unterkommen können, heißt es bei den YWCA (Young Womens Christian Association) „ladies only" … Adressen und Infos bei:

YMCA of the USA, Association Advancement, 101 North Wacker Drive, Chicago, IL 60606, www.ymca.net (Suchfunktion für ca. 2400 Häuser, u.v.m.). – YWCA of the U.S.A., Empire State Building, 350 Fifth Avenue, Suite 301, New York, NY 10118, www.ywca.org, (Suchfunktion für 313 Häuser etc.). Deutsche CVJMs verschicken gegen Gebühr gleichfalls einen Adressen-Katalog: CVJM-Reisen, Im Druseltal 8, 34131 Kassel.

Studentenwohnheime

Wer zur Ferienzeit (Juni–September) durch die USA reist, kann in den dann leerstehenden Studenten-Wohnheimen vieler Universitäten unterkommen (University Residences). Das kostet zwischen 14 und 26 $, meist mit Frühstück und incl. aller Uni-Einrichtungen (Sport etc.). Gut, um Leute zu treffen und dann evtl. auch privat unterzukommen. Meist nicht für Einzelnächte. Das Verzeichnis („US- and Worldwide Travel Accommodations Guide") ist zu bekommen beim „Campus Travel Service", POB 8355, Newport Beach, Ca. 92660.

Noch günstiger sind *College dormitories,* und über ein College verfügt fast jede amerikanische Mittelstadt. Auch in Häusern von Studentenverbindungen besteht manchmal die Möglichkeit, preiswert zu übernachten.

Touring Cyclist Hospitality Directory

Dieses Directory ist wohl der beste Tip für kostengünstiges Übernachten für USA-Radler. Es kann dort weiterhelfen, wo keine privaten Kontakte entstanden sind. Es ist eine Liste von Radfahrern, die andere Radfahrer bei sich zuhause aufnehmen und ihnen einen einfachen Schlafplatz, eine Dusche oder einen Camp-Platz anbieten. Voraussetzung ist, daß du ein paar Tage zuvor anrufst oder mailst und nachfragst, ob dein Besuch willkommen ist oder ob überhaupt jemand zuhause ist. Die Liste bekommt nur, wer sich auch auf seine nationale Liste setzen läßt (s.S. 106, ADFC-Dachgeber), also einwilligt, gleichfalls durchreisenden Radlern ein Dach über dem Kopf zu geben. Kontakt in den USA: John Mosley, 7303 Enfield Ave., Reseda, CA 91335, Tel. 818-708-2644 (abends und am Wochenende).

Auf dem gleichen Prinzip beruht „The ‚members-only' Warm Showers List (WSL)" des Franco-Kanadiers Roger Gravel, 50 Laperrière, Vanier (QUÉBEC), CANADA G1M 2Y1. Kaltduscher können sich mal auf „The ‚public' World Wild Web Shared Warm Showers List (WWWSWSL)" unter www.rogergravel.com/wsl/vh_for_a.html informieren und auch in die Liste eintragen lassen. – Übernachten kann man auch bei „Womens Cycling Network" (s.o., bei „5. US-Rad-Organisationen").

8. Verpflegung

Selbstversorgende Radelcamper kommen mit ihren Dollars etwas weiter als reine Restaurant-Radler, doch es läßt sich nicht allzu viel sparen, wenn man in halbwegs preiswerten Restaurants einkehrt. Rechnet für selbstzubereitetes Camping-Essen am Tag mit etwa 10 Dollar.

Die USA sind natürlich ein Einkaufsparadies, die Supermärkte haben schon in mittelgroßen Orten sieben Tage in der Woche offen, auch an wichtigen Feiertagen, und manche auch Tag und Nacht. Doch andererseits gibt es in bevölkerungsschwachen Staaten wenige bzw. nur sehr weit auseinanderliegende Ortschaften mit spärlichen Einkaufsmöglichkeiten! Berücksichtigt dies bei den Tagesetappen! Auch Tankstellen haben fast immer kleine Läden mit den wichtigsten Dingen wie Brot, Milch, Konserven, Cheddar Cheese (dort gibt es auch immer Toiletten).

Überall in den USA lockt natürlich das Fast Food, doch sollte man in den USA auch die (leider meist geringen) Möglichkeiten für gesunde, radelgerechte Ernährung ausnützen (Deli-Abteilungen der Supermärkte). Hier ein paar Tips:

Trockenfrüchte sind leicht und nahrhaft, z.B. getrocknete Feigen, Aprikosen, Ananas usw. Sehr empfehlenswert sind Rosinen (Marke: „Sun Maid").

Snack Bars bzw. Energy- oder Power Bars sind Müsli-Riegel für die kleinen Mahlzeiten zwischendurch, es gibt sie in großer Auswahl (GORP – „Good Old Raisins And Peanuts"). Bei heißem Wetter schokoladenüberzogene meiden.

Die Auswahl an (nicht billigen) Mineral- und Sportdrinks ist groß. Gut schmeckt gefrorenes Orangen- oder Grapefruit-Saftkonzentrat zum Selberverdünnen. In öffentlichen Gebäuden, Shopping Malls, Büros etc. gibt es *drinking fountains,* die per Druckknopf kühles Wasser spendieren. Dort könnt ihr eure Flaschen auffüllen. Bei einseitiger Ernährung mag man Vitaminpillen kaufen, die sind in den USA sehr preiswert.

Probiert mal als Brotersatz *bagels,* sie sind haltbarer als Brot, oder *muffins, banana-* und *corn bread* oder *oatmeal cookies!* Erdnußbutter ist ein guter Kalorienspender und ein prima Brotaufstrich, sie braucht keine Kühlung.

Nüsse gibt es in allen Mischungen. Mischt selbst euer „Studentenfutter" mit Rosinen, getrockneten Früchten. In Health-Food-Läden bekommt ihr alles frischer. Trockensuppen sind leicht und schnell fertig, man braucht nur noch heißes Wasser hinzufügen. Schmackhaft sind italienische oder chinesische Fertiggerichte.

Tips: Kauft anstatt teurer Markenlebensmittel auch mal billigeres *generic food,* das sind „no name"-Lebensmittel (meist in weißer Verpackung). Doch erst mal probieren, ob es schmeckt! Immer mehr Supermärkte bieten auch *bulk food* an, unverpackte Lebensmittel in Spendern. Das kann alles von den Nudeln über Kekse bis zu Gummibärchen sein. Man füllt sich dann die gewünschte Menge selbst in Plastikbeutel ab. In Supermärkten gibt es meist auch eine Ecke mit angestoßenen (damaged) Dosen und Packungen oder mit Backwaren, deren Haltbarkeitsdatum bald abläuft, mit erheblichem Preisnachlaß! Bestimmte Sonderangebote, *special offers,* werden von den Supermarktketten oft nur an Inhaber ihrer Kundenkarten abgegeben. Kein Problem: Geht einfach zur Kasse oder zum *customer service* und laßt euch eine Karte ausstellen. Die bekommt jeder, auch „wohnsitzlose" Reiseradler. Wenn das Angebot bspw. heißt: „Buy two – pay one", dann könnt ihr auch nur eins nehmen und bezahlt auch nur den halben Preis.

Und verpaßt neben dem gewöhnlich opulenten US-Frühstück mit *pancakes, waffles and ahorn syrup, blueberry sauce,* Eiern oder Steaks auch nicht die „All-You-Can-Eat-Places": das sind Restaurants (wohlbekannt unter hungrigen Truckern und Cowboys im Westen Amerikas, wo man sich für einen festen Dollarbetrag die Bäuche bis zum Platzen füllen kann. Der berühmteste Ort dafür ist übrigens Las Vegas! Nützt auch das oft kostenlose Nachfassen an Salat-Büffets der Steak-Restaurants aus! Auch Kaffee kann man sich nach der ersten Tasse in Restaurants fast überall kostenlos nachschenken lassen. Die Fast Food Ketten offerieren immer wieder Sonderpreise und einen *free refill* für Softdrinks, auch da läßt es sich sparen. Vergeßt bei den Preisangaben auf Speisekarten nicht, daß noch die Tax und der Service dazukommen (die Amerikaner geben 10 bis 15%, das sie am Tisch liegen lassen, die Rechnung, den *check,* bezahlt man am Ausgang).

Achtung: wegen den in ganz Nordamerika verbreiteten Wasser-Parasiten *Giardia lamblia* sollte man Wasser, gerade aus klaren Bächen, Flüssen und Seen, nicht unabgekocht bzw. ungefiltert trinken, wie Warnblätter der National Parks immer wieder empfehlen. Chemische Behandlung tötet die Erreger nicht immer vollständig ab. Entkeimungsmittel auf Jod-(Iodine-)Basis nehmen. Kleine Handfilter gibt es in den USA und Canada in Ausrüstungsläden (Outfitting Shops).

9. Geld, Post, Dies und Das

Kreditkarten sind bei einer USA-Reise ein „muß"! Am verbreitetsten sind MasterCard und VISA, auch American Express. Und da der Dollar so leicht zu fälschen ist (bzw. war), gelten in den USA Bargeldzahlungen über 100 $ schon als unüblich. Man braucht seine Dollar-Reiseschecks nicht erst bei einer Bank in Bargeld umtauschen (teure Gebühren!), sondern legt sie in Geschäften, Supermärkten, Hotels etc. wie Bargeld hin und bekommt den Differenzbetrag bar zurück. Kleinere Stückelungen wählen.

Post

„General Delivery"-Briefe werden auf den Postämtern nur etwa zwei Wochen aufbewahrt. Wenn abzusehen ist, daß ihr später eintrefft, an den Postmaster des Post Offices schreiben: *„Please hold all mail for Mr. Mustermann for pick up by me upon my arrival (we are travelling by bicycle)".* Die richtige Postleitzahl (zip code) für eure Postorte könnt ihr aus einem Verzeichnis in den Post Offices erfahren. Auf den Postämtern gibt es auch Aerogramme und einzelne „pre-stamped envelopes", was günstiger ist, als einen 100er Pack im Laden zu kaufen (übrigens: unsere Bezeichnung „Post" für Briefe und Karten ist in den USA die „mail").

Kartons für Päckchen kann man in „Mail & Package"-Läden kaufen, die es meist in Shopping Centers gibt. Sie bieten auch UPS (teuer), FedEx und Fax-Dienste an und sie haben meist sieben Tage in der Woche geöffnet. Verseht Päckchen mit unentwickelten Filmen mit dem Vermerk: „Films – Do not X-Ray".

Ihr könnt auch die vielen American Express-Büros als Briefstation einplanen (s. Teil 1, D. 4). Da man bei einer längerdauernden USA-Radfahrt viele Bekanntschaften von Amerikanern machen und von ihnen auch eingeladen werden wird, könnte man sich seine Post – nach vorheriger Bitte – auch an sie schicken lassen. Hat den Vorteil, daß Briefe oder Päckchen dann beliebig lange liegen bleiben können.

Dies und Das
Münz-Waschsalons *(laundromats)* gehören in den USA zum Alltag, und man findet sie außer in Städten und kleinsten Ortschaften oft auch auf kommerziellen Campingplätzen. Und wenn ihr durchnäßt und durchfroren seid, wohin dann gehen? Richtig, in einen warmen Laundromat, zum euch und die nassen Kleider zu trocknen. Waschen kann man natürlich auch nebenher.

Anti-Mückenmittel heißen „Muskol" oder „Cutter", Wasserentkeimungsmittel *Iodine* oder *Halazone*. Bei Gesprächen sagen, daß ihr mit dem „bicycle", unterwegs seid, unter „bike" wird meist ein Motorrad verstanden!

10. Rad und Ausrüstung
Für Langstreckentouren durch die USA sind Mountainbikes weniger geeignet, die Straßen zu Hauptsehenswürdigkeiten und durch schöne Landschaften sind durchweg asphaltiert. Kleine Laufräder und allzu breite Reifen erschweren ein zügiges Vorankommen. Mit einer Reifenbreite von 32 mm kommt man noch gut über gelegentliche Schotterwege oder andere unbefestigte Strecken. Wer über bestimmte Strecken mit einem Minimum an Gepäck komfortabel radeln und reisen will, kann auch sein Rennrad mitnehmen. Da die Gebirgsstrecken und Pässe in den USA nicht besonders steil sind (fast immer unter 10%), reicht eine Übersetzung von 1:1,5 völlig aus.

Wann immer möglich, solltet ihr allerdings auf Nebenstraßen ausweichen, ohne lärmigen und stinkenden Autoverkehr ist das Raderlebnis USA einfach um einiges intensiver. Querverbindungen zwischen Hauptstrecken können sehr wohl unasphaltiert sein und teils heftige Steigungen aufweisen. Nebenstrecken in National Parks, National Monuments, National Forests und State Parks sind immer unasphaltiert und (im Südwesten) oft sehr sandig. Hier kann ein Mountainbike mit breiteren Profilreifen und einer Untersetzung seine Vorteile ausspielen. Überlegt also schon bei der Planung, ob ihr auch solche Pisten unter die Reifen nehmen wollt und bedenkt, daß MTB-Ersatzteile viel weiter und in viel größerer Vielfalt verbreitet sind als solche für Roadbikes.

Da alle Straßen-Entfernungen noch in Meilen angegeben sind, lohnt es evtl., den Radcomputer auf Meilen umzustellen. Perfektionisten oder Rechenfaule montieren zwei Computer (für Meilen und Kilometer). Ventile: Überwiegend nur *schrader valves* (Auto-Ventile), es gibt aber auch *presta valves* (Sclaverand-Ventile, notfalls Felgenadapter dabeihaben). Falls ihr an Tankstellen eure Reifen mit Preßluft aufgepumpt: in den USA wird der Druck in *pounds per square inch* (psi) gemessen. 1 bar ist 14,22 psi, 1 psi ist ca. 0,07 bar.

Bicycle- und *Outdoor Equipment Shops* gibt es in den USA sehr viele, und wie erwähnt solltet ihr überlegen, ob ihr nicht erst drüben einen Teil eurer Kleidung und Ausrüstung kauft (Zelte, Schlafsäcke, Isomatten und Kocher sind billiger und von bester Qualität). Kocher: Reinbenzin (engl. „white gas", Autobenzin heißt „gasoline" oder kurz „gas") für Benzinkocher wird in den USA unter dem Markennamen „Coleman fuel" verkauft, in Outdoor-Geschäften, meist nur per *gallon* (ca. 3,8 l) erhältlich; andere Camper fragen, ob sie einen „quart" von ihrem Brennstoff abgeben).

Adressen vom Versandhandel finden sich in Rad-Zeitschriften (z.B. „Bicycle"). Hier einige Ladenketten:

Performance Bicycle Shop, POB 2741, Chapel Hill, NC 275514 (Katalog anfordern). *Eastern Mountain Sport* hat ca. 75 Läden an der Ostküste von Virginia nordwärts. Adressen bekommt man von: EMS, 1 Vose Farm Road, Peterborough, NH 03458, www.ems.com (kein Katalog). *Recreational Equipment Inc.* hat über 50 Läden in allen Großstädten der USA, auch viele an der Westküste. Katalog und Adressen von REI, Sumner, WA 98352-0001, www.rei.com. Viele der Läden haben auch einen **Bicycle-Express-Versand,** wichtig zu wissen bei schnell benötigten Ersatzteilen! Kreditkarte erforderlich! Eine Liste mit den Adressen der wichtigsten Radgeschäfte in allen Bundestaaten der USA steht in den „Yellow Pages".

Ach ja: Woran erkennt man in den USA einen Radler aus Europa? Er trägt keinen oder selten einen Helm, dagegen die Amis immer.

11. Mountainbiking in den USA

Im Erfindungsland des Mountainbike gibt es in vielen Staaten eine sehr große Anzahl von Mountainbike Trails und dort kommt jeder auf seine Kosten und Vorstellungen. Die meisten Möglichkeiten bieten Utah (Moab), Colorado (Durango), Kalifornien und noch einige Staaten mehr. Es empfiehlt sich, einen speziellen MTB-Führer zu kaufen. Mountainbikes heißen in den USA übrigens auch – wegen den überbreiten Reifen – „fat tire"-Bikes!

Um euch eine Vorstellung zu geben, wo Geländefahren möglich ist, hier eine Auswahl von Mountainbike-Führern, alle mit Trails, Karten, Fotos. Die Bücher sind bei der ACA oder im Bestellbuchhandel erhältlich, in Moab/Utah hat z.B. auch jeder Bike Shop eine Auswahl an Guidebooks.

Canyon Country Mountain Biking, von Barnes & Kuehne, Canyon Country Publications, Moab; 23 Trails in Südost-Utah, in Arches, Canyon Rims, Island Area, La Sals, The Maze, Needles etc. – *Mountain Bike Guide to Colorado,* von L. Stoehr; 30 Touren. – *Mountain Bike Adventures In The Northern Rockies,* von McCoy, The Mountaineers Books; 44 Touren im Yellowstone, Sun Valley, Jackson Hole u.a. – *Mountain Bike Adventures In The Four Corners Region,* von McCoy, The Mountaineers Books; Moab Slickrock, Grand Canyon, Santa Fe, Taos, Superstition Mountains in Arizona. – *Above and Beyond Slickrock,* von Campbell, Wasatch Publishers, Salt Lake City; Führer zu den populärsten Mountain Bike Trails in Südost-Utah, 40 Trails in 11 verschiedenen Gebieten. – Eine Info-Stelle und Touren-Organisation für Moab und Canyonlands-Touren: Rim Tours, 1233 S. US 191, Moab, UT 84532, USA.

Außerdem gibt es Mountainbike Guides für Vermont, Massachusetts, Alaska, Washington, Canada. Der amerikanische Verlag „The Mountaineers Books" hat noch eine ganze Reihe weiterer MTB- und Roadbike-Guides im Programm (www.mountaineersbooks.org). Darüber hinaus gibt es noch viele „Special Events" mit Bezeichnungen wie „Fat Tire Bike Week", „Iron Horse Bicycle Classic", „Off-Road Stage Race" u.ä. mehr. Wer mal an einem teilnehmen will: in den „Yellow Pages" stehen alle mit Datum, Anmeldung und Beschreibungen.

Alles rund ums MTB (Trail Guides, Fotos, Festivals, Diskussionsforen, Links etc.) bspw. unter www.webmountainbike.com, www.mtbonline.net, www.altrec.com/cycle oder www.dirtworld.com (sehr übersichtliches Trail-Verzeichnis). Die „Internet Bicycling Hub" (www.cycling.org) wendet sich an Touren- und Mountainbiker gleichermaßen. „The Internet's mountain bike park" (http://xenon.stanford.edu/~rsf/mtn-bike.html) ist eine riesige Linksammlung, auch speziell zum Mountainbiking rund um San Francisco.

Die „Women's Mountain Bike and Tea Society – WOMBATS" (www.wombats.org) organisiert Events und Diskussionsforen „for ladies only". Adresse: WOMBATS, P.O.Box 757, Fairfax, CA 94978, USA.

Rails-to-Trails Conservancy ist in den USA eine Organisation, die stillgelegte oder stillzulegende Eisenbahntrassen der Nutzung als Radfahr- und Freizeit(Wander)wege zuführt. In dem Guide „1000 Great Rail-Trails", The Globe-Pequot Press, sind die schönsten aufgelistet. Mit Karten, Trail-Länge, Beschreibung und Nutzungsmöglichkeit, bis jetzt insgesamt nahezu 18.000 km in 44 US-Bundesstaaten. Wer also Lust verspürt, die USA auf aufgegebenen Eisenbahnstrecken zu erkunden – gerade Mountainbiker – sollte sich dieses Buch oder einen der anderen Regionalführer zuschicken lassen. Bestellinformationen online unter www.traillink.com, „Trail Guidebookes". Hier findet ihr auch eine Suchmaschine für alle nationalen Rail-Trails! Adresse der Organisation: Rails-to-Trails Conservancy, 1100 17th St NW, 10th Floor, Washington, D. C. 20036, USA (www.railtrails.org).

Ein weiteres empfehlenswertes Buch: „Washington's Rail-Trails", von Fred Wert. 40 Routen durch das landschaftlich so schöne und in großen Teilen noch kaum berührte Washington. Mit Karten, Fotos, Länge und Schwierigkeiten der Trails u.v.m., Verlag The Mountaineers, im Bestellbuchhandel.

12. Transport mit Bussen, Bahn, Flugzeug

Wer schnell vorwärtskommen oder uninteressante Strecken überbrücken will: Die bekannten Greyhound-Busse nehmen gegen Gebühr auch (verpackte) Räder mit, doch leider wird eine Bike Box seltenst gestellt, deshalb vorher schon eine in einem Bike Shop besorgen. Bus-Pässe („Discovery Pass") schon vor der Einreise in die USA kaufen, das ist billiger. Weitere Spezialtarife, wie z.B. ein Frühbucherrabatt („Greyhound Friendly Fare") werden auch noch in den USA gewährt. Vorab-Infos und Einzelheiten auf der Website www.greyhound.com oder im Grundman USA-Reiseführer (lest dort auch über das verrückte Spaß-Bussystem „Green Tortoise" nach, diese Busse sollten in ihrem Gepäckfach auch Platz für Räder haben. Einen Katalog könnt ihr online anfordern unter www.greentortoise.com, oder schreibt an Green Tortoise Adventure Travel, 494 Broadway, San Francisco, CA 94133, USA).

Bahn

Auch in der amerikanischen Eisenbahn ist die Mitnahme von Rädern möglich. Dachorganisation der verschiedenen Linien (Northeastern, Eastern, Western und Far Western) ist die AMTRAK. Unter Miteinbeziehung von Zügen – von denen einige eine großartige Streckenführung haben – eröffnen sich ganz neue Touren- und Routenplanungsmöglichkeiten einer Radfahrt durch die USA.

Bei der Radmitnahme gilt zu beachten, daß es AMTRAK-Strecken gibt, auf denen man das Fahrrad vorher aufgeben muß ("checked bicycles only"), das ist bei den Strecken östlich der Linie Chicago – New Orleans der Fall. Westlich dieser Linie kann man auf AMTRAK-Strecken das Rad auch mit ins Wagenabteil nehmen ("carry-on-bicycles"). Doch dafür muß das Rad (ohne Laufräder) zuvor in eine spezielle Radtasche gepackt werden, die es bei Radhändlern zu kaufen gibt (bicycle carry bag). Das Problem ist nur, wohin später damit, und billig sind die Dinger auch nicht. AMTRAK stellt gegen eine geringe Gebühr jedoch auch einen großen Transportkarton für den Gepäckwagen bereit, die man dann beim Aussteigen zurücklassen kann. Näheres darüber bei der AMTRAK und in Bahnhöfen.

Die AMTRAK verkauft auch die USA Rail-Pässe, die sind im Verhältnis zu den Kosten von Einzel-Tickets überaus günstig (verschiedene Geltungsbereiche, z.B. der "California Rail Pass" für nur 159 Dollar!). Details wieder im Grundmann USA-Führer oder topaktuell auf der Website www.amtrak.com.

Wer alles ganz genau wissen will: Über Bahn- und Busreisen in den USA gibt es ein sehr gutes, leicht verständliches "USA by Bus and Train"-Buch von Gary Hawkins, ISBN 0-394-72123-3, Pantheon Verlag New York. Im Bradt-Verlag ist das Buch "USA by Rail" (mit Canada) von John Pitt erschienen, das gleichfalls sehr hilfreich ist. Erhältlich im Bestellbuchhandel.

Flugzeug

Mit dem Rad fliegen ist in den USA gang und gäbe, und das Flugzeug ist über weite Strecken billiger als Bus und Bahn. Nahezu alle inneramerikanischen Airlines transportieren ein Fahrrad frei (oder gegen eine geringe Gebühr), wenn es außer dem Handgepäck das einzige Gepäckstück ist und es nicht mehr als ca. 20 kg wiegt (Limit je nach Airline verschieden). Man kann natürlich auch zwei Gepäckstücke aufgeben (oder auch drei), doch ist es evtl. kostengünstiger, zwei Handgepäckstücke an Bord zu nehmen, denn im Gegensatz zu Transatlantikflügen sind auf inneramerikanischen Flügen durchweg zwei Handgepäckstücke gestattet (carry-on-luggage). Sie müssen nur unter den Sitz (max. Größe 55 x 36 x 20 cm) oder ins Gepäckfach über dem Sitz passen (max. Größe 90 x 50 x 30 cm – theoretisch). Je nach Fluglinie darf das Gewicht dieser zwei Handgepäckstücke maximal zwischen 18 und 32 kg wiegen. Erkundigt euch bei der Buchung nach den Bestimmungen, geringfügige Überschreitungen werden in den USA immer toleriert.

Ihr könnt mit dem Rad direkt zum check-in fahren, dort müßt ihr wie üblich die Pedale nach innen schrauben, den Lenker parallel stellen und absenken. Die meisten Airlines werden verlangen, daß das Rad in eine Box verpackt wird, und für etwa 25 bis 30 Dollar stellen sie eine zur Verfügung. Nehmt diesen Service in Anspruch, anstatt vorher selbst lange in einem Geschäft nach einer passenden Box zu suchen (und wie die zum

Airport transportieren?). Checkt wegen billigen inneramerikanischen Flügen die Sonderangebote in örtlichen Zeitungen und Reisebüros. Es gibt spezielle Wochenend- und Nachttarife!

Auto über-führen

Eine andere Möglichkeit, billig und doch selbständig mit dem Rad in den USA große Distanzen zu überbrücken, ist das *Auto Drive Away.* Firmen setzen dazu aus Kostengründen gerne Privatleute ein, auch Ausländer. Ihr ladet Rad und Gepäck in die meist ausreichend großen Wagen ein – und ab geht's (ihr braucht ja bei der Anfrage nicht unbedingt euer Rad erwähnen). Am Überführungsort angekommen setzt ihr die Räder wieder zusammen und radelt nun weiter durch den Osten oder Westen der USA. Firmen finden sich in den „Yellow Pages" unter „Automobile Transporters & Driveaway Companies". Bekannte Firmen sind: „AAACON" und „Auto Drive Away". Vorraussetzung: Alter mindestens 21 Jahre, eine Kaution (Kreditkarte!) und natürlich der Führerschein. Lest den Vertrag genau durch (Reparaturen unterwegs? Unfall? Versicherungen?) und denkt dran, daß ihr jeden Tag mind. 400 Meilen fahren müßt! Ein Sightseeingtrip ist da nicht drin. Falls es mal jemand gemacht hat, teilt mir eure Erfahrungen mit.

13. Das amerikanische Straßensystem

(von
*Raphaela
Wiegers*)

Die großen, (mindestens) vierspurigen Verbindungsstraßen, die quer durch die USA oder durch einen Staat laufen, heißen **Interstate Highways.** Sie sind vergleichbar mit unseren Autobahnen. Auf ihnen rollt der Fernverkehr durchs Land und sie haben sehr breite Seitenstreifen (shoulders). Und man darf auf diesen breiten Streifen – erstaunlicherweise – in einigen Staaten auch als Radler fahren (steht auf Schildern vor jeder Auffahrt). Das macht dann aber nicht besonders viel Spaß, ist aber in einigen Regionen angesichts mangelnder Alternativen (z.B. im südlichen Nevada) unvermeidbar. Auch im Süden von New Mexico z.B. gibt es keine andere Verbindungsstraße von Ost nach West. Wer von El Paso nach Tucson radeln will, muß entweder riesige Umwege in Schleifen machen oder eben auf die Interstate gehen. Im Gegensatz zu anderen Staaten ist dies ausgerechnet aber in New Mexico verboten!

Gemacht wird es trotzdem, frei nach dem 11. Gebot, „Du sollst dich nicht erwischen lassen" … Wenn wir an Kontrollpunkten vorbeifuhren, versteckten sich die Beamten gnädigerweise stets hinter irgendwelchen Tageszeitungen.

Weitere Beispiele: In Arizona ist das Radfahren auf den Seitenstreifen mit Ausnahme um die Ballungszentren wie Phoenix oder auf dem I-10 zwischen Phoenix und Tucson erlaubt. In Louisiana ist es grundsätzlich verboten. Zu recht, denn die veralteten Brücken dort sind extrem eng und unübersichtlich. Der Müll, der sich zudem an den Fahrbahnrändern angesammelt hat, wurde wohl seit Jahren nicht mehr weggeräumt. Louisianas Interstates und Highways erfordern Slalomfahrten zwischen Unrat aus Radkappen, Ölfiltern, Zierleisten und Glasscherben. Keiner der Autofahrer, die mit 55/65 Meilen und mehr pro Stunde vorbeirasen, erkennt deine Schwierigkeiten voranzukommen ohne die Balance zu verlieren … Louisianas Brücken sind lebensgefährlich. Daher sollte man dort die Route so planen, daß man, wann immer es möglich ist, auf Flußfähren ausweicht.

Auf Interstates zu radeln ist in den USA nur noch erlaubt in Idaho, Montana, North Dakota, South Dakota. Mit Einschränkungen erlaubt ist es in Oregon (nicht in Portland auf den I-5, I-84, I-205 und I-405), Nevada (nur auf bestimmten Abschnitten), New Jersey (nur mit Genehmigung des DOT), Oklahoma, Texas, Utah, Washington (nicht um Ballungszentren), Wyoming. Erlaubt also meist in jenen Staaten, die nur leicht besiedelt sind, der Verkehr schwach ist oder das Straßennetz sehr weitmaschig ist. Die Einschränkungen beziehen sich meist auf das Verbot in und um Großstädte oder wenn zur Interstate genausogut eine Ausweichstraße benutzt werden könnte. Denn parallel zu den Interstates oder **Freeways** (das sind kreuzungsfreie Autobahnen jeden Typs, man hat „freie Fahrt") verlaufen fast immer sogenannte **Frontage Roads**, das sind solche Ausweichstraßen (oder z.B. auch Servicestrecken zu Raststätten).

Bei der **Richtungs-Orientierung** auf Interstates ist übrigens die Numerierung in Verbindung mit der Himmelsrichtung wichtiger als die Angabe von Ortsnamen, wie wir es von unseren Autobahnen gewohnt sind. Ganz einfach: Interstates mit geraden Nummern (80) verlaufen in Ost-West-Richtung, mit ungeraden Nummern in Nord-Süd-Richtung. Dreistellige Ziffern mit gerader Anfangszahl (430) führen um eine Stadt herum, mit ungerader Anfangszahl in die Innenstadt.

Überraschend am Freeway-System sind jedoch Auf- und Ausfahrten auch auf der linken Seite! Bei Fahrbahnüberquerung und dichtem Verkehr für einen Radfahrer ein Horror! In Colorado führen sogar offizielle „Bike Routes" über die Interstate 70!

Wo das Radfahren auf den Interstates nicht erlaubt ist, stehen Verbotsschilder. Für Begegnungen mit der Polizei gilt: Wer sich nicht auskennt oder sich irrt, wird ermahnt und gebeten, die Interstate bei der nächsten Ausfahrt zu verlassen. Informationen über die Interstates bekommt man beim *Department of Transportation* (DOT), Büros gibt es in allen Hauptorten der Counties. Die Homepage *der Federal Highway Administration* listet die Webadressen aller DOTs auf: www.fhwa.dot.gov/webstate.htm.

■ *Auch Fahrradfahrer müssen hier Maut bezahlen*

Die **US-** oder **State Highways** sind die weiteren Hauptverkehrsadern (eine Autostraße, egal welchen Typs, nennen die Amerikaner immer einen Highway, ein begrifflicher Unterschied zur „Road" existiert nicht). Für Autofahrer sind High- oder Freeways manchmal gebührenpflichtig („Toll" = Gebühr bzw. Maut). Dann heißen sie *Turnpikes, Cause-, Express-* oder *Parkways* (ein Parkway ist eigentlich eine kommerzfreie Straße durch Parks oder durch Wohngebiet, also gut zum Radeln).

Highways sind der Straßenalltag des Tourenradlers in den USA. Leider läßt sich über die Qualität dieser Straßen keine allgemeingültige Aussage machen. Mal sind sie zweispurig, mal drei- oder auch vierspurig. Mal mit Seitenstreifen, mal ohne, mal mit exzellentem Belag, das andere mal eine Rumpelpiste. Das Gemeine an diesen Straßen ist, daß sie meist gerade dort schlecht werden, wo man sie am wenigsten gebrauchen kann. Während man z.B. in Wyoming in Regionen, in denen man stundenlang kein Auto sieht, auf glatten, breiten Seitenstreifen radeln kann, kämpft man in der Nähe des Yellowstone National Parks, wo ein Wohnmobil dem anderen folgt, auf den Signalstreifen am Rande der engen holprigen Fahrbahn ums Überleben. Auf einsamen Strecken hat man in die Seitenstreifen manchmal auch Querrillen eingefräst, damit ein eingenickter Autofahrer durch die Vibrationen wieder aufwacht, bevor er von der Straße schießt. Für einen Radler sind diese Rillen kaum auszuhalten!

America's Byways sind der Überbegriff für alle *National Scenic Byways* und *All-American Roads*. Das sind Straßen, die wegen ihrer historischen, kulturellen, archäologischen oder einfach landschaftlichen Sehenswürdigkeiten als herausragend eingestuft wurden und auch für Radler überaus interessant sind. Momentan gibt es 72 Byways in 32 Bundesstaaten. Manche Byways sind für Lkw gesperrt, hier können Radler gar auf „Bicycles-Only"-Campgrounds übernachten, andere unterscheiden sich in nichts von einem „normalen" Highway. Aber immer gibt es Karten und Auskünfte in den Visitor Centers vor Ort oder im Internet („National Scenic Byways Online", www.byways.org). Versucht, diese Byways in eure Route einzuplanen, hier präsentiert sich Amerika auf dem Tablett!

County Roads sind zweispurige Landstraßen, vergleichbar mit unseren Kreisstraßen (ein County ist ein Verwaltungsbezirk, ähnlich unserer Landkreise). *Farm-* oder *Ranchroads* verlaufen durchs Hinterland und sind meist nur Anliegern bekannt, werden nicht vom Durchgangsverkehr benutzt. Das ist *cyclists paradise,* hier läßt sich noch das ländliche Amerika entdecken! Je nach Besiedlungsdichte sind auch sie asphaltiert oder gut befestigt.

Forest Roads sind Forstwirtschaftswege in den National Forests, wo es ein dichtes Netz davon gibt und auf denen meist wenig Verkehr herrscht. Die Hauptwege sind mit einem ausgezeichneten Schotterbelag versehen. Wer ein geländetüchtiges Rad hat, kann so manche Abkürzung nutzen (vgl. auch „Camping im National Forest").

Gravel Roads sind Schotterstraßen, die bei Trockenheit furchtbar staubig und bei Nässe sehr rutschig werden. Die niedrigste Straßenart sind dann die **Dirt Roads,** bessere Feldwege, die bei Regen schnell zu Schlammstrecken werden können.

Die **Paßstraßen** sind im Westen der USA gut ausgebaut und im Vergleich zu Alpenpässen recht harmlos. Sie schlängeln sich in langgezogenen Steigungen von selten mehr als 10% die Berghänge hinauf. Gut als Ausdauertraining und moderat im Kräfteverschleiß (übrigens: 1 Mile sind ca. 1,6 km).

14. Straßen- und Radkarten *(von R. Wiegers)*

Je mehr Straßen in einem Land, desto wichtiger sind Karten! Und Amerika hat wahnsinnig viele Straßen! Für Vorab-Planungen kann man sich schon zuhause den Rand McNally Straßenatlas USA (erhältlich in Buchhandlungen) oder eine sonstige gute USA-Straßenkarte zulegen. Kartenbezug von oder in den USA: das Heft „Cyclists' Yellow Pages" der Adventure Cycling Association (ACA) listet die Bezugsquellen, nämlich die *Departments of Transportation* (DOT) und die *Departments of Highways and Public Transportation* für alle *State Highway Maps,* für *County Highway Maps* und für *Bike Route Maps* der einzelnen amerikanischen Bundesstaaten auf. Im wesentlichen sind es drei Kartentypen, die für eine Radtour durch die USA nötig sind:

State Highway Maps

Alle Staaten der USA geben eine detaillierte State Highway Map heraus, auf der alle Haupt-, Neben- und auch County-Straßen verzeichnet sind. In den USA werden die State Maps von Tourist-Büros – wenn man z.B. in einen neuen Staat kommt – von den obengenannten Departments oder vom *State Department of Tourism* kostenlos abgegeben (der Sitz dieser Stellen ist fast immer die Hauptstadt des Bundesstaates). Für Radfahrer sind diese Karten recht brauchbar und, mal abgesehen von den touristischen Superlativen mit denen sich jeder Staat lobt, auch recht informativ und zuverlässig in ihren Angaben. Man bekommt sie auch bei den „Chambers of Commerce", den örtlichen Handelskammern.

Kommerzielle Highway Maps eines Staates (z.B. von Rand McNally, Gousha oder DeLorme) sind im Vergleich zu den offiziellen Karten graphisch oft übersichtlicher gestaltet. Vorteil ist, daß man sie zur Planung der weiteren Route gleich vorab erwerben kann. Man bekommt sie an Tankstellen und im Buchhandel, manchmal auch in Supermärkten und Drugstores für wenige Dollar.

Brauchbar sind auch die State Maps des „Triple A". Mitgliedern europäischer Autoclubs werden sie kostenlos überlassen.

County Highway Maps

Die State Highway Departments geben auch *County Maps* heraus, die jede Straße und jeden Weg eines Countys zeigen. Es gibt sie in den Maßstäben 1 inch und 1/4 inch (= 1 Mile). Letzterer Maßstab ist für eine detaillierte Routenplanung voll ausreichend. Sie kosten zwischen 1 und 4 Dollar das Stück. Sie sind nur nötig, wenn ihr einen Staat intensiv und länger bereisen wollt.

American Atlas and Gazetteer

Das sind die besten Kartenwerke für Reiseradler! Prinzipiell handelt es sich bei den Gazetteer um eine Sammlung von County Maps zu einem Bundesstaat, die leider nur als „Kompaktpaket" (Gewicht ein Kilo!) im DIN A 3 Format angeboten werden. Es gibt sie als Farb- oder Schwarzweiß-Drucke. Die farbigen Versionen umfassen auch topografische Angaben. Auf ihnen sind Radfahr-Routen, Campgrounds, *outdoor recreation,* schöne Wegstrecken, Trails, historische Punkte u.a. mehr aufgeführt. Für alle 50 Bundesstaaten.

Die Atlas und Gazetteer kosten rund 20 Dollar zuzüglich Porto und Versand. Bezug: DeLorme Mapping Co., Two DeLorme Drive, P.O.Box 298, Yarmouth, ME 04096, USA. Vorab-Infos unter www.delorme.com.

Sie lohnen sich am ehesten, wenn man sich für längere Zeit in einem Staat aufhält, weniger, wenn man ihn nur auf möglichst direktem Wege durchqueren will. Unterwegs kann man sie natürlich auch kaufen, man muß manchmal etwas herumfragen. Versucht es im Buchhandel, bei Radläden, Outdoor-Ausrüstungsgeschäften, in Karten- oder Souvenirläden. Tip: Oft sind sie – und County Maps – in Leih- und Universitätsbüchereien vorrätig, wo man dann die Blätter der Regionen, die man durchradeln will, fotokopieren kann. Auch Reiseführer gibt es da.

Ihr könnt sie auch – und Karten aller Nationalparks in den USA und Canada – im Bestellbuchhandel bzw. bei Karten und Reiseführer Schrieb oder bei Brettschneider bekommen (Adressen s.S. 42).

Bike Route Maps, Bicycle Touring Maps Viele US-Staaten (z.B. Arizona, Kalifornien, Kentucky, Minnesota, New Hampshire, North Carolina, Oregon, Washington, Wisconsin) geben auch spezielle Radkarten heraus (z.B. mit Auskünften über Steigungsstrecken und Straßen mit Seitenstreifen), oder Listen mit empfehlenswerten Rad-Routen ihres Staates. Diese Radrouten verlaufen dann entlang bereits existierender Straßen oder sie führen über extra angelegte „Bike Paths" bzw. „Bike Ways". Dazu gibt es meist auch noch einen *State Bicycle Guide.* Wer noch mehr wissen will, der wendet sich an den *State Bicycle Coordinator,* dieser Mann oder diese Frau kann dir bei allen fahrradspezifischen Fragen und Problemen, Routen und Karten eines Staates weiterhelfen.

Und es gibt immer noch mehr Karten: **National Forest Maps** sind detaillierte Karten der Forstaufsichtsbezirke mit Meilenraster. Gut für Ausflüge ins Hinterland (in den Büros der Forstverwaltung). Sie hängen oft auch in Schaukästen dort oder bei der Chamber of Commerce. Man kann sie aber auch schon im voraus online bestellen auf der Website www.fs.fed.us/links/nfs.html (Bundesstaat und Region anklicken).

Topografische Karten zeigen das Land in großem Maßstab mit Höhen und Tiefen und der natürlichen Beschaffenheit (Flüsse, Sümpfe, Wüsten etc.) in großem Maßstab, für Radfahrten sind sie aber wegen oftmals fehlender (Neben-)Straßen nur in Verbindung mit einer County Map brauchbar, doch für die Long-Distance-Planung sind sie weniger brauchbar. Man bekommt sie bei vielen Outdoor Equipment Stores und in den oben erwähnten Geschäften.

Stadtpläne kann man wie andere kommerzielle Karten überall kaufen oder bei der Tourist Information bekommen. Manche Großstädte bieten auch Extrakarten mit Radwegenetz an, San Francisco bspw. einen empfehlenswerten Stadtplan, in dem alle Straßen mit mäßigen Steigungen farbig gekennzeichnet sind. **Tip:** wenn kein Laden in der Nähe ist, versucht es bei *realtors,* das sind die zahlreichen Grundstücksmakler.

Karten von **National Parks** bekommt man beim Eintritt in einen Park.

ACA-Maps sind die Radkarten vom ACA für die Überland-Routen durch die USA. Sie sind äußerst genau und aktuell, zeigen alles, was für Radfahrer wichtig zu wissen ist (z.B. Höhenprofile). Es gibt sie für die vom ACA ausgearbeiteten Radtouren durch Amerika (zurzeit 10 große Routen), und für jede Strecke benötigt man zwischen einer und zwölf Karten). Wegen ihres Detailreichtums sind sie manchmal ziemlich verwirrend, auch weil sie nicht immer nach Norden ausgerichtet sind und unterschiedliche Maßstäbe haben. Sie kosten ca. 12 teure Dollar das Stück, für Mitglieder und bei Abnahme eines ganzen Routensets gibt's aber Rabatt.

Traffic Flow Maps sind Spezialkarten für Radfahrer, sie zeigen das Verkehrsaufkommen von Straßen im Einzugsbereich von Großstädten. Als Reisekarten sind sie verzichtbar.

15. Verkehr Ein großes Umdenken von deutschem auf amerikanischen Straßenverkehr ist für einen Radfahrer weder in den USA nach in Canada nötig. Die Ausschilderung ist gut, und die Amerikaner sind hinterm Steuer gelassener als deutsche Autofahrer (zumindest auf dem Land). Radfahrer allerdings sind für viele Amis meist noch ungewöhnliche Verkehrsteilnehmer, in vielen Staaten werden sie eher als Freizeitsportler und weniger als gleichberechtigte Verkehrsteilnehmer angesehen. In verkehrsreichen Regionen oder auf stark befahrenen Straßen ist vor allem gute *Sichtbarkeit* wichtig, z.B. durch reflektierende Bänder oder Aufkleber an Rad, Kleidung, Körper oder Helm. Auch leuchtende Kleidungsfarben erhöhen die Sicherheit. Symbol für sich langsam bewegende Verkehrsteilnehmer (z.B. Pferdekutschen) sind in den USA orangefarbene „Safety Triangle", die es auch für Radler gibt. Man kann alles drüben in den zahlreichen Sport- und Radgeschäften kaufen. Und spätestens dann solltet ihr noch in einen Seitenspiegel investieren, die gibt es in größerer Auswahl als daheim. Ein kleines anklipbares Diodenrücklicht für etwaige Tunnelfahrten oder neblige Tage vervollständigt die Sicherheitsausstattung.

Vorsicht vor den schweren Truckern – die verursachen bei ihrem Überholvorgang einen gewaltigen Sog. Achtung auch, wenn hinter euch eines der omnibusgroßen, breiten Mobil Homes auftaucht, besonders zahlreich sind sie in der Nähe von National Parks. Ihre Fahrer sind oft frischgebackene Rentner, die ihren neuen Brummer noch nicht richtig beherrschen, oder es sind nur Freizeit- oder Mietwagenfahrer, die gleichfalls ihre Geschwindigkeit, ihre Wagenbreite, eine kurvige Bergstraße und einen plötzlich auf der rechten Seite auftauchenden Radfahrer nicht mehr unter „einen Hut" bringen.

Verkehrs- Einige wichtige andersartige Regeln: Rechtsabbiegen an roten Ampeln
regeln ist bei freiem Querverkehr erlaubt (sofern durch ein Schild nicht ausdrücklich verboten). An Stop-Schildern wird immer angehalten – auch wenn es mitten in der Wüste ist, und die Amis tun das auch. An Kreuzungen ohne Vorfahrtsschilder gilt nicht „rechts vor links", sondern „wer zuerst kommt, fährt zuerst". An Kreuzungen mit „Four-Way-Stops" fährt derjenige zuerst weiter, der zuerst die Kreuzung erreicht hat, dies gilt auch für Radfahrer. Stehende Schulbusse dürfen nicht überholt werden. Autofahrer zeigen manchmal Richtungsänderungen oder ihren Halt auch durch Handzeichen aus dem Fenster an.

Paßt bloß auf die für einen Radfahrer teuflischen *cattle guards* auf, das sind in die Straße eingelassene Eisenstreben, die quer oder gar in Straßenrichtung verlaufen, die können für ein Vorderrad (und den Biker) tödlich sein! Bei Regen sind sie sehr rutschig! Auch nicht schräg anfahren, Sturzgefahr! Achtet bei Highways auf weiße Schilder mit der Aufschrift „Cyclists and … are not allowed", sie stehen meist erst weit in der Auffahrt.

B. Die USA per Rad
von *Raphaela Wiegers*

1. Warum die USA? Unsere Freunde reagierten ganz schön eigenartig, meist bissig, als sie von unseren Reiseplänen in die Vereinigten Staaten erfuhren. Offensichtlich fehlte unserem Zielland der Hauch von Exotik, der das Reisen erst so recht interessant macht.

Mag sein, dachten wir. Aber was ist denn so übel daran, durch ein Land zu radeln, in dem scheinbar vieles ähnlich ist wie daheim?

Schließlich erleichtert es das Reisen auch, wenn man sich auf vertrautem Terrain bewegt. Keine Ersatzteilprobleme, keine Sorgen ums Trinkwasser, kein schlechtes Gewissen angesichts allgegenwärtiger Armut, keine großen Sprachprobleme. Und je mehr wir uns in Bücher über die Vereinigten Staaten vertieften, je aufmerksamer wir Berichte und Filme anschauten unter dem Aspekt der Reisevorbereitung, um so gespannter wurden wir auf das, was uns wohl in den USA vor Ort wirklich erwarten würde. Amerika, so schien es, hat von allem etwas: grandiose Landschaften, menschenleere Einöden, brodelnde Städte, verstaubte Traditionen, modernste Technologien, eine multikulturelle Gesellschaft dank der Einwanderer aus allen Teilen dieser Welt. Aber auch Umweltprobleme, ein lückenhaftes soziales Netz, Probleme mit Waffenmißbrauch, Drogenhandel und schwelende Rassenkonflikte. Wir wollten sie erfahren, oder besser „erradeln", die Sonnen- und die Schattenseiten einer krassen Leistungsgesellschaft in diesem scheinbar endlos weiten Land.

2. Kein Platz für Radfahrer? Eine der Schattenseiten lernten wir gleich zu Beginn kennen: Autos und Fahrstil. 150 Millionen zugelassene Pkws, eine nahezu unvorstellbare Zahl, die am sanftesten in Form von etwa vier in jedem Vorgarten neben Wohnwagen und Motorboot abgestellten Blechkisten Gestalt annahm. Ich mag „road-movies", und in meiner vom Kino geprägten Fantasie rollten eben diese 150 Millionen Autos als komfortable Luxuslimousinen langsam zu leiser Musik über großzügige breite Highways dem fernen Horizont entgegen. Offensichtlich hatte ich die falschen Filme gesehen. Krimiserien mit ihren hektischen Verfolgungsjagden durch unübersichtliche Straßen kommen der Wirklichkeit doch viel näher. Das Auto ist eindeutig das Lieblingsspielzeug aller Amerikaner und der Grundsatz „freedom to move" der Ausdruck ihres rastlosen Lebensgefühls. Jeder noch so kurze Weg wird mit dem Auto zurückgelegt. Man hat den Eindruck, die Menschen sind erst richtig glücklich, wenn sie mindestens zwei Stunden am Tag hinter dem Steuer verbracht haben. Unter diesem Ansturm werden selbst breiteste Highways rasch zu eng. Kein Platz für Radfahrer und die permanente Angst davor, irgendwann von der hektischen Blechlawine aus Limousinen, Pickups, Vans und Trucks überrollt zu werden, kann einem auf die Dauer den Spaß verderben. Fahrräder gehören aufs Autodach, in den Hinterhof oder irgendwo in die Berge. Im normalen Straßenverkehr haben sie absolut nichts verloren. Das läßt dich so mancher Autofahrer in den USA hautnah spüren.

Erfahrungen „Piss off! Goddamn cyclists!" – „Get the hell off the road!" – „Bikers on the sidewalk!" Wir hätten spielend eine Zitatensammlung der beliebtesten Flüche im amerikanischen Straßenverkehr zusammenstellen können, nachdem wir Orlando in Florida, unsere erste Großstadt während dieser Tour, überlebt hatten. Baustellen, Umleitungen, Staus und Rush-hour. Nichts war uns erspart geblieben. Wir sahen wohl ziemlich geschafft aus, als Marge uns ansprach. „Was um Himmels Willen habt ihr auf diesem verdammten Highway mit euren Fahrrädern zu suchen", tadelte die grauhaarige, sportliche Dame uns in recht vorwurfsvollem Ton. „Warum weicht ihr nicht auf Nebenstraßen aus?"

Nach solchen Tagen kann ich keine Kritik vertragen und reagiere leicht sauer. „Nebenstraßen. Gibt es die hier?", erkundige ich mich leicht mürrisch. „Es gibt Länder, die haben sogar Radwege. Oder zumindest Karten, auf denen man radfahrtaugliche Strecken erkennen kann. Vielleicht kriegt ihr Amerikaner sowas ja auch irgendwann einmal hin."

Das war fies, zumal Marge es wirklich gut mit uns meinte. Trotz ihrer 60 Jahre ist sie noch immer begeisterte Tourenradlerin. Vielleicht nahm sie mir deshalb meine Reaktion nicht übel, sondern musterte interessiert die Karte auf meiner Lenkertasche. „Das ist ja auch Schrott, was ihr da habt", meinte sie nur. „Was ihr braucht, ist ein ,gazetteer', o.k.?". Und da sie bemerkte, daß wir nicht die geringste Ahnung haben, was das ist, schenkte sie uns kurzerhand ihren eigenen: einen Florida-Straßenatlas im DIN-A 3 Format. Gut eineinhalb Kilo wog das gute Stück, in dem alle „counties" (Verwaltungsbezirke) mit Haupt- und Nebenstrecken verzeichnet sind. Aber die Erleichterung, die uns dieses Buch andererseits brachte, war enorm. Die Tage des hektischen Überlebenskampfes im Asphaltdschungel des Highwaynetzes waren vorbei. Statt dessen rollten wir von nun an, wann immer es ging, auf ruhigen Nebenstraßen dahin. Flechtenbehangene Eichen, bunte Holzhäuser, verschlafene Seen mit allerlei Viehzeug, schlammige Bachläufe mit blubbernden Flußkühen … dank Marges Hilfe entdeckten wir ein ganz anderes Florida. Hier, wo Ruhe und Raum gegeben sind, zeigen auch die Menschen am Steuer ein ganz anderes Gesicht – man grüßt, lacht, winkt. Wir hatten endlich das Gefühl, willkommen zu sein.

3. The American Way Of Cycling

Ein Fahrrad zu „besitzen", das gehört in den USA mit zum gängigen Lebensstandard. Jedoch auch auf diesem Fahrrad zu sitzen, das ist schon eine andere Sache. Verglichen zu der Zahl der Fahrräder, die auf Autos durch die Lande gekarrt werden, ist die Zahl der Leute, die wirklich radfahren, verschwindend gering.

Doch dank der Erfindung des Mountainbikes bekommt das Fahrrad zunehmend Life-Style-Charakter, und bei aller Übertreibung, zu der die Anhänger dieses Sports mitunter neigen, die Auswirkungen für den Stellenwert aller Radfahrer sind äußerst positiv.

Vor allem in Uni- und Collegestädten steigen immer mehr Leute aufs Fahrrad um, bildet sich allmählich eine Lobby, unter deren Druck dann Radwege eingerichtet werden. BIKE-Route, das grün-weiße Schild, das auf fahrradtaugliche Strecken hinweist, taucht immer häufiger in den Innenstädten auf und macht das Leben leichter. Darüber hinaus verbindet die gemeinsame Leidenschaft fürs Radfahren auch irgendwie. Viele unserer Kontakte entstanden über das Fahrrad.

In den ersten drei Monaten waren es allerdings hauptsächlich Rentner, die wir radfahrend trafen. Mit Hingabe und stets viel zu niedrig eingestelltem Sattel drehen sie ihre Runden auf Campingplätzen. An Wochenenden stießen wir auch schon mal auf ein Grüppchen sportlich orientierter

Rennradler. Tourenradler bekamen wir in den Wintermonaten weniger zu Gesicht. Aber wenn, so gab es jedesmal ein großes Halloooo! Und ein ausgiebiger Erfahrungsaustausch war beiderseits willkommen.

Im Frühjahr in und um Utahs beliebte Nationalparks waren schon mehr Radreisende unterwegs. Meist Traveller aus Europa, Japan oder Australien. Keine Frage, daß wir uns eine Menge zu erzählen hatten. So radelten wir oft abschnittsweise zusammen und hatten eine Menge Spaß.

Um so erstaunter waren wir, daß diese netten Zeiten ein Ende hatten, als wir im Sommer den Yellowstone National Park erreichten. Daran gewöhnt, angesichts eines Radlers mit Gepäck voll in die Bremsen zu greifen und einem heiteren Schwatz entgegenzusehen, reagierten wir leicht enttäuscht, wenn uns die erhofften Gesprächspartner lediglich ein kurzes „hii" zuwarfen und kräftig in die Pedale tretend unbeirrt ihren Weg fortsetzten. Schnösel, dachten wir. Doch bald fanden wir den Grund heraus. Zum ersten Mal waren wir auf eine der ACA-(Adventure Cycling Association-)Routen gestoßen, und auf die beliebteste noch dazu. Sehr viele Radler sind tagtäglich hier in beiden Richtungen unterwegs, teils auch mit Begleitfahrzeugen (SAG – „Support And Gear" nennt man solche Autounterstützung). Auch bei uns ließ der Impuls, anzuhalten und ein wenig zu plaudern, angesichts dieses Andrangs allmählich nach. Zu Gesprächen kam es meist abends auf den Campingplätzen. Wir waren erstaunt, festzustellen, wie strikt sich fast alle diese Radler an das ACA-Programm hielten. Sie wußten genau, was sie heute geleistet hatten, was sie morgen leisten würden, wo sie mittags essen, abends schlafen würden.

Wir waren beeindruckt, aber nicht neidisch. Im Gegensatz zu ihnen genießen wir das Gefühl, morgens aufzuwachen ohne feste Pläne zu haben und sind stets gespannt auf das, was der Tag wohl Unverhofftes bringen mag. Unser großes Privileg ist es, viel Zeit zu haben. Doch für alle, die in zwei Monaten möglichst viel sehen wollen oder sich ungern mit organisatorischen Dingen des Reisens belasten wollen, ist das ACA-Programm ein hilfreiches Angebot.

4. Pannen, Ersatzteile, Reparaturen

„Knack … knack – hörst du dieses Geräusch?" Harald testete seinen Steuersatz und kam zu dem Schluß, daß er möglichst bald ausgetauscht werden müsse. Keine alltägliche Reparatur und natürlich eine, für die wir kein Werkzeug dabeihaben. Nicht, daß er nun mit dem Rad nicht mehr hätte fahren können. Aber auf die lange Bank schieben wollten wir die Sache nicht, passiert es doch zu schnell, daß der Rahmenkopf dadurch ausleiert. Das war in Texas' einsamem Westen. Von dort an steuerten wir in fast jeder größeren Stadt einen Fahrradladen an. „We wonder if you have a 1 1/4 inch headset". Diese Frage entwickelte sich zu einem Alptraum. Ob Las Cruces, Tucson, Flagstaff, Moab – die Antwort hieß entweder nein oder 150 $. Ein stolzer Preis für ein Ersatzteil. Die meisten Mechaniker wollten sich eh' erst einmal das Rad anschauen und bis auf zwei waren alle der Meinung, mit dem Steuersatz sei doch alles in bester Ordnung. Harald war da anderer Ansicht, doch ohne Ersatzteil konnten wir sowieso nichts machen. Auch Denver, unsere letzte Hoffnung, brachte keinen Fortschritt. Wir gaben es langsam auf.

„Hey, you passed the local bikeshop!" Die Frauenstimme überschallt den nachmittäglichen Verkehr auf der Hauptstraße von Golden, einer kleinen Gemeinde zwischen Denver und Boulder. Verdutzt drehen wir

uns um. Eine Frau steht winkend auf einem der Boardwalks. Typ biedere
Studienrätin, aber in Mechanikerschürze. Daß ein Fahrradladen uns von
sich aus Aufmerksamkeit schenkt, das ist eine neue Erfahrung. Ohne Zögern wenden wir und stoppen vor dem unscheinbaren Schriftzug auf der
Fensterscheibe „Self-Propulsion – Selbstantrieb".

„You look as if you've been on the road quite a long time. I'm curious",
erklärt Portia und wechselt die Sprache, „kommt ihr aus Deutschland?"–
„Richtig, aus Dortmund, aber das kennt hier niemand." – „Von wegen",
lacht sie, „ich habe zwei Jahre in Dortmund-Hörde gelebt. Habt ihr Lust
auf eine Tasse Kaffee? Dann können wir uns noch ein bißchen unterhalten."

Der Steuersatz kommt so eher beiläufig zur Sprache. Ein kurzer Test,
Stirnrunzeln und wenig später hängt Haralds Rad im Reparaturständer.
Das Ersatzteil hat auch Portia nicht vorrätig, aber sie zaubert die Hälfte
eines irgendwann einmal ausgebauten Gegenstückes aus einer ihrer
Schubladen hervor. Mit einem „besser als gar nichts" begibt sie sich ans
Werk. Die Lagerschalen sind völlig hinüber. Gut eine Stunde jongliert
Portia mit Kugeln, Fett und Werkzeugen. Dann hat sie eine brauchbare
Lösung gefunden. Doch beim anschließenden Einstellen hören wir sie lei-
se fluchen. Der Rahmenkopf ist ausgeleiert. Da hilft nur ein Spezialkleber.
Doch das bedeutet: alles von vorn.

19 Uhr. Es ist längst Feierabend. Andere Kunden wurden auf die nächste Woche vertröstet. Doch Haralds Rad ist fertig.

„Wißt ihr denn schon, wo ihr heute übernachtet?", erkundigt sich Portia, während sie ihre Hände mit Waschpaste reinigt. Unser „nein" scheint
sie zu freuen. „Aber ich. Ihr kommt mit zu mir."

Ersatzteile, Bei einem Reiserad muß man auf allzu exotische Komponenten verzich-
Reparaturen ten. Dieser Satz gilt, aber auf einer Reise durch die USA hatten wir ihm
weniger Bedeutung beigemessen. Die technische Ausstattung unserer
Räder ist erstklassig, doch Defekte können immer auftreten. Und wetten,
daß genau das als erstes kaputtgeht, was du garantiert nicht dabeihast?
Das Angebot an Ersatzteilen auf dem amerikanischen Markt ist breit ge-
fächert und die Preise sind verglichen mit Europa meistens günstig. Man
bekommt in den USA alle „parts" die man braucht, aber leider nicht unbedingt vor Ort, auch kann der nächste Fahrradladen 200 Meilen entfernt
sein. Die Qualität der Geschäfte ist sehr unterschiedlich und gute Mechaniker sind selten. Wenn man die Chance hat, sollte man sich von einem
„vertrauenserweckenden" Radler, der sich in der Umgebung auskennt,
einen Tip geben lassen. Das hilft Zeit, Geld und Nerven sparen. Reifengrößen fährt man überwiegend 32-630 (27er), doch es gibt auch 622 und
635 (28er).

Eine Alternative für Notfälle ist der Versandhandel, der, gegen entsprechenden Aufpreis versteht sich, benötigte Teile über Nacht zustellen
kann. Auch ACA bietet für Mitglieder ähnliche Serviceleistungen an. Auf
jeden Fall ist es ratsam, ein paar entsprechende Telefonnummern in der
Tasche zu haben. Man findet sie im Anzeigenteil gängiger US-Radsport-
zeitschriften und im Adressenteil des Hefts „Yellow Pages" vom ACA
(Tip: Für den Notfall die Radhändler-Adressen von den Staaten herausschneiden, durch die man radeln will).

**5. Gast-
freund-
schaft,
Schlafen**

Utahs Maisonne knallt erbarmungslos vom wolkenlosen Himmel, läßt die Schweißtropfen auf meinem Gesicht rasch zu brennenden Salzkrusten erstarren. Die Beine schmerzen. Die Hunde zappeln unruhig in ihren Körben. Diese 18 Meilen fast kontinuierlichen Anstiegs hinauf zum Zeltplatz, der dummerweise am Ende des Arches National Parks liegt, wollen und wollen nicht enden. Schlimmer ist, meine Motivation mich anzustrengen ist dahin, seit ich das Schild am Eingang gelesen habe: „Campground full."

„Irgendwo werden wir schon ein Plätzchen finden", hatte Harald gemeint. Aber unsere Chancen stehen schlecht. Niedrige, brüchige Vegetation, offene Landschaft, soweit das Auge reicht.

„Das Zelten außerhalb der dafür bestimmten Anlagen ist verboten", heißt es. Und wann immer wir versuchen, die Regeln der National Parks zu umgehen, laufen wir einem Ranger in die Arme. Ich kenne das schon zur Genüge und hasse die freundlichen, aber schulmeisterlichen Belehrungen der Parkwächter, die keine Ausnahme dulden, egal in welcher Notlage man steckt.

Das Motorhome aus Oregon fährt nun schon zum dritten Mal langsam an uns vorbei. Die junge Frau auf dem Beifahrersitz zeigt lachend auf unsere Hunde. „Oh nein", denke ich nur, „bitte nicht schon wieder." In den Nationalparks mit ihren grandiosen Landschaftskulissen wird geknipst und gefilmt, was immer die Aufmerksamkeit des Auges auf sich zieht. Der Naturschönheiten überdrüssig geworden stürzt man sich dann mit Vorliebe und einem quiekenden „ooh, how cute!!!" auf uns und unsere putzigen Tierchen, wie auf eine weitere Touristenattraktion. Manchmal verspüre ich Lust, einen Dollar pro Foto zu verlangen. Damit könnten wir dann wenigstens einen Teil unserer Reise finanzieren.

Prompt steht besagtes Motorhome auf einer Ausweiche hinter der nächsten Kurve. Die junge Frau sitzt winkend auf der Treppe des hinteren Aufbaus. Doch anstelle der erwarteten Kamera hält sie eine Flasche in jeder Hand. „Icewater or beer? What's the stuff your dreams are made of?" Bei dieser Aussicht fällt das Lachen leicht. Meine Laune ist umgehend bestens. Es gibt soviel Kraft, wenn du unverhofft auf Leute triffst, die sich in deine Lage versetzen können und selbst Spaß daran haben, dir eine Freude zu machen. Skip und Kelly können es, denn sie waren vor einem Jahr per Rad in Australien unterwegs. „Ich habe es genossen herumzureisen", gesteht Kelly, „nur das Radfahren ist eine verflixt anstrengende Art das zu tun. Mit dem Rucksack kann ich tagelang unterwegs sein, ohne zu ermüden. Das Radfahren ist mir jeden Tag aufs neue schwergefallen, rein körperlich. Ich hatte eigentlich immer gehofft, es würde irgendwann leichter werden. Doch habe ich den Punkt nie erreicht."

„Zumindest heute geht es mir genauso", gebe ich zu, „und dabei wissen wir nicht einmal, ob wir noch eine Chance haben, auf dem Zeltplatz unterzukommen."

„Und ob ihr die habt", wirft Skip ein. „Platz Nr. 17. Ihr seid herzlich willkommen, mit uns zu teilen. Und damit ihr es gleich wißt, wenn ihr durch Oregon kommt, müßt ihr uns besuchen. Da wir nicht mehr selbst unterwegs sind, haben wir uns vorgenommen, ab und zu mal ein paar Traveller zu kidnappen. Als Nervenkitzel sozusagen. Ihr werdet uns hoffentlich einiges an aufregenden Erlebnissen berichten können. Wenn ihr dann wieder weg seid, werde ich es mir in meinem Lieblingssessel gemütlich machen und mein Zuhause erneut genießen bei dem wohligen Gedanken: Laß' andere da draußen in Regen, Wind, Hitze oder Schnee nach Abenteuern suchen!"

Gastfreundschaft genießen, das ist, als hätte man plötzlich in einer sonst fremden Welt ein Zuhause und viele Freunde. Für mich persönlich ist es eigentlich die wichtigste Erfahrung beim Reisen und ich lasse gerne ein Stück aufregender Landschaft sausen, wenn ich statt dessen einen tieferen Einblick in die Lebensweise der Menschen gewinnen kann. Gastfreundschaft beginnt für mich dort, wo andere Menschen versuchen, mir eine Freude zu machen – sei es eine freundliche Geste, sei es eine Tasse Kaffee oder gar eine Einladung zu Bett und Dusche. Je besser der Kontakt zu den Leuten vor Ort ist, um so mehr Freude habe ich unterwegs.

Um Kontakte zu knüpfen, mußt du allerdings zunächst einmal den Menschen nahekommen, und das ist nicht immer ganz leicht im voll organisierten, auto-orientierten Nordamerika. Wo trifft man sich? Auf den Straßen rollt man in Blechkisten nebeneinander her. Fußgänger gibt es kaum. Wenn du um Auskunft bittest, schickt man dich zur Tourist Information. Fragst du nach einem Zeltplatz und spielst auf die große Wiese neben dem Haus an, so schickt man dich freundlich zum nächsten RV-Park, dem Platz, der dafür vorgesehen ist. Alles verläuft in geregelten Bahnen, auch der Umgang miteinander. So beschränken sich Begegnungen auf Zufälle und Plätze, an denen die Menschen herauskommen aus der Isolation ihrer Blechkisten und ihrer klimatisierten Häuser. Vor Supermärkten, an Tankstellen, auf Campingplätzen und Wanderwegen, dort finden die Kontakte statt. Dort gewinnst du am ehesten das Gefühl dafür, wie liebenswert Amerikaner sein können, wie gerne sie sich selbst durch den Kakao ziehen und wie schrecklich leicht sie für alles zu begeistern sind.

Für manche Regionen, besonders in denen, die für Touristen weniger interessant sind, hatten wir so viele Einladungen, daß wir sie unmöglich alle wahrnehmen konnten. In anderen Regionen gab es fast keinerlei Kontakte. Man glaubt es kaum, wie unterschiedlich die Menschen verschiedener Staaten in ihrer Aufgeschlossenheit Radreisenden gegenüber sind. Übernachtungsmöglichkeiten in Motels, Jugendherbergen und auf Campingplätzen gibt es reichlich, und wer genug Geld hat und diese Plätze mag, braucht sich in den USA über einen Schlafplatz nicht den Kopf zu zerbrechen. Uns sind diese Plätze ein wenig zu anonym und besonders in Städten habe ich gerne Kontakt zu jemandem, der sich vor Ort auskennt.

6. Wetter, Kleidung

Ungewohnt für uns Europäer sind die oft gnadenlos krassen Temperaturen. Es ist heiß, nicht warm. Es ist eiskalt, nicht frisch. Und der Wechsel zwischen diesen Werten ist abrupt, nicht fließend. Dreht der Wind von Süd auf Nord, so dauert es meist keine fünf Minuten, und du kramst alle verfügbaren, warmen Kleidungsstücke aus deinen Packtaschen hervor. Bricht die Sonne durch die Wolken, pellst du im Handumdrehen alle unnötigen Kleidungsschichten von dir ab.

Wegen des raschen Wetterwechsels ist es auf jeden Fall zu empfehlen, zu jeder Jahreszeit und in jeder Region warme Kleidung mitzuführen. Auch in den Gebirgszügen liegen die Temperaturen oft gute 15 Grad niedriger als in den Tälern und in den Morgenstunden herrschen in den schattigen Waldgebieten der Höhenlagen stets kühle Temperaturen vor.

Gerade während der warmen Jahreszeiten kommt es häufig zu Gewittern, die meist mit einem kräftigen Hagelschauer beginnen und die Temperaturen bis zu 20 °C abstürzen lassen. Auch Regenkleidung, besser eine Plane, ist daher ein absolutes Muß. Wir haben sie so manches mal rasch über die Räder geworfen und darunter hockend den meist einstündigen Regenguß abgewartet.

Bei Touren durch die Wüsten und Halbwüsten im Südwesten der USA gleichfalls etwas Warmes und einen guten Schlafsack einpacken, die Nächte sind kalt, auch wenn die Tageshitze groß war! Handschuhe sind sowohl für Wüstenhitze als auch Kälte in den Bergen der USA sehr wichtig. Wegen den krassen Temperaturunterschieden zwischen Tälern und Gebirgsketten im Westen der USA brauen sich am Nachmittag dort oft sehr gefährliche Gewitter zusammen. Nach Möglichkeit sollte man hohe Paßstraßen daher nur vormittags in Angriff nehmen.

C. USA - REISETEIL

Die USA für Tourenfahrer

Die USA sind ein Land voller landschaftlicher Kontraste und Gegensätze, und diese Landschaftsvielfalt hier zu beschreiben, würde den Rahmen dieses Buches sprengen, dafür gibt es USA-Reiseführer. Was potentielle USA-Radler wissen wollen, ist jedoch meist folgendes: in welchen Staaten der USA findet man die schönsten Rad-Routen und Sehenswürdigkeiten, welche Staaten sind für Radtouren gut, welche weniger geeignet, und ist es möglich, die klassischen Landschafts- und Nationalpark-Highlights im Westen und Südwesten auch mit dem Fahrrad anzufahren?

Die besten Regionen für Radtouren sind: Im Westen, entlang der Pazifikküste, bieten die Staaten Kalifornien, Washington und Oregon mit ihrem gemäßigtem und warmen Klima, mit Wäldern, Bergen, Küsten und Nationalparks (Yosemite etc.) und mit ihrem sehr guten Straßen- und Wegenetz (auch für Radfahrer – „Bike-Routes") beste, um nicht zu sagen ideale Voraussetzungen für Radtouren.

Die weiten Wüsten- und Halbwüstenstaaten Arizona, Nevada, New Mexiko und Utah sind zwar zum Radfahren kaum oder nur sehr bedingt geeignet, doch liegen gerade dort die Landschafts-Höhepunkte Grand Canyon, Bryce Canyon, Zion, Arches, White Sands usw.

In der **Nordostecke der USA** liegen die landschaftlich sehr attraktiven Neuenglandstaaten (besonders schön im Herbst, beim „Indian Summer"). Dort läßt es sich sehr gut Radfahren und Radwandern.

Die Appalachen-Staaten Virginia, West-Virginia, North Carolina und Tennessee sind zwar gebirgig, doch mit ihren Naturparks, historischen Sehenswürdigkeiten und einigen Besonderheiten (z.B. Nashville, Tennessee: Country Music) sind sie auch für Radtourer interessant.

Im Süden könnte man auch noch den flachen Sunshine-State Florida – mit jahreszeitlicher Einschränkung – als einen „guten" Radel-Staat bezeichnen, im Norden sind Wisconsin und Michigan recht schön.

Planung und Touren-Tips

Wer unentschlossen ist oder eine eigene Planung nicht machen will oder kann, sollte sich eine **ACA-Route** vornehmen. Für diese Routen gibt es auch gleich das richtige Kartenmaterial und durch die Routenbeschreibungen weiß man, was einen erwartet. Und wer seine Tour nicht alleine machen will, kann sich für eine ACA- oder eine andere Gruppentour anmelden.

Auch bei selbstgeplanten Touren empfiehlt es sich, ganz oder teilweise den in amerikanischen Radführern (auf die nachfolgend verwiesen wird) beschriebenen Routen zu folgen, weil anzunehmen ist, daß die Autoren aus der Vielfalt aller Möglichkeiten die für Radfahrer bestmögliche ausgesucht haben. Man spart sich dadurch eine Menge Gedankenarbeit und hat die Gewißheit, auf solch vorgetesteten Routen auch auf relativ wenig Probleme zu stoßen. Wobei wir natürlich niemanden abhalten wollen, ganz individuell eine eigene Tour zusammenzustellen. Mit gutem Kartenmaterial ist alles möglich. Zu beziehen ist es beim ACA.

Nochmals der Hinweis: Wenn die Entfernungen und Dimensionen schon für motorisierte Touristen in den USA gewaltig sind, dann um so mehr für Reisende mit Muskelmotor. Viel Zeit und Beschränkung auf eine Region ist deshalb mit das Wichtigste für einen erfolgreichen US-Bicycle-Trip. Plant noch mehr Zeit ein, wenn ihr durch „windige" Staaten (z.B. durch die Western Plains) oder gebirgige (z.B. durch die Rocky Mountains oder Appalachians) radeln wollt. Longtime-Biker, die verschiedene Ecken der USA sehen wollen, sollten die früher angeführten Transportmöglichkeiten miteinplanen.

Schreibt in den einzelnen Staaten die DOTs an (Department of Transportation), mit der Bitte um Karten, Bicycle-Maps, Hostels and Campgrounds, Calender of Events etc. Die Adressen der DOT stehen in den „Yellow Pages". Und schaut auf die im folgenden genannten Websites der Touristenbehörden, Bikeclubs etc. Auch da sind meist aktuelle Infos über Events, Routen, Bike-Maps verfügbar.

Nachfolgend sechs US-Regionen und Staaten für Radtouren:

1. Die Pazifikküste: Washington, Oregon, Kalifornien

2. Der Westen: Utah, Arizona, Nevada

3. Die Neuengland Staaten: Maine, Vermont, New Hampshire, Massachusetts, Connecticut, Rhode Island

4. Der Osten: Pennsylvania, Virginia, West-Virginia, North- und South-Carolina, Georgia, Florida, Kentucky, Tennessee

5. Weitere Staaten

6. Transamerica, „Coast-to-Coast"

1. Die Pazifikküste: Washington, Oregon, Kalifornien

Pazifikküste Kalifornien läßt wieder mal alle hinter sich – es ist *der* Staat in den USA, der mit seinem Radwegenetz, seinen Naturschönheiten, seinem guten Wetter und seiner Vielfalt fürs Radfahren bestens geeignet ist. Der **Highway 101** ist dabei das touristische Aushängeschild Kaliforniens, ein Traumstück der „Traumstraße". Er verläuft von der mexikanischen Grenze über Los Angeles und San Francisco bis nach Seattle, schlängelt sich an Palmen, schönen Pazifikstränden und rauhen Felsenküsten vorbei, führt durch Redwood-Wälder, Nationalparks und zu vielen Highlights mehr.

Nördlich von Kalifornien schließt sich **Oregon** an, das bei Radfahrern wegen seinen Schönheiten (wilde Küsten), State Parks und den sehr guten Fahrmöglichkeiten gleichfalls sehr beliebt und bekannt ist. Natur pur über Hunderte von Meilen. Juli bis September sind in Oregon relativ niederschlagsfrei, doch kann es schon mal regnen, deshalb Regenschutz (und auch warme Kleidung) dabeihaben.

■ *Cape Sebastian, Hwy 101 (Pazifik)*

Washington ist der nordwestlichste US-Bundesstaat, und auch er ist Outdoor-Country mit wilder, zersägter Küste und dichten Regenwäldern. Die Olympic Peninsula ist sehens- und radelwert. Das Wetter ist in Washington leider wenig beständig, d.h., man muß jede Woche mit Regen rechnen (besonders entlang der Küste, die Olympic-Peninsula ist das regenreichste Gebiet der USA!). Doch wenn die Sonne scheint, dann radelt man durch klare, reine Luft mit tiefblauem Himmel und großer Fernsicht auf schneegekrönte Berge in den Cascade- und Olympic Ranges. Washingtons und Oregons Küstennebel können sich bis San Francisco hinabziehen, er packt Landschaft und Straße in Watte. Deshalb radeln amerikanische Biker oftmals in signalfarbener Kleidung – „safety first".

In allen Pazifikstaaten gibt es sehr viele, preisgünstige Camp-Möglichkeiten (Hiker-Biker Camps, 2 bis 4 Dollar), hier kann man viele Gleichgesinnte treffen. In Kalifornien darf man – wegen vagabundierenden Typen – auf HB-Camps meist nur eine Nacht bleiben. Zusätzlich gibt es etwa 25 Youth Hostels, viele Backpackers und unabhängige Hostels (schaut in das Hostel Handbook von Williams oder ruft die Webadressen auf, s. „Übernachtungsmöglichkeiten"). Wild Zelten ist an der Pazifikküste jedoch größtenteils nicht erlaubt (Verpflegung gut wegpacken, nachts sind listige Waschbären unterwegs, im Redwood NP auch kräftigere Braunbären! Hier die Lebensmittel immer in bärensicheren Containern verstauen, die von der Parkverwaltung installiert wurden).

Vorsicht vor den *logging-trucks,* den mit Holzstämmen beladenen Sattelschleppern, sie donnern die Küstenstraße entlang! Vor Tunnels warnen Radampeln die Autofahrer, daß sich gerade Radler im Tunnel befinden.

Die Pazifikküste von Vancouver/Canada bis zur mexikanischen Grenze runterzufahren ist die beste – und einfachste – Long Distance-Radtour in den USA, und das richtige Buch für diese beliebte Fahrt ist **„Bicycling The Pacific Coast",** von Tom Kirkendall und Vicky Spring, Verlag The Mountaineers, Seattle, USA. Das ist mittlerweile *der* Klassiker unter all den amerikanischen Bicycling Guide Books für *die* klassische Traumroute aller amerikanischen Tourenbiker. Mit diesem Buch bekommt man eine perfekte Gebrauchsanweisung mit auf den Weg: detaillierte Routenbeschreibungen, Mileage log, Unterkünfte, Campgrounds, Side-Trips, Sehenswürdigkeiten etc., alles ist genauestens aufgelistet, bis zur viertel Meile genau. Nicht jeder ist so genormt tourenradeln, und man muß es auch nicht, aber man läßt sich doch recht schnell dazu verleiten, das vorgegebene Tagespensum zu erfüllen, um „im Tritt" zu bleiben. Die Folge: Überfüllte Hiker-Biker Sites an den empfohlenen Etappenenden, die vielleicht noch schöneren Plätze mittendrin oder ein kurzes Stück weiter bleiben dagegen verwaist, an schönen Abstechern oder Aussichtspunkten „rast" man vorbei, weil das Etappenziel noch weit oder der Gegenwind gar kräftig ist … Für USA-Beginner sind Bücher dieser Art jedoch sicherlich wertvoll (doch weniger, wenn man die Tour in umgekehrter Richtung machen möchte).

Länge der Gesamttour: etwa 2000 Meilen (3200 km). Zeit: mindestens 40 Tage, Tagesdurchschnitt etwa 80 km. Ein stabiles Sportrad genügt für diese Küsten-Tour. Genuß-Radler ohne Gepäckschlepp-Ambitionen können auch ein Rennrad wählen, müssen dann aber bei Unterkunft und Verpflegung entsprechend mehr hinlegen.

Es sei nochmals betont: **die Coast-Route ist nur selten eben,** meist geht es ständig bergauf, bergab (besonders auf der 1 zwischen Leggett und San Francisco), um Kliffe und Kaps herum, der Autoverkehr in den Sommermonaten ist enorm, und der Wind kann ganz schön kalt (und stark!) wehen (im Sommer und in Schönwetter-Perioden von Nordwest; das muß aber nicht immer so sein …). **Am schönsten sind die Abschnitte Süd-Oregon und Big Sur in Kalifornien.**

Wer sich gleich mal warmlesen will: Das Buch **„Westcoast-Story",** von Werner Kirsten, Frederking & Thaler Verlag, beschreibt sehr gut Erlebnisse und Strecke von Vancouver bis zur mexikanischen Grenze. Mit Tips zur Reise und zur Ausrüstung. Auch **„Go South!",** von Thomas Schröder, Kettler Verlag, verbindet die Reiseerlebnisse einer Seattle – San Diego-Tour mit einem genauen Roadbook. Eine gute deutschsprachige Alternative zu obigem Pacific Coast-Guidebook!

Für die Coast-Tour sind die Monate August (auch Juli) bis September am günstigsten, doch da sind dann auch zahllose andere Radler unterwegs! Fliegt man direkt von Europa ein, sollte man evtl. einen Gabelflug buchen: hin nach Vancouver (Seattle) und rück von Los Angeles.

Zwei gute Buch- und Kartenläden: in Oregon der „Powell's Travel Store", 701 SW 6th Ave. in Portland. In Washington: „Wide World Books and Maps", 401 NE 45 St in Seattle.

Pacific Crest Biking Trail

Doch die Pazifikstaaten lassen sich nicht nur die Küste entlang abradeln, sondern auch (anstrengender) im bergigen Landesinnern. Dazu nimmt man den „Pacific Crest Biking Trail" („crest" = Bergkamm), der sich entlang des bekannten „Pacific Crest Hiking Trail" durch die Cascade Range und die Sierra Nevada schlängelt. Auch für diese Strecke gibt es einen ausgezeichneten Radführer: **„The Pacific Crest Bicycle Trail",** von Bil Paul, Bittersweet Publishing Company, POB 1211, Livermore, California 94551. Das ist die Bicycle-Version des Pacific Hiking Trail, und es geht von Vancouver in Canada gleichfalls bis zur mexikanischen Grenze nach

San Diego. Obwohl dieser Trail über fast ausschließlich asphaltierte Straßen führt, kann hier auch gut ein Mountainbike eingesetzt werden (unterwegs sind viele Abstecher und Alternativrouten auf unbefestigten Trails möglich, z.B. zum Vulkan Mount St. Helens). In jedem Fall eine steigungsfreudige Gangschaltung mit sorgsam abgestimmten kleinen Gängen wählen! Man muß für die 2500-Meilen-Strecke (4000 km) mindestens eineinhalb Monate veranschlagen. Die Tagesleistungen betragen etwa 100 km, und übernachtet wird auf (einfachen) Campgrounds, es ist also eine entsprechende Ausrüstung erforderlich (doch das Buch gibt auch genügend Hinweise auf Hotels und Restaurants). Eine Ausrüstungsliste fehlt gleichfalls nicht.

Tour-Highlights des Crest-Trails sind: Crater Lake National Park, Lassen Volcanic National Park, Lake Tahoe, Yosemite National Park, Kings Canyon National Park, Sequoia National Park, High Desert Country, viele Seen und Wälder. Das Buch enthält sehr viele Karten und Höhenprofile, so daß Strecken-Überraschungen gering bleiben sollten.

Aus einigen Gründen, besonders wegen der Nord-Süd-Hauptwindrichtung vom Mai bis September, wegen den Verkehrs- und Straßenverhältnissen und weil auch die Radwege und Aussichtspunkte an der Pacific-Coast-Bike-Route rechts der Straße liegen, ist es besser, beide Touren **southbound** zu fahren, also von Nord nach Süd. So sind auch die beiden Bücher aufgebaut. Doch man kann natürlich auch nach Norden oder nur Teiletappen fahren (und für die anderen auf Amtrak, Greyhound & Co. umsteigen). Beim Pacific Crest Trail ist der Wind weniger problematisch (er bläst an der Küste von Oktober bis April aus Südwest und bringt dabei sehr viel Regen mit!).

Damit ist **eine mehrmonatige große Runde durch die Pazifikstaaten** perfekt möglich: am besten den Crest Trail nordwärts zu Beginn des Hochsommers hochfahren und im Spätsommer dann, nach dem Ende der Urlaubssaison, die Coast-Route wieder hinunterradeln. Landschaftlich gehört diese Tour gewiß zum Eindrucksvollsten, was ihr in den USA abradeln könnt! Zeitbedarf: mind. 3–4 Monate.

Beide Radbücher sind im Bestellbuchhandel beziehbar.

San Francisco

Die berühmte, hohe Golden Gate Bridge ist an manchen Tagen, wenn nämlich der Wind zu stark ist, für Radler gesperrt. Aber auch an „normalen" Tagen bläst es dich hier beinahe gegen das Geländer, größte Vorsicht bei Böen! Wenn möglich, den schönen *Point Reyes National Seashore Park* erkunden, mit vielen Bike-Trails, Robben, Seevögel! Ein sehr populäres Radel-Gebiet ist das *Nappa-Valley,* dort gibt es viele Weinfelder und *wineries* (zum Probieren).

Zwischen San Francisco und L.A. unbedingt den Highway 1 nehmen, der ist wesentlich schöner als der 101! In Monterrey die Monterrey-Halbinsel, direkt bei der Stadt, umfahren, es ist der berühmte „17-mile-Drive". Gleich in der Nähe das interessante Städtchen Carmel. Zwischen Monterrey und Moro Bay liegt das schönste Stück des „Number One" (jahrhundertealte, riesige Redwood-Bäume in der Gegend um Big Sur). Der Verkehr nimmt bis Los Angeles stark zu, das Radeln kann dann stressig werden.

Ein guter Buchladen mit Reiseführern, Karten etc. in San Francisco ist „Easy Going", 1400 Shattuck Ave., Berkeley 94709. Hier erhältlich sind auch die empfehlenswerten Radführer „San Francisco Peninsula Bike Trails", von Conrad Boisvert, und „Short Bike Rides in & around San Francisco", von Henry Kingman. Die beste Karte ist die „San Francisco Bicycling Touring Map", Nord- und Südteil, von Krebs Cycle Products, LLC, POB 82, Aptos, CA 95001, USA.

Bikepages: Eher für MTBler interessant ist „The Bay's Best Bike Rides", www.bayinsider.com/recreation/guides/biking/, mit guten Trailbeschreibungen (Mileage Log, Höhenprofil, Topo-Karte), im Linkverzeichnis könnt ihr Bike Shops, Radclubs u.a. abfragen. Die „San Francisco Bicycle Coalition" als Interessenvertretung der Alltagsradler bietet auf ihrer Website www.sfbike.org u.a. ein Verzeichnis der Bike Shops, der Radausfahrten und Radclubs.

Los Angeles Wenn ihr in dem riesigen Geschwür nicht gleich einen Campground findet, versucht es in Torrance im dortigen Wilderness-Park (Camino Real, Redondo Beach) oder in Long Beach im „El Dorado Nature Center" (Spring St). Besser aber, ihr bezwingt den Großstadtmoloch an einem langen Radtag, das geht mit Übernachtungen in Huntington Beach und am Leo Carillo State Beach (Distanz: 120 km). Sehr früh starten, dann ist noch Zeit für eine Mittags-(Foto-)Pause am Muscle-Beach! In Venice gibt es auch einige Hostels. Im Großraum L.A. ist es schwierig, mit dem Rad zurechtzukommen, viele Straßen sind für Cyclists verboten, doch es gibt auch *bike paths*. Gute Straßenkarte mitführen. Von Redondo Beach führt ein sehr schöner, ruhiger Strand-Radweg am Meer entlang (ca. 35 km) nach Venice (St. Monica).

Radführer: „Short Bike Rides In & Around Los Angeles", von Robert Winning, 24 Touren von 8 bis 40 Meilen Länge. „Bicycle Rides Los Angeles County", von Don & Sharron Brundige. Die 62 Trips führen in die weitere Umgebung von L.A. (bessere Luft!). Zu beziehen bei den lokalen Buchläden.

Bikepage: „The Los Angeles Bike Paths" ist ein Verzeichnis aller Radwege in L.A., im Linkverzeichnis findet ihr die Mail-Adresse des Bike-Koordinators und andere nützliche Telefonnummern www.paradine.com/BikePaths/index.html.

Der letzte Teil des Küstenhighways bis San Diego ist landschaftlich eher uninteressant, dicht besiedelt und überbaut, er lohnt eigentlich nur, falls ihr unbedingt die ganze Strecke machen oder weiter die Baja California in Mexiko hinunterradeln wollt. In San Diego: schöner Nachmittagsausflug zur Point Loma-Halbinsel mit wunderbarem Panorama vom Cabrillo National Monument.

Bikepage: Etwas vollmundig heißt die private Webpage www.efgh.com/bike „San Diego County California – A Bicyclist's Paradise", aber die Tips zu Bikerouten rund um San Diego sind gut, es gibt eine Liste mit Bike Shops, Tourenvorschläge und einiges mehr.

Karten und Führer Für Kalifornien, Oregon und Washington gibt es jede Menge Radführer und Radkarten, die „Yellow Pages" listen alle auf. Eine riesige Online-Liste zu Road- und Mountain Bike Guides findet ihr auf der Website des Buchversenders „Pete & Ed Books", http://peteandedbooks.com/#BICYCLING. Neben dem o.g. Pacific Coast Guide sind einige weitere gute Touring- und Mountainbike Guides im Verlag The Mountaineers, Seattle, erschienen, z.B. *„Bicycling the Backroads of Northwest Washington"*, von Bill Woods, bzw. *„Bicycling the Backroads of Southwest Washington"*, von Erin Woods, oder *„Biking the Great Northwest"*, von Jean Henderson. Das gesamte Verlagsprogramm online einsehbar unter www.mountaineersbooks.org.

Mit den „Official Rails-to-Trails Conservancy Guidebooks" entdeckt ihr alle stillgelegten Eisenbahnstrecken im Westen. Erschienen sind die Bücher bei Globe Pequot Press. Weitere Rails-to-Trails Guides im eben genannten Verlag The Mountaineers. Biking in National Parks, geht das? David Story stellt die schönsten Road- und MTB-Trails in Kalifornien und Oregon/Washington in zwei Guide Books vor: *„Bicycling Americas National Parks"*, California (92 Trails) und in Oregon/Washington (58 Trails).

An Road- und Mountainbiker gleichermaßen wendet sich der ACA-Guide „Adventure Cycling in Northern California", zu beziehen wie allen anderen Guidebooks beim ACA oder beim Bestellbuchhandel.

Karten: Für die Coast-Route von Vancouver bis San Diego sind die 5 Karten vom ACA am besten, für individuelle Radtouren in Northern bzw. Southern California die beiden „Atlas & Gazetteer".

Als Übersichtskarten sind die Karten vom AAA (in Kalifornien heißt er ASCS) oder von den Benzingesellschaften bzw. Rand McNally gut, sie genügen auch als Ergänzung zu den Routenplänen und Höhenprofilen im Pacific Coast-Guide vollauf.

In Kalifornien gibt jeder Distrikt entlang der Küste einen „Bicycling Touring Guide" heraus, doch sie sind überdetailliert und bringen deshalb wenig.

Oregon offeriert zwei nützliche Rad-Publikationen, die „Oregon Coast Bike Route" und den „Oregon Bicycling Guide", beide erhältlich vom Oregon Department of Transportation, Bicycle Program, Room 210, Transportation Building, Salem, OR 97310.

Washington gibt den „Washington Bike Map and Freeway Guide" heraus, doch ist diese Karte für Radler wenig nützlich. Erhältlich von Public Affairs Office, Washington State Department of Transportation, Transportation Building, KF 01, Olympia, WA 98504. Für Seattle gibt es eine „Seattle Bicycling Map" bei Seattle Transportation, 600 - 4th Avenue, 4th Floor, Seattle, WA 98104, USA (auf der Website www.ci.seattle.wa.us/td/bicycle.asp könnt ihr diese und weitere Bike Maps auch online anfordern).

Bikepages Offizielle Homepages der staatlichen Tourismusbehörden: Kalifornien (www.gocalif.ca.gov), Oregon (www.traveloregon.com), Washington (www.tourism.wa.gov). Infos über die 125 State Parks in Washington unter www.parks.wa.gov. Tote Hose in Seattle, Frisco oder sonstwo? Geht doch auf die Website http://peteandedbooks.com/bclubs.htm oder auf die der League of American Bicyclists (www.bikeleague.org) und sucht einen Radclub in eurer Nähe. Da wird immer etwas auf die Beine gestellt, ob Barbecue oder Bike Ride …

Bikepages California: Auf der Suche nach einem „Bike Buddy"? Im „Bike Calendar" sind 300 bis 500 Radausfahrten in ganz Nord-Kalifornien gesammelt, übersichtlich sortiert nach Datum: www.bikecal.com.

Bikepages Oregon: Die „Bicycle Transportation Alliance" versteht sich als Interessenvertretung der Alltagsradler, Programm, Links und Events auf ihrer Website www.bta4bikes.org. Regelmäßige Tourenausfahrten unternimmt der „Portland Wheelmen Touring Club" (www.pw-tc.com). Auf der Homepage der City of Portland findet ihr viele „Bicycle Resources & Organisations", darunter die Adressen, die County Maps und Coastal Bike Route Maps vorrätig haben, Bike Shops und Clubs: www.trans.ci.portland.or.us/Traffic_Management/Bicycle_Program/pdxorgs.html.

Bikepages Washington: Eine Liste aller Bike-Koordinatoren gibts auf der Homepage des Washington DOT: www.wsdot.wa.gov/hlrd/Sub-defaults/Bikecoord.html. Die Linkliste des Cascade Bicycle Clubs (http://cascade.org) läßt keine Fragen offen: Radvereine und -geschäfte, Trails in ganz Washington, Bücher und Karten usw. Viele der Tourbeschreibungen auf der privaten Homepage „Bicycling the Rail-Trails of Western Washington" (http://hometown.aol.com/railbiker/railtrails.html) lassen sich auch herunterladen.

2. Der Westen: Utah, Arizona, Nevada

Routenvorschläge   Rundreise von San Francisco zum Yosemite-National Park, Kings Canyon, Death Valley, Las Vegas, Lake Mead, Zion, Bryce, Grand Canyon (North Rim), Canyonlands, Moab, Arches, Salt Lake City, Yellowstone, Reno, Lake Tahoe, San Francisco.

Oder: Rundreise von Los Angeles zum Joshua Tree, Grand Canyon (South Rim), Canyonlands und weiter wie oben.

Weitere Touren könnten in Arizonas wüstenhaftem Süden (Ghosttowns, Saguaro National Park, Organ Pipe Cactus und Chiricahua Nat. Monument) führen. Von Phoenix lassen sich auch das Monument Valley (vorher Abstecher in den Petrified Forest NP) und der Grand Canyon (South Rim) erreichen, ihr habt aber lange, heiße Etappen vor euch, falls ihr eine Rundtour von/nach Phoenix stricken wollt.

Der beste Startpunkt für Utah-Trips ist mittlerweile Las Vegas (viele billige Transatlantikflüge, von Los Angeles fliegt alle paar Stunden der *United Airlines Shuttle* für rund 100 $, Fahrrad extra). Lake Mead und Valley of Fire State Park lohnen einen Kurztrip von Las Vegas, falls ihr aber nach Utah wollt, solltet ihr euer eh' bereits verpacktes Fahrrad im Greyhound nach Washington/St. George transportieren und von dort Richtung Zion NP strampeln. Der Interstate I-15 ist für Radler gesperrt.

Utah ist ein El Dorado für Geländefahrer, und **Moab,** der kleine ehemalige Minenort zwischen den Nationalparks Canyonlands und Arches ist Treffpunkt aller „Outdoorler" und MTBler und noch mehr „wannabe's", die standesgemäß mit Four-Wheel-Drive in das enge Tal einfallen. In keinem anderen Ort in den USA habe ich so viele Fahrräder gesehen – festgezurrt auf dem Dach oder dem Spezialanhänger. Ganze MTB-Clubs im bunten Einheitsdress zieht es zum bekannten **Slickrock-Bike Trail,** eine eigentlich für Endurofahrer gedachte, 16,5 km lange Berg- und Schluchtenstrecke über glatte Felskuppen zwischen bizarren Felsformationen, auf der sich MTB-Freaks austoben; MTBs können dort und in Moab auch gemietet werden, auch geführte Touren. Für Tourenradler ist vielleicht bereits der Übungs-Loop zu viel des guten bzw. steilen. MTBler testen ihr Können auf weiteren Rundtouren in der Umgebung (Kokopelli's Trail, Monitor Trail etc.); schaut beim gut ausgestatteten Information

Center vorbei, die haben Karten und Führer. In Moab findet ihr die einzigen (sehr guten) Bike Shops im Umkreis von mehreren hundert km!

Von Moab kann man in einem „Grand Circle" auf einen ca. 1800 km langen Rundkurs gehen, man durchfährt oder streift den Canyonlands NP, The Needles, das Monument Valley, Grand Canyon, Lake Powell, Bryce Canyon, Capitol Reef NP, Arches NP. Und verpaßt nicht die ebenso schönen State Parks, wie den Snow Canyon oder den Kodachrome Basin State Park. Infos auf der privaten Website http://members.home.com/state-parks-online oder bei Utah State Parks and Recreation, 1594 West North Temple, Suite 116, POB 146001, Salt Lake City, UT 84114-6001. Für diese Bike-Route und noch mehr Touren durch den Südwesten der USA gibt es ein gutes Vorbereitungs-Buch mit vielen Farbbildern: „Land der Canyons", von Gerhard Eisenschink, Artcolor-Verlag.

■ *Utah. Auf dem Weg zum Capitol Reef National Park*

Touren müssen genau geplant werden, weil es überwiegend durch Wüsten und Halbwüsten geht (nie im Sommer!). Der Wind (Sandstürme), die Backofentemperaturen tiefer Canyons bzw. die Kälte in den hochgelegenen Bereichen und die Eintönigkeit können das Pedaletreten aber auch in den günstigeren Monaten April/Mai und September/Oktober zur Qual machen. Die Nachschubmöglichkeiten an Wasser und Verpflegung liegen oft mehr als Dutzende Kilometer auseinander! („Next Service 65 Miles" ...), und auf der Karte eingezeichnete Orte sind oft nicht mehr als wenige Häuser. Hinzu kommt noch die Nachtkälte und auch das Fahren in dünnerer Höhenluft (z.B. liegt der Grand Canyon über 2500 m hoch, und wegen Schnee und Kälte ist der North Rim meist nur von Mitte Mai bis Ende Oktober Besuchern zugänglich. Laßt euch nicht vom Schild „Campground Full" abschrecken, es gibt dort einen herrlich gelegenen Hiker-Biker Site direkt an der Kante!). Am Grand Canyon evtl. einen Abstieg zu Fuß einplanen. Wanderungen kann man auch in anderen National Parks machen.

Zwischen Los Angeles, Las Vegas bis zum Arches Nationalpark existiert kein engmaschiges Straßennetz, man kann also nicht oft auf Nebenstrecken ausweichen. Stellt euch auf sehr viele, kräftezehrende Auf- und Abstiege in dieser gebirgigen Hochplateau-Landschaft ein! Wenn ihr in der Wüste zeltet, ein wenig auf Rattlesnakes aufpassen (sehr geringe Gefahr, doch gut, davon zu wissen). Vorsicht vor Dornen, wenn ihr mal von der Straße runtergeht! Notfalls das Rad zur auserwählten Camp-Stelle tragen. Berüchtigt bei Radlern sind auch die kurzen Dornen der „russian thistles", der russischen Disteln.

Nötig sind außerdem eine starke Sonnenschutzcreme, Sonnenbrille, Kopfschutz, (s.a. Abschnitt „Durch Wüsten", s.S. 112). Das Rad muß mechanisch top sein, unterwegs gibt es kaum Möglichkeiten zu Reparaturen!

■ Utah, alpine Landschaft am Mt. Nebu

Führer und Karten

Bewährt und äußerst detailliert: die Travel Handbooks von Moon Publications, Chico, CA (www.moon.com); es gibt sie zu Arizona, Utah und Nevada. Sie führen sogar Bike Shops und -Trails auf.

„Bicycle Touring in Utah", von D. Coello, Dream Garden Press, Salt Lake City. Acht Rundtouren, u.a. zum Zion National Park, Salzsee, von Salt Lake City zum Yellowstone Park, mit MTB-Trails, Karten etc.

„The Mountain Bikers Guide to Utah", von G. Bromka, Falcon Press, Helena. Beschreibt 80 Trails mit Karten und Fotos.

Sehr nützlich ist der **„Bicycle Utah Vacation Guide",** für Straßentouren und MTB-Trails, mit Bike-Shops, Veranstaltungen, Karten, Unterkünften. Kostenlos von: Bicycle Utah, POB 738, Park City, UT 84060. Hier und bei vielen Visitor Centers/Buchläden sind auch neun Booklets zu finden, die weitere 20 MTB-Routen in ganz Utah beschreiben, pro Booklet ca. 5 $.

Eine weitere Adresse für Infos und MTB-Touren siehe beim Abschnitt „Mountain Biking in den USA". Das MTB-Festival „Canyonlands Fat Tire Festival" findet alljährlich im Oktober in Moab statt, alle weiteren Details auf der Website www.moabfattire.com/index.htm. Kontakt: CFTF, 71 East 2050 North, Provo, UT 84604, USA.

„Bicycle Touring in Arizona", von D. Coello, 9 Rundtouren inkl. Grand Canyon, Petrified Forest u.a., mit Karten, Hintergrund-Infos etc.

„Bicycle Touring The Western United States", von Karen und Gary Hawkins, enthält 23 Touren im Südwesten, in den Rocky Mountains und in den Pazifikstaaten. Alles über Planung, Wetter, Geografie etc.

Weitere detaillierte Nationalpark- und Anfahrtsbeschreibungen finden sich im Grundmann-Buch „USA – der ganze Westen".

Karten: Empfehlenswert sind die bereits oben erwähnten „Atlas and Gazetteer" von DeLorme. Das Nevada Department of Transportation, Map Section, Room 206, 1263 South Stewart St, Carson City, NV 89712, verschickt auf Anfrage einen Katalog und Karten, darunter den „Nevada Map Atlas" (12 $ plus Porto). Utah: Department of Transportation, Office of Community Relations, 4501 So. 2700 W., Salt Lake City, UT 84119. Für Süd-Utah und Nord-Arizona die Straßenkarte „Indian Country" vom Automobile Club of Southern California, sehr gut.

Die Homepages der staatlichen Tourismusbehörden sind schön bunt, aber dennoch informativ (Veranstaltungen etc.): Arizona (www.arizona-guide.com), Nevada (www.travelnevada.com) und Utah (www.utah.com). (Tages-)Tourenvorschläge unter www.pedaling.com.

Ganz hervorragend gemacht und **besonders empfehlenswert ist** das „Public Lands Information Center", es informiert auf der Website www.publiclands.org/html/home.html über alle National and State Parks, National Forests und BLM-Land u.a.m. in Arizona, Utah, Nevada, Idaho, Wyoming und New Mexico, über Campingmöglichkeiten, Aktivitäten, Anfahrtswege, Gebühren etc.; der Online Shop hat eine riesige Auswahl an Büchern, Guide Books und Karten zu allen Themen rund um die Public Lands. Das Bureau of Land Management Nevada State Office führt auf seiner Website www.nv.blm.gov/Recreation/Default.htm viele Freizeitmöglichkeiten auf, hilfreich ist auch das herunterladbare Campingverzeichnis.

Bikepages

Bikepages Arizona: Auf der Website der Coalition of Arizona Bicyclists, POB 54488, Phoenix, AZ 85078-4488, www.cazbike.org, findet ihr eine Liste der Bike-Koordinatoren, von Bike Shops, Radclubs und Kontaktadressen in Arizona. Ebenfalls sehr informativ ist die private Homepage „Bicycling in Arizona" www.oneandzero.com/abccazb/arizona.html, ein **Link erläutert, welche Interstates für Radler gesperrt sind und welche nicht!** Mountainbiker können auf der Website www.mountainbikeaz.com/home1.htm den Trail passend zur Tagesform suchen, sehr informativ aufgemacht. Auf „Mountain Biking in Arizonas White Mountains" beschränkt sich die Infosite www.swlink.net/~hokans/index.html auf die Bergkette nahe der Staatengrenze zu New Mexico, ist aber sehr schön gemacht.

Bikepages Nevada: Die „Bicycle Nevada Homepage" www.bicycle-nevada.com listet Tourenvorschläge, Bike Shops und Clubs, Kontaktadressen und Links auf.

Bikepages Utah: Ähnlich aufgebaut und ähnlich informativ sind die beiden Infosites www.redrocks.com des Utah Cycling Networks und www.cyclingutah.com der Utah Bicycling Information. Unter www.cyclingutah.com/core/shops.html findet ihr eine Auswahl von Bike Shops in Utah, gut!

3. Die Neuengland-Staaten: Maine, Vermont, New Hampshire, Massachusetts, Connecticut, Rhode Island

Diese sechs verhältnismäßig kleinen Bundesstaaten (zusammen sind sie etwa halb so groß wie Deutschland) sind die geschichtsträchtige Wiege der USA. Besonders berühmt gemacht hat sie ihr „Indian Summer", ein Farbenrausch von roten und gelben Laubbäumen, auch der „Maple (Ahorn-)Syrup" wird dort gesammelt.

Mit ihren Wäldern, Hügellandschaften, Bergen und ihren schönen kleinen Dörfern mit weißen Holzkirchen sind diese Staaten für Radtouren ideal. Es existiert ein geeignetes Netz von radtauglichen Straßen und es gibt auch eine für Radwanderer zugeschnittene touristische Infrastruktur.

Mit etwa 13 Mio. Einwohnern sind die Neuengland-Staaten für amerikanische Verhältnisse relativ dicht besiedelt, doch zwei Drittel lebt allein im Großraum der Großstadt Boston in Massachusetts. Da bleibt noch viel Platz für Einsamkeit suchende *cyclists* in den waldreichen Counties von Vermont, Maine und New Hampshire (dessen nördlicher und westlicher Teil für Radfahrten besonders zu empfehlen ist). Vermont ist ganz im Norden ein sehr gutes Rad-Land (Northeast Kingdom), mit kleinen Seen, kleinen Dörfern und Wegen ins Hinterland (Straßen 16, 5A und 105). Auch der Highway 100 entlang den Green Mountains ist bei Radlern populär (einige Youth Hostels).

An der Küste ist das Land flach (Spezialität ist Seafood), interessantes Radziel ist dort Cape Cod oder die Insel Martha's Vineyard in Massachusetts.

Im Inland ziehen sich die Ausläufer der Appalachians von Süd nach Nord. Diese Routen-Richtung sollte man einer Ost-West-Fahrt vorziehen, um andauernde Berg/Talfahrten zu vermeiden. Juni bis September sind die Touristenmonate, im Sommer kann es im Süden der Neuengland-Staaten sehr heiß werden. Das Wetter ändert sich oft schlagartig. Hotels sind nicht billig, doch es gibt viele Campgrounds und auch Hostels (im Sommer immer voll), wildes Campen ist möglich.

Wer also den **Indian Summer,** diese unglaublich schöne Farbensymphonie erleben will, legt seine Tour in den Herbst. Die ersten Farben zeigen sich – im Norden von Maine beginnend – ab Mitte September, und die Pracht dauert dann je nach Witterung etwa 6 Wochen in schönstem Altweibersommer-Wetter. Herzland des Indian Summer ist das westliche Massachusetts, Vermont (Highway 100) und New Hampshire.

Ein guter Anflug- und Startpunkt für die Neuengland-Staaten ist Boston. Von Vermont oder New Hampshire kann man auch gut nach Canada weiterfahren (Montréal). Für Radtouren Richtung Süden (Florida) s. „4. Der Osten".

Tourenvorschlag: Boston – Bar Harbor (ME) – Acadia National Park – Millinocket – Baxter State Park – Greenville – Farmington – Conway (NH) – Bradford (VT) – Chelsea – Stockbridge – Brandon – Weston – Jamaica – Charlemont (MA) – Greenfield – Barre – Stow – Boston. Distanz: ca. 1780 km.

Karten: Für die einzelnen New England States sind die „Atlas & Gazetteer" am besten, sie empfehlen auch Rad-Rundtouren. Beim New Hampshire Department of Transportation, Bureau of Transportation Planning, POB 483, Hazen Drive, Concord, NH 03302-0483, USA (www.state.nh.us/osp/planning/bike-pedhome.html) sind regionale und überregionale Radkarten erhältlich.

Radführer: „The Best Bike Rides in New England", von Paul Thomas, Globe Pequot Press. 40 Touren von 20 bis 100 Meilen.

„Best Bike Paths of New England", von Williams. 45 Radwege.

„Touring New England By Bicycle", von Peter Powers, Terragraphics. 40 Strecken in Maine, Vermont und Massachusetts, mit Karten und Service.

„25 Bicycle Tours in Vermont", „25 B. T. in Maine", „30 B. T. in New Hampshire"; Backcountry Publications, jedes Buch mit Karten, Infos über das Umland, Accommodations.

„Great Rail-Trails in the Northeast", von Craig Della Penna.

Vor Ort eine gute Buchhandlung in Boston: „Globe Corner Bookstore", 3 School St, mit Travel-, Rad- und Naturführern. Detaillierte Auskünfte und Karten auch bei den Travel- & Tourism Offices der einzelnen Staaten. Weitere Adressen wie immer im Grundmann USA-Buch oder in den „Yellow Pages" vom ACA.

Homepages der staatlichen Tourismusbehörden: Discover New England, POB 3809, Stowe, Vermont 05672, www.discovernewengland.org. – Connecticut www.connecticut.com/tourism. – Rhode Island, www.visitrhodeisland.com. – Massachusetts, www.mass-vacation.com. – Vermont, www.1-800-vermont.com. – Maine, www.visitmaine.com. – New Hampshire, www.visitnh.gov. – Über den aktuellen Stand des **Indian Summer** informiert www.weather.com/outdoors/fall (Button „Fall Foliage" und „Northeast" anklicken).

Bikepages   **Bikepages New England:** www.pedaling.com ist eine Art Suchmaschine für Tagestouren und berücksichtigt sogar eure individuellen Wünsche. Für Mountainbiker ist die Website der „New England Mountain Bike Association", www.nemba.org, eine wahre Fundgrube. Klickt auf „places to ride" und ihr erhaltet viele **Tourenvorschläge für alle New England-Staaten!** Wer auf stillgelegten Bahnstrecken radeln möchte, sollte sich o.g. Guidebook zulegen oder zumindest mal auf die Infosite „New England Rail-Trails" (http://members.fortunecity.com/railtrails) gehen.

Bikepage Connecticut: Schön gemacht ist die private Homepage „Cycle Connecticut", www.cyclect.com, mit Radclubs und vielen Daytrips bis 100 Meilen und genauen Roadbooks.

Bikepages Rhode Island: Auf der Webpage des Department of Transportation, www.dot.state.ri.us/WebModal/bikeri.html, könnt ihr euch eine Karte mit allen Bike Paths und MTB-Trails herunterladen. Events, Links und mehr auf der Homepage des Radclubs „Narragansett Bay Wheelmen", www.nbwclub.org.

Bikepages Massachusetts: Die Website der „Bicycle Coalition of Massachusetts", www.massbike.org/bikeways/resource.htm, quillt über vor Informationen. Hier findet ihr alles, vom Radweg über Tagestouren und Radclubs bis zu Buchempfehlungen und Links. Auch der „Cape Cod Bike Guide", www.capecodbikeguide.com, stellt einige Road- und MTB-Trails vor und liefert zu jedem Routenvorschlag gleich die passenden Radgeschäfte.

Bikepages Maine: Auf der Website http://outdoors.mainetoday.com/biking findet ihr Events, Zeitungsartikel und einige Links. Dasselbe auf der Homepage der „Bicycle Coalition of Maine", www.bikemaine.org. Toll ist das Angebot des „Maine Department of Transportation", auf deren Website www.state.me.us/mdot/biketours.htm könnt ihr 25 Routenvorschläge als File herunterladen, darunter die Küstenroute von Kittery bis Calais mit immerhin 618 Meilen.

4. Der Osten: Pennsylvania, Virginia, West-Virginia, North- und South-Carolina, Georgia, Florida, Kentucky, Tennessee

Nach welchen Überlegungen man sich seine Route durch den Osten zusammenbastelt, bleibt ganz den individuellen Vorlieben (Küste oder Berge, historische Städte und Stätten, Nationalparks oder Vergnügungsparks) und dem Zeitrahmen überlassen. Die Amerikaner lieben ihre Strände: Jedes Wochenende setzt ein Run auf die Atlantikküste ein, rechnet dann mit viel Verkehr. Außerdem fehlt ein verkehrsentlastender durchgehender Highway entlang der Atlantikküste, mit Ausnahme vielleicht des US 17, der aber zu eng ist, um den Blechlawinen wirklich Herr zu werden und auch noch Platz für Biker zu bieten. Besser weicht ihr auf Parallelrouten aus und besucht die Küstenorte während der Woche. Und es fehlen die Freiräume, die das Biken im Westen der USA sonst so erholsam gestalten: Es gibt nur wenig Public Land, und wenn, dann in Form von National Forests, für die im Osten z.T. engere Vorschriften gelten als im Westen. Wild Zelten ist also schwer möglich, schon aus Sicherheitsgründen solltet ihr immer Farmer oder Privatleute nach einem Fleckchen Erde für euer Zelt fragen.

Entlang der Küste allerdings ist das Angebot an Unterkünften entsprechend dicht, es gibt zahllose private Campingplätze, Hostels und Jugendherbergen, für dickere Geldbeutel auch teils traumhaft gelegene B & Bs. Im Hinterland kann schon einmal eine Tagesetappe zwischen den Einkaufsmöglichkeiten liegen, packt also eine Extraration in die Radtaschen, dann seid ihr auch bei der Übernachtungswahl flexibler. Für die Umradlung der Ballungsräume (Washington DC, Baltimore, Philadelphia, New York City) solltet ihr spezielle Radkarten oder -Führer zu Rate ziehen.

USA-Beginners greifen vielleicht lieber auf **Routenvorschläge** zurück, wie sie die Adventure Cycling Association (ACA) oder Donna Ikenberry in ihrem empfehlenswerten Guidebook „Bicycling the Atlantic Coast – A Complete Route Guide Florida to Maine", Verlag The Mountaineers, ausgearbeitet haben. Die ACA-„Atlantic Coast Route" startet in Bar Harbor, Maine, und beschreibt 2525 Meilen bis Fort Myers Beach in Florida, während Donna ihre Bike Heroes in Miami gen Norden, bis Bar Harbor, auf die Reise schickt (2697 Meilen). Diese Route folgt eher dem Küstenverlauf, die ACA-Maps lotsen die Radler auch einmal für längere Strecken ins Inland.

Etwas problematisch ist die Routenfindung in **Virginia:** Die Küstenroute quert die Chesapeake Bay Richtung Maryland auf Brücken-Tunnel-Kombinationen, die für Radler allerdings gesperrt sind. Die Alternativen: die Bucht umradeln, über Washington DC und Baltimore (s. ACA-Karten), oder eine private, nicht regelmäßig verkehrende Fähre von Reedville nach Crisfield nehmen, oder einen netten Pickup-Fahrer nach einer Mitfahrgelegenheit über die Baybridges fragen. Karten und Buch sind über den ACA (www.adventurecycling.org) zu bestellen.

Reisezeit: Am besten im März oder April in Florida starten, dann ist es nicht so irre heiß und schwül und ihr habt noch die Wahl zwischen zahllosen günstigen Transatlantikflügen (Gabelflug buchen, hin nach Miami, zurück von Boston). Im Sommer gibt es im Süden viel Regen. Der „Indian Summer" in Neuengland beginnt irgendwann im September, schaut wegen des genaueren Datums auf die Homepages der Tourismusbehörden (s.o., „3. Die Neuengland-Staaten").

Tourenvorschlag: Miami mit Abstechern zum Everglades NP oder nach Key West – West Palm Beach – Merritt Island (Cape Canaveral mit John F. Kennedy Spacecenter, ggf. Abstecher zu Disney World) – Daytona Beach – Savannah – Myrtle Beach – Cape Hatteras National Seashore – Knotts Island – Williamsburg (Colonial National Historical Park) – Baybridges (für Radler gesperrt, s.o.) – die weitere Route über New York City hinaus Richtung Maine den o.g. Karten/Rad-Führer entnehmen.

Im Landesinneren, in den Bundesstaaten Tennessee, Kentucky und West-Virginia, locken dagegen verschlafene County Roads, einige sehenswerte National Parks und die Gebirgslandschaft der Appalachen. Hier muß man sich selbst eine Route zusammenbasteln, die zu den oder durch die Hauptsehenswürdigkeiten dieser Staaten führt. Z.B. zum Shenendoah National Park, Great Smoky Mountain National Park, Mammoth Cave National Park, zu den Appalachian Mountains u.a. sehenswerten Dingen mehr.

Sehr schön ist der **Blue Ridge Parkway** und der **Skyline Drive** zwischen dem Great Smoky Mountain National Park in Tennessee und durch den Shenendoah National Park (kurvenreiche 470 Meilen über die Kämme des Blue Ridge, 70 km/h Tempolimit für Autofahrer!). Auskünfte: Blue Ridge Parkway Association, POB 2136, Asheville, NC 28802-2136. Ihre informative Website (genaue Beschreibungen, Karten, Wanderwege etc.) heißt www.blueridgeparkway.org. Für einen Überblick lohnt auch die Website des National Park Services, www.nps.gov/blri/home.htm. Ihr findet aber auch noch unterwegs einige Visitor Centers.

Von Nashville in Tennessee nach Süden diagonal durch Mississippi nach Natchez führt der **Natchez Trace Parkway,** der runde 425 Meilen lang ist. Eine Strecke, auf der die wenigen Autos (Lkw sind verboten!) nur 80 km/h fahren dürfen, wo keine Reklameschilder die Landschaft verschandeln und wo es durch friedliche Täler, kleine Ortschaften und über Höhenzüge geht. Wegen der Schwüle am besten im Frühjahr oder im Herbst radeln. Infos von: Natchez Trace Parkway Visitor Center, 2680 Natchez Trace Parkway, Tupelo, MS 38804 (Radkarte gegen Gebühr erhältlich, es gibt einige „Bicycle-Only"-Campgrounds). Oder schaut auf die Website des National Park Services, www.nps.gov/natr/index.htm oder auf die des National Scenic Byways Programs, www.byways.org/travel/designated_byways.html. Die ACA-„Great Rivers South Route" von Muscatine (Iowa) nach St. Francisville (Louisiana) verläuft teilweise entlang des Natchez Trace Parkway (Gesamtdistanz 1340 Meilen, Kartensatz beim ACA erhältlich).

Eine gute Route ist auch die Strecke entlang des Potomac von Washington DC nach Cumberland in Maryland, der **Chesapeake & Ohio**

Canal Path, ein unasphaltierter Bicycle- und Jogger-Trail (185 Meilen). Hier kommt man an vielen geschichtsträchtigen Orten des amerikanischen Bürgerkriegs (Civil War) vorbei. Infos von C & O Canal National Historical Park Headquarters, Box 4, Sharpsburg, MD 21782 (www.nps.gov/choh/co_visit.htm), oder der C & O Canal Association, POB 366, Glen Echo, Maryland 20812 (www.candocanal.org). Sehr gut auch die private Webpage von Kathy Bilton, www.fred.net/kathy/canal.html.

Der 45 Meilen lange asphaltiert **Washington & Old Dominion Trail** schließt sich im Süden an den C & O Canal Path an und führt entlang einer ausgedienten Eisenbahnstrecke westlich bis Purcelville (Virginia). Weitere Infos und ein genaues Logbuch zu den o.g. Trails auf der hervorragend aufgemachten Website „The Recreational Bicycling Guide to the Washington DC Area", http://bikewashington.org.

Tip: Nur einige Meilen südlich von Purcelville beginnt der **Skyline Drive,** ihr habt damit eine rund 700 Meilen lange Route auf verkehrsarmen Straßen bzw. auf Radwegen vom Great Smoky Mountain NP bis Cumberland!

In **Pennsylvania** ist besonders die Südost-Ecke, das **Lancaster County,** einen Rad-Trip wert, es ist das Land der konservativen, strenggläubigen **Amish** (Ortschaften Paradise, Blue Ball, Bird-in-Hand, Intercourse etc.). Typisch ist ihre schwarze Kleidung und die Pferdewagen.

Beste Radelzeit im Inland ist von Mai bis Oktober (vorzugsweise Frühling und Herbst).

Karten: ACA-Kartensätze, s.o. Für selbstgeplante Touren eignen sich die etwas unhandlichen „Atlas & Gazetteer" von DeLorme am besten. Radelt ihr mit dem Atlantic Coast Guidebook, reichen auch preiswerte Straßenkarten (vom AAA, kostenlos für Automobilclub-Mitglieder, von Rand McNally, Gousha etc.).

Radführer: „Bicycling The Atlantic Coast", s.o.

„Bicycling The Blue Ridge", von Elizabeth und Charlie Skinner. Ein Guide zum Skyline Drive und dem Blue Ridge Parkway, mit Karten, Camping, Lodging, Höhenprofilen etc. Ähnlich aufgebaut ist „Bicycling The Natchez Trace", von Glen Wanner, ein guter Guide zum Natchez Trace Parkway.

„Road Bike The Smokies", von Jim Parham. Beschreibt 16 Touren in und um den Great Smoky Mountain National Park, mit Höhenprofilen.

Zur Routenplanung durch Tennessee und Virginia bis Washington kann man auch die unten erwähnten Bücher „Bicycling Across America" und „Bicycling Coast To Coast" heranziehen.

„Best Bike Rides in the Mid-Atlantic", von Trudy E. Bell. Beschreibt 42 Touren von 20 bis 100 Meilen in New York, Pennsylvania, New Jersey, Delaware, Maryland, Washington, and West Virginia.

„Best Bike Rides in the South", von E. und C. Skinner. 44 Touren in variierenden Längen bis 100 Meilen in Virginia, Tennessee, North Carolina, South Carolina, Georgia, Florida, Alabama und Mississippi.

„The Official Rails-to-Trails Conservancy Guidebook to Maryland, Delaware, Virginia, West Virginia", von Barbara A. Noe, Globe Pequot Press. Stellt alle zu Radwegen umfunktionierten Eisenbahnstrecken vor.

Weitere Trail-Books zu Florida mit allein 100 Rails-to-Trails und zu Pennsylvania sind erhältlich.

Weitere Radführer zu einzelnen Bundesstaaten: „Shifting Gears: A Bicycling Guide to West-Virginia", von Kurt B. Detwiler. „Bicycling in Florida", von Tom Oswald (71 On- und Off Road Touren). „Pennsylvania Bicycling Guide", DOT Sales Store, BOX 2028, Harrisburg, PA 17105.

In den „Yellow Pages" des ACA findet ihr viele weitere Regionalführer und Hinweise zu lokal erhältlichen Karten.

Internet: Für einen ersten Eindruck genügen die Homepages der Tourismusbehörden. Spezielleres findet man in den teils umfangreichen Linklisten: Florida (www.flausa.com, www.fla-keys.com und www.spacecoast.com), Georgia (www.georgia.org/tourism/index.html), South Carolina (www.discoversouthcarolina.com), North Carolina (www.visitnc.com), Virginia (www.virginia.org), West-Virginia (www.callwva.com), Pennsylvania (www.pacvb.org), Kentucky (www.kytourism.com/intro.html), Tennessee (http://ndweb.state.tn.us). Für die Appalachian Mountains: www.travelappalachia.com.

Bikepages

Bikepages Florida: Gut ist die Homepage der „Florida Bicycle Association", (www.floridabicycle.org) mit vielen Links zu Radclubs und -geschäften, Tourenvorschlägen etc. Eine der größten Radclubs in Florida sind „The Florida Freewheelers", auf ihrer Website (www.floridafreewheelers.com) findet ihr neben geplanten Events und Links zu weiteren Radclubs auch einige übersichtlich aufbereitete Tourenvorschläge zum Herunterladen.

Tourenvorschläge auch auf www.floridacycling.com. County Maps gibt es beim Florida Department of Transportation, Maps & Publications Sales, Mail Station 12, 605 Suwannee St, Tallahassee, Florida 32399-0450 (www.dot.state.fl.us/MapsAndPublications/manuals/pub-cmap.htm).

Mein Tip: kauft den Florida Gazetteer! Gute Infos z.B. auch zu den für Radler gesperrten Highways und Interstates auf der Website www.gorp.com/gorp/location/fl/biking/bik_intr.htm.

Bikepages Georgia: Auf der Suche nach einem Bike Shop in Georgia? Dann schaut auf die Webpage der „Georgia Bicycle Federation" (www.serve.com/bike/georgia/). Viele weitere Links zu Radclubs, Veranstaltungen etc. Donald Estep stellt auf seiner Homepage unter www.math.gatech.edu/~estep/ga_rides.html einige seiner bevorzugten Tagestouren vor. „BRAG" steht für „The Bicycle Ride across Georgia", eine einwöchige Rad-Veranstaltung über ca. 400 Meilen. Weitere Infos, FAQs, Fotos, Termine unter www.brag.org.

Bikepages Carolina: Die Homepage des „Greenville Spinners Bicycle Club" (www.greenvillespinners.com) ist kunterbunt und unübersichtlich, aber doch irgendwie informativ. Schaut auf die Website des Department of Transportation, falls ihr Routenvorschläge, Karten, Bike Shops und Clubs sucht: www.dot.state.nc.us/transit/bicycle/maps. Adresse: Division of Bicycle and Pedestrian Transportation, 1 S. Wilmington St, Raleigh, NC 27602. Einen Überblick über „North Carolina Rail-Trails" liefert die Infosite www.ncrail-trails.org. Stollenliebhaber können auf das umfangreiche Trailverzeichnis der „North Carolina Mountain Biking Trails Authority" unter http://members.aol.com/NCMBA/Home.html zurückgreifen.

Bikepages Virginia: Empfehlenswert ist die Webpage der „Virginia Bicycle Federation" (www.vabike.org/) mit zahlreichen Tourenvorschlägen. Weitere Touren und auch die Adressen der Bike-Koordinatoren findet ihr unter „Links". Die Infosite www.wvrtc.org des „West Virginia Rails-to-Trails Councils" gibt eine Übersicht über alle umfunktionierten Eisenbahnstrecken.

Bikepages Pennsylvania: Das „Department of Transportation" bietet auf seiner Homepage www.dot.state.pa.us eine Ost- und eine West-Bikeroute als File zum Herunterladen an. Trails für Mountainbiker unter www.mountainbikepa.com.

Bikepages Kentucky: Auf acht Radrouten kreuz und quer durch Kentucky, übersichtlich aufbereitet mit Karten auf der privaten Website „Kentucky Bicycle Tours" (http://www2.campbellsvil.edu/~don/bicycle.html). Viele Infos und vor allem Links bietet die Homepage des „Louisville Bicycle Clubs" (www.louisvillebicycleclub.org).

Bikepages Tennessee: Einige Trails, übersichtlich dargestellt, auf der Website „mtbREVIEW" (www.mtbr.com/trails/Tennessee_name.html). Auf www.pedaling.com findet ihr einige Touren versch. Länge durch Tennessee.

5. Weitere US-Staaten

Die waldreichen Rocky Mountain-Staaten Colorado, Wyoming und Montana sind zwar gebirgig, doch landschaftlich überaus beeindruckend. Eine Wohltat für Auge und Gemüt, wenn man vorher durch die Wüstenstaaten des Westens radelte. Zur Hauptreisezeit viele Touristen und Wohnmobile. In **Colorado** ist Durango (Südwest-Ecke) Ziel für MTB-Fahrer, viel Wild-West-Feeling. Buchtip: „Colorado Cycling Guide", von J. und H. Alley, 33 detailliert beschriebene Colorado-Touren aller Längen.

Einsamkeit und oft viel Wind findet man in **Wyoming,** wo in der Nordwest-Ecke des Staates der berühmte Yellowstone National Park und der Grand-Teton NP liegt. Sehr schöne Touren lassen sich im Nordwesten von **Montana** an der Grenze zu Canada machen (in und um den Waterton Glacier International Peace Park). Eine der schönsten ACA-Routen oder vielleicht auch die schönste ACA-Route überhaupt führt entlang der **Rocky Mountains** von Jasper in Canada nach Durango (Colorado). Die „Great Parks Route" ist 2455 Meilen lang und ließe sich mit der „Western Express Route" durch Utah und Nevada nach San Francisco (1585 miles) kombinieren. Und von da könnte man an der Pazifikküste entlang nach Vancouver radeln ...

*„Die Straßen von **Louisiana** sind teilweise wahre Kraterlandschaften, ohne Seitenstreifen, voller Müll, mit vielen engen, steilen Brücken und starkem Verkehr. Doch New Orleans mit seinem ungewöhnlichen Stadtkern ist wunderschön, und wir mochten die Menschen in Louisiana. So richtig genießen konnten wir das Radfahren ab **Texas.** Dort sind fast überall Seitenstreifen vorhanden, die Autofahrer sind Radfahrern gegenüber unerwartet freundlich und rücksichtsvoll. Die Besiedlungs- und Verkehrsdichte läßt nach, und je weiter man in den Südwesten vordringt, desto offener wird die Landschaft",* so Raphaela Wiegers.

Wisconsin und **Michigan** besitzen viele Seen und flaches, fruchtbares Farmland. Die Rails-to-Trails-Conservancy (Adresse s. Abschnitt „Mountain Biking in den USA") konnte in Wisconsin viele ehemaligen Bahnstrecken zu Rad-Trails umfunktionieren (z.B. die beiden sehr schönen unasphaltierten Strecken *Drumlin State Park Trail* von Madison nach Milwaukee, ca. 80 km, und der *Elroy Sparta State Park Trail,* ca. 50 km).

Man könnte die beiden Staaten im Zuge einer Reise um die fünf großen Seen (mit einer kombinierten Schiffsreise) bzw. bei einer Reise durch Ostcanada/Niagara-Fälle/New York „beradeln". Hilfreich bei der Durchführung könnte dabei die „A Bicyclist's Tour Guide"-Reihe von Harvey Botzman sein: „Round Lake Erie", „Round Lake Michigan", „Round Lake Ontario" und „Round Lake Huron". Erschienen bei Cyclotour Guide Books, POB 10585, Rochester, NY 14610 (www.cyclotour.com). Die ACA-„North Lakes Route" führt 1095 Meilen um den nördlichen Teil des Lake Michigan von Osceola (Wisconsin) nach Monroeville (Indiana) und läßt sich mit der „Northern Tier Route" zu einer Rundtour komplettieren. Eine Website zu den „Greater Lakes of North America": www.glna.org.

Wollt ihr speziell einen oder einige Staaten per Rad bereisen, schlagt wegen dem Angebot an Cycling Guides und Info-Adressen wieder in den „Yellow Pages" nach. Vom ACA selbst ist der Radführer „Adventure Cycling in Michigan – Selected On- & Off-Road Rides" bei The Mountaineers, Seattle, erschienen. Von McCoy stammt das Buch „Cycling the Great Divide", dem längsten und spektakulärsten MTB-Trail quer durch die USA von Canada nach Mexiko (Verlag The Mountaineers).

Bikepages   Der „Regional Biking Guide" von GORP (www.gorp.com/gorp/activity/biking/bik_guid.htm) liefert zu jedem Bundesstaat (wenige) Routen-, Karten- und Reiseführervorschläge, erläutert aber auch, wo Radler nicht erwünscht sind. Der Buchversender „Pete & Ed Books" hat eine tolle Website (http://peteandedbooks.com) mit Buchvorschlägen, Links zu Radclubs und ausgewählten Homepages. Klickt mal rein!

6. Transamerica, „Coast-to-Coast"

Man kann die USA mit dem Fahrrad desgleichen von Küste zu Küste durchqueren. Entweder immer nur seiner Nase nach (was weniger zu empfehlen ist), oder man folgt ausgearbeiteten Routen. ACA bieten **drei Routen** an (Karte s.S. 143): Eine nördliche („Northern Tier"), eine mittlere („TransAmerica Bicycle Trail") und eine südliche („Southern Tier"), wobei die **nördliche** und die mittlere am meisten gefahren werden. Für alle drei Routen gibt es präzise Kartenpakete, und sie sind je nach Start- und Endpunkt zwischen fünfeinhalb- bis siebentausend Kilometer lang. Man muß mit **drei bis vier Monaten Reisedauer** rechnen.

Bei der **mittleren Route** biegt der ACA-Trail in Colorado nach Norden in die Rockies ab, besser wäre aber wohl eine Geradeaus-Weiterfahrt nach Kalifornien. Wer von Kalifornien aus starten will, kann also erst in Colorado oder in Kansas auf diesen mittleren Transamerica-Trail gehen. Für das erste Teilstück von Los Angeles/San Francisco bis nach Colorado würde ich deshalb eher der „Western Express Route" über die Sierra Nevada durch Nevada und Utah folgen. Sie führt von San Francisco nach Pueblo in Colorado.

Die **südliche Route** führt von San Diego in Kalifornien durch Arizona, New Mexico, Texas, Louisiana, Mississippi, Alabama nach Florida.

Ob eine solche US-Tour letztendlich sinnvoll ist, muß jeder selbst bewerten, denn eine Transamericafahrt ist kein verlängerter Radurlaub, sondern harte Arbeit. In die Route sollten möglichst auch die bekannten landschaftlichen Sehenswürdigkeiten miteingearbeitet werden, denn einfach so von Küste zu Küste zu fahren bringt ja relativ wenig, **zumal die Transamerica-Strecken über den allergrößten Teil langweilig und ohne Besonderheiten sind.**

Zwei große Hindernisse müssen dabei überwunden werden: im Osten die Appalachians und im Westen die Rocky Mountains, und wer die mittlere Route wählt, muß auch noch über das Ozark-Plateau in Missouri bzw. Arkansas pumpen. Zwischen den beiden Gebirgen liegen die Great Plains, die endlosen Ebenen des Mittleren Westens, wo Mais- und Weizenfelder und Prärien sich von einem bis zum anderen Horizont ziehen. Wer nach Südwesten abbiegt oder von dort kommt, muß endlos lange, monotone Wüsten- und Halbwüstenfahrten durchleiden.

Die amerikanischen Highways dehnen sich wie Gummibänder, immer schön gerade aus. Man erfährt, wie groß die USA wirklich sind. Auf Nebenstrecken, die etwas Abwechslung bringen, dauert der Cross-Country-Ride länger. Stellt euch dabei nicht nur auf gute, sondern auch auf schlechte Straßenabschnitte ein, die ihren Tribut in Form von Speichen, Ketten und anderen Dingen fordern können.

In welche Richtung?

Von West nach Ost oder von Ost nach West?

Darüber gibt es verschiedene Ansichten und Meinungen. Spätestens in Kansas oder Oklahoma, wenn dir steife Winde tagelang in die Flanke fahren oder sich dir gnadenlos entgegenstemmen, gewinnt diese Frage an Bedeutung – der Wind hat mir ein Lied erzählt … Von West nach Ost (eastbound) wird wegen den überwiegend starken Westwinden in den Plains als die bessere Streckenrichtung angesehen, doch du kannst sicher sein, daß der Wind bei deiner Fahrt ausgerechnet von der anderen Richtung blasen wird … (wem „tailwind" sehr wichtig ist, der fährt am besten vom Golf von Mexiko zu den großen Seen, denn der Südwestwind bläst in den USA am konstantesten, wie die Meteorologen wissen).

Ein Punkt erscheint uns wichtig: Wer sich langsam „reintasten", es gemütlicher angehen will, der fährt besser von Ost nach West, denn von Kalifornien aus geht es bald die steile Sierra Nevada hoch, und dann kommen auch schon die einsamen Wüstenstrecken, und die sind für „beginners" ganz schön hart! Von der Ostküste aus startend kann man sich jedoch auf die großen Naturwunder im Westen freuen und sich wie ein Pionier im 19. Jahrhundert fühlen (in vergessenen Dörfern wirst du vielleicht auch ab und zu als ein solcher von den Amis gefeiert werden …). Indianer werden dich jedoch keine mehr angreifen, auch keine Büffel, höchstens motorisierte. Es wird viel Schweiß fließen, doch am Schluß wirst du auch jenes Gefühl von Freiheit und Abenteuer erlebt haben, wie man es wohl nur noch unter den endlos hohen und blauen Himmeln Amerikas erfahren kann.

Außer den Strecken der Adventure Cycling Association gibt es noch einige andere beschriebenen Routen, wobei der populäre und sehr gute Radführer „Bicycling Across America" des Autors *Robert Winning* nicht mehr erhältlich ist. Aber vielleicht könnt ihr ja noch in irgendeinem Secondhand-Bookshop ein gebrauchtes Exemplar „abstauben". Die ausgeklügelte Route führt vornehmlich über Secondary-Roads leicht südlicher als die mittlere ACA-Route quer durch die USA, von Los Angeles bis nach Washington DC. Mit den präzisen und genauen Angaben, mit den vielen Karten und Steigungsprofilen ein ideales Routenbuch für alle West-Ost-Radler. Wer dann von den fünfeinhalbtausend Kilometer in mindestens ca. 45 Tagen noch nicht genug hat, kann ja noch nach New York kurbeln und noch weiter in die Neuengland-Staaten, zum Indian Summer. Das Buch liefert auch sonstige sehr gut brauchbare Tips für Fahrradreisen in den USA.

Alternativ könnt ihr auf „Bicycling Coast to Coast" von *Donna Ikenberry* zurückgreifen. Das bei The Mountaineers erschienene Guidebook beschreibt eine Durchquerung von Ost nach West, von Virginia durch Kentucky, Illinois, Missouri, Kansas, Colorado, Wyoming, Montana, Idaho bis Oregon und hält sich ziemlich genau an die mittlere ACA-Route. Halten eure Beine durch, habt ihr es in 77 Tagen geschafft. Zahlreiche Karten, km-Angaben und Übernachtungs- und Ausrüstungsempfehlungen runden den sehr guten Guide ab.

Lue und Shannon Christian leiten die Cross-America-Biker dagegen vom Südwesten in den Nordosten, von Kalifornien durch Arizona, New Mexico, Texas, Oklahoma, Kansas, Missouri, Illinois, Indiana, Michigan über die kanadische Grenze nach Ontario und Québec. Damit umfahrt ihr zwar die größten Hürden (Sierra Nevada, Rockies, Appalachen) und die Hauptwindrichtung stimmt ebenfalls (s.o.), aber ihr laßt dann die meisten Sehenswürdigkeiten aus. Der Bike-Guide heißt „Cycling Across North America – A Leisurely Route From Coast To Coast".

Von außerordentlicher Wichtigkeit für eine Transkontinental-Tour ist die Wahl der richtigen Monate, die extremen Wüstentemperaturen und die Eiseskälte in den Bergen schaffen dich sonst bald. In den einzelnen Staaten durch dauernd komfortables Wetter zu fahren ist nicht möglich! R. Winning empfiehlt bei seinem West-Ost Ride als besten Kompromiß die Abfahrt von L.A. in der letzten April- oder in der ersten Maiwoche.

Wer lieber eine auf deutsch verfaßte Trans-America Bikeroute zur Hand nehmen möchte: In dem Buch „Von South Carolina nach Kalifornien" (Pietsch-Verlag) beschreibt *Martin Winkelmann* seine 6500 km Tour von South Carolina, Georgia, Alabama, Mississippi, Louisiana, Texas, New Mexico, Arizona, Nevada nach Kalifornien (seine Route verläuft etwas nördlicher als die Südroute vom ACA). Ein guter Erlebnisbericht mit ausführlichen Reise- und Radtechnik-Tips und genauen Einzeletappen. Für jeden USA-Radler eine empfehlenswerte Lektüre, aber leider nur noch im Antiquariat erhältlich.

„*Get your kicks on Route 66 …*", dieser berühmte Song von Bobby Troops muß *Thomas Schröder* öfter durch den Kopf gegangen sein, als er mit dem Fahrrad auf der „Mother Road", auf der Straße der Flucht knapp 4000 km von Chicago nach Los Angeles radelte. Herausgekommen ist ein sehr guter Rad- und Erlebnisbericht („Cycling 66", Biber Verlag Stuttgart), der mit seinem genauem Logbuch und den vielen Tips im Anhang jedem USA-Durchquerer empfohlen werden kann. Und noch etwas: Auf der Route 66 radelt ihr wohltuend abseits all der ACA-Biker.

Coast-to-Coast-Tips

1. Genaues Timing der Jahreszeit. Als **Winter-Transkontinentalroute** ist einzig und allein die Südroute von Florida nach Südkalifornien bzw. vice versa am Golf von Mexiko entlang zu empfehlen. In den Südstaaten ist es im Sommer so heiß, daß man höchstens in den frühen Morgen- und späten Abendstunden radfahren kann!

Als **Sommerfahrt** kommt allein die Nordroute in Betracht. Im Frühjahr oder Herbst geht es durch die zentrale Route.

2. Überwiegend auf Nebenstraßen fahren.
3. Übernachtung: Campen, alle paar Tage ein Motel oder Hostel.
4. Genügend Zeit lassen (50 bis 80 Tage).

Canada und Alaska

1. Über-blick, Rad-regionen

Canada ist das zweitgrößte Land der Erde (30 mal so groß wie Deutschland) - riesig sind die Entfernungen, gewaltig ist das Potential an Natur und Wäldern. Wenngleich in Canada vieles ähnlich wie in den USA ist – sauber, nett, gut organisiert –, so ist Canada doch nicht einfach die Fortsetzung seines südlichen Nachbars. Man gibt sich mehr britisch-europäisch als US-amerikanisch, man ist weniger hektisch als in den USA, und vielen gefällt Canada besser als die USA. Im Osten Canadas, in der Provinz Québec, dominiert die französische Vergangenheit, dort wird fast ausschließlich französisch gesprochen.

Die Bergketten der amerikanischen Rocky Mountains setzen sich in Westkanada fort, ziehen sich bis nach Alaska hoch. Und diese Region zwischen den Rockies und der Westküste Canadas ist landschaftlich sehr beeindruckend und abwechslungsreich, hier findet man, **in den Provinzen British Columbia und Alberta, das Beste und Schönste von Canada:** Einsames Bergland, klare Flüsse und Seen, Strände und Fjorde, Wildnis und Zivilisation …

Der Mittelteil Canadas – also die Provinzen Ost-Alberta, Saskatchewan und Manitoba – besteht aus endlosen Prärien und monotonen Straßen. Im Osten, in den Provinzen Ontario, Québec und New Brunswick sowie auf Nova Scotia, Newfoundland und Prince Edward Island lassen sich für Canada-Liebhaber aber auch interessante Touren machen.

Quer durchs Land – von Küste zu Küste, von Neufundland bis Vancouver – verläuft der **Trans Canada Highway, die längste zusammenhängende Straße der Welt** (THC, Streckenverlauf und Beschreibung siehe Grundmann-Buch „USA/Canada"). Wer die knapp 8000 km abkurbeln will – was aber für ein Canada-Erlebnis nicht unbedingt die beste Idee ist, weil der TCH nur selten durch die landschaftlich schönsten Gebiete einer Region führt –, sollte sich zur Planung den dreiteiligen Rad-Führer „The Great Canadian Bicycle Trail" zulegen (Abschnitte: von St. John's auf Newfoundland – Montréal. Montréal – Winnipeg. Winnipeg – Victoria auf Victoria Island; Bezug über die Canadian Cycling Association, Anschrift s. bei „Adressen"). Auch der Bike-Guide „Cycling Canada", von Smith, beschreibt neben vielen kürzeren Touren eine Strecke quer durch ganz Canada. Auf Colin Branders Website www.geocities.com/Yosemite/Trails/4542 dreht sich alles ums Cross-Canada-Cycling. Interessant sind die vielen alternativen Routenvorschläge. Die Website Canadians Bikeways (www.sensato.com/bikeways/) hat noch weitere Cross-Canada-Berichte gesammelt.

Wer Canada durchqueren will, sollte es wegen des überwiegenden Rückenwinds **im Sommer von West nach Ost machen!**

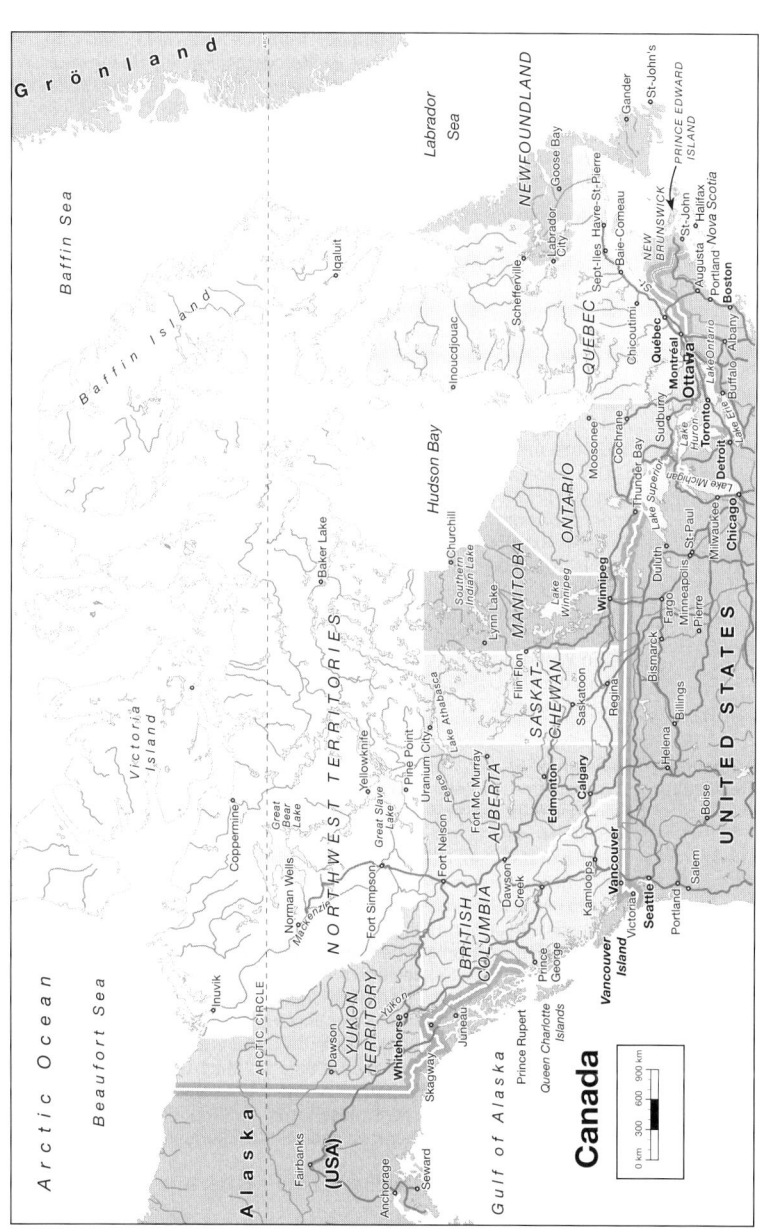

Ambitioniert ist das Vorhaben der *Trans Canada Trail Foundation,* einen zusammenhängenden Weg für Wanderer, Radler, Reiter und Ski-Langläufer, den **Trans Canada Trail**, fernab des motorisierten Verkehrs, quer durch alle Provinzen Canadas zu legen, bald soll der 17.250 km (!) lange Mammut-Trail komplettiert sein. Aktuelle Infos unter www.tctrail.ca oder vor Ort bei The Trans Canada Trail Foundation, 43 Westminster North, Montréal, Québec, Canada H4X 1Y8.

2. An- und Einreise, Klima und Reisezeiten

Von Deutschland gibt es zahlreiche Linien- und Charterflüge direkt nach Vancouver, Calgary, Toronto, Montréal, Edmonton, Whitehorse, Halifax und zu anderen Destinationen. Ab Frankfurt fliegt Condor nach Whitehorse, LTU steuert Toronto ab Düsseldorf an. Weitere Charterflieger sind Air Transat (www.airtransat.com) und Canada 3000 (www.canada3000.com) mit einigen interessanten Routen. Nachteilig für Radler ist die Beschränkung der Charterflüge auf ein Gepäckstück mit max. 20 oder 32 kg, während bei Linienflügen – wie in die USA – das Two-Piece-Concept mit 2 x 32 kg gilt. Bei Reisen in der Hochsaison (Mitte Juni bis Mitte August) rechtzeitig vorbuchen! Mit dem Skyrail Pass können in Canada Flugzeug und Bahn miteinander kombiniert werden. Auskunft bei Air Canada.

Der Reisepaß von Deutschen muß noch über sechs Monate gültig sein, ein Visum ist nur bei einem Aufenthalt über drei Monate nötig. Wie in den USA wird die tatsächlich genehmigte Aufenthaltsdauer erst bei der Einreise vom Einwanderungsbeamten festgelegt. Manchmal wird auch der Nachweis ausreichender Geldmittel verlangt. In einigen Provinzen ist die Einfuhr von Obst- und Gemüsesorten verboten, die auch in Canada angebaut werden. Dann bleibt nur der sofortige Verzehr unter den wachsamen Augen der Zöllner.

Die **Währung** von Canada ist der Canadian Dollar (der weniger Wert hat als der US-Dollar). Reiseschecks am besten darauf ausstellen lassen. Eine Kreditkarte ist nötig: Euro-(Master)Card, Visa oder American Express.

Klima und Reisezeiten

Ganz grob: An der Westküste herrscht Meeresklima mit ausgewogenen Temperaturen, in Zentralcanada Kontinentalklima mit sehr heißen Sommern und sehr kalten Wintern, in Ostcanada Meeresklima mit viel Regen und Nebel.

Mitte und Osten: Günstig sind die Monate von Mitte Juni bis September, in den südlichen Prärieprovinzen Saskatchewan, Manitoba und auch Ontario wird es sommers sehr heiß. Die nördlichen Regionen dieser Provinzen sind im Juli und August günstig, dafür fliegen dann viele Moskitos! Schöner Herbst. Weniger günstig sind die Monate Oktober bis Mai, da sehr kalte Winter im Landesinnern.

Westcanada: Günstig sind die Monate Juli bis September, im Yukon-Territory Juli und August. Sehr schöner Herbst ab September, doch im Nordwesten und in den Bergen kann da bereits Schnee fallen, der bis in den Juni hinein liegen kann! Nachtfröste ab Mitte September. In British Columbia muß auch im Sommer – der dort erst so ab Juli beginnt – öfter mit Regen gerechnet werden, Moskitozeit und Touristen-Hochsaison ist im Juli und August. Je höher man nach Norden kommt, desto länger werden die Tage.

Weniger günstig sind Oktober bis Mai – frühe, sehr kalte Winter, viel Schnee und Regen, kurze Tage.

3. Karten und Bücher Als allgemeine Grundlage einer USA/Canada-Radreise empfiehlt sich das Buch „USA/Canada" von Hans Grundmann, Reise Know-How. Im selben Verlag erschienen sind „Canadas großer Westen mit Alaska" und „Canadas Osten, USA Nordosten". Bei den englischsprachigen Reiseführern halten wir die Travel Handbooks von Moon Publications, Chico, CA, mit am besten (www.moon.com). Erschienen sind das „British Columbia Handbook", das „Alberta And The Northwestern Territories Handbook" und das „Atlantic Canada Handbook". Und viele Reise-, Natur-, Wander- und Kanuführer mehr. Kauderwelsch-Sprachführer: „Canadian Slang – das Englisch Canadas" und „Franko-Kanadisch – Québécois", beide Reise Know-How. Empfehlenswerte Rad-Bücher sind bei den erwähnten Radel-Regionen aufgeführt.

Karten: Canada-Karten gibt es hier von den Landkartenhäuser wie Geo-Center in München oder bei den Ausrüstern Därr, Woick oder Schrieb. Als Übersichtskarte zur Planung genügt die RV-Karte „Kanada", 1:4 Mio. Eine große Auswahl an Detailkarten hat ITM Publishing, 345 West Broadway, Vancouver, B.C., Canada, V5Y 1P8 (www.itmb.com). In Canada erhält man kostenlose, brauchbare Provinzkarten bei Reisebüros, auch ganze Kartenwerke bei den Provincial Parks.

British Columbia-Radkarten sind erhältlich von Tourism British Columbia, Adresse s. unten, oder vom Ministry of Parks, 1610 Mount Seymour Road, North Vancouver. Eine Radkarte von Alberta ist erhältlich von der Canadian Cycling Association.

Das Canada Map Office, 711 - 615 Booth St, Ottawa, Ontario K1A OE9, verkauft topografische Karten nur noch über regionale Kartenläden – in Deutschland auch beim Versandhandel Schrieb, eine Liste der Distributoren findet man auf deren Homepage unter http://maps.nrcan.gc.ca/cmo/rdc.html. In Canada bekommt man (Auto)Karten überall an Tankstellen und Buchläden.

4. Canada-Adressen und -Websites Auskunft für Canada erteilt die Canadian Tourism Commision, c/o Lange Touristik-Dienst, Eichenheege 1–5 in 63477 Maintal, Tel. 01805-526232.

Rad-Organisation: Canadian Cycling Association, 702 - 2197 Riverside Drive, Ottawa, Ontario, Canada, K1H 7X3 (für Tour-Informationen, Bücher etc., www.canadian-cycling.com).

Internet: Die offizielle Website der kanadischen Botschaft (www.kanada.de) hat Infos für Touristen und Einwanderer, und ihr könnt dort online den Canada-Reiseführer bestellen. The Official Site of the Canadian Tourism Commission läuft unter www.travelcanada.ca und www.canadatourism.com. Weitere deutschsprachige Websites mit teils umfangreichem Angebot für Touristen und Einwanderer sind www.kanadanews.de und www.kanada-tipps.de. Die englischsprachige Website www.attractionscanada.com rückt Canadas Hauptattraktionen ins rechte Licht. Eine ergiebige deutschsprachige Canada-Suchmaschine zu allen relevanten Themen arbeitet unter www.cdn.de, weniger zielgenau ist www.cantrek.com.

Auf der empfehlenswerten Website http://parkscanada.pch.gc.ca der kanadischen Nationalparkverwaltung könnt ihr Details zu jedem der 39 Parks abrufen. Die Online Maps auf www.bikeways.com/maps2/mapsframe.htm reichen für die ersten Orientierung. Die empfehlenswerte Website Canadians Bikeways, www.sensato.com/bikeways/, listet nicht nur einige private Homepages rund ums Cross Canada-Biking, sondern bietet auch einen Überblick über die Radrouten und -wege in den einzelnen Provinzen und weiterführende Links.

5. Übernachten, Verpflegung

Camping

Es gibt ein sehr dichtes Netz an staatlichen und kommerziellen Campgrounds in den National-, Provincial- und Regional-Parks (die Provincial Parks in Canada entsprechen den US-State Parks, sind aber oft nur saisonal geöffnet). Die Tourist Information Centers an den Provinzgrenzen versorgen einen mit Gratismaterial über ihre Provinz, dabei ist auch meist eine Liste mit den Provincial Campgrounds und ein Accommodation Guide.

Für das Campen gilt mehr oder weniger das gleiche wie bereits das bei den USA gesagte. Die meisten Plätze gibt es im Westen, in British Columbia und Alberta, wo viele kostenfrei (doch die werden immer weniger) und schön angelegt sind, mit fertig gesägtem Feuerholz, mit Tisch, Grillrost etc. Sommers sind sie schnell belegt. In British Columbia sind die allermeisten der Provincial Park Campgrounds kostenpflichtig (7 bis 15 $), doch es gibt auch sehr viele National Forest Campgrounds, wo man gratis campen kann. Karten mit diesen Plätzen bekommt man von den lokalen National Forest Behörden. Oder fragt bei Tourist Offices danach.

Kommerzielle Campgrounds (etwa 12 bis 20 $ für Zelte) sind in erster Linie für motorisierte Camper-Reisende gedacht, bieten Komfort und heiße Duschen. Im Bedarfsfall fragen, ob ihr sie auch ohne Übernachtung benutzen dürft. Bei manchen Hostels könnt ihr euer Zelt aufschlagen und die Gemeinschaftseinrichtungen nutzen. Weiteres unter www.tenting-hostels.com.

In vielen Orten und Städten findet ihr auch Municipal Campgrounds, die je nach Ausstattung und Lage von nichts bis ca. 17 $ kosten. In den Moon-Handbooks sind diese Plätze aufgeführt, oder ihr erkundigt euch beim lokalen Tourist Office bzw. bei der Chamber of Commerce.

Wild Campen bringt überhaupt keine Probleme, in den Parks sollte man aber nur auf den offiziellen Campgrounds zelten. Auf den Provincial-Picknickplätzen darf zwar nicht campiert werden, doch kann man es schon mal machen. Vorsicht wegen der Waldbrandgefahr, man wird immer darauf hingewiesen!

„You Are In Bear Country", auch solche Schilder sieht man immer wieder, doch die Gefahr eines Angriffs ist sehr, sehr gering. Ihr müßt sie nur in Ruhe lassen (ich meine die Bären …). Die Warnungen sollen vor allem daran erinnern, keine Lebensmittel vor oder im Zelt liegen zu lassen, die Campgrounds haben dafür Einrichtungen (Container), die „bearproofed" sind und wo man Lebensmittel zu deponieren hat. Keine Abfälle hinterlassen! Beim wilden Campen ein Seil über einen Ast werfen und seine Vorräte hochziehen – natürlich in einigem Abstand vom Lager (weiter Wichtiges und Interessantes über Bär und Mensch in den Reisetips des Buches „Mit dem Fahrrad durch Alaska", s. bei „Alaska"). Und um an dieser Stelle gleich mit der Hoffnung aller durchtrainierten Reiseradler aufzuräumen: Bären erreichen in vollem Galopp bis zu 45 km/h! Nur bergab sind sie durch ihre kürzeren Vorderläufe etwas langsamer.

■ *Be(ar)
warned …!*

Hostels: Youth Hostels gibt es etwa 70 in Canada, die meisten davon in und um die Banff/Jasper-Nationalparks, aber auch in Québec und ganz im Osten, in New Brunswick und Nova Scotia, sind sie zahlreich. Anschrift des Verbandes: Hostelling International – Canada, 205 Catherine St, Suite 400, Ottawa, Ontario, Canada, K2P 1C3. Auf der Homepage www.hihostels.ca könnt ihr nach Hostels suchen und weitere Infos zu jedem Hostel oder Regionalverband abrufen. In Deutschland: Deutsches Jugendherbergswerk, Postfach 1455 in 32704 Detmold, Tel. 05231-74010 (www.djh.de).

Hostels in Alberta: Alberta Hostelling Association, 10926 88th Ave., Edmonton, Alberta, Canada T6G 0Z1 (Northern Alberta Region). Für die Southern Alberta Region: Suite 203, 1414 Kensington Rd NW, Calgary, Alberta, Canada T2N 3P9. Online: www.hihostels.ca/Alberta.

Hostels in B.C.: Hostelling International Canada, British Columbia Regional Office, Suite 402 - 134 Abbott St, Vancouver, B.C., Canada V6B 2K4 (www.hihostels.bc.ca/). In den „Yellow Pages" vom ACA sind die kanadischen Hostels gleichfalls aufgelistet. Bei Vorlage des Jugendherbergsausweises erhaltet ihr bei manchen Tourveranstaltern und in einigen Geschäften Rabatt, erkundigt euch vor Ort oder auf den Websites nach den Adressen. Manche Regionalverbände betreiben auch einen Hostel-Shop, der verbilligte Ausrüstungsgegenstände anbietet. Weitere Übernachtungs-Möglichkeiten s.a. USA.

Beliebt und Treffpunkte sind die **Backpacker-Hostels,** von denen es immer mehr gibt. Sehr viele Häuser listet die Site www.backpackers.ca, weitere findet ihr unter www.hostelcanada.com.

Verpflegung Nachschubprobleme gibt es in Canada keine, vieles ist jedoch teurer als in den USA. Wegen weit auseinanderliegender Ortschaften immer genügend Vorräte dabeihaben, besonders im hohen Norden!

Ein „Problem" ist in Canada (mit Ausnahme von Québec) der Kauf der zudem teuren alkoholischen Getränke – man kann nicht eben mal schnell am Abend ein Bierchen kippen, denn Bierbars gibt es auf dem Land nur selten. In den Städten finden sich jedoch Pubs. Ansonsten muß man seinen eventuellen abendlichen Schlummertrunk auf Vorrat in den staatlichen Monopolläden kaufen (Supermärkte haben nur Light-Beer).

6. Rad und Ausrüstung

Wer von den USA kommt, wird sein Fahrrad dabei haben. Ansonsten empfiehlt sich für Canada ein robustes Touren- oder Trekkingrad mit großem Übersetzungsbereich, für unasphaltierte Nebenstrecken auch ein MTB. Westcanada und die dortigen schönen Radgebiete in den Rockies sind auf Radfahrer eingestellt, auch in kleineren Ortschaften gibt es Händler und Reparatur-Möglichkeiten. In den Nationalparks Banff und Jasper können auch Räder geliehen werden (Mountainbikes). Räder und Radteile sind teurer als in den USA. Die Adressen der Bike Shops findet ihr am ehesten auf den Homepages der Bikeclubs oder der Cycling Associations. Sollte euch in abgelegenen Gebieten ein Radteil kaputtgehen, könnt ihr euch immer noch ans Telefon hängen und das Teil bei einem Radladen bestellen. Zusendung erfolgt dann per Greyhound-Bus. Eine Kreditkarte ist für solche Aktionen aber unabdingbar!

An Ausrüstung für Westcanada das Übliche mitführen, doch nicht zu vieles, da man alles nachkaufen kann. Kleidung: Im Sommer sowohl auf heiße Tage als auch auf kalte Nächte (und Regen) eingestellt sein. Immer genügend Insektenmittel gegen die Moskitos und die lästigen *black flies* dabeihaben!

Achtung: wegen den in ganz Nordamerika verbreiteten Wasser-Parasiten **Giardia lamblia**, die Durchfall, Übelkeit und Fieber verursachen können, sollte man Wasser, gerade aus klaren Bächen, Flüssen und Seen, nicht unabgekocht bzw. ungefiltert trinken, wie Warnungsblätter der National Parks immer wieder empfehlen. Die Wasserbehandlung mit Entkeimungsmitteln auf Silberbasis (Micropur o.ä.) tötet die Erreger nicht ab, nur Mittel auf Jod-(Iodine-)Basis oder neurere Kombimittel! Kleine Handfilter gibt es in den USA und Canada in Ausrüstungsläden (Outfitting-Shops).

7. Straßen, Verkehr, Transport

Die Straßen sind gut und haben oft sehr breite Seitenstreifen, auf denen es sich auch nebeneinander radeln läßt. Auf dem Land darf man mit dem Rad überall auf den Haupt-Highways fahren, doch wegen des weitmaschigen Straßennetzes sind Autos und Lkw in manchen Regionen recht zahlreich, und es wird auch recht rasant gefahren!

Gravel-Roads führen ins Hinterland, Vorsicht vor herandonnernden Trucks, die schleudern oft hinten Steine raus, die dich treffen könnten! Bei Pannen wird bald ein Pickup anhalten und Hilfe anbieten.

Flug: Falls du fliegen willst: Air Canada berechnet für einen Rad-Transport derzeit etwa 25 Dollar, eine bike-bag wird für geringe Gebühr gestellt.

Bahn: Canada hat ein sehr langes Schienennetz, VIA Rail ist das Gegenstück zur AMTRAK in den USA. Die Durchquerung Canadas auf der Strecke der alten Canadian-Pacific ist ein Erlebnis! Räder können im Gepäckwagen in Kartons oder bike-bags mitgeführt werden. Für längere oder wiederholte Zugfahrten empfiehlt sich der CANRAIL-Pass, damit könnt ihr gegen einen Pauschalpreis an 12 von 30 Tagen das gesamte Streckennetz nutzen. Für grenzüberschreitende Bike- und Rail-Trips gibt es den (ziemlich teuren) North America Rail Pass. Einzelheiten, Karten und Fahrpläne in Canada bei Travel-Agents, bei CRD International GmbH, Fleethof, Stadthausbrücke 1–3 in 20355 Hamburg (www.crd.de) oder unter www.viarail.ca.

■ *„Ich glaub'
mich tritt ein
Elch …"*

Bus: Mit Greyhound Bussen und einem Greyhound-Paß lassen sich
große Entfernungen überbrücken. Eine Box für das Rad ist nötig. Preise,
Fahrpläne, Discounts und mehr unter www.greyhound.ca/bus.htm. Grey-
hound-Generalagentur in Deutschland: ISTS - Intercontinental Reisen
GmbH, Blütenstr. 9–11 in 80799 München, Tel. 089-272710.

Schiff: Schiffe der „B.C. Ferries", der „Washington State Ferries" und
weiterer privater Fährgesellschaften pendeln zwischen der Sunshine
Coast und den Gulf Islands sowie Vancouver Island im Westen, mehrere
kleine Fährunternehmen zwischen New Brunswick, Nova Scotia, Labrador, Newfoundland und Prince Edward Island im Osten. Überlegt eingesetzt könnt ihr so eher uninteressante bzw. verkehrsüberlastete
Abschnitte, z.B. zwischen Seattle und Vancouver, überbrücken, für Hwy.
101-Biker sind vor allem die Routen Powell River – Comox und Victoria –
Port Angeles (www.northolympic.com/coho/) interessant. Warum nicht
einmal ein Wochenende mit Island-Touring zubringen? Alle Preise und
Routen unter www.wsdot.wa.gov/ferries/index.cfm und www.bcfer-
ries.bc.ca/, Reservierung für Biker nicht erforderlich. Auf der Website
„The Ferry Traveller", www.ferrytravel.com, könnt ihr alle Fährverbindungen zu ausgewählten Häfen suchen lassen und auch gleich ausdrucken,
oder ihr kauft das gleichnamige Heftchen (im Buchhandel oder bei
www.ferrytravel.com/index.htm, 2250 York, Suite 301, Vancouver, B.C.,
V6K 2C6).

Für die Fernstrecken zuständig und Straßenersatz gleichermaßen sind
die Fähren des „Alaska Marine Highway System – AMHS". Fahrpläne,
Preise etc. unter www.dot.state.ak.us/external/amhs. Nehmt für die tagelangen Fahrten ein gutes Buch und genügend Proviant mit, das Angebot
an Bord ist nur mäßig, und bucht den billigsten Platz. Nachts könnt ihr
euren Schlafsack auf Deck oder zwischen den (unbequemen) Schlafses-
seln ausrollen (manche Schiffe gestatten gar Camping an Deck).

Autoüberführung: Auch in Canada lassen sich, wie in den USA, Autos
überführen. Die größten Firmen sind „AAACON" und „Western Drive
Away Service". Schlagt in den Yellow Pages nach oder online www.yel-
lowpages.ca.

8. Radfahren in Canadas Westen

Canada wird zumeist im Anschluß an eine USA-Reise bereist, und sowohl Rad- als auch Autofahrer reisen dann fast immer über die nordwestlichen US-Staaten Washington, Idaho oder Montana in die beiden
westlichen Canada-Provinzen British Columbia (B.C.) und Alberta ein. Mit
ihren Nationalparks, Wäldern, Küsten, Flüssen und Bergen bieten diese
beiden Provinzen all das, was man sich unter unverbrauchter, nicht über-
laufener Natur vorstellt. Nordwestlich von B.C. schließt sich das fast
menschenleere Yukon-Territory an.

Vancouver Die größte Stadt ganz im Westen Canadas ist Vancouver, sehr reizvoll
zwischen Meer und Bergen gelegen, ausgeglichenes (doch regnerisches)
Klima, eine Ferienstadt mit vielen schönen Bike Paths und einigen sehr
guten Rad- und Ausrüsterläden. Hier lassen sich viele Radtouren in die
herrliche Umgebung machen, MTB-Biker fahren zu den steilen Gipfeln
der *Grouse Mountains* an der Nordküste von Vancouver, oder zum Skiort
Whistler. Beliebt ist auch die Umrundung des *Stanley Parks* mit herrlichem Blick auf die Skyline von Vancouver und die Berge des North Shore
(am besten morgens oder abends machen, quer durch den Park führen
weitere ca. 80 km Rad- und Fußwege). Unterkunft in Vancouver in einem
hervorragenden Youth Hostel in der Discovery Street. Ein Backpackers in
der Main Street 928, weitere günstige Bleiben s. „4. Übernachten, Verpflegung".

Vancouver Vor der Stadt liegt die langgestreckte Vancouver Island (ca. 500 km lang),
Island dort gibt es traumhafte Seen- und Berglandschaften und viel Wildnis.
Auch Mountain-Biker touren dort ihre Trails ab, bei ihnen ist die Insel sehr
beliebt. Tourenradler kämpfen eher mit dem starken Verkehr auf dem
Trans Canada Highway 1 (für TCH-Biker: Der „Mile 0-Marker" steht im
Beacon Hill Park in Victoria!), erst ab Nanaimo wird es ruhiger. Fähre
nach Horseshoe Bay nördl. von Vancouver. Der Highway 19 ist die einzige Nord-Süd-Verbindung der Insel, während der Ferienmonate auch hier
viel Verkehr. Paßt auf die Holz-Trucks auf, manche überholen viel zu
knapp! Erst nördlich von Comox und der Fähre nach Powell River wird es
richtig ruhig, die Strecke nach Port Hardy an die Nordspitze der Insel verläuft aber recht ereignislos und ist landschaftlich nicht unbedingt lohnend.

   Abstecher: Viel schöner, einsamer, aber auch härter ist der Abstecher
quer durch die Insel über einige Pässe an die Westküste, von Nanaimo
sind das ca. 185 km. Ihr kommt an einigen glasklaren Seen, vielen Campingplätzen und dem Cathedral Grove Forest mit mächtigen, bis zu 800
Jahre alten Douglasien vorbei; die Straße ist ab Port Alberni streckenweise gefährlich eng und kurvig, also Vorsicht! Ziel ist der **Pacific Rim National Park**, der aus einem kilometerlangen Sandstrand mit donnernder
Brandung, viel Treibholz und den Broken Group Islands besteht. Im Süden windet sich der bekannte, stark begangene West-(„Wet"-)Coast-Trail
durch den Regenwald. Rückfahrt vom Fischerdörfchen Ucluelet mit der
Fähre durch das Alberni Inlet bis Port Alberni, von da sind es noch ca. 50
km bis zum Hwy. 19. Auskünfte über Fahrplan etc. unter www.ferrytra-
vel.com. Bei der Kleiderwahl beachten: Die Westküste ist eines der re-
genreichsten Gebiete der Erde … Bei Campbell River zweigt der Hwy. 28

in den Strathcona Provincial Park ab, eine konditionell recht anspruchsvolle Strecke. Nach rund 90 km durch herrliche Seen- und Berglandschaft erreicht ihr das Holzfällerörtchen Gold River, von hier führt eine
Schotterpiste an den Insel-Hwy. zurück. Viele Campingmöglichkeiten.
Weitere Details im Bike-Guide von Simon Priest, s.u.

Anreise: Überfahrt von Vancouver (Horseshoe Bay bzw. Tsawwas-
sen), oder von Powell River mit Fährschiffen. Insel-Hauptort ist Victoria
(von dort auch Fähren nach Port Angeles und Seattle/USA). Auch kann
man von Vancouver bzw. von Vancouver Island (Port Hardy, an der Nordspitze) mit dem Fährschiff nach Norden nach Prince Rupert und weiter
bis Skagway oder gar Seward fahren, eine schöne Tour und ein sehr
empfehlenswerter **Tip für diejenigen, die auf dem Alaska-Highway bis
Alaska fahren,** doch von Alaska nicht wieder die ganze Strecke runter-
kurbeln wollen.

Fährverbindungen nach Skagway bzw. Haines gibt es auch von Bel-
lingham von den USA aus (liegt südl. von Vancouver). Einmal monatlich
im Juni, Juli, August und September fährt eine Fähre auf der Route Juneau – Valdez – Seward und retour. Im Grundmann-Führer steht alles über
Verbindungen, Reservierungen, Abfahrten und Preise, oder schaut auf
die Website www.dot.state.ak.us/external/amhs.

Banff, Yoho und Jasper National Park   Auf der Grenze zwischen Alberta und B.C. liegen in den Rocky Mountains die beiden Nationalparks Jasper und Banff, die man bei einer West-
canad-schutzgebiet, und wegen den vielen Trails (etwa 2000 km lang!)
gilt der Jasper auch als Top-Spot für Bergradler (eine Karte mit den Trails
gibt es bei den dortigen Tourist-Offices).

■ *Aussichts-
punkt auf dem
Icefields Park-
way*

Der asphaltierte **Icefields Parkway** zwischen Lake Louise und Jasper ist
eine 230 km lange **Panoramastrecke** entlang an türkisen Seen, Flüssen,
Wasserfällen, Bergen, Schluchten und dem Columbia-Icefield. Auf dem
Icefields Parkway fahren viele Autos, doch er hat einen breiten Seitenstreifen für Radler, und man sieht sie aus aller Welt. Die Orte Banff und
Lake Louise sind zwar sehr, sehr touristisch, doch wer das nicht mag,
weicht dahin aus, wo keine Autos hinkönnen. In welcher Richtung ra-

deln? *Andreas Bugdoll* schlägt in seinem Radführer (s.u.) die südliche Richtung vor, da man so immer das beeindruckende Rocky-Mountains-Panorama vor sich hat und die Straße tendenziell fällt. Aber auch anders herum fand ich den Hwy. eines meiner Highlights in Canada.

Östlich vom Banff liegt **Calgary,** die Stadt ist berühmt durch ihre alljährliche *Calgary Stampede,* ein Rodeo- und Pionierzeit-Festival. Wer gerade Anfang Juli in der Nähe ist, sollte das zweiwöchige Fest nicht missen, sofern er die Übernachtung vorreserviert hat. Die genauen Termine, Tickets u.v.m. unter www.calgary-stampede.com. Ein guter Buch- und Kartenladen in der Stadt ist „The Book Company", 315 8th Ave. SW. Topografische Karten, Stadtpläne und mehr bei „Map Town", 640 6th Ave. SW.

Anfahrt zu Banff und Jasper: Wer von den USA auf der 93 (Missoula – Eureka) nach Canada einreist, sollte alternativ durch den schönen US-*Glacier National Park* radeln (auf der 2, dabei überquert man den Logan Pass, „Going -To-The-Sun-Road"), eine sehr schöne Strecke. Nach dem kanadischen *Waterton Lakes National Park* dann Richtung Westen, nach Cranbrook und dort über Kimberley weiter nach Windermere zum Banff NP. Kimberley ist eine Stadt ganz auf bayrisch getrimmt, mit Leberkäs, Hofbräuhaus und echtem bayrischen Bier!

Die andere Hauptanfahrt zum Banff/Jasper NP von Vancouver aus führt auf dem Trans Canada Highway Nr. 1 über Kamloops, Revelstoke und über den sehenswerten Glacier National Park.

Ausführlich erläutert sind die o.g. Touren und Anfahrtswege in dem empfehlenswerten Büchlein „Kanada: Rocky Mountains Radtouren", von Andreas Bugdoll, Conrad Stein Verlag.

Streckenvorschlag: Vancouver (oder Seattle bzw. Port Angeles) – Vancouver Island – Port Hardy – B.C.-Fähre nach Prince Rupert – auf dem Yellowhead Hwy. über Prince George nach Jasper – Icefields Parkway nach Lake Louise bzw. Banff – Yoho und Glacier NP – Revelstoke – Hwy. 23 an den Arrow Lakes entlang bis Nakusp – Hwy. 6 bis Coldstream am Rande des „fruchtigen" Okanagan Valleys – Hwy. 3 und 1 bis Vancouver. Distanz: rund 2400 km.

Der **Kettle Valley Railway Trail** ist ein Teilstück des Trans Canada Trails in B.C. Mit nur geringen Steigungen führt die 600 km lange, spektakuläre MTB-Route entlang der stillgelegten Eisenbahntrasse durch die Rockies zwischen Midway und Hope. Besonders beliebt bei organisierten Radtouren, gute Infrastruktur auch für Selbstversorger und Camper. Buchtip: „Cycling The Kettle Valley Railway", von Dan und Sandra Langford, Rocky Mountains Books. Der Autor hat auch eine sehr informative Website rund um die KVR unter www.planet.eon.net/~dan zusammengestellt.

Bücher,   Wagner/Grundmann: „Canadas großer Westen mit Alaska", Reise Know-
Internet How, das wohl beste deutsche Handbuch für diese Gebiete. Jane King: „British Columbia Handbook", und Hempstead und Purdon: „Alberta And The Northwest Territories", beide Moon Publications.

„Kanada: Rocky Mountains Radtouren", von Andreas Bugdoll, Band 61, Conrad Stein Verlag.

„The British Columbia Bicycling Guide", von Teri Lydiard.

„Bicycling Vancouver Island and the Gulf Islands" und „Bicycling

Southwestern British Columbia & The Sunshine Coast", beide von Simon Priest.

„Bicycling Vancouver", von Volker Bodegom, mit 32 Touren in und um Vancouver, die wohl bereits einen Urlaub füllen würden.

„The Canadian Rockies Bicycling Guide", von G. Helgason u. J. Dodd. Das Buch beschreibt detailliert 60 Radtouren in und um den Jasper/Banff Park und durch Nordwest-Montana (USA). Lone Pine Publishing, ISBN 0-919433-09-X.

Alle Bücher sind von der Canadian Cycling Association erhältlich. Weitere Rad-Publikationen, Adressen von Radfahr-Clubs, Kartenbezugs-Anschriften etc. stehen in den „Yellow Pages" vom ACA (s. USA).

Webpages   Die offizielle Homepage der Tourismusbehörde von British Columbia (Tourism British Columbia, 1117 Wharf St, Victoria, B.C., V8W 2Z2, www.hellobc.com) bietet die üblichen Hochglanzfotos und leider recht wenige konkrete Infos. Informativer ist die Website der Tourismusbehörde von Alberta (Travel Alberta, Box 2500, Edmonton, Alberta, Canada T5J 2Z1, www.travelalberta.com), ihr könnt einen free Vacation-, Accommodation- oder Campground Guide ordern. Auf der Suche nach einem ganz bestimmten Thema? Versucht es mit www.searchbc.com, der Internetsuchmaschine von British Columbia.

Bikepages   Die Websites der British Columbia Bicycle Association, www.cycling.bc.ca/index.shtml, und die der Alberta Bicycle Association, www.albertabicycle.ab.ca, bieten überwiegend Clubnachrichten, aber auch einige Links zu Bikeshops etc. Besser, man besucht die Jungs vor Ort, falls man speziellere Fragen hat: Cycling B.C., 332-1367 West Broadway, Vancouver, B.C., Canada V6H 4A9. Alberta Bicycle Association, 11759 Groat Road, Edmonton, Alberta, Canada T5M 3K6. Informativer, mit einer Unmenge von Trails und Links zu weiteren Trailverzeichnissen, mit Listen von Bike Shops und -Clubs in B.C., mit Tips zu Radkarten und -büchern, ist die empfehlenswerte Website „The British Columbia Mountain Bike Directory" (www.mtb.bc.ca). Welche Highways und Brücken sind für Radler gesperrt? Die Website des Ministry of Transportation and Highways, www.th.gov.bc.ca/bchighways/cycling/bicycle.htm, gibt Auskunft. Interessant ist auch die Linkliste auf der Website der British Columbia Cycling Coalition, www.bccc.bc.ca.

9. Der Alaska-Highway

Der Alaska Highway, auch ALCAN genannt – das sind 2400 km Mythos und Legende zum nördlichsten Bundesstaat der USA. Er beginnt offiziell in **Dawson Creek** in British Columbia und endet in **Delta Junction** in Alaska. Eines der letzten Straßenabenteuer Nordamerikas. Fertiggestellt, d.h. nun ganz asphaltiert, wurde er erst 1992, zum 50. Jahrestag des Baubeginns 1942 (die Trasse selbst wurde damals in Rekordzeit von nur 9 Monaten durch Wald und Wildnis geschlagen). Unbefestigt sind noch einige kurze Stücke, z.B. westl. von Fort Nelson, die dann nach Regenfällen rutschig und im trockenen Sommer sehr staubig werden. Gut zum Erinnern, wie es früher mal war; vielleicht beläßt man diese Straßenstücke zur Nostalgie so.

■ *Lange Strecken und schlechtes Wetter auf dem Alaska Highway (Foto J. Deleker)*

Man darf sich unter dem Alcan kein perfektes Asphaltband in den hohen Norden vorstellen, es gibt Schlaglöcher (pot holes), die Fahrbahnränder sind oft ausgefranst, und nach dem Winter gibt es Frostaufbrüche. Die Etappen-Entfernungen sind gewaltig („No Gas, No Food, or Lodging Next 120 km"), die Moskitoplage kann fürchterlich werden, die Einsamkeit an den Nerven zehren. Doch wenn ihr es dann geschafft und Alaska erreicht habt, könnt ihr euch wie die Autofahrer gleichfalls einen Sticker aufs Rad kleben „I drove the Alaska Highway and survived!"

Campgrounds: Unweit des Highways gibt es immer wieder primitive, aber schöne Plätze. Wildes Camping ist wegen des dichten Unterholzes gar nicht so einfach, wie man es sich in solch einem riesigen und spärlich besiedeltem Land vorstellen mag, manchmal werdet ihr einige Kilometer an der grünen Waldmauer entlangradeln, ohne einen einigermaßen tauglichen Platz für euer Zelt zu entdecken. Heißes Duschen ist meist nur auf privaten Campgrounds möglich. Nachschub an Verpflegung gibt es bei Tankstellen (nur sehr wenige Dinge) und in kleinen Läden, deren Angebot nicht billig ist bzw. das immer teurer wird, je höher man nach Norden vorstößt (bei kleineren Läden genügend Bar-Dollars dabeihaben). Besonders beliebt bei Alaska-Bikern sind die Cafés mit Selbstgebackenem. Gut bestückte Supermärkte gibt es in Fort Nelson, Watson Lake und Whitehorse, dort auch Bike Shops mit mäßiger Auswahl (Verschleißteile mitführen!). Die Post befindet sich in kleineren Orten oft im „General Store". Vergeßt nicht Schnur und Angelhaken (vorher eine –leicht erhältliche – *fishing license* besorgen), die Chance eines Fangs in den Flüssen ist groß.

Route   Vom Banff und Jasper-Park fährt man nach **Prince George,** und dann auf dem **John Hart Highway** (Hwy. 97) nach Dawson Creek, dem Startpunkt mit der „Mile 0". Nach Fort Nelson kommt Watson Lake, wo der berühmte *Signpost Forest* (Schilderwald) steht, an dem sich Alcan-Reisende mit Autonummernschildern und ganzen Ortstafeln verewigt haben (Frage: hängt mein Schild LB-PA 506 noch dort ...?). Von Watson Lake zweigt nach Norden der unasphaltierte **Campbell Highway** ab. Wer diesen nördlichen Bogen über Carmacks und über die alte geschichtsträchtige Goldgräberstadt Dawson City am Klondike-River wählt, muß sich bis Carmacks auf rauhen Oberflächenbelag einstellen, der oft konzentriertes und ermüdendes Manövrieren erfordert! Bei Regen gibt es jede Menge Pfützen und Schlamm, seid dann besonders vorsichtig bei Abfahrten!

In **Upper Liard,** ca. 30 km westlich von Watson Lake, führt der in Teilstücken unasphaltierte **Cassiar-Stewart Hwy.** Richtung Süden nach Stewart bzw. nach Prince Rupert mit Anschluß an die Fähren des AMHS respektive der B.C. Ferries, eine gute Alternative für Alaskaradler auf dem Weg Richtung Süden, um die eher eintönigen Strecken des Alcan hinter Watson Lake zu umfahren. Auf dieser recht einsamen Strecke sind viele Holz-Lkw mit eingebauter Vorfahrt unterwegs!

In **Whitehorse** (ca. 21.000 Einwohner), das während des Goldrausches um 1900 der Endpunkt für eine Eisenbahnlinie vom Hafen Skagway war, zweigt eine Straße Richtung Süden nach Skagway ab, eine andere Richtung Norden nach Carmacks, der **Klondike Highway** (die Straßenverbindungen im Nordwesten Canadas und in Alaska haben Namen). In Whitehorse gibt es dann wieder Nachschub an allem, z.B. auch noch Karten und Bücher für das Yukon-Territory oder Alaska.

Der Alaska-Highway verläuft von Whitehorse dann weiter über **Haines Junction** (wo man bei seiner Rückreise von Alaska direkt zum Fährhafen Haines fahren kann), vorbei am **Kluane National Park** bis zur Grenze von Alaska. Interessant wäre auch die landschaftlich wunderschöne Rundtour ab Whitehorse auf dem Klondike Hwy. bis Skagway, kurze Fährfahrt nach Haines und auf der Hanes Rd an den Elias Mountains entlang zurück an den Alaska Hwy. bei Haines Junction.

Je weiter man nach Norden kommt, desto länger werden die Tage, doch desto größer auch die Hilfs- und Gastfreundschaft der (wenigen) Leute, die in der Nähe des Alcan in irgendwelchen einsamen Blockhütten leben. Seit die Straße durchgehend asphaltiert ist, hat der Touristen- und der Autostrom nach Norden zugenommen, ihr könnt besonders viele Rentner in ihren Mobil-Homes treffen, die noch einmal Pionierzeit spielen. Von Anglern kann man auf den Campgrounds manchmal Fische (Lachse!) bekommen, oder man wird zum leckeren Fischgrillen eingeladen werden.

Wem die Fahrt nach Alaska zu lange dauert, kann außer der Fährschiff-Benutzung auch auf **Greyhound-Busse als Transportmittel** ausweichen. Etwa dreimal wöchentlich verkehren sie zwischen Calgary und Edmonton nach Whitehorse und auch weiter nach Dawson. Wie das Rad verpackt werden muß, ist bei den Gesellschaften vor Ort zu klären. Weitere Busgesellschaften auf dem Alaska-Highway sind *Watson Lake Bus Lines, Atlin-Express, Northwest Stage Lines, Mayo-Bus-Service, Norline Coaches, Gold City Tours* u.a. Es gibt auch (teure) Flüge zwischen Vancouver und Whitehorse, im Sommer sogar Direktflüge aus Europa nach Whitehorse.

Guide Books   Es könnte hier noch viel geschrieben und gesagt werden, doch besser ist es, ihr legt auch bei einer Alaska-Highway-Fahrt das Heft **„North Star Bicycle Route"** von der Adventure Cycling Association (ACA) zu. Auf 24 Seiten – es ist also gut zu transportieren – wird darin die Route von Missoula/Montana (dem Sitz vom ACA) bis nach Anchorage genau beschrieben – die Strecke, Campingplätze, Sehenswertes, Versorgungsmöglichkeiten, Kilometerangaben etc. Eigentlich unverzichtbar für Alaska-Highway-Radler, wenn man vorher genau wissen will, was einen erwartet. Jim Hendrickson hat in „Cycling the North Star" seine abenteuerlichen Erlebnisse auf der North Star Route niedergeschrieben, für 15 $ erhältlich bei JMH Productions, POB 30163, Bellingham, WA 98228-2163, oder im Bestellbuchhandel.

Unentbehrlich für Radfahrer ist auch der **„Alaska Bicycle Touring Guide",** das beste Alaska-Radbuch (s.u.), mit Alaska- und Klondike-Highway-Beschreibung ab Whitehorse. Außerdem sind darin noch die weiteren Highways im Yukon- und im Northwest-Territory speziell für Radfahrten beschrieben – das ist aber dann wohl nur etwas für ganz harte Burschen! Ein sehr gutes Buch für den Alcan ist auch das bei „Bücher und Karten" erwähnte Buch „Mit dem Fahrrad durch Alaska".

Wer nicht allein nach Alaska fahren will (und belastbar und tolerant genug ist, diese lange Gruppentour auszuhalten!), kann sich auch der ACA-Tour „North Star Expedition" anschließen: Von Missoula (Montana) bis Anchorage in 73 Tagen (incl. 10 Rasttage), Preis ca. 2700 US-Dollar, alles inclusive, (Juni/August). Man fährt in Canada über Banff und Jasper, die Tour folgt nicht immer direkt dem Alcan. Länge über 5100 km, davon ca. 1800 km unasphaltiert. Details beim ACA in Missoula, www.adventurecycling.org/tours/nostar.cfm.

Wer auf keines der beiden Bücher zugreifen kann, nimmt die altbewährte **„The Milepost"** (http://themilepost.com/), ein alljährlich neu aufgelegtes Logbuch für sämtliche Straßen des Nordens. Daraus lassen sich zahlreiche Informationen entnehmen. Leider ist die Milepost so dick wie ein Telefonbuch und voller Werbung. Am besten reißt ihr die interessanten Seiten heraus und verwendet den Rest zum Anzünden eures abendlichen Lagerfeuers ... Zur Erinnerung könnt ihr ja ein zweites Exemplar kaufen, ich habe sie auch schon hier in großen deutschen Buchhandlungen gesehen.

Webpages: Die offizielle Homepage des Yukon Department of Tourism (1st Floor, 100 Hanson St, Whitehorse, Yukon Y1A 2C6), www.touryukon.com, bietet viele kommerzielle Links zu Campgrounds, Tourveranstaltern usw. Auf „The Gateway to Yukon On-line" (www.yukonweb.com) erfahrt ihr alles zu aktuellen Events im Yukon-Territory.

Bikepages: Die Website www.bikenorth.com ist noch im Aufbau, zur Route Prince Rupert – Terrace – Inuvik besteht aber bereits ein äußerst genaues Logbuch.

10. Alaska

Ein Name, der nach Abenteuer schmeckt, nach bärtigen Holzhackern, Freiheit, Bären, Goldsuche ... Wer hier nach dem Alaska-Highway endlich ankommt, trifft wieder auf die USA: Gutes Straßennetz, Supermärkte, American Way of Life in den Städten mit vielen Schwarzen, die gar nicht so richtig ins Bild des hohen Nordens reinpassen wollen.

Reisezeit   Der Juni hat die längsten Tage, d.h., es wird kaum dunkel, und wer diese Stimmung zum ersten Mal erlebt, wird sie auch kaum wieder vergessen.

Die meisten Moskitos schwirren aber auch um diese Zeit, im Herbst fliegen dann ein paar weniger. Ab September fällt der erste Schnee und Nachtfröste sind die Regel. Dafür sind die Chancen größer, die phantastischen Nordlichter zu erleben. **Juli und August sind die besten Alaska-Reisemonate,** doch dann sind auch die Campingplätze meist voll. Aber Alaska ist ja groß genug zum zelten … Das Bureau of Land Management, Alaska State Office, 222 W 7th Avenue 13, Anchorage, Alaska 99513, hat eine Karte mit allen öffentlichen Campgrounds aufgelegt, weitere Infos auf ihrer Website www.ak.blm.gov. In allen größeren Orten warten (teure) Motels, Jugendherbergen und Hostels auf müde Radlerwaden.

Straßen und Ausrüstung   Radfahren ist auf allen Straßen erlaubt, mit Ausnahme um Fairbanks, wo es aber Bike-Roads gibt. Die Hauptstraßen sind asphaltiert, der Straßenbelag ist aber oft nach den harten Wintern aufgebrochen, wellig und schartig, irgendwo wird immer repariert, und ihr müßt staubige *detours* oder *one-way-traffic* in Kauf nehmen. Der Alaska Hwy. wird auch im Winter freigehalten, aber da sind nur Biker mit Spikes-Reifen und Eisbärenblut auf der Piste. Nebenstrecken wie der Denali Hwy. und Stichstraßen in den hohen Norden (Dalton Hwy.) sind ganz überwiegend nur Schotterpisten mit teils miserablem Belag und Wellblechabschnitten, nach Regen versinkt ihr im knöcheltiefen Morast und Schneefälle im Winter machen sie dann vollends unpassierbar.

Unbedingt Wert legen solltet ihr auf ein Zelt mit feinem Moskitonetz, und eventuell auch einen Kopfschutz aus Moskitonetz. In Alaska werden Moskitoblocker mit 100%igem Wirkstoff verkauft (normal sind max. 20%), die wirken garantiert, aber eure Haut leidet schon nach wenigen Tagen, und alle Kunststoffgegenstände (Klamotten, Kugelschreiber, Zelt) werden von dem aggressiven Mittel angegriffen. Besser, ihr baut euer Zelt vor der Dämmerung auf …

Gefahren   Oberflächenwasser aus Seen und Bächen wegen der Giardia-Gefahr immer filtern oder abkochen! Nicht zu unterschätzen ist die Gefahr durch Bären: Hängt alle Lebensmittel und Kosmetika mit einer Bärenleine in einen Baum, die Ranger in den Visitor Centers werden gerne erklären, wie Meister Petz garantiert nicht an den wertvollen Inhalt eurer Packtaschen kommt. In baumlose Tundren hilft nur ein Bärencontainer (in Ausrüstungsshops oder leihweise in Visitor Centers).

Transport und Verkehr   Während der Touristen-Hochsaison und Sommermonaten (Mitte Mai bis etwa Anfang September) gibt es viele Bus-, Bahn-, Schiffs- und Flugverbindungen. Abgelegenere Ziele werdet ihr aber nur mit eigener Muskelkraft oder einem Buschflieger erreichen. Regelmäßige Busver-bindungen bestehen auf dem *George Parks Hwy.* (Anchorage – Fairbanks), *Richardson Hwy.* (Fairbanks – Valdez), *Glenn Hwy.* (Anchorage – Glennallen), *Sterling Hwy.* (Anchorage – Homer bzw. Seward) und *Top of the World Hwy.* (Fairbanks – Tok – Dawson City). Fahrpläne, Routen, Preise und Reservierungen z.B. unter www.alaskashuttle.com und www.sewardbusline.com. Radmitnahme nach Voranmeldung meist möglich, aber nicht billig. Die „Alaska Railroad" (www.akrr.com) bedient täglich drei Strecken: Denali Star (Anchorage – Fairbanks), Coastal Classic (Anchorage – Seward) und Glacier Discovery (Anchorage – Whittier, kein Radtransport!). Selbst kleine Buschflieger listet die Website www.flyalaska.net.

Wer von Alaska gleich heimfliegen will: British Airways und Air France fliegen von Anchorage nach London und Paris. Lufthansa u.a. über Seattle und San Francisco nach Deutschland. Wer direkt nach Alaska will: Wöchentlich gibt es einen Charter mit Condor ab Frankfurt/M nach Anchorage (www.condor.de).

■ *Auf dem Weg in den Denali-Park (Foto Michael Fleck)*

ONE LANE BRIDGE

Sehenswertes

Denali-Park Alle Alaskafahrer wollen den **Mount McKinley** sehen, mit über 6000 m der höchste Berg Nordamerikas, gelegen im gleichnamigen bzw. im Denali-Park. Ihn zu sehen braucht etwas Glück, meist ist er hinter Wolken versteckt. Doch der Denali-Park mit seiner Tundralandschaft, seinen Blumen und Bergen ist wunderschön, zumindest wenn die Sonne scheint oder es nicht regnet. Die bis auf die ersten 25 km unasphaltierte, wunderschöne Strecke vom Parkeingang bis zum Wonder Lake am westlichen Ende ist 145 km lang (mehrere Pässe, 1300 m hoch). Man kann auch in einen Shuttle-Bus einsteigen, was angesichts der vielen Bären im Park nicht die schlechteste Idee ist, und so zumindest eine Wegstrecke zurücklegen. Alle weiteren Auskünfte im Visitor Center beim Parkeingang. Hier müßt ihr auch alle Zeltplätze im voraus buchen und bezahlen, ohne Zelterlaubnis ist Radfahren im Denali NP nicht möglich (Zeltplatz- und Bussitzplatzreservierung ist auch von Anchorage oder Fairbanks möglich). Wegen des hohen Touri-Andrangs ist meist mit ein oder zwei Tagen Wartezeit zu rechnen, an Ferien-Wochenenden auch länger! Am Wonder Lake sollte man einige Tage bleiben, bei gutem Wetter ist es dort sehr schön.

Anreise: auf dem *George Parks Highway* rund 380 km von Anchorage und rund 200 km von Fairbanks. Abenteuerlicher auf dem geschotterten *Denali Hwy.* von Paxson nach Cantwell (215 km). Das BLM, Glennallen Field Office, POB 147, Glennallen, Alaska 99588, hat eine toll gemachte und informative Website mit Logbuch, Campsites, Sehenswürdigkeiten usw. www.ak.blm.gov/gdo/DenaliHwy/denali.html. Daneben fährt im Sommer täglich ein Shuttle-Bus von Anchorage und Fairbanks (www.alaskashuttle.com), auch der „Denali Star" der Alaska Railroad (www.akrr.com) hält am Eingang des Denali NP. Radtransport ist möglich.

Halbinsel Kenai
Das beliebteste Ausflugziel der Alaskaner ist im Süden die Halbinsel Kenai, wo Lachse zuhauf gefangen werden und wo viele Elche leben. Dabei fährt man über Anchorage (in dessen Nähe das gleichfalls besuchenswerte, fruchtbare *Matanuska Valley* liegt), auf dem *Seward-* und *Sterling Hwy.* nach **Homer.** Kleinere Groceries und Cafés am Weg, in Homer dann auch Supermärkte und Bikeshops. Distanz 420 km. Statt von Homer dieselbe Strecke wieder zurückzuradeln, solltet ihr das Schiff nach Seward besteigen und den Seward Hwy. nach Anchorage unter die Räder nehmen. Versäumt nicht die Stichpiste von Portage zum gleichnamigen Gletscher! Hier auch einige Campgrounds. Whittier ist nur per Zug von Portage zu erreichen, und Fährhafen für Fahrten durch den Prince William Sound nach Cordova und Valdez. Lohnend, denn ihr gleitet an den Eisschollen des nahen Columbia Glacier vorbei. Aber wahrscheinlich regnet es eh' …

Fährschiffe verkehren auch von Valdez, Homer und Seward zur Kodiak Island und seinen ca. 100 km unasphaltierten Pisten. Sehr lohnenswert ist auch ein Besuch des **Katmai National Park,** denn dort kann man bei den Brooks-Wasserfällen Grizzly-Bären beim Lachsfang beobachten. Auch das *Valley of 10.000 Smokes* ist dort eine Attraktion. Am besten nimmt man zum Katmai NP ein Flugzeug von Anchorage (Radmitnahme möglich).

Prudhoe Bay
Wer nun vollends **ans Ende der Welt** will, pedalt von Fairbanks 850 km auf dem (ab km 65 unasphaltierten) **Dalton Highway** bis nach Deadhorse an der Prudhoe Bay, da wo die riesigen Ölfelder der Beaufort-See liegen und von wo die Öl-Pipeline quer durch Alaska nach Süden zum Hafen Valdez verläuft. Dann ist aber endgültig Schluß! Feuerland-Alaska Fahrer haben es nun endgültig geschafft! Glückwunsch!

Ein Permit für die zweite Hälfte des Highways wie in früheren Zeiten braucht man nun nicht mehr, und der Touristenverkehr hat beträchtlich zugenommen. Die Strecke muß jedoch immer noch gut geplant werden, da es nur wenig Nachschubmöglichkeiten (Yukon River Crossing, km 220 und Coldfoot, km 420) und schon gar keine Bikeshops gibt und überdies steile Steigungen zu bewältigen sind. Und es ist kalt und windig. In Deadhorse eine Handvoll teurer Motels. Die letzten Kilometer bis zum Eismeer sind nur mit organisierten Touren zu bewältigen, die Leute auf dem Arco-Ölfeld lassen keine Einzeltouristen mehr auf das Gelände. Informiert euch auf der Website des BLM, The Dalton Management Unit, 1150 University Avenue, Fairbanks, Alaska 99709 (http://aurora.ak.blm.gov/dalton/tour/) über disen Abenteuer-Highway, vor Ort gibt es auch Karten.

Alaska-Bücher und Karten, Internet

Das beste Kartenwerk ist der „Alaska Gazetteer" von DeLorme. Als Ergänzung zum Touring Guide oder zur Milepost reicht auch eine preiswerte Autokarte (von Rand McNally, Gousha u.a.) oder die AAA-Karte.

Das beste Buch, um in Alaska mit dem Rad herumzukurven, ist der schon erwähnte „Alaska Bicycle Touring Guide", und ohne diesen Guide würde ich es auch nicht tun. Dieses Handbuch ist sozusagen die Bibel für Alaska- und nordwestliche Canada-Radfahrer. Es gibt kein zweites in dieser Art, mit viel Wissenswertem, mit Höhenprofilen, Karten und Entfernungs-Logbuch. Obwohl manche Angaben mittlerweile etwas veraltet sind, ist es für Radfahrten in diesen Regionen unentbehrlich. „Alaska Bicycle Touring Guide", von P. Praetorius und A. Culhane, The Denali Press, POB 021535, Juneau, Alaska 99802-1535, www.alaska.net/~denalipr.

Mountainbiker sollten sich den guten Trail-Guide „Mountain Bike Alaska – 49 Trails in the 49th State" von Richard Larson anschauen. Jeder Trail wird mit Anfahrtsweg, Logbuch und Höhenprofil genau beschrieben.

Ein spannendes Rad-Erlebnisbuch mit vielen praktischen Reisetips (und mit einem speziellen „Bärenkapitel") gibt es von dem bekannten Tourenradler Christian E. Hannig: „Mit dem Fahrrad durch Alaska", Verlag Frederking & Thaler. Jeder, der sich mit dem Rad nach Alaska oder ins kanadische Yukon-Territory aufmacht, sollte es zuvor lesen.

Homepages Gut und informativ sind die offiziellen Homepages der Tourismusbehörde (www.dced.state.ak.us/tourism/) und von „Travel Alaska" (www.visitalaska.org), hier findet ihr auch die Webadressen aller Convention & Visitors Bureaus in Alaska.

Allgemeine Infos zum Straßenzustand, Fotos und Links neben viel Werbung auf den Webpages der „Milepost" (http://themilepost.com/) und des „Alaska Magazines" (www.alaskamagazine.com). Fahrpläne und -preise neben Buchungsmöglichkeiten auf den Websites der „Alaska Railroad" (www.akrr.com) und der „Alaska State Ferry" (www.akferry.com). Das „Alaska Department of Natural Resources" (www.dnr.state.ak.us/parks/) informiert über alle State Parks in Alaska.

Bikepages Tourentermine, Bikeshop-Adressen in Anchorage, Links und mehr auf der empfehlenswerten Homepage des „Arctic Bicycle Club Anchorage" (www.arcticbike.alaska.net/visit/ak_info.htm). Bikemaps von Fairbanks zum Herunterladen und weitere Links auf der Website des Department of Transportation (www.dot.state.ak.us//external/state-wide/planning/traak/bikestuff.html). Eine Reisestory und gute Tips zum Radeln auf der privaten Website „Cycling in Alaska" (www.xs4all.nl/~pvroekel/alaska/ie_alaska.htm). Hier findet ihr auch Links zu weiteren Alaska-Bikestories im Internet. Gute Tips und einige Links auf Bob Broughton's Website „British Columbia/Alaska Cycle Touring Frequently Asked Questions", http://broughton.ca/bcakfaq.html.

11. Canadas Mitte und Osten

Während die zentralen kanadischen Prärieprovinzen Manitoba und Saskatchewan für Radfahrer nicht viel bieten, ist es im Osten, in Ontario und Québec, interessanter. Die Region der Großen Seen gehört zwar zu den am dichtesten besiedelten Gegenden in ganz Canada, ja sogar des gesamten Kontinents, Radeln außerhalb der Ballungsräume ist aber problemloser möglich als gedacht. Voraussetzung ist eine gute Detailkarte oder ein Radführer, um die verkehrsärmeren Nebenstraßen zu finden. Während Naturfreunde sich vielleicht besser ein anderes Reiseziel suchen sollten, werden kulturell Interessierte hier sicherlich auf ihre Kosten kommen. Erwähnt sei nur die Hauptstadt Ottawa mit dem *Parliament Hill* (Regierungsgebäude im englischen Stil, Wachablösung der RCMP, der Royal Canadian Mounted Police).

Versorgung und Übernachtungen sind problemlos, es gibt eine große Anzahl Hostels, und auch der Osten von Canada ist gut mit National-, Provinz- und Privat-Campgrounds bestückt. Wild Campen ist dagegen wegen der vielen Anbauflächen nur eingeschränkt möglich, man sollte vor dem Aufstellen des Zeltes besser jemanden um Erlaubnis bitten. Viele Städte wetteifern um ein gutes, eigenständiges Radverkehrsnetz (bekannt dafür ist Hull bei Ottawa, aber auch Montréal, das sämtliche Straßen radtauglich machen will).

Routenvorschlag: Toronto – Peterborough – Smith Falls – Ottawa – Hull – Montréal – Massena (USA) – Rochester – Niagara Falls – Toronto; Distanz ca. 1500 km.

Toronto bietet sich wegen der vielen und günstigen Transatlantikflüge als Startpunkt besonders an. Da der Wind vorherrschend aus Südwest bläst, radelt ihr besser im Uhrzeigersinn, dann habt ihr für die Gegenwindpassagen entlang des südlichen Lake Ontario mehr „Muskelschmalz". Von Toronto folgt ihr erst dem Nordufer des Lake Ontario und dann der Straße (Thousand Islands Parkway) entlang des St.-Lawrence-Stroms nach Montréal. Ihr befindet euch nun in **Québec,** der größten Provinz Canadas. Hier wird hauptsächlich französisch gesprochen. Oder ihr macht auf Nebenstraßen den (lohnenden) Abstecher nach **Ottawa** und steuert dann Massena auf der US-amerikanischen Seite des Lawrence-Stroms direkt an. Von hier führt euch das ACA-Guide-Book „New York State Seaway Trail" (erhältlich mit Karten beim ACA) immer am Südufer des Lawrence-Stroms entlang zurück zum Lake Ontario und weiter auf geruhsamen Sträßchen bis Fair Haven. Infos unter www.seawaytrail.com oder bei Seaway Trail, Inc., POB 660, Sackets Harbor, NY 13685, USA. Die **Niagara Falls**, eine der Hauptattraktionen der USA und entsprechend stark überlaufen, sind nun nicht mehr fern. Nach der Besichtigung der Bridal Veil Falls auf amerikanischer Seite und einem Fußmarsch zur Goat Island unbedingt die Maids of the Mist-Boot-stour in die Gischt hinein machen! Auf dem Queen Elizabeth Way zurück nach Toronto.

Wer von Montréal weiter in die Neuengland-Staaten möchte, kann am St. Lawrence River entlang über Québec nach St. Siméon radeln und hier den kilometerbreiten Strom Richtung USA auf einer Fähre überqueren. Der erste Abschnitt bis Québec ist sehr dicht besiedelt, am besten besorgt ihr euch die Radkarte „Veloroute Montréal – Québec", erhältlich in Rad- oder Buchläden in Montréal oder bei Vélo Québec (Adresse s.u.). Ab Québec ist das Nordufer ziemlich gebirgig, steile Rampen auf dem Hwy. 138 saugen euch die Kraft aus den Beinen. Alternativ könnte man von Montréal aus am Lake Champlain entlang direkt Vermont ansteuern.

Biker mit Ziel Westcanada setzen ihren Weg von Montréal über die Hauptstadt Ottawa entlang des Nordufers des Lake Superior auf dem Trans Canada Highway nach Westen fort.

Bücher, Kar- Harvey Botzman: „Round Lake Ontario – A Bicyclist's Tour Guide", Cy-
ten, Internet clotour Guide Books, POB 10585, Rochester, NY 14610 (www.cyclo-

tour.com). Einmal rund um den See in zwei Wochen und 965 km, serviert als 20-75 Meilen-Häppchen auf verkehrsarmen Nebenstraßen. Seitenabstecher führen am Rideau-Kanal entlang von Kingston nach Ottawa und am St. Lawrence River entlang von Cape Vincent nach Montréal. Vom selben Autor im selben Verlag: „Erie Canal Bicyclist & Hiker Route Guide"; beschreibt eine 1000-km-Tour von den Niagara Falls bis Montréal, immer auf oder neben historischen Treidelpfaden entlang des Erie-, Lake Champlain-, Seneca/Cayuga- und Oswego-Kanals in NYS und des Chambly-Kanals in Québec. Informationen über das fast 400 km Trails umfassende New York State Canalway Trail System gibt auch die New York State Canal Corporation, POB 189, Albany, NY 12201-0189 (www.canals.state.ny.us/trail/index.html).

„Cycling in Ontario", von John Lynes, Ulysses Books. 37 Touren unterschiedlicher Länge in ganz Ontario, dazu 75 MTB-Trails, Karten, Logbücher etc.

Bei der Canadian Cycling Association oder vor Ort in den Bike-/Bookshops in Toronto, Montréal und Québec sind weitere Radbücher und -karten erhältlich.

Webpages: Ontario im Internet unter www.ontariotravel.net, Québec unter www.bonjour-quebec.com. Wer mal sein Fahrrad gegen ein Kanu eintauschen möchte, findet auf der Website www.paddlingontario.com viele Tips und Routenvorschläge.

Bikepages: Bücher und Karten, Routenvorschläge und Tips gibt es direkt bei den lokalen Rad-Organisationen oder teilweise auch auf deren Homepages: Saskatchewan Cycling Association, 2205 Victoria Avenue, Regina, Saskatchewan, Canada S4P 0S4 (www.saskcycling.ca); Manitoba Cycling Association, 309 - 200 Main St, Winnipeg, Manitoba, Canada R3C 4M2 (www.cycling.mb.ca); Ontario Cycling Association, 1185 Eglinton Ave., E., Ste. 408, North York, Ontario, Canada M3C 3C6 (www.ontariocycling.org); Fédération Québécoise des Sports Cyclistes, 4545, Avenue Pierre-de Coubertin, Montréal, Québec, Canada H1V 3R2 (www.fqsc.net); Vélo Québec, La Maison des Cyclistes, 1251, Rue Rachel est, Montréal, Québec, Canada H2J2J9 (www.velo.qc.ca). Brian Hedney stellt auf seiner Homepage www.hedney.com/bike.htm einige interessante Touren detailliert vor, u.a. die Strecke von Toronto nach Ottawa und von Toronto nach Montréal.

12. Maritimes

Canadas östlichste Atlantik-Provinzen bzw. -Inseln, nämlich New Brunswick, Nova Scotia, Newfoundland und die Prince Edward Island (PEI) sind eine Art Geheimtip für Radfahrten in Canada. Dort locken Fischerdörfer, Leuchttürme, wilde Küsten, ein reiches Vogelleben, rauhe Einsamkeit. Radtouren dort sind etwas für Kenner, die sich auch nicht von vielem Wind und schottischen Wetterverhältnissen (Nebel) abhalten lassen. Zwischen den Inseln bestehen Fährverbindungen und erlauben interessante Rundtouren durch alle Provinzen. Da die Straßen generell schlechter als im restlichen Canada und viele Nebenstrecken erst gar nicht asphaltiert sind – Labrador hat z.B. ganze 65 km Asphaltstraßen –, solltet ihr für Touren auf MTBs zurückgreifen. Verpflegung und Übernachten stellen dagegen kein Problem dar, in allen größeren Städten gibt es Supermärkte, auf dem Land gut bestückte Groceries. Je nach Strecke ein oder mehrere Tagesrationen in den Packtaschen bunkern. Ein Zelt schafft die nötige Freiheit bei der Etappenwahl, es gibt herrliche Plätzchen in den National und Provincial Parks. Die Provincial Parks sind allerdings nur zur Hauptsaison (etwa Mitte April bis Anfang September, auf PEI erst ab Anfang Juni) geöffnet. Private Campgrounds haben meist noch etwas länger geöffnet. Wildes Zelten ist kein Problem, am Meer finden sich viele wildromantische Plätzchen. Die Leute im rauhen Osten gelten als besonders herzlich, fragt ihr die Einheimischen nach einem Zeltplatz, werdet ihr oft spontan eingeladen werden.

Die **Prince Edward Insel** (nördlich von Nova Scotia) ist ziemlich flach, durch ihre geschützte Lage wärmer als die restlichen Maritimes und ideal fürs Radfahren. Einige schöne Scenic Drives laden zu Rundtouren ein, besorgt euch im Visitor Center in Charlottetown Info-Material und Karten. Es gibt den *Kings Byway Drive* von Charlottetown in den Osten der Insel (325 km), den *Blue Heron Drive* durch das Zentrum der Insel (190 km) und weitere wie den *Lady Slipper Drive* (300 km) oder den *Heritage Drive*. Im Norden umfaßt der Prince Edward Island National Park eine Postkarten-Dünenlandschaft und 40 km Sandstrände. Die bei den Einheimischen sehr umstrittene, 13 km lange Confederation Bridge von New Brunswick über die Northumberland Strait ist für Radler gesperrt. Fragt andere Autofahrer wegen einer Mitfahrt oder meldet euch beim Kontrollposten wegen eines Shuttles. Einzige Fährverbindung mit Northumberland Ferries von Caribou, Nova Scotia, nach Wood Island, Fahrpläne und Preise unter www.nfl-bay.com.

Auf der Insel **Newfoundland** beginnt (oder endet) der Trans Canada Highway, von ihm führen viele Stichstraßen ans Meer und zum **Gros Morne National Park,** unbestritten dem wohl schönsten Fleckchen auf Neufundland mit erstklassigen Wanderwegen. Ansonsten ist Neufundland nicht so toll zum Radeln geeignet: Der Trans Canada Highway ist stellenweise recht eng, verkehrsüberlastet und gebirgig, die hauptsächlichen Stichstraßen lassen sich nur mit viel Improvisationsgabe zu Rundtouren verbinden, das öffentliche Transportwesen ist lückenhaft, das Klima noch rauher als auf den übrigen Inseln mit stürmischen Südwestwinden. Rundkurse sind nur möglich auf der Avalon und Burin Peninsula sowie nördlich von Gander. Anreise von Nova Scotia mit Schiffen der Marine Atlantic (www.marine-atlantic.ca), auf der Homepage der Tourismusbehörde (s.u.) werden weitere kleinere Fährgesellschaften genannt, die weitere Rundkurse erschließen.

Auf der Halbinsel **Nova Scotia** ist das Straßennetz recht engmaschig und gut, die Besiedlung ist dichter. Dafür gibt es dort National Parks und Bike-Trails und viele Seen. Die schönsten Rad-Routen führen an der Bay of Fundy entlang und um die Insel Cape Breton auf dem spektakulären **Cabot Trail,** Canadas berühmtester Küstenstraße. Viele Wanderwege erschließen den Cape Breton Highlands National Parks mit seinem Flickenteppich aus Wiesen, Wäldern und Sümpfen. Wegen der teils stürmischen Winde solltet ihr den Trail im Uhrzeigersinn fahren, auch wenn die Ausblicke in Gegenrichtung besser sind. Halifax ist die größte Hafenstadt an der kanadischen Ostküste und wird von zahlreichen europäischen Flughäfen aus angeflogen. Wer gerade in der Nähe ist: Anfang Juli steigen in

Antigonish die traditionellen schottischen Highland Games mit Dudel-
sackmusik und Baumstammwerfen. Infos unter www.grassroots.ns.ca.
Interessante Anfahrtsalternative für New England-Biker: von Bar Harbor,
Maine, nach Yarmouth mit Amerikas schnellster Autofähre „The Cat"
(Fahrpläne und Preise unter www.catferry.com).

Buchtips   Berghahn/Grundmann: „Canadas Osten, USA Nordosten", Reise Know-
How.
„Nova Scotia & The Maritimes By Bike", von Walter Sienko, Verlag The
Mountaineers, Seattle, WA, USA. Das empfehlenswerte Buch stellt 21
ein- bis siebentägige Routen – davon 15 Rundtouren – auf der Insel ge-
nau mit Logbuch und Höhenprofilen vor.
„Nova Scotia by Bicycle", von Bicycle Nova Scotia, Adresse s.u.
„Nova Scotia Bicycle Book", von Gary Conrod, Atlantic Canada Cyc-
ling, POB 1555, CRO, Halifax, Nova Scotia, Canada, B3J 2Y3.
„Mountain Bike Atlantic Canada", von Hale, Sarah und Jodi Bishop,
empfiehlt 85 MTB-Trails in New Brunswick, Prince Edward Island, New-
foundland und Nova Scotia.
Weitere Bücher über die anderen Inseln und die östlichen Canada-
Provinzen von der Canadian Cycling Association, s. „Canada-Adressen".
Das Buch „The Best Bicycle Tours Of Eastern Canada", von Jerry
Dennis, Henry Holt and Company, New York, 115 W. 18th St New York,
NY 10011 beschreibt 12 Touren durch die oben genannten Provinzen.

Webpages   Auf den offiziellen Homepages der Tourismusbehörden findet ihr neben
der üblichen Werbeprosa auch gute Infos zu Fährverbindungen und Stra-
ßenzuständen. New Brunswick: www.tourismnbcanada.com/web/
english/main.asp; Newfoundland & Labrador: www.gov.nf.ca/tourism;
Nova Scotia: http://explorens.com; Prince Edward Island: www.pei-
play.com.

Bikepages   Velo New Brunswick Bicycling Information, P.O.Box/CP 3145, Frede-
ricton, New Brunswick, Canada, E3A 5G9 (www.velo.nb.ca); Cycling
Prince Edward Island, POB 302, Charlottetown, Prince Edward, Canada,
C1A 7K7 (http://www3.pei.sympatico.ca/cycling.pei/); Bicycle Nova Scotia, P.O.Box 3010 S, Halifax, Nova Scotia, Canada, B3J 3G6 (www.bi-
cycle.ns.ca); Bicycle Newfoundland and Labrador (BNL), Newfoundlands
Provincial Cycling Association, POB 2127, Stn. C, St. John's, Newfoundland, Canada, A1C 5R6 (www.infonet.st-johns.nf.ca/bnl/). Informativ ist
auch die Atlantic Canada Cycling Information Site mit Tourenvorschlägen
und Links zu den vier Atlantikprovinzen (www.atl-canadacycling.com).

Mittelamerika

■ *Maya-Pyrami-*
de Chichén Itzá
auf Yucatán /
Mexiko

Mexiko

A. PLANUNG, VORBEREITUNG, WISSENSWERTES

Einführung Mexiko ist das meistbesuchte Land Mittelamerikas. Zwischen den Karibik- und Pazifikstränden und von den Wüsten im Norden bis zur Tropenhalbinsel Yucatán erwarten dich eine Fülle abwechslungsreicher Reiseziele. Besuchenswert ist vor allem das zentrale Hochland (viele Kolonialstädte) und im Süden das Bergland von Chiapas (Land der Maya). Nordmexiko ist Durchgangsland von oder in die USA, zum Radfahren ist es nicht zu empfehlen. Wüstenliebhaber kommen auf der schmalen Baja California auf ihre Kosten.

Geografie Mexikos Umriß ähnelt einem Füllhorn, wobei der größere nördliche Teil von dem kleineren südlichen durch den Isthmus (Landenge) von Tehuantepec getrennt wird (dort muß man sich auf immer starke Winde gefaßt machen, besonders am Pazifik um die Stadt Salina Cruz). Kernstück ist das ausgedehnte mexikanische Hochland mit Höhen über 2500 m. Dieses Hochplateau ist jedoch keineswegs gleichförmig, sondern durch eine Vielzahl von Tälern, Becken, Gebirgszügen und Vulkanbergen sehr abwechslungsreich gegliedert. Für einen Radfahrer heißt das: Ständiges bergauf- und bergabfahren.

Das Hochland wird im Osten und Westen eingerahmt von langgezogenen, hohen Gebirgsketten, den *Sierra Madres.* Um von Landesinnern an die Küsten oder vom Meer ins Inland zu gelangen müssen die Sierras überwunden werden. Südmexiko ist unterteilt in die tropische, trockene Halbinsel **Yucatán** und in das zerklüftete Bergland von **Chiapas,** das sich nach Guatemala hin fortsetzt.

Ein- und Weiterreise Bürger aus D, A und CH benötigen einen Reisepaß und eine Touristenkarte, die Reisebüros und Fluglinien ausgeben, aber auch noch bei der Einreise erhältlich ist (Aufenthaltserlaubnis zwischen einem und drei Monaten). Eine Verlängerung bei der *Migración* in allen größeren Städten ist zwar möglich, aber mit bürokratischem Aufwand verbunden. Mexiko fliegen viele Airlines an, Charterflug-Destinationen sind Cancún an der Karibik und Acapulco am Pazifik. Die Weiterreise nach Süden nach Guatemala (das wesentlich billiger ist) oder nach Belize ist unproblematisch.

Die Währung Mexikos ist der Peso, Reisewährung der US-Dollar. Landesweit gibt es überall Geldautomaten aus denen mit Kreditkarten und auch mit der EC-Maestro-Karte problemlos „nachgetankt" werden kann.

Klima, Sicherheit, Gesundheit Beste Reisezeit: Mitte Oktober bis Ende März. April bis September/Oktober sind heißer (besonders Yucatán und Nordmexiko!). In den Wintermonaten wird es im Hochland von Chiapas sehr kühl, doch die Tage sind warm und klar.

Mexiko ist relativ sicher zu bereisen, Diebstahlsgefahren bestehen in touristischen Orten und in deren Umgebung, oder z.B. im Gedränge der Großstädte und Märkte (Taschendiebe). Es gab aber auch schon Überfälle auf Radfahrer! Aufpassen muß man besonders im armen, bergigen Staat Guerrero (um Acapulco herum), entlang der Straße Mex 200 südlich von Acapulco bis zum Golf von Tehuantepec, im gesamten Norden Mexikos, besonders im Berggebiet der Sierra Madre Occidental.

Es drohen in Mexiko keine besonderen Gesundheitsgefahren, jedoch ab und zu „Montezumas Rache" (Durchfall). Zur Gefahr durch Hunde weiß Raphaela Wiegers: „Freilaufende Hunde und Dorfköterbanden gibt es überall, aber in Mexiko sind es extrem viele, und sie benehmen sich ‚muy macho', zumal es meist Rüden sind. Oft reicht Anbrüllen oder eine Dusche aus der Wasserflasche, doch einmal mußten wir allerdings auch unseren Chili-Spray (stammte noch aus Canada, gegen Bären) gegen ein besonders böses und gefährliches Biest einsetzen ..."

Rad, Ausrüstung Für Mexiko genügt ein Touren- oder Trekkingrad mit breiten Reifen, die Schaltung sollte allerdings schon einen „Rettungsgang" für lange und steile Anstiege aufweisen. In jedem größeren Ort gibt es Radgeschäfte („tiendas de bicicleta" oder „bicicleterías"). Die in Mexiko erhältlichen Ersatzteile sind recht einfach, doch vielfältig genug für Notreparaturen aller Art. High-Tech Ersatzteile sind rar, doch im Notfall aufzutreiben (größere Städte), US-grenznahe Händler haben natürlich ein größeres und besseres Angebot (MTB-Teile) als die kleine *tiendas* in Südmexiko.

Wegen des starken Verkehrs ist ein Rückspiegel wichtig. Für die tropischen Gebiete würde ich im Sommerhalbjahr ein leichtes Moskitonetz und einen Leinenschlafsack mitnehmen. In Mexiko – besonders in ländlichen Gebieten im Süden – gibt man und frau in Radlerhosen einen eher komischen Anblick ab, besser immer eine zweite Hose bzw. einen Rock zum Überziehen bereithalten. Auf Kocher, Kochgeschirr und Zelt kann man im südlichen Mexiko verzichten, bei den langen Strecken in Nordmexiko und auf der Baja California nicht.

Übernachten In Mexiko gibt es nicht allzuviele Campingplätze, und wenn, dann sind sie überwiegend für die Amerikaner mit ihren dicken Motor Homes konzipiert (Trailer Parks) und sehr teuer. Die meisten Plätze gibt es an der mittleren Pazifikküste zwischen Puerto Vallarta und Puerto Ángel, auf der Baja California sowie an der Karibik. Es gibt ein großes und vielfältiges Hotelangebot, auch preiswertere *Casas de Huespedes* (Gästehäuser). „Strandet ihr abends in einem kleinen *pueblo* ohne Unterkunft, dann fragt bei dem Dorfvorsteher oder im Bürgermeisteramt nach einer Schlafmöglichkeit; ich habe so einige Male meinen Schlafsack im Büro zwischen Aktenschränken und Schreibmaschine ausrollen können", weiß *Clemens Carle*. Nehmt in den Städten ein Zimmer im Centro, dann habt ihr es zum abends unterhaltsamen Zócalo (Zentralplatz) nicht weit. Mexikanische Hotels haben meist *Patios* (Innenhöfe), wo man mit dem Rad bis ans Zimmer vorfahren kann. Jugendherbergen bzw. Hostels gibt es in Mexiko gleichfalls, wo überall, weiß die Homepage www.hostels.com.mx.

Verpflegung Reichhaltiges, vielfältiges Essensangebot. Hauptnahrungsmittel sind Mais *(tortillas)* und Bohnen *(frijoles),* gewürzt mit *chilis* und Soßen *(moles).* Es gibt *Loncherías,* Märkte, Buden und Straßengarküchen, wo leckere Tacos, Enchiladas, Quesadillas, Burritos, Empanadas etc. angeboten werden – laßt euch vom Essen und den Früchten in Mexiko überraschen! Trinkwasser *(agua purificada)* gibt es aus großen Glaskolben, die in vielen Hotels bereitstehen. Probiert auch die wohlschmeckenden *licuados,* Fruchtsäfte, in speziellen Milch- und Früchte-Bars.

Menschen, Kultur

Mexiko ist spanischsprechend und überwiegend katholisch. Die Mexikaner sind Mestizen aus altmexikanischen Völkern (Azteken, Nahua, Maya, Zapoteken etc.) und Kolonial-Spaniern. Was bei uns als „Indio" oder „Indianer" bezeichnet wird, heißt in Mexiko – wie auch in Südamerika –„Indígena". Die indigene Bevölkerung Mexikos lebt hauptsächlich in den südlichen Bundesstaaten, in Oaxaca (Zapoteken, Mixteken), Chiapas (Maya) und auf der Yucatán-Halbinsel. Mexikaner sind sehr hilfsbereit, kontaktfreudig und freundlich, als Deutscher genießt man einen Sympathie-Bonus (man wird euch jedoch immer erst für einen „gringo norteamericano" halten …). Unbedingt vor der Reise etwas Spanisch lernen. Der Kauderwelsch-Sprachführer „Spanisch für Mexiko" von Reise Know-How hilft weiter.

Straßen, Verkehr

Radwege und Radstraßen wie in den USA gibt es in Mexiko keine, auch haben die Straßen nur selten Standspuren bzw. Seitenstreifen. Die Beläge sind je nach Region recht unterschiedlich, von sehr gut bis sehr schlecht. Asphaltflicken, Schotter in Kurven und Schlaglöcher sind an der Tagesordnung. Besondere Vorsicht, wenn es neben der Asphaltkante der Straße 10 bis 30 Zentimeter tief runtergeht und Autos dich runterdrängen. Man muß immer bremsbereit sein. Mexikanische Autofahrer haben, besonders die Busfahrer, keinen guten Ruf. Mit ihrem Macho-Fahrstil sind sie eine ständige Gefahr für Radfahrer, paßt bloß auf! „Der Verkehr ist anstrengend bis mörderisch, Pkw und Lkw sind zu 50% o.k., Busse zu 0%. Samstag und Sonntag sind mehr als die Hälfte der Fahrer betrunken" (Raphaela Wiegers). Stellt euch also schon mal auf Auto-Überholjagden, Kurvenschneiden, Rennen etc. ein, aber auch auf die Hilfsbereitschaft bei einer evtl. Panne (die „Ángeles Verdes", die „Grünen Engel", sind Pannenwagen des mexikanischen Automobilclubs, sie fahren die Straßen ab, und helfen auch liegengebliebenen Radfahrern).

Der Verkehr ist hauptsächlich in den Ballungszentren und auf engen Straßen in gebirgigen Gegenden sehr anstrengend, in den Bergen Nordmexikos gibt es kaum Ausweich- oder Nebenstraßen. Gefährlich ist auch die Mex 200/190 zwischen Puerto Vallarta bis zur Grenze von Guatemala. „Als Horrorstrecke habe ich den Abschnitt über den Isthmus von Tehuantepec noch allzugut in Erinnerung: Wahnsinns-Seitenwind, viel zu schmale Fahrbahn, furchtbares Asphaltflickwerk, und Autofahrer, die im Zentimeterabstand überholten. Die Luftwirbel der Busse und Lkw brachten mich mehrmals fast zu Fall" *(Clemens Carle)*. Gefährlich wird es immer an Wochenenden, Feiertags und zu Ferienzeiten (Osterwoche), wenn alle mit ihren Autos aus den Städten drängen. Auf der flachen Karibik-Halbinsel Yucatán ist dagegen gut radfahren. Eine Spezialität lateinamerikanischer Länder gibt es auch in Mexiko: vor, nach und in Orten/Städten gibt es „Topes", künstliche Bodenwellen, die zu schnell fahrende Autofahrer abbremsen sollen. Sie können auch für Radfahrer gefährlich werden!

Die mexikanischen Städte sind fast immer im Schachbrettmuster angelegt, das Zurechtfinden ist deshalb problemlos. Im Zentrum befindet sich immer die große Plaza, in Mexiko „Zócalo" genannt. Wenn ihr nicht wißt, wohin und wo, radelt immer zuerst zum Zócalo, dort befinden sich die wichtigsten Dinge der Stadt und es gibt Hilfe beim „Turismo", den staatlichen Tourismus-Büros.

Transport

Mexiko besitzt ein hervorragend ausgebautes Busnetz. Falls ihr also eine Strecke mal schnell überbrücken wollt, ist eine Fahrt mit dem Bus kein Problem, auch Räder werden mitgenommen (doch nicht in 1.-Klasse- und Luxusbussen). Immer zeitig das Ticket kaufen und wegen des Rades fragen. Man kann aber auch unterwegs einen mexikanischen Pickup- oder Kleinlaster um Mitnahme bitten.

Das Flugnetz ist gleichfalls engmaschig, Räder werden mitgenommen, doch meist nur verpackt (beim Ticket-Kauf klären). Alle Zugverbindungen wurden, bis auf wenige Touristenzüge, zugunsten der Busse eingestellt. Eine der schönsten und abenteuerlichsten Bahnstrecken der Welt führt im Norden Mexikos von Los Mochis nach Chihuahua (Kupferschlucht, s.u.). Wer in Nordmexiko unterwegs ist, sollte diese Fahrt nicht versäumen!

Fährschiffe verkehren zwischen dem mex. Hauptland und der Baja California (Puerto Vallarta und Los Mochis nach La Paz).

Reise- und Radführer, Karten, Internet

„Mexiko" von Helmut Hermann, Reise Know-How, ist das Standardwerk für dieses Land. Wer von den USA einreist, sollte sich schon dort den „Let's go Mexico" besorgen. Fundiert sind auch die „Handbooks" von Moon Publications, die gibt es zu ganz Mexiko und Großregionen. Das engl. „Mexico & Central America Handbook", von Footprint Publications ist am besten für diejenigen, die weitere mittelamerikanische Staaten mit dem Rad bereisen wollen. Von Lonely Planet gibt es mehrere, eher auf die Belange der Rucksackreisenden zugeschnittene Reiseführer über Mexiko und Teilregionen. Mexikanische Kultur und Lebensweise vermitteln das Sympathie-Magazin „Mexiko verstehen" (Studienkreis Tourismus) und „KulturSchock Mexiko" (Reise Know-How). Bester Mexiko Sprachführer: Kauderwelsch-Mexiko, wieder Reise Know-How.

Radführer: Neun Routen durch die interessantesten Regionen von Mexiko beschreibt das empfehlenswerte **„Lateinamerika BikeBuch"** von Raphaela und Harald Wiegers, Reise Know-How. Ein weiterer Radführer für Mexiko, in dem all die unten genannten Routen und Ziele mit Karten beschrieben sind, ist **„Bicycling Mexico",** von E. Weisbroth und E. Ellman, Hunter Verlag, (der Baja-Teil ist jedoch etwas fehlerhaft und teils ungenau, da ist das „Mexico & Central America Handbook" genauer). Ein Buch speziell für Baja-California-Radler ist **„Bicycling Baja",** von Bonnie Wong, Sunbelt Publications, es beschreibt Vorbereitung, Logistik, Durchführung; mit kilometergenauem Roadbook, Kleinigkeiten am Straßenrand, lohnenswerten Übernachtungsplätzen etc. Aktuell und völlig ausreichend für Baja-Biker, mit genauem Logbuch, guten Stadtplänen und vielen Tips rund ums (Auto-)Reisen ist der **„Baja California Guide"** vom Automobile Club of Southern California (kostenlos für ADAC-Mitglieder), den kann man sich noch in San Diego besorgen.

Radbücher: Christian E. Hannig: „Abenteuer Mexiko", Frederking & Thaler, 1996 (beschreibt in eher beschaulichem Stil eine Radtour von San Diego die Baja California hinunter und durch das zentrale Hochland bis Mexiko Stadt). – Walter Stolte: „Amerika selbst er-fahren", Band 1: Alaska – Panama, Verlag Walter Stolte, 1993 (auch wenn man vielleicht einen anderen Reisestil hat: die Lektüre macht einfach Spaß). – Clemens Carle: „Rad-Abenteuer Panamericana", Reise Know-How, 1994 (Clemens bikte allein durch Mexiko mehr als 7000 km). Claude Marthaler: „Durchgedreht" – 7 Jahre im Sattel (Abschnitt Mittelamerika), Reise Know-How 2002, ISBN 3-89662-305-2. Claudes „Velosophie" muß man einfach gelesen haben!

Karten: Zur Planung ausreichend sind die Reise Know-How-Karten Mexiko (1:2.250.000), Baja California (1:850.000), und Yukatan (1:750.000). Sehr gut sind die Mexiko-Karten von ITM (verschiedene Regionen, laßt euch von Karten-Schrieb beraten (Tel./Fax 07145-26078, karten.schrieb@t-online, www.Karten-Schrieb.de). Wer von den USA einreist, sollte sich dort schon die gute Mexiko-Karte vom AAA besorgen. In Mexiko kann man Regionalkarten und touristische Auskünfte von den schon erwähnten „Turismo"-Büros bekommen.

Webadressen: Die meisten mexikanischen Websites sind spanischsprachig, man sollte also für die Internetsuche zumindest einige Brocken der Sprache beherrschen (die Suchmaschine www.google.com übersetzt aber auch …). „México en bicicleta" (www.meb.com.mx) bietet eine umfangreiche Übersicht über MTB-Trails in ganz Mexiko. Auf der Website „La Página de los Bicitekas" (www.laneta.apc.org/bicitekas/) dreht sich alles ums Radeln in einer der größten Städte der Welt (ja, das geht …), unter dem Button www.laneta.apc.org/bicitekas/bicirutas/index.html verbergen sich Radwege in Mexiko Stadt, und unter www.laneta.apc.org/bicitekas/talleres/index.html werden Radläden und -mechaniker von den Clubmitgliedern empfohlen.

Die besten Website-Adressen über Mexiko, das Reisen und die Kulturen findet man im Reiseführer Mexiko von Reise Know-How und auch auf der Website www.reisebuch.de beim Mexiko-Portal.

B. ZIELE, STRECKENVORSCHLÄGE

Sehenswertes   Mexiko quillt über von sehenswerten Orten, kolonialen Städten, präkolumbischen archäologischen Stätten und Naturschönheiten. Höhepunkte des Landes sind (Reihenfolge ohne Wertung): San Cristóbal de las Casas (schöne Kolonialstadt im Hochland von Chiapas, Indianerkulturen in den umliegenden Dörfern); Agua Azul (Wasserfälle auf Yucatán), Oaxaca, Zacetecas, Taxco und Guanajuato (Kolonialstädte); die Maya-Stätten Tulúm (Karibik), Palenque, Chichén Itzá und Uxmal; die Eisenbahnfahrt Los Mochis – Chihuahua; die Halbinsel Baja California; Mexiko Stadt (das Anthropologische Museum) und nördlich der Hauptstadt die Pyramiden von Teotihuacán.

Streckenvorschläge   Wer direkt nach Mexiko fliegt, sollte versuchen, einen Gabelflug zu buchen, z.B. hin nach Cancún und zurück von Mexiko Stadt, oder umgekehrt. Wer zuerst an die Karibik fliegt, kann sich einige Tage am Meer (südlich von Cancún) erholen, sich auf das Land einstimmen. Danach geht es durchs radfahrtechnisch wenig schwierige Yucatán. Auf den langen Strecken dort immer genügend Wasser mitführen, es gibt so gut wie keine Flüsse, doch dafür „Cenotes", wassergefüllte Einbrüche im Kalkuntergrund der Halbinsel (teils tolle Badeplätze). Besichtigung der Maya-Stätten Chichén Itza und Uxmal von Mérida aus. Weiterfahrt nach Palenque, die wohl schönste Maya-Stätte, anschließend über die Wasserfälle

■ *In den Schluchten der Sierra Tarahumara (Batopilas). Foto Markus Wildner*

von Misol-Há und Agua Azul bis nach San Cristóbal de las Casas. Dies ist die wohl eindrucksvollste Strecke von ganz Chiapas. Von da über Tuxtla Gutiérrez (vorher Sumidero Canyon mit dem Boot befahren) nach Oaxaca und runter ans Meer nach Puerto Ángel. Anschließend über Puerto Escondido nach Acapulco. Von dort über Taxco und Cuernavaca nach Mexiko Stadt (wer sich scheut, in die größte Stadt der Welt hineinzufahren, sollte einen Bus nehmen). Zeitbedarf für diese Tour mindestens 6 Wochen!

Wer von Kalifornien nach Mexiko einreist, kann zum einen die 1800 km bis zur Südspitze der Baja California nach Cabo San Lucas radeln (Zeitminimum 3 Wochen), doch diese Tour ist nur in den Wintermonaten zwischen November und März machbar, in den übrigen Monaten ist es auf Baja California tierisch heiß! Landschaftlich schön ist die Südspitze der Halbinsel (weniger der teure Kommerz-Tourismus). Man könnte auch einen Bus von Tijuana bis nach La Paz nehmen, dann von dort mit dem Rad die Südspitze umkreisen und anschließend von La Paz mit der Fähre nach Los Mochis übersetzen.

Wer jetzt eine **außergewöhnliche Bahnfahrt** machen will, fährt mit der Bahn von Los Mochis nach Chihuahua. Unterwegs in Creel aussteigen und ein paar Tage die schluchtenreiche Umgebung erkunden (mit und ohne Rad; Batopilas). Dann von Chihuahua in Richtung Mexiko Stadt fahren, doch da diese Strecke relativ wenig „bringt", mit dem Bus besser nach Zacatecas, eine schöne Kolonialstadt.

Von dort über Aguascalientes, Guanajuato, San Miguel de Allende und Querétaro bis nach Mexiko Stadt. Von hier dann an den Pazifik, Acapulco, Puerto Ángel, danach Oaxaca (sehr steile Auffahrt). Von Oaxaca über Tuxtla Gutiérrez (Abstecher zum Sumidero-Canyon) nach San Cristóbal de las Casas und weiter über Agua Azul nach Palenque. Über Uxmal nach Mérida. Weiter über Chichén Itzá nach Playa del Carmen und an schönen Karibikstränden entlang Richtung Süden nach Chetumal. Von da weiter nach Belize und Guatemala und zurück nach Mexiko (über Tikal und Palenque). Zeitbedarf: mindestens 4 Monate.

Die Einreise von den USA im Mittelstück der US-mexikanischen Grenze, also z.B. über El Paso und dann weiter Richtung Mexiko Stadt, lohnt nicht. Besser gleich einen Bus in den Großraum um Mexiko City nehmen. Wer über Matamoros von Texas nach Mexiko einreist, hat zwar relativ flache Straßen am Golf von Mexiko entlang, doch gibt es dort – außer El Tajin und Veracruz –nicht viel zu sehen. Sommers ist diese Route auch viel zu schwülheiß.

Guatemala

Überblick   Guatemala ist in Mittelamerika das Land mit der intensivst indianisch geprägten Kultur. Ein betörend schönes Land, das sich lohnt, mit dem Rad
länger zu bereisen. Die Nachfahren der Maya tragen wunderschöne
Trachten, die zahllosen farbenfrohe Märkte, die Landschaft mit Seen und
Bergen, Dörfer, Regenwälder und Vulkane – alles zusammen auf einem
relativ kleinen Raum – begeistern jeden Guatemala-Besucher. Zwar muß
man sich im westlichen Bergland auf ständige kurvenreiche Auf- und Abfahrten einstellen und das Straßennetz ist abseits der nicht allzuvielen
Hauptstraßen nicht gut, doch eben die Menschen, die sehr billigen Kosten für Übernachtung und Essen, die historischen Mayastätten und das
angenehme Frühlingsklima im Hochland entschädigen für Reiseschwie-
rigkeiten überreichlich. Politisch ist Guatemala jedoch seit langem ein
Problemland, es herrschen krasse soziale Mißstände und auch Gewalt,
die Bevölkerung ist arm. Angenehm ist jedoch die zurückhaltende, unauf-
dringliche Art der Menschen gegenüber Reisenden bzw. Radfahrern. Als
Radler wird man in Guatemala viel Aufmerksamkeit erregen, deshalb ist
zurückhaltende Bekleidung angebracht, Radlerhosen passen sicherlich
nicht auf einen indigenen Markt. Spanischkenntnisse sind absolut erforderlich.

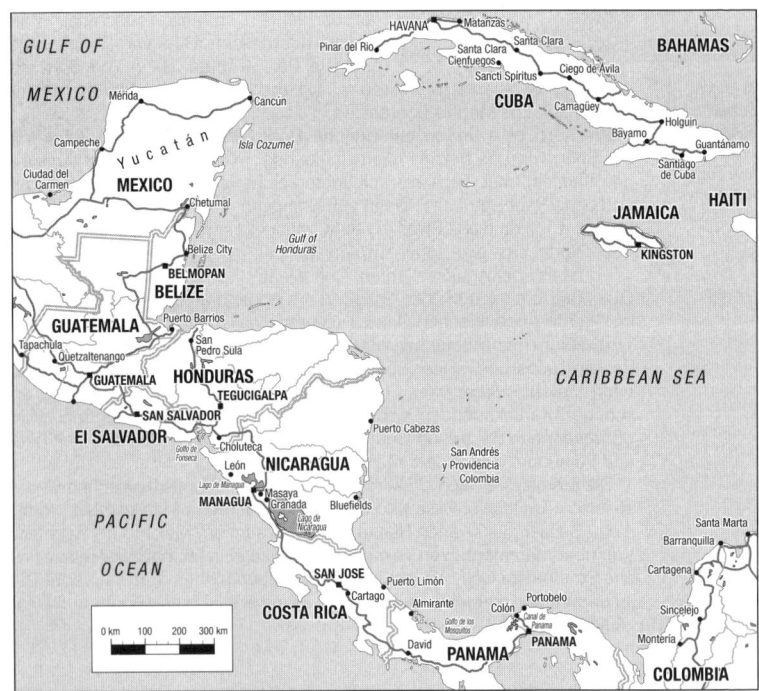

Geografie, Bevölkerung

Guatemala grenzt im Westen und Norden an Mexiko, im Nordosten an Belize und im Osten an Honduras und El Salvador. Die Landschaftsformen könnten gegensätzlicher nicht sein: Schroffe Gebirgsketten, Senken und Vulkane bis zu 4210 m Höhe dominieren den Süden, schwülheißer und fast gänzlich unbesiedelter Dschungel, der „El Petén", den Norden im Grenzgebiet zu Mexiko und Belize. An der Karibik- und Pazifikküste finden sich nur schmale, aber fruchtbare Küstenstreifen (Zuckerrohr, Bananen, Rinderzucht). In den tief eingeschnittenen Tälern, auf den kleinen Hochflächen und rund um Gebirgsseen wie dem Lago de Atitlán leben Indígenas in Dorfgemeinschaften und betreiben traditionelle Landwirtschaft. Kulturell haben sie sich streng abgegrenzt von den Ladinos (Mestizen) in den größeren Städten und im Tiefland, die Wirtschaft und Verwaltung fest in ihrer Hand haben. An der Karibikküste sorgen die Garifunas, Nachfahren afrikanischer Sklavenarbeiter, mit ihrem lockeren Lebensstil für eine relaxte Atmosphäre.

■ *Waschtag in Guatemala*

Einreise, Währung, Reisezeit

Für Radtoureros aus D, CH und A ist kein Visum erforderlich. Ein Reisepaß genügt, nach der Bezahlung einiger kleinerer Geldbeträge an der Grenze gibt es ein bis drei Monate Aufenthaltsgenehmigung, Verlängerung bei der Migración in Guatemala-Stadt, 41. Calle 17-36, Zona 8, möglich.

Die zwei wichtigsten Einreiseorte von Mexiko sind: Cuauhtémoc//La Mesilla im Hochland, an der Küste Tapachula//Talismán. Von Belize: Benque Viejo del Carmen//Ciudad Melchor de Mencos und per Boot von Punta Gorda nach Lívingston oder Puerto Barrios. Von Honduras: Ruinas de Copán//El Florido und Nueva Ocotepeque//Agua Caliente. Von El Salvador: San Cristóbal//San Cristóbal Frontera an der Panamericana (CA 1), Las Chinamas//Valle Nuevo und La Hachadura//Ciudad Pedro de Alvarado.

Währung ist der Quetzal, Reisewährung der US-Dollar. Dollar-Reiseschecks werden problemlos von den Banken getauscht, allerdings sind Banken und Geldautomaten außerhalb der wenigen größeren Städte spärlich. Bei Fahrten ins zentrale Hochland oder Richtung Tikal/El Petén solltet ihr vorher genügend Geld tauschen. Nehmt eher kleine Quetzalscheine mit, auf große kann man oft nicht herausgeben.

Beste **Reisezeit** ist von Oktober bis April, dann gibt es im Hochland frühlingshafte, im tropischen Tiefland im Osten gemäßigte Temperaturen. Regenzeit ist von Mai bis Oktober, gebietsmäßig verschieden stark (mit weniger Niederschlägen im Juni). Für die kühlen Bergregionen immer etwas Warmes und Regenschutz dabeihaben!

Übernachten, Verpflegung

Günstige Bleiben *(hospedajes, pensiones, alojamientos)* sind meist sehr einfach, aber überall vorhanden und zu Markttagen oft belegt. Den besten Gegenwert fürs Geld bekommt ihr in den Touristenorten, während in Guatemala-Stadt alle Billigunterkünfte oft schlimme Löcher mit nächtlicher Gesellschaft sind (Kakerlaken! Lebensmittel hochhängen!). Prüft immer die Bettwäsche, die ist oft nicht frisch, auch fließend Wasser ist in der Trockenzeit keine Selbstverständlichkeit.

Es gibt kaum kommerzielle Campingplätze, doch ist Campen auf dem dichtbesiedelten Land problemlos, einfach jemanden um Erlaubnis fragen. Wegen der niedrigen Preise ist es jedoch besser, in den zahlreichen billigen kleinen Hotels zu nächtigen. Zelten in der Nähe von Städten und an Stränden kann gefährlich sein!

Versorgungsprobleme könnten höchstens einmal auf einsamen Bergpisten oder im El Petén auftreten, deshalb hier sicherheitshalber, zumindest für einen Tag, Lebensmittel bunkern. Sonst kauft man wie die Einheimischen auf Märkten ein. (Mäßig sortierte) Supermärkte findet man nur in Städten und Touristenorten. Ißt man wie die Einheimischen, werden sich zu jeder Mahlzeit Maistortillas, schwarze Bohnen *(frijoles)* und ein zähes Stück Rind- oder Schweinefleisch auf dem Blechteller wiederfinden. Viel gegessen werden Reis *(arroz)* und geschmorte Bananen *(plátanos)*. Abwechslung bietet internationales Traveller Food in den Touristenorten.

Leitungswasser ist stark gechlort, besser auf Mineralwasser zurückgreifen. *Gaseosas* (Coke & Co.) sind überall erhältlich.

Rad und Ausrüstung

Wer vorhat, speziell Guatemala ausgiebig mit dem Rad zu bereisen, sollte wegen der unasphaltierten und oft miserablen Nebenstrecken unbedingt ein (qualitativ gutes) Mountainbike wählen und breitere Reifen aufziehen. Alle Ersatzteile und Spezialwerkzeuge mitbringen, es gibt weder gut sortierte Bikeshops noch sonstige Rad-Infrastruktur. Außer in Guatemala-Stadt und Antigua werdet ihr höchstens einfache Radläden *(tiendas de bicicletas)* finden, im „Guatemala Handbuch" von Barbara Honner, Reise Know-How Verlag, sind einige aufgeführt.

Die restliche Ausrüstung bemißt sich nach der Route: Wer von Guatemala City nur durch das Hochland tourt, sollte Klamotten und Schlafsack für kalte Tage und Nächte einpacken, für Fahrten in den Petén reicht Tropenausrüstung (Moskitonetz, Malariaschutz nicht vergessen!).

Sehenswert sind: Antigua, die ehemalige Hauptstadt; der Atitlán-See, der schönstgelegene See Mittelamerikas (den See am besten in einer großen Schleife über Mazatenango und Quetzaltenango umfahren); Chichicastenango, ein pittoreskes Dorf mit seinem Markt und der Kirche; Tikal, die einmalig schöne Maya-Stätte im tropischen Regenwald; die Märkte von Quetzaltenango und Solola. Weniger sehenswert ist Guatemala City, eine gesichtslose Anhäufung von Bauten, lautem und abgasstinkendem Verkehr.

Die sehenswerten Orte kann man in Form einer Rundreise oder durch einzelne Abstecher besuchen. Panamericana-Fahrer, die von Honduras oder El Salvador nach Guatemala einreisen, sollten – nachdem sie den Atitlán-See besucht haben –, nach Tikal fahren (Zufahrt asphaltiert) und dann über Belize nach Mexiko. Wer von Mexiko über die Panamericana nach Guatemala radelt (Grenzübergang La Mesilla), sollte gleichfalls über Tikal/Belize wieder nach Mexiko zurückradeln, sofern man dies vorhat. Man könnte natürlich auch über Belize einreisen und die Strecke umgekehrt fahren. Von Flores am Lago Petén Itzá gibt es eine Straßen- und regelmäßige Busverbindungen über Bethel nach Frontera Corozal am Grenzfluß Río Usumacinta mit Weiterfahrt nach Palenque.

Straßen, Transport

Gerade einmal 15% aller Straßen in Guatemala sind asphaltiert, und der Asphalt kennt viele Stadien des Zerfalls, von krümeligem Flickwerk bis zum Schlagloch-Stakkato. Nur die Hauptverkehrsstraßen, die Carreteras Centroamericanas (CA), wie die Panamericana (CA 1), die CA 9 von der Hauptstadt nach Puerto Barrios an die Karibikküste sowie die Strecke Sayaxché – Flores – Melchor de Mencos zur Grenze Belize haben glatte Beläge. Alle Nebenstrecken sind schlecht und meist unasphaltiert, ständig geht es steil bergauf und bergab, von den Tropen in kühle Bergregionen, von nebligen Paßhöhen in warme Täler. Pisten im Petén sind oft lehmig, mit großen Steinen durchsetzt und an Steigungen/Gefällen so ausgefahren, daß man freiwillig schieben wird. Nach Regenfällen dreht sich kein Rad mehr.

Wer die vielen klapprigen, immer brechend vollen guatemaltekischen Busse ausprobieren will, sollte sich auf teilweise abenteuerliche Fahrten gefaßt machen. Fahrräder werden aufs Dach gebunden. Man stoppt einen Bus einfach an der Straße. Busse der 1. Klasse starten meist bereits vollbesetzt und nehmen unterwegs keine Fahrgäste mehr mit.

Bücher, Karten

Im Know-How Führer „Mexiko" ein Kurzkapitel über Guatemala und Belize, ausführlichst wird Guatemala im Reise Know-How „Guatemala-Handbuch" von Barbara Honner beschrieben. Gut ist auch das „Mexico & Central America Handbook" von Footprint Publications und der Lonely Planet „Belize, Guatemala & Yucatán". Drei Routenvorschläge und viele weitere Tips enthält das „Lateinamerika BikeBuch" von Raphaela und Harald Wiegers, RKH. Ohne Spanischkenntnisse geht im Hochland und im Petén nichts: Sprachführer: „Spanisch für Guatemala", RKH.

Karten: Wer von San Cristóbal de las Casas nach Guatemala weiterreist, sollte versuchen, noch vorher eine Guatemala-Karte zu bekommen, probiert es bei der „Librería Soluna" in der Real de Guadelupe 13B. Brauchbar ist die „Mapa Turistico", 1:1 Mio., vom Instituto Guatemalteco de Turismo – INGUAT, 7 Av. 1-17, Zona 4 in Guatemala City (nahe Centro Cívico), allerdings existieren manche Pisten im Petén gar nicht, auch die Kilometerangaben sind oft fehlerhaft. Gut sind die Stadtpläne auf der Rückseite. Detailkarten von Guatemala sind erhältlich beim „Instituto Geográfico Militar", Av. Las Americas 5-76, Zona 12 in Guatemala City (nicht weit vom Flugplatz). Ansonsten: RKH Guatemala, Belize, 1:500:000, ITM Travel Map „Guatemala and El Salvador", 1:500.000.

Touristen-Auskunft im Land gibt es von den staatlichen INGUAT-Stellen, zum neuesten Info-Austausch mit den vielen Rucksack-Travellern sprechen (alles trifft sich in Panajachel am Atitlán-See).

Radclub in Guatemala: Federation Nacional de Ciclismo de Guatemala, Palacio de los Deportes, Cd. Olimpica, 24 Calle 9-31 Zona 5, Guatemala.

Kuba

Kuba ist in. Immer mehr Touristen entdecken Fidel Castros Zuckerrohrinsel, ihre langen weißen Palmenstrände, den morbiden Charme verfallender Kolonialbauten, die Karibikatmosphäre und Musik (Son und Salsa) und die ganzjährig tropisch-heißen Temperaturen (beste Reisezeit: November bis April). Und da Kuba *dólares* (und Euros) dringender denn je braucht, wurden Reisehemmnisse abgebaut, die Individualreisen früher praktisch unmöglich machten. Eine große Versuchung, auf verblüffend verkehrsarmen Straßen durch das abwechslungsreiche Land zu pedalen. Die Air Cubana fliegt von Guatemala City und von Cancún/Mexiko u.a. Orten nach Havanna (Charter von Deutschland nach Varadero und Holguín).

Doch Radreisen auf Kuba ist alles andere als einfach, schon gar nicht billig. In den Städten kann man nun in Zimmer in Privathäusern *(casas particulares)* nächtigen, gegen harte Dollars ist fast jeder Kubaner bereit, sein Schlafzimmer zu räumen. Die schönen Hotels für die Pauschaltouristen sind sehr teuer. Wild Zelten ist offiziell verboten, auf einsamen Strandabschnitten wird aber niemand etwas dagegen einzuwenden haben. Einheimische erhalten monatlich Lebensmittelkarten (libretas), mit denen sie einkaufen können. Viel besser sortiert sind die INTUR-Dollar-Geschäfte. Diese können auf dem Land auch einmal mehrere Tagesetappen entfernt liegen, also immer Lebensmittel bunkern! Das Angebot auf den Märkten ist enttäuschend. Kleine private Familienrestaurants in Wohnzimmern *(paladares)* bieten meist nur wenige Gerichte an, sind aber die beste Alternative zum INTUR-Shop oder fantasielosem Hotelessen.

Reisende aus D, A und CH brauchen nur einen Reisepaß und eine (kostenpflichtige) Touristenkarte, die es in Reisebüros, bei der Botschaft oder – notfalls – auch noch bei der Ankunft auf Kuba gibt. Bisher waren mindestens drei Übernachtungen in staatlichen Hotels obligatorisch, aber das wird nicht mehr so streng verfolgt. Wer mehr als 30 Tage bleiben möchte, muß zur Migración in Havanna, Av. 3 y Calle 22, Miramar. Amtssprache Spanisch, Währung ist der kubanische Peso, inoffiziell der US-Dollar (viele kleine Scheine mitnehmen), und in den Touri-Zentren auch der Euro. Dollar-Reiseschecks (VISA, Thomas Cook; nicht: AmEx!) werden von Banken akzeptiert. Die wenigen Geldautomaten funktionieren nur mit VISA-Karten.

Rad: Ein Trekkingrad mit mittelbreiter Bereifung (37 mm) genügt. Alle Ersatzteile mitbringen, es gibt höchstens einmal qualitativ minderwertige chinesische Teile!

Ziele, Routen, Reisen   Kuba ist 1250 km lang und bis zu 190 km breit und besteht bis auf drei kleinere Gebirgszüge (höchster Berg ist der Pico Turquino mit 1974 m in der Sierra Maestra) aus knallig-heißen Ebenen. Hier viel Zuckerrohr- und Tabakanbau. Zentrum des Strandtourismus ist Varadero (145 km östl. von Havanna). Das Straßennetz ist dünn, eine Hauptstraße zieht sich von

West nach Ost, von Pinar del Río bis Guantánamo (knapp 1200 km), von ihr zweigen Stichstraßen Richtung Küste ab. Mäßiger Asphalt, rauh, mit vielen Schlaglöchern auf den Hauptstraßen, Nebenstrecken sind meist nicht asphaltiert. Wegen der Benzinknappheit nur minimaler Verkehr, fast keine Überlandbusse. Rundtouren sind so gut wie unmöglich, für den Hin- oder Rückweg Zug/Flugzeug benutzen (vorher abklären, ob der Zug einen Gepäckwagen hat bzw. ob das Flugzeug für die Radmitnahme geeignet ist). Tickets müssen in Dollar bezahlt werden, dafür bekommt ihr auch sofort einen Platz. Bedenkt bei der Routenplanung, daß der Wind meist aus Ost bläst.

Streckenvorschlag von *Joachim Wirges* im Osten: Holguín – Bayamo – durch die Sierra Maestra nach Santiago de Cuba, Kubas ehemaliger Hauptstadt – Guantánamo – über die Berge der Sierra del Purial nach Baracoa – Sagua de Tánamo – Cueto – Guardalavaca – Holguín.

Im Zentrum: Varadero (Charterflüge aus D) – Cárdenas – Sagua la Grande – Santa Clara – Sancti-Spíritus – über die Berge der Sierra del Escambray nach Trinidad – Cienfuegos – Colón – Varadero.

Im Westen: Havanna (Radwege entlang der Hauptstraßen) – San Antonio de los Baños – Pinar del Río – über die Cordillera de Guaniguanico nach Viñales – Bahía Honda – Havanna.

Bücher, Karten, Internet   F. Herbst: „Cuba", Reise Know-How. Von Footprint Publications das „Cuba Handbook", ein weiteres, sehr gutes von Moon Publications, auch von Bradt Publications. Kauderwelsch-Sprachführer: „Spanisch für Cuba", Reise Know-How. Sympathie-Magazin „Kuba ver-stehen", Studienkreis Tourismus. **Radführer:** „Cycling Cuba", von Lonely Planet. **Karten:** Gut ist die ITM Travel Map 1:1 Mio. mit einem Stadtplan von Havanna und die RKH-Kuba-Karte 1:850.000. Es gibt etliche gute **Websites** über Kuba, gut und informativ sind z.B. www.cubanacan.cu, www.cuba-trip.com, www.cuba-reisen.com, www.cubastartravel.com u.a.

■ *Fahrrad-Taxi in Havanna*

Andere Länder Mittelamerikas

Die restlichen Länder Mittelamerikas, nämlich Belize, El Salvador, Honduras, Nicaragua, Costa Rica und Panama sind touristisch und landschaftlich nicht mehr so interessant wie Guatemala oder Mexiko. Als gut ausgebaute Hauptstraße verläuft die Panamericana von Guatemala bis Panama.

Die beste Reisezeit für die zentralamerikanischen Länder sind die Monate Oktober bis April, doch diese Überlegungen sind im Rahmen einer Gesamt-Panamericanafahrt oder bei einer Mittelamerika-Reise mit Hauptgewicht auf Mexiko und Guatemala eher zweitrangig. An den Grenzen gibt es keine Probleme, höchstens daß man immer wieder einige *dólares* für den Grenzkram löhnen muß, und als Deutscher benötigt man für alle Länder keine Visa. Auch das dauernde Geldwechseln von Land zu Land (gleich an der Grenze oder im nächst größeren Ort) ist problemlos. Hauptreisewährung in allen Ländern ist der US-Dollar, Bares in kleinen Noten ist neben Schecks immer nötig.

Empfehlenswerter Reiseführer für alle mittelamerikanischen Länder ist das „Mexico & Central America Handbook" von Footprint Publications. Daneben gibt es von den großen Verlagen auch Länder-Einzelführer. Rad-Erlebnisberichte: Tilmann Waldthaler: „Die Äqua-Tour" (Abschnitt Mexiko bis Costa Rica) und Clemens Carle: „Rad-Abenteuer Panamericana" (Mexiko bis Panama, mit Darién Gap-Durchquerung!), beide Reise Know-How. Walter Stolte: „Amerika selbst er-fahren", Band 1: Alaska – Panama, Verlag Walter Stolte. Ausführlichere Infos und Routenvor-schläge zu allen hier nur kurz vorgestellten Ländern findet man im „Lateinamerika BikeBuch", Reise Know-How.

Karten: Die beste Übersichts- und Straßenkarte von Mittelamerika von Guatemala bis Panama ist die ITM „Central America" 1:1,8 Mio., mit Höhenreliefs. Eine weitere ist die Nelles-Karte „Central America" 1:1,75 Mio.

Belize bietet mit dem zweitlängsten Korallenriff der Welt und der entspannten Karibikatmosphäre zwei gute Gründe, sein Fahrrad mal eine Zeitlang zu parken. Und Mitglieder der Belize Amateur Cycling Association, P.O.Box 956, Belize City, Belize, werden euch vielleicht wieder auf den Sattel scheuchen. Reiseführer: „Belize Handbook" von Moon Publications, oder „Belize", Bradt Travel Guide. Karte: ITM 1:350.000. Web-Infos: www.travelbelize.org, www.belize.com, u.a.

Honduras kann nochmals mit einer bedeutenden Maya-Stätte aufwarten, nämlich *Copán;* es ist über den guatemaltekischen Ort Chiquimula erreichbar. Reiseführer: „Honduras Handbuch", Reise Know-How, und „Honduras Handbook", Moon Publications. Karte: ITM 1:750.000. Ein Bikeclub: Federation Nacional de Ciclismo de Honduras, Colonia Santa Isabel 410, Tegucigalpa, DC, Honduras.

El Salvador war in der Vergangenheit wegen seines Bürgerkriegs kein Reise- oder Durchgangsland, doch jetzt kann man wieder hin. Und vielleicht ist es ja ganz interessant, einen der Radclubs in El Salvador aufzusuchen, z.B. Amigos de la Bicicleta (AMBI), 21A Av Norte No. 1643, Col Layco, San Salvador; Federation Salvadorena Ciclismo, 25 Av Sur No. 756, San Salvador; Club de Cicloturismo, 27 Av Sur No. 633, Col. Flor Blanca, San

Salvador. Ohne Spanischkenntnisse wird die Unterhaltung aber ziemlich einseitig bleiben ...

Nicaragua hat einige sehenswerte Dinge aufzuweisen, z.B. den Lago de Nicaragua und der Vulkan Santiago in der Nähe der stark erdbebengeschädigten Hauptstadt Managua. Reiseführer: DuMont Richtig Reisen „Nicaragua, Costa Rica, Panama". Karten: ITM El Salvador 1:250.000 und Nicaragua 1:750.000. Bikeclub: Federacion Nicaraguense de Ciclismo, Apartado Postal 383, Managua, Nicaragua.

Webadressen: Informativ und professionell präsentiert sich das Nicaraguan Institute of Tourism auf seiner englischsprachigen Homepage www.intur.gob.ni (Fluggesellschaften, Visumerfordernisse, guter Reiseführer etc.). Eine riesige Linkliste zu Themen wie Musik, Kultur, Presse hat das LANIC (Latin American Network Information Center) der Universität von Texas unter http://lanic.utexas.edu/la/ca/nicaragua zusammengestellt.

Costa Rica Mit seinem Wohlstand – es gibt viele Kaffee- und Bananenplantagen –, seiner Funktionalität und Sauberkeit ist Costa Rica das „Musterländle" Mittelamerikas. Es bemüht sich verstärkt um Tourismus. Wer noch gar keine Rad-Ahnung von Lateinamerika hat und sich „vortasten" will, für den ist Costa Rica mit seinen guten, sicheren Straßen das richtige Land. Herausragende Attraktionen gibt es keine, doch Costa Rica hat mittlerweile 26 Nationalparks mit intakter Natur. Immerhin rund 10% des Landes unter Naturschutz. Eine Bergkette mit einigen (aktiven) Vulkanen zieht sich vom Nordwesten nach Südosten, das Klima ist je nach Höhenlage – es geht bis über 3400 m hoch – unterschiedlich. Tropisch ist es im Tiefland an der Karibik- und Pazifikküste mit häufig kurzen, aber heftigen Regenschauern. Die meisten „Ticos" – so nennen sich die Einheimischen mit gewissem Stolz – leben im klimatisch günstigen Zentraltal mit der Hauptstadt San José (1150 m). Trockenzeit ist von Dezember bis April, Erdbebenzeit mit meist nur leicht spürbaren Erschütterungen das ganze Jahr über.

Nur ein verschwindend geringer Anteil der Bevölkerung sind Indígenas, neun Zehntel dagegen Weiße und Kreolen. Amtssprache ist spanisch, mit Englisch kommt man dank der vielen (US-amerikanischen) Touristen leidlich gut durch.

In einem Land, das so stark auf den Tourismus setzt, ist die Infrastruktur entsprechend gut ausgebaut. Die Läden führen viele Importwaren. Es gibt ein sehr gutes Angebot an Hotels aller Preisklassen und recht viele Campingplätze (meist in den Nationalparks, einige auch an den Küsten). Wild Zelten ist in solch einem kleinen Land schwierig, viele freie Flächen sind eingezäunt. Fragt Einheimische, man ist gegenüber Reiseradlern sehr aufgeschlossen.

Die Panamericana ist die Hauptverkehrsstraße. Sternförmig schlängeln sich von San José aus Asphaltstraßen an die Karibik- und Pazifikküste, die Nebenstraßen können gut oder schlecht sein, das hängt stark von der Regenzeit ab. Radfahren ist im Lande weit verbreitet, es gibt allgemein genügend *tiendas de bicicletas* und in San José mehrere gut sortierte Bikeshops (Adressen im RKH-„Lateinamerika BikeBuch").

Als Rundreise von San José aus bietet sich die Strecke von der Panamericana zum Pazifik an (San Isidro del General – Quepos – Alajuela; höchster Punkt ist der „Cerro de la Muerte" mit 3491 m!). Wer nach Südamerika weiter möchte, könnte auch über die schönen, touristischen San Andrés-Inseln nach Kolumbien (Cartagena, Barranquilla) weiterfliegen (anstatt in Panama festzusitzen).

Reiseführer: „Costa Rica" von P. Thomas, Tukan-Verlag, „Costa Rica Handbuch" von D. Kirst, Reise Know-How, „Costa Rica Handbook", Moon Publications. Im Radbuch „Latin America On A Bicycle" von J. P. Panet, Passport Press New York ein Costa-Rica-Kapitel mit Streckenerlebnissen und Reisetips, im „Lateinamerika BikeBuch" Routenvorschläge u.v.a.m. Sprachführer: Kauderwelsch „Spanisch für Costa Rica", Reise Know-How.

Karten: ITM „Costa Rica" 1:500.000, sehr gut. In Costa Rica sind Karten (z.B. die „Mapa General de Costa Rica 1:800.000 und auch die o.g. ITM-Karte) an Tankstellen und in Buchläden in San José erhältlich (Librería Lehmann oder Universal). Tourismus-Büro in Costa Rica: Instituto de Turismo, Plaza de la Cultura, Calle 5, San José, Costa Rica.

Webadressen: Internetcafés gibt es in jeder Stadt und in jedem Touristenort. Versucht es zuerst bei den Postämtern, deren Internetzugänge sind schnell und günstig. Empfehlenswert ist die Homepage des Costa Rica Tourist Boards (www.tourism-costarica.com). Die „Tico Times" ist eine der größten englischsprachigen Tageszeitungen in Zentralamerika, aktuelle Nachrichten und einige Links findet ihr auf deren Homepage www.ticotimes.net. Ein immenses Verzeichnis von Webadressen bietet www.bruncas.com. Suchmaschinen wie „The Costa Rica Internet Directory" (http://arweb.com/cr/) oder „Costa Rica Orientation (www.orientation.co.cr/en/home.html) helfen ebenfalls weiter. Weitere Suchmaschinen unter www.bruncas.com/intcpidx.html. Übersichtlich aufbereitet und bewährt ist die Linkliste von LANIC, http://lanic.utexas.edu/la/ca/cr.

Panama   Dieses Land war und ist wegen der Darién-Sümpfe im Süden Endpunkt für alle motorisierten Panamericana-Fahrer, die von Mexiko herabkommen. Man kann versuchen, mit dem Schiff (von der Atlantikseite, von Colón) entweder nach Kolumbien (Cartagena), oder von Panama-Stadt nach Buenaventura oder gleich nach Ecuador (Guayaquil) weiterzukommen. Beides ist ein Glücksspiel, und die Wartezeit in dem nicht schönen, saunaschwülen Panama-City kann lange dauern. Besser gleich ein Flugzeug nehmen und weiterfliegen.

Panama-City ist eine hektische, stark amerikanisch gefärbte Banken- und Einkaufsstadt – hier kann man gut evtl. anstehende finanzielle Dinge regulieren, man zahlt mit Balboas oder dem US-Dollar, die im Wert gleich sind. Viele Radläden mit preiswerten Rad-Importen. Reiseführer: O'Bryan/Zaglitsch „Panama-Handbuch", Reise Know-How. Panama-Karten: ITM 1:800.000 und „Tourist Map of Panama" 1:1 Mio.

Sehenswert ist natürlich der Panama-Kanal, den man auf der „Puente de las Americas" überquert. Man kann an der Kanalzone, die immer noch amerikanisch ist, auf der schlaglochübersäten und verkehrsüberlasteten *Carretera Transistmica* vom Atlantik bis zum Pazifik entlangfahren. Empfehlenswerter ist da ein Bootsausflug zur Isla Barro Colorado, die mitten im Kanal liegt und als Rückzugsgebiet vieler Tiere gilt (schöne Dschungelwege). Panama-City ist keine sichere Stadt – vorsehen! Treffpunkt der Panamericana-(Auto)Fahrer ist das Schwimmbad des *Hipódromo*.

Panama verlangt bei der Einreise ein Flugticket für die Wiederausreise, es hängt vom Verhandlungsgeschick ab, ob man als Radler auch ohne eines einreisen darf. Sonst ein MCO (s.S. 53) vorlegen, oder noch im Nachbarland per Kreditkarte einen regulären Ausreise-Flug buchen und in Panama wieder stornieren, Ticketkosten werden wieder erstattet.

Durchquerung des Darién nach Kolumbien: Es ist möglich, sich mit dem Rad durch den Darién-Dschungel nach Kolumbien zu schlagen. Doch dies ist ein Risiko, strapaziös und teurer als ein Flug! Die Panamericana führt noch 295 km nach Yaviza, ein kleines Dorf vor dem Darién-Dschungel (nur die ersten 60 km bis Chepo sind asphaltiert, dann teils furchtbare Schotter- bzw. Lehmpiste, kaum Versorgungsmöglichkeiten). Von da geht es mit Führer, Booten und Fußmärschen weiter, etwa 8 Tage lang! Möglichst nur in den trockenen Monaten von Januar bis Mitte April machen! Ausreisestempel im Nest Boca del Cupe. *Clemens Carle* schaffte es von Kolumbien bis Panama, (sein Bericht steht bei „Kolumbien"). Im „Mexico & Central American Handbook" stehen weitere Tips für dieses Abenteuer (z.B. wo eine Darién-Karte in Panama erhältlich ist). Wer eine Darién-Durchquerung vorhat, muß alles genau planen.

Achtung: Derzeit wegen der Sicherheitslage im Nordwesten Kolumbiens lebensgefährlich! Neueste Informationen einholen!

Panama-Kanal mit Puente de las Américas

Südamerika

Südamerika

1. Über-
blick, An-
und Rück-
reise

Radreisen in *América del Sur* erfordern mehr an Planung und Vorbereitung als Radreisen durch die Länder Nordamerikas. Wer mit dem Fahrrad
durch südamerikanische Länder will, muß vor allem eines mitbringen: viel
Zeit. Als Minimum würde ich ein halbes Jahr veranschlagen, doch dieser
Zeitraum wird kaum ausreichen, um auch nur einen Teil der schönsten
oder interessantesten Dinge Südamerikas zu sehen.

Südamerika vereint alle klimatischen und landschaftlichen Extreme unserer Erde, dementsprechend hoch sind die Anforderungen an Radreisende. Unterwegs wird es kaum ohne Enttäuschungen und deprimie-
rende Stunden abgehen, doch eben die extreme Vielfalt dieses Kontinents, die absolut packenden Landschaften, die gastfreundlichen Menschen und deren Kultur entschädigen für den Entschluß, Südamerika mit
dem Rad zu bereisen. Hier einige grundsätzliche Dinge für Radtouren in
Südamerika (weiter wichtiges steht im Kapitel „Traumstraße Panamericana" und „Rad-Abenteuer Panamericana", s.S. 302ff).

An- und Rückreise: Wegen eingeschränktem Freigepäck bei Direktflügen kann evtl. der An- und Weiterflug über Nordamerika, wo mehr
Freigepäck erlaubt ist (bei Linien-Airlines zwei Gepäckstücke bis zu je 32
kg), günstiger sein. Wer mehrere südamerikanische Länder bereisen will:
Einige europäische und südamerikanische Airlines bieten diverse Airpässe an, Details wissen Reisebüros.

Auch die Reise mit Frachtschiffen ist möglich, z.B. mit Grimaldi-Lines
ab Hamburg in vier Wochen nach Buenos Aires. Doch mit mindesten
1200 Euro ist eine Schiffsreise teurer als ein Flug! (Route und Preise unter
www.grimaldi-freightercruises.com/). Früher konnte man noch überarbeiten, z.B. bei der „Hamburg-Süd", von Buenos Aires und Brasilien aus,
aber diese Zeiten sind definitiv vorbei. Zwei bekannte Anbieter von
Frachtschiff-Reisen sind: „Frachtschiff-Touristik Kapitän Zylmann
GmbH", Exhöft 12, 24404 Maasholm, www.zylmann.de, und „Fachreiseagentur für Seereisen Kapitän Hoffmann", Seestr. 40, 23677 Scharbeutz,
www.frachtschiff-reisen.net.

Tickets am besten von Billigflug- bzw. Last-Minute-Reisebüros, checkt
auch das Angebot des CSI – Club Südamerika International e.V. –, Frie-
densstr. 2, 60311 Frankfurt/M. (alle Ziele in Südamerika, Airpässe). Auch
im Internet machen sich mittlerweile Dutzende von Anbietern Konkurrenz
(z.B. bei www.billiger-reisen.de).

2. Die
Anden,
Klimate
Südamerika

Jegliche Radreiseplanung durch Südamerika beginnt an den geografischen Gegebenheiten der Reiseländer. Dabei sind in Südamerika neben
den **Wüsten** (in Chile, Peru), den großen **Ebenen** (die Pampa und der
Chaco in Argentinien und Paraguay) und dem **Amazonasbecken** in Brasilien besonders die **Anden**, die längste Bergkette der Welt, für das Vorhaben wichtig, denn diese Berge beeinflussen eine Route und einen
Zeitplan erheblich. Hauptproblem in den Anden sind zum einen die weitgehend unasphaltierten Straßen (vor allem in Bolivien), der hohe Temperaturunterschied zwischen Tag und Nacht und die dünne Höhenluft.
Auch steht es mit der Versorgung nicht immer zum besten.

Die Anden verlaufen in Bolivien und Peru hauptsächlich in zwei parallen Ketten, der *Cordillera Oriental* und der *Cordillera Occidental,* dazwischen liegt das *Altiplano,* ein Hochland zwischen 3000 und 4000 m Höhe. Wer in den Anden nach Osten oder Westen will, muß jedesmal diese Ränder (sie sind bis zu 5000 m hoch!) übersteigen. Man unterscheidet fünf Anden-„Stockwerke": Die *tierra caliente,* das heiße „Erdgeschoß", reicht bis etwa 1000 m Meereshöhe. Die *tierra templada,* die gemäßigte Stufe, liegt zwischen ca. 1000 und 2200 m. Die *tierra fría,* die kalte Stufe, erstreckt sich zwischen ca. 2200 bis etwa 3400 m Höhe, und die *tierra helada,* die eisige Hochgebirgszone, liegt oberhalb von 3400 m. Mit der Schneegrenze bei ungefähr 4500 m beginnt dann die *tierra nevada,* die Zone mit ewigem Schnee und Eis. Unterhalb der Schneegrenze, bis auf etwa 3000 m hinab, liegen die *páramos,* karge Hochgebirgslandschaften von herber Schönheit (*ichu*-Gras), sie sind besonders typisch für den tropischen Andenraum.

Klimate Südamerika: In Südamerika findet man alle extremen Klimaformen der Erde: Backofenhitze und Eiseskälte, extreme Trockenheit und tropische Schwüle, starke Stürme und dünne Luft. Typisch ist der oft unvermittelt schnelle Wechsel zwischen diesen Klimaten und Wetterlagen.

Bei einer Reise durch Südamerika immer zur besten Jahreszeit am richtigen Ort zu sein ist nur möglich, wenn man sich genügend Zeit läßt bzw. seine Reiseroute so plant, daß man dem besten Reisewetter einer Region nicht hinterher- oder vorausfährt. Die Extreme Feuerland bzw. **Patagonien,** die Anden und das Amazonastiefland sollten bei der Zeitplanung feste Eckwerte sein. Wer z.B. an die Südspitze Südamerikas will, muß vermeiden, im dortigen Winter herumzukurven (also im europäischer Sommer). Die **Andenländer** sind ungünstig von November bis April, und im **Amazonastiefland** sind die stärksten Regenfälle von November bis Juni.

3. Einreisebestimmungen, Sprachen, Sicherheit

Die Einreisebestimmungen der südamerikanischen Länder sind für deutsche Paßinhaber erfreulich liberal, d.h., mit einem noch genügend lange gültigen Reisepaß reist man als Deutscher derzeit durch alle Länder Südamerikas visumsfrei. Die genehmigte Verweildauer schwankt je nach Land zwischen einem und drei Monaten (meist drei), Verlängerungen sind in der Regel im Lande problemlos zu bekommen. Manche Länder wie Kolumbien verlangen zum Nachweis des Wiederausreisens ein Flug- oder Schiffsticket, dieses Problem ist aber lösbar. Nach den eigentlichen Grenzen gibt es in Südamerika in der Regel im Landesinnern nochmalige Straßenkontrollen. Ein Studentenausweis ist in Südamerika nützlich, er erlaubt vielerorts ermäßigte Eintritte. Beachtet die neuesten Impfvorschriften eurer Reiseländer und nehmt den internationalen (gelben) Impfausweis mit!

Sprachen: Außer dem portugiesischsprachigen Brasilien wird in Südamerika fast ausschließlich Spanisch („Castellano") gesprochen (dabei gibt es von Land zu Land einige Unterschiede, was die Aussprache und den Gebrauch einzelner Castellano-Worte angeht). In Argentinien in der Gegend um Bariloche wird vielfach auch deutsch verstanden, desgleichen in Chile um Osorno und Puerto Montt. In Bolivien und Peru spricht in weiten Landesteilen die alteingesessene Bevölkerung Quechua oder Aymará, in Paraguay ist noch das Guaraní verbreitet. **Ohne spanische**

Sprachkenntnisse ist Südamerika per Rad nicht zu bewältigen! Nützlich für Südamerika ist der Kauderwelsch-Sprachführer „Spanisch für Lateinamerika", Reise Know-How. Für einzelne Länder gibt es weitere Kauderwelsch-Führer, die die lokalen Sprachbesonderheiten berücksichtigen.

Sicherheit: Das „kritischste" Land Südamerikas ist seit Jahren **Kolumbien.** Drogenmafia und erbitterte Kämpfe zwischen der Regierung und Todesschwadronen auf der einen Seite sowie verschiedenen Guerilla-Organisationen auf der anderen Seite ergeben einen Gewaltcocktail, dem regelmäßig auch Reisende zum Opfer fallen (Entführungen). In manchen Gebieten existiert keine staatliche Ordnung mehr, mittlerweile sind eineinhalb Mio. Kolumbianer Flüchtlinge im eigenen Land. **Bis zur Besserung der Verhältnisse ist Kolumbien definitiv kein Reiseland!** In den Großstädten des ganzen Kontinents schafft die Massenarmut Massenkriminalität, besonders bekannt dafür sind Rio de Janeiro, São Paulo, Lima und etliche andere Städte mehr. Besondere Vorsicht auch in Hafenstädten, in und bei Tourismus-Zentren, wo trickreiche Einzelpersonen oder ganze Diebesgruppen arbeiten. Bekannt dafür ist z.B. Cusco in Peru. In potentiell gefährlichen Orten muß man alle Sinne beieinander haben, darf nicht auf Ablenkungsmanöver hereinfallen, Tricks werden oft auch mit Kindern, Alten, „Betrunkenen" und Frauen inszeniert. Diebstähle kommen oft auch in Anden-Zügen vor (Nachtfahrten, ungewohnte Höhe). Und drandenken: Die Polizei ist in Südamerika keineswegs immer „Dein Freund und Helfer"! Auf evtl. Schmiergeldforderungen bei Unannehmlichkeiten muß man sich einstellen.

4. Unterkünfte, Verpflegung

In Südamerika gibt es in den allermeisten Ländern ein großes Angebot an Unterkünften, die *Hotel, Hostal, Pensión, Residencial, Alojamiento* oder *Hospedaje* heißen. Residenciales sind eine Art Ferienwohnungen, Apartments oder Bungalows, *cabañas* sind Hütten oder Ferienhäuschen (oftmals auch mit Haken für die Hängematte; eine solche mitzuführen lohnt sich im Amazonasgebiet u.a. tropischen Tiefländern). Bezüglich des Komforts und der Sauberkeit muß man bei Budget-Unterkünften natürlich Abstriche machen. Spätestens nach einigen Nächten in zu kurzen Betten wird man zur schmerzhaften Erkenntnis kommen, daß die Einheimischen erheblich kleinwüchsiger sein müssen als die „Gringos" oder „Americanos". Jugendherbergen *(albergues juveniles)* gibt es in Südamerika gleichfalls einige (näheres dazu bei den einzelnen Ländern, oder online unter www.hostels.com/). Man kann auch versuchen, in Schulen, Kindergärten oder Missionen unterzukommen, Privateinladungen sind je nach Land gang und gäbe.

Nur selten finden sich, mit Ausnahme von Argentinien und Chile, mit Einschränkung auch in Brasilien und Uruguay, kommerzielle Campingplätze. Dafür gibt es jede Menge Möglichkeiten für wildes Zelten. Doch Vorsicht im Einzugsgebiet von Großstädten, das kann gefährlich sein! Freies Zelten ist in Argentinien und Chile in der Regel problemlos, in den Andenländern und Brasilien ist eine gewisse Vorsicht bei der Wahl des Standortes nicht verkehrt. Bitten zur Erlaubnis zum Zeltaufschlagen auf Privatgrund werden jedoch fast nie abschlägig beschieden werden. „Camping Establecido" ist ein „etablierter", also angelegter Campingplatz, ein „Lugar para acampar" ist ein Fleckchen zum freien Zelten. Öffentliche Gebäude, wie Schwimmbäder oder Sportplätze, sind meist durch Nachtwächter – *vigilancias* – bewacht, sie werden euch in eurem Zelt gerne mitbewachen.

◼ *Panameri-cana-Hotel*

Verpflegung: Freut euch auf die besten Steaks der Welt in Argentinien, auf deftige Bohneneintöpfe *(feijoada)* und tropische Früchte in Brasilien, auf wohlschmeckende Mais-, Reis- Geflügel- und Kartoffelgerichte, auf guten Wein, und auch Bier gibt es überall – Südamerika wartet mit kulinarischen Genüssen auf, nur in den Andenländern kann Schmalhans des öfteren Küchenmeister sein (probiert mal in Bolivien und Peru gebratene Meerschweinchen – *chui* – und das Maisbier *chicha*). Je nach Land und Entwicklungsstufe gibt es in allen Ländern sowohl genügend Straßen- und Marktküchen als auch *Supermercados,* wo ihr euch mit Nachschub eindecken könnt. Märkte findet man in ganz Südamerika. Billiges Tagesessen – *plato del día* –, heißt (mittags) *almuerzo,* abends *cena* – fragt danach in Restaurants. In einigen Großstädten Südamerikas gibt es auch deutsche, schweizer oder österreichische Bäcker, Metzger oder Lebensmittelläden, fragt danach (Botschaften, Landsleute, Auto-Traveller). Langentbehrtes duftendes Schwarzbrot, eine frische Schinkenwurst und dazu ein kühles Bier können den ausgelaugten Südamerika-Radler wieder aufbauen! Rechnet in den Andenländern – bedingt durch die Kälte, Höhe und schnellere Erschöpfung – , mit hohem Kalorien- und Wasserverbrauch.

Einen Kocher und Kochgeschirr wird man mitführen müssen, ohne Selbstkochen sind die endlosen Strecken in Argentinien (Süden) und die Strecken durch die Andenländer nicht zu bewältigen. Benzinkocher sind am geeignetsten (Reinbenzin heißt in Südamerika *bencina blanca,* engl. „white gas", erhältlich in *ferreterías,* Eisenwarengeschäften; Benzin für Autos ist *gasolina,* bleifreies Benzin ist *sin plomo,* zu Spiritus sagt man *alcohol*). Es sind auch Camping-Gaskartuschen in vielen Ländern Südamerikas erhältlich, meist aber nur in den Hauptstädten.

5. Kultur, Lebensweise

Die Kultur Lateinamerikas ist durch die spanische bzw. portugiesische Kolonialherrschaft geprägt worden, in Großstädten ist der Einfluß aus den USA weiter zunehmend und unverkennbar. Stark indianisch geprägte Regionen mit traditionellen Bräuchen und Alltagskulturen trifft man nur noch in Bolivien und in einigen Teilen Perus sowie im Amazonastiefland an, in den übrigen Ländern sind sie fast verschwunden oder sie werden von der nordamerikanisch/europäischen Lebensweise überlagert.

Die Hauptreligion Südamerikas ist fast ausschließlich der Katholizismus, der intensiver als in Europa gelebt wird. Vielfach haben sich auch traditionelle Glaubensvorstellungen mit dem Christentum vermischt oder werden nebeneinander praktiziert, wie z.B. bei den Indígenas in den Andenländern. Das vielerorts fotoscheue Verhalten indigener Ethnien wurzelt u.a. in der überkommen Glaubensvorstellung, ein Bild würde die Seele des Fotografierten rauben.

Nicht gleich allen Auskünften glauben! Den Latinos ist Hilfsbereitschaft wichtiger, als sich durch evtl. Unkenntnis bloßzustellen. Immer mehrmals nach dem Weg fragen (natürlich verschiedene Personen). Latinos haben grundsätzlich auch eine andere Einstellung zur Zeit – die berühmte „mañana"-Mentalität. „Mañana" heißt nicht nur „morgen", damit kann auch „übermorgen" oder „gar nie" gemeint sein … Einfühlungsvermögen, Geduld und Höflichkeit braucht es immer im Umgang mit Behörden, Beamten und Uniformierten (besonders an Grenzen!).

6. Gesund-
heit

Vorgeschriebene Impfungen durchführen. Eine Gelbfieberimpfung ist vorgeschrieben bei Reisen ins Amazonastiefland oder wenn man aus dem brasilianischen Amazonastiefland in ein Nachbarland einreist. Malariaprophylaxe in den tropischen Tiefländern und Höhenlagen bis ca. 2500 m. Aktueller Stand mit welchem Mittel in welcher Region bei den Tropeninstituten oder Gesundheitsämtern erfragen, oder z.B. die Website der „Deutschen Gesellschaft für Tropenmedizin und internationale Gesundheit", www.dtg.mwn.de, aufrufen. In die Reiseapotheke kommen die üblichen Mittel gegen Schmerzen, Durchfall, Verletzungen usw. Medikamente sind in Südamerika wesentlich günstiger, die sind Apotheken gut bestückt, fast alles ist rezeptfrei erhältlich, auch Antibiotika. Das beste Medikament ist aber aktive Vorsorge: fit sein, sich nicht überanstrengen, genügend essen und trinken. Die üblichen Tropen-Tabus beachten, die alte Regel „peel it, cook it, or forget it" hat immer noch Gültigkeit. Also keine Salate, kein Speiseeis und Eiswürfel, keine ungekochten Speisen, keine rohen Meeresfrüchte! Vorsicht auch mit unbehandeltem Wasser! Nehmt einen Keramik-Filter für trübes Wasser und Wasserentkeimungsmittel *(Micropur, Certisil)* für klares Wasser mit.

Achtung vor der Höhensonne in den Anden! Immer ein starkes Sonnenschutzmittel auftragen, besonders auf die exponierten Hautstellen, wie Handrücken, Nase, Gesicht! Mit der UV-Höhenstrahlung ist nicht zu spaßen! Aufpassen auch bei dem starken **Temperaturwechsel** von Tag und Nacht in den Andenländern – da holt man sich schnell eine Erkältung! Die Trockenheit in den Höhen oder in den Wüsten (Atacama) macht die Haut rissig und damit anfällig gegen eindringende Krankheitserreger. Über die Höhenkrankheit *Soroche* mehr bei Bolivien, s.S. 283.

7. Rad und
Ausrüstung

In Südamerika ist es in manchen Staaten üblich, wie z.B. in Chile, daß Räder Nummernschilder haben. Grenzer wollen evtl. eine Rad-Nummer hören, nennt die Rahmennummer oder prägt noch zuhause ein Metallschildchen und schraubt es an geeigneter Stelle ans Rad. Für die Andenländer ist ein Höhenmesser eine feine Sache (solange er funktioniert).

28er Reifen und Schläuche sind in Südamerika weniger verbreitet, 27er eher, 26er sind überall erhältlich. Doch diese Reifen sind meist breiter (aber sehr robust!), deshalb noch vor der Abreise breitere Schutzbleche montieren.

Radgeschäfte gibt es in allen größeren Städten, die MTB-Welle hat auch Südamerika erfaßt, in den Hauptstädten werden importierte Modelle angeboten. Mit Ersatzteilen und Radzubehör sieht es jedoch mager aus, spezielle MTB-Ersatzteile deshalb von zuhause mitnehmen oder im Bedarfsfall schicken lassen. Campingausrüstung, Zelte etc. findet man in Bergsteigerläden, z.B. in Peru in Huancayo, Cusco und Lima, in Chile in Santiago, in Argentinien in Mendoza und Salta oder in Ecuador in Quito. An Kleidung für tropische Gebiete leichte Baumwollkleidung einpacken, dazu einen leichten Leinenschlafsack. Für Berggebiete und Patagonien einen windfesten Anorak, einen warmen Fleece-Pullover und festes Schuhwerk, warme Unterwäsche und einen warmen Schlafsack für die eiskalten Andennächte in Bolivien und Peru. Warme Überkleidung kann man in diesen Ländern aber noch nachkaufen.

■ *Radladen*

8. Geld, Post, Internet

Südamerika ist überwiegend ein preisgünstiger Kontinent, nicht zuletzt durch die ständigen Inflationsschübe in einigen Ländern. Das „South American Handbook" listet die bei seiner Drucklegung aktuellen Dollar-Wechselkurse in den einzelnen Ländern auf, und auch die sogenannten „Parallelkurse", die Schwarzmarkt- oder „freien" Kurse (daran kann man ersehen, welche Länder inflationsgeplagt und billig sind, in ihnen besteht eine Nachfrage nach Schwarzmarkt-Bar-Dollars). Tagesaktuelle Kurse liefern Online-Währungsrechner, wie z.B. www.oanda.com.

Die **Reisewährung** Südamerikas ist der Dollar (besonders bei Bargeld), doch in einzelnen Ländern werden auch Euro. Gute Länder für finanzielle Transaktionen bzw. für Geldnachschub in harter Währung sind derzeit Uruguay, Paraguay. Führende Kreditkarten, allen voran Visa und MasterCard, werden in Südamerika überwiegend akzeptiert, doch nicht in sehr billigen Geschäften oder Hotels. Kreditkarten sind jedoch für den

Geldnachschub wichtig, Geldautomaten gibt es in vielen Groß- und touristischen Städten, man kann auch mit der EC-Maestro-Card „nachtanken". Bei Reiseschecks verschiedene Firmen nehmen (Thomas Cook,
Visa, AmEx). Für extreme Notlagen gibt es Blitzüberweisungen, angeboten wird der Service (in Zusammenarbeit mit der amerikanischen Western
Union Bank) von der Reisebank (www.reisebank.de), der Postbank
(www.postbank.de) und auch von verschiedenen Sparkassen (Zeitdauer
ca. eine Stunde, die Gebührenstaffel beginnt bei ca. 10% für die ersten
250 Euro und sinkt bei höheren Beträgen; ihr braucht eine Kontaktperson
daheim, die den Geldtransfer veranlaßt).

Die **Reisekosten** sind schwierig zu bestimmen, weil jeder anders reist
bzw. verschiedene Komfortansprüche hat. Wenn man ständig zeltet oder
in billigen Pensionen übernachtet und sich auch überwiegend selbst ver-
pflegt, sollte man ca. 700 US$ pro Person und Monat ansetzen. Relativ
billig sind die Andenländer.

Post: Funktioniert in beiden Richtungen ziemlich verläßlich, Beförde-
rungszeit ca. 8–14 Tage. Wichtiges, etwa Päckchen, per Einschreiben –
„con certificado" – schicken. Auch Pakete lassen sich immer wieder (bevorzugt von den Haupt- oder Hafenstädten) verläßlich per Schiffsfracht
heimschicken (meist vorherige Zoll-Inspektion, checkt diesbezüglich die
Angaben im South American Handbook). Telefon und Fax ist in fast allen
Ländern von der Post getrennt. Ob ihr heimfliegenden Touristen wichtige
Briefe und Filme mitgeben wollt, bleibt Ermessensfrage. Einerseits sind
die Touristen heute eher sensibilisiert, was die Gefahren eines Kurier-
dienstes (Drogen!) betrifft, andererseits kamen bei Cuns nicht alle mitgenommenen Briefe tatsächlich an. Also laßt euch zumindest die Anschrift
des hilfsbereiten „Kuriers" geben. Pakete nach Südamerika sind wegen
Zollproblemen meist problematischer, aber nicht hoffnungslos.

Internet: In jedem Touristenort, jeder Groß- und jeder Universitätsstadt findet ihr Internetcafés. Fragt einfach jüngere, westlich angezogene
Leute in Restaurants oder Bars, die kennen meist das Café mit den
schnellsten Verbindungen oder modernsten Computern. Und checkt regelmäßig die Situation in den Nachbarländern, die ihr noch beradeln
wollt, z.B. auf der Website des Auswärtigen Amtes (www.auswaertiges-
amt.de/www/de/laenderinfos/), des britischen Außenministeriums
(www.fco.gov.uk/travel/) oder des US-State Departments (http://tra-
vel.state.gov/).

Internet-Infos: Der **South American Explorers Club** mit Sitz in New
York und Clubhäusern in Quito, Lima und Cusco bietet eine breite Palette
von Dienstleistungen für Lateinamerika-Reisende – Reiseberichte, neueste Infos, Gepäckaufbewahrung, eMail-Service, eine vierteljährlich erscheinende Clubzeitung etc. –, natürlich nur für Mitglieder. Vorab
informieren kann man sich unter www.saexplorers.org. Auf der Website
der Menschenrechtsorganisation, „Resource Center of the Americas"
(www.americas.org) findet ihr nach Ländern sortierte Nachrichten zu Um-
weltfragen, der Situation der Ureinwohner, dem Drogenkrieg u.a.m. Das
„Latin American Network Information Center – LANIC" der University of
Texas (www.lanic.utexas.edu) hat eine hervorragende Liste englisch- und
spanischsprachiger Links zu allen möglichen Themen rund um Lateinamerika, das Ganze sortiert nach Ländern und ergänzt durch eine Suchmaschine für ganz spezielle Fragen. Sehr empfehlenswert!

9. Straßen, Städte, Transport

Die südamerikanischen Hauptverkehrsstraßen zwischen Großstädten und um die Ballungszentren sind asphaltiert, doch meist schlaglochverziert und mit unbefestigten Seitenstreifen. Die schlechtesten Straßen haben die Andenländer, dort gibt es über weite Strecken nur Wellblechpisten *(ripio)* aus Schotter und Staub im Hochland und in Form von Erd- und Lehmpisten im Tiefland, die sich dann nach Regenfällen in Schmierseife verwandeln.

Fast der gesamte Güterverkehr Südamerikas rollt mit Lkw durch die einzelnen Länder, die Hauptstraßen sind voll davon. Abgebremst oder ausgewichen wird wegen einem Radfahrer selten, Rücksichtslosigkeit gegenüber den „kleineren" und „schwächeren" Verkehrsteilnehmern ist normal. Die Fahrbahn deshalb lieber räumen als auf seinem „Recht" bestehen. Ein Rückspiegel ist in Südamerika sehr wichtig! Die Einheimischen haben meist sehr wenig Ahnung vom Straßenzustand ein paar Kilometer weiter, Antworten wie „todo plano" (alles eben) oder „todo asphaltado" sind selbst in den Anden normal und entsprechen i.d.R. nicht den Gegebenheiten. Aber was soll's, so seid ihr wenigstens ein paar Kilometer in der Hoffnung weitergeholpert, daß es bald besser wird …

Alle südamerikanischen **Städte** sind geprägt vom Verkehrs-Chaos! Besonders schlimm sind Rio de Janeiro, São Paulo, Bogotá, Lima, Buenos Aires, Caracas, Santiago de Chile und einige andere mehr. Um in den Millionenstädten Südamerikas sicher und schnell ins Zentrum oder wieder rauszukommen, empfiehlt es sich, einen Bus zu nehmen. Ansonsten sind die allermeisten Städte im Schachbrettmuster erbaut, das Zurechtfinden ist weniger ein Problem (nur teils das Finden von Adressen, dazu die Hinweise in den Reiseführern beachten).

Transport: Während in Afrika oder Asien das Fahrrad als alltägliches Verkehrsmittel in allen Ländern im Einsatz ist, trifft man es in Südamerika nur wenig oder kaum an. Der Personen- und Warentransport geschieht mit Bussen, Lastwagen und Pickups, Privatautos sind in erster Linie einer privilegierten Minderheit vorbehalten. Eine Fahrrad-Ausnahme bildet Kolumbien, wo an autofreien Sonntagen („ciclovias dominicales") in der Hauptstadt Bogotá Straßen gesperrt und für Radfahrer, Fußgänger und Rollschuhfahrer freigegeben werden. Die Lust am Radfahren hat inzwischen ganz erfaßt.

Bei den einzelnen Ländern sind jedesmal auch die wichtigsten **Eisenbahnen** aufgeführt, plant sie evtl. in eure Route mit ein. Die abenteuerlichsten Linien über die Anden sind langsam, schmutzig – doch unvergeßlich. **Busse** gibt es in Südamerika in so großer Zahl, daß man immer auf einen umsteigen kann. In Langstrecken-Super-Bussen, wie sie durch Brasilien, Argentinien oder Chile fahren, ist allerdings die Radmitnahme nur selten möglich, mit dem Rad muß man schon mit der 2. Klasse vorlieb nehmen. Das Rad wird dann zu den Kisten und Bananenstauden aufs Dach gepackt …

Aber auch **Radtrampen** ist möglich. Vor allem in abgelegeneren Gebieten (Patagonien, Anden) sind die Pickup-Fahrer sehr hilfsbereit und bieten oft schon „aus Mitleid mit dem armen Radler" von sich aus eine Mitfahrt an. Meist müßt ihr euch mit einem Plätzchen auf der kalten und staubigen Ladefläche begnügen. Ansonsten fragt die Lkw-Fahrer in den Fernfahrerkneipen oder an den Tankstellen der Ausfallstraßen, meist wird dann aber auch eine Benzinkostenbeteiligung erwartet.

10. Sonstige Tips, Fotografieren

Während in tropischen Ländern das Duschen selten ein Problem ist, kann es in den Andenländern schon einige Zeit dauern, bis ihr wieder mal den Altiplano-Staub abspülen könnt … Dort gibt es in den Dörfern und Städten Bade- bzw. Dusch-Anstalten („balnearios" oder „baños públicos"), fragt danach (clevere nehmen ihre Schmutzwäsche in einem Eimer mit in die Dusche und erledigen so gleich ihre Wäsche). Auch Truck-Stops haben oft einfache Duschen, in Brasilien heißen sie „Postos", in Chile „Ruta Centros", in Argentinien sind das die ACA-Tankstellen. In den Städten gibt es aber auch Wäschereien, doch Münzwaschsalons („lavanderías automaticas") nur in wenigen Ländern, wie z.B. Brasilien. Achtung vor dem Sprung ins kühle Naß: Viele tropische Seen sind bilharziose-verseucht!

Vorsicht vor den in Südamerika gebräuchlichen Elektro-Duschkopf-Durchlauferhitzern! Nie den Duschkopf berühren, diese Dinger sind lebensgefährlich! Wegen den langen, einsamen Strecken (z.B. in Patagonien, auch in den Anden) ist die Mitnahme eines kleinen, leichten Weltempfängers keine schlechte Idee. Die „Deutsche Welle" und der BBC mit seinem „World-Service" sind abends meist gut zu empfangen. Sendefrequenzen unter www.bbc.co.uk/worldservice und www.dwelle.de/dw/empfang/radio/Welcome.html).

Orientierung: Die Sonne steht am Mittag in Südamerika in Ländern südlich des Wendekreises im Norden, nicht im Süden! Nicht verwirren lassen! Wer die Sternbilder des prachtvollen südlichen Sternenhimmels (Anden!) genauer kennenlernen will, packt eine Sternkarte von der südlichen Hemisphäre mit ein.

Fotografieren: Südamerika bietet die tollsten Fotomotive, die schönsten Bilder kann man in der klaren Luft der Andenländer machen. Filme sind in Südamerika teurer als bei uns, evtl. in kleinen Mengen immer wieder frische nachschicken lassen. Schnellentwicklung von Negativfilmen für Papierbilder ist in vielen Städten möglich. Keine militärisch aussehenden Dinge aufnehmen (sofern Polizei oder Militär um den Weg), seid beim Fotografieren von Einheimischen rücksichtsvoll, vorher fragen („me permite"?).

11. Südamerika Rundreise-Vorschläge

Wer die südamerikanischen Länder allgemein kennenlernen will, der wird oder der kann sich eine andere Route zusammenbauen als derjenige, der Südamerika z.B. auf der Panamericana von Nord nach Süd bzw. von Süd nach Nord durchradelt. Hier ein Rundreise-Vorschlag, der je nach Interessen und Zeit an jedem Punkt abgewandelt werden kann. Details dazu stehen bei den einzelnen Ländern (vergleicht dazu auch die Routen der Autoren der aufgeführten Radreisebücher).

Der kürzeste Weg von Europa nach Südamerika ist nach Recife in **Brasilien.** Von da die Ostküste bis runter nach Buenos Aires. Wer die Iguazú-Wasserfälle sehen will, biegt schon vorher im Süden Brasiliens nach Osten ab, danach geht es weiter durch die argentinische Provinz Misiones. In **Argentinien** wendet man sich nach Osten, überquert die Anden nach Chile. Chile ist zwischen Puerto Montt und Santiago de Chile für Radtouren gut geeignet und bietet einiges. Von Santiago nun entweder auf der Panamericana bis nach Peru, doch da diese Strecke fast nur durch wüstenhaftes Gebiet führt, ist es besser, wieder über die Anden nach Argentinien zu kurbeln, und dann, am Osthang der Andenberge, weiter hoch bis nach Bolivien. Im bolivianischen Hochland ist die Luft zwar dünn und die Straßen sind überwiegend schlecht, doch dafür erlebt man mit der Kultur der Hochland-Indígenas ein ganz neues Südamerika.

Wer in Chile bis nach **Peru** hochradelt, kann dies entweder über einen der in „Chile" beschriebenen Andenpässe tun oder über Arequipa ins bolivianisch/peruanische Hochland auffahren; dort besucht man La Paz, den Titicaca-See, Cusco und Machupicchu.

Um von Bolivien wieder zurück an die **Ostküste Südamerikas** zu gelangen gibt es zwei Möglichkeiten: entweder man fährt runter bis Salta in Nordargentinien und von da in einer mehr oder weniger großen Schleife bis Buenos Aires bzw. bis Rio de Janeiro. Oder man fährt vom bolivianischen Hochland ins tropische Tiefland nach Santa Cruz, von da geht eine Bahn Richtung Brasilien bis São Paulo, die man unterwegs je nach Lust und Ort wieder verlassen kann, um weiter durch Brasilien zu radeln. Wer einen Gabelflug Recife/Rio gebucht hat, kann dann von Rio de Janeiro wieder zurück nach Deutschland fliegen. Natürlich könnte man auch direkt nach Rio fliegen und von dort auch wieder zurück.

Auf dieser Rundreise lernt man so ziemlich alle Kulturen und Hauptsehenswürdigkeiten des Kontinents kennen.

Zeitrahmen: Januar/Februar/März in Brasilien und Argentinien (sehr heiß, doch es gibt Strände und den Karneval), April in Chile (angenehm), Juni/Juli im bolivianisch/peruanischen Hochland (die beste Zeit), August/September wieder Argentinien und Brasilien (angenehm).

Wer die Reise umgekehrt machen will: Mai/Juni in Brasilien (nicht so heiß), Juli und August im Andenhochland (beste Zeit), September in Chile (angenehm), Oktober/November in Argentinien (warm, beginnender Sommer). Viel Freude bei der Planung!

12. Karten, Reise- und Radführer

Die drei ITM-Südamerika-Karten Nordwest, Nordost und Süd (153, 154 u. 155) im Maßstab 1:4 Mio. dürften derzeit die besten Übersichtskarten von Südamerika sein und sind zumindest zur Tourenplanung gut geeignet. Zu allen Ländern existieren auch detailliertere Straßenkarten, die ihr am einfachsten bereits daheim im Buch- oder im Versandhandel (Expeditionsausrüster, Karten Schrieb, www.Karten-Schrieb.de) besorgt. In Südamerika kann man sich in den einzelnen Ländern bei den Automobilclubs, an Tankstellen und in Buchhandlungen weitere Straßenkarten besorgen. Details dazu stehen bei den einzelnen Ländern. Allerdings werdet ihr nur ganz selten schon im Land zuvor – oder noch früher – Karten für die nächsten Länder erhalten, und schon gar nicht an der Grenze, wo man dann die Karte am nötigsten braucht. Plant ihr Touren in entlegene Regionen wie in den Chaco in Paraguay oder ins Amazonas-Tiefbecken, solltet ihr euch schon daheim um sog. ONC- bzw. TPC-Fliegerkarten (Maßstab 1:1 Mio. bzw. 1:500.000) kümmern, auch sowjetische Generalstabskarten gibt es im Versandhandel in Maßstäben von 1:1 Mio. bis 1:200.000. Die Geländedarstellung ist auf diesen Karten überaus exakt, dagegen entspricht die Infrastruktur (Straßen und Ortschaften) i.d.R. nicht dem neuesten Stand. Von Reise Know-How gibt es für die meisten Länder Südamerikas Landeskarten (World Mapping Project).

Die „Bibel" für Südamerikareisende ist das „South American Handbook", das jährlich neu bei Footprint Publications aufgelegt wird. Es umfaßt alle Länder des Kontinents (und ist leicht in nur die Länder zerteilbar, die man bereisen will). Von den meisten Ländern Südamerikas gibt es inzwischen aber auch Einzelbände.

Unverzichtbar für Tourenradler und Mountainbiker gleichermaßen ist „**Das Lateinamerika BikeBuch**", von Raphaela und Harald Wiegers, Reise Know-How Verlag H. Hermann. Es stellt 18 lateinamerikanische Länder in 70 Rad- und Biketouren (teils mit exaktem Logbuch) vor und ist auch bei der Vorbereitung hilfreich.

Sehr gut für die Länder Argentinien, Chile, Bolivien und Peru ist das großformatige Raderlebnisbuch „**Faszination in Südamerika" von** Lutz Gebhardt und Jens-Ulrich Groß, Verlag Grünes Herz (www.gruenesherz.de), ISBN 3-929993-46-5. Nicht nur die Farbfotos beeindrucken, sondern auch die Ausrüstungsliste, die penible Dokumentation der Reiserouten und Etappenabschnitte, die Höhenprofile und das Wissenswerte in Stichworten mehrerer Südamerika-Radreisen. **Ein Standardwerk!**

Zur Einstimmung gibt es ein sehr großes Angebot an allgemeinen und speziellen Bildbänden und Reiseführern, gut sortierte Buchläden haben eine große Auswahl (empfehlenswerte Länder-Reiseführer sind bei den betreffenden Ländern aufgeführt). Als Ergänzung zu den o.g. Reiseführern gibt es noch einige Radreise-Erzählungen mit Reisetips, von den folgenden sind die meisten allerdings nur noch im Antiquariat erhältlich:

Raphaela Wiegers: „Mit dem Fahrrad unterwegs in Südamerika", Schettler-Verlag, 1991; Radreise mit Mann (und zwei kleinen Hunden!) durch Brasilien, Nordargentinien, Mittel- und Südchile. Gleichfalls lesenswert, gute Tips.

Mario Richner: „Urwald, Gold und Indios – Mit dem Fahrrad durch Amazonien", Piper-Verlag, 1992. Start in Peru, durch Brasilien und auch Paraguay, sehr abenteuerlich, Mario liegt das Abenteuer im Blut!

Bernard Magnouloux: „Abenteuer ohne Grenzen", Fünf Jahre mit dem Rad um die Welt, Hayit-Verlag, 1990. Abschnitt von Chile nach den USA. Bernard ist ein Ausnahme-Radler! Ein besonderes Lesevergnügen!

Alain Guigny: „Auf 2 Fahrrädern ans Ende der Welt", Pietsch-Verlag 1985, Abschnitt Südamerika – USA. Überwiegend Brasilien, Feuerland, Bolivien, Peru, Mittelamerika, Mexiko. Alain und seine Freundin mußten in Südamerika viel durchmachen, nicht unbedingt hilfreich zur Planung einer Südamerika-Tour, doch es ist gut zu wissen, wie es einem dort ergehen kann.

Clemens Carle: „Rad-Abenteuer Panamericana", Drei Jahre und 45.000 km mit dem Trekkingbike von Feuerland nach Alaska, Reise Know-How, 1994. Ein Erlebnisbericht auf dem Weg zum Rad-„Klassiker", beschreibt in Südamerika die Route von Ushuaia durch Argentinien, Chile, Paraguay, Brasilien, Bolivien, Peru, Ecuador und Kolumbien bis zum Daríen Gap.

Claude Marthaler: „Durchgedreht" – 7 Jahre im Sattel (Abschnitt Südamerika), Reise Know-How 2002, ISBN 3-89662-305-2. Claudes „Weltanschauung auf Rädern" bzw. sein „Velosophie" ist auch von Südamerika höchst lesenswert.

Buen viaje durch ganz Südamerika!

Argentinien

I. PLANUNG, VORBEREITUNG, WISSENSWERTES

Überblick

Ein Land mit sehr großen Ausdehnungen, die Nord-Süd Distanz beträgt ca. 3700 km, die von Osten nach Westen 1500 km! Argentinien ist in erster Linie ein Agrarland, und es weist mehrere grundverschiedene, vielgestaltige Landschaften auf: Im Westen ragt die Gebirgskette der **Anden** empor, im Nordosten erstreckt sich der flache **Gran Chaco** mit Trockenwäldern und auch Sümpfen (Strecke Salta – Resistencia: Sommers sehr heiß; viele Dornen!). Sümpfe (und viele Stechmücken) gibt es auch zwischen den beiden Flüssen Paraná und Uruguay, in *Mesopotamia*. Zwischen Brasilien und Paraguay liegt die interessante, besuchenswerte **Provinz Misiones** (Jesuitenreduktionen und Iguazú-Wasserfälle). Im Kernland und im Südosten erstreckt sich die **Pampa,** das ist die Hauptlandschaft Argentiniens: Eine fast menschenleere, baumlose und endlos scheinende Grasebene, die Fleisch- und Kornkammer Argentiniens. Eine für einen Radfahrer sehr einsame und monotone Öde, auf der alle 80 oder 150 km eine kleine Ansiedlung auftaucht. Hinzu kommt noch starker Wind, der das ganze Jahr über bläst.

Relativ flach und daher gut zum Radfahren geeignet ist Argentinien östlich einer gedachten Linie Salta – Cordoba – Bahia Blanca. Aber flach und eben heißt in Argentinien auch Wind …

Im Süden Argentiniens liegt das gleichfalls fast menschenleere **Patagonien,** die Fortsetzung der Pampa, nur daß dort statt der Rinder Schafe gezüchtet werden. Manche der *estancias* sind über 100.000 Hektar groß! In Patagonien steigert sich der tägliche *Pampero* meist zum Sturm (mehr über *El Sur* und Feuerland weiter unten).

Das Straßennetz Argentiniens ist, mit Ausnahme Westpatagoniens entlang den Anden, gut bis sehr gut ausgebaut, der Verkehr außerhalb der Städte und Ballungszentren ist dünn, die Autofahrer wenig aggressiv. Hauptballungsraum ist Buenos Aires, dort – wie immer in Haupt- und Hafenstädten – vorsichtig sein!

Der überwiegende Teil der Argentinier ist italienischer und spanischer Abstammung, es gibt auch sehr viele Deutschstämmige. Die Zahl der indianischen Urbevölkerung (z.B. Guaraní) ist sehr gering.

Einreise, Geld, Infos

Für 90 Aufenthalt Tage brauchen Bürger aus D, CH und A kein Visum, Aufenthaltserlaubnis um weitere 90 Tage verlängerbar.

Währung: Der einst sehr starke Peso glitt durch die Hyper-Wirtschaftskrise 2002 in Inflationsturbulenzen. Reisewährung ist der US$. Kreditkarten sind meist nur in Städten einsetzbar, Reiseschecks werden auf dem Land nicht immer akzeptiert.

Info-Stellen Europa: Tourismusabt. der Argent. Botschaft, Florastr. 12, 12163 Berlin. Aerolíneas Argentinas, Frankfurt Airport Center, Hugo-Ekkener-Ring D 4-15, 60549 Frankfurt. Die Airline hat auch Vertretungen in Wien und Zürich. In Argentinien: Centro de Información Turística, Avenida Santa Fé 883 oder Avenida Callao 237, Buenos Aires. Automóvil Club Argentino ACA, Av. del Libertador General San Martín 1850, Buenos Aires. In Argentinien gibt es in jedem wichtigen Ort eine *Dirección de Turismo*. Die beste Infoquelle sind, wie immer, andere Traveller.

Reisezeit, Winde

Die große Nord-Süd-Ausdehnung und die unterschiedlichen Höhenlagen bewirken in Argentinien eine große Vielfalt unterschiedlicher Klimazonen.

Die Mitte und der Norden Argentiniens sind reisegünstig von Oktober bis April. Touristen-Hochsaison ist Januar und Februar. Sehr heiß und schwül wird es in den subtropischen Gebieten (Chaco, Formosa, Misiones) und im Einzugsgebiet der Flüsse Paraná und Uruguay (Buenos Aires) von November bis März.

Dauernd starke Winde wehen in Patagonien und in der Pampa, sommers fegen sie vom Süden nach Norden und bewirken oft starke Temperaturstürze. Sie steigern sich nachmittäglich, deshalb möglichst immer früh losfahren, wenn es noch ruhiger ist.

Der Süden: Je südlicher, desto kühler. Günstig in Patagonien ist es von Dezember bis Februar, dann etwas trockener, doch immer starke Winde. Sehr schlecht sind April bis Oktober, dann Kälte, ständig Winde. Auf Feuerland ist die Kühle erträglich im Dezember und Januar.

Übernachten, Verpflegung

Camping ist in Argentinien sehr verbreitet, im ganzen Land gibt es Campingplätze, von einfachst bis traumhaft. Die ACA-Campplätze sind meist gut. Daneben viele öffentliche, kostenlose Plätze („permitido acampar – campieren erlaubt"), auch ACA-Tankstellen haben oft einen Campplatz und Duschen: In der Pampa ist wildes Campen nicht immer einfach, denn sie ist wegen den Viehherden eingezäunt. Warme Duschen gibt es bei den städtischen Bädern, manchmal auch an Tankstellen.

Einfache (Familien-)Pensionen heißen *Recidenciales, Hosterías* oder *Hospedajes,* auf Schilder achten. Jugendherbergen gibt es momentan 19, hauptsächlich in den touristischen Orten im Süden (Bariloche, El Bolson, El Calafate etc.), aber auch in Buenos Aires oder Mar del Plata). Hostelliste online: www.hostels.org.ar. Anschrift: Red Argentina de Alojamiento para Jóvenes (RAAJ), Florida 835, 3rd Floor, Of 319b, C1005AAQ, Buenos Aires, Argentinien.

Essen: Es gibt viele Restaurants, doch nicht so viele Märkte wie in anderen südamerikanischen Ländern. Spezialität Argentiniens und Grundlage fast jeder Mahlzeit ist *Asado,* gebratenes Rindfleisch (*Lomo* und *Bife de Chorizo* sind die besten Stücke!) oder auch Hammel bzw. Lamm (Cordero) – das verleiht wieder Kalorien gegen den Wind! *Parillada* ist eine Grillplatte. Dazu einen der sehr guten Rotweine trinken! Fische gibt es viel an der Atlantikküste. P

robiert auch *Queso con Dulce,* argentinischen Käse mit Quittenmarmelade, *Dulce de Leche,* eine Karamelcreme, und *Yerba-Mate,* den bitteren Tee der Gauchos! In Patagonien sind Lebensmittel teurer als weiter nördlich. Lust auf Vollkornbrot und Schinkenwurst? Dann steuert Villa General Belgrano (südlich von Córdoba), eine Gründung deutscher Einwanderer, an. Und in San Carlos de Bariloche verkaufen Delikatessenläden europäische Lebensmittel. Von Argentinien keine Lebensmittel bzw. Früchte nach Chile mitnehmen, sie werden konfisziert. Camping-Gaz-Kartuschen sind in größeren Städten erhältlich.

Fahrrad, Ausrüstung

Das gute Straßennetz Argentiniens erfordert kein besonderes Rad, doch die hohen Paßstraßen eine gut untersetzte Gangschaltung. Wer die unbefestigten Straßen in Patagonien zu fahren gedenkt, muß breitere Reifen aufziehen. Für spezielle Touren nach Patagonien ist auch ein MTB das richtige. Die Ausrüstung muß regen- und windfest sein (s.a. „Chile –

Radausrüstung"). Reifenfirma: Imperial Cord. In Buenos Aires gibt es eine größere Anzahl an Fahrradfachgeschäften, z.B. in der Ave. Constituyentes 4886. Die national gefertigten MTB-Ersatzteile sind oft minderwertig und teuer.

Transport   **Flug:** Die LADE ist die zivile Fluggesellschaft der Luftwaffe, die meist mit kleinen Propellermaschinen vor allem Orte in Patagonien und Feuerland anfliegt. Flüge müssen früh gebucht werden, nicht unbedingt zuverlässig! Es gibt aber eine ganze Reihe von (zuverlässigeren) Alternativen wie Kaikén Líneas Aereas, Inter Austral u.a. Aber auch hier gilt: Früh zum Einchecken erscheinen, da die Flüge notorisch überbucht werden. In den Sommer- und Schulferien (Dez. bis Februar) sind viele Flüge schon Monate im voraus ausgebucht.

     Bahn: Argentinien hat das größte Bahnnetz aller südamerikanischen Länder, doch es gibt keine Nord-Süd-Strecke. Nach Abgabe der Zuständigkeit an die jeweiligen Provinzen wurden die meisten Linien, auch die internationalen nach Chile und Bolivien, eingestellt.

     Bus: zahlreiche Busgesellschaften bedienen alle Städte des Landes, auch Überlandbusse, hohe Qualität. Beim Verladen des Rades in Busse oder Bahn kann es manchmal Schwierigkeiten geben – doch man ist ja in Südamerika!

     Schiff: Fähre nach Uruguay, Passagierboote nach Chile, z.B. auf der wunderschönen „Drei-Seen-Route" von Llao Llao (bei Bariloche) – Lago Nahuel Huapí – Lago Frias – Lago Todos los Santos nach Petrohué.

Bücher, Karten, Interet   **Reiseführer:** Günther Wessel: „Argentinien mit Uruguay und Paraguay", Reise Know-How. Wayne Bernhardson: „Argentina, Uruguay & Paraguay", Lonely Planet. Sehr gut das South American Handbook und das „Argentina Handbook" von Footprint Publications. Ein kombinierter Reise- und Wanderführer: „Backpacking and Hiking in Chile & Argentina", von Tim Burford, Bradt-Verlag. Kauderwelsch-Sprachführer: „Spanisch für Argentinien", Reise Know-How.

     Radbücher: Strecken- und Routenbeschreibungen im „Lateinamerika BikeBuch" von Wiegers, Reise Know-How. Clemens Carle: „Rad-Abenteuer Panamericana", RKH (auf der Ruta 40 von Ushuaia nach Bariloche und von Mendoza durch die Pampa und Misiones zu den Iguazú-Wasserfällen).

     Fürs Auge: Polyglott-APA-Guide „Argentinien" und Geo-Special „Argentinien".

     Karten: ITM Travel Map 1:4 Mio. Reise Know-How Karte „Argentinien".

     AUTOMAPAs „Rutas Republica Argentina", 1:2,5 Mio. Nelles-Karten „Northern Argentina & Uruguay" und „Southern Argentina & Uruguay", jeweils 1:2,5 Mio. Die besten *mapas* in Argentinien gibt neben der staatlichen Ölgesellschaft YPF der argentinische ADAC, der ACA heraus, der Club hat in jeder größeren Stadt ein Büro. Mit einem ADAC-Ausweis bekommt man Rabatt, auch bei den ACA-Campingplätzen. Es gibt auch sehr gute, detaillierte ACA-Regionalkarten (Hoja de Zonas).

     Internet: Die Website www.argentinatravelnet.com führt eine Vielzahl von Links auf, sortiert nach Regionen und Provinzen. Empfehlenswert!

II. ZIELE, ROUTEN, STRECKEN

Touristische Schwerpunkte sind

Bariloche (Touristenort, die „Schweiz Argentiniens") und die Gegend südlich davon (El Bolson, Esquel); Badeorte am Atlantik (Mar del Plata, verzichtbar); Halbinsel Valdez (Tierkolonien, bei der Fahrt nach Feuerland); die nordwestliche Andenregion Provinz Jujuy und die Stadt Salta (sehr sehenswert, altes Inka-Kulturland, farbige Felsen um Humahuaca und Purmamarca); Iguazú-Wasserfälle (das ist *die* Attraktion, geteilt zwischen Argentinien und Brasilien, die Fälle von beiden Ländern aus ansehen); Feuerland; der zu Chile gehörende Torres del Paine-Nationalpark und der Perito Moreno-Gletscher; die Provinz Misiones (sehr schöne Jesuiten-Reduktionen, z.B. San Ignacio, viele Deutschstämmige); in Buenos Aires der La-Boca-Stadtteil (farbige Häuser). Mendoza ist Zentrum für Wein- und Obstanbau, Tucumán für Zuckerrohr, Córdoba hat viele Kolonialbauten und eine reizvolle Umgebung.

Alles zu sehen wird nicht möglich sein, doch wenn man es möchte und die Zeit hat, sollte man in die Routenplanung auch Flugzeuge (Airpass) und Busse miteinbeziehen.

Überlandrouten, Weiterfahrt Nachbarländer

Es gibt in Argentinien zwei große Nord-Süd-Verbindungen: Die erste führt entlang der Anden-Ostseite von der bolivianischen Grenze bis Feuerland (ab bzw. bis Mendoza ist es die Ruta 40, die allerdings bis Mendoza durch Neubaustrecken an Bedeutung verloren hat), die zweite Längsverbindung verläuft von der brasilianischen Grenze (Iguazú-Wasserfälle) entlang der Atlantikküste gleichfalls bis nach Feuerland. Von der Ruta 40 lassen sich in Patagonien zwei „Muß"-Abstecher machen: in den chilenischen Nationalpark **Torres del Paine** und zum Naturwunder des Gletschers **Perito Moreno.**

Nach Bolivien geht es über Salta, Jujuy zum Grenzort La Quiaca. Dauer-Anstieg. Östlich davon: Aguas Blancas – Bermejo und Salvador Mazza – Yacuiba.

Nach Paraguay über Formosa nach Clorinda/Asunción (Puente Romanso Castillo, für Radler freigegeben), oder über den Río Paraná von Posadas nach Encarnación (Puente San Roque, für Radler gesperrt, ggfs. Pickup- oder Lkw-Fahrer nach Lift fragen). Auch unregelmäßige Schiffe von Buenos Aires nach Asunción.

Nach Brasilien oder von dort am besten durch die Provinz Misiones über die Iguazú-Wasserfälle (Puerto Iguazú). Ein Übergang weiter im Süden wäre Paso de los Libres – Uruguaiana am Río Uruguay.

Nach Uruguay viele Grenzstellen, die südlichste ist Gualeguaychú - Fray Bentos, auch Fährschiffe von Buenos Aires (Tigre) nach Colonia del Sacramento, Montevideo und Carmeló.

Nach Chile ist der Hauptübergang bei Mendoza der Bermejo-Paß (Beschreibung s. bei „Chile"), doch gibt es einige Übergänge mehr (s. bei Chile, „Andenpässe"). Die höchsten und schwierigsten Pässe nach Chile (Höhe zwischen 4000 und 5000 m) liegen zwischen Mendoza und Salta. Von Salta nach San Pedro de Atacama in Chile geht es über den **Guaitiquina** (4700 m, auch Huaitiquina geschrieben, kaum mehr befahren), besser über den **Paso Sico** (4080 m, s. Bericht von Albert Kratzer). Es gibt auch noch den **Paso de Jama** (ca. 4800 m) von Susques nach San Pedro de Atacama, auch einmal ein Bus in der Woche. Diese Pässe sind für einen Radler alle sehr schwierig, Details s. bei Chile, „Andenpässe nach Argentinien". Doch es gehen auch 2x wöchentlich Busse von Salta nach San Pedro de Atacama. Kein Durchgangszug mehr von Salta nach Antofagasta, doch evtl. Fahrt mit dem Ausflugszug „Tren a las Nubas" („Zug zu den Wolken") von Salta nach Polvorilla.

Albert Kratzer: Mit dem Rad über den Paso Sico von Argentinien nach Chile

Eine Woche bin ich nun schon im nord-argentinischen Salta (1200 m). Ich brenne auf die gut 500 km Andenetappe nach San Pedro de Atacama in Nordchile. Bewußt langsam mache ich mich auf den Weg, um meine Kräfte zu schonen und um dem Körper Zeit zu lassen, sich an die Höhe zu gewöhnen. Langsam aber stetig steigt die Schotterpiste an, durch die Felsschlucht Quebrada de los Toros, dann entlang den Schienen der Andenbahn „Tren de la Nubes", der von Salta aus hier heraufdieselt. Am nächsten Tag sehe ich den Touristenzug hochfahren, ich bedaure sie, weil sie keine Möglichkeit haben anzuhalten und die grandiose Gebirgslandschaft auf sich wirken zu lassen.

Die Zone der sattgrünen Landschaft liegt hinter mir. Nach endlosen Serpentinen, die mir nicht wegen der Steigung, sondern wegen der immer dünner werdenden Luft gewaltig zusetzen, und vorbei an einer beeindruckenden Kaktuslandschaft und erodierten Bergrücken erreiche ich in den nächsten zwei Tagen nach der Cuesta de Muñano den bisher höchsten Punkt meiner Südamerikatour, den Abra Muñano, 4130 m.

Doch erst in San Antonio des Los Cobres (3800 m), einem verschlafenen Nest mit argentinischer Aduana-Station und Ausgangspunkt für die Andenüberquerung wird mir richtig bewußt, was noch vor mir liegt. Nicht ein Andenpaß, sondern eine 4er Kombination von 4000er Pässen! Und noch sind es bis zur chilenischen Grenze nahezu 200 km.

Psychisch ein bißchen angeknackst, aber zuversichtlich mache ich mich am nächsten Tag bei Eiseskälte auf den Weg, über gefrorenen Boden, gefrorene Bäche, bergab 10 km – warum? Es liegt doch heute noch ein 4000er vor mir? Bei der Auffahrt wird mir immer deutlicher bewußt, daß 3 Tage nicht ausreichen, um sich an 3000 m Höhenunterschied zu gewöhnen.

Jede sandige Stelle in der höchstens 5%igen Auffahrt bringt mich total außer Atem. Ich bin ziemlich fertig, habe Kopfschmerzen, als ich nachmittags am Abra Chorillo Sattel auf 4560 m ankomme. Der ist beinahe 500 m höher als der noch kommende Sico-Grenzpaß! Aber es hat sich gelohnt, Landschaft total. Wahnsinnsausblick auf das karg-grasige Puna-Hochland, eine braun-grün „hügelige" Gebirgslandschaft mit gelbem Ichu-Gras unter blauem Himmel, einige verschneite Gipfel und eine endlose Hochebene vor mir.

Nach einer endlosen und wegen der Sand- und Wellblechpiste und dem Gegenwind kräftezehrenden Abfahrt durchquere ich einen ausgetrockneten Salzsee, an dessen Ende einige Minencamps und eine Polizeistation liegen (Cauchari, 3749 m). Dort werde ich in ein Zimmer mit Bett und Ofen einquartiert und zum Abendessen eingeladen. Hinterher schlafe ich wie ein Toter.

Am nächsten Tag ein Riesen-Trara! Schnee? Ich darf erst weiterfahren, als ein einseitiges Schreiben getippt ist, in dem ich auf die Gefahr eines Schneesturms hingewiesen werde, daß ich auf eigenes Risiko wider polizeilicher Empfehlung losfahre und für eventuelle Bergungskosten aufkommen muß. So komme ich erst um halb zwölf weiter, es ist strahlendblauer Himmel, doch ich bin stocksauer, weil ich die windstillen Vormittagsstunden nicht nutzen konnte. Es liegt noch die kleine Ortschaft Catúa auf dem Weg, noch 40 km, die will ich auf alle Fälle erreichen.

Mein Respekt vor der Strecke ist in eine gewisse Angst umgeschlagen. Bei Gegenwind kämpfe ich mich über den dritten 4000er, der gottseidank nicht so hoch ist. Abends komme ich in Catúa an. Ein Indio zeigt mir ein verlassenes Haus, in dem ich mein Zelt windgeschützt aufstellen kann und beschwichtigt meine Angst, daß es die nächsten Tage schneien könnte.

Seit Tagen friere ich, nachts ist es –10 bis –20 °C kalt, mit dem Juni habe ich mir so ziemlich die kälteste Jahreszeit ausgesucht. Tagsüber hat es gerade ein paar Grad über Null bei eisigem Wind. Ich weiß nicht, ob ich wegen der Höhe oder wegen meines ungenügend warmen Schlafsacks nicht gut schlafe. Ich werde um halb fünf vor Kälte wach, koche mir einen Tee und radle los.

Mein Tagebucheintrag vom 7. Juni: „Beim ersten Büchsenlicht los, ich muß jetzt selbst Wasser mitnehmen, weil es keine Bäche mehr gibt, eiskalt, super Sonnenaufgang. Mit Turnhose am Kopf und mit Socken über den Handschuhen geht es die Abzweigung Richtung Paso Sico, den endgültigen Grenzpaß, da die Strecke über den etwas nördlicher gelegenen Paso Huaitiquina über 200 km nichts hat, weder Wasser noch eine Siedlung. Es geht super voran, kein Wind bis Mittag, dann die Grenze zwischen den beiden Ländern. Ein weites Plateau und ein Schild „Paso Sico", auf einem weiteren die Angabe „Ruta Internacional" und „Toconao 140 km, Calama 279". Doch danach geht es nicht etwa bergab, sondern nochmals hoch, auf mindestens 4700 m, vielleicht auch noch höher. Blick auf den Cerro Tuyajito, 5482 m, eine tolle Vulkankulisse.

Ich mische Haferflocken mit Wasser, Milchpulver und Haselnüssen, bin ausgelaugt, bringe aber fast nichts runter. Nach einem endlos erscheinenden Auf und Ab senkt sich die Piste endlich nach unten, und ich erreiche die bunten Baracken des Erzbergwerks Mina Laco. Endlich da (dort befindet sich die chilenische Aduana, Anm. des Verlags).

Ein Minero mit vergerbtem Gesicht gibt mir Wasser. Auf der Neubaustraße stecken etwa alle 500 Meter Holzschildchen mit km-Angaben. Ich sammle alle ein, suche ein windgeschütztes Plätzchen, mache Feuer, es gibt Suppe und Tee, saugemütlich, warm. Ich mache Steine heiß bis sie glühen. Gehe bald ins Zelt, nehme die Steine mit rein. Dann hocke ich im Warmen – es wird eine gemütliche Nacht. Ich weiß, daß ich das Gröbste geschafft habe.

Ganz so gemütlich war der Verlauf der Nacht dann doch nicht: Als ich irgendwann vor Kälte wach werde, brenne ich beim Versuch, das Zelt mit dem (Benzin-)Kocher aufzuheizen, es fast ab!

Ein paar leichte Steigungen noch an diesem Tag. Vorbei am Salar de Aquas Calientes. Verrückt beeindruckende Natur, Mondlandschaft, Salzflächen, Krusten aus Salz und Sand. Nach einer langen Abfahrt durch eine immer trockenere Landschaft erreiche ich das Nest Socaire. Ich kaufe mir Obst, Limonade, köstlich.

Auf der Weiterfahrt habe ich Ausblicke auf den riesigen Salzsee Salar de Atacama. In der trüben, verschwommenen Luft und wegen der nebligen, konturlosen, kahlen Umgebung kann man weder Höhenunterschiede noch Entfernungen richtig schätzen.

Noch eine Herausforderung: 20 km der Abfahrt muß ich das Rad durch tiefen, lockeren Sand schieben. Dadurch komme ich erst am nächsten Tag über Toconao, im Ort San Pedro de Atacama an (2140 m). Nach den Grenzformalitäten und einem Lebensmittel-Großeinkauf schlage ich für ein paar Tage mein Zelt im Campingplatz „Pozo 3" auf. Das „Tiefland" hat mich wieder, warme Tage und ein Thermal-Swimmingpool eignen sich bestens zum Erholen. Über das „Valle de la Luna" mit seinen Salz- und Steinformationen mache ich mich auf den Weg nach Calama, wo ich die riesige Kupfermine Chuquicamata besuche. Durch Nordchile will ich später weiter nach Boliven.

Von Salta bis San Pedro de Atacama war ich nun 8 Tage unterwegs. Meine Ausrüstung, ein Mountainbike der Marke ROSS (Mt. McKinley) 26 Zoll hatte sich nun auch auf dieser Anden-Hochgebirgsstrecke wie bisher in den anderen Ländern Südamerikas bestens bewährt (diese Reise ging 23.000 km durch Brasilien, Paraguay, Argentinien, Uruguay, Chile, Bolivien, Peru, Ecuador, Kolumbien bis nach Venezuela). Probleme hatte ich nur mit meinem Hinterrad, nach unzähligen Speichenbrüchen fand ich in einem chilenischen Fahrradgeschäft 2,5 mm Speichen, und ab da alles bestens, kein einziger Speichenbruch mehr. Ein Schwachpunkt meiner Ausrüstung war der Alu-Gepäckträger, er brach mehr als zehn Mal, ich konnte ihn aber in Werkstätten immer wieder schweißen lassen. Das nächste mal nehme ich CroMo-Rohr-Gepäckträger."

Patagonien und Feuerland

Patagonien, die Südspitze Südamerikas, wird im Osten vom Atlantik und im Westen durch die patagonischen Anden begrenzt. Der Südspitze vorgelagert liegt **Insel Feuerland,** die sich Argentinien und Chile teilen.

Patagonien, Feuerland – das klingt verlockend, doch die Realität sieht für einen Radfahrer nicht gut aus: endlose Strecken (von Buenos Aires nach Ushuaia rund 3000 km!), wenig zu sehen, Verpflegungsmöglichkeiten selten, kaum Ortschaften und immer starker, ja sturmhafter Wind, der das Leben eines Radfahrers zur Qual macht. Was beeindruckt, was man mitnimmt ist ein herbes, unverfälschtes Naturerlebnis, wie zum Beginn aller Zeiten (besonders von Feuerland und vom westlichen Patagonien, vom chilenischen Nationalpark Torres del Paine und vom Perito Moreno). Wegen der extremen südlichen Lage ist die Insel Feuerland nur im dortigen (kühlen) Sommer, im Dezember bis Februar, einigermaßen aushaltbar bereisbar. In den übrigen Monaten ist es dort entweder zu kalt, zu naß, zu stürmisch oder alles zusammen auf einmal. Mit Schlechtwetter muß aber jederzeit, auch im Sommer, gerechnet werden. Ein Trost: Die Tage sind sommers sehr lang.

Im „Normalfall" wird es so sein, daß man entweder auf der argentinischen Ostseite nach Feuerland runterfährt (die Ruta 3 ist, bis auf kurze Abschnitte auf Feuerland, durchgehend asphaltiert) und auf der Westseite, entlang den Anden, auf der Ruta 40 (größtenteils unasphaltiert) wieder hoch (man kann es natürlich auch umgekehrt machen). Halbwegs der Strecke Buenos Aires – Feuerland zweigt bei Puerto Madryn eine Straße zur Halbinsel Valdez ab, wo man kolossale See-Elefanten, viele Robben und Pinguine sehen kann, die Attraktion der Ruta 3 (südl. von Commodore Rivadavia gibt es auch noch einen „Versteinerten Wald" doch der liegt für einen Radler viel zu weit abseits). Nach Commodore Rivadavia kommt man langsam in wüstenhaftes Gebiet, Erdölförderung. Nach Feuerland wird dann mit einem Fährschiff übergesetzt.

■ *Lange Wege und Wind in Patagonien …*

Von Feuerland nach Norden kann man auf der Ruta 40 entweder ganz bis Bariloche hochfahren, oder irgendwann mal über die Anden nach Chile überwechseln, zur *Carretera Austral* (s. Chile). Doch im Gegensatz zur Ruta 3 ist die Ruta 40 nur eine Schotter- und Staubpiste! Die zwei Höhepunkte der Ruta 40, nämlich den **Paine Park** und den **Perito Moreno Gletscher,** läßt man sich natürlich nicht entgehen, ohne diese Erlebnisse würde sich diese Strecke überhaupt nicht lohnen. Man könnte aber auch nach der Besichtigung der beiden Dinge nach Río Gallegos zurück und wieder die Ruta 3 nach Buenos Aires hochfahren (oder einen Bus bzw. das Flugzeug nehmen).

Wer schnell gleich „ganz runter" nach Feuerland will, bucht am besten einen Flug von Buenos Aires nach Río Gallegos oder direkt nach Ushuaia, dem Hauptort auf Feuerland. Oder, auf der chilenischen Seite, von Puerto Montt (Mittelchile) nach Punta Arenas (diese Strecke könnte man von Puerto Montt aus auch mit dem Schiff in drei Tagen zurücklegen, die Reise durch die zerrissene, einsame Inselwelt vor Chiles Südküste soll sehr eindrucksvoll sein!).

Im argentinischen Patagonien kann man auch mit der LADE die wichtigsten Punkte anfliegen (Ushuaia, Calafate – Perito Moreno Gletscher). Es gibt auch einige Busse (Ruta 3 und 40) nach Feuerland und wieder nördlich, doch nur wenige oder keine zwischen Februar und November auf der Ruta 40. Im Süden, im Dreieck Río Gallegos, Ushuaia, Punta Arenas, Puerto Natales täglicher Busverkehr zur Saison von Dezember bis Februar. Züge gehen in Richtung Patagonien nur bis Esquel (das liegt südl. von Bariloche), auf der Bahnlinie El Turbio – Río Gallegos fahren Kohlezüge, Mitfahren evtl. möglich, fragen. Inlandsflüge sind in Chile wie auch Argentinien relativ preiswert.

Ein Zelt ist in Patagonien wichtig, aber eines, das es nicht fortblasen kann! In den wenigen Städten gibt es einfache Familien-Pensionen und Gästehäuser, Übernachten auf Farmen *(estancias)* durch Einladungen möglich, freies Campen überhaupt kein Problem. In den Nationalparks gibt es auch einige Schutzhütten.

Von Feuerland nordwärts

Ushuaia ist Argentiniens südlichste Stadt. Von da kann man zum Parque Nacional de Tierra del Fuego fahren, campen am Río Pipo. Es gibt Wälder, Flüsse, Seen, klare Luft, Tiere – Natur pur.

Von Ushuaia nach Punta Arenas: Man muß die gleiche Strecke über den Ort Río Grande zurückfahren, dann Einreise nach Chile nach Porvenir, in drei Stunden übersetzen mit der Fähre nach Punta Arenas. Wie erwähnt, Möglichkeit von dort mit dem Schiff „Puerto Eden" (über Puerto Natales) bis nach Puerto Montt in Mittelchile zu fahren. Das Schiff geht etwa alle 8 Tage, unbedingt vorausbuchen (daheim oder in Punta Arenas).

Im „Normalfall" wird man auf guter Betonstraße von Punta Arenas 300 km nach Puerto Natales radeln, dieser Ort ist Ausgangspunkt zum Torres del Paine Park. Dort schneller Wechsel von (wenig) Sonne, Nebel, Regen, Niesel und Wolkenfetzen um schroff gezackte Felsengipfel. Man sieht Kondore, Lamas, Guanacos, im Park einige Schutzhütten, eine Hostería und winzige Läden. Wer längere Wanderungen plant, sollte Busreisende fragen, ob sie eine Kiste mit Lebensmittel von Puerto Natales in den Park mitnehmen können.

Vom Park nach El Calafate: Entweder über die „Grüne Grenze" (Routen s. Lateinamerika BikeBuch), oder man wechselt über den Paso Cancha de Carreras wieder nach Argentinien, über Estancia Tapi Aike und Esperanza geht es auf der 40 nach Norden, nach Calafate, wo das schönste Naturwunder Südargentiniens wartet, der **Perito Moreno Gletscher** im *Parque Nacional Los Glaciares*. Ein einmaliges Schauspiel, wenn der Gletscher kalbt und hausgroße Stücke in einen See stürzen …

Danach wird es einsam und hart. Die Schotter- und Staubpiste der Ruta 40 führt immer am Osthang der Anden entlang nach Norden. In Bajo Caracoles könnte man in die Anden nach Chile nach Cochrane zur chilenischen *Carretera Austral* abzweigen, doch diese Piste ist schwierig. Besser ist, weiter nördlich von Perito Moreno entlang des Lago Buenos Aires nach Chile Chico zu kurbeln und dann über den See nach Puerto Ing. Ibáñez zu setzen, wo man wieder auf die schön-wilde Carretera Austral trifft (siehe „Chile"). Mit ihren Bergwäldern ist sie das genaue Gegenteil der staubigen argentinischen Trockenpampa.

Auch weiter nördlich auf der Ruta 40 gibt es noch weitere Übergänge zur Carretera Austral nach Chile. Wer nach Bariloche will, beißt die Zähne zusammen und kurbelt weiter. Ab Río Mayo gibt es wieder Asphalt. Südlich von Bariloche, um Esquel und El Bolson ist es sehr schön!

Von Buenos Aires nach Bariloche Das sind runde 1800 km. Dazu zunächst entweder ans Meer, nach Mar del Plata, oder durchs Landesinnere direkt nach Süden, nach Bahía Blanca. Von dort nach Osten, Pampadurchquerung, tagelanges fahren auf schnurgerader Straße, ohne Schatten, kaum Ortschaften, immer starke Winde. Entlang des Río Negro durch viele Orte nach Neuquen. Von dort weitere ca. 450 km nach Bariloche, auf der Strecke wieder nur wenig Ortschaften. Von Bahía Blanca könnte man auch weiter südlich fahren nach San Antonio Oeste, von dort sind es dann noch ca. 650 km durch leere Pampa bis Bariloche. Der Zug nach Bariloche fährt nicht mehr.

San Carlos de Bariloche am See Nahuel Huapi ist eine beliebte argentinische Touristenstadt, die „Argentinische Schweiz", es gibt viele Schweizer, Deutsche und Österreicher (und Delikatessenläden!). Ein nicht billiger Ort. Die wildromantische Gegend ist ideal für Wanderungen, Bergsteigen, Campen. Im Winter ist sie Skigebiet. Es gibt einige Campingplätze um die Stadt.

Von Bariloche nach Chile gibt es zwei Möglichkeiten: Über den Puyehue-Paß nach Osorno oder über den weniger also 1000 m hohen *Paso Pérez Rosales*. Dazu zunächst am Nahuel Huapi-See nach Llao-Llao, von dort mit dem Schiff über Puerto Blest und den Lago Frias nach Puerto Frias. Dann den Pérez-Rosales-Paß hoch (Chile) und weiter nach Peulla am Lago Todos los Santos. Landschaftlich eindrucksvoll, nicht für Autos! Chile verbietet die Einfuhr von Lebensmittel.

Detaillierter sind die Routen im Lateinamerika BikeBuch, s.o., beschrieben!

Brasilien

I. PLANUNG, VORBEREITUNG, WISSENSWERTES

Überblick Brasilien ist das größte Land Südamerikas, es grenzt an 10 Nachbarstaaten. Die nördliche Hälfte nimmt das Amazonasbecken ein, das größte Regenwaldgebiet der Erde, stark gefährdet durch Straßen, Bevölkerungsdruck, Holzeinschlag, Brandrodung etc. Der Nordosten Brasiliens ist ziemlich trocken. Nach Süden hin zieht sich das Brasilianische Bergland (selten höher als 900 m), die Küstensäume am Atlantik sind schmal. Brasilien ist zugleich Industrie- und Agrarland, der Welt größter Kaffee-

Exporteur. Wirtschaftsmetropole ist São Paulo, die Hauptstadt Brasília. Brasilien ist weit mehr als Rio, Karneval, Fußball und „Grüne Hölle", es ist ein so vielseitiges Land, daß hier jeder Versuch einer näheren Beschreibung zu weit führen würde. Reiseführer gehen ins Detail. Für das Reisen durchs Land ist das South America Handbook und Brazil Handbook wieder erste Wahl der Informationsbeschaffung, einige Touren beschreibt das Lateinamerika BikeBuch.

Bevölkerung, Sprache

Brasilianer sind bekannt für ihre Lockerheit, Lebens- und Kontaktfreude und Hilfsbereitschaft. Die Bevölkerung setzt sich hauptsächlich aus Weißen portugiesischer, aber auch spanischer, italienischer und auch deutscher Abstammung zusammen, aus Mulatten (schwarz-weiße Mischungen) und Schwarzen (Nachkommen afrikanischer Negersklaven). Indianer (Amazonasgebiet) und Asiaten (Japaner) sind Minderheiten. Im armen Nordosten leben überwiegend Afrobrasilianer.

Dicht besiedelte Räume sind die Küsten und der Süden. Dort, in den Bundesstaaten Santa Catarina und Rio Grande do Sul, leben auch viele deutschstämmige Brasilianer, Blumenau ist eine Stadt mit vielen Fachwerkbauten. Kontakte und Einladungen sind dort für Radfahrer gut möglich. Landessprache ist Portugiesisch, und, entgegen der Meinung mancher, kann man sich mit Spanisch in Brasilien kaum verständigen. Daumen nach oben heißt bei den Brasilianern „tudo bem – alles klar!"

Einreise, Sicherheit

Aufenthaltsgenehmigung bis 90 Tage, Verlängerung um weitere 90 Tage bei der Polícia Federal möglich. Gelbfieberimpfung erforderlich für das Reisen in Nordbrasilien, im Amazonastiefland und im Pantanal! Und denkt an Malaria-Prophylaxe! Für die Weiterreise nach Venezuela vorher Visum besorgen (erforderlich bei der Land-Einreise von Brasilien).

Währung ist der Real. Der US$ ist die beste Reisewährung, bei der Einlösung von Reiseschecks werden hohe Kommissionen fällig. Kreditkarten sind verbreitet (am meisten Visa, aber auch MasterCard, AmEx), in jeder Stadt könnt ihr Bargeld an Automaten abheben.

Die tiefgehenden sozialen Probleme Brasiliens (hohe Bevölkerungswachstumsrate, Landflucht) sind Ursache hoher Kriminalitätsraten, besonders in den Großstädten. São Paulo ist ein 15-Millionen-Stadtmonster, das man am besten meidet. Auch Rio de Janeiro ist ein gefährliches Pflaster, nicht nur zur Karnevalszeit! Meidet auch die Elendsviertel, die *favelas*. Auf dem Land und in kleinen Orten ist es weitgehend sicher.

Klima, Reisezeiten

In Brasilien herrscht weitgehend tropisches Klima. Das Amazonastiefland erhält das ganze Jahr über hohe Niederschläge.

Südbrasilien: Günstig zum Reisen sind die Monate von April bis September, je nördlicher, desto wärmer wird es. Schwüle an der Küste. Weniger günstig von November bis März, Regenzeit, dann schwül und heiß. Südlich von São Paulo kann es im Winter Frost geben.

Nordostbrasilien: Günstig von September bis Februar, schwül. Weniger günstig von März bis August, dann Regenzeit.

Amazonasbecken: Günstig von Juli bis Oktober. Weniger günstig von November bis Juni, dann Regenzeit (im Mündungsbereich besonders viel Regen von Januar bis Mai).

Übernachten und Verpflegung

Es gibt sehr viele billige Hotels und einfache Unterkünfte – *Hospedarias, Pensões, Pousadas, Albergues, Apartamentos.* Immer vorher anschauen, manchmal sind das schon schlimme Löcher ohne Fenster und mit hellhörigen Bretterzwischenwänden. Wie im restlichen Südamerika auch sind „Motels" meist Stundenhotels. Vorhanden sind auch über 50 Jugendherbergen *(Albergues da Juventude),* recht viele zwischen Rio an der Küste entlang bis zur Grenze von Uruguay. Eine Hostelliste findet ihr online unter www.hostel.org.br. Anschrift: Federaçao Brasileira dos Albergues da Juventude (FBAJ), Rua General Dionisio 63, Botafogo, CEP 22271-050, Rio de Janeiro, Brasilien, Tel. (55) (21) 2860303.

Die Campingplätze des *Camping Club do Brazil* sind nicht allzu zahlreich, Campführer *(Guia de Āreas de Camping,* auch von *Quatro Rodas,* erhältlich in Buchläden und auf den Flughäfen), listen sie auf. Mit dem int. Campingausweis gibt es bis zu 50% Rabatt. Anschrift: Camping Club do Brasil, Rua Senador Dantas, 75/29, Centro, Rio de Janeiro, CEP 20037-900. Daneben gibt es auch städtische Campingplätze. An den großen Tankstellen *(rutacentros* oder *postos* genannt) übernachten die Fernfahrer, dort kann man nicht nur Trinkwasser nachfüllen und essen, sie verfügen auch über Duschen, Waschgelegenheiten und meist auch über Campplätze (die aber, bedingt durch die nahe Straße, ziemlich laut sein können). Fragt Lkw-Fahrer nach guten Übernachtungs-Möglichkeiten auf eurer Strecke. Beim wilden Campen immer vorsichtig sein, besonders in der Nähe von Hauptstraßen und im Einzugsbereich der Städte, nicht an Stränden campen!

Das **Essen** ist so vielfältig wie das Land: In Gebieten mit Viehzucht ißt man viel Fleisch *(bife, churrasco),* gedämpfte schwarze Bohnen mit fettem Fleisch *(feijoada completa)* ist *die* brasilianische Spezialität … Billiges Tagesessen heißt *prato feito* oder *sortido.* Je nach Region noch viele andere Gerichte. Mineralwasser ist *agua mineral.* Kaffee – *cafézinho* – gibt es gleichfalls reichlich, und das Angebot an tropischen Früchten ist natürlich sehr groß (Fruchtsäfte heißen *sucos).* Man kann in entsprechenden Orten bzw. Läden Camping-Gaz-Kartuschen kaufen.

Transport   Sehr viele Flugverbindungen mit VARIG, Vasp, Rio Sul, TAM, u.a. Recht hohe Ticketpreise, erkundigt euch nach Sonderangeboten (Nachtflüge). Dichtes Omnibusnetz, die Mitnahme des Fahrrads macht normalerweise keine Probleme, ist aber nicht immer kostenlos. Die Eisenbahn spielt als Transportmittel weniger eine Rolle, ist langsamer und fährt weniger häufig als die Busse. Meist existieren nur Stichbahnen im Küstenbereich, z.B. von Rio nach São Paulo und von Rio nach Bela Horizonte. Eine längere Bahnstrecke ist São Paulo – Corumbá, sehr schön die von Curitiba nach Paranaguá. Von Bedeutung ist auch die **Schiffahrt** auf dem **Amazonas** und auf seinen Nebenflüssen. Regelmäßige Verbindungen von Belém nach Manaus, von dort je nach Wasserstand weiter flußaufwärts Richtung Ecuador, Peru oder Bolivien. Von Rio, Santos und den anderen Atlantik-Hafenstädten Schiffsverbindungen nach Europa und Nordamerika.

Literatur, Karten, Adressen   Die Besten: „South American Handbook" und „Brazil Handbook" von Footprint Publications. Für den Amazonas, Nordost-Brasilien und den Pantanal: „Guide to Brazil", Bradt Publications. Aus dem selben Verlag: „The Amazon". Nick Selby u.a.: „Brazil", Lonely Planet. Kauderwelsch-Sprachführer „Brasilianisch", und „KulturSchock Brasilien", beide Reise Know-How.

Radbücher: „Das Lateinamerika BikeBuch" (Reise Know-How) enthält viele allgemeine Brasilien-Tips und stellt sechs Routen durch Brasilien vor.

Äqua-Tour-Radler *Tilmann Waldthaler* kurbelte bei seiner Weltumradelung von der Grenze Venezuelas über Boa Vista nach Manaus und von Belém nach Recife. Seine Erlebnisse beschreibt er in seinem Buch „Die Äqua-Tour", Reise Know-How.

Nur noch im Antiquariat: „Mit dem Fahrrad unterwegs in Südamerika" von R. Wiegers, Schettler Verlag, 1993 (Teilstrecke Recife – Uruguay einer Südamerika-Tour).

Mario Richner: „Urwald, Gold und Indios – Mit dem Fahrrad durch Amazonien", Piper Verlag 1992. Echtes Brasilien-Abenteuer! Lesenswert.

„The Impossible Ride", von Louise Sutherland, Southern Cross Press, London, 1982, Erzählung einer Radfahrt auf der Transamazonica von Belém nach Cruzeiro do Sul.

Das Brasilien-Kapitel im Buch „Auf 2 Fahrrädern ans Ende der Welt", von Alain Guigny (s.u. „Südamerika, Literatur").

Karte: ITM Travel Map 1:4 Mio.

Führer und Karten in Brasilien: „Guia do Brasil – Quatro Rodas" und „Mapa Rodoviário", jährlich neu, mit Karten, erhältlich in Buchläden. Straßenkarten von Tankstellen. Stadtpläne von bras. Städten kann man auch in Telefonbüchern finden! Diverse Touristenkarten und Regionalführer von Touristen-Büros.

Brasilianischer Radclub: Cicloturismo Brasil, Rua Moraes e Silva, 86 Cob -01A – Maracanã, Rio de Janeiro-RJ 20271 - 030, Brazil (www.cicloturismo.com.br).

Internet
Viele Websites sind leider nur in portugiesisch (www.google.com macht Übersetzungen). **Wirklich empfehlenswert** ist die Website der brasilianischen Botschaft in London, www.brazil.org.uk. Klickt auf den Button „Travel and Tourism", dann „Links". Die Linkliste einschl. Suchmaschine läßt eigentlich keine Fragen offen (alle Touristenämter, Flug- und Busgesellschaften, Unterkünfte, Sambaschulen (!), Veranstaltungskalender u.v.a.m.).

Die Website www.brazilinfo.com/index_en.htm enthält ein recht ausführliches Verzeichnis von Hotels und Touranbietern. www.brazzil.com ist ein englischsprachiges Monatsmagazin mit Links zu weiteren Zeitungen und Zeitschriften. Einige weitere Websites, die Brasilien in Bildern vorstellen, aber auch auf kulturelle Themen und Fragen der Minderheiten eingehen: www.vivabrazil.com (Virtual Trip to Brazil), www.brazil-brasil.com/open.htm und www.brazilsite.com. Die Website www.gringoes.com wendet sich an alle in Brasilien lebenden Ausländer und birgt eine Fülle von Veranstaltungshinweisen.

II. ZIELE, ROUTEN, WEITERREISE

Sehenswertes
Brasilien besitzt, schon allein durch seine Größe, eine äußerst vielfältige Kultur mit starken Gegensätzen, Mischungen und Überlagerungen. Attraktionen sind **Rio de Janeiro** (Zuckerhut, Corcovado, Strände, Karneval – wer von Rio zur ehemaligen Kaiserstadt Petropolis will, muß 25 km bergauffahren!); die moderne Retortenhauptstadt **Brasília** (abgelegen im Inland, evtl. mit Flugzeug); das Amazonasgebiet mit der wichtigsten **Amazonasstadt Manaus.** Besonders sehenswert sind die **Iguazú-Wasserfälle** am Dreiländereck mit Argentinien und Paraguay (dort auch der Itaipú-Staudamm). Auch der **Karneval in Salvador** ist sehr erlebenswert. Städte mit Kolonialarchitektur sind Recife, Salvador (sehenswerte Altstadt), Manaus, Belo Horizonte und besonders die ganz unter Denkmalschutz stehende Stadt **Ouro Prêto,** Zentrum des brasilianischen Barocks. Zahlreiche Badestrände am Atlantik.

Der Pantanal an der bolivianisch-paraguayischen Grenze ist ein sumpfiges, einmaliges reiches Natur- und Tierschutzgebiet, Ausgangspunkte sind Cuiabá und Corumbá (mit einem Rad jedoch schlecht zu erkunden, aber Reisebüro-Touren oder mit privaten Führern, Bootsfahrten). Trokkenzeit dort ist von Juli bis Oktober.

Routen und Straßen
Ein gut ausgebautes Straßennetz besteht besonders im Süden, im Südosten und im Nordosten sowie in Küstennähe. Das Hinterland durchzie-

hen meist nur wenige Straßen. Die Entfernungen sind riesig (z.B. Grenze Venezuela bis Uruguay ca. 6500 km). Ständig viel gefährlicher Lkw-Verkehr im Küstenbereich und im Süden.

Die Straße entlang des Atlantiks von der uruguayischen Grenze über São Paulo, Rio, Salvador bis Recife im Norden ist die BR 101, sie ist im Süden sehr bergig und im Norden sehr schlecht. Raphaela Wiegers in ihrem Buch: „Der Verkehr auf dieser zweispurigen Hauptstraße ist mörderisch. Die Fahrbahndecke weist tiefe Spurrillen auf, kratertiefe Löcher durchziehen den Randstreifen, der oft 30 cm tiefer liegt als die Asphaltdecke." Deshalb besser auf kleine Küstenstraßen ausweichen – sofern möglich.

Angesichts der immensen Ausdehnung des Landes empfiehlt sich, bei einer längeren Brasilien-Radtour zum Kennenlernen der verschiedenen Landesteile das Flugzeug (vorher Brasil-Airpass besorgen) einzusetzen oder auch mal auf Busse (oder Schiffe auf dem Amazonas) umzusteigen. Die Straßen Brasília – Belém und Belém – Recife sind, wie auch die weiteren Straßen im flachen Inland, sehr eintönig.

Wohl nur für Rad-Abenteurer von Bedeutung sind die gerodeten, einsamen und endlos langen Urwaldstraßen durch das **Amazonas-Tiefland,** doch falls jemand darauf Lust hat, dort zu pedalen, hier die großen Verbindungen:

Die von Süden nach Norden gehende Straße von Cuiabá (Mato Grosso) nach Santarém am Amazonas erschließt die zentrale Hochfläche.
Die berühmte **Transamazonica** verläuft südlich des Amazonas von Belém über Maraba, Altamira, Itaituba zur großen Kreuzung von Humaitá, wo eine Strecke nach Norden nach Manaus am Amazonas und eine nach Süden nach Porto Velho abzweigt. Von Humaitá führt die Transamazonica nach Lábrea, von da nach Süden nach Rio Branco (zum Grenzgebiet von Bolivien) und weiter nach Osten nach Cruzeiro do Sul (dort ist eine Verbindung zum peruanischen Pucallpa geplant). Von Lábrea ist die Weiterführung zum Dreiländereck Brasilien/Peru/Kolumbien (Leticia) geplant.
Die *Perimetral Norte* nördlich und parallel zum Amazonas wurde bei Caracarai (südl. Boa Vista) mit Stichstraßen nach Ost und West angefangen, wird wohl aber nie fertiggestellt werden.

■ *Amazonien: Schwerer Boden auf der Strecke Manaus – Porto Velho*

Zwischen Manaus und Porto Velho kann man auch mit dem Passagierdampfer den Rio Madeiro hinauf- bzw. hinabschippern, und von Porto Velho kann man gleichfalls per Schiff zur bolivianischen Grenze nach Abuña/Manoa fahren. Ständiger Schiffsverkehr herrscht zwischen Manaus und Belém, die Schiffe fahren aber auch noch weiter bis Leticia (Kolumbien) und bis Iquitos (Peru). Manaus ist die Drehscheibe am Amazonas. Die Streckenabschnitte Manaus – Boa Vista und Manaus – Porto Velho (mit Anschluß nach Peru und Bolivien) sind im „Lateinamerika Bike-Buch" (s.o.) detailliert beschrieben.

Wichtig: immer vorher Streckenbeschaffenheit erkunden, nicht alle Strecken sind asphaltiert, und möglichst nicht in der Zeit der meisten Regenfälle im Amazonasgebiet reisen! Weitere Straßen- und Reisedetails s. im South American Handbook. Die DNER (Departmento Nacional Estrada Rondonia) ist die zuständige Behörde für alle Straßen in Brasilien, Büros gibt es in größeren Städten. Und vorher gute Karten besorgen, Mario Richners Buch „Urwald, Gold und Indios" lesen und auch die Hängematte und die Machete nicht vergessen …

Weiterreise   **Vorbemerkung:** Generell sollten alle Radfahrten und Weiterreisen durch das Amazonastiefland in die nördlichen und östlichen Nachbarländer Brasiliens wegen der genannten Schwierigkeiten nur im Ausnahmefall geplant werden!

Nach Venezuela: Manaus – Caracaraí, ca. 635 km Schotterpiste durch den teils gerodeten Urwald, kaum Siedlungen. Dann ca. 150 km Asphalt nach Boa Vista, schwülheiß, teurer Ort, von dort nochmals 220 km üble Schotterpiste nach Santa Elena zur Grenze von Venezuela. Ab da wieder Asphalt. Visum für Venezuela nötig, erhältlich im venezolanischen Konsulat in Boa Vista (doch besser schon vorher besorgen).

Nach Bolivien: Über die Grenzorte Quijarro (Corumbá)/Puerto Suárez, von da weiter nach Santa Cruz (besser mit der Bahn). Oder über Cáceres zum bolivianischen San Ignacio. Oder von Porto Velho zur bolivianischen Grenze nach Abuña/Manoa (eine Straße dann über Riberalta und Santa Rosa ins bolivianische Hochland). Grenzwechsel auch bei Guajará-Mirim/Puerto Sucre möglich.

Es gibt auch noch die Möglichkeit über das Dreiländereck Peru/Brasilien/Bolivien (São Francisco, Iñapari, Bolpebra) nach Bolivien bzw. Peru zu gelangen, doch dies wird schwierig sein. Kein Gedanke daran in der Regenzeit!

Nach Kolumbien: Von Manaus fahren Frachtschiffe den Rio Negro aufwärts bis Içana. Ab dort führt die Grande Perimetral Norte zur Grenze von Kolumbien (Mitú), schwierig. Oder mit dem Schiff auf dem Amazonas bis Tabatinga und dann über die Grenze nach Leticia.

Nach Peru: am besten den Amazonas hinauf nach Benjamin Constant bzw. Tabatinga, dort Ausreise und Bootswechsel nach Iquitos/Peru. Oder über Bolivien (Rio Branco – Cobija – Inapari), von da nach Puerto Maldonado, sehr schwierig, s. das Buch von Mario Richner, der so von Peru kam!). Die Straße Rio Branco – nach Cruzeiro do Sul bzw. Japim ist sehr schwierig, sie soll einmal nach Pucallpa in Peru weiterführen. Nach **Argentinien** und **Paraguay** am besten über die Iguazú-Fälle (nach Paraguay aber auch über Ponta Porä/Pedro Juán Caballero nach Concepción). Nach **Uruguay** entweder an der Küste (Chuy), oder übers Inland.

Chile

I. PLANUNG, VORBEREITUNG, WISSENSWERTES

Überblick

Chile gehört zu den am höchst entwickelten Ländern Südamerikas und es ist sehr europäisch geprägt. Geografisch ist es einmalig: bandwurmartig erstreckt es sich in einer Länge von fast 4500 km von der peruanischen Grenze bis nach Feuerland. Doch der schmale Streifen zwischen Atlantik und den abschirmenden Anden ist kaum mehr als 150 km breit. Verwaltungstechnisch ist Chile von Nord nach Süd in zwölf Abschnitte bzw. Regionen gegliedert, die erste (I) beginnt ganz im Norden. Als durchgehend asphaltierte bzw. in Abschnitten auch betonierte Hauptschlagader durchzieht die **Panamericana** Chile von Puerto Montt bis nach Arica (Grenze Peru). Das sind nur mal 3000 km! Chile ist ein sehr abwechslungsreiches Land, das es verdient, länger bereist zu werden.

Mit ca. 15 Mio. Einwohnern ist Chile dünn besiedelt, der überwiegende Teil der Chilenen sind Mischlinge aus europäischen Einwanderern und der araukanischen Urbevölkerung, reinrassige Indianer gibt es fast keine mehr. Landessprache ist Spanisch. Jüngere Chilenen sprechen oftmals Englisch, viele auch Deutsch, besonders im „Kleinen Süden" – der „Chilenischen Schweiz" im Seengebiet um Puerto Montt (Nachfahren deutscher Auswanderer im 19. Jahrhundert). Hier sieht man auch öfter ein bei Radlern äußerst beliebtes Hinweisschild: „Kuchenes"…

Einreise, Währung

Für 90 Aufenthalt Tage brauchen Reiseradler aus D, CH und A kein Visum, eine Touristenkarte wird bei der Einreise ausgestellt. Die Aufenthaltsgenehmigung kann um weitere 90 Tage verlängert werden. I.d.R. wird euer Fahrrad in die Touristenkarte eingetragen, manchmal verlangen die Grenzbeamte auch „Besitzpapiere". Nehmt am besten die Kaufquittung mit, aus der auch die Rahmennummer ersichtlich sein sollte. Falls ihr die Touristenkarte verliert oder ohne Fahrrad ausreisen wollt, kriegt ihr ein Riesenproblem. Infos unterwegs: Das Servicio Nacional de Turismo (Sernatur) ist in der Providencia 1550 in Santiago, www.sernatur.cl. In Santiago gibt es auch ein Goethe-Institut. Infos hier bei der chilenischen Fluglinie LANChile, Rathenauplatz 2–8, 60313 Frankfurt/M.

Währung ist der chilenische Peso, Reisewährung der US-Dollar. American Express gibt gegen Dollar-Schecks Bar-Dollars aus. Kreditkarten (Visa, MasterCard) sind weit verbreitet, Bargeldauszahlungen möglich.

Reisezeit, Winde

Chile weist wegen seiner gewaltigen Nord-Süd-Ausdehnung alle Klimazonen auf. Hauptreisezeit in Mittelchile ist von Oktober bis April mit gemäßigtem, warmem Klima. An der Küste Nebel. Der „Kleine Süden" ist von März bis Oktober regenreich. Extreme Tag/Nacht-Temperaturschwankungen gibt es in der äußerst trockenen Atacama-Wüste im Norden. Hauptwindrichtung auf der Panamericana im Sommer meist von Süden, im Winter (also von Juni bis September) vorwiegend von Norden. Starke Winde in Zentralchile im Juli. Die hohen Pässe nach Bolivien und Argentinien sind im Winter wegen Schneefall gesperrt.

Der „Große Süden": Günstig sind Dezember bis Februar. Je südlicher, desto kühler und nässer, die Pazifikwolken regnen sich an der Westseite der Anden ab, Patagonien auf der argentinischen Seite ist trockener. Das regnerische und windige Feuerland ist erträglich von Dezember bis Februar.

Übernachten, Verpflegung

Das Angebot an Hotels und anderen Übernachtungsstätten ist in Chile sehr groß. *Hosterías* sind kleine, einfache Zimmer, *Residenciales* sind gleichfalls einfache Familienpensionen. Eine interessante Art des Übernachtens sind *Alojamientos* (auch *Casas de Familia* genannt, auf Schilder achten), eine Art „Bed & Breakfast"-Einrichtung bei Privatfamilien. Jugendherbergen *(albergues juveniles)* gibt es einige im Seengebiet und in den größeren Städten. Im Sommer, also von Mitte Dezember bis Ende Februar, werden viele Schulen zu Jugendherbergen umfunktioniert, danach fragen, gute Kontaktmöglichkeiten. Anschrift: Asociación Chilena de Albergues Turísticos Juveniles, Hernando de Aguirre 201, Of 602, Santiago, Tel. (56) (2) 2333220. Chilenen sind sehr gastfreundlich, man wird überall willkommen geheißen.

Campingplätze gibt es recht viele, besonders im Seengebiet und in den dortigen Nationalparks, doch nicht billig. Nach Norden werden sie spärlicher und einfacher. Die **Touristen-Infostelle Sernatur** gibt Broschüren mit den Campingplätzen in Chile heraus. In der Nähe größerer Orte im Süden gibt es oft kleine, kostenfreie Campingplätze. Wildcampen ist sehr gut möglich, besonders in den kaum besiedelten Regionen. Ansonsten fragen. Waschgelegenheit, Toiletten und Duschen gibt es bei den „Rutacentros" bei den Copec-Tankstellen (gut zu wissen bei einer Fahrt auf der Panamericana nordwärts).

Das Essen und die Versorgung machen keine Probleme (es gibt viele Märkte, gut sortierte Läden und Supermärkte in größeren Städten), die Speisen sind vielfältig und preiswert, es ist sauber; gute Fischgerichte, guter chilenischer Wein. Nationalgericht ist *cazuela*, deftige Rindfleisch-Gemüsesuppe, auch *empanadas* sind wohlschmeckend.

Rad und Ausrüstung

Radgefahren wird in Chile hauptsächlich im Kleinen Süden im Seengebiet zwischen Temuco und Puerto Montt, und dementsprechend gibt es auch genügend *tiendas de bicicletas*. Vorwiegend gute französische oder billige chinesische Marken, Ersatzteile sind teuer. In Santiago gibt es viele Radgeschäfte auf der Avenida San Diego (Zentrum), man findet sogar ein großes Sortiment an amerikanischen/taiwanesischen Kompletträdern und MTB-Ersatzteile. Auch in der Hafenstadt Antofagasta im Norden Chiles bekommt man zollfrei gute Radersatzteile!

Im südlichen Chile und Patagonien braucht man Kleidung gegen den Regen – doch bloß keinen Poncho, dann bläst es euch vom Rad! Warme Handschuhe, Mütze, Radbrille (wichtig wegen Wind und Staub!), lange warme Hose, genügend zum Wechseln, falls man naß geworden ist. Regendichtes, stabiles Zelt (das im Wind nicht wegfliegen kann), warmen Schlafsack, Kocher, Isomatte, Notproviant für lange Strecken. Anschrift des chilenischen Radclubs: *Federación Ciclista de Chile,* Ave. Vicuna Mackenna 40, Santiago de Chile.

Transport

Busse: gut ausgebautes Busnetz, zahlreiche Gesellschaften, niedrige Preise, auch (luxuriöse) Langstreckenbusse und Busse nach Argentinien. Bahn: Eine Bahnlinie durchzieht das Land von Puerto Montt bis Iquique, Personenzüge fahren aber nur noch von Santiago bis Temuco, im Sommer bis Puerto Montt. Radmitnahme problematisch. Andenbahnen nach

Bolivien (Arica oder Antofagasta – La Paz) und Argentinien (Antofagasta – Salta). Warme Kleidung anziehen, es kann eisig kalt werden.

Flugzeug: Das Inland-Fliegen ist preiswert (mit LANChile, Ladeco und weiteren kleineren Linien), gut ausgebautes Netz.

Schiff: Bei Reisenden beliebt ist die mehrtägige Schiffspassage von Puerto Montt nach Puerto Natales oder Punta Arenas und entsprechend schnell ausgebucht. Rechtzeitiges Vorausbuchen erspart Enttäuschungen. Entlang der Carretera Austral sind die Fähren nur in der Sommersaison in Betrieb.

Bücher, Karten, Internet Günther Wessel: „Chile und die Osterinsel", Reise Know-How. Gut auch Wayne Bernhardson: „Chile & Easter Island", Lonely Planet. Das South American Handbook und das Chile Handbook. Tim Burford: „Backpacking and Hiking in Chile & Argentina", Bradt Publications. Kauderwelsch-Sprachführer: „Spanisch für Chile", Reise Know-How.

Lutz Gebhardt, Jens-Ulrich Groß: „Faszination in Südamerika", Verlag Grünes Herz, ISBN 3-929993-46-5. Für die Planung unverzichtbar.

Karten: Gut, aber etwas unhandlich, ist der „Chile & Easter Island Travel Atlas" von Lonely Planet, Maßstab 1:1 Mio. (Osterinsel 1:250.000). Auf der Reise Know-How Karte „Argentinien" ist auch Chile mit drauf. „Gran Mapa Caminero de Chile", versch. Maßstäbe zwi. 1:1,4 und 1:3 Mio. AutoMapa „Chile" 1:2,5 Mio. und auch Nelles „Chile" 1:2,5 Mio. Nur spanischsprachig ist der fünfteilige (Mapas, Norte, Centro, Sur und Guía de camping) chilenische **Turistel-Führer,** doch sehr detailliert, mit sehr guten, radeltauglichen Karten, Stadtplänen, nützlichen Infos, jährlich neu. Würde ich mir in Chile gleich besorgen, bei Zeitschriftenhändlern, Buchhandlungen, Busterminals.

Auto-Karten gibt es in Chile von COPEC-Tankstellen und vom Automóvil Club de Chile, Vitacura 8620, Santiago. Über genaue Chile-Karten verfügt auch die Verkaufsstelle des *Instituto Geográfico de Militar* in Santiago in der Avenida San Antonio 65 oder Dieciocho 369.

Internet: Zwei gut gemachte Websites, die Chile aus touristischer Sicht vorstellen: www.visit-chile.org und www.turistel.cl. Das „Chile Information Project" (CHIP, www.chip.cl) hat einen offensichtlichen kommerziellen Hintergrund, bietet aber auch interessante Aufsätze, z.B. zur Umweltsituation in Chile.

■ *Schwarzer Lavasand im Nationalpark Conguillio*

II. ZIELE, ROUTEN, ANDENPÄSSE

Routen und Touren   Touristisch interessant ist in Chile vor allem das Gebiet zwischen Temuco und Puerto Montt, von der Panamericana lassen sich gut Abstecher in das dortige Andenvorland machen, wo viele Seen (Llanquihué-See!), Vulkane wie aus dem Katalog (Villarica, Osorno!) und Nationalparks (Conguillio!) eingebettet sind. Dieses Gebiet wird auch Chilenisches Seengebiet, der „Kleine Süden" (El Chico Sur) oder die „Chilenische Schweiz" genannt. Dort herrscht ein ähnliches Klima wie in Mitteleuropa. Es gibt viele Nachfahren deutscher Einwanderer, deutsche Clubs, Vereine etc. Achtet auf „Kaffee y Kuchen"-Schilder! Im „Lateinamerika Bike-Buch" ist eine Rundtour von Temuco durch das Chilenische Seengebiet beschrieben.

Gleichfalls verlockend ist das zerrissene, einsame und mit seinen Naturschönheiten einmalige Küstengebiet südlich von Puerto Montt entlang der Straße **Carretera Austral**. Davon unten mehr.

Im mittleren Teil liegt die Hauptstadt Santiago und einige weitere Städte, evtl. sehenswert ist der Badeort Viña del Mar. Doch bitte kein warmes Pazifik-Badewasser erwarten, der Humboldtstrom schiebt klapperkaltes Wasser aus der Antarktis herbei! Hafenstadt ist Valparaiso (die Polish Ocean Line fährt nach Hamburg).

Zwischen Santiago de Chile und Arica im Norden gibt es nur wenig zu sehen bzw. zu erleben, ein Radtour bis zur peruanischen Grenze wird leicht zur Tortur. Der ganze Norden Chiles ist geprägt von einer grauen Schutt-, Sand- und Steinwüste (Atacama-Wüste), versalzten Böden (Salpeterabbau), unglaublicher Trockenheit und wolkenhohen Andengipfeln. In den Hochregionen finden sich die für die chilenische Wirtschaft so wichtigen Kupfervorkommen.

Der äußerste „Große Süden" Chiles, also die Gegend um die beiden Städte Punta Arenas und Puerto Natales sowie die Insel Feuerland, ist vom Hauptland Chiles auf dem Landweg gar nicht erreichbar, dies geht nur per Schiff durch das Inselgewirr, oder man muß zuvor über die Anden nach Argentinien überwechseln. Dort unten im Großen Süden ist es dauernd kühl bzw. im Winter sehr kalt, immer regnerisch und windig. Beschrieben ist dieses Gebiet unter „Patagonien und Feuerland" bei Argentinien.

Nach Peru   Von Puerto Montt auf der Panamericana nach Santiago ist es flach, es gibt kaum Steigungen. Nördlich von Santiago bis Antofagasta wird es bergiger (in der Nähe dieser Stadt steht der berühmte Steinbogen im Meer, „La Portada"), die Orte liegen weiter auseinander, dazwischen liegen einige fruchtbare Flußtäler. Dann wird es trockener, die Vegetation tritt zurück, bis nichts mehr wächst. Endlos eintönig! Und immer neblig! Bei Copiapo beginnt endgültig die Wüste. Iquique ist nochmals eine größere Stadt an der sonst sehr siedlungsarmen Küste. Grenzstadt nach Peru ist Arica, hinter der Grenze setzt sich die Wüste weiter fort.

Andenpässe nach Bolivien und Argentinien   Die Andenpässe von Chile nach Argentinien und Bolivien sind am höchsten im Norden Chiles, sie liegen zwischen 4000 und 5000 m. Die Pässe südlich des **chilenisch/argentinischen Hauptpasses Bermejo** (Santiago – Mendoza) sind für einen Radler kein Problem.

Die Grenzabfertigung an den hohen Andenpässen wird nicht auf dem höchsten Punkt oder an der Grenze gemacht, sondern weiter unten, in tieferen Orten, wo es sich noch leben bzw. atmen läßt (die Landesgrenze befindet sich auch nur selten an der höchsten Stelle). Bei den weniger befahrenen Pässen die Schließungszeiten beachten, geöffnet sind die Grenzen meist nur bei Tageslicht. Im Winterhalbjahr sind die nördlichen Andenpässe geschlossen.

Mit dem Rad über die höchsten Andenpässe Die Pässe im Norden von Chile und Argentinien in die Nachbarländer sind mit ihren Höhen zwischen vier- und fünftausend Metern nicht nur höher als die höchsten Pässe in Europa, sondern auch viel, viel länger! Da geht es nicht wie bei einem Alpenpaß mal schnell hoch und schnell wieder runter, sondern diese Pässe sind meist eine Abfolge bzw. Kombinationen von hohen Anstiegen und Gebirgssatteln, die sich über eine Länge von 100, 200 oder gar 300 km hinziehen, ehe die Piste dann endlich wieder in dickere Luft abfällt.

Die Paßstrecken sind unasphaltiert, es gibt kaum Versorgungsmöglichkeiten, Sand-, Geröll- und auch Schneestrecken können das Vorankommen in Kälte und dünner Höhenluft für einen untrainierten Radfahrer zur (lebensgefährlichen) Qual machen. Machbar ist ein solcher extremer Paß bzw. eine solche Paßfolge nur nach vorheriger Höhenanpassung und mit einem stabilen Kreislauf. Und wer zum erstenmal in solchen Höhen radfährt (bzw. schiebt), weiß nicht, wie sein Körper darauf reagieren wird (Soroche-Höhenkrankheit, s.S. 283).

Besser einen Lkw abwarten, doch der Verkehr ist sehr, sehr dünn. Aber auch wer motorisiert oder mit dem Bus oder Zug über einen solch hohen Paß fährt, kann wegen dem relativ schnellen Höhenanstieg Probleme bekommen! Immer sehr viel trinken! Zugfahrten über Andenpässe sind meist elend lang (bis zu 36 Stunden), nachts wird es eiskalt, Verpflegung und warmer Schlafsack sind unbedingt nötig.

Und auch dies muß noch bedacht werden: während es bei den chilenisch/argentinischen Pässen früher oder später wieder nach unten geht, führen die chilenischen Pässe nach Bolivien aufs Hochplateau des Altiplano, d.h., auf drei- bis viertausend Meter Höhe, und dort gibt es weiterhin nur sauerstoffarme Luft. Dann ist Weiterfahrt selbst auf flachen Pisten sehr beschwerlich oder kaum mehr möglich! Leichter ist es, wenn man schon höhengewöhnt von Bolivien oder Argentinien über diese Nordpässe nach Chile fährt, wo es dann tief nach unten geht.

Hier die wichtigsten Übergänge von Chile nach Bolivien und Argentinien, aufgelistet von Nord nach Süd:

Nach Bolivien: **Arica – Charaña – La Paz** (Bolivien). Es fährt auch ein Zug (2x wöchentlich).

Arica – Parque Nacional Lauca (Lago de Chungará, 4500 m), Bolivien. Von Arica fährt auch ein Bus über den P.N. Lauca, bis nach La Paz (2x wöchentlich); ganz asphaltiert (über Patacamaya; siehe unten der Bericht von Albert Kratzer).

Calama – Chuquicamata – Ollagüe – Salada

Wenn schon mit dem Rad über einen Paß von Chile nach Bolivien, dann erscheint noch am machbarsten diese Strecke über Calama und Ollagüe. Von Antofagasta nach Calama geht es ständig bergauf in diese Salpeter- und Kupferregion, historisch hoch interessant, es gibt viele verlassene Geisterstädte. Bevor man nun weiter über Ollagüe nach Bolivien kurbelt, in dieser öden Wüsten- und Bergbaustadt mehrere Tage Höhenanpassung machen (Calama liegt etwa 2200 m hoch). Einen Abstecher (auch mit Bus) kann man nach San Pedro de Atacama machen, ein sehr interessantes kleines Städtchen mit Schwefelabbau, Frühgeschichte-Museum, zu den **Tatio-Geysiren** (4300 m) und dem „Mondtal". Abstecher oder Weiterfahrt auch nach Chuquicamata (2800 m), zur größten Kupfermine der Welt.

Von Chuquicamata geht es nach Conchi, von wo eine Piste parallel zur Bahnlinie verläuft, vorbei am Vulkan San Pedro und dem Salar de Ascotán (Paso de Ascotán, 3976 m), etwa 190 km zur Grenze nach Ollagüe (3700 m). Vorsicht, Minenfelder! Genügend Wasser und Verpflegung mitnehmen, notfalls die Strecke mit Lkw zurücklegen, nachts Minusgrade! Von Ollagüe bis ins bolivianische Uyuni sind es weitere 200 km, immer an der Bahnlinie entlang halten, einige Brücken, die Strecke ist dann flach, kaum Versorgungsmöglichkeiten. Uyuni liegt auf 3700 m. Die Strecke ist nur in der Trockenzeit von Mai bis September machbar! Von Uyuni bis Oruro oder Potosí fast nur Piste, besser mit Lkw machen. Alternativ von Calama den Zug bis Uyuni oder Oruro in Bolivien nehmen (2x wöchentlich, sehr lang, nahezu genauso hart wie eine Radfahrt!). Oder mit einem regelmäßig fahrenden Kleinbus von San Pedro de Atacama über den Grenzpunkt Hito Cajón (Laguna Verde) bis nach Uyuni.

Von der Atacamawüste nach Bolivien
von *Dr. Lutz Gebhardt,* Ilmenau

Küstennebel liegt über der nordchilenischen Hafenstadt Antofagasta, als wir im Oktober 1998 zu unserer 1900 km langen Anden-Tour starten. Vor uns liegt die Atacamawüste, ein Landstrich, in dem seit Menschengedenken noch nie ein Tropfen Wasser fiel. Unerbittlich brennt die Sonne über der legendären Panamericana in einer kargen Landschaft, wo es keine schattenspendenden Bäume gibt. Kein Strauch, kein Pflänzchen, keine Spuren erinnern hier an Leben, nur die Ruinen der Geisterstädte, die nach dem Salpeterboom im 19. Jh. hier übrig geblieben sind.

Stetig gewinnen wir an Höhe auf unserer Akklimatisationstour zu den **Tatio- Geysiren.** Straßen und Wegweiser sind mittlerweile nur noch der Luxus von Gestern. In langer Irrfahrt über Geröllpisten und Lamapfade, wo die Fahrräder geschoben und getragen sowie Flüsse durchwatet werden mußten, erreichen wir das Geysirfeld in 4300 m Höhe. Hier erwartet uns ein grandioses Schauspiel kochender Fontänen, die dampfend in den kalten Morgenhimmel schießen.

In der Oasenstadt **San Pedro de Atacama** (2140 m) können wir kurz durchatmen. Vor uns liegt der 4700 m hohe Portezuelo-Paß, hinter dem im Südwesten Boliviens der Altiplano beginnt. Hier tauchen wir in eine surreale, menschenleere Region ein: Blau, grün oder auch rot schimmernde Hochgebirgsseen mit unzähligen Flamingos, endlose Geröllwüsten und bizarre Vulkane. Dünne Luft in Höhen bis 5000 m, unbefestigte Sand- und Schotterpisten, und der gefürchtete Andensturm, der mit eisiger Kälte über die Landschaft fegt. Tage später stehen wir auf der schier unendlichen Salzfläche des **Salar de Uyuni,** die in einem beißend-blendenden Weiß erstrahlt. Aus dieser Umgebung hebt sich die mit riesigen Kakteen überwucherte Fischinsel unwirklich ab. Stunde um Stunde rollen die Reifen über die knisternden Kristalle, ehe nach mehr als 70 km wieder Festland erreicht ist. Über das hochgelegene Potosí rollen wir der bolivianischen Hauptstadt La Paz entgegen …

Nachzulesen mit beeindruckenden Fotos im Buch **„Faszination in Südamerika",** Lutz Gebhardt, Jens-Ulrich Groß, Verlag Grünes Herz, ISBN 3-929993-46-5.

Calama – San Pedro de Atacama – Paso Portezuelo del Cajón (ca. 4600 m) **– Uyuni**

Sehr reizvolle Alternative zu der Strecke über Ollagüe. Die Straße ist asphaltiert bis kurz vor dem Paß wo sich die Strecke von der Straße zum Jama-Pass in Argentinien abwendet. Die herrlichen Seen *Laguna Blanca* und *Laguna Colorada*, das Geothermalfeld *Sol de Mañana* sowie der *Laguna Colorada* sind unvergeßliche Naturereignisse. Die Gegend ist fast menschenleer. Nur an der Laguna Blanca und an der Laguna Colorada findet man kleine Camps, wo man Verpflegung nachfassen und ggfl. windgeschützt übernachten kann. In Chiguana trifft man wieder auf die Ollagüe-Route. Reisebüros Strecke San Pedro – Uyuni mit den Jeep.

Nach Argentinien:

San Pedro de Atacama – Huaitiquina – San Antonio de los Cobres (4700 m, sehr steil), dieser Paß wird nur noch selten befahren. Besser ist, stattdessen den etwas südlich gelegenen

Paso Sico (4080 m) über Socaire nach Catúa und weiter nach San Antonio de los Cobres zu wählen. Dabei geht es aber über Höhen zwischen 4500 (Abra Chorillos) und über einen weiteren Berg mit ca. 4800 m (s. Bericht von Albert Kratzer bei „Argentinien"). Man kann von San Pedro auch über den

Paso de Jama zum argentinischen Susques, „Camino de Jama" (ca. 4800 m, einmal pro Woche ein Bus). Von San Pedro geht auch ein Bus 2x wöchentlich nach Salta in Argentinien! Von Calama fährt über San Pedro de Atacama auch ein Bus 2x wöchentlich nach Salta (über den Paso Sico).

Antofagasta – Portezuelo de Socompa (3860 m) – Salta (kaum befahren, kein Zug mehr).

Copiapó – Paso San Francisco (4700) – Tinogasta – San Miguel de Tucumán (sehr lange Strecke ohne Versorgungsmöglichkeiten).

Serena – Paso del Agua Negra (4770 m) – San Juan

Santiago – Los Andes – Paso Bermejo (Túnel Caracoles Christo Redentor) – Puente del Inca – Mendoza. Dies ist der asphaltierte Hauptpaß zwischen beiden Ländern, schön zu fahren, viele Serpentinen auf chilenischer Seite, mit 3185 m für einen Radfahrer noch anstrengend genug, oben ein 3,5 km langer Tunnel. Die chilenische Tunnelhälfte ist als Anstieg, die argentinische als Gefälle ausgelegt! Früher passierte die Paßstraße die Christus-Statue in 3848 m, die Schotter- und Gesteinspiste ist für Radler noch passierbar.

Zwischen dem Bermejo und dem südlich nächst wichtigen **Paso Puyehue** (1308 m) zwischen Osorno und San Carlos de Bariloche gibt es noch einige weitere, z.B. zwischen Temuco/Neuquen oder Villarica/Junín de los Andes (Paso Mamuil Malal 1207 m und Paso de Carirriñe 1123 m).

Nach Bariloche könnte man auch – schönere Strecke – über den Lago Todos los Santos (Petrohué - Peulla) und dann über den **Paso Pérez Rosales** (1022 m) fahren (s. „Bariloche" bei „Argentinien").

Wichtig: Alle Angaben zu den Pässen und zu den Bussen und Bahnen vor Ort rechtzeitig nachchecken!

Über den Lauca-Paß nach Boliven

Ein Bericht von *Albert Kratzer*

Von Huara an der Panamericana biege ich nach Osten in die Anden ab. Statt erst von Arica zum 4650 m hohen Lauca-Paß nach Boliven hochzupedalen will ich mich hier schon an den Aufstieg machen, dann entlang der Andenkette bis zum Lauca pedalen, um auf dieser Strecke „höhentauglich" zu werden.

Die Piste nach Colchane steigt kontinuierlich an, sie führt durch eine ausgetrocknete Landschaft. Am zweiten Tag erreiche ich Chusmiza. In diesem kleinen Ort gibt es Thermalbäder, eine Wohltat nach über 100 km bergauf. Eine ganze Woche werde ich hier in dem einsamen Dorf bleiben, um mich auf 3300 m zu akklimatisieren. Ich will den Fehler, zu schnell auf über 4000 zu kommen, nicht wiederholen, zu gut kann ich mich noch an die Kopfschmerzen, die Atemprobleme, den schlechten Schlaf, an die Appetitlosigkeit und die körperliche Niedergeschlagenheit erinnern. Auf der bevorstehenden Strecke bis La Paz werde ich mindestens einen Monat immer über 3500 m sein, und darauf will ich gut vorbereitet sein, um keine – vielleicht lebensgefährlichen – Probleme herauszufordern.

Die Woche in Chusmiza ist ausgefüllt mit einer General-Überholung des Rades und netten Begegnungen mit den Menschen im Ort.

Dann starte ich wieder. Einen halben Tag strample ich bergauf, mit der Abstufung meiner Ritzel und der Kettenblätter bin ich zufrieden (46/36/24 und 30/13). Auf einem 4400-m-Paß überquere ich die westliche Andenkette, ich sehe beim Blick zurück nochmals den Pazifik. Am späten Nachmittag erreiche ich auf einer abschüssigen, schlechten Piste die kleine Ortschaft Quebe. Dort werde ich von einer gastfreundlichen Familie zum Essen und zum Übernachten eingeladen.

Am nächsten Morgen gibt man mir einen Beutel voller Chachacoma-Kräuter, die hier in der Gegend wachsen, mit auf den Weg, gegen die evtl. Höhenkrankheit. Julian begleitet mich ein Stück mit seinem Fahrrad. Dabei stelle ich fest, daß ich mit meinen 18 Gängen gegen den Indio mit seinem klapprigen Rad ohne Gangschaltung keine Chance habe! Die Indios haben sich im Laufe der Jahrtausende an die Höhe angepaßt, wie kläglich ist da meine Woche Akklimatisation.

Auf dem Weg nach Cochrane sehe ich zum ersten Mal die Ketten der schneebedeckten Vulkangipfel, die Grenze zu Bolivien. Dann esse ich in dem kleinen Ort und kaufe mir Lebensmittel. Von Huara bis hierher waren es über 200 km.

Auf einer traumhaften Stecke entlang des Río Arabilla passiere ich die malerischen Orte Isluga und Enquelga. Die Piste verläuft entlang der majestätischen Bergkette der Anden. Mit den Karten des Turistel-Führers kann ich meine Etappen so planen, daß ich immer an einer Thermalquelle übernachte. Ich sitze stundenlang, bis ich völlig aufgeweicht bin, in dem warmen Wasser, und betrachte den gewaltigen Sternenhimmel.

Es geht weiter, vorbei am Salar der Surire – mit Schwärmen von Flamingos und vielen Vicuñas – und einem Zwangsabstecher zu einer 5100 m (!) hoch gelegenen Mine, weil ich kein Wasser mehr habe. Dann erreiche ich über Guallatiri die Straße, die von Arica den Lauca-Park hochführt und ich strample noch am gleichen Tag hoch bis zum Refugio (Hütte) Las Cuevas. Eine Erkältung zwingt mich am anderen Morgen, mit einem Bus der Minengesellschaft im tiefergelegenen Städtchen Putre einen Arzt aufzusuchen.

Ich decke mich mit Medikamenten, Zitronen, Tee und Honig ein und kehre per Bus zurück nach Las Cuevas. Nach einer warmen Nacht geht es mir wieder besser, doch hustend quäle ich mich weiter die Piste hoch.

Völlig erschöpft erreiche ich Parinacota, ein kleines Dorf gerade 10 km weiter mit einem weiteren Refugio, doch der ist nicht beheizt. Am übernächsten Tag kämpfe ich mich weiter hoch zum letzten Refugio, direkt am Lago Chungará, Höhe 4500 m, gelegen unter den kegelförmigen Vulkangipfeln Parinakota und Pomerape. Dort kuriere ich meine Erkältung aus, zum Glück ist die Hütte beheizt. Durch ein Fenster direkt vor meinem Bett, eingehüllt in meinen Schlafsack und in einige Decken, genieße ich die Sonnenaufgänge …

Nach 5 Tagen sind meine Kräfte wieder soweit hergestellt, daß ich zum Grenzposten aufbrechen kann. Vorbei am Vulkan Sajama, der über 6500 m hoch ist, fahre ich durch Bäche und auf tiefstaubiger Strecke nach Bolivien hinein. Ich bin auf dem traumhaft schönen Altiplano. Doch „plano" ist irreleitend, es ist ein ewiges Auf und Ab, das ganz schön in die Knochen geht. In Patacamaya erreiche ich dann endlich die Straße nach La Paz.

Seit Huara bis zur Grenze war ich 22 Tage unterwegs, eingerechnet meine sie-ben Ruhe- und fünf Krankheitstage. Von der Grenze bis nach La Paz brauchte ich dann nochmals 3 Tage. Trotz meiner Erkältung verlief dieses Mal der Andenaufstieg dank guter Akklimatisierung weniger beschwerdevoll als auf der Paßfahrt von Argentinien nach Chile!"

Im „Lateinamerika BikeBuch" findet ihr weitere Bikestories. Hinweis zum Lauca-Paß: In Straßenkarten werden die Namen „Lauca-Paß" und „Paso Tambo Quemado" gleichermaßen verwendet.

Von Puerto Montt nach Süden

In Puerto Montt endet bzw. beginnt die Panamericana. Wer es von Feuerland bis hierauf geschafft hat, kann aufatmen, wer „runter" will, dem blüht noch einiges … Südwärts Radelnde haben mehrere Optionen, um Feuerland zu erreichen:

1. am schnellsten per Flug von Puerto Montt nach Punta Arenas.

2. Am zweitschnellsten mit dem Fährschiff in drei Tagen nach Puerto Natales oder Punta Arenas.

3. Per Rad etwas langsamer auf der **Carretera Austral Presidente Pinochet.** Dies ist die Weiterführung der Panamericana ca. 700 km bis nach Cochrane in den Süden Chiles. Es ist eine kurven- und steigungsreiche Schotterpiste (erfordert gute Reifen!), ein chilenisches Prestigeobjekt, doch auch ein einmaliges, teilweise atemberaubendes Naturerlebnis. Es geht durch kaum besiedeltes, sturm- und regenreiches Land, durch eine wilde, zerrisse Fjord-, Gletscher- und Insellandschaft, eine Straße für Abenteurer und Entdecker. Man muß dabei anfangs über zwei Fjorde setzen. Man kann Abstecher in Nationalparks machen (Queulat bei Puyuhuapi), und als Belohnung für den Regen (die chilenische Seite der Anden ist regenreicher als die argentinische, dafür ist sie nicht so windig wie die argentinische Pampa), für die stechenden Pferdefliegen und die Anstrengungen sollte man sich den Schiffsausflug von Puerto Aisen bzw. Chacabuco nach Süden zur kreisförmigen *Laguna San Rafaél* gönnen. Dort gibt es nämlich riesige Eisfelder und Gletscher zu sehen. Einmalig.

Die Carretera Austral möglichst nur in den Sommermonaten, also zwischen Dezember und Februar, fahren. Es gibt immer gute Möglichkeiten zum freien Campen, in den größeren Orten gibt es auch ein paar kleine offizielle Campingplätze. Man kann auch in Gästehäusern und Pensionen unterkommen.

In Cochrane ist der südlichste Übergang nach (oder von) Argentinien nach Bajo Caracoles an der Ruta 40. Doch es ist empfehlenswerter, vorher von Puerto Ibáñez zum argentinischen Perito Moreno das Land zu wechseln oder über Chile Chico. Dazu mit dem Boot von Puerto Ibáñez über den Lago Carrera fahren und weiter nach Perito Moreno.

Zwischen Puerto Cisnes und Coihaique (dies ist der Hauptort an der Carretera Austral) gibt es zuvor noch vier weitere Übergänge zur Ruta 40 nach Argentinien, z.B. nach Rio Mayo, Ruta 272. Auch von den südlich von Chaiten gelegenen Orten Futaleufú (nach Esquel) und Palena (nach Corcovado/Tecka) kann man rüber- oder hinüberwechseln.

Allesamt sind die Übergänge nicht asphaltiert, einsam und sehr selten befahren! Ein Blick in den Turistel-Führer verdeutlicht diese etwas komplizierte Übergangs-Materie. Wählt nach Möglichkeit einen etwas mehr befahrenen, z.B. Chile Chico/Perito Moreno.

Wer auf der Carretera Austral schlapp macht: Es gibt auch Busse zwischen den teilweise noch pionierhaft wirkenden Orten bis runter nach Cochrane, oder man kann versuchen zu trampen.

Alternative: Von Puerto Montt bestehen auch Fährschiffverbindungen nach Chaitén und Puerto Chacabuco (bei Puerto Aisen, von dort ca. 80 km nach Coihaique). Damit könnte man also die Carretera Austral abkürzen bzw. umfahren. Auch könnte mit einer Schiffsfahrt der Besuch der regenreichen, irlandähnlichen Insel Chiloé verbunden werden. Oder man setzt zunächst von Pargua nach Chacao auf die Insel Chiloé über, durchradelt sie bis zur Hälfte und setzt dann vom Inselhafenort Chonchi nach Chaitén über (oder von Quellón, etwas weiter südlich, nach Puerto Chacabuco). Viel Glück bei der richtigen Wahl!

Paraguay

Das Agrarland Paraguay ist ein überwiegend flaches Binnenland, eingeschlossen von Argentinien, Brasilien und Bolivien. Es wird durchflossen vom Río Paraguay, der das Land in zwei Hälften zerteilt und dessen Nebenflüsse Pilcomayo (im Süden) und Paraná (im Osten) die Grenzflüsse zu Argentinien und Brasilien bilden.

Im Westen Paraguays liegt der steppen- und savannenartige, fast menschenleere Chaco, der im Sommer zwischen Dezember und April sehr trocken und extrem heiß wird! Östlich des Río Paraguay prägen wasserreiches Grasland und subtropische Feuchtwälder das Landschaftsbild, und im Osten lebt auch der Großteil der ca. 5,5 Mio. Paraguayer. Sie sind nahezu alle Mestizen, reinblütige Indianer leben noch in den Regenwäldern zur brasilianischen Grenze hin. Das Guaraní ist neben dem Spanischen zweite Sprache.

Die Hauptstadt Paraguays ist das provinziell anmutende Asunción (immerhin eine deutsche Metzgerei, eine Bäckerei mit Vollkornbrot, und gutes Bier!).

Außer den Jesuitenreduktionen, eine Art Klöster (die lassen sich auch bei einem evtl. Abstecher von der argentinischen Provinz Misiones aus, wo es gleichfalls einige gibt, besichtigen), weist Paraguay kaum touristische Sehenswürdigkeiten auf. Schön ist die Klöppel-Kunst im Dorf Itauguá und der Ypacarai-See in der Nähe von Asunción, dort gute Campmöglichkeit. Interessant sind evtl. die deutschstämmigen Mennoniten-Siedlungen im Chaco (Filadelfia), doch diese Strecke ist trotz den dortigen tierreichen und palmenbestandenen Savannen und Sümpfen (Vogelparadies) für einen Radler sehr lang, beschwerlich und eintönig. Ciudad del Este ist bekannt für sein sehr günstiges und großes Angebot an Importartikeln (Elektronik, z.B. Weltempfänger, Filme und Fotozubehör) und Fälschungen, also Vorsicht.

■ Auf roter Sandpiste von Concepción Richtung Brasilien

Reise-wichtiges

Keine Visum für Bürger aus D, CH und A nötig, Aufenthalt bis zu 3 Monaten mit Touristen-Karte. Landeswährung ist der Guaraní, Reisewährung ist der US-Dollar. Dollar-Reiseschecks können auch in Dollars getauscht werden, Kreditkarten (Visa, MasterCard) werden von den Banken problemlos akzeptiert. Geldwechsler auf der Straße haben allgemein bessere Kurse für bare Dollars als die Banken. Obacht vor Schlitzohren! Das Hotelangebot ist mäßig, freies Campen aber überall gut möglich. Fast schon legendär unter Reiseradlern ist das Hostel „Ayuda Social Germano-Paraguaya" in der Av. España 202 in Asunción, zentral gelegen und eine gute Möglichkeit, andere Traveller zu treffen.

Eine gute Reisezeit ist in Paraguay die weniger heiß-schwüle und die etwas niederschlagsärmere Zeit von Mai bis September (Winterzeit). Von Dezember bis Februar ist es sehr heiß und feucht, Lehmpisten können dann nach Regenfällen unpassierbar sein. Doch die umliegenden Länder haben für die Jahreszeiten-Reiseplanung einer Südamerika-Radreise sowieso Vorrang. Das Busnetz funktioniert in Paraguay recht gut.

Bücher und Karten: Paraguay ist oft Bestandteil von Argentinien-Reiseführern, s. dort. South American Handbook. Lateinamerika BikeBuch. Kauderwelsch-Sprachführer „Guaraní für Paraguay", RKH. Einfache Straßenkarten in Paraguay gibt es von Esso- und Shell-Tankstellen, Routenkarten (Hoja de Ruta) vom paraguayischen Automobilclub in Asunción (Touring y Automóvil Club Paraguayo – TACP –, 25 de Mayo y Brasil). Die Dirección del Servicio Geográfico Militar in der Av. Perú y Jardin Botanico hat die besten, wenn auch nicht unbedingt aktuellsten Karten, auch für Chaco-Routen (dorthin Reisepaß mitnehmen).

Routen und Reisen

Paraguay hat nur wenige asphaltierte Straßen, die unbefestigten sind in der Regenzeit oder nach schweren Regenfällen unpassierbar.

Es empfiehlt sich nicht, die 800 km von Asunción auf der Trans-Chaco Ruta über Filadelfia und Mariscal Estagarribia nach Bolivien radeln zu wollen, diese Strecke hat hinter Mariscal Estagarribia lange Sandstrecken, sie ist schwierig und es gibt kaum Siedlungen für Proviant- und vor allem Wassernachschub. Busse fahren nur bis Filadelfia, Lkw auch noch bis Bolivien, doch kann es nach Regenfällen tagelange Verzögerungen geben. Besser ist es, in Asunción mit einem Schiff (Crucero SRL) auf dem Río Paraguay nach Concepción zu fahren, oder nach Bahía Negra und von dort bis zum brasilianischen Puerto Esperanza. Von da Straße und

Zug bis nach Corumbá und weiter mit dem Zug nach Santa Cruz in Bolivien.

Das Schiff nach Concepción geht 1x wöchentlich, 26 h Fahrzeit, nach Corumbá 2x monatl., 4 Tage Fahrt, sofern Flußbedingungen o.k. Vorausbuchen, schönes Reiseerlebnis. Von Corumbá kann man Ausflüge ins Tierparadies Pantanal machen (sofern die Jahreszeit stimmt).

Man könnte aber auch schon in Concepción wieder vom Schiff auf den Sattel steigen, und dann auf einer die ersten 100 km sehr staubigen, teils tiefsandigen, aber danach asphaltierten Straße 220 km bis zum Grenzort Pedro J. Caballero/Ponta Porã und weitere 800 km nach Campo Grande – Corumbá pedalen. Von Asunción gehen auch unregelmäßige Schiffe nach Buenos Aires, 1500 km, in ca. 3 Tagen.

Die Hauptattraktion im Dreiländereck Paraguay/Brasilien/Argentinien sind die **Cataratas del Iguazú**, die Iguazú-Wasserfälle (und das dort in der Nähe liegende paraguayische Großkraftwerk **Itaipú**). Eine gute Straße, die Schlagader des Landes, verbindet Asunción mit der dortigen Kommerz-Grenzstadt Ciudad del Este (unterwegs evtl. Abstecher zu deutsch gegründeten Siedlungen, wie Colonia Independencia, südl. von Coronel Oviedo). Über die Puente de Amistad fährt man ins brasilianische Foz do Iguaçu. Distanz 360 km.

Eine zweite wichtige Straße (und eine uralte Dampf-Eisenbahnline) führt von Asunción durch ländliche Idylle (man kommt an der Reduktion San Ignacio und an ein paar weiteren vorbei) zum Grenzort Encarnación am Paraná (über die für Radler gesperrte Puente San Roque geht es nach Posadas in Argentinien, fragt nach einer Mitfahrgelegenheit auf der Pritsche einer *camioneta!*). Ein anderer Übergang nach Argentinien ist Asunción/Clorinda, die Puente Romanso Castillo ist für Radler freigegeben.

Uruguay

Über das kleine (Wohlstands-)Land am Atlantik zwischen Brasilien und Argentinien gibt es nur wenig zu berichten, es ist mehr ein Durchfahr-, kein direktes Reiseland. Touristisch gibt es außer seinen Atlantikstränden nichts weiter außergewöhnliches. Hauptstadt ist Montevideo (viele Oldtimer im Straßenverkehr!), von den Seebädern ist besonders das mondäne Punta del Este bekannt.

Das leicht wellige Hügelland ist zum Radfahren sehr gut geeignet, die Straßen sind gut ausgebaut und der Verkehr ist sehr dünn (Autos und Benzin sind in diesem Land teuer!). In der Landesmitte wird der Río Negro zu Stauseen aufgestaut, die Ebenen im Süden sind versumpft. Die Bevölkerung ist fast hundertprozentig europäischer Abstammung. Es wird überwiegend Viehzucht betrieben.

Eine schöne Straße führt von Montevideo von Seebad zu Seebad (Ruta Interbalnearia), man radelt zwischen Kiefernwäldern, immer entlang der lagunenreichen Küste (ideal zum Baden und Campen, auch offizielle Campplätze). Brasilianischer Grenzort ist Chuy, eine quirlige Geschäftsstadt, ca. 380 km von Montevideo entfernt.

Nach Argentinien ist der Hauptgrenzort Fray Bentos, es geht über eine 5 km lange Brücke. Weitere Grenzbrücken bei Paysandú und Salto, für Radler gesperrt, fragt nach einer Mitfahrgelegenheit. Nach Buenos Aires

Schiffsfährenverkehr von Montevideo, mehrmals täglich, ca. 3 h (auch ab dem westlichen Küstenort Colonia del Sacramento, ab dem östlichen Küstenort Piriápolis nur während der Hochsaison). Keine Eisenbahnlinie.

Reise-
wichtiges
Uruguay hat ein ausgeglichenes, warmes Meeresklima mit milden Wintern und warmen, auch teilweise sehr heißen Sommern ohne ausgeprägte „gute" oder „schlechte" Monate. Regnen kann es das ganze Jahr über, im Norden häufiger als im Süden. November bis April sind am angenehmsten, Touristenhochsaison von Mitte Dezember bis Mitte März mit stark steigenden Übernachtungspreisen. Wind meist vom Atlantik wehend.

Radler aus D, CH und A brauchen kein Visum, Reisepaß für 90 Tage Aufenthaltsgenehmigung. Währung ist der Peso, Reisewährung der US-Dollar. Geldtauschen bereitet in Uruguay keine Probleme, neben den Banken gibt es „Casas de Cambio" mit etwas besseren Kursen. Wer weiter nach Argentinien oder Brasilien biken möchte, kann sich hier nochmals mit baren US-Dollar versorgen: Sowohl Bargeldauszahlungen gegen Dollar-Reiseschecks als auch per Kreditkarte sind jederzeit möglich. Uruguay ist ein recht teures Reiseland.

Gutes Hotel- und Campingplatzangebot entlang der Küste, viele private Campingplätze sind allerdings außerhalb der Hochsaison geschlossen. Man kann aber auch gut wild Zelten, auch im Binnenland, solange man sich mit den Weidezäunen arrangieren kann. In den Küstenbadeorten und in Montevideo gibt es einige Jugendherbergen. Anschrift der Juhe-Organisation: Asociación de Alberguistas del Uruguay, Pablo de María 1583/008, CP 11200, P.O.Box 10680, Montevideo, Uruguay, Tel. (598) (2) 4004245 u. 4000581.

Bücher und
Karten
In Argentinien-Reiseführern wird Uruguay meist ein eigenes Kapitel gewidmet. South American Handbook. Lateinamerika BikeBuch. Karten: ITM Travel Map 1:800.000. Für die Küstenstraße reichen auch die beiden Argentinienkarten von Nelles, 1:2,5 Mio. Auf der Reise Know-How Karte „Argentinien" ist auch Uruguay drauf. Straßenkarten gibt es auch von Shell-, Esso- und Ancap-Tankstellen und von der Direccion Nacional de Turismo. Wer von Buenos Aires anreist, kann sich vom dortigen ACA-Automobilclub-Büro bereits eine Straßenkarte mitnehmen.

Internet
Neben einem ersten Überblick, Infos zur Anreise aus Argentinien etc. bietet die Website www.visit-uruguay.com auch eine gute Linkliste. Die Homepage des Tourismusministeriums ist dagegen nur in spanisch: www.turismo.gub.uy.

Venezuela

I. PLANUNG, VORBEREITUNG, WISSENSWERTES

Überblick
Venezuela, das Land an der Nordspitze Südamerikas, ist das „Tor Südamerikas". Es hat großartige Landschaften aufzuweisen, ist aber trotzdem kein klassisches Urlaubsland. Der Auslandstourismus konzentriert sich auf die östliche Küstenregion und die Isla Margarita. Südamerikareisenden dient Venezuela meist als Sprungbrett in die (oder von den) USA, doch das Land ist auch ein guter Start- oder Endpunkt einer Südameri-

ka-Radreise. In Venezuela, besonders im Landesinnern, ist ganz bestimmt noch etwas von der ursprünglichen Faszination des Reisens – ob mit oder ohne Rad – spürbar.

Kultur, Sprache und Religion der 24 Mio.-Bevölkerung haben starke europäische Wurzeln. Sie setzt sich überwiegend aus Mischlingen (Mestizen und Mulatten) zusammen, auch aus vielen Weißen (ca. 20%, viele sind italienischer Abstammung). Minderheiten sind Indianer (ca. 2%, Yanomami, Amazonasgebiet) und Schwarze (9%). Über 90 Prozent der Bevölkerung lebt im Streifen zwischen der Küste und der Sierra.

Geografie   Venezuela besteht im wesentlichen aus drei Großlandschaften: Im Norden zieht sich von West nach Ost das Bergland der Anden *(serranía),* wobei die Sierra Nevada de Mérida Höhen von über 5000 m aufweist! Im Landesinnern erstrecken sich zwischen dem Küstengebirge und dem Orinoco-Fluß die **Llanos,** endlos flache oder leicht hügelige Gras- und Savannenlandschaften. Dabei teilt der *Orinoco,* das drittgrößte Flußsystem Südamerikas, das Land in die trockenere Nord- und die feuchtere Süd-Regenwaldhälfte. Im Süden Venezuelas liegt eine ausgedehnte Hochebene, das *Bergland von Guayana.* Der östliche Teil ist die **Gran Sabana,** aus ihr ragen Dutzende, z.T. gewaltig große Tafelberge *(tepuis)* bis über 2000 m senkrecht aus der Ebene auf.

Im Nordwesten Venezuelas liegt das Tiefland um den Maracaibo-See und die Millionenstadt Maracaibo, dort wird viel Öl gefördert (Umweltverschmutzung!). Erdöl ist (mit Eisen und Aluminium) das Rückgrat der Wirtschaft Venezuelas, fette Öljahre haben das Land reich gemacht. Doch es gibt auch viel Armut, Venezuela ist Industrie- und Agrarland zugleich. Wichtigste Siedlungs- und Wirtschaftszone ist die Küstenregion um die Hauptstadt Caracas. Caracas ist eine moderne, lärmige Hochhaus- und Millionenstadt, an ihren Hängen ziehen sich aber auch ausgedehnte Armenviertel hin, die *barrios.*

Einreise,   Visum bei Einreise über Land erforderlich, Touristenkarte *(Tarjeta de In-*
Währung   *greso)* bei Einreise auf dem Luftweg, Nachweis der Rück- oder Weiterreise, Aufenthaltsdauer 60 Tage. Die DIEX ist die nationale Ausländerbehörde für Visa und Verlängerungen. Gelbfieberimpfung bei Einreise von Brasilien erforderlich. Preiswerteste Flüge von Europa derzeit mit VIASA – der nationalen Fluggesellschaft –, British Airways und Air Portugal. Ansonsten viele weitere Linien von Europa/USA (Miami) und von den südamerikanischen Ländern. Auch Schiffslinien von/in die USA, Details dazu und zu Flügen s. Reise Know-How Reiseführer „Venezuela" und South American Handbook.

Währung in Venezuela ist der Bolívar (Simón Bolívar ist in Venezuela vieles gewidmet, es ist das Geburtsland des südamerikanischen Freiheitskämpfers). Geld- und Scheckwechsel in Casa de Cambios und Banken, Nachschub aus Geldautomaten.

Klima   In Venezuela gibt es alle Varianten tropischen Klimas, sie sind abhängig von der Höhenlage. Heißester Monat im Land ist der August (dann angenehm in den Hochlagen). Sehr schwül und heiß ist es im Tiefland um den Maracaibo-See! Trockenzeit im größten Teil des Landes von Dezember bis April, an der Küste regnet es das ganz Jahr über nur wenig. Bootsausflüge in der Gran Sabana sind nur während der Regenzeit möglich (Wasserpegel).

Straßen, Verkehr, Transport	Venezuela verfügt im Norden über ein sehr gut ausgebautes Straßennetz, der Verkehr ist stark, geradezu mörderisch kann er in den Städten und im Küstengebiet sein. Parallel zu den Autobahnen gibt es noch die alten, vorherigen Straßen. Ausschilderung schlecht. Immer auf Hindernisse gefaßt sein, selbst gute Straßen sind mit Schlaglöchern, Steinen, zerbrochenen Flaschen und andere Hindernisse „verziert". Nie nachts fahren!

Die Küstenstrecke Caracas – Cumaná (von dort Fähre zur Isla de Margarita) ist vielbefahren. Südlich des Orinoco gibt es nur ganz wenige Straßen. Gute Busverbindungen zwischen den Großstädten, doch kaum nennenswerte Eisenbahnlinien. Von der größten Hafenstadt La Guaira (bei Caracas) Schiffsverbindungen nach Europa und USA. Ausgezeichnete, preiswerte inländische Flugverbindungen, viele kleine Landeplätze im Süden des Landes. Inlandfluggesellschaften sind VIASA, Avensa, Aerotuy u.a. Radmitnahme durchweg möglich.

Sicherheit   Auch Venezuela ist wie Kolumbien ein traditionelles Brückenland für den internationalen Rauschgiftschmuggel. Es gibt viele Straßen- und strenge Grenzkontrollen durch die Polizei (an den Grenzen der Bundesstaaten und an strategisch wichtigen Stellen, sog. *Alcabales.* Zur eigenen Sicherheit immer umsichtig verhalten, sehr vorsichtig sein in den Großstädten, sehr bedrohlich ist die Situation in Caracas! Armutsviertel unbedingt meiden. Alles Militärische und die Polizeikontrollen nicht fotografieren.

Fahrrad und Ausrüstung   In den Städten gibt es *talleres de bicicletas,* Radreparaturgeschäfte, auf dem Land kaum, die aber nur einfache Arbeiten durchführen können. Radersatzteile für westliche Edel-Bikes werdet ihr hier nicht finden, nur 26er Gummisohlen. In Mérida lebt ein Amerikaner, Jerry Keeton, der MTB-Touren in die umliegende Berge organisiert. Kontakt über Alpi-Tours, Centro Parque Boyacá, Torre Central, Piso 1, Avenida Sucre, Los Dos Caminos, Caracas.

Übernachten, Verpflegung   Es gibt keine offiziellen Campingplätze und auch keine Jugendherbergen, doch genügend Hotels, Posadas bzw. Hospedajes aller Kategorien. Wildes Camping nur an sehr sicher erscheinenden Plätzen! Teilweise gibt es im Land einfache Rundhütten, sog. *Churuatas,* die nach allen Seiten offen sind und wo man seine Hängematte aufspannen kann.

Keine Probleme hat man mit der Verpflegung, typisch für Venezuela sind *areperas,* kleine Gaststätten, wo es gutes und billiges Essen gibt. An der Küste gute Fischspeisen. *Sancocho* ist ein Eintopf. Das Wasser in Städten ist stark gechlort, doch Mineralwasser ist erhältlich, Trinkwasserbehälter gibt es in Geschäften und in öffentl. Gebäuden zur Selbstbedienung. Und überall in Venezuela wird Kaffee bzw. Capuccino getrunken. Beim Reisen im weniger besiedelten Süden (z.B. Gran-Sabana-Route) entsprechend Vorräte mitführen. Camping-Gaz-Kartuschen sind erhältlich.

Literatur, Karten   Reiseführer: „Venezuela", Reise Know-How; „Guide to Venezuela", (Schwerpunkt Natur und Parks, Wandern), Bradt-Verlag, England; „Venezuela", Lonely Planet. South American Handbook und Venezuela Handbook. Bester Sprachführer: „Spanisch für Venezuela", RKH.

Karten: „Venezuela Touring Atlas", 1:500.000. Reise Know-How Karte „Venezuela". Nelles-Karte 1:2,5 Mio. (mit Guyana, Surinam und Franz. Guyana). ITM Travel Map 1:1,75 Mio. In Venezuela: die beste Straßenkarte bei Lagoven-Tankstellen („Rutas de Venezuela", 1:1,5 Mio.). Reiseführer: „Guía Progreso", mit guten Karten und Stadtplänen (in Buchhandlungen).

Äqua-Tour-Radler *Tilmann Waldthaler* fuhr bei seiner Weltumradelung von Caracas über Ciudad Bolívar durch die Gran Sabana bis zur brasilianischen Grenze (Santa Elena). Seine Erlebnisse sind beschrieben im Buch „Die Äqua-Tour".

Das „Lateinamerika BikeBuch" stellt 7 Routen und Touren durch Venezuela vor, u.a. Isla Margarita, Gran Sabana, Andentour von Caracas nach Kolumbien.

■ *Strecke durch die Anden vor Mérida*

II. ZIELE, ROUTEN, STRECKEN

Sehenswertes   Venezuela besitzt kaum Zeugnisse alter südamerikanischer Kulturen. Höchster Wasserfall der Erde (979 m) ist der *Salto de Angel* südlich des Orinoco im *Canaima-Nationalpark* (Gran Sabana, zum Canaima lohnende Flüge). Die *Gran Sabana* mit ihren geheimnisvollen Tafelbergen und der reichen Fauna und Flora gehört zu den erstaunlichsten Landschaften Südamerikas!

Die *Colonia Tovar,* ein um 1843 von Auswanderern aus dem Kaiserstuhl gegründeter Ort ist heute ein sehr touristisches Schwarzwalddorf und ein beliebtes Ausflugsziel, es liegt 50 km westlich von Caracas. Bade-Tourismuszentren sind Puerto La Cruz (bei Barcelona, 325 km östl. von Caracas), Maracay (westl. von Caracas) und besonders die Isla de Margarita (schöne Strände, Charterflüge von Deutschland). Besuchenswert ist die koloniale Universitätsstadt Mérida in der Anden-Sierra (1650 m), von dort führt eine Seilbahn zum 4765 m hohen Pico Espejo (fantastische Fahrt und Aussicht, höchste Seilbahn der Welt).

An- und Weiterreise   Wichtige Straßen- und Verkehrsverbindungen nur mit Kolumbien, die Grenzen zu den südlichen Nachbarstaaten Brasilien und Guayana verlaufen größtenteils durch den Urwald. Grenze zu Guyana wegen Gebietkonflikts geschlossen, es existieren auch gar keine Straßen.

Nach Kolumbien am besten über Mérida nach San Antonio del Táchira/Cúcuta, an der Küste über Maracaibo/Ríohacha, weniger empfehlenswert, nicht sicher.

Nach Brasilien (einzige Möglichkeit) über Ciudad Bolívar bzw. Ciudad Guayana via El Dorado zur Grenzstadt Santa Elena de Uairén (ca. 1400 km ab Caracas). Straße durchgehend asphaltiert. Dann über Boa Vista nach Manaus. Nach Überquerung des Orinoco wird es einsam, hinter Santa Elena in Brasilien Piste, oft verschlammt, bis Boa Vista. Es fahren auch Busse nach Santa Elena und von dort weiter nach Boa Vista. Genaue Routenbeschreibung mit km-Logbuch im „Lateinamerika Bike-Buch"!

Routen und Touren

Der fürs Radfahren interessanteste Landesteil ist das Bergland südl. des Maracaibo-Sees zwischen San Cristóbal und Barquisimeto (Sierra Nevada). Dort gibt es gute Straßen und Unterkünfte, schöne Landschaftsszenerien und der Verkehr ist nicht so stark, und wer nach Kolumbien will, sollte diese Transandina-Route der Strecke entlang der Karibik vorziehen. Von/nach Mérida kann man aber auch östlich der Berge auf flacher Strecke über Barinas fahren (Llanos-Route), diese Strecke ist kaum gebirgig und wesentlich schneller, aber auch wärmer und nicht so abwechslungsreich (das gleiche trifft auf die Panamericana-Route zu, die am Westrand der Sierra entlang von La Fria nach Barquisimeto verläuft). In Barinas lohnt es sich – wenn man von Caracas kommt –, in die Berge hinein nach Mérida hochzukurbeln.

Im Großraum Caracas ist Radfahren nicht zu empfehlen. Silvia Rüger: „Der int. Flughafen von Caracas liegt auf Meereshöhe, Caracas selbst an den Berghängen auf ca. 1000 m Höhe! Wahrlich kein Spaß, zumal nur eine für Radler gesperrte, abgasverpestete vielspurige Direttissima in die City führt. Spätestens an der ersten Mautstelle ist Schluß mit lustig. Besser, ihr quartiert euch in der Hafenstadt La Guaira ein und besucht Caracas mit öffentlichen Verkehrsmitteln. Für Unbelehrbare ein Tip: Es gibt noch eine alte Hauptstraße in die City, dazu braucht ihr aber einen guten Stadtplan, Spanischkenntnisse und mind. 5 Stunden Zeit für ca. 45 km! Alle Ziele in Venezuela sind aber von der Küste aus genauso gut erreichbar."

Wer weitere Punkte in Venezuela besuchen will, sollte auf Bus und (billige) Flüge ausweichen. Im Hinterland auf Pisten ist dann aber ein robustes Mountain- oder Trekkingbike erforderlich.

■ *Endlos flache Llanos in Venezuela*

Die Andenländer:
Bolivien, Peru, Ecuador und Kolumbien

Bolivien

I. PLANUNG, VORBEREITUNG, WISSENSWERTES

Überblick Das Binnenland Bolivien ist ein Entwicklungsland, eines der ärmsten der Welt. Wegen den extremen Höhen und der dürftigen Infrastruktur schon für „Normalreisende" ein sehr schwieriges Reiseland. Noch schwieriger ist es, das Land mit einem Fahrrad zu bereisen. Es existieren nur etwa 1500 km asphaltierte Straßen (davon der größte Teil in einem schlechten Zustand), der Rest sind Schotter-, Erd- und Naturpisten. Radfahrer haben in Bolivien also schlechte Karten, es gibt auch kaum oder keine Radläden, wenn, dann nur in La Paz.

Anders als Peru besitzt Bolivien keine herausragende touristische Sehenswürdigkeiten (besuchenswert ist z.B. La Paz, die alte Silberstadt Potosí, und der Markt von Tarabuco bei Sucre), doch alle Routen durch Bolivien sind landschaftlich sehr eindrucksvoll, sie graben sich, trotz aller Schwierigkeiten im Land, tief in eine Radfahrerseele ein …

Mit seinen extremen landschaftlichen Gegensätzen, seinen Menschen und Märkten, seiner Kultur und dem Erlebnis Altiplano verkörpert Bolivien den Kontinent Südamerika wie kaum ein zweites Land. Wer Bolivien mit dem Rad geschafft hat, wird froh sein, doch er wird auch immer an Bolivien zurückdenken. Zur aktuellen Sicherheitslage wie immer die Website des AA besuchen (www.auswaertiges-amt.de).

Bevölkerung Etwa 8 Mio. Einwohner, überwiegend Indígenas (Aymará und Quechua, „Indios" ist eine abfällige Bezeichnung). Mestizen sind in der Minderheit. Fast neun Zehntel der Menschen leben im östlichen Hochland und an der klimatisch günstigen Ostflanke der Ostkordilleren. Die fruchtbare Region um den Titicaca-See ist gleichfalls dicht besiedelt. Umgangssprache der Hochlandbewohner sind Quechua und Aymará, der überwiegend katholische Glaube ist vielfach mit alten religiösen Glaubensvorstellungen aus vorspanischer Zeit vermischt. Bolivianer feiern viele Feste, berühmt ist z.B. der Karneval von Oruro. Panflöten und Charangos sind die typischen Musikinstrumente. Schaut, daß ihr eines der farbenprächtigen bolivianischen Feste miterleben könnt! Musik und Tanz kann man auch in städtischen *Peñas* sehen und hören.

Erwartet von den Indígenas in Bolivien und Peru nicht, daß sie euch immer aufgeschlossen und überschwenglich begegnen, ihr seid zuerst mal ein reicher Gringo, auch wenn ihr mit einem Rad reist, und mancherorts kann man auch förmliche Abneigung spüren. Wenn ihr in den Andenländern um Auskunft fragt, wendet euch zuerst an Männer, denn die sprechen eher spanisch als die (oft scheuen) Frauen!

Geografie Bolivien ist zusammen mit Peru das höchstgelegene Andenland. Es wird von zwei Hauptketten der Anden durchzogen, deren höchste Gipfel über 6500 m aufragen. Das Kernstück ist das dazwischenliegende 3000 bis 4000 m hohe **Altiplano,** eines der größten abflußlosen Hochtäler der

Welt. Der Altiplano ist eine trockene, baumlose Ebene, spärlich bewachsen mit kleinen Sträuchern (Tola) und hartem, blaugrünem Büschelgras (Ichu-Gras). Kennzeichnend ist der hohe Temperaturunterschied von Tag und Nacht (tagsüber bis ca. +20 °C Plus, nachts tiefe Minusgrade!). Auf dem Altiplano liegt auch der Titicaca-See, einer der höchstgelegenen Seen der Welt, durch ihn verläuft die Grenze von Bolivien und Peru.

Nach dem Ostabfall der ostbolivianischen Kordilleren, die von schroffen und tief eingeschnittenen Tälern zerfurcht sind, beginnen die niederschlagsreichen **Yungas,** die tropisch-warmen Tiefländer des Landes. Rund zwei Drittel Boliviens liegen in den südöstlichen, trockenheißen Llanos-Savannen und in dem feuchtheißen, nordöstlichen Amazonastiefland. Dieses riesige Gebiet ist kaum besiedelt und touristisch kaum von Bedeutung.

Im Westen und Südwesten Boliviens dehnen sich große Salzwüsten aus, der **Salar de Uyuni** ist der größte Salzsee Südamerikas. Dort regnet es auch am wenigsten, die höchsten Regenmengen fallen im Amazonasbecken. Nominelle Hauptstadt ist Sucre, doch die größte und wichtigste Stadt ist La Paz mit etwas mehr als einer Million Einwohner. Bolivien hat politisch eine sehr wechselvolle, turbulente Geschichte hinter sich und wird immer wieder von politischen und wirtschaftlichen Krisen geschüttelt.

Einreise, Währung

Kein Visum erforderlich, an der Grenze bekommt man eine Einreisekarte für meist 30 Tage, verlängerbar auf 90 Tage. Die Währung ist der *Boliviano,* Reisewährung ist der US-Dollar. Bar-Dollars bringen beim Wechseln mehr als Traveller-Schecks, Casas de Cambio haben bessere Kurse als Banken. Kreditkarten sind beim Bezahlen nur beschränkt tauglich, immerhin kann man sich damit zumindest in größeren Städten wie La Paz, Cochabamba und Santa Cruz Bargeld beschaffen. Hier gibt es auch Geldautomaten. Bolivien war immer ein relativ billiges Reiseland.

Günstige Reisezeiten in den Andenländern

Im Anden-Hochland (Altiplano): Günstig von Mai bis Oktober, in Ecuador Juni bis Oktober. Weniger günstig von November bis März in Peru und Bolivien, bis Mai in Ecuador. Der meiste Regen fällt in Bolivien und Peru im Dezember bis März, in Ecuador von Oktober bis Mai.

Die Urwald-Tiefländer in Peru, Bolivien und Ecuador: Günstig von Mai bis September für Peru und Ecuador, April bis Oktober in Bolivien. Es ist heiß und schwül.

An der peruanischen Küste bis nach Ecuador: Günstig: in Peru von Dezember bis April, in Ecuador von Dez. bis Juni. Schwül-warm. Weniger günstig: Mai bis November in Peru, nicht so gravierend in Ecuador.

Kolumbien: Gute Reisezeit von Dezember bis Januar, Regen vielerorts von Juni bis September.

Gesundheit

Neuesten Stand der Schutzimpfungen erfragen. Beim Reisen durchs Tiefland ist eine Gelbfieber-Impfungen empfehlenswert, verbreitet ist auch die Chagas-Krankheit (ähnlich Schlafkrankheit, wird durch Wanzen übertragen). Impf-Empfehlungen für die Andenländer siehe Reise Know-How Reiseführer „Peru/Bolivien", oder auf einer medizinischen Homepage, s.S. 61f.

Übernachten

Großes Angebot an billigen Hotels (*Hostales, Pensiones, Residenciales, Alojamientos* oder *Hospedajes*), bessere Hotels gibt es nur in Städten.

Keine Jugendherbergen, doch kann man versuchen, in Schulen unterzukommen. Zimmer immer vorher inspizieren, manchmal wird man freiwillig sein Zelt herauskramen. Auf dem dünnbesiedelten Altiplano gibt es keine Probleme beim freien Campen (sofern man Nachtkälte und Wind aushält), etwas vorsichtig sollte man beim Campen in den Tieflandregionen sein (Santa Cruz). Vermeidet nach Möglichkeit unterwegs das Übernachten in großer Höhe! Besser vor einem Paßanstieg in tieferer Lage stoppen.

Verkehr und Straßen

Wer den südamerikanischen Verkehr kennengelernt hat, bekommt in den Andenländern Bolivien und Peru auf den engen, kurvenreichen Bergpisten eine neue Lektion geboten. Vorfahrt hat immer der Stärkere und das bergauffahrende Fahrzeug! Ein Radfahrer zählt nichts! Manche Andenpisten sind mit knöcheltiefem, puderigem Staub bedeckt – und auch Radler, wenn das erste Fahrzeug überholt hat – Mundschutz verwenden! Aufpassen bei Abfahrten in den Kurven, durch Schotter und Steine sind leicht Stürze möglich. Vor langen Abfahrten immer Bremsen checken! Kaum Pkw-Überlandverkehr in Bolivien, meist Lastwagen und Busse.

Transport

Busse: Wegen schlechter Straßen kann das Verladen des Rades in Busse eine Alternative sein, doch ist Busfahren in Bolivien recht abenteuerlich (und auch manchmal gefährlich). Die Fahrzeiten sind lang und viele Langstrecken werden meist nur nachts gefahren, so daß man nichts von der Landschaft sieht. Der bessere Weg ist das Verladen des Rades auf Lkw, die zwischen den Städten und Regionen Güter und auch Menschen befördern. Staubig, hart und kalt, doch die Kosten sind sehr gering. In der Regenzeit kann es zu längeren Wartezeiten kommen, also genügend Lebensmittel (und Wasser!) mitnehmen.

Eisenbahn: Das Zugnetz ist mit 3700 km recht lang, internationale Verbindungen gibt es aber nur wenige. **Nach Chile:** La Paz – Arica, 3x pro Woche, und La Paz – Oruro – Uyuni – Calama – Antofagasta (1x pro Woche, Zugwechsel an der Grenze, ab Calama werden Busse eingesetzt!). Nach Argentinien: La Paz – Oruro – Villazón – (Buenos Aires), ab La Paz 1x pro Woche, ab Oruro 4x pro Woche. Santa Cruz – Yácuiba, täglich. **Nach Brasilien:** Santa Cruz – Quijarro (Puerto Suárez), täglich, weiter von Corumbá bis São Paulo 1x pro Woche. Innerhalb Boliviens verkehren Ferrobusse (Schienenbusse) und langsame Normalzüge. Auf Grund der schlechten Straßen sind Fahrten mit den Zügen gleichfalls eine überlegenswerte Alternative – doch ein komfortables Reisen ist in diesen Zügen gleichfalls nicht zu erwarten! Die wichtigen Strecken sind oft ausgebucht, turbulente Szenen an den Ticketschaltern sind garantiert. Alle Zugverbindungen stehen im Ferreira Schmidt-Buch „Peru/Bolivien" (RKH), wie im übrigen Südamerika muß aber mit weiteren Streckenstillegungen gerechnet werden.

Flug: einige Gesellschaften, wie LAB (Lloyd Aéreo Boliviano) und die Militärfluglinie TAM (Transportes Aéreos Militares). Internationale Flugplätze gibt es in La Paz und Santa Cruz. Flüge innerhalb Boliviens sind preiswert, aber unzuverlässig.

Schiffahrt: Kleinere (Fracht-)Schiffe fahren ab Puerto Suárez über die Grenze nach Brasilien und weiter auf dem Río Paraguay durch Paraguay nach Argentinien. Schiffsverkehr besteht auch auf dem Río Mamoré von Trinidad flußabwärts nach Guayaramerín und flußaufwärts nach Puerto Villarroel sowie auf dem Titicaca-See.

Hauptstadt La Paz

La Paz liegt in einem Talkessel und wird überragt vom schneebedeckten Inti Illimani (6402 m). Mit 3600 m (Mittellage) ist es die höchstgelegene Hauptstadt der Welt (die Oberstadt El Alto mit dem Flughafen liegt knapp 4100 m hoch). Einzigartige Atmosphäre, besonders nachts der Blick von oben. Sehenswert sind die Märkte der Altstadt. Eine 12 km lange Schnellstraße führt vom Altiplano-Rand in die Innenstadt hinab, die steilen Kopfsteinpflastergassen in der Altstadt (bei Regen furchtbar rutschig!) werdet ihr wahrscheinlich nur schiebend meistern.

Tip: Fantastisch ist ein **Abstecher von La Paz** über die Anden (Cumbre-Paß, 24 km ab La Paz, 4650 m!) **nach Coroíco in die Yungas** bzw. ins Amazonastiefland – man durchschneidet bei der Abfahrt alle Klimazonen der Erde von ewigem Eis bis in dampfende Dschungel, Höhenunterschied auf 80 km über 3400 m! Unbefestigte und ungesicherte Piste (asphaltiert ist sie die ersten 47 km bis Unduavi), senkrechte Bergwände, nicht ungefährlich, doch unvergeßlich, herrliche Ausblicke! Auffahrt wieder mit Lastwagen. Wird in La Paz auch als organisierte Radtour angeboten.

Die gefährlichste Straße der Welt
von Dr. Lutz Gebhardt, Ilmenau

Blitze zucken über der Bergkante, während über uns noch ein paar Sonnenstrahlen huschen. Minuten später wird es bedrohlich dunkel. Ein kalter Wind pfeift über die Höhe und treibt uns kurze Schneeschauer ins Gesicht. Nun wird es nicht mehr weit sein bis zum *Paso La Cumbre*, auf dem die wichtigste Straße von La Paz in die tropischen Yungas, die Königskordillere in ca. 4650 Metern Höhe überwindet. Die majestätischen Berge ringsum stecken in den Wolken, die nur ab und zu aufreißen und ein weißes Schneefeld oder einen Felszacken aufleuchten lassen. Eine halbe Stunde später haben wir den Paß erreicht. Obwohl die Temperatur noch über dem Gefrierpunkt liegt, ist uns bitterkalt. Mit Wollmützen, warmen Handschuhen sowie mehreren Hosen und Jacken übereinander verlassen wir den unwirtlichen Ort auf einer neuen Straße, die sich weit oben am Berghang entlang frisst.

Nach ca. 30 Kilometern ist der Abzweig für die Nordyungas erreicht und etwas später schwingt sich die staubige Piste über einen kleinen Bergrücken und plötzlich ist der Blick auf die berühmte Yungaspiste frei: Vor uns stürzt ein Abgrund ins schier Bodenlose! Die Hänge strotzen vor Grün, das wie ein gewellter Teppich über die gesamte Landschaft gestülpt ist.

Mit den Augen verfolgen wir eine dünne Linie, die sich durch das Grün nach unten schlängelt. Das ist die wohl spektakulärste Straße der Welt! Die Piste fällt auf 80 km Länge über 3400 Höhenmeter in die dampfenden Regenwälder.

Jetzt stürzen wir uns ins Abenteuer. Auf der „Todespiste" gilt Linksverkehr! Wir müssen an die einige hundert Meter abfallenden Abgrundkante fahren, während die aufwärts fahrenden Fahrzeuge Vorfahrt haben und die Hangseite benutzen dürfen. Wer von oben kommt, muß an gelegentlich eingerichteten Ausweichstellen warten. An manchen Stellen ist nur ein 3,5 m breiter Streifen in den Fels gehauen, neben dem der tödliche Abgrund gähnt. Da hängt der äußere Zwillingsreifen schon mal in der Luft. Nicht jedes Gefährt kriegt hier die Kurve. Es sollen jährlich Dutzende sein, deren Fahrt im Abgrund endet. Vor allem nachts, oder wenn die Piste naß und glitschig ist wird's gefährlich. Unfälle sind hier an der Tagesordnung. Unweit von alten verrosteten Kreuzen erblicke ich frische Blumen, von denen aus eine Absturzschneise durch das Dickicht in den Abgrund führt. In fast unendlicher Tiefe liegt das Wrack, ein Haufen blauen Blechs, Zeugnis einer Tragödie ...

Immer tiefer geht es in die tropische Landschaft hinab, die Vegetation wird üppig. Großblättrige Pflanzen recken ihre zum Bersten geballten Blattknospen in den Himmel. Luftwurzeln hängen von überragenden Felswänden bis auf die Piste herab. Dazwischen leuchten Farbtupfer von Orchideenrispen, Bromelien und anderen Blüten. Ein paar Biegungen weiter ist die Piste wasserüberflutet. Auf breiter Front stürzt ein zerstäubender Wasserfall herab, der uns bis auf die Haut durchnässt. Danach ist die Oberfläche der Piste mit einer Staubschicht bedeckt. Jedes vorbeifahrende Fahrzeug hüllt uns nun in eine Wolke ein, die sich erst nach ein paar Minuten legt. Gegen 16 Uhr haben wir *Puente de Yolosa*, wo wir eigentlich Mittag essen wollten, erreicht.

Der Ort besteht zum großen Teil aus aneinandergereihten Hütten, wo es was zu essen gibt. Wir haben Hunger wie die Bären und bestellen ein ganzes Menü. Mittlerweile ist es so spät, daß wir gleich auf einer saftig-grünen Wiese direkt am Fluß unser Zelt aufstellen.

Am nächsten Morgen wollen wir per Lkw oder Bus zurück nach La Paz. In Puente de Yolosa öffnen gerade die ersten Buden. Während gestern hier noch unzählige Lkw vorbei fuhren, ist es heute verdammt ruhig. Es ist Sonntag. Alle Versuche, eine Mitfahrgelegenheit zu bekommen, schlagen fehl, erst Mittag bekommen wir auf einem Lkw eine.

Auf der Ladefläche sind schon einige Einheimische mit ihren Habseligkeiten. Wir stellen unsere Packtaschen dazu. Anfänglich denken wir noch, daß es jetzt gleich los geht, aber weit gefehlt! Immer neue Leute steigen ein. Alles drängt sich auf die Ladefläche. Sie ist brechend voll. Als wir endlich losfahren, habe ich kaum noch Platz zum Stehen. Gut zwanzig Leute drängeln sich auf dieser Fuhre, als sich der Lkw mit laut röhrendem Motor die Todespiste nach oben kämpft. Langsamfahrende Fahrzeuge werden ohne Hemmungen überholt, und an jeder unübersichtlichen Kurve warnt der Fahrer mit einem schrillen Signal den möglicherweise entgegenkommenden Verkehr. Obwohl wir innen fahren, habe ich an manchen Kurven das Gefühl, daß die äußeren Räder gleich über die Kante rutschen …

Am Scheitelpunkt der Yungaspiste angekommen, wabern tropisch feuchte Nebelmassen über den Bergrücken. Für Sekunden bricht der Himmel auf, weiter geht's im Nieselregen. Die Kälte dringt mir immer tiefer unter die Haut. Schwer brummend kämpft sich der Lkw nun die letzten 700 Höhenmeter zum *Abra La Cumbre* hinauf. Auf der Ladefläche scheint alles zu schlafen. In wärmende Decken und Ponchos gehüllt liegt die vor zwei Stunden noch kreischende und zeternde Menge apathisch zwischen ihren Gepäckstücken. Jede Straßenunebenheit lässt die cocabetäubten und schlafenden Körper erbeben. In kauernder Stellung, ohne Chance mich zu bewegen harre ich leicht fröstelnd der Dinge die nun kommen. Dann gibt unser Fahrer seinem Motor die Sporen. Im zügigem Tempo rollt der Transporter wärmeren Gefilden nach La Paz entgegen.

Nachzulesen mit beeindruckenden Fotos in **„Faszination in Südamerika"**, Lutz Gebhardt, Jens-Ulrich Groß, Verlag Grünes Herz, ISBN 3-929993-46-5.

■ *Teil der gefährlichen Andenstraße von La Paz hinab in die Yungas*

Weitere Ausflugsziele in der Nähe von La Paz: Noch vom Talkessel aus erreichbar ist das Mondtal (Valle de Luna), bizarre Stein-, Erd- und Sandformationen; die präkolumbische Kulturstätte *Tiwanaku* (Sonnentor) kann in die Weiterfahrt nach Peru eingebaut werden; Chacaltaya, das höchstgelegene Skigebiet der Welt (Leihausrüstungen vor Ort); wunderbare Trekkingtouren auf alten Inkawegen.

Bücher und Karten

Wiegers: „Das Lateinamerika BikeBuch", Reise Know-How. Kai Ferreira Schmidt: „Peru/Bolivien", RKH. South American Handbook und Bolivia Handbook, Footprint Publications. Swaney: „Bolivia", Lonely Planet. Aus dem Bradt-Verlag: „Ecuador, Peru & Bolivia – A Backpacker's Manual" und „Backpacking and Trekking in Peru & Bolivia". Geo Special „Anden und die Welt der Inka". Lutz Gebhardt, Jens-Ulrich Groß: „Faszination in Südamerika", Verlag Grünes Herz, ISBN 3-929993-46-5. Für die Planung unverzichtbar.

Radbücher: *Clemens Carle:* „Rad-Abenteuer Panamericana", RKH. Seine Route in Bolivien: mit dem „Todeszug" von Corumbá/Brasilien nach Santa Cruz, auf Andenpisten über Cochabamba nach La Paz und zum Titicaca-See. Auch Weltumradler Claude Marthaler „kurvte" durch Bolivien und Peru, s. sein Buch „Durchgedreht" (Anhang).

Karten: ITM Nordwest (153). RKH Peru/Bolivien. Ansonsten nicht wundern: Es gibt von Bolivien keine guten Straßenkarten! Alle erhältlichen Karten weisen mehr oder weniger grobe Fehler auf, für Fahrten in die Yungas sollte man vielleicht besser auf ONC-/TPC-Fliegerkarten zurückgreifen. Im Versandhandel erhältlich ist die „Bolivia Red Vial 1989", 1:2 Mio., vom SNC (Servicio Nacional de Caminos), teilweise ungenau, auf der Rückseite mit versch. Stadtplänen bedruckt, in La Paz erhältlich vom Ministerio de Transportes y Comunicaciones, Av. Mcal. Santa Cruz (hinter der Post) oder in Buchläden. Auch der Automóvil Club Boliviano, 6 de Agosto, hat Karten. Weitere Karten vom Land vom Instituto Geográfico Militar, Av. 16 de Julio 1471 in La Paz. „Bolivien" von B&B, Maßstab 1:1,75 Mio. (z.B. bei Schrieb).

Internet: Alle folgenden Websites bieten weiterführende Links, das Internetangebot zu Bolivien ist aber noch recht dünn: www.boliviaweb.com, www.bolivian.com/index2.html und www.bolivianet.com.

II. ROUTEN, STRECKEN IN DIE NACHBARLÄNDER

Routen und Straßen

Überwiegend Schotter- und Staubpisten auf dem Altiplano und Schlamm- und Sandstrecken durch den Urwald. Asphaltiert sind die Straßen vom Titicaca-See nach La Paz – Oruro – Cochabamba – Santa Cruz (mit schlechten Zwischenstücken) und einige andere kürzere Teilstücke (im South American Handbook eine Liste über den Zustand der Straßen in Bolivien, s. „Internal Roads"). Unterwegs viele Kontrollstellen, doch nur Autofahrer müssen (minimale) Gebühren zahlen. Potosí liegt 4065 m hoch, Anfahrt sowohl von Sucre als auch von Río Mulatos immer bergauf. Sucre – Cochabamba sind viele Bergauf- und Bergabfahrten, dabei kommt man über einen 4300-m-Paß. Cochabamba - Oruro überwiegend bergauf. Überhaupt geht es zwischen den Städten der östlichen Kordilleren ständig durch tief eingeschnittene Täler und über hohe Pässe!

Die Strecke Oruro – La Paz – und La Paz – Titicaca-See ist zwar ziemlich eben, aber in der „dünnen" Altiplanoluft ringt ihr schon an kleinen Anstiegen nach Sauerstoff. Genaue Streckenbeschreibungen s. im „Lateinamerika BikeBuch" von Wiegers und im „Peru/Bolivien" von Ferreira Schmidt.

Wer von Argentinien (über La Quiaca/Villazón) einreist (Aufstieg aufs Altiplano), sollte bei seiner Weiterfahrt nach La Paz über Potosí, Sucre und Cochabamba fahren, denn bei dieser Strecke kommt man durch mehr Städte und Ortschaften und es ist die interessantere, wenngleich nicht die leichtere und auch nicht die kürzere Strecke. Auch fährt 5x wöchentlich ein Zug von Villazón nach Oruro.

Nach/von Chile über den Paso Tambo Quemado (bzw. „Lauca-Paß", s. „Chile"), über Patacamaya. Grenzpunkt in Bolivien ist Tambo Quemado, in Chile Chungará, 16 km weiter. Höchste Stelle im Lauca-Park 4660 m! Spektakuläre Landschaftsszenerie mit Vulkanen, Salzseen und dem höchsten Berg Boliviens, dem Sajama (6542 m). Ist nun von La Paz bis Arica (ca. 560 km) komplett asphaltiert, relativ viel Lkw-Verkehr (noch erträglich). Da die neue asphaltierte Straße auf einer neuen Trasse gebaut wurde, liegen heute viele Orte etwas abseits, die auf den gängigen Karten noch von der Straße passiert werden. Alternativ die Strecke Uyuni – Ollagüe wählen, ziemlich flach, entlang der Bahnlinie, vorbei an Salzseen, doch nicht in der Regenzeit möglich! Mit dem Zug 1x wöchentlich von Oruro über Uyuni, oder von La Paz nach Arica. Rauhe Fahrt!

■ Über den Salar de Uyuni

Nach/von Brasilien über Cochabamba und Santa Cruz (die quirlige Tropen- und Drogenhauptstadt Boliviens), von dort führt eine Eisenbahnlinie nach Puerto Quijarro/Corumbá (Brasilien), Züge mehrmals wöchentlich, ca. 15 Stunden. Die Piste dorthin soll schwierig sein, besonders im Mittelstück, deshalb evtl. Umweg nördl. über Concepción machen. Andere Strecke: La Paz über Coroíco die Yungas hinab bis nach Reyes bzw. Rurrenabaque oder Santa Rosa. Von dort über Riberalta nach Guayaramerín (bras. Grenze) oder weiter nach Abuña/Manoa, gleichfalls bras. Grenze. Von Abuña mit dem Flußboot oder auf der Straße nach Porto Velho. Sehr schwierig!

Nach/von Paraguay über Boyuibe (dort Ausreisestempel) – Fortin Villazón – General E.A. Garay (Paraguay, von hier noch 800 km bis Asunción); diese Strecke ist auf bolivianischer und auch auf paraguayischer Seite sehr schwierig (Chaco-Steppe, kein Wasser!) und nicht empfehlenswert, evtl. mit Lkw versuchen, doch sehr geringer Verkehr. In Paraguay nur die letzten 240 km bis Asunción Asphaltstraße. Achtung: während der Regenzeit verwandelt sich der Chaco in weiten Teilen in unwegsames Sumpfgebiet, dann rollt kein Rad mehr!

Nach Peru über den Titicaca-See, via Tiquina und Copacabana auf guter Straße, weiter in Peru (Grenzort Desaguadero) über Juli nach Puno. Man kann auch eine asphaltierte Strecke über die alte Inka-Kulturstätte Tiwanaku fahren und von dort weiter zum Titicaca-See (Desaguadero), doch nicht unbedingt lohnend.

Wer Lust hat, kann nach der steilen, kurvenreichen La-Paz-Auffahrt mit einem Abstecher so hoch steigen wie wohl später nie mehr in seinem Leben: Das höchste Skigebiet der Welt, Chacaltaya, befindet sich 35 km nordöstlich von La Paz in 5200 Meter Höhe! An klaren Tagen grandiose Aussicht! Vorsicht bei dieser Höhe, evtl. mit Fahrzeug hoch- und dann mit Fahrrad runterfahren!

III. High-Ways – Radfahren in extremen Höhen

Bedingt durch die extreme Höhenlage ist Radfahren in Bolivien, Peru, Nordchile und Nordargentinien weitaus anstrengend als in Normalhöhen. Regen- und Faserpelzjacken, warme Unterwäsche und auch Gesichtsmaske sind gegen den schneidenden, eiskalten Wind und die stechende Sonne nötig. Und wenn dann die Lkw vorüberdonnern, stehst du minutenlang im Staub … Daß man sein Rad technisch beherrscht und die wichtigsten Ersatzteile mit dabeihat, sollte selbstverständlich sein.

Der geringe Sauerstoffgehalt der Luft erfordert gute Lungen und einen stabilen Kreislauf. Hier braucht man die gesamte Luft zum Gehen oder Pedalen, zum Reden kann sie bereits knapp werden. Alles geht jetzt langsamer, und man sollte es auch langsam angehen lassen. Rechnet mit Tagesleistungen von nicht mehr als 50 bis 70 km! Bis etwa 3500 m, so Erfahrungswerte, läßt es sich noch einigermaßen beschwerdenfrei radfahren, in Höhen darüber wird es kritisch, abhängig von Streckenbeschaffenheit und Steigungen. Wenn es nicht mehr geht, einen Lkw oder Bus nehmen, keinen falschen Stolz zeigen.

Zu der dünnen Luft kommt noch der sehr hohe Temperaturunterschied zwischen Sonne und Schatten und der noch größere zwischen Tag und Nacht (bis –10 °C nachts, tags etwa 20/25 °C in der Sonne). Die intensive Höhenstrahlung und die extreme Lufttrockenheit trocknet die Haut stark aus, die aufplatzen kann. Gesicht und Hände mit starkem Sonnenschutzmittel gut eincremen, auch die Lippen, alle anderen Hautpartien möglichst immer bedeckt halten (Gletscherbrille mit Nasenschutz)! Und immer **sehr viel Trinken,** mehr als nötig ist, auch wenn du keinen Durst verspürst!

Wenn es auf den Holperpisten abwärts – *hacia abajo* – geht, beim suchenden Blick nach Steinen und Schlaglöchern nicht die Kontrolle über das Rad verlieren, erhöhte Sturzgefahr, besonders auch wegen der Höhen-Überanstrengung! Höhenmesser sind in Altiplano-Höhen sinnvoll (weil man oft gar nicht merkt, wie hoch man schon aufgefahren ist …). Mit Straßenabbrüchen und Erdrutschen muß auf bolivianischen und peruanischen Hochlandpisten immer gerechnet werden! Nie nachts radeln! Karten sind in Bolivien und Peru oft ungenau, Orte bestehen oft nur aus ein paar Hütten, immer möglichst viel über den Streckenverlauf herausfinden, wo es z.B. Wasser gibt, ob ein Bus verkehrt, den man im Notfall stoppen kann.

Nachmittags keinen Anstieg mehr machen, besser „im Tal" übernachten, dort gibt es „dickere Luft" und es wird nicht so kalt. Ausgeruht kann der Körper am nächsten Morgen wieder mehr leisten. Auf Grund der klaren, dünnen Luft lassen sich Entfernungen nur schwer schätzen bzw. erscheinen näher. Als Fahrrad-Computer mit einem Höhenmesser nur einen barometrischen wählen!

Höhenkrankheit

Die **Soroche** oder **mal de las alturas** bzw. **apunamiento,** wie die Höhenkrankheit in Südamerika heißt (engl. *acute mountain sickness* oder *altitude sickness*) tritt auf, wenn man zu schnell aus tiefen Lagen auf zu hohe Höhen aufsteigt oder dort mit dem Flugzeug landet (z.B. in La Paz, 4020 m, oder in Tibet, Lhasa, 3600 m).

Ab etwa 2000 Höhenmeter muß man durch eine Unterversorgung des Blutes mit Sauerstoff mit einem Leistungsabfall rechnen. Leichte Kopfschmerzen, Schlappheit und Müdigkeit sind zunächst Zeichen mangelnder Akklimatisation, ernste Warnzeichen drohender Soroche sind dann schwere Kopfschmerzen, Übelkeit, Atemnot, Herzklopfen, Schwindelgefühl, Schlaflosigkeit. Bei flacher Atmung kann man nachts mit Panikzuständen aufwachen – ein sehr unangenehmes Gefühl! Blaue Lippen und Fingernägel sind gleichfalls Warnzeichen. Ein oft tödliches Stadium ist dann das Lungen- oder Gehirnödem.

Es gibt kein Medikament gegen Höhenkrankheit, nur Mittel, die die Beschwerden etwas mildern können, z.B. der kreislaufanregende Tee *Mate de Coca* (als Aufguß ist Koka nicht halluzinös, Koka wird in Bolivien frei verkauft). Das öfter genannte *Diamox retard* (Acetazolamid) zur prophylaktischen Einnahme ist kein Heilmittel, es kann nur die Symptome mindern, und es soll auch gefährliche Nebenwirkungen (auf Augen) haben. Im Ernstfall hilft nur das Einatmen von Sauerstoff oder das sofortige Abfahren in niedere Höhen, was aber vom Altiplano oder anderen Hochplateaus kaum möglich ist, wenn die Höhenkrankheit erst einige Tage später, weit entfernt von nach unten führenden Straßen, auftritt!

Deshalb bei ersten Anzeichen vor allen Dingen nicht mehr höher steigen und nicht mehr anstrengen, sofort einen **Ruhetag einlegen!** Linderung verspürt man meist schon nach einigen hundert Höhenmeter Abfahrt. Viel Trinken und nichts schwerverdauliches essen, keinen Alkohol trinken, auch keine vorsorglichen Beruhigungs-, Schlaf- oder Schmerztabletten einnehmen, sie verdecken nur die Symptome.

Mögliche Vermeidung: langsam, stufenweise Höhe gewinnen, was für einen Radler eher möglich ist als für Auto-, Bus- oder Zugfahrer, die an einem Tag in einem Rutsch von ein paar Hundert Metern auf zwei- oder dreitausend Meter auffahren (allerdings ist man als Radfahrer gezwungen, „Höhe" zu machen bzw. zügig voranzukommen, weil man auf sehr langen Höhenstrecken ohne Orte kaum Vorräte für viele Anpassungstage mitführen kann – das ist das Problem!)

Ärzte empfehlen, über 3000 m nicht mehr als 1000 Höhenmeter pro Woche aufzusteigen. Für dauernde 5000 m braucht man dann mindesten zwei Wochen Akklimatisationszeit. Ab 5500 m beginnt die „Todeszone".

Nochmals: keinen übertriebenen Ehrgeiz, nicht überanstrengen, jeden kann es „erwischen", auch gut trainierte und auch jene, die mit Höhen auf früheren Unternehmungen keine Probleme hatten. Nach zwei bis drei Wochen hat der Körper vermehrt rote Blutkörperchen gebildet, so daß man – je nach Konstitution und Höhe – in der Regel die Beschwerden weniger oder kaum noch spürt.

Peru

I. PLANUNG, VORBEREITUNG, WISSENSWERTES

Überblick   Peru ist ein beliebtes südamerikanisches Reiseziel, mit seinen alten Inka- und anderen frühgeschichtlichen Kulturen ist es ein faszinierendes Reiseland. Größte Attraktionen ist die Ruinenstadt Machupicchu (das vielleicht berühmteste Baudenkmal Südamerikas), Cusco, die alte Hauptstadt des Inka-Reiches, der Titicaca-See oder die Wüstenzeichnungen von Nasca. Im Norden ist Chan Chan, die alte Adobe (Lehm-)Hauptstadt der Chimú, gleichfalls einen Abstecher von der Panamericana aus wert (u.a., z.B. Sipán). Fast alle diese Ziele können mehr oder weniger mit dem Rad angesteuert oder mit Bussen oder Bahnen erreicht werden. Dazu kommen noch, wie in Bolivien, die grandiosen Andenlandschaften und die Urwälder der Amazonas-Region.

Peru ist wie Bolivien auch ein Kokain-Erzeugerland, und es ist auch ein Land, das seit Jahrzehnten von schweren politischen, sozialen und wirtschaftlichen Problemen geschüttelt wird – es bestehen Diebstahl- und Überfallgefahren. Erwartet viele Kontrollen im Land und erkundigt euch über die aktuelle Lage, z.B. auf der Website des Auswärtigen Amtes, www.auswaertiges-amt.de.

Bevölkerung 25 Millionen, Indígenas und Mestizen (abfälliger Ausdruck: „cholos") stellen jeweils ca. 40%, der Rest sind Weiße, Mulatten u.a. Die Mehrheit der Indígenas gliedert sich in zwei Gruppen, die auch die Sprache gleichen Namens sprechen, in *Quechua* (um Cusco) und *Aymará* (Titicaca-See und Altiplano). Die Indígenas sind überwiegend katholisch, doch der christliche Glaube ist stark mit vorspanischen Glaubensvorstellungen vermischt. Sie haben eine starke Abneigung gegen das Fotografieren – berücksichtigt dies!

Geografie Peru weist drei grundverschiedene Landschafts- und Klimazonen auf. Im Westen zwischen Anden und Pazifik liegt die **Costa,** ein schmaler, etwa 150 km breiter Küstensaum, fast ganz aus einer regenlosen Wüste bestehend, die sich von der chilenischen Grenze bis nach Ecuador zieht. Unterbrochen wird dieses Band nur ab und zu durch wenige (Stadt-)Oasen, die sich an Flüssen gebildet haben, die aus den Anden herab in den Pazifik münden. In dieser Zone liegen auch die wichtigsten Städte des Landes, einschließlich der Hauptstadt Lima, und verbunden sind diese Städte durch das über 2300 km lange Straßenband der Panamericana von Chile nach Ecuador.

Der sich östlich an die Costa anschließende Gebirgsblock der Anden gliedert sich in mehrere Gebirgsketten (Weiße und Schwarze Kordilleren, Zentral- und Ostkordilleren), die von eisbedeckten 6000ern überragt und von schroffen, tief eingeschnittenen Tälern durchschnitten sind. Fruchtbare Hochtäler und steppenartige Hochebenen sind die Merkmale der **Sierra.** Dazu zählt auch der peruanische Teil des bolivianischen Altiplano mit dem Titicaca-See. Die Anden sind Indígena-Land, dort lebt etwa die Hälfte der Bevölkerung Perus.

Nach dem Ostabfall der Anden beginnt das regenwaldbestandene und regenreiche Amazonas-Tiefland, die **Selva** (etwa 60% der Gesamtfläche Perus sind *selva*). Es ist kaum besiedelt (Indianer). In diesen östlichen Teil Perus kann man wegen dem Anden-Hindernis nur schwer gelangen, das Reisen dort ist beschwerlich. Dschungelmetropole ist Iquitos am Amazonas.

Einreise, Währung Kein Visum für D, CH und A-Radler, Aufenthaltsgenehmigung bis zu 3 Monate, Touristenkarte (Cédula) wird ausgestellt. Die Grenzen zu den Nachbarländern Ecuador, Kolumbien, Brasilien, Bolivien und Chile sind offen, wenngleich mit Ecuador wegen des gemeinsamen Grenzverlaufs früher Spannungen bestanden.

Währung ist der *Nuevo Sol,* Reisewährung der US-Dollar. Bar-*dolares* und Dollar-Reiseschecks können gleichermaßen gut getauscht werden, neben Banken gibt es auch Casas de Cambio (auf keinen Fall auf der Straße tauschen, die Wahrscheinlichkeit ist sehr hoch, daß ihr bereits beim Tauschen oder kurz danach eurer Barschaft verlustig geht). Visa- und MasterCard-Vertragsbanken in den größeren Städten, Geldautomaten selbst in kleineren Städten (auch mit EC-Maestro-Karten kann man „nachtanken").

Beste Reisezeit siehe bei Bolivien, Touristenhauptreisezeit in Peru ist von Mitte Juli bis Anfang September.

Gesundheit   Empfohlene Impfungen s. im Reiseführer „Peru/Bolivien" von Reise Know-How.

Übernach-   In den touristischen Orten gibt es ein großes Angebot an Hotels aller
ten   Preisklassen (im kalten Hochland immer auf funktionierende heiße Duschen achten!), in den kleinen, hotellosen Andendörfer muß man privat unterkommen, oder man fragt nach dem Schullehrer („el professor"), der evtl. einen Klassenraum zur Verfügung stellt. Falls ihr mal in nicht gerade vertrauenerweckender Umgebung oder in Städten keine Möglichkeiten zum Übernachten findet, fragt auch beim örtlichen Padre oder in einer Mission nach. Es gibt auch einige wenige Jugendherbergen, eine empfehlenswerte findet ihr in Lima in der Av. Casimiro Ulloa, 328, San Antonio, Miraflores, Lima 18, Tel. (51) (1) 2423068. Das ist auch gleichzeitig die Adresse der nationalen Juhe-Organisation (Asociación Peruana de Albergues Turísticos Juveniles). Offizielle Campingplätze findet man in Peru nicht, wild Campen ist in der Regel gut möglich, auch entlang der Panamericana, aber ganz gewiß nicht ungefährlich. In touristischen Gebieten sollte man gar nicht zelten, ansonsten sein Zelt zumindest so aufstellen, daß es nicht entdeckt werden kann. Besser bei Leuten fragen und dann auf deren Grund das Zelt aufschlagen.

Transport   Hinsichtlich des Radfahrens im Hochland von Peru die bei „Bolivien" er-
und Verkehr   wähnten Dinge beachten. Wer schlappmacht kann auf Lkw umsteigen. Der Verkehr ist im Hochland sehr gering. Auf der Panamericana wird gerast, Vorsicht! Der (heiße) Wind weht stetig von der Küste, hauptsächlich aus südlicher Richtung. Unterwegs gibt es immer wieder Militär- und *Guardia Civil*-Kontrollposten. Die wichtigsten Bahnstrecken sind unten erwähnt (Infos unter www.perurail.com), das Busnetz funktioniert in Peru gut, besonders an der Küste. Auf den Rüttelpisten der Sierra sind Bus- und Lkw-Fahrten anstrengend, Lkw verlangen ungefähr den Buspreis. Busse sind meist überfüllt. Fahrrad und Gepäck sollte an allen Haltestellen gut im Auge behalten werden.

Dichtes Inlandsflugnetz, mehrere Fluggesellschaften wie Aero Continente, Aviandina, Lan Peru u.a., günstige Preise.

Radclubs   Fahrradclubs von Peru: Federación Peruana de Ciclismo, Estado Nacional PTA. 04 2DO. Piso, Lima 1. Probiert es auch beim Bike Touring Club, Cabo Gutarra 613, Pueblo Libre, Lima, oder beim Mountain Bike Club, Paseo de la República 5756, Miraflores, Lima. In Lima gibt es, im Gegensatz zu den ländlichen Orten Perus, einige gut sortierte Fahrradgeschäfte

(Stadtteil Miraflores, z.B. Centro Comercial de Bicicletas, Avenida San Juán de Miraflores 1281). Die Goliat Bike Company produziert Mountainbikes mit guten japanischen Komponenten.

Bücher und Karten

Sehr gut ist der Peru/Bolivien-Reiseführer von RKH und das „Peru Handbook" von Footprint Publications. Matthias Wittber: „Abenteuer Trekking – Peru", Bruckmann Verlag. Weitere Reise- und Radführer von Peru siehe „Bolivien". Zwei empfehlenswerte Kauderwelsch-Sprachführer aus dem Reise Know-How Verlag: „Spanisch für Peru" und „Quechua für Peru-Reisende".

Karten: Die beste Kartenauswahl weit und breit hat der South American Explorers Club in Lima, Av. Rep. Portugal 146, Brena. RKH „Peru/Bolivien". Nelles Travel Map „Peru & Ecuador", 1:2,5 Mio. Erstaunlich detailliert ist auch die „Mapa Vial del Peru", Edition Lima 2000, 1:2,2 Mio., erhältlich in Peru (nicht immer) an Tankstellen und bei Touristenbüros oder beim Automobilclub (Touring y Automóvil Club del Peru, Av. César Vallejo 699, Lince, Lima), der in fast allen Provinzhauptstädten Geschäftsstellen hat. Geeignet für Radler sind auch dessen „Hojas de Rutas". Eine gute Karte gibt es von B&B, „Peru" 1:1,75 Mio., erhältlich z.B. bei www.Karten-Schrieb.de. Gute Detailkarten und topografische Karten auch beim Instituto Geografico Nacional, Av. Aramburu 1198, San Isidro, Lima. ONC-/TPC-Fliegerkarten: 1:1 Mio. bzw. 1:500.000, sowjetische Generalstabskarten: 1:1 Mio. bis 1:200.000.

Internet

Die Linkliste der Universität von Texas läßt wohl nur wenige Fragen offen, zu finden unter www.lanic.utexas.edu/la/peru. Eine weitere Liste mit allerdings recht vielen kommerziellen oder spanischsprachigen Webadressen bietet die Website www.peruonline.com. Tagesaktuelle Nachrichten (in spanisch) auf der Homepage der Tageszeitung „El Comercio": www.elcomercioperu.com/Noticias/html/primerindex.html. Über Routen, Fahrpreise und mehr informiert die Homepage der privatisierten peruanischen Eisenbahngesellschaft, www.perurail.com. Interessiert, was andere Traveller so in Peru erlebten? Die „Travel Library" listet neben vielen Reisestories auch einige Links auf (www.travel-library.com/south_america/peru/index.html). Schön gemacht ist auch die Website „Peru traveller guide", www.geocities.com/perutraveller.

■ *Südamerika-Radler auf der Panamericana in Nordperu (l. Clemens Carle)*

II. ROUTEN, STRECKEN, ZIELE

Auf welchen Strecken durch Peru? Die Küstenstraße, also die Panamericana, ist von Chile bis zur Grenze von Ecuador durchgehend asphaltiert, in der südlichen Hälfte aber auch manchmal versandet und in teils furchtbarem Zustand (Schlaglöcher, Verwerfungen). Eine sehr lange, einsame und langweilige Strecke, fast immer eben – „puro plano", die nächste Ortschaft wird jedesmal zum Traumziel … Badeplätze sind schwierig zu erreichen, sie sind nicht schön, dann und wann gibt es Küstennebel, den *garúa*. Interessant sind einige Orte wie *Ica* oder *Pisco* und die Wüsten-Scharrzeichnungen nördlich von *Nasca*. Man kann sie von einem kleinen Turm aus besichtigen. In *Chauchilla,* 30 km südlich von Nasca, gibt es Gräberfelder der Inkas.

Viel spektakulärer sind die Routen durch die Anden:

3 km südlich von Nasca zweigt eine asphaltierte Straße von der Panamericana ab. Sie führt via Puquio nach *Abancay* und *Cusco* ins Hochland, es geht über zwei 4000er-Pässe (Abra Condorcenca, 4330 m, und Abra Huashuaccasa, 4300 m) und an den Yaurihuri-Seen vorbei. Unterwegs kann man viele Vicuñas (eine Lama-Art) sehen. Hinter Abancay, auf der Carretera Central, folgen zwei weitere 4000er Pässe (Abra Socchaccasa, 4020 m, und Abra Huillique, 4100 m). Eine beinharte Angelegenheit, ihr müßt auf den ersten 100 km ca. 3600 Höhenmeter überwinden, auch später sehr steile Anstiege. Evtl. Wasserprobleme, alle Lebensmittel bis Abancay mitnehmen! Distanzen: bis Abancay 460 km, + Cusco 200 km.

Wer von Norden, von Ecuador die Panamericana herunterkommt, sollte besser schon vorher in die Anden hochfahren. Man kann nämlich auch von Lima aus ins Hochland aufsteigen, über den Anticona-Paß (4843 m!) und La Oroya (3726 m) nach *Huancayo* (3270 m, bis dorthin Asphaltstraße, Distanz 310 km).

Leider wurde die höchste Eisenbahn der Welt von Lima aus nach Huancayo vor Jahren eingestellt (300 km, 10 Stunden, 120 Brücken und Tunnels – ein Erlebnis! Wem die Luft ausging, bekam vom Zugdoktor eine Sauerstoffdusche verpaßt!). Vielleicht fährt sie ja irgendwann wieder. Als ähnlich spektakuläre Alternative könnte man solange ja die Schmalspurbahn von Huancayo durch viele kleine Andendörfer nach Huancavelica benutzen. Von hier oder von Huancayo dann weiter über Ayacucho nach Abancay. Höhengewöhnung beachten!

Der **dritte und beste Hochland-Aufstieg** von der Panamericana ist von *Arequipa* zum Verkehrsknotenpunkt *Juliaca*. Die Straße Arequipa – Juliaca ist seit 2001 durchgängig asphaltiert und verläuft auf einer vollkommen neuen Trasse weitestgehend parallel zur Bahnlinie. Sie ist in ihrem neuen Verlauf wahrscheinlich auf noch keiner Karte eingetragen. Diesen Aufstieg sollten diejenigen wählen, die von Chile (Tacna) heraufkommen, ins Hochland wollen und die die hohen chilenischen Nordpässe nach Bolivien hinein ausgelassen haben.

Einmal im Hochland, kann man von Juliaca auf flacher, asphaltierter Straße durch eine schöne Landschaft radelnd einen Abstecher an den *Titicaca-See* machen (Puno) und dann am See entlang über Copacabana weiter nach Bolivien (La Paz) fahren. Oder man wendet sich nach dem Besuch des Titicaca-Sees wieder nach Norden, um ab Juliaca auf einer 300 km langen Straße die alte Inka-Hauptstadt **Cusco** zu erreichen. Zur

■ *In der engen*
„Entenschlucht"

Not könnte man auch wieder auf die Eisenbahn Cusco – Puno ausweichen.

Von Cusco kann man dann über Abancay nach Nasca zur Panamericana hinabfahren. Wer weiter dünne Höhenluft aushalten kann, fährt von Abancay auf der Carretera Central weiter nach *Huancayo* und anschließend erst dann hinab nach Lima.

An der nördlichen Panamericana zwischen Pativilca und Chimbote kann man nochmals eine erlebnisreiche Schleife in die *Weißen Kordilleren* fahren. Mit einem steilen Paß-Anstieg über 4100 m geht es von Pativilca das Tal des Río Santa („Callejon del Huaylas") am Fluß entlang ins schöngelegene **Huaraz,** von wo Bergsteiger in die Weißen Kordilleren aufbrechen (höchster Berg Perus ist der 6780 m hohe Huascarán; für Bergsteigen in Peru und Bolivien das Buch: „Backpacking and Trekking in Peru and Bolivia", Bradt-Verlag, zur Hand nehmen; ein Tourenveranstalter und Kenner des Gebiets um Huaraz ist www.pedalperu.com).

„Mit halbem Gepäck beradelten wir die Cordillera Blanca, eine phantastische Tour über wilde Gebirgspisten und immer die Kulisse der verschneiten 6000er vor Augen. Dieser Abschnitt und eine anschließende Trekkingtour in diese faszinierende Gebirgslandschaft Perus sind für mich mit die schönste Erinnerung an Südamerika, die man auf diese Weise nur als Radler hat" (Südamerika-Radler Albert Kratzer).

Absoluter Höhepunkt ist die „Entenschlucht" *(Cañon del Pato)* zwischen Caraz und Huallanca, eine 15 km lange, teilweise nur wenige Meter breite Schluchten- und Tunnelstrecke, in der an der engsten Stelle die turmhoch aufragenden Felsen der Schwarzen und der Weißen Kordilleren nur 20 m auseinander liegen! Einmalig! Vorsicht bei diesen teilweise recht langen, unbeleuchteten Tunnels (ca. 40 Stück), nicht daß plötzlich Fahrzeuge kommen, ihr drin steckt und nicht ausweichen könnt!

Weiter geht es dann von Chimbote auf der ebenen Panamericana durch die Wüste nach *Trujillo* (Ausflug nach Chan Chan), Chiclayo und Piura (zwischen beiden Orten die *Sechura-Wüste*), bis nach Tumbes zur Grenze von Ecuador. Dieses letzte Stück ab Chiclayo ist nicht ganz einfach – viel Einöde, schlechter Straßenbelag, kein Grün … doch danach üppige Tropen, ein reiches Früchteangebot (Bananen) und gute Straßen.

Für Abenteurer: Von Lima über Cerro de Pasco und Tingo María (ein Kokain-Umschlagplatz) ins östliche Amazonastiefland nach Pucallpa am Ucayali (840 km, Straße größtenteils asphaltiert), von dort gehen einfache Schiffe nach Iquitos am Amazonas und weiter nach Brasilien (Tabatinga – Manaus) und Kolumbien (Leticia). Doch dieses Gebiet von Peru ist wegen den Aktivitäten der Drogenmafia immer noch recht unsicher (Iquitos)! Iquitos ist nur per Flug oder Schiff erreichbar. Das geplante Straßenstück zwischen Pucallpa und dem brasilianischen Cruzeiro do Sul existiert nicht.

Alternativ könnte man von Tingo María auf einer stellenweise wilden und einsamen Piste an den Andenhängen entlang über Tocache Nuevo nach Tarapoto kurbeln. In Tarapoto erreicht ihr die *Carretera Transandino,* die nach Westen über Moyobamba und Bagua zur Panamericana führt, Richtung Osten nach Yurimaguas am Río Huallaga. Auch hier Coca-Anbaugebiete, recht unsicher, viele Drogenkontrollen. Boote auf dem Huallaga nach Iquitos. Distanz: bis Tarapoto 480 km, Yurimaguas 135 km.

Eine Pistenverbindung in den Regenwald Richtung Bolivien und Brasilien besteht von Urcos (nahe Cusco) nach Puerto Maldonado (ca. 550 km, der letzte Andenpaß Abra Hualla-Hualla ist 4820 m hoch, dann nur noch abwärts), bei Quincemil beginnt die tropische Vegetation. Wie es dann in Puerto Maldonado weitergeht, z.B. zum Schmugglernest Iñapari im Dreiländereck Peru/Brasilien/Bolivien, erzählt Mario Richner in seinem Buch „Urwald, Gold und Indios – Mit dem Fahrrad durch Amazonien", Piper-Verlag. Alle Strecken sind in der Regenzeit nicht machbar!

Alle obigen Tourenvorschläge (und noch einige mehr) sind im „Lateinamerika BikeBuch" von Wiegers genau beschrieben.

Cusco

Cusco ist Ausgangspunkt zahlreicher Touren in die Umgebung und natürlich auch nach *Machupicchu,* das die meisten mit dem Zug von Cusco aus machen, andere wandern dorthin auf dem Inka-Trail (Details dazu in „Peru/Bolivien" von Ferreira Schmidt). Oder man besucht Machupicchu bei der folgenden Rad-Rundreise (die Straßen sind asphaltiert):

Von Cusco Richtung Anta, nach 15 km Abzweigung nach Chinchero, dort schöner Markt am Sonntag. Weiter von Chinchero nach Urubamba. Spezialtip Auf dieser Strecke die weißstrahlenden *Salzterrassen von Pichingote* ansehen. Sieht von oben fantastisch aus! Beste Fotozeit morgens (Achtung - wegen der gleißenden Helligkeit der Salzbecken beim Fotografieren 1 bis 2 Blenden- bzw. Zeitstufen *länger* belichten!)

Weiter dann nach Urubamba, von dort nach Ollantaytambo, wo die Straße endet, mit dem Zug vollends nach Machupicchu. Rückweg dann von Urubamba über Calca und Pisac nach Cusco. Oder die ganze Rundreise über Pisac starten, und, nachdem man in Machupicchu war, von Urubamba nach Anta und weiter nach Abancay. So starten, daß man wieder am Sonntag in Chinchero vorbeikommt.

Wer es einrichten kann, sollte in Cusco im Juni (um den 24.) zum großen, farbenprächtigen *Inti-Raymi-Fest* anwesend sein, das Sonnwendfest der alten Inkas, wird oberhalb der Stadt bei der Festung Saqsaywamán abgehalten, Umzüge in der Stadt.

Warnung! In und um das touristenreiche Cusco wird ungemein viel geklaut, die Diebe arbeiten mit allen Tricks (z.B. Ablenkungsmanöver, Taschen aufschlitzen, im Gedränge Taschendiebe)! Vorsehen und Vorkehrungen treffen, vorsichtig sein, wenn man angesprochen wird, bei Einladungen gleichfalls aufpassen! Das Rad sollte man in Peru, wenn immer möglich, mit aufs Zimmer nehmen. In und um Cusco nicht Campieren. Besondere Vorsicht in der Touristen-Hochsaison Juli/August. Aufpassen auch in den Städten an der Panamericana!

Lima

Lima ist eine Millionenstadt mit einem Gürtel aus Elendsvierteln, den *barriadas* oder *pueblos jovenes.* Vorsicht in und um Lima – ein wirklich gefährliches Pflaster! Das Radfahren im dortigen Verkehrsgewühl wird wenig Spaß machen. Sehenswert ist die Kathedrale und das Goldmuseum. Im Stadtteil Miraflores wohnen die Wohlhabenden und Europäer. Es gibt in Lima zwei deutsche Schulen, evtl. Bleibemöglichkeiten, und auch ein Goethe-Institut (deutsche Zeitungen).

Ecuador

I. PLANUNG, VORBEREITUNG, WISSENSWERTES

Überblick Ecuador, das Land am Äquator, ist ein für Südamerika relativ kleines Land (etwas größer wie die alte Bundesrepublik, nur 13 Mio. Einwohner), und trotzdem vereinigt es auf kleinem Raum so ziemlich alle Landschaften Südamerikas. Bananenexporte und Erdölfunde brachten Ecuador früher Wohlstand, ab 2000 taumelte das Land in eine schwere Wirtschafts- und Finanzkrise, der man durch die Abschaffung der Landeswährung und der Einführung des US-Dollar als alleiniges Zahlungsmittel zu begegnen suchte. Aktuelle Lage unter www.ecuadorexplorer.com.

Geografie, Wirtschaft Ecuador gliedert sich in drei Landschaftsregionen: in der *sierra* ragen schneebedeckte Vulkangipfel in den tiefblauen Andenhimmel, der Osten, der *oriente*, ist Tiefland mit üppigen Urwäldern und gehört zum Einzugsgebiet des Amazonas, und an der *costa*, an der feuchtheißen Küste, gibt es ausgedehnte Bananen-, Kakao-, Citrus- und Kaffeeplantagen. Hauptwirtschaftsraum ist die Costa mit der heißen Millionenstadt Guayaquil, Hauptsiedlungsgebiet ist – wegen des gemäßigten Klimas – die durchschnittlich 2800 m hohe Sierra. Sie ist in zahlreiche Beckenlandschaften gegliedert, dort liegt auch die **Hauptstadt Quito,** in spanischer Zeit ein kulturelles Zentrum mit vielen Baudenkmälern aus dieser Zeit. Schwach besiedelt ist der kaum erschlossene Oriente.

Bevölkerung Während im Hochland überwiegend Indígenas, Mestizen und auch Weiße leben, ist der Siedlungsraum für die indianischen Ethnien (Aucas, Shuar bzw. Jivaros u.a.) das Amazonastiefland. Die verschiedenen Gruppen im Hochland haben schöne Trachten (Otavalo, Salasacas). Eine Minderheit sind die schwarzen Nachfahren afrikanischer Sklaven im Küstengebiet von Esmeraldas.

Einreise, Währung Ecuador war immer etwas geizig mit der Verweildauer. Laßt euch nicht mit nur zwei Wochen auf eurer Touristenkarte abspeisen, man kann bis zu drei Monate bekommen, Verlängerung bei Migración-Büros ist möglich (z.B. in Quito, Av. Amazonas 2639 y República, weitere in Guayaquil, Ambato und Riobamba). Manchmal wird entsprechender Geldnachweis verlangt. Verliert die Touristenkarte bloß nicht, sonst gibt's bei der Ausreise einen Riesenärger. Bitte bei der Routenplanung beachten, daß offiziell nur einmal im Jahr für maximal 90 Tage eingereist werden darf! Rechnet des öfteren mit Straßenkontrollen durch Polizei und Militär (Drogen, wegen Kolumbien).

Währung ist der US-Dollar, die früher Landeswährung Sucre wurde abgeschafft, um die Hyperinflation in den Griff zu bekommen. Ihr könnt überall im Land mit Dollars bezahlen, möglichst keine Scheine über 10 US\$ Nennwert mitbringen (Vorsicht, es sollen sehr viele gefälschte 20-Dollar-Scheine im Umlauf sein!). Das Münzgeld gleicht in Größe und Nominalwert dem US-amerikanischen Vorbild. Geldautomaten in den Großstädten. Ecuador ist damit für Langzeitradler der beste Platz in Südamerika, um wieder die Dollarvorräte aufzustocken, und es zählt derzeit zu den günstigeren Reiseländern in Südamerika, trotz zweigleisigem Preissystem für teure Hotels, Züge und Flüge.

Übernachten, Verpflegung

Offizielle Campingplätze gibt es in Ecuador nicht, freies Campen ist im Hochland unproblematisch. Es gibt – außer an Markt- und Festtagen – genügend billige Hotels, *pensiónes* und *residenciales*. Das Zimmer vorher inspizieren, auch die Dusche testen (heiß?), und das Fahrrad immer mit aufs Zimmer nehmen. Die Jugendherbergsidee setzt sich auch in Ecuador durch. Eine Liste der Juhes hat die Fundación Hostelling Ecuador, Junín 203 y Panamá, Piso 2, Oficina.4, Guayaquil, Tel. (593) (4) 564488 und 563344, Fax (593) (4) 566939.

Das Angebot an Speisen und Getränken ist gut und reichlich, in den Supermärkten Quitos sind auch europäische Lebensmittel erhältlich, ansonsten helfen euch *despensas* über den nächsten Berg. Eine Spezialität ist *cuy*, knusprig gegrillte Meerschweinchen. Tierfreunde bestellen vielleicht lieber *llapingachos* (Kartoffelkuchen mit Käse), *locro* (eine kräftige Kartoffelsuppe mit Käse, Fleisch und Avocados) oder gefüllte Mais- bzw. Brotteigtaschen wie *tamales, humitas und empanadas*. Komplette Mahlzeiten heißen *merienda* und sind nicht teuer. Mineralwasser in Flaschen („Agua Güitig") wird überall verkauft, dazu Limos (*colas*) und recht gutes Bier. Super Obstangebot! Probiert unbedingt die Fruchtsäfte!

Gefahren, restriktive Gebiete

Auch in Ecuador, besonders in den von Touristen besuchten Orten und in den beiden Großstädten Quito und Guayaquil, muß man sich vor Dieben vorsehen! Wegen der desolaten Wirtschaftslage kam es in den letzten Jahren des öfteren zu landesweiten Protesten und Regierungskrisen, Mitglieder des indigenen Aktionsbündnisses CONAIE blockierten Überlandstraßen, zeitweise wurde gar der Notstand verhängt. Erkundigt euch über die aktuelle Situation, beachtet unbedingt etwaige Ausgangssperren (*toque de queda*)! Infos zur aktuellen Sicherheitslage auf der Homepage des Auswärtigen Amtes (www.auswaertiges-amt.de) und des britischen Außenministeriums (www.fco.gov.uk/travel/).

Rad und Ausrüstung

Einige MTB-Veranstalter bieten mittlerweile Touren und Leihräder an (in Quito, Cuenca, Guayaquil u.a. Städten), am besten fragt ihr erst hier, falls ihr Probleme mit eurem Bike haben solltet. Qualitativ gute Ersatzteile sind auch in Ecuador Mangelware, eine mögliche Anlaufstelle wäre Bike-Trek, Av. Andagoya 498 y Ruiz de Castilla in Quito. Daneben gibt es noch eine Reihe weiterer Fahrradgeschäfte, s. „Lateinamerika BikeBuch". Vergeßt die Option eines Heimat-Päckchens, Clemens Carle wartete mehr als 2 Monate auf seine Ersatzteile!

Transport

Eisenbahnlinien: Wie überall in Südamerika machen Busse den Zügen kräftig Konkurrenz, Erdrutsche und mangelhafte Wartung sorgten außerdem in der Vergangenheit dafür, daß Linien mal eingestellt, mal wieder in Betrieb genommen wurden. Also checkt bitte die Situation vor Ort. Ausländer zahlen einen höheren Ticketpreis. Spektakulär, aber immer mal wieder außer Betrieb ist die Linie Guayaquil – Alausi – Riobamba in die Anden (fahrt auf dem Dach mit! Warme Klamotten anziehen!). Ein Schienenbus (*autoferro*) rumpelt von Ibarra nach San Lorenzo ans Meer.

Bus: Gutes Busnetz mit Langstrecken- und Minibussen (*busetas, colectivos*), viele Gesellschaften, billig, Radtransport möglich. Auf Nebenstrecken werdet ihr auch einmal bei Pickups (*camionetas*) oder Lkw (*rancheras*) gegen Fahrtkostenbeteiligung mitkommen.

Flug: Die nationale Fluggesellschaft heißt „Ecuadoriana"; dichtes In-

landsflugnetz mit TAME, SAN u.a., günstige Preise. Flüge zu den Galápagos-Inseln sind dagegen sehr teuer. Rad-Kartons für Flüge bei Global
Transportes, Veintimilla 878 y Av. Amazonas, Quito.

Schiff: Größte Hafenstadt ist Guayaquil (sehr schwülheiß in der Regenzeit von Januar bis April), von dort gelegentliche Schiffsverbindungen
nach Australien, USA, Mittelamerika (Panama) und auch nach Europa.
Bootsverkehr auf den Flüssen im Oriente.

Literatur/
Karten

Reiseführer: Wolfgang Falkenberg: „Ecuador & Galápagos", Reise
Know-How. „Ecuador & Galápagos Handbook", Footprint Publications.
Rachowiecki: „Ecuador & the Galápagos Islands", Lonely Planet. „Clim-
bing and Hiking in Ecuador" und „Galápagos Wildlife", Bradt Publicati-
ons. Zu den Galápagos-Inseln existieren eine Vielzahl Tier- und
Naturführer. Kauderwelsch-Sprachführer: „Spanisch für Ecuador", RKH.

Karten: ITM Travel Map „Ecuador" 1:1 Mio. und „Galápagos Islands",
1:500.000. RKH: „Ecuador". In Quito ist ein Besuch des **South American**
Explorers Club (SAEC) empfehlenswert: Av. Toledo 1254 y Luís Cordero
(man hat dort eine große Auswahl an Karten und es gibt Infos). „Mapa
Vial-Turístico del Ecuador" und „República del Ecuador", jeweils 1:1
Mio., u.a. Detailkarten, es sind die besten, herausgegeben vom Instituto
Geográfico Militar in Quito am östl. Ende des El Ejido Parks, Ecke Patria.
Andere Karten sind auch beim Touristenbüro oder in Buchgeschäften er-
hältlich.

Internet

Sowohl Quito als auch Guayaquil haben eigene, gut gemachte Homepages in englischer Sprache, mit Veranstaltungskalender und vielen allgemeinen Tips: www.quito.com und www.guayaquil.com. Die Linkliste der
University of Texas schlägt wieder alles, schaut erst hier nach, falls ihr
auf der Suche nach bestimmten Informationen seid (www.lanic.ute-
xas.edu/la/ecuador). „El Comercio", eine der größten Tageszeitungen in
Ecuador, hat eine (spanischsprachige) Website, www.elcomercio.com.
„The FunkyFish Ecuador Guide" (www.qni.com/~mj) ist ein etwas merk-
würdiger Name für eine kommerzielle Website, aber beim Durchblättern
findet sich doch der eine oder andere gute Link. Schöne Fotos und viele
Infos rund um das Archipel auf der Website „Virtual Galápagos"
(www.terraquest.com/galapagos/index.html). Noch mehr über die Inseln
auf der Website des „Galapagos Chamber of Tourism" (www.galapago-
schamberoftourism.org).

■ C. Carle an
der Äquator-
Weltkugel in
Ecuador

II. ZIELE, ROUTEN, STRECKEN

Sehenswertes
Über herausragende Sehenswürdigkeiten verfügt Ecuador nicht, auch gibt es kaum noch alte Inka-Zeugnisse. Attraktionen sind die verschiedenartigen Landschaftsformen, das altkoloniale, kirchenreiche Quito, farbenprächtige Märkte (meist touristisch), das Amazonastiefland (Oriente) mit seiner Flora und Fauna, der Äquator-Obelisk, das Indiostädtchen Otavalo mit seinem Markt und die Tierwelt des Galápagos-Archipels (die Schiffsfahrt bzw. der Flug dorthin und die Eintrittsgebühr ist jedoch sehr teuer, trotzdem lohnend!). Bergsteiger können die Vulkane des Landes besteigen.

Straßen und Verkehr
Ecuador hat ein ziemlich gutes Straßennetz, mit gelegentlichen Straßenzerstörungen durch Erdrutsche muß man jedoch immer rechnen. Saftiges Grün und viele Früchte (Bananen) entlang der Straße von der peruanischen Grenze bis nach Guayaquil. Gut ausgebaut ist die Panamericana, die von der peruanischen Grenze durchs Hochland über Cuenca und Quito nach Kolumbien führt. Dabei überquert man nördlich von Quito den Äquator (durch Vermessungsfehler gibt es gleich zwei Denkmäler, eine kleine Weltkugel an der Straße und einen Obelisk an anderer Stelle). Der Verkehr im Lande ist moderat, in den Städten stark, Vorsicht vor rasenden Bus- und Lkw-Fahrern!

Routen und Reisen
Wenn man auf der ebenen Strecke von Peru über den ecuad. Grenzort Huaquillas und Machala kommt, ist der Aufstieg in die Sierra vom flachen Küstenland trotz kilometerlanger Steigungen interessant und schön (über Pasaje und Cuenca), weil man dabei Nebel und Wolken durchstößt und anschließend „über den Wolken" radelt! Danach bis Quito ziemlich viele, lange Auf- und Abfahrten, es geht durch fruchtbare Täler und über einige rauhe Pässe, durch kleine Dörfer und Kolonialstädte. Zahlreiche Vulkane beiderseits der Straße (Cotopaxi, 5897 m, und Chimborazo, 6310 m; von Alexander von Humboldt „Straße der Vulkane" genannt). Achtet auf einige Thermalschwimmbäder auf der Strecke und im Land (z.B. Baños), da könnt ihr eure schmerzenden Knochen und Waden wieder regenerieren (für die kühlen und kalten Bergregionen warme Sachen dabeihaben!). In den Andendörfern werden regelmäßig (recht touristische) Wochenmärkte abgehalten, erkundigt euch nach dem Wochentag und seid frühmorgens zum besten Fotolicht vor Ort.

Nur wer von Guayaquil mit dem Schiff weiter oder von dort mit dem Zug ins Hochland hoch will, wird von Peru nach Guayaquil radeln (man kann aber auch noch vor Guayaquil, in La Troncal oder El Triunfo, ins Hochland abbiegen).

Lohnend ist ein Abstecher von Quito in das Amazonastiefland über Baeza, Teña in das Urwaldnest Pto. Misahuallí am Río Napo, Strecke z.T. unasphaltiert. Dort Trips zu Indianerdörfern, Kanufahrten etc. Zurück wieder nach Quito oder über Puyo nach Baños (immer schön aufwärts) und Ambato. Distanz ca. 530 km. Wer von Süden her nach Quito fährt, kann schon in Riobamba ins Tiefland abzweigen, sieht aber dann nicht die Vulkane. In der Regenzeit ist der Oriente-Trip kein Spaß! Und checkt vorher die Lage um Baños: Nach mehreren Ausbrüchen des Vulkans Tungurahua 1999 wurde der Thermalort evakuiert.

Wer von Peru aus die Auffahrt ins Hochland mit dem Rad nicht ma-

294 Kolumbien Karte S. 232

chen will, sollte die landschaftlich sehr lohnenswerte **Eisenbahnfahrt von Guayaquil** aus nach Alausí oder Riobamba machen (vorher erkundigen, ob der Zug auch fährt). Von dort dann die schöne Strecke im Hochland bis Quito radeln (Details und Fahrtverlauf der Bahn s. RKH-Reiseführer „Ecuador & Galápagos").

Es lohnt nicht, sein Bike auf die **Galápagos-Inseln** mitzunehmen. Zwar gibt es eine Piste quer über die Isla Santa Cruz, wo alle Traveller landen, die wahre Schönheit des Archipels erschließt sich aber nur von einem Boot aus. Stellt solange euer Rad und überflüssige Ausrüstung in einem Hostel in Quito unter, der SAEC bietet für seine Mitglieder eine kostenlose Aufbewahrung an.

Weiterreise   Panamericanafahrer sollten schon in Ecuador überlegen, wie es nun weitergehen soll: noch weiter nach Kolumbien pedalen (Sicherheitslage checken!), oder von Quito nach Panama fliegen. Nach Kolumbien über Ibarra, Grenzort ist Tulcan, schöne Strecke.

Je nach Grenzsituation (vorher auf den Botschaften in Quito abklären! Gelbfieberimpfung!) könnte man auch im Oriente von Pto. Misahuallí oder Coca (Pto. Francisco de Orellana) auf dem Río Napo nach Peru bzw. Brasilien weiterfahren. Ecuad. Grenzposten ist Nuevo Rocafuerte. Iquitos ist etwa 7 Flußtage von Coca entfernt, von hier weiter nach Manaus oder nach Yurimaguas bzw. Pucallpa mit Straßenanbindung in die peruanischen Anden (s. „Peru").

Kolumbien

■ **Warnung!** Die derzeitige Sicherheitslage macht Kolumbien zum gefährlichsten Pflaster ganz Südamerikas! Das Land versinkt immer tiefer in einem Sumpf aus Guerillakriegen, Drogenkriminalität, Anschlägen auf öffentliche Einrichtungen, Entführungen, Geiselnahmen und wirtschaftlicher Notlage. In einigen Gebieten ist jegliche staatliche Ordnung aufgehoben. Im Jahr 2000 wurden 38.820 Menschen Opfer der Auseinander-setzungen, weitere 3000 wurden gekidnappt – darunter auch Reisende! Bis die Dinge sich nicht ändern – und das kann noch lange dauern – muß, so faszinierend das Land auch sein mag, **vor Radtouren durch Kolumbien abgeraten werden!**

Wie es früher war bzw. hoffentlich mal wieder sein wird kann in folgenden Abschnitten nachgelesen werden.

I. PLANUNG, VORBEREITUNG, WISSENSWERTES

Überblick   Kolumbien – der Name erinnert an Kolumbus, obwohl dieser nie das Land betrat. Man denkt bei Kolumbien eher an Kokain, Kaffee, Drogenkartelle, Guerillakämpfe und Bombenexplosionen in Städten.

Kolumbien ist landschaftlich sehr schön, und als Radfahrer wird einem in diesem Land viel Aufmerksamkeit zuteil, weil Kolumbien in Südamerika das Land mit der größten Radsportbegeisterung ist (jedes Jahr fahren viele Kolumbianer bei der Tour de France mit). Ihr könnt also davon ausgehen, viele Rad-Bekanntschaften zu machen und Einladungen zu bekommen. Dementsprechend gut ist das Angebot an Radgeschäften und *talleres de bicicletas,* zumindest in den größeren Städten.

Die Bevölkerung besteht überwiegend aus Mestizen, Weißen und Mulatten, Minderheiten sind Indianer und Schwarze. Dreiviertel der 41 Millionen Einwohner leben im klimatisch gemäßigten Gebiet der Hochlandtäler und an der Karibikküste. Kolumbianer sind sehr freundlich und hilfsbereit zu Fremden, Traveller äußern sich z.T. begeistert.

Geografie   Kolumbien ist ein sehr vielgestaltiges Land. In Nord-Süd-Richtung, beginnend an der ecuadorianischen Grenze, verlaufen drei fingerartige, sich auffächernde Anden-Gebirgszüge: die *Cordillera Occidental*, die *Cordillera Central* und die *Cordillera Oriental*. Zwischen diesen Kordillerenzügen sind die Flußtäler des Río Magdalena (1600 km lang) und seines Nebenflusses Río Cauca eingebettet. In den Hochbecken *(sabanas)* liegen die wichtigsten Städte Kolumbiens (Höhenlage zwischen 1500 und 2800 m).

Eine Ost-West Durchradelung des Landes ist also wesentlich mühseliger, als wenn man einer der Flußtäler folgt. An dem schmalen, feuchtheißen Karibik-Küstensaum liegen die wichtigen Hafenstädte Barranquilla, Santa Marta und das schöne Cartagena. Die Pazifikküste bietet nichts besonderes. Östlich der Cordillera Oriental beginnen die weiten Graseebenen der *Llanos* (Rinderzucht) mit dem Orinoco, südlich daran schließt sich das kaum erschlossene und nur dünn besiedelte, ständig feuchtheiße Amazonas-Tiefland.

Der sumpfige **Darién** ist das Grenzgebiet zu Panama. Nur wenige schaffen es, sich in diesem straßenlosen Gebiet bis Panama durchzuschlagen – siehe dazu den Bericht von *Clemens Carle*.

Das **Klima** in Kolumbien ist tropisch mit allen Varianten (abhängig von der Höhenlage). Beste Reisezeit s. Kasten bei Bolivien. Touristenhochsaison an der Küste ist von Mitte Dezember bis Ende April und von Mitte Juni bis Ende August. – Mitbringsel aus Kolumbien: Smaragde.

Einreise, Geld   Ein Reisepaß und eine ausgefüllte Touristenkarte *(tarjeta de ingreso)* genügen für Reisen bis zu 90 Tage, die Grenzer verlangen manchmal ein Ausreiseticket und/oder genügend Geld zu sehen. Kein Geld abpressen lassen, am besten nur Schecks und Kreditkarte zeigen. Die Sicherheitsbzw. Grenzpolizei heißt DAS (Departamento de Aduana y Seguridad) und hat ein Büro in jeder größeren Stadt. Hier könnt ihr auch eure Aufenthaltsgenehmigung um max. 30 Tage verlängern lassen. Und laßt euch bei der Ausreise unbedingt einen Stempel geben, sonst wird euch die erneute Einreise zu einem späteren Zeitpunkt verweigert werden!

Währung in Kolumbien ist der Peso, das Wechseln von Reiseschecks bei Banken ist oft eine schwierige und langwierige Prozedur. Große Werte lassen sich schlecht wechseln, auch große Dollarnoten. American Express-Reiseschecks werden oft abgelehnt, da viele geklaute im Umlauf sind. Und sollte eure Unterschrift im Reisepaß und auf dem Scheck nicht haargenau übereinstimmen, dürft ihr gleich wieder mit dem – jetzt wertlosen – Scheck abziehen. *Clemens Carle* mußte einmal bei einer Bank in Ipiales drei Unterschriftenproben leisten, zwei unterschiedliche Ausweispapiere vorlegen und meine Reisepaßnummer auswendig aufsagen ... Vorsichtig sein vor zirkulierenden falschen Dollars, deshalb nie auf der Straße wechseln, auch wenn der Tauschkurs noch so verlockend ist. Wechseln auch in Casas de Cambio möglich, „Titán Intercontinental" hat die meisten Niederlassungen und tauscht auch Reiseschecks ohne Kommission. VISA- und MasterCard-Kreditkarten werden weitgehend akzeptiert, viele Banken verfügen über Geldautomaten.

Sicherheit, Drogen	Vorsicht in den Großstädten, nicht im Einzugsbereich von Elendsvierteln campen, Hotels in „sicheren Zonen" nahe den Polizeistationen wählen, fragt die Kolumbier um Rat, sie kennen das Problem mit der Sicherheit und sie sind sehr hilfsbereit, besonders auf dem Lande. Vorsicht vor Kinderbanden – *gamines* – in den Großstädten, sie können gefährlich werden! Aufpassen auch in und um Bahnhöfe und Busterminals. Das South American Handbook berichtet von Straßenraub auf Globetrotter und auch auf Radfahrer in Städten und Dörfern der Karibikküste (lest die vielen „warnings")! Auf viele Straßenkontrollen (wegen Drogen) gefaßt sein! Bei Durchsuchungen immer die Leute im Auge behalten, immer nur einen Teil nach dem anderen herausgeben und die Dinge selbst ausbreiten!

Vom allgemeinen Kampf gegen den Rauschgifthandel *(narcotráfico)* bekommen Besucher aber nur wenig mit, die Regierung versucht mit allen Mitteln, der Kokain-Mafia (und auch der Guerilla) habhaft zu werden. Es muß immer damit gerechnet werden, daß der Ausnahmezustand verkündet wird. Am besten sich vor Ort bei den lokalen Touristenämtern über die Lage erkundigen. Die Guajira-Halbinsel im Nordosten des Landes und die dortigen Orte um die Sierra Nevada sind Drogenanbau- und -Umschlagplätze und gefährlich (Straße Riohacha – Grenze Venezuela, Maicao)! Nicht ungefährlich sind auch alle karibischen Hafenstädte. Medellín und Cali sind die Zentren der Drogenkartelle.

Übernachten, Verpflegung	Es gibt ein genügend großes Hotel- und Pensionsangebot, die der unteren Preisklasse heißen *Residencias* und *Hospedajes*. Nicht selten verbergen sich dahinter aber Bordelle, ohne daß das auf den ersten Blick offensichtlich wäre. Fahrrad immer mit aufs Zimmer nehmen, wird es nicht gestattet, dann eine andere Bleibe suchen. Es gibt auch einige Jugendherbergen im Land, Verband-Anschrift: Federación Colombiana de Albergues Juveniles, Carrera 7, No 6-10, P.O.Box 240167, Santafé de Bogotá DC, Tel. (57) (1) 280 3202/3041/3318, Fax (57) (1) 280 3460.

In Touristenbüros bekommt man eine Liste von offiziellen Campingplätzen, die aber nicht preiswerter als ein einfaches Zimmer sein müssen. Die Bevölkerung auf dem Land ist gastfreundlich, oft wird man zum Campen oder zum Übernachten eingeladen werden. Das Essen ist vielfältig und gut, großes Angebot an Früchten. In Kolumbien werden die leckersten Fruchtsäfte in ganz Südamerika (mit Milch) zubereitet, unbedingt probieren! Cola und Co. *(Gaseosas)* sind überall erhältlich, manchmal werden sie euch von Autofahrern an heißen Paßanstiegen aus dem Autofenster gereicht, oder sie warten bereits am nächsten Verkaufsstand mit einer eiskalten Coke auf euch!

Radshops mit guten Importteilen und Radklamotten (Shorts mit Sitzeinlagen!) findet ihr nur in den größeren Städten, am einfachsten fragt den nächsten Rennradler, der euch garantiert irgendwann vor die Reifen fahren wird. In Bogotá hat sich die Calle 13 als besonders ergiebig für Reiseradler erwiesen, (in Cali: D'Jim Triathlón, Av. 5 N, No. 16 N-02). Weitere Adressen stehen im „Lateinamerika BikeBuch".

Verkehr, Transport	Bus- und Lkw-Fahrer rasen machomäßig und halsbrecherisch, vorsehen auf den Andenstrecken! Das Busnetz ist gut ausgebaut, zahlreiche Gesellschaften, Luxus- *(expreso)* und Normalbusse *(ordinario)*. Radmitnahme nur in der Normalklasse möglich, teuer. Gegen Fahrtkostenbeteiligung nehmen euch auch Lkw-Fahrer gerne mit, ihre Gefährte sind aber

häufig nicht die sichersten und brechen oft auf den Andenstrecken zusammen. Kolumbien hat ein dichtes Flugnetz, alle halbwegs wichtigen
Orte können billig mit dem Flugzeug angeflogen werden, mehrere kleine
Inlandsgesellschaften. Radmitnahme nur in einer Box. Der Zugverkehr
wurde eingestellt.

Reisefüh-
rer, Karten

Reiseführer: „South American Handbook" und das ausführlichere „Colombia Handbook" von Footprint Publications. Dydynski: „Colombia –
Travel Survival Kit", Lonely Planet.
    Karten: IGN Mapa Turistico „Colombia", 1:1,5 Mio. ITM Travel Map
1:2 Mio. Nelles-Karte „Colombia & Ecuador", 1:2,5 Mio. In Kolumbien:
Vom CNT die „Mapa de la Republica" 1:1,5 Mio., weitere Straßenkarten
an Tankstellen, auch in Buchläden und vom Automobilclub erhältlich.

Internet

Schaut erst einmal auf den Websites des Auswärtigen Amtes (www.aus-
waertiges-amt.de) und – viel ausführlicher – des britischen Außenministeriums (www.fco.gov.uk/travel/countryadvice.asp?CO), wie es um die
momentane Sicherheitslage in Kolumbien bestellt ist. Viele Links auf der
sehr guten Homepage der University of Texas (www.lanic.utexas.edu/la/
colombia/). Eine weitere gute Webadresse mit vielen Infos rund ums Reisen ist www.gosouthamerica.about.com.

II. ZIELE, ROUTEN, WEITERREISE NACHBARLÄNDER

Sehens-
wertes

Sehenswert sind die Städte aus der spanischen Kolonialzeit, besonders
die historische Altstadt von *Cartagena,* eine der interessantesten Städte
Südamerikas, und auch Santa Marta (älteste Stadt Kolumbiens, Ferien-
zentrum). Südöstlich der barocken Stadt Popayán liegt *San Agustín* mit
seinem *Parque Arqueológico* voller Kolossalfiguren und Grabkammern.
Man kann ihn, auch den dort gelegenen Nationalpark *Purace,* anfahren,
wenn man von Ecuador heraufkommt. In Zipaquirá (nördl. von Bogotá) ist
die Salz-Kathedrale. Alle anderen Städte Kolumbiens sind, einschließlich
der Hauptstadt Bogotá (außer man will das berühmte Goldmuseum –
Museo del Oro – sehen), keine Umwege wert. Großes Fest im Januar
(Fería del Café und Festival Interamericano del Folclor) in Manizales (liegt
westl. von Bogotá). Auch der Karneval von Barranquilla ist berühmt.

Zwei
Routen-
vorschläge:

Die San-Agustín-Runde: Bogotá – Melgar – Girardot – Ibagué – Armenia
– Cali – Popayán – San Agustín – Pitalito – Garzón – Neiva – Girardot –
Bogotá (1339 km).
    Die Cartagena-Runde: Bogotá – Tunja – Capitanejo – Malaga – Buca-
ramanga – El Burro – Santa Marta – Baranquilla – Cartagena – Medellín –
Manizales – Honda – Bogotá (2500 km).
    Diese Routen lassen sich durch zahlreiche Seitenabstecher, Flußfahr-
ten und (lohnende) Besuche der Nationalparks noch fast beliebig erwei-
tern. Weitere Details im „Lateinamerika BikeBuch" von R. Wiegers.
    Wer vom Radfahren die Schnauze voll hat, fliegt zum Inselparadies
San Andrés und erholt sich an Palmenstränden (touristisch, nicht billig).

Straßen und
Strecken

Die Straßenbeschaffenheit ist auf den Hauptstrecken mehr oder weniger
gut, Nebenstrecken sind meist unbefestigt, in den Llanos und im Amazonastiefland nur (Sand-)Pisten. **Es gibt keine Straße nach Panama** (s.u.,
„Dariéndurchquerung"). Die Strecke von Ecuador über Cali und Medellín

nach Cartagena hat viele Pässe und ist sehr, sehr gebirgig! Desgleichen auch die Strecke von Bogotá über Bucaramanga nach Barranquilla, in den Tälern Wahnsinnshitze, viele und harte Aufstiege, auch mal Schotterabschnitte, doch auch großartige Aussichten. Seitenstreifen haben nur die wenigsten Durchgangsstraßen, z.B. im Tal des Río Magdalena (Pitalito – Girardot) und im Cauca-Tal (Zarzal – Santander). Alle Gebirgsstrecken sind gefährlich für Biker – kurvig, unübersichtlich, ohne Leitplanken! Bei schnellen Abfahrten immer mit Menschen, mit Vieh- und Reifenresten auf der Fahrbahn rechnen. Die letzten Abfahrten von den Kordilleren ins Küstentiefland sind dann kilometerlang, juchhei!

Weiterreise Nachbarländer

Nach/von Ecuador über Pasto, Grenzort ist Ipiales.

    Nach Venezuela am besten über Cúcuta/San Antonio de Táchira, oder entlang der Küste von Riohacha nach Maracaibo (Grenzort: Paraguachón, gefährliche Strecke). Oder, als dritte und abenteuerlichste Möglichkeit, von Bogotá über Villavicencio und Puerto López nach Puerto Carreño (an der Mündung des Río Meto in den Orinoco). Nach Informationen soll nun für die Einreise nach Venezuela eine Touristenkarte

(tarjeta de ingreso) genügen, die auch noch an den Grenzstationen ausgestellt wird. Bitte schon rechtzeitig im Vorland oder in Bogotá (oder Barranquilla) checken! Vom Amazonashafen Leticia (dorthin nur Flug) im Dreiländereck Kolumbien/Peru/Brasilien gibt es Schiffsverbindungen nach Manaus in **Brasilien** und flußaufwärts nach **Peru**.

    Von Barranquilla und Cartagena unregelmäßige, unsichere Schiffsverbindungen nach Colón/Panama. Von der Hafenstadt Buenaventura am Pazifik besteht kaum Möglichkeit, mit einem Schiff nach Panama/Mittelamerika zu kommen. **Nach Panama:** Fliegen von Barranquilla, Bogotá, Cali, Cartagena, Medellín oder über die San Andrés Inseln (und von dort weiter nach Costa Rica, ist evtl. billiger als ein Direktflug in ein mittelamerikanisches Land!). Nach Panama darf man (auf dem Luftweg) nur mit einem Panama-Weiterflugticket, beim Ticketkauf darauf ach-

■ *„Respektiert das Leben der Radfahrer ..."* *– Aufruf an die kolumbianischen Autofahrer*

ten, daß es „refundable" ist, damit ihr später euer Geld wiederbekommt (Linienflugticket)!

    Nach Panama eine Möglichkeit für Abenteurer: durch den *Darién Dschungel*. Voraussetzung: gute Spanisch-Kenntnisse, denn ohne Hilfe der Einheimischen bzw. von Führern geht das nicht, und möglichst nur in den trockenen Monaten von Januar bis Mitte April. Theoretisch besteht auch noch die Möglichkeit, mit Booten von Turbo nach Acanti, dann weiter zum panamesischen Puerto Obaldia, und von da durch den Dschungel zur Straße Yaviza – Panama-City, doch dies ist nicht zu empfehlen. Beiderseits der (imaginären) Dschungelgrenze zwischen Kolumbien und Panama sind als Pufferzone Nationalparks eingerichtet worden. In der ITM-Südamerika-Karte West (153) gibt es eine Ausschnitts-Karte des Darién Gap.

Mit dem Rad die Darién-Durchquerung von Kolumbien nach Panama

Erlebnisbericht von *Clemens Carle* (s. Foto im Farbteil)

> **Achtung:** Kolumbiens Nordwesten ist seit Jahrzehnten eines der Zentren der Guerilla-Aktivitäten, der Darién-Dschungel gilt als Rückzugsgebiet der Rebellen. 1998 wurde der Los Katíos-Nationalpark nach Überfällen geschlossen und bisher nicht wieder eröffnet. **Die Darién-Durchquerung ist momentan extrem gefährlich für Ausländer!**

Der Panamericana fehlt ärgerlicherweise in ihrem Asphaltband das Stück zwischen Panama und Kolumbien. Echte Panamericana-Radler werden sich erst dann zufriedengeben, wenn sie auch noch dieses Stück auf dem Landweg bewältigt haben. So wie ich.

Doch nur wenige wagen dieses Abenteuer und noch wenigeren gelingt es auch. Sprechen nicht schon Zeit und Kosten gegen diese Variante, dann noch mehr die zu erwartenden Probleme. Die Darién Gap Durchquerung ist und bleibt ein strapaziöses Unternehmen, bei dem die Gesetze des Dschungels und nicht die der Landstraße gelten. Mit ihnen sollte man vertraut sein, ebenso wie mit der spanischen Sprache. Doch trotz aller Torturen wird die Darién Gap Durchquerung ein Schlüsselerlebnis jeder Panamericana-Tour sein.

Die klassische Route „mitten durch" dürfte für Reiseradler die beste sein, da sie die nötige Infrastruktur – Boote, Unterkünfte, Hilfe von Einheimischen – aufweist. Die Alternativen der Süd- oder Nordroute sind weniger geeignet.

1. Abschnitt Medellin – Turbo (360 km)

Lediglich die ersten 83 km bis Antioquia und die letzten 56 km von Chigorodó bis Turbo sind asphaltiert. Den wackeren Tourero erwarten auf dieser Strecke Pässe, schwüle Tiefebenen, Urwald, Bananenplantagen, einspurige Lehm-, Schotter- und Felspisten, kleine Städte, die mit Einbruch der Dämmerung schlagartig aus ihrer Lethargie erwachen, ein wahrer lateinamerikanischer Mikrokosmos.

Turbo ist ein ramschiges, lautes Tropennest mit kleinem, quirligem Geschäftszentrum, wuchernden Bretterbuden-Vororten, stinkenden Kanalisationsgräben und einem Hafenviertel, das man besser aus der Ferne betrachten sollte. Die Polizei ist Radlern bei der Suche nach einer seriösen Pension, die nicht nur stundenweise Zimmer vermietet, sehr behilflich.

Vier Dinge muß der Darién-Durchquerer hier erledigen: Man muß sich erkundigen, wenn Schnellboote den Río Atrato hinauf nach Sautatá (im Nationalpark Los Katios) gehen. Das kostete mich 8 Dollar und für das Fahrrad mußte ich nochmals 8 Dollar zahlen.

Zweitens benötigt man zum Betreten des Los Katios Nationalparks ein Erlaubnisschreiben, das man bei den Rangern der Nationalparkbehörde „Inderena" bekommt [die Indirena wurde aufgelöst, zuständig ist nun die „Unidad Administrativa Especial del Sistema de Parques Nacionales", Anm. des Verlags]. Ihr Gebäude befindet sich am Ortsausgang von Turbo an der Asphaltstraße Richtung Chigorodó.

Das Büro der DAS, der kolumbianischen Ausländerpolizei, liegt mittendrin an der Playa. Unzählige „Estaderos", Kneipen mit Bademöglichkeiten, der angenehm frische Wind und weißer Sand lassen schnell vergessen, wozu man eigentlich hergekommen ist. Deshalb den Ausreisestempel besser noch vor dem ersten coolen Drink besorgen … (den Einreisestempel für Panama gibt es dann in dem weit hinter der Grenze liegenden Boca de Cupe).

Als letztes muß man sich um Proviant (für etwa 10 Tage) und um zusätzliche Dschungel-Ausrüstung kümmern, es gibt genügend Läden im Ort. Empfehlenswert halte ich einfache Stoffschuhe oder noch besser Gummistiefel zum Durchwaten der Bäche, eine Pinzette für die abendliche Zeckenjagd, sowie einige stabile Plastiktüten zum Einpacken der Ausrüstung.

2. Abschnitt Turbo – Yaviza

Sautatá, den Verwaltungssitz des Nationalparks Los Katios als ersten Zwischenstop zu wählen, macht in mehrfacher Hinsicht Sinn: Dieser Park, mitten im Urwald gelegen, ist einfach wunderbar, er liegt abseits der großen Touristenströme. Mit dem Schnellboot kann man ihn von Turbo in zwei Stunden den Río Atrato hinauf erreichen. Die Ranger freuen sich über jedes neue Gesicht und sie gestatten freies Übernachten im Gästehaus, und für ein bis zwei Dollar erhält man sogar ein Mittag- und Abendessen.

Von hier aus kann man Tageswanderungen zu Aussichtspunkten, Wasserfällen und herrlich erfrischenden Pools machen, eine Menge Zecken als Souvenir leider inbegriffen. Der Verwalter verfügt auch über ein Funkgerät und hilft gern bei der weiteren Bootsbeschaffung. Nach Bijao, einer weiteren Station der Nationalparkverwaltung, hat man zwei Möglichkeiten: entweder mit dem Expreßboot für ca. 90 Dollar oder, am Sonntag, mit dem Boot der Parkverwaltung, das an diesem Tag Lebensmittel zu den Außenstationen transportiert. Kostenpunkt 12 Dollar – keine Frage, oder?

Eine Stunde den Río Atrato weiter flußaufwärts, an der Einmündung des Río Cacarica, liegt **Puente America,** eine Ansammlung von Bretterhütten mit begrenztem Lebensmittelangebot. Ich kaufe hier für Raoul und Ricardo noch Reis ein. Die beiden habe ich für 50 Dollar pro Person als Führer und Träger angeheuert (Lebensmittel gehen extra), für dieses Geld lassen sie gerne mal ihren Job als Arbeiter im Nationalpark für einige Tage liegen und sind mir behilflich. Ich habe Vertrauen in sie, denn anderen Guides kommt es oft in den Sinn, nach halber Wegstrecke und mitten im Dschungel eine sofortige Gehaltserhöhung zu verlangen.

Ab Puente America folgen wir gut eine halbe Stunde dem Río Cacarica bis zur Nationalpark-Station **La Loma,** die aus nicht mehr als einem Haus und einem Generator besteht. Hier müssen wir das Boot wechseln, der Fluß ist zum Ende der Trockenzeit so seicht, daß größere Boote steckenbleiben. Fast vier Stunden dauert dann die Schlängelfahrt bis **Bijao** durch riesige Wasserhyazinthen-Teppiche, und immer wieder versperren auch Baumstämme die Durchfahrt. Affen, Iguane, Wasservögel und Schmetterlinge sorgen für Abwechslung.

Die Nationalparkstation Bijao liegt gegenüber des Ortes Bijao (eingeschränktes, übeteuertes Lebensmittelangebot) auf der anderen Flußseite auf einer Anhöhe. Nach längeren Verhandlungen will der Ranger mich und meine zwei Begleiter für 20 Dollar am nächsten Tag bis **Cristales,** dem letzten Rangervorposten am Río Cacarica, hinauffahren. Übernachten können wir in beiden Orten in den Hütten.

Ab Cristales gibt es Richtung Panama-Grenze nur noch einen Dschungelpfad. Startet man im Tagesanbruch, läßt sich der Fußweg bis **Paya,** dem ersten Dorf auf Panama-Boden, bei strengem Marschtempo in zehn bis zwölf Stunden schaffen. Bis zum **Palo de las Letras,** dem nun verschwundenen und durch einen einfachen Grenzstein ersetzten Grenzbaum, sind es etwa 7 Stunden. Tendenziell geht es immer bergauf, denn die Grenze verläuft genau auf der Kuppe der Wasserscheide.

Ohne Führer und Träger würde ich dieses Etappe nie angehen. Zum einen ist zu Beginn der Strecke ein Fluß etwa fünfzehnmal zu queren, der Weganschluß ist im Dickicht nur schwer wiederzufinden, die Ufer sind so abschüssig und schmierig-lehmig, daß sie nur auf allen Vieren zu überwinden sind, und zum anderen gabelt sich der Weg sehr oft. Selbst wir verliefen uns zweimal im Dickicht. Eine Person ist schon alleine ständig mit dem Fahrrad beschäftigt, denn ständig verfangen sich Zweige, Wurzeln und Astwerk in den Rädern und im Schaltwerk, umgestürzte Baumstämme zwingen zu Kriech-, Schieb-, Zieh- und Klettereinlagen. Etwa die Hälfte der Wegstrecke muß ich das Rad schultern, mit zusätzlichem Gepäcktragen wäre das nicht zu bewältigen. Und da bei uns zwei Tage zuvor noch überraschend die Regenzeit einsetzte, ist der Pfad schmierig und glitschig, der Fluß hüfthoch und reißend.

Anlaufstation auf der Panamaseite ist dann **Paya,** und damit man nicht evtl. die Maul- und Klauenseuche nach Panama einschleppt, muß man zur Sanitärbaracke, dort wird die ganze Ausrüstung desinfiziert. Übernachten können wir gleich kostenlos in den Baracken.

Ein halbe Stunde Fußmarsch entfernt liegt das eigentliche Dorf Paya der Cuña-Indianer (kein Lebensmittelangebot). Ab hier kann ich wieder ein Boot besteigen – doch halt, so einfach geht das nicht! Vielmehr muß ich Ernesto, dem Dorfvorsteher (El Corregedor), meinen Wunsch vortragen. Der ruft eine Versammlung ein und die beschließt, wer mich zu welchem Preis den Río Paya und den Río Tuira nach **Boca de Cupe** hinunterrudern darf! Wir einigen uns nach langwierigen Verhandlungen auf 70 Dollar, die Übernachtung im Stelzenhaus des Dorfarztes ist gratis.

Am nächsten Morgen verabschiede ich mich von meinen beiden Führern. Die anschließende, 12stündige, lautlose Bootsfahrt in der kipplingen *palanca,* einem kiellosen Einbaum, werde ich nie vergessen! Nie zuvor hatte ich das Gefühl, so unmittelbar und mit allen Sinnen in die Natur einzutauchen, dem Fluß und seinen Naturkräften ausgeliefert zu sein. Und überdies auch noch ein Stück langsam verschwindender Indianerkultur mitzuerleben, denn schließlich ist auch hier die Zivilisation, z.B. in Form von lärmenden Außenbordmotoren, stark auf dem Vormarsch.

Auf den alternativen Fußmarsch von Paya nach Pucuro und die anschließende Bootsfahrt von Pucuro bis Boca de Cupe habe ich deshalb gern verzichtet.

In Boca de Cupe bin ich wieder zurück in der Zivilisation! Na ja, wenigstens ein bißchen. Der Stromgenerator wummert, die Wege zwischen den Hütten sind zementiert und kleine Läden bieten eine ausreichende Auswahl an Eßbarem. Und kaltes Bier!

Don Antonio ist der Besitzer eines solchen Ladens, und, noch wichtiger, er ist auch der Herr über den Einreisestempel! 14 Tage gibt es in der Regel. Bald wimmelt es nur so von Bootsbesitzern, die mich nach **Yaviza** bringen wollen. Ich einige mich mit Pipiyo auf 60 Dollar, er wird mich in seiner *piragua,* einem Lastenkahn, bis Yaviza weiterbefördern. Problematischer ist die Suche nach einer Übernachtungsmöglichkeit, Pensionen gibt es nicht.

Yaviza ist Endpunkt des Darién Gap und wieder der Beginn der Panamericana. Ich bestaune meine ersten Lkw seit Wochen und freue mich darauf, wieder unabhängig von Bootseigentümern meinen eigenen Weg gehen zu können. Von Yaviza windet sich eine breite, ausgefahrene Schotterpiste durch eine heiße Savannenlandschaft 235 km bis **Chepo.** Jetzt gibt es keine Versorgungsprobleme mehr, bei Regen eher mit den lehmigen Abschnitten auf den ersten 30 km hinter Yaviza. Ab Chepo sorgt dann eine fugenlose, unverschämt leise Betondecke die restlichen 60 km bis Panama City für ungeahnten Fahrkomfort, bis letztendlich die Zivilisation in Form von Panama Citys Verkehrschaos unbarmherzig zuschlägt.

Die Darién-Durchquerung kostete mich 1991 genau 278 US-Dollar von Turbo bis Yaviza, 11 Tage war ich dabei unterwegs. Für etwa 100 Dollar hätte ich auch in einer Stunde von Cartagena nach Panama City fliegen können. Doch warum denn einfach, wenn es auch umständlich geht ...?

Traumstraße Panamericana

Überblick

Wem Afrika zu heiß, Asien zu groß und Australien/Neuseeland zu weit sind, der stößt bei seinen Reiseplänen mit dem Rad schnell auf Amerika. Fernradtouren in den Ländern des amerikanischen Doppelkontinents haben in der Tat erheblich zugenommen.

Dabei ist der Unterschied bei Radtouren in Nord- und Südamerika erheblich. Die USA und Canada sind den meisten mehr oder weniger vertraut, locken mit Naturschönheiten relativ leichter Planung. Südamerika ist aus ganz „anderem Holz". Radtouren dort – ob in einzelnen Ländern oder transkontinental –, sind wesentlich schwieriger, aber wohl auch interessanter und abenteuerlicher. Die Länder Mittelamerikas – also Mexiko bis Panama – liegen bezüglich des Schwierigkeitsgrades in etwa dazwischen.

Doch warum dann nicht gleich durch Süd-, Mittel- und Nordamerika radeln? Stichwort „Panamericana", die „Traumstraße der Welt", die längste Straße Amerikas von Feuerland bis Alaska. Ich, Helmut Hermann, bin die Panamericana gefahren, allerdings nicht mit einem Fahrrad, sondern mit einem alten VW-Bus. Wir haben auch etliche Radfahrer getroffen, meist Franzosen (u.a. Bernard Magnouloux, in seinem sehr lesenswerten Buch „Abenteuer ohne Grenzen" beschreibt er seine 5jährige Rad-Weltreise), auch einige Paare, die sich so Amerika vom Fahrradsattel aus „eroberten". Ist eine Panamericana-Reise mit einem Auto schon kein Zuckerlecken, so kann eine solche Radtour geradezu zur Tortur werden, besonders in den Höhen der Anden, im stürmischen Patagonien oder in den saunaschwülen Tropenländern Südamerikas. Ich jedenfalls hatte vor diesen Typen großen Respekt!

Bevor nachfolgend der Panamericana-Tourer Clemens Carle zu Wort kommt, der die Panamericana in drei Jahren vom südlichsten Punkt bis zum Eismeer abgekurbelt hat, hier zunächst die wichtigsten Punkte einer solchen Mammut-Tour durch Nord- und Südamerika.

Die Panameri- cana

Die Carretera Panamericana (auch *Carretera Interamericana* genannt) ist nur in ihrem Bereich zwischen Chile und Mexiko genau bestimmt, in den USA geht sie im dortigen Straßennetz auf, und an der Südspitze des Kontinents mündet sie in Pisten. Da die schönsten Sehenswürdigkeiten des Doppelkontinents jedoch oft abseits der Panamericana liegen – in Südamerika z.B. die Iguazú-Wasserfälle und die Inka-Kulturstätten im Andenhochland – darf man diesen Begriff nicht allzu eng auslegen. Wer diese Dinge und noch andere Sehenswürdigkeiten in Mittel- und Nordamerika ansteuern will, muß eine eigene Route zusammenbauen.

Klima, Rei- sezeit, Dauer

Auf einer Reise von Feuerland nach Alaska immer zur richtigen Jahreszeit am richtigen Ort zu sein ist fast unmöglich bzw. wird nur möglich, wenn man sich zwei bis drei Jahre Zeit läßt, und selbst da muß man Kompromisse eingehen. Die Extreme Feuerland, Alaska und die Anden bilden die fixen Eckwerte der Zeitplanung.

Nordamerika: Günstig von März bis Oktober. Alaska von Juni bis September.

Mittelamerika: Günstig von November bis März.

Südamerika: Günstig von Oktober bis April, die Südspitze am besten im Dezember und Januar. Die Andenländer (Altiplano) von Mai bis Oktober.

Natürlich ist es nicht möglich, innerhalb eines Jahres durch ganz Süd- und Nordamerika zu radeln, auch zwei Jahre dürften kaum ausreichen. Wer jedoch jahrelang reist, überfüttert in der Regel seine Sinne, Neues und Schönes kann dann nicht mehr richtig erlebt werden. Deshalb sollte auch überlegt werden, ob man nicht die Panamericana auf zwei Einzelreisen macht (doch in den allermeisten Fällen gibt es kein „später" mehr …).

Planung und Probleme Wer nur beschränkt Zeit hat und sowohl Nordamerika als auch ein Stück Lateinamerika erleben will, der sollte sich den Abschnitt von Westkanada – Westküste USA – Mexiko bis Guatemala vornehmen.

Südamerika bietet so vieles, daß man dort ohne weiteres ein bis zwei Jahre unterwegs sein kann, ohne alle Länder und Regionen gesehen zu haben. Man reist dann ausschließlich durch den lateinamerikanischen Kulturkreis.

Gesamt-Panamericana-Fahrer müssen wissen, daß es zwischen Kolumbien und Panama durch die Landenge des Darién keine Straße gibt, man kommt da kaum oder nur unter großen Schwierigkeiten durch. Bis jetzt haben es nur sehr wenige geschafft, einer davon ist *Clemens Carle,* siehe sein Bericht bei „Kolumbien". Die Schiffsverbindungen zwischen Panama und einem Hafen in Kolumbien oder Ecuador sind spärlich, die Passagen nicht billig. Deshalb besser fliegen. Eine Alternative wäre aber auch von Venezuela nach Florida bzw. Florida – Venezuela.

Zur Planung einer Panamericana-Tour gehört auch die Überlegung, wo die Reise beginnen und wo sie enden soll. Manche fahren von „oben" nach „unten", andere ziehen ein südamerikanisches Land als Startpunkt vor. Bei einer Gesamt-Panamericana-Radtour würde ich in Südamerika anfangen, man radelt dann vom schwierigeren Teil in den „leichteren", kann von den USA oder Canada problemlos heimfliegen, oder auch in Mexiko „überwintern", um dann ab dem Frühjahr die Vereinigten Staaten und im Sommer Nordwest-Canada und Alaska zu machen.

Nur zwei Sprachen braucht man für die Panamericana: spanisch – in Brasilien auch etwas portugiesisch – und englisch. Damit ist die Kommunikation recht einfach. Erfreulich ist auch, daß in den süd- und nordamerikanischen Ländern die Einreise-Bestimmungen problemlos sind.

Bücher Das erste deutsche Radbuch, das die ganze Panamericana von Feuerland bis Alaska als Raderlebnis beschreibt, ist „Rad-Abenteuer Panamericana – 45000 km von Feuerland bis Alaska" von Clemens Carle (Reise Know-How). 1987 brauchte Walter Stolte fünfeinhalb Jahre mit dem Fahrrad von Alaska bis Feuerland, sein Buch: „Amerika selbst er-fahren", Band 1: Alaska – Panama, Verlag Walter Stolte, 1993, ist mit viel Selbstironie gewürzt und vergnüglich zu lesen.

Auch Bernard Magnouloux' Buch „Abenteuer ohne Grenzen" kann man noch als Panamericana-Buch bezeichnen. Äußerst humorvoll geschrieben, wirklich lesenswert!

Claude Marthaler: „Durchgedreht" – 7 Jahre im Sattel, Reise Know-How 2002, ISBN 3-89662-305-2. Claude „machte" im Zuge seiner Weltreise die Panamericana von Alaska nach Feuerland.

Dann gibt es noch einige Panamericana-Bücher von Feuerland – Alaska mit dem VW-Bus und Motorrad:

Helmut Hermann: „Traumstraße Panamericana", Reise Know-How, 1984.

Aubert/Müller: „Panamericana", Verlag Frederking & Thaler, 1983.
Tin/Rasmussen: „Traumfahrt Südamerika", gleichfalls vom Frederking
& Thaler Verlag, 1987. Obwohl alle aus der Sicht von Auto- bzw. Motor-
radfahrern geschrieben, vermitteln die Bücher trotzdem viel Traumstra-
ßen-Feeling.

Weitere Radbücher und Reiseführer zu einzelnen Ländern in Nord-
und Südamerika siehe unter diesen.

Internet: *Susi Bemsel* und *Daniel Snaider* starteten am 01.04.2002 von
Hanau über Norwegen, Island nach Kanada und USA, von wo aus sie
über die mittelamerikanischen durch die südamerikanischen Länder fahren wollen. Ihre Tour online: www.grossereise.de

Tilmann Waldthaler werden wahrscheinlich viele kennen: 2001/2002
pedalte er die Panamericana von Alaska nach Feuerland, Tourberichte
unter www.tilmann.com.

Rad-Abenteuer Panamericana
von *Clemens Carle*

Fahrrad und   „Was, mit diesem Fahrrad bist du auf Tour?" Wie zur Bestätigung seiner
Straßen   schlimmsten Befürchtungen drückt José den Vorderreifen einige Male
mit Daumen und Zeigefinger kräftig ein. Das Ergebnis scheint ihn nicht
eben zufriedenzustellen.

„Warum nur hast du kein Mountainbike?"

„Schau", versuche ich zu erklären, „alle Pisten habe ich bisher mit meinem Rad überstanden, ich muß auf Grund der dünneren Pneus zwar
mehr auf größere Steine und sandige Passagen achten, aber auf Asphalt
rollt es wesentlich besser, und außerdem sitze ich besser drauf. In der
Ausstattung ist es bestimmt dem besten Mountainbike ebenbürtig", und
dann zähle ich all die Teile und ihre Herkunftsländer auf.

Nein, für José ist die Sache klar: ein MTB ist das Maß aller Dinge, inzwischen auch hier in Chile wie auch sonst überall in Lateinamerika. Be-
einflußt durch die Werbung will er nicht einsehen, daß die hier verkauften,
meist aus billigster chinesischer Fertigung stammenden Fahrräder eine
um Welten schlechtere Qualität als ein Trekking-Rad aufweisen.

Der Reiseradler wird nicht erst unterwegs vielerlei Ansichten über seinen optimal geeigneten Reisegefährten hören: Soll es ein Mountainbike
sein, das sich mit seinen voluminösen Reifen, stabilen Laufrädern und
dem großzügigen Radstand vorzüglich auf steinigen und schlammigen
Pisten bewährt? Oder ein Tourenrad, das mit seinen schmalen Reifen auf
Asphalt und Beton besonders leicht rollt? Oder doch ein Trekking-Bike,
in den USA „Hybrid" genannt? Das rollt mit seinen 35 bis 41 mm breiten
Reifen auf Asphalt- und Betondecken besser als ein Mountainbike und ist
auch auf Pisten jeglicher Art gut einzusetzen, soweit sie nicht gerade zu
lehmig oder schlammig sind. Bei der Ersatzteilversorgung in Südamerika
muß man dann allerdings – wie auch bei einem MTB – Abstriche machen.

Egal, für welchen Typ man sich letztendlich entscheidet, Qualität und
nichts als Qualität sollte immer oberstes Prinzip sein. Schließlich will man
ja reisen und nicht ständig am Rad herumschrauben. Selbst die Panamericana als weitgehend asphaltierte Straßenverbindung weist genügend
Schlaglöcher, Querrillen, Wellen und auch Sandverwehungen auf, um

auch die robusteste Fahrradtechnik zu zermürben. Weicht man dann noch auf die verkehrsärmeren, aber landschaftlich sowie kulturell umso reizvolleren *Carreteras Nacionales* (Nationalstraßen) oder *Carreteras Regionales* (Regionalstraßen) aus, wie zum Beispiel die argentinische Ruta 40, muß man neben glattem Asphalt auch mit verheerend schlechten Schotter- und Sandpisten und grundlos erscheinendem Lehmschlamm im tropischen Tiefland rechnen.

Da ist es dann nicht verkehrt, die gebräuchlichsten Verschleißteile mit an Bord zu haben (und diese auch selbst ersetzen zu können!): reichlich Speichen, Bowdenzüge für Bremsen und Schaltung, eine Kette, Ersatzreifen und Schläuche sowie Schrauben in diversen Größen. Gut bewährt hat sich bei mir, zusätzlich ein kleines, mit Nummern versehenes Ersatzteillager zuhause zu haben und dann bei Bedarf nur noch schnell telefonisch die Nummern der gewünschten Teile durchzugeben. Das erspart längere und teure Erklärungen und ärgerliche Falschlieferungen. Bei mir kamen alle Päckchen und Pakete an, vielleicht durch viel Glück oder die Post ist doch besser als ihr Ruf.

Wenn nun aber der treue Drahtesel doch mal zusammenbricht? Hoffentlich nicht gerade in Argentinien! Da findet der Hobbybastler infolge einer restriktiven Importpolitik derzeit nur national gefertigte, qualitativ minderwertige Ersatzteile für MTBs vor. In Santiago de Chile dagegen bieten die Radläden alles, was des Radlers Herz begehrt, sogar ein großes Sortiment an amerikanischen Kompletträdern.

Mit Einschränkungen kann ich auch Quito bzw. Guayaquil in Ecuador sowie die großen Städte der Rennradlernation Kolumbien als Rad- und Ersatzteil-Land empfehlen, wohingegen Bolivien und Peru weiße Flecken auf der Landkarte bleiben. Panama Citys Radläden glänzen mit superbilligen Importen, auch in San José in Costa Rica kann man wieder einkaufen. In Guatemala City offerieren nur zwei Importläden überteuerte Ersatzteile, und auch in Mexiko wird man außerhalb der Hauptstadt in leere Regale schauen.

USA, Canada und Alaska sind Radlers Eldorado, hier gibt es alles, nicht zu unterschätzen sind aber auch die teils riesigen Entfernungen zur nächsten Stadt mit Radteilen. In Alaska besteht immerhin die Möglichkeit, Teile telefonisch vom nächsten Radladen zu ordern und sie sich im Greyhound zuschicken zu lassen. Ohne Kreditkarte läuft allerdings nichts.

Leider treiben viele unfähige Bastler als Mechaniker in Radshops ihr Unwesen und machen unter Umständen mehr kaputt als vorher, vor allem in den USA und Canada ist mir das aufgefallen. In Lateinamerika wird dagegen gern improvisiert. Ob das empfindlichen Radteilen gut bekommt, sei dahingestellt. Für Reiseradler besteht aber meist die Möglichkeit, die Werkstatteinrichtung von Tankstellen und Radläden zu nutzen. Selbst ist der Biker!

Ausrüstung   Die schönsten Übernachtungsplätzchen finden sich meist nicht eingeklemmt zwischen Dinosaurier-Wohnmobilen auf einem Zeltplatz oder in einer muffigen und lärmigen Pension, sondern irgendwo da draußen, abseits der Straße, unter einem irrwitzig funkelnden Sternenhimmel. Für mich war es immer einer der schönsten Momente des Tages, nach getaner Tretarbeit und pumperlsatt noch einige Zeit mit einer Tasse heißen

Tees vor dem Zelt zu sitzen, den geheimnisvollen Geräuschen der Natur zu lauschen und den Tag zu reflektieren. Ohne komplette Campingausrüstung, also Zelt, Schlafsack, Iso-Matte und Kocher, würde ich nicht auf Panamericana-Tour gehen.

Auch hier gilt: nur Qualität zählt! Ob Orkanböen in Patagonien, Eiseskälte auf dem Altiplano oder Regengüsse und hohe Luftfeuchtigkeit in den Tropen: Die Panamericana hält für jeden Tourer ein abwechslungsreiches Klimapotpourri bereit.

Aus eigener Erfahrung mit einem zu warmen Zelt kann ich nur raten, ein **tropengeeignetes Zelt** zu wählen, dessen Innenzelt separat aufstellbar und mit ausreichenden und feinen Moskitonetzlüftern versehen ist. Eine träge im Wind unter Palmen schaukelnde Hängematte mag ja das i-Tüpfelchen auf dem Radabenteuer sein, aber Millionen nächtlicher Plagegeister sind da ganz anderer Ansicht!

Dagegen sollte der **Schlafsack** schon einige Minusgrade aushalten, die Temperaturen in den Anden und auf dem Altiplano rutschen nachts locker unter den Gefrierpunkt. Mit einer Synthetikfüllung habe ich die besten Erfahrungen gemacht.

Tatsächlich wird man dann gar nicht so oft im eigenen Zelt liegen, denn die Leute sind gegenüber Rad-Globetrottern ausgesprochen gastfreundlich, aufgeschlossen und neugierig, und gerne bereit, Hütte und Essen zu teilen. Bedenkt aber die Armut der Bevölkerung und nutzt die Gastfreundschaft nicht gedankenlos aus. Also abwägen und im Zweifel lieber das eigene Zelt vorziehen.

Sei es in Restaurants, in einer Fernfahrerkneipe an der Panamericana oder bei den Garküchen auf den Märkten, das Essen ist grundsätzlich billig, aber nicht immer sehr abwechslungsreich oder auch nicht immer bekömmlich für europäische Mägen. Ein eigener **Kocher** leistet da gute Dienste, er sollte mit Benzin arbeiten und wegen der großen Höhe in den Anden auch eine Druckpumpe aufweisen. Mein schwedischer Trangia-Spirituskocher war bestimmt nicht das Gelbe vom Ei, er nervte mich durch überlange Kochzeiten, und die dauernden Streifzüge durch südamerikanische Drogerien auf der Suche nach Alkohol kosteten viel Zeit. In San Diego kaufte ich mir dann den „Whisperlight" von MSR, und von ihm bin ich begeistert, er brennt auch mit bleifreiem Benzin hervorragend, rußt aber mehr und er muß unbedingt regelmäßig gereinigt werden. Reinbenzin, sog. „white gas", kann man leider nur in einer Gallone (3,8 l) kaufen, doch auf Campgrounds bekam ich von Autocampern immer etwas ab.

Die Läden und Märkte in Lateinamerika sind gut bestückt, vor allem das Obst- und Gemüseangebot ist einfach umwerfend. Meist habe ich in den Städten für die nächsten paar hundert Kilometer eingekauft, das Angebot der Dorfläden beschränkt sich auf wenige Grundnahrungsmittel. In Nordamerika mit seiner hervorragenden Infrastruktur ist natürlich alles ganz easy, ob Supermärkte, Hamburger-Freßtempel oder Spezialitätenrestaurants, der stets hungrige Radler hat die Qual der Wahl.

Übernachten

Schafstall, Straßenröhre, Garage, Kirchen, Kindergärten, Schulen, Pfarrzentren, Pension oder Luxushotel, flexibel muß der Panamericana-Radler schon sein. Das Anspruchsniveau an den Schlafplatz wird eh' bald sinken, ein trockener und windfreier Platz wird oft wichtiger als ein sauberer.

So blies der Wind in Patagonien häufig so stark, daß ich das Zelt nicht mehr aufstellen konnte, oder es regnete so kräftig in den Tropen, daß ein trockenes Plätzchen für mich das höchste aller Gefühle war.

Was bietet Lateinamerika sonst noch so? Jedenfalls außerhalb der Nationalparks kaum organisierte Campingplätze und auch nur wenige Jugendherbergen in Chile, Brasilien, Costa Rica und Mexiko, dafür aber eine Unmenge billiger Pensionen, die sich umgerechnet meist noch unter zwei US-Dollar bewegen. Inklusive „Familienanschluß", denn der Südamerikaner läßt seinen Stimmungen freien Lauf und oft wurde ich von einer lautstark geführten Unterhaltung oder dem noch viel lautstärkeren TV bis weit nach Mitternacht wachgehalten. An die Unzahl flinker nächtlicher Kakerlakenbeine muß man sich gewöhnen. Lebensmitteltasche immer gut verschließen! So wird man abseits der Städte also gern das Angebot der Natur zum ungestörten Zelten annehmen.

Sprachen Mit eben zwei Vokabeln Spanisch betrat ich den lateinamerikanischen Kontinent, nämlich „si" und „no". Zu mehr hatte es in der Hektik der Vorbereitung nicht gereicht. Zugegeben ziemlich unbefriedigend, denn lediglich in Uni-Städten traf ich Einheimische mit Englischkenntnissen. Mal abgesehen von einigen deutschsprachigen Ortschaften in Nordargentinien, Paraguay und Südbrasilien kommt man um Spanisch nicht herum, viele Indios in den Anden sprechen nur Quechua.

Ein Kauderwelsch-Sprachführer ist eine gute Investition, höhere Ansprüche können Sprachschulen vor allem in Quito/Ecuador und Antigua/Guatemala befriedigen.

So verließ ich den Kontinent wieder, fähig, nicht nur die Tageszeitung zu lesen, sondern auch mit den Leuten über alle möglichen Dinge zu diskutieren und meinen neuen Freunden Briefe zu schreiben.

Kartenmaterial Noch in Nordamerika hatte ich einige Probleme, hinreichend informative Karten zu finden, aber wie sieht es dann erst in Lateinamerika aus?

Bei manchem Kartenwerk blieb das dumpfe Gefühl, daß die kartographischen Künste mittelalterlicher Eroberer zugrunde gelegt wurden. Gerade aber gute Karten sind für den Panamericana-Fahrer ungemein wichtig, denn die schönsten und interessantesten Dinge liegen meist abseits der Hauptstraße.

Meist gibt es gute Karten aber nur in den Hauptstädten oder Touristikzentren, und nicht da, wo sie der Radler gerade braucht, nämlich schon im Nachbarland zur Planung oder an der Grenze. **Merkwürdigerweise sind die besten Karten nicht im Land selbst, sondern über Buchhandlungen oder Globetrotterläden in Deutschland erhältlich.** Das kann man sich so erklären, daß der Durchschnittseinheimische nie in die Verlegenheit kommt, zu seiner Orientierung eine Karte zu benötigen, angesichts der eklatanten Analphabetenrate meist auch überhaupt nicht in der Lage ist, eine solche zu deuten. Die eigene Umgebung kennt er wie seine Ponchotasche, zum Markt in die nächste Stadt fährt er im Bus oder auf der Lkw-Pritsche, und Leute mit dem entsprechenden Kleingeld benutzen für größere Entfernungen das Flugzeug. So werden diese Karten mehr für Touristen produziert und sind auch nur in Touristenzentren erhältlich. Zur Groborientierung und Vorbereitung bietet sich eine großflächige Südamerika-Karte an, die besten Karten stehen in diesem Buch bei den einzelnen Ländern.

Radtrans-port

Es gibt Routenverbindungen, bei denen man auf öffentliche Transportmittel angewiesen ist wie auf den Zug zwischen Corumbá in Brasilien und Santa Cruz in Bolivien, und solche, die man einfach fahren sollte, da sie irrsinnigen Spaß machen, wie die Fahrt im Zug von Guayaquil in Ecuador die Andenhänge hinauf oder zusammen mit 20 Einheimischen auf einer Lkw-Pritsche über wilde Andenpisten zum nächsten Markt.

Die Mitnahme des Fahrrads in öffentlichen Verkehrsmitteln wie Zug und Bus stellt in Lateinamerika kein besonderes Problem dar, man muß sich nur damit abfinden, am Ende der Fahrt seinen heißgeliebten Drahtesel unter mehreren Säcken Zucker oder einem Stapel Koffer und Taschen wiederzufinden. Es fehlt das Bewußtsein, wie empfindlich so ein Straßentourer ist. Mit verbogenen oder abgebrochenen Flaschenhaltern, Spiegeln, Schutzblechen oder gar einer aufgerissenen Satteldecke muß aus eigener Erfahrung immer gerechnet werden. Der Preis für die Mitnahme bemißt sich nach mehreren Faktoren, wobei der nach der Dicke des Geldbeutels des Reisenden noch der einleuchtendste ist. Mit den entsprechenden Spanischkenntnissen kann man hier einiges zurechtrücken und nach einigen Minuten verbissenen Feilschens vielleicht sogar einem neuen „Amigo" die Hand schütteln.

In Nordamerika hat dagegen alles seine Ordnung, zur Mitnahme im Greyhound muß das Rad in einen Karton und auch der Preis steht fest. Aber hier wie in Lateinamerika traf ich öfter auf freundliche Pickup- bzw. Camioneta-Fahrer, die mir einen „Lift" anboten. Mit Stehvermögen ist auch Trampen mit Rad möglich.

Diebstahl und andere Gefahren

Auch Gefahren gibt es: Mein Radelkamerad Ladislao, den drei Peruaner am hellichten Tag an der Panamericana nördlich von Trujillo vom Fahrrad stoßen und die dann mit Fahrrad und gesamtem Gepäck flüchten. Kathleen, der an einer Rotlichtampel in Lima ein Passant eine Radtasche vom Träger reißt. Frederick, der in El Salvador als Spion verdächtigt wird und einige Tage unschuldig in den Knast wandert. Michael, der den Überfall auf einer mexikanischen Landstraße mit viel Glück und einer dicken Beule am Kopf übersteht. Und in den Zeitungen Schreckensmeldungen von Sendero Luminoso-Attentaten in Peru, vom Guerilla- und Drogenkrieg in Kolumbien, von Überfällen auf Touristen in Rio de Janeiro.

Soll man also lieber gleich zuhause bleiben? Mitnichten! Klar, daß mit zunehmendem (Rad)Tourismus auch mehr Fernradler in Schwierigkeiten geraten. Die Unmittelbarkeit, mit der Rad-Globetrotter fremde Länder und Kulturen erfahren können, und die ja gerade für das Reiseradeln spricht, macht leider nicht vor den sozialen Folgeerscheinungen bitterster Armut und instabiler politischer Verhältnisse halt. Mit gesundem Menschenverstand und einer gewissen Voraussicht lassen sich jedoch viele brenzligen Situationen bereits von vornherein entschärfen. Dazu zähle ich nicht den argentinischen Armeerevolver, mit dem Ladislao den drei Dieben sein Fahrrad wieder abjagte. Das mag bei ihm gutgegangen sein, beim nächsten Raubversuch sind die Kerle vielleicht schon bewaffnet. Eine Waffe schafft nur ein dumpfes Sicherheitsgefühl, das einlullt, und an Grenzen gäbe es Probleme. Grenzer, Zöllner und Soldaten, die an Straßensperren rigoros jedes Fahrzeug durchsuchen, sind meist sehr freundlich zum Reiseradler, die bunten Stempel im Paß und einige Reiseanekdoten viel interessanter als der Inhalt der Packtaschen.

Für weitaus riskanter im täglichen Radlerleben halte ich die Fahrsitten der übrigen Verkehrsteilnehmer, ich denke da besonders an die südamerikanischen Bus- und Lkw-Fahrer und die nordamerikanischen Pkw-Fahrer. Bald schon wird man feststellen, daß zwar viele Radler in den Städten unterwegs sind, diese sich aber nie auf eine Landstraße wagen. Ganz einfach: Der Pedalritter rangiert in der Verkehrshierarchie auf der untersten, der Buschauffeur unangefochten auf der obersten Stufe. Ihm macht jeder Platz, auch jeder Autofahrer, will er nicht sein Leben riskieren. Insbesondere auf der Panamericana sind viele Eilbusse unterwegs, meist tagelang, die Fahrer sind übernächtigt und unter Zeitdruck. Da wird jeder überholt, der im Weg ist, und vor allem auch bei Gegenverkehr. Radlern bleibt nur die Vollbremsung und die Flucht ins Gebüsch oder auf den unbefestigten Seitenstreifen, der auch mal 20 cm tiefer als die Fahrbahn liegen kann!

Da die Bedeutung des Sicherheitsabstandes allgemein unbekannt ist, wird grundsätzlich sehr knapp überholt, bei Seitenwind kann der Sog mörderisch sein. Ich rate jedem, eher zur Straßenmitte als zum Seitenstreifen zu tendieren, um erst gar keine gefährlichen Überholmanöver zu provozieren. Von großem Vorteil ist da ein Seitenspiegel, denn Windgeräusche übertönen oft den Motorenlärm.

Ein Sonderfall sind die Mexikaner, die auf allgemein engen und verkehrsüberlasteten Überlandstraßen eine besondere Variante des Machismo ausleben, wohingegen die Nordamerikaner einfach keine Erfahrung mit Radtretern haben und die bei brenzligen Situationen, vor allem auf engen Bergstrecken ohne Seitenstreifen, schnell panisch reagieren. Hütet euch vor den Mammut-Wohnmobilen! Deren Lenker kaufen meist erst im Rentenalter so ein Riesending und überblicken deren Ausmaße überhaupt nicht!

Auf Lateinamerikas Straßen stellen offene Kanalschächte, fehlende Kanaldeckel oder solche mit Schlitzen in Fahrtrichtung, besonders in Städten, eine erhebliche Gefahr dar, auf Nachtfahrten würde ich schon deswegen möglichst verzichten. Selbst als Fußgänger lebt man da nachts gefährlich.

Kosten

Unterm Strich kam ich für 1086 Tage und 44.880 km damals auf knapp DM 23.000 Lebenskosten, also auf ca. DM 21 pro Tag. In Lateinamerika genügten mir aber meist 10 bis 15 DM am Tag, in den USA und Canada ist es erheblich teurer, wenn man nicht dauernd konsequent zeltet und selbst kocht. Städte waren immer besonders teuer, da ich mir dort immer das eine oder das andere und vor allem eine Unmenge Kuchen leistete. Flüge, 250 Diafilme, Ersatzteile und diverse Versicherungen addierten sich auf DM 8000, für Fahrrad und Ausrüstung waren nochmals je DM 3000 fällig. **Meine Ausrüstung:**

Kleidung

2 Slips
3 T-Shirts, eines langärmlig
2 Paar Socken
2 Radfahrhosen mit Einsatz
lange Hose
1 Paar niedrige Wanderschuhe, Profilsohle
1 Paar Badelatschen
Polarfleece-Jacke
Regenjacke

Shorts als Bade- und Sporthose
Schirmmütze
Hosenbeinhüllen
Radlergamaschen
    Diese Ausrüstung ist für Temperaturen bis zum Gefrierpunkt absolut ausreichend. Mit langer Unterwäsche, dicken Wollsocken, einer warmen Mütze und gefütterten Handschuhen lassen sich auch Minustemperaturen noch aushalten.

Hygiene
Kulturbeutel mit Seife, Zahncreme,
Shampoo etc.
Handtuch, Waschlappen
Toilettenpapier
Waschmittel
Batterie-Rasierer
Apotheke: verwiesen sei hier auf Listen, wie
sie in Gesundheitsbüchern (s.S. 67) abge-
druckt sind.

Campingausrüstung
Gestänge-Zelt mit Alu-V-Häringen für weiche
und Alu-Nägel für harte Böden; Bodenschutz-
decke; Zeltreparaturmaterial (Klebeband, Er-
satzstange, Gummilitze, Zeltschnur, Häringe)
Synthetik-Schlafsack mit Beutel und Baum-
woll-Innenschlafsack
Therma-Rest Matte mit Reparatur-Set
Benzin-Kocher und Reparatur-Set
Kochtopf und Pfanne
0,6 l Brennstoffflasche
Schweizer Offiziermesser
Besteck
Falttasse
2 Trinkflaschen am Rad
2 Zwei-Liter Wasserbeutel
Halogentaschenlampe mit Batterien, Ersatz-
birnen, Stirnband
Feuerzeug
Spülbürste
Geschirrspülmittel

Dokumente
Geldbeutel
Gürteltasche als Brieftasche
Brust- und Bein-Beutel
Geldgürtel
Ausweise: 2 Pässe, Studentenausweis, Kran-
kenversicherungsnachweis, Internationaler
Impfausweis, nationaler und Intern. Füh-
rerschein, Juhe-Ausweis, Brillenpaß
Ausweiskopien, einmal bei den Dokumenten,
einmal im Fahrrad versteckt
Amexco-Reiseschecks mit Liste der Büros
Liste der Goethe-Institute
Juhe-Verzeichnis
Adressenliste
Paßbilder und Negativ
Fahrradrechnung
Tagebuch, Heft für Filmnotizen u. Schreibzeug
„South American Handbook"-Reiseführer
Span. Wörterbuch, Landkarten

Diverses
Kartentasche
Fotoausrüstung: 2 Minolta-Gehäuse, Objekti-
ve 24 mm, Zoom 35–105 und 70–210 mm,

Regenschutz
Filmschutzbeutel
25 Filme K 64
Daypack
Nähzeug mit Sicherheitsnadeln, Faden,
Knöpfe
Vorhängeschloß mit Schlüsseln
Postkarten von zuhause als Geschenk
Sonnenbrille
Sony-Kurzwellenradio
Kleiner Kompaß

Rad, Werkzeug
Nishiki Trekking-Bike
Karrimor-Lenker- und Packtaschen
Kettenniederdrücker und Ersatzstift
2 Reifenheber
verstellbarer Maulschlüssel
Zahnkranzabnehmer
Inbusschlüssel 2 bis 6 mm
Speichenschlüssel
2 Schraubendreher
Reifenaufzieherset
Konusschlüssel 13/14 mm
Tretkurbelabzieher

Ersatzteile
2 Schläuche
Michelin Faltreifen
zusätzliche Reifendecke
Flickzeug mit reichlich Flicken
15 Speichen (10 hinten, 5 vorn), mit Nippel
1 Kette
2 lange Bremszüge
2 lange Schaltungszüge
1 Satz Schaltungsrädchen
4 Bremsgummis
2 Kugelringe für Tretlager
kleines Stück Lichtkabel
2 Birnen vorne/hinten
Isolierband
Kugellagerfett
Öl
Ersatzhaken und Spannschnüre für Packtaschen
Diverse Schrauben, Muttern, Scheiben, Zug-
Endkappen

Erfahrungswerte: regelmäßiger Pflegedienst
(alle 1000 km) vorausgesetzt halten gute Ketten 3000 bis 5000 km, Zahnkranzpakete von
Shimano über 20.000 km, Biopace-Ketten-
blätter 10.000 bis 15.000 km, Bremsgummis
der Deore XT-Serie hinten gut 25.000 km, und
die vorderen habe ich nach 45.000 km wieder
mit nach Hause gebracht. Ausrüstung-Ge-
samtgewicht: 25–30 kg.

Afrika

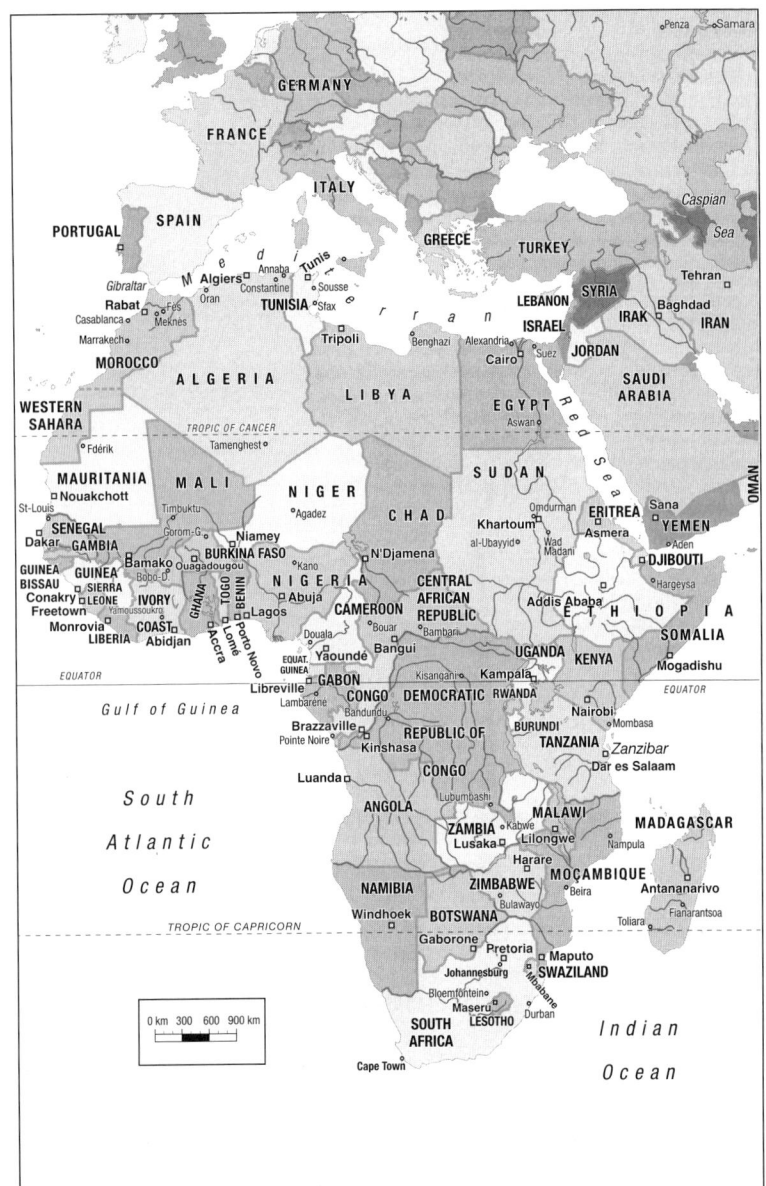

Frage: An was könnt ihr auf Afrikas Straßen betrunkene Autofahrer erkennen? Sie fahren unbeirrbar geradeaus (nüchterne Fahrer weichen den Schlaglöchern aus …).

A. PLANUNG, VORBEREITUNG, WISSENSWERTES

1. Überblick Afrika ist sicherlich der Kontinent, der für Fahrrad-Ferntouren am wenigsten geeignet scheint (und es auch ist): Gewaltige Wüsten und dampfende Regenwälder, brütende Hitze, wenig gute Straßen, dafür endlose Wellblech-, Schlamm- und Staubpisten, riesige Entfernungen, die bittere Armut und immer wieder politische Umstürze und Kriege machen Radfahrten durch den „Schwarzen Kontinent" zur physischen und psychischen Strapazentour. Andererseits ist Afrika jedoch auch der Kontinent, der am stärksten „unter die Haut" geht, und wer es wagt, Afrika vom Fahrradsattel aus zu erleben, wer seine vielfältigen Landschaften, seine Länder, Menschen und Kulturen einmal kennengelernt hat, wird den „Dunklen Kontinent" nie vergessen und immer wieder zurückkehren wollen …

Bei gewissenhafter Vorbereitung ist eine Radtour durch Afrika oder durch ein afrikanisches Land möglich. Buchautor Helmut Hermann durchquerte 1973/74 Afrika als einer der ersten von Algier bis Kapstadt (s. Buch „Afrika Tour"). Heute gibt es bereits viele weitere Afrika-Radler.

Dauernde Veränderungen In Afrika ändert sich vieles sehr schnell, besonders die politischen Verhältnisse, und manches über Jahrzehnte gar nicht, z.B. die schlechten Pisten und die unzulängliche touristische Infrastruktur. Bürgerkriege und Umstürze machen mal jenes Land unpassierbar oder schwierig bereisbar. Afrika-Radtouren werden deshalb – mit Ausnahme in den wenigen politisch stabileren Staaten – noch lange ein Abenteuer bleiben, und nur diejenigen sollten sich nach Afrika aufmachen, die gewillt sind, extreme körperliche und psychische Strapazen auszuhalten. Die wichtigsten Voraussetzungen für Afrika-Radtouren sind: Gute Gesundheit, Tropentauglichkeit, Zähigkeit, Mut zum einfachen Leben, gute französische und englische Sprachkenntnisse, viel Zeit und auch nicht zu wenig Geld.

2. Ziele, Erlebenswertes Welchen Teil Afrikas bereisen, welche Kulturen und Länder kennenlernen? Das arabisch geprägte, islamische Nordafrika? Oder Westafrika, das mit den kulturell und ethnisch interessanten Sahelländern vielerorts noch altes, echtes Afrika vermittelt? Ostafrika mit seinen Naturschönheiten, großen Seen, Stränden, Bergen und Tierparks? Oder Zentralafrika mit seinen Regenwaldgebieten, die fast touristenlose Region für Abenteurer und Entdecker? Oder ins südliche Afrika, das mit großartigen Naturschönheiten lockt?

Mit am schönsten – wenngleich für einen Radler auch am anstrengendsten – sind die Bergregionen in Afrika, z.B. die Hoggar-Berge, die Kamerun-Berge, das Dogon-Land in Mali oder in Südafrika Lesotho. Sehr schöne Landschaften und interessante Kulturen lassen sich auch in tropischen Höhenlagen, z.B. in Ostafrika im Hochland von Kenia oder in Uganda erleben. Große Attraktionen auf dem „Schwarzen Kontinent" sind (Reihenfolge ohne Wertung): Die Pyramiden und die anderen baulichen Zeugnisse Alt-Ägyptens, die Victoria-Wasserfälle, das Kapland in

Südafrika, die Wüste Sahara, die Landschaften und Tierparks Ostafrikas. Doch die eigentliche Seele Afrikas offenbart sich erst bei den Begegnungen mit den Afrikanern und ihrer Kultur (Musik, Tänze, Kunst), beim hautnahen Erleben des dörflichen Lebens und in der täglichen Auseinandersetzung mit der Natur.

3. Günstige Reise- und Radelzeiten in Afrika

Ganz grob: Vermeidet den Sommer in der Sahara, die Regenzeit in Westafrika (ca. Mai bis August), reist durch zentralafrikanische Länder nur vom Dezember bis Februar (oder auch noch im Juni/Juli) weil es da am wenigsten Regenfälle und Pistenschlamm gibt, und kurbelt durch Ostafrika nicht gerade zwischen März und Juni und von November bis Dezember, weil es dann dort meist gleichfalls regnet. Das südliche Afrika ist weniger extrem und klimatisch weniger problematisch. Im einzelnen:

Nordafrika, Mittelmeerküste: Günstig je nach Land im April/Mai, sonnig und heiß im Juni bis Oktober. Weniger günstig: November bis in den April hinein – kühl, regnerisch und auch starke Winde.

Sahara: Günstig im Oktober/November und Februar/März. Dezember/Januar sind nachts sehr kalt. Zu meiden: Mai bis September – absolut zu heiß! Sandstürme im Frühjahr (Chamsin-Zeit in Ägypten und Sudan).

Westafrika: Günstig von November bis April, Trockenzeit. Im Januar/Februar viel Wind. An der Küste ist es das ganze Jahr über heiß mit hoher Luftfeuchtigkeit. Weniger günstig sind die Monate April bis Oktober, dann Regenzeit.

Ostafrika: Günstig von Dezember bis März und Juli bis Oktober. An der Küste ist es von Juni bis August nicht so warm. Weniger günstig von März bis Mai, dann große Regenzeit. Im November/Dezember kleine Regenzeit. An der Küste ist es im Februar und März sehr heiß. Passat-Winde beachten!

Südliches Afrika, Inland: Günstig ist von Mai bis September, im dortigen trockenen Winter. Nachts in Hochlagen recht kühl. Weniger günstig: Von November bis April, Regenfälle. Küste: Günstig im dortigen Sommer von November bis April. Weniger günstig vom Mai bis Oktober, es ist kühl und regnerisch.

„Regenzeit" in den Tropen bedeutet nicht, daß es ununterbrochen regnet, sondern daß nach schweren Wolkenbrüchen immer wieder auch die Sonne scheint. Wer hitzeempfindlich ist, doch Schwüle gut vertragen kann, sollte eher in der Regenzeit durch ein Land reisen, als in der oft sehr heißen Trockenzeit. Vorausgesetzt natürlich, daß dann der Reiseweg nicht ausschließlich über unbefestigte Straßen führt, denn die sind dann aufgeweicht und kaum mehr befahrbar. Die **beste Reise- und Radelzeit** sind meist die Übergangswochen zwischen Regen- und Trockenzeit (bzw. zwischen Trocken- und Regenzeit), denn dann sind die Temperaturen erträglicher und der Himmel ist meist noch bedeckt, was das Radeln erleichtert, weil die Sonne immer wieder hinter Wolken verschwindet. Unter Afrikas sengender Sonne dauerzuradeln ist die absolute Tortur! Nach der Trockenzeit und nach den ersten schweren Regenfällen begeistert in Afrika das satte Grün der Landschaft.

4. Krisenstaaten- und Krisengebiete

Afrika ist der Kontinent mit den meisten Krisengebieten, Kriegen und politischen Turbulenzen. Auch in sog. „sicheren" Ländern gibt es Regionen mit latenten oder offenen Unruhen und Stammesfehden. Dort unterwegs zu sein, kann ein Risiko sein. Doch manchmal ist es auch umgedreht:

Was sich von Europa aus als „gefährlich" anhört, kann sich im Zielland als übertrieben oder kaum mehr als zutreffend herausstellen.

Deshalb ist es sowohl bei der Planung als auch unterwegs wichtig, immer über die aktuelle politische Lage eurer Reiseländer informiert zu sein. Auch die Aussagen und Informationen von Afrika-Reiseführern und Afrika-Radbüchern bezüglich politischer Zustände, geschlossener Grenzen, Kriegswirren etc. können immer nur beschränkt zutreffend sein. **Die aktuellsten Situationsberichte liefert das Internet mit den Website-Reisewarnungen der europäisch/US-amerikanischer Regierungen.** Sie lassen sich auch unterwegs in einem afrikanischen Internetcafé aufrufen. Erste Station ist die Seite des deutschen Auswärtigen Amtes (www.auswaertiges-amt.de), des US-Außenministeriums (http://travel.state.gov) oder des britischen Außenministeriums (www.fco.gov.uk/travel). Manche der dort ausgesprochenen Warnungen mögen dem Reisenden übertrieben erscheinen, besonders das US-Außenministerium glänzt mit Negativschlagzeilen, dennoch solltet ihr bedenken, daß der Arm der Botschaften in manchen Ländern nur sehr kurz ist, euch vielleicht im Notfall „draußen im Busch" überhaupt nicht geholfen werden kann!

In der 1. Auflage des Fahrrad Weltführers folgte hier eine Übersicht der Krisenländer Afrikas. Zurzeit der Drucklegung der 2. Auflage ist es „einfacher": Praktisch alle afrikanischen Staaten vermelden größere und kleinere Krisen, ethnische Auseinandersetzungen und Konflikte aller Art …

5. Reiseführer und Radbücher für Afrika-Radler

Die kompetentesten Bücher für individuelle Afrikareisen sind nach wie vor **Durch Afrika** sowie **Westafrika** von Reise Know-How (jeweils Band 1 und 2; Band 1 von „Durch Afrika" enthält alle nordafrikanischen Länder einschl. Mali, Niger, Tschad, Sudan, Äthiopien; Ergänzungen unter www.daerr.net). „Durch Afrika" ist zwar in erster Linie für Autoreisende konzipiert, doch als Standardwerk mit Länderinfos, Straßen- und Streckenbeschreibungen und mit vielen Hintergrund-Beiträgen ist es auch bei der Planung einer Radreise durch afrikanische Länder unentbehrlich. Dazu gibt es von RKH u.a. Reisebuchverlagen für viele afrikanische Länder spezielle Landesbücher. Auf empfehlenswerte wird bei den einzelnen Ländern hingewiesen.

Ein anderes gutes Buch zur Reiseplanung, doch nur hauptsächlich für Nord- und Westafrika und die Sahara, ist „Motorradreisen" (Reise Know-How) von T. Troßmann. Wie der Titel schon sagt, in erster Linie für Motorradreisende, doch mit einer Menge wichtiger Tips, die auch für Radfahrer durch nord- und westafrikanische Länder interessant sind.

Als weiterer Sahara-Lesestoff ist besonders der Band „Algerische Sahara" von RKH empfehlenswert (Därr, Göttler).

Englische Afrika-Reiseführer, in erster Linie für Auto- und für Rucksack-Reisende geschrieben, sind gleichfalls für Radfahrer gute Info-Quellen. Die besten gibt Lonely Planet heraus. Hier Beispiele englischer, transkontinentaler Afrika-Reiseführer:

Hugh Finlay u.a.: „Africa on a shoestring", Lonely Planet. Alle Länder Afrikas werden in kurzen Kapiteln abgehandelt. Zwar für Rucksackreisende, doch auch für Trans-Afrika-Radler ein wichtiges Buch, wenn man das Gewicht mehrerer Reiseführer sparen möchte. – Chris Scott: „Sahara Overland", Trailblazer Publications. Primär für Autoreisende, aber auch für alle Radler mit dem Ziel Sahara oder Sahelländer hochinteressant.

Regelmäßige und umfangreiche Updates auf der Website www.sahara-
overland.com. – Shackell/Bracht: „Africa By Road", Bradt Publications.
Viele Tips zur Planung und Durchführung einer (motorisierten) Afrikareise,
angefangen von der nötigen Ausrüstung über Gesundheitsgefahren und
Problemen mit der Bürokratie bis zu möglichen Routen. Alle afrikanischen Länder werden nur kurz vorgestellt, deshalb eher zur Vorbereitung
geeignet.

Afrika-Fahr- Zuerst jene, die nur noch im Antiquariat erhältlich sind (und bereits evtl.
radbücher   auch einige von den unten aufgeführten):

Peter Smolka: **„Fahrradabenteuer Westafrika"**, Pietsch-Verlag 1991.
Eine 6000-km-Radreise durch Marokko, Mauretanien, Senegal, Mali,
Burkina Faso und Togo. Recht gute Mischung von Reisebericht und Rei-
se-Infos.

Crane: **„Kilimandscharo per Rad"**, Frederking & Thaler 1987. Mit
dem Mountainbike auf den höchsten Berg Afrikas, mit Ausrüstungs-Infor-
mationen.

Bernard Magnouloux: **„Abenteuer ohne Grenzen – 5 Jahre mit dem
Rad um die Welt"**, Hayit-Verlag 1990. Eine Radweltreise, die mit der
Durchquerung Afrikas begann, von Ägypten, Sudan, Uganda nach Sambia, Malawi, Südafrika. Bernard ist ein Radler durch und durch. Sehr
amüsant geschrieben!

David Mozer: **„Bicycling in Africa"**, zu bestellen über den „International Bicycle Fund", 4887 Columbus Drive South, Seattle Washington
98108-1919, USA. Ein Büchlein für amerikanischen Geschmack, mit
nicht allzuvielen kulturellen Hintergrundinformationen und Verhaltensweisen. Tips zu Krankheiten, Vorbereitung einer Radreise durch Afrika. Ergänzt werden die eher allgemeinen Hinweise und Tips für eine Afrikatour
durch Länderteile, die gesondert bestellt werden können. Im Moment
gibt es 9 Ergänzungen: zu Kenya, Zimbabwe/Botswana, Malawi/Tanza-
nia/Uganda, Ethiopia/Eritrea, Ghana/Togo/Benin, Tunisia/Algeria, Sene-
gal/Gambia/Guinea, Mali/Burkina Faso/Niger und Cameroon. Bestell-
Infos unter www.ibike.org/publications.htm.

Kathleen Bennett: **„Cycling Kenya"**, Bicycle Books, Mill Valley, California, 1992. Hilfreiches Buch für Radtouren in Kenia, auch sonst gute
Tips für Radreisen in Afrika. Veraltet.

Helmut Hermann: **„Afrika Tour"** – 10.000 km durch Wüste, Busch und
Urwald. Erlebnisbericht einer Fahrradreise von Algier bis Kapstadt 1973/
74, der „Klassiker" aller Afrika-Radbücher. Mit einer Gesamtauflage von
über 50.000 Exemplaren (einst beim Frederking & Thaler Verlag als „Heiße Tour Afrika") dürfte es Deutschlands meistverkauftes Radbuch, hinter
Heinz Helfgens „Ich radle um die Welt", überhaupt sein. Im Reprint noch
erhältlich beim Reise Know-How Verlag H. Hermann (s. Anzeige am Bu-
chende).

Bettina Selby: **„Ah, Agala"**. Eine Frau erfährt Afrika, mit dem Fahrrad
durch die Wüste, Piper-Verlag 1991. Eine 7000-km-Radtour durch Ägypten, Sudan und Uganda bis zum Victoriasee. Sehr amüsante, detaillierte
Reiseerzählung, lesens- und empfehlenswert. Von der gleichen Autorin in
derselben unterhaltsam-spannenden Qualität: **„Timbuktu!"**, Piper Verlag
1994. Eine Reise (nicht nur) mit dem Rad von Niamey am Niger entlang
nach Timbuktu.

Tilmann Waldthaler: **„Die Äqua-Tour"** – Mit dem Mountain-Bike 35.000 km am Äquator um die Erde, RKH 1993. Tilmanns Abschnitt in Afrika: Senegal, Mali, Burkina Faso, Niger, Benin, Togo, Benin, Nigeria, Kamerun, Zentralafrikanische Republik, Zaire, Ruanda, Uganda, Kenia. Afrika pur, Plichtlektüre für jeden extremen Afrika-Radler.

Hartmut Fiebig: **„Bike-Abenteuer Afrika"** – Von Cairo nach Cape Town im Alleingang", RKH 1994. Über 18.000 km durch Ägypten, Sudan, Zentralafrikanische Republik, Zaire, Burundi, Ruanda, Uganda, Kenia, Tansania, Malawi, Moçambique, Simbabwe, Südafrika. Eine Traumtour, die oft zum Albtraum wurde. Packend geschriebener Erlebnisbericht.

Herbert Lindenberg: **„Fahrrad-Safari"**, Schettler-Verlag 1995. Radreise durch Malawi, Zimbabwe, Namibia und Südafrika. Sehr gut geschriebener Erlebnisbericht (s. Herberts Beitrag „Der große Süden Afrikas"), nur noch im Antiquariat.

Frank Feustle: **„Afrika Hautnah"**, Eigenverlag 1998. Drei Jahre nicht nur mit dem Fahrrad einmal rund um den „Schwarzen Kontinent", durch West-, Süd- und Ostafrika. Amüsant und fesselnd geschriebener Erlebnisbericht, erhältlich bei www.globetrotter.de.

Michael Schmitz: **„Gegen Sand, Sonne und sich selbst"**, Eigenverlag. 11.000 km mit dem Mountainbike durch Afrika (Kenia, Tansania, Malawi, Simbabwe, Südafrika, Namibia). Eine Tour zum Nachfahren, das Buch liefert die Anleitung dazu. Realistischer, mit viel Selbstironie gewürzter Tourenbericht (www.radtouren4u.de).

Alexandre Poussin/Sylvain Tesson: **„Paris – Auckland und zurück"**, Bastei-Verlag 1999. Die beiden Franzosen streiften auf ihrer einjährigen Weltreise in Afrika zwar „nur" Marokko, Mauretanien und den Senegal, aber das Buch ist spannend geschrieben. Ein Muß für alle Weltumradler.

Claude Marthaler: **„Durchgedreht"** – 7 Jahre im Sattel (Afrika-Kapitel), Reise Know-How 2002, ISBN 3-89662-305-2. Auch in Afrika durchlebte Claude unzählige Rad-Abenteuer (Süd-Nord-Durchradlung!).

6. Afrika-Landkarten, Info-Quellen Bei den einzelnen Ländern sind die wichtigsten Übersichts- und Reisekarten aufgeführt. Zur allgemeinen Afrika-Planung und auch zum Reisen sind nach wie vor die drei **Michelin-Karten** Nr. 953 (Nord/Westafrika), 954 (Nord/Ostafrika) und 955 (Zentral/Südafrika) *die* Standardkarten. Trotz ihres großen Maßstabs (1:4 Mio.) sind diese Karten erstaunlich genau. Sie werden ca. alle zwei Jahre neu aufgelegt, achtet also auf eine aktuelle Ausgabe, die Jahresangabe steht klein in einer Ecke. Außerdem haben sie noch nützliche Klima- und Temperaturdiagramme, und landschaftlich schöne Strecken sind grün markiert (eine gute Hilfe bei der Routenplanung).

Im detaillierterem Maßstab (1:1 Mio. und kleiner) gibt es spezielle Länder- und Regionalkarten, hier sind vor allen Dingen die hervorragenden topografischen Karten vom französischen „Institut Géographique Nationale" (IGN), die ONC- & TPC-Karten, und neuerdings die sowjetischen Generalstabskarten (in kyrillisch) zu erwähnen (s. „Landkarten", s.S. 40). Karten unter dem Maßstab 1:500.000 zu verwenden macht allerdings in der Regel selten Sinn, da die afrikanische Straßennetz, besonders in wenig besiedelten Gebieten (Wüsten, Savannen), zu weitmaschig für diesen Maßstab ist. Aktuelle Karten-Infos und Auskünfte bei www.Karten-Schrieb.de. Unterwegs in Afrika sind bei Grenzüberschreitungen nur selten (einfache) Landeskarten erhältlich.

**Info-
Quellen für
Afrikareisen**

Wer in Afrika durch mehrere Länder fahren will, muß auch noch unterwegs Landes-Informationen sammeln, möglichst aus erster Hand. Für aktuelle politische Informationen über ganz Afrika ist die Zeitschrift „Afrika-Post" empfehlenswert (Bonner Talweg 225, 53129 Bonn). In Afrika erhält man (beschränkt) Auskünfte bei deutschen Botschaften und Konsulaten. Für touristische Infos wendet ihr euch an Touristenbüros, die sich meist in der Landeshauptstadt befinden, oder auch an Reisebüros. Gute Info-Quellen über Strecken und die aktuelle Lage in einem Land sind auch die **Treffpunkt-Hotels von Afrika-Travellern** (Adressen s. in entspr. Reiseführern).

Auch Mitarbeiter deutscher Entwicklungsdienste (DED, GTZ) und der kirchlichen Hilfsorganisationen („Misereor", „Brot für die Welt", „Deutsche Welthungerhilfe" u.a.) kennen sich in der Regel sehr gut in ihrem Einsatzland oder -gebiet aus. Diese Stellen haben meist ein Büro in der Hauptstadt oder in der größten Stadt ihres Einsatzgebiets. Oder du frägst bei den Hilfsorganisationen anderer Länder nach, von Frankreich, Schweiz (SATA), USA (US-Aid oder Peace Corps – Corps de la Paix), England (Oxfam, u.a.).

Auskünfte kann man auch bei deutschen oder europäischen Firmen, die in Afrika Projekte abwickeln, erhalten. Nebeneffekt: Vielleicht lernst du dabei auch Leute kennen, die dir sonstwie weiterhelfen können. Adressen von in Afrika tätigen Hilfsorganisationen evtl. schon vor der Abfahrt in Deutschland besorgen. Doch auch dies muß gesagt werden: Auf Grund von schlechtem Benehmen und Schnorrertum von manchen Afrika-Reisenden sind Organisationen, Firmen oder Landsleute nicht immer erfreut, wenn sie (überraschenden, ungebetenen) Besuch erhalten!

Als Info-Quellen gibt es auch noch örtliche Zeitungen und den Rundfunk. Wer einen kleinen Weltempfänger mitnimmt, kann die „Deutsche Welle" auch in Afrika hören (für aktuelle politische Nachrichten und für Lageberichte ist jedoch der BBC mit seinem „World-Service" wesentlich informativer; Sendefrequenzen unter www.bbc.co.uk/worldservice und www.dwelle.de/dw/empfang/radio/Welcome.html).

Internet

Zumindest in allen Hauptstädten bieten auch **Internetcafés** den Zugriff auf das World Wide Web. Die wenigsten der sich mit Afrika befassenden Websites werden allerdings regelmäßig aktualisiert. Die Homepages der Außenministerien (s.o.) gehören dazu, des weiteren die Websites der Därrs (www.daerr.net, www.klaus.daerr.de) und vom Lonely Planet-Verlag (www.lonely-planet.com/destinations). Die Websites http://allafrica.com und www.africanews.com sind eine Art Newsticker mit ständig aktualisierten Nachrichten, die man regional abrufen kann. Sehr empfehlenswert!

Teils umfangreiche Linklisten – sortiert nach Ländern –, findet man auf der Website des Norwegian Council for Africa (www.afrika.no/index), der Stanford University Libraries (www-sul.stanford.edu/depts/ssrg/africa/guide3.html) und der School of Arts & Sciences der University of Pennsylvania (www.sas.upenn.edu/African_Studies/Home_Page/Country.html). Eher für den schnellen Überblick eignet sich der Africa Guide (www.africaguide.com).

Einige Websites befassen sich speziell mit Nordafrika und den Sahelländern, sind zwar eher auf Geländewagenfahrer ausgerichtet, aber auch

Reiseradler finden hier wichtige Änderungen, Reiseberichte, Literatur, schöne Fotos, Links u.v.a.m. (z.B. bei www.sahara-overland.com, www.sahara-info.ch, www.sahara.ch, www.i-cias.com). Das Africa Overland Network sammelt Reiseberichte von Afrikafahrern, gelegentlich verirren sich auch ein paar Radler unter die protzigen Geländewagen (www.africa-overland.net). Gesprächsforen sind eine weitere gute Möglichkeit, auf dem Laufenden zu bleiben und mit anderen Reisenden in Kontakt zu treten, und vielleicht gar einen Reisepartner zu finden. Die meisten der o.g. Websites ermöglichen das. Soweit bekannt, werden länderspezifische Websites bei den Länderabschnitten aufgeführt.

B. TOUREN-TIPS FÜR AFRIKA

1. Fahrrad und Ausrüstung

Wer beabsichtigt, Afrika auch abseits der Asphaltstraßen kennenzulernen, wird gleich an ein Mountainbike denken. Doch es ist auch zu überlegen, daß filigrane Umwerfermechanismen und andere kompliziert funktionierende MTB-Teile auf Dauer einer Afrika-Extrem-Tour nicht gewachsen sind. Für Fahrten auf überwiegend asphaltierten Straßen oder auf gut erhaltenen Pisten genügt ein stabiles Touren- oder Trekkingrad. Mittlere, oder besser, breite Reifen sind für Pistenfahrten nötig (s.a. Abschnitt „Durch Wüsten", s.S. 112).

Das Fahrrad ist in ganz Afrika ein Hauptverkehrs- und Transportmittel, und wo Räder rollen, gibt es auch genügend (einfache) Reparaturwerkstätten, je nach Land und Region in verschiedenem Qualitätsniveau. Die Fahrradkultur ist in **ehemaligen französisch Kolonien** bzw. in den meisten Ländern Westafrikas französisch geprägt, d.h., es gibt überwiegend nur französische Reifenmaße und Schläuche mit Sclaverandventil. Zum Teil noch alte Peugeot-Einfach-Modelle mit 26 x 1 1/2 Rädern und Reifen.

In **ehemals englischen Ländern** fährt die Bevölkerung gleichfalls einfache chinesische und indische Modelle mit 28er Reifengröße, die britische Standard-Reifengröße (Raleigh-Räder) ist 26 1 3/8 Zoll. Bei Rad-Reparaturen wird in ganz Afrika Improvisation groß geschrieben!

„Auf jeden Fall eine chinesische Klingel ans Rad bauen. Das ist kein Witz: wenn ein Rad in Afrika eine Klingel besitzt, dann eine chinesische. Diesen Klang kennt jeder und man weicht, ohne sich umzudrehen, aus. Beim Klang einer fremden Klingel habe ich es erlebt, daß die Menschen erst mal stehen bleiben und neugierig gucken. Das Gegenteil von dem, was ich erreichen wollte …" (Hartmut Fiebig).

Ausrüstung

Außer den üblichen Radersatzteilen an Kleidung so wenig wie möglich – Leichtes aus Baumwolle, doch auch Warmes (lange Unterwäsche) für kühle Wüstennächte und einen Regenschutz (Plane). Eine kurze und eine lange Hose (abends gegen die Moskitos, für Einladungen und Behördengänge), einige T-Shirts, ein langärmliges Hemd, ein festsitzendes Käppi als Sonnenschutz, Radelschuhe und Sandalen. Den Rest an Kleidung könnt ihr unterwegs nachkaufen.

Ein gut belüftbares Zelt (oder auch keines, dafür ein gutes Moskitonetz), einen leichten Schlafsack (für kalte Wüstennächte eher einen warmen), Wasserflaschen (Wassersäcke für Wüstentouren), Universalmesser, Tasse und Teller, Wasserdesinfektionsmittel, evtl. einen Wasserfilter. Ein Kocher ist im tropischen Afrika kaum nötig. Vielseitig einsetzbar ist ein Buschmesser (unterwegs kaufen): Lagerplatz ebnen, Kokosnüsse aufmachen, Feuerholz schlagen, und so ein Ding stärkt auch die Selbstsicherheit. Für den Notfall und als evtl. Verteidigung gegen Tiere und böse Menschen sind kleine Notsignal-Raketen sind eine Idee.

Papiere: Reiseführer, Karten, Kreditkarte, einen Paß mit noch vielen Seiten, viele Paßbilder, Empfehlungsschreiben etc. Von allen Dokumenten Kopien machen und z.B. im Rahmen (Sitzrohr) verstecken. Weiteres an möglicher Ausrüstung s. Kapitel „Ausrüstung", s.S. 87ff).

2. Übernachten

In Afrika sind **Billighotels** sowohl auf dem Land als auch in den Städten nicht sehr zahlreich. Doch die Einheimischen und Kinder sind gerne bei der Suche nach einer Unterkunft behilflich. Billigunterkünfte in Schwarzafrika entsprechen selten dem Standard, den man für den verlangten Preis erwarten könnte. Und sowohl Absteigen als auch (Disco-)Hotels dienen oft auch als Treffpunkte käuflicher Mädchen bzw. sind Hotel-Bordelle, wo Zimmer vermieten nur ein Nebengeschäft ist. In Ländern, die ehemals englische Kolonien waren (z.B. Kenia, Sambia, Südafrika etc.) findet man in den Großstädten preiswerte Hotels des *YMCA,* auch des öfteren Hostels der *Salvation Army* (Heilsarmee). In westafrikanischen Länder sind es die *Campaments,* einfache Rasthäuser, in denen man als Radfahrer einigermaßen preiswert doch meist sehr spartanisch unterkommen kann. In Ostafrika gibt es recht viele *Lodges,* von einfach-billig bis luxuriös-teuer.

■ *Wüsten- „Hotel" in Mauretanien*

Camping

Es gibt in Schwarzafrika so gut wie keine Jugendherbergen und nur wenige offizielle Campingplätze. Meist handelt es sich um schattenlose, wenig gepflegte Plätze, durch die Hunde und Katzen streunen und wo immer die Gefahr besteht, bestohlen zu werden. Sie sind meist nur wegen den Duschen zu empfehlen – falls die funktionieren –, und zum treffen von motorisierten Afrika-Reisenden zum Erfahrungs- und Info-Austausch. Campplätze finden sich meist nur in Orten entlang der Haupt-Überlandrouten, auch in den Sahara-Oasen, dort sind es gleichfalls Info-Börsen. Steuert in Schwarzafrika auch dann und wann die großen Hotels an, die meist auch Plätze zum Campen (und Duschen und Pools!) haben und wo sich evtl. gleichfalls Afrikafahrer mit ihren Autos treffen. Befragt sie nach sonstigen Campplätzen und Treffpunkten.

Doch zum Campen braucht es in Afrika selten einen kommerziellen Camp-Platz, man kann durch Fragen bei Restaurants und kleineren Hotels manchmal auch so eine Ecke für die Nacht bekommen. Geschäftsgebäude und auch Hotels werden in Afrika meist durch einen Nachtwächter bewacht, fragt einen, ob ihr im Garten oder an einer Ecke euer Zelt aufbauen könnt. Er wird euch mitbewachen. Vorsicht beim Campieren an (Stadt-)Stränden – Überfallgefahr!

Ein Zelt für Afrika-Trips sollte immer zwei gegenüberliegende Eingänge (mit Moskitonetz) haben, ohne Durchzug wirst du in tropischen Afrikanächten sonst kaum Schlaf finden. Helmut Hermann: „Ich hatte bei meiner Afrika-Tour kein Zelt dabei, nur ein Moskitonetz, darunter schlief ich durch ganz Afrika jeden Abend in den Dörfern auf dem Boden zwischen den Hütten, manchmal auch in den Hütten, wenn ich dazu eingeladen wurde (und es mir drinnen nicht zu heiß war). Im Busch – *en brousse, in the bush* – zu nächtigen war mir zu unsicher. In der Wüste und auch in den heißen Sahelländern legt man sich einfach in den Sand und schläft unter den Sternen."

In Dörfern
In Dörfern gibt es kaum Übernachtungsprobleme, dort den Dorfvorsteher, den „chef de village" bzw. den „village chief" fragen, er wird dir ein Plätzchen zuweisen. Das kann z.B. die Schule bzw. ein Klassenzimmer sein oder die Versammlungshütte. In abgelegenen Dörfern sollte man sich beim Dorfchef – oder auch bei der Polizei – zuvor vorstellen. Denkt aber nicht, weil Afrika so groß ist, wird man tagelang nicht durch Dörfer kommen und nur wenige Menschen sehen – mit Ausnahme der Sahara-Region ist das Gegenteil der Fall. Siedlungen und Dörfer liegen auch im dichtesten Busch immer an Pisten, Straßen und Wegen bzw. entwickelten sich dort.

Gastfreundschaft
Auf die Gastfreundschaft der Afrikaner bist du immer angewiesen. Oft wirst du ohne eigenes Bitten spontan eingeladen werden, und dein Hinweis, daß du auf dem Boden auf deiner Matte schlafen wirst und für dich selbst sorgen wirst, erhöht sicherlich die Aufnahme-Bereitschaft. Die Gastfreundschaft ist überall in Afrika Teil des sozialen Miteinanders, und wer noch keine afrikanische Reiseerfahrung hat, wird über die ständigen Einladungen staunen. Man wird meist umso öfter eingeladen, je härter die Lebensumstände und die Armut der Bevölkerung sind. Revanchiert euch evtl. mit einem Päckchen Tee oder Zucker.

Missionsstationen
Gute Übernachtungs- und auch Camp-Möglichkeiten für Afrikareisende ergeben sich bei Missionsstationen, die es von der katholischen und der protestantischen oder von sonstigen Kirchen sowohl in Großstädten als auch in den Dörfern gibt. Draußen im Busch sind sie meist die einzige Möglichkeit „zivilisierten" Übernachtens. Je nach Lage der Dinge zahlt man einen Obolus, eine Spende oder auch einen saftigen Preis, kriegt dafür ein richtiges Bett oder ein einfaches Lager und evtl. auch ein Essen. Im abgelegendsten Busch, wo nie Touristen geschweige denn ein Radfahrer auftaucht, wird man oft auch als ein interessanter Gast aufgenommen werden, der außergewöhnliche Reiseerlebnisse zum Besten geben kann … Vor der Weiterfahrt nach nächsten Stationen fragen.

Sonstige Möglichkeiten

Entwicklungshelfer von deutschen oder europäischen Organisationen und Angehörige von deutschen bzw. europäischen Firmen sind in Afrika oft sehr hilfsbereit und gastfreundlich – oder auch nicht ... ihr werdet verschiedene Erfahrungen machen. Evtl. mag ein Radfahrer auch Quartier in einem Firmen-Gästehaus oder im Gästehaus des DED finden, sofern dieser im Lande tätig ist, es ein Haus gibt und ihr dazu eingeladen werdet. Möglich ist Übernachten auch manchmal bei deutschen **Seemannsheimen,** von denen es in den Hafenstädten Westafrikas einige gibt, z.B. in Lomé (Togo), Douala (Kamerun) oder Libreville (Gabun). Vielleicht wissen auch mal die Botschafts- und Konsulatsangehörigen – besonders in einem von Touristen kaum besuchten Land – einen Tip für eine Übernachtung oder eine Bleibe.

Falls ihr als Pärchen reist, kann es euch in traditionell-islamischen Ländern, z.B. auf dem Land im Sudan, passieren, daß ihr in Hotels in getrennten „Frauen" und „Männer"-Abteilungen übernachten müßt. Auch in YMCA-Hotels ist getrenntes Schlafen üblich, und Missionsstationen nehmen unverheiratete Paare weniger gern auf.

Von Übernachtungs-Einladungen in Kasernen, Zelt-Camps (Pioniereinheiten) oder in andere militärische Anlagen, auch z.B. in militärisch bewachte Orte wie Öl-Camps, Flughäfen etc. ist abzuraten, das bringt meist nur Probleme. Für richtige Dschungeltouren ist evtl. auch eine Hängematte vorteilhaft.

Übrigens: geräuschempfindliche Schläfer werden in Afrika Probleme bekommen – in Vollmondnächten wird oft die halbe Nacht lang getrommelt, getanzt und gelacht, morgens um vier fangen die Vögel an zu lärmen, bald danach krähen die Hähne, bellen die Hunde, schreien die Kleinkinder ...

3. Essen, Versorgung, Gesundheit

Afrika ist kein Kontinent für Gaumenverwöhnte. Grundnahrungsmittel gibt es nicht immer und überall, besonders nicht im Sahel und in einigen Ländern Ostafrikas (Sudan, Somalia u.a.), wo immer wieder Dürren und Hungersnöte herrschen. Stellt euch auf vorwiegend Vegetarisches ein. Doch in jedem afrikanischen Dorf gibt es einen Markt, wo nicht nur Früchte angeboten werden, sondern auch Buden und Marktfrauen Gekochtes bereithalten. Afrikanische Grundnahrungsmittel sind Hirse, Yams, Reis, Maniok (auch Cassava oder Tapioka genannt), Süßkartoffel (Batate), Mais. Aus Yams oder Maniok wird ein Brei gestampft, der in Westafrika „Fufu" und in Ostafrika „Ugali" genannt wird, übergossen mit einer scharfen Gemüse-, Fisch- oder Fleischsoße. Im südlichen Afrika heißt Brei aus Mais „Milli-Papp". In Westafrika ist auch Eintopf mit Erdnußsoße beliebt, überall werden geröstete Maiskolben verkauft, und an Küsten und in Flußnähe gibt es immer schmackhaft zubereiteten Fisch (und in ganz Afrika Fischkonserven). Ein gutes, „sicheres" Essen sind Hühner- oder Hühnchen-Gerichte, Spaghetti- und Nudelgerichte. Immer achten, daß alles gut durchgebraten bzw. erhitzt ist!

Restaurants europäischen Stils finden sich meist nur in Großstädten, und sie sind sehr teuer (besser einmal in ein gehobenes afrikanisches gehen, wenn ihr euch was leisten wollt). In Ostafrika gibt es viele Restaurants mit leckerer indischer Küche (curries und chapatis), eine willkommene Abwechslung.

Auf den Sahara-Routen und in Oasen ist das Essensangebot natürlich beschränkt: Konserven, Biskuits, Tomatenpaste, Orangen und Zwiebeln beispielsweise. Aber es gibt auch Bäckereien. Ab Agadez findet ihr auf den Märkten tropische Früchte.

Fleisch (Rind, Ziege, Schaf) gibt es weniger, es ist meist zäh, angeboten wird es meist in Form von „brochettes" (gegrillte Spieße). Afrikanische „Fleischspezialitäten" sind übrigens Buschratte (Agouti, doch das ist keine Ratte), Schlange und Affenfleisch. Fragt bei Essens-Einladungen am besten erst nachher, welches wohlschmeckende Fleisch ihr da gerade verspeist habt ...

Bemerkenswert ist die teilweise Übernahme der Essensgewohnheiten der ehemaligen Kolonialherren: In den westafrikanischen francophonen Ländern gibt es überall das unvermeidliche französische Baguette-Brot, in den Englischsprechenden Toastscheiben und auch süßes Brot, dort fällt das Frühstück auch wesentlich reichhaltiger aus als in ehemals französischen Kolonialländern.

In den Städten gibt es Supermärkte (in francophonen: „Score"-Supermarchés), wo teure Waren und Lebensmittel (Konserven) aus Europa angeboten werden. Deckt euch am besten mit Milchpulver und Haferflocken ein (Marke: Quaker), oder auch mit Erdnußbutter, die gibt es fast überall.

Unsere westliche „Grundnahrungsmittel" Coca Cola und (afrikanisch übersüße) Orange-Fanta sind fast überall erhältlich. Tee wird hauptsächlich in islamischen und in anglophonen Ländern getrunken. Kaffee ist meist aus Nescafé gemacht und wird mit dicker, süßer Kondensmilch verrührt.

Bier ist inzwischen in fast jedes Buschdorf vorgedrungen (mit Ausnahme in den islamischen Ländern), gekühlt wird es im Gas-Kühlschrank (und es kostet dann meist ein wenig mehr als eine warme Flasche). Afrikaner brauen sich ihr Bier mit Hirse selbst, als „Wein" trinkt man Palmwein – frisch schmeckt er sehr lecker, probieren! Das Wasser von jungen Kokosnüssen ist sehr erfrischend, angeboten werden sie auf der Straße. Meidet selbstgebrauten Schnaps – er kann Methylalkohol enthalten, und dieser kann blind machen!

Doch wolltet ihr euren Durst nur aus gekauften Flaschengetränken stillen, wäre euer Reisebudget bald ausgezehrt – also zurück zur Natur, zum Wassertrinken. Brunnenwasser zuvor entkeimen (an den Brunnen nicht unbedingt sich oder die Kleidung waschen – es ist das Trinkwasser der Leute!). Euren Wasservorrat in wenig besiedelten Regionen bei jeder sich bietenden Möglichkeit immer ganz auffüllen. Nehmt als Notration einige Päckchen Trockennahrung mit. Noch ein Tip: Verwechselt nicht die grünen afrikanischen Kochbananen (Plantanas) mit normalen, noch unreifen Bananen!

Gesundheit Neben den Tropenkrankheiten und sonstigen Gesundheitsrisiken ist in Afrika besonders die Malaria gefährlich (Anopheles-Stechmücken bzw. Moskitos). Deshalb sich durch bedeckte Haut und nachts durch ein Moskitonetz schützen und rechtzeitig mit der Einnahme von Tabletten beginnen.

Nicht nur in Ost- und Zentralafrika ist Aids sehr verbreitet. Für den Fall einer notwendig werdenden Spritze eigene, sterile Spritzen mitführen.

In ganz Afrika wegen der Bilharziosegefahr nicht in Flüssen, Tümpeln,

Seen und anderen offenen Gewässern baden (ist besonders in Ägypten verbreitet), Ausnahmen sind höherliegende Gewässer und Seen, wie z.B. der Turkana- und der Kivu-See (Grenze Zaire/Ruanda).

In der prallen Sonne immer für genügend Hautschutz (lange Kleidung, Sonnenschutzmittel) und für genügend Flüssigkeitsnachschub sorgen, sonst Gefahr des Sonnenbrandes (Hautkrebs) und der Nierenschädigung. Über weitere Gesundheitsgefahren informiert der Abschnitt „Medizin", s.S. 61ff.

4. Währungen, Transport

In etlichen Ländern Afrikas herrscht Devisenbewirtschaftung, d.h., die Landeswährung ist nicht frei konvertierbar, kann also nicht frei in eine „harte" umgetauscht werden. Eingeführtes Geld muß deklariert werden, Landeswährung darf nicht ausgeführt werden und das Geldwechseln unterliegt staatlicher Kontrolle. In solchen Ländern gibt es dann (illegale) Schwarzmärkte. Auch in Staaten mit Kriegen bzw. Bürgerkriegen, wie z.B. im südlichen Sudan, gibt es teilweise Schwarzmärkte, doch nicht in den CFA-Ländern Westafrikas. Weitere Einzelheiten bei den betreffenden Ländern.

Es gibt in Afrika zwei Währungsunionen: Der **Westafrikanischen Währungsunion CFA** („Franc de la Communauté Financière Africaine") gehören an: Benin, Burkina Faso, Elfenbeinküste, Guinea-Bissau, Mali, Niger, Senegal, Togo. Aber auch in Gambia, Guinea und Ghana wird der CFA als Zahlungsmittel akzeptiert oder kann problemlos in Landeswährung getauscht werden. Der CFA-Franc war früher in fester Parität an den franz. Franc gekoppelt, heute fest an den Euro. CFA-Franc sind in Euro konvertibel.

Mitglieder der **Zentralafrikanischen Währungsunion** („Union Monétaire Ouest-Africaine, UMOA") sind Gabun, Kamerun, Republik Kongo, Äquatorial-Guinea, Tschad und Zentralafrikanische Republik.

Generell gilt, daß in den Ländern Afrikas die Währungen der ehemaligen Kolonialherren am besten eintauschbar sind, für westafrikanische Länder also jetzt der Euro (Schecks und Bargeld), in ost- und südafrikanischen Ländern (noch) britische Pfunde, aber auch Euros und US-Dollars. Wenig Geldwechselprobleme hat man prinzipiell in Ländern, die auf Tourismus setzen, also z.B. Togo, Senegal, Kenia, Südafrika, Namibia, Simbabwe, Ägypten etc. Doch generell gilt immer noch, daß man in Afrika auf abgelegenen Routen relativ viel Bargeld mitführen muß, Scheck-Wechselmöglichkeiten oder Geldautomaten gibt es oft nur in größeren Städten.

An den allermeisten Binnengrenzen Afrikas gibt es keine Banken oder Wechselstuben, meist nur Geldwechsler. Wenn ihr Grenzen an Wochenenden oder an Feiertagen überschreitet (oder über kleine Grenzübergänge einreist), kann es unter Umständen lange dauern, bis ihr endlich Geld wechseln oder ziehen könnt. Deshalb schon im Vorland sicherheitshalber einige Scheinchen des nächsten Landes kaufen – doch dann Vorsicht, wenn die Einfuhr einer Währung verboten ist!

Viele (inflationsgeplagte) Weichwährungsländer verlangen auch, daß (teure) Hotels, Flugbuchungen ins Ausland oder auch Eintrittspreise für Tierparks in harter Währung zu bezahlen sind (Tansania).

Fast überall will man an den Grenzen den Nachweis über genügend Geldmittel für Deinen Aufenthalt sehen, oder/und ein Rückflugticket. Da

auch bezüglich der Währungen in Afrika Veränderungen an der Tagesordnung sind, immer nach dem neuesten Stand der Dinge erkundigen
(Internet).

Transport   Die Afrikaner reisen in Schwarzafrika in erster Linie mit Sammel- oder
Buschtaxis („Taxi brousse" in Westafrika, „matatu" in Ostafrika), die erst
dann losfahren, wenn alle Plätze belegt sind und wo auch ein Radfahrer
mit seinem Drahtesel Platz findet (der kommt aufs Dach; aufpassen, daß
auf der Schaltung keine anderen Gepäckstücke zu liegen kommen). Bus-
und Taxibahnhöfe heißen in francophonen Ländern „Gare Routière", in
englischsprachigen „Busterminal" oder auch „Lorry bzw. Motor Park".
Bei langen Strecken durch Wüsten und Savannen gibt es bei Lkw gegen
Bezahlung Mitfahrmöglichkeiten.

     Das *Eisenbahnnetz* ist in Afrika, außer einigen Bahnen in Süd-, Ost-
und Westafrika, sehr dürftig. Die wenigen Linien führen meist von der Küste ins Landesinnere, es gibt kaum Verbindungen in die Nachbarländer.
Züge sind in Afrika langsam, überfüllt, doch gleichfalls ein gutes Transportmittel für Radfahrer. Mehr Details zu Bahnen stehen bei den Ländern.
Nicht unwichtig für den Binnentransport Afrikas ist die *See- und Flußschiffahrt* in jenen Ländern, die über entsprechende Seen- bzw. Wasser-
straßen verfügen. Schiffe kann man gut für das Weiterkommen nützen.
Flußschiffahrt ist möglich auf dem Niger in Westafrika, auf dem Nil in
Ägypten, dem Kongo in Zentralafrika und auf einigen anderen Flüssen
mehr. Die meisten Seen liegen in Ostafrika.

■ *Radtransport
mit Flußfähre
(Niger)*

**5. Spra-
chen, Foto-
grafieren**   In Afrika gibt es über 800 Stämme und Völker, die mehr oder weniger ihre
eigenen lokalen Sprachen und Dialekte sprechen. Eine Ausnahme unter
den afrikanischen Sprachen ist das **Suaheli** (oder Kiswaheli) in Ostafrika,
das über Ländergrenzen hinweg gesprochen wird. In Westafrika ist es
das *Hausa* und *Diula,* die eine regionale Bedeutung haben. Es lohnt
sich, in der jeweiligen afrikanischen Landessprache die wichtigsten Wörter zu kennen!

     Englisch und Französisch, die Sprachen der früheren Kolonialmächte,
fungieren deshalb in vielen Ländern als Sprachklammer (in Moçambique
und Angola auch das Portugiesische). Wer Nord-, West- und Zentralafri-

ka bereist, muß unbedingt Französischkenntnisse haben. Für Ost- und Südafrika braucht man Englisch. Hilfreich für arabische Länder sind Wörter, Sätze und Grüße in Arabisch, auch die Zahlen sollte man lesen können. Die *Kauderwelsch-Sprachführer* des Reise Know-How Verlags sind eine gute Hilfe, die kleinen Hefte gibt es auch für einige afrikanische Sprachen.

Fotografieren

Finde in einem Land immer zuerst heraus, wie empfindlich die Menschen gegenüber dem Fotografieren sind. Rücksichtsvoll muß man in den vielen islamischen Ländern Afrikas sein, aber auch z.B. bei den Massai in Kenia. Und vor allen Dingen Achtung vor den Bürokraten und Militärs! Das Ablichten von Polizeistationen, Flughäfen, Kasernen, Gefängnissen, Grenzen, Brücken etc. ist fast immer verboten, besonders in stramm militärisch-diktatorisch ausgerichteten Ländern! Es kann auch verboten sein, Dinge zu fotografieren, die das Land „herabsetzen" oder „entwürdigen" – was immer das auch sein mag (z.B. die Nationalflagge in Kenia).

Die Rücksendung belichteter Filme aus Afrika per Post ist recht verläßlich. Filme sollte man jedoch nur von der Hauptstadt aus abschicken bzw. von einer Stadt mit Flugverkehr nach Europa. Am sichersten: Filme (und Briefe) in Bälde heimfliegenden deutschen Touristen mitgeben. Alles weitere übers Fotografieren auf der Radreise steht im Teil 2, s.S. 98ff.

6. Die Tierwelt Afrikas

Bei Reisen mit dem Rad durch Afrika liegt es nahe, an die Gefährdung durch Tiere zu denken, und dem Klischee entsprechend tauchen vor dem geistigen Auge dann immer gleich hungrige Löwen, Giftschlangen, Gorillas, angreifende Elefanten etc. auf.

Doch die Wahrscheinlichkeit, von Schlangen gebissen oder gar von Großkatzen verspeist zu werden, geht gegen Null. Viel eher muß man sich in Afrika mit dem „Kleinwild" herumschlagen, mit Kakerlaken, Moskitos, Flöhen und sonstigen blutsaugenden Insekten. In der Wüste mag man evtl. auch mal einen Skorpion zu Gesicht bekommen.

„Termiten hatten schon nach wenigen Tagen im Urwald mein Zelt von unten her durchlöchert. Das öffnete vor allem den Ameisen auf der Suche nach Nahrung Tür und Tor…" (Afrika-Radler Hartmut Fiebig). *„Affen kann man aber vom Rad aus immer wieder mal entdecken, und man sollte vor den Herden Respekt haben, obwohl sie auf dem Land scheu sind, weil sie intensiv gejagt werden. An Plätzen wo Touristen sie füttern, werden sie aggressiv und gefährlich, nichts ist vor ihren spitzen Zähnen sicher, kein so stabiler Vorratsbeutel. Nehmt euch besonders vor Pavianen in acht, die gerne Autotouristen – nicht nur in Wildparks – anbetteln. Was so possierlich aussieht, kann sich schnell zur großen Gefahr entwickeln, sie können furchtbar zubeißen …"*

Großwild, Schlangen

Im südlichen Afrika, in Sambia, Simbabwe, kann man auf der Straße noch freien Elefanten begegnen, Straßenschilder weisen darauf hin. Auch Gazellen, Giraffen, Kleingetier, in den Flüssen Flußpferde und vor allen Dingen die vielen Vogelarten Afrikas kann man zu Gesicht bekommen. Großwild findet sich fast nur noch in den Nationalparks, und Radfahrer werden dorthinein – verständlicherweise – nicht eingelassen. Wenn ihr in Parks Tiere sehen wollt, müßtet ihr schon bei motorisierten Touristen auf Mitnahme hoffen, entweder am Eingang eines Parks oder man muß evtl.

eine Bustour vom nächstgelegenen Ort eines Tierparks aus buchen bzw. dort ein Fahrzeug mieten (die meisten Tierparks gibt es übrigens in Ost- und Südafrika, Westafrika hat nur wenige Parks). Vorsicht in der Nähe von Tier- bzw. Nationalparks, die nicht fest begrenzt sind (keine Zäune, Flüsse), hier kann das Wild in das offene Nachbargebiet wechseln!

Die relativ gefährlichsten Tiere Afrikas sind Büffel und Elefanten. Sollte je einmal der (seltene) Fall eintreten, sie außerhalb eines Parks zu erblicken, nicht zwischen einer Elefantenkuh und ihre Jungen geraten, auch nicht zwischen ein Flußpferd und dem Wasser! Weil überraschte Tiere eher angreifen, nach Möglichkeit im offenen Gelände bleiben. Lärm und euer Geruch wird sie bei genügendem Abstand bewegen, weiterzuziehen. Kommt ihr ihnen jedoch zu nahe und wird ihre Fluchtdistanz unterschritten, ist mit einem Angriff zu rechnen.

Hartmut Fiebig: „*Mit den potentiell gefährlichen Tieren, also den Großkatzen und den Hyänen z.B., wird man wenig Probleme haben, wenn man sich an den Rat der Afrikaner hält: Tagsüber – besonders in der heißen Mittagszeit – sind Wildtiere eigentlich nicht gefährlich. Nur nachts hat man draußen, sei es auf dem Fahrrad oder auch zu Fuß, einfach nichts zu suchen. Das kann ich aus eigenen Erfahrungen bestätigen, wobei ein Zelt auch eine gewisse abschreckende Wirkung auf Wildtiere zu haben scheint.*"

Ein Erlebnis von Afrika-Durchquerer (Senegal – Kenia) *Tilmann Waldthaler* in Mali: „*Nach einer Nacht mit dem Gebrüll von einigen Löwen um das kleine Dorf gibt mir der chef de village zwei mit Gewehren bewaffnete Afrikaner als Begleitschutz mit auf die Reise. Löwen, meint der Dorfchef, laufen gerne entlang der Pfade und nicht, wie vermutet, durch das hohe Gras. Löwen werden nicht gerne naß. Entlang der Schlammpiste entdecken wir tatsächlich Löwenspuren von überdimensionaler Größe. Ich war enttäuscht, als unweit von uns ein Löwe ganz locker und gelassen den Weg überquerte. Ich hatte sogar das Gefühl, daß er versuchte, an uns vorbeizukommen, ohne entdeckt zu werden. Die beiden Afrikaner sahen sich gegenseitig an und blieben nicht einmal stehen. Am Flußbett angekommen, schleppen wir das Fahrrad, Taschen und Material durch das schmutzige Wasser auf die andere Seite und verabschieden uns …*"

Und über *Schlangen* schreibt Hartmut: „*Die wenigsten habe ich lebend gesehen, sondern meist überfahren und erschlagen – dann aber die giftigsten Kaliber: Puffotter, Gabun-Viper, Mamba und Kobra. Die Tiere sind ungeheuer scheu und flüchten, sobald sie die geringsten Bodenerschütterungen spüren (Schlangen können nicht hören). Deshalb im Busch oder im hohen Gras durch die Gegend stapfen oder einen Stock haben. Außerdem sind knöchelhohe Schuhe und lange Hosen wichtig. Einzige Ausnahme und deshalb besonders gefährlich: die Puffotter. Diese Schlange ist sehr träge und bleibt einfach liegen, läßt aber ein warnendes Geräusch ertönen, das wie Rauschen klingt. Für die Tierabwehr im Notfall – aber auch zur sonstigen Verteidigung – hatte ich kleine Signalraketen mit, nicht größer als ein Kugelschreiber, die am Lenker oder am Hals baumelten, immer griffbereit, wenn ich mit Tieren rechnen mußte, sonst nützen sie nichts …!*"

Weitere Tips zu Schlangen und zur Abwehr von Hunden stehen im Teil 3, s.S. 131.

Tierparks mit dem Fahrrad

Erlebnisse von Afrikaradler Hartmut Fiebig: *„In Afrika gibt es einige Nationalparks und Game Reserves, die man mit dem Fahrrad durchfahren darf, oder wo sich zumindest niemand darum schert, egal wie risikoreich das ist. Auf meiner Tour fuhr ich u.a. durch Teile des Virunga-Nationalparks in Zaire, am L'Akagera National Park in Ruanda entlang, durch den Queen Elizabeth- und den Kabalega Falls National Park in Uganda, durch den Saiwa Swamp (Antilopen, Vögel) und den Hells Gate National Park (ausdrücklich mit dem Fahrrad erlaubt) in Kenia und auch durch den Mikumi National Park in Tansania. Ich richtete mich nach dem Verhalten von Einheimischen: Laufen sie tagsüber zu Fuß durch Teile des Parks, um z.B. zu einem abgelegenen Dorf zu kommen, traute ich mir das mit dem Rad ohne weiteres auch zu. Doch Vorsicht: Verschiedene Teile des gleichen Parks können auch unterschiedlich gefährlich sein!*

Doch meine aufregendsten Tiererlebnisse hatte ich bezeichnenderweise alle außerhalb von Schutzgebieten. Wildtiere vom Fahrrad aus zu erleben, das ist eines der ganz großen Erlebnisse in Afrika, die einen für jede Anstrengung, für jeden Tiefpunkt, jeden Schweißtropfen und Plattfuß entschädigen. Das ist einfach irre. Ohne Glasscheibe und Metallhaut. Live. Mit akustischem- und Geruchs-Erlebnis. Mittendrin eben!"

C. ROUTEN UND RADREISEN DURCH AFRIKA

1. Anreise

Um nach Afrika zu kommen, bieten sich mehrere Möglichkeiten an: ihr könnt nach Spanien, Frankreich, Italien pedalen und dann mit der Fähre nach Marokko, Algerien, Tunesien oder Ägypten übersetzen. Oder ihr wählt die Landroute über den Balkan in die Türkei, von hier weiter über Syrien und Jordanien nach Ägypten. Da wird aber bereits die Anreise zum Abenteuer … Alternativ nach Italien radeln, per Fähre nach Griechenland, dann nach Istanbul kurbeln, weiter wie oben. Oder gleich eine Direktfähre von Italien (Venedig) in die Türkei (Izmir) buchen. Eher schon eine kleine (nicht einmal teure) Kreuzfahrt ist die 14tägige Verbindung mit der *Grimaldi* von Hamburg nach Dakar/Senegal und weiter mit ein paar Zwischenstopps bis Douala/Kamerun (Route und Preise unter www.grimaldi-freightercruises.com).

Fähren: nicht alle Fähren verkehren ganzjährig. Für die Ferienzeiten lange genug vorausbuchen (in Reisebüros oder bei Woick, Postfach 1343, 70774 Filderstadt, www.woick.de). Zu den restlichen Zeiten ist die Fähr-Buchung auch am Ablegeort möglich, die Preise sind im Ablegeland billiger als von Deutschland gebucht! Die Agentur *Viamare* in der Apostelstr. 14–18 in 50667 Köln gibt eine Broschüre mit einer Übersicht über die Fährlinien des Mittelmeers heraus (www.viamare.com). Praktisch alle Fährlinien der Welt listet die Website www.routesinternational.com/deutsch.htm auf. Nachteil: man muß unter dem Namen der Fährgesellschaft suchen. Alle Mittelmeerfären findet man unter www.faehren.info (weitere Details zu Fähren übers Mittelmeer stehen im Buch „Sahara Overland" von Chris Scott).

Nach Marokko: Von Spanien: Algeciras – Tanger oder Ceuta; Malaga – Ceuta oder Melilla; Almeria – Melilla oder Nador; Cadiz – Tanger. Von Frankreich: Sète – Tanger oder Nador. Die Fährhäfen der spanischen Enklaven Ceuta und Melilla sind weitaus ruhiger als Tanger. Melilla und Nador bieten sich für Touren auch nach Algerien an. Bitte beachten: Mit dem Rad von Marokko weiter nach Algerien war in der Vergangenheit – je nach politischem Zustand zwischen beiden Ländern – problematisch. Erkundigen, ob die Grenzen offen sind!

Nach Algerien: Von Spanien: Alicante – Oran. Von Frankreich: Marseille – Oran oder Algier (www.algerieferries.com, www.sncm.fr).

Nach Tunesien: Von Frankreich: Marseille – Tunis (mit SNCM). Von Italien: Genua – Tunis (mit CTN und SNCM); La Spezia, Neapel oder Trapani (Sizilien) – Tunis (mit Tirrenia, www.tirrenia.it).

Nach Ägypten: Gehen (teure) Fähren von Venedig über Piräus, Heraklion und Haifa nach Alexandria (www.grimaldi-freightercruises.com).

2. Gesamt-Afrikadurch-querungen   Internationale, durchgehende Nord-Süd oder Ost-West-Transkontinental-Straßen gibt es in Afrika keine. Gesamt-Afrikadurchquerungen von Nord nach Süd sind, ob mit Rad oder einem Fahrzeug, auf Grund der politischen Verhältnisse seit vielen Jahren sehr schwierig, und das wird sich wohl auch nicht so schnell ändern.

Im Norden Afrikas riegelt die Sahara die Anreise in die schwarzafrikanischen Länder ab. Die Möglichkeit, die Zentralsahara mit dem Rad (und das auch nur mit öfterem Verladen auf Fahrzeuge) zu durchqueren, auf der Hoggar-Piste durch Algerien in den Niger, ist derzeit möglich, aber nicht empfehlenswert (s.a. „Algerien").

Durch Ägypten nilaufwärts in den Sudan (teils mit Bahn und Boot) ist möglich, doch weiter durch Südsudan ist wegen des dortigen, seit 1983 dauernden Bürgerkriegs nicht anzuraten bzw. nicht möglich. Um weiter nach Ostafrika zu gelangen, könnte man aber von Khartoum nach Nairobi fliegen. Der Umweg nach Westsudan, Zentralafrikanische Republik, Demokratische Republik Kongo, Ostafrika ist mit einem Fahrrad kaum machbar und derzeit auch nicht möglich (Details s. „Ägypten" und „Sudan").

Sahara   Die **Sahara-Durchquerung** ganz im Westen, von Marokko nach Mauretanien und weiter in den Senegal, war wegen des kriegerischen Konflikts um das ehemalige Gebiet von Spanisch-Sahara (Westsahara) gleichfalls lange Zeit blockiert. Man mußte, um Westafrika mit dem Rad zu erreichen, von Marokko aus (von Casablanca) nach Nouakchott (Mauretanien) oder nach Dakar (Senegal) weiterfliegen. Jetzt ist die Grenze von Marokko (Westsahara) nach Mauretanien und Senegal wieder offen, doch ob für immer, das muß sich erst noch zeigen. Zwischen Dakhla und Nouadhibou in Mauretanien dürfen Fahrzeuge wegen der extremen Minengefahr bis auf weiteres nur in Konvois verkehren. Ihr müßt euer Rad auf eines der Fahrzeuge aufladen. Bitte nach dem aktuellen Stand der Dinge erkundigen, eine gute aktuelle Quelle ist z.B. www.sahara-overland.com und www.sahara-info.ch.

Bei Direktflügen von Europa in schwarzafrikanische Länder bieten sich in erster Linie west- und ostafrikanische Länder an (Kenia). Kenia bietet vieles: Strände am Indischen Ozean, klimatisch-gemäßigtes Hochland, Tierreservate, schöne Landschaften, eine gute Versorgung und englischsprechend (was wohl vielen Radlern entgegenkommt).

Von Kenia kann dann über Tansania, Sambia (oder noch Malawi dazwischen) und Simbabwe bis nach Südafrika gekurbelt werden. Zur Erleichterung könnte man auch mit dem Zug, der TAZARA von Dar-es-Salaam (Tansania) bis Sambia (Kapiri Mposhi) fahren, und von da geht es

dann weiter nach Süden. Wer diese Tour plant, sollte sich den gut geschriebenen Erlebnisbericht von Michael Schmitz zulegen (s. „Afrika-
Fahrradbücher").

Zentrales
Afrika

Radreisen in oder durch das **zentrale Afrika** (Demokratische Republik
Kongo und angrenzende Länder) sind sowohl wegen infrastrukturellen
als auch politischen Problemen immer sehr schwierig gewesen und werden es wohl auch zukünftig sein. Momentan „brennt" es an allen Ecken
und Enden, angefangen bei ethnischen Konflikten und Bürgerkriegen bis
zu schwer durchschaubaren Grenzstreitigkeiten und Stellvertreterkrie-
gen, in denen auch ostafrikanische Staaten mitmischen. Kurz, **Zentralafrika ist zum jetzigen Zeitpunkt zum Radtouren total ungeeignet.**
Und selbst nach dem Ende der Konflikte wird die Infrastruktur noch auf
Jahrzehnte hinaus darniederliegen. Die folgenden Vorschläge sollen deshalb nur die Möglichkeiten Routen aufzeigen.

Die übliche West-Ost Route für motorisierte Afrikadurchquerer führt
von Kamerun über die Zentralafrikanische Republik, Nord-Kongo, Uganda nach Kenia. Äqua-Tour-Radler *Tilmann Waldthaler* radelte (und schob)
von Yaoundé nach Batouri, Berbérati (Zentralafrik. Rep.), Bangui, Bam-
bari, Bangassou, Bondo (Demokrat. Rep. Kongo), Buta, Kisangani, Bukavu (Ruanda), Kampala (Uganda), Kenia. Möglich wäre auch von
Kisangani nach Mombasa – Komanda – Beni – Kasindi (Grenze Uganda).

Von Westafrika über Kamerun, Gabun und die Rep. Kongo die Küste
entlang nach Südafrika zu wollen scheitert bereits an der Grenze zur Rep.
Kongo. Im Kongo und in Angola herrschen (noch) Bürgerkrieg und Anar-
chie, vor allem Angola liegt nach endlosen Kriegsjahren verwüstet am
Boden, das ist definitiv kein Reiseland geschweige denn ein Radfahrland.
Die Durchfahrt durch Angola nach Namibia ist deshalb derzeit nicht möglich.

Sollte sich die Lage in den beiden Kongos wieder stabilisieren, bliebe
die Alternative, von Westafrika über Kamerun, Gabun zur Rep. Kongo zu
radeln. Von Brazzaville mit der Fähre nach Kinshasa (Demokrat. Rep.
Kongo) übersetzen, dann mit dem Kongo-Flußschiff bis nach Kisangani.
Von da weiter nach Ruanda (Bukavu) und Burundi nach Bujumbura am
Tanganjika-See. Von Bujumbura gehen Schiffe in viertägiger Reise nach
Mpulungu in Sambia. Wer durch Malawi südlich will, fährt von da östlich
zur Grenzstadt Chipita. Alternative (in friedlicheren Zeiten): Von Kinshasa
auf dem Kongo und Kasai-Fluß mit dem Schiff und der Eisenbahn in die
Südprovinz Katanga (Lumumbashi) des früheren Zaire, von wo man nach
Sambia weiterfahren kann. Letztere Route nahm einst Afrikaradler Hel-
mut Hermann, heute schwierig.

Nochmals: alle Varianten sind wegen den politischen Unstabilitäten in
den zentralafrikanischen Ländern, den äußerst schlechten Pisten und
den sonstigen unwägbaren Risiken nur etwas für gefahrenbewußte Afri-
ka-Rad-Abenteurer! Vor (und während!) der Reise unbedingt neueste Informationen über die politische Lage einholen und ggf. eine andere Route
wählen.

Afrikas
Süden

bietet wieder genügend Möglichkeiten für Radtouren. Nach der Unabhängigkeit Namibias und der neuen Politik in Südafrika sind diese Länder, zusammen mit Sambia, Simbabwe und Malawi, für Radtouren
geeignet. Moçambique und Angola sind durch Kriege ausgeblutet und

derzeit keine Ziele. Als „Ersatz" bietet sich, wenn man schon ins südliche Afrika fliegt und Lust auf „mehr" hat, evtl. die Insel Madagaskar an.

Gesamt-Afrikadurchquerungen von Nord nach Süd sind derzeit letztendlich schon irgendwie machbar, doch wenig sinnvoll, weil man dabei einiges riskiert. Wer Afrika trotzdem von Nord nach Süd durchqueren will, sollte sich überlegen, ob er nicht, wie beschrieben, über Marokko nach Westafrika reist (oder gleich in ein westafrikanisches Land fliegt), von dort evtl. bis Kamerun radelt und von da aus nach Nairobi/Kenia fliegt. Von Kenia geht es über Tansania, Sambia (oder noch Malawi dazwischen) und Simbabwe bis nach Südafrika, wo es die besten Straßen des Kontinents gibt.

Von Simbabwe könnte man auch über den *Caprivi-Strip* nach Namibia einreisen (s. Bericht von Herbert Lindenberg), und von Malawi, von Blantyre, ginge es auch durch den sog. Tete-Korridor durch Moçambique nach Harare in Simbabwe. Botswana ist mit seinen Wüstenstrecken und wenigen Straßen kaum radeltauglich.

Zur Planung einer Gesamt-Afrikadurchquerung gehört, auch eine Alternativ- oder Ausweich-Route auszuarbeiten, um ein plötzliches Krisenland umfahren, umschiffen oder überfliegen zu können. Dazu vorausblickend auch die Visa eventueller „Umleitungsländer" besorgen!

3. Afrikas Straßen und Pisten

Typisch für Afrika, besonders in den Wüsten und Savannen, sind seine Pisten mit wellblechähnlich verformter Oberfläche, die die Autofahrer so fürchten. Gleichfalls charakteristisch die **Lateritpisten** (rötliche Verwitterungsböden) in der Savanne und im Regenwald, die, sofern sie trocken und nicht durch halbmetertiefe Lastwagen-Längsrinnen zerfurcht sind, mit einem Rad recht gut befahrbar sind, oft besser als eine schlaglochgespickte Asphaltstraße. Flott voran kommt man auch auf festgefahrenen Lehmstraßen, die hauptsächlich in den tropischen Regionen vorkommen. Doch kein Rad dreht sich mehr nach wolkenbruchartigen Regenfällen, denn dann verwandeln sich innerhalb von Minuten Staub und Lehm in zähen Morast. Laterit-Schlamm ist klebrig wie Honig und glitschig wie Schmierseife. Man muß warten, bis alles wieder abgetrocknet ist, was Tage dauern kann. Für Autos bestehen dann mancherorts während dieser Trocknungszeit Straßensperren *(barrière de pluie)*. In wüstenartigen Gebieten werden die Wellblechpisten von Zeit zu Zeit flachgehobelt, danach ist das Fahren wieder wesentlich besser.

Ein weiteres Handicap für Radfahrer auf Afrikas Straßen und Pisten sind Dornen (von Akazienbäumen), die nicht unbedingt noch an Zweigen hängen müssen, sondern die auch auf Asphaltstraßen liegen können oder die der Wind in den noch weichen Asphalt hineinblies, wo sie mit der Spitze nach oben steckenblieben! Das gibt dann auch auf Asphaltstraßen Plattfüße am laufenden Meter!

Die Tagesleistungen auf Afrikas Naturstraßen würde ich mit max. etwa 50 bis 80 km ansetzen. Je näher man sich der Hauptstadt oder großen Städten nähert, desto besser werden in der Regel die Straßen.

Straßenauskünfte

Afrikanische Straßenbeläge können sich schnell ändern, besonders in der Regenzeit. Fragt ihr die Einheimischen – Autofahrer, Motorrad- oder Radfahrer –, werdet ihr jedesmal eine andere, sehr subjektive Auskunft über den Zustand erhalten, weil ein jeder eine Straße nach anderen Kriterien beurteilt: Für einen Autofahrer ist eine Schlaglochstraße schlimm, doch ein Radfahrer kann um die Löcher leicht drumherumzirkeln, und während sandige Abschnitte einen Autofahrer kaum aufhalten, kann die für einen Radfahrer das „Aus" bedeuten. Einem Auto macht auch eine Wellblechpiste relativ wenig aus, wenn der Fahrer nur mit genügend Speed darüberfliegt, doch für einen Radler sind Wellblechpisten furchtbar! Umgekehrt wiederum kommt ein Fahrradfahrer auch durch schlimmste Schlamm- und Wasserlochpassagen, denn er kann notfalls sein Rad darübertragen, ein Auto würde aber sofort drin steckenbleiben …

Deshalb bitte alle Pistenbeschreibungen aus Handbüchern für Autofahrer differenziert und kritisch lesen! Das bezieht sich auch auf die Strecken- und Pistenbeschreibungen in den Därr-Büchern „Durch Afrika"! Unterwegs müßt ihr Streckenauskünfte von Autofahrern genau hinterfragen!

„Fahrrad-Highways"

„Die verläßlichsten Informationen habe ich immer von den radfahrenden Händlern (in Ostafrika) bekommen. Sie können einen über Wegentfernungen, Versorgungsmöglichkeiten und Straßenzustand (Sand, Schlamm, Bach- und Flußüberquerungen etc.) informieren. Das waren unverzichtbare Infos, wenn man auf Wegen unterwegs sein will, die in keiner Karte eingezeichnet sind. Die Händler kennen auch alle Abkürzungen (Kiswaheli: ‚shotkati', von egl. ‚shortcut'). Oft zieht sich ein eigenes Fahrrad-Händler-Wegenetz durch das Land, z.B. wenn die Autopisten zu sandig sind. Ich habe sie „Fahrrad-Highways" getauft, weil es sich meist sagenhaft darauf fahren läßt, ein maximales Fahrvergnügen. Vorsicht bei „Gegenverkehr" – auf den engen Wegen besteht kaum Ausweichmöglichkeit. An diesen Wegen hat sich zum Teil mit Reparaturstätten und Rasthäusern eine regelrechte Infrastruktur gebildet.

Entfernungen in Afrika nie in Kilometer, sondern in Fußmarschdauer erfragen, die sich einfach in Kilometer umrechnen läßt. Dann erhält man erstaunlich präzise Auskünfte. Und Fragen nach der Richtung so stellen, daß die Höflichkeit es nicht zwangsläufig gebietet, etwas Falsches zu antworten. Also nicht: ‚Hujambo Baba. Hier geht es nach xy, oder?' (Falsch! Die Antwort ist dem Befragten bereits in den Mund gelegt, zu widersprechen wäre von ihm unhöflich). Richtig: ;Wo geht es nach xy?' Ein Zögern deutet auf mangelndes Verständnis oder Unwissenheit hin. Jemanden anderen befragen." (Hartmut Fiebig).

4. In Afrika mit dem Rad unterwegs

In äquatornahen Ländern Afrikas geht die Sonne am Morgen gegen 6 Uhr auf und nach 18 Uhr unter (plus/minus eine halbe Stunde). Versucht, möglichst früh zu starten und die Mehrzahl eurer Tagesetappen-Kilometer bis gegen Mittag hinter euch zu bringen. Am heißesten ist es gegen 14 Uhr. Nach einer längeren Mittagsrast dann am späten Nachmittag nochmals in die Pedale steigen. An frühes Zubettgehen muß man sich gewöhnen.

Südlich des Äquators sind die Jahreszeiten denen der nördlichen Hemisphäre bekanntlich genau entgegengesetzt. Je weiter südlich man kommt, (Südafrika), desto kürzer sind dort im Juni und Juli die Tage bzw. desto länger sind sie im Dezember und Januar.

„Radfahren am Sonntag empfand ich immer als unangenehm, weil einem überdurchschnittlich viele Betrunkene begegnen, die einen z.T. auf beängstigende Art und Weise anmachen …" (Afrika-Radler Hartmut Fiebig).

Schwieri-
ges Reisen

Afrika ist ein „Outdoor"-Kontinent – hier spielt sich (fast) alles im Freien ab: Familienleben, handeln und Händel, Kinder- und Tiergeschrei, chaotischer Verkehr in den Städten, Musik, Tanz und Freude, und als Radfahrer fährst du mitten hinein in dieses pralle afrikanische Leben.

Doch du darfst nicht annehmen, daß dich die Afrikaner in Ruhe deines Wegs ziehen lassen – als Weißer auf einem Fahrrad, noch vielleicht dazu mit einem High-Tech Modell mit 24 Gängen und Federung, bist du überall auf dem Land eine Sehenswürdigkeit und die Sensation des Tages. Du stehst stets im Blick- und Mittelpunkt. Die Leute winken, viele wollen dich anhalten und mit dir reden, in Dörfern rennen dir die Kinder und Hunde nach und mit der Zeit wirst du nicht mehr wissen, ob du nun eine sportliche Respektsperson bist, als die man dich nämlich auch ansieht, oder mehr ein exotischer Zirkusclown zum Spaß der Kinder. Es wird dir nicht gelingen, unauffällig zu reisen, also ein „low profil" zu wahren, egal, ob du nun die Straße entlangfährst, dich irgendwo in eine Warteschlange einreihst oder in Ruhe deine Bananen verspeisen willst (jetzt weißt du auch, wie es ist, wenn man berühmt ist …). Du kannst nicht durch Afrika mit dem Rad fahren, ohne mit den Menschen nicht in Kontakt kommen zu wollen! Einzelgänger mögen Afrikaner nicht (was man wohl aber einer sein muß, wenn man Afrika mit dem Rad durchqueren will …).

Wenn du also mit der direkten, spontanen Art afrikanischer Aufmerksamkeit nicht umgehen kannst, dich die stereotypen Fragen („What's your name? Where do you come from?"), wenn dich in Städten die dauernde Anmache der Händler, der Kinder und Jugendlichen, der Geldwechsler und Schlepper und der leichten Mädchen mit der Zeit immer mehr nerven, dann mag es sein, daß du deinen Entschluß, mit dem Rad durch Schwarzafrika zu fahren, bald bereuen wirst. Wer ohne seine tägliche Privatsphäre nicht auskommt, für den ist Afrika nicht ganz der richtige Radreise-Kontinent.

Der verrück-
te Weiße

Unterschiedlich sind auch die vielen Kulturen und Religionen: Der Hilfsbereitschaft in islamischen Ländern kann oft eine fast unverschämte Erwartungshaltung in schwarzafrikanischen Ländern gegenüberstehen. Afrikaner lernen in weiten Teilen erst, was Tourismus ist und was Touristen wollen. Tourismus ist ein Produkt der reichen, entwickelten Länder. „Fremde Länder kennenlernen", „Sightseeing machen", „sich selbst verwirklichen", „eine heile Natur und Umwelt erleben" (und sich dabei auch noch mit einem Fahrrad durch die Landschaft quälen, wo doch alle Weißen reich sind und Autos haben), das ist für den einfachen Afrikaner schlichtweg nicht zu begreifen. Für ihn hat jede Reise einen konkreten Sinn und einen wichtigen Anlaß, „zum Spaß" und „einfach so" von Land zu Land reisen, mit dieser Erklärung wirst du meist nur Kopfschütteln und Unverständnis ernten. Laß dir also beizeiten was einfallen, wenn du nach dem Grund deiner Reise gefragt wirst („armer Student ohne Auto" wird dir aber niemand abnehmen).

Mit deinem Fahrrad bist du für sie eine Mischung von, sagen wir mal, Student, Reporter, einem verschrobenen Weißen und einem Spion. Denn irgend jemand muß dich ja bezahlen für diese außergewöhnlich harte Aufgabe, mit dem Rad durch Afrika zu fahren, und du arbeitest ja auch nichts, kannst also zwischenzeitlich kein Geld verdienen („wer bezahlt dich? Warum bist du hier, what's your mission?" werden sicherlich die meistgestellten Fragen in Afrika sein), und man hat dich beobachtet, wie du lange etwas in ein Buch geschrieben hast und außerdem fotografierst du meist Dinge, die andere Touristen nie fotografieren ...

Viele Probleme

Solch ein „Kulturschock" ist aber nur ein Teil deines afrikanischen Radel-Alltags. Es gibt auch noch dauernde Probleme im Umgang mit Polizisten und Behörden. Stempel, Visa-Beantragungen, Ein- und Ausreisen dauern oft stundenlang, Formulare müssen mehrfach ausgefüllt werden. Rechnet in allen afrikanischen Ländern mit Straßenkontrollen durch Militär oder Polizei *(check points),* besonders vor der Hauptstadt. Das Verhalten der Typen reicht von „sehr freundlich" (Anerkennung, Respekt) bis „unverschämt" (penible Gepäckdurchsuchung).

Man muß es nehmen wie es kommt, selbst wenn dich Uniformierte schikanieren sollten – immer cool bleiben. Gib ihnen keinen Anlaß, ihre lächerlichen Agenten-Vorstellungen zu bestätigen (wer mit zwei Pässen reist, muß besonders aufpassen). Halte dich von allem Militärischen fern. Ärger an den Grenzen kann es auch geben, wenn man nicht entsprechend der Landesmoral sittsam gekleidet ist oder sehr ungepflegt einreisen will. Doch nicht nur an den Grenzen, auch sonst solltest du immer saubere Kleidung anhaben, auch als Rad-Abenteurer. Afrikaner haben kein Verständnis, wenn sich die doch reichen Europäer nachlässig kleiden, schmutzig daherkommen. Und nochmals: Im gesamten arabisch-islamischen Kulturkreis gilt es als unschicklich, in kurzen Hosen herumzulaufen, und an ein papageibuntes Outfit bitte erst gar nicht denken!

Korruption ist in Afrika weit verbreitet. Uniformierte beschuldigen Touristen gerne illegaler Dinge, um damit an ein Bakschisch zu kommen – mit Gelassen- und Höflichkeit löst sich das Problem spätestens nach einigen Stunden von selbst. Verlange den Namen deines Peinigers und versuche, seinen Vorgesetzten zu sprechen.

Mit drei Dingen kann man das afrikanische Bürokraten-Schneckentempo etwas beschleunigen: mit Geld, Wichtigkeit und Freundschaften. Bis du Gast beim Dorfchef oder bei einem stadtbekannten, einflußreichen Mann, kann der dir viel eher weiterhelfen, als wenn du als Einzelkämpfer auf deinem „Recht" beharrst oder geduldig Schikanierungen über dich ergehen läßt. Geh gleich „zum Schmied", und nicht „zum Schmiedle" ... Das kann z.B. der Besuch bei der örtlichen Zeitung sein, die einen Bericht von deiner Reise bringt, die du ja in erster Linie „zur Vertiefung und Festigung der Freundschaft zwischen deinem Heimatland und X-land machst". Plötzlich bist du „wer", und es tun sich neue Türen auf, du erhältst Einladungen und Hilfe. Mach dich bei Schwierigkeiten zu einer wichtigen Person, der man einfach weiterhelfen muß (irgendwelche zuhause vorbereitete, stempelgeschmückte Empfehlungsschreiben, Zeitungsberichte und eindrucksvolle Briefköpfe können dabei eine wichtige Rolle spielen). Der Status des Einzelnen ist in Afrika viel wichtiger als bei uns, und hierarchisches Denken ist das A und O der afrikanischen Bürokratie. Voraussetzung für all diese Dinge sind natürlich gute Sprachkenntnisse.

Und da gibt es auch noch die *„positive discrimination",* wie die Engländer sagen, die überzogene Ehrerbietigkeit der Schwarzen einem Weißen gegenüber, als Folge der langen Kolonialherrschaft. Dies kann man noch überall erleben, besonders in Ländern des südlichen Afrikas. Als „wichtige" Person bekommst du selbstverständlich den Sitz neben dem Fahrer im Buschtaxi angeboten, wirst zum Essen eingeladen, erfährst sonstige Privilegien. Ohne große Probleme kannst du mit deinem Rad auch vor noble Hotels vorfahren und drinnen was Kühles zum Trinken verlangen, die Toilette, den Pool oder die Dusche benützen, Kontakte suchen – selbstsicheres Auftreten ist alles.

Auf Grund der krassen sozialen Spannungen und Mißstände, der Arbeitslosigkeit, der Überbevölkerung, Landflucht und vielem mehr ist in Afrika die **Diebstahlsgefahr** besonders groß! Paßt immer auf eure Dinge auf, besonders in Großstädten. Bezüglich der Kriminalität genießen Städte wie Lagos, Accra, Nairobi oder gar Johannesburg traurige Berühmtheit!

Jede Region und auch jedes Land hat Spitznamen für die Weißen: Im Senegal z.B. heißen sie *Toubab,* in Dahomey *Yovo,* im Kongo *Mundele,* in Ost- und im östlichen Zentralafrika bzw. im gesamten Kiswaheli-Sprachraum *Muzungu,* in Simbabwe *Murungu* usw. – du wirst es oft genug zu hören bekommen …

Achtet beim Reisen in islamischen afrikanischen Ländern darauf, daß der offizielle Ruhetag meist am Freitag ist (Schließung von Ämtern, Banken etc. schon am Donnerstagnachmittag). In manchen islamischen Ländern ist aber der Ruhetag auch der normale Sonntag. Während des Fastenmonats Ramadan verlangsamt sich das öffentlich Leben, vieles Amtliche und Unamtliche wird schwieriger. Da dann für Muslime Essen und Trinken tagsüber tabu ist, bleiben viele Restaurants und auch Geschäfte bis zum Abend geschlossen.

Ich hoffe, ich habe dir bei all den genannten Besonder- und Schwierigkeiten nicht völlig die Lust genommen, Afrika mit dem Rad zu erleben – denn Afrika nimmt nicht nur, es gibt auch: Gastfreundschaft, Spontaneität, Menschlichkeit, Ur-Erlebnisse. Doch nur wer bereit ist, Afrika mit seinen eigenen Maßstäben zu messen, wird diesen so oft mißverstandenen Kontinent und seine Menschen wirklich begreifen – und mögen!

D. NORDAFRIKA

Überblick

Afrika, Nordafrika, liegt quasi vor Europas Haustür und ist für jeden, der einmal das „gewohnte" Europa mit dem Fahrrad verlassen will, ein ideales Ziel. Fast alle Länder am Mittelmeer bieten für jeden Geschmack etwas.

In Nordafrika ist der Islam die prägende Kraft. Ohne eine vorausgehende Beschäftigung mit ihm wird man kaum einen tieferen Einblick in die Kultur nordafrikanischer Länder bekommen. Ihr solltet auch zumindest die arabischen Zahlen lesen und sprechen können. Es kann nämlich Probleme geben, wenn man auf Hinweisschilder trifft, die ausschließlich auf arabisch geschrieben sind. Übrigens: auf (hoch)arabisch heißt Fahrrad „daraja" (in französischen Ländern „biciclet").

In den nordafrikanischen Ländern gibt es in den Orten Türkische Bäder, die sog. *hammans* (die sind genau richtig, wenn ihr euch mit Dampf und Wasser den Schweiß und Staub eines Tages fortspülen und den krummgestrampelten Buckel und die lahmen Muskeln wieder regenerieren wollt.

Dann ist da noch die größte Wüste der Erde, die Sahara. Wie es möglich ist, sie mit dem Rad zu erleben, dazu jetzt Erfahrungen und Tips.

Wichtiger Hinweis: Zur Zeit ist es nicht ratsam bzw. es ist wegen Sperrung nicht möglich, von Algerien sowohl über die Tanezruftpiste nach Mali als auch über die Hoggar-Route über Tamanrasset in den Niger zu reisen. Es wurden und werden wiederholt Touristen ausgeraubt! Trotzdem sind nachfolgend Sahara-Touren mit dem Rad beschrieben, in der Hoffnung, daß die Beschränkungen irgendwann wieder aufgehoben werden und freies Reisen wieder möglich wird. Erkundigt euch nach der neuesten Lage (www.sahara-info.ch, www.sahara.ch), bevor ihr euch nach Afrika bzw. nach Algerien, in den Niger oder nach Mali aufmacht! Sehr gut ist das Buch „Algerische Sahara" von RKH (von Göttler/Därr).

Radfahren in der Sahara und Nordafrika
Tips und Erfahrungen von *F.-J. Ahl*

■ *Hinein ins Sandmeer der Sahara …*

Vorräte   Manche ziehen mit Packtaschen voll Gefriergetrocknetem los und vergessen, daß in den Gegenden, in denen man Radurlaub macht, meist auch Menschen wohnen, die etwas essen. In den Ortschaften, z.T. auch dazwischen, gibt es Restaurants, Geschäfte und Märkte. Die allgemein bessere Kondition läßt Radfahrer vieles problemlos essen das sonst Probleme bereitet. Wasser für zwei und Essen für einen Tag schaden aber nie. Der Tagesbedarf ist aber nicht zu unterschätzen. Besonders Wassermangel in Verbindung mit Salzverlust kann zu üblen Folgen führen.

Übersicht, Problematik   Die Sahara – wer sie zum erstenmal sieht, ist überwältigt, und wer sich länger in ihr aufgehalten hat, den läßt sie kaum mehr los …

Die wichtigste Transsahara-Route, die Hoggar-Route, ist in Algerien überwiegend asphaltiert, doch dazwischen gibt es immer noch kilometerbreite Sand- und Geröllfelder, auf denen sich die Autofahrer ihren Weg suchen – und ihn oftmals auch verlieren. Es gibt weitaus mehr Saharadurchquerungen mit tödlichen Folgen, als man dann und wann in der Presse lesen kann.

Und dann da mit dem Fahrrad durch? Man sollte sich genau überlegen, ob man aufs Geratewohl mit dem Rad auf Pisten fährt und sich dann auf Wasser und Hilfe der Autofahrer – wenn sie überhaupt auf der kilometerbreiten Piste auf euch stoßen – verläßt (s. dazu unten auch den Bericht von Albert Kratzer: „Mit dem Fahrrad von Djanet nach Tamanrasset"). Eine Saharadurchquerung mit dem Rad kann nur heißen: Das Fahrrad überwiegend auf Lkw oder Busse verladen – sofern welche fahren.

Reisezeit   Im reinen Wüstenklima sind Herbst und Frühjahr die angenehmsten Reisezeiten. Im Winter wird es abends unangenehm kalt. Auf genaue Monatsangaben möchte ich mich nicht festnageln lassen, da z.B. einmal der März 25 °C bietet, und in einem anderen Jahr er tags über 10 °C nicht hinauskommt und nachts auch Schnee fallen kann.

Im Sommer (ca. Mai bis September) kann man gar nicht soviel Wasser nachschütten, wie man bräuchte. Diese Zeit ist also absolut, aber wirklich **absolut** keine Radreisezeit (Hitzschlag, Dehydrierung u.a. – im Sommer geht's nach Skandinavien oder so).

Im Frühjahr/Herbst und im Winter ist der Wasser-Tagesverbrauch ähnlich wie bei Sommertouren hierzulande, und es sind entsprechende Temperaturen anzusetzen. Nicht vergessen sollte man, daß das Atlas-Gebirge hoch ist, und somit kalt, im Winter – und zum Teil auch in den Übergangszeiten – ist er auch verschneit. Die Zone nördlich des Atlas entspricht klimatisch – und oft auch landschaftlich – der von Südfrankreich. Blauäugig wie ich bin, fuhr ich einmal im Februar nach Ägypten und in den Sinai. Aber nur weil es Nordafrika und Wüste ist, ist es dort nicht immer warm. In meinem Fall war es außerdem noch naß und so stürmisch, daß Häfen und Flughäfen für drei Tage gesperrt waren.

Es herrscht dort eben das typische Mittelmeerklima. Das ist auch so in den anderen Mittelmeeranrainern bis nach Marokko rüber. Aber Ägypten hat kein Atlasgebirge wie die Maghrebstaaten (Tunesien, Nordalgerien, Marokko), welches dieses Wetter abhält, und so klingt der Einfluß des Mittelmeers nach Süden hin nur langsam ab.

Bekleidung   Es sieht zwar seltsam aus, wenn Touristen die Kleidung der Einheimischen tragen, aber der *Chech* ist mit das wichtigste bei Wüsten-Touren: Ein 3 m langer Baumwollstoff wird um den Kopf geschlungen (jeder Bewohner der Gegend zeigt gerne, wie man ihn fachmännisch anlegt). Ein Bekannter sagte zwar, sie hätten ihre Saharatour auch ohne Chech gut geschafft, aber das waren diejenigen, die auf ihrer dreiwöchigen Tour 12 kg abgenommen haben und total ausgezehrt zurückkamen.

Der Chech, kombiniert mit einer Gletscherbrille, bietet hervorragenden Schutz vor Austrocknung, vor Sand, Sonne und im Winter auch vor Kälte. Mit einem Nachteil: Bergauf beschlägt die Brille, weil sich der Atem etwas staut. Wenn man sich richtig vor der Sonne und dem Wind schützt, glaubt einem zuhause im Schwimmbad keiner, daß man in der Wüste war („notfalls" am Ende der Reise ein paar Tage Strandaufenthalt einplanen).

Zugfahren   Drei Wochen Urlaub und trotzdem in der Wüste: Wo es Personenzüge gibt, ist üblicherweise auch die Radmitnahme möglich. Aber: nicht jede Bahnlinie auf der Karte hat auch Personenverkehr und nicht jede ist überhaupt in Betrieb. „Mais c'est l'aventure!". Da auf einigen Strecken repariert wird, läßt sich nichts Verläßlicheres über die befahrenen Strecken sagen; vieles kann sich schnell ändern. Man kann oft mit nur einem Zug pro Tag rechnen. Üblich ist der Transport als Begleitgepäck im gleichen Zug. Lackschäden u.ä. sind auf europäischen Zügen auch nicht schlimmer. Man kann aber das Umladen im Auge behalten.

Es ist ein Erlebnis, mit dem Zug durch die z.T. phantastische Landschaft des Atlas zu zuckeln, im Ohr die Bekehrungsversuche eines Mitreisenden zum Islam – stundenlang. Und wenn der Anschlußzug weg ist, noch länger …

Busse

Von Gharadaia bis Tamanrasset fahren Busse, dann erst wieder ab Arlit im Niger. Fahrrad-Mitnahme ist je nach Platzangebot und Bus möglich. Ansonsten muß man versuchen, mit Lkw oder anderen Fahrzeugen weiterzukommen. Doch wenn in Bussen Passagiere bis zu vierundzwanzig Stunden von Ghardaia bis Tamanrasset stehen müssen, ist das weniger ein Vergnügen. Lkw sind gleichfalls elende Knochenrüttler. Besser Busse nicht in die Planung einbeziehen, sondern höchstens als Bonus genießen. In den meisten nordafrikanischen Ländern geht die Radmitnahme in Bussen jedoch problemloser als in Algerien (Tip: In Bussen und auf Lkw nicht hinten sitzen, denn da ist die Schüttelei am stärksten).

In Marokko gibt es eine staatliche Expreß-Buslinie (CMT-NL) ohne Dachgepäckträger, die schlecht Räder mitnehmen kann, und viele kleine private Linien mit Dachgepäckträgern. So kommt man auch in einem verschneiten Winter gut in die wärmere Wüste. In Ägypten braucht man sich wegen der guten, und nach der Streckensanierung auch flotten Zugverbindungen die Busse wirklich nicht antun.

Warum ich nichts über Libyen schreibe? Dort sind die Stecken schon für Autofahrer öd und lang, aber vielleicht reizt gerade das die eine oder den anderen …

Strecken-wahl - Wüste erleben ohne Pistenfahrten?

Die Mozabiten in Algerien wurden von den anderen Muslimen vor Jahrhunderten in die tiefste Wüste nach Süden vertrieben und bauten dort ihre fünf Städte um Ghardaia (guter Campplatz dort: M'Zab). Die Wüste ist heute eher wüster als damals. Nur sind jetzt Straßen gebaut und alles ist leichter erreichbar. Genauso ist es mit dem ganzen Süden der Maghrebstaaten und dem Ostteil von Ägypten.

Wo es zu sandig wird, kann man ja (bitte nur auf überschaubaren Strecken alleine) zu Fuß gehen, und was spricht gegen eine geführte Esels- oder Kameltour? Mit etwas Überredungskunst kann man so etwas auch einmal als einziger Gast machen, wenn man Glück hat und gerade Leerlauf herrscht.

Pisten sind z.T. auch mit dem Rad befahrbar. Man muß aber unbedingt sandige Pisten vermeiden. Wer meint, Sand sei kein Hindernis für einen „richtigen" Kerl, der soll sein Rad voll reisefertig packen – nicht tricksen, mit vollen Wasservorräten – und einen Weg mit mindestens knöcheltiefem Schotter und mindestens zehnprozentiger Steigung über zig Kilometer fahren, das Ganze mit der Biergartenentfernung in der Sahara potenzieren und es sich gründlich überlegen.

100 bis 150 Touristen sterben – in normalen Tourismusjahren – jedes Jahr alleine in Algerien, meist an Selbstüberschätzung. Da die Pisten 10 bis 15 km breit sein können, hat der eine Glück und fährt z.B. links auf festem Untergrund, der andere hat rechts Pech im Sand und verschleißt Kräfte und Reserven. Pech kann hier den Tod bedeuten. Die Wüste ver-

zeiht keine Fehler. Die Sahara ist zwar nur zu ca. 20% Sandwüste, aber nach Murphy's Gesetz (ein Hammer fällt immer so, daß er maximalen Schaden anrichtet) fährt man nicht „links".

Ein anderes Problem der kilometerbreiten Pisten ist es, einen Zeltplatz zu finden, der sicher ist. Da nämlich auch nachts Lkw fahren, müßte man z.T. kilometerweit an einen sicheren Platz fahren bzw. schieben um nicht überrollt zu werden. Unwahrscheinlich? Auch der berühmte, einzige Baum der Ténéré fiel Murphy's Gesetz und einem Lkw zum Opfer.

Natürlich fahren einige Leute Pisten mit dem Rad, doch ich habe für meinen Geschmack generell mit zu vielen Leute gesprochen, die das alles verdrängen, was ihnen an Gefahren blühen kann. Hoffentlich müssen wir nie in einem Boulevardblatt über sie lesen.

Die Strecke nach Tam ist ein „Kinderspiel", wie ein Bekannter sagte – wenn man Glück mit dem Wetter hat. Anderen ist erst hinterher bewußt geworden, was sie riskierten, und sie würden es jetzt nicht mehr tun.

Die Reserven, an Wasser vor allem, sind auf dem Rad sehr begrenzt. Wenn man von einem Sandsturm festgenagelt wird (ein bis vierzehn Tage), sind sie schnell erschöpft. Brunnen, auch wenn sie auf der Karte verzeichnet sind und noch existieren, findet man im Sandsturm erst recht nicht (falls doch, hast du auch ein 30-m-Seil und einen Eimer dabei?). Sich auf vorbeifahrende Autofahrer zu verlassen hat, abgesehen von der Ethik des Radfahrens, auch seine Tücken. Bei schlechtem Wetter oder während kurzfristiger Streckensperrungen fährt keiner, und wenn, dann möglicherweise so weit abseits, daß sie den Radler bestimmt nicht sehen (s. „Murphy").

Da man mit dem Rad länger zwischen den Stützpunkten unterwegs ist, kann man eben nicht sagen: „Heute ist schönes Wetter, ich fahr mal rüber zur nächsten Oase".

Gelbe und rote Straßen auf der Michelin-Nordafrikakarte (1:4 Mio.) sind asphaltiert. Die rosa Abschnitte sind stellenweise stark erodiert und mit Steinhaufen für Kfz-Verkehr gesperrt. Radler können sich immer zwischen den Schlaglöchern und Felsbrocken durchschlängeln. Somit bereiten Vorankommen und Orientierung keine Schwierigkeiten, aber Autos sind als Notanker nicht verfügbar, da sie z.T. kilometerweite Umwege fahren.

Hat man die Karte vor Augen, sieht man ein Straßennetz, das mit verkehrsärmeren Nebenstraßen die Gegenden erschließt, an denen die anderen motorisiert vorbeipreschen, um sich große Namen ins Fahrtenbuch zu schreiben, zu tanken und zum nächsten Namen zu fahren.

Apropos Karten: In Ägypten ist es mir ab und zu passiert, daß ein Abzweig z.B. nicht bei 37, sondern bei 46,5 km war. Es sei normal, sagte mir ein dort wohnender Deutscher, der auch eine private, korrigierte Karte hatte. Manche Straßen der offiziellen Karten haben noch nie existiert. Aufgegebene Straßen sind auf den Karten nicht gesondert gekennzeichnet. Ohne Durchgangsverkehr und mit hunderten von Metern langen Sandverwehungen dürften sie auch ohne Orientierungsprobleme Abenteuer genug bieten. Gute Quellen für solche Strecken sind europäische Gastarbeiter vor Ort.

Buchempfehlung für jene zukünftigen Wüstenfahrer, die noch immer nicht vorsichtig sein wollen: „Manche freilich müssen drunten sterben", von Birger Sechting.

Reisen im ägyptischen Niltal und Nildelta ist etwas ganz anderes als im restlichen Nordafrika. Wasserprobleme gibt es nicht, aber der Verkehr ist vogelwild. Je mehr man sich Kairo nähert, desto ärger. Als ich nach fünf Tagen Kairo wieder nach München kam, sah ich den aggressiven Verkehr hier wesentlich entspannter. Es wird einer keiner absichtlich über die Haufen fahren, aber wenn dich ein Fahrzeug überholt und ein anderes entgegenkommt, wird nicht gebremst. Bei langen Fahrzeugen wird oft zu früh eingeschert. Oder die Fahrer kennen ihre Fahrzeugbreite noch nicht so gut. Alles ohne bösen Willen, aber trotzdem gefährlich.

Auf Nebenstraßen läuft alles gemächlicher ab, jedoch gibt es im Nildelta Orientierungsprobleme, da Ausschilderung, Karte und Anwohner denselben Ort sehr unterschiedlich benennen. Die Hilfsbereitschaft ist immens, die Streckenhinweise beschränken sich meist jedoch auf Hauptstraßen. Im Niltal gibt es weniger Orientierungsprobleme.

Auf jeden Fall die Straße links des Nils (in Stromrichtung gesehen) meiden. Jeder Ägypter sagt, es sei nicht soo schlimm, aber da schönt der Nationalstolz die Statistik. Man fährt nicht aggressiv, aber mit Allah. Wer sich auf Ägypten so einläßt wie es Radler nun mal tun, macht keinen erholsamen, aber einen sehr interessanten Urlaub.

Frauen Frauen sollten einen leichten, aber undurchsichtigen, knöchellangen Sommerrock mitnehmen, um ihn bei Stopps in bewohnten Gegenden über die Radelhosen zu ziehen. Shorts und hauteng Radlhosen wirken in einem Land, in dem Frauen oft nur die Augen frei haben und auch die noch abwenden (müssen), wie wenn eine Frau hierzulande High-Heels, Strapse und Bodystocking auf offener Straße trägt ... Frauen, die sich als Frauen kleiden (mit einigen Zugeständnissen an die Europäerinnen – „ah bien, elles sont fou"), werden auch als solche respektiert.

Sonstiges Unterwegs in der Wüste lebt man am einfachsten von einer modifizierten „Karawanendiät". Bei den Bewohner dort sind es Kamelmilch und Datteln, bei mir eher Pulvermilch mit Trinkschokolade, Kekse und Datteln, Datteln, Datteln. Ruhig die Besseren kaufen (die billigen heißen auch „Kamelfutter"). Zuhause kann ich die Dinger nicht sehen, aber unterwegs habe ich dauernd eine im Mund. Etwas Warmes gibt es in den Oasen. Äußerst wichtig: Mineralsalztabletten mitnehmen!

Den **Kocher** kann man sich in bewohnten Gegenden somit sparen (doch nicht auf einsamen Strecken ohne ein Zeichen menschlicher Ansiedlungen). Zur Wasserdesinfektion nimmt man Mittel wie Micropur, Romin etc. Man kann damit eventuell auch die „Cola" im Restaurant entkeimen. Wirkungszeit beachten! Wer Geld hat und ganz sicher gehen will, nimmt noch einen Keramik- oder einen gleichwertigen anderen Filter.

Das **Zelt** sollte nicht dem Gewichtsparen zum Opfer fallen. Als ich nach einer Reise meine Packtaschen, die immer draußen lagen, ausschüttelte, flog ein Skarabäus raus. Aber auch anderes Krabbelzeug, wie z.B. Skorpione, suchen Unterschlupf. Zelten sollte man in der Wüste am besten immer weit weg von Wadis (wegen Überflutungen), Pflanzen und Felsen (wegen der Viecher). Zelte, die leichter als zwei Kilo sind, haben oft ein nicht abdeckbares Moskitonetz am Innenzelt. Das schützt vor dem Getier, vom Sand jedoch wird nur der Grobe ausgesiebt, der Feinsand pudert innen alles ein. Wenn sie nicht so schwer wären, wären gut lüftbare Winterzelte ein guter Schutz vor dem ständigen Sandwind.

Beim **Rad-Trampen** verlangen manche Fahrer ein Entgelt. Vorher (!) ausmachen wieviel. Es sollte in etwa dem Buspreis entsprechen.

So, zum Schluß noch alles Schöne bei Deiner Reise in das faszinierende Nordafrika. Wenn man die Grenzen des Rades als Verkehrsmittel akzeptiert, kann man eine Flexibilität und Freiheit genießen, die nur durch Visa begrenzt ist. Außerdem ist man zuhause freier, da man nicht für die hohe Summe, die ein Geländewagen kostet, buckeln muß, plus Fährkosten, Sprit, Carnets u.sw. – aber wem sage ich das?

Anmerkung: s.a. die weiteren Tips im Abschnitt: „Durch Wüsten", s.S. 112).

Algerien

I. PLANUNG, VORBEREITUNG, WISSENSWERTES

Überblick   Algerien ist der zweitgrößte Staat Afrikas, von den drei Atlasländern reicht er am weitesten nach Süden, die Sahara nimmt 85 Prozent der Landesfläche ein. Es ist das Land für Wüsten-Freaks, die mit mehr oder weniger geländegängigen Fahrzeugen in den großen Süden bis nach Tamanrasset und zum Hoggargebirge fahren. Mit den bis zu 2000 m hohen Atlasbergen im Norden – im Winter schneebedeckt – und der Sahara im Süden stehen sich zwei grundverschiedene Landesteile gegenüber. Wirtschaftliche Hauptstützen des Landes sind Öl und Erdgas (in der Sahara). Nordalgerien ist überwiegend Agrarland. Hauptstadt ist Algier mit knapp 3 Mio. Einwohnern.

Hier nicht aufgeführte Dinge und ergänzende Punkte findest du im obigen Beitrag „Radfahren in der Sahara und Nordafrika".

Menschen   Algerien ist ein islamisches Land, ca. 30 Mio. Araber, Berber und Tuareg. Über 95% der Bevölkerung lebt in einem ca. 300 km breiten Mittelmeer-Küstenstreifen. Amtssprache ist Arabisch, Handels- und Touristensprache (noch) französisch. In der Zentralsahara wird Tamascheck, die Sprache der Tuareg, gesprochen. Arabisch-Kenntnisse sind vorteilhaft und nötig in abgelegenen Regionen. Über 99% aller Algerier bekennen sich zum Islam. Der sozial-religiös motivierte Bürgerkrieg mit bewaffneten islamischen Gruppen begann 1991 (und später in den Berber-Gebieten der Kybylei) und forderte bis 2000 ca. 100.000 Tote.

Einreise, Währung   Fähren übers Mittelmeer s.S. 328. Die meisten Sahara-Fahrer reisen über Tunesien (Fähre von Italien) an. Die Einreise über Marokko ist derzeit nicht möglich. Es gibt regelmäßige Flüge aus Europa zum internationalen Flughafen östlich von Algier, die nationale Fluggesellschaft heißt *Air Algérie*.

Für die Einreise ist ein Visum nötig. In den Nachbarländern hat man kaum Chance, eines zu bekommen, deshalb muß es zuhause beantragt werden. Adresse: Botschaft der Demokratischen Volksrepublik Algerien, Görschstr. 45–46 in 13187 Berlin (Tel. 030-48098712). Der Reisepaß darf keinen Einreisestempel von Israel aufweisen!

Keine Impfungen für aus Europa Einreisende erforderlich. Malariaprophylaxe ist evtl. empfehlenswert. Auf der Website des „Centers for Disease Control and Prevention (CDC)" erfahrt ihr mehr über Krankheiten und

Schutzimpfungen in Nordafrika (www.cdc.gov/travel/nafrica.htm).
Währung ist der Algerische Dinar. Es existiert zwar ein Schwarzmarkt, da zu tauschen ist aber sehr riskant (Betrugsversuche, häufige Devisenkontrollen, bei denen alle Umtauschquittungen vorgelegt werden müssen), und es lohnt auch wegen der Umtauschrate nicht. Ein- und Ausfuhr von mehr als 50 Dinar ist untersagt. Devisen- und Wertssachenerklärung (Kameras) notwendig. Dinare können bei der Ausreise nur begrenzt wieder zurückgetauscht werden, besser im Land ausgeben. Euro-Travellerschecks sind bei Banken und Post eintauschbar, Kreditkarten werden nur selten akzeptiert. Im Lande gibt es des öfteren (Devisen-)Kontrollen.

Transport
Schwierige Pistenabschnitte durch Trampen mit Lkw/Touristenautos überbrücken (aber: Tramper mitzunehmen soll den Algeriern untersagt sein und die Geländewagen der Touristen sind in aller Regel mit Ausrüstung vollgestopft). Wer die harte (gefährliche) Tour nach Tamanrasset vorhat, kann von dort günstig mit Air Algérie nach Algier zurückfliegen. Das inneralgerische Flugnetz ist im Norden sehr dicht, Flüge zu den Oasen im Süden sind seltener. Im Sommer können Sandstürme den Flugverkehr für Tage lahm legen. Busse nehmen Räder mit, auch größere Sammeltaxis.

Eisenbahn: Linien ab Algier im Norden bis zur marokkanischen Grenze (Oran) und über Constantine und Annaba bis nach Tunis in Tunesien. Nach Süden z.B. nach Béchar bzw. nach Biskrah und Touggourt. Radtransport möglich, das Rad muß abgegeben werden. Es gibt übrigens einen Güter- und einen Personenbahnhof in Algier. Also am Ende des Urlaubs die Fähre nicht zu knapp kalkulieren, und Zeit für die Beamten und zum Suchen – auch evtl. am anderen Bahnhof – haben. Manchmal wird eine Pflichtversicherung nach dem Wert des Rades erhoben. Da im Schadensfall aber in Landeswährung, wohl auch nicht vor Ende der Reise, gezahlt wird und die Devisenausfuhr eingeschränkt ist, lohnt es kaum, den echten Wert des Rades anzugeben oder bei kleinen Schäden Ersatzforderungen nachzugeben.

Klima
Entlang der Mittelmeerküste von April bis Oktober heiße Sommer. In den Atlas-Bergen sind die Temperaturen im Sommer gemäßigter, eine gute Zeit ist das späte Frühjahr und der Herbst. In der im Sommer extrem heißen Sahara ist die beste Radelzeit zwischen November und März. Hohe Temperaturschwankungen zwischen Tag und Nacht. Mit Staub- und Wüstenwinden muß immer gerechnet werden! (s.a. im obigen Beitrag „Radfahren in der Sahara und Nordafrika" den Abschnitt „Reisezeit").

Übernachten, Verpflegung
Kein übermäßig großes Hotelangebot, Stadthotels sind nicht billig. Jugendherbergen im Süden in Blida, Laghouat, Adrar, Bechar, Quargla, Metlili, Tamanrasset und Ghardaia, im Norden an der Küste noch ca. 20 weitere (s. JuHe-Verzeichnis Europa). Wenige Campingplätze, meist in den Oasen, wildes Zelten außerhalb von Kulturland und Siedlungen und in der Wüste generell kein Problem. Beachtet die Sicherheitshinweise für einzelne Regionen (Südsahara, Westalgerien). Privatübernachtungen sind offiziell nicht erlaubt, doch man wird eingeladen werden.

Gegessen wird *Cous-Cous, Meschui* (Hammelbraten am Spieß), Brathähnchen, Datteln, Kekse, Weißbrot. Märkte und Versorgungsmöglichkeiten (Dosennahrung) gibt es auch in den Oasen. Offenes Wasser zum Trinken enkeimen, bei starkem Schwitzen Mineraltabletten einnehmen.

Fahrrad, Ausrüstung Eine Algerien-Radtour muß sorgfältig vorbereitet werden, besonders dann, wenn sie durch die Wüste führt. Breitere Reifen für Pistenfahrten. Zum Teil rauher Asphalt, deshalb auch für die langen Wüsten-Asphalt-strecken keine zu schmalen Reifen wählen. Für Sandfahrten möglichst eine Untersetzung montieren. Es gibt keine Ersatzteile für High-Tech-Rä-der, alle wichtigen Ersatzteile und Werkzeug mitführen. Räder in Algerien sind überwiegend 26 Zoll.

Bücher, Karten, Internet Außer dem RKH-Buch „Algerische Sahara" sind weiter empfehlenswert: Chris Scott: „Sahara Overland", Trailblazer Publications. G. Göttler: „Richtig Reisen – Sahara", DuMont (Routenbeschreibungen, Sehenswür-digkeiten und ausführliche Sahara-Hintergrundinformationen). Merian-Heft „Sahara". Zum Verstehen: „KulturSchock Islam", von Christine Pol-lok, Reise Know-How. Zum Verständnis der Kauderwelsch-Sprachführer „Algerisch-Arabisch", RKH.

Vom „International Bicycle Fund" das Ergänzungsheft „Bicycle Touring in Tunisia/Algeria Supplement" mit brauchbaren Routenbeschreibungen, allgemeineren Hinweisen, Hotelliste etc. Bestellinfos unter www.ibi-ke.org/publications.htm.

Karten: Als Übersichtskarte die Michelin 953, 1:4 Mio., oder die Sona-trac 1:2,5 Mio. Nordalgerien/Tunesien: Michelin 958, 1:1 Mio. Geopro-jects 1:4,6 Mio.(davon der Norden 1:1 Mio.). Algerie Carte Touristique 1:500.000 (Nordalgerien in 3 Blättern). Viele Detailkarten von IGN, TPC u.a. (z.B. Tamanrasset-Detail 1:200.000).

Internet: Der „World Travel Guide" bietet eine knappe, aber gute und aktuelle Übersicht: www.wtgonline.com/data/dza/dza.asp. Viele Links unter www.djazaironline.net, Tagesnachrichten und vieles mehr unter www.algeriadaily.com. Auf der bereits im einführenden Teil angespro-chene Website von Chris Scott (www.sahara-overland.com) und allen anderen Webseiten könnt ihr aktuelle (Auto)Reiseberichte auch zu Algeri-en finden.

II. ZIELE, ROUTEN, STRECKEN

Sehenswer-tes Algerien ist reich an islamischen und römischen Kulturdenkmälern. Erle-bens- und sehenswert sind: Orientalisches Leben, römische Ruinen. Die Altstadt von Algier (Kasbah), Ghardaia und die anderen Städte der Mo-zabiten. Quargla, die größte Dattelpalmenoase der Sahara. El Oued, die Stadt der Kuppeln, Hauptort des Souf. Biskra ist eine schöne Flußoase. In Tlemcen findet man Reste maurischer Kunst. Am eindrucksvollsten ist aber die Wüste – sowohl die Sanddünen als auch die Steinwüste –, das Hoggar-Gebirge und die Tuareg.

Straßen, Verkehr Gutes Asphaltstraßennetz in Nordalgerien, außerhalb der Städte und Bal-lungsräume geringe Verkehrsdichte. Die Hoggar-Route ist bis El Meniaa (El Golea) in sehr gutem Zustand, von El Meniaa nach In Salah sind es ca. 260 km Asphaltstraße, ca. 90 km Wellblechpiste und ca. 50 km gescho-bene Piste.

Von In Salah nach Tamanrasset abwechselnd gute, schlechte und sehr schlechte Asphaltstraße und Piste mit und ohne Wellblech. Auf der ganzen Strecke bis Tam immer wieder große Sandverwehungen. Radfah-rer, die es von In Salah nach Tam wagten und schafften, benötigten plus/

minus 7 Tage. Genaue Strecken-Details siehe Streckenbeschreibungen in „Durch Afrika". Fahrzeugverkehr (überwiegend Lkw) nach Tam: pro Stunde ein bis zwei Fahrzeuge. Von Tamanrasset bis zum nigrischen Arlit sind es 600 km Sahara pur.

Strecken-vorschläge

Nicht nur in die Sahara, sondern auch in Nordalgerien lassen sich mit dem Rad interessante, eindrucksvolle Touren machen, z.B. entlang der Mittelmeerküste (von Algier zur marokkanischen Grenze), durch die Atlasberge oder Wüsten-Schnuppertouren zu den nördlichen Sahara-Oasen. Rundreise-Vorschlag: Von Algier in den Süden: Djelfa, Laghouat, Ghardaia, El Meniaa. Dann westwärts nach Timimoun abzweigen, weiter bis nach Béchar, von dort mit der Bahn zurück nach Algier. Sehr schöne, abwechslungsreiche, doch nicht immer einfache Strecke, um die Wüste, Dünen und die Wüstenbevölkerung kennenzulernen.

Die Strecke nach Tamanrasset ist nur etwas für erfahrene Wüstenradler. Von Tamanrasset kann man eine schwierige, aber schöne Rundreise in die Hoggar-Berge und zum Assekrem machen (mit dem Rad in ca. 3–4 Tagen). **Achtung:** Momentan darf die Strecke El Meniaa bis Tamanrasset nur im Konvoi befahren werden!

Weiterreise

Wegen der politischen Situation und wegen verschiedenen Tuarag-Oppositionsbewegungen war in der Vergangenheit eine Weiterreise von Tamanrasset in den Niger bzw. nach Mali nicht möglich. Momentan sind die Grenzen wieder offen, allerdings wird vor verstärkter Bandenkriminalität im Grenzgebiet und allgemein vor Reisen südlich von Tamanrasset gewarnt. Änderungen sind jedoch wieder jederzeit möglich (offene/geschlossene Grenzen, Meldepflichten, erlaubte oder gesperrte Strecken, Konvoipflicht usw.). Bei offener Grenze in den Niger müssen die Ausreiseformalitäten – wie schon in der Vergangenheit – in Tamanrasset erledigt werden. Die Grenze zu Marokko war in der Vergangenheit wegen des Westsahara-Konflikts häufig geschlossen, derzeit ist sie es immer noch. Nach Tunesien ist sie offen.

Mit dem Fahrrad von Djanet nach Tamanrasset
von *Albert Kratzer*

Die absolute Herausforderung meiner fünfmonatigen Radtour, nämlich 11.000 km durch Nordafrika, war die 650 km lange Abschlußetappe Djanet –Tamanrasset.

Lebenswichtig sind eine perfekte Vorbereitung, vor allem einschlägige Erfahrung und eine zuverlässige Ausrüstung. Dazu einige Daten:
– als Fahrrad ein MTB, da viel stabiler als ein 28er Reiserad
– kein Shimano STI/Hyperglide-Schnickschnack, sondern robuste Technik von Suntour
– Hinterrad mit 2,3 mm Speichen
– Stahlrohrgepäckträger (Alu hält nicht)
– Werkzeuge, Ersatzteile und Know-How, um sich bei jeder Panne allein helfen zu können

– und natürlich auch „a bisserl" Glück (untertrieben ausgedrückt)

Beladen mit 30 l Wasser, 15 kg Verpflegung und ca. 15 kg Ausrüstung mache ich mich auf den Weg. Die ersten 150 km bis Fort Gardel verlaufen auf einer relativ zivilen Wellblechpiste durch die traumhaft schöne Landschaft zwischen dem Tassili N'Ajjer und dem Erg d'Admer. Ab Fort Gardel wird es dann ernst ...

Die 30 Liter Wasser, verteilt auf mehrere Wassersäcke, schwabbeln auf der immer schlechter werdenden Piste gewaltig hin und her. Zur Orientierung habe ich die 1:1 Mio. Michelin-Karte und einen Kompaß auf der Lenkertasche sowie eine Routenbeschreibung.

Die Orientierung gestaltet sich zunehmend schwieriger, die Piste ist zwar alle 5 km durch eine Eisensäule (Balise) markiert (zumindest über den größten Teil der Strecke), aber die Hauptspur ist zu weich zum Radfahren, so daß ich teilweise kilometerweit neben der Piste über Kies-, Schotter- und Geröllflächen radle, weil der Untergrund dort fester ist. Dort läßt es sich besser fahren, aber oft heißt es auch absteigen – schieben, bis es wirklich nicht mehr weitergeht. Sturz – Rad hochheben – schieben – fahren im kleinsten Gang (24/30, 6 km/h!) – umfallen in den Sand …

Etwa 150 km der Strecke sind mehr ein Kampf mit dem Sand als Radfahren. So passiere ich den Berg Tazat, eine wichtige Orientierungsmarke. Auf dem anschließenden Reg fädeln sich die Fahrspuren auf eine Breite von 10 km auf! Kein Wunder, daß ich die Abzweigung Richtung SSW verpasse! Über 15 km fahre ich zu weit, weil mein Tacho bei Geschwindigkeiten von weniger als 3 km/h nichts anzeigt (durch das Schieben im Sand)! Dazu die Abweichung durch das Zick-Zack-Fahren.

Dieser vierte Tag macht mich fertig. Ich mache einen Umweg von 40 km, bis ich wieder auf dem richtigen Weg bin (an einem Tag schaffe ich kaum mehr als 60 km). Kein Schatten bei 35–40 °C, ich mache nicht die gewohnte Mittagspause von 13 bis 17 Uhr, sondern radle, schiebe, stolpere, bis ich endlich die richtige Piste wieder erreicht habe. Dadurch verbrauche ich nicht wie üblich 7 Liter Wasser am Tag, sondern über 15! Das Wasser wird knapp, und ich weiß, daß ich mir einen solchen Fehler nicht mehr erlauben kann!

Über endlose Kiesfelder und durch sandige Queds mache ich mich am nächsten Tag etwas vorsichtiger auf den Weg. Gottseidank erblicke ich wieder Balisen!

Aber an diesem Tag habe ich ein anderes Problem! Gepäckträgerbruch! Während mein Stahlrohrgepäckträger klaglos 40–50 kg meistert, geht der Alu-Low-Rider an diesem Tag mehrmals zu Bruch, mit Draht kann ich ihn notdürftig reparieren, aber das Tagesziel, Serouenout, erreiche ich erst am Vormittag des nächsten Tages. Ein verlassenes französisches Fort mit einem Wasserloch – es schwimmt eine Wüstenmaus darin. Ich bin froh, daß mir ein vorausfahrender Jeep-Fahrer einen 40-l-Wasserkanister hier deponiert hat.

Ich mache erstmals Pause, aus Teilen eines Autowracks und einigen Metern Draht repariere ich den Low Rider, diesmal besser, er wird bis Tamanrasset halten.

Ich verbringe die heißeste Zeit des Tages im Schatten des Fort mit Kochen und Essen, bevor ich am Spätnachmittag mein Rad noch ein paar Stunden durch den Sand schiebe.

Weiter, nach bewährtem Tagesablauf: Wecker auf halb fünf, radeln und schieben bis Mittag, 3–4 Stunden Siesta im Schatten eines Baumes, und am Abend noch ein paar Stunden vorwärtskämpfen. An diesem Tag bewältige ich 72 km, super! Ein sehr schöner Lagerplatz in einem baumreichen Qued am Berg Telertheba lädt zum Lagerfeuer und Brotbacken ein. Traumhafter Abschluß eines guten Tages, jetzt kann nicht mehr viel schief gehen. Ich habe noch fast 20 Liter Wasser und bis Idelès es noch 120 km, die ich dann auch in zwei weiteren Tagen schaffe. Mit zunehmender Routine und leichter werdendem Rad komme ich auf der endlosen Kieswüste immer besser zurecht.

Aber mir wird auch das große Risiko dieser Tour bewußt. Ich hatte in Djanet mit vier Gruppen Jeepfahrern ausgemacht, die einige Tage später auch die gleiche Strecke fuhren, daß wir uns unterwegs auf der Piste treffen – zur Sicherheit. Aber durch die Breite der Piste sind sie alle an mir vorübergefahren, ohne mich zu bemerken! Ich sah von ihnen ein einzelnes Fahrzeug, als ich an einem paar Kilometer abseits der Piste Mittagsruhe hielt. Es heißt also, aber für alles gewappnet zu sein, und ein weiteres Verfahren hätte wahrscheinlich kein gutes Ende genommen. Es gibt immer Spuren, die in etwa in die gleiche Fahrtrichtung führen, doch diese Spuren können, wenn man sie blindlings verfolgt, ins absolute Nichts führen! Da gibt es dann keinen Wegweiser und kein Fahrzeug für viele Tage, wenn nicht Wochen. Die Chancen für ein tödliches Ende stehen dann ganz schön gegen einen.

Deshalb war ich dann nicht nur zufrieden, sondern auch heilfroh, als ich in Idelès am Rande des Hoggargebirges ankam. Auf nicht leichten, aber eindeutig markierten und vor allem fahrtauglichen Pisten machte ich mich auf den Weg zum Assekrem-Paß, dem landschaftlichen Höhepunkt meiner Sahara-Tour. Ein paar Tage später bin ich in Tamanrasset und damit zurück in der Zivilisation. *Hamdullilah!*

Ägypten

I. PLANUNG, VORBEREITUNG, WISSENSWERTES

Überblick Ägypten ist ein Brückenland zwischen Afrika und Asien und eines der ältesten Länder der Erde. Die Pyramiden und die anderen Zeugnisse ural-
ter ägyptischer Kultur sind weltbekannt. Trotz weitgehender Industrialisierung ist Ägypten ein armes Agrar- und Entwicklungsland geblieben,
mit akuten Problemen der Bevölkerungsexplosion, fast die ganze Bevölkerung (62 Mio.) drängt sich im Niltal und in Unterägypten (das ist die Region vom Mittelmeer bis Kairo; Oberägypten reicht von Kairo bis Aswan,
Nubien erstreckt sich von Aswan bis Wadi Halfa).

An die 95% des Landes sind Wüste, der Nil ist der längste Fluß der
Erde und die fruchtbare Lebensader Ägyptens (durch Landbewässe-
rung). Im Osten liegt das Rote Meer und im Westen die Libysche Wüste.
Das Land ist überwiegend flach, besonders das Niltal, doch östlich des
Nils am Roten Meer wird es hügelig und bergig. Der Süden der Halbinsel
Sinai ist gebirgig und ragt über 2000 m auf. Die Hauptstadt Kairo hat
nach inoffiziellen Schätzungen heute über 15 Mio. Einwohner und gehört
zu den größten Städten der Erde.

Sprache, Amtssprache ist das Ägyptische Arabisch, viele Dialekte, Handelssprache
Religion englisch (auch französisch), doch auf dem Land können nicht viele Eng-
lisch. Wer aus seiner Reise wesentlich mehr machen will, sollte vorher
unbedingt einiges an Arabisch lernen, zumindest die (ostarabischen)
Zahlen muß man kennen! Helfen kann der Kauderwelsch-Sprachführer
„Ägyptisch-Arabisch", Reise Know-How.

Wie schon mehrfach erwähnt: in einem islamischen Land wirken Männer in kurzen Hosen lächerlich (kurze Hosen sind Unterhosen) und Frau-
en in Shorts grob sittenverletzend.

Eine christliche Minderheit in Ägypten sind die Kopten. Beduinen und
Nomaden leben in den Wüstenzonen. Sehr positiv berichten alle Radler
über die Gastfreundschaft und Ehrlichkeit der Ägypter, ägyptische Neugierde (und Anhänglichkeit) muß man aber auch aushalten können!

Einreise, Deutsche, Österreicher und Schweizer benötigen ein Visum, erhältlich
Währung nicht bei der Botschaft Ägyptens, sondern bei den Konsulaten, Aufenthaltsdauer ein Monat, kann im Land bis zu sechs Monate verlängert werden (nach vier Wochen moderater Pflichtumtausch!). Das Visum wird
auch bei der Ankunft in den Flug- und Seehäfen (z.B. Alexandria oder Aswan), nicht aber an den Landesgrenzen ausgestellt. Ausnahme: Sharm
el-Sheikh, das Visum gilt aber nur zwei Wochen für den Ost-Sinai! Die
bisherige Meldepflicht bei der Ausländerpolizei wurde abgeschafft.

Währung ist das Ägyptische Pfund, unterteilt in 100 Piaster. Recht problemloser Umtausch von Euro in Banken und auch Hotels, manchmal
werden US-Dollar bevorzugt. Reiseschecks in Euro oder US$, Kreditkar-
ten werden akzeptiert, in größeren Städten stehen Geldautomaten, die
„Banque Misr" und „Bank of Egypt" zahlen auf die Plastikkarte auch Bargeld aus. Das Feilschen auf den Märkten und an Straßenständen nicht
vergessen.

An- und Weiterreise	Linienflüge direkt nach Kairo, Alexandria und auch nach Luxor, günstige Charterflüge nach Hurghada und Sharm el-Sheik. „Egypt Air" ist die nationale Fluggesellschaft, Infos über Routen und Tarife unter www.egyptair.com.eg/docs/home.asp. *Grimaldi-Fähren* gehen ab Venedig und Piräus über Haifa nach Alexandria, das dauert aber immerhin sieben Tage, zurück dann über Izmir direkt nach Italien (www.grimaldi-freighter-cruises.com). Oder man reist auf dem Landweg über die Türkei, Syrien, Jordanien nach Aqaba, von dort mit der Fähre nach Nuweiba/Sinai (siehe Radreisebericht von Dieter Rahmann: „Syrien, Jordanien, Jemen, Oman" bei „Naher Osten"). Afrikaradler *Thomas Longin* empfiehlt, wegen des „malerischen Treibens an Bord" das langsamere Boot zu nehmen. Weitere Fähre von Aqaba nach Hurghada. Von Israel reist man über Raffah ein. Die Grenzen zu den Nachbarländern sind derzeit offen, auch wieder zu Libyen (Sollum). Von Aswan fährt man mit der Fähre auf dem Nasser-Stausee nach Wadi Halfa im Sudan.

Sicherheit	„Obwohl wir das Gepäck stets am auch unbeobachteten Rad ließen, wurde nichts gestohlen" (Tondok, Reiseführer „Ägypten"). Diebstahlsgefahr jedoch an touristischen Orten, Rad am besten immer mit ins Zimmer nehmen.

Viele Ägypten-Radler berichten von aufdringlichen Kindern, die sich ein Vergnügen machen, die komischen europäischen Radfahrer von ihren Stahlrössern zu holen – mit gezielten Steinwürfen oder gar mit Stöcken, die sie in die Räder stecken. Andere wie Afrikaradlerin *Annette Maier* hatten mit ihnen gar keine Probleme.

Seit 1981 und seit der Bekämpfung des islamischen Fundamentalismus durch die Regierung befindet sich Ägypten im Ausnahmezustand. Einen traurigen Höhepunkt erreichte der Konflikt 1997 mit der Ermordung von 57 Touristen vor dem Hatschepsut-Tempel. *Annette Maier:* „Die Sicherheitsvorkehrungen für Touristen wurden enorm verstärkt. Alle für Touristen interessanten Ziele sind durch ein sehr großes Aufgebot von Sicherheitskräften praktisch abgeriegelt, die meisten Strecken innerhalb des Landes dürfen nicht individuell bereist werden. Man muß sich einem Konvoi anschließen, der von Polizeifahrzeugen begleitet wird, oder zumindest vorher eine offizielle Genehmigung einholen." Und *Thomas Longin* fügt hinzu: „Die Polizei eskortiert gelegentlich Touristen durch Städte (z.B. Marsa Matruh) oder sperrt Gegenden wie das Niltal und man muß sich „durchreden". Viele Grenzgebiete in der Wüste, die Küste am Roten Meer südlich Marsa Alam (oder weiter südlich), die Straße Aswan – Abu Simbel, aber auch Gebiete auf dem Sinai sind nicht (mehr) frei zugänglich." Informiert euch z.B. auf der Website des Auswärtigen Amtes (www.auswaertiges-amt.de) über die derzeitige Situation in Ägypten.

Reisezeit, Gesundheit	Beste Reisezeit ist das Winterhalbjahr, Oktober bis März, vor allem für Oberägypten. In der Wüste kann es jedoch Nachtfröste geben! Die Mittelmeerküste und Kairo sind auch gut im Frühling und Herbst zu bereisen. Im Frühjahr gibt es öfter Sandstürme. Der Wind im Niltal und am Roten Meer bläst häufig aus Norden. Weihnachten und Ostern ist die Touristen-Hochsaison.

Wegen **Bilharziosegefahr** nie im Nil und in anderen Süßgewässern baden, und, so *Peter Smolka*, „… nie bei einer Bootsfahrt Arme oder Beine ins Wasser hängen!" Das Baden in den warmen Quellen der Oasen ist in der Regel risikofrei! Evtl. Schutzimpfung gegen Hepatitis und Tollwut. Das Leitungswasser in den Städten ist stark bis ungenießbar gechlort, sollte aber dennoch wie das Brunnenwasser auf dem Land behandelt werden. Trink- bzw. Mineralwasser in Flaschen sind überall erhältlich (unbedingt auf einen unverletzten Verschluß achten!). Salate, rohes Gemüse, Eiswürfel und Speiseeis meiden, sonst erwischt euch „Pharao's Rache" … Medikamente gegen Durchfall, Fieber und Erkältung. Sonnenschutz für Kopf und Haut (langärmlige Hemden), eine gute Sonnen- oder Gletscherbrille als Staubschutz für die Augen.

Übernachten, Verpflegung

Hotels gibt es in allen Komfort- und Preisklassen, die ganz einfachen kosten nur wenige Euro, und im Niltal sind alle Orte mit Hotels in Tagesetappen erreichbar. Oft kann man wegen diversen Lärmquellen (Verkehrslärm, Hunde, Moskitos, Gebetsrufen von der Moschee, aufgedrehte Radios und Fernseher etc.) nicht gut schlafen.

Thomas Longin: „Campingplätze gibt es nur wenige offizielle. Wildzelten in der Wüste ist problemlos (Achtung: viel Militär auf dem Sinai!), direkt an der Küste – mit weniger als 100 m Abstand zum Wasser – allerdings ausdrücklich verboten. Das wird auch kontrolliert." Man kann aber auch bei Restaurants oder Gaststätten zelten, aber normalerweise solltet ihr ein Hotelzimmer, die es auch in kleinen Dörfern gibt, vorziehen (wegen der Überbevölkerung, besonders auf der Niltalstrecke, wird man dort kaum seine Ruhe finden.). Jugendherbergen ca. ein Dutzend, u.a. in Alexandria, Kairo, Luxor und Aswan.

Preiswertes und gutes **Essen** ist bei den zahlreichen Garküchen erhältlich, z.B. *Bamia*, ein Gemüsegericht, oder *Fata*, Hammelfleisch auf Fladenbrot. Daneben noch *Kebab*, am Spieß gegrilltes Hammelfleisch, *Kufta*, gegrillte Fladen, u.v.a.m. Sehr viele Süßspeisen wie Pfannkuchen. Getrunken wird Tee und Kaffee, Alkohol nur in Touristen-Hotels. Viele Lebensmittelgeschäfte. Für Wüstentouren (Oasenroute, s.u.) sollten Lebensmittel für ein paar Tage mitgenommen werden, Wasser ist zumindest alle 150 km erhältlich.

Fahrrad, Ausrüstung

In Ägypten gibt es überwiegend nur indische und chinesische Modelle und entsprechende Ersatzteile, Räder/Reifen meist 26 Zoll. Erhältlich sind auch 27 und 28-Reifen, doch die sind nicht unbedingt mit unseren Größen kompatibel (andere Felgenart). In Kairo gibt es MTB-Reifen, – „… aber westliche Qualitätsteile (Shimano etc.) sind selbst in Kairo schwer zu finden. Die **Fahrradläden in Kairo** konzentrieren sich in der Gomhuriyya-Straße, die vom Ramses Square nach Süden abgeht. Dort habe ich auch ein Geschäft mit „Westwaren" entdeckt." *(Peter Smolka).*

Man kann auch Leihräder sehr billig mieten, z.B. von Luxor aus. Speziell für den Sinai ist wegen der langen Steigungen ein Rad mit vielen Gängen empfehlenswert. Es gibt sehr viele, einfache Radreparatur-Shops, besonders auf der Nilstrecke, doch wiederum keine High-Tech-Ersatzteile und -Werkzeuge. Für einsame Wüstenstrecken sind Zeltausrüstung und Kocher nötig.

Transport

Gute Rad-Tramp-Möglichkeiten mit Lkw und mit den zahlreichen Bussen (dichtes Linienbusnetz, besonders in Unterägypten). Die wichtigen Routen durchs Land (Niltal und am Mittelmeer entlang) können auch mit der Bahn (und dem Rad im Gepäckwagen) befahren werden. Auf langen

Strecken gibt es Schlafwagen. Bahn-Vielfahrer legen sich einen Bahn Pass zu. Busse und Züge sind meistens überfüllt. Von Asyut nach Aswan verkehren Nildampfer, von Nuweiba nach Aqaba (Jordanien) mind. einmal täglich Fährschiffe, von Hurghada nach Sharm el-Sheik mehrmals wöchentlich. Recht dichtes Flugnetz mit Egypt Air u.a. Fluglinien. **Achtung:** Als verschärfte Sicherheitsmaßnahme wurden alle Zugverbindungen für Touristen gesperrt, nun aber wieder nach und nach freigegeben. Bitte erkundigt euch nach dem aktuellen Stand!

Bücher, Karten, Internet

Bester Reiseführer ist Reise Know-How „Ägypten individuell" von den Tondoks („… das Buch enthält keine exakten Karten, aber alle für Radler benutzbaren Routen werden beschrieben oder zumindest erwähnt, auch mit Distanzen, z.B. die neuen Straßen von Al Alamain nach Wadi Natrun und vom südlichen Kharga ins Niltal südlich Luxor, die man auf den Straßenkarten sonst immer vergeblich sucht …", so *Thomas Longin*). Wer in den Sudan weiterwill, sollte versuchen, den alten Lonely Planet-Guide „Egypt & Sudan", 1993, zu bekommen. Das ist derzeit der einzige Reiseführer zum Sudan, der neue „Egypt"-Guide enthält das Kapitel nicht mehr. Michael Rauch: „Ägypten", Richtig Reisen, DuMont Verlag. Kauderwelsch-Sprachführer s.o. Sympathie-Magazin „Ägypten verstehen" vom Studienkreis Tourismus. „KulturSchock Ägypten", Reise Know-How. GEO-Special „Ägypten". Und viele Kunst- und Kulturführer mehr, erwähnt sei hier nur der von DuMont. In dem guten Buch „Ah, Agala" (Piper) beschreibt Bettina Selby ihre Radtour durch Ägypten nilaufwärts in den Sudan (Agala heißt im Ägyptisch-Arabischen „Fahrrad"). Sehr lesenswert für Ägyptenradler!

Aktuellste Straßenkarte ist die Freytag & Berndt Ägypten-Autokarte 1:1 Mio., mit Kulturführer. Reise Know-How: „Ägypten". Nelles-Karte „Ägypten" (Niltal in drei Sektoren, 1:750.000). Kilometerangaben auf Ägypten-Karten stimmen nicht immer mit der Realität überein.

Internet-Cafés sind in Kairo sehr günstig, in allen touristischen Orten gibt's eine größere Auswahl mit allerdings sehr unterschiedlichen Preisen *(Peter Smolka)*.

Unbedingt einen Blick werfen solltet ihr auf die offizielle Homepage des Ministeriums für Tourismus unter www.touregypt.net. Übersichtlich gegliedert findet ihr hier alles von allgemeinen touristischen Infos über Fahrpläne der Fähren, Anschriften der Konsulate (**Visaformulare zum Herunterladen**), Reiseberichte bis zur Suchmaschine. Weniger bietet www.aegypten-online.de, das „Egypt Tourism Net" setzt den Schwerpunkt auf kommerzielle Anbieter (www.tourism.egnet.net). Auch der „Egypt State Information Service" des Informationsministeriums beschränkt sich auf touristische Highlights (www.sis.gov.eg). Die Online-Ausgaben zweier englischsprachigen Zeitungen: Cairo Times (www.cairotimes.com) und Egypt Today (www.egypttoday.com). Umfangreiche Linkliste unter www.reise-know-how.de/news/latestnewsindex.html, „Ägypten" anklicken.

II. ZIELE, ROUTEN, STRECKEN

Sehenswertes

Kairo und die Pyramiden von Gizeh. Das Niltal (Nil-Bootsfahrt) und der Suezkanal. Die alten kulturhistorischen Stätten (Luxor, Karnak, Theben –

das Tal der Könige usw.). Aswan und der Nasser-Staudamm mit Abu Simbel. Der Sinai (Katharinenkloster). Das Rote Meer. Alexandria. Die Sahara-Oasen. Im Niltal selbst keine besonderen landschaftlichen Attraktionen, doch ist das bäuerliche Leben dort ein schönes Erlebnis.

Straßen, Verkehr, Winde

Gutes, asphaltiertes Straßennetz, manchmal mit vielen Schlaglöchern verziert, manchmal auch nagelneu wie am Mittelmeer. Auf den Hauptstraßen im Norden und im Großraum von Kairo starker, chaotischer Verkehr, nicht nur Autos und Lkw, auch Eselskarren, Radfahrer, Fußgänger, Tiere, es wird immer fleißig gehupt – nichts für schwache Radler-Nerven. *Thomas Longin:* „Hier herrschen ‚orientalische Verkehrsregeln' mit vielen Freiräumen für Radfahrer u.a. etwas langsamere Verkehrsteilnehmer. Die wichtigsten Regeln: immer gucken, gucken, gucken, nie den Überblick verlieren, zügig mitfahren, Freiräume erkennen und sofort nutzen!" Und weiter: „Autobahnschilder bedeuten nur, daß die Fahrbahnen baulich getrennt sind und evtl. eine andere Höchstgeschwindigkeit gilt, sonst nichts."

Der Verkehr wird dünner, je südlicher man das Niltal hinauffährt. Ausschilderung dürftig und nicht immer in lateinischer Schrift. Seid auf viele Militärkontrollen gefaßt. Eine 300 km lange, schnurgerade Straße verbindet die Siwa-Oasen mit der Mittelmeerküste. Es gibt auch Straßen durch militärische Sperrgebiete, in denen die Straßen nicht verlassen werden dürfen. Nähere Straßenbeschreibungen s. in den Büchern „Ägypten" von Tondok und „Durch Afrika" von Därr.

Der Wind weht fast immer vom Mittelmeer – das ist sehr ungünstig für Leute, die nilabwärts fahren. Heiße Wüstenwinde (Chamsin-Sandstürme im März und April) wehen im Frühjahr, im Sommer und im Herbst aus dem Süden und aus Südosten.

■ *Ägypten, durch die „Weiße Wüste"*

Strecken-vorschläge

Von Alexandria nach Kairo, dann nilaufwärts bis Aswan zur Staudammbesichtigung (Aswan – Abu Simbel ist eine sehr triste Strecke). Oder gleich mit dem Zug dorthin (sehr billig), und dann nilabwärts, was den Vorteil hat, sich dem Chaos in Kairo und im Nildelta langsam zu nähern, doch der große Nachteil ist der ständige Gegenwind!

Von Kairo nilaufwärts bis Aswan: „Nach dem Pyramidenbesuch auf der Nilwestseite bis Memphis, dann über die letzte Nilbrücke auf die Ostseite.

So vermeidet man die Industriegebiete von Helwan, auf der Ostseite ist weniger Verkehr als im Westen. Der Straße nach Beni Suef folgen, man fährt parallel zum Niltal, kurz vor El Minya kommt man wieder ins Niltal. Auf die Westseite überwechseln. In Asyut wieder auf die östliche Seite, in Nag Hamadi wieder zurück auf die westliche, bis hoch nach Idfu, von dort gibt es dann keine Alternative bis Aswan. Die jeweils kleinere Straße ist für die Autofahrer ein Graus, für einen Radfahrer sind die Schlaglöcher jedoch weiter kein Problem." (Ägyptenradler Hartmut Fiebig).

Problematisch sind im Moment die vielen Polizeikontrollen (s. „Sicherheit"). *Thomas Longin:* „Das Niltal kann wegen vieler Kontrollposten, die das Weiterfahren verbieten oder unter Auflagen stellen – z.B. die nächsten 200 km ohne Anhalten durchzufahren –, derzeit noch etwas kniffelig sein. Man kann sich aber bei einigen Täßchen Tee durchreden, wie etwa ‚ich fahre nur noch zum nächsten Bahnhof und dann per Zug weiter', oder die Kontrollposten gleich umfahren."

Geringen Verkehr und landschaftliche, bergige Abwechslung hat man auf der **Sinai-Halbinsel.** „Spektakulär ist die Sinai-Durchquerung auf der Gebirgsstraße zum Katharinenkloster. Die Steigung von der Westküste her vollzieht sich fast unmerklich." *(Thomas Longin).*

Für Wüstenfreaks: auf der **„Straße der Oasen"** von Kairo zu den Sahara-Oasen Baharija, Farafra (man durchquert die „Weiße" und „Schwarze Wüste", einige heiße Badequellen), El Quasr, Dhakla, Kharga und weiter über Bulaq nach Luxor und Karnak im Niltal. Wenn die Puste ausgeht: Es fahren auf der ca. 1400 km langen, gut asphaltierten Strecke auch Busse und Lkw. Die Straße ist teils versandet, nicht einfach. Genaue Streckenbeschreibung s. Tondok-Ägypten-Buch. Wüstenerfahrung ist notwendig, lange Distanzen. „Wassernachschub notfalls auch zwischen den Oasen in Kasernen, Kontrollposten, kleinen Minenorten oder Erste-Hilfe-Stationen, die liegen nur selten mehr als 100 km auseinander", so *Thomas Longin.*

Für die Gegenrichtung, von Luxor nach Kairo, hat *Annette Maier* einen Tip: „Ca. 23 km nördlich von Luxor führt an der Westuferseite eine neue Straße direkt nach Kharga. Einziges Hindernis ist eine Polizeikontrolle ca. 9 km nördlich von Luxor, die man aber auf Nebenstraßen umfahren kann, spätere Polizeikontrollen lassen einen dann problemlos passieren."

Eine Straße führt vom Suez-Kanal entlang des Roten Meers (Baden in Hurghada) bis zur Grenze von Sudan (darf derzeit nur bis Mersa Alam befahren werden), von ihr gibt es einige Querverbindungsstraßen zum Niltal.

Marokko

I. PLANUNG, VORBEREITUNG, WISSENSWERTES

Überblick   Marokko ist das wohl schönste und interessanteste Land Nordafrikas – man hat Europa, Afrika und Orient in einem. Landschaftlich ist es sehr abwechslungsreich und für Radtouren und MTB-Freaks geradezu ideal, besonders auch deshalb, weil es schnell zu erreichen ist (von Deutschland ein Vierstunden-Flug). Hauptstadt ist Rabat.

Marokko ist überwiegend gebirgig. Der Atlas ist das Rückgrat Marokkos, ein mächtiger, 700 km langer Gebirgszug (höchster Berg über 4000 m). Parallel zum Mittelmeer verläuft im Norden das Rif-Gebirge. Zwischen dem Rif und den Atlasketten liegt die Atlantik-Küstenebene. Südlich und östlich des Atlas beginnt die marokkanische Sahara.

Menschen, Sprache

In den fruchtbaren Küstengebieten und in den Flußebenen im Westen und Nordwesten des Landes drängen sich zwei Drittel der 28 Mio. Marokkaner. Religion ist der Islam. Die Marokkaner – Berber, arabische Berber und Araber – sind sehr gastfreundlich, hilfsbereit und kontaktfreudig, als Radfahrer wird man, nicht nur abseits der Hauptstrecken, immer wieder angesprochen und eingeladen werden. Je abgelegener die Route, desto herzlicher der Kontakt. In den abgelegenen Regionen des Atlas-Gebirges leben noch viele Berber als Hirten. Bettelnde Kinder („dirham, dirham") und aufdringliche Souvenirhändler (Schlepper, besonders in Touristenhochburgen) gehören aber auch zum Erscheinungsbild des Landes. Zurückhaltung ist angebracht beim Fotografieren von Frauen (und militärischen Einrichtungen).

Sprache: Arabisch in unterschiedlichen Dialekten, versch. Berbersprachen und Französisch, das fast jeder Marokkaner mehr oder weniger gut beherrscht. Im Hohen Atlas und in Südmarokko sind einige arabische bzw. berberische Sprachkenntnisse sehr nützlich!

Politische Lage

Das Königreich Marokko annektierte 1975 das Gebiet der ehemaligen spanischen Sahara (Westsahara) und riegelte es mit einem 2000 km langen Sandwall, einem Zaun und Minengürteln ab (Karten, die noch die Grenze zwischen Marokko und dem ehemaligen Spanisch-Sahara zeigen, können von den marokkanischen Behörden abgenommen werden!). Seit 1976 ist die Westsahara eine Republik, die „Demokratische Arabische Republik Sahara" (DARS), sie wurde aber von Marokko nie anerkannt. Die Exilregierung sitzt in Algier. Seit 1975 Kampf mit der Westsahara-Freiheitsbewegung Polisario um die Unabhängigkeit. 1991 Waffenstillstand mit der UN-Maßgabe, ein Referendum über die Zukunft der Republik abzuhalten, was Marokko bis heute zu verhindern wußte. Statt dessen förderte Marokko die Ansiedlung von über 120.000 Siedlern, die einheimischen *Sahraouis* werden allmählich zur Minderheit im eigenen Land.

Ein- und Anreise, Währung

Deutsche, Schweizer und Österreicher können für 3 Monate visumsfrei einreisen, vorausgesetzt, der Reisepaß ist noch mind. 6 Monate gültig. Aufenthaltsverlängerungen im Land möglich, doch einfacher ist es, für ein paar Tage aus Marokko aus- und dann wieder einzureisen.

Anreise entweder per Rad oder Zug zur Südspitze Spaniens. Fähren von Algeciras nach Tanger und Ceuta (span.). Auch Fähren von Almeria und Malaga zum (span.) Melilla in Marokko. Von Portugal Fähre Faro – Tanger, von Frankreich Sète – Tanger und (im Sommer) Nador.

Oder gleich mit dem Rad im Flugzeug nach Marokko fliegen. Billige Charterflüge gibt es von Europa nach Agadir und Marrakesch (für das Rad Pauschal-Aufpreis, ca. Euro 50). Zahlreiche Flüge mit der nationalen „Royal Air Maroc" (www.royalairmaroc.com) aus Europa und afrikanischen Nachbarländern. Internationale Flughäfen in Casablanca, Rabat, Tanger, Marrakesch, Agadir und einige mehr. Für Radfahrer sind auch Gabelflüge interessant, so spart man sich die Rückkehr zum Ausgangspunkt.

Alle aktuellen Anreise-Möglichkeiten und Preise per Flugzeug, Bahn und Fähren übers Mittelmeer stehen im (sehr dicken) Reise Know-How Buch „Marokko" von Erika Därr.

Währung ist der Dirham, unterteilt in 100 Centimes (Ein- und Ausfuhr verboten). Reiseschecks von American Express und Thomas Cook (am besten in Euro oder US$) werden von vielen Banken gegen die üblichen Kommissionen akzeptiert, gleiches gilt für Kreditkarten. Viele Geldautomaten, auch Bargeldauszahlungen möglich (in nur wenigen anderen afrikanischen Ländern klappt der Bargeldnachschub so problemlos und effizient wie in Marokko). Der Schwarzmarkt lohnt nicht (Risiko, nur geringer Vorteil). Für abgelegene Regionen im Atlas und Anti-Atlas oder in Südmarokko sollte allerdings entsprechend Bargeld (kleine Scheine) mitgenommen werden.

Sicherheit Bei Ein- und Ausreise sorgfältige Kontrollen wegen Haschisch (Kiff). Es werden von Reisenden auch Diebstähle und Überfälle gemeldet, vor allem in und um Tanger und Marrakesch. Vorsicht vor Trickbetrügern in Großstädten!

Auch von steinewerfenden Kinder wird berichtet (wenn man z.B. keine Zigaretten herausrücken kann, nach denen man angegangen wird). Vorsichtig sein beim Fotografieren an den Grenzen, besser unterlassen! Der Norden Marokkos (Rif-Gebirge) ist bekannt für seine Rauschgiftangebote an Touristen – auf alle Fälle heraushalten. Radfahrer sind (in besiedelten Gebieten) oft Hundeangriffen ausgesetzt, ein Paar Steine in der Lenkertasche mitzuführen ist für erste Abwehrwürfe empfehlenswert (s. „Hunde", s.S. 131).

Reisezeit Gemäßigtes Klima, doch wegen häufiger Regenfälle im Winter sind die Wintermonate nur beschränkt als Radreisezeit zu empfehlen. Besser ist der Herbst und das Frühjahr, besonders der Mai und Juni. Die Sahara-Regionen sind im März und April und im Oktober/November am erträglichsten. Im Juli/August werden die südlichen Marokko-Regionen sehr heiß, doch sommers sind die Berge des Hohen Atlas gut zum Radfahren (in den Bergen sommers auch viele Gewitter). Im Winter liegt auf den hohen Bergen Schnee (Bergpässe können im Frühjahr bis in den April hinein wegen Schnee noch gesperrt sein). Wie immer in arabischen Ländern darauf achten, daß man nicht gerade im Ramadan unterwegs ist.

Überwiegende Winde von Nord bis West, im Winter an der Atlantikküste auch von West bis Süd.

Gesundheit Impfungen sind nicht vorgeschrieben, doch empfehlenswert ist neben dem Trio Diphterie-Tetanus-Polio zumindest eine Schutzimpfung gegen Typhus und Hepatitis. Tollwut ist in Marokko weitverbreitet (Hunde!), Malaria erst südlich der Westsahara ein Thema. Offenes Wasser zum Trinken entkeimen, auf Eis, Salate etc. verzichten, Obst immer schälen und alle Mahlzeiten gut garen/braten/kochen. Genügend Medikamente gegen Durchfallerkrankungen einpacken (könnt ihr aber auch in den Apotheken in Marokko nachkaufen). Bei starkem Schwitzen Mineraltabletten nehmen. Auf Kopf- und Hautschutz achten. Wem sein Käppi im Wind verlorenging, der bindet sich einen marokkanischen „chech" um das Haupt.

Übernachten, Verpflegung Die Versorgung mit Lebensmitteln und das Übernachten ist gut und preiswert und in der Regel problemlos. Billige, einfache Hotelzimmer gibt es im ganzen Land, sie sind selten ausgebucht. Auch einige Jugendherbergen sind vorhanden. *Hammams,* öffentliche Badeanstalten, wirken Wunder bei verspannten Muskeln und sind in jeder Stadt zu finden. Übernachten auf dem Land in freier Natur mit dem Zelt ist gut möglich. In touristischen Städten gibt es einfache Campingplätze, oft werden Radfahrer auch zum Übernachten eingeladen. Bei Übernachtungsproblemen kann man auch in Polizeistationen nachfragen. Freies Zelten außerhalb von Kulturland problemlos. Nicht in oder am Rand von ausgetrockneten Flußbetten zelten, (entfernte) Sturzregen können aus trockenen Bachbetten in kurzer Zeit reißende Flüsse machen!

Der Verpflegungs- und Wassernachschub ist in der Regel problemlos, Trinkwasser in Plastikflaschen und bunte Limonaden sind landesweit erhältlich. Bei Wasserflaschen auf einen unversehrten Verschluß achten, ab und zu wird auch Leitungswasser nachgefüllt! Lediglich auf langen, einsamen und heißen Strecken muß ein entsprechend großer Wasser- und Lebensmittelvorrat mitgeführt werden. Es gibt zahlreiche Cafés, Straßen- und Markt-Garküchen mit guten *Kebabs,* mit *Cous-Cous, Meschui* (Hammelbraten) oder mit dem Nationalgericht *Tajine* (Gemüseeintopf mit Hammel- oder Rindfleisch). Frisch gebackenes Brot gehört zu jeder Mahlzeit. Getrunken wird, wie immer in arabischen Ländern, viel (stark gesüßter) Pfefferminztee. Marokko macht auch einen guten Wein.

Fahrrad, Ausrüstung

Fahrradgeschäfte nur in größeren Städten mit einfachen Ersatzteilen, auch Teile für französische Rennräder. Wichtigste Kleinteile, Kette, Schläuche und Mantel mitnehmen. Dünne Reifen sind nur für asphaltierte Strecken geeignet. Wer weit herumkommen will und auch steinige Atlas-Pisten fährt, sollte ein stabiles Reiserad oder ein pistentüchtiges Mountainbike nehmen und breitere Reifen aufziehen. Höhenmesser für Hohe-Atlas-Fahrten macht das Fahren interessanter. Wer Marokko erst mal mit dem Rad antesten will: In einigen Städten und touristischen Zentren werden Fahrräder verliehen, z.B. in Agadir (doch nur Einfach-Modelle).

Regenzeug und warme Kleidung (lange Hose, Schlafsack) müssen bei Fahrten in den Hohen Atlas dabeisein. Auch im Sommer sind weite, langärmlige Hemden und lange Hosen vorteilhaft. Kurze Radlerhosen bei Frauen wegen islamischer Moral- und Glaubensvorstellungen nur außerhalb bewohnter Gebiete tragen, zumindest sollte frau immer auch einen Rock oder ähnliches als Überbekleidung zur Hand haben. Wer einen Gaskocher mitnehmen will: Camping-Gaz-Kartuschen sind in Großstädten erhältlich.

Transport

Wenn die Waden und das Hinterteil schmerzen: Die Verladung des Rades in Kleinbusse, Sammeltaxis und Busse, die die größeren Städte verbinden, ist problemlos. Die nationale Busgesellschaft heißt „Compagnie de Transports Marocains" (CTM), ihre Busse verkehren landesweit zwischen allen Städten (auch internationale Routen) und sollen die besten sein (www.ctm.co.ma). Es gibt auch klimatisierte Expreßbusse, doch bei ihnen kann die Radmitnahme schwierig werden. Alle Busse starten im Busterminal, dem *gare routière.*

Marokkos **Eisenbahn** (ONCF, www.oncf.org.ma) ist eine der modernsten in Afrika. Es gibt verschiedene Wagenklassen, die sich hauptsächlich im Vorhandensein einer Aircondition unterscheiden. Die Tickets gelten fünf Tage, damit sind kürzere Fahrtunterbrechungen (z.B. Tagesausflüge) möglich, ohne daß das Ticket verfällt. Wollt ihr öfter den Zug benutzen, solltet ihr euch eine Rabattkarte zulegen („Carte Fidelité"). Eine Linie geht von Tanger über Rabat und Casablanca nach Marrakesch und an den Atlantik nach Safi. Von Tanger aus führt eine Linie östlich über Fès an die algerische Grenze nach Ouidah, wo die Gegend jedoch wenig bietet. Das Rad kommt in den Gepäckwagen (sofern der Zug Räder mitnimmt). Gepäck vom Rad mit ins Abteil nehmen.

Die Fluglinie Royal Air Maroc fliegt von Casablanca aus auch kleinere (Provinz-)Flughäfen an, Studentenermäßigung erhältlich.

Bücher, Karten, Internet Bester Reiseführer ist (nicht nur für Radler) das Buch „Marokko" von Erika Därr, Reise Know-How, mit Tips für Radfahrer. Ebenfalls aktuell der englischsprachige Lonely Planet-Guide „Morocco" von Matt Fletcher u.a. Von Footprint Publications gibt es das sehr gute „Morocco Handbook". Strecken- und Routenbeschreibungen durch Marokko stehen auch im Därr-Buch „Durch Afrika". Es gibt auch einige Marokko-Regionalführer. Einen guten Einblick in den marokkanischen Alltag vermitteln „Kultur-Schock Marokko", von Muriel Brunswig, Reise Know-How, und das Sympathie-Magazin „Marokko verstehen" vom Studienkreis Tourismus. Im Hohen Atlas und in Südmarokko hilft der RKH-Kauderwelsch-Sprachführer „Marokkanisch-Arabisch" weiter.

In „Westafrika" von Peter Smolka, Pietsch Verlag (nur noch im Antiquariat), beschreibt der Autor die Erlebnisse seiner Radfahrt durch Marokko (u. weiter über Mauretanien nach Westafrika). Die beiden Franzosen Poussin und Tesson tourten auf ihrer Weltreise durch Marokko Richtung Mauretanien und Senegal („Paris – Auckland und zurück", Bastei-Verlag 1999). In Rad- und Reisezeitschriften erscheinen immer wieder Artikel über Touren mit dem Rad durch Marokko.

Beste und aktuellste **Übersichtskarte** ist die Michelin Marokko Nr. 959, 1:1 Mio. mit Hervorhebung der interessanten Routen. Im selben Maßstab die Karte von ITM Publications. Auch ist gut die RV-Straßenkarte „Marokko", 1:800.000. Reise Know-How: „Marokko". Es gibt noch detailliertere Karten in 1:500.000 (TPC, sowjetische Generalstabskarten), Bezug über Ausrüsterläden.

In allen größeren Städten und Touristenzentren gibt es Büros der Tourismusbehörde ONMT (Office National Marocain du Tourisme), das Info-Material ist mehr oder weniger gut. Auf der Homepage der Marokkanischen Fremdenverkehrszentrale (www.marokko.net/fva) kann man ebenfalls Broschüren bestellen. Adresse: Graf-Adolf-Str. 59, 40210 Düsseldorf, Tel. 0211-370551. **Internetcafés** sind übers ganze Land verstreut und billig, sie sind in den Touristenzentren und Großstädten natürlich eher anzutreffen als in Oasenorten.

Internet: Erste Station bei eurer Internet-Recherche sollte „The House of Morocco" (www.maroc.net) sein, mit einer Fülle von Informationen und Links zu Marokko allgemein wie auch zu einzelnen Städten. Über eine Suchmaschine könnt ihr noch tiefer im Internet graben. Die deutsche Website www.marokko.com bietet ebenfalls zahlreiche Links, auch zu Reiseberichten. Viele touristische Plätze im Lexikonstil führt die Seite http://lexicorient.com/morocco/index.htm auf, gut für einen ersten Überblick. Nicht so ergiebig ist www.tourism-in-morocco.com/indexa.htm und www.mincom.gov.ma, die offizielle Homepage des marokkanischen Ministeriums für Kultur und Kommunikation. „Morocco Today" heißt die erste englischsprachige Tageszeitung in Marokko, ihre Website www.morocco-today.com bietet u.a. auch Veranstaltungstips. Der Newsticker http://allafrica.com/northafrica bietet viele Tagesnachrichten, u.a. auch zur Westsahara.

II. ZIELE, ROUTEN, STRECKEN

Kultur, Sehens wertes

Die vier Königsstädte Marrakesch (Platz der Gaukler), Fès (Gerbereien), Rabat und Meknès (Stadt der 100 Tore). Bau- und Kunstzeugnisse (Moscheen) islamischer und spanisch/maurischer Kultur. Die „Straße der Kasbahs" (befestigte Dörfer der Berber, im Hohen Atlas, Antiatlas, Sous und an den Wadis des Draa). Sahara(Dünen). Hoher Atlas. Die Souks (Händler und Handwerkerviertel). Die Oasen in Tafilalt. Tétouan, die „Weiße Stadt".

■ *Überdimensionale Kamele auf der Strecke entlang des Atlantiks nach Dhakla*

Straßen, Verkehr

Gut ausgebautes Straßennetz, doch überwiegend sehr rauh asphaltiert. Auf den Hauptstraßen *(routes principales)* kann auch auf Seitenspuren ausgewichen werden. Hauptstraßen führen meist durch weniger interessante Gebiete, auf Nebenstraßen findet man noch das „echte" Marokko. Die Nebenstrecken sind manchmal unasphaltiert oder nur einspurig. Es gibt ein großes Netz an Naturpisten ins Hinterland und in die Berge. Gute Ausschilderung auf Hauptstrecken, sehr selten nur auf arabisch. Der Straßenverkehr ist nur in den Städten und deren Einzugsgebiet lebhaft, draußen auf dem Land mäßig bis spärlich. Autofahrer sind für ein afrikanisches Land recht rücksichtsvoll gegenüber Radfahrern.

Strecken-vorschläge

1. Von Agadir über Inezgane, Taroudant über den Hohen Atlas hoch nach Marrakesch (ca. 250 km, 3 bis 4 Tage, Tizi-n-Test-Paß über 2000 m, hoher Temperaturunterschied Tag/Nacht, schöne Bergpanoramen). Rückreise nach Agadir mit dem Bus oder Weiterfahrt nach Casablanca oder Rabat und weiter nach Tanger. Oder Marrakesch – Fès – Tanger (evtl. über Nebenstrecken, s. Därr-Reiseführer).

2. Rundreise von Agadir: Nach Marrakesch, dann Beni Mellal, Azrou, Midelt, Ksar-Es-Souk, Tinehir, Quarzazate, Marrakesch oder Quarzazate über Tazenakht nach Agadir. Die Strecke könnte man auch in der Gegenrichtung machen. Abkürzen könnte man sie mit der Straße zwischen Midelt und Kasba Tadla. MTB-Freaks queren den Atlas von El Ksiba abwärts nach Tinerhir (zuvor kommt man durch die Todra-Schlucht). Sehr rauhe Strecke ohne viel Versorgungsmöglichkeiten!

3. Tanger – Meknès (Fès), über Beni Mellal nach Marrakesch. Von Marrakesch über den Tizi-n Tichka Paß (2260 m) nach Quarzazate, Abstecher ins Tal des Draa, oder gleich entlang auf der „Straße der Kasbahs" nach Ksar-Es-Souk. Vorher noch Abstecher zu den Oasen und zu den Dattelpalmenhainen von Tafilalt. Durch das Zis-Tal wieder den Atlas hoch (Col du Tad, Tizi-n-Talghremt) nach Meknès oder Fès und weiter nach Tanger. Oder diese Rundreise umgekehrt machen.

Wüstentouren sind im Sahara-Randbereich möglich. Landschaftlich relativ uninteressant ist die Atlantikküste. Weitere Routenvorschläge im Marokko-Buch von E. Därr.

Weiterreise   Eine Weiterfahrt nach Süden entlang der Küste nach **Mauretanien** war früher nicht möglich, da die Grenze zu Mauretanien geschlossen war. Jetzt ist sie wieder offen. Näheres s. „Mauretanien, Einreise".

Die Grenze nach **Algerien** war in der Vergangenheit geschlossen, Grenzübergänge bei Oujda und bei Figuig. Bitte nach der aktuellen Lage erkundigen.

Wer nach **Südamerika** will, kann von Casablanca aus fliegen.

Von Tanger nach Timbuktu
von Martin Moschek (mehr zu Mauretanien s.S. 384)

Als ich im Februar 2000 in Tanger/Marokko starte, schreibt eine deutsche Tageszeitung: „In der Sahara gibt es keine Esel? Irrtum! Zumindest einer wird sich in wenigen Tagen durch die glutheiße Wüste quälen. Ein Drahtesel allerdings." Und das ist meiner …

Über die Wüste mache ich mir jedoch erstmal keine Gedanken, denn ich stehe vor einer großen Herausforderung: Zum ersten Mal fahre ich eine solch große Tour allein!

■ Start in Tanger nach Süden …

Um mich in der ersten Zeit daran zu gewöhnen, verordne ich mir ein umfangreiches Kulturprogramm. So besuche ich auf meinem Weg in den Süden Marokkos ausgiebig die Königsstädte Fes und Marrakesch, bevor ich das Atlasgebirge überquere. Bereits nach wenigen Tagen habe ich mich an die neue Art des Reisens gewöhnt und genieße so den 140 km langen einsamen Aufstieg zu den Pässen des Hohen Atlas. Auf der anderen Seite des Gebirges empfängt mich die Sahara. Es wird zunehmend heißer und die Vegetation karger. Hier in der Westsahara, an der Grenze zu Mauretanien, gibt es riesige Minenfelder aus dem Polisariokrieg. Aus Sicherheitsgründen muß ich mich einem Autokonvoi des marokkanischen Militärs anschließen.

Zwei Tage dauert die gefährliche Fahrt bis **Nouâdhibou, Mauretaniens zweitgrößter Stadt** und angenehm am Atlantik gelegen. Um die nächste Straße erreichen zu können, fahre ich 12 Stunden und 400 km im offenen Waggon mit der längsten Eisenerzbahn der Welt von der Atlantikküste nach Osten in die Sahara. Eine erstaunlich gute Straße bringt mich dann von Choûm trotz tagelangem Sandsturm und Temperaturen von 48 °C nach Nouakchott, der Hauptstadt des Landes.

So richtig intensiv erleben läßt sich die mauretanische Sahara auf der „Straße der Hoffnung", die nach 1300 km in Mali endet. Aber selbst Hoffnung hilft mir nicht weiter, denn es fehlen immerhin 250 km Asphalt, und so rumpele ich tagelang über Buschpisten. Ein Jeepfahrer wäre begeistert, doch mit dem Fahrrad hält sich der Spaß, allein schon wegen der knappen Wasserversorgung, in engen Grenzen.

In **Malis Hauptstadt Bamako** frische ich meine Vorräte auf, bike weiter nach Timbuktu. Über die Befahrbarkeit der Route nach Timbuktu kursieren nur widersprüchliche Informationen. Anfangs komme ich auf Asphalt noch gut voran, bleibe aber bald förmlich im Sand stecken. So muß ich in einem kleinen Dorf inmitten endloser Wüste 7 Tage ausharren, bis endlich ein Auto aufzutreiben ist, das mich sicher durch ein 80 km breites Sandfeld bringen soll. Man feiert gerade ein großes Fest und ich nutze die Zeit, dem Dorffriseur bei der Bewältigung des Festtagsansturmes zu helfen. Die Tage in diesem Dorf gehören zu den prägendsten und beeindruckendsten Erlebnissen meiner Reise. Eine Woche lebe ich als Fremder und Aushilfsfriseur in der Dorfgemeinschaft und lerne so viel über das harte Leben in der malischen Wüste.

Irgendwann bringt mich dann ein Wagen durch das Sandfeld, und nach weiteren 300 km im Sattel taucht endlich **Timbuktu** am Horizont auf. Dieses Städtchen ist die einsamste Insel inmitten des Sandmeeres, die man sich überhaupt vorstellen kann! Einst eine blühende Metropole, heute eine Ansammlung von Häusern mit dem Mythos vergangener Tage.

Mit einem Jeep geht es weiter Richtung Asphaltstraße, doch inmitten des sandigen Nichts verabschiedet sich der Motor, und ich muß wieder auf mein Fahrrad umsteigen. Nach einem längeren Aufenthalt bei einem Marabou, einem Medizinmann, quäle ich mich in Richtung Straße durch die unwirtlich heiße und sandige Landschaft. „Quälen" ist das richtige Wort, denn es gibt keine Straßen oder Pisten, auch Wege sind nicht immer da. Meist folge ich Tierspuren und gelange so von Brunnen zu Brunnen. Die allgegenwärtigen Dornen zerstechen meine Reifen. Manchmal schaffe ich gerade mal 30 km am Tag, und das noch meist mit Schieben, denn in den kilometerlangen Sanddünen bleibt das Rad stecken.

Endlich dann die Straße! Ich radle weiter in das am Niger gelegene **Mopti,** das Venedig Malis. Hier erhole ich mich von den Strapazen der Wüste. Weiter geht es dann nach Djenné zu der berühmten Lehmmoschee. Meine Reise beende ich in **Bamako,** nach 63 Tagen und 4700 km.

Libyen

von *Thomas Longin*

Überblick Libyen-Reisende berichten nicht nur begeistert von den antiken Stätten an der Küste, sondern noch weit mehr von der Freundlichkeit und überwältigenden Hilfsbereitschaft seiner Bevölkerung. Radler sind noch selten in diesem riesigen Land, aber UN-Embargo (1999 aufgehoben) und sehr restriktive, wiederholt geänderte Einreise- und allgemeine Reisebedingungen erleichtern eine Radreise nicht unbedingt. Die Behörden sind noch unerfahren im Umgang mit Touristen, vor allem Fotografen fallen schnell mal unter „Spionageverdacht". Libyen ist durch Ölexporte das reichste Land Afrikas, die Bevölkerung unterscheidet sich hinsichtlich Mobilitäts- und Konsumgewohnheiten nicht besonders von seinen südeuropäischen Nachbarn, der Bildungsstandard ist hoch, die Straßen im Norden sind gut. Amtssprache ist Arabisch, auch alle Formulare sind in arabischer Schrift gehalten, während meist lateinische Zahlen verwendet werden. In den Städten wird man auch mit Englisch und – bei älteren Leuten – mit Italienisch durchkommen, manche sprechen Französisch oder Deutsch. Staatsreligion ist der Islam.

Rund fünfmal so groß wie Deutschland grenzt Libyen im Osten an Ägypten und den Sudan, im Süden an Tschad und Niger, im Westen an Algerien und Tunesien. Landschaftlich dominiert die Sahara, nur im Norden entlang der Mittelmeerküste („Tripolitanien") findet man fruchtbares Land. Hier leben auch die meisten der ca. 6 Mio. Einwohner. Bis auf wenige kleinere Bergzüge im Norden (Djabal Nafusah und Djabal Akhdar) ist das Gelände flach. Hauptstadt ist Tripolis.

Einreise, Währung Die Einreisebestimmungen sorgen immer wieder für Gesprächsstoff, z.B. bei www.sahara-info.ch/Lander/index.html. Ein Visum für 30 Tage Aufenthalt ist nur bei den libyschen Botschaften erhältlich, in Deutschland beim Volksbüro der Sozialistischen Libysch-Arabischen Volks-Jamahiria, Beethovenallee 12a, 53173 Bonn, Tel. 0228-820090, Fax 0228-364260). Der Reisepaß muß vorher ins Arabische übersetzt werden! Einladung einer libyschen Reiseagentur ist nötig, Alleinreisende mit Auto oder Motorrad werden momentan nicht ins Land gelassen. Bitte abklären, inwieweit das auch Reiseradler betrifft! Meldepflicht innerhalb von sieben Tagen bei der Polizei („Dreiecksstempel"). Beschaffung des Visum im Ausland (z.B. Kairo) – wenn überhaupt – ist langwierig und nur über eine libysche Reiseagentur möglich (mit mind. 100 US$ rechnen). Nach Visumerteilung muß binnen 30 Tagen eingereist werden, sonst verfällt das Visum!

Linienflüge gehen nach Tripolis und Bengasi, oder ihr bucht einen günstigen Charterflug nach Djerba (Tunesien) und reist auf dem Landweg ein. Im Winter Flug auch nach Sebha (www.point-afrique.com). Mit dem Fährschiff von Frankreich (Marseille) oder Italien (Genua, La Spezia, Neapel oder Trapani auf Sizilien) nach Tunis fahren und nach Libyen radeln. Derzeit sind nur die Grenzen von Tunesien (Ras Ajdir) und Ägypten (Sollum) offen. Ausreise evtl. zusätzlich nach Algerien, Niger, Sudan (keinesfalls aber Einreise von dort!).

Währung ist der Libysche Dinar. Kreditkarten und Reiseschecks werden nicht akzeptiert, ihr müßt also die gesamte Reisekasse in baren US-Dollar oder Euro mitschleppen und in Banken oder größeren Hotels tauschen. Mit offiziell getauschten Dinars ist das libysche Preisniveau extrem hoch, vergleichbar mit dem in Japan. Alternativ existiert ein Schwarzmarkt, Differenz in der Vergangenheit bis zum sechsfachen (!) des offiziellen Kurses. Infos unter www.sahara-info.ch. Am besten vor der Einreise an der Grenze von Tunesien oder Ägypten tauschen, auch in Tripolis und Bengasi gibt es Möglichkeiten, meist in den Suks. Allerdings ist außer den „professionellen" Schwarzwechslern niemand an ausländischem Geld interessiert. Der Schwarztausch ist illegal, also Vorsicht!

Radsaison

Günstigste Reisezeit November bis März. An der Küste dominiert Mittelmeerklima mit ausgeglichenen Temperaturen und gelegentlichen Regenfällen, die Tage in der Sahara sind angenehm warm, die Nächte dagegen frostig kalt. Im Sommer ist es an der Küste schwülwarm, in der Sahara unerträglich heiß. Im Mai/Juni und September muß mit tagelangen Sandstürmen (*Ghibli*) aus dem Süden gerechnet werden! Wind im Winter an der Küste vorwiegend aus westlichen Richtungen.

Übernachten, Verpflegung

Am günstigsten nächtigt man in den zahlreichen Jugendherbergen, sauber und sehr empfehlenswert (z.B. Shahat, Bengasi). Hotels der unteren Preisklasse sind manchmal überteuert angesichts der lausigen Qualität. Zelten ist öfter vor Ausgrabungsstätten oder bei Tankstellen möglich. Wildzelten erscheint zwar in diesem riesigem Land optimal, aber die Polizei ist noch nicht an Touristen gewöhnt (evtl. Spionageverdacht).

Entlang der Küste ist die Verpflegung problemlos, das Lebensmittelangebot ist reichhaltig, die Preisgestaltung allerdings etwas unsystematisch (z.T. astronomisch teuer, dann wieder lachhaft billig, im Osten viel günstiger als im Westen). Die Entfernungen zwischen den Versorgungspunkten auch um den Sirtegolf betragen selten mehr als 100 km. In der Sahara sind bis zum nächsten Laden sehr große Entfernungen zurückzulegen, genaue Vorinformation und Planung ist notwendig.

Leitungswasser ist trinkbar, sollte aber wie jedes Brunnenwasser entkeimt werden, Flaschenwasser ist überall erhältlich. Die empfehlenswerte Website www.libyana.org widmet traditionellen libyschen Gerichten ein eigenes Kapitel.

Gefahren, restriktive Gebiete

Schmerzhaft könnte die Bekanntschaft mit der lokalen Steinwerf-Tradition in Ostlibyen verlaufen. Das ist richtig gefährlich, junge Männer schleudern Felsbrocken auf die Vorbeifahrenden. Brennpunkte sind z.B. Tukrah und Baida nordöstlich von Bengasi, aber auch Sebha soll heikel sein. Unbedingt eventuelle Fotografierverbote beachten, sonst gerät man schnell unter Spionageverdacht mit unangenehmen Folgen.

Auf Nebenstrecken verlangt die Polizei gelegentlich eine „tasrih", eine spezielle Reiseerlaubnis, die aber nicht (mehr) nötig ist.

Fahrrad und Ausrüstung

Angesichts der wenigen Steigungen und guten Straßen im Norden reicht ein Trekkingrad mit mittelbreiter Bereifung (37 mm) und wenigen Gängen. Bei Ausflügen in die Berge des Djabal Akhdar müßt ihr dann aber vielleicht auch einmal schieben. Auf Sandpisten breite Reifen aufziehen und ein Ritzelpaket mit Untersetzung montieren. Alle Ersatzteile und Werkzeuge mitbringen, allgemein gibt es nur sehr einfache Fahrradläden, in Bengasi am nördlichen Ende des überdachten Non-Food-Suks auch ein etwas „gehobeneres" Geschäft (für afrikanische Verhältnisse).

Straßen,
Verkehr,
Transport

Das Straßennetz im dichter bevölkerten Norden ist außer um Tripolis recht dünn, aber meist sehr gut ausgebaut. Beschilderung auf Hauptstraßen ausreichend, aber wie alles im Land ausschließlich in arabischer Schrift. Der Verkehr in/um Tripolis ist immens, sonst in Tripolitanien mittelstark, um Sirtegolf gering, Bengasi und teilweise Djabal Akhdar (Baida) stark, östlich von Darna fast nicht vorhanden.

Auf Überlandstrecken verkehren klimatisierte Busse, Sammeltaxis steuern jeden Ort an, die Fahrradmitnahme ist aber auf Lkw am einfachsten. Nur dünnes Flugnetz, keine Eisenbahn.

Reiseführer, Karten, Infos

Bester Reiseführer: „Libyen", von Gerhard Göttler, Reise Know-How (mit ausführlichen Fahrradseiten). Auch gut: das „Libya Handbook" von Footprint Publications.

Karten: Michelin Nr. 953, 1:4 Mio. Reise Know-How: „Libyen", 1:1.600.000, oder GeoProjects, „Libya", 1:3,5 Mio., Ausgabe in arabischer oder englischer Schrift. Für Wüstentouren sind in Ausrüsterläden weitere Detailkarten im Maßstab 1:1 Mio. und kleiner erhältlich. Eigentlich genügen die Routenbeschreibungen im Reiseführer, die Orientierung an der Küste, auch in den Orten, ist einfach.

Vereinzelt **Internetcafés** in den größeren Orten, es wird geraten, westlich gekleidete Jugendliche zu fragen, die können meist weiterhelfen.

Die Website http://i-cias.com/m.s/libya/index.htm bietet einen kurzen übersichtlichen Internet-Reiseführer zu Libyen (bzgl. der Visa-Regeln sollte man aber besser die Botschaft oder aktuellere Websites kontaktieren). Wer immer schon immer einmal *Bureek* und andere libysche Köstlichkeiten nachkochen wollte, sollte mal die Website www.libyana.org anklicken. Vieles zu Kultur, Geschichte, Musik und Rezepte. Die Website „Libya Resources on the Internet", http://geocities.com/LibyaPage, enthält eine der umfassendsten Linklisten. Ibrahim Ighneiwas Page http://ourworld.compuserve.com/homepages/dr_ibrahim_ighneiwa ist eine weitere umfangreiche Linkliste. Die aktuellsten (Einreise)Informationen findet ihr aber auf den speziellen Sahara-Websites (s. allgemeiner Teil).

Sehenswertes

Die antiken Ausgrabungsstätten an der Küste, vor allem Leptis Magna (Labdah), Sabratha und Cyrene (Shahat) haben absoluten Weltrang! Toll erhalten, spektakulär, herrliche Lage, praktisch keine Besucher. Möglichst Info-Material von zuhause mitbringen, meist nichts Brauchbares erhältlich. Tripolis und Bengasi sind sehr lebendige orientalische Städte mit ganz besonderem Charakter, auch Derna, Tobruk, Sirt kann man sich mal angucken. Schöne mediterrane Landschaft in Tripolitanien und am Djabal Akhdar, dort auch spektakuläre Schluchten und wenige (kurze), schöne Küstenabschnitte. Der Süden ein Paradies für Wüstenfans.

Streckenvorschläge

Küstentour: Besichtigung der Ausgrabungsstätten, Tripolis, Bengasi, von Bengasi bis Tolmatha am Meer, dann wieder in den Djabal Akhdar, über Baida nach Shahat, dort wieder ans Meer nach Susa/Apollonia.

Rundtour von Tripolis in die Berge des Djabal Nafusah.

Tunesien

Überblick Tunesien ist ein mit dem Rad problemlos zu bereisendes Land mit guten Straßen und guter Infrastruktur und deshalb gerade für Reiseradler interessant, die das erste Mal ein wenig Afrika- und Saharaluft schnuppern wollen.

Im Norden von Tunesien erstrecken sich von Südwesten nach Nordosten die Ausläufer des Atlas mit Höhen über 1500 m, im Süden macht sich die Sahara über 40% der Landesfläche breit. Die Nordküste ist felsig, die Ostküste flach. Im Süden des Landes gibt es große Becken mit Salzsümpfen (Chott el Jerid), die Straßen und Strecken sind dort monoton.

Die Bevölkerung setzt sich aus Arabern und Berbern zusammen, Sprachen sind das Tunesisch-Arabische, verschiedene Berberdialekte und Französisch sind Handels- und Bildungssprache. Staatsreligion ist der Islam, bitte bei der Kleidung entsprechend anpassen und nachschauen, wann Ramadan ist, denn dann sind tagsüber Versorgungsengpässe zu erwarten. Landwirtschaft und Tourismus sind die wichtigsten Wirtschaftszweige.

Einreise, Währung Linienflüge aus Europa und den afrikanischen Nachbarstaaten nach Tunis, die nationale Fluggesellschaft heißt „Tunis Air". Günstige Charterflüge landen in Monastir und Jerba. Oder ihr radelt euch schon mal warm und setzt dann mit dem Fährschiff von Frankreich (Marseille) oder Italien (Genua, La Spezia, Neapel oder Trapani auf Sizilien) nach Tunis über. Die Grenzen nach Algerien und Libyen sind offen (vor der Reise unbedingt aktuelle Informationen über die Sicherheitslage einholen!), Libyen ist allerdings derzeit noch kein empfohlenes Reiseland. Das Fahrrad wird bei der Einreise in den Paß eingetragen.

Für einen Aufenthalt bis zu drei Monate brauchen Deutsche, Österreicher und Schweizer einen Reisepaß, der noch mindestens 6 Monate gültig sein muß.

Währung ist der tunesische Dinar. Reiseschecks von AmEx, Thomas Cook und Visa werden überall akzeptiert, Währung US$ oder Euro, daneben auch Kreditkarten. In jeder Stadt stehen Geldautomaten. Vor Touren in den dünnbesiedelten Süden sollten Dinars gebunkert werden. Das Preisniveau ist höher als in Marokko.

Radsaison Norden: Mediterranes Klima. Radeln könnt ihr das ganze Jahr über, April und Mai sind aber die angenehmsten Monate mit ausgeglichenen Temperaturen an der Küste. Hochsaison ist von Juni bis September. Ab Oktober muß mit Regenfällen gerechnet werden. Sollte euch der Regen nerven, dann pedalt über die Atlas-Ausläufer, die wirken als Klimascheide. Im Winter kann es im Bergland sehr kalt werden.

Süden: Nur die Wintermonate empfehlenswert (dann jedoch kalte Nächte!). Sommers ist es zu heiß, es wehen auch Sandstürme (auch sonst ist Tunesien recht windig!)

Übernachten, Verpflegung Unterkünfte und Hotels, auch einfache, gibt es genügend, außerhalb der Touristensaison Preisabschläge, und je weiter weg vom Meer man kommt, desto preiswerter und weniger ausgebucht werden sie. Es gibt auch ca. 20 Jugendherbergen (geringe Belegung, kaum empfehlenswert).

Campingplätze gibt es nur wenige, meist an der Küste und in den Oasen, sie spielen keine große Rolle. Wildes Campieren außerhalb kultivierten Landes ist problemlos. Camping-Gaz-Kartuschen sind in größeren Orten erhältlich. Leitungswasser unbedenklich, aber stark gechlort, doch es gibt überall billiges Flaschenwasser. Wie in Marokko sind *Couscous* und *Tajine* auch in der tunesischen Küche allgegenwärtig. Probiert einmal *Breek*, einen dünnen mit Ei, Gemüse und Fisch gefüllten Teig. Brot wird zu jeder Mahlzeit gereicht. Allgemein wird sehr viel Gemüse gegessen, schönes Obstangebot auf den Märkten. Traditionelles Getränk ist Pfefferminztee, aber auch in Tunesien sind – trotz Islam – alkoholische Getränke (Bier) erhältlich.

Straßen, Verkehr, Transport

Das Straßennetz ist im Norden recht engmaschig und durchweg asphaltiert, die auf der Michelin-Karte rot eingezeichneten Straßen sind stark befahren. Auch in den Bergen sind die Straßen gut ausgebaut. Im Süden gibt es gut befahrbare Pisten, der Verkehr ist dort wesentlich dünner. Die Ausschilderung ist gut.

Zum Transport (Rückfahrt aus dem Inland) kann auch auf Eisenbahn und Busse ausgewichen werden. Die **Züge** der SNCFT (Société Nationale des Chemins de Fer Tunisiens) sind ziemlich komfortabel und zuverlässig. Sie fahren mehrmals täglich von Tunis über Sousse und Sfax nach Gabès, eine andere Linie ist Metlaoui – Gafsa – Sfax. Dichtes Busnetz, die **Busse** der nationalen Busgesellschaft SNTRI (Société Nationale du Transport Interurbain) sollen die besten sein und haben – wichtig in der Sommerhitze – Klimaanlage. Radmitnahme könnte problematisch werden, es fahren aber auch noch regionale, weniger komfortable Busse. Während der Hochsaison können Bustickets knapp werden (vorausbuchen!). Kleintransporter und Sammeltaxis („Louages") bieten gleichfalls Mitfahrgelegenheiten.

Fahrrad, Ausrüstung

Es gibt in den meisten Orten Werkstätten für Mopeds und Fahrräder. Die Fahrradkultur ist noch französisch geprägt, d.h., es gibt hauptsächlich französische Reifenmaße und Schläuche mit Sclaverandventil. MTBs setzen sich aber immer mehr durch und werden in Touristenzentren vermietet. High-Tech-Ersatzteile und entsprechendes Werkzeug mitbringen, auch einen Schlauch und (Falt)Reifen. Für Touren im Norden und im Gebirge ist nicht unbedingt ein Mountainbike notwendig, mittelbreite Reifen (ca. 37 mm) reichen vollauf. Eine Übersetzung mit Berggang montieren, dann tut ihr euch auch leichter gegen den allgegenwärtigen Wind.

Restliche Ausrüstung nach der Jahreszeit auswählen, denkt daran, daß es im Gebirge auch im Sommer frostige Nächte geben kann. Die Kochutensilien könnt ihr, mit Ausnahme bei längeren Wüstentrips, ruhigen Gewissens zuhause lassen.

Sehenswertes, Routen

Der Norden ist im Küsteninland hügelig bis bergig und abwechslungsreich. Rundreise um das Cap Bon. Sehenswert in Tunis sind die Souks der Medina. Interessanteste Stadt ist Kairouan. Matmata ist ein Berberdorf mit eigenartigen Häusern. Die Oasen El Oudiane, El Hamma, Tozeur (die größte) und Nefta (die schönste) beim Chott el Jerid. Die Ruinen von Dougga. Die Altstadt von Sousse. Kairouan, eine heilige islamische Stadt, südlich davon Steppe und Wüste.

Touristen-Badeorte sind Hammamet und Monastir und die Insel Djerba. Schöne Rundreise von Tunis aus: Mehezel-Bab, Testour, Teboursouk, El Kef, Makthar, Kairouan, El Jem, Mahidia, Sousse, Hammamet, Cap Bon, Tunis.

Achtung: der südlichste Saharazipfel, ab etwa Höhe Remada, ist militärisches Sperrgebiet. Durchfahrgenehmigung erforderlich! Das Procedere steht auf www.sahara-info.ch/Lander/index.html.

Bücher, Karten, Internet **Reiseführer:** Reise Know-How „Tunesien" von Eckert. DuMont „Tunesien". Polyglott-Apa-Guide „Tunesien". Lonely Planet „Tunisia" von David Willett. Footprint „Tunisia Handbook" von Justin McGuinness. RKH-Kauderwelsch-Sprachführer „Tunesisch-Arabisch". Sympathie-Magazin „Tunesien verstehen", Studienkreis Tourismus.

Vom „International Bicycle Fund" das Ergänzungsheft „Bicycle Touring in Tunisia/Algeria Supplement" mit brauchbaren Routenbeschreibungen, allgemeineren Hinweisen, Hotelliste etc. Bestellinfos unter www.ibike.org/publications.htm.

Karten: Michelin Nr. 956, 1:800.000 oder Nr. 958 (Tunesien und Nord-Algerien), 1:1 Mio.; Reise Know-How: „Tunesien"; Freytag & Berndt „Tunesien", 1:800.000; Tunesien Carte Routière, staatlich-amtlich, 1:500.000 (noch hier besorgen). In Ausrüsterläden sind auch amtliche topografische Karten, 1:200.000, erhältlich, insgesamt 30 Einzelblätter.

Die Verkehrsämter heißen „Office National de Tourisme Tunesie" (ONTT) und sind in vielen Städten wie auch auf den int. Flughäfen zu finden. Übersicht aller Büros unter www.tourismtunisia.com/guides/index.html. In Deutschland: Fremdenverkehrsamt Tunesien, Goetheplatz 5, 60313 Frankfurt (Tel. 069-29-70640 u. 70625, Fax. 069-2970663; weitere in Düsseldorf, München und Berlin). Dort bekommt ihr Hochglanzprospekte und mit viel Glück auch eine tunesische Straßenkarte.

Internet: Die offizielle Homepage der Tourismusbehörde, der „Travel & Tourism Guide to Tunisia", www.tourismtunisia.com, bietet einen sehr schönen und auch informativen Einstieg in die Internetrecherche. „Tunisia Online" ist gut, www.tunisiaonline.com (wenn es um aktuelle Nachrichten geht „News Updates" anklicken). Hier findet ihr auch das Online-Angebot vieler tunesischen Tageszeitungen, allerdings wird in Tunesien die Presse zensiert. Der Newsticker http://allafrica.com/northafrica könnte da „freiere" Meldungen liefern. Alles, was Sahara-Fahrer so bewegt, findet ihr nach Ländern geordnet unter www.sahara-info.ch/Lander/index.html.

Bisslama!

Sudan

Überblick Größtes Land Afrikas, das zur Hälfte aus Wüste und Halbwüste besteht. Die Bevölkerung konzentriert sich um den Großraum Khartoum und das Gebiet zwischen Weißem und Blauem Nil. Sehr viele Bewohner der 30 Mio.-Bevölkerung ziehen als Nomaden durchs Land. Gut 20 Jahre Bürgerkrieg zwischen dem arabisch-islamischen Norden und dem christlich-animistischen Süden haben das Land ausgeblutet, große Menschenströme irren als Flüchtlinge durchs Land und sind von internationalen Hilfsorganisationen abhängig. Derzeit ist Reisen im Sudan nur im Norden (stark eingeschränkt) möglich, in den südlichen Landesteilen herrscht der Bürgerkrieg. Außenpolitisch setzt das Militärregime derzeit auf Entspannung. So sind die Grenzen nach Äthiopien und Eritrea wieder offen, zu Uganda wurden diplomatische Beziehungen aufgenommen. Aber solange Bürgerkrieg und Flüchtlingskatastrophe nicht gelöst sind, bleibt der Süden für Reiseradler tabu. Faustregel: Je weiter man sich von der Hauptstadt Khartoum entfernt, desto gefährlicher wird es!

Im Sudan wird Arabisch und Afrikanisch (in 100 Dialekten!) gesprochen, Englisch ist nur in den Städten etwas verbreitet. Alles ist sehr bürokratisch, dauernd braucht man Registrierungen, Stempel, Genehmigungen, für das Reisen sind Travel Permits nötig, auch zum Ausreisen. Fotografieren nur mit Fotoerlaubnis (nur im Tourist Office in Khartoum zu bekommen!), „Spionageverdacht", also Vorsicht!

Für die Einreise ist ein Visum nötig, das auch in Kairo erhältlich ist (lange Wartezeit). Besser hier vor der Abreise besorgen. Anschrift: Botschaft der Republik Sudan, Koblenzer Str. 107, 53177 Bonn, Tel.0228-933700, Fax 0228-335140, www.sudan-embassy.de. Der Paß muß noch mind. 6 Monate gültig sein und er darf keine Stempel von Südafrika oder Israel enthalten. Man muß sich innerhalb von drei Tagen nach der Einreise beim „Alien Registration Office" registrieren lassen!

Doch für Radfahrer war und ist der Sudan aufgrund seiner schlechten Infrastruktur und seinen wenigen Straßen sowieso kaum ein Reiseland (im Nordsudan nur eine Asphaltstraße von Khartoum über Atbara nach Port Sudan am Roten Meer). Im Frühjahr Chamsin-Zeit (schwere Staubstürme, ca. 50 Tage im März/April).

Für Essen und Unterkunft ist man größtenteils auf die Gastfreundschaft der Bevölkerung angewiesen. Die einfachen Sudanesen sind sehr gastfreundlich und hilfsbereit.

Wer von Ägypten weiter nach Ostafrika will (Kenia), kann dies mit einem Flug von Khartoum nach Nairobi tun (oder, je nach politisch/militärischer Lage, von Khartoum nach Juba fliegen und von da Überland durch Uganda nach Kenia; ein ziemlich unsicheres Unternehmen!).

Infos

Die Homepage der sudanesischen Botschaft in Deutschland (s.o.) bietet neben viel Propaganda auch ein paar Links, „Sudan.Net" (www.sudan.net) ist ein ganz guter Einstieg mit Infos zum Tourismus u.v.a. Themen, auch Links. Weniger propagandabeladene Nachrichten ist der Newsticker http://allafrica.com/sudan. Vor einer Tour durch den Sudan sollte ihr unbedingt nochmals die aktuellen Sicherheitshinweise abrufen, bei (www.auswaertiges-amt.de), http://travel.state.gov/sudan.html (US-Außenministerium) oder www.fco.gov.uk/travel/countryadvice.asp?SS (Britisches Außenministerium).

Wadi Halfa – Khartoum

Dazu zunächst den Nil hoch bis Aswan, dann mit dem Schiff in einer knappen Tagesreise auf dem Nasser-Stausee nach Wadi Halfa. Das Schiff verkehrt einmal die Woche. In Wadi Halfa mehrere Hotels und eine Bank zum Geldtauschen (US-Dollar sind okay, Reiseschecks von AmEx werden nicht akzeptiert!). Im „Alien Registration Office" gibt es das Travel Permit, hier könnt ihr euch auch gleich registrieren lassen.

Von Wadi Halfa verlaufen zwei Pisten nach Süden nach Khartoum. Die westliche (rund 1000 km) folgt anfangs dem Nil (über Dongola, sehr schwierig, Weichsand, gelegentlicher Lkw/Bus-Verkehr), die östliche wird über 900 km von der Bahnlinie begleitet. Das sind 380 km weicher Sand von Wadi Halfa bis Abu Hamed. *Annette Maier* warnt: *„Nur Station 6 ist besetzt, ihr habt da ein gewaltiges Wasserproblem!"* Ab Abu Hamed bis Atbara leidlich fahrbare Sandpiste, die letzten ca. 300 km ab Atbara bis Khartoum sind dann asphaltiert (Streckenbeschreibung im Därr-Buch „Durch Afrika").

Was bieten sich für Alternativen? Ihr könntet einen Direktflug von Wadi Halfa nach Khartoum nehmen oder gleich in Wadi Halfa mit dem Rad in den Zug nach Khartoum steigen (2x wöchentlich, Dauer etwa eineinhalb Tage, mehrere Klassen, auch Liegewagen, Vorräte mitnehmen). Nach einem Tag erreicht der Zug Atbara, von hier könntet ihr auf Asphalt vollends nach Khartoum pedalen.

Durch die Nubische Wüste
von *Peter Smolka*

■ *Ein Schienenpaar, ein Fahrrad, eine heiße Wüste …*

Sechs Uhr morgens, Sonnenaufgang über den Lehmhütten von Wadi Halfa. Das Fahrrad ist bepackt, alles fertig für den Aufbruch in die Nubische Wüste. „Wie fühlst du dich?", fragt Ziad, der Sudanese, mit dem ich in den letzten Tagen mein kleines Zimmerchen im „Nile Hotel" geteilt habe. Ich antworte ihm wortlos, indem ich mit der Faust vor der Brust Herzklopfen andeute.

„Musch mumkin! Unmöglich!", hat jeder ausgerufen, den ich gestern nach meinen Chancen gefragt habe, das 370 Kilometer entfernte Abu Hamed zu erreichen. „Du wirst nicht durchkommen! Die Tage in der Wüste sind zu heiß, die Nächte zu kalt. Außerdem wimmelt es da nur so von Schlangen und Skorpionen."

Ein Trost zu wissen, daß Afrikaner gern übertreiben. Es ist Dezember, also „Winter", die Temperaturen steigen jetzt mittags nicht über 35 Grad. Wenn es nachts gegen den Gefrierpunkt geht, werde ich mein Zelt aufbauen und mich in den Schlafsack verkriechen. Schlangen fliehen gewöhnlich, wenn man nicht gerade auf sie drauftritt, und Skorpionen kann man sich fernhalten, indem man Geröll meidet.

Auch die Orientierung sollte keine Schwierigkeiten machen, muß ich mich doch immer nur an der einsamen Bahnlinie halten, die Wadi Halfa und Abu Hamed verbindet. Auf halber Strecke zeigt meine Landkarte die Bahnstation No. 6 mit dem Vermerk „good water". Bis dahin müssen die zwölf Liter Wasser reichen, die in drei Plastikkanistern auf dem Gepäckträger verteilt sind. Wenn mir der Drahtesel unterwegs zusammenbricht, kann ich immer noch auf den Zug hoffen, der in fünf Tagen auf dieser Strecke entgegenkommen soll.

Nein, Angst habe ich nicht. Aber es prickelt. Mein letztes Frühstück im Nile Hotel – wie gestern, vorgestern und vorvorgestern die gleichen dikken Bohnen mit Fladenbrot – hat damit doch ein wenig den Charakter einer Henkersmahlzeit. Dann geht es los. Ade Ziad, tschüß Wadi Halfa – Start in die Nubische Wüste.

Nach einer Stunde sind die Lehmhütten hinter mir zu winzigen Punkten zusammengeschrumpft. Noch immer fahre ich auf einer befestigten Piste, die ein gutes Tempo und „reges Verkehrsaufkommen" verspricht. Vielleicht werden mir wirklich zwei oder drei Autos pro Tag begegnen, wie einige Männer in Wadi Halfa gestern meinten.

Doch meine Zuversicht ist nur von kurzer Dauer, denn ich fahre auf der falschen Piste! Wahrscheinlich ist es die zum Flugplatz von Wadi Halfa. Immer weiter rückt die Telegrafenleitung, die zusammen mit der Bahnlinie nach Abu Hamed führt, in die Ferne. Niemals darf ich die Masten aus den Augen verlieren! Als sie hinter dem Horizont zu verschwinden drohen, verlasse ich die bequeme Piste und fahre über ein weites Sandfeld zu den Gleisen zurück.

Dort gibt es nichts mehr, was man als Piste bezeichnen könnte. Streckenweise werden die Gleise von Reifenspuren begleitet, die sich dann aber wieder so weit entfernen, daß ich sie nicht mehr ausmachen kann. Bei schwierigen Passagen kehren ganze Spurenbündel zurück, mitunter haben die Autofahrer gar die Schienen zwischen die Räder genommen. Ab und zu benutze auch ich den festen Bahndamm als Hilfestellung: Wenn der Sand zu stark geriffelt, zu tief oder von Gestein durchsetzt ist, hebe ich das Rad zwischen die Schienen, um dann kilometerlang über die von etwas Sand bedeckten Schwellen zu hoppeln – langsam zwar, aber immer noch schneller als ein Fußgänger.

Andere Abschnitte wiederum lassen sich auf der Sandebene neben den Gleisen gut fahren. Allerdings ist sie mit ihrer dünnen Kruste zerbrechlich wie zartes Eis, das unter den Rädern wegbricht, wenn ich stehenbleibe, das Gewicht aber trägt, solange ich fahre. Sobald diese empfindliche Schicht nur im geringsten verletzt ist – etwa von Kamelhufen oder von Reifenspuren –, ist Vorsicht angeraten. Dies sind Stellen, an denen das Vorderrad manchmal urplötzlich einsinkt, was zum abrupten Stillstand und mehrmals auch zu einem Sturz führt. Zum Anfahren muß ich dann stets auf den Bahndamm zurückkehren, von dem ich mich erst wieder auf den Sand wagen kann, wenn die Geschwindigkeit ausreichend hoch ist.

Die Landschaft bleibt am ersten Tag sehr eintönig. Es gibt keine Bäume, keine Sträucher, nicht einmal Dornengewächse. Hier und da bezeugt ein Kamel-Kadaver auf paradoxe Weise, daß es dennoch auch in dieser unwirtlichen Gegend Leben gibt. Das nur ganz leicht gewellte Sandmeer dehnt sich bis hinter den Horizont und erscheint daher grenzenlos, wobei die Unendlichkeit hier eine linke und eine rechte Hälfte hat, getrennt vom Schienenstrang mit seiner treuen Telegrafenleitung. Und wenn ich mich umschaue, ist da noch die Spur eines Fahrrades, die am Abend dieses Tages 98 Kilometer lang ist …

Abwechslung endlich am **zweiten Tag**, als in der Ferne Berge auftauchen und in den Mittagstunden sogar Seen, völlig unvermutet hier in der Nubischen Wüste. Sie laufen zu den Rändern hin flach aus und mögen an der tiefsten Stelle vielleicht bis zum Bauchnabel reichen. Die Bergzüge im Hintergrund spiegeln sich in dem seichten Wasser, das offenbar glasklar ist.

Gern würde ich in diesen Seen baden oder mich wenigstens waschen, aber ich versuche erst gar nicht, an ihre Ufer zu gelangen. Sie haben nämlich die gespenstische Eigenschaft, sich zurückzuziehen, wenn man sich ihnen nähert, und schließlich verschwinden sie ganz – sie existieren nicht! Trotzdem bereiten mir diese Luftspiegelungen Freude, denn sie bringen Veränderung in das monotone Landschaftsbild.

Am Abend stehe ich vor einer Siedlung mit 30 Menschen: Station No. 6! Die Hauptstadt der Nubischen Wüste, gigantisch in dieser großen Leere! Durch den von Menschenfüßen weichgetretenen Sand zerre ich das Rad zu einer Teehütte, vor der vier Männer Domino spielen.

„Salam aleikum!"

„Aleikum salam!" wird mein Gruß im Chor erwidert.

Man schiebt mir einen Stuhl zu, auf dem ich noch gar nicht ganz Platz genommen habe, als mir schon einer der Männer anbietet, ich könne bei ihm übernachten. Es ist der gut Englisch sprechende Meteorologe, dessen Aufgabe es in dieser Einöde ist, im Sechs-Stunden-Rhythmus die Daten einer kleinen Wetterstation zu registrieren. In seiner Hütte kann ich mich waschen, bekomme ich eine warme Mahlzeit und zum Schlafen ein Bett. Für diese Nacht vergesse ich, daß ich mich mitten in der Wüste befinde.

Der **dritte Tag** wird etwas langweilig. Die Spannung und der Reiz des Unbekannten sind verflogen, ich ahne, daß ich es bis Abu Hamed schaffen werde. Die Luftspiegelungen in der Mittagszeit heitern mich nicht mehr auf, sondern sind zur Selbstverständlichkeit geworden.

Doch am **vierten Reisetag** werden die Kräfte von der Aussicht beflügelt, in die Zivilisation zurückzukehren – und tatsächlich ist die letzte Fata Morgana an diesem Tag gar keine: Ein langgestreckter Palmenwald mit Würfelhäusern an den Ufern eines breiten Flusses. Kein Trugbild! Wirklichkeit! Nach vier Tagen in der kargen Wüste habe ich bei Abu Hamed wieder den Nil erreicht!

Reiseführer, Karten, Bücher

Derzeit ist kein aktueller Reiseführer über den Sudan erhältlich. Versucht, eine Kopie oder ein altes Exemplar vom Bradt Travel Guide „No frills Guide to Sudan", von David Else, oder vom Lonely Planet „Egypt & Sudan" zu bekommen. Karten: Geoprojects „Sudan Travel Map", 1:4 Mio., und die Michelin Nr. 954, 1:4 Mio.

In dem schon erwähnten und sehr lesenswerten Buch „Ah, Agala" beschreibt Bettina Selby äußerst plastisch und realistisch ihre Reise von Ägypten über den Sudan nach Uganda. Sie fuhr gleichfalls mit dem Boot nach Wadi Halfa und von da mit dem Rad nach Dongola, dort nahm sie ein Nilboot nach Karima und weiter mit dem Zug und auf der Straße nach Khartoum. Sie schaffte es sogar, durch den Südsudan und weiter bis Uganda zu kommen!

Geschafft hat es auch *Tilmann Waldthaler,* er brauchte etwa drei Wochen von Wadi Halfa nach Khartoum. In seinem Buch „Expeditionen mit dem Fahrrad" (Moby Dick Verlag) beschreibt er in einem (kurzen) Kapitel diese Fahrt.

Doch die irrste Beschreibung einer Radfahrt durch den Sudan auf dieser Strecke von Wadi Halfa bis runter nach Juba und weiter nach Uganda und Kenia kann man in Bernard Magnouloux' Buch „Abenteuer ohne Grenzen" nachlesen!

Alternative   Afrika-Radler Hartmut Fiebig schaffte eine sehr schwierige Route vom Sudan nach Ostafrika: Von El Khartoum nach Westen nach El Fasher (Bus oder Zug, gefährlich, Überfälle!). Dann über Umm Dafoq nach Birao in die Zentralafrikanische Republik. Von Birao über Bria nach Süden nach Banggassou zur Grenze der Demokratischen Republik Kongo. Äußerst schwierige Piste, kaum Versorgungsmöglichkeiten und kaum Verkehr! Weiter über Bondo und Buta nach Kisangani, und von da über Mambasa nach Uganda oder Ruanda. **Warnung:** Wegen Bürgerkriegen und Banditenüberfällen derzeit definitiv nicht durchführbar! Aber auch sonst ist das ganze sehr schwierig und gefährlich, besonders im Sudan! Nur machbar mit arabischen Sprachkenntnissen (Hartmut spricht Arabisch), nicht passierbare Abschnitte müssen mit Lkw überbrückt werden, doch die sind sehr rar. Große Probleme mit korrupten Grenzbeamten!

Äthiopien
von *Annette Maier*

■ *Annette Maier in Äthiopien*

Das frühere Abessinien liegt am Horn von Afrika, ist etwa dreimal so groß wie Deutschland und doch seit der Unabhängigkeit Eritreas 1993 ohne direkten Zugang zum Meer. Äthiopien ist das höchstgelegene Land Afrikas, das tief zerfurchte Äthiopische Plateau dominiert die Landschaft mit Höhen bis über 4500 m, die Hälfte der Landesfläche liegt über 1200 m hoch. Im Tana See entspringt der Blaue Nil. Die Bevölkerung setzt sich aus über 80 Volksgruppen zusammen, stärkste Gruppe mit zwei Fünftel der Einwohner sind die Oromo im Süden, ein Drittel Amharen im zentralen Hochland um die Hauptstadt Addis Abeba und 10% Tigriner im Nordwesten. Amtssprache ist Amharisch, zahlreiche weitere Dialekte, Englisch wird nur in den Städten gesprochen/verstanden. Hohe Analphabetenrate von 70%. Traditionell gehören viele Äthiopier der Äthiopisch-Orthodoxen Kirche an, die beispiellose Kulturdenkmäler wie die Felsenkirchen von Lalibela hervorgebracht hat, im Süden setzt sich der Islam immer mehr durch.

Äthiopien war lange Jahre kein Reiseland. Hungerskatastrophen, innenpolitische Querelen, zuletzt der blutige Grenzkonflikt mit Eritrea machten jede Reise gefährlich.

Mittlerweile ist der Grenzkrieg beigelegt, die Grenze zum Sudan ist offen und erste Reiseradler wurden auf ihrem beschwerlichen Weg von Kenia zur sudanesischen Hauptstadt Khartoum gesichtet. Dennoch gehört Äthiopien gewiß nicht zu den einfachen und ungefährlichen Reiseländern, vor dem Start sollte man unbedingt aktuelle Informationen (s. „Sudan") einholen und schon gute Tourenerfahrung besitzen!

■ *Peter Smolka in Äthiopien*

Reisezeit, Einreise, Währung

Temperaturen und Niederschläge werden von der Höhenlage bestimmt. Tropisch-heiß bis etwa 2000 m Höhe, in der Danakil-Ebene im NO sind bis über 50 °C möglich, im Hochland erfreuen europäische Sommertemperaturen mit angenehm kühlen Nächten. Generell steigt die Regenwahrscheinlichkeit mit der Höhe, während der Hauptregenzeit von Juni bis September sind viele unbefestigten Straßen nicht passierbar, die kleine Regenzeit von März bis Mai macht weniger Probleme. **Beste Reisezeit** ist nach dem großen Regen, ab Oktober, dann ist Frühling.

Visumpflicht. Das Visum ist nicht bei der Einreise erhältlich, sondern muß vor der Anreise bei einer äthiopischen Botschaft beantragt werden. Adresse in Deutschland: Botschaft der Demokratischen Bundesrepublik Äthiopien, Bootsstraße 20a, 12207 Berlin, Tel. 030-772060. Üblicherweise erhält man 30 Tage Aufenthalt und muß innerhalb von 30 Tagen einreisen (in Nairobi erhält man sowohl für den Aufenthalt als auch für die Einreise bis zu 90 Tage, wenn man nachweisen kann, daß man mit dem Rad unterwegs ist!). Nachweis einer Gelbfieberimpfung wird verlangt.

Mehrmals die Woche gehen Flüge von Frankfurt und anderen deutschen Städten zum „Bole International Airport" in Addis Abeba. Die nationale Fluggesellschaft „Ethiopian Airlines" unterhält ein dichtes Flugnetz zu anderen afrikanischen Staaten (www.ethiopian-airline.com). Einreise auf dem Landweg von Kenia, Djibouti und vom Sudan möglich, Grenze zu Eritrea momentan geschlossen.

Währung ist der *Birr*, unterteilt in 100 Cents. US$-Reiseschecks werden in allen Städten getauscht, bei Reisen in abgelegenere Gebiete sollte ihr entsprechend Bargeld mitnehmen. Kreditkarten sind nutzlos. Das Preisniveau ist allgemein recht niedrig, Feilschen nicht vergessen.

Übernachten, Verpflegung

Selbst im kleinsten Dorf gibt es ein Hotel, meist eine ganz einfache, sehr preisgünstige Übernachtungsmöglichkeit, oft mit einem Heer ausgehungerter Flöhe und anderem Ungeziefer. In Städten wie Addis Abeba, Gonder und Bahar Dar größere und bessere Auswahl an Hotels. Billige Unterkünfte vermieten ihre Zimmer häufig auch stundenweise … Wasser ist in manchen Landesteilen knapp und sollte nicht vorausgesetzt werden, kann jedoch in der Regel organisiert werden.

Spezialität des Landes ist *Injera,* ein aus *Teff,* einer heimischen Getreidesorte, zubereiteter Teigfladen, der sehr treffend auch als „saurer Schwamm" bezeichnet wird. Dazu werden unterschiedliche Beilagen gereicht. Ansonsten haben die Italiener als frühere Kolonialherren ihre Spuren hinterlassen: In Addis Abeba gibt es verschiedene Nudelgerichte und Pizza, auf dem Land zumeist Spaghetti Napoli. Ein ganz besonderes Erlebnis ist die Kaffeezeremonie, für die man sich zumindest einmal Zeit nehmen sollte. Tee und die üblichen Softdrinks sind überall erhältlich.

■ *Rast im kurzen Schatten des Fahrrads, Äthiopien*

Gefahren, restriktive Gebiete

Der Grenzkrieg mit Eritrea ist zwar beigelegt und ein Waffenstillstand beschlossen, dennoch sollte das Grenzgebiet bis zur endgültigen Grenzziehung unbedingt gemieden werden. Minengefahr! Im Süden treiben bewaffnete Banden und im Grenzgebiet zu Somalia Rebellen ihr Unwesen.

Wiederholt kam es zu Typhus- und Cholera-Epidemien, Gelbfieber und Meningitis sind weit verbreitet, das Gesundheitssystem ist allgemein in desolatem Zustand oder einfach nicht existent. Überprüft daher euren Impfschutz und packt alle notwendigen Medikamente in die Reiseapotheke. Bilharziose-Gefahr in allen Seen!

In Äthiopien gilt ein besonders restriktives **Fotografierverbot,** das nicht nur alles Militärische, sondern allgemein alle öffentliche Anlagen umfaßt! Bereits das Ablichten einer Straße kann zur Konfiszierung der Kamera, wenn nicht zu Schlimmerem führen!

Äthiopien ist ganz besonders für Radler kein einfaches Reiseland: Miserable Straßen, große Höhenunterschiede und nervtötende Kinder machen einem das Leben schwer. Die Äthiopier an sich sind nette und hilfsbereite Menschen, auch wenn sie den Umgang mit Weißen nicht gewohnt sind und daher eine für uns selbstverständliche Distanz vermissen lassen und einem oft zu nahe kommen. Dies trifft zwar für viele afrikanische Länder zu, aber nirgends so stark wie hier! Besonders schwierig ist der Umgang mit Kindern, die einen kilometerlang, meist in Gruppen, mit viel Geschrei verfolgen, begrapschen und mit Steinen bewerfen.

Fahrrad, Ausrüstung

In Addis Abeba gibt es in der Piazza-Gegend einige Fahrradgeschäfte, die Billigräder und dazugehörende Ersatzteile verkaufen. Ein MTB ist erste Wahl, es sollte stabil und robust sein. Für die schlechten Straßen breite (Stollen-)Reifen montieren, alle nötigen Ersatzteile und Werkzeuge mitführen. Wegen der großen Höhenunterschiede und allgegenwärtigen Steigungen ein Ritzelpaket mit Berggängen wählen, und denkt daran, daß Sand und Regen auf Abfahrten eure Felgen und Bremsbelägen ganz besonders zusetzen!

Straßen, Verkehr, Transport

Das Straßennetz in Äthiopien ist allgemein lückenhaft und in sehr schlechtem Zustand. Im Norden überwiegen miese Schotterpisten, im Süden fehlen Straßen gleich ganz. In der Regenzeit sind viele Pisten unpassierbar, so z.B. die von Gonder nach Metema an die sudanesische Grenze (weitere Details im Därr-Buch „Durch Afrika", Aktualisierungen unter www.klaus.daerr.de). Immerhin gibt es von Sashemene bis Addis Abeba eine neue, europäischem Standard entsprechende Asphaltstraße.

Der Verkehr ist eigentlich nur in der Hauptstadt lebhaft, ansonsten eher spärlich. Die Fahrer sind für afrikanische Verhältnisse sehr rücksichtsvoll.

Radmitnahme in Überlandbussen und Lkw ist möglich, im Süden teils Konvoi-Pflicht, das könnte auch Radler treffen. Nur eine Zugverbindung, von Addis Abeba nach Dire Dawa im Osten. Wohl die beste Alternative für weitere Strecken ist ein Inlandsflug mit Ethiopian Airlines.

Routen und Touren

Historische Route: Bahar Dar (Nil-Fälle) – Tana See mit zahlreichen Klöstern sowie die alte Hauptstadt Gonder (lebhafter Markt, unbedingt sehenswert!), die heilige Stadt Axum und Lalibela mit den weltberühmten Felsenkirchen als wichtigste Plätze des christlich-äthiopischen Kaisertums.

Östliche Route: Besuch des Grabenbruchs um den Awash-Nationalpark und der Stadt Harar – auf dieser Strecke Lebensraum verschiedener Völker wie der Oromo, Afar, Issa, Äthiosomalis sowie der Adare – Awash-Nationalpark.

Südliche Route: Durch den Grabenbruch zu den großen Seen Abiyata, Shala und Lagano und zum Bale Nationalpark. Ein Paradies für Vogelfreunde! Vorbei am Lake Abaya und Lake Chamo weiter nach Kenia. Reise-Restriktionen beachten!

Reiseführer, Karten, Infos

Reiseführer: „Äthiopien", von Hildemann/Fitzenreiter, Reise Know-How, könnte mehr praktische Infos enthalten. Auch der Lonely Planet „Ethiopia, Eritrea & Djibouti" ist oft noch fehlerhaft. „Guide to Ethiopia", von Philip Briggs, Bradt Travel Guides. Das „East Africa Handbook" aus dem Footprint-Verlag enthält Kapitel zu Äthiopien, Eritrea und Djibouti. Kauderwelsch-Sprachführer „Amharisch", RKH.

Der „International Bicycle Fund", 4887 Columbus Drive South, Seattle Washington 98108-1919, USA hat das „Bicycle Touring in Ethiopia/Eritrea Supplement" herausgegeben, recht brauchbare Routenbeschreibungen, allgemeine Äthiopien-Hinweise, Hotelliste etc. Allgemeinere Hinweise stehen in „Bicycling in Africa". Bestell-Infos einsehbar unter www.ibike.org/publications.htm.

Karten: „Ethiopia", 1:2 Mio., ITM Publications. Reise Know-How: Äthiopien. „Ethiopia", mit Eritrea und Djibouti, 1:2,5 Mio., Cartographia-Verlag, Budapest. Michelin Nr. 954, 1:4 Mio. Sehr gute Karten erhält man bei der „Ethiopian Mapping Authority", Menelik Avenue, Addis Abeba.

Das **Internet** steckt in Äthiopien noch in den Kinderschuhen, Internet-cafés in Addis Abeba und Bahar Dar sind sehr teuer und nicht immer effektiv. „The official website of the Ethiopian Tourism Commission (ETC), www.visitethiopia.org, bietet einen ersten Überblick über das Land. Mehr aber nicht. Etwas mehr in die Tiefe gehen der „World Travel Guide" (www.wtgonline.com/navigate/world.asp) sowie www.newafrica.com/travelguides und www.mytravelguide.com/countries/ethiopia/home.asp. Am besten aber beginnt ihr eure Internetrecherche mit den beiden Suchmaschinen www.cyberethiopia.com und www.ethiopiatoday.com. Sie liefern jede Menge Links zu allen nur denkbaren Themen. Unter http://pressdigest.phoenixuniversal.com werden Tagesnachrichten zu Äthiopien in übersichtlicher Form zusammengefaßt.

E. WESTAFRIKA UND SAHEL-LÄNDER

Planung, Vorbereitung, Wissenswertes

(s.a. Reisebericht „Von Tanger nach Timbuktu", s.S. 357)

Überblick   Die westafrikanischen Länder werden im Vergleich zu den ost- oder südafrikanischen weit weniger vom internationalen Tourismus frequentiert. Die Gründe dafür sind unterschiedlich, doch trotz z.B. fortwährenden instabilen politischen Verhältnissen, wirtschaftlichen Problemen und einer meist kaum vorhandenen touristischen Infrastruktur haben die einzelnen Länder dennoch vieles zu bieten, was das alte Afrika prägt und auszeichnet: Eine vielschichtige und vielseitige Kunst und Kultur, interessante Völker, sehenswerte Natur- und Landschaftsschönheiten und vor allen Dingen eine noch relativ wenig verfälschte afrikanische Lebensmentalität. Westafrika ist relativ dicht besiedelt, besonders die feuchttropischen Regionen entlang der Küste, was wiederum die Privatsphäre eingrenzt. Die Verpflegung ist dort kein Problem, in den Sahel-Ländern eher.

Auch wenn Westafrika arm ist, so sind seine Länder nicht billig! Packt deshalb neben viel Zeit und Belastbarkeit auch genügend viele Reiseschecks ein.

Welche Länder?   Man kann sich auf einer kürzeren Reise entweder direkt ein einzelnes Land vornehmen oder auch eine Reise durch mehrere Länder planen. Ich würde Teile von Mali, Burkina Faso, den Norden von Ghana, Togo oder Benin der sehr schwülen und bevölkerungsreichen Regionen der Küstenländer vorziehen, wo die offene Landschaft meist durch dichten Busch und Wald verstellt ist und laute, wimmelnde Städte (und Elendsquartiere) dem tieferen Erlebnis des ländlichen Afrikas entgegenstehen.

Wer von **Senegal aus** eine Mehrländertour plant, sollte wegen den Problemstaaten entlang der Küste südlich von Senegal (Guinea, Liberia u.a.) vorzugsweise über Mali nach Westen fahren und von da weiter nach Burkina Faso und weiter in die Küstenländer südlich von Burkina Faso bzw. südlich von Mali. Diese Tour läßt sich natürlich auch umgekehrt machen. Eine gute Alternative wäre außerdem eine Rundreise durch mehrere Staaten von Togo aus.

Meist ist es auch oft so, daß man auf dem kürzesten Weg oder auf den besten vorhandenen Straßen von Hauptstadt zu Hauptstadt fährt oder fahren muß, und dann dabei nur wenig vom ländlichen, kaum berührten Afrika mitbekommt. Laßt diese Chance nicht verstreichen und nehmt evtl. auch einige Nebenstraßen oder Umwege unter die Reifen.

Andere westafrikanische Länder

Guinea, Guinea-Bissau, Sierra Leone und Liberia sind sehr arme, schlecht erschlossene und touristisch unergiebige Länder. Oftmalige Umstürze und blutige Unruhen lassen vom Reisen in diese Staaten abraten. So flüchteten z.B. durch den grausamen Bürgerkrieg in Liberia eine Viertelmillion Menschen in die Nachbarländer. Spezielle Reiseliteratur über diese Länder gibt es kaum oder gar nicht, im Därr-Buch „Durch Afrika" und im Lonely Planet „West Africa" werden sie jedoch kurz behandelt.

Anreise, Rückreise

Landweg: Radabenteurer mit viel Zeit wählen die Anreise über Marokko und die Westsahara nach Mauretanien, Details s. „Mauretanien". Mit Zug und Bus lassen sich weniger interessante Streckenabschnitte recht problemlos zurücklegen. Rückreise dann per Flugzeug oder Schiff.

Flug: Mit verschiedenen Fluggesellschaften (z.B. Air France, British Airways, Ghana Airways, EgyptAir, Royal Air Maroc, Air Afrique, Ethiopian Airlines u.a.) nach verschiedenen afrik. Ländern. Billigflugreisebüros helfen weiter.

Wer hinterher dann nach Europa zurückfliegen will, kann dies gut von Niamey (mit der Air France und Air Algérie), von Lomé, Cotonou, Lagos, Accra, Ouagadougou (Corsair u.a. Airlines) tun. Rückflugtickets besser und billiger in Deutschland kaufen (mit „offenem" Rückflugtermin!). Ein Gabelflug, z.B. Hinflug in den Senegal, Rückflug von Togo oder Niger, ist eine interessante Alternative.

Schiff: Von/nach einem westafrikanischen Hafen fahren in vierzehntägigem Rhythmus die Frachtschiffe der Grimaldi-Reederei (Route und Preise unter www.grimaldi-freightercruises.com). Wegen begrenzter Kabinenzahl unbedingt vorbuchen! Nicht billig.

Gesundheit, Visum

Für alle westafrikanischen Länder ist Malariaprophylaxe Notwendigkeit, die „Deutsche Gesellschaft für Tropenmedizin und internationale Gesundheit" hat die Problematik auf ihrer Website www.dtg.mwn.de hervorragend ausgearbeitet. Auch sind z.T. Gelbfieber- und andere Impfungen Pflicht. Vor der Reise die neuesten Vorschriften beachten (Gesundheitsamt, Websites der Tropeninstitute oder bei den Botschaften oder Konsulaten eurer Reiseländer anfragen). Denkt an einen guten Kopf- und Hautschutz gegen die stechende Sonne!

Erkundigt euch auch nach den aktuellen Visabestimmungen! Für Langzeitradler interessant: Viele Visa lassen sich auch noch recht problemlos in den Nachbarstaaten besorgen, mit Ausnahme des Nigeriavisums, das im Heimatland beantragt werden muß. Notfalls einen zweiten Reisepaß beantragen, das Visum über eine Agentur (www.visum.de oder www.visum-centrale.de) besorgen und den Reisepaß per Kurierdienst zuschicken lassen. Senegal, Gambia und die Elfenbeinküste verlangen momen-tan von Deutschen kein Visum. Im Lonely Planet „West Africa" findet ihr eine Übersicht, in welchem Land welches Visum zu bekommen ist.

Währungen   Hauptwährung in Westafrika ist der CFA. Der CFA ist in fester Parität an den Euro gekoppelt (früher an den franz. Franc) und Euro-konvertibel. CFA-Länder sind Benin, Burkina Faso, Elfenbeinküste, Guinea-Bissau, Mali, Niger, Senegal und Togo. Aber auch in Gambia, Guinea und Ghana wird der CFA als Zahlungsmittel akzeptiert oder kann problemlos in Landeswährung getauscht werden. Reiseschecks solltet ihr gleichermaßen in Euro und US-Dollar mitnehmen, die von American Express und Thomas Cook sind okay. Reiseschecks werden allerdings meist nur in Banken der Großstädte und Touristenzentren akzeptiert. Es gibt keinen Schwarzmarkt.

Fahrrad, Ausrüstung   Für die westafrikanischen und die Sahel-Länder sind wegen hohen Anforderungen an Material (und Mensch) Trekking- und Mountainbikes eine gute Wahl, besonders dann, wenn du überwiegend Pisten fahren willst bzw. wenn du sie wegen deiner gewählten Reiseroute zu fahren hast.

    Die Fahrradkultur ist in Westafrika überwiegend französisch geprägt, d.h., es gibt französische Reifenmaße und Schläuche mit Sclaverandventil. Räder mit 28er Reifen finden sich in westafrikanischen und in den Sahel-Ländern selten, meist werden 26-Zoll-Reifen gefahren, auch in den ehemals englischen Kolonialländern (Ghana, Nigeria u.a.). In Togo sind gleichfalls 26er Reifen und Raleigh-Räder üblich, ebenso 28er Reifengrößen.

    Neben der üblichen Radtourenausrüstung und den wichtigsten Verschleißteilen sind empfehlenswert: Ein gut belüftbares Leichtzelt (evtl. verzichtbar), ein leichter Schlafsack, ein Moskitonetz (wichtig) und eine gute Iso-Matte (sog. „selbstaufblasende" sind bei den allgegenwärtigen Dornen in der Sahelzone allerdings evtl. von Nachteil). Ein Kocher ist nicht unbedingt nötig. Eine alte Zahnbürste leistet beim öfter notwendigen Kettenreinigen auf den Sand-, Staub- und Schlammpisten der Sahel-Länder gute Dienste.

Bücher, Karten, Internet   Falls keine zusätzlichen Reiseführer bei den einzelnen Ländern vermerkt sind: Standard-Reiseführer ist Reise Know-How „Westafrika", Band 1 (Sahelländer) und Band 2 (Küstenländer), von Anne Wodtcke, und das (zweigeteilte) Därr-Buch „Durch Afrika" (für Streckenbeschreibungen). „West Africa", von Lonely Planet, bringt Reise-Infos und praktische Tips für alle westafrikanischen Länder südl. der Sahara bis Nigeria. Ein anderer Westafrika-Globetrotter-Reiseführer ist „West-Africa", von Rough-Guide, England.

    Karten: Für alle Länder die Michelin Nr. 953, 1:4 Mio., dazu noch IGN-Karten im Maßstab 1:1 Mio. jener Länder oder Regionen, die man ausführlicher beradeln will. Die bei Ausrüsterläden erhältlichen ONC- bzw. TPC-Fliegerkarten sowie die sowjetischen Generalstabskarten sind eigentlich nur für (motorisierte) Wüstenfahrer interessant. Bei den einzelnen Ländern werden noch zusätzliche Karten genannt.

    Radbücher: Vom „International Bicycle Fund", 4887 Columbus Drive South, Seattle Washington 98108-1919, USA, gibt es das Buch **„Bicycling in Africa"** mit Ergänzungsheften zu Ghana/Togo/Benin, Senegal/Gambia/Guinea, Mali/Burkina Faso/Niger und Cameroon. Bestell-Infos unter www.ibike.org/publications.htm.

    „Westafrika" von Peter Smolka, Pietsch-Verlag 1991. Der unterhaltsam geschriebene Erlebnisbericht einer Radreise durch Marokko, Senegal,

Mali, Burkina Faso bis nach Togo ist leider nur noch im Antiquariat erhältlich.

Tilmann Waldthaler: „Die Äqua-Tour – Mit dem Mountainbike 35.000 km am Äquator um die Erde", Reise Know-How 1993. Tilmanns Abschnitt in West-Afrika: Senegal, Mali, Burkina Faso, Niger, Benin, Togo, Benin, Nigeria, Kamerun (er fuhr bis Kenia).

Internet: Internetstationen gibt es mittlerweile in jeder Hauptstadt und in jedem Ort, der häufig von Touristen besucht wird. Bedenkt man, daß gerade einmal 14 Mio. Afrikaner überhaupt einen Telefonanschluß haben und nur 2 Mio. das Internet nutzen (können), davon drei Viertel allein in Südafrika, dann ist das schon eine kleine Sensation. Erwartet keine Wunder, oft gibt es nur einen Internetknotenpunkt im Land in der Hauptstadt, die Verbindungen sind generell langsam und brechen öfter zusammen. Die Internetgebühren sind wie die Telefon- und Faxgebühren nach Europa allgemein sehr hoch.

Nachrichten, sortiert nach Ländern, bietet der Internet-Newsticker http://allafrica.com/westafrica. Die Yale Universität hat im Rahmen eines Sprachenprojekts viele Links gelistet unter http://swahili.africa.yale.edu/links. Noch umfangreicher ist die Linkliste auf der Website des „Norwegian Council for Africa" (NCA) unter www.afrika.no/index. „The Africa Guide" ist ebenfalls ein guter Einstieg in die Internetrecherche, zahlreiche Links unter www.theafricaguide.com.

Benin

Überblick

Armes Entwicklungs- und Agrarland mit 6 Mio. Einwohnern. In den weniger besiedelten nördlichen Landesteilen kann man noch ursprüngliches Afrika kennenlernen. Dort liegt der tierreiche „Parc National de la Pendjari" und der „Parc National du W". Saharadurchquerer fahren, vom Niger kommend, meist durch Benin ans Meer (von Niamey nach Cotonou). Der Norden Benins ist dünn besiedelt. Größte ethnische Gruppen sind die Fon, Yoruba, Adja, Bariba und Somba. Rund 60 Sprachen, Amtssprache Französisch. Naturreligionen, Heimat des Voodoo-Kultes. Hauptstadt ist Porto Novo, Regierungssitz Cotonou.

Auf dem Land einfachste Billig-Hotels, in den Städten ein besseres und auch teures Angebot, einige einfache Campplätze. Wildes Campieren soll verboten sein. Radler aus D, A und CH benötigen ein Visum.

Geografie, Klima

Küstenstreifen mit Feuchtwäldern, Lagunen und Sümpfen, im Norden ansteigendes Tafelplateau mit Atakora-Bergen (ca. 600 m) und Trockensavanne. An der Küste tropische Schwüle mit zwei Regenzeiten, hohe Luftfeuchtigkeit. Im Norden nur eine Regenzeit, etwas trockener.

Im Süden und Norden ist die beste Reisezeit in den trockenen Monaten von Dezember bis März, im Süden ist Trockenzeit auch im Juli und August. Die Winde wehen im Dezember hauptsächlich von Nord/Nordost, im Sommer von Süd/Südwest.

Ziele, Routen, Reisen

Das Land bietet kaum touristische Anziehungspunkte, der nördliche und nordwestliche Landesteil ist am interessantesten. Sehenswert ist Abomey, die alte Hauptstadt des Königreiches Dahomey (Königspalast, Museum). Gleichfalls interessant ist die Stadt Ouidah. Sehr schön sind

Fischerdörfer auf Stelzen in Lagunen (Ganvié, in der Nähe von Cotonou). Lohnenswert ist die Schleife Cotonou, Ouidah, Lokossa, Abomey, Cotonou.

Die Nord-Süd-Hauptstraße ist durchgehend asphaltiert, abzweigende Pisten gehen nach Osten und Westen. Die westliche Nord-Südverbindung Dassa – Savalou – Djougou – Natitingou wurde mittlerweile ausgebessert und ist ab Djougou asphaltiert. Die Küstenstraße nach Togo und Nigeria ist ebenfalls asphaltiert und sehr gut (doch viel Verkehr!). Im nördlichen Landesteil gibt es nur Erdpisten, die während der Regenzeit (Mai bis Oktober) nur schlecht zu befahren sind.

Von Parakou nach Cotonou verläuft eine Eisenbahnlinie, Rad-Transport ist möglich. Keine Überlandbusse, nur Minibusse und Buschtaxis von Ort zu Ort.

Karten, Bücher: IGN-Karten 1:1 Mio.; sehr gut ist die IGN Carte Générale 1:600.000. „Reiseführer Benin", von Bosch/Hiemann, Edition Äquator. „International Bicycle Fund", Ergänzungsheft zu Ghana/Togo/Benin, weitere Bücher s.o.

Burkina Faso

Überblick

Das frühere Obervolta ist eines der ärmsten Länder nicht nur Afrikas, sondern der ganzen Welt (immer wieder Dürrekatastrophen). Spärliche Landwirtschaft, kaum Industrie und Autos außerhalb der paar Städte, Energie- und Verkehrsprobleme. Das Fahrrad als wichtiges Verkehrsmittel ist weit verbreitet. Sehr viele ethnische Gruppen (Mossi, Bobo, Fulbe u.a.), Amtssprache ist Französisch, Hauptstadt Ouagadougou.

Im Nordosten des Landes Halbwüste (Sahelzone), in der Mitte Trockensavanne, im Südwesten Feuchtsavanne. Starker Nord-Süd Gegensatz in Klima und Vegetation. Im Winter weht von Nordosten der trockenheiße Harmattan. Im Sommer kommt der Wind von Südwesten (Südwest-Monsun). Trockenzeit von Oktober bis Mai, beste Reisezeit im Dezember bis Februar. Im April und Mai wird es sehr heiß! Für Deutsche, Österreicher und Schweizer besteht Visumpflicht.

Ziele, Routen, Reisen

Burkina Faso besitzt ein Nebeneinander von islamischen und vielfältigen afrikanischen Kulturen in unterschiedlichen Regionen. Sehenswert ist die Hauptstadt Ouagadougou (Markt, Museum), Gorom-Gorom (Donnerstag-Markt), Bobo-Dioulasso (Maskenfeste) und die südliche Banfora-Region. Eine interessante Route ist die von Ouaga nach Norden, nach Yako und weiter nach Mopti in Mali.

Burkina Faso ist ein Durchreiseland von Mali zum Niger, oder es geht südlich weiter nach Benin, Togo, Ghana oder zur Elfenbeinküste. Eine Rundreise ist nicht gut möglich, trotzt des weitverzweigten Pistennetzes. Asphaltiert sind nur die Straßen zwischen den größeren Städten bzw. von der Hauptstadt zu den Nachbarländern Niger, Ghana, Mali und Togo. In der Regenzeit muß mit tagelangen Sperrungen der Pisten gerechnet werden.

Eine Eisenbahnlinie verläuft von Ouaga über Bobo nach Abidjan (Elfenbeinküste), eine weitere verbindet Ouaga und Kaya. Schneller sind die recht komfortablen Überlandbusse, ins Hinterland rumpeln Minibusse

und Buschtaxis. In Ouaga und Bobo kann man Fahrräder mieten. *Air Burkina* fliegt die Hauptstädte der Nachbarländer an.
Bücher, Karten: Burkina Faso ist meist Teil von Westafrika-Führern. „International Bicycle Fund", Ergänzungsheft zu Burkina Faso (s.o.). Karten: IGN Carte Touristique et Routière 1:1 Mio., IGN 1:1 Mio. sowie Detailkarten 1:200.000.

Côte d'Ivoire (Elfenbeinküste)

Überblick

Obwohl die Elfenbeinküste eine sehr gute Infrastruktur besitzt und das Reisen relativ einfach ist, zieht es nicht allzu viele Touristen dorthin. Das Land hat seit jeher mit dem Mutterland Frankreich gute Beziehungen. Wirtschaftlich wesentlich weiterentwickelt als seine Nachbarstaaten hat es unter dem Verfall der Weltmarktpreise für Kakao und Kaffee besonders gelitten. Die Wirtschaftsmetropole Abidjan ist mit Abstand die modernste und europäischste Stadt Westafrikas (ca. 90 km östl. davon, in Assinie und Assouindé, gibt es touristische Feriendörfer). Im Land leben sehr viele Franzosen, Amtssprache ist Französisch.

Die Landschaftsformen ähneln denen der Nachbarstaaten der Elfenbeinküste: Auf die schwülheiße Küstenebene folgt eine bis 500 m ansteigende Hochebene. Im Westen, an der Grenze zu Guinea um die Stadt Man, steigt sie bis fast 1300 m an (Nimbagebirge), klimatisch angenehm.

Der Süden mit der Küste ist ganzjährig feuchtheiß, mit Lagunen, Sümpfen und Mangrovenwäldern. Im Landesinnern gibt es tropische Regenwälder, die weiter nach Norden in Feuchtsavanne und später in Busch- und Trockensavanne übergehen. Kein Visum für deutsche Staatsangehörige nötig, dagegen für Schweizer und Österreicher.

Ziele, Routen, Reisen

Ein gutes, asphaltiertes Straßennetz verbindet die größeren Städte und Regionen, auch die Pisten sind gut befahrbar. Viele Polizeikontrollen. Herausragende landschaftliche Besonderheiten bietet das Land nicht, dafür jedoch den zweifelhaften, riesigen Nachbau des Petersdom von Rom in der neuen, ultramodernen Verwaltungshauptstadt Yamoussoukro und einige sehr interessante Volksstämme und deren Kultur, wie z.B. im Norden die Senufo. Hauptort der Senufo ist Korhogo.

Eine schöne Rundreiseempfehlung im Nimba-Hochland (ca. 280 km): Man, Biankouma, Sipilou, Danané. Beste Reisezeit ist November bis Mai, Regenzeit ist von Juli bis November.

Zahlreiche Linienbusse und Sammeltaxis fahren von allen Landesteilen nach Abidjan. Eine Eisenbahn fährt von der Millionenstadt Abidjan bis nach Burkina Faso (Bobo-Dioulasso und Ouagadougou). Frachtschiffe von Abidjan zu/von europäischen Häfen. Flüge mit *Air Ivoire* von Abidjan nach Korhogo, Bouaké und Man, gute Flugverbindungen in die Nachbarländer (Air Afrique, Air Ivoire, Ethiopian Airlines u.a.) und nach Europa (Air France, KLM u.a.).

Bücher und Karten:

Die Elfenbeinküste ist meist Teil von Westafrika-Führern. Karten: Michelin Nr. 957, 1:800.000, und Detailkarten von IGN 1:1 Mio.

Ghana

Überblick Ein abwechslungsreiches Reiseland, derzeit politisch und wirtschaftlich recht stabil. Im wenig besiedelten Norden, der auch kaum erschlossen ist, prägen hügelige Savannen das Landschaftsbild. Traditionelle Lebensweisen bestimmen den Gang der Dinge. Im Süden wuchert tropischer Regenwald und es wird tropische Landwirtschaft betrieben. Von Bedeutung für die Bewässerung des Landes ist der Volta-Stausee, der größte der Welt! Hauptexportgüter sind Gold und Kakaobohnen.

An der Küste herrscht tropisches Klima, im Norden ist es heiß und trocken. Beste Reisezeit ist November bis Februar, im Süden auch noch Juli und August. Im Süden zwei kleinere Regenzeiten von April bis Juni und September/Oktober, im Norden kräftige Regenfälle von April bis Oktober. Vorherrschende Windrichtung an der Küste von Südwesten her. Im Inland wehen die Winde während der trockenen Wintermonate von Norden („Harmattan"), während der Regenzeit von Süden.

Die Versorgung (Nationalgericht: Fufu) ist gut, überall gibt es Straßenrestaurants, Märkte u.a. Futterstellen. Hotels („Catering Rest Houses") gibt es auch genügend, doch oft in schlechtem Zustand.

Visumpflicht für Reisende aus D, A und CH. Hauptstadt ist Accra, Amtssprache Englisch (was wohl vielen Radreisenden entgegenkommen wird). Währung ist der Cedi, seine Ein- und Ausfuhr ist verboten. Hohe Inflationsrate. Reisechecks, am besten auf US-Dollars oder brit. Pfund lautend, werden nur in Accra und wenigen anderen Städten akzeptiert. Bargeld läßt sich am einfachsten in den „Forex" genannten Wechselstuben tauschen. Geldautomaten für Visa in Accra und einigen anderen Städten.

Rad: Nur in Accra gibt es Radgeschäfte mit moderneren Radtypen und besserer Auswahl an Ersatzteilen, z.B. Adjavon Cycles, westl. der Hauptpost im Zentrum.

Ziele, Routen, Reisen Ghana hat ein relativ gutes und dichtes Straßennetz. Nebenstraßen im Norden sind zumeist Pisten, die in der Regenzeit schlecht radelbar sind. Von der zweitgrößten Stadt Ghanas, der alten Ashanti-Hauptstadt Kumasi im Süden, gehen gute Straßen nach Accra ans Meer und weiter nach Lomé in Togo. In westlicher Richtung geht es zur Elfenbeinküste und nach Norden über den Verkehrsknotenpunkt Tamale nach Burkina Faso (nach Ouagadougou). Eine Rundreise bietet sich an zwischen Accra – Koforidua – Kumasi – Cape Coast.

Zur Elfenbeinküste kann man über Berekum fahren, oder auch am Meer entlang. Westlich von Accra gibt es an der Küste zahlreiche Forts, in denen früher Sklaven gefangengehalten wurden (Axim, Dixcove, Elmina, Cape Coast, Apam, Senya Beraku u.a.). Übers Land verteilen sich mehrere Nationalparks, größter ist der „Mole National Park" westlich von Tamale.

Transport: Der int. Flughafen von Accra ist sehr gut an transkontinentale Flugrouten angebunden. Die nat. Fluglinie *Ghana Airways* verbindet Accra mit Europa und vielen afrikanischen Ländern. Einige regionale Fluggesellschaften fliegen die großen Städte im Land an, meist kommen Propellermaschinen zum Einsatz (Radmitnahme könnte problematisch werden, vorher abchecken). Im Dreieck Accra – Kumasi – Sekondi – Accra verläuft eine Eisenbahn. Es verkehren viele Busse und Buschtaxis (die hier „Trotro" genannt werden). Oder man fährt mit „Mammy Lorries" (Lkw) durchs ganze Land. Von Akosombo (Accra) nach Yeji (Tamale) kann man auch auf dem Volta-Stausee per Schiff fahren.

Bücher und Karten: „Ghana Reisehandbuch", von Jojo Cobbinah, Peter Meyer Verlag. Bradt: „Guide to Ghana". „International Bicycle Fund", Ergänzungsheft zu Ghana/Togo/Benin (näheres s.o.). Karten: ITM Travel Map Nr. 960, „Ghana", 1:750.000 (lückenhafte Kilometrierung). In Ghana erhältlich: Ghana Road-Map von Shell 1:1 Mio, veraltet. Besser sind die zwei IGN-Karten in gleichem Maßstab.

Kamerun

Überblick

Kamerun, am Schnittpunkt zwischen West- und Äquatorialafrika gelegen, hat mehrere Klima- und Vegetationszonen. Der südliche Teil zählt zu den Tropen mit gleichmäßig warm-heißen Temperaturen, die im mittleren Landesteil durch die Höhenlagen (1000 bis 1500 m) etwas gemildert werden. Weiter nördlich schließt sich die Savanne an, unterbrochen von Grasländern. Höchster Berg Westafrikas ist der Kamerun-Berg (4070 m).

Der **attraktivste Teil Kameruns ist der Norden,** das schöne Hochland von Adamoua. Hier leben die Ethnien der Haussa und Kirdi oder das interessante Hirtenvolk der Fulbe, das bekannt ist für seine sehr schöne Lehmarchitektur und sein Kunsthandwerk.

Kamerun ist wirtschaftlich und politisch relativ stabil, trotzdem ist es touristisch kaum bekannt. Hauptstadt ist Yaoundé, die größte aber ist die Hafenstadt Douala (1,5 Mio.; wird von Deutschland mit den Schiffen der Grimaldi-Reederei angelaufen). Im Norden Kameruns wird als Umgangssprache englisch, im Süden französisch gesprochen. Reisende aus D, A und CH benötigen ein Visum.

Beste Reisezeit: Im Norden von November bis April, im Süden von November bis Februar. Dort viel Regen von Juli bis Oktober.

Ziele, Routen, Reisen

Die Verkehrserschließung ist dürftig. Größtenteils Pisten, nur wenige asphaltierte Straßen (Reisende berichten von zahlreichen „gebührenpflichtigen" Straßenkontrollen!). Der nördlichste Teil von Kamerun ist für einen Radfahrer kaum zu erreichen, höchstens, daß man von Nord-Nigeria aus einreist oder von Yaoundé den Zug nach Ngaounderé nimmt und dann auf guter Straße nach Garoua fährt. Von dort geht's auf landschaftlich attraktiver Strecke nach Mokolo (schön ist die Kapsiki- und Mandara-Region!). Evtl. Besuch des Waza-Nationalparks.

Lohnend ist auch die reizvolle Berglandschaft von Bamenda und das Bamiléké-Land. Eine empfehlenswerte Rundreise dort ist: Bamenda – Wum – Nkambé – Kumbo – Bamenda (leider teils miserable Bergpisten).

Auch das sehenswerte Foumban und das Dreieck Bafoussam – Bafang – Bangangté ist landschaftlich attraktiv (die Anfahrtstrecke von Douala oder Yaoundé nach Bafoussam ist ebenfalls asphaltiert). Es fahren auch Omnibusse.

Eine weitere Streckenempfehlung ist die (Teil-)Auffahrt zum Kamerunberg nach Buea (1000 m). Hier oben erfrischten sich schon die Deutschen in Kameruns Kolonialzeit von der sehr schwülen Hitze der Küste.

Wie schon erwähnt, kann mit dem Zug von Yaoundé nach Ngaoundéré in den Norden gefahren werden oder man kann sich mit dem Zug von Douala die kontinuierliche Auffahrt nach Yaoundé ersparen. Kribi ist bekannt als Badeort mit Stränden.

Nach Gabun fährt man über Ebolowa und Ambam, eine gut befahrbare Piste, die asphaltiert wird.

Bücher und Karten: Reiseführer: Reise Know-How „Kamerun Handbuch" von Regina Fuchs; Iwanowski: „Kamerun". „International Bicycle Fund", Ergänzungsheft zu Cameroon, näheres s.o. Karten: Freytag & Berndt Kamerun Autokarte 1:1,5 Mio., sehr gut. MacMillan „Cameroun" 1:1,5 Mio. ITM Travel Map „Cameroon" 1:1,48 Mio. Detailkarten von IGN.

Mali

Überblick Zweitgrößter Staat Westafrikas, tropische Feuchtsavannen im Süden, Dornbuschsavanne und Sahara im Norden, drei Viertel des Binnenstaates sind Wüste! Das Land ist quasi zweigeteilt: In den fruchtbaren Süden (mit ständig fortschreitender Verwüstung vom Norden her) und in die riesigen Wüstenregionen der Sahara. Erfreulich für Radler: Mali ist ziemlich flach, mit Ausnahme der Bandiagara-Region.

Das Nigerbecken mit seinem **Binnendelta** und dem fruchtbaren Schwemmland nach der Regenzeit stellt den Hauptlebensraum Malis dar (es ist ca. 300 km lang und 100 km breit). Doch es gibt auch eine fortschreitende Wasserknappheit des Niger- und des Senegal-Flusses im Westen.

Mali ist ein sehr armes und unterentwickeltes Land, das fast nur von seiner Landwirtschaft (Hirse, Baumwolle, Erdnüsse) zur Selbstversorgung lebt. In der Dornbuschsavanne wird auch Viehzucht betrieben (Fulbehirten). Erheblicher Fischfang im Niger. Achtung, Bilharziosegefahr in den Gewässern!

Mali ist schwach besiedelt. Zahlreiche Ethnien (Bambara, Malinké, Songhai, Senufo usw.), im Norden gibt es auch Tuareg (und Konflikte). Amtssprache ist Französisch, Bambara ist weit verbreitet. Überwiegende Religion: Islam.

Klima, Winde: Der Regen im Süden fällt im Sommer, wenn der regenbringende Südwest-Monsun den trocken-heißen Nordost-Passatwind (Harmattan) ablöst. Die weniger heiße Jahreszeit ist von November bis Februar, was die beste Reise- und Radlzeit ist. Im Januar bläst der vorherrschende Wind aus Ost und Nord-Ost.

Ein- und Weiterreise Reiseradler aus D, A, und CH benötigen ein Visum. Mali war schon immer ein arg bürokratischer Staat, die Meldepflicht für Touristen besteht aber nicht mehr. Bezüglich der An- und Weiterreise aus oder in seine vielen Nachbarstaaten gibt es unterschiedliche, z.T. verwirrende Bestimmungen. Noch vor der Weiterfahrt nach den neuesten erkundigen, Grenzübergänge könnten geschlossen sein!

Die Grenzen in den Norden nach Algerien und nach Mauretanien sowie die Nord-Region mit Gao und Timbuktu und das Grenzgebiet zu Mauretanien waren 2002 offen, können aber wegen Militäraktionen und Überfällen kurzfristig wieder geschlossen werden.

Eine schlechte Sandpiste führt nach Mauretanien zum Übergang Nara/Néma. Weitere Übergänge: Nara/Timbedgha (grüne Grenze; hier ist mit einem Taxi brousse die Ausreise ohne Kontrolle durch die Malier möglich) und Nioro/Ayoûn el'Atroûs (Piste, möglichst Lkw nehmen; ab Bamako auf Wellblech mit (viel) Sand über Diéma nach Nioro, soll aber befestigt werden). Auch die Sandpiste über Tessalit nach Algerien ist eher etwas für Geländewagen.

Nach Senegal entweder mit dem Zug von Bamako nach Dakar (es kann auch unterwegs zugestiegen werden), oder auf teilweise schlechter Piste (Wellblech, Sand) über Diéma, Nioro, Kayes zur Grenze und nach Tambacounda.

Die Hauptstraße zur Elfenbeinküste verläuft über Sikasso, es gibt aber auch noch zwei Nebenstrecken weiter westlich. Von Mopti gelangt man über Bandiagara und Koro nach Burkina Faso (Ouahigouya) auf schlechter Piste. Vorbei an den schönen Mandingo-Bergen geht es über Kourémalé nach Guinea. „Die Piste von Gao nach Ayorou im Niger (ca. 250 km) ist gut machbar, trotz gelegentlichen kürzeren Sandabschnitten und besonders üblem Wellblech zwischen Gao und Ansongo (vor allem um Haoussa-Foulane). Wasser aus dem Fluß (oft ein gutes Stück entfernt), in Ansongo auch Wasserleitungen." *(Thomas Longin)*.

Ziele, Routen, Reisen   Sehenswert ist Djenné und sein Markt und seine Moschee. Mopti (das „Venedig" Malis) und seine Lehmmoschee. Ségou. Die Gondo-Ebene an der *Falaise de Bandiagara* (Plateauabbruch) mit der Hauptattraktion Malis, dem **Land der Dogon,** die in malerischen Dörfern mit spitzen Kegeldächern leben (zum dort Radfahren empfiehlt sich eine IGN-Karte 1:1 Mio. und ein MTB).

■ *Die kunstvolle Lehm-Moschee in Djenné, Mali*

Das Straßennetz ist sehr weitmaschig und konzentriert sich auf den Süden. Pisten sind nur in der Trockenzeit befahrbar und werden bei starken Regenfällen gesperrt. *Martin Moschek:* „… besonders sollte man auf die Akaziendornen aufpassen, die in den Reifen eindringen und dann abbrechen. Teilweise kann man die Spitze der Dornen im Mantelinneren nicht erfühlen. Sie treten erst bei ausreichendem Druck heraus und lösen so immer wieder einen Platten und mit der Zeit auch einen Nervenzusammenbruch beim Radler aus … Ich kam wegen der Dornen in 9 Stunden nur 30 km weit!"

Asphaltstraßen gibt es von Bamako nach Mopti und von Bamako zur Elfenbeinküste, auch die Strecke nach Bobo-Dioulasso (Burkina Faso) ist asphaltiert. Die Piste zwischen Bamako und Tambacounda im Senegal ist sehr schlecht, hügelig und nur in der Trockenzeit befahrbar (am besten mit einem MTB), besser auf den Zug ausweichen. Nach Bobo-Dioulasso (Burkina Faso) ist die nördliche Route über Koutiala die bessere. Die Strecke Mopti – Ouahigouya (Burkina Faso) ist kaum befahren und ist schlechte Piste.

Streckenvorschlag: Bamako – Mopti mit dem Flußboot (evtl. weiter nach Timbuktu mit einer Pinasse oder Piroge, ein schönes Erlebnis, insgesamt ein bis zwei Wochen!). Rückreise von Mopti (Abstecher zum Dogon-Land) über San und Ségou nach Bamako. Oder über das Dogon-Land weiter nach Burkina Faso.

■ *Rauhe Pistenfahrt – gleich wird das Rad voll eingestaubt sein*

Martin Moschek erkundete eine abenteuerliche Route: „Von Bamako mit dem Rad nach Ségou und weiter nach Niono, Nampala und Léré. Von hier bis Niafounké sollte man ein Auto nehmen, weil zwischen diesen Orten ein großes Sandfeld liegt. In Niafounké gibt es ein großes deutsches GTZ-Projekt (Cooperation Allemande-Mali) namens „Lac Horo". Auf der weiteren Strecke über Tonka nach Dire an den Niger wechseln sich Sand und harter Boden ab. Man sollte sich auf viel Schieben einstellen, denn die Piste führt immer wieder durch große Dünengebiete. Weiter nach Goundam, von dort sind es noch 95 km bis Timbuktu. Aber Achtung: Kein Wasser hinter Goundam! Die ersten Kilometer geht es durch tiefen Sand, dann wechseln sich Wellblech, Dornen und Sand ab. Bei entgegenkommenden Fahrzeugen wegen des Steinschlags lieber am Rand halten.

Weiterreise von Timbuktu entweder mit Boot oder Pinasse nach Mopti und Gao, oder einen Jeep nehmen. Empfehlenswert ist ein Abstecher in die Homboriberge bei Douentza (zwischen Gao und Mopti).

Wer mit dem Fahrrad zurück will, kann in der Trockenzeit und mit viel Flickzeug und Ersatzmänteln folgende Route versuchen: Timbuktu –

Goundam – Diré – Tonka – Niafounké. Von hier mit der Fähre auf die andere Flußseite übersetzen und Richtung Saraféré fahren. Das Problem: Eine Strecke gibt es nicht, man muß sich nach den Vieh- oder Autospuren richten. Fragt euch von Dorf zu Dorf durch. Es geht zum großen Teil durch Sanddünen oder über sehr harten, welligen, ausgetrockneten Boden. Achtung Dornen! In Saraféré lohnt ein Besuch beim örtlichen Radio (große Antenne) – nette Leute. Der nächste große Ort sollte irgendwann Korientzé sein. Von dort weiter über viele Dörfer nach Konna. Der dann dort wieder beginnende Asphalt bringt einen nach Mopti."

Transport: Eine Eisenbahn geht zweimal wöchentlich von Bamako über Kayes nach Dakar in den Senegal (mind. 35 Stunden). Der Schiffsverkehr auf dem Niger von Bamako (Koulikoro, 60 km nordöstl.) nach Gao (rd. 1300 km) ist abhängig vom Wasserstand des Flusses, in der Regel möglich nach Ende der Regenzeit von Juli bis Dezember. Viele Überlandbusse, Taxi brousse und Lkw, Radmitnahme problemlos.

Übernachten: Es gibt sowohl einfache als auch sehr gute Unterkünfte, besonders in touristischen Regionen. Ein Zelt ist wichtig, doch offizielle Campingplätze gibt es meist nur auf dem Gelände von Hotels oder Jugendherbergen. Wild Campen ist jedoch außerhalb der größeren Städte in den Dörfern in der Regel unproblematisch. Das Verbot, bei Einheimischen zu übernachten, wurde aufgehoben.

Bücher und Karten

Bradt: „Guide to Mali". „International Bicycle Fund", Ergänzungsheft zu Mali, näheres s.o. Bettina Selby: „Timbuktu", Schweizer Verlagshaus Zürich. Eine Radreise von Bamako nach Niamey, teils mit Booten auf dem Nigerfluß. Die Verfasserin (eine über 50jährige Engländerin) ist dieselbe Autorin, die „Ah Agala!", eine Radfahrt von Ägypten nach Uganda geschrieben hat. Sehr kurzweilig und spannend.

Reiseerzählung und Infos: Andreas Altmann: „In 90 Tagen von Tanger nach Johannesburg", RoRoRo. Lieve Joris: „Mali Blues", Piper Verlag. Heinrich Barth: „Die große Reise", Ed. Erdmann. DuMont Kulturführer „Sahel".

Karten: IGN Carte Générale 1:2,5 Mio. Detailkarten von IGN 1:1 Mio.

Mauretanien

von *Martin Moschek*

Überblick

Drei Viertel Mauretaniens werden von der Sahara dominiert. Im Westen grenzt das Land an den Atlantik mit der fischreichsten Küste der Erde. Nach Süden geht die Wüste in Dornbusch- und schließlich in Feuchtsavanne über, das ist der fruchtbarste Teil des Landes. Der Senegal-Fluß im Süden markiert die Grenze zum Senegal. Die gemeinsame Nutzung des Flußwassers führte bereits öfter zu Konflikten zwischen Senegal und Mauretanien. Im Osten grenzt das Land an Algerien und Mali, im Norden an die Westsahara.

Mauretanien ist ein sehr armes Land, das hauptsächlich vom Export von Fisch und Erz lebt. Das Erz wird in den Minen um Zouérat abgebaut und von dort mit bis zu 2 km langen Zügen an die Atlantikküste nach Nouâdhibou transportiert. In der Dornsavanne wird viel Viehzucht betrieben, durch Überweidung und fehlendes nachhaltiges Wirtschaften schreitet aber die Verwüstung (Desertifikation) schnell voran. Viele Lebensmittel werden nicht selber hergestellt, sondern müssen importiert werden, was sich preislich bemerkbar macht.

Ein großer Teil der ca. 2,5 Mio. Einwohner lebt in der Hauptstadt Nouakchott und in Nouâdhibou. Das Land ist ein sog. Pufferstaat zwischen Weiß- und Schwarzafrika. Über drei Viertel der Mauretanier sind Mauren, zu den schwarzen Volksgruppen zählen die Wolof, Toucouleur, Soninké, Fulbe und Bambara. Ethnische Konflikte sind auch heute noch möglich, die Sklaverei wurde erst 1981 offiziell abgeschafft, soll aber lt. Amnesty International weiterhin bestehen.

Amtssprache ist Arabisch, Handelssprache Französisch. Hauptreligion ist der Islam. Bezahlt wird mit Ouguiya, nur Banken in Nouâdhibou und Nouakchott akzeptieren Reiseschecks in US$ und Euro. Ansonsten zählen bare US-Dollars und Euros. Die Wechselstuben in den Städten geben bessere Kurse als die Banken, auch Straßentausch. Kreditkarten sind so gut wie nutzlos. Devisenerklärung bei der Einreise.

Klima, Winde

Beste Radelzeit von Dezember bis März mit kühlen Nächten in der Sahara. Im Frühjahr weht der staubige *Harmattan* aus Osten, in der Küstenregion schwenkt er manchmal auf West/Südwest. Nennenswerte Niederschläge fallen nur im Süden von Juli bis September, im Sommer ist es unerträglich heiß mit Tagestemperaturen um die 45 °C.

Ein- und Weiterreise

Radler aus D, A und CH benötigen ein Visum. Visum bereits in Europa bzw. im Senegal besorgen! Das Visum soll nun auch bei der mauretanischen Botschaft in Rabat und direkt an der Grenze zu bekommen sein, der sicherere Weg bleibt aber bis auf weiteres ganz bestimmt die Botschaft im Heimatland. Keinesfalls beim Visumsantrag Marokko als Ausreiseland und das Fahrrad als Transportmittel angeben! Striktes Einfuhrverbot von Alkohol!

Von/nach Marokko: Von Europa kommend reist man meist über Marokko und die Westsahara (Atlantikroute) an. Bis Dakhla ist die Strecke komplett asphaltiert und gut befahrbar. In Dakhla werden die Konvoiformalitäten für Mauretanien erledigt. 5 km vor Dakhla, beim Zeltplatz „Moussafa", ist der Konvoifahrertreff. Hier sollte man sich um eine Mitfahrergelegenheit kümmern. Es ist keinesfalls selbstverständlich, mitgenommen zu werden! Abzuraten ist von den französischen Autoschiebern. Denkt daran, entweder eigene Verpflegung mitzunehmen oder euch diesbezüglich bei eurem „Transporteur" zu beteiligen. Abfahrt des Konvois i.d.R. zweimal die Woche. Die Fahrt durch vermintes (Pisten-)Gebiet bis zur Grenze dauert ca. zwei Tage.

Sollte die Grenze kurzfristig wieder geschlossen werden, müßte man von Casablanca mit dem Flugzeug nach Nouakchott in Mauretanien fliegen. Wer also nach Mauretanien weiterwill, muß beizeiten die aktuelle Lage erkunden und in Marokko ein Fahrzeug abpassen, das gewillt ist, ihn in den tiefen Süden mitzunehmen. Eine gute Info-Quelle ist www.sahara-overland.com.

Von/nach Senegal: Grenze ist der Senegalfluß, Grenzort ist Rosso. Gute Asphaltstraße nach Nouakchott oder St. Louis.

Von/nach Mali: Grenzen offen, Details s. „Mali, Einreise".

Von/nach Algerien sind die Grenzen geschlossen und das Grenzgebiet ist gesperrt.

Ziele,
Routen,
Reisen

Sehenswert ist die Wüste in all ihren Schattierungen. Die Plateaugebirge, allen voran das Adrar-Gebirge um Atâr. Die Oasenstädte Chinguetti (historische Hauptstadt der Mauren) und Ouadâne. Kamelritte in der Wüste und Nomadenleben. Der an der Küste gelegene und schwierig zu erreichende „Parc National du Banc d'Arguin" (Winterquartier zahlloser Zugvögel).

Das **Straßennetz** ist sehr weitmaschig und konzentriert sich auf den Süden, außerhalb der Städte fast kein Verkehr. Nur wenige Straßen sind asphaltiert: Nouakchott – Atâr; Nouakchott – Néma („Route d'Espoir"); Nouakchott – Rosso. Alle anderen Pisten sind durch Sand und Wellblech für Radler nur schwer oder überhaupt nicht passierbar, abgelegene Oasen können nur mit Lkw oder Taxi brousse erreicht werden. Zahlreiche (kassierfreudige) Polizeikontrollen an den Straßen, die obskure „Stempelgebühren" oder schlicht ein „cadeau" verlangen. Eine Straßengebühr gibt es offiziell nicht mehr, also nicht darauf einlassen.

Strecken-
vorschläge

Nouâdhibou – Rosso (Senegal). Die Piste am Meer entlang nach Nouakchott ist für Radler unpassierbar, ihr müßt euer Rad auf ein Allrad-Fahrzeug verladen! Besser, man fährt mit dem Eisenerzzug nach Choûm. Am Ende des Zuges hängt ein einzelner, meist total überfüllter Personenwaggon. Die Mitreise im offenen Waggon ist dagegen kostenlos (manchmal gegen ein „petit cadeau"). Nachts wird es aber sehr kalt und man sollte seine Augen mit einer Gletscherbrille vor dem Staub schützen! Fahrrad und Gepäck gut sichern, die Waggons schleudern aufgrund der unebenen Schienen hin und her. Ab Choûm bis Atâr schlechte Sandpiste, die steil ins Adrar-Gebirge führt (auch Taxi brousse). In Atâr kann man sich auf dem Camping „Bab Sahara" erholen. Taxi brousse zu den Oasen Chinguetti und Ouadâne. Ab Atâr bis Nouakchott erstklassige, aber recht eintönige Asphaltstraße (440 km). Zwischen Akjoujt und Nouakchott keine Versorgungsmöglichkeiten! Im Frühjahr Sandstürme! Von Nouakchott bis Rosso am Senegalfluß ist die Straße asphaltiert.

■ *Auf diesen*
Schienen fährt
der Eisenerzzug
nach Choûm ...

Nouakchott – Aleg (260 km). Wer glaubt, daß die Wüste immer die gleiche Farbe hat, der kann sich an der Asphaltstraße zwischen Nouakchott und Aleg vom Gegenteil überzeugen. Weiße, rote und braune Sanddünen zaubern einen großen Flickenteppich über die Landschaft. *Thomas Longin* gibt den Tip, von Aleg die Asphaltstraße nach Bogué zum Senegalfluß zu nehmen (70 km), hier auf neuem Asphalt 100 km nach Kaedi zu pedalen und mit der Piroge über den Fluß überzusetzen nach Matam/ Ouro Sogui (Grenzkontrolle Senegal). Am Senegal entlang nach Kidira (Grenze Mali), per Rad nach Dakar oder per Zug nach Bamako.

Nouakchott – Néma („Route d'Espoir"). Wüstenfans mit Fahrtziel Mali können sich an der 1300 km langen **„Straße der Hoffnung"** versuchen: Dünen, kleine Gebirge und bröseliger Asphalt. Zwischen Magta Lahjar und Kiffa (250 km) allerdings ist der Asphalt hoffnungslos kaputt, selbst mit dem Fahrrad ist es hier schwierig, noch Asphaltreste zu treffen. Alternativpiste durch den Busch, aber für Radler zu sandig! Folgt man aber der alten Straße, so sollte man sich auf Versorgungsengpässe einstellen. Die Menschen sind von der alten Straße hin zur Buschpiste gezogen, so daß man viele halbverlassene Dörfer passiert, wo es kein Wasser oder Essen gibt. Oder bis Kiffa auf ein Auto umsteigen. Einreisemöglichkeiten nach Mali s. Mali, „Ein- und Weiterreise".

■ *Die „Straße der Hoffnung"*

Transport　　Die nat. Fluggesellschaft *Air Mauretanie* fliegt von Nouakchott alle größeren Städte an. Selbst kleine Dörfer erreicht man mit dem Taxi brousse oder dem Lkw, die man auch unterwegs anhalten kann, Preise wie immer Verhandlungssache. Bahnlinie von Nouâdhibou über Choûm nach Zouérat, Personenwaggon einmal täglich, ca. 12 Stunden bis Choûm.

Übernachten　　In den Städten meist preiswerte Unterkünfte und gehobenere Hotels. Wild Campen ist die beste Alternative und problemlos abseits der Städte und Dörfer möglich. Kommerzielle Campingplätze in Nouakchott und Nouâdhibou. Die Mauretanier sind sehr gastfreundlich, ihr werdet oft eingeladen werden.

Bücher, Karten, Internet　　Mauretanien ist meist Teil von Westafrika-Reiesführern. Im Grunde genügt die Michelin Nr. 953 1:4 Mio., die IGN Carte Générale 1:2,5 Mio. bringt nicht mehr Infos. IGN Detailkarten 1:1 Mio. Einen Internetguide findet ihr unter www.lexicorient.com/m.s/mauritan/index.htm.

Niger

Überblick

Das Binnenland Niger ist weniger ein Ziel für Radfahrer, es ist hauptsächlich Durchreiseland für Saharadurchquerer, die weiter nach Mali, Nigeria oder an die Küste wollen. Hauptstadt ist Niamey. Das (land-)wirtschaftliche Kerngebiet liegt im Süden und Südwesten entlang des Nigerflusses, wo auch der Großteil der Bevölkerung wohnt. Zwei Drittel des größten westafrikanischen Landes gehört zur Sahara, die im Süden in Savannen übergeht. Im Süden fällt zwischen Juni und September etwas Regen, sonst ist es heiß und es herrscht allgemein Wassermangel.

Beste Reisezeit ist zwischen November und März, der weniger heiße Monat ist der September (mit evtl. etwas Regen). Im Januar wehen die vorherrschenden Winde aus Osten.

Visumpflicht für Deutsche, Schweizer und Österreicher. Das Visum ist an den Grenzen nicht erhältlich, aber in einigen Nachbarstaaten.

Im Niger stehen sich die Kultur der Wüstenbewohner (Tuareg, Tubu u.a.) und die Kultur Schwarzafrikas (Haussa u.a.) gegenüber. Der Islam ist das verbindende Element. Doch **bürgerkriegsähnliche Auseinandersetzungen mit den Tuareg** erschüttern noch immer das Land, worunter auch der Tourismus leidet. Achtung: Der gesamte – für Radler eher uninteressante – Norden war nach wiederholten Banditenüberfällen für Touristen gesperrt, der Grenzübertritt vom Air-Gebirge oder der Ténéré nach Algerien nicht möglich. Die Situation soll sich aber mittlerweile gebessert haben, die Grenzen nach Algerien (Assamakka/Tamanrasset) sind derzeit (2002) wieder offen. Dennoch vor einer Reise unbedingt die aktuelle Lage abklären. Im Niger bestand teilweise Melde- und Kontrollpflicht, das Land wird von Regierung und Militär straff geführt. Lt. *Thomas Longin,* der von Agadez über Zinder und Niamey nach Gao radelte, wurde nirgends mehr auf der Meldepflicht bestanden. Vorsicht beim Fotografieren!

Wildes Campen „en brousse" soll innerhalb von 5 km einer Stadt verboten sein. Campmöglichkeiten oft bei Hotels, in Dörfern oder an Mautstellen, Campplätze gibt es auch in größeren Orten. Das Lebensmittelangebot ist z.T. sehr schlecht, Versorgung wie immer auf den Märkten, auf dem Land gibt es meist nur sehr bescheidene Restaurants. *Thomas Longin:* „In größeren Dörfern gibt es meist sauberes Leitungswasser, außerdem Brunnen jeder Art, Entkeimen genügt, aber z.B. entlang des Niger nur Flußwasser (dieses filtern)."

Amtssprache im Niger ist Französisch. Reiseschecks (Euro, US$) lassen sich nur in Niamey relativ problemlos, aber mit hoher Kommission in CFA tauschen, in kleineren Orten zählt Bargeld.

Ziele, Routen, Reisen

Sehenswert ist Agadez, die alte Sahara-Handelsstadt und in Niamey das Nationalmuseum und der Markt. Von Niamey geht eine recht interessante Strecke Richtung Norden nach Filingué und wieder zurück nach Süden bis nach Birnin-Gaouré.

Entlang der Hauptstraße bis nach Zinder (900 km) gibt es kleine, gefällige Dörfer (in großem Abstand). Doch ansonsten bietet das Land wenig Attraktionen, deren es sich lohnen würde, die langen, heißen Strecken extra mit dem Rad abzufahren.

Im Norden und Nordosten nur Pisten, im südlichen Landesteil zwischen Niamey und Zinder und weiter bis zur Tschad-Grenze asphaltierte

Straßen (1500 km). Von Birnin-Konni über Tahoua nach Agadez (ca. 500 km) und weiter nach Arlit (250 km) gleichfalls Asphaltstraße mit wenig Verkehr. Dornengefahr auf Straßen und Pisten, Vorsicht beim Zelten „en brousse"!

Von Dosso führt eine gute Asphaltstraße nach Benin. Nach/von Burkina Faso über Kantchari gute Asphaltstraße. Nach Nord-Nigeria auf Asphaltstraßen von Birnin-Konni, Maradi und Zinder.

Thomas Longin: „… die Pisten sind mit bepacktem Rad nur zum kleinen Teil bewältigbar (viel Sand), auf jeden Fall furchtbar anstrengend, und die Versorgung ist schwierig. Auf der Strecke Agadez – Zinder warten ca. 145 km Sandpiste auf euch, zwar größtenteils auf festem Untergrund gut fahrbar, aber mit vielen tiefen Schiebestellen („schieben" kann man das schon nicht mehr nennen), verheerend ist vor allem die Südausfahrt aus dem Dorf Aderbissinat mit regelrechten Dünenpassagen. Ich brauchte zwei Tage und mind. 15 Liter Wasser/Tag. Wasser gibt es nur in Aderbissinat sowie in einem sehr kleinen Dorf und bei einem Truckstop am nördlichen Pistenanfang …"

Alternativ kann man auch das Rad auf Buschtaxis oder Lastwagen laden. Das Busnetz funktioniert gut und die Busse sind zahlreich. Eine Eisenbahn hat Niger nicht.

Bücher und Karten: DuMont Kulturreiseführer, s. bei „Mali", mit Reisetips. Kauderwelsch-Sprachführer „Hausa", Reise Know-How. „International Bicycle Fund", Ergänzungsheft zu Niger, näheres s.o. Karte IGN 1: 2,5 Mio. Detailkarten IGN 1:200.000.

Nigeria

Überblick   Nigeria ist das bevölkerungsreichste Land Westafrikas (120 Mio.). Durch den Ölboom der 1970er Jahre plötzlich reich geworden, saugte es alle westlichen Einflüsse gierig auf, doch durch Korruption, Mißmanagement, andauernde Regierungsumstürze, Staatsverschwendung und auch wegen der Bevölkerungsexplosion sieht es sich heute sehr großen Problemen gegenüber.

Der Moloch **Lagos** ist die größte Stadt Afrikas (ca. 13 bis 15 Mio. Ew.). und mit den quadratkilometergroßen Slums und dem höllischen Verkehr **eine der chaotischsten Städte ganz Afrikas!** Für Radfahrer absolut kein Ziel! Die neue Hauptstadt im Landesinnern heißt Abuja.

Geschichtlich ist Nigeria sehr interessant: Mehrere große afrikanische Königreiche und Staaten herrschten bis weit ins 19. Jahrhundert: Bornu, Yoruba, Ife, Benin u.a. Zahlenmäßig größte Volksgruppen: Ibo, Yoruba, Haussa, Kanuri u.a. Religionen: Im Norden Islam, sonst Christentum und Naturreligionen. In den Nordprovinzen Zamfara und Kaduna kam/kommt es immer wieder zu ethnischen Unruhen, Konfliktpunkt ist z.B. die Einführung der Scharia, des islamischen Rechts. Lage sehr unsicher, diese Provinzen derzeit meiden!

Das Klima an der Küste ist dauernd schwül und heiß mit zwei Regenzeiten von April bis Juli und September/Oktober, im Norden mit einer langen Regensaison von Mai bis Oktober. Schlecht zu ertragen sind auch die korrupten Beamten, die kassierfreudigen Polizisten, und es wird von hohen Diebstahl- und Überfall-Risiken berichtet!

Für Nigeria brauchen Reisende aus D, A und CH ein Visum, das nur von den Botschaften im Heimatland ausgestellt wird. Amtssprache Englisch, die Währung heißt Naira. Problematisch ist der Geldwechsel: Nur wenige Banken akzeptieren Reiseschecks (in US$ oder Euro), und wenn, dann nur gegen hohe Kommission und einen weit schlechteren Kurs als Bargeld. In vielen kleineren Städten wird auch nur Bargeld getauscht (Schwarzmarkt). Kreditkarten sind wertlos.

Routen und Reisen

Wenngleich das Straßennetz Nigerias gut ausgebaut ist, so ist der Verkehr doch überwiegend chaotisch, Radfahrer schweben auf den Hauptstraßen wegen rasender Autos oft ständig in Lebensgefahr!

Die Hauptstraße führt von Benin entlang der Küste nach Lagos. Der Norden, besonders das Hochland von Jos und Bauchi (angenehmes Klima), mag vielleicht noch mit einem Grund sein, Nigeria zu bereisen. Die alte Handelsstadt Kano im Norden ist gleichfalls sehenswert, doch gibt es in Nordnigeria auch immer wieder Unruhen und Ausschreitungen gegen Nicht-Muslime!

Man kann an der Küste von Lagos über Onithsa bis nach Calabar fahren, von dort geht die Straße weiter nach Mamfé nach Kamerun. Helmut Hermann fuhr diese Strecke einst bei seiner Afrikadurchquerung, heute ist sie wegen der blutigen Auseinandersetzungen im Nigerdelta eher noch schwerer und gefährlicher!

Neben Nigeria Airways fliegen noch eine ganze Reihe weiterer Regionalfluglinien von Lagos aus kleinere Städte an, die Flugpläne werden allerdings nie eingehalten. Dasselbe Problem haben Zugreisende, wenn der Zug denn überhaupt fährt ... Es gibt drei Bahnlinien: Lagos – Kaduna – Kano; Port Harcourt – Jos – Bauchi – Maidaguri; Kaduna – Kafanchan. Wie in den Überlandbussen besteht eine eklatante Diebstahlsgefahr für euer Bike und Equipment!

Bücher und Karten: Goldstadt- und Mai-Verlag: „Nigeria", beide nicht mehr aktuell. Globetrotter-Reiseführer gibt es keine speziellen für Nigeria, man muß auf die Afrika-Gesamtbände zurückgreifen. Kauderwelsch-Sprachführer s. „Niger". Karten: ITM Travel Map Nigeria 1:900.000, Macmillan bzw. F & B Nigeria 1:1,5 Mio., IGN 1:1 Mio.

Senegal

Überblick

Senegal ist seit langem politisch stabil und stark westlich geprägt. Tourismus ist ein wichtiger Wirtschaftsfaktor (Strand-Ferienanlagen). Wer im Senegal das alte, echte Afrika sucht, findet es höchstens noch im abgelegenen Hinterland ... Senegal ist jedoch eine gute Ausgangsbasis für eine Radtour durch Westafrika – oder auch als „Afrika-Schnuppertour", die man anschließend am Atlantikstrand beim Baden erholsam abschließen kann. Die Küste südlich von Dakar, der Hauptstadt, ist dafür ideal.

Die Flugverbindungen von Dakar nach Mitteleuropa sind sehr gut (billige Charterflüge), es gibt auch viele Verbindungen nach Südamerika. Dakar ist Flugdrehscheibe zu anderen Ländern Westafrikas. Zweimal wöchentlich Zugverbindung von Dakar nach Bamako (Mali). Von Dakar gibt es auch Schiffsverbindungen nach Hamburg (Grimaldi-Linie). Sehenswert in Dakar ist das Nationalmuseum und das Fischer- und Handwerkerdorf Soumbédioune sowie das weiter nördlich gelegene Fischerdorf Kayar.

Senegal besteht fast ganz aus Tiefland. Eine geografische Besonderheit ist, daß das Land ganz das fingerschmale Gambia umschließt. Der senegalesische Teil südlich von Gambia heißt *Casamance,* mit seinem tropisch-grünen Schwemmland und den Reisfeldern ist es eine völlig andere Region als der trockene Norden. Hier kommt es öfter zu gewaltsamen Auseinandersetzungen zwischen der Armee und Separatisten, informiert euch vor einer Tour durch dieses Gebiet unbedingt über die aktuelle Sicherheitslage! Ein Schiff verkehrt zweimal die Woche von Dakar nach Ziguinchor, mit Zwischenstop in Banjul.

Das Klima ist tropisch, beste Reisezeit sind die Monate Dezember bis Mai, Januar bis März ist nicht so heiß. In den Wintermonaten weht der Harmattan Staub aus der Sahara (von Nordosten), während an der Küste ständig Winde vom Atlantik blasen.

Senegal ist ein überwiegend muslimisches Land. Zur Einreise ist für Deutsche kein Visum nötig, doch für Österreicher (bei Aufenthalt über drei Monaten) und Schweizer. Amtssprache Französisch (in Gambia Englisch). Senegal ist kein Billig-Land (viele Importe aus Frankreich), dafür eine recht ordentliche touristische Infrastruktur mit guten Einkaufs- und Verpflegungsmöglichkeiten.

Ziele, Routen, Reisen

Das Straßennetz ist gut ausgebaut. Fahrt nach Norden auf einer Asphaltstraße nach Saint Louis und weiter entlang des Senegal-Flusses, der seit alters her die Verbindung ins Inland darstellt, heute ist es der Grenzfluß zu Mauretanien. Die Straße verläuft entlang des Flusses bis nach Kidira, der letzte Abschnitt ist jedoch schlecht.

Auf asphaltierten Straßen läßt sich eine empfehlenswerte Rundreise Dakar – Kaolack – nach Süden in die Casamance durch Gambia (Banjul) zur Grenze von Guinea-Bissau (Bignona, Ziguinchor, Cap Skirring) machen. Rückfahrt dann durchs Inland von Gambia nach Koalack (dort Lagunen und Salinen).

Außer der Bahnlinie nach Bamako in Mali gibt es auch Zuglinien von Dakar nach St. Louis, Linguére und einige weitere kleine Stichbahnen. Es verkehren auch genügend viele Busse, Taxis und Lastwagen.

Nach Mali: Asphaltstraße bis Tambacounda, bis zum Grenzort Kidira jedoch Piste (soll asphaltiert werden). Von Kayes (Mali) bis Bamako eine schwierige Piste, die in der Regenzeit nicht benutzbar ist. Die Ausweichstrecke Kayes – Nioro du Sahel – Bamako ist eher noch schlechter. Doch man kann auch ganz oder nur teilweise den Zug von Dakar über Tambacounda und Kayes bis Bamako benützen (wöchentlich zwei Züge, auch mit Autotransport, 1230 km, ca. 30 Stunden).

Nach Mauretanien/Marokko: Grenze nach Mauretanien ist offen. Durchfahrt durch Mauretanien nach Nouakchott auf guter Straße. Auch die weitere Strecke bis Atar soll nun durchgehend asphaltiert sein. Atar – Choum sandig. Dann mit der Bahn von Choum nach Nouadhibou und weiter im Autokonvoi nach Dhakla (Westsahara/Marokko). Doch unsicher! Neueste Lage erkunden.

Bücher und Karten: „Senegal/Gambia", von Reise Know-How und Peter Meyer Verlag; „The Gambia & Senegal", Lonely Planet; „Senegal/Gambia", DuMont Reisetaschenbuch. Kauderwelsch-Sprachführer „Wolof für den Senegal" und „Französisch für den Senegal", Reise Know-How. „International Bicycle Fund", Ergänzungsheft zu Senegal, näheres s.o. Peter Smolka: „Westafrika", Pietsch Verlag, vom Senegal nach Togo mit dem Rad. Karten: IGN Carte Touristique Senegal 1:1 Mio. ITM Travel Map Senegal & Gambia 1:800.000. Detailkarten von IGN.

Togo

Überblick

Ist das wohl touristisch erschlossenste Land Westafrikas mit ausgeprägten deutsch-(bayerischen) Beziehungen. Trotz seiner schmalen Küste kann es mit einigen schönen Stränden und Strandhotels aufwarten. Hauptstadt ist Lomé (östlich davon Strandhotels und der beliebte Ausflugssee *Lac Togo*), in Lomé können heimwehgeplagte Afrikafahrer im Restaurant „Chez Marox" und „Alt München" so ziemlich wieder alles essen, was man evtl. so lange vermißt hat. Aber auch so ist das Angebot an Restaurants, Verpflegung, Unterkünften und anderen, für Reisende wichtigen Dingen, befriedigend. Togo will Touristen(-geld) – und das macht sich für Reisende positiv bemerkbar! Es gibt auch einige Campingplätze, und es ist kein Problem, sein Zelt irgendwo aufzuschlagen.

Togo hat wie sein Nachbarland Benin die Form eines schmalen Handtuchs, und während an der tropischen Küste Palmwälder und Lagunen das Landschaftsbild bestimmen, schließen sich Richtung Norden Hügellandschaften und eine Hochebene an (Trockensavanne ab Kara).

Deutsche, Schweizer und Österreicher benötigen für die Einreise ein Visum. Vor der Einreise nach der innenpolitischen Lage erkundigen! Amtssprache Französisch.

Klima, Reisezeit: Durch die Nord-Süd Ausdehnung gibt es verschiedene Klimata. Beste Reisezeit ist im Norden von November bis April (Trockenzeit), im Süden von Oktober bis April (der heißeste Monat ist der März) und Mitte Juli bis Mitte September. In den anderen Monaten herrscht Regenzeit, dann ist es an der Küste saunaschwül. Von November bis Januar bläst im Norden der staubgeladene Harmattan aus der Sahara.

Ziele, Routen, Reisen

Die wichtigsten Straßen Togos sind in gutem Zustand und ganzjährig befahrbar. Die Hauptstrecke nach Norden führt von Lomé über Atakpamé, Sokodé, Dapaong nach Burkina Faso. Wer will, kann außerhalb der Regenzeit auf Seitenpisten und -straßen das Hinterland erkunden.

Die stark befahrene Küstenstraße geht nach Accra (in Ghana, nur ein paar Kilometer von Lomé) und Cotonou (in Benin). Viele Polizei- und Militärkontrollen.

Von Lomé aus kann man zu einer empfehlenswerten Rundreise starten: Aného, Tabligbo und Tsévié. Oder Notsé, Atakpamé, Kpalimé und Assahoun. Die Region im Dreieck Kpalimé – Badou – Atakpamé ist interessant und abwechslungsreich. Es ist auch besser, von/nach Lomé über Kpalimé nach bzw. von Atakpamé zu radeln. Im mittleren Togo ist die Strecke zwischen Sokodé und Sansanné-Mango landschaftlich attraktiv. Wer genug vom Kurbeln hat, kann seinen Drahtesel auf Buschtaxis und Omnibusse verladen.

Bücher und Karten: „Togo", von Norbert Eder, Velbinger-Verlag. Togo ist meist Teil von Westafrika-Führern. „International Bicycle Fund", Ergänzungsheft zu Ghana/Togo/Benin, näheres s.o. Karten: IGN Carte Générale Togo 1:500.000 (sehr gut). ITM Travel Map Togo/Benin 1:864.000. IGN 1:1 Mio.

F. ZENTRAL- UND OSTAFRIKA

Planung, Vorbereitung, Wissenswertes

Überblick   Auf Grund der unstabilen politischen Lage und wegen den geografisch-klimatischen bzw. den infrastrukturellen Problemen sind die Staaten Zentralafrikas, also Kongo, Demokratische Republik Kongo (das frühere Zaire), Zentralafrikanische Republik, Ruanda, Burundi u.a. keine Länder, die man uneingeschränkt als Rad-Reiseländer empfehlen könnte, und dies trifft auch auf die angrenzenden Staaten Tschad, Sudan, Gabun und Uganda zu. Es sind eher Länder, durch die man notgedrungen muß, wenn man Afrika durchqueren will. In all diesen Ländern ist das Reisen, egal mit welchem Verkehrsmittel, schwierig bis sehr schwierig (vergleiche auch Abschnitt „Gesamt-Afrikadurchquerungen", s.S. 329). Eine Ausnahme ist bzw. war Burundi (s.u.), dieses Land besitzt sehr gute Asphaltstraßen, doch es ist auch sehr, sehr dicht besiedelt, freies Übernachten ist dort kaum möglich, und es geht vor allem ständig bergauf-bergab („Land der 1000 Hügel"). Erst wieder der Osten Afrikas, in erster Linie Kenia, aber immer mehr auch Tansania, bieten Lichtblicke für Afrika-Radler. Deshalb werden nachfolgend nur diese beiden Länder ausführlicher beschrieben.

Streckenoptionen: Um von Westafrika nach Ostafrika durchzukommen, bieten sich mehrere Möglichkeiten an: Von Kamerun in die Zentralafrikanische Republik nach Bangui. Von dort in die DR Kongo nach Lisala am Zaire-Fluß und weiter mit dem Schiff nach Kisangani – schwierig. Oder: Von Bangui nach Bangassou, von da in die DR Kongo, über Bondo, Buta nach Kisangani. Die Strecke Bangassou – Kisangani macht in der Regel keine größeren Probleme (sofern nicht Regenzeit).

Oder man fährt Kamerun – Gabun – Republik Kongo, besteigt in Kinshasa das Schiff bis Kisangani. Von Kisangani dann nach Bukavu in Ruanda. Um von dort nach Kenia bzw. Tansania weiterzukommen, bieten sich zwei Möglichkeiten an: entweder nördlich – vorbei am schönen Ruwenzori-Gebirge – oder südlich durch Tansania am Victoria-See vorbei.

Wer nicht nach Kenia oder Tansania weiterwill, fährt von Burundi auf dem Tanganjika-See von Bujumbura bis runter nach Sambia. Man kann dann im Osten in Chipita nach Malawi einreisen und durch ganz Malawi pedalen.

Um von Kenia weiter ins südliche Afrika zu kommen, gibt es zwei Möglichkeiten: Überland durch Tansania, Sambia und Simbabwe, oder, bequemer, mit der TAZARA-Eisenbahn von Dar-es-Salaam nach Kapiri Mposhi in Sambia, und von da dann weiter durch Simbabwe nach Südafrika.

Übrigens: Es herrscht Linksverkehr in diesen ehemaligen englischen Kolonien, also in Kenia, Tansania, Uganda und auch im südlichen Afrika.

Achtung, Unruhegebiete: zur Zeit der Drucklegung waren die oben genannten Streckenoptionen wegen Banditenüberfällen, ethnischen und innenpolitischen Konflikten sowie Grenzkriegen nicht durchführbar! Das Ruwenzori-Gebirge ist für Touristen gesperrt. Auch viele Jahre nach dem furchtbaren Völkermord durch radikale Hutu an den Tutsi schwelt der ethnische Konflikt in Ruanda und Burundi weiter. Ganz Zentralafrika ist momentan definitiv kein Radelgebiet. Das gilt ebenso für Angola, Nord-Tschad und Süd-Sudan! Wer von Westafrika weiter nach Ost- oder Südafrika möchte, dem bleibt leider nur das Flugzeug als Alternative. Dagegen ist die Route Ägypten – Sudan – Äthiopien – Kenia derzeit machbar, aber nicht risikolos! Die Situation kann sich auch hier jederzeit wieder ändern, deshalb unbedingt unterwegs über die derzeitige Sicherheitslage informieren!

Reiseführer und Karten für zentral- und ostafrikanische Länder

Zentralafrika: Momentan keine Reiseführer erhältlich, aber vielleicht findet ihr im Antiquariat den Guide „Central Afrika – Travel Survival Kit" von Lonely Planet. Streckenbeschreibungen für diese Länder in „Durch Afrika" von Därr/RKH.

Ostafrika: Köhler: „Ostafrika", Richtig Reisen. „East Africa", von Hugh Finlay u.a., Lonely Planet; für Rucksack- u. Individualreisende, beschreibt Kenia, Tansania, Uganda, Burundi und Ruanda. Bewährt ist auch das „East Africa Handbook" von Footprint Publications für die Länder Kenia, Tansania, Sansibar, Äthiopien, Djibouti, Uganda, Eritrea. Streckenbeschreibungen: „Durch Afrika" von Därr/RKH. Bradt: „East & Southern Africa – The Backpackers Manual", ein hilfreiches Buch auch für Radler.

Übersichts-Karten: Zentralafrika: RV-Straßenkarte, 1:4 Mio. Kenia, Tansania und die Staaten südl. davon: Michelin Nr. 955, 1:4 Mio. Kenia, Tansania u. Uganda: Freytag & Berndt (Ostafrika 1:2 Mio.). Tansania, Ruanda und Burundi: Nelles 1:1,5 Mio. Karte für Ruanda: IGN Carte Générale 1:250.000, gut. Für Burundi: IGN 1:250.000.

Kenia

Überblick

Kenia ist seit vielen Jahren ein Ziel von Pauschaltouristen, der sich an der Küste in Form von Bade- und im Inland in den Tierreservaten als Safari-Tourismus abspielt. Als das am weitest entwickelte Land Ostafrikas lebt Kenia hauptsächlich vom Tourismus-Erlösen und vom Tee- und Kaffee-Export. Die gute Infrastruktur, die abwechslungsreichen Landschaften, das gut ausgebaute Straßennetz und die einigermaßen politisch stabile Lage machen es auch für Reiseradler zu einem lohnenswerten Ziel in Afrika. Zur Vorbereitung und Durchführung ist das schon angeführte Buch „Cycling Kenya" empfehlenswert.

Kenia liegt beiderseits des Äquators und hat seinen Namen vom höchsten Berg des Landes (5200 m). Kerngebiete sind das klimatisch gemäßigte Hochland und die Senke am Victoria-See. Es bestehen starke Gegensätze zwischen den Landesteilen, die viele Naturschönheiten bieten. Hauptstadt ist Nairobi, zweitwichtigste Stadt Mombasa. Eine Besonderheit ist das *Rift-Valley,* eine erdgeschichtlich-geologische Einmaligkeit (Naivasha – Nakuru).

Aufgrund des hohen Touristen-Aufkommens erhöhte Diebstahlgefahr, besonders an der Küste (Mombasa) und in Nairobi. Malariaprophylaxe nötig.

■ *Weiter Blick in Kenias Täler ...*

Menschen, Sprache, Religion

Dominierend sind die *Kikuyu* und *Luo* sowie andere Ethnien, von denen die *Massai* die bekanntesten sind. Gesprochen wird überwiegend Englisch (Handelssprache) und Kisuaheli (Amtssprache; es lohnt, einige Worte zu lernen; Standardredewendung ist „hakuna matata" – soviel wie: macht nichts, kein Problem). Neben vielen Indern, die überwiegend den Handel beherrschen, gibt es auch noch eine Menge Weiße („wazungus") im Land. An der Küste auch arabischer Einfluß (Islam). Vorsicht beim Fotografieren von Muslimfrauen und Massai!

Einreise, Währung

Kein Visum für Deutsche, Schweizer und Österreicher erforderlich. Die Grenzen zu den Nachbarländern sind offen. Übergänge: Nach Tansania über Tarime (am Victoria-See), über Bologonja (Masai Mara Game Reserve/Serengeti National Park), über Namanga (Arusha) oder Taveta (Moshi) und über Tanga (an der Küste); nach Uganda über Tororo; nach Äthiopien über Moyale, die Grenze bei Ileret an der Ostküste des Turkana-Sees ist geschlossen.

Kenya Airways und Lufthansa fliegen mehrmals wöchentlich von Frankfurt nach Nairobi und Mombasa, fast tägliche Charterflüge nach Mombasa, auch aus der Schweiz. Nairobi ist Flugdrehscheibe für Ostafrika. Bei der Flugankunft in Nairobi wird versucht, so wird berichtet, dir für das Rad einen „Import-Zoll" abzukassieren – freundlich und hart bleiben, nichts bezahlen, auch kein Schmiergeld. Es kann dann jedoch sein, daß das Rad in den Paß eingetragen wird, was bedeutungslos ist. Einreise Überland in der Regel problemlos.

Währung in Kenia ist der Kenya-Shilling, unterteilt in 100 Cent. Keine Devisendeklaration. Reiseschecks (AmEx, Thomas Cook, Citibank) in US-Dollar oder Euro, auch Kreditkarten (Visa, EC-Maestro und MasterCard, AmEx). Geldautomaten in jeder größeren Stadt. Wechselstuben („Forex") geben einen geringfügig besseren Kurs als die Banken, hohe

Kommission bei Reiseschecks, Bargeldauszahlung auf Kreditkarten sind möglich.

Reise- und Radelzeit Das Wetter bzw. die Regenzeit ist in Kenia je nach Region und Jahreszeit sehr unterschiedlich. In Ost-Kenia an der Küste ist vor allem der Monsun das bestimmende Element, April und Mai und November sind dort die Regenmonate, Juli und August sind (mit südlichen Winden) gute Radelmonate. Zwischen Januar und März ist es dort sehr heiß.
Im westlichen Hochland regnet es zwischen März und September, besonders stark im Mai und August, Radfahrzeit ist dort gut im November und Dezember (mit Wind von Nordosten). Im östlichen Hochland (mit Nairobi) regnet es zwischen März und Juni und nochmals kurz im November. Gute Radelmonate sind dort Juli und August und auch noch Januar/Februar. Die Regenzeiten sind in Kenia jedoch nicht stark ausgeprägt und verschieben sich oft. Allgemeine Touristenhochsaison ist von Dezember bis März und von Juni bis Oktober.

Übernachten, Verpflegung Kenias Städte und Ortschaften haben viele Hotels (Lodges), auch preiswertes ist darunter. Hotels werden auch „Boarding and Lodgings" (B&L) genannt. Youth Hostels gibt es in Nairobi (auch YMCA) und Malindi, weitere Hostels in Nanyuki, Naivasha (Fisherman's Camp), Kitale, Kanamai (bei Mombasa), Mt. Elgon (bei Kimilili), Naro Moru (Mt. Kenya) u.a., zugleich gibt es einige YMCA. Anschrift des Verbands: Kenia Youth Hostels Association, Ralph Bunche Rd, POB 48661, Nairobi. *Annette Maier:* „Traveller-Treffpunkt in Nairobi ist der Upper Hill Campsite, nicht die beste Unterkunft (mangels Konkurrenz), aber als Infoquelle unschlagbar." Wegen der Höhe im Landesinnern einen nicht allzu dünnen Schlafsack mitnehmen! Wildcampen außerhalb der Städte und Dörfer ist gut möglich, in den Nationalparks aber auf bestimmte, teure Campgrounds beschränkt. Nur wenige private Campingplätze, allerdings erlauben viele Hotels Camping (gegen Bares natürlich). Die Website „Let's go travel" (www.letsgosafari.com) führt zahlreiche Hotels, Camps etc. auf.
Die Verpflegung bereitet keine Probleme, überall gibt es Restaurants und Märkte, und die indische Küche (auch arabische) bringt Abwechslung in den Radlermagen. Kenias Bier hat einen guten Ruf, Coke und Co. sind selbst noch im kleinsten Dorfladen erhältlich.

Gefahren, restriktive Gebiete Nairobi und Mombasa haben mittlerweile einen zweifelhaften Ruf bzgl. der Gewaltkriminalität. Allgemein hat sich das Diebstahl- und Überfallrisiko in den Jahren mit dem wirtschaftlichen Niedergang des Landes verschärft, auch an den Stränden und in den Nationalparks. Dazu kommen Flüchtlingsprobleme an der äthiopisch/somalischen Grenze, dieses Gebiet und das Gebiet zum Sudan unbedingt meiden! Zwischen Isiolo und Moyale (Äthiopien) besteht Konvoipflicht. Auch die Küstenregion nördlich von Malindi und die gesamte Nordost-Provinz sind unsicher!

Kultur, Sehenswertes Touristische Schwerpunkte mit sehr vielen Hotels sind die Badestrände südlich und nördlich von Mombasa, auch Malindi und die (arabisch geprägte) Inselstadt Lamu sind sehenswert. Attraktionen sind die Tierparks Tsavo, Amboseli, Masai Mara u.a. Wer zwischendurch bergsteigen und wandern will: Nicht nur der Mount Kenia und das Berggebiet drumherum warten mit sehr guten Möglichkeiten auf, sondern noch eine Vielzahl von anderen Trekking-Gebieten. Dazu gibt es spezielle Trekking-Bücher, auch „Cycling Kenya" beschreibt neben dem Radfahren lohnenswerte Trails und Trekking-Routen.

Tierparks

In die großen Parks dürfen nur Fahrzeuge rein, und wer in Touristenautos keine Mitfahrgelegenheit findet, kann auch eine kommerzielle Safari buchen. Mietautos wären auch noch eine Möglichkeit, aber die sind in Kenia ziemlich teuer. Daneben gibt es noch Parks, die man zu Fuß, innerhalb einer organisierten Gruppe, betreten darf („foot safaris"; Adressen von *Walking & Cycling-Safari*-Veranstaltern im Bradt-Buch „The Backpackers Manual" und im „Cycling Kenya"). In drei kleine Reservate, in denen es keine gefährlichen Tiere gibt, kann man auch mit dem Rad rein: In den *Hell's Gate National Park* am Lake Naivasha (Zebras, Strauße, Giraffen, Impalas etc., vor der Kulisse des Rift-Valley), in das *Bogoria National Reserve,* 60 km nördl. von Nakuru (dort leben hauptsächlich Giraffen, Gazellen, Zebras, am Lake Bogoria viele Flamingos) und in den *Saiwa Swamp National Park* östlich von Kitale, Habitat für Antilopen und Vögel (weitere Tips zu Tieren und Parks s.a. „Die Tierwelt Afrika", s.S. 326). Eine hervorragende Übersicht über Kenias Naturparks bietet www.kenyaweb.com/tourism/parks/index.html.

Fahrrad, Straßen, Verkehr

Das Rad ist in Kenia ein wichtiges Transport- und Verkehrsmittel. Gebräuchlich sind 27 u. 28-Zoll-Räder, meist chinesischer Bauart. Mountainbikes führen vor allem Vermietern. Viele Reparatur-Shops. In Nairobi gibt es auch MTB-Reifen zu kaufen. Wer vom Rad aufs Bergsteigen umsteigen will oder Camping-Equipment braucht, hier eine Ausrüster-Adresse in Nairobi: Atul's, Biashara Street. Bicycle-Shops: Inder Lakhmidar, Nairobi, Tom Mboya Street, neben der Post. Kenia Cycle Mart, Nairobi, Moi Avenue.

Wie erwähnt Linksverkehr. Gute Asphaltstraßen, besonders um die dichtsiedelten Regionen, sonst viele gute bis mittelmäßige Pisten, im Nordosten und im sonstigen Hinterland (Norden) nur Pisten. Die Hauptverbindungsstraße ist Mombasa – Nairobi – Kisumu (Victoria-See). Geringer Verkehr auf dem Land, nicht nachts fahren. Hinweisschilder fehlen oft. Vorsicht vor der hohen Fahrbahnkante, falls ihr dem Verkehr auf den Seitenstreifen ausweichen müßt, Sturzgefahr!

Transport

Kenya Airways und mehrere kleinere Fluggesellschaften verbinden Nairobi mit Mombasa, Kisumu, Malindi und Lamu, kleinere Propellermaschinen fliegen auch Nationalparks an (für Fahrräder Platzproblem). Einfacher ist die Radmitnahme im Zug: Die Hauptverbindung führt von Mombasa nach Nairobi (1x tägl., wer diese relativ uninteressante Strecke nicht mit dem Rad von der Küste hochfahren will). Die Linie nach Uganda wurde eingestellt. Einige weitere Stichbahnstrecken, z.B. nach Kisumu, lohnen eigentlich nicht. Viele Überlandbusse, auch Kleinbusse („matatus") mit Radtransportmöglichkeiten auf dem Dach. Keine Passagierschiffe mehr über den Victoria-See. Von Mombasa gibt es Schiffslinien nach Mumbai in Indien, Dhau-Segelboote, z.B. nach Sansibar oder Dar-es-Salaam, nur im Sommerhalbjahr mit dem Südwestmonsun.

Ziele, Streckenvorschläge

Kenia hat viele lohnenswerte Regionen zum Radfahren, z.B. entlang der Küste, von Mombasa nach Malindi oder noch weiter nördlich auf die Insel Lamu. Sehenswert ist nördl. von Mombasa der *Bamburi Nature Trail,* das zu einem Öko-Park umgewandelte Abbaugebiet einer Zementfabrik. Von

Mombasa geht es südlich bis zur Grenze von Tansania nach Shimoni. Interessant ist die Region nördlich von Nairobi (Thika, Mount Kenia) mit einem guten Asphaltstraßennetz. Von Nairobi aus lassen sich gut Rundreisen zusammenbauen. Nicht wundern, wenn es die ersten Tage im Inland nicht richtig „läuft" – das macht die Höhenlage um 2000 m.

Das Buch „Cycling Kenya" listet sieben kleinere und größere Tourengebiete auf, die mit Karten genau beschrieben sind: Nairobi und Umgebung, Central Highland und Mt. Kenia, West Kenia und Lake Victoria, Nordwest-Kenia und Cherangani-Hills, Süd- und Nordküste, Great Rift Valley. Eine Great Rift Valley Rundreise: Nairobi nach Naivasha, Nakuru, Thomson's Falls, Mweiga, Nyeri, Thika, Nairobi (ca. 500 km, 10 Tage) – wir verzichten hier auf weitere Orts-, Routen- und Sehenswürdigkeiten-Details, da alles ausführlich im „Cycling Kenya"-Buch aufgeführt ist.

Ein beliebter Treffpunkt für Afrika-Overlander, Tramper etc. ist der Camp-Platz bei der Twiga-Lodge am Tiwi-Beach (ca. 25 km südl. von Mombasa, aber Diebstahlgefahr). Treffpunkt der Reisenden in Nairobi das Thorn Tree Café des New Stanley's Hotel und der schon erwähnte Upper Hill Campsite.

Es gibt in Kenia auch organisierte Bicycle-Safaris, z.B. bei „Bike Treks", POB 14237, Nairobi, und bei „Hiking & Cycling Kenya", POB 39439, 4th Floor, Arrow House, Koinange St, Nairobi, sowie Radverleih-Shops an der Küste (Subira Bicycle Hire, Watamu, Birges Shopping Centre, Bamburi und das Sport Centre beim Diani Beach Shopping). Aber auch viele Campingplätze, Guesthouses und Hotels leihen Räder aus.

Reise- und Radführer, Karten
Hartmut Fiebig: „Kenia", Reise Know-How – die absolute „Info-Bombe" des Afrikaradlers Fiebig. Fletcher: „Kenya", Lonely Planet. Und noch einige mehr.

Das Buch „The Backpackers Manual" von Bradt ist gleichfalls sehr nützlich. Kenia-Straßen- und Streckenbeschreibungen in: „Durch Afrika" von Därr/RKH. Kauderwelsch-Sprachführer: „Kisuaheli", dto. RKH.

Radführer für Kenia: „Cycling Kenya", von Kathleen Bennett, Bicycle Books 1992. POB 2038, Mill Valley, CA 94941, USA. Ein sehr nützliches Buch mit allem, was der Kenia-Radler wissen will, in Details jedoch mittlerweile veraltet.

Der „International Bicycle Fund", 4887 Columbus Drive South, Seattle Washington 98108-1919, USA hat das 14seitige „Bicycle Touring in Kenya Supplement" herausgegeben, recht brauchbare Routenbeschreibungen, allgemeine Kenia-Hinweise, Hotelliste etc. Allgemeinere Hinweise stehen in „Bicycling in Africa" von David Mozer. Bestell-Infos unter www.ibike.org/publications.htm.

Michael Schmitz (www.radtouren4u.de): „Gegen Sand, Sonne und sich selbst", das Buch enthält auch ein Kapitel zu Kenia (von Nairobi zum Massai Mara National Park und nach Mombasa). Im nur noch im Antiquariat Buch erhältlichen Buch „Kilimandscharo per Rad" sind auch einige Kapitel mit dem MTB durch das kenianische Rift-Valley.

Kenia-Karten: „Tourist Map of Kenya" 1:1,75 Mio., MacMillan 1:750.000. Freytag & Berndt 1:1,5 Mio., Nelles Map Kenia, 1:1,1 Mio., „Kenya Travel Atlas", Lonely Planet, 1:1 Mio. Detailkarten von ONC und TPC, dazu sowjetische Generalstabskarten. Karten- und Führer über Kenia gibt es auch in Buchläden in Nairobi und Mombasa (z.B. Karte „Nai-

robi & Environs", 1:100.000, oder die Survey of Kenya Nr. SK-81, 1:1
Mio.). Karten kleineren Maßstabs (1:250.000) unterliegen in Kenia staatli-
cher (militärischer) Kontrolle. Survey of Kenya-Nationalparkkarten und -
Stadtpläne erhält man beim Public Map Office, Thika Rd, Nairobi.
   Internet: Zu keinem anderen afrikanischen Land existiert solch eine
Fülle von Websites. Nur gut, daß euch mehrere Suchmaschinen für die
Recherche zur Verfügung stehen: „Jambo Kenya – Gateway to East Afri-
ca" (www.jambokenya.com), des weiteren www.kenyaweb.com und
www.cyber-africa.net. Auch die offizielle Homepage des „Kenya Tourist
Board" (www.kenyatourism.org) lohnt einen Blick.

Tansania

Überblick

Tansanias landschaftliche Schönheiten und seine vielen Tierparks (Se-
rengeti, Ngorongoro u.a.) locken alljährlich eine steigende Zahl von Touristen ins Land, und das trotz der hohen Preise für alle touristische
Leistungen (Wildparks, Camping, Straßenbenutzungsgebühren für Autofahrer u.a.). Der Status eines reinen Transitlandes zwischen Kenia und
Sambia besteht nicht mehr und manchem Reiseradler mag der Safari-
und Trekkingrummel im Norden bereits wieder zuviel sein. Wer schlechte
bis katastrophale Straßen nicht scheut, wird im Süden des Landes, vielleicht auf dem Weg nach Malawi oder Sambia, noch mit viel ursprünglichem Ostafrika belohnt werden.
   Tansania ist das größte Land Ostafrikas und besteht überwiegend aus
einem 900 bis 1800 m hohen Plateau mit weiten Savannen und einigen
Wäldern und etlichen Vulkanmassiven (Kilimandscharo u.a.). Hauptstadt
ist Dodoma, wirtschaftlicher Mittelpunkt des Landes jedoch die Küsten-
metropole **Dar-es-Salaam** mit der vorgelagerten Insel Sansibar. Die Bevölkerung besteht aus rund 120 Ethnien, die größten Gruppen sind die
Haya, Makonde, Massai, Suaheli etc., viele Inder leben als Händler in den
Städten. Amtssprachen sind Kisuaheli und Englisch, wobei sich Englisch
aber auf die Touristenregionen beschränkt. Wer Richtung Süden fährt,
sollte sich den empfehlenswerten Kauderwelsch-Führer „Kisuaheli" von
Reise Know-How in die Lenkertasche stecken. Moslems, Christen und
Anhänger von Naturreligionen verteilen sich gleichmäßig übers Land, mit
Ausnahme von Sansibar, das nahezu vollständig islamisch ist.

**Einreise,
Währung**

Nairobi ist zwar unbestritten die Nummer eins unter allen ostafrikanischen Flughäfen, aber auch Dar-es-Salaam wird von vielen Fluggesellschaften aus Europa angesteuert, allerdings zu nicht ganz so günstigen
Preisen wie Nairobi. *Air Tanzania* fliegt regelmäßig in alle Nachbarländer.
Wegen der großen indischen Minderheit bestehen gute und günstige
Flugverbindungen auch nach Indien (Mumbai, Neu Delhi). Die Grenzen in
die Nachbarländer sind offen. Grenzübergänge nach Kenia: s. dort; nach
Uganda: Mutukula//Kakuto; nach Ruanda: Kafuha//Rusumu; nach Bu-
rundi: Ngara//Muyinga und Manyuvo//Mugina (am Ostufer des Tanganji-
ka-Sees); nach Sambia: Kasesya//Mbala (an der Südspitze des
Tanganjika-Sees) und Tunduma; nach Malawi: Tukuyu//Karonga und
Mbamba Bay//Nkhata Bay (über den Malawi-See); nach Moçambique:
Mwambo//Namiranga (an der Küste). Wegen der schlechten Pisten bie-

ten sich aber auch verschiedene Fährschiffe besonders an: Eine fährt auf dem Tanganjika-See von Mpulungu (Sambia) über Kigoma (Tansania) bis nach Bujumbura in Burundi (1x wöchentlich), eine andere auf dem Victoria-See von Port Bell (Kampala/Uganda) über Bukoba bis nach Mwanza in Tansania (mehrmals wöchentl.). Eine weitere Fähre verkehrt zwischen Mombasa (Kenia), Tanga, Pemba, Sansibar und Dar-es-Salaam.

Für Bürger aus D, CH und A besteht Visumpflicht. Am besten besorgt man sich es bei den Botschaften im Heimatland, es ist aber auch noch bei der Ankunft auf dem Flughafen in Dar-es-Salaam und an den Landesgrenzen erhältlich.

Währung ist der Tansania-Shilling. Viele Dienstleistungen (Nationalparks, Safaritouren, Flüge, teils auch Camping und Unterkünfte) werden in US-Dollar abgerechnet. Entsprechend Bargeld mitbringen, große Scheine (ab 50 US$) bringen einen besseren Kurs als kleine. Reiseschecks (in US$) und Kreditkarten werden nur in den größeren Städten und gegen hohe Kommission akzeptiert. Neben den Banken wechseln auch Wechselstuben („Forex") eure Dollars. Bargeldauszahlungen auf Visa und MasterCard.

Reise- und Radelzeit

Das Hochland im Norden hat gemäßigtes Klima, an der Küste und im Süden schwitzt ihr das ganze Jahr bei schwülheißen Temperaturen. Hauptregenzeit ist von März bis Juni (Südost-Monsun), eine kleinere folgt im November und Dezember mit nordöstlichen Winden. Beste Reisezeit von Juli bis Oktober mit angenehm kühlen Temperaturen im Hochland, allerdings ist das auch die Hochsaison mit entsprechend höheren Preisen.

Übernachten, Verpflegung

Günstige Guesthouses findet man in eigentlich jeder Stadt, größere Städte haben ein entsprechend besseres Angebot an gehobenen Hotels. Vor allem im dünn besiedelten Süden könnte man auch (katholische) Missionen anfahren und nach einem Zimmer fragen. Wenn gerade keine Missionare die Zimmer belegen, wird man sie euch gerne vermieten. Bitte respektiert den Ort, alle, die nach euch kommen, werden es euch danken. „Hoteli" bedeutet in Kisuaheli eher etwas zum essen, „Guesti" ist das entsprechende Wort für ein Hotel. Die Nächte im Hochland können kalt werden! Die vielbesuchten Nationalparks im Norden haben *bandas* (strohgedeckte Hütten), Resthouses und (meist überteuerte) Campingplätze. Manchmal kann man auch neben einem Hotel sein Zelt aufstellen. Wildcampen ist gut möglich, vor dem freien Campen immer den Dorfältesten oder die Polizei fragen.

Annette Maier: „Außer dem Nationalgericht *ugali* gibt es wie auch in Kenia fast überall *chapatis, samosas* sowie *kuki chipsi* (Hähnchen mit Pommes). Kleine Restaurants, Märkte oder Bushaltestellen sind gängige Essensplätze. Supermärkte in Dar-es-Salaam verkaufen auch importierte Lebensmittel."

Fahrrad, Straßen, Verkehr

Gängigstes Modell ist das schwarze Eingang-Lastenfahrrad aus chinesischer Produktion, mit 28er Reifen, Tiefbettfelgen und Gestängebremse. *Annette Maier:* „In Dar-es-Salaam, Arusha und Mbeya gibt es Fahrradgeschäfte mit den üblichen chinesischen Billigmodellen und dazugehörigen Ersatzteilen." Also alle nötigen Ersatzteile und Werkzeuge, Schläuche und (Falt)Reifen mitbringen, wegen der schlechten Pisten sollte es schon ein stabiles MTB mit breiter Übersetzung sein. In allen Städten könnt ihr auch Fahrräder ausleihen, doch macht unbedingt vorher eine Probefahrt (Bremsen testen!).

Bisher gibt es nur wenige Asphaltstraßen und viele mäßige bis katastrophal schlechte Pisten, aber es wird kräftig ausgebaut und asphaltiert. Die Straße von Namanga (Grenze Kenia) über Arusha und Dodoma zur Hauptstadt Dar-es-Salaam und von dort nach Mbeya (Grenze Sambia) ist recht gut asphaltiert. Hier und rund um die Städte herrscht viel Verkehr. Am besten einen Rückspiegel montieren und immer mit riskanten Fahrmanövern der Bus- und Minibusfahrer rechnen (die Unfallbilanz ist erschreckend!). Vorsicht vor Ausweichmanövern auf den sandigen Seitenstreifen, Sturzgefahr! Und denkt an Malariaprophylaxe.

Transport   Air Tanzania und Precision Air fliegen von Dar-es-Salaam alle größeren Städte an. Eine recht schnelle und bequeme Art, das Land zu durchqueren (wegen der schlechten Straßen), ist die Reise mit der TAZARA von Dar-es-Salaam über Mbeya bis Sambia (Kapiri Mposhi). Eine andere Bahnlinie geht vom Safari-Ausgangspunkt Arusha zum und vorbei am Kilimandscharo, dem mit 5895 m höchsten Berg Afrikas, nach Dar-es-Salaam. Eine weitere von Dar-es-Salaam via Dodoma und Tabora nach Kigoma am Tanganjika-See, und eine Stichstrecke führt von Tabora nach Mwanza. Fahrräder nehmen auch alle Busse und Minibusse auf dem Dachgepäckträger mit (die Minibusse heißen hier „dalla-dalla"). Die Züge sind aber bei weitem sicherer. Passagierschiffe auf dem Victoria- und Tanganjika-See und mit Dhau-Segelbooten – Wind vorausgesetzt -, von Dar-es-Salaam zur Insel Sansibar, nach Tanga und Pemba. Auf den gleichen Strecken verkehren auch Fährboote.

Ziele und Routen   Trekking- und Safaritouristen gleichermaßen zieht es in den Norden, zum Kilimandscharo, zum Ngorongoro-Krater, zum Arusha- und Serengeti-Nationalpark. Hier keine Einsamkeit erwarten, das ist Massentourismus, Naturschützer beklagen bereits den Ausverkauf der Natur. Die Nationalparks sind nicht mit dem Fahrrad zugänglich, versucht, bei anderen Touristen mitzufahren. Hohe Eintrittsgebühren (25 US$ pro Tag!), sie müssen, wie Safari- und Trekkingtouren, in Bar-Dollars bezahlt werden. Seriöse Safari-Anbieter stehen in den Reiseführern. Trekkingveranstalter in Arusha verleihen Ausrüstung wie Daunenjacken, Schlafsäcke, Zelte usw. von mäßiger Qualität.

„Nur die Hauptattraktionen sind touristisch erschlossen, daher wird man sehr unterschiedliche Erfahrungen mit Land und Leuten machen. In den Touristenzentren sind viele durch zu hohe Trinkgelder bereits verdorben und stellen teilweise total überzogene Forderungen für kleine Hilfsleistungen. Abseits dieser Zentren jedoch spürt man die Hilfsbereitschaft und Freundlichkeit der Menschen. In abgelegeneren Gegenden verursacht man durch sein Erscheinen auch schon mal einen Auflauf" *(Annette Maier)*.

Annettes Tansania-Tips: Die Massai-Steppe; Lusotho, ein wunderbarer Ort in den Usambarabergen; Bagamoyo, ein netter kleiner Ort an der Küste mit sehr gutem Museum zur Sklaverei; das Sansibar-Archipel (arabisch geprägte Städtchen, palmengesäumte Strände, gute Tauchgründe).

Reise- und Radführer, Karten

Gabriel: „Tansania, Sansibar", Reise Know-How, sehr gut. Fitzpatrick: „Tanzania, Zanzibar & Pemba", Lonely Planet. Else: „Guide to Tanzania", Bradt Travel Guide. Und viele weitere Trekking- und Naturführer. Kauderwelsch-Sprachführer s.o.

Radführer für Tansania: Vom „International Bicycle Fund" das „Bicycle Touring in Malawi/Tanzania/Uganda Supplement", alles weitere unter „Kenia, Radführer".

„Kilimandscharo per Rad", Frederking & Thaler. Erlebnisbericht mit dem Mountainbike auf dem höchsten Berg Afrikas, mit Ausrüstungs- und Technik Tips. Interessant für MTB-Freaks, nur noch im Antiquariat. Im bereits erwähnten Buch „Gegen Sand, Sonne und sich selbst" schildert Michael Schmitz auch seine Radelerfahrungen in Tansania. Er fuhr von Arusha über Dodoma nach Mbeya.

Tansania-Karten: Nelles-Karte Tanzania, Rwanda, Burundi, 1:1,5 Mio. Tansania, Kenia, Uganda, 1:2 Mio., Freytag & Berndt. ITM Travel Map Tanzania, 1:1,5 Mio. ONC-Kartenblätter, Russische Generalstabskarten 1:500.000.

Straßenkarten, Stadtpläne und Trekkingkarten werden auch vor Ort in Buchläden und Touristenbüros verkauft. Topografische Karten im Maßstab 1:50.000 erhält man beim Map Sales Office, Surveys & Mapping Division, cnr. Kivukoni Front and Luthuli St in Dar-es-Salaam.

Internet: David Mozers hervorragender „Travel Guide to Tanzania by Bike" stellt das Land kurz aus Radfahrersicht vor, mit möglichen Routen und einer Menge weiterführender Links (www.ibike.org/africaguide/tanzania.htm).

Die offizielle Website der Botschaft von Tansania in Bonn bietet auch einige Infos zum Tourismus, darunter mehrere Reiseroutenvorschläge (www.tanzania-gov.de/tourismus/index.html). Die „Tanzania Tourist Board Official Website" findet man unter www.tanzania-web.com/home2.htm. Sehr viele Links zu Sansibar unter www.zanzibar.net, auf der Website www.moja.com könnt ihr unter der Rubrik „Travel" gute Linklisten zu Kenia, Tansania und Uganda aufrufen.

Uganda

Überblick

Nach langen Kriegswirren ist Uganda heute auf dem Weg zur Konsolidierung, die Regierung versucht alles, um wieder Touristen ins Land zu bekommen. Im Norden und Nordosten (Provinz Karamoja) und auch im gesamten Westen in den Grenzbereichen zur Demokrat. Rep. Kongo und zu Ruanda treiben jedoch noch Rebellen und Banden ihr Unwesen – meiden! Der Ruwenzori National Park ist für Touristen gesperrt. Im Westen und Süden gibt es Probleme mit Flüchtlingen aus dem früheren Zaire und Ruanda. Aids ist in Uganda weitverbreitet, denkt auch an Malariaprophylaxe!

Uganda ist mit seiner freundlichen Bevölkerung, den landschaftlichen Schönheiten, die einzigartig sind, derzeit noch ein Geheimtip in Afrika (Queen Elisabeth National Park).

Auf Grund seiner Höhenlage hat Uganda ein sehr gut verträgliches Klima. Beste Radelzeit ist November bis März, dann ist es trocken und überall grün. Die Regenzeit dauert im Norden von April bis Oktober, im

Süden von April bis Mai und Oktober bis November. Viele Pisten sind dann unpassierbar.

„Die Hauptstadt Kampala hat eine große Auswahl an Supermärkten und Shops, die auch importierte Ware anbieten. Auch außerhalb von Kampala besteht ein gutes Angebot, vor allem an Früchten und Obst. An Straßenständen und auf Märkten werden Hähnchen und Fleischspieße, Chapati, Matoke (Kochbananen), Samosas usw. verkauft." *(Annette Maier)*. Backpackers, Guesthouses, YMCAs und einfache Hotels gibt es auch genügend, zelten kann man sowohl in den Nationalparks als auch oft neben Hotels. Die „Uganda Community Tourism Association", UCOTA, unterhält eine Reihe von Zeltplätzen rund um die Nationalparks.

Visumpflicht für Reisende aus D, CH und A. Die Visa sind auch an den Landesgrenzen erhältlich. Amtssprachen Kisuaheli und Englisch, das von den meisten Ugandern verstanden wird. Währung ist der Uganda-Shilling, US$-Reiseschecks werden akzeptiert, bare Dollars, vor allem 50er-Scheine und größer bringen aber bessere Umtauschraten. Bargeldauszahlung auf Kreditkarten ist in Kampala möglich.

Fahrrad: „Auch in Kampala gibt es nur die verbreiteten chinesischen Billigräder ohne Gangschaltung und entsprechende Ersatzteile zu kaufen. Regenschutz nicht vergessen." *(Annette Maier).*

Ziele, Routen, Reisen Die einzig nennenswerte Fernstraße führt von Tororo (Grenze Kenia) über Kampala bis nach Kabale (Grenze Ruanda) und ist von Tororo bis Jinja in recht schlechtem Zustand (Schlaglöcher). Weitere Asphaltstraßen Richtung Norden (Sicherheitslage checken!): Kampala – Gulu (Murchison Falls National Park) und Tororo – Soroti. Viele guten Pisten, die aber während der Regenzeit schmierig und schwer passierbar sind. Außerhalb Kampalas generell wenig Verkehr, die berühmte Ausnahme ist der Abschnitt Kampala – Tororo (Lkw-Verkehr aus Mombasa). Die Grenzen in die DR Kongo sind zwar offen, aber wegen der angespannten Lage dort für Reiseradler uninteressant.

Routenvorschlag von Annette Maier: Tororo (Kenia) – Jinja (Nilquelle, Bujagali Falls) – Kampala – Entebbe – mit der Fähre zu den Sese-Islands – Masaka – Kabale (Bunjonji-See, Berggorillas im Mgahinga- und im Bwindi-Nationalpark, vorher Sicherheitslage klären!) – Rückweg durch den Queen Elizabeth NP bis Fort Portal – Trekking im Ruwenzori National Park, falls die Touristensperre aufgehoben wurde. Statt bei Tororo könnte man auch bei Suam einreisen und um den Mt. Elgon radeln (Sipi Falls, landschaftlich wunderbar, aber nur in der Trockenzeit machbar). Besonderer Tip: *Lake Nkuruba Nature Reserve* (wundervoller Kratersee, Wanderwege, Vogelbeobachtung und verschiedene Affenarten).

Transport: Überland- und Minibusse fahren in jede Landesecke. Die Bahnlinien Tororo – Kasese und Tororo – Pakwach wurden eingestellt.

Bücher, Karten, Internet „Guide to Uganda" von Philip Briggs, Bradt Publications. Nelles „Uganda". Lonely Planet „East Africa". Und weitere Trekking- und Naturführer. In dem schon erwähnten Buch „Ah, Agala" beschreibt Bettina Selby ihre Radreise durch Uganda (sie fuhr von Ägypten über den Sudan). Vom International Bicycle Fund: „Bicycle Touring in Malawi/Tanzania/Uganda Supplement", alles weitere dazu unter „Kenia, Radführer".

Karten: Nelles Travel Map Uganda, 1:700.000; Macmillan Uganda Traveller's Map, 1:1,35 Mio., erhältlich in Kampala.

Das „Uganda Tourist Board" (UTB) hat eine Reihe von sehr guten Naturführern zu den Nationalparks herausgegeben, die „Uganda Wildlife Authority" (UWA) hinter dem Sheraton Hotel in Kampala bietet viel Info-Material über die Nationalparks. In Hostels liegt das kostenlose vierteljährliche Magazin „The Eye" mit vielen nützlichen Infos aus.

Internet: Einen ersten Eindruck vom Radeln in Uganda liefert David Mozers „Travel Guide to Uganda by Bike" (www.ibike.org/africaguide/uganda.htm), läßt allerdings die Sicherheitslage völlig außen vor. Das Angebot an Websites ist noch recht dünn, auf David Mozers Site findet ihr einige Links, einige wenige führt auch das „Uganda Web" (http://uganda-web.com) auf. Aktuelle Tagesnachrichten, das Wetter und Umtauschraten findet ihr auf der Website der englischsprachigen Tageszeitung „The Monitor" unter www.monitor.co.ug.

Andere Länder

Gabun

Ist fast ganz von tropischem Regenwald bedeckt, hat keine touristischen Attraktionen, sehenswert sind evtl. Lambaréné, das Urwaldkrankenhaus von Albert Schweitzer. Hauptstadt ist Libreville. Eine Straße führt von der Grenze Kameruns bis zur Grenze der Republik Kongo (Ndendé), ab Lambaréné nur Piste, doch gut befahrbar. Karte: Gabun: IGN 1:1,5 Mio.

Republik Kongo

Ein sehr teures Land im Bürgerkrieg. Kein Reiseland! Piste von der Grenze Gabun bis Dolisie und weiter bis zur Hauptstadt Brazzaville, die letzten 80 Kilometer sind asphaltiert. Eine Eisenbahnlinie geht von Brazzaville zur Küste nach Pointe-Noire, von dort Ausreise in die Angola-Enklave *Cabinda* (mit gleichnamiger Hafenstadt, von der Fährschiffe nach Luanda/Angola ablegen). Eine Fähre verkehrt auf dem kilometerbreiten Kongofluß zwischen Brazzaville und Kinshasa (Zaire). Karte: Congo-Brazzaville: IGN 1: 1 Mio.

Demokratische Republik Kongo (früher Zaire)

Derzeit kein Reiseland (ethnische Konflikte, Grenzkrieg, allgemein unstabile politische Lage, Versorgungsengpässe). Flußbootfahrten ab Kinshasa nach Kisangani (ca. zwei Wochen) oder von Kinshasa auf dem Kongo und Kasai bis nach Ilebo. Von dort geht eine schlechte Straße/Piste und auch eine Eisenbahn nach Lumumbashi in die Südprovinz Katanga. Von da gute Straße nach Sambia. Durchreisemöglichkeiten im Nordosten s.a. bei „Gesamt-Afrikadurchquerungen". Sehr teure Visumsgebühren, billiger in den angrenzenden afrikanischen Ländern zu bekommen. Karte: Zaire, IGN 1:2 Mio.

G. SÜDLICHES AFRIKA

Überblick

Das südliche Afrika besteht nicht nur aus der Republik Südafrika, sondern noch aus einigen bereisenswerten Staaten mehr. Wer sie kennenlernen möchte, macht dies am besten in Form einer Rundreise. Wer weniger Zeit hat, kann mit seinem Drahtesel natürlich auch nur ein Land mit dem Rad bereisen, ihr bietet sich vor allem Südafrika an. Außer Portugiesisch in Angola und Moçambique ist Englisch die Hauptumgangssprache, was vielen entgegenkommen wird (in Südafrika auch Afrikaan gesprochen, besonders auf dem Land). Einige Sätze zu können ist vorteilhaft (Schwarze auf dem Land können dort meist nur Afrikaans). Alle Länder sind relativ dünn besiedelt.

Das Klima wird nach Süden zu trockener und heißer, das Pedalen, selbst auf den guten Straßen, kann zur endlosen Treterei werden. Die touristische Infrastruktur ist je nach Land befriedigend bis sehr gut.

Geld: Englisches Pfund und US-Dollars, in Südafrika und Namibia Euro, Kreditkarte zum „Nachtanken" aus Bankomaten.

Anreise: Südafrika fliegen viele Gesellschaften an, Billigangebote s. einschlägige Reisezeitschriften oder Internet-Portale, z.B. www.travel-jungle.de, www.billiger-reisen.de, www.opodo.de u.a.

Reiseführer fürs südliche Afrika: Hilary Bradt: „East & Southern Africa – The Backpackers Manual". Ein sehr nützliches, unverzichtbares Buch mit detaillierten Infos nicht nur für Rucksackleute, sondern auch für Radler, die Afrika wirklich erleben wollen. Behandelt werden Kenia, Tansania, Uganda, Ost-Kongo (Demokrat. Rep.), Ruanda, Burundi, Sambia, Malawi, Simbabwe, Botswana, Südafrika, Namibia, Swaziland und Lesotho.

David Else: „Southern Africa", Lonely Planet: Botswana, Lesotho, Malawi, Moçambique, Namibia, Südafrika, Swaziland, Sambia und Simbabwe. Im bewährten Lonely Planet-Stil, vorrangig für Backpacker geschrieben, aber auch Globetreter profitieren von der Fülle der Informationen. Beiden Reiseführern mangelt es aber an detaillierteren Streckenbeschreibungen für Radler. Von Reise Know-How gibt es zu den Ländern Südafrika, Namibia, Simbabwe und Botswana Einzelbände.

Karten Als Mindestausstattung für Afrikas Süden benötigt man die Michelin Nr. 955, die die beste Übersichts-Straßenkarte ist. Bei einem Maßstab von 1:4 Mio. geht es natürlich recht eng her auf dieser Karte, so daß nur Fernverbindungsstraßen und wichtige Nebenstrecken erfaßt sind. Distanzen, Streckenzustände und Übernachtungshinweise sind jedoch zuverlässig dargestellt. Gut ist auch die RV-Karte „Afrika Süd", 1:4 Mio.

Für unterwegs gibt es mehrere Optionen. Ihr könnt euch einerseits genauere Straßenkarten aller Länder zulegen (erhältlich in Buch- und Ausrüsterläden), diese werden bei den einzelnen Ländern aufgeführt. Oder ihr beschränkt euch auf Übersichtskarten mehrerer Länder. Anbieten würde sich einmal die ITM „Southern Africa Region Map" (Südafrika, Botswana, Namibia), 1:2,125 Mio., und der etwas unhandliche „Southern Africa Road Atlas" (Südafrika, Botswana, Simbabwe, Namibia, Sambia, Malawi, Moçambique, Lesotho, Swaziland) von Lonely Planet im Maßstab 1:2 Mio.

Unterwegs könnt ihr interessante Karten bei den Vermessungsämtern in Simbabwe (Harare: „Surveyor General", Electra House, Samora Machel Ave., und Bulawayo: „Surveyor General", Leopold Takawira/Fort St) als auch in Malawi (Blantyre: „Department of Surveys", P.O.Box 349, Victoria Ave. und ein Office in Lilongwe) erhalten. Diese Karten sind allerdings in erster Linie topografisch ausgerichtet, Straßen und Wege entsprechen nicht immer dem neuesten Stand. In Südafrika gibt zahllose Straßen- und touristische Karten aller Art und Maßstäbe (bei Tankstellen, Buchhandlungen, touristischen Orten).

Radreisen im südlichen Afrika – Tips und Erfahrungen
von *Herbert Lindenberg*

Fahrrad

Ein hochwertiges Mountainbike ist fraglos das vorteilhafteste Gefährt für Touren im südlichen Afrika, sofern auch Pisten gefahren werden sollen. Rückspiegel, Computertacho, Hinterradständer und – je nach Jahreszeit – Steckschutzbleche sind sinnvolle Extras. Auch eine Klingel macht sich in Stadtzentren und auf belebten Landstraßen nützlich. Eine Lichtanlage ist trotz der kurzen Tageslichtspanne selten erforderlich.

Ersatzteile für moderne europäische (sprich: japanische) Fahrräder sind in Simbabwe, Malawi, Sambia und Botswana so gut wie nicht erhältlich. In diesen Ländern werden praktisch nur indische Fahrräder verkauft. Lediglich die einheimischen 26 und 28-Zoll-Reifen können im Notfall von Nutzen sein. Da der Radsport unter der weißen Bevölkerung Südafrikas und Namibias in den letzten Jahren recht populär geworden ist, haben sich in den Großstädten einige gutsortierte Fahrradläden etabliert. Am besten ist die Servicelage in Südafrika, wo auch die Importeure für Windhoek/Namibia sitzen.

Speziell auf sandigen Pisten können die Dornenkugeln des „Morgensterns", was ein unscheinbares Blümchen am Wegesrand ist, verheerende Plattenserien verursachen … Bevor dir dann das Trinkwasser beim Löchersuchen ausgeht, kannst du auf solchen Strecken einen mitgenommenen Reifenprotektor („Anti-platt", „Tuffy-Tape") einlegen. Es hat sich allerdings gezeigt, daß diese zähen Kunststoffstreifen ihrerseits dazu neigen, den Schlauch durch Walkarbeit anzunagen, so daß sie nicht als Dauerlösung gelten können.

Grenzen

Die Grenzen im südlichen Afrika sind für afrikanische Verhältnisse ziemlich einfach zu passieren, da Visa in den meisten Fällen an der Grenze ausgestellt werden. Daß man einen Paß vorweisen muß, der noch mindestens sechs Monate lang gültig ist, dürfte bekannt sein. Prinzipiell sollte man aber auch an jeder Grenze ein Flugticket und ausreichende Geldmittel (Kreditkarte tut's auch) vorweisen können, es wird jedoch nicht immer verlangt.

Zu den Ländern, für die man **vorab** ein Visum braucht, gehören Moçambique (Transitvisum für Deutsche, Österreicher u. Schweizer), Malawi (nur Österreicher u. Schweizer), Südafrika (nur Schweizer), Sambia (nur Österreicher). Diese Angaben können nur Anhaltspunkte sein, bitte nach den neuesten Bestimmungen erkundigen!

Wenn in einem Land (bspw. Sambia) eine Cholera-Epidemie ausbricht, wird ein entsprechender Impfnachweis bei der Einreise verlangt. Einzig und allein deshalb ist eine Cholera-Impfung sinnvoll. Der Zoll wird dich in der Regel fair behandeln, wenn du als Radler unterwegs bist.

Verkehr, Straßenverhältnisse

Im südlichen Afrika (Südafrika, Namibia, Sambia, Botswana, Malawi) wird auf der linken Straßenseite gefahren. Außerhalb der Ballungsräume ist der Verkehr erfreulich gering und das Radeln entsprechend sicher. Ungeschriebenes Gesetz: wenn's eng wird, haben Trucker immer Vorfahrt!

Je nach Land und Unternehmungslust lassen sich der Radreise sandige, lehmige oder steinige Pisten in nahezu beliebiger Dosierung beimengen. Großen Anteil daran hat Namibia. Pisten sind dort so normal, daß sie als „Straßen" bezeichnet werden. Ihr Wartungszustand ist zwar sehr unterschiedlich, sie sind aber durchaus radelbar.

Schlechter sieht es in Botswana aus. Die dortigen Pisten sind häufig über weite Strecken von tiefem Kalaharisand bedeckt, die praktisch nicht mehr radelbar sind. Aber auch da hat sich in den letzten Jahren viel gebessert. Seit der Trans-Kalahari-Highway von Gaborone bis Windhoek komplett asphaltiert wurde, hat die botswanische Zentralpiste Maun – Ghanzi – nach Gobabis in Namibia viel von ihrem Schrecken verloren. Nur noch zwischen Toteng und Ghanzi erwarten den Wüstenradler ca. 200 km Sand, Felsplatten und Schlaglöcher; häufiges Absteigen und Schieben sind erforderlich; Schnitt 40–50 km/Tag.

Sehr gut ausgebaut ist das Straßennetz in Südafrika und Simbabwe sowie – mit etlichen Abstrichen – in Sambia und Malawi.

Transit Moçambique

Solange in Moçambique noch Bürgerkrieg herrschte, war die einzige Straßenverbindung von Simbabwe nach Malawi der sog. „Tete-Korridor", der von Nyamapanda in Simbabwe über Tete in Moçambique nach Mwanza in Malawi führt (260 km). Die Passage war bereits in den Kriegsjahren relativ sicher, jetzt wird sie sogar nach und nach neu asphaltiert. Es besteht auch keine Konvoi-Pflicht mehr, Radreisende können sich auf ihrem Stahlroß selbst auf die Strecke machen. Voraussetzung für eine Durchquerung ist das Moçambique-Transitvisum, das die Botschaften in Harare (Simbabwe) oder Lilongwe (Malawi) innerhalb von ein bis drei Tagen ausstellen, auch im Moçambique-Konsulat in Blantyre erhält man das Transitvisum schnell. Bei Überquerung der Grenze wird eine Einreisegebühr verlangt.

Essen und Trinken

Die Verpflegung ist selbst in den ärmeren Ländern des südlichen Afrikas (Malawi, Sambia) prinzipiell unproblematisch. Zu beachten sind bei der Bevorratung jedoch die unterschiedlichen Besiedlungsdichten der Länder und die Tatsache, daß einfache Camps (Nationalparks etc.) nicht immer mit Lebensmitteln versorgt werden. Ein eigener Herd (robuster Benzinkocher, bspw. MSR) ist besonders für Sambia und Namibia von Vorteil.

Brunnen- und Leitungswasser ist in dichter besiedelten Gegenden erfreulich oft pur, d.h. ohne vorherige Desinfektionsmaßnahmen, genießbar. Dennoch gehört ein Mittelchen wie Micropur o.ä. unbedingt ins Gepäck. Bei trübem Wasser lagert es sich jedoch an dessen Schwebstoffteilchen und versagt! Trotzdem kannst du, wenn du nicht gerade extrem abgelegene Strecken im Sinn hast, auf einen Filter verzichten, wenn du speziell in Sambia, Namibia und Botswana auf einen großzügig bemessenen Trinkwasservorrat achtest – die nächste „Durststrecke" kommt bestimmt! Zwei Wassersäcke à 4 Liter gehören neben den Rahmen-Trinkflaschen daher zur Grundausrüstung.

Übernachten

Je nach Kontaktfreudigkeit und Situation hast du die Möglichkeit, in der offenen Landschaft zu zelten, ein Zimmer zu mieten oder bei einer Schule, Kirche, Tankstelle, Polizeistation, Farm usw. um Unterschlupf zu bitten. Am universellsten, praktischsten und wohl auch schönsten ist das Zelten, das selten auf Campingplätzen stattfindet, dafür um so häufiger „im Busch" oder auf Farmland.

Wildes Zelten ist im südlichen Afrika problemloser als vermutet. Natürlich muß man bei der Platzsuche die Augen offenhalten und darf in manchen Gegenden auch nicht zu wählerisch sein; etwa in Malawi und Sambia, wo der Grasbewuchs oft sehr dicht ist, oder in Südafrika, wo die Gattertore zu Farmen häufig verschlossen sind.

Zimmer bzw. Schlafplätze mit Dach überm Kopf werden in Malawi und Simbabwe ab 5 Euro pro Person vermietet. In allen anderen Ländern sind Übernachtungsmöglichkeiten teurer und vor allem rarer. Womit wir wiederum aufs Zelt zurückkommen. Übernachten ganz ohne Zelt ist auf Dauer übrigens nicht das wahre, denn es bietet neben Klima- und Wetterschutz, Mücken- und Schlangenschutz auch eine relativ hohe Gewähr, nicht zufällig von Löwen oder Hyänen angenagt zu werden (vorausgesetzt, der Reißverschluß ist auch wirklich zu). Mit einer Unterlegplane könnt ihr den Zeltboden vor den häufigen Steinen und Termiten schützen.

Wild-reservate

Grundsätzlich wird Radlern die Zufahrt in solche Wildreservate verwehrt, die „gefährliches" Großwild beherbergen (Elefanten, Nashörner, Büffel, Raubtiere). Da dies praktisch in allen bedeutenden Wildreservaten der Fall ist, ist man/frau hier auf Mitfahrgelegenheiten angewiesen. Ausnahmen bilden Reservate mit „ungefährlichem" Wild (bspw. Mahongo-Wildpark/Namibia, Tshabalala-Gehege/Simbabwe bei Bulawayo), aber auch der elefantenführende West-Caprivi-Wildpark in Namibia (s.a. Abschnitt „Die Tierwelt Afrikas", s.S. 326).

Der große Süden Afrikas
von Herbert Lindenberg

Der folgende Bericht basiert auf einer sechs Monate dauernden und 9000 km langen „Fahrradsafari", die den Autor 1990 durch Malawi, Sambia, Namibia, Südafrika, Botswana und Simbabwe führte. (Die damalige politische Lage und die Straßen-/Pistenverhältnisse wurden unverändert belassen).

Kaltstart. Lustlos hänge ich in Harare, in Hauptstadt von **Simbabwe** herum, seit mir dort die Lenkertasche samt wohlsortiertem Inhalt geklaut worden ist. Es ist zum Kotzen, ich überlege ernsthaft, ob ich nicht den nächsten Flieger Richtung Heimat nehmen soll. Fünf Tage später habe ich meine Verluste notdürftig ausgeglichen und radle auf heißer Straße durch eine Steppenlandschaft mit bizarren Affenbrotbäumen und Granithügeln auf die Grenze Moçambique zu. „Jaguar" heißt der zuckerrohrkauende Trucker, der mich nach Malawi mitnehmen will. Am nächsten Morgen binden wir das Bike oben auf den Mehlsäcken fest und ab geht die wilde Konvoijagd durch das bürgerkriegsgeschüttelte **Moçambique**. Die Kräle und gelegentlichen Dörfer entlang des Korridors vermitteln den Eindruck, als hätte sich die mörderische Guerilla zumindest hier zurückgezogen, doch die Bevölkerung leidet sichtbar weiter. Dankbar steige ich in Malawi vom

heißen Truck wieder aufs fahrtwindgekühlte Bike um.

Seit drei Monaten hat es in **Malawi** kaum geregnet, jetzt holt mich die ausgebliebene Regenzeit ein und verschönt mir die kommenden Wochen mit Wolkenbrüchen und psychedelischen Regenbögen. Wann immer ich neben dem schmalen, löchrigen Asphaltband radeln muß, setzen sich die Reifen sofort mit fetter, roter „Lehmspeise" zu.

Noch röter sind die Capes der Teepflücker, die sich im Akkord durch die leuchtend grünen Plantagen der Teebarone arbeiten. In Likhubula, einem Dorf am Fuße der Mulanje-Berge, gibt es kein Bier. Aber Daveson. Ein malawischer Student, der mich auf meiner Wanderung über das Mulanje-Plateau als Träger begleiten will. Eigentlich möchte ich allein gehen, lasse mich dann aber mit Daveson auf eine Wette ein. Und nachdem es ihm tatsächlich gelungen ist, drei Flaschen malawisches Carlsberg von weiß-Gott-woher zu besorgen, engagiere ich ihn. Als wir am nächsten Tag die Hütte erreicht haben, danke ich meinem Schicksal, daß Daveson die gestrige Wette gewonnen hatte. Er trug einen guten Teil meines Gepäcks und kannte den Weg, den ein Wettersturz in einen bergabschließenden Gebirgsbach verwandelt hatte! Drei Tage lang wandern wir durch Nebelwälder, hüfthohe Gräser und Farne, wir überqueren flußwasserunterspülte Granitplatten, klettern über flechtenbewachsene Steine und erklimmen „Stufen" aus freiliegendem Wurzelwerk, wir waten durch kleine Bäche und balancieren über Holzbrücken und Baumstämme und steigen am Ende über eine rotbraune Lehmrampe wieder in die Phalombe-Ebene ab.

„Muli bwanji? (Wie geht's?)" erkundigen sich die Erwachsenen dort freundlich nach meinem Befinden, und ihre Söhnchen krähen, erfüllt von Entdeckerstolz: „Muzungu, muzungu! (Weißer, Weißer!)". Zomba, die ehemalige Hauptstadt Malawis, erweist sich noch immer als heimliche Hauptstadt. Jedenfalls sind freie Zimmer Mangelware, und meines ist ein stickiger Verschlag, vor dem sich tagsüber Rosa rumdrückt und nachts die Mücken auf mich Jagd machen. Ergeben schlucke ich zum Frühstück meine Malaria-Tabletten. Tagesausflüge mit dem Rad bringen mich hinauf zum kühlen Zomba-Berg und hinunter zum versumpften Chilwa-See, einer schwülheißen Brutstätte für Puffottern und Legenden.

Dann starte ich durch zum Malawi-See. In den Bäumen und auf den Telefonleitungen sitzen Vögel wie aus Brehms Tierleben. Das Radeln wird zum Genuß. Nur die letzten 19 km bis zum Seeufer entpuppen sich als Schlammpiste der übelsten Sorte. Zweimal muß ich Kette und Ritzel von Grund auf reinigen, bis ich schließlich bei Cape McLear mein Zelt am Malawi-See aufschlagen kann. Auf 550 km füllt dieser See den ostafrikanischen Grabenbruch mit kristallklarem Wasser und enorm vielen Fischarten auf, die es sonst nirgendwo auf unserem Planeten gibt. Mit einer simplen Schnorchelausrüstung tauche ich in diese bunte Unterwasserwelt ein. Bis die nächste Fähre über den Malawi-See ablegt, fröne ich zwischen meinen Tauchgängen dem guten Leben von „Golden Sands". Die Bewohner des nächsten Dorfes bringen Welsfisch, lebende Hühner, Papayas, Orangen und Gemüse herbei; Reis, Öl und Gewürze liefern die Camper.

Dann bereitet Macbeth, der Koch des Platzes, daraus ein Überraschungsmahl für alle zu: Surprise, surprise!

Die Fahrt über den Malawi-See könnte mit den Eindrücken einer Südseekreuzfahrt konkurrieren. Weite Strecken legt die Fähre in Sichtweite zur Küste zurück. Hinter endlosen Sandstränden erheben sich grüne Küstengebirge, die die Fischerdörfer vom Hinterland abschneiden. Überall gerät die Ankunft der Mtendere daher zu einem bedeutenden Lokalereignis. Nach drei Tagen Fahrt bin ich dennoch froh, mein Fahrrad, das inzwischen den Namen des im Lande so beliebten Hirsebieres *Shake-Shake* trägt, unter Säcken, Kanistern und Wellblechen einigermaßen unversehrt hervorzuziehen, um in Chilumba an Land zu gehen. Nach zwei Nächten in der 3. Klasse sehne ich mich nach einem Nachtlager, wo ich meine Knochen wieder anatomisch korrekt ausstrecken kann.

Verdammt, all meine schönen Pläne für den Norden Malawis schwimmen davon. Es regnet, regnet, regnet! Also lasse ich Livingstonia und Nyika-Plateau links liegen und radle durch endlose Pinienwälder und hügeliges Grasland auf Malawis Hauptstadt Lilongwe zu. Zacharias, ein einheimischer Grundschullehrer, bringt mir beim Mittagessen das Einmaleins auf Chichewa bei. „Makhumi asanu ndi chimodzi" heißt sechzig – kein Wunder, daß hier alle Welt nur auf Englisch zählt.

Schließlich stehe ich an der Grenze zu **Sambia.** Ein Traveller, der von dort kommt, weiß Bescheid: „Nichts zu fressen, nichts zu sehen, nichts zu lachen!" Na, mal selber sehen! Elf Tage brauche ich, um Sambia zu durchqueren und die Victoriafälle zu erreichen. Bis auf zwei Nächte in den schützenden Mauern der Heilsarmee in Lusaka zelte ich mangels Alternativen stets im Busch. Termiten machen dem Zeltboden dabei schwer zu schaffen, und immer weiter ziehen sich die Ortschaften im Verlaufe des Weges auseinander. Die Eßlokale mit Aufschriften wie „Eat and work" oder „Knowledge is Power" degenerieren zu lichtlosen Verschlägen, doch *nshima* (Maisbrei) mit einem kaltem Hühnerbein in öltriefender Tomatensoße führen sie alle. Und manchmal sogar einen Löffel. Am vierten Tag gelange ich an eine große Spannbrücke, die über den Luangwe-Fluß führt. Es ist heiß, und ich frage die gelangweilten Wachsoldaten, wo es Trinkwasser gäbe. Sie deuten nach unten, zu den braunen Fluten des Luangwe. Sieht nicht sehr verlockend aus. Es wird doch wohl irgendwo einen Brunnen geben? Nein, gibt es nicht! Hinter der Brücke folge ich zwei Frauen, die auf ihren hübschen Köpfen Wassereimer balancieren und zum Flußufer hinabsteigen. An einer schilfgrasfreien Stelle rotten schwarze Ruderboote vor sich hin. Über dem lehmigen Wasser brüten Mückenschwärme. Widerwillig fülle ich eine Trinkflasche auf und schwöre mir, nie wieder leichtfertig in eine solche Klemme zu kommen.

Jedes Mal, wenn ich auf einen der berüchtigten „Road Blocks" der sambischen Polizei zuradle, zieht es leicht in der Magengrube. Doch interessieren sich die Uniformierten meist mehr für Shake-Shake und meine Tour als für den Inhalt der Taschen oder irgendwelche Verhörspielchen.

Von Livingstone ist es nur noch ein Katzensprung zu den **Victoria-Fällen.** Auf einer Breite von 1800 m stürzt sich der Sambesi hier aufs Spektakulärste in die Tiefe selbstgegrabener Katarakte. Der Anblick dieser urgewaltigen Wasserfälle ist aus einem Sportflugzeug ebenso ergreifend wie von Land.

200 km südlich der Fälle erreiche ich in Simbabwe die Einfahrt zum Hwange-Reservat. Trotz eines Verbotsschildes radle ich auf Tuchfühlung mit Elefanten, Giraffen und Büffeln bis zum 7 km entfernten Hauptcamp. Dort gibt es alles, was das müde Radlerhaupt begehrt. Selbst ein heißes Wannenbad muß ich nicht entbehren. Die Tage fliegen dahin mit motorisierten Streifzügen und Tierbeobachtungen im Lichte des Vollmondes. Am schönsten aber sind die Wandersafaris mit Jeffrey dem Wildhüter. Jeffrey deutet die Losungen, Fährten und Laute. Er erklärt den „Wart-ein-bißchen"-Busch, das „Afrikanische Shampoo-Kraut" und den „Orakelzweig"-Baum, weist auf Kudus, Büffel, Impalas und Warzenschweine, auf Zebras, Elefanten und Giraffen, erzählt vom Reservat und der Arbeit der Wildhüter. Eine völlig neue Welt beginnt sich mir zu erschließen.

Um von Simbabwe nach **Namibia** zu gelangen, muß ich den nordöstlichen Zipfel Botswanas durchradeln. Dort führt die Piste durch das Chobe-Wildreservat. Nur Autos kommen am Schlagbaum vorbei. Eric, ein

Weißer aus Simbabwe, offeriert mir einen Lift. Seine Arbeitsstelle ist eine Sägemühle im Chobe-Forst. „Es ist schon komisch, was wir hier unter Wald verstehen", amüsiert sich Eric, „die Bäume stehen so weit auseinander, daß wir vielleicht besser ‚Park' sagen sollten!" Trotzdem zersägen sie täglich 300 Teakholzbäume zu Bohlen für Botswanas Kupferminen. Nach einer Nacht in Erics Camp – in einer Atmosphäre, die keine Camel-Reklame besser hinkriegen könnte – mache ich den Sprung nach Namibia.

Mal ist sie sandig, mal betonhart. Die autobahnbreite Piste, auf der ich durch die friedliche Baumsavanne des Caprivi-Zipfels radle. Gelbschnäbelige Tokos schwingen sich mit knappen Flügelschlägen von Baum zu Baum. Dort, wo der Okavango aus Angola kommend den Caprivi durchquert, biege ich drei Tage später links ab und reise erneut nach Botswana ein.

Die folgenden 25 km Sandpiste über Shakawe werden zum anstrengendsten Teil meiner Reise. Oft will das Hinterrad regelrecht im Sand versinken, während das Vorderrad wie ein Bagger den Sand nach links und rechts schaufelt. Durch die dicksten Stellen komme ich nur mit Urschreien. Einfacher machen es sich da die Tswanas: Wenn sie etwas zu Lande transportieren wollen, funktionieren sie ihr Mokoro (Einbaum) zum Schlitten um, indem sie eines ihrer Langhornrinder davorspannen …

In einem traumhaften Angler-Camp am Okavango vertreibe ich mir solange die Zeit mit Boots- und Angeltouren, bis eine australische Familie mit Allradantrieb auftaucht. Selbst der Toyota braucht gut drei Stunden für die 45 km Sandpiste bis zu den Tsodilo-Hügeln. Die Bewohner der Buschmann-Werft am Fuße der Hügel sind so anders als alle Afrikaner bislang. Ihre klicksende Sprache, ihre schrumpeligen, verschmitzten Gesichter, ihr Verhalten, ihr ganzes Wesen strahlen eine Aura naiver Weisheit aus. Für die frühalternative Lebensweise dieser Ureinwohner des südlichen Afrikas ist heute kein Raum mehr, und eines Tages werden nur noch die bis zu 1000 Jahre alten Felsmalereien von ihrer Existenz zeugen. An den Tsodilo-Hügeln gibt es tausende ihrer rotbraunen, fingergemalten Tier- und Menschendarstellungen. In einer Felsspalte entdecken die australischen Kids die Zeichnung einer Antilope. Nicht einmal Benjamin, der ortskundige Führer, kannte sie bis dahin.

Dann hat mich der Caprivi-Zipfel wieder – und ich ihn. Grün und sanfthügelig ist er nun, mit einer weiten Schwemmlandebene entlang des Okavangos. Auf einer hundsmiserablen Wellblechpiste, die meine Hinterradfelge und meine zwei Buchstaben lädiert, radle ich schließlich einer kalaschnikowbewehrten Patrouille in die Arme. Ihre Uniformen, Vietkong-Hüte und Turnschuhe sind blauschwarz gefärbt. „Wir sind die neue Polizei!" stellen sich die ehemaligen Unabhängigkeitskämpfer vor und drehen mich einen halben Tag lang genüßlich durch die Mangel. Bald bin ich mir selbst nicht mehr sicher, ob ich nicht doch ein Spion aus Südafrika bin … „Keine Angst, wir schlagen Leute nicht, wir erschießen sie! Ha-ha-ha!" Oh, was muß ich lachen! Als ich in Rundu endlich wieder freikomme, habe ich mir eine handfeste Phobie gegen blauschwarze Uniformen und Tennishüte eingehandelt. Meine Verhaftung spricht sich rum, und später höre ich, die „Turnschuhpolizei" sei durch reguläre Einheiten ersetzt worden. Das habt ihr nun davon!

Was mir von Namibia außerdem nachhaltig in Erinnerung bleiben wird, ist das Etosha-Wildreservat im Norden und die Landschaft im Süden. Dort liegen nun tausend Kilometer sandiger Schotterpiste vor mir, und hätte ich in Windhoek keine Ersatzfelge für das seit dem Caprivi-Zipfel angeknackste Hinterrad aufgetrieben, ich hätte wohl die Asphaltstraße genommen. Die Piste führt durch das Felsengebirge des Gamsberges in das karge Randgebiet der Namibwüste. Auf einer einsamen Farm bitte ich um Trinkwasser. „Kommen Sie mit in die Küche!" antwortet die deutsche Farmerin. „Wir haben glücklicherweise zur Zeit genug Wasser. Aber die Nachbarn haben große Probleme, die bohren schon seit einem halben Jahr nach einer neuen Wasserader …" Bei Reibekuchen mit Apfelmus erzählt ihr Mann, wie schwer es als Farmer geworden ist. „Wenn die Weißen Namibia verlassen, wird aus diesem Land ein zweites Äthiopien!" orakelt er düster, während sein blondes Töchterlein der Puppe ein neues Kleid zuschneidert.

Statt geplanter drei Tage brauche ich von Windhoek aus fünf Tage, um via Gamsbergpaß und Rostock nach Sesriem zu gelangen. Die kugeligen Dornen des Morgensterns sorgen dabei für eine Schrumpfkur meines Flickenvorrats. In der Namib, einer der ältesten Wüsten der Erde, klettere ich auf die höchsten Dünen der Welt (300 m). Springböcke federn über die Pisten, die in Namibia „Straßen" heißen, weil sie gelegentlich planiert werden. Schließlich steige ich am Ende meiner Namibiadurchquerung hinab in den 550 m tiefen Fish-River-Canyon, angeblich die zweitgrößte Schlucht der Welt. Namibia, ein Land der landschaftlichen Superlative? Ja, aber weniger nach Zahlen. Schwimmende Berge und Schiefersteinwüsten, rosaglühende Gebirgsketten und einsame Köcherbäume. Landschaften so magisch und unwirklich wie der Mond. Zwei Wochen radle ich am Ende der Zeit entlang, und was ich sehe, prägt sich mir unauslöschlich ein.

Anfang Juli. Der Südwinter wird immer ungemütlicher. Nachts sinkt die Temperatur auf minus fünf Grad und tagsüber bläst ein kalter Wind von Süden her. Es gibt Vormittage, da wünsche ich mir Handschuhe und eine dieser bunten Pudelmützen, wie sie die Schwarzafrikaner jetzt tragen. Durch **Südafrika** radle ich im Höchsttempo auf Botswana zu. Ich will weg von diesem Winter, will zurück in die Tropen. An den Telefonmasten hängen die Nester der Siedelwebervögel wie überdimensionale Basträcke an Kleiderständern. Auf den umzäunten Riesenfarmen formiert sich Granitgestein zu bizarren Haufen. „Ich komme wieder, wenn ihr die Apartheid abgeschafft habt." Den Anfang habt ihr ja schon gemacht!" antworte ich den weißen Südafrikanern, die nicht verstehen, daß ich „ihr" Land so geradlinig durchkurble.

In **Botswana** überquere ich den Wendekreis des Steinbocks, Südgrenze der Tropen, und das Zelten zwischen Busch und Savanne macht wieder Spaß. Große Diamantenfelder in der Kalahari haben das Land reich gemacht, Getränkedosenhalden säumen daher gelegentlich die Straße nach Francistown. Doch der größte Teil der Bevölkerung lebt nach Altvätersitte weiterhin in Krälen mit grasgedeckten Lehmhütten. Das wahre Statussymbol im Wüstenland Botswana ist weder Auto noch Diamant, sondern ein Wasserhahn am Dorfplatz.

Parallel zur Straße schnauft eine Dampflok bergan nach Bulawayo. Eine von achtzig, die im sparsamen **Simbabwe** noch verkehren. Auf verkehrsarmen, leicht hügeligen Straßen ziehe ich von West nach Ost durch Simbabwe.

Das Land hat Charme. Wundersame Granitformationen im Matobo Park, weiße Nashörner im Whovi-Wildreservat, mittelalterliche Burg- und Tempelruinen bei Masvingo: Great Simbabwe. Von ihrer kulturhistorischen Bedeutung her sind diese aus feingefügten Granitsteinen errichteten Bauwerke so etwas wie die „Pyramiden" Schwarzafrikas. Hier verbringe ich zwei idyllische Nächte auf einem urwüchsigen Campingplatz, und wieder macht sich Afrika leicht wie eine Feder … Granit, Granit, das ganze Land scheint auf Granit gebaut zu sein. Ein Medizinmann, der mir die Knochen wirft, Gelächter beim Hirsebräu, warme Nächte im Wald und unter Baobabs, Breitmaulnashörner in Mutare, Kaffeeplantagen und regennasses Feuerholz in den Vumba-Bergen, ein Platter, wenn ich auf Nachtplatzsuche durch die Dornbuschsteppe schiebe … Kaum zu glauben, auf einmal schließt sich der Kreis in Harare. Es ist Ende August, und auf der Polizeistation lächeln sie: „Eine rote, was, L-e-n-k-e-r-tasche? Zusammen mit einer Kamera gestohlen? Und das schon im März? Sorry Sir, sorry!" Schon gut Freunde, war ja nur 'ne Frage …

Botswana

Überblick　　Der größte Teil besteht aus Halbwüste, zum Reiseradeln ist dieses Land nicht geeignet, zumal die einzigen Sehenswürdigkeiten, die Nationalparks (Okavango-Delta), mit dem Fahrrad nicht zugänglich sind. Eine gute Straße verläuft im etwas mehr besiedelten Osten von der Hauptstadt Gaborone nach Francistown Richtung Simbabwe (auch eine Eisenbahn bis Bulawayo in Simbabwe), nach Kasane (Sambia) und nach Süden nach Südafrika. *Annette Maier:* „Der Trans-Kalahari-Highway von Johannesburg bis Windhoek wurde mittlerweile vollständig asphaltiert, eine langweilige und öde, 1400 km lange Straße, die sich am ehesten noch als Transitstrecke anbietet."

Deutsche, Schweizer und Österreicher brauchen kein Visum. Ganzjährig sehr heiß, besonders von Oktober bis April, da ist auch die Regenzeit. Botswana ist wegen seiner Diamantenminen ein reiches, aber kein billiges Land und eine stabile Demokratie. Nur ca. 1,6 Millionen Einwohner. Günstige Unterkünfte fehlen fast gänzlich, also unbedingt Zelt mitbringen.

Reiseführer: Christoph Lübbert, „Botswana", Reise Know-How. „Travel Guide to Botswana by Bike" (www.ibike.org/africaguide/botswana.htm).

Karten: ITM Travel Map 1:1,5 Mio.; Freytag & Berndt Straßenkarte 1:1,75 Mio.; an Tankstellen und in Buchläden in Botswana ist die sehr gute „Shell Tourist Map of Botswana" im Maßstab 1:1,75 Mio. erhältlich. Die Automobile Association führt die Straßenkarte „Motoring in Botswana", 1:2,5 Mio., für ADAC-Mitglieder kostenlos. Weitere Führer und Karten s. „Simbabwe".

Lesotho

von *Annette Maier*

Überblick　　„Königreich im Himmel" wird Lesotho genannt, und das zu Recht: Kein Landesteil liegt unter 1350 m Höhe, im Osten türmt sich der Thabana Ntlenyana bis zu 3482 m in den Himmel, und das alles auf der Fläche von der Größe Belgiens. Reiseradler, die auf Südafrikas perfekte Infrastruktur verzichten können, erwarten spektakuläre Bergszenerien, frische, klare

Luft und teils anspruchsvolle Gebirgspisten durch die Maluti- und Drakensberge. Aber bei (Rad-)Notfällen ist der nächste Grenzübergang ja nie sehr weit (insgesamt zwölf Übergänge, nur fünf davon sind asphaltiert). Lesotho gehört zu den ärmsten Ländern Afrikas und lebt zu einem großen Teil von den Geldüberweisungen seiner Gastarbeiter in Südafrika. Der überwiegende Teil der ca. 2 Mio. *Sothos* betreibt Subsistenzwirtschaft (Wasser hat das Land zur Genüge), auf dem Land gibt es viele Märkte, in den wenigen Städten auch Supermärkte. Hauptstadt ist Maseru (320.000 Ew.), Amtssprachen sind Englisch und Sesotho.

Deutsche, Schweizer und Österreicher brauchen kein Visum, doch wegen immer mal wieder aufflackernder innenpolitischer und wirtschaftlicher Turbulenzen sollte man vor Anreise die aktuelle Lage erfragen (www.auswaertiges-amt.de). Währung ist der Loti (Plural: Maloti), der im Verhältnis 1:1 an den südafrikan. Rand gekoppelt ist. Mit Rand kann überall bezahlt werden.

Lesotho weist statistisch 300 Sonnentage im Jahr auf. **Beste Radelzeiten** sind im Frühjahr (Sept./Oktober) und Herbst (März/April). Im Sommer kann es in den Tälern sehr heiß werden. Die Winter sind kalt und klar, im Hochland liegt Schnee. Regenzeit ist von Oktober bis April. Achtung: Man muß jederzeit, auch im Sommer, mit extremen Wetterumschwüngen und Schnee in den Bergen rechnen! Besonders gefürchtet sind die gewaltigen Gewitter!

Das **Hotelangebot** ist recht mäßig und vergleichsweise sehr teuer, manche Hotels gestatten jedoch das Campen auf ihrem Anwesen. Oder man fragt bei Missionen, bei sog. Farmer Training Centres, oder bei Church Centres. Manche vermieten für wenig Geld ein Bett oder ein Plätzchen zum Zelten.

Seitdem das Lesotho Highlands Water Project, ein gigantischer Stausee im Hochland, in Angriff genommen wurde, hat sich der Zustand vieler Straßen merklich gebessert, manche wurden neu asphaltiert. Geblieben ist die hohe Abgasbelastung durch den allgemein schlechten Zustand der Fahrzeuge, ihr werdet oft in schwarzen Rußwolken nach Luft schnappen.

Streckenvorschlag: Absolut spektakulär ist die Straße A1 von Butha-Buthe nach Mokhotlong, da sind einige der höchsten Pässe in Afrika zu überwinden (bis 3275 m!). Weiterfahrt zum Sani Pass und Ausreise nach Südafrika, eine anstrengende MTB-Piste, vor allem von Südafrika kommend mit extremer Steigung. Oder von Mokhotlong über Thaba Tseka nach Maseru, eine ebenfalls schöne Bergstrecke.

Bücher, Karten, Internet Nahezu alle Südafrika-Reiseführer enthalten auch ein Kapitel zu Lesotho, auch der SA-Reiseführer von Reise Know-How.

Karten: Lesotho ist in SA-Übersichtskarten integriert. Am besten ist die Landes-Straßenkarte im Maßstab 1:250.000 vom Lesotho Tourist Board in Maseru. Der AA of South Africa hat ebenfalls eine gute Karte auf Lager. Topografische Karten 1:50.000 im Tourist Board oder vom Department of Land Surveys in Maseru.

Internet: Eine sehr schön aufgemachte Website, vollgepackt mit Infos zu Lesotho, ist www.africa-insites.com/lesotho. Die University of Pennsylvania führt auf ihrer Website www.sas.upenn.edu/African_Studies/Country_Specific/Lesotho.html einige Links auf. Ergiebiger ist die Linkliste der Stanford University Libraries, www-sul.stanford.edu/depts/ssrg/africa/leso.html.

Madagaskar

von *Robin* und *Sabine Lippmann*

Überblick

Madagaskar – schon der Name suggeriert die ferne Exotik duftender Gewürze, Piratenromantik („Wir lagen vor Madagaskar …") und verträumtes Dahindämmern an den Gestaden des Indischen Ozeans …

Die viertgrößte Insel der Welt überrascht mit einer Vielzahl von Landschaftsformen und Klimazonen, wie sie wohl nirgendwo sonst auf der Erde zu finden sind: Im Hochland um Antananarivo wechseln saftig-grüne Reisfelder mit kargen roterdigen Ebenen. Im Osten noch undurchdringliche Regenwälder mit Naturreservaten. Im Süden lange Sandstrände, weite Lagunen. Im Südwesten Dornenwälder, riesige Baobabs, ausgedörrte Steppen und Kakteenwälder.

Madagaskar ist in vielerlei Beziehung ein Unikum: Bereits in Urzeiten löste sich die Insel vom indischen (!) Festland, Flora und Fauna nahmen eine ganz eigene Entwicklung, viele Arten sind heute endemisch. Bekannt wurde Madagaskar in Europa als die Heimat exotischer Gewürze, z.B. des Weißen und Schwarzen Pfeffers, Vanille, Zimt oder Ylang-Ylang, dem Grundstoff edler Parfüms.

Vor rund 1500 Jahren kamen die ersten Bewohner in ihren kleinen Auslegerbooten aus dem heutigen Indonesien über den Indischen Ozean nach Madagaskar. Später mischten sie sich mit den Einwanderern vom afrikanischen Festland. Damals wie heute ist Madagaskar ein Schmelztiegel der Kulturen: Über 20 verschiedene Bevölkerungsgruppen leben heute auf der Insel, jede mit ihren eigenen Sitten und Gebräuchen. Allen gemeinsam ist ihre schier unerschöpfliche Fröhlichkeit und Gelassenheit, die uns „Vazahas" (Fremde) immer wieder in ihren Bann zieht.

Etwa neun Zehntel aller Madagassen leben von dem, was sie als Kleinbauern oder Fischer erwirtschaften. Hauptexportgüter sind Kaffee, Fisch, Textilien, Mineralien und Vanille.

■ *Riesige Baobabs (Affenbrotbäume) prägen die Landschaft Madagaskars*

Reisestory Madagaskar

Wir starten in Antananarivo, kurz Tana, der in 1470 m Höhe gelegenen Hauptstadt von Madagaskar, und wollen 700 km bis zur Westküste an den Indischen Ozean radeln. Überall herrscht reges Treiben: Chaotischer Verkehr, an den Straßen reiht sich kilometerlang ein Marktstand an den nächsten, im Fluß wird Wäsche gewaschen. Der Geruch von Holzkohle hängt schwer in der Luft – die Hauptenergiequelle der Madagassen. Und da der Tourismus auf Madagaskar noch in den Kinderschuhen steckt und wir Tourenradler noch ein Unikum sind, werden wir von vielen Einheimischen erstaunt beäugt.

Am Stadtrand angekommen stehen wir auf einmal Militär gegenüber. Weiterradeln zwecklos, ein Nagelbrett soll Fluchtversuche verhindern. Schon im Flugzeug erzählte man uns von Zwangsmedikation aufgrund einer gerade grassierenden Cholera-Epidemie. Mit geschulterter Kalaschnikow werden wir kritisch gemustert, dürfen aber nach kurzem hin und her unbelangt passieren.

Endlich bleibt die Hauptstadt hinter uns zurück. Die gut asphaltierte Straße schlängelt sich bei angenehmer Radel-Temperatur von 20 °C über ein sehr hügeliges Gelände durch Reisterrassen. Nur ab und zu begegnen wir einigen Bauern zu Fuß oder auf von Zebus gezogene Ochsenkarren. Wir staunen über die Lasten, die von den Madagassen auf dem Kopf balanciert werden, und darüber, daß sie barfuß über den heißen Asphalt kilometerlange Märsche zurücklegen. Trotz der großen Armut haben sie immer ein Lächeln für uns übrig und strahlen Stolz und Gelassenheit aus. Reis wird zum Trocknen wie ein schmaler Teppich auf den Asphalt gelegt. Überall grüßt man uns mit einem freundlichen „Salut Vazahas" (Fremder, sei gegrüßt). Typisch für dieses Gebiet sind die roten Ziegelhäuser der *Merinas*. Kaum halten wir an, um an kleinen Kiosken unsere Wasserflaschen aufzufüllen, sind wir vom ganzen Dorf umringt. Für ein paar Pfennige erstehen wir köstliche Bananen, Mangos und Reis.

Übernachten kann man in *Hotelys*, sehr einfachen Schlafgelegenheiten. Auf dem Land, wo es derartige Unterkünfte nicht gibt, findet sich auf Anfrage beim Dorfvorsteher auch in den Dörfern ein Plätzchen für die Nacht. Wir werden überall sehr freundlich aufgenommen, und als wir unseren Madagassisch-Sprachführer aus der Tasche ziehen, entwickelt sich jedes Mal ein interessantes Gespräch, denn Malagasy und Französisch werden auf der ganzen Insel gesprochen.

Antsirabe, ca. 170 km südlich der Hauptstadt und rund 1500 m hoch, befindet sich auf ursprünglich vulkanischem Gebiet und hat daher eine sehr fruchtbare Erde. Die Bauern pflanzen und ernten hier alle nur erdenklichen Obst- und Gemüsesorten. Während der Kolonialzeit war die Stadt wegen der Höhenlage und dem guten Klima sowie wegen der heißen Quellen ein beliebter Kurort – leider ist davon heute nicht mehr viel zu sehen. In Edelsteinschleifereien werden die im Hochland häufig vorkommenden Mineralien zu funkelnden kleinen Kostbarkeiten verarbeitet.

Antsirabe ist die Stadt der *Pousse-Pousses*. Es gibt kaum Taxis und Autos, statt dessen Tausende dieser buntbemalten, wendigen Rikschas. Ihre Fahr-Geschicklichkeit ist unglaublich, sie müssen sogar einen Pousse-Pousse-Führerschein machen, alle haben ein Nummernschild, es gibt Strafmandate und eine für Pousse-Pousses zuständige Spezialeinheit der Polizei.

Wir statten Mamys Werkstatt für Fahrräder, Pousse-Pousses und Motorräder in Miniaturgröße einen Besuch ab. Mamy ist Anfang 30 und hat in Tana Biologie studiert, aber wie viele seiner Kommilitonen nach der Uni keinen Job gefunden. Seine Produkte verkaufen sich bei den Touristen gut. Das Besondere: Mamys Materialien sind Recycling-Produkte. Aus alten Blechdosen werden Felgen gemacht, aus Telefondraht die Bremsen und aus alten Gummireifen die Pedale.

Unsere Fahrt führt nun Richtung Westen über Ankazomiriotra bis Miandrivazo – meist durch eine baum- und menschenleere Mondlandschaft. Immer wieder stoßen wir auf große, von Bauern abgebrannte oder noch brennende Flächen. Der kaum noch vorhandene Kleinst-Baumbestand wird gleich mitabgefackelt. Kaum vorzustellen, daß sich die Natur davon je wieder erholen wird.

In Ankazomiriotra dürfen wir auf dem Grundstück der Dorflehrerin übernachten. Kleine Madagassen belagern unser Zelt, bis wir darin verschwunden sind. Am nächsten Morgen stehen sie schon erwartungsvoll davor und warten, bis der Reißverschluß endlich zu hören ist. Von der freundlichen Lehrerin erfahren wir, daß sie mit 60 Euro pro Monat auskommen muß. Als wir von unserer Route auf Madagaskar berichten, wird sie traurig und erzählt, daß sie noch nicht einmal das Nachbardorf kennt und wohl nie aus ihrem Dorf herauskommen wird.

Frühmorgens brechen wir wieder auf und stehen nach kurzer Zeit vor einem Abgrund: Große Erosionskrater öffnen sich da, wo einmal die Straße war! Als Warnhinweis muß eine Reihe faustgroßer Steine auf der Straße genügen, Verkehrsschilder gibt es keine. Die wenigen, die es mal gab, wurden inzwischen zu Kochtöpfen etc. umgearbeitet. Radeln bei Nacht ist also nicht unbedingt empfehlenswert.

Auf dieser Route kann man im Frühling (Nov./Dez.) riesigen Heuschreckenschwärmen begegnen, die auch noch das letzte Grün der neuen Saat wegfressen und große Not bringen. Es gibt hier kaum noch Reisfelder, erodierte Berge wechseln sich mit weiten Graslandschaften mit Rinderherden ab. Unterwegs begegnen wir eingewanderten Antandroy und Tanala. Männer mit Bärten, die als Zeichen dafür, daß sie noch unverheiratet sind, einen riesigen Kamm im Haar tragen!

Plötzlich, nach stundenlanger Kurbelei durch unbesiedeltes, trockenes Gebiet, öffnet sich hinter einer Kurve ein weites Tal mit Bäumen und viel Grün, durch das der Mahjilo fließt. Wir gelangen nach Miandrivazo, einen der heißesten Orte Madagaskars. Abends umschwirren uns Moskitos in Scharen und wir sind froh um unsere Malaria-Prophylaxe.

Unsere Route führt nun durch eine Sumpflandschaft, die während der Regenzeit oft überschwemmt und von Zyklonen heimgesucht wird. Zum Glück ist die Fahrbahn abgetrocknet und so können wir die teilweise fast einen Meter tiefen Schlaglöcher bequem mit Schwung nehmen. Schwerer haben es die Lkw, die uns alle paar Stunden entgegenkommen und in abenteuerlicher Schräglage die Senken in Präzisionsarbeit durchfahren. Die Fahrer sind auf dieser Piste froh um jede Abwechslung und halten gerne auf einen Schwatz an.

Wieder wechselt die Vegetation: Reste von trockenem Primärwald unter dem Schutz des WWF lösen monotone, verbrannte Landschaften ab. Ab Mahabo „riecht" man fast schon den Indischen Ozean. Am Straßenrand tauchen die ersten Kokospalmen und direkt am Ortseingang von Morondava die ersten Baobabs auf.

Wir erleben einen atemberaubenden Sonnenuntergang an der „Straße der Baobabs". Vor einer spektakulären Kulisse von Reisfeldern und Teichen voller wilder Seerosen erscheinen majestätisch gegen den Horizont die knorrigen, wuchtigen, teils jahrhundertealten Baumriesen der Baobabs. Ursprünglich stand hier mal ein ganzer Baobabwald. Übrig geblieben sind vereinzelte Exemplare und Madagaskars einzige Baobab-Allee.

Morondava ist Endstation für unsere Räder, denn die Pisten von dort sind zu sandig zum Radeln.

Einreise, Währung

Visumpflicht für Deutsche, Schweizer und Österreicher. Das Visum muß vor der Reise bei der Botschaft oder einem Honorarkonsulat beantragt werden. Deutsche erhalten ein 30tägiges Visum auch noch bei der Ankunft am int. Flughafen Antananarivo.

Währung ist der *Franc Malagasy*. Bargeld und Reiseschecks (AmEx, Thomas Cook u.a.) in US-Dollar, engl. Pfund oder Euro werden von Banken in allen größeren Städten problemlos getauscht. Kreditkarten sind nur in teuren Hotels und Reisebüros von Nutzen. Unbedingt Feilschen, auch um die Preise der Hotelzimmer!

Straßen, Verkehr, Transport

Abseits der Städte nur wenig Verkehr, hauptsächlich Lkw, die viel Staub aufwirbeln. Das Straßennetz ist nur bedingt zum Biken geeignet: Nur die *Routes Nationales* (RN) sind leidlich asphaltiert, Abschnitte mit Staub und Wellblech immer mal wieder möglich: Tana – Toliara (ca. 1000 km), Tana – Toamasina (360 km), Tana – Mahajanga (550 km) und Tana – Antsohihy/Antsiranana (ca. 1150 km). Nebenstrecken können auch asphaltiert sein, im Tiefland sind sie während der Regenzeit aber oft verschlammt oder völlig unpassierbar, in Küstennähe häufig zu sandig zum Radeln. Rundreisen sind nur schlecht möglich, meist wird man den Rückweg per Flugzeug oder Bus antreten müssen, will man nicht dieselbe Strecke zweimal radeln. Fahrräder immer mit aufs Zimmer nehmen!

Air Madagascar, die staatl. Fluggesellschaft, hat ein sehr dichtes Flugnetz, mehr als 60 Städte werden von Tana aus angeflogen. Zur Auswahl stehen auch Überlandbusse und sog. Taxis-Brousses – Sammeltaxis –, die auch noch die löchrigste Piste zum hintersten Küstenzipfel unter die

Räder nehmen, öfter aber auch wegen Altersschwäche oder Überladung kapitulieren.

Beste Reisezeit ist das trockene Winterhalbjahr (April – Oktober), gelegentliche Regenfälle an der Nord- und Ostküste, Wind aus Nordost. Im Sommer Taifungefahr, starke Regenfälle.

Ziele, Routen

Zwei Nationalparks, Parc National de l'Isalo im Süden, Parc National de la Montagne d'Ambre ganz im Norden, und mehr als 30 Naturreservate. Einzigartiger Tier- und Pflanzenreichtum. Fischerdörfer an wunderbaren Palmenstränden.

Routenvorschlag: Tana – Isalo NP – Toliara; per Flugzeug über Tana nach Antsiranana; Antsiranana – Montagne d'Ambre NP – Tana (so kann man die Hauptwindrichtung im Winter nutzen).

Bücher und Karten

Gut ist der Führer „Madagaskar" von Reise Know-How. „Madagaskar Insel-Handbuch", von Susanne Roeseler, Iwanowskis Reisebuchverlag. Greenway/Swaney: „Madagascar & Comores", Lonely Planet. Hilary Bradt: „Guide to Madagascar", Bradt-Verlag. Kauderwelsch-Sprachführer: „Madagassisch", Reise Know-How.

Karten: Michelin Nr. 955 1:4 Mio.; Freytag & Berndt Straßenkarte 1:2 Mio.; IGN Carte Générale 1:2 Mio.; ITM Travel Map 1:1,64 Mio.; Cartographia (Budapest) 1:2 Mio. Des weiteren ONC-/TPC-Detailkarten und sowjetische Generalstabskarten (1:1 Mio. und 1:500.000).

Internet: Die Botschaft-Website bietet eine gute Einführung ins Land mit weiterführenden Links (http://embassy.org/madagascar/index.html). Übersichtlich aufbereitet sind die Madagaskar-Infos des „World Travel Guides" unter www.wtgonline.com/data/mdg/mdg010.asp. Auch die University of Pennsylvania hat eine Linkliste unter www.sas.upenn.edu/African_Studies/Country_Specific/Madagascar.html.

Malawi

Überblick

Ein kleines, abwechslungsreiches, buntes Land mit sehr freundlicher Bevölkerung, das sich gut für Radtouren eignet und in dem das Fahrrad immer noch ein wichtiges Transport- und Verkehrsmittel ist. Mit dem Rücktritt des greisen Diktators Hastings Banda (1994) wurde auch der streng-legendäre „dress-code" zu Grabe getragen – damals wurden Reisende mit etwas längeren Haaren oder Radlerinnen in Hosen an den Grenzen abgewiesen … Andererseits hat aber die Kriminalität, das Diebstahl- und Überfallrisiko (Ermordung einer dt. Radlerin im Mai 2002!) stark zugenommen. Dies gilt vor allem für den sog. Tete-Korridor durch Moçambique nach Simbabwe (Reisebericht s.u.).

Der Malawi-See im Osten, der drittgrößte See in Afrika, und Hochplateaus bis 1500 m Höhe im Westen prägen die Landschaft, im milden Bergklima wächst viel Tabak und Tee. Am angenehmsten radelt man zwischen April und Oktober, September und Oktober sind ziemlich heiß, Hauptregenzeit ist von Dezember bis März.

Übernachten: Hotels können sehr teuer sein, doch die meisten Orte haben entweder ein Government-, District-, Council- oder Forestry-Resthouse mit Camp-Möglichkeiten. Auch sonst gibt es gute Campmöglichkeiten, auch am Malawi-See. Oder man übernachtet in Missionen.

Annette Maier: „Auch in Malawi verfolgt einen der unvermeidbare Maisbrei *Nnsima* mit Rindfleisch, Bohnen oder Huhn, es gibt aber auch viel Reis, am See natürlich leckeren frischen Fisch. Das Obst- und Gemüseangebot auf den Märkten ist enorm, im Oktober ist Mango-Zeit."

Deutsche erhalten bei der Einreise 30 Tage Aufenthalt, die in Blantyre und Lilongwe verlängert werden können, Radler aus A und CH benötigen ein Visum. Die Landesgrenzen nach Tansania, Sambia und Moçambique sind offen. Hauptstadt ist Lilongwe, der dortige Flughafen wird von europäischen Fluglinien (KLM, British Airways etc.) angeflogen. Amtssprachen sind Englisch und Chichewa. Bezahlt wird mit Kwacha, ein Kwacha entspricht 100 Tambala. Reiseschecks und Bargeld in US$ und/oder südafrikanischen Rand werden überall akzeptiert. Bargeld gegen Kreditkarten gibt es nur in Blantyre und Lilongwe, die Prozedur kann Stunden in Anspruch nehmen.

Malawi hat mit die höchste AIDS-Todesrate im südlichen Afrika, über 15% der Bevölkerung sind infiziert. Also Vorsicht bei Bluttransfusionen! An Malariaprophylaxe denken!

Ziele, Routen, Reisen
Die N-S Hauptroute Malawis führt an der Westseite des Malawi-Sees vorbei. Von da gibt es viele Möglichkeiten in die Berge, zu Nationalparks oder zum Malawi-See zu fahren. Kräftige Steigungen, die man besser nicht mit dem chinesischen Eingang-Fahrrad aus dem Radladen in Lilongwe angeht (Livingstonia z.B. liegt 750 Höhenmeter höher als die Hauptstraße!). Die Hauptstraßen von Karonga (Nordspitze des Sees) bis Blantyre und am See entlang von Mzuzu über Salima und Monkey Bay bis Mulanje erfreuen mit recht gutem Asphalt, allerdings soll das Stück zwischen Karonga und Rumphi katastrophal sein! In der Regenzeit sind viele Pisten lehmig.

Attraktionen: Malawi-See (Vorsicht vor Bilharziose!), Livingstonia, Mulanje-Plateau (Wandergebiet bis auf 3000 m), Nyika und Liwonde National Parks.

Transport: Zwei reguläre Passagier- und Frachtschiffe befahren den Malawi-See von Nord nach Süd, jede Reise dauert drei Tage (1200 km!). Ein weiteres quert den See von Nkhata Bay nach Mbamba Bay/Tansania. Air Malawi fliegt mehrmals wöchentlich von Lilongwe nach Blantyre und Mzuzu. Nonstop zwischen Blantyre und Lilongwe fährt auch die Luxusbuslinie Coachline, einfachere (Expreß-)Busse u. Minibusse holpern zu kleineren Orten.

Bücher, Karten, Internet
Ilona Hupe: „Sambia und Malawi", Hupe Verlag. David Else: „Malawi", Lonely Planet. Philip Briggs: „Guide to Malawi", Bradt Publications. Der Reise Know-How-Führer „Simbabwe" enthält auch einen Abschnitt zu Malawi. Im Radbuch „Gegen Sand, Sonne und sich selbst" schildert Michael Schmitz auch seine Erlebnisse in Malawi (Route: Mbeya – Nkhotakota – Monkey Bay – Liwonde – Lilongwe – Blantyre – Tete-Korridor).

Karten: ITM Travel Map „Malawi" 1:900.000; TPC-/ONC-Karten 1:1 Mio. und 1:500.000.

Internet: „Travel Guide to Malawi by Bike" (www.ibike.org/africaguide/malawi.htm) mit einigen Links. Die Homepage der „Friends of Malawi" (www.friendsofmalawi.org/index.htm) ist einen Klick wert, schon allein wegen der umfangreichen Linkliste.

Moçambique

Abenteuer in Moçambique

von Annette Maier

Mein kurzer Aufenthalt in Moçambique sollte unter keinem guten Stern stehen. Ich komme von Simbabwe und will eigentlich nur „mal schnell" die 230 km durch den Tete-Korridor nach Malawi radeln. Trotz gültigem Moçambique-Visum muß ich noch eine sogenannte „Einreisesteuer" zahlen, die ganz offensichtlich nur dazu gedacht ist, die Taschen der Grenzbeamten zu füllen. Kurz darauf passiere ich einen Busunfall mit mehreren Toten, die noch an der Unfallstelle liegen.

Nur noch 30 km bis Tete. Plötzlich springt ein Mann aus dem Gebüsch, bedroht mich mit einer Pistole und fordert mein ganzes Geld. Obwohl ich unglaubliche Angst habe und überhaupt nicht klar denken kann, habe ich das Gefühl, daß seine Waffe nicht echt oder zumindest nicht geladen ist. Ich habe noch 10 südafrikanische Rand in der Hosentasche und gebe ihm diese mit der Behauptung, es sei alles was ich hätte. Natürlich schenkt er mir keinen Glauben und versucht mich jetzt, mit meinem Rad ins Gebüsch zu ziehen. Da mir aufgefallen ist, wie nervös er immer wieder nach möglichen Zeugen Ausschau hält, fange ich laut zu schreien an und nutze seine Schrecksekunde, um davonzuradeln. Erst versucht er mir noch zu folgen, als ihm das nicht gelingt, rechne ich mit dem Schlimmsten – aber kein Schuß fällt, ich kann entkommen!

Das Adrenalin pulst in den Adern, in unglaublichem Tempo fege ich über den Asphalt. Keine 15 Minuten später greift mich ein Bienenschwarm an! Mit bestimmt zwanzig Stichen torkele ich weiter. Wenigstens einmal habe ich heute Glück: Zwei freundliche Autofahrer kommen mir zu Hilfe und bringen mich ins nächste Krankenhaus.

Am Ende dieses Tages beschließe ich, Moçambique zu einem späteren Zeitpunkt wieder zu besuchen. Genug ist genug.

Überblick

Nach dem Ende langen Bürgerkrieges 1992 verwüstete 1999 eine verheerende Überschwemmungskatastrophe weite Teile dieses arme Land (ehemals portugiesische Kolonie, Unabhängigkeit 1975). Doch langsam geht es aufwärts, manche bezeichnen Moçambique sogar als sog. „touristischen Geheimtip". Radeln ist jedoch immer noch risikobehaftet, schon allein wegen dem Diebstahl- und Überfallrisiko und auch wegen der immer noch zahllosen verborgenen Landminen. Auf Wildzelten und Abstecher in den Busch unbedingt verzichten!

Moçambique besitzt etwa 2500 km Küsten, die zu den schönsten in Afrika gehören sollen. Die Küstenebene im Süden ist mehrere hundert Kilometer breit, steigt an der Grenze zu Simbabwe bis auf 2500 m an und geht im Norden, auf Höhe von Malawi, in ein dünn besiedeltes, kaum erschlossenes Hochplateau über. Hauptstadt ist das noch stark portugiesisch geprägte Maputo am südlichen Zipfel des Landes, nur ca. 80 km von Swaziland entfernt. Amtssprache ist Portugiesisch, daneben werden Kisuaheli, Makua, Nyanya und weitere Dialekte gesprochen. Mit Englisch kann man hier nicht viel anfangen.

An der Küste herrscht tropisches Klima, am erträglichsten ist es noch in der Trockenzeit von April bis September. Richtung Westen zu wird das Klima erträglicher.

An der Südküste von Maputo bis etwa Vilanculos gutes Unterkunftsangebot, dann läßt es immer mehr nach. Geboten werden Backpackers,

Guesthouses („Pousadas"), Hotels aller Preisklassen und „Complexos Touristicos" für die Südafrikaner. Besonders viele organisierte Campplätze („Campismos") direkt am Strand. Im Norden wird man öfter mal in einem Dorf nach einem Zeltplatz fragen müssen. *Annette Maier:* „Auch in Moçambique gibt es meist Reis oder Maisbrei mit Bohnen, dazu Meeresfrüchte an der Küste. Teilweise auch Restaurants mit Burgern, Omelettes etc. Auf den Märkten wird viel Obst und Gemüse angeboten, in den Städten Supermärkte mit importierten Lebensmitteln." Wasser filtern/ desinfizieren, Trinkwasser in Flaschen ist überall erhältlich.

■ *Immer gut drauf: Schulkinder in Moçambique*

Ein- und Weiterreise, Währung   Globetreter aus D, CH und A benötigen ein Visum, das problemlos von den Botschaften, z.B. in Harare (Simbabwe), ausgestellt wird. Achtung: Das Visum läuft ab dem Tag der Ausstellung, nicht der Einreise, d.h. ein siebentägiges Transitvisum wird euch schon zeitlich nicht für die Fahrt von Harare durch den Tete-Korridor nach Malawi reichen! „An der Grenze muß man eine Einreisesteuer bezahlen, wahlweise in US-Dollar, Südafrikanischen Rand, Zimbabwe-Dollar oder Malawi-Kwacha (Grenze Tete-Korridor) – Rand ist die günstigste Version." *(Annette Maier).*

Mehrmals pro Woche recht teure Flüge von Europa nach Maputo, besser über Johannesburg fliegen und den Zug nach Maputo nehmen. Ein weiterer Zug fährt von Simbabwe nach Beira und von Malawi nach Nacala.

Bisher sind noch nicht alle Grenzübergänge geöffnet. Von Swaziland: Lomahasha – Namaacha; von Südafrika: Komatipoort – Ressano; von Simbabwe: Mutare – Manica (Beira-Korridor) und der Tete-Korridor; von Malawi sind alle Grenzen offen; von Tansania: Mwambo – Namiranga. Vorsicht vor Malaria, Bilharziose im Malawi-See.

Währung ist der stark inflationsgeplagte *Metical,* unterteilt in 100 *Centavos.* Reiseschecks in US$ oder südafrikanischen Rand können in den Städten eingelöst werden, allerdings gegen hohe Gebühren, ansonsten zählt Bargeld. In Maputo gibt es neben den Banken auch Wechselstuben, die meist bessere Kurse bieten. Kreditkarten werden nur selten akzeptiert.

Ziele, Routen, Reisen   Die Verkehrserschließung ist eher dürftig: Die einzige Asphaltstraße schlängelt sich immer in Küstennähe von Südafrika bis nach Tansania, ist garniert mit Minentrichtern und tiefen Schlaglöchern. Asphaltiert sind auch der Beira- und der Tete-Korridor. Pistenritte enden meist bald im Sand, auch die Strände sind für Radler oft nur mit viel Schieben über Sandpisten erreichbar. Vorsicht vor Minen! Auf Pisten oft über lange Strecken keine Versorgungsmöglichkeiten. Auf den Hauptstraßen fahren Busse, Nebenstrecken werden mit umgebauten Lkw, sog. Chapas, und Pickups bedient. Dhaus segeln bei genügend Wind zu den vorgelagerten Inseln. *Mozambique Airlines* fliegt von Maputo und Beira aus auch Städte im Norden an, z.B. Pemba, Nampula oder Lichinga (Routen, Preise etc. unter www.lam.co.mz/english/routes/domest.html).

Lohnend ist die Hauptstadt Maputo, für viele vor dem Bürgerkrieg eine der schönsten Städte in Afrika, mit seinem von Eiffel konstruierten Bahnhof. Die Küstenlinie mit Palmenstränden und Lagunen ist wie aus dem Bilderbuch. Weiter sehenswert: Halbinsel Inhambane, Bazaruto-Archipel (hervorragende Tauchgründe), Parque Nacional da Gorongosa, Lago de Cahora Bassa (einer der größten Stauseen in Afrika), Ilha Moçambique (Weltkulturerbe).

Eine Rundreise könnte sein: Johannesburg – Swaziland – Maputo – Beira-Korridor – Harare – Johannesburg.

Bücher, Karten, Internet Philip Briggs „Guide to Mozambique" (Bradt); Mary Fitzpatrick „Mozambique", Lonely Planet; kürzeres Kapitel im Reise Know-How „Simbabwe" oder im Interconnections-Führer „Preiswert durch Südafrika" von Wolfgang Klein.

Karten: Michelin Nr. 955; ITM Travel Map Mozambique 1:1,9 Mio.; Detailkarten ONC/TPC und sowjetische Generalstabskarten.

Internet: Die Homepage des Auswärtigen Amtes informiert über die aktuelle Sicherheitslage (www.auswaertiges-amt.de). Neueste Nachrichten aus Moçambique unter http://allafrica.com/mozambique und www.poptel.org.uk/mozambique-news. Die Stanford University Libraries haben eine umfangreiche Liste mit Links zu allen möglichen Themen rund um Moçambique zusammengestellt (www-sul.stanford.edu/depts/ssrg/africa/moz.html).

Namibia

Momentaufnahmen einer Reise durch Namibia
von *Andreas Bugdoll*

Endlich ist es soweit. Nach vier Tagen Leihwagen und etlichen Autokilometern im *Etosha Park* sitzen wir auf unseren Rädern. Noch auf dem Gelände der Mokuti Lodge, wo wir den Mietwagen abgaben, begegnet uns die erste Giraffe. Obwohl wir schon in den letzten Tagen etliche Tiere bewundern konnten, ist der Anblick jetzt, ohne das störende Blech um uns herum, bei weitem beeindruckender. Doch während die Tiere beim Herannahen von Autos nicht mit der Wimper zucken, ergreifen sie bei den sonderbaren Wesen auf zwei Rädern gleich die Flucht, um uns aus sicherer Distanz neugierig zu beobachten. Um es vorwegzunehmen: Das gleiche spielte sich auf der ganzen Reise auch bei anderen Tieren ab, unsere anfängliche Sorge bezüglich wilder Tiere war also völlig unbegründet.

■ *Wir überqueren den Ugab*

Der gute Asphalt ist eine Wohltat, es fahren auch kaum Autos. Nur wird es schon am Vormittag richtig heiß, das Thermometer überschreitet bald 30 °C. Landschaftlich ist die Strecke eher eintönig und so freuen wir uns über die kleine Stadt *Tsumeb* mit dem schönen Rasencampingplatz (es sollte der letzte Rasenplatz sein). Besonders ab Mitte September ist Tsumeb einen kleinen Abstecher wert, dann stehen die vielen Jacarandabäume in voller zartblauer Blüte. Ein erstes Highlight ist der Aufenthalt auf der Bambatsi Gästefarm, die auf einem Hügel mit toller Fernsicht über den Mopanewald gelegen ist. Ein erfrischendes Bad im Pool und ein tolles Essen auf der Terrasse unter dem wunderbaren Sternenhimmel lassen die Strapazen der letzten Tage schnell vergessen.

Kurz vor *Khorixas* verlassen wir fürs erste den Asphalt. Schlagartig fällt unsere Durchschnittsgeschwindigkeit dramatisch, und in gleichem Verhältnis steigt der Wasserverbrauch. Die einsame Landschaft wird karg und trocken, nur kurz unterbrochen vom grünen Rivier des Ugabflusses. Zwischen Uis Mine und der Küste wird die Landschaft vollends zur Wüste. Auf dieser Mammutetappe verläuft die Strecke zwar durchweg leicht fallend, aber auf halber Strecke dreht wie üblich der Wind in Gegenrichtung. So müssen wir doch mehr kämpfen als uns lieb ist. Die glatte feste Salzpiste ab *Henties Bay* ist danach für uns und die Räder die reinste Wohltat.

In *Swakopmund* hat uns die Zivilisation nach der Einsamkeit der letzten Tage wieder. Uns reicht ein Nachmittag in deutscher Vergangenheit, bevor wir auf stark befahrener Asphaltpiste *Walvis Bay* entgegenradeln. Eine der größten Herausforderungen unserer Reise steht bevor: die Durchquerung der Wüste Namib. Vollbepackt mit Proviant und über 40 Liter Wasser für die nächsten 3–4 Tage geht es los. Leider zählen die Pisten im *Namib Naukluft Park* nicht zu den besten. Am Ende der ersten Etappe erreichen wir früh den markanten Granitklotz namens Vogelfederberg, der als Kulisse unseres heutigen Nachtlagers dient. Nach dem Zeltaufbau erklettern wir gleich den Felsen, um wieder einmal den glutroten Sonnenuntergang zu bewundern. Außer uns ist hier kein Mensch, wir genießen die absolute Stille der Wüste.

Die Nacht ist klar und bitterkalt, der Morgen hält eine Überraschung für uns bereit. Obwohl wir schon knapp 50 km von der kühlen Küste entfernt sind, reicht der Einfluß des Meeres aus, alles in dichten Nebel zu hüllen, bis die steigende Sonne wieder für klare Verhältnisse sorgt. Auch auf der zweiten Etappe schonen wir uns ein wenig, denn die schwerste Strecke liegt noch vor uns.

In weiser Voraussicht starten wir bereits mit dem ersten Licht des Tages. Nur ein Schild mit der Aufschrift *„Kuiseb Pass"* kündigt die Schlucht an, die an Wildheit kaum zu überbieten ist. Die Straße führt auf sehr schlechtem Untergrund so steil hinunter, daß wir steife Finger vom Bremsen bekommen. Staunend radeln wir an bizarren Felsen am Grunde des Canyons entlang. Von der Brücke aus sehen wir im Bett des Kuiseb blühende Kameldornbäume und sogar einige Wasserkolke, die die Trockenzeit überdauert haben. Die heulende Motorbremse eines Lkw erinnert uns dann, daß noch ein schönes Stück Arbeit vor und liegt. Vor der Auffahrt werden nochmals die Trinkflaschen aufgefüllt.

Nicht nur die Hitze und der fehlende Wind machen uns zu schaffen. Auch die enorme Steigung geht kräftig in die Beine, die Kurbeln lassen sich trotz der 28/32er Übersetzung kaum noch bewegen. Dauernd halten wir an, um den brennenden Schweiß aus den Augen zu wischen und gierig zu trinken. Endlich oben! Für eine längere Pause bleibt aber keine Zeit, schließlich wollen wir das geplante Ziel, die Rostock Ritz Lodge, noch heute erreichen. Die nächsten Kilometer durch wellige Landschaft kosten viel Kraft. Am Abzweig zum *Gamsbergpaß* reicht es uns eigentlich schon, aber die nächste Unterkunft ist gebucht. Also weiter zum spektakulären *Gaub Canyon,* der trotz nachlassender Kräfte gut zu bewältigen ist. Eine letzte flache Steigung quält uns. Das Schild am Straßenrand ist aber nicht zu übersehen: „Tired?" Was für eine Frage nach der heutigen Strecke! Bald das nächste Schild: „Hungry?" Schon beim Lesen knurrt uns der Magen! Das letzte Schild ist leicht zu erraten: „Thirsty?" Ja, wir sind durstig, und das fade, warme Wasser total leid. Von da sind es noch lange 5 km bis zur Lodge. Doch dort gibt es einen Empfang, der alle Strapazen für einige Momente vergessen läßt: Kücki, der Besitzer, hat uns mit dem Fernglas auf den letzten Kilometern beobachtet und begrüßt uns freudig mit einem Glas Sekt! Nach zwei Minuten haben wir einen mächtigen Schwips und schaffen es kaum noch unter die Dusche. Im außergewöhnlichen Ambiente des Rostock Ritz belohnen wir uns für die vergangenen Entbehrungen mit einem Ruhetag am tollen Pool, mit atemberaubender Aussicht und mit erstklassigem Essen.

Gerne würden wir noch bleiben, aber der Höhepunkt der Reise, das Sossusvlei, liegt noch vor uns. Die Piste ist glatt und radfreundlich flach. Auf halbem Weg machen wir Rast in *Solitaire,* einer Tankstelle mit Restaurant und etwas heruntergekommenem Rastlager. Hier hält fast jeder an, um Erfahrungen auszutauschen und zumindest einen kalten Appetizer zu trinken. Leider erzählten uns Farmer, daß die Besitzer pleite sind und diese Institution so einer ungewissen Zukunft entgegensieht.

Drei Tage später stehen wir auf einer der höchsten Dünen der Welt am *Sossusvlei* und blicken fasziniert über ein schier endloses Sandmeer. Gegen Abend arbeiten die schrägen Sonnenstrahlen mehr und mehr die wellige Struktur der roten Dünen heraus. Nicht minder beeindruckt uns der große See im Vlei inmitten der Wüste. Die starken Regenfälle des vergangenen Herbstes haben für dieses extrem seltene Naturschauspiel gesorgt, in den letzten 25 Jahren kam das nur zweimal vor!

Mit ein bißchen Wehmut machen wir uns auf den Rückweg nach Windhoek. Farmer hatten uns nichts Gutes über den *Spreetshoogte-Paß* erzählt. Ist der mit den Rädern zu schaffen? Na ja, immerhin haben wir schon viele Alpenpässe bezwungen, schlimmer wird es schon nicht kommen. Doch es kommt schlimmer! Bereits vom Fuß des Passes sieht man einige Steilstücke, die erste Rampe erleben wir schon nicht mehr im Sattel. Selbst Schieben artet in Schwerstarbeit aus. Die Schuhe finden auf dem losen Geröll keinen Halt, und immer wieder rutschen wir zurück. Stehenbleiben, verschnaufen, 10 m schieben, stehenbleiben, trinken – so vergehen die nächsten 80 Minuten. Lohn aller Mühen ist ein letzter phantastischer Panoramarückblick über die Namib.

Langgezogene Hochtäler folgen, in Windhoek endet dann unser erstes, aber bestimmt nicht letztes Afrika-Abenteuer.

Weitere Radstories findet ihr auf meiner Homepage www.bikedoll.de

■ *Schieben auf dem Spreetshoogte-Paß*

(Namibia-Aktualisierungen von *Andreas Bugdoll*)

Überblick   Ein weitläufiges Halbwüsten- und Wüstenland mit faszinierenden Landschaften und herben Naturschönheiten. Namibia wurde 1990 unabhängig. Bis zum ersten Weltkrieg war es die Kolonie Deutsch-Südwestafrika, danach kam es unter südafrikanische Verwaltung, und erst 1994 wurde auch Walvis Bay, die letzte südafrikanische Enklave, an Namibia übergeben. Amtssprache ist Englisch, doch wird auch Deutsch und Afrikaans gesprochen bzw. verstanden. Diamanten-Bergbau ist heute – neben Tourismus – der wichtigste Wirtschaftszweig des jungen Landes.

Mit nur knapp 2 Mio. Einwohner ist das große Land sehr dünn besiedelt. Für einen Radfahrer heißt das, immer mit genügend Verpflegung und Wasser auf die langen Strecken ("auf Pad") zu gehen. Die Bevölkerung und die weißen Farmer sind sehr gastfreundlich, es gibt ca. 20.000 deutschsprachige Namibier. Die stärksten schwarzen Ethnien sind die Ovambos (hauptsächlich im Norden) und die Hereros im Osten. Dazu kommen noch Hottentottengruppen (Buschmänner, im Osten zur Wüste Kalahari), u.a.

Sehenswürdigkeiten sind mit dem Rad ansteuerbar, doch es sind überwiegend sehr lange, einsame und auch endlos langweilige Anfahrten, und es sei betont, daß Namibia mit dem Rad nur jenen zu empfehlen ist, die eine Vorliebe für solche Einsamkeit und Wüstenlandschaften haben. Ein Zelt ist unbedingt notwendig. In Windhoek gibt es Ausrüstungsläden mit guten Campingartikeln und auch Ausrüstungsvermieter.

Reisezeit, Einreise, Währung

Beste Radelzeiten im dortigen Frühling (Anfang September bis Mitte Oktober) und auch im Herbst (Mitte März bis Anfang Mai). Im Herbst steht allerdings nach den Sommerniederschlägen das Gras sehr hoch und es gibt sehr viele Wasserlöcher, was Tierbeobachtungen erschwert. Im Winter, also von Mai bis September, kann es nachts sowohl in mittleren Höhenlagen (Windhoek) als auch in den Wüsten und Halbwüsten sehr kalt werden! Sehr heiß im Dezember und Januar. Regen gibt es von Oktober bis April, nördlich mehr als im Süden. Dann auch Malariagefahr! Am Atlantik ist es ganzjährig frisch und neblig! Wind vorwiegend aus westlichen Richtungen.

Keine Visumpflicht für Deutsche, Schweizer und Österreicher. Direktflüge von Europa mit Air Namibia u.a. Fluggesellschaften nach Windhoek (günstiger sind Charterflüge der LTU, das Rad reist hier für pauschal Euro 15 mit). Alle Grenzübergänge von Südafrika (außer Mata Mata), Botswana, Simbabwe und Sambia sind geöffnet.

Zahlungsmittel ist der *Namibia-Dollar*. Hotels, Lodges, Supermärkte und Safariveranstalter akzeptieren Kreditkarten (Visa, Master- und DinersCard), in den größeren Städten warten Geldautomaten auf Plastikfutter. Reiseschecks (AmEx, Thomas Cook) in US$ und Euro sind gleichfalls okay. Namibia ist kein ausgesprochenes Billigreiseland, es bietet jedoch ein recht gutes Preis-Leistungs-Verhältnis.

■ *Annette Maier an der Spitzkoppe*

Übernachen, Verpflegung

In Anbetracht der großen Entfernungen und der geringen Bevölkerungsdichte wird man nicht ohne Zelt auskommen. Wildzelten ist problemlos möglich, nur ist es manchmal recht schwer, ein nicht einsehbares Plätzchen in Straßennähe zu finden. Private Campgrounds bieten meist eine gute Infrastruktur vom Restaurant bis zum Pool. Ganz nah dran am Alltag der weißen Farmer ist man beim Camping auf den Gästefarmen und Lodges, eine nicht ganz billige Alternative. Besonders beliebt und herrlich gelegen sind die Camps in den Nationalparks (Vorausbuchung bei *Namibia*

Wildlife Resorts, Reservations, PPS 13267, Windhoek, zwingend erforderlich, auch schriftlich möglich! Infos unter www.namibiawildlife-resorts.com). Einige Gemeinden betreiben sog. Community Camps, meist einfache Plätze ohne weitere Infrastruktur, Verpflegung muß mitgebracht werden. In größeren Städten (Windhoek, Walvis Bay, Swakopmund, Lüderitz u.a.) gibt es Backpackers und B&B's. Das Namibia Tourism Board in Frankfurt versendet auf Anfrage den „Beherbergungsführer für Touristen", online zu bestellen unter www.namibia-tourism.com.

Die Versorgungslage ist gekennzeichnet durch Wasserknappheit, eine magere Auswahl an frischem Obst und Gemüse sowie ein großes Angebot an hochwertigen Fleischsorten (z.B. Strauß, Oryx, Kudu). Fastfood ist abseits der Touristenstädte kaum zu finden. Während im Norden meist noch Städtchen oder Dörfer mit Einkaufs- oder Einkehrmöglichkeiten im Abstand von Tagesetappen zu finden sind, ist man besonders in den westlichen Wüstengebieten oder der Kalahari fast ausschließlich auf mitgeschlepptem Proviant und Lodges bzw. Gästefarmen angewiesen.

Besonders auf den Strecken zwischen Walvis Bay und Solitaire, Khorixas und Swakopmund sowie südwestlich des Fish River Canyons ist die Mitnahme von ausreichend Wasser (7–10 Liter pro Person und Tag) und Proviant (Trockengerichte) notwendig. Für Selbstversorger sind die vielen deutschen Bäckereien eine willkommene Abwechslung (Tip: Café Probst in Walvis Bay, knusprige Brötchen mit Roastbeef).

Wasser kommt in Namibia meist aus tiefen Bohrlöchern, ist fast immer trinkbar, schmeckt aber manchmal etwas seltsam. In Supermärkten und Tankstellen kann man aber 5-l-Wasserkanister kaufen. Bier nach deutschem Reinheitsgebot gibt es in fast jeder Unterkunft, oft sogar vom Faß!

Gefahren, restriktive Gebiete

Vorsicht beim Camping in Trockenflüssen („Riviere")! Vor allem in der Regenzeit können sie innerhalb kürzester Zeit zu reißenden Flüssen werden, es reicht auch ein Wolkenbruch, der viele Kilometer entfernt niedergeht. Nach Statistiken sollen in Namibia mehr Menschen in der Wüste ertrinken als verdursten … Während Namibia insgesamt ein ruhiges Reiseland ist, rumort es im Caprivi-Zipfel und entlang der Grenze zu Angola öfter einmal. Ursache sind Unabhängigkeitstendenzen, ethnische Konflikte und im Grenzgebiet zu Angola der weiterhin schwelende Bürgerkrieg im Nachbarland. Die Etoscha-Pfanne ist davon aber nicht betroffen. Radler mit dem Ziel Caprivi-Zipfel sollten sich auf jeden Fall vorher über die aktuelle Sicherheitslage informieren! Nicht wild Zelten, Gefahr von Landminen! Im Zweifel auf den gänzlich asphaltierten Trans-Kalahari-Highway von Windhoek nach Gaborone ausweichen.

Straßen, Verkehr, Transport

Die Hauptstraßen sind asphaltiert, der größere Teil des Straßennetzes besteht aus Pisten in unterschiedlichster Oberflächenqualität. Der Verkehr außerhalb von Swakopmund und Windhoek ist sehr gering, auf vielen Pisten sind Fahrzeuge eine Seltenheit. So kann man sich auf der gesamten Fahrbahn die besten Stellen suchen. Die einzige subjektiv gefährliche Strecke liegt zwischen Swakopmund und Walvis Bay. Hier wird auf der schmalen Asphaltbahn erbarmungslos gerast.

Lange und starke Steigungen sind die Ausnahme, meistens geht es lang und flachansteigend bzw. fallend weiter. Kräftezehrend sind auf manchen Strecken die vielen Riviere, die meist kurz, aber steil hinunterführen und mit tiefem Sand aufwarten. Spektakuläre Beispiele hierfür sind der Kuiseb und der Gaub Canyon. Der Etosha-Nationalpark ist für Radfahrer gesperrt (Auto mieten oder bei anderen Touristen mitfahren).

Transport: Zur Not kann auch auf Buslinien und die Bahn ausgewichen werden. Züge fahren von Kapstadt und Johannesburg nach Windhoek. Von Windhoek gibt es auch eine Linie nach Tsumeb, nach Walvis Bay, nach Gobabis und von Keetmanshoop nach Lüderitz. Oft wird euch auch eine Mitnahme im Auto angeboten. Ein Mietauto ist bei abgelegeneren Zielen eindeutig die beste Alternative zum Fahrrad.

Routen und Touren   Hauptattraktionen sind die höchsten Dünen der Welt, Sossusvlei, der Fish River Canyon, einer der tiefsten Canyons der Erde, der Tierpark Etoscha-Pfanne und neben der Hauptstadt Windhoek und Swakopmund (mit sehr schönen Häusern in deutschem Holzbaustil) am Atlantik auch noch Lüderitz (sehr, sehr windig!) mit der Diamanten-Geisterstadt Kolmanskoppe.

Eine lohnenswerte **Vier-Wochen-Tour:** Mietauto ab Windhoek, 2 bis 3 Tage Etosha Park, Auto an der Mokuti Lodge oder in Tsumeb abgeben (AVIS), Tsumeb, Otjiwarongo (B&B Falkennest), Outjo, Bambatsi Gästefarm (tolle Lage), Khorixas, Uis Mine, Hentiesbay, Walvis Bay, Namib Naukluft Park (kein Service!), über die Rostock Ritz Lodge (tolles Essen, spektakuläre Aussicht vom Pool) bis Sossusvlei und zurück über den Spreetshogte Paß (sehr anstrengend!) nach Windhoek. Ohne die Autostrecke sind das 1700 km. Wer mehr Zeit hat, fährt von Sossusvlei weiter nach Lüderitz, zum Fish River Canyon und Oranje River. Von dort nach Windhoek oder weiter nach Südafrika.

Bücher, Karten, Internet   Man könnte mehrere Regalmeter mit Reise-, Natur- und Unterkunftsführern zu Namibia füllen. Für Radler am besten geeignet: Schetar/Köthe: „Namibia", Reise Know-How (für alle interessanten Strecken kilometergenaues Roadbook mit fast allen Übernachtungsmöglichkeiten, sehr umfangreiches Unterkunftsverzeichnis). Klein/Schmid: „Preiswert durch Namibia, Botswana & Simbabwe", Interconnections-Verlag. McIntyre: „Guide to Namibia", Bradt-Verlag. Ballard/Santcross: „Namibia Handbook", Footprint Publications (mit Schwerpunkt auf den Nationalparks, sehr empfehlenswert). Was fürs Auge: Geo-Special „Afrikas Süden" und der Polyglott-APA-Guide „Namibia". In Namibia selbst ist der Shell-Führer „Tourist Guide Namibia" sowie der „Namibia Accommodation Guide for Tourists", jährlich neu, recht gut. Und natürlich auch wieder für alle Länder des südlichen Afrika: Därr „Durch Afrika", RKH, für Strecken- und Routenbeschreibungen. Ein Buch für lange Abende unterwegs: „Wenn es Krieg gibt, gehen wir in die Wüste", von Henno Martin. Abenteuerbericht aus dem Kuiseb Canyon. Erhältlich vor Ort, u.a. in Swakopmund und Windhoek. Das Namibiana-Buchdepot (An den Graften 38, 27753 Delmenhorst, Tel. 04221-1230240; www.namibiana.de) besorgt alle nur erdenklichen Namibia-Bücher und -Landkarten.

Karten: „Namibia", Reise Know-How. Freytag & Berndt Straßenkarte, 1:2,4 Mio. ITM Travel Map 1:2 Mio. Kostenlos von Namibia Tourism: Tourist Road Map, 1:2 Mio., mit allen Pistennamen, Gästefarmen etc., sehr gut. In Namibia erhältlich: Shell Road Map mit allen Pisten, und Automobile Association of Namibia (AAN) Road Map 1:2,5 Mio. Topografische Karten im Maßstab 1:250.000 und 500.000 sind beim Surveyor General in

Windhoek erhältlich oder bereits hier (s. Adressen: Karten-Schrieb etc.).

Internet: Das Angebot an Websites, Linklisten und Homepages zu Namibia ist erschlagend. Hier als Einstieg einige Empfehlungen: „Namibia Travel Online" (www.natron.net) und „NAMIBIA-online" (www.namibia-online.de/de/main.htm) haben zahllose Links zu Campingplätzen, Unterkünften, Auto- und Ausrüstungsvermietern etc. Informativ ist auch die Homepage des Namibia Tourism Board, www.namibia-tourism.com. Eine schön gemachte Homepage ist www.namib.de. Stellvertretend für die vielen Namibia-Bike-Homepages sei die von Andreas von Hessberg (www.geocities.com/Yosemite/6988/Namibia/namib.html) und Wolfgangs „BikeAfrica" (http://members.aol.com/BikeAfrica/index.htm) genannt.

Sambia

Überblick

War Sambia früher eher ein Durchgangs- als ein spezielles Reiseland, so rückt es heutezutage etwas mehr in den Blickpunkt der Touristen, denn es bietet mehr als die berühmten Victoria-Wasserfällen, die es sich mit Simbabwe teilt. Neben einigen interessanten Nationalparks gibt es im Norden eine schöne Landschaft mit Wäldern, Savannen, Wasserfällen, Seen, heißen Quellen und fast touristenleeren Parks. Radler fallen auch die großen Entfernungen nicht so schwer, denn „... *das Reisen macht durch die freundliche, offene und niemals aufdringliche Art der Sambier einfach nur unglaublich viel Spaß*", meint *Annette Maier*. Die Hauptstraßen sind leidlich gut asphaltiert, aber nur selten frei von Schlaglöchern. Meiden solltet ihr die Grenzregionen zu Angola und zur Demokrat. Rep. Kongo (Flüchtlingsströme), und auch die Hauptstadt Lusaka ist ein ziemlich unsicheres Pflaster.

Da Sambia auf einem Plateau in durchschnittlich 1200 m Höhe liegt, wird es eigentlich nie unangenehm heiß. Sonnig und warm ist es von Mai bis August, heiß im September bis November, Regen fällt von Dezember bis April.

Hotels sind sehr teuer, viele erlauben aber freies Campieren auf ihrem Terrain, oder ihr fragt auf Farmen oder in Missionen um Zelterlaubnis. Es gibt auch Government Rest Houses und einige Backpackers.

„Grundnahrung ist die Mais- und Maniokpampe *Nshima*, die mit Bohnen, Fleisch, Huhn oder *Kapenta*, einem Fisch aus dem Tanganjika-See, ‚verfeinert' wird. Wahlweise wird auch Reis angeboten. In größeren Städten gibt es die Supermarktkette Shoprite mit aus Südafrika importierten Gütern, auf dem Land einfache Läden und Märkte. Lusaka bietet alles, nur keine anständigen Radersatzteile: Indische Radläden verkaufen indische Ersatzteile für indische Fahrräder ... Es werden 73 Sprachen und Dialekte gesprochen, Hauptsprachen sind Bemba im Norden und im Zentrum, Tonga im Süden, Nyanja im Osten und Lozi im Westen. Englisch ist Amtssprache und wird selbst in abgelegeneren Gegenden sehr gut gesprochen." *(Annette Maier).*

Einreise, Währung, Internet: Die Einreise von Ost- und Südafrika ist problemlos möglich. Von Tansania: über Mpulungu, wo die Tanganjikasee-Schiffe anlegen, oder über Nakonde; von Malawi: über Chipata; von Simbabwe: über Chirundu, Kariba oder Victoria-Falls; von Botswana:

über Kazungula (Sambesi-Fähre); von Namibia: über Katima Mulilo (Caprivi-Zipfel). Von allen Orten dann Verbindungen nach Lusaka. Visumpflicht für Deutsche, Schweizer und Österreicher. In Kapiri Mposhi endet die TAZARA-Bahnlinie aus Tansania. Ein weiterer Zug fährt täglich von Kitwe über Lusaka nach Livingstone, ein Expreßzug dreimal wöchentlich zwischen Livingstone und Lusaka.

Währung ist der Kwacha. Hohe Inflation. Reiseschecks und Bargeld in US-Dollar werden in allen größeren Städten akzeptiert, in Lusaka sind auch Bargeldauszahlungen auf Kreditkarten (Visa, MasterCard) möglich. Viele Dienstleistungen (Safaris, teure Hotels etc.) werden in Devisen abgerechnet.

Bücher und Karten: Bradt „Guide to Zambia". Sambia ist auch Thema in Simbabwe- und Malawi-Reiseführern, s. dort. Karten: Freytag & Berndt Straßenkarte 1:2,2 Mio.; ITM Travel Map 1:1,5 Mio.; die Tourist Map of Zambia und Karten der Nationalparks sind in Lusaka im Map Sales Office, Government/Nationalist Rd, erhältlich.

Internet: Sehr informativ und schön ist der „Travel Guide to Zambia" des Zambia National Tourist Board unter www.africa-insites.com/zambia/travel/Default.htm.

Simbabwe

Überblick

Simbabwe machte (bis 2002) eine tragische Entwicklung durch, von einem Land mit guter touristischer und radelfreundlicher Infrastruktur zum innenpolitisch und wirtschaftlich gebeutelten Staat mit exorbitanter Inflation. Nach der mißglückten Landreform mit illegalen Besetzungen weißer Farmen und blutigen Ausschreitungen blieben die Touristen weg. „Es ist ein vielseitiges und interessantes Land mit einer freundlichen Bevölkerung, die trotz aller schlechten Nachrichten ganz sicher nicht Weißen gegenüber feindlich gesinnt ist", so der Eindruck von *Annette Maier,* die mehrere Wochen durch Simbabwe radelte. Dennoch solltet ihr die Sicherheitslage weiterverfolgen, eine Ausweichroute für Afrikaradler könnte Malawi – Sambia – Caprivi Zipfel/Namibia oder Botswana sein. Aber das wäre schade, denn Simbabwe ist ein recht abwechslungsreiches Land mit guten Straßen, weiten Steppen- und Buschlandschaften, den Bergen der Eastern Highlands an der Grenze zu Moçambique und einigen schönen Tierparks. Die Hauptstadt Harare und die zweitgrößte Stadt, Bulawayo, sind gleichfalls radfreundliche Städte. Simbabwe ist etwas größer als Deutschland, hat aber nur ca. 12 Mio. Einwohner, zum überwiegenden Teil sind es Shona, aber auch etwa 150.000 Weiße. Amtssprache ist Englisch.

Einreise: Reisende aus D, CH und A benötigen ein Visum, das auch an den Grenzen ausgestellt wird. Alle Landesgrenzen sind geöffnet (Sambia, Botswana, Südafrika, Moçambique). Harare ist gut an die internat. Flugrouten angeschlossen, Flüge mit Lufthansa, Air Zimbabwe u.v.a. Fluggesellschaften, von Europa auch günstige Charterflüge nach Südafrika. Die internationale Bahnlinie von Johannesburg nach Bulawayo wurde eingestellt.

Währung ist der Simbabwe-Dollar. US$-Reiseschecks werden meist problemlos akzeptiert, Bargeldauszahlungen auf Kreditkarten (Visa, MasterCard) und von Bankomaten (EC-Maestro-Card) sind ebenfalls möglich. Viele Dienstleistungen (teure Hotels, Safari-Touren etc.) müssen in Devisen bezahlt werden, es besteht Deklarationspflicht. Wegen der derzeitig hohen Inflation immer nur so viel Simbabwe-Dollars wie nötig einwechseln.

Reisezeit: Regen von November bis April, am meisten von Januar bis März, die heißesten Monate sind September bis November. Der Süden ist wärmer als der Norden (dort Berglandschaften).

Unterkunft, Verpflegung: „Überall gibt es Backpackers und Hotels in allen Preislagen. Viele gute private und staatliche Camp-Plätze im Land, auch viele Hotels gestatten das Campen auf ihrem Grundstück, Zeltmitnahme empfehlenswert. Die hervorragende touristische Infrastruktur hat allerdings unter den Unruhen gelitten, einige Hotels und Backpackers mußten wegen der ausbleibenden Touristen bereits schließen. Supermärkte und Läden auf dem Land verkaufen viele Importwaren aus Südafrika und Europa, auch die Märkte sind gut bestückt. Das Essen der Einheimischen besteht meist aus *Sadza,* einer faden, nährstoffarmen Maispampe mit zerkochtem Gemüse, oder aus Reis. Dem Reiseradler mundet da wahrscheinlich Fastfood wie Pizza oder Hamburger schon eher." *(Annette Maier).* Und weiter: „In Harare und Bulawayo gibt es sehr gute Fahrradgeschäfte, in denen man wohl so ziemlich alles bekommen kann. Besonders empfehlenswert: Zacks Bike Shop in Harare."

Ziele, Routen, Reisen   Wie erwähnt, ist das Straßennetz sehr gut ausgebaut, alle Überlandstraßen sind asphaltiert und die Pisten in gutem Zustand. Sehenswert sind vor allem die Victoria-Wasserfälle und die Simbabwe-Ruinen. Aber auch einige Tierparks (Matapos bei Bulawayo), der Nyanga National Park im bergigen Osten des Landes (Umtali), der Chimanimani National Park an der Grenze zu Moçambique, der Mana Pools National Park am Sambesi und noch einige Naturparks mehr lohnen einen Umweg. Bei Rundtrips oder beim Durchqueren des Landes – teils einsame, lange Strecken durch Grasland und offene Buschlandschaft ohne viel Autoverkehr – kann man auch gut auf einige Bahnlinien ausweichen, die zwischen Victoria Falls, Bulawayo, Mutare und Harare verkehren (Anschluß nach Sambia und Botswana). Eine Überlegung wert ist auch die recht teure Fähre auf dem Kariba-Stausee (Kariba – Mlibizi, 250 km, ca. ein Tag). Denkt an Moskitoschutz und Bilharziose im See.

Weitere Details in dem ausgezeichneten Reise Know-How Reiseführer „Simbabwe", der auch Wichtiges zum Bereisen der Länder Botswana, Malawi, Moçambique und Sambia enthält.

Bücher, Karten, Internet   „Simbabwe", von RKH. Köthe/Schetar: „Zimbabwe, Botswana", Loose-Verlag. Deanna Swaney: „Zimbabwe, Botswana & Namibia", Lonely Planet. Sympathie-Magazin „Simbabwe verstehen" vom Studienkreis für Tourismus.

Karten: IGN Carte Générale 1:1 Mio.; Freytag & Berndt Straßenkarte 1:1,1 Mio.; Simbabwe Relief 1:1 Mio. und Detailkarten 1:250.000, Hrsg. Surveyor General in Harare. In Simbabwe eine Touristenkarte vom Tourist Board mit Campingplätzen und Hotels. Auch beim Automobilclub in Harare (AA of Zimbabwe, Fanum House, Samora Machel Ave.) gibt es eine für ADAC-Mitglieder kostenlose Touristenkarte im Maßstab 1:1,8 Mio.

Internet: Auf der Homepage des „M-Web" (www.mweb.co.zw) findet ihr tagesaktuelle Nachrichten mehrerer englischsprachiger Zeitungen (Standard, Zimbabwe Independent). Wie immer hilfreich ist die Linkliste der University of Pennsylvania, www.sas.upenn.edu/African_Studies/ Country_Specific/Zimbabwe.html. Zwei Radseiten: Die Holländer Paul van Roekel und Anja de Graaf radelten im September 1999 durch Simbabwe. Kürzere Infos, Bilder und eine Radstory unter www.xs4all.nl/ ~pvroekel/ie_zimb.htm. David Mozers empfehlenswerter „Travel Guide to Zimbabwe by Bike" (www.ibike.org/africaguide/zimbabwe.htm) enthält einige Routenvorschläge und Links.

Südafrika

Überblick

Südafrika ist das schönste Reiseland im südlichen Afrika, und dies entdecken auch immer mehr Radtourenfahrer. Attraktionen sind herrliche Landschaften, Naturschönheiten, Wildparks, Strände und unzählige Dinge mehr. Zum Reisen und Radfahren lädt ein sehr gutes Straßennetz und die beste touristische Infrastruktur des Kontinents ein, außerdem ist das Land auch ideal für „Afrika-Einsteiger".

Südafrika hat etwa 42 Mio. Einwohner, davon 4,5 Mio. Weiße, ca. 32 Mio. Schwarze (Zulu, Xhosa, Sotho, Tswana u.a.) sowie Asiaten (Inder und Malaien) und Farbige (Coloureds). Offizielle Amtssprachen sind Englisch, Afrikaans (ein altes Holländisch) und 9 „schwarze" Sprachen.

Es gibt jede Menge Reiseführer, Karten und Broschüren über das Land (für Radfahrer jedoch nur einige Regionalführer), die man in Südafrika in großer Auswahl z.B. bei der CNA-Ladenkette kaufen kann. In Städten und Ortschaften kann man bei den *Publicity Bureaus* touristische Auskünfte, Karten und Prospekte holen. Das südafrikanische Fremdenverkehrsamt in Frankfurt verschickt gleichfalls reichlich Broschüren und Karten.

Politische Lage

Mit der friedlichen Abschaffung der Apartheidsgesetze und ersten freien Parlamentswahlen entstand 1994 das neue Südafrika (1. Präsident: Nelson Mandela). Die wirtschaftliche Lage ist allerdings bis heute nach wie vor angespannt. Die armen (schwarzen) Bevölkerungsschichten haben bisher vom politischen Wechsel kaum profitiert, die Kriminalität hat erschreckende Ausmaße angenommen. Direkte Sicherheitsprobleme für Touristen gibt es jedoch selten, sofern man vorsichtig ist. Meidet vor allem die sog. Townships, besonders die in der Nähe von Großstädten! Dort bestehen sehr hohe Überfall- und Diebstahlsgefahren, aber auch in allen Großstädten allgemein (macht vor allem um Johannesburg und um den ganzen umliegenden Ballungsraum einen großen Bogen!). Erkundigt euch vorab und dann nochmals vor Ort bei den Südafrikanern, welche Städte, Landstriche und Strecken ein Radfahrer besser meidet.

Einreise, Währung

Kein Visum für Deutsche, Österreicher und Schweizer. Die Grenzen zu den Nachbarländern Simbabwe, Botswana, Namibia, Moçambique, Lesotho und Swaziland sind offen. Ein Ausreiseticket wird meist nur verlangt, wenn man mit dem Flugzeug ins Land kommt. „Sollte man keines haben, kann die Hinterlegung eines Geldbetrag verlangt werden, den man erst nach der Ausreise bei jeder beliebigen südafrikanischen Botschaft zurückerstattet bekommt. Höhe abhängig von der Nationalität, 1999 waren es für Deutsche 3110 Rand." *(Annette Maier)*.

Währung ist der (inflationsgeplagte) Rand. Kreditkarten aller Gesellschaften werden akzeptiert, Geldautomaten nahezu überall (auch in Shopping Malls, Tankstellen u.a., die gebührengünstige EC-Maestro-Card funktioniert). Tip für Reiseschecks: wer sie von AmEx oder Thomas Cook hat, kann diese bei den Vertragsbüros gebührenfrei zu Bargeld machen. Auch in Südafrika sind Betrügereien mit Kreditkarten gang und gäbe, also Vorsicht! Essen, Trinken und Transport sind im Vergleich zu Deutschland billiger.

Geografie

Rings um Südafrikas Küsten liegt ein ziemlich schmaler Küstensaum von nur etwa 20 km Breite, dem landeinwärts eine bis zu 2000 m hohe Randstufe folgt. Dauernd vom Inland zur Küste hin- und her zu fahren ist deshalb für Radfahrer wenig sinnvoll, dies sollte man bei der Routenplanung beachten. Das Südafrikanische Binnenland selbst, das *High-Veld,* ist eine sehr ausgedehnte Plateau-Landschaft (Johannesburg liegt 1753 m hoch). Die höchste Erhebung sind die Drakensberge (über 3000 m), gelegen zwischen Johannesburg und Durban bzw. um Lesotho herum. Bergig ist es auch im Osten, Richtung Swaziland.

Reisezeit

Touristische (Inland-)Hochsaison ist von 15. Dezember bis 15. Januar. Beste Radelzeiten für die Küste von November bis April (im Januar/Februar ist es ab Durban nördlich sehr warm und schwülheiß). Weniger günstig sind die Monate Mai bis Oktober, dann ist es an der Küste kühl, regnerisch, stürmisch (besonders von Juni bis August, in diesen Monaten ist die Tageslichtzeit auf ca. 11 Stunden verkürzt).

Günstige Radelzeiten fürs Inland: Mai bis September, im dortigen trockenen Winter. Doch dann kann es in Hochlagen arg kalt werden, besonders von Juli bis in den September hinein! Weniger günstig: Dezember bis März, sehr heiß ist es im Dezember und Januar.

In Südafrika wehen immer wieder starke Winde, und das kann auf den langen, offenen Strecken frustrierend sein. Im Inland-Sommer (Dez.–März) wehen die Hauptwinde aus Nordwesten. An der Küste bläst der Passat aus Südosten.

**Übernach-
ten, Verpfle-
gung**

Zelten auf den unzähligen Camp-Plätzen des Landes (auch gibt es vielerorts sog. Municipal Campgrounds, billiger). Besonders viele Campings gibt es an der Küste von Natal. Übernachten auch in Youth Hostels und Backpackers möglich (Anschrift für das Verzeichnis: Hostelling International South Africa, POB 4402, Cape Town, 8000, www.hisa.org.za). Dort findet ihr nicht nur eine Liste aller Standorte zum Herunterladen, sondern auch eine Übersicht der Preisermäßigungen, die Tourveranstalter und Transportunternehmen bei Vorlage der Mitgliedskarte gewähren. Backpackers sind in SA gleichfalls zahlreich vertreten. Ein gemeinsamer Standard existiert nicht, also vor dem Bezahlen anschauen, Schwachpunkte sind oft die Küche und die sanitären Anlagen. Einen Überblick gibt das Heftchen „Backpackers Up-to-Date-Guide" bzw. die Websites www.hostels.com/za.html oder www.backpacking.co.za.

Unterkommen kann man auch in Pensionen und Hotels, private Zimmer werden durch die zahlreichen, in touristischen Orten anzutreffenden örtlichen „Publicity Associations" vermittelt (auch Touristenhilfe, Karten etc.). Aus Sicherheitsgründen – und auch weil es offiziell verboten ist –, nicht wild Zelten.

Keine Problem gibt es mit der Verpflegung. Südafrikaner machen gerne ihr *„Braai"*, das gesellige Fleisch- und Wurstgrillen. Eine Spezialität ist *Biltong,* das ist luftgetrocknetes, salziges Fleisch von Gazellen, Kudus u.a. Ein Steak vom Vogel Strauß sollte man mal probieren! Vielfältiges und sehr reichhaltiges Früchteangebot. In und um Durban gibt es indische Küche, in Kapstadt auch Malaiische. Leitungswasser kann überall gefahrlos getrunken werden, in öffentlichen Einrichtungen gibt es auch Wasserspender.

Südafrika ist ein gottesfürchtiges, calvinistisch geprägtes Land, an Wochenenden sind viele Restaurants und Läden geschlossen. Alkoholikas werden vielfach nur in „bottle-stores" (Afrikaans: „drank-winkel") verkauft – probiert mal die guten Kapweine!

Verkehr, Rad

An den Linksverkehr gewöhnt man sich schnell. Nebeneinanderfahren ist verboten. An „Stop"-Schildern hat man wirklich zu stoppen! Viele Kreuzungen haben „Four-Way-Stops", d.h., jedes Fahrzeug aus jeder Richtung muß anhalten. Es fährt derjenige zuerst weiter, der zuerst ankam, dann die anderen. Verkehrszeichenbeschriftungen sind manchmal nur in Afrikaans.

Bei Nachtfahrten (vermeiden!) möglichst Reflektoren am Rad anbringen, weil die Straßen, außer in den Städten, kaum beleuchtet sind. Die Entfernungen von Ortschaft zu Ortschaft können lang sein, an heißen Tagen immer genügend Wasser mitführen!

Fürs Fahren im Land auf den breiten, asphaltierten Straßen genügt ein leichtes, gutes Reiserad, selbst ein Rennrad kann eingesetzt werden. Radfahren wird in Südafrika immer beliebter, es gibt einen südafrikanischen Radführer von der Umgebung von Kapstadt. In allen größeren Städten findet man Radersatzteile in Bikeshops und „fietswinkel" (Afrikaans für Fahrrad-Läden, das „fiets" ist das Fahrrad).

Infos

Infos über Radreisen in Südafrika von der „Pedal Power Foundation of Southern Africa", POB 6503, Roggebai, Capetown 8012.

Organisierte Radtouren und Auskünfte: The Western Province Pedal Association, POB 23190, Claremont 7735. Natal Pedal Power Association, POB 70159, Overport, Durban 4067. Southern Transvaal Pedal Power Association, POB 3521, Randburg 2125. Eastern Province Pedal Power Association, POB X0002, Coopers Kloof 6007. Johannesburg Mountain Bicycle Club, POB 85, Gallo Manor 2052 (www.jmbc.org.za). Drakensberge Mountain Bike Club, POB 60, Winterton 3340. *African Bikers,* Cape Town, 6 Prince St, Tel. 021-4612349 (dt.-südafrik.) bieten interessante Touren und Routen (www.africanbikers.de).

Radverleih in Kapstadt: The Great Outdoors, Victoria/Albert Waterfront; u.a.

Radzeitschriften: Tri-Cycle-Magazin und Life Cycle, POB 544, Constantina 7848.

Eine Übersicht von „Mountain Bike Trails in Southern Africa" bietet www.linx.co.za/trails/lists/bikelist.html. Weitere Infos (und wenige Routenvorschläge) auf der Website „sa-cycling" unter http://sa-cycling.com/touring/index.html.

■ *Ein riesiger Baobab in Südafrika*

Ziele, Routen, Reisen

Eine vielgefahrene Route ist Port Elizabeth – Kapstadt. Besonders schön ist dabei der Abschnitt der *Garden-Route* zwischen Plettenberg und Mossel Bay. Abstecher zu den Cango-Caves machen (bei Oudtshoorn). Eindrucksvoll ist auch die Provinz KwaZulu-Natal.

Das Landesinnere (die Strecke Johannesburg – Kapstadt über Kimberley) ist öde und wenig abwechslungsreich (Halbwüste Karroo; Hauptwindrichtung dort von Nordwesten).

Sehenswert sind Kapstadt (Tafelberg) und das Kapland (die Kap-Halbinsel mit dem Rad zu umrunden ist traumhaft!), die Drakensberge (Royal Natal National Park), der Osten Mpumalangas mit der „Panorama-Route" (Graskop, Blyde River Canyon), die vielen Tierparks (der größte ist der Krügerpark; fast alle nicht per Rad zugänglich). Ein Tip von *Annette Maier* für den Nordosten von Kapstadt: „Auf Asphalt von Wellington nach Ceres und Prince Alfred Hamlet, dann auf Pisten durch die Cedarberge nach Wuppertal und weiter bis Clanwilliam."

Das Straßennetz ist hervorragend, die Überlandstraßen sind sehr breit und sie haben sehr breite Seitenstreifen, der Verkehr außerhalb der Städte ist dünn. Keine oder nur einige kurze Radwege. Um weite Strecken zu überbrücken, kann man auch auf Eisenbahn, Busse und Flüge ausweichen, billig sind Nachtflüge innerhalb Südafrikas. Die modernen Überlandbusse nehmen aber oft keine Fahrräder mit. Besser geeignet und ein sehr guter Tip sind die sog. **Baz-** bzw. Backpackerbusse (Anhänger für Räder, dazu lockere Atmosphäre und Stopps an Sehenswürdigkeiten). Routen, Preise etc. unter www.bazbus.co.za. Alles rund um die Eisenbahn: www.spoornet.co.za.

In Südafrika lassen sich auch viele schöne Wanderungen machen, es gibt bekannte Trails, z.B. den Otter- und Tsitsikamma-Trail; Trekking ist auch in den Drakensbergen beliebt.

Der kleine, bergige Binnenstaat **Lesotho** (s.S. 412) kann evtl. einen Abstecher wert sein (kalt im Winter von Mai bis September). An der Grenze zu Moçambique befindet sich das Königreich **Swaziland** (s.u.), das sich zur Durchquerung anbietet, wenn man z.B. vom Osten Mpumalangas (Krüger-Park) nach Durban will.

Bücher, Christine Philipp: „Südafrika", Reise Know-How; sehr ausführlich. „Preis-
Karten, wert durch Südafrika", mit Lesotho, Swaziland & Moçambique, Intercon-
Internet nections Verlag. Aus dem Bradt-Verlag: „Guide to South Africa", von
Philip Briggs, und „South Africa – The Bradt Budget Travel Guide", von
Paul Ash. Ballard: „South Africa Handbook", Footprint Publications. In
Südafrika: Glynis van Rooyen: „Rand Wise Guide for South Africa". „Cycling in and arround Capetown" (Struik). GEO-Spezial: „Südafrika". Kauderwelsch-Sprachführer „Afrikaans" und „Zulu", Reise Know-How. Auf
seiner 11.000 km-MTB-Tour kam Michael Schmitz auch durch Südafrika,
nachzulesen   in   „Gegen   Sand,   Sonne   und   sich   selbst"
(www.radtouren4u.de).
   Karten: „Südafrika", Reise Know-How. Freytag & Berndt Straßenkarte
1:2 Mio.; „Republic of South Africa", 1:2 Mio., Cartographia Verlag, Budapest; Südafrika 1:2,4 Mio., mit Höhenschichten u. Botswana und Namibia. In Südafrika bekommt man überall (in CNA-Läden) Straßen- und
Detailkarten, z.B. die Leisure Map Series vom Map Studio (Western
Cape, Garden Route, Natal Drakensberg u.a.). Karten auch vom Automobilclub AA, Verkaufstellen in größeren Städten und bei allen Tankstellen
(gut sind die von Shell). Hier bereits kostenlose Landeskarten vom Südafrikanischen Fremdenverkehrsamt, An der Hauptwache 11, 60313
Frankfurt/M., anfordern (online www.southafricantourism.de, manche
Broschüren können auch heruntergeladen werden).
   Internet: „South Africa Online" hat gute Linklisten zu allen möglichen
Themen (www.southafrica.co.za). Weitere Linklisten, Suchmaschinen
und allgemeine Infos auf der Website des Fremdenverkehrsamtes sowie
in den Reiseführern.

Swaziland
von *Annette Maier*

Überblick Swaziland ist der kleinste Staat im südlichen Afrika, ein Königreich mit
vielen natürlichen und kulturellen Schönheiten. Außer im Osten, wo es an
Moçambique grenzt, wird es ganz von Südafrika umschlossen. Topografie überwiegend hügelig mit bewaldeten Regionen und Grassavannen,
Höhenlage zwischen 500 und 1500 m. Im flachen und wegen der Malariagefahr wenig besiedelten Osten wird viel Zuckerrohr angebaut. Die Le-
bombo-Berge bilden die natürliche Grenze zu Moçambique.
   Aufgrund der Höhenlage gemäßigtes Klima, Regenzeit Dezember bis
April, angenehm zum Radeln sind die Monate Mai bis August mit gelegentlichen Frostnächten im Juni und Juli.
   Übernachten und **Verpflegung** sind problemlos: Campingplätze,
günstige Backpackers, kirchliche Hostels und Hotels (beim freien Campen immer erst den Dorfältesten um Erlaubnis bitten). Supermärkte führen Artikel aus Südafrika und haben auch deren Preise übernommen.
   Bezahlt wird mit *Lilangeni* (Plural: Emalangeni), der 1:1 an den Rand
gekoppelt ist. Der Rand wird überall akzeptiert. Reiseschecks wird man
nur in der Hauptstadt Mbabane und auch Manzini gegen hohe Gebühren
los, Geldautomaten zahlreich (auch für EC-Maestro-Card). Das Visum
wird kostenlos an den Landesgrenzen in den Paß gestempelt.
   Momentan sind elf Übergänge – einige nicht asphaltiert – von Südafri-

ka offen, von Moçambique nur einer (Namaacha). Die Grenzen schließen nachts. Amtssprache ist Siswati, mit Englisch kommt ihr nur in den Städten durch.

Teils gut asphaltierte (Durchgangs-)Straßen, aber auch viele Pisten, deren Zustand stark von der Witterung abhängt. Einige sind während der Regenzeit kaum passierbar. Bis auf die Städte allgemein geringes Verkehrsaufkommen.

Besonders sehenswert sind die verschiedenen Naturreservate im Osten, sie sind preiswerter und viel ruhiger als die in Südafrika (im „Mlilwane Wildlife Sanctury" kann man sich auch auf dem Rad fortbewegen). Lobamba ist Standort des Königspalastes (Fotografierverbot!).

Landschaftlich schöne Strecke: von Barberton (SA) nach Piggs Peak (Piste, bei starkem Regen nicht passierbar!) weiter auf Asphalt zur Hauptstadt Mbabane, dann durch das schöne Ezulwinital nach Manzini – Big Bend – Lavumisa (Grenze SA) oder, noch schöner, Manzini – Hlatsikhulu – Nhlangano – Grenze SA.

Bücher, Karten, Internet Swaziland ist Teil der allermeisten Südafrika-Reiseführer (auch von Reise Know-How). „Swaziland Jumbo Tourist Guide", von Hazel Hussey, in Buchläden vor Ort oder in SA erhältlich.

Karten: Der Automobilclub „AA of South Africa" gibt eine gute Straßenkarte im Maßstab 1:535.000 heraus. Weitere Karten s. „Südafrika".

Internet: Eine recht gute Website mit vielen Infos ist www.swazi.com/info. „Swazilands Internet Portal" unter www.realnet.co.sz/indexsun.asp bietet ebenfalls viele Links. „Kingdom of Swaziland" ist eine private Homepage: www.pitt.edu/~tgsst10/swaziland.E.html. „Swaziland Complete" des Ministeriums für Tourismus hat – ganz entgegen seinem Namen – , nur ein recht dünnes Angebot (www.mintour.gov.sz/szcomplete/). Gut ist die Linkliste der Stanford University Libraries unter www-sul.stanford.edu/depts/ssrg/africa/swazi.html.

Asien

A. PLANUNG, VORBEREITUNG, WISSENSWERTES

1. Überblick Großes Asien, weite, lockende Ferne, der Kontinent, den man von Europa direkt erreichen kann, pedalt immer nur dem Sonnenaufgang entgegen ... wenn es nur so einfach wäre! Erfreulich aber ist, daß zu der früher einzigen Anreisestrecke über den Bosporus/Türkei nun auch die Möglichkeit über die südlichen GUS-Staaten (die früheren sowjetischen Teilrepubliken) hinzugekommen ist. Die Islamische Republik Iran öffnet sich langsam wieder dem internationalen Tourismus, und es ist zu hoffen, daß auch durch Afghanistan, nach dem Ende des Talibanregimes 2001/2002, wieder der Transit nach Pakistan/Indien möglich ist (ein Problem ist nach wie vor der Dauerkonflikt zwischen Pakistan und Indien um Kashmir, was in Zukunft evtl. die Durchquerung Pakistans umöglich macht). Der Landweg von Indien bzw. Bangladesh durch Burma nach Südostasien bleibt weiterhin versperrt. Heinz Helfgen, der 1951 mit seinem Fahrrad von Deutschland bis nach Indochina radelte, hatte es da noch wesentlich leichter ...

2. Reisen in Asien Asien vereint sämtliche klimatischen und landschaftlichen Schönheiten und Extreme unserer Erde. Es ist der Kontinent mit den meisten Menschen, der drei großen Religionen und der ältesten Staatsgebilde, der größten Länder, der höchsten Berge und der vielfältigsten Landschaften. Faszinierend die verschiedenartigen asiatischen Völker und ihre unterschiedlichen Kulturen, Religionen und Sitten und Namen wie Indien, China, Buddhismus, Hinduismus u.a. wirken für viele wie magische Worte. Wen philosophische, spirituelle oder religiöse Dinge, Kunst und jahrtausendealte Kulturen interessieren, der pedalt in Asien auf dem „richtigen" Kontinent.

Reisen in Asien ist im Vergleich zu Afrika weniger „hart", vor allem deshalb, weil Übernachtungsmöglichkeiten und Verpflegung, die täglich wichtigsten Dinge für einen Globetreter, fast überall vorhanden sind. Doch Reisen in Asien heißt auch, ständig mit vielen Menschen in Berührung zu kommen; freies, einsames Radeln, wie es auf vielen Strecken durch Nord- und Südamerika, durch Australien und auch durch Afrika möglich ist, ermöglichen die meisten asiatischen Länder kaum oder nicht (es sei denn, man nimmt sich ausschließlich einsame Wüsten- oder Gebirgsregionen vor). Solltest du in Ländern wie Indien, Bangladesh oder Indonesien radeln wollen, wirst du kaum mehr ein Privatleben führen können, wird man dich und dein Fahrrad oftmals wie ein vierköpfiges Kalb bestaunen, und auf den Straßen solcher übervölkerten Staaten führst du einen ständigen Überlebenskampf gegen die Autos, Busse und Lastwagen (siehe dazu den Abschnitt „Radfahren im Straßenverkehr Südostasiens" bei Indonesien, s.S. 517). Die wohl wichtigste „Benimm-Regel" für Asien: Man sollte nie sein „Gesicht verlieren" (falls es mal zu Konfrontationen kommen sollte).

Wer also mit sich, seinem Rad und seiner Camp-Ausrüstung am liebsten alleine ist, für den ist Asien nicht ganz der richtige Kontinent.

3. Ziele und Routen **Nach Indien:** Wer es durch den Iran geschafft hat, muß je nach der zukünftigen Situation in Afghanistan in Teheran nach Südosten abbiegen, über Isfahan, Kerman, Zahedan und Quetta geht es direkt nach Pakistan und weiter nach Indien (Details s. bei „Iran").

0 km 300 600 900 km

Barents Sea

NORWAY
Murmansk

SWEDEN

Nar'jan-Mar   Vorkuta
ARCTIC CIRCLE   Salechard

Archangel
Uchta

FINLAND

Kotlas   Syktyvkar   Surgut

Helsinki   St.Petersburg

R U S S L A N D

ESTONIA   Perm   Jekaterinburg   Tobol'sk   Tomsk

LATVIA   Joskar-Ola   Kazan   Kurgan   Omsk   Novosibirsk

LITHUANIA   Moscow   Jeboksary   Cistopol   Ufa   Petropavlovsk   Barnaul

Smolensk   Kaluga   Tula   Saransk   Penza   Samara   Magnitogorsk   Kustanaj   Pavlodar

Minsk   Orel   Voronez   Saratov   Orenburg   Akmola

Warsaw   BELARUS

POLAND   Kiev   Kharkiv   Ural'sk   Orsk   Semipalatinsk

UKRAINE   Karaganda

SLOV.   Dnipropetrovs'k   Volgograd

HUNGARY   MOLDOVA   Donets'k   Rostov-on-Don   Ateraru   K A Z A K H S T A N   Balchas

ROMANIA   Odesa   Krasnodar   Astrachan   Elista   Kzyl-Orda

Belgrade   Bucharest   Majkop   Caspian   Aral   Almaty   Yining   Urumqi

BULGARIA   *Black Sea*   Nal'ïk   Groznyj   Sea   Sea   UZBEKISTAN   Bishkek   KYRGYZSTAN

Sofia   GEORGIA   Machajkala   Nukus

MACE-   Istanbul   ARMENIA   AZERBAIJAN   TURKMENISTAN   Tashkent   Kashi

DONIA   Bursa   Baku   Taraurz   Samarkand   Shache

Athens   Ankara   TURKEY   AZER.   Krasnovodsk   Ashbabad   Dushanbe   TAJIKISTAN   C H I N A

GREECE   Izmir   Tabriz   Maty

Aleppo   Mashhad   Herat   Kabul   Islamabad

Homs   Hamadan   Tehran

LEBANON   SYRIA   Bakhtaran   Esfahan   AFGHANISTAN   Lahore   Amritsar

Tel Aviv-Jaffa   IRAQ   Baghdad   I R A N   Qandahar   Faisalabad

Jerusalem   Amman   Basra   Abadan   Quetta   Delhi   NEPAL

ISRAEL   JORDAN   KUWAIT   New-Dehli   Srinagar   Kathmandu

Cairo   SAUDI   Bandar-e Abbas   Sukkur   PAKISTAN   Lucknow   Patna

ARABIA   BAHRAIN   *Persian Gulf*   Kanpur

Aswan   QATAR   UNITED ARAB   Karachi   Ahmadabad   Indore   Bhopal   Calcutta

Medina   Riyadh   EMIRATES   TROPIC OF CANCER   I N D I A

LIBYA   EGYPT   Muscat   Jamnagar   Nagpur   Cuttack

Mecca   OMAN   *Arabian Sea*   Bombay   Hyderabad

SUDAN   Goa   Bay of Bengal

CHAD   Omdurman   Kassala   ERITREA   YEMEN   Sana   *Indian Ocean*   Bangalore   Madras

Khartoum   Asmera

Wad Madani   al-Ubayyid

„Oben rum", also die Strecke über die südlichen GUS-Staaten nach China, Nepal und nach Indien, ist abhängig von der politischen Lage in Tibet bzw. China (s.a. unter „Rußland, GUS-Staaten", s.S. 580), **Knackpunkt ist dabei der Torugart-Paß,** der einzige Grenzübergang von Kirgistan nach China (der 1996 eröffnete Irkeshtam-Paß etwas weiter südlich bleibt weiterhin für Individualtouristen gesperrt!). Von Teheran haltet ihr euch Richtung Nordosten bis Mashad – Buchara – Samarkand – Taschkent – Osch – Torugart-Paß – Kashgar – Kunjerab-Paß – Pakistan – Indien. Weiterfahrt nach Nepal, oder von Kashgar auf einer Abenteuerpiste Richtung Lhasa (s. „Tibet", s.S. 506).

Bliebe nur noch der Direktflug nach Indien oder der Weg „unten rum": Vom Oman (Salah) per Schiff nach Karachi oder Mumbai bzw. Bombay (s. den Radlbericht Syrien – Oman unter „Naher Osten").

Nach Süd-ostasien　　Wer Indien erreicht hat und weiter nach Ost- und Südostasien will, muß mit dem Flugzeug weiter nach Bangkok oder Singapur, weil Burma nach wie vor für Überlandreisen gesperrt ist. Von Thailand pedalt man die Malayische Halbinsel bis nach Georgetown (Insel Penang) oder Singapur runter, setzt über nach Indonesien und fliegt evtl. anschließend (von Bali) nach Australien.

Seit die südöstlichsten Staaten Asiens, nämlich Laos, Kambodscha und Vietnam wieder bereisbar sind, könnte man auch von Thailand weiter durch Kambodscha bis nach Vietnam. Dann von dort nach Hongkong fliegen, nach Taiwan, Korea, auf die Philippinen oder auch bis Japan (diese Flugstrecke ist auch gut von Bangkok oder Singapur aus machbar). Über China und Rußland könnte man dann mit der Transsibirischen Eisenbahn wieder zurück nach Europa.

Nach China　　Auch das große China ist inzwischen zu einem Radziel geworden. Einreise im „Normalfall" mit Direktflug nach Beijing bzw. Peking oder Hongkong. Im Sattel über Pakistan (Karakorum Highway), über Kirgistan (Torugart-Paß), über Kasachstan (Korgas, Routen s. „Rußland, GUS-Staaten", s.S. 580) oder auch über Nepal nach Tibet, sofern die Grenze offen ist. Am unkompliziertesten und mit dem meisten Flair: Mit der Transsib über Rußland nach China, die Radmitnahme im Zug stellt kein Problem dar (es muß jedoch auseinandergenommen und klein verpackt werden; Einreiseprobleme für Radler s. „China", s.S. 485 ff).

Die **Zentral-Asienroute** mit der Bahn über Almaty (Kasachstan) nach Urumqi (Provinz Xinjiang, via Druzhba/Dzungarian Gate) ist jetzt auch möglich. Damit kann man nun von Europa über Moskau mit der Bahn direkt bis an die chinesische Pazifikstadt Lianyungang (Xinpu) fahren (s.S. 605, **„Durch die GUS-Staaten nach China, Nepal und Indien" -** .

Empfehlens-werte Län-der　　Wer sich ein weniger „schwieriges" Land oder eine weniger langdauernde Route in Asien mit Rad aussuchen will, dem sei Malaysia, Thailand, Nepal oder Bali empfohlen (und als „Geheimtip" die Philippinen). Denkt auch an einen Gabelflug, hin z.B. nach Bangkok und zurück von Singapur.

Radfahren in Asien heißt, gewaltige Entfernungen zu überwinden, und wer viele Länder sehen will, bräuchte Jahre. Da bleibt dann meist keine andere Wahl, als auch Flüge, Bahnen und Busse in die Reiseplanung miteinzubeziehen. Trans-Asienfahrer müssen sich wegen der Vielzahl der

Länder und der Streckenmöglichkeiten ihre individuelle Route selbst zusammenbasteln.

Einige Länder des Nahen Ostens, inklusive der Türkei, sind im Abschnitt E., „Naher Osten" berücksichtigt, s.S. 606.

4. Beste Reisezeiten in Asien

Hier ein Überblick für die Grobplanung. Bei den einzelnen Ländern stehen genauere Angaben.

Indischer Subkontinent: Günstig ist das Winterhalbjahr zwischen Oktober und März. Weniger günstig ist es zwischen Juni und September, dann viel Regen, sehr heiß von März bis Mai.

Südostasien: Günstig im Winterhalbjahr. Indonesien, die Südostküste von Thailand und die Ostküste von Malaysia sind auch von Juni bis September günstig. Weniger empfehlenswert ist das Sommerhalbjahr, dann ist es sehr schwül, große Hitze.

Ostasien: Günstig von März bis Oktober. Doch sehr kalt ist es im Winter in Tibet, Nordchina, Nordjapan und Korea. Heiß und regenreich ist es im Juli/August in Südchina, Japan, Taiwan.

Südliches GUS-Gebiet, Sibirien: Günstig von Mai bis September, weniger günstig von Oktober bis April. Schöner Herbst, sehr kalte Winter mit viel Schnee.

Vorderer Orient: Türkei, Iran u.a. sind günstig im Frühjahr und Herbst. Hochlandregionen auch im Sommer, Wüstenländer im Winter.

5. Übernachten, Verpflegung

Mit beidem hat man in Asien, bis auf wenige Ausnahmen, keine Probleme. Sehr gut ist die Hotel- und Quartiersituation auf dem Indischen Subkontinent und in Südostasien, dort gibt es überall preisgünstige und billige Übernachtungsmöglichkeiten, in Großstädten natürlich teurer als auf dem Land. Campingplätze sind selten und Campen ist außer in wenigen Ländern auch nicht ratsam, wie z.B. in Japan, wo Hotels sehr teuer sind.

Restaurants gibt es in Asien an jeder Straßenecke, und auch die Versorgung mit Dingen des täglichen Bedarfs ist gut bis sehr gut. Ausnahmen bilden sehr arme Länder, wie z.B. Bangladesh oder Laos, doch auch dort bekommt man überall seinen Reis. Das Angebot an Früchten ist in entsprechenden Zonen meist hervorragend.

6. Gesundheit, Sprachen, Geld

Wegen drohender Gesundheitsgefahren muß man sich notwendigen Impfungen unterziehen, die Bestimmungen sind je nach Land unterschiedlich. Essen kann man alles, was frisch gebraten, gesotten oder gekocht ist, vermeiden muß man in Ländern mit niedrigem Gesundheitsstandard Eis, Salate, Meeresfrüchte etc., und offenes Wasser muß vor dem Trinken behandelt werden. Gesundheitsgefahren lauern vor allem auf dem Indischen Subkontinent, wo sogar in Flaschen abgefülltes Trinkwasser verkeimt sein kann, während Thailand, Malaysia und andere südostasiatische Staaten bzw. Länder mit höherem Entwicklungsstand hinsichtlich Gesundheitsgefahren viel weniger problematisch sind. Malaria gibt es in Asien vielerorts, haltet euch an die Richtlinien der Tropeninstitute und Gesundheitsämter (sehr gut ist z.B. die Übersicht der Deutschen Gesellschaft für Tropenmedizin und internationale Gesundheit, Prophylaxe etc., unter www.dtg.mwn.de). In tropischen Regionen nicht in stehenden oder in schwach fließenden Gewässern baden – Bilharziosegefahr. Lest nochmals die Gesundheits-Tips und Hinweise im Teil 1, s.S. 61ff.

Sprachen: Unabdingbar für die meisten Länder Asiens ist Englisch, damit kommt man fast überall durch, zumindest kann man sich in den bekannteren Tourismusländern und ehemals englischen Kolonien damit verständlich machen. Wer abseits der gängigen Routen reist, sollte einige Sätze der Landessprache erlernen und einen Kauderwelsch-Sprachführer (von Reise Know-How) in die Packtasche stecken. Hilfreich zur Orientierung sind auch Reiseführer, die Ortsnamen und Touristenziele in der Landesschrift aufführen. Dann könnt ihr Straßenschilder vergleichen oder das Buch Einheimischen unter die Nase halten. Als *Reisewährung* werden Dollars – mit Abstrichen auch Euro und Schweizer Franken – in Asien so gut wie überall akzeptiert.

7. Visa, Transport, Literatur, Internet

Die Länder Asiens haben unterschiedliche Visa- und auch Regionen-Sonderbestimmungen, die je nach der Innen- bzw. der außenpolitischen Großwetterlage wechseln können. Seht dazu in aktuellen Reiseführern nach oder erkundigt euch bei den Botschaften bzw. bei den Fremdenverkehrsbüros eurer Reiseländer. Für einen ersten Überblick reichen auch die Angaben auf der Website des Auswärtigen Amtes (www.auswaertiges-amt.de).

Auf die **Transportmöglichkeiten** wird in den einzelnen Ländern hingewiesen, in den meisten asiatischen Ländern gibt es ein dichtes Busnetz und auch Eisenbahnen, das Verladen des Rades bereitet fast selten Schwierigkeiten.

Taugliche **Reise- und Radführer** und *Karten* sind jeweils bei den einzelnen Ländern aufgeführt. Generell ist zu sagen, daß die englischen Bücher von Footprint (der Verlag, der das klassische South American Handbook herausbringt) zur Vorbereitung und Durchführung einer Asienreise wegen ihrer Aktualität die wohl besten sind. Für Asien gibt es mittlerweile eine ganze Reihe von Bänden wie etwa das „India Handbook", das „Thailand Handbook" oder das „Malaysia Handbook". Ebenfalls nicht mehr aus der Travellerszene wegzudenken sind die englischen Bücher des australischen Lonely-Planet-Verlags, das Programm wird ständig auch um Regional- und Trekkingtitel erweitert. Interessant sind derzeit z.B. „Iran", „Central Asia" (der bis dato einzige umfassende Reiseführer zu den GUS-Staaten) oder „Karakoram Highway". LP-Verlagsprogramm: www.lonelyplanet.com.

Radbücher: *Claude Marthaler* durchquerte während seiner 7jährigen Radweltreise zahlreiche asiatische Länder, u.a. die südlichen GUS-Staaten, Indien, Tibet und Japan („Durchgedreht" – 7 Jahre im Sattel, Reise Know-How Verlag 2002, ISBN 3-89662-305-2). *Frank Mrotzek* tourte in Pakistan, Indien, Philippinen, Indonesien, nachzulesen in „Auf nach Asien", Reise Know-How.

Karten: Als Übersichtskarte von Asien eignet sich gut die „Ryborsch" (1:8 Mio.) oder die IGN-Karte 1:5 Mio. Länder- und Detailkarten bekommt man von Reise Know-How (world mapping project), Nelles- und ITM-Verlag. Für GUS-Staaten gibt es eine von Hildebrand (1:3,5 Mio.). Für den Nahen Osten sind die „Freytag & Berndt" (1:2 Mio.) und die „Middle East" (1:4 Mio.) von COLLINS oder von HALLWAG gute Karten.

Internet: Der Zugang zum Web unterliegt in verschiedenen asiatischen Ländern immer noch Restriktionen, die freie (und unkontrollierbare) Meinungsäußerung via Internet wird von den autokratischen

Machthabern und Parteien eher negativ gesehen. Insofern solltet ihr im Iran und in den GUS-Staaten keine „Wunder" erwarten. Hier werdet ihr euch eher mal bei Einheimischen ins Netz einwählen dürfen, während Internet-Cafés noch Mangelware sind. Die aktuelle Situation kann sich aber auch hier mit der innenpolitischen Großwetterlage schnell ändern, oder die Regierungen werden von der Entwicklung schlicht überrollt (wie z.B. China). Ansonsten gilt: In Touristenhochburgen werdet ihr in ganz Asien auch Zugang zum Internet erhalten, sei es in Cybercafés, in Reisebüros, in offiziellen Tourist-Offices oder in Telefonläden. Hier kann dann eher das schlechte Telefonnetz „einen Strich" durch eure Mails machen, oder die Druckerpatrone des Ladens ist gerade leer ...

B. INDISCHER SUBKONTINENT

Indien

I. PLANUNG, VORBEREITUNG, WISSENSWERTES

Überblick   Indien mit dem Fahrrad, radeln im Traumland der Maharadschas, Sadhus und Paläste ...

Kaum ein anderes Land Asiens ist so ausgefallen vielseitig, und kaum ein zweites wird so verklärt, verdammt und gelobt wie Indien. Der Schönheit der Landschaften, der vielen Regionen und Kulturen stehen Überbevölkerung, unvorstellbare Armut, Elend, Chaos, Dreck und stinkende, brodelnde Städte gegenüber. Eine Reise und Radfahrt durch Indien begeistert und „schafft" jeden, und was es dort nicht gibt, gibt es nirgendwo mehr. Indien ist zu groß, als daß man hier alle Aspekte einer Radreise durch dieses riesige Land beschreiben könnte, und auf alle Dinge vorbereiten kann man sich für eine Indienreise sowieso nicht. Wer Indien wirklich kennenlernen will, muß sehr viel Zeit mitbringen!

Der Indische Subkontinent ist ein Vielvölkerstaat, aufgesplittert in aberhunderte von Ethnizitäten, Religionen und Sprachen. Glaube und Gesellschaft sind in Indien untrennbar miteinander verbunden, religiöse Normen und das Kastenwesen bestimmen das Leben Tag und Nacht, vom Beginn bis zum Tod. Und nebenbei ist Indien auch noch die zehntgrößte Industrienation der Welt, mit einem fürchterlichen Lastwagenverkehr auf den Hauptstraßen und nebligem Smog in den Großstädten. Indien ist eigentlich nur denjenigen zu empfehlen, die schon Dritte-Welt- oder Asienerfahrung mitbringen, sonst mag der Kulturschock für direkt aus Europa Ankommende zu groß sein. Ständig werden deine Sinne mit neuen Eindrücken bombardiert, mit Überraschungen, Farben, Gerüchen, Schockierendem, Schönem und Häßlichem. Indien sollte man mit dem Rad am besten nur zu zweit machen.

„Indien ist wie ein überraschender Wirbelsturm. Plötzlich ist man von Menschenmassen umringt, die einen auch nachts nicht in Ruhe lassen. Indien kostet Nerven. Man braucht viel Zeit, um sich an das Land zu gewöhnen und mit der Mentalität der Menschen klar zu kommen. Eine Privatsphäre gibt es für den Radler nicht. Wir haben uns Orden verliehen, wenn wir es geschafft hatten, eine Nacht unerkannt und ohne Menschenauflauf zu zelten. Ansonsten war Indien ein landschaftlich und kulturell überwältigendes Erlebnis." So *Martin Moschek,* der Indien über die Ukraine, Rußland, Kasachstan, China, Tibet und Nepal ansteuerte (www.biketour.lda.de).

Informationen

Als Einstiegslektüre empfehlenswert: „KulturSchock Indien" von Rainer Krack, Reise Know-How, „Land und Leute – Indien" von Polyglott.

Internet: Das Ministerium für Tourismus hat eine eigene Webpage: www.tourisminindia.com. Indien in Stichworten bietet das World Fact Book des CIA: www.odci.gov/cia/publications/factbook/geos/in.html, auch etwas fürs Auge der India Travel Guide unter www.allindiaguide.com. Wirklich empfehlenswert, nicht nur für einen kurzen Überblick, ist der englische WorldTravelGuide.Net. Klickt doch mal rein: www.wtgonline.com/data/ind/ind100.asp. Die „Times of India" ist die angesehenste englischsprachige Tageszeitung: www.timesofindia.com. Die Website www.templenet.com bietet einen tieferen Einblick in die Welt der indischen Götter und Tempel, ohne bekehren zu wollen. Empfehlenswert!

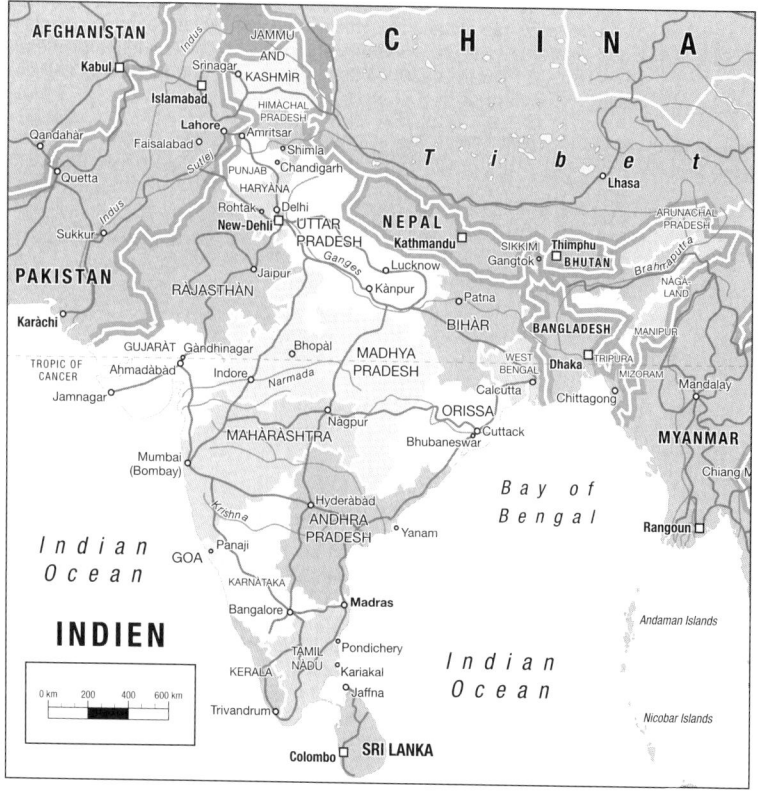

INDIEN

Einreise, Währung

Visumpflicht, es gibt diverse Visa-Arten und etwas konfuse Bestimmungen über die Gültigkeitsdauer. Euer Reisepaß muß noch mindestens 6 Monate gültig sein. Nach neuestem Stand der Dinge erkundigen. Eine Liste der indischen Vertretungen in Deutschland findet ihr unter www.auswaertiges-amt.de/www/de/laenderinfos/index_html.

Währung ist die Indische *Rupie*, unterteilt in 100 *Paisa*. Indien ist, mal abgesehen von den Eintrittspreisen zu den Kulturstätten und Museen, ein relativ billiges Reiseland, doch es besteht Devisenbewirtschaftung! Immer genügend Geld wechseln, unterwegs können Banken rar sein bzw. nicht jede wechselt Schecks und Bargeld, gewährt Bargeld auf eure Kreditkarte oder findet sich ein Bankautomat (bislang nur in Großstädten und touristischen Sammelpunkten), die die stundenlange, nervige Prozedur der Bargeldauszahlungen zukünftig hoffentlich abkürzen werden. Reisewährungn sind Dollar, Euro, engl. Pfund und Schweizer Franken.

Geografie

Man unterscheidet ungefähr vier geografische Großräume: Im Nordwesten die hohen Berge des *Himalaya-* und des *Karakorum-Gebirges,* im Nordosten die *Ganges-Tiefebene,* im Westen die *Große Indische Wüste Thar* und auf der großen Dreieck-Landmasse des Südens das *Plateau von Deccan,* das entlang der Küsten von den Höhenzügen der *Eastern* und *Western Ghats* (ca. 1500 m) begrenzt wird. Die Ausdehnungen Indiens betragen jeweils ca. 3000 km in West-Ost- und in Nord-Süd-Richtung.

■ *Durch die Wüste Thar ...*

Klima, Monsun, Winde

Das Klima Indiens reicht von alpin bis tropisch, doch die Temperaturen schwanken wesentlich mehr mit der Höhenlage als mit der geografischen Breite! Das Klima prägt vor allem der *Monsun,* einem jahreszeitlich wehenden Wind, der Regen bringt. Vom Juni bis September rückt er langsam vom Südwesten Indiens nach Nordosten vor, von Oktober bis Dezember zieht er sich wieder zurück, das ist dann der *Nachmonsun.* Von Januar bis März weht ein trockener, kühler Wind aus dem Nordosten Indiens, der *Nord-Ost Monsun,* auch *Nord-Ost Passat* genannt.

Bei einer Nord-Süd bzw. Süd-Nord-Indientour sollten diese Windrichtungen – mit den Zeiten der höchsten Niederschläge bzw. der größten

Hitze – gleichfalls beachtet werden. Beste Reisezeiten sind in **Nordindien außer Himalayaregion** von Oktober bis März. Nicht gut ist es in der Monsunzeit zwischen April bis September. Im April/Mai große Hitze, von Juli bis September ist es sehr schwül, viel Regen und Hitze.

Himalayaregion: Günstig von Juli bis September. Die Monsunwolken regnen sich an den südlichen Ausläufern des Himalaya ab, Hoch-Ladakh und Zanskar sind staubtrocken. Viel Schnee im Winter und eiskalt, selbst im Juni sind noch Straßensperrungen wegen Schneefalls möglich. Darjiling im Nordosten dagegen wird vom Monsun voll erwischt und weist eine der höchsten Niederschlagsmengen ganz Indiens auf!.

Südindien, Westküste: Günstig von Oktober bis Mitte Februar, weniger von März bis September; Anfang Juni Monsunregen.

Südindien, Ostküste: Günstig von November bis April, weniger von Juni bis September; starke Monsunregen im August und September.

■ *Monsunzeit in Indien …*

Gesundheit   Man muß in Indien gesundheitsbewußt, hygienisch leben, doch selten wird dies möglich sein. Vorher alle nötigen Impfungen durchführen lassen, auch Malariaprophylaxe ist notwendig (außer Himalayaregion über 2500 m). Medikamente sind in Indien leicht erhältlich und sehr günstig (Vorsicht vor Imitaten!). Kein unbehandeltes Wasser trinken! Nehmt einen kleinen Filter mit, die gibt's mittlerweile schon mit wenigen 100 Gramm und sind auf Dauer günstiger als Entkeimungs-Tabletten. Der größte Vorteil: Kühles Wasser aus einem Brunnen könnt ihr gleich genießen, während Tabletten immer eine gewisse Einwirkzeit benötigen, und bis dahin ist das Wasser eklig lauwarm. Ansonsten ein Entkeimungsmittel auf Jod-Basis (engl. Iodine) nehmen, nur dieses vernichtet einigermaßen die Amöben (in Indien in *pharmazies* unter dem Namen *Lugol's* erhältlich, ca. 5–8 Tropfen auf den Liter). Auch in Flaschen abgefülltes Wasser bietet keinen 100%igen Schutz, es wurden schon Fabrikbesitzer erwischt, die verkeimtes Leitungswasser abgefüllt hatten … tolle Rendite. Die linke Hand ist in Indien beim Essen und Händeschütteln tabu, denn mangels Toilettenpapier reinigt man mit ihr (und Wasser) den Hintern. Gefahr droht auch von dem Staub am Straßenrand, den Lastwagen und Busse aufwirbeln, er kann mit Krankheitserregern und Bakterien durchsetzt sein, weil Mensch und Tier an den Straßenrand kacken, die Felder mit Exkrementen gedüngt werden („Indien – ein riesiges, gut geheiztes Scheißhaus", aus Troßmann „Motorradreisen"). Als Staubschutz ein Mundtuch umbinden. Englischsprachige Gesundheitsinfos unter www.tripprep.com.

Bevölke-rung, Reisen Hier auch nur einige der zahllosen Eigenarten, Sitten und Mentalitäten der vielen Volksgruppen in dem Einmilliarden-Menschen-Staat intensiver darzustellen, ist kaum möglich. Eines aber ist in unzweifelhaft: Du bist für die Inder auf der Straße das permanente Objekt ihrer penetranten Neugierde!

■ *Immer dicht umlagert ... Schaulustige bei einer Colapause*

   „*Wenn du stoppst, bist du sofort umringt, schnell werden es immer mehr. Das Anstarren von Personen, selbst wenn du dich wäschst, pinkelst oder kackst, stellt anscheinend für die Inder keine Verletzung der Privatsphäre dar (gibt es die in Indien überhaupt?). Und wer unpassend angezogen ist (Radlerhose), verursacht in manchen Gegenden gleich einen Volksauflauf. Meist ist es nur harmlose Neugier, man will dir helfen und man ist auch freundlich, doch oft wird auch alles betastet und angefaßt, die Ausrüstung, der Kilometerzähler, die Klingel probiert, und die Kinder können dich vollends verrückt machen ...*", so ein Indien-Radler.

   Und Äqua-Tour-Radler *Tilmann Waldthaler*: „*Radfahren durch Indien kann öfter ganz schön stressig werden. Schmutzige Billighotels, chaotischer Verkehr, Lärm, Gestank und eine anscheinend nie endende Armut machen das Radfahren in Indien zum absoluten Über-Ereignis. Neugierig und wissenshungrig stehen freundliche Leute bei jedem Stopp um mich und meinen Radfernlaster herum. Am Abend bin ich froh, ein bißchen Ruhe hinter Schloß und Riegel in einem Hotelzimmer zu finden, selbst wenn ich die halbe Nacht damit verbringe, mir die Ratten, Kakerlaken und Stechmücken vom Leibe zu halten. Auf meiner 2000 km langen Fahrt von Mumbai nach Madras verbringe ich manche Nächte in kleinen Dörfern und übernachte bei den Dorfbewohnern, doch auch dies kann ziemlich anstrengend werden. Dieselben Fragen, dieselben Antworten, nur der*

Platz und die Leute sind verschieden. Ich habe das Gefühl, meine Individualität zu verlieren, eine Reise- bzw. Tourist-Objekt zu werden, wie eine Informationsbroschüre, die von hunderten Leuten gelesen wird und am nächsten Tag, getrieben vom heißen Wind, durch die Straßen Indiens flattert … Individualität, Abenteuer oder schlicht und einfach ‚anders‘ zu sein scheint für die Menschen Indiens ein unvorstellbarer Begriff zu sein …"

Das Reisen in Indien wird jedoch erleichtert, weil *Englisch* als Sprache der früheren Kolonialherren weit verbreitet ist (zumindest in den Städten). Einige Worte Hindi, das überwiegend in Nordindien verbreitet ist, sollte man jedoch bei einer Indienreise können. Wichtig sind Zahlen und Fragen zu Richtungen.

Das *Fotografieren* der Menschen bereitet in Indien kaum Probleme, oft wird man dazu sogar aufgefordert. Vorsicht jedoch bei militärischen Dingen. Indien und Inder sind unberechenbar, es gibt immer wieder neue Überraschungen, positive wie negative.

Und paß wie gesagt auf, wo du hintrittst und drauffährst, nicht nur die Kühe machen mit ihrem Dung die Straßen rutschig.

Über-nachten

Ist in Indien kein Problem, es gibt unzählige Hotels aller Preis- und Komfortklassen, von sehr billig (dann aber auch meist sehr schäbig) bis extrem teuer. Zimmer immer vorher ansehen. Die billigen haben den Vorteil, daß du das Rad immer mit ins Zimmer nehmen kannst. Entlang der großen Durchgangsstraßen stehen an Raststätten zahllose Seil-Bettpritschen *(charpoits)*, doch dort ist es zum Schlafen viel zu laut, die sind nur gut für den Notfall. Daneben gibt es unterwegs und auch in Städten weiterhin die vielen Government-Resthouses in unterschiedlicher Qualität und unter diversen Namen: *Traveller Lodges, Tourist (DAK-)Bungalows, Tourist-Lodges, Boarding-Houses, PWD-Resthouse, Circuit-House, Holiday Homes* etc., zumeist in touristischen Gebieten. Man findet in Indien auch noch ca. 40 Youth Hostels und in den Städten YMCA's. Adresse: Youth Hostels Association of India, 5 Nyaya Marg, Chanakyapuri, New Delhi 110 021, Indien (www.yhaindia.org) mit einer Liste aller Hostels).

Verpflegung

Hinsichtlich der Verpflegung ist Indien eines der billigsten Länder Asiens, und die Vielfalt der indischen Küche braucht hier nicht weiter beschrieben zu werden, je nach Region gibt es verschiedene Spezialitäten. Und überall findet man *dal* (Linsen) und *chapatis,* das wohlschmeckende Fladenbrot (in Nordindien gibt es auch anderweitige Brotsorten). Früchte jeglicher Art natürlich auch. In Südindien ißt man überwiegend vegetarisch. Hauptgetränk ist der Tee, der an den Straßen an *tea stalls* ausgeschenkt wird. Es gibt auch gutes Bier, doch Alkohol gibt es in überwiegend moslemischen Bundesstaaten nicht immer. Wer trotzdem einen Kocher mitführen will: Petroleum (Kerosine/Paraffin) ist überall erhältlich. Eine gute Idee ist ein Tauchsieder (in Indien kaufen), damit kann man selbst Tee machen oder Wasser abkochen, Strom gibt es in Hotels fast überall (wo es keine Steckdose gibt, Strom über eine mitgeführte Glühbirnen-Steckdose abzapfen). Allerdings sorgt eine immer größere Zahl von Klimaanlagen während der heißen Jahreszeit für teils stundenlange Stromausfälle. Achtet bei der Inspektion des Zimmers auf Wachsreste auf Tisch und Bettgestell, ein sicheres Indiz für Strommangel.

Gefahren, restriktive Gebiete

In Indien artet immer wieder der schon seit jeher vorhandene Zwist zwischen militanten Hindus und Moslems (die ca. 12% der Bevölkerung ausmachen) zu Unruhen aus, die sich oft zu mörderischen Gewaltorgien steigern (Brennpunkte sind Mumbai – das frühere Bombay –, Ayodhya u.a.). Im Bundesstaat *Punjab*, wo die bärtigen *Sikhs* die Bevölkerungsmehrheit stellen, gab und gibt es auf Grund dortiger militanter Sikh-Gruppen (sie kämpfen für einen eigenen Staat „Khalistan") gleichfalls immer wieder Unruhen und Terroranschläge (in Amritsar), und auch in Zukunft kann es sein, daß dieser indische Bundesstaat nicht immer uneingeschränkt bereisbar ist. Achtet auf Verhängung von Ausgangssperren *(curfew)*, die Ausrufung von Generalstreiks *(bandh)*, meidet unbedingt Demonstrationen, es wird oft schnell gewalttätig und es wird auch geschossen!

    Ein extrem unsicheres Gebiet ist auch nach wie vor Indiens nördlichste Provinz **Jammu and Kashmir,** die dortige überwiegend islamische Bevölkerung strebt einen eigenen Staat an (gleichzeitig wird Kashmir auch von Pakistan beansprucht). **Ladakh** steht gleichfalls durch Überfalle auf Touristen immer wieder in den Schlagzeilen, das Auswärtige Amt riet zurzeit der Drucklegung dieses Buchs von Überlandfahrten Manali – Leh und Srinagar – Leh ab! Auch die Ladakhis fordern mehr Autonomie von Delhi. Ein weiteres Unruhegebiet (gleichfalls Autonomiebestrebungen) sind auch die Provinzen im äußersten Nordosten Indiens, *Assam, Manipur, Pradesh* usw., in die man meist nur mit einer Sondergenehmigung reisen darf. Für das schöne kleine *Sikkim*, eingeklemmt zwischen Nepal und Bhutan, bestehen gewisse Reisebeschränkungen. Aktuelle Reiseführer sagen Genaueres, erkundigt euch in Indien vor der Weiterfahrt in diese Gebiete nach der augenblicklichen Lage.

    Räuberbanden, *dacoits* genannt, treiben ihr Unwesen hauptsächlich in Bihar, Uttar Pradesh und in einigen anderen Regioen mehr. Möglichst nicht wild Campen (nicht nur wegen eventueller Gefahren, du hättest auch ewig Besucher und Zuschauer), das Rad und deine Sachen nicht ohne Aufsicht lassen. Dein Hotelzimmer mit eigenem Schloß sichern. Erhöhte Diebstahlgefahren bestehen an allen touristischen Orten und in größeren Städten, Vorsicht dort bei Einladungen mit angebotenen Getränken, darin waren schon Betäubungsmittel, anschließend wurde der Eingeladene ausgeraubt!

    Hinweise zur aktuellen Sicherheitslage vom Auswärtigen Amt unter www.auswaertiges-amt.de, noch ausführlicher in Englisch vom US-Außenministerium unter www.travel.state.gov/india.html.

Rad und Ausrüstung

Wer nicht in den Berggebieten des Himalaya zu radeln gedenkt, braucht kaum viele Gänge. Ein Touren- oder Trekkingrad mit stabilem Gepäckträger, verstärkten Speichen ist o.k. Hochwertige Ersatzteile bzw. Ersatzteile für High-Tech-Räder findet man – falls überhaupt – nur in größeren Städten (in Indien gibt es auch Rennrad-Clubs). Gewinde sind in Zoll, deshalb ein paar wichtige Schrauben und Muttern dabeihaben. Die indischen Räder rollen auf Tiefbettfelgen mit entsprechend größerem Reifendurchmesser (ein indischer Reifen mit der Dimension 28x1∫ benötigt 635 mm messende Felgen, bei uns entsprechen 28 Zoll dagegen 622 mm!). Nur mit viel Glück werdet ihr Importreifen und -felgen auftreiben, also zumindest noch einen Ersatz-(Falt-)Reifen einpacken. Auch Ketten – Made in China – gibt es gleichfalls nahezu überall, nur leider nicht für moderne westliche 8- und 9fach-Getriebe. Indische Räder sind schwer und robust (Marke „Hero"), doch voran kommt man mit ihnen ohne Gangschaltung natürlich nur im Tiefland. In jedem Ort gibt es einen Rad-„Mechaniker" und Radgeschäfte, die aber nur auf die einfachen indischen Stahlrösser eingestellt sind und alle anfallenden Arbeiten mit Hammer, Schraubendreher und notfalls Gewalt erledigen.

Nur in wenigen Fällen wird es euch nicht erlaubt werden, euer treues Radl mit aufs Hotelzimmer zu nehmen, das Hotelpersonal kennt die begehrliche Attraktivität westlicher Fahrradtechnik. Abschließen allein genügt nicht, auch einzelne Fahrradteile, wie z.B. Spiegel, finden sonst über Nacht einen neuen Besitzer.

Übliche Tropen- und auch Kälteausrüstung, wenn es ins extreme hohe Gebirge geht. Statt einem Zelt sollte man für das tropische Indien ein gutes Moskitonetz mitnehmen.

Indische Rad-Clubs: „Cycle Tourist Association of India", Mukunda Yatnalkar, 467 Shaniwar Peth, Hasnabis Bakhal, Pune 411030, India. Ride2026, B-36 Abhimanshri Society, Pashan Road, Pune 411 008, India. Auf deren Homepage www.ride2026.com findet man einige MTB-Trailvorschläge rund um Pune (Poona).

Straßen und Verkehr   Es besteht Linksverkehr. Der gesamte Indische Subkontinent verfügt eigentlich über ein sehr gutes Straßennetz (bezüglich der Dichte, weniger in punkto Beläge bzw. Asphaltierung). Es gibt drei Kategorien: die *National Highways* verbinden die Großstädte miteinander, die *State Highways* sind die Bundesstraßen, die (meist unbefestigten) Nebenstraßen heißen *District-* oder *Village Roads*.

Jeder halbwegs interessante, größere Ort ist auf asphaltierten Straßen zu erreichen, von Dorf zu Dorf gibt es meist nur Wege. Die allgemein besseren Straßen weist der Norden Indiens auf, da sind auch die Seitenstreifen besser befestigt, auf die du immer runter mußt, wenn dich Fahrzeuge von der Straße runterdrängen. Der Staat im Zentrum Indiens, Madhya Pradesh, ist ziemlich arm, und so sehen dort auch die Straßen aus. Nach dem Monsun sind in Indien oft viele Straßen beschädigt.

Es gibt in Indien giftige Schlangen und schreckliche Krankheiten, doch die eigentliche Gefahr für einen Radler sind die indischen Autofahrer! In jeder Großstadt werden alljährlich aberhunderte von Fußgängern totgefahren, Indien hält einsam den Weltrekord an Verkehrstoten! Zitat aus einer Tageszeitung:

„Fremder, kommst du nach Indien und sollte dich der frivole Gedanke anspringen, dort am Straßenverkehr teilzunehmen, so vergegenwärtige dich: Du betrittst, befährst oder beradelst rechtloses Land. Auf indischen Straßen herrscht bestenfalls das Faustrecht, vorsätzlicher Mord ist eine Alltäglichkeit. Eine über alles Recht erhobene Autofahrerkaste hat, zusammen mit der Übermotorisierung, eine Situation geschaffen, die auch in der dramatischsten Beschreibung nicht übertrieben werden kann …!"

Indiens Straßen sind Kampfarenen, ein Verhau von Autos, Bussen, Lkw, Transportkarren, Rädern und Rikschas, heiligen und unheiligen Tieren, beispielsweise Kühen (vorfahrtsberechtigt), Wasserbüffel, Kamele, Ziegen etc. (ab und zu ist auch Elefant darunter), und immer zahllose Fußgänger. Jeder überholt jeden, selbstverständlich bei gleichzeitigem

Gegenverkehr, und das alles in ohrenbetäubendem Krach und Gehupe, ein realer Horrorfilm. Und du mit deinem Fahrrad steckst da mitten drin, unter dir in der Hackordnung kommen nur noch die Fußgänger, Kinder, Blinde, Lahme, Verkrüppelte, Hühner und Hunde. Es gibt auf Indiens Straßen nur ein ehernes Gesetz, und das heißt: **Recht hat immer der Stärkere** ...

Wer in Indien einen TATA-Truck oder einen Bus chauffiert, hat alles Recht der Welt, hier fährt der Teufel persönlich. Diese Lkw sind aufs doppelte überladen, hoch aufgetürmt stehen Ladungsteile seitlich und hinten weit über. Mit ihren Kompressorfanfaren blasen sie die Fahrbahn frei, scheuchen dich gnadenlos in den Straßengraben oder in ein sumpfiges Reisfeld. Halte deshalb immer nach einem Notausgang Ausschau, wenn du einen herannahen hörst! Man muß auf Indiens Straßen wirklich und immer aufpassen, sonst kann das fatal enden!

Besonders eklig ist auch der Dieselqualm, den man auf vielbefahrenen Straßen dauernd einatmet und der sich als schwarze, schmierige Schicht auf Gesicht und Haut legt.

Eigenartiges Verhalten üben die indischen Radfahrer, so berichten einige Indienradler: Wenn du sie überholst, werden sie dich bald wieder überholen, dann lassen sie sich zurückfallen und überholen erneut, und das Spiel kann so über viele Kilometer gehen, und das kann schön nerven, und bei dichtem Verkehr ist das auch nicht immer ungefährlich.

Inder transportieren auf ihren schweren Hero-Rädern, von den Abermillionen auf den Straßen fahren, nicht nur Lasten, sondern auch Mitfahrer. Frauen dagegen sind weniger privilegiert, sie müssen laufen und die Lasten schleppen.

Meide die Hauptachsen zwischen den großen Städten, die *Great Trunk Roads,* vergiß auch in den Großstädten das Herumfahren, lade dein Rad am Stadteingang, wenn nötig, lieber in ein Taxi und laß dich zu einem Hotel in die Innenstadt fahren. Nie nachts fahren, da ist das Chaos noch gefährlicher, und vor dem schnellen Einbruch der Dämmerung sollte man sein Nachtquartier gefunden haben. Wenn du keine Straßenschilder lesen kannst – falls an einer Kreuzung überhaupt welche stehen –, immer mehrere Personen nach der Richtung fragen.

Transport   Indien besitzt das zweitgrößte **Eisenbahnnetz** der Welt, doch die Züge sind – bis auf die Schnellzüge – fast immer hoffnungslos überfüllt und langsam (die 1. Klasse ist um einiges besser). Es gibt verschiedene Spurbreiten und Bahngesellschaften.

Zugfahren ist in Indien ein Abenteuer für sich, das schon beim Kauf des Tickets anfängt. Wer die Nerven dazu hat – o.k., doch allzuoft würde ich auf meinen Routen keine Zugstrecken miteinplanen. Andererseits sind Zugfahrten immer noch besser (und sicherer!) als das Reisen in überfüllten Bussen. Probiert es halt mal aus, immer früh am Bahnhof sein, Reservierung ist aber auch möglich. Das Rad kommt in den Gepäckwagen. Alles klaubare vorher mit ins Handgepäck nehmen. Dieter Rahmann berichtet:

„Die Fahrradmitnahme in Zügen hat sich als völlig nerviges Chaos herausgestellt. Zunächst einmal wechseln die Mitnahmebedingungen bei jeder der indischen Bahngesellschaften. Oft ist der Kauf von Eisenplaketten wichtig, auf denen man auf dem Markt Zielbahnhof und Namen eingravieren muß. Ohne die Plaketten läuft nur was mit gutem und ausdauerndem Verhandlungsgeschick. Es sind auch nur wenige Züge dafür vorgesehen, Räder mitzunehmen. Die Tickets kauft man möglichst einen Tag vorher, wenn man eine Reservierung haben will. Manchmal muß man sie aber wieder abstoßen, falls dann mit diesem reservierten Zug keine Räder mitgenommen werden können, was nur kurze Zeit vor Abfahrt des Zuges in Erfahrung zu bringen ist. Also, Zugfahren lohnt sich nur, wenn es gut 150 Kilometer zu überbrücken gilt, ansonsten radelt man besser. Das ist auch schöner."

Wer Radfahren und Eisenbahnfahrten in Indien kombinieren will, besorgt sich am besten vorher den **Indrail Pass**, er hat viele Vorteile, und das Anstehen nach einem Ticket entfällt. Fahrpläne und vieles mehr findet ihr auf der Website der Indian Railway: www.indianrailway.com.

Der Nahverkehr wird mit gleichfalls ständig überfüllten **Bussen** bewältigt. Räder kommen auf den Dachgepäckträger, das alles ist gleichfalls ein indisches Abenteuer. Vielleicht könnt ihr auch bei einem Truckdriver gegen ein paar Dollar mitkommen, Ansprechorte sind die großen Tankstellen und Truck-Stops.

Erstmals seit Jahrzehnten existiert wieder eine internationale Busverbindung zwischen Indien (Delhi) und Pakistan (Lahore). Der recht teure Luxusbus startet um 6 Uhr in der Frühe in Delhi (Di, Mi, Sa, So) und braucht 12 Stunden für die Fahrt durch den Punjab. Tickets eine Woche vorher reservieren, rechtzeitig zum Check-in da sein. Ob Räder mitgenommen werden, muß vor Ort abgeklärt werden.

Das Inlandflugnetz der **Indian Airlines** ist hervorragend ausgebaut. 25% Ermäßigung für unter 30jährige („Youth Fare India", Infos und Flugpläne unter http://indian-airlines.nic.in). Eine ganze Reihe regionaler Airlines bedient auch kleinere Flughäfen. Die größten internationalen Flughäfen sind Neu-Delhi, Mumbai (Bombay), Kalkutta, Madras, Trivandrum, Goa u.a.

Bücher und Karten

Reiseführer: Das „India Handbook", Footprint Publications, ist erste Wahl. „India" und weitere Indien-Teilregionen von Lonely Planet. „Indien – Der Norden", mit Goa und Mumbai, „Indien – Der Süden", „Kerala mit Madurei", „Rajasthan", u.a. von Reise Know-How. Sympathie-Magazin „Indien verstehen" (Studienkreis Tourismus, Starnberg). Reise Know-How-PRAXIS: „Hinduismus erleben" und „Heilige Stätten Indiens". RKH-Kauderwelsch-Führer „Hindi", „Urdu", „Pandschabi", „Bengali", „Tamil", „Singhalesisch", u.a. Nordindien: s. „Ladakh und Zanskar".

Radbücher: „Fahrrad-Abenteuer im Himalaya", von N. und R. Crane, Pietsch-Verlag, vom Golf von Bengalen über Tibet nach Nordchina, Abschnitt von Dhaka (Bangladesh) durch Indien nach Nepal (nur noch im Antiquariat). – Michael und Wolfgang Gressmann: „Abenteuer Ganges", Moby-Dick-Verlag, auf indischen Hero-Rädern am Ganges entlang von Allahabad nach Kalkutta. Ein Kapitel des liebevoll aufgemachten Buches widmet sich den indischen Hero-Pedallastern (nur noch im Antiquariat). – Christopher Hough: „A Pedaller to Peking", eine Rad- und Bahnreise durch Indien (Mumbai, Agra, Jaipur, Cochin, Madras, Kalkutta) und China (Hongkong, Shanghai, Peking). – Jeremy Schmidt: „Himalayan Passage", The Mountaineers, eine siebenmonatige Umrundung des Himalaya nicht nur mit dem Fahrrad (Lhasa, Ali, Kashgar, Karakorum Highway, Delhi,

Srinagar, Dharamsala, Kathmandu, Darjeeling, Gangtok). – „Himalaya", von Bettina Selby, Piper-Verlag, allein als Frau in den 1980iger-Jahren von Karachi nach Kathmandu. – „Regen-Raga – Eine Reise mit dem Monsun", Alexander Frater, dtv-Verlag.

Karten: Übersichtskarte zur Planung: „Indien", von Reise Know-How (auch Teilkarten, Z.B. „Indien-Süd", „Kaschmir Ladakh", u.a.). Indian Subcontinent", 1:4 Mio., von Nelles (dazu noch die relativ guten, 5teiligen Nelles-Touristen- und Straßenkarten – Nordost, Nord, West, Süd, Ost –, 1:1,5 Mio, allerdings mit Schwächen in Kilometrierung und Streckenverlauf).

In Indien: Karten und Straßenatlas („One for the road"), herausgegeben von „Map & Agencies", 11 Rajar Str., T. Nagar, Madras 600017. Karten auch von den Automobil-Clubs. Adressen: Für den Süden „Automobil Association of Southern India, Madras 600006". Für den Norden „AA of Upper India, New Dehli 110001" und „AA-Uttar Pradesh, Allahabad 211001". Für den Westen „AA-Western India, Bombay 400020". Für den Osten „AA-Eastern India, Calcutta 700019". Karten kann man in größeren Orten in Buchhandlungen kaufen.

Im Internet: www.mapsofindia.com.

Telefon und Internet Das indische Telefonnetz ist erstaunlich leistungsfähig, die moderne Ausstattung so manchen Telefonladens mag gar nicht zum archaischen Umfeld passen (draußen mümmelt eine heilige Kuh ein Stück Pappe, während ihr per Satellit mit euren Lieben zuhause sprecht ...). Tatsächlich sind Direktwahlgespräche und auch (vergleichsweise teure) Faxe aus größeren Städten kein Problem (obwohl, wenn die Inder einen Satz mit „no problem" beginnen, dann gibt es meist Probleme ...). Die können schon mit den regelmäßigen Stromausfällen anfangen, und auch der Radau von der Straße übertönt locker jede digitale Superverbindung.

Eigentlich in jeder mittelgroßen Provinzstadt, und in Studentenstädten und Touristenzentren sowieso, findet ihr heute ein **Cybercafé**. Die Minutenpreise sind niedrig, die Verbindungen erstaunlich flott. Eine gewiß nicht erschöpfende Aufzählung bietet www.netcafeguide.com.

II. ZIELE, ROUTEN, STRECKEN

Ihr habt einen halben Kontinent vor euch und die freie Auswahl. Generell: Meidet die Megastädte, dort nur Chaos, Dreck und Gefahren, entdeckt Indien auf Nebenstraßen auf dem Land. „Quer-durch-Indien" Reiserouten stehen im „India Handbook" (etwa 9 Stück).

Der Westen des Landes ist reich an Tempeln und interessanten Städten, im Wüstenstaat **Rajasthan** an der pakistanischen Grenze sind bekannte Stadtziele *Udaipur, Jaisalmer* und *Jaipur* (Palast der Winde). Gerade für kürzere Trips oder zum Reinschnuppern eignet sich dieser Bundesstaat ganz besonders (s. Reiseführer „Rajasthan mit Delhi und Agra", Reise-Know-How Verlag, und „The Government of Rajasthan's Official Web Site", www.rajasthan-tourism.com). Startet ihr in **Delhi**, solltet ihr die National Trunk Roads wie den Highway 8 unbedingt meiden! Das ist leichter gesagt als getan, denn alle Stadtausfallstraßen münden in diese verkehrsüberlastete, abgasverpestete und schlicht lebensgefährliche Hauptverbindung! Wer direkt aus Europa kommt und noch nie zuvor asiatische Highways unter den Reifen hatte, wird tausend Tode sterben. Tip von *Clemens Carle:* Bus oder Taxi für die ersten 50 km nutzen, und dann auf Nebenstraßen abdrehen.

„Als besonders schöne Radelstrecke habe ich **Rajasthan** *empfunden. Es ist ein Staat mit einer Vielzahl von Vegetationszonen. Intensive Landwirtschaft, Wüsten und Halbwüstenregionen wechseln einander ab, dazwischen gibt es regelrechte Gartenlandschaften, die auch vom Ackerbau noch nicht geprägt sind. Auf der Strecke von Udaipur über Rajsamand nach Bhilwara konnten wir phantastische Panoramen erleben. Das Gedränge und die Armut der indischen Großstädte findet man hier nicht. Kleine Dörfer säumen die sehr gut befahrbaren Asphaltstraßen, auf denen wenig Verkehr herrscht. Die Sozialstruktur ist hier längst nicht so zerstört wie in den großen urbanen Zentren. Eine Unterversorgung an Nahrungsmitteln oder gar Hunger habe ich auf dem Land nicht bemerkt. Tatsächlich wird am Straßenrand eine Vielzahl von Nahrungsmitteln feilgeboten. Als radelnder Europäer ist die Versorgung mit Lebensmitteln nie ein Problem gewesen. Auch wenn man auf die sehr scharfe, aber gut schmekkende indische Küche verzichtet, „plain rice" und leckeres Obst bieten einen vollständigen Ersatz, und saftige Früchte decken auch zum Teil den Flüssigkeitsbedarf. Leitungswasser haben wir nie trinken müssen."*

Soweit einige Rajasthan-Eindrücke von Indien-Radler Dieter Rahmann.

 Schlammfahrt bei Agra

Nordindien

Nordindien ist gleichfalls reich an Bauwerken, Forts und Palästen (Sikh-Stadt *Amritsar* im Bundesstaat Pundjab, dort sind die Straßen flach und gerade). Das berühmte *Taj Mahal* (und das Rote Fort) befindet sich in Agra im Staat Uttar Pradesh. Mehrere Hindu-Pilger-Zentren (*Haridwar,* eine der sieben heiligen Städte der Hindus, und *Rishikesh,* mit einer Vielzahl von Ashrams) schmiegen sich an den Oberlauf des Ganges, die Luft ist in den Ausläufern des Himalaya schon etwas erfrischender. Noch weiter in den Bergen im Staat Himachal Pradesh liegt *Dharamsala,* Sitz des Dalai Lama und der tibetischen Exilregierung und seit 40 Jahren Wohnort von fast 10.000 Exil-Tibetern. Für Nordindien-Radler ist ebenfalls Dehli der Brückenkopf.

Im **Osten Indiens** liegt die heilige Hindu-Stadt *Benares* (Varanasi) am Ganges, in der Gangesebene gibt es keine Steigungen, doch sie ist auch total überbevölkert. *Kalkutta* wird keinen unbeteiligt lassen, ein indischer Mikrokosmos, höllisch faszinierend und abstoßend zugleich.

Sikkim

Der teils gnadenlos schlechte Highway 34 führt 600 km von Kalkutta Richtung Norden bis *Siliguri,* hier beginnt das Anbaugebiet des berühmten Darjiling-Tees. 70 schweißtreibende Kilometer und fast 2000 Höhenmeter schraubt sich nun eine Bergstraße weiter in den Himalaya hinein, immer entlang den Schmalspurgleisen des legendären „Toy Trains". Ihr erreicht *Ghoom* auf 2438 m Höhe und 10 km weiter *Darjiling* (2134 m). Früh starten, dann ist es angenehm ruhig auf der Straße. Schon die Engländer flohen vor der heißesten Jahreszeit hier in die Berge. Darjiling ist das Tor nach **Sikkim,** ein kleines Königreich, das 1973 von Indien annektiert wurde und wegen der gemeinsamen Grenze mit China nur mit einem Permit bereist werden darf.

Ulrich Röder zur Strecke **von Darjiling nach Gangtok,** der Hauptstadt von **Sikkim:** „… vor 7 Uhr starten wir ungefrühstückt und fahren zunächst wieder hoch nach Ghoom. Die ganze Zeit liegt der Kanchenchunga, dritthöchster Berg der Erde, rechts von uns. Die umgebenden Hügel haben leichten Neuschneezucker. In Ghoom bei schönem Morgenlicht ein süßes Trockengebäck mit Wasser dazu, und dann weiter die Straße gen Kalimpong, die extrem wenig befahren ist.

Es beginnt der reine Traum. Ich habe wirklich ein Gefühl, wie mitten durch ein Paradies zu fahren. Martin und ich sind der Meinung, daß dieses unser bisher schönster Radeltag von allen Indientouren überhaupt ist! Die schmale Asphaltstraße führt zunächst, nur leicht abfallend, in über 2000 m Höhe am Kamm in nördlicher Richtung. Der Blick geht nach links frei über grüne Hänge und tiefe, teilweise zum Grund hin terrassierte Täler. Darüber beherrschen die weißen Himalajagipfel das Bild. Bald wird drüben der Kamm mit den Häusern von Darjiling sichtbar.

Wir sehen an unserem Hang nur ganz selten kleine Siedlungen von vielleicht zehn Hütten aus Holz mit Strohdach, wie sie die Nepalis haben. Und immer wieder die große Freundlichkeit, die auf die Überraschung folgt, wenn hier plötzlich radfahrende Europäer durchkommen …

Unsere Straße läuft weiter oben am Hang. Wir kommen durch richtigen Hochwald mit dichtem, ursprünglichem Baumbestand und urwaldähnlichem Bodenbewuchs. Grün in allen Spielarten. Am Rande eines kleinen Ortes teilt sich das Sträßchen, wir bekommen den Rat, die steile Variante ins Tista-Flußtal zu nehmen. Zunächst geht es noch bei angenehmen Gefälle kurvig die östliche Hangseite bei schöner Morgensonne durch hohen Wald. Zwischendurch gibt es freie Blicke nach Norden über die bei diesem Licht blauen Bergketten von Sikkim …

Und jetzt wird es für uns knackig: jäh bricht die Straße sehr steil ab. Mit deutlich über 20% Gefälle bei teilweise extremen Belag, dazu noch mit unserem schweren Gepäck. Wir müssen unsere Körper möglichst weit nach hinten schieben, um nicht vornüber zu kippen. Die Handgelenke tun bald vom Bremsen weh. Mit normalen Bremsen wäre die Abfahrt sowieso unmöglich. Dazu ist es jetzt an der Westseite schattig und kalt. Es ist schon etwas an unserer Grenze, uns packen doch gewisse Bedenken. Doch die Landschaft ist einfach immer wieder überwältigend. Wir haben jetzt sehr schnell an Höhe verloren und kommen aus dem Wald geradewegs in den Bereich der Teefelder ... Bald sehen wir den Tista-Fluß unter uns.

Wir machen eine kurze Pause, um die heißen Felgen abzukühlen. Weiter, eine originelle Straßenkehre von 360 Grad, die sich selbst untertunnelt, eine Brücke. Ich filme wie üblich während der Fahrt, eineinhalb Augen am Sucher, ein halbes Auge auf der Straße. Mit Tempo durch das kleine Dorf am Talgrund und – schon passiert es – vier Bodenwellen nacheinander ... mein Rad wird jäh nach vorn gerissen ... ich fliege. Glücklicherweise reagiere ich in den Sekundenbruchteilen irgendwie richtig und schütze Kopf und Kamera. Beine und Arme bleiben langgestreckt. Unter den mitleidigen Blicken der Umstehenden rapple ich mich auf. Das linke Knie ist stark abgeschürft, auch beide Ellbogen sind etwas lädiert. Riesenglück gehabt. Das liefert den Vorwand zu einer kurzen Rast mit Tee und Imbiß. Wir haben heute noch eine lange Strecke mit viel Steigung vor uns ...“

Während Ulrich Röder nun weiter – mit schmerzendem Knie – am Tista-Fluß entlang Richtung Gangtok pedalt, sei allen Bikern mit mehr Zeit ein **Abstecher nach Kalimpong** empfohlen. Hinter der einspurigen Hängebrücke über den Tista-Fluß mit dem üblichen indischen Verkehrschaos biegt bei km 35 seit Darjiling eine holprige Straße nach rechts ab. Viele Hinweisschilder, könnt ihr gar nicht verfehlen. Und vielleicht steht ja immer noch der indische Polizist da, der so wichtig mit seinem Bambusstöckchen herumfuchtelte und *Clemens Carle* und *Silvia Rüger* entgegenschrie: „Where you wanna go? Gangtok? This way!“ Als die beiden unbeeindruckt nach Kalimpong abbogen, war er zuerst außer sich, fand dann aber schnell die Fassung wieder. „Kalimpong? That way!“, und wieder zeichnete das Stöckchen wilde Kreise in die Luft. 14 km und rund 1000 Höhenmeter später erreicht man dann *Kalimpong* (1250 m, großer Mittwoch- und Samstagmarkt, Tibetisches Kloster, mildes Klima).

Leider gibts nur eine Zufahrtstraße nach Kalimpong, was das für die Weiterfahrt nach Gangtok bedeutet, könnt ihr euch bestimmt denken ... Immer durch das Flußtal des Tista, bis nach Rangpo an der Grenze zu Sikkim (Paß- und Permitkontrolle).

Kurz hinter Ranipul (1000 m, 67 km seit Kalimpong) geht ein enges Sträßchen nach links zum *Kloster Rumtek* ab (Sitz der Karmapas des Rotmützen-Ordens). Die Lage oberhalb des Ranipul-Tales mit Blick auf das Lichtermeer von Gangtok ist schlicht traumhaft und die 12 km und 600 Höhenmeter durch liebliche Reisterrassen allemal wert. *Gangtok* (1550 m, Reseach Institute of Tibetology) ist noch 22 km entfernt.

Leider sind nur wenige Klöster in Sikkim mit dem Permit zugänglich, erkundigt euch beim Permitantrag in Darjiling, welche das sind.

Tip: Tagesausflug zum *Kloster Phodong* (80 km hin und zurück, oder vor Ort übernachten, die Straße ist ein Abenteuer, harte Steigungen, aber sehr nette Mönche und eine hörenswerte Puja).

Rückweg: Die Strecke Gangtok – Siliguri (114 km) ist an einem Tag machbar, der Highway 34 folgt dem Tista-Fluß tendenziell immer abwärts. Von Siliguri Weiterfahrt nach Kakarbhitta/**Nepal** und durch den Terai bis Kathmandu möglich (teils grausige Piste, 610 km mit lohnenswertem Abstecher nach Janakpur).

■ *Indische Landschaft mit Radler bei Khajuraho*

Zentralindien

In Zentralindien ist die Tempelstadt *Khajuraho* ein bekanntes Ziel.

Südindien

Südindien ist weniger chaotisch und etwas ruhiger als der Norden, durch kleine Dörfer zu fahren ist dort schön. Relativ viel Verkehr von Mumbai (Bombay) entlang der Küste über Goa zur Südspitze Indiens (aber immer noch wenig im Vergleich zu der Strecke von Mumbai nach Norden, auf der 8 nach Ahmadabad). Alternative durchs hügelige Landesinnere: Mumbai – Poona, auf der 4 und wechselnder Asphaltqualität über Satara und Kolhabur nach Belgaum, eine herrliche Nebenstraße bringt euch westwärts nach Amboli, in rasender Fahrt gehts die Hänge der *Western Ghats* hinunter in die Küstenebene von Goa.

Das einstige Globetrotter-Ziel **Goa** verläßt man besser schnell wieder, doch in der Nähe gibt es noch viele, gleichfalls sehr schöne Strände. Auf der Südküstenstraße gibt es sehr viele Palmenoasen, Reisfelder, Fischerorte. Dann einen Abstecher hinauf zu einer der schönsten Städte Südindiens machen, nach *Mysore*. Oder gleich ab in die **Western Ghats**: Das ist Indien „light" mit prickelnder Bergluft, lieblichen Teeplantagen, Nationalparks, verkehrsarmen, teils leider verheerend schlechten Pisten, und einer himmlischen Ruhe, von der ihr an der Küste nicht einmal zu träumen wagt.

Bekannt und schön sind auch die Badestrände von *Kovalam* (südl. von Trivandrum, Bundesstaat Kerala). Die Stadt *Cochin,* durch die man noch zuvor kommt, besitzt viele verschiedene Kultureinflüsse. Gut in eine Tagesetappe einbauen läßt sich ab *Aleppey* eine Bootstour durch Keralas *Backwaters* (Radmitnahme kostet je nach Verhandlungsgeschick extra). *Südlichster* Zipfel Indiens ist *Cape Comorin* (der Sonnenuntergang verursacht hier ein allabendliches Spektakel mit hunderten indischer Touristen). Im östlichen Bundesstaat Tamil Nadu setzen sich Palmen und Strände fort. Unbedingt sehenswert: die Tempelstadt *Madurai,* der Sri Aurobindo Ashram in *Pondicherry* und die Modellstadt Auroville 15 km weiter im Norden.

Kashmir, Zanskar und Ladakh

Ganz im Norden Indiens im Himalaya befinden sich *Kashmir, Zanskar und Ladakh,* das sind Gebiete für Bergfahrer, dort gibt es die höchsten Pässe und Paßstraßen der Welt! Kashmir, ein gemäßigtes Hochland im Himalaya (1500–2000 m), war seit jeher ein Lieblingsort aller Indienfahrer. *Srinagar* mit dem Dal- und Nagin-See heißt das Ziel (wenngleich dort die schönsten Jahre schon lange vorbei sind). Vom Tiefland führt die Straße über Amritsar nach Srinagar (520 km) in dieses größte Hochtal des Himalaya, das fast ausschließlich von Muslimen bewohnt wird.

■ *Blick übers Kashmir-Valley*

Von Srinagar geht eine Straße in die Hochgebirgsregion (Höhenlagen zwischen 3000 und 5000 m!) von **Ladakh und Zanskar,** wegen den dort lebenden tibetischen Buddhisten auch „Klein-Tibet" genannt. Die Straße von Srinagar nach Leh, der *Beacon Highway,* ist 470 km lang, größtenteils asphaltiert und sie führt über drei Pässe, die zwischen 3500 und 4100 m hoch sind. Bei Radfahrern ist diese Strecke – auch die evtl. Weiterfahrt von Leh nach Manali – trotz ihrer Schwierigkeiten inzwischen recht beliebt. Alle wichtigen Ersatzteile und auch Werkzeuge sollte man an Bord haben, da es in diesen Regionen für moderne westliche Räder keine Ersatzteil-Kaufmöglichkeiten gibt! Unterwegs gibt es bis Leh ausreichende Unterkunfts- und Verpflegungsmöglichkeiten (doch ein Zelt dabeizuhaben ist gut). Auch die richtige Kleidung gegen Kälte, eine Hochgebirgsausrüstung (Sonnenbrille, Sonnencreme, Kopfschutz, Handschuhe, etliche Trinkgefäße etc.) sind wichtig!

Srinagar nach Leh

Von Srinagar geht es zunächst durch das dichtbesiedelte, noch grüne Kaschmirhochtal entlang des Sind-Flusses. Über Kangan wird nach rund 80 km Sonamarg erreicht (2740 m), es ist die letzte größere Ortschaft. Hier beginnt der Aufstieg zum historisch bedeutungsvollen Paß *Zoji La* (3529 m, auf ca. 10 km ca. 750 m Höhenunterschied), dessen unbefestigte, geschotterten Spitzkehren bei Auto- und Lkw-Fahrern gefürchtet sind, deshalb besteht zwischen den beiden Orten Sonamarg und Dras Einbahnverkehr. Hinter dem Paß beginnt dann Ladakh, die wenigen Dörfer bestehen meist nur aus ein paar Hütten. Dras soll der kälteste Ort in ganz Indien sein. Im Tal entlang des Flusses Dras weiter nach Kargil (2650 m, viele Läden), das die Religionsgrenze zwischen Islam und Buddhismus bildet (hinter Kargil eine Abzweigung ins Suru-Tal nach **Zanskar,** die ersten 40 km bis Sanku sind gut asphaltiert, dann 200 km harte und einsame Hochgebirgspiste vor traumhafter Kulisse über den 4400 m hohen *Penzi La* bis *Padum,* nur von Juli bis September schneefrei, einige eiskalte Bachdurchquerungen, Zelt und Lebensmittel erforderlich; auch Busverkehr, je nach Bus- und Pistenzustand mindestens 18 Stunden, ab Padum führen nur noch Trekkingpfade weiter, entweder nach Lamayuru an die Hauptstraße Srinagar – Leh, oder nach Darsha an die Straße Manali – Leh).

■ *Straße hinter dem Penzi-La-Paß*

Weiter nach Mulbekh mit seinem Kloster, die Landschaft bleibt öde, eine fast vegetationslose Hochgebirgslandschaft, doch die Straße ist gut. Dann der lange Anstieg zum *Namika La* (3723 m). Alsdann der letzte und höchste Paß, der *Fatu La* (4091 m). Hinter Lamayuru (das Kloster liegt etwas abseits) geht es in ca. 20 Spitzkehren 16 km durch eine wild-schroffe Landschaft hinab ins Indus-Tal, und von da auf guter Asphaltstraße, vorbei an bewässerten Feldern und kleinen Siedlungen, vollends nach *Leh* (3500 m). Abstecher: am Ortseingang von Saspol, 65 km vor Leh, führt eine Brücke über den Indus, 4 km leicht bergauf liegt das nette Dörfchen *Alchi* (Kloster mit wunderschönen Fresken, angenehme Guesthouses, Teestuben und Shops).

Die Hauptstadt Ladakhs (ca. 20.000 Ew.) bietet wieder die entbehrten Annehmlichkeiten. Viel Militärpräsenz (1962 verlor Indien das Gebiet nördlich von Leh an China). Man sollte Ausflüge zu den Klöstern in die Umgebung machen, z.B. nach Thikse (19 km) und Spituk (13 km). Die schönsten Sonnenuntergänge erlebt ihr von der Shanti-Stupa, die 100 und x Treppenstufen oberhalb von Leh liegt. Farbenprächtige Maskenfeste in den Klöstern, traditionell allerdings meist in den Wintermonaten. Das Kloster Phiyang macht da eine Ausnahme, erkundigt euch nach dem Termin.

Abstecher: für Biker mit dicken Lungen und für Höhenmeter-Fetischi-sten ist der Paß **Khardung La** der wahre Höhepunkt in Ladakh, höher gehts im Sattel nirgendwo auf der Welt: **5606 m, der welthöchste Stra-ßenpaß!** One way 40 km, die ersten 25 km Rauhasphalt, dann Sand und Geröll und immer dünnere Luft … seid euch im Klaren, daß in solchen Höhen schon Trekker an der Höhenkrankheit gestorben sind und jeder-zeit ein Wetterumschwung Eiseskälte mit Hagel und Schnee bringen kann. Also volles Bekleidungsprogramm! Bisher durfte die Straße nur mit einem Gruppenpermit befahren werden (mindestens 4 Biker, Antrag bei ausgewählten Reisebüros, Kontrolle am Ende der Asphaltpiste).

In der Saison viele (phantastische) Flüge über die Himalaya-Berge nach/von Delhi, Chandigarh, Jammu und Srinagar. Radmitnahme mög-lich, doch Flüge oft ausgebucht. Auch täglicher Busverkehr zurück nach Srinagar oder weiter nach Manali (Dauer je zwei Tage) mit problemlosem Radtransport.

■ *Khardung La
Paß, 18.380 ft
(5606 m)*

Die Straße bzw. die Pässe von Srinagar nach Leh sind nur zwischen Juni und September/Oktober offen, beste Zeit so Anfang Juli bis Mitte September. Man kann auch mit Lastwagen oder Bussen mitfahren, recht starker (Militär-)Verkehr. Nach kräftigen Regenfällen müssen Behinderungen einkalkuliert werden (Verschlammung, Bergrutsche am Zoji La).

Zieht wegen den unasphaltierten, geschotterten Abschnitten (über die Pässe) möglichst breite Reifen auf. Im Schnitt wird man täglich kaum mehr als 50, 60 Kilometer machen können. Immer viel Wasser mitführen, weil die Region sehr trocken ist! Höhenangabe der Pässe differieren je nach Quelle. Rechnet mit zahlreichen Militärkontrollen, die Soldaten sind aber sehr korrekt und freundlich und oft mehr an einem Schwätzchen als an eurem Ausweis interessiert.

Manali nach Leh
Sollte in Kashmir mal wieder – wie schon des öfteren in der Vergangenheit – wegen Unruhen der Ausnahmezustand verhängt und Reisen dort nicht möglich sein oder die Straße Srinagar – Leh gesperrt werden, kann Ladakh bzw. Leh auf der *Manali-Route* dennoch erreicht werden. Man fährt dazu von Simla nach Mandi und 120 km weiter ins schöne Manali (Traveller-Treffpunkt, 1900 m). Nach ca. 50 km geht es auf vielen langgezogenen Kehren auf mäßig guter Straße über die erste Hürde, den 3955 m hohen *Rohtang-Paß* (oben Versorgungszelte). Viele Tagesausflügler. Holper-Abfahrt ins Lahaul-Tal mit dem Chandra-Fluß, 20 km hinter dem Paß der Ort Koksar (Einfachstunterkünfte, Einmündung der längeren, fahrtechnisch schwierigeren und viel einsameren Strecke von Simla durch Spiti), 34 km weiter das etwas größere Tandi. 10 km hinter Tandi wird der Hauptort des Lahaul-Tales, Keylong, erreicht (3100 m, Guest Houses, alle Versorgungsmöglichkeiten). Weiter am Bhagafluß entlang 30 km bis zum kleinen Darsha (Restaurant-Buden, einfache Übernachtungsmöglichkeit).

Dann geht es den *Bara Lacha La* (4900 m) hoch, wie üblich an der höchsten Stelle Gebetsfahnen, bei gutem Wetter grandiose Aussicht. Vegetationslose, äußerst trockene Landschaft mit schönbunten Gesteinsformationen. Nächster Ort in einer weiten Talebene ist Sarchu (4220 m, Übernachtungs- und Verpflegungsmöglichkeit in Zelthotels), jetzt beginnt Ladakh. Nun geht es über die 21 Gato-Loops hoch zum Doppelpaß *Na-*

mika La (4900 m) und *Lachalung La* (5030 m). Dann die 20 km lange, mäßig steile Abfahrt auf mieser Strecke nach Pang (Zelthotels). Hier sich unbedingt mit Wasser für die nächsten 90 km eindecken. Jetzt steigt die Strecke 7 km steil an zur sanft geneigten, kargen Moore-Hochebene, ca. 4800 m hoch, bei Gegenwind können die folgenden 35 km zur üblen Plackerei werden. Schließlich und endlich der Anstieg zur **zweithöchsten Paßstraße der Welt**, zum 5317 m hohen **Taglang La**.

■ *Am Lachalung La Paß (5030 m)*

Die letzten 10 km zum Paß nur Schotter, so dünn habt ihr Luft noch nie geatmet! Es ist eisig kalt, in Minutenschnelle kann das Wetter umschlagen und Hagelschauer bringen. Nach dem Paß erst 15 km Schotterabfahrt, dann weitere 7 km Asphalt zu einem Fluß (4615 m), toller Blick auf die Karakorum-Kette. Hier herrliche Wiese zum Campen, für Radler aus der Gegenrichtung das ideale Übernachtungsplätzchen vor dem Gipfelsturm. Über Rumtse (4235 m) erreicht man in Upshi (Kontrollpunkt, 3700 m) endlich das Indus-Tal, es ging 1600 Höhenmeter abwärts. Von dort sind es dann noch ca. 60 problemlose Kilometer bis **Leh,** die Straße ist ziemlich eben. Unterwegs sind Abstecher zu den Klöstern Thikse, Stak und Shey möglich, sehr schön ist auch *Hemis,* das 44 km vor Leh in einem Seitental versteckt liegt (ab der Indus-Brücke 6 km sehr steil bergauf).

Gesamtstrecke von Manali bis Leh: 465 km. Die wohl für viele Radfahrer höchste machbare Strecke der Welt ist nur etwas für zähe und höhengewöhnte Biker (siehe dazu auch die Höhengefahren-Hinweise bei „Nepal" und „Bolivien"), doch ein unvergeßliches Erlebnis! Tagesetappen im Schnitt auch hier wieder wohl selten über 60 km! Unterwegs lange Strecken ohne Wasser – doch in diesen Höhen muß man viel Trinken! Hier ist ein Filter ideal. Die kleinen Orte liegen weit auseinander, doch es gibt einige Verpflegungszelte und Teehäuser. Eine Campingausrüstung mit Kocher ist obligatorisch. Die Pässe der Manali-Route sind gleichfalls nur im Sommer offen, die Straße ist überwiegend asphaltiert, doch es gibt auch einige Schotterabschnitte und viele Schlaglöcher.

Die Strecke Manali – Leh ist schwieriger als die obengenannte Route über Srinagar. Zähigkeit und Radelerfahrung sind für die Rundreise Manali – Leh – Srinagar bzw. vice versa ein unbedingtes Muß!

Eine Reise von Nordindien nach Kashmir und Ladakh ist sehr interessant und höchst eindrucksvoll, weil man nacheinander die drei großen Kulturen und Religionen Asiens, nämlich Hinduismus, Islam und Buddhismus auf engstem Raum kennenlernen kann. Viel Zeit mitbringen! Und nehmt Rücksicht auf die Kultur Ladakhs, betretet die Klöster beispielsweise nur passend gekleidet!

Jullay (Ladakhi-Gruß)

Ladakh-Literatur, Karten

Weitere Streckendetails in dem Reise Know-How Führer „Ladakh & Zanskar", dort ist die Strecke Srinagar – Leh – Manali in Etappen für Radfahrer beschrieben! Das Buch ist mit seinen vielen anderen Hinweisen und Tips für die Planung und Durchführung einer Ladakh-Reise unverzichtbar!

„Nordindischer Himalaya", Mundo-Verlag, sehr gute Background-Infos. „Indian Himalaya" mit bekannt aktuellen Infos aus dem Footprint Verlag. Eine Ladakh-MTB-Tour: „Mit dem Mountain-Bike im Himalaya", von N. Ergang, Tour-Verlag (nur noch im Antiquariat). Srinagar – Leh, evtl. nützlich für Extrem-Biker.

Karten: Himalaya-Trekkingkarten 1:200.000 in acht Blättern, brauchbar. Ladakh-Zanskar 1:350.000 (Artou-Ed, sehr gut auch zum Trekking). Ladakh und Kaschmir 1:250.000 in zwanzig Blättern. RKH: „Kaschmir Ladakh". Nelles Nord-Indien, mit einer Detailkarte von Ladakh und Zanskar, 1:650.000. Himachal Pradesh (Himachal Pradesh Tourist Development Cooperation), in Buchhandlungen vor Ort (Kartenbezug im Teil 1, s.S. 42).

Weiterreise von Indien

Nach **Nepal** hauptsächlich auf drei Straßen: von Raxaul nach Kathmandu, von Nautanwa nach Pokhara und von Siliguri in den Terai.

In das überaus bevölkerungsreiche, flache und sehr wasserreiche **Bangladesh** fährt man am besten über Kalkutta nach Dhaka (man kann auch, von Nepal kommend, im Norden einreisen).

Nach **Pakistan** nur über Amritsar/Lahore (Wagah), auch Schiffsverkehr von Mumbai nach Karachi.

Nach **Sri Lanka** wegen des dortigen Bürgerkriegs zwischen Tamilen und Singhalesen nur per Flugzeug.

Eine Landweiterreise von der ostindischen Provinz Assam nach **Myanmar** (Burma) ist nicht möglich.

Nach Afrika: Nach Salahlah im **Oman** mit Schiffen von Mumbai.

Nepal

Überblick

Namasté! Wer dem Menschengewimmel Indiens und seiner Hitze entfliehen will, macht sich auf den Weg in dieses faszinierende, einzige Hindu-Königreich im Himalaya. Nepals Hochtäler, seine buddhistisch-hinduistischen Tempel, seine Menschen, Feste, Berge (8 der 10 höchsten Gipfel der Erde liegen in Nepal) und Landschaften locken jedes Jahr Hunderttausende an, Nepal wird förmlich überlaufen (und es hat mit entsprechenden Tourismus-Problemen zu kämpfen). Dennoch ist und bleibt der

Tourismus Nepals wichtigster Wirtschaftsmotor, als eines der ärmsten Länder der Erde wird es ansonsten dominiert von den übermächtigen Nachbarn Indien und China. Die sehenswerte Hauptstadt Kathmandu (1300 m) ist einer der besten Plätze zum guten Essen zwischen Europa und Fernost (auf dem Land gibt es überwiegend Kartoffeln und Linsen mit Reis – *dal bhaat*). Das Angebot an preiswerten Hotels und Lodges ist gleichfalls bestens, Englisch wird weitgehend verstanden (jedoch nicht auf abgelegenen Routen).

Das Trekking-Land Nepal ist nicht nur sozusagen die größte Fußgängerzone der Welt, sondern auch ein gutes Land für Radtouren. Auch die MTB-Welle hat Nepal erreicht, in Kathmandu kann man gefederte und ungefederte MTBs kaufen oder mieten (doch mit dem Mountainbike bitte nicht querbeet über die Landschaft oder die Berge hinabfahren, auf befahrbaren Wege bleiben, denn die Natur Nepals ist durch den starken Tourismus schon genug gefährdet!).

Websites: Die offizielle Website der Nepalesischen Tourismusbehörde („Nepal Tourism Board") ist nicht nur wegen der wunderschönen Fotos und der aktuellen Infos einen Mausklick wert: www.welcomenepal.com. Nepal in Fakten: www.odci.gov/cia/publications/factbook/geos/np.html. Eine Fülle von Informationen und weiterführende Links bieten www.travel-nepal.com, www.worldskip.com/nepal, www.visitnepal.com, www.explorenepal.com u.v.a.

Einreise, Währung

Besonders kreativ, wie in vielen asiatischen Ländern, sind die Behörden beim Ersinnen neuer Visabestimmungen, also bitte nach dem aktuellen Stand erkundigen. Im Moment kriegt ihr einen Stempel für 60 Tage in den Paß. Kosten: 30 US$ in bar. Eine Verlängerung um 30 Tage könnt ihr recht unkompliziert beim Department of Immigration in Kathmandu oder beim Immigration Office in Pokhara beantragen. Daneben gibts auf Anfrage noch weitere Visatypen wie single, double und multiple re-entry visa. Aktuelle Infos zur Einreise, Sicherheitslage und vielem mehr beim Auswärtigen Amt, www.auswaertiges-amt.de.

Währung ist die Nepalesische *Rupie*, unterteilt in 100 *Paisa* (übrigens wunderschön bunte Geldscheine, die sich auch gut als Erinnerung im Tagebuch machen). Reiseschecks in US-Dollar werden auf allen Banken gewechselt, auf Visa- und MasterCard-Kreditkarten erhaltet ihr Bargeldauszahlungen, Gedlautomaten in Kathmandu und Pokhara.

Geografie

Nepal weist drei Landschaftszonen auf: Im Norden die alpine Hochgebirgsregionen des Himalaya, in der Landesmitte als Herzstück das 1000 bis 2000 m hohe, fruchtbare Hügelland mit dem Kathmandu-Tal, und im Süden der tropische, flache Terai-Streifen.

Klima, Monsun

Bergland: Beste Reisemonate sind Oktober und November sowie im März und April (klare Sicht, weniger Touristen). Im Dezember bis Februar können die Nachttemperaturen unter den Gefrierpunkt fallen bei weiterhin sehr guter Fernsicht. Weniger günstig die Monsunzeit von Ende Mai bis Mitte September, dann ist es dunstig und schwül in den Tälern, die Berge sind dick in Wolkenwatte eingepackt und die *Rajmargs* – „Königsstraßen" – ganz unköniglich verschlammt oder wegen Erdrutschen gleich ganz gesperrt.

Terai: November bis April sind warme und trockene Monate, gegen

Ende der Trockenzeit sehr staubig, in der Monsunzeit sehr schwül. Nicht nur für nepalesische Wetterfrösche interessant ist www.cnn.com/ WEATHER/newcities/asia.html.

Straßen, Routen

In Nepal herrscht Linksverkehr (Umstellung für diejenigen, die von China kommen), doch er ist nicht ganz so chaotisch wie der indische Verkehr, es gibt weniger Privatautos. Auf die (vorfahrtsberechtigten) Kühe muß man aber weiterhin aufpassen, bzw. die Autofahrer tun das und sie können dich so zu schnellem Bremsen zwingen!

Das Straßennetz besteht im wesentlichen aus sechs (nicht allzu guten) Hauptstraßen, den *Rajmargs*. Die längste, „Mahendra Rajmarg" genannt, zieht sich entlang der indischen Grenze durchs Tiefland von West nach Ost und eine andere, die „Prithvi Rajmarg", verbindet Kathmandu und Pokhara. Von beiden Städten führt je eine Straße hinab ins Tiefland zur indischen Grenze, und zwischen diesen beiden Straßen gibt es noch eine mittlere, sie führt von Mugling nach Narayangadh.

Von Indien kommend wird man üblicherweise bei Raxaul/Birganj die Grenze überschreiten und dann auf der „Tribhuvan Rajmarg" durch eine Berglandschaft die 190 km bis nach Kathmandu hochpedalen. Der zweite Einreisepunkt von Indien ist Sunauli/Bhairahawa, von dort geht es auf der „Siddharta Rajmarg" gleichfalls sehr kurvenreich und steil hoch nach Pokhara (190 km). Der von Bikern am wenigsten frequentierte Grenzübergang ist Bagdogra/Kakarbhitta ganz im Osten des Landes. Er bietet sich für alle an, die von Sikkim oder Kalkutta kommend auf der „Mahendra Rajmarg" weiter nach Kathmandu (610 km) pedalen und so dem indischen Verkehrsinferno entkommen wollen. Teils eine üble Holperpiste, die seit Jahren über weite Strecken repariert wird, aber landschaftlich sehr abwechslungsreich, und der 30 km Abstecher nach *Janakpur* (Janaki-Tempel) ist fast schon ein Muß. **Ladakh-Radler** bevorzugen vielleicht eher die Grenzstationen Mahendranagar oder Nepalganj im Westen. Ihr könnt so der übervölkerten Ganges-Ebene entgehen und den noch nicht so überlaufenen Royal Bardia National Park besuchen. Nach Berichten soll die Straße nach mehreren Jahren Bauzeit nun komplett asphaltiert sein.

Im **Kathmandu-Tal** lassen sich gut kürzere und längere Radtouren in die Umgebung machen, z.B. nach Bodnath, Bhaktapur und Patan, aber ein rechter Genuß ist das Radeln im Großstadtverkehr nicht.

Nach **Pokhara,** der zweitgrößten und tieferliegenden Stadt Nepals (900 m) sind es 200 km, die Straße ist kurvenreich und nicht besonders gut. Ein Abstecher unterwegs nach *Gorkha* (22 km, Königspalast) ist lohnend.

Man könnte auch auf einen großen **Nepal-Rundkurs** gehen: raus aus Kathmandu (km 0) auf dem „Prithvi Rajmarg", gleich über einen kleinen Paß (1500 m, ätzende Holperpiste, Staub und Dieselqualm satt), bei Naubise auf den schmalen, landschaftlich wunderschönen „Tribhuvan Rajmarg" abbiegen, vielleicht auf 2322 m an Daman Viewtower (km 77, Mt. Everest-Panorama!) euer Zelt aufstellen. Der höchste Punkt der Straße ist noch ein Stück weiter auf 2400 m. Von da gehts bis Hetauda im Terai-Tiefland (km 133) nur noch bergab, über 2000 Höhenmeter! Am „Mahendra Rajmarg" lädt der dschungelartige *Royal Chitwan National Park* (Tiger, Leoparden, Nashörner) zu einem Besuch ein. Sauraha (km 205) am

Rapti River ist der Ausgangspunkt für Elefantenausritte oder Ranger-walks in den Nationalpark jenseits des Flusses. Zurück zur Hauptstraße nach Narayangadh (km 225), weiter durchs Fieberland Terai bis Butwal (km 345), dann durch fotogene Bergkulisse dem „Siddharta Rajmarg" bis nach Pokhara (km 508) folgen. Kathmandu ist noch 200 km und zahllose Kurven entfernt. Achtung: Nach starken Monsun-Regenfällen können Teilabschnitte des „Tribhuvan-" und „Siddharta Rajmargs" für Biker un-passierbar sein!

Die „Arniko Rajmarg", die „Freundschaftsstraße", führt von Kathman-du hinauf nach Kodari und weiter nach **Lhasa in Tibet.** Bis zur tibeti-schen Grenze sind es ca. 120 km, die Straße ist in Grenznähe nach Unwettern öfter mal verschüttet oder weggerissen. Wer bis Lhasa peda-len möchte, sollte bei „China" die Abschnitte „Hongkong – Nepal mit dem Rad" und „Tibet" nachlesen.

■ *Auf der Straße nach Tibet:*
„Rock falling Area" …

Fahrrad, Ausrüstung

Ein Rad für Nepal muß zuverlässig und robust sein und es sollte breite Reifen haben, mit einer gebirgstauglichen Über- oder gar Untersetzung. Mit den üblichen Radersatzteilen bei individuellem Reisestil auch ein Zelt, eine Iso-Matte und einen Kocher mitführen (Petroleum; Camping-Gaz-Kartuschen sind in Kathmandu erhältlich, aber teuer). Wegen den immen-sen Klimaunterschieden auch warme Kleidung einpacken. Kleine Radlä-den im Basargewirr rund um die New Road in Kathmandu, hier findet ihr Shimano-Teile und auch mal Reifen und Felgen von anderen Bikern.

Trekking

Für evtl. kommende (magere) Radelwochen durch Tibets dünne Höhen-luft solltest du dir in Kathmandu genügend Kraft und Reserven anfuttern, vorheriges Höhen-Trekking baut gleichfalls die Kondition auf! Trekking-Ausrüstung kann man sich in Kathmandu kaufen oder mieten.

Ausgangspunkt für zahlreiche Trekking-Touren sind Kathmandu und Pokhara, von dort kann man z.B. den *Jomsom-, Manang-* oder *Annapur-na-Trek* machen. Der Jomsom-Trek rund ums Annapurna-Massiv ist wohl der populärste (sprich: der überlaufendste) in Nepal, und Extrem-Bi-ker haben ihn auch schon mit dem MTB bewältigt (doch dies ist nur et-was für Spezialisten)! Pokhara hat gute Unterkunfts- und Verpflegungsmöglichkeiten. Von Kathmandu aus ist der *Helambu-Langtang-Trek* populär, von Jiri oder Lukla aus geht es zum Basislager des Mount Everest (auf nepalesisch: „Sagarmatha" – „Spitze, die den Himmel berührt").

Für das Everest-, Annapurna- und Helambu-Langtang-Gebiet ist inzwischen kein Trekkingpermit mehr erforderlich (allerdings fällt die Eintrittsgebühr für die Conservation Parks weiterhin an, und die kann nur in Kathmandu oder Pokhara entrichtet werden!). Für alle anderen freigegebenen Trekkingareas dürft ihr weiterhin beim Department of Immigration in Kathmandu stundenlang um ein Permit anstehen. Für Mustang und Dolpo (Westnepal) gelten weiterhin strenge Sonderbestimmungen.

Beachtet die Vorsichtsmaßnahmen gegen die **Höhenkrankheit** („Acute Mountain Sickness")! Nur langsam aufsteigen, dazwischen immer wieder einen Tag ausruhen. Ärzte empfehlen, über 3000 m pro Woche nicht mehr als 1000 Höhenmeter aufzusteigen. Für dauernde 5000 m braucht man mindesten zwei Wochen Akklimatisationszeit. Ab 5500 beginnt die „Todeszone". Immer wieder Ruhetage einlegen und viel Trinken! Bei verdächtigen Symptomen sofort wieder runter! (Weiteres zur Höhenkrankheit und den Gefahren beim Radfahren in Extrem-Höhen steht bei „Bolivien").

Reiseführer und Karten   Alle weiteren Fragen zur Reiseausrüstung und natürlich auch zu Nepal, den Einreiseformalitäten, Geld, interessante Hintergründe etc. beantwortet das sehr gute „Nepal-Handbuch", von Rainer Krack, Reise Know-How, mit Trekkingrouten. Sehr gut ist auch, und wie immer aktuell, das „Nepal Handbook" aus dem Footprint Verlag. Kauderwelsch-Führer „Nepali", Reise Know-How.

Radbuch: „Fahrrad-Abenteuer im Himalaya", von R. und N. Crane, Abschnitt von Nepal nach Lhasa. Weitere Radliteratur von Nepal nach Tibet (Lhasa) s. bei „Tibet".

Karten: Nelles „Nepal", 1:1,5 Mio. HMH „Nepal" 1:900.000. Trekking-Karten gibt es in D bei Karten-Schrieb oder auch in Kathmandu, s.a. „Maps" im Nepal Handbook.

Telefon und Internet   Eine Handvoll von Cybercafés konzentriert sich auf die Touristenzentren Kathmandu und Pokhara (www.netcafeguide.com). Außerhalb dieser Orte sieht es auch mit internationalen Ferngesprächen ziemlich mager aus, aber die Entfernungen zu den Touristenmetropolen sind ja nicht so groß.

Einreise nach Tibet   Die Einreisemöglichkeit nach Tibet ist abhängig von der aktuellen politischen Lage in Tibet bzw. China, auf alle Fälle braucht man ein Visum. Die Botschaft in Kathmandu ist da ein ganz unergiebiger Ort, denn sie stellt Visa nur für Gruppenreisende und mit sehr teurer (chinesischer) Reiseleitung aus. Das war der Stand 2002, und kann sich wieder ändern (die Hoffnung haben viele seit Jahren ...). Weitere Einreisemöglichkeiten s. bei „China".

Pakistan

Überblick   Die Geschichte des Staates Pakistans beginnt 1947, als es sich von Indien trennte. Islamabad ist die neue (langweilige) Hauptstadt, sie wurde gleich neben der alten Hauptstadt Rawalpindi erbaut (das „Aabpara's Tourist Camp" in Islamabad ist Traveller-Treffpunkt zum Info-Austausch).

Pakistan nennt sich „Islamische Republik Pakistan", deshalb besser keine Radler-Shorts, schon gar nicht bei Frauen, und auch sonst die Sitten eines strengen islamischen Landes beachten (keine Frauen fotografieren, auch keine militärisch aussehenden Dinge wie Brücken, Airports etc.). Die Pakistani sind sehr hilfsbereit, besonders in Gegenden, in die sonst selten ein Tourist hinkommt. Man spricht Urdu und andere Sprachen, doch mit Englisch kommt man gut durch, auch auf dem Karakorum Highway.

Pakistan gliedert sich im zentralen und südlichen Teil in die große Indus-Tiefebene, im Südosten erstreckt sich die Wüste Thar, im Westen, zur afghanischen Grenze hin, liegt das Bergland von Belutschistan, und ganz im Norden ragen die Hochgebirge von Karakorum, Pamir und Hindukusch auf.

Für Pakistan ist ein Visum erforderlich, und wer später auf den Karakorum Highway nach China will, braucht gleichfalls eines (man kann es auch noch in Islamabad bekommen). Wer von China (Kashgar) wieder nach Pakistan zurückwill, braucht ein Re-Entry Visum! Währung ist die pakistanische Rupie, Reisewährung der US-Dollar, aber auch die indische Rupie wird weitgehend akzeptiert. Kreditkarten setzen sich nur langsam durch. Pakistan ist ein preiswertes Reiseland.

Immer wieder kommt es zu ganz gefährlichen Spannungen mit Indien, hauptsächlich wegen Kaschmir, bis hin zu einem drohenden Atomkrieg wie in 2002 (Kappung sämtlicher Verkehrsverbindungen mit Indien). In solchen Zeiten sind Pakistan und Nordindien natürlich absolut keine Reiseländer!

Webadressen: Aktuelle Neuigkeiten aus Pakistan erfährt man online unter www.pakistanlink.com und www.dawn.com, während www.saher.com/new/index.htm eher ein Monatsmagazin mit recht langen Ladezeiten ist. Eine hervorragende Homepage hat *Sascha Rochhausen* eingerichtet (www.muenster.de/~rochhaus). Hier findet ihr nicht nur eine umfassende Dokumentation zu seiner Tour auf dem Karakorum Highway, sondern auch viele weiterführende Links zu allgemeinen Themen und Reiseberichten.

■ *Kinderbegleitung (bei Lahore)*

Klima, Reisezeiten

Nordpakistan ist günstig zu bereisen von März bis Mai und von August bis Oktober. Weniger günstig ist der Juni/Juli und der November bis Februar – zu heiß im Sommer und zu kalt im Winter. Das Bergland Nordpakistans hat von März bis Mai und von August bis Oktober angenehme Temperaturen und klare Luft. Im Frühling ist Blütezeit der zahllosen Aprikosenbäume bei Gilgit und Hunza. Der Kunjerab-Paß nach China ist offen von 1. Mai bis 30. November, das ist auch die beste Reisezeit für den Karakorum Highway (wer anschließend in China durch die Takla-Makan-Wüste radeln will, sollte möglichst spät im Herbst fahren, damit die größte Hitze in der Takla Makan vorbei ist). Achtung: In den Tälern der Hochgebirge (Indus- und andere Flußtäler) wird es von Juni bis August sehr heiß! Bis in den Juni hinein kann auf dem Khunjerab-Paß noch viel Schnee liegen!

Südpakistan ist günstig von September bis März, an der Küste auch von Dezember bis Februar. Dann aber viel Nebel im Industal. Weniger günstig: April bis Mitte September – Hitze, an der Küste schwül. Monsunbeginn etwa Juli.

Reise-Restriktionen

Das nördliche Gebiet zu Afghanistan hin heißt *North-West Frontier Province (NWFP),* und dort, wie auch im südwestlichen *Belutschistan* und in der südöstlichen Provinz *Sind,* kann es Reise-Restriktionen geben (Ausnahmezustand). Die kräftigen, hellhäutig-bärtigen und stolz-waffentragenden *Pathanen,* die teils noch Nomaden sind und deren Siedlungsgebiet im Norden und Westen Pakistans liegt, waren seit jeher freiheitsliebend und sie lassen sich nicht gerne fremdbestimmen. Die vielen Flüchtlinge aus Afghanistan um Peshawar verschärfen im Norden die Situation. Rechnet mit vielen Straßenkontrollen durch das Militär. Bevor ihr euch abgelegene Ziele bzw. Täler zum Radfahren oder zum Trekking vornehmt, nach den neuesten Bestimmungen in den Tourist-Offices in Lahore, Karachi oder Islamabad erkundigen, auch Trekking-Reisebüros können Auskunft geben. Die Bergregionen werden in „open", „restricted" und „closed"-Zonen eingeteilt.

■ *Neugierige im Verkehrsgewühl von Lahore ... (Gaby Hönig)*

Verkehr, Transport
Linksverkehr. Das Straßennetz ist dicht, doch die Hauptverkehrsstraßen (Great Trunk Roads) sind überlastet und sie haben überwiegend schlechte, vielfach geflickte Belagflächen, der Verkehr ist indisch-rücksichtslos, mit viel Dieselqualm, Staub und Dreck. Paßt vor den Kindern auf, die werfen manchmal Steine oder zerren am Rad, auch auf dem Karakorum Highway!

Durch die **Bahn** sind die Großstädte Lahore, Peshawar, Quetta, Karachi, Sukkur, Rawaldpindi, Multan u.a. verbunden. Man kann mit dem Zug aus Pakistan nicht in ein Nachbarland hinausfahren (drei Zugklassen, Radtransport sollte kein Problem sein).

Busse: Die Goverment-Busse heißen GTS im Süden und NATCO im Norden, dazu gibt es noch jede Menge Privatgesellschaften und Kleintransporter aller Art (schön bunt bemalt), auf die man das Rad aufladen kann.

Internationale **Flüge** gehen nach Islamabad und Karachi. Inlandsflüge sind relativ billig. Die pakistanische PIA gilt als eine Billigfluglinie.

Karakorum-Highway-Historie
Karakorum Highway ist das Schlagwort, wenn jemand über Pakistan spricht oder nach dorthin reist. Um diese Straße entlang des Indus hoch nach China über den **Khunjerab-Paß** dreht sich meist jedes Pakistan-Radlergespräch, denn mit seiner Trassenführung entlang von Schluchten und Bergen und Ausblicke auf Sieben- und Achttausender ist der Karakorum Highway (KKH) wirklich spektakulär! Historisch ist diese Straße eine Anbindung des Indischen Subkontinents zum südlichen Zweig der uralten, sog. *Seidenstraße(n),* auf denen vor bald 3000 Jahren der Handel und der Austausch von Waren zwischen China und dem Okzident ablief (es ging dabei keinesfalls nur um Seide, sondern auch um Gewürze, Papier, Tee u.v.a. mehr).

China und Pakistan planten den Ausbau dieses einstigen Karawanenwegs zu einer Straße in erster Linie aus militärischen Erwägungen, nicht aus touristischen. Für die rund 850 km lange Strecke von Rawalpindi bis zum 4733 m hohen Khunjerab-Paß wurden 25.000 Pakistani und Chinesen eingesetzt, etwa 20 Jahre dauerte der Bau unter äußerst harten, primitiven Bedingungen, es gab Hunderte von Toten durch Unfälle, Lawinen, Unwetter, Erdbeben. 1982 wurde er eingeweiht (China-Grenzöffnung 1986). Durch den Highway war dann auch die Isolation der Bergvölker beendet, die Trekking-Touristen kamen. Der KKH ist im allgemeinen eine gute Asphaltstraße, doch an vielen Stellen gibt es immer wieder Unterbrechungen durch Überschwemmungen und Bergabbrüche. Auf chinesischer Seite wird an der vollständigen Asphaltierung gearbeitet.

Mit dem Rad auf dem Karakorum Highway von Rawalpindi nach Kashgar (Kashi) in China

Ausgangspunkt ist Rawalpindi, Islamabad oder Peshawar. Über Abbottabad führt die Straße (Nr. 35) hinein in die Berge, vorbei an Manshera, wo eine Straße ins schöne *Kaghan-Valley* abzweigt (Abstecher oder Weiterfahrt über den Babusar-Paß, s.u.). Die 200 km von Besham Qita nach Chilas durch das Gebiet von Kohistan sollen nicht die sichersten sein, so wird berichtet, einmal wegen den wenig freundlichen, gar feindlich gesonnenen *Kohistani* (vorher Polizei nach der Lage befragen) und zum an-

deren, weil östlich von *Sazin* eine offene, vegetationslose Hochgebirgs-
wüste beginnt, die das Radfahren sehr anstrengend macht.

Hinter Chilas windet sich der KKH dann die Nordwestausläufer des
Nanga-Parbat-Massivs hoch (er ist 8126 m hoch!), trotz der Höhenlage ist
es sehr heiß im Sommer! „Slide Area"-Schilder kündigen schwierigere
Streckenabschnitte an. Nach Regenfällen kann ein Erdrutsch auch längere Straßenteile mit runter in den Indus reißen. Autos kommen dann tagelang nicht mehr durch, doch Drahtesel-Fahrer schon.

Gilgit ist das Verwaltungszentrum und die Touristen- und Trek-
kingstadt der nördlichen Region, Höhenlage 1490 m. Von hier aus kann
man ins *Skardu-* und *Gilgit-Valley* gelangen (weitere Details s.u.). Über
eine Brücke geht es entlang des Hunza-Flusses weiter ins schöne *Hunza-Valley*, wo es viele Aprikosen-Plantagen gibt. Auf halbem Weg zwischen Gilgit und Ganesh liegt die „Rakaposhi View Site" (wo man essen
kann). Der Rakaposhi ist 7788 m hoch. Von der Ortschaft *Minapin* (2060
m, 80 km ab Gilgit) führt eine Tageswanderung zum Base-Camp des Rakaposhi, während der Saison wartet dort in 3470 m Höhe ein Koch auf
Übernachtungsgäste.

■ *Straße Teru –
Chitral*

Bis *Karimabad* (2450 m, 30 km ab Minapin) steigt der KKH nun kräftiger an, das nahe gelegene Hunza-Fort des Aga-Khan kann besichtigt
werden.

Die pakistanische Immigration befindet sich in *Sost* (oder Sust), 90 km
ab Karimabad. 50 km nördlich von Sost, auf 2700 m, kommt eine Furt, an
der Fahrzeuge oft nicht weiterkönnen. Es geht weiter entlang des Hunza-
Flusses durch felsige Schluchten.

Bis zur Grenze schlängelt sich der KKH in langen Serpentinen die weite, offene und windreiche Hochfläche des **Khunjerab-Passes** hinauf. Die
letzten 17 km der knapp 90 km ab Sost sind besonders steil. 100 m vor
dem Paß ein letzter pakistanischer Checkposten. Die chinesische Grenzstation *Pirali* in der Provinz Sinkiang (Xinjiang) liegt erst 40 km hinter der
tatsächlichen Khunjerab-Grenze, dazwischen ist aber ein chin. Check-

point. **Achtung:** Reisende berichteten von aggressiven Hunden an den Checkpoints! Schnelle Abfahrt nach Pirali (3930 m) durch eine vegetationslose Hochebene, Vorsicht vor kräftigen Windböen.

Am Khunjerab-Paß auf 4730 m (Sascha Rochhausen)

Früher mußte man in Pirali meist das Rad in einen Bus verladen, weil Reiseradler in Xinjiang generell nicht gern gesehen werden. Das wird wohl inzwischen etwas locker gehandhabt. Ansonsten könnte man ja versuchen, nur ein kurzes Stück mit dem Bus mitzufahren. Wird man erwischt, muß man allerdings mit Ärger rechnen.

Nach weiteren 93 km entlang eines Flusses erreicht man über das kleine *Dabdar* den einzig größeren Ort bis Kashgar, nämlich **Tashkurghan** (3083 m). Von da sind es nochmals 290 km bis Kashgar. In Tashkurghan sollte man versuchen, eine Reise-Sondergenehmigung mit dem Rad zu erhalten (sofern nötig). Vorsicht, wer mit dem Rad ohne Genehmigung losfährt, in Kekyor ist eine Militär-Kontrollstelle!

Dann kommt *Karasul* und eine sehr schöne Landschaft, der Siebeneinhalbtausender *Muztagata* ragt aus der braungrünen Pamir-Hochebene, es geht über den 4270 m hohen Ulugh-Rabat-Paß, und der **Kara-Kul-See** (3733 m, 100 km ab Tashkurgan) liegt meist unter einem tiefblauen Himmel. Probleme kann es mit dem Übernachten geben (sofern man mit dem Rad unterwegs ist), das Hochland ist nur dünn besiedelt, vielleicht kann man bei einer Jurtensiedlung der Uighuren unterkommen, ansonsten müßte man (versteckt) zelten. Genügend Verpflegung und Wasser mitführen!

Kashgar ist jetzt noch eine lange Tagesetappe (190 km) entfernt, aus der Gegenrichtung werden daraus eher drei Etappen werden. Vorbei am *Konghur Shan* (7700 m) und dem kleinen Ort *Bulun Kul* geht es zunächst, wenn man radelt, bergab auf rund 2000 m, durch die Ghez-Flußschlucht mit dem Kontrollpunkt *Ghez*. Wer keine Rad-Genehmigung hatte, den erwarten dort wohl Probleme. Dann die letzten rund 110 km durch die heiße Kieswüste *Takla Makan* bis zum Ziel **Kashgar** (Kashi, 1240 m), es gibt dazwischen zwei kleine Siedlungspunkte, *Upal* und *Shufu*. Geschafft!

■ *Biker-Bad im See Kara Kul*

Sascha Rochhausen: „*Die Straßenverhältnisse auf der chinesischen Seite sind ausgesprochen gut. Die gesamte Strecke ist asphaltiert. Nur gelegentlich ist die Straße beschädigt – wie man sich unschwer vorstellen kann, natürlich durch Geröllabgänge. Besonders in der Schlucht Ghez (auf etwa 100 km) häufen sich die Geröllstrecken, die zumeist jedoch schon mal provisorisch vorplaniert worden sind. Die Chinesen sind sehr bemüht, die Schäden schnell zu beheben.*"

Dauer   Von Islamabad bis zum Khunjerab-Paß mindestens 10 bis 12 Tage, ca. 900 km. Vom Paß bis Kashgar sind es weitere ca. 420 km. Es gibt auch einen Busverkehr über den Karakorum Highway bis Kashgar, doch vor der Grenze in Sost bzw. Pirali muß der Bus gewechselt werden (Gesamtreisedauer 3 bis 4 Tage). Auch etwas Lkw-Verkehr.

Das unten aufgeführte Buch „Karakorum Highway" von Lonely Planet beschreibt die KKH-Strecke *von* China *nach* Pakistan. Neueste Strecken- und sonstige Infos unterwegs von entgegenkommenden Travellern und in den Hotels einholen, z.B. im *Mountain Refuge Hotel* in Sost, in den *Tourist Cottages* in Gilgit oder in der *Batura Inn* in Pasu.

Zwischen Gilgit und Kashgar gibt es so gut wie keine Geldwechselmöglichkeiten, deshalb vorsorgen und genügend Dollars in kleinen Noten dabeihaben. Beim Pedalen in der Sommerhitze immer genügend Wasser mitführen und die Höhenanpassung beachten (Hinweise dazu siehe bei „Bolivien").

Umweg-Al- Um den Khunjerab-Paß zu erreichen, könnte man auch in Manshera ins
ternativen *Kaghan-Valley* abbiegen, über Battakundi geht es weiter über den **Babusar-Paß** nach Chilas. Diese nur teilweise asphaltierte Nebenstrecke ist weniger befahren und schwierig, der Babusar ist 4600 m hoch und er kann, wie der Khunjerab, noch im Juni verschneit sein (von Islamabad über Murree, Abbottabad und Manshera über den Babusar-Paß nach Thalpan bzw. Chilas sind es ca. 400 km).

Für Bike-Spezialisten, die den Khunjerab-Paß noch abenteuerlicher anfahren wollen, bietet sich die Route von Peshawar das **Panjkora-Tal** hoch an, hinauf nach *Chitral* (sofern erlaubt!). Von Peshawar nach Chitral in 1530 m Höhe sind es 350 meist unbefestigte Pistenkilometer! Man muß dabei über den 3100 m hohen *Lawarai-Paß* (unterwegs viele Afghanen-Flüchtlinge), und von Chitral ist der wilde Trekking-Pfad durch den Hindukusch bis Gilgit nochmals etwa 370 km lang. Es geht über den *Shandur-Paß* (3730 m) an den Flüssen Mastuj, Ghizar und Gilgit entlang bis nach Gilgit am Karakorum Highway. Mitnahme von genügend Lebensmittel für ca. eine Woche ist notwendig! Unterwegs nur einige kleine Orte. Sehr schwierig!

■ Straße in Richtung Gilgit – Chitral

Unterkunft, Verpflegung

Auch die kleinsten Orte Nordpakistans haben einfache, billige Unterkünfte (mit den üblichen *charpoits*-Seilbetten). Am KKH gibt es in den größeren Orten wie Chilas, Gilgit oder im Hunza-Tal komfortablere Gästehäuser und auch *Government Resthouses* (Dak-Bungalows). Zelten lohnt in Pakistan nicht, außer in den Berggebieten, es gibt kaum Campingplätze. Am KKH findet man jedoch einige Campingplätze, z.B. in Gilgit, Aliabad, Sost. Vorsicht beim wilden Zelten in einigen Bergregionen! Ansonsten ist Campen evtl. auch bei Hotels oder bei den Pakistan Youth Hostels bzw. den *Rest Houses* möglich, von denen es eine ganze Menge in Nordpakistan gibt, z.B. im Neelam-, Chitral-, Gilgit- und Swat-Valley!

Auf dem KKH gibt es mindestens alle 50 km eine Übernachtungsmöglichkeit oder ein Resthouse. Duschen kann man im heißen Pakistan zur Not auch in kleinen Friseur- und Badestuben, sie haben meist ein Handtuch vor dem Laden hängen!

Das Essen ist in Pakistan gut und Restaurants gibt es viele (zumindest in den tieferen Lagen). Aufgetischt werden Linsen, Kartoffeln, Hammelfleisch, Huhn, Reis und *Shiskebab*. Auch (beschränktes) Früchte- und Gemüseangebot zum Selberkochen. Der Durst wird mit viel *Tschai* und Wasser gelöscht.

Rad und Ausrüstung

s. bei China (da wohl jeder, der den Karakorum Highway hochradelt, weiter nach China will; auf dem Paß oben umdrehen und wieder runterfahren ist natürlich auch erlaubt). Wegen der Höhe genügend warme Sachen dabeihaben, auch einen Regenschutz. Sonnenschutzcreme mit hohem Lichtfaktor, genügend Paßfotos für evtl. Genehmigungen in China. Weiteres zur Ausrüstung, zum Trecken in den Hochtälern etc. steht in den Reiseführern.

An- und Weitereisen

Vom **Iran** einreisend heißt der Grenzort *Qila Safed* (Taftan), hier gibt es eine Bank, die sogar Reiseschecks tauscht. Über Nok Kundi, Dalbandin und Nushki geht es auf verkehrsarmer und sehr schlechtm Asphalt nach Quetta (800 km). Die Ortschaften bestehen meist nur aus ein oder zwei Lehmhäusern. Unterwegs öde Steinwüste, viele Polizeikontrollen, angegliedert meist ein Resthouse, in dem ihr für ein paar Rupies schlafen könnt. Die Bahn zwischen Qila Safed und Quetta fährt nicht mehr. Quetta – Dera Ghazi Khan über Loralai ist auch sehr schlecht (Pässe, teils Schotter, aber schöne Bergszenerie). Von Quetta geht jedoch eine Bahn und eine Straße über Pässe hinab in die Indus-Ebene nach *Sukkur,* wo dann endgültig die verkehrsarme Straße vorbei ist. Nur wenige werden dann weiter nach Süden nach Karachi wollen (immerhin könnte man von dort mit der pakistanischen Fluglinie PIA nach Mumbai/Indien fliegen oder das Fährschiff dorthin benützen). Auch verkehren von Karachi Fährschiffe **nach Dubai** und in den **Oman** nach Salalah (von dort könnte man auch nach Pakistan einreisen). Die flache Indus-Tiefebene ist überwiegend eintönig und langweilig, wüsten- und steppenhaft, wenig Vegetation, dann und wann gibt es große Bewässerungsgebiete.

Vor **Sukkur** (großer Indus-Staudamm) wird man aber im „Normalfall" nach Nordosten über Jacobabad und Dera Ghazi Khan Richtung Multan abbiegen (eine schönere Strecke), von da geht es durch den *Punjab* (viele Kamelkarawanen) über Lahore und Wagah **nach Indien,** nach Amritsar. Wegen den Spannungen zwischen Pakistan und Indien war dies in der Vergangenheit der einzige Grenzübergang zwischen beiden Ländern, und so wird es wohl auch noch eine Zeitlang bleiben. Checkt beizeiten die Lage, vielleicht müßt ihr (in Krisenzeiten) mit einem Auto-Konvoi mitfahren. Das Indien-Visum gibt es nicht an der Grenze, nur in Islamabad (Dauer etwa eine Woche).

Von Quetta aus kann man auch über die Berge (Loralai) etwa 600 km direkt nach Multan pedalen, doch diese Straße ist sehr schlecht mit gelegentlichen Schotterpassagen; alternativ ab Quetta einen Zug besteigen und nach Norden bis Zhob fahren.

Nach oder durch **Afghanistan** zu reisen wird jetzt, nach dem Ende der Taliban-Herrschaft, wieder möglich werden. Hauptübergang ist der berühmte Khaiber-Paß.

Nach China: s. Karakorum Highway. **Von China:** Nur die pakistanische Botschaft in Beijing (Peking) stellt Visa aus, i.d.R. für einen Aufenthalt bis zu drei Monaten, manchmal auch nur für einen Monat. Das Monatsvisum kann zwar auch in Pakistan verlängert werden, ist aber auf jeden Fall mit einer Menge Papierkram verbunden. Also besser ggf. auf drei Monate bestehen.

Reiseführer, Karten, Internet

Pakistan: Erste Wahl ist das „Pakistan Handbook" von Footprint Publications und der Lonely-Planet-Guide „Pakistan". Zum Verständnis sei „KulturSchock Pakistan", „KulturSchock Islam" und „Islam erleben" (Reihe PRAXIS), alle Reise Know-How, empfohlen. Der Studienkreis Tourismus gibt das Magazin „Islam verstehen" heraus. Kauderwelsch-Führer „Pandschabi", Reise Know-How.

Zwar etwas in die Jahre gekommen (Anfang der 80er Jahre), aber immer noch spannend zu lesen, ist die Reisestory „Himalaya", Piper-Verlag, von Bettina Selby. Sie begann ihre Solotour in Karachi und radelte bis zum Khaiber Paß, bevor sie Richtung Indien abdrehte. Mit viel Galgenhumor schildert Jeremy Schmidt im Buch „Himalayan Passage", The Mountaineers, seinen Versuch, ohne Reisepaß die chinesisch-pakistanische Grenze zu überqueren. Frank Mrotzek startete 1989 in Karachi, radelte durch das Industal zum Karakorum, erlebte in Indien einiges an Höhen und Tiefen und nahm dann doch noch den Karakorum Highway und die Seidenstraße unter die Räder. Nachzulesen in „Auf nach Asien", Reise Know-How.

Karakorum Highway: „Karakoram Highway" von J. King, Lonely Planet, unentbehrlich, wenn man alles ganz genau wissen will. Für alle, deren Hintern eine Pause braucht: „Trekking in the Karakoram & Hindukush", ebenfalls Lonely Planet. Harald Rüsseler: „Die Seidenstraße", Tour-Reiseführer-Verlag, gutes Buch zur Vorbereitung, Tips, Hintergründe, Strecke, Adressen etc. „Karakorum Highway", von Martin Müller, Text-Bildband, viele Fotos.

Vom Pakistan Tourist Board (PTDC) gibt es gleichfalls eine Broschüre über den Karakorum Highway und die nördlichen Trekking-Gebiete. Weitere Literatur s. bei „China", dort wird in einigen Büchern gleichfalls der Karakorum Highway behandelt.

Karten: Nelles „Pakistan" 1:1,5 Mio. Gesamtkarte 1:1 Mio. für den gesamten Streckenverlauf des „Karakoram Highway" von Islamabad bis Kashgar. Es gibt auch detaillierte Trekking-Karten von der Nordregion Pakistans und dem Karakorum Highway im Maßstab 1:200.000 (z.B. bei Schrieb, Markgröningen oder bei Därr, München, u.a. Kartenläden).

In Pakistan gibt es Provinzkarten (1:1 Mio.) von der Survey of Pakistan, für den Karakorum Highway braucht man die NI-43 (Kashmir) und NJ-43 (Pamir). In Buchhandlungen in Islamabad bzw. Rawalpindi (nicht immer) erhältlich.

Internet: Einen ersten Überblick bietet www.netcafeguide.com/countries/asiaPAK.html. Die meisten Internetcafés hat im Moment Lahore zu bieten, weitere in Islamabad, Rawalpindi, Karachi und in anderen größeren Städte. Telefonieren s. bei „Indien".

Sri Lanka

vom *Clemens Carle*

„Ayubowan! Herzlich willkommen!" Der Zollbeamte im Flughafen von Colombo grinst bis über beide Ohren und öffnet schwungvoll die Tür. Erleichtert schieben wir unsere Räder hinaus in die tropisch-schwüle Abendluft von Sri Lanka. Na, das ging ja problemlos. An das dreistündige Abfertigungschaos in der brütend heißen Flughafenbaracke in Trichy, Indien, mögen wir gar nicht mehr denken. Eben mal 45 Minuten trennen uns nun von Indien.

„Mensch, wie das sanft rollt!" jubelt Silvi über die feine Asphaltdecke. „Und wie leise die Autos sind!" pflichte ich bei.

Unser erstes wahres Aha-Erlebnis haben wir dann in Colombo, Sri Lankas Hauptstadt. Da gibt es nämlich Zebrastreifen! Kaum treten wir auf die Fahrbahn, stoppt sofort der Verkehr wie von Zauberhand gelenkt. In Indien wären wir glatt überfahren worden.

Sri Lanka hat gerade mal die Größe von Belgien und Holland zusammen. In sechs Wochen wollen wir die Tropeninsel erkunden. Aber immer schön langsam, schließlich soll das ja Urlaub werden. Das habe ich Silvi versprochen.

Die erste Etappe führt uns an die Sandstrände im Süden. Glatt wie der abgefahrene Reifen eines indischen Lastkraftwagens breitet sich der Highway Nr. 2 vor uns aus. Eine wahre Genußstrecke. Endlos geht es vorbei an Palmenhainen, an Lagunen mit türkisblauem Wasser und and grellweißen Sandstränden. Die Menschen in den kleinen Fischerdörfern winken uns freundlich zu, eine leichte Meeresbrise kitzelt in der Nase.

In Touristenorten wie **Hikkaduwa** gibt es alles, was des Radlers Herz begehrt, sogar „Wiener Snitzel", wie die Tafel an einer Kneipe lockend verkündet (wer allerdings die struppigen, dreckverkrusteten, noch vierbeinigen „Snitzel" in den Abfallhaufen am Straßenrand wühlen sah, wird sich die Bestellung zweimal überlegen ...).

■ *Die 50 m hohe Buddha-Statue von Dikwella*

Viele Badeurlauber sind sich vielleicht gar nicht bewußt, daß sie Urlaub in einem vom Bürgerkrieg erschütterten Land machen. Von dem seit Jahrzehnten andauernden Konflikt zwischen Armee und Tamilenrebellen im Norden ist hier im Süden nichts zu merken, das Hauptinteresse gilt hier dem Geld der Touristen.

Sri Lanka hat ein fast perfektes zweigleisiges Preissystem eingeführt, das uns oft Verdruß bereitet. Touristen zahlen ein Vielfaches an Eintrittsgebühren in Nationalparks und kulturelle Stätten. Ob Hotels, Restaurants oder auf dem Markt, überall gelten spezielle „Touristenplünderpreise".

Eine ganz andere Szenerie erwartet uns im **Landesinneren** der Insel, nur ein paar Tagesritte von der Küste entfernt. Höher und höher türmen sich die Bergketten vor uns auf. Erst begleitet uns noch das frische Grün kunstvoll angelegter Reisterrassen auf unserem mühseligen Weg ins Hochland, später ein endloser Teppich akkurat beschnittener Teesträucher.

Der Teeanbau wurde von den englischen Kolonialherren eingeführt, mit Erfolg, denn heute ist Tee mit 33% aller Ausfuhreinnahmen Sri Lankas Exportartikel Nr. 1. Immer wieder sind die farbigen Punkte der Teepflückerinnen in den Hängen zu sehen. Mit emsigen Händen pflücken sie die jungen Blätter und werfen sie in den Bastkorb auf ihrem Rücken. Während wir langsam vorbeizuckeln, ruht die Arbeit allerdings für Minuten.

Reiseradler sind in Sri Lanka immer noch ein seltener Anblick. Dabei wären die einsamen Bergstraßen Bikers Traum, wenn, ja wenn sie nur besser asphaltiert wären. Abseits der ausgetretenen Touristenpfade erfordern Schlaglöcher, Dreck und Steine unsere ganze Aufmerksamkeit, die grandiose Bergszenerie können wir gar nicht recht genießen. Manche schnelle Abfahrt entpuppt sich als Speichenbrecher.

Dennoch verbringen wir allein drei Wochen in der kühlen Luft des Hochlandes, besuchen den Zahntempel in Kandy, die nebelverhangene Hochebene der Horton Plains und ein Elefantenwaisenhaus.

„Och, ist der süß!", andere Worte kennt Silvi nicht mehr. Zum Glück passen selbst Elefantenbabies in keine Hinterradtasche …

Die imposanten Ruinen der Königsstädte **Annuradhapura** und **Polonnaruwa** im Norden der Insel sind unser letztes Etappenziel. Sie liegen im sogenannten „Kulturellen Dreieck". Kleine einspurige Sträßchen durchschneiden den Urwald hier, und manche finden wir nur mit Hilfe der Einheimischen. „Gebt bloß acht, daß ihr keinem wilden Elefanten in die Quere kommt", warnen sie uns wiederholt. Wir lächeln nachsichtig.

Eines frühen Morgens jedoch radeln wir noch etwas verschlafen um eine Kurve und finden uns unerwartet einem stattlichen Elefantenbullen gegenüber. Der ist mindestens ebenso erschrocken wie wir, schlägt bedrohlich mit den Ohren und tritt dann nach bangen Sekunden endlich den Rückzug in den Wald an.

„Zum Glück nur sind Elefanten Vegetarier", versuche ich meine wachsweichen Knie zu überspielen.

6 Wochen Urlaub sind viel zu schnell vorbei. Sri Lankas Straßen waren zwar nicht immer erholsam, aber das geruhsame Leben der Insulaner hat uns doch gut getan. „Müssen wir noch einmal?" Diese Frage stellen wir uns oft vor dem Rückflug nach Indien.

I. PLANUNG, VORBEREITUNG, WISSENSWERTES

Überblick   Südöstlich und vom indischen Festland, nur durch die 35 km breite *Palk Strait* getrennt, erhebt sich die Tropeninsel aus dem Indischen Ozean. Tee-Liebhaber werden die Insel eher mit „Ceylon-Tea" verbinden, Seefahrer nannten sie „Serendip", die Griechen „Taprobane".

Ihr tropisches Klima, die überschaubare Größe (wie Bayern), die landschaftlichen und kulturhistorischen Sehenswürdigkeiten sowie eine gute touristische Infrastruktur und freundliche Menschen machen Sri Lanka gerade für radelnde Asienneulinge interessant. Wäre da nicht einer der längsten und brutalsten Bürgerkriege zwischen den tamilischen LTTE („Liberation Tigers of Tamil Eelam") und der singhalesisch dominierten Regierung, der Sri Lanka regelmäßig in die Schlagzeilen der Weltpresse bringt. Kann man Sri Lanka gefahrlos bereisen? Wer sich in den unten erwähnten Homepages (s. „Gefahren …") über den aktuellen Stand informiert und die Hinweise befolgt, sollte einen ebenso friedlichen Biketrip erleben wie wir. Wie überall in Asien sind die Bus- und Lkw-Fahrer für uns Reiseradler eine viel größere und alltägliche Gefahr.

Websites: „The Official Ceylon Tourist Board Web Site" ist wirklich schön gemacht und informativ: www.lanka.net/ctb. Weitere Infos und auch aktuelle Tagesnachrichten findet man beim Sri Lanka Webserver www.lanka.net/cgi-bin/index2.html, eine Menge weiterführende Links bei der Sri Lanka Info Page, www.lacnet.org/srilanka, beim „One step Gateway" www.go2lanka.com und beim „Gateway to Sri Lanka", www.info-lanka.com. Eher dürre Fakten bietet www.cia.gov/cia/publications/factbook/geos/ce.html. Selbst die LTTE haben eine eigene Web site, www.tamileelam.com.

Einreise, Währung

Kein Visum erforderlich bei einem Aufenthalt bis zu 30 Tagen. Im Land ist eine Verlängerung um maximal 60 Tage gegen entsprechende Gebühr und eine „Aufenthaltssteuer" (temporary residence tax) möglich.

Diese Visumregelung ist auch für Indienbiker interessant: So könnt ihr bei Ablauf eures Indienvisums relativ günstig nach Sri Lanka fliegen, hier ein neues Indienvisum beantragen und euch währenddessen ein wenig vom indischen Chaos erholen, vielleicht durch eine Fahrt in das kühlere Bergland.

Währung ist die srilankische *Rupie*. *Joachim Wirges* schreibt: „Gezahlt werden kann aber auch oft in US-Dollar. Banken tauschen ohne weiteres bare Euro oder US$/Euro-American Express-Reiseschecks um. In Restaurants und größeren Hotels werden Visa- und MasterCard akzeptiert. Am besten tauscht ihr gleich im Flughafen, für umgerechnet 410 Euro bin ich locker 3 Wochen hingekommen."

Geografie

Sri Lanka ist 435 km lang und 225 km breit. Sein größtes Kapital sind die herrlichen Sandstrände im Osten, Süden und Westen, insgesamt mißt die Küstenlinie 1340 km mit Stränden, Lagunen und Kokoshainen. Die Zentralregion dominieren Teeplantagen und Gipfel bis zum 2524 m hohen Pidurutalagala. Wesentlich bedeutsamer aus spiritueller Sicht und eines der wichtigsten Pilgerziele überhaupt ist der 2243 m hohe Adam's Peak.

Klima, Monsun

Sri Lanka liegt wie Indien im Einflußbereich des Monsuns (weiteres siehe dort). In der Küstenregion ist es das ganze Jahr eigentlich gleichmäßig heiß mit durchschnittlich 25–30 °C, nur während des Monsuns auch noch furchtbar schwül. Im zentralen Bergland dagegen steigen die Tagestemperaturen selten mal über 25 °C, nachts und bei wolkigem Wetter kann es dann schon richtig frostig werden. Während der Monsunzeit ergießen sich wahre Sturzbäche über die Berge. Beste Reisezeit sind die trockenen Monate, im

Süden und Westen von Dezember bis März, mit Einschränkung auch bis April, allerdings wird es dann im „Goldenen Dreieck" um Anuradhapura schon irre heiß, bis über 40 °C.

Norden und Osten von März bis November, aber dorthin solltet ihr mit Ausnahme der nördlichen Zentralregion eh' nicht radeln.

Gesundheit

Als eines der saubersten Länder Asiens erfordert Sri Lanka keine besonderen Impfungen. Eine Immunisierung gegen Hepatitis A und B sowie Typhus ist aber keine schlechte Idee. Sprecht mit eurem Hausarzt oder einem Tropenmediziner über die Notwendigkeit einer Malaria-Prophylaxe. Das Robert-Koch-Institut bietet auf seiner Webpage viele weitere Infos (www.rki.de). In Englisch ist sehr empfehlenswert www.tripprep.com.

Bevölkerung, Reisen

Indienradler werden das Reisen auf Sri Lanka als total relaxt und einfach empfinden. Es fehlt der wahnsinnige Bevölkerungsdruck des Indischen Subkontinents und es gibt sehr wohl Möglichkeiten, den gaffenden Massen einmal zu entgehen, zumal die Einheimischen den Anblick von Touristen nicht mehr als die Sensation ihres Lebens empfinden.

Eher werdet ihr euch am konsequent umgesetzten zweigleisigen Preissystem stoßen. Man kann dazu stehen wie man mag, aber ich empfand es manchmal schon als ungerecht, für eine Übernachtung ein Vielfaches als Einheimische zahlen zu müssen. Besonders kraß wirkt sich das System bei den Eintrittspreisen zu Nationalparks und kulturellen Stätten aus, Unterschiede bis zum 20fachen der Einheimischenpreise sind da normal. Oft versuchen manche Kellner, Verkäufer oder Busschaffner das System noch auf die Speisekarte, Lebensmittel und Fahrkarten auszuweiten. Hier hilft nur konsequentes, aber freundliches Handeln.

Wollt ihr mehr als zwei Stätten im „Kulturellen Dreieck" zwischen Anuradhapura, Polonnaruwa und Kandy besichtigen, dann kauft unbedingt das Sammelticket für 30 US$. Das gibt's in Colombo beim Central Cultural Fund, 212/1 Bauddhaloka Mawatha, Colombo 7, Tel. 500732, 587912, von 8.30 bis 16.15 Uhr, und bei allen Stätten. Einzeltickets sind merkwürdigerweise nur von 6 Uhr bis 10 Uhr an den Kassen erhältlich.

Die Sprache der englischen Kolonialherren ist immer noch im Alltag präsent, in den Touristenorten sogar Deutsch, sonst Singhalesisch als offizielle Landessprache und Tamil. Auch die Straßenschilder sind meist zweisprachig englisch/singhalesisch, an Nebensträßchen aber oft nicht vorhanden.

Übernachtung und Verpflegung

Joachim Wirges: „Essen in Sri Lanka ist gnadenlos scharf mit Curry und Chili gewürzt. Zu Trinken gibt es viel Tee, dazu wird Wasser serviert, das man beruhigt trinken kann. Ich hatte jedenfalls nie Verdauungsprobleme. Ansonsten könnt ihr ja auf die überall erhältlichen Cola und Co. ausweichen. Die typische Frühstücksspeise sind *String Hoppers*, ein Reismehlgericht, das wie Nudeln aussieht, und – wie könnte es anders sein – ebenfalls mit höllischen Gaumenbrennern serviert wird. An alkoholischen Getränken wird meist das Bier *Lion Lager*, *Toddy*, vergorener Palmsaft, oder auch *Arrak*, ein Kokosnußschnaps, serviert. Eine Mahlzeit ist sehr üppig und kostet rund 3 Euro. Auch wird in vielen kleinen Lokalen Kuchen angeboten. Überhaupt können auch Radler mit empfindlicherem Gaumen gut überleben, viele Restaurants bedienen die Geschmacksnerven westlicher Klientel mit altbekannten Speisen aus der Heimat.

Auf Sri Lanka wächst eine unglaubliche Vielfalt von Früchten. Es macht viel Spaß, mal auf einem Markt unbekannte Sorten zu probieren. Im Zweifel würde ich mir allerdings von Einheimischen zeigen lassen, was man von der Frucht wie ißt.

Guesthouses kosten von 4 Euro aufwärts. Ihr solltet je nach Saison darauf achten, ob ein Moskitonetz vorhanden ist. Freies Übernachten erwies sich für mich etwas schwierig. Ich hatte meine 200 g leichte Hängematte umsonst mitgenommen. Die Menschen, sonst sehr freundlich und hilfsbereit, wollten mich nicht zur Nacht bei sich haben und verwiesen auf das nächstgelegene Guesthouse."

Gefahren, Leider ein recht ergiebiges Thema, das mit dem seit Jahrzehnten schwe-
restriktive lenden Tamilenkonflikt im Norden zusammenhängt. Da die aktuelle Situa-
Gebiete tion sich sehr schnell ändern kann, hier nur einige allgemein gültige
Hinweise. Weiteres der Website des Deutschen Auswärtigen Amtes unter
www.auswaertiges-amt.de, der US-amerikanischen Konsularabteilung
unter http://travel.state.gov/sri_lanka.html oder der englischen Konsularabteilung www.fco.gov.uk/travel/factsheet_fulltext.asp?SN entnehmen.

Grundsätzlich sollte der Norden und Osten der Insel strikt gemieden
werden. Also keine Biketrips nördlich von Puttalam an der Westküste und
Anuradhapura in der nördlichen Zentralregion, kein Besuch von Trinco-
malee an der Ostküste und der ganzen Küstenregion südlich bis zum
Yala National Park. Die *Tamil Tigers* trugen den Krieg auch gelegentlich
bis in die Städte im Süden, selbst nach Colombo (Selbstmord-Bomben-
anschläge; den Aufenthalt auf das Nötigste beschränken). Entzetzlich
war z.B. der Anschlag auf den Tempel des Zahns in Kandy, der viele Tote
forderte (heute starke Kontrollen, Straßensperren).

Fahrrad und *Joachim Wirges:* „Selbst die Hauptstraßen haben oft Schlaglöcher. So
Ausrüstung sollte man am besten ein robustes Fahrrad haben. In jedem kleinen Ort
gibt es einen Fahrradladen, allerdings radelt man auf Sri Lanka fast ausschließlich mit 28-Zoll-Bikes, so daß ein Felgen- oder Speichenbruch
zum Problem werden kann. Ausreichend sind zwei Trinkflaschen, weil
man alle ein bis zwei Kilometer an einem Geschäft vorbeikommt. Eventuell solltet ihr ein Leinenlaken als Decke und ein Moskitonetz mitnehmen.“

Straßen und Nochmals *Joachim Wirges:* „Linksverkehr! Trotzdem gilt aber rechts vor
Verkehr links. Vor allem die Busfahrer nehmen auf niemanden Rücksicht. Daher
sind defensive Fahrweise und ein Helm sehr empfehlenswert.“

Nur der Highway A2 von Colombo südlich nach Galle ist wirklich gut
asphaltiert. Das restliche Straßenangebot rangiert von rauh asphaltiert,
aber schlaglochfrei, bis zu üblen Speichenbrecherpisten im Bergland, zu
denen auch noch Erdrutsche in der Regenzeit hinzukommen. Die kurvenreichen Bergstraßen gewähren teils fantastische Landschaftsausblicke,
sind aber mit häufig deftigen und kilometerlangen Steigungen garniert.

Transport Ein Vorzug von Sri Lanka ist seine Überschaubarkeit. Anders als in Indien
werdet ihr hier kaum mal eine längere und uninteressante Strecke mit
Bus oder Zug überbrücken wollen. Jeder Punkt ist in wenigen Radetap-
pen erreichbar. Ein anderer Vorzug ist – den Engländern und dem Tourismus sei Dank –, das gute Angebot an Bussen, Zügen, Taxis und
Autorikschas, ja selbst Motorräder oder Mietwagen für radfreie Tage werden zu günstigen Kilometerpreisen oder Tagespauschalen offeriert. In
vielen Touristenorten gibt es auch Fahrräder mieten, meist recht schwergängige Mountainbikes. Ein Bremsencheck ist nie verkehrt.

Joachim Wirges: „Trampen ist recht leicht. Wenn man mal Schwierigkeiten hat, nimmt euch in der Regel der erste Fahrer mit.“

Tip: Ein Erlebnis der Extraklasse bietet die siebenstündige, 168 km
lange Zugfahrt von Kandy quer durch das Bergland nach Ella. Hier übernachten, am nächsten Tag wieder zurück. Die 1. Klasse verfügt über einen „Observation Car“, aber genauso gut könnt ihr ein Ticket zweiter
Klasse kaufen und euch dann an die offene Zugtür stellen. Falls es da
noch Platz gibt … Der Zug fährt meist nicht schneller als 25 km/h und er-

reicht zwischen Pattipola und Ohiya bei 1897 m den höchsten Strecken-
punkt.

Reiseführer   Wirklich empfehlenswert ist „Sri Lanka" von Rainer Krack, Reise Know-
und Karten   How. Enthält auch mehrere Routenvorschläge. „Sri Lanka", Lonely Planet.
                    Wie immer aktuell ist auch das „Sri Lanka Handbook", Footprint Publicati-
                    ons. Kauderwelsch-Führer „Singhalesisch" und „Tamil", RKH. Sympathie-
                    Magazin „Sri Lanka verstehen" (Studienkreis Tourismus, Starnberg). Da-
                    neben gibt es noch zahllos weitere Reise- und Kulturführer.
                    Karten: „Sri Lanka", 1:500.000, Reise Know-How. Gut, aber nicht per-
                    fekt, ist die Nelles Touristen- und Straßenkarte, 1:450.000. In Sri Lanka
                    bietet das Survey Department, Map Sales Branch, Kirula Road, Narahen-
                    pita, Colombo, Tel : 585111/585112-6, großformatige Karten an.

Telefon und   Private Festnetz- und Mobiltelefonanbieter machen der staatlichen Tele-
Internet   com Sri Lanka gehörig Konkurrenz, die Qualität des Telefonverkehrs hat
                   sich hörbar gesteigert. Alle Netze besitzen allerdings eigene Zugangs-
                   nummern. Ortsvorwahlen entfallen bei diesen neuen Anbietern; die
                   sechsstelligen Nummern stellen Verbindungen in alle Landesteile her.
                   Im Moment bieten nur eine Handvoll Internetcafés ihre Dienste an, haupt-
                   sächlich in Colombo gelegen. Aber dies wird sich sicherlich rasch än-
                   dern.

II. ZIELE, ROUTEN, STRECKEN

Sri Lankas Reiseradler treffen sich irgendwo unterwegs alle, egal, ob man
nun von Colombo erst Richtung Süden oder gleich nach Norden startet.
Die Strände im Süden, die bergige Zentralregion und das „Kulturelle Dreieck" sind die herausragenden Sehenswürdigkeiten. So wird die Richtung
wohl eher davon abhängen, ob ihr erst an herrlichen Sandstränden Abstand vom Alltag gewinnen oder euch nach der anstrengenden Tortur
durch die Berge noch etwas Gutes für den Körper gönnen wollt.
    Joachim Wirges über seinen dreiwöchigen Biketrip: „Ich radelte vom
Flughafen ins 18 km entfernte Negombo an der Westküste. Dort fand ich
gleich ein günstiges Guesthouse, dann weiter zum Pinnawela Elefantenwaisenhaus.
    Die nächste Etappe führte mich ins etwas nördliche Anuradhapura.
Weiter gings über Sigiriya mit seinen herrlichen Felsenfresken zu den
Höhlentempeln von Dambulla. Von dort aus pedalierte ich nach Kandy,
besuchte den berühmten Zahntempel und den wirklich schönen Botani-
schen Garten 11 km außerhalb der Stadt. Dann strampelte ich in die Ber-
ge nach Dalhousie, dem Ausgangspunkt zur Besteigung des Adam's
Peak (2243 m). Hier soll Buddha einen Fußabdruck hinterlassen haben,
bevor er über den Berg ins Nirvana stieg. Man soll hier den schönsten
Sonnenaufgang in Sri Lanka erleben. Er war wirklich einmalig! Mit dem
Zug fuhr ich dann eine Strecke nach Nuwara Eliya (1990 m). Durch die
Berge vorbei an Teeplantagen sauste ich an einem Tag 153 km zum Yala
West National Park. Er hat mir aber nicht so gefallen, da er nur per Jeep
befahrbar und Aussteigen nicht gestattet war (sehr teuer, 18 US$ Eintritt
und 20 US$ für den Jeep!). Außerdem drehten alle Jeeps nacheinander
ihre Runden und verscheuchten auch noch die letzten Tiere.

■ *Typische Landschaft auf Sri Lanka (rotbraune Piste, grüne Wälder)*

Die Küstenroute entlang radelte ich zum beliebten Badeort Hikkaduwa, wo ich mich 5 Tage entspannte. Von dort aus wieder leicht ins Gebirge, wo mir meine einzige Panne passierte: Es riß die Kette! Am letzten Tag radelte ich etwa 50 km zusammen mit einem Einheimischen, der mich zum Mittagessen einlud, wie es mir so oft geschah. Die letzten 30 km radelte ich am Nachmittag allein weiter nach Negombo. Am nächsten Tag flog ich wieder zurück nach Deutschland."

Bangladesh

Mit dem Fahrrad im Rikschastau, eine Reisestory
von *Gaby Hönig* und *Peter Bär*

Nach zwei Monaten Fahrradtour durch Indien dachten wir eigentlich, daß es keine Steigerung mehr geben könnte. Menschenmengen und Verkehrschaos waren uns inzwischen zur Gewohnheit geworden. Wer konnte da schon ahnen, daß es einen Ort gab, an dem unsere bisherigen Erlebnisse noch übertroffen würden …

Dhaka, die Hauptstadt Bangladeshs. Eines der ärmsten Länder der Welt. Gekennzeichnet durch seine Abhängigkeit vom mächtigen Nachbarn Indien, durch bitterarme Menschen, durch regelmäßig zur Monsunzeit überflutete Straßen und durch archaische Juteherstellung. Und durch sein zweifellos unübertreffliches Verkehrschaos.

Ein infernalisches Durcheinander herrscht auf den Straßen. Rostige Autos, zerbeulte Busse, Fußgänger, Kühe und Hunde, knatternde Motorroller und unzählige Fahrradrikschas quälen sich über den löchrigen Asphalt der Metropole. Mittendrin wir mit unseren bepackten Drahteseln. Die Rikschas sind einfach überall. Vor uns, hinter uns, neben uns. Kein Entrinnen. Alle um uns herum scheinen ineinander verkeilt, verhakt, verknotet. Abgasschwaden, Staub und Hitze machen das Atmen unerträglich. In der Mitte der Straße eine verkümmerte „Baumreihe". Die Bäumchen sind kaum als solche zu erkennen, verkümmert im täglichen Giftcocktail. Ein verrostetes, zerbeultes Gitter schützt sie vor dem Ansturm der Blechkarawanen. Auf einem kleinen Schild lese ich auf Englisch: „Trees are your real friends". Na prima, wenn die schon so behandelt werden … Selbst mit dem Fahrrad müssen wir kapitulieren und stehen im Stau. Nichts geht mehr. Weder vor noch zurück. Ein Unfall in diesem Chaos wäre der Supergau. Ein Arzt bräuchte Stunden, bis er vor Ort wäre.

Magisch werden unsere Blicke von einer Ampel angezogen. Nein, keine Fata Morgana im Abgasgewaber, die Ampel funktioniert tatsächlich – geputzt und poliert von täglichen Reinigungstrupp! Der ganze Stolz der Stadt. Und dennoch, trotz des immensen Prestiges, das diese ja eigentlich zur Verkehrsregelung gedachten Lampen offensichtlich genießen, beachtet sie niemand. Ganz im Gegenteil: Wer das Rotlicht beachtet, hat schon verloren, wird überrannt oder überfahren. So zumindest unsere zum Glück noch glimpflich verlaufene Erfahrung. Unser Fazit? Erfreut euch am funkelnden Metall, am kräftigen Rot der Lampe – und radelt um Himmels Willen weiter!

Zum Schluß sei noch angemerkt, daß sich Dhaka wirklich nicht zum Fahrradfahren eignet, auch wenn Fahrradrikschas das Straßenbild dominieren. Doch wer sein Fahrrad liebt, der schiebt ja bekanntlich, und dazu bieten sich in Dhaka genügend Gelegenheiten.

Radclub in Dhaka: Dhaka Cycling Club, Azharul Islam Masum, Secretary General, 33/1 SK. Saheb Bazar, Dhaka 1205, Bangladesh. Kauderwelsch-Führer „Bengali", Reise Know-How.

C. OST- UND SÜDOSTASIEN

China

I. PLANUNG, VORBEREITUNG, WISSENSWERTES

Überblick   China, das „Reich der Mitte" mit dem Fahrrad zu bereisen, das der Traum vieler. China ist ein Land extremer Strukturen und aller nur erdenklicher geografischer Gegensätze. Auf der einen Seite gibt es schöne, ländliche Gebiete, wo es sich sehr gut radfahren läßt und die Menschen freundlich sind, auf der anderen Seite brodelnde Millionenstädte, Polizeikontrollen und eine nervtötende Bürokratie mit allen Problemen eines Entwicklungslandes das voll im Umbruch ist. Einzelreisen durch China sind sehr anstrengend bis entnervend. Doch unbestritten ist China mit seinen einzigartigen Kulturen und Traditionen eine Reise wert.

Chinas Übergang zur (kontrollierten) Marktwirtschaft verläuft trotz interner Probleme immer schneller. Mit aller Macht hat auch der touristische Trubel das Land erfaßt, und diesbezüglich verändert es sich rasant. Deshalb ist vielleicht manches von dem, was hier (oder in Reiseführern) steht, bei deiner Ankunft schon wieder überholt (hoffentlich ins Positive). Auskünfte über Reisemöglichkeiten und neueste Einreisebestimmungen (besondere Bestimmungen für Tibet!) erhält man vom Fremdenverkehrsamt der VR China in Frankfurt/Main, alle weiteren Details bitte in einem guten, aktuellen China-Reiseführer nachlesen, oder im Web stöbern.

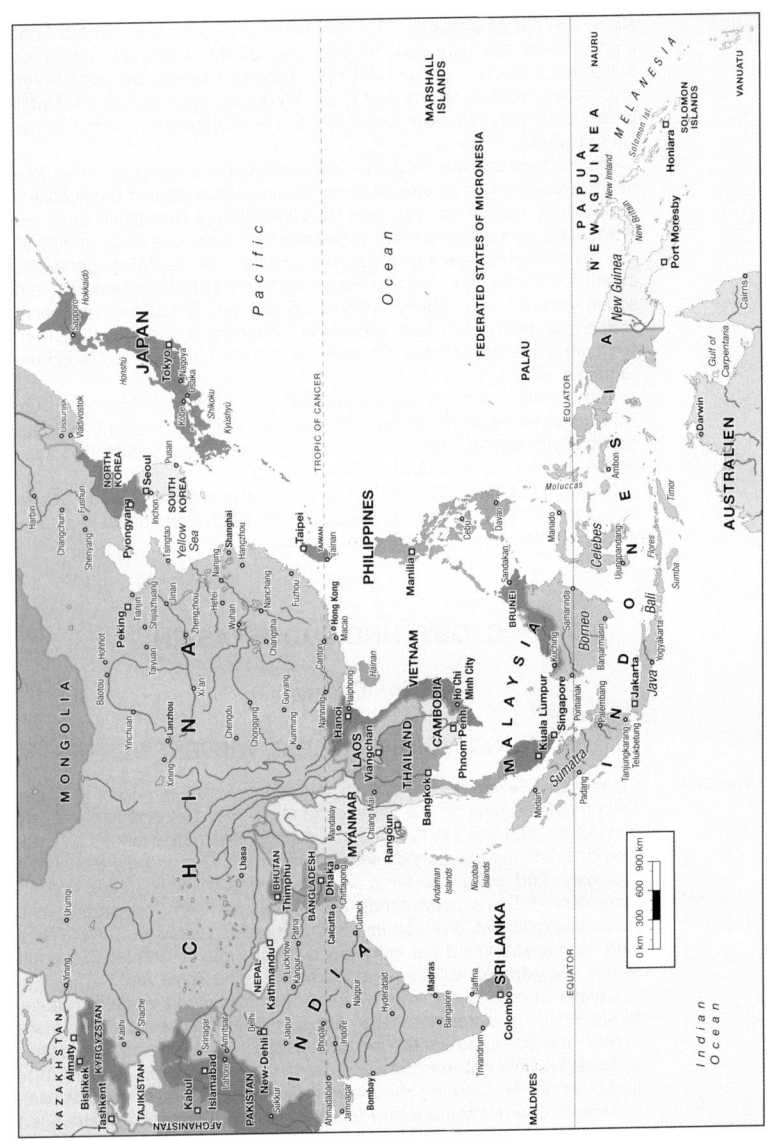

Internetadressen: Die Suchmaschine www.chinasite.com findet eigentlich auf jede China betreffende Frage eine Antwort. Überwältigend! Mindest genauso umfangreich ist die deutsche Web site www.chinaweb.de (auch sehr viele Reiseberichte!). Das „Hongkong Tourism Board" hat eine informative Homepage, www.hktourismboard.com/german, die englische Suchmaschine der „Hongkong Tourist Association" (www.hkta.org/sitemap.html) hilft bei vielen Fragen weiter. **Für Radler sehr gut**: www.bikechina.com.

Einreise, Währung

Ein Visum ist bei den chinesischen Botschaften und Konsulaten erhältlich. Gültigkeitsdauer zwischen einem und drei Monaten, Verlängerungen im Land sind bei der Ausländerpolizei **P.S.O.** *(„Public Security Office")* möglich. In Hongkong ist gleichfalls recht schnell ein Visum zu bekommen. Eine Ausreise nach Hongkong und Visums-Neuausstellung dort kann man mit dem Rad durch China will, vermeidet auch „Xinjiang" sagen, daß man mit dem Rad durch China will, vermeidet auch „Xinjiang" bzw. „Tibet" anzugeben, sofern dorthin (Einzel-)Reisen nicht erlaubt sind! Mehrfach- Ein- und Ausreisevisa gibt es nur noch für Geschäftsreisende. Anschriften der Botschaften und Konsulate und das genaue Prozedere stehen in Reiseführern. Die Visabestimmungen können sich schnell ändern, meist zuungunsten der in China eher unerwünschten Einzelreisenden. Kamera, Uhren, Rad und andere Wertsachen sowie Währungen müssen bei der Einreise deklariert werden.

Das frühere Devisengeld für Ausländer, *FEC* (Foreign Exchange Certificate), wurde abgeschafft. Auch Touristen zahlen nun alles, auch die Hotels, Bus- und Bahntickets und alle von der **CITS** (China International Travel Service, die staatliche Reiseagentur) vermittelten Leistungen in der „Volks"-Währung **Renminbi** (RMB): 1 *Yuan* entspricht derzeit 10 *Jiao,* 1 Jiao wiederum 10 *Fen* – aber Fen-Scheine und -Münzen werdet ihr nur noch ganz selten in die Hand bekommen. Damit wurde auch der Schwarzmarkt für FEC schlagartig ausgetrocknet. „Change money"-Rufe (oder Geflüster) hört man derzeit nur noch in der Provinz Xinjiang von den Uighuren, und die gelten jetzt euren Dollars oder Euros.

RMB-Umtauschbelege für evtl. Rücktausch aufbewahren. Alle gängigen harten Währungen (auch Euro-Reiseschecks) werden sowohl in Banken als auch in (größeren) Hotels eingetauscht. Vor der Reise in abgelegene Gebiete jedoch vorher genügend wechseln! Auch die gängigen Kreditkarten sind nützlich, man kann mit ihnen bei der Bank of China Bargeld abheben, in den Großstädten auch an Geldautomaten.

Geografie

Die Volksrepublik China ist flächenmäßig das drittgrößte Land der Erde. Die Ost-West- und die Nord-Süd Ausdehnungen betragen mehr als 5000 km, die Landesgrenzen sind etwa 20.000 km lang. China ist in 30 Provinzen aufgeteilt (ohne Taiwan, darunter fünf sog. „autonome" Provinzen und drei regierungsunmittelbare Städte).

Die Landschaften sind sehr unterschiedlich: Im Westen liegt das höchste Gebirge der Welt, der Himalaya, und das Hochland von Tibet. Im Nordwesten breiten sich große Wüsten aus (Takla Makan und Gobi) und im Süden liegt das Südchinesische Bergland. Im äußersten Südosten findet sich auch tropischer Regenwald.

Das Land fällt treppenartig vom Qinghai-Tibet-Plateau im Südwesten (Durchschnittshöhe 4500 m) zu Hochländern und Becken (1000–2000 m) und schließlich zu Hügelländer und Tiefebenen (unter 1000 m) ab.

■ *„Silvia, nur
noch 4815 km
bis Beijing ... "*

Klima, Reisezeiten

Die Klimata Chinas sind sehr unterschiedlich und genauso extrem wie die Landschaften, und dementsprechend sind auch die Anforderungen an einen Radreisenden.

Das tropisch-subtropische *Süd-China* ist im Winter ideal zum Radfahren, Luftfeuchtigkeit und Temperatur sind noch angenehm, doch im Sommer ist es dort unerträglich schwülheiß! Der Yangtsekiang-(Changjiang-)Fluß ist Chinas „Heizungsgrenze". Nördlich dieser Linie wird im Winter geheizt und es besteht, zumindest in den teureren Hotels, die Möglichkeit, sich aufzuwärmen. Südlich dieser Linie kennt man keine Heizung, was das Reisen dort im Winter etwas unangenehm werden lassen kann. Das *Qinghai-Tibet-Plateau* im Südwesten Chinas, die größte Hochebene der Welt, ist nur im Sommer zu empfehlen, doch auch dann sind die Straßen oft durch heftige Regenfälle und Bergrutsche blockiert. Mit plötzlichen Wintereinbrüchen muß hier das ganze Jahr gerechnet werden.

Die Wüsten im *Norden* und in *Nordwest-China* sind im Sommer glühend heiß, im Winter weisen sie hohe Minusgrade auf! *Westchina* ist günstig im Mai und im September/Oktober.

Der *Nordosten* des Landes hat ebenfalls eisige Winter. Die Gegend um Peking ist am angenehmsten im Herbst und Frühjahr zu bereisen, sommers ist es dort heiß und schwül. Begibt man sich im Sommer in Hochgebirgsregionen, kann es auch dort empfindlich kalt sein!

Mit Ausnahme von Südchina ist der Winter also generell keine angenehme Reisezeit. Der beißende Qualm unzähliger Kohleöfen vernebelt die Sicht und brennt in euren Lungen, alle Felder sind abgeerntet, die Landschaft wirkt trist-braun. Viele Bergstraßen in Zentralchina, z.B. durch das *Qinling-Gebirge,* sind dann vereist oder gar tagelang zugeschneit.

Bevölkerung

China ist ein Vielvölkerstaat mit über 50 verschiedenen Volksgruppen und Nationalitäten. Den z.T. recht wohlhabenden Ballungsräumen in Ostchina entlang der großen Flüsse stehen extrem arme und kaum bevölkerte Zonen im Westen gegenüber. Der Großteil der Bevölkerung lebt immer noch von der Landwirtschaft, und bei 1,3 Milliarden Menschen muß jeder

Quadratmeter Boden genützt werden (nur etwa ein Fünftel der Fläche Chinas ist landwirtschaftlich nutzbar, der Rest ist zu trocken, zu kalt oder zu hochgelegen). Auf dem Land bewegt man sich fast immer zwischen Leuten. Nur besonders unwirtliche Gebiete sind weniger stark besiedelt.

Kontakt mit der Bevölkerung

Du bist in China – ähnlich wie in Indien – so gut wie nie alleine und unbeobachtet, Chinesen sind generell sehr neugierig, und wenn man vom Rad steigt, bis du sofort von einer Menge umzingelt und wirst angestarrt. Von staatlicher Seite wird versucht, durch Restriktionen die Begegnung mit Ausländern in kontrollierten Bahnen verlaufen zu lassen. Doch wie überall erweckt auch in China ein ungewöhnliches Reisemittel wie das Fahrrad und das Auftauchen damit in entlegenen Gebieten großes Interesse. Daß jemand, zumal reiche Ausländer, die sich leicht ein bequemeres Fortbewegungsmittel leisten könnten, nur so zum Spaß mit dem Fahrrad durchs Land fahren, können viele kaum nachvollziehen. Für die Masse der Chinesen ist ein Rad kein Reise- oder Sportgerät, sondern ein wichtiges Transportmittel.

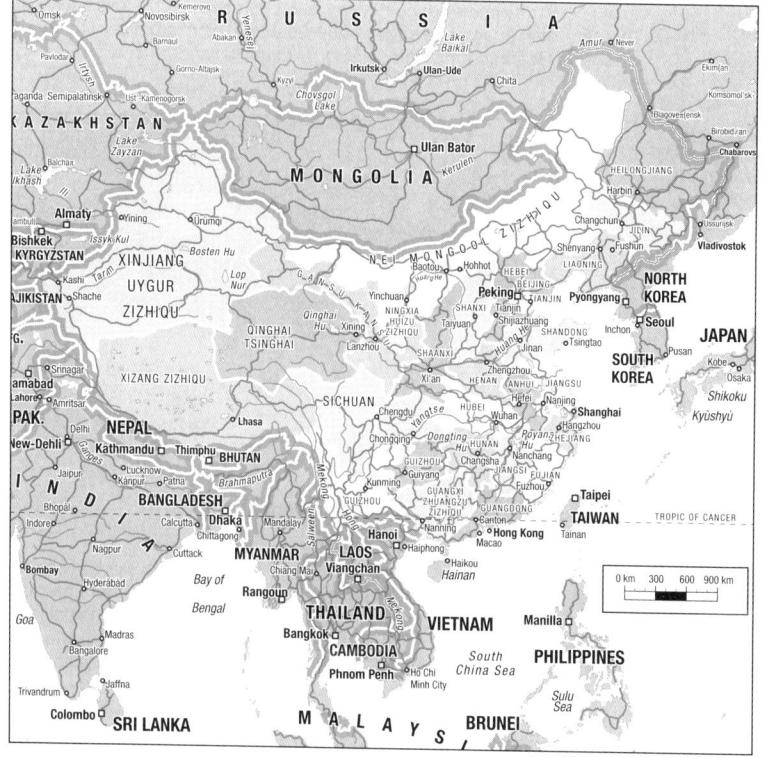

Trotzdem wird man als Reiseradler wohlwollend zur Kenntnis genommen, und dies erfordert wiederum ein stärkeres Interesse an Land und Leuten und ein Sich-Darauf-Einlassen. Man sollte jedoch nicht erwarten, allzuoft nach Hause eingeladen zu werden, da dies für die Einheimischen mit gesellschaftlichen Unannehmlichkeiten verbunden sein kann. Vor allem Chinas nationale Minderheiten können jedoch sehr gastfreundlich sein. In Südchina sind die Menschen – durch den Einfluß von Hongkong – eher auf Ausländer eingestellt, dort bist du weniger eine Sensation. Da es in China über das Land verstreut moslemische Minderheiten gibt, ist auf entsprechende zurückhaltende Kleidung zu achten. Chinesen sind recht fotografier-„freudig" (doch Verbot „militärischer" Motive beachten!).

Wovon China-Reisende jedoch auch immer wieder berichten und was vielen an die Nerven geht ist das dauernde Gespucke der Chinesen (obwohl sie es nicht sollen), der ständige Lärm, das rücksichtslose Vordrängeln, Desinteresse in Hotels und Restaurants und geräuschvolle Essenslaute. Man muß sich auch dann und wann überwinden, unter den Augen der Öffentlichkeit die Gemeinschafts-Toiletten (ohne Trennwand!) zu benützen. Der von allen China-Radlern meist gehaßte Ausspruch ist ein kurzes „mei you!", immer dann hörbar, wenn es etwas nicht gibt, oder erst morgen, oder man momentan keine Lust hat, sich drum zu kümmern oder das Gespräch mit dem „Farang", dem Ausländer, zu anstrengend scheint.

■ *Kinder-Verkehrspolizei in Guilin*

Sprache und Schrift Neben vielen Sprachgruppen und Dialekten ist heute offizielle Hochsprache Chinas das *Mandarin-Chinesisch*. Die Schriftzeichen sind im ganzen Land gleich und dienen bei Verständigungsproblemen als Kommunikationsmittel (wenn man sich nicht versteht, werden Schriftzeichen mit dem Finger in die Luft geschrieben). Die Umschrift geschieht mit der latinisierten *Hanyu-Pinyin*-Umschrift.

Geografische Begriffe und Städtenamen wurden umgestellt, doch auf Karten und in Büchern existieren noch unterschiedliche Bezeichnungen (z.B. Peking – Beijing, Yangtsekiang – Changjiang etc.). Außerhalb der großen Städte und Touristenzentren wird man kaum mehr lateinische Schriftzeichen bzw. in Englisch geschriebenes sehen.

Chinesische Sprachkenntnisse zu haben ist zwar nicht unbedingt überlebensnotwendig, doch je weiter man abseits reist – und auf längeren Radtouren ist dies der Fall –, desto mehr sind sie von Nutzen. Ohne Sprach- und Schriftkenntnisse ist man „blind" und „stumm". Schriftkenntnisse sind beim Entziffern von Karten, von Hinweis- und Richtungsschildern sehr hilfreich, und Sprachkenntnisse werden von den Menschen honoriert. Ist man gar alleine unterwegs, sind Sprachkenntnisse doppelt wichtig, weil man oft länger keine Ausländer trifft und ein Reiseleben ohne Konversation auf die Dauer sehr frustrierend sein kann. Die allermeisten Chinesen sprechen kein Englisch, doch man trifft immer wieder Studenten oder Lehrer, die mit einem Ausländer Englisch üben wollen und hilfsbereit sind. In China gibt es den nützlichen „Pocket Interpreter Chinese", von Lydia Chen und Ying Bian, er ist auf die Belange von Rucksackreisenden zugeschnitten. Erhältlich in Hongkong und in den Foreign Language Bookstores der Provinzhauptstädte. Sehr hilfreich ist auch eine Straßenkarte mit zweisprachigen Ortsnamen.

Wer hier schon Chinesisch zu lernen beginnt, sollte dies nur mit gleichzeitiger Sprachkassette tun, da die richtige Aussprache und Betonung sehr wichtig sind. Vor zu großen Hoffnungen sei allerdings gewarnt: Sinologie-Studenten brauchen Jahre, um den richtigen Ton zu treffen (China-Radler *Clemens Carle* und *Silvia Rüger* machten auch die Erfahrung, daß die Chinesen oft gar nicht gewillt, Langnasen verstehen zu wollen …). Andererseits hat jeder sicherlich schon die Erfahrung gemacht, wie gut man sich auch ohne Sprachkenntnisse in der Zeichensprache verständigen kann.

**Über-
nachten**
Es gibt in China keine offiziellen Campingplätze, und außer in unwirtlichen, einsamen Gegenden ist es sehr schwierig, ein ungestörtes Plätzchen zum Campen zu finden, da alles landwirtschaftlich genutzt wird, besonders im Osten. Campen ist offiziell auch verboten bzw. wird nicht gerne gesehen. Ein Zelt dabeizuhaben ist jedoch auf längeren Touren trotzdem ratsam, besonders in Westchina und Tibet.

In kleinen Orten findet man Gästehäuser, an Straßen kann man auch bei den zahlreichen Lkw-Rasthäusern unterkommen. Hotels gibt es in den Städten, doch die Zahl derer, die Ausländer aufnehmen, ist begrenzt. Die speziellen Ausländerhotels in touristischen Orten haben höhere Preise, die bis zum doppelten und dreifachen gehen (dafür ist der Komfort auch höher). Die normalen Kategorien sind Doppel- oder Mehrbettzimmer mit gemeinsamer, oft sehr einfacher Waschgelegenheit und Toilette. Billig und sehr gut sind die Regierungshotels (tsung loy se), doch die gibt es nicht überall. Unbedingt meiden sollte man Hotels mit Karaoke-Bar, eine Modeerscheinung, die inzwischen ganz China ergriffen hat.

Ist es kein Problem, in „offenen" Gebieten ein Hotel zu finden, so ist das anders in „geschlossenen" Gebieten. Dort stellen die Hotels, wenn man schließlich mit viel Hartnäckigkeit ein Zimmer bekommen hat (der Gast ist kein König!) die größte Gefahr des „Erwischtwerdens" dar. Die Registrierformulare, die man in jedem Hotel auszufüllen hat, werden bei der Polizei abgegeben, und wenn ungebetene Personen darunter sind, darf man mit einem abendlichen Besuch der Ordnungshüter rechnen.

Dann wird man in der Regel mit dem nächsten Bus in die nächste „geöffnete" Stadt verfrachtet. Je nach Wichtigkeit der besuchten Gegend kann bis zur Abfahrt eine Ausgangssperre verhängt werden, oder auch eine Strafzahlung (nach Situation verhandelbar).

Es gab auch Fälle, daß Radler dazu gezwungen wurden, ihr Rad (für einen Spottpreis) zu verkaufen, damit es sich der Beamte später unter den Nagel reißen konnte. Dies ist natürlich verboten, doch wie will man sich wehren?

Um die Polizei zu umgehen, ist in solchen Gebieten ein Übernachten im Freien zu überlegen, vor allem, wenn man schon mal Bekanntschaft mit der Polizei gemacht hat. Die Gefahr, auf offener Straße von der Polizei geschnappt zu werden, ist zwar gering, aber doch vorhanden und meist sehr unangenehm, da man dann der vollen Beamtenwillkür ausgesetzt ist. Man sollte sich von diesen Verboten jedoch nicht abschrecken lassen, es ist viel mehr machbar und möglich als man glaubt, man muß nur clever sein!

Verpflegung Eigenkochen lohnt nicht (außer in den siedlungsarmen Gegenden im Westen, in Tibet und in anderen gebirgigen bzw. wüstenhaften Gebieten), da es überall von morgens bis abends Straßenküchen und Restaurants gibt, die gutes, verträgliches und preiswertes Essen verkaufen (vorher ein wenig die hygienischen Verhältnisse checken, eigenes Eßbesteck verwenden). Fast immer sind Nudeln oder Reis erhältlich (die Reis-Nudel-Grenze läuft entlang des Flusses Yangtsekiang, nördlich von ihm Weizenanbau, südlich davon Reisanbau), oder es gibt Huhn und Gemüse in allen Variationen. Fleisch ist oft minderer Qualität. Kein Problem gibt es mit Getränken, heißen (grünen) Tee und gutes Bier gibt es überall, ebenso Limonade lokaler Herstellung (gewöhnungsbedürftig) und immer mehr auch Coca-Cola und Co., Mineralwasser ist seltener und nicht billig. In chinesischen Hotels, Zügen und Bahnstationen ist es auch üblich, daß immer eine Thermoskanne mit heißem Wasser zur freien Bedienung zur Verfügung steht. Bei Strecken durch weniger besiedelte Gebiete sollte man immer genügend Proviant und Wasser am Rad haben, Wasserentkeimungsmittel können nützlich werden.

■ *Straßenstand*

Gesperrte und offene Gebiete

Wie erwähnt sind in China nicht alle Städte und nicht alle Gebiete für ausländische Besucher zugänglich. Zonen, die strategisch wichtig sind, Grenzregionen, Gebiete mit schlechter Lebensmittelversorgung und politisch instabile Gebiete (Tibet) dürfen nur mit einer entsprechenden Erlaubnis, mit einem **ATP** (Aliens Travel Permit) besucht werden. Doch dieses ist nur selten erhältlich oder nur für Gruppenreisende, und meist ist das ATP auch sehr teuer. Die Liste der neuesten offenen Gebiete und Städte ist erhältlich beim Fremdenverkehrsamt der VR China (mit kurzfristigen Änderungen ist immer zu rechnen).

Diese Liste ist also eine erste Hilfe beim Abstecken der Reiseroute. Tatsächlich sind aber mehr Orte geöffnet, als auf dieser Liste angegeben sind. Die aktuellsten Informationen sind in der jeweiligen Provinzhauptstadt bei der Ausländerpolizei zu bekommen. Verstöße werden meist mit (geringen) Geldstrafen geahndet (s.a. Anmerkungen bei „Übernachten"). Es hängt von euren Tricks und eurem Einfallsreichtum ab, mit dem Rad durch „geschlossene" Gebiete zu gelangen, man muß es einfach probieren.

Das schon erwähnte CITS ist zuständig für alles Touristische im Land, es hat Büros in allen großen und touristisch wichtigen Städten und Orten. Die Leute sprechen fast immer englisch, doch sind unterschiedlich hilfsbereit.

Sicherheit

Chinesen scheinen einander nicht sonderlich zu trauen. Alles wird ein- und abgeschlossen, Fahrräder werden niemals unbewacht abgestellt. Die Kriminalitätsrate steigt an, nicht zuletzt durch die erwachte Konsumhaltung der Leute. Die Gefahr, als Ausländer bestohlen zu werden ist jedoch geringer, da die Strafen dafür recht drastisch sein können. Allerdings darf man bei Diebstahlsversuchen auch nicht unbedingt auf die solidarische Hilfe bei den Einheimischen rechnen. Man schaut lieber weg, als sich in etwas einzumischen, das einen nichts angeht und hinterher einem Unannehmlichkeiten bereiten kann. In Städten ist die Diebstahlsgefahr (Taschendiebe) größer, man sollte deshalb z.B. keine abnehmbaren Taschen am Rad lassen und das Rad immer aufs Hotelzimmer mitnehmen oder gegen Quittung und Gebühr im (hoffentlich abgeschlossenen) Aufbewahrungsraum deponieren.

Alleine die Tatsache, daß westliche Ausländer oftmals körperlich größer sind als Chinesen, erzeugt einen gewissen Schutz und ein Sicherheitsgefühl. Dies gilt auch für Frauen, für die China in der Regel sehr sicher ist. Ganz im Gegensatz zu anderen asiatischen Ländern werden in China Meinungsverschiedenheiten offen ausgetragen, das reicht vom handfesten Ehekrach auf der Hauptgeschäftsstraße mit stühleschwingenden Kontrahenten bis zur Messerstecherei und Schlägerei im Bus. Das asiatische Prinzip das Gesicht zu wahren gilt in China nur bedingt. Reiseradler sollten sich mit Unmutsäußerungen gegenüber anderen Verkehrsteilnehmern aber unbedingt zurückhalten (die Bedeutung englischer Schimpfwörter ist – dem Fernsehen sei Dank – in China bereits bekannt ...). Aggressive Gegenreaktionen könnten sonst die Folge sein.

Ein Problem in China sind für Radfahrer die Wachhunde, besonders in Gebieten mit tibetischer Bevölkerung, stellt euch auf Angriffe ein!

Rad, Ersatzteile

Ein Rad für China muß zuverlässig und robust sein (MTB- oder Trekkingrad), und es sollte wegen den vielen qualitativ unterschiedlichen Straßenbelägen (bzw. den nicht vorhandenen) breite Reifen (47 mm) oder

Off-Road Reifen haben. Da es in China westliche Räder nur in niedriger Qualität gibt, gibt es auch keine High-Tech-Komponenten. Nehmt Verschleißteile wie Speichen, Bremsgummis, Brems- und Schaltungsseile mit. Schon Kleinigkeiten, wie z.B. Fahrradöl, ist oft schwierig aufzutreiben (besonders dann, wenn man sich nicht verständigen kann). MTB-Reifen (in fraglicher Qualität) sind überall erhältlich, einen guten Ersatzreifen würde ich bei langen Touren mitnehmen. Kleine Werkstätten gibt es an jeder Straßenecke, die Preise sind niedrig. Man muß jedoch imstande sein, sein Rad selbst zu reparieren, im Notfall kann in Reparatur-Geschäften (einfaches) Werkzeug auch ausgeliehen werden.

Ausrüstung Zu den üblichen Radersatzteilen und der Ausrüstung sollte man bei individueller Reise auch ein Zelt, eine Schlafmatte und einen Kocher (Petroleum) mitnehmen (Camping-Gaz-Kartuschen sind in Hongkong erhältlich). Wegen den immensen Klimaunterschieden im Land bzw. bei entsprechender Route warme Kleidung mitführen, auch Handschuhe, Mütze, ein Tuch als Mundschutz bei Staubstrecken, Ohrenstöpsel (gegen den Lärm in Hotels), Trillerpfeife für Notsituationen.

Die Mitnahme von **Fotos** von zuhause, von der Familie und dem Heimatort sind wichtige Kommunikationsmittel. Nehmt Bilder von Euch mit eurem Rad mit und laßt hinten von einem Chinesen auf chinesisch ein „Dankeschön" für Freunde und die Helfer unterwegs draufschreiben. Wer nach Tibet will, sollte Bilder vom Dalai-Lama einpacken (auch in Hongkong erhältlich). Apropos Foto: In China gibt es nur Color-Negativ-Filme („*Lucky Color*") zweifelhafter Lagerung, Diafilme sind so gut wie unbekannt. Spezielle Kamerabatterien nicht vergessen! Weitere Ausrüstungstips stehen in Reiseführern.

Fahrrad mieten In China werden in Touristenzentren und in vielen Städten von Privatpersonen oder Hotels Räder zur Miete angeboten, auch für längere Mietzeiten (dann ist ein Kaution fällig). Bei diesen Rädern handelt es sich meist um billige Mountainbikes, gut für einen Tagesausflug, aber nicht für längere Strecken. Vor dem Mieten unbedingt alles kontrollieren (Bremsen und Schaltung!) und eine Probefahrt machen.

Fahrrad in China kaufen Chinesische Fahrräder können in jedem größeren Kaufhaus oder in speziellen Radläden gekauft werden. Die Preise für die klassischen chinesischen Modelle „Golden Lion", „Phoenix" oder die „Fliegende Taube", die „Flying Pigeon", sind für Ausländer sehr billig. Mountainbikes, die Renner in den Provinzhauptstädten, gibt es zwischenzeitlich gar mit Federung, die kosten natürlich mehr, für einen Chinesen gleich mehrere Monatslöhne. Die Qualität und die Komponenten dieser Räder sind einfachster Art und sie sind schlampig montiert (checkt, ob genügend Fett in den Lagern ist und ob die Speichen nicht zu lang sind und nach kürzester Zeit die Schläuche perforieren!). Wenn man sich erst in China ein Rad kaufen will, sollte man sich nur das beste MTB-Modell kaufen, den (eingefahrenen) Sattel von zuhause mitbringen. *Shenzhen* wurde von Radlern besonders empfohlen, da die Räder hier hergestellt werden, in *Chengdu* gibt es einen „Diamond Back"- und „Giant"-Händler mit passablem Neu- und Gebrauchtangebot.

Soll das Rad später wieder verkauft werden, ist der Kaufbeleg unbedingt aufzubewahren, damit der Käufer sein Rad ordnungsgemäß anmelden kann, weil chinesische Räder registriert werden müssen (dazu bekommen die Räder ein Nummernschild). Ausländer brauchen keine Rad-Registrierung. Der Preisverfall für ein gebrauchtes Rad ist in China jedoch recht hoch. Für längere Touren würde ich immer mein eigenes mitbringen bzw. ich würde mir zuvor **in Hongkong ein qualitativ gutes kaufen,** relativ preiswert. Es gibt etwa viele Radläden. Die beste Adresse: „Flying Ball Bicycle Company", 201, G/F, Tung Choi Street, Mongkok, Kowloon. Tel. 2381-3661 (Mr. Ted verlangen). **Dieses Geschäft ist der Anlauf- und Treffpunkt für alle China-Radler, dort gibt es die neuesten China- und Routen-Infos (China-Radler schreiben oft Strecken- und Erfahrungsberichte an das Geschäft, die man nachlesen kann).** Mr. Lee vom „Flying Ball" ist sehr hilfsbereit! Weitere gute Radläden in derselben Straße, auf der Webpage des „Hongkong Cycling Club", www.gworld.net/~cyclist/english_frame.html, findet ihr eine Liste mit empfohlenen Geschäften für ganz Hongkong. Adresse: Hongkong Cyclist Club, Shop No. 17, G/F, Fu Chak House, Chak on Estate, Shum Shui Po, Kowloon, Hongkong, China. Tel. 852-2788-3898.

Weitere Radclubs: Hongkong Tour Cycling Association, 121C Wang Cheung Industrial Bldg, 781 Lai Chi Kok Rd, Kowloon, Hongkong, China. Tel. 853-387-0650. Hong Kong Cycling Association, 1013 Queen Elizabeth Stad, 18 Oikwan Rd, Wanchai, Hongkong, China. Tel. 853-573-3861.

Straßen, Verkehr

Rechtsverkehr (theoretisch). Die Straßen im Südwesten Chinas sind in relativ gutem Zustand, nach Westen hin dünnt das Straßennetz aus und wird auch schlechter. Zu den meistbefahrenen Strecken gibt es in der Regel wenig Alternativrouten. Die Hauptverkehrsstraßen sind überwiegend asphaltiert, trotzdem gibt es viele Schlaglöcher, unbefestigten Seitenstreifen, ausgefranste Fahrbahnränder und tiefe Steilkanten neben der Straße. Der Asphalt wird bei starker Sonnenstrahlung oft sehr weich und klebrig, die Straßenränder sind öfter mit Glasscherben übersät.

An den Straßen wird ständig gebaut und repariert. Die Gebirgsstraßen im Südwesten sind im Sommer häufig durch Erdrutsche blockiert und gefährlich! Es gibt bisher nur sehr wenige Autobahnen (z.B. Anshun – Guiyang), doch das wird sich ändern. Erklärtes Ziel der Regierung ist es, alle Millionenstädte durch vierspurige Schnellstraßen zu verbinden. Das sorgt für zusätzliche Baustellen, die in aller Regel die alte Straße in verheerendem Zustand zurücklassen, die Schnellstraßen mit herrlichem Asphalt sind dann für Radler gesperrt. Die Polizei kontrolliert rigoros. Alle Straßen haben Kilometersteine, die die Orientierung erleichtern (Kilometer = „gongli"). Nebenstraßen sind schmal und meist unbefestigt, nach ausgiebigem Regen können sie sich in Schlammstrecken verwandeln.

Fahrradwege, Radplätze

In den großen Städten gibt es breite Fahrradwege, die du mit tausenden anderer Radfahrer teilen mußt, das ist ein endloser (gemächlicher) Fahrrad-Strom, der zu den Stoßzeiten noch mehr anschwillt. Die Radwege – besser gesagt Radstraßen – nehmen oft die Hälfte der eigentlichen Straße ein, vom übrigen Verkehr sie sind meist getrennt. Mit steigendem Autoverkehr werden aber in den Städten die Straßen immer mehr ganz den Autos überlassen.

In den Großstädten gibt es bewachte, billige Fahrradparkplätze, die benutzt werden müssen, freies Parken ist nicht erlaubt. Aufpassen, daß wegen eures westlichen Rades nicht die doppelte Gebühr verlangt wird (was trotzdem nur Pfennigbeträge sind).

**Straßenver-
kehr** Auf chinesischen Straßen drängt und tummelt sich alles, was Räder hat oder bewegt werden kann: Autos, Lastwagen, Minitraktoren, Fahrräder in allen Variationen (es gibt viele dreirädrige Lastenfahrräder), Fußgänger, Gespannfahrzeuge mit Tieren, Mopeds etc. Privatautos sieht man immer häufiger, meist Fahrzeuge der Kader, und viele Fahrzeuge sind in einem technisch schlechten Zustand (vertraut also nicht darauf, daß Autos und Lkw immer bremsen können!).

Der Verkehr ist nicht allzu hektisch, trotzdem muß man sehr aufpassen, Unfälle gibt es viele. Die Verkehrs-Hauptregel ist einfach: Der stärkere und der Größere haben Vorfahrt bzw. sie erzwingen sie sich.

Im Stadtverkehr wird nach Gehör gefahren, d.h., die Autos hupen die Radfahrer aus dem Weg und die Radfahrer wiederum verscheuchen die Fußgänger mit ihrem Dauergeklingel, und wer keine hat, schreit eben. Um dich in den Städten von der Klingelei der chinesischen Radfahrer abzuheben ist es evtl. eine gute Idee, stattdessen eine Hupe zu montieren (doch dann kann sein, daß die vor Schreck die Bremsen ziehen und du auffährst ...). Wenn du zum Überholen ansetzt, mußt du dich vorher immer akustisch bemerkbar machen!

Ansonsten gelten die fast gleichen Verkehrsregeln wie bei uns, nur daß sie weniger streng gehandhabt werden. Die Ampellichter sind nebeneinander angeordnet, bei Rot darf auch nach rechts abgebogen werden. Radfahrer geben beim Ausscheren, Ab- oder Einbiegen keine Handzeichen, und sie tun dies alles unvermutet und plötzlich, ohne den Kopf in eine evtl. Gefahrenrichtung zu wenden. Achte deshalb im Verkehrsgewühl immer auf deine Vorderleute!

Interessant wird es in den Großstädten an großen Kreuzungen, wo der Verkehr von vier Richtungen einströmt. Hilfspolizisten mit einer roten Binde am Arm geben sich Mühe, das Durcheinander nicht zum vollständigen Chaos werden zu lassen, und oft gibt es richtige Fahrradstaus. Wenn du dann ein paar Mal heil über eine Groß-Kreuzung gefahren oder auf ihr gar abgebogen bist, hast du deine chinesische Fahrprüfung bestanden! Manche Kreuzungen dürfen Radler nicht überqueren, sondern sie müssen sich Fußgängern anschließen.

Nachts wird ohne Licht gefahren (und wenn, dann nur mit Standlicht). Bei Gegenverkehr wird kurz aufgeblendet. Chinesische Fahrräder haben keine Lichter. Die Straßen und Gassen sind kaum beleuchtet. Also vergiß Nachtfahrten.

Orientierung Erwartet bei Fragen bezüglich der richtigen Richtung nicht allzuviel Auskunftsfreude, auch dann nicht, wenn ihr eure Karte zeigt. Für viele Chinesen ist eine Landkarte viel mehr als ein Schnittmusterbogen, und zusammen mit der Sprachbarriere sind so Umwege und Fehlfahrten vorprogrammiert. Laßt euch die wichtigsten Sätze für das Radfahren bzw. für die Orientierung von einem englischsprechenden Chinesen aufschreiben und schaut, daß euer Reiseführer neben einem guten Sprachführer auch alle Touristenziele in chinesischen Schriftzeichen enthält. Bei (unbeschilderten) Weggabelungen draußen in der Provinz und auch in großen Städten ist ein kleiner Kompaß nützlich!

Transport   Ein Rad kann in China mit dem Zug, mit Bussen oder auch auf dem Schiff mitgenommen werden. Die Mitnahme in Flugzeugen der chinesischen Airline CAAC scheint problematisch zu sein (Spötter sagen, CAAC heißt „China Airways Always Cancels"). Allgemeine Infos über die öffentlichen Verkehrsmittel bitte einem guten Reiseführer entnehmen.

Zug: Das Rad sollte 2–3 Tage vor der eigentlichen Abfahrt als Gepäck aufgegeben werden, da es nicht mit dem gleichen Zug fährt wie man selbst (hängt von der Strecke ab; direkt-Mitnahme oft auch möglich). Zum Gepäckaufgabeschalter gehen und Formulare und Aufkleber erstehen. Die Aufkleber werden ausgefüllt (woher – wohin – dein Name und deine Anschrift – Artikel) und am Rad befestigt. Die Formulare sind auf chinesisch, Angaben können aber in Englisch gemacht werden, doch der Zielbahnhof und die Artikelangabe sollten sicherheitshalber in chinesisch geschrieben werden (Chinesen um Hilfe bitten). Wenn das Rad aufgegeben wird, ist eine Fahrkarte vorzuweisen. Wegen unterschiedlicher Preise für Einheimische und Ausländer sollte man sich zumindest für diesen Zweck von Einheimischen die Fahrkarte kaufen lassen, weil sich wiederum der Preis für den Radtransport nach dem Preis der Personenfahrkarte richtet … Die Quittung aufbewahren und das Rad am Zielort am Gepäckschalter abholen. Tauchen Probleme auf, finden sich nach einiger Zeit meist Studenten, die ihr Englisch ausprobieren wollen. Chinesen verpakken und umwickeln ihr Rad oft. Das Verpackungsmaterial ist selbst zu besorgen. Das Rad wird meist schonender behandelt als bei Bustransporten. Vorsichtshalber die Pedale abschrauben, damit mit dem Rad nicht herumgefahren werden kann, doch es nicht abschließen.

Bus: Die Fahrkarte für das Rad kann ca. eine Viertelstunde vor Abfahrt des Busses gekauft werden. Manchmal gibt es Diskussionen, weil der Fahrer das Rad nicht mitnehmen will. Hartnäckig bleiben, schließlich hat man seine eigene Fahrkarte bereits schon am Tag zuvor gekauft und will auf keinen Fall ohne seinen Drahtesel fahren. Der Radpreis beträgt ca. 2/3 des Passagierpreises, und das Rad muß selbst auf den Busgepäckträger geladen und mit einer eigenen Schnur festgezurrt werden (Chinesen sind wenig hilfsbereit zu Leuten, die sie nicht kennen). Am besten das Rad auch noch an den Busgepäckträger anketten. Komfortbusse nehmen Räder kaum mit.

Mitnahme- bzw. Mitfahrgelegenheiten gibt es auch mit Mini-Traktoren und evtl. auch mit Lkw. Wenngleich die Mitnahme von Ausländern den Lkw-Fahrern streng verboten ist (es droht Entziehung ihrer Lizenz), so kann doch mancher Fahrer wegen eines Mehrverdienstes nicht widerstehen! Diskret verhandeln!

Schiff: Mitnahme problemlos möglich. Beim Fahrkartenkauf gleich darauf hinweisen, daß man ein Rad dabei hat, evtl. gleich eine Karte für das Rad kaufen.

Telefon und Internet   In wenigen Jahren entwickelte sich China zu einer der weltweit größten Internet-Gemeinden. Tendenz weiter steigend. In Folge eines neuen Überwachungsgesetzes wurden zwar viele Cybercafés wieder geschlossen, aber das Angebot, allein schon in Beijing und Shanghai, bleibt riesig. Auch in Touristenzentren wie Yangshou und in Städten entlang der nördlichen Seidenstraße, ja selbst in Lhasa sind nun einige Cafés online gegangen. Weiteres findet man unter www.chinasite.com.

Am wenigsten Probleme bereiten Ferngespräche von Touristenzentren aus, meist steht da in den Travellercafés ein Telefon und eine Zeituhr gut sichtbar auf einem Tischchen am Eingang bereit. Die zweitbeste Möglichkeit sind Vier-Sterne-Hotels, da gibts teilweise zudem, wie in den Internetcafés, einen Faxanschluß. In den Telegrafenämtern werdet ihr mit nicht vorhandenen Sprachkenntnissen allein gelassen.

II. ZIELE, ROUTEN, STRECKEN

Radreise-land China, Anreisemöglichkeiten

China ist eine Radfahrer-Nation. Die 1,3 Milliarden Chinesen fahren ca. 300 Millionen Fahrräder, somit gibt es im bevölkerungsmäßig größten Land der Erde mehr Fahrräder und Radfahrer als irgendwo anders ...

Eine Radreise in China wird man wegen der Größe des Landes und wegen bürokratischer Schwierigkeiten im „Normalfall" auf ausgewählte Ziele bzw. auf bestimmte Regionen beschränken müssen. Es sei denn, man hat genügend Zeit – und die sollte man immer mitbringen! – und plant auch andere Verkehrsmittel wie Bahn, Überlandbusse, Flußschiffe und Flüge mit ein.

Das Mitbringen des eigenen Fahrrades kann je nach Grenzübergang auf Schwierigkeiten stoßen. Die Direkteinreise mit dem Flugzeug und dem Rad nach **Beijing** wurde in der Vergangenheit wegen evtl. Schwierigkeiten weniger empfohlen, doch uns liegt der Bericht einer problemlosen Einreise zweier Deutscher mit ihren Rädern und dem Flugzeug nach Beijing vor.

Am problemlosesten ist die Einreise mit dem Rad über das große China-Einfallstor **Hongkong,** wenn man mit dem Boot nach Guangzhou (Kanton) oder Macao fährt. Leider legen die Fähren nicht mehr direkt in Guangzhou an, sondern 70 km südlich in Pingzhou oder Nansha. Da steht euch gleich die China-„Feuertaufe" bevor: Guangzhou hat 7 Mio. Einwohner ... **Achtung:** der Fähranleger von Hongkong liegt in der City, der neue internationale Flughafen von Hongkong dagegen auf der vorgelagerten Insel Chek Lap Kok und ist nur durch eine 30 km lange Autobahn mit Hongkong verbunden. Auf der dürft ihr nicht radeln, die Busse nehmen keine Räder mit und aus der neuen Airport-Express-Bahn wurden *Clemens Carle* und *Silvia Rüger* hochkant wieder hinausgeschmissen ... Also die Fahrräder am Flughafen im Karton lassen und telefonisch einen Taxi-Van bestellen, die normalen Taxis sind zu klein für mehrere Räder und Gepäck. Infos zum Flughafen unter www.hktourism-board.com/german/airport.html und www.hkairport.com. Der „Hongkong Cycling Club" (www.cyclistclub.org.hk) macht auf seiner Homepage www.gworld.net/~cyclist/english_frame.html mehrere Routenvorschläge.

Die Einreise mit dem Schnellzug nach Guangzhou ist problematisch, das Rad muß als Gepäck aufgegeben werden. Dies ist zwar einigen gelungen, aber mit sehr viel Ärger und Ungewißheit. Eine andere Möglichkeit ist die Fahrt mit dem Zug und dem Rad zur Grenzstation Lo Wu. Dann geht man zu Fuß durch den Zoll und besteigt in der VR China den Zug oder radelt.

Die Ein- und Ausreise nach China mit der **Transsibirischen Eisenbahn** über die Mongolei stellt kein Problem dar. Das Rad muß für die Mitnahme im Abteil jedoch möglichst klein verpackt werden, der Rückreisetermin von China nach Europa muß früh gebucht werden! Von

Peking mit der Transsib über Ulaanbaatar (Ulan-Bator, Mongolei) nach Moskau und Berlin dauert ca. 6 Tage. Von Europa nach China kann man in Reisebüros buchen (weitere Details u. Kosten stehen in China-Reise-führern oder z.B. im PRAXIS-Büchlein von Reise Know-How „Transib – Moskau – Peking"). Bürokratisch problemlos ist auch die Ein-/Ausreise mit dem Rad über den **Karakorum Highway** von/nach Pakistan (s. dort).

Die Einreise über **Nepal** richtet sich nach der aktuellen politischen Situation in **Tibet**. Ist Tibet für Einzelreisende geöffnet, ist es meist auch möglich, ein Rad mitzunehmen. Sind Einzelreisen wie in der Vergangenheit nicht möglich, kann man sich evtl. pro forma einer Reisegruppe von Kathmandu aus anschließen. Große Hoffnungen sollte man sich allerdings nicht machen, die Reisebüros haben viel zuviel Angst, ihre Lizenz zu verlieren. Auch wurden Reiseradler, die von Kathmandu nach Lhasa flogen und dort ihr Fahrrad auspackten, postwendend wieder zurückgeschickt …! Das chinesische Visum sollte man sich auf jeden Fall schon zuhause besorgen!

Die neue **Einreisemöglichkeit über Kasachstan** (Almaty) über Zharkent zur Grenze und weiter ins chinesische Yining (Gulja) oder nach Urumqi hängt ebenfalls von der momentanen politischen Wetterlage ab. Offiziell dürfen Touristen nicht durch die Provinz Xinjiang radeln. Sie müssen an der Grenze einen Bus besteigen und sich ein Erlaubnisschreiben beim Polizeikommissariat in Yining oder Urumqi ausstellen lassen. Aber die Durchsetzung dieser Regel hängt stark von der Laune der Grenzer ab. Die einzige Polizeikontrolle ist etwa 10 km hinter der Grenze, die Polizisten dort salutierten *Clemens Carle* und *Silvia Rüger* statt sie zu kontrollieren. Wer die Grenzkontrollen einmal überstanden hat, bleibt auf der ganzen Seidenstraße unbehelligt.

Auch die **Zentralasienroute mit der Bahn** über Tashkent (Usbekistan) und Almaty (Kasachstan) nach Urumqi (via Druzhba/Dzungarian Gate) ist möglich. Damit kann man nun von Europa mit der Bahn direkt bis an die chinesische Pazifikstadt Lianyungang (Xinpu) fahren!

Auch in **Kirgistan** gibt es einen Grenzübergang nach China, von Naryn über den 3752 m hohen Torugart-Paß nach Kashgar (Kashi; s. GUS, Tadschikistan/Kirgistan). Doch bürokratische Probleme!

Die Grenze von **Vietnam** (Lao Cai – Hekou, Lang Son - Pingxiang und Mong Cai - Dongxing) ist für Einzelreisende geöffnet, auch die Bahnlinie Nanning – Hanoi ist geöffnet.

Die Einreise über **Laos** (Boten – Mengla) ist unseres Wissens nur wenigen gelungen, wäre aber eine wunderbare Möglichkeit, durch die Berge von Südwestchina nach Tibet zu gelangen.

Routen und Touren

Bei der Ausarbeitung eurer Radtour durch China sind der Fantasie keine Grenzen gesetzt, die setzt jedoch die chinesische Fremdenpolizei (s. Liste der „offenen" Gebiete und Städte). Doch einmal unterwegs, sieht vieles anders aus. Um eure Route überhaupt erstmals abzustecken, empfiehlt sich der Blick in einschlägige Bildbände und Reiseführer mit Reiserouten-Planungshilfen. Plant auch evtl. Teiletappen mit Booten auf den großen Flüssen *Huang He* (Gelber Fluß) und *Changjiang* (Yangtze), z.B. von Chongqing bis Wuhan oder gar Shanghai, mit ein. Dies ist evtl. auch eine Möglichkeit, um „geschlossenen" Gebieten oder Städten auszuweichen! Wer von Hongkong einreist, sollte wegen neuester China-Infos im oben erwähnten „Flying Ball"-Radgeschäft vorbeisehen.

Haupttouristenstädte in China sind Guilin, Chengdu, Chongqing, Datong, Guangzhou (Kanton), Kunming, Lijiang, Beijing (Peking), Suzhou, Xi'an und einige andere mehr.

Reisevorschläge:

Südchina: Hongkong, Guangzhou und die chinesische Provinz Guangdong. Guilin (Provinz Guangxi) mit seinen berühmten kegelförmigen Karstbergen, ein Standardziel für China-Touristen. Verschiedene Minoritätengebiete südöstlich von Guiyang (Provinz Guizhou).

Nordostchina: Beijing und Große Mauer. Zur alten Kaiserstadt Xi'an (Tonsoldaten-Armee) und Luoyang (Altstadt, Shaolin-Kloster).

Südwestchina: Hongkong, Guangzhou, Wuzhou, Guilin, Liuzhou (mit Bahn von Guilin nach Liuzhou, sonst über Longsheng und Chang'an), Kunming (dorthin von Liuzhou evtl. weiter mit der Bahn – ca. 30 Stunden, ein Härtetest!). Kunming, die „Stadt des ewigen Frühlings" liegt knapp 2000 m hoch, hier kann man Chinareisende treffen, in der Umgebung viele ethnische Minderheiten mit andersartiger, buntfarbener Kleidung; Tempel, Märkte etc. Nach Westen, nach Dali, führt über Chuxiong die gebirgige alte „Burma-Straße". Um Dali lebt das farbenprächtig gekleidete Volk der Bai. Weiter nach Nordwesten geht es dann auf Hochgebirgsstraßen, vorbei an Lijiang, nach Markham Richtung Tibet. Oder man hält sich von Lijiang Richtung Nordosten, nach Chengdu (wer nicht mehr radeln mag: Unterwegs stößt man auf die Bahnlinie Kunming – Chengdu). Das gebirgige Südwest-China ist nicht einfach!

■ *Jeder hat seine Last zu schleppen ... (Gebiet der Miao)*

„Quer durch China"-Reiserouten Es bieten sich im wesentlichen drei große Durchgangsrouten an, darüber gibt es Bücher und auch schon Radreisebücher.

Route 1: Von Hongkong nach Beijing und dann mit der Transsib über die Mongolei und Rußland nach Europa zurück.

Route 2: Von Kashgar (Westgrenze China) nach Beijing. Start in Pakistan, den Karakorum Highway hoch, dann entlang der Nördlichen Seidenstraße (Route 2a) oder entlang der südlichen Seidenstraße (Route 2b) bis nach Beijing (und wieder nach Europa gleichfalls mit der Transsib). Oder man fährt von Beijing noch runter bis Hongkong, sofern im Nordosten nicht schon Schnee liegt.

Route 3: Von Hongkong durch Tibet nach Nepal (oder man beginnt damit in Beijing oder Shanghai, ggf. auf dem Yangtze per Boot bis Chongqing). Sehr schwierig im Hochland von Tibet, Details s. „Tibet".

Route 4: Von Kashgar nach Lhasa. Start in Kirgistan oder Pakistan, in China ein Stück der südlichen Seidenstraße folgen und dann quer durch das Kunlun-Shan- und Gangdise-Shan-Gebirge bis nach Lhasa.

Jede dieser Routen könnte man auch von „rückwärts" machen, sie abändern oder sie miteinander kombinieren. Man muß nur beachten, daß man zur richtigen Jahreszeit in der richtigen Region unterwegs ist. Ist Tibet mit eingeschlossen, hat die dortige günstigste Reisezeit Planungsvorrang! (s. „Tibet").

Route 1: Hongkong – Beijing

Das Einfallstor Chinas macht es relativ leicht, eine China-Radtour dort zu beginnen. Evtl. schöne Bahnfahrt von Guiyang nach Chongqing und Schiffahrt auf dem Yangtze von Chongqing bis Wuhan einplanen (die Pisten durch die Minoritätengebiete im Südosten von Guiyang und die „Hauptstraße" von Guiyang nach Chongqing sind in verheerendem Zustand). In Beijing die Große Mauer, die Ming-Gräber und andere Umgebungsziele anradeln. Von Guangzhou (Kanton) kann man auch per Schiff nach Wuzhou fahren (ca. 16 Stunden).

Ein (veraltetes) Buch für die Strecke Hongkong – Peking: Christopher Hough: „A Pedaller to Peking", Methuen (1986), ISBN 0-413-57980-8; Radreise-Erlebnis durch Indien und China (Hongkong, Wuzhou, Guilin, Wuhan, Shanghai, Beijing, Transsib. Eisenbahn).

■ Hongkong ist erreicht …
(Silvia Rüger und Clemens Carle)

Route 2: Kashgar – Beijing (Seidenstraße)

Anfahrt von Pakistan über den Karakorum Highway (s. Pakistan) nach Kashgar. Oder von Kirgistan, aber problematischer Grenzübertritt (s. Kirgistan). Kashgar ist eine ziemlich trostlose, doch sehr alte Handelsstadt und heute ein Außenposten der China-Traveller in der riesigen autonomen Ostprovinz Xinjiang. Es gibt dort alle reisewichtigen Dinge, großer Sonntagsmarkt.

Route 2a: Auf einer asphaltierten Straße geht es von Kashgar durch Steppe und Wüste zwischen dem Tian-Shan-Gebirge und der Takla-Makan-Wüste (Tarim-Becken) über die Borohor-Shan-Berge und Dushanzi (Maytag) zur Wüstengroßstadt Urumqi. Die Abstände zwischen den Orten bzw. Oasen Sanchakou, Aksu, Kuqa u.a. sind recht groß. Das ist ein Abschnitt der alten Seidenstraße, Distanz Kashgar – Urumqi ca. 1500 km.

Von Urumqi kann man Ausflüge ins Tian-Shan-Gebirge zum Tianchi-See machen (höchster Berg ist der Bogda Feng, 5445 m). Dann geht es weiter nach Osten, über die Oasenstadt Turpan (Turfan, Turpan Pendi Senke, minus 154 m!), Shanshan, Qijijaojing zur Oasenstadt Hami in der Provinz Gansu. Dies ist eine endlose und bergige Wüstenstraße, sommers wird es, nicht nur an den Anstiegen, sehr, sehr heiß! Auch blasen starke Winde bzw. Sandstürme, meist von Osten! Diese Strecke durch die Takla-Makan-Wüste muß jahreszeitlich richtig geplant werden, also nicht im Sommer! Bei starkem Gegenwind evtl. die Bahn benützen, die fährt von Urumqi über Hami u.a. Orte bis Lanzhou (Hauptstadt der Provinz Gansu) und noch weiter über Xi'an bis zur Ostküste Chinas.

In der Provinz Gansu ist die Takla-Makan-Straße schlecht. In Hongliuyuan gabelt sich die Straße, südwärts erreicht man die recht große, angenehme Oasenstadt **Dunhuang** (große Sanddünen, Mogao-Höhlen). Hier teilte sich einst die historische Seidenstraße in eine Nord- und Südroute (s.u. Route 2b). In dem u. aufgeführten Buch „Fahrrad-Abenteuer im Himalaya" ist die Route von Dunhuang bis Urumqi und Manas (Shihezi) beschrieben.

■ *Vor Hotelreklame in Dunhuang*

Von Dunhuang dann weiter in die dichter besiedelten Gebiete Ostchinas: Über Anxi, Yumen, Wuwei bis nach Lanzhou, nach Xi'an (Terrakotta-Armee) und zum Gelben Fluß (Huang-He) bis Beijing. Von Xi'an könnte man auch nach Süden abbiegen, über Chengdu, Linxia bis nach Hongkong, oder bis Wuhan, von dort ein Flußschiff nach Chongqing nehmen und den Rest nach Hongkong radeln.

Lhasa-Tibetradler fahren von Dunhuang über Aksay, Da Qaidam nach Golmud (dazwischen einige Pässe zwischen 3000 und 3700, auch regelmäßiger Busverkehr, allerdings braucht ihr dann ein Permit) und von dort weiter bis nach Lhasa (s.u., „Nach Lhasa"). Golmud hat einen Eisenbahnanschluß nach Ostchina.

Distanzen: Urumqi – Turpan (190 km) – Hami (405 km) – Hongliuyuan (290 km) – Dunhuang (126 km) – Jiayuguan (385 km) – Lanzhou (775 km) – Xi'an (850 km) – Beijing (nochmals 1300 km).

Route 2b: Die Route entlang der **südlichen Seidenstraße von Kashgar nach Dunhuang** ist in weit schlechterem Zustand, nur teilweise asphaltiert, oft sandig mit Orientierungsproblemen und kann bei Sandstürmen gar lebensgefährlich werden! Also nur bei hervorragender Vorbereitung diese Strecke angehen, es gibt sehr wenig Verkehr und damit auch Hilfsmöglichkeiten.

■ *Sebastian Burger und Michael Giefer*

Michael Giefer und *Sebastian Burger* berichten: „Die ersten 825 km bis Minfeng (Niya) auf der G315 sind noch asphaltiert und stellen deshalb zur richtigen Reisezeit (Herbst) kein größeres Versorgungsproblem dar, auch wenn die Oasen nach Osten hin immer weiter auseinander liegen (teils ca. 70 km). In Minfeng führt eine neue Asphaltstraße über 500 km quer durch die Takla Makan zur nördlichen Seidenstraße. Ab Minfeng wechselt die Straße in eine sandige Wüstenpiste. Das ist die sog. „Höllenstrecke". 321 km Wüste bis zur nächsten größeren Oase, der Stadt Qiemo (Qarqan)! Eine Strecke, die Monate im Jahr vom Sand der Wüste verweht sein kann – das „Radfahren" wird zur Qual. Nur die letzten 17 km bis Qarqan rollen wir wieder auf Asphalt.

Die Höllenstrecke haben wir jetzt überstanden, aber nicht die Wüstenpiste! Ganz im Gegenteil. Sie wird noch schlechter! In Qarqan heißt es dann nach einer ausgeruhten Hotelnacht auch erst mal hamstern: 30 Packungen Kekse, 3 kg Birnen, 1 kg Äpfel, 8 l Tee und Wasser, Süßkram, sowie mehrere Brotlaibe, Dampfnudeln und ein Glas Marmelade wandern pro Kopf in die Packtaschen. Schwer beladen begeben wir uns wieder in die lebensfeindliche Wüste. Da sich unsere amerikanischen Fliegerkarten als äußerst ungenau herausstellen, erfragen wir bei den wenigen vorbeikommenden Lastwagenfahrern und den uigurischen Straßenarbeitern die nächsten Siedlungen, um das Risiko möglichst gering zu halten. Die ersten 35 km sind asphaltiert, aber dann gehts richtig los! Die nun völlig vom Sand verwehte Piste hebt sich kaum noch von ihrer Umgebung ab, und immer wieder wird das anstrengende und langsame Fahren durch Schiebepassagen unterbrochen. Meilensteine und die Telefonmasten dienen nun als Wegweiser. Der starke Ostwind fegt uns Sand um die Ohren. Das Radfahren wird zu einer einzigen Tortur. Schon nach kurzer Zeit ist jede Pore mit Sand verklebt. Den einzigen Schutz bieten unsere Gletscherbrillen und die um Mund und Nase gebundenen Tücher.

■ *„Schon nach kurzer Zeit ist jede Pore mit Sand verklebt …"*

Bis Ruoqiang (Qarkilik) sind das 365 km, davon 323 km Piste. Weitere 366 km Piste durch das Altun-Shan-Gebirge folgen, die restlichen rund 500 km über die Qaidam-Hochebene und auf der Hauptstraße von Golmud nach Dunhuang sind asphaltiert.

Die beste Reisezeit ist der Herbst mit bis zu 25 °C. Durch den hohen Sandgehalt in der Luft ist der Himmel nahezu immer diesig und die Sonnenstrahlen können ihre Kraft nicht entfalten. Im Altun-Shan-Gebirge und auf dem Qaidam-Becken, das teils über 3500m hoch liegt, wird es dann aber nachts bitter kalt mit Temperaturen bis –15 Grad! Im Frühjahr treten häufig Sandstürme auf, im Sommer ist die Hitze zu groß.

Da die Oasen bis zu 90 km auseinander liegen, sollte für alle Fälle immer die doppelte oder dreifache Wassermenge mitgenommen werden als man zu verbrauchen glaubt. Die Oasen bestehen oft nur aus wenigen Garküchen. Aber dort bekommt man für wenig Geld immer etwas zu essen und zu trinken, meist uigurische Nudeln mit scharfer Soße (mit oder ohne Fleisch) und Wasser, grünen Tee, Limo. Wenn du Glück hast, gibt es sogar eine Kühltruhe mit recht gutem chinesischem Bier. In der Regel ist die Piste an den Telefonmasten gut zu erkennen. Da die Takla Makan jedoch eine Flugsandwüste ist, können unter Umständen auch lange Teilstrecken komplett versandet sein. Dann heißt es schieben … Es herrscht nur wenig Verkehr zwischen den Oasen. Aber es vergeht kein Tag, an dem nicht wenigstens ein Jeep, Bus oder Lkw an dir vorbeifährt …

Auf der Homepage www.globetreter.de erfahrt ihr noch mehr über die „Expedition südliche Seidenstraße".

Route 3: Hongkong – Nepal

Eigentlich sollte man diese Tour in Kathmandu/Nepal beginnen, denn dort kann man sich in Ruhe an die Höhe gewöhnen und kann sich genügend Kraft für die kommenden mageren Wochen durch Tibet anfuttern (Voraussetzung ist natürlich, daß man auch mit dem Rad von Nepal aus nach Tibet einreisen kann; notfalls mit einer Gruppe probieren).

Route von Osten: Hongkong – Wuzhou (Guangzhou – Wuzhou auch per Schiff) – Guilin – Guiyang – Luzhou – Chengdu – Kangding (ab da, bzw. schon vorher, in Ya'an, wird es sehr bergig!). Hinter Kangding geht eine Straße nach Norden, eine andere Abzweigung führt nach Süden über Markham (Gartog) und trifft in Bamda wieder mit der Nordroute zusammen. Von Kangding also über die Nordroute über Qianning und den 5000er-Paß Khola-San nach Dege (Derge), dahinter liegt die Sichuan/Tibet Grenze am Yangtze (Jinsha Jiang). Wenn reisen in Tibet nicht erlaubt ist, ist hier die Weiterfahrt für Ausländer gesperrt (Abenteurer versuchen eine unbemerkte Flußüberfahrt, s. Buch „Von Hongkong nach Nepal"). Über Jomda und Qamdo erreicht man dann Bamda. Das alles ist schon schwierigstes Hochgebirgs-Radeln zwischen 3000 und 5000 m!

Nach dem Yangtze kommen hintereinander die parallel fließenden, tiefeingeschnittenen Flußtäler des Lancang Jiang (Mekong) und des Nu Jiang (Salween). Zwischen den Flüssen einige sehr hohe Pässe und eine urtümliche, irre Landschaft!

Von Qamdo geht es entlang des Mekong-Flußtales nach Bamda (hier trifft die Südroute von Kangding/Markham ein), und weiter über Baxoi – Rawu – Bomi – Tangmai – Nyingchi. In Nyingchi gabelt sich die Straße nach Lhasa in eine südliche und nördliche Route, die südliche führt am Flußtal des Zangbo (Yarlung, später Brahmaputra) entlang, die nördliche folgt gleichfalls einem Fluß.

Von Chengdu bis Lhasa ist die Strecke (ca. 2500 km) unbefestigt, es ist ein Staub-, Schotter- und Erdbelag (wenn Regen fällt, viel Schlamm), die Höhenlage beträgt so zwischen drei- und viertausend Meter, bis Lhasa müssen ca. 15 Pässe zwischen 4000 und 5000 m – einige auch bis 5400 m – überquert und tiefeingeschnittene Flußtäler überwunden werden. Die Steigungen zu den Pässen können 20, 30 Kilometer lang sein! Nur vor Lhasa (3600 m) gibt es wieder eine Asphaltstraße. Unterwegs viele Armee-Camps. In dem u.g. Buch „Von Hongkong nach Nepal" benötigten die zwei Radler für die Strecke Hongkong nach Lhasa (ca. 4500 km) etwa dreieinhalb Monate, davon ca. 2 Monate von Chengdu nach Lhasa. Vorher in Chengdu bzw. Lhasa genügend Geld wechseln!

Man könnte von Hongkong Richtung Tibet auch jene Route nehmen, wie sie oben bei „Südwestchina" beschrieben ist. Strecke von Lhasa nach Nepal siehe unten.

Route 4: Kashgar – Lhasa

In Kashgar kann man nochmals richtig die Packtaschen mit allen eßbaren Schätzen (Schokolade!) füllen. Wer von Pakistan oder Kirgistan kommt, hat zumindest schon eine gewisse Höhenanpassung. Ob die Route bis Lhasa machbar ist, hängt u.a. auch von den Armee-Checkposten ab, die mal Reiseradler zurückgeschickt, auf einen Lkw verfrachtet oder einfach durchgewunken haben.

Route: Kashgar – Yecheng (ca. 250 km, hier Abzweigung von der asphaltierten G315; weitere 90 km der G219 sind noch teilweise asphaltiert) – Mazar (km 495) – Xaidulla (km 615) – Sumxi (km 990) – Rutok (km 1200) – Ali (km 1330) – Misar (km 1550) – Barga (km 1650) – Paryang (km 1900) – Saga (km 2150) – Lhaze (km 2350) – Shigatze (km 2500) – Lhasa. Pro Tag werdet ihr kaum mehr als 40 bis 60 km schaffen, für die Gesamtstrecke von rund 2850 km solltet ihr mit zwei bis drei Monaten rechnen.

Bis Yecheng folgt die Route der südlichen Seidenstraße (s.o. Route 2b), die G219 führt dann südlich in das Kunlun-Shan-Gebirge hinein. Die ersten ca. 90 km sind meist noch asphaltiert, der Rest ist knallhartes Radeln oder auch Schieben über Geröll, Staub, Waschbrett, durch Matsch, Schlamm und Sand bei Höhen zwischen 4000 m und 5450 m! Unzählige Pässe! Einer der absoluten Höhepunkte ist sicherlich der Anblick des heiligen Kailash (6656 m) zwischen Misar und Barga. Einmal im Jahr ist er das Ziel tausender gläubiger Hindus und Buddhisten. Unterwegs passiert ihr viele Camps von Straßenbauarbeitern, auch mal kleine Dörfer oder auch nur Zelte, aber nicht immer gibt es da auch etwas zu essen. Eher findet ihr Restaurants oder Shops in den obengenannten Orten. Einzige Geldwechselmöglichkeit in Rutok (Bank of China), besser in Kashgar bereits genügend Geld für die gesamte Tour wechseln. Ali ist die Hauptstadt des gleichnamigen Distrikts, der bis nach Shigatze reicht. Reisende hatten sich hier beim P.S.O. gemeldet und dann gegen eine „Strafgebühr" bis zu 100 DM (verhandelbar) ein Permit für die Weiterreise erhalten …

In Lhaze erreicht ihr den Friendship Highway Lhasa – Kathmandu, von da sind es noch ca. 500 km bis Kathmandu. Aber eher wird es euch nach Lhasa ziehen. Um nicht die gesamte Strecke zweimal radeln zu müssen, kann man ja ab Shigatze einmal die Nordroute und einmal die Südroute am Yamdrok-Tso-See entlang wählen.

Tibet

Tibet ist derzeit individuell nicht uneingeschränkt bereisbar, vor einer Reiseplanung nach den aktuellen Bestimmungen erkundigen. In der Vergangenheit war die Straße von Chengdu nach Lhasa für Ausländer gesperrt, doch mit Glück (und Frechheit) kann man auch im Verbots-Fall nach Lhasa durchkommen (s. das Buch „Von Hongkong nach Nepal").

Das tibetische Hochland (zwischen 3000 und 5000 m) ist die ausgedehnteste Höhen-Landmasse der Erde. Die südliche Begrenzung dieses überwiegend baumlosen und unfruchtbaren Hochlandes bilden die Himalaya-Gebirgsketten mit ihren Sieben- und Achttausendern, der Norden besteht aus unbewohnten Hochlandsteppen und Höhenwüsten. Das Klima ist extrem: Heiße, kurze Sommer, und eisige, lange Winter. Beste Reisezeit von April bis Oktober (vorzugsweise im Frühjahr und Herbst), große regionale Klimaunterschiede und extreme Tag- und Nacht Temperatur-Differenzen!

Tibet (chin. „Xizang Zizhiqu") wurde 1951 von China annektiert, in der Folge wurden sehr viele Klöster und buddhistische Heiligtümer zerstört. Der Dalai Lama, das religiöse Oberhaupt der Tibeter, floh 1959 ins Exil nach Dharamsala (Indien). Noch heute hoffen die Tibeter auf eine Wiederherstellung ihres selbständigen Staates. Durch den Zuzug von

Chinesen werden sie langsam zu einer Minderheit im eigenen Land. Die zweitgrößte Stadt nach Lhasa ist Shigatse (Xigatze). Tibets heiliger Berg ist der 6656 m hohe **Kailash** (Gangrinpochhe) im westlichen Hochland. Sehenswert sind die vielen Klöster.

Sehr empfehlenswert ist www.tibet.com und die Homepage der „Gesellschaft Schweizerisch-Tibetische Freundschaft (GSTF, www.tibetfocus.com), außerdem ist gut und informativ das Tibet Information Network (www.tibetinfo.net). Der Verein „Tibetisches Zentrum e.V." in Hamburg informiert auch über viele Aspekte des Buddhismus (www.tibet.de), schaut mal auf die Seite mit den Links!

Radfahren in Tibet

Die Straßen Tibets sind überwiegend nur Pisten, die des öfter durch Schlamm, Schnee, Abbrüche oder Überschwemmungen unpassierbar sind. Wer in der rauhen, unerbittlichen Natur Tibets mit dem Rad reisen will, muß eine eiserne Konstitution, Durchhaltewillen und beste Nerven haben! Viel Improvisationstalent und Sprachkenntnisse des Tibetischen sind gleichfalls nötig. In den Landesteilen über 4000 m, und davon gibt es genügend, droht ständig Höhenkrankheit (Anmerkungen dazu stehen bei „Nepal" und „Bolivien")! Auch die Beschaffung von Verpflegung ist schwierig, die kleinen Siedlungen können 100 Kilometer und mehr auseinander liegen. Wegen der Kälte und als Schutz vor der Höhensonne sind wärmende Gesichtsmasken und Schneebrillen mit Nasenschutz nötig. Übrigens: auf Grund der klaren, dünnen Luft lassen sich Entfernungen nur schwer schätzen bzw. erscheinen näher.

Tibetisches Grundnahrungsmittel ist *Tsampa,* geröstetes und gemahlenes Gerstenmehl, das mit *Bötscha,* einem salzigen Buttertee, zu einem Teigklumpen verknetet wird. Dazu gibt es Yak-Butter. Getrunken wird *Chang,* Gerstenbier. Gut schmecken *Momo,* ravioliähnliche Teigtaschen. Jedes noch so kleine Restaurant serviert *Tukpa,* Nudeln in Brühe mit oder ohne Fleisch. *Immer* eigene Vorräte mitführen (Suppenwürfel, Instantnudeln, Trockennahrung, Teebeutel, Dosen, Schokolade etc.), sich in Lhasa bzw. noch in Ost- bzw. Westchina damit eindecken.

Radreise-Tips

Radersatzteile für westliche Räder sind in Tibet nicht erhältlich. Kleidung für jedes Wetter und gegen starke Kälte sowie eine Ausrüstung für autarkes Reisen (Zelt, Kocher) sind notwendig, nützlich ist auch ein Kompaß und ein Höhenmesser. Starkes Sonnenschutzmittel, Kopfbedeckung, Toilettenpapier, genügend Lebensmittel- und Wasservorräte. Generell möglichst leichtgewichtig fahren, in der dünnen Luft zählt jedes Gramm doppelt.

Immer viel trinken, doch Vorsicht mit unbehandeltem Wasser (auch beim Essen in zweifelhaften Restaurants); leistet euch keine Durchfallerkrankung, wenn ihr sowieso schon durch die Höhe und die Anstrengung geschwächt seid! Genügend Medikamente, Elektrolytlösung und Vitaminpillen mitführen! Außerhalb der wenigen touristischen Orte gibt es kaum medizinische Hilfe und Hotels. Bei den Tibetern sind Bilder vom Dalai-Lama begehrt.

Besonders aufpassen müßt ihr vor den Hunden in Tibet! Bei einem abzusehenden Angriff Steine werfen, Stock bereithalten, Tollwut-Gefahr! Auch die von Touristen verdorbenen Kinderhorden können ziemlich aggressiv werden, das mußten schon einige Tibet-Radler erfahren, die Kinder betteln um Geschenke, Süßigkeiten und Geld.

Nach Lhasa   Lhasa ist die Hauptstadt von Tibet, 3600 m hoch gelegen, „rettende Oase" mit „allem wieder". Berühmt ist der monumentale Potala-Palast. Wer von Lhasa aus Lust „auf mehr" hat, kann ja zum Nam-Co-See nördlich von Lhasa hochkurbeln (über Yanbajing, 4300 m hoch, nach Damxung, 4400 m hoch). Überland nach Lhasa kommt man entweder von Kathmandu aus, von Chinas Osten (Chengdu), vom Südosten von der Provinz Kunming (über Dali, Lijang, Zhongdian, Deqen, Bamda, von dort weiter nach Westen nach Lhasa) oder vom äußersten Westen Chinas, von Kashgar. Leute die direkt nach Lhasa einfliegen können dort preiswert ein chinesisches MTB kaufen und damit z.B. nach Kathmandu fahren.

Die zweite wichtige Straße nach Lhasa führt vom Norden Chinas, von Dunhuang, Golmud über das Hochland von Tibet. Eine endlos einsame, überwiegende Schotterstrecke, mit etwa 1230 km Länge ab Golmud bis Lhasa und mit Höhen zwischen 4000 m und über 5231 m (meist zwischen 4600 bis 4800 m) ist sie die **längste und höchste Straße der Welt!** Achtung! Nur etwas für Extrem-Tourer, eine Strecke im Grenzbereich menschlicher Leistungsfähigkeit! Im Notfall tröstlich: Es fahren auch (wenige) Busse.

Man fährt über vegetationslose, eisige Hochplateaus, die von Bergketten begrenzt sind, es gibt lange unasphaltierte Abschnitte und die wenigen, kleinen Siedlungen liegen sehr weit auseinander, sonst sieht man nur einige Yak-Nomaden und Straßenbauhütten.

Verlauf von Norden: Von Dunhuang steigt die Strecke an, es geht über Aksay, den Dangjin-Shankou-Paß (3600 m) nach Da Qaidam, dann durch die Salzwüste Qaidam Pendi nach Golmud. Diese Strecke ist überwiegend asphaltiert. Hinter Golmud kommen tiefe Schluchten, dann geht es über den Paß Kunlun Shankou (4754 m) endgültig auf die tibetische Hochebene. Danach kommen Budongquan und Wudaoliang, und vor Tanggulashan der Paß Foho-Shan, 5010 m. In diesem etwas größeren Ort wird der Yangtze überquert, der hier in dieser Gegend Tibets entspringt. Danach die trostlose Tongteyho-Ebene. Hinter Wenquan ragen die Doppelpässe Tanggula Shankou (ca. 5231 m) und der Todju-La (ca. 5160 m) auf, es sind die beiden höchsten der Strecke. Das ist nun die Hälfte der Strecke bis Lhasa, und auch die Grenze zwischen der chin. Provinz Qinghai und Tibet. Anschließend kommen Amdo, Nagqu, Yangbajin und letztendlich Lhasa. Etwa drei Wochen solltet ihr ab Golmud schon veranschlagen.

Beschrieben ist die Strecke in der Gegenrichtung von Lhasa nach Golmud (und weiter nach Urumqi) in dem u. erwähnten Buch „Fahrrad-Abenteuer im Himalaya". Auch Weltumradler Claude Marthaler „kurvte" da herum, s. sein Buch „Durchgedreht".

Statt von Dunhuang könnte man Golmud auch von *Xining* aus ansteuern. Xining, die Millionenhauptstadt der Provinz Qinghai, liegt auf 2200 m Höhe an der Bahnstrecke Lanzhou – Golmud. Die Straße G109 führt erst Richtung Westen zum *Qinghai-See* (auf tibetisch heißt er Koko Nor und ist Chinas größter Salzwassersee, 3200 m, Vogelreservat), nach Überquerung des Passes Zakou La (3731 m) geht es weiter durch die südlichen Ausläufer des Qaidam Pendi-Beckens bis nach Golmud. Distanz knapp 800 km, harte Schotterpiste bis westlich des Passes, dann leidlich bis sehr gut asphaltiert, wenige Oasen im Abstand von ca. 150 km.

Von Lhasa nach Kathmandu/Nepal

Sind es ca. 1100 km, man braucht etwa zwei Wochen, unterwegs gibt es genügend Ortschaften und Übernachtungsmöglichkeiten. Beim Zelten wird man immer viele Tibeter und Kinder als neugierige Zaungäste haben. Bis nach Shigatze zwei Möglichkeiten: Nordroute über Yangbajin oder Südroute über Nagarze.

Über die Südroute geht es von Lhasa zunächst über den Paß Khamba-La (4800 m), vorbei am türkisgrünen See Yamtrok-Yamzho nach Nagarze (4500 m). Zwischen Nagarze und Gyangze (3950 m) liegt der Paß Karo-La, 5010 m. Dann die größere Stadt Shigatze (3900 m), dahinter der Paß Tso-La, 4500 m. Nach Lhaze (4050 m) kommt der Lapka-La (Gyatso-La), 5220 m, es fällt wieder ab nach Shekhar, danach kommt Tingri (4340 m). Wer die Kraft hat, kann südlich von Shekhar (beim Kilometerstein 5145) einen Abstecher nach Rongbuk zum Mt. Everest Base Camp machen, das sind aber ca. 100 km teils furchtbare Geröllpiste. Zurück über die westliche Piste nach Tingri. Bei wolkenlosem Wetter ist der höchste Berg der Welt, auf tibetisch Qomolangma – „Göttin der Erde" – jedoch auch von Tingri aus, zusammen mit dem Makalu und Cho Oyu, zu sehen.

Nach Tingri ein letzter Anstieg zum Paß Lalung-Le (Tong-La-), 5214 m, ein Doppelpaß (Typ „Kamelhöcker")! Danach rollt man nur noch abwärts, geschafft! Es kommt Nyalam (3750 m), dann der Grenzort Zhangmu Kasa (2300 m); Kodari (1770 m) ist der erste Ort auf nepalischer Seite. In Barabhise, 27 km weiter, endet endlich auch die unasphaltierte Piste. Kathmandu ist jetzt nur noch 85 km entfernt.

Da man sich zwischen Lhasa und Nyalam auf Höhen zwischen 3700 und 4000 befindet, sind die Paßhöhen nicht mehr so dramatisch, doch die Anstiegslängen sind zum Teil 20, 30 km lang! Streckenbeschreibung und Raderlebnisse von Lhasa nach Kathmandu s. Buch „Tibets wilder Osten". Von Kathmandu nach Lhasa s. „Fahrrad-Abenteuer im Himalaya".

Taschi Delek (tibetischer Gruß, „Glück und Segen")!

Literatur

Tibet-Reiseführer: „Tibet", Lonely Planet, des weiteren das „Tibet Handbook with Bhutan", Footprint Publications. Auf Grund der besonderen Situation Tibets sollte man sich vorher gut einlesen, es gibt viele Tibet-Literatur.

Tibet-Sprachführer: Kauderwelsch „Tibetisch", Reise Know-How. Von Lonely Planet das „Tibetan Phrasebook".

Tibet-Radbücher: „Paris – Auckland und zurück", Alexandre Poussin und Sylvain Tesson, Bastei-Lübbe Verlag. Die beiden Franzosen überquerten als eine der ersten Radler 1994 die Grenze von Laos nach China und radelten über Dali und Markham nach Lhasa – in 18 Tagen! Mit viel Selbstironie und locker geschriebene, einjährige Weltumradlung, ein Lesegenuß.

Die folgenden Bücher sind nur noch im Antiquariat erhältlich:

„Von Hongkong nach Nepal", von Andreas Wipper, Pietsch-Verlag. Fünfmonatige, 6000 km-Tour, mit Reise- und Ausrüstungstips, gut geschilderter Erlebnisbericht.

Angela Kahl: „Tibets Wilder Osten", Frederking & Thaler Verlag. Erlebnisbericht einer Lkw-Reise von Chengdu nach Lhasa, von dort nach Kathmandu mit dem Fahrrad. Auch im unten genannten Buch „Cycling to Xi'an" führt der letzte Abschnitt durch den Osten Tibets (Chengdu) über

Lhasa bis nach Kathmandu. Gleichfalls gut als Road-Book auszuwerten. Richard und Nicholas Crane: „Fahrrad-Abenteuer im Himalaya", Pietsch Verlag. Von der Industrie gesponsorte Extrem-Tour der beiden Engländer von Bangladesh über Indien nach Nepal, Tibet (Lhasa, Golmud, Dunhunag, Hami, Urumqi) zur Dzungaria-Wüste (Junggar Pendi), zum sog. „Mittelpunkt der Erde", 1986. Für „Normal-Radler" kaum nachvollziehbar, doch das Buch gibt gut wieder, was einen Tibet-Radler erwartet. Für evtl. Nachfolger sind die Erlebnisse und die Streckenbeschreibungen interessant.

Tibet-Karten: Von Reise Know-How: „Tibet". Von Stanford: „South-Central-Tibet" (Kathmandu – Lhasa) 1:1 Mio. RV-Verlag: „Tibet, Nepal, Bhutan", 1:2 Mio. Von Karto Atelier: Nepal Road Map, mit Tibet-Grenzgebiet bis Shegar u. Teil der Südroute Westtibets, Kailash-Trekkingkarte, 1:1 Mio., gut.

China-Reiseführer: Reise Know-How, A. und O. Fülling: „China Manual", „Chinas Norden – Die Seidenstraße" und „Chinas Osten mit Beijing und Shanghai". Im selben Verlag „Hongkong, Macau und Kanton". Von Lonely Planet: „China". Zur Vorbereitung: „KulturSchock China" und „Daoismus erleben", Reise Know-How; „Reisegast in China", Iwanowski-Verlag und das Sympathie-Magazin „China verstehen" vom Studienkreis für Tourismus.

China-Sprachführer: Kauderwelsch: „Hochchinesisch" und „Kantonesisch" (mit Kassetten), „Chinesisch kulinarisch", RKH. Auch der Chinesisch-Sprachführer von Langenscheid ist gut. Hilfreich sind unterwegs auch englisch/chinesische oder englisch/tibetische Sprachführer!

China-Radbücher: s. bei den oben genannten Touren eins bis vier. Ein weiteres: „Cycling to Xi'an", von Michael Buckley, Crazyhorse-Press, Vancouver, Canada. Radreise von Shanghai via Xi'an, Chengdu, Lhasa nach Kathmandu. Lesenswerter MTB-Erlebnisbericht, gut zur Vorbereitung, wer die gleiche oder eine ähnliche Strecke vorhat. „China By Bike", von Roger Grigsby, The Mountaineers, Seattle, WA, USA. Beschreibt ausführlich sechs Touren im Osten Chinas. Lesenswert, auch wegen der allgemeineren Themen rund ums Radeln in China.

China-Karten: „China", 1:4 Mio., RV-Esselte, mit chin. Namen der Städte, das ist sehr vorteilhaft, gut geeignet zur Grobplanung. Dazu die Nelles „China"-Karten, vierteilig: North, North-Eastern, Central und Southern, in 1:1,5 Mio. Nachteil: keine chin. Namen, nur der Osten Chinas, und die km-Angaben stimmen meist nicht.

In Chinas großen Städten gibt es in den Xin-Hua Buchläden kleine Atlanten mit Provinzkarten, Stadtplänen etc. Sehr klein gedruckt, nur Chinesisch, ohne Grundkenntnisse der Schrift kaum zu entziffern, doch gut als Ergänzung zu den Nelles-Karten. Des weiteren gibt es die „Map of China"/Zhongguo Ditu 1:1 Mio., in 74 Blättern, herausgegeben vom Xi'an Cartographic Publishung House, Beschriftung in Pinyin, auch hier erhältlich. Wer über Hongkong einreist, sollte sich dort seine China-Karten besorgen!

Indonesien

Überblick   Indonesien ist der größte Inselstaat der Erde, er zieht sich 5000 km entlang des Äquators. Doch für Radfahrten kommen eigentlich nur die Hauptinsel Java, das touristische Bali und das große Sumatra in Frage. Die an Bali anschließenden östlichen Kleinen Sunda-Inseln Lombok, Sumbawa und Flores bieten noch urwüchsiges Indonesien und eignen sich besonders für den Einstieg in das „Raderlebnis Indonesien".

Wer zum erstenmal nach Java oder Bali kommt, durchleidet einen „Menschenmassen-Schock", die beiden Inseln zählen zu den dichtestbesiedelten Regionen der Erde. Auf Java, das nur halb so groß ist wie die alte BRD, leben ca. 115 Mio. Menschen (das sind rund 60% der Indonesier auf einer Fläche, die nur 7% des Staatsgebietes ausmacht!). Die indonesische Regierung begegnet dem Bevölkerungsdruck mit großangelegten Umsiedlungsprogrammen, die allerdings ihrerseits zusammen mit wirtschaftlichen Problemen zu einer Verschärfung separatistischer und religiöser Konflikte auf verschiedenen Inseln führten. Besonders betroffen sind mit West-Kalimantan, den Molukken, Irian Jaya und Osttimor für Radler eher uninteressante Inseln, allerdings haben sich die Konflikte zeitweise auch auf Südsulawesi, Lombok und Nordsumatra (Provinzen *Aceh* und *Riau*) ausgeweitet. Bitte unbedingt die Sicherheitslage vor Reisebeginn checken, z.B. auf der Homepage des Auswärtigen Amtes, www.auswaertiges-amt.de.

Websites: Die „Jakarta Post" bietet tagesaktuelle Meldungen zu Politik und Wirtschaft: www.thejakartapost.com/headlines.asp.

Eher den üblichen Hochglanzbroschüren entspricht das Online-Angebot der indonesischen Tourismusbehörde, www.indonesia-tourism.com.

„The Indonesian Homepage", www.indonesia.elga.net.id, und „Travelling in Indonesia", www.emp.pdx.edu/htliono/travel.html, bieten viele weiterführende Links.

Sumatra   Die Rieseninsel Sumatra (1800 km lang, 300–400 km breit) ist geprägt von Gebirgen und tropischen Wäldern, es ist teilweise noch eine richtige „Grüne Hölle", sogar Tiger, Nashörner und Elefanten kommen noch in geringer Zahl vor (bekannt ist auch das *„Bohorok Orang Utan Rehabilitation Centre"* nahe Bukit Lawang am Westrand des Leuser-Nationalparks). Es gibt viele erloschene und noch tätige Vulkane, (Krater-)Seen und traditionelle Dörfer (eine Attraktion sind die Dörfer der Batak).

Entlang der waldreichen Westküste zieht sich eine Bergkette von Nord nach Süd, die *Bukit Barisan*. Die Ostküste ist zwischen Medan und Palembang sumpfig, und der Südosten ist, wie die ganze Insel, nur dünn besiedelt. Die Ortschaften liegen meist weit auseinander.

Das Straßennetz ist trotz asphaltierter Hauptstraßen schlecht, auch der Trans-Sumatra-Highway, und während der Regenzeit werden fast alle Nebenstraßen unpassierbar, besonders im Süden. Die Nord-Süd Straße an der Westküste entlang ist zwischen Padang und Bandar Lampung streckenweise noch schieres Abenteuer! Es gibt Fischerdörfer, Urwald, einsame Strände und die schlechte Straße.

Von der Hauptstadt Medan kann man zur Nordspitze (Leuser-Nationalpark) oder direkt zum Toba-See fahren, der inmitten einer schroffen Bergkette auf ca. 900 m Höhe liegt, der See ist das Haupttouristenziel der Insel. Die dortige Halbinsel *Samosir* ist seit langem Traveller-Treff-punkt – gute Verpflegung, herrlich gelegene Losmen (Gästehäuser). Distanz von Medan rund 190 km, Fähre (45 Min.) von Prapat nach Tomok, die Travellerszene trifft sich ein paar km nördlich in Tuk Tuk. Zur Weiter-fahrt Richtung Süden lohnt eine Umrundung der nördlichen Halbinsel nach Pangururan (50 km).

Ein zweites Touristenziel ist das höhergelegene *Bukittinggi* nördlich von Padang, 525 km von Pangururan entfernt. Viele Schlaglöcher, aber eine wunderschöne, abwechslungsreiche Streckenführung.

Bis zur Südspitze und der Fähre von Bakauheni nach Merak (Java) erwarten euch weitere teils abenteuerliche 1400 km.

Von Medan gibt es Flugverbindungen nach Singapur, Thailand und Malaysia (Georgetown auf Penang), man kann Medan bzw. den Hafen Belawan auch per Schiff von Jakarta, Penang (Malaysia) und Singapur anlaufen. Außerdem gibt es noch eine Bootsverbindung zwischen dem malaysischen Melaka nach Dumai und von Singapore nach Pekanbaru (wem die Zeit ausgeht, kann von Pekanbaru wieder kurz nach Singapur aus- und einreisen, Rad derweil zurücklassen). Zwischen Sumatra und Java verkehren Fähren, von Srengsem und Bakauheni nach Merak.

Alles in allem ist Sumatra keine „einfache" Radinsel, besonders der Südwestteil, der ist nur für „Könner" und Abenteurer! Wegen der geringeren Bevölkerungsdichte und dem meist mäßigen Verkehr sei sie aber als Einstieg in die indonesische Inselwelt ganz besonders empfohlen. Sprachkenntnisse nötig!

Java

Die Insel ist überwiegend gebirgig, mit vielen noch tätigen und erloschenen Vulkanen (Bromo), das abgeholzte Hügelland ist sehr fruchtbar. Man trifft weitaus weniger Touristen als auf Bali. Das Straßennetz ist gut ausgebaut, doch die Qualität der Straßen schwankt ständig und stark, von gut bis katastrophal ist alles vertreten.

Die Hauptstadt Jakarta sollte man so schnell wie möglich verlassen oder besser ganz meiden, die 10-Millionen-Stadt ist fürchterlich, stinkend und laut, die Straßen sind verstopft, man braucht ewig, bis man endlich raus ist.

Die Durchquerung Javas von West nach Ost (oder umgekehrt) kann entweder an der Nordküste entlang oder durchs Inland erfolgen (mit Abstechern zum Meer). Die Inlandroute ist bergig und führt durch Reisfelder, über die Städte Bogor, Bandung und das kulturelle Zentrum *Yogyakarta* (Batikkunst, Gamelan-Musik, Schattenspiel- und Stabpuppen, wie *wayang golek* und *wayang kulit*). Yogja ist auch Traveller-Treff. Bei der Weiterfahrt nicht den *Borobudur-Tempel,* den größten buddhistischen Tempelkomplex Südostasiens versäumen. Auch das Dieng-Plateau und die Besteigung des *Bromo-Vulkans* ist erlebenswert.

Zwischen Yogyakarta und Surakarta hat die Hauptstraße Seitenstreifen für Radfahrer – eine Erholung im ewig dichten Verkehr der Insel. Wer von den Hauptstraßen die Nase voll hat, weicht auf Nebenstraßen aus, aber die sind meist auf keiner Karte verzeichnet, man muß sich durchfragen. Doch so läßt sich wenigstens noch das andere, unbekannte Java entdecken. Von Ketapang, 8 km nördlich von Banyuwangi an der Ostküste, gehen dann Fähren nach Bali.

Bali

Die hinduistische Insel mit ihren vielen Tempelanlagen im sonst moslemischen Indonesien hat eine zauberhafte Landschaft (Reisterrassen), bietet für jeden etwas und Bali mit dem Rad ist wie eine Reise durch ein tropisches Paradies. Unbedingt frühmorgens lospedalen, wenn die Dörfer zum Leben erwachen und die Reisfelder noch in sattem Grün schimmern! Wem es an der Küste zu heiß und zu voll ist, fährt ins Hochland, doch die inneren Gebirgsketten ragen mit ihren Vulkanen (Batur und Agung) bis zu 3142 m auf, deshalb müssen Bali-Radler auch bergtauglich sein (z.T. bis zu 15 km lange und sehr steile Steigungen). Von den Vulkanseiten fließen vielen Flüsse, und wer dazu „quer" fährt, muß ständig die Flußtäler rauf- und runterpedalen …). „Schlappmacher" verladen ihre Drahtesel auf ein Bemo. Die Übernachtungs- und Verpflegungsmöglichkeiten sind hervorragend!

Das Leben der Balinesen bestimmt die *Hindu-Kultur* (viele schöne Tänze). Man fertigt viel Kunsthandwerk, *Ubud* ist das kulturelle und künstlerische Zentrum Balis. Die schönsten Badestrände befinden sich südlich der Hauptstadt Denpasar, Legian und Kuta sind heute total überlaufene Touristenorte. Im Norden ist Lovina für seinen Strand bekannt. Im Reise Know-How Handbuch „Bali & Lombok" sind etliche Rad- und auch sonstige Touren durch die Insel beschrieben. Eine ca. 550-km-Tour wäre: Legian, Ubud, Penelokan, Air Panas, Batur, Besakih, Putung, Limpah, Candi Dasa, Bat Cave, Bangli, Peliatan, Legian bzw. Kuta. Wer wert auf abgasfreies Radeln legt, fährt auf (holprigen, unausgeschilderten) Nebenstraßen. Dann braucht man eine gute Karte, oder man sollte sich mit den Leuten verständigen können. Von Bali bestehen beste Flugverbindungen nach Australien, Singapur und Hongkong.

Sunda-Inseln Von Bali kann man mit dem Schiff (oder Flugzeug) weiter nach Lombok, das nicht ganz so grün und auch sonst anders ist als Bali. Man sollte sich dort noch mehr als sonst an die moslemischen Verhaltensregeln halten (Kleidung)! Das Straßennetz ist passabel, die Hauptstraßen sind asphaltiert, viele Nebenstraßen aber nur geschottert, im Gegensatz zu Bali gibt es aber keine extremen Steigungen.

Mit Fährbooten geht es weiter über *Sumbawa* und *Komodo* (dort leben die berühmten riesigen Komodo-Warane) bis *Flores*. Flores ist eine sehr schöne Insel, das ist noch Indonesien pur. Die kurvenreiche West-Ost-Verbindung von Labuhan Bajo über Ruteng, Ende und Maumere nach Larantuka (ca. 700 km) ist gut asphaltiert, die Nebenstraßen lassen aber auch hier noch viel Raum für Abenteuerfeeling. Teils kräftige Steigungen. Vom Hafenort Maumere kann man wieder nach Bali oder Jakarta zurückfliegen, die Radmitnahme im Flugzeug ist nach den Erfahrungen von Indonesienradler Michael Worbs kein Problem, doch sollte man sich rechtzeitig vorher um das Rückflug-Ticket kümmern. Von hier und Larantuka weiter im Osten auch Schiffsverbindung nach Celebes *(Sulawesi)*.

Für das Reisen auf diesen Inseln ist das unten aufgeführte Buch „Komodo, Sumbawa & Flores" von Gunda Urban, RKH, sehr hilfreich!

Reisezeit und Klima in Indonesien Indonesien hat fast ganzjährig gleichmäßig tropisch warme Temperaturen und eine hohe Luftfeuchtigkeit. Der Monsun bringt reichlich Niederschläge. In höheren Regionen ist es etwas kühler. Auf den oben beschriebenen Inseln sind die Monate von Mai bis Oktober günstig (auf Java und Bali ist es klimatisch am besten im Juli/August, doch dann auch Touristen-Hochsaison). Weniger günstig sind die Monate von November bis März, da herrscht Regenzeit, besonders stark im Januar/Februar auf Java und Bali, im November regnet es an der Westküste Sumatras. Dann artet das Radeln auf Nebenstrecken zur Schlammschlacht aus.

Stärkere Winde gibt es auf Java und Bali kaum, und wenn sie wehen, dann meist von Osten bzw. vom Meer her, und sie erfrischen mehr als daß sie stören.

Einreise, Geld

Kein Visum erforderlich. Aufenthalt bis 60 Tage, Paß muß noch mindestens ein halbes Jahr über das Ende des geplanten Besuchs hinaus gültig sein. Keine Aufenthaltsverlängerung im Land möglich. Wer länger bleiben möchte, muß aus- und wieder einreisen, am günstigsten per Flugzeug oder Schiff nach Malaysia oder Singapur. Hohe Strafgebühren für jeden überzogenen Tag!

Währung ist die stark inflationsgeplagte *Rupiah*. Keine großen Beträge wechseln und mit den üblichen Betrügereien rechnen (präparierte Taschenrechner, überhöhte Kommission etc., s. dazu mehr in Reiseführern). Reisechecks in US$ und Euro werden am ehesten akzeptiert. Verbreitete Kreditkarten sind Visa, American Express und MasterCard, mit denen man in Touri-Orten Geld aus den Bankomaten ziehen kann (auch mit EC-Maestro-Card). Indonesien ist ein billiges Reiseland, trotzdem wird um Preise gehandelt. Mit einem Internationalen Studentenausweis bekommt man bei Flügen und bei Schiffspassagen Ermäßigungen.

Übernachten, Verpflegung

Java und Bali (besonders letzteres) sind voll von billigen Hotels, die *Losmen, Wisma* oder *Homestay* heißen. Selbst auf Sumatra findet man eigentlich in jedem Dorf eine Unterkunft. Ein Zelt ist nur selten nötig und nur einsetzbar, wenn man abseits befahrener Routen unterwegs ist. Doch Ruhe und Privatsphäre wird es beim Campen nicht geben! Fragt bei einer Polizeistation oder in Dörfern bei einer Amtsperson. Der Dorfvorsteher heißt *Kepala Desa*. Oft werdet ihr auch eingeladen werden, dann ist ein Gastgeschenk, z.B. Lebensmittel, angebracht.

Zimmer vorher immer ansehen, es gibt schon arge Buden. Statt Duschen werdet ihr in den Badezimmern meist ein *Mandi* vorfinden, ein Becken mit Wasser, aus dem ihr mit einer Plastikschüssel Wasser schöpft. Abseits der Touristenzentren ist Toilettenpapier selten, die Indonesier benutzen die linke Hand und Wasser zur Reinigung. Vorsicht in touristischen Zentren, hohe Diebstahlsgefahr. Rad immer mit ins Zimmer nehmen!

Mit der **Verpflegung** gibt es auf Java, Bali und Sumatra überhaupt keine Probleme, Basis sind Reis und Nudeln, vieles wird mit Kokosmilch und Erdnuß zubereitet. Es ist alles sehr schmackhaft und bekömmlich. Buden und Handkarren mit einfachen Gerichten *(warungs)* gibt es zuhauf, Restaurants heißen „rumah makan" und Märkte bieten herrliche Früchte und leckere Fruchtsäfte an. Softdrinks werden in jedem Dorf verkauft, Trinkwasser gibt es in Plastikflaschen, doch man kann auch abgekochtes erhalten oder man behandelt es selbst. Achtet, wie immer in tropischen Ländern, auf das Angebot von frischen Kokosnüssen. Selbstkochen ist auf Java und Bali überflüssig, auf den kleinen Sunda-Inseln kann die Distanz bis zum nächsten Kaloriendepot aber schon einmal eine Tagesetappe ausmachen.

Bevölke-rung, Religi-on, Sprache   Die Indonesier sind sehr freundlich, dauernd wirst du gefragt werden: „Hello Mister – Where do you go?" – „Where you come from?" – „What is your name?", und das kann mit der Zeit schön nerven. Man will eben sein Englisch üben, dir etwas verkaufen oder ein Hotel vermitteln. „Und dann kommen auch noch 25 Mal am Tag Leute und fragen, wie du heißt. Ich sage dann immer ‚Johnny Bagus', und dann lachen sie. ;Bagus' heißt in Indonesien nämlich ‚gut', und ‚Johnny' nennen sie jeden Europäer, der nach Indonesien kommt. Aber wenn das den ganzen Tag so geht, platzt einem bald die Hutschnur …" (Äqua-Tour Weltumradler *Tilmann Waldthaler*).

Alleinreisende Radlerinnen haben außerdem von penetranter, nervtö-tender Anmache der indonesischen Männer auf Java und Bali berichtet. Hier helfen nur selbstbewußtes Auftreten und deutliche Worte (natürlich in indonesisch), die können auch ruhig lauter sein, der Angesprochene verliert so sein Gesicht.

Wie erwähnt ist die Hauptreligion der Islam, nur Bali ist hinduistisch. Wundert euch also nicht, wenn ihr frühmorgens durch einen Gebetsruf geweckt werdet. Beachtet die Zeit des Ramadans, dann kann Reisen schwieriger werden. Verhungern werdet ihr dennoch nicht, die chinesi-schen Restaurants sind weiterhin tagsüber geöffnet. Zurückhaltung auch bei der Kleidung – kein Papagei-Outfit, du bewegst dich in einem sensi-blen Land. Es gilt auch einige wichtige Verhaltensregeln zu beachten, z.B. in den Tempeln von Bali einen *Sarong* um die Hüfte zu haben (De-tails in Reiseführern).

Amtssprache ist *Bahasa Indonesia,* eine Sprache mit einfachster Grammatik und einfacher Aussprache. Man sollte unbedingt vorher eini-ges davon lernen (z.B. mit dem Indonesisch-Kauderwelsch-Sprachführer von Reise Know-How), besonders wenn man vorhat, in entlegeneren Ge-bieten zu radeln (Sunda-Inseln). Mit Englisch kommt man nur auf Bali bzw. in den Touri-Zentren zurecht.

Straßen, Verkehr, Transport   Linksverkehr! In den dicht besiedelten Zentren und Städten von Java, Bali und Sumatra kann der indonesische Straßenverkehr ein Schreckens-erlebnis werden, ein Alptraum für jeden Radfahrer. Außer den immer hu-penden und halsbrecherisch fahrende Autos, Kleinbussen und Lkw, die dir beim Überholen nur ein paar Zentimeter Platz lassen (und Wolken von schwarzem Auspuffqualm hinter sich herziehen), drängen sich auf den Straßen noch Bemos und Becaks, Motorräder und Mopeds, Fahrräder, Ochsen- und Handkarren, Dokars (Pferdekutschen) und in dörflichen Ge-genden irren auch noch Hühner und andere Tiere auf der Fahrbahn her-um (s. „Radfahren im Straßenverkehr Südostasiens").

Transport: Busse und Bemos gibt es auf Java und Bali zuhauf, die meisten altersschwach und klapprig, das Rad kann aufgeladen werden. Auf Java fährt auch eine Eisenbahn. Internationale Flughäfen haben Ja-karta und Denpasar (Bali). Innerindonesische Linien sind Garuda, Merpa-ti, Bouraq, Mandala und einige mehr, wobei Garuda hauptsächlich internationale Ziele anfliegt.

Zwischen den größeren Inseln verkehren regelmäßig und relativ pünkt-lich die modernen Passagierschiffe der staatlichen Schiffsgesellschaft *Pelni* (der Hafen von Jakarta heißt „Tanjung Priok"). Viele Häfen werden nur im zweiwöchentlichen Rhythmus angefahren. Schaut vor Reisebeginn in einem Pelni-Büro nach einem aktuellen Fahrplan und reserviert eure Tickets im voraus.

Fahrrad, Ausrüstung

Die Indonesier auf Java und Bali fahren viel Rad, doch für sie ist es in erster Linie ein Transportmittel. Nicht wundern, wenn ihr nach einer Steuer-Plakette an eurem Rad gefragt werdet, für indonesische Räder soll dies Vorschrift sein.

Erforderlich für die hier beschriebenen Inseln ist ein robustes Tourenrad mit genügenden Gängen für die Bergstrecken, breite Reifen sind wegen den unbefestigten Strecken empfehlenswert. Übliche wichtige Ersatz- und Reparaturteile mitnehmen, man bekommt nur normale Radersatzteile (sonst bleibt nur der Weg nach Singapur ...). Es gibt genügend einfache Rad-Reparaturläden am Straßenrand. Aus eigener Erfahrung gibt Clemen Carle den guten Rat, auf einen Rückspiegel nicht zu verzichten!

Indonesien ist auch ein Rikscha-Land, das wichtigste Transport- und Verkehrsmittel der kleinen Leute. Doch dessen ungeachtet ließ die Verwaltung in Jakarta in der Vergangenheit auch schon mal Hunderte von Rikschas ins Meer kippen, „weil sie einer Hauptstadt unwürdig seien", wie es hieß. Auf Bali kann man auch Räder mieten, auch Mountainbikes.

An Ausrüstung das übliche für Tropenländer, dazu ein dichtes Moskitonetz. Zelt und Iso-Matte nur nötig, wenn man Java und Bali oder die Sunda-Inseln abseits der Touri-Routen entdecken will. Für einsame Sumatra-Straßen bzw. Pisten muß man einigermaßen autark sein. In touristischen Orten sind Camping-Gaz-Kartuschen erhältlich.

Reiseführer, Karten

Spezielle Radbücher gibt es von Java und Bali keine. Gute Reiseführer sind: „Bali & Lombok", und „Komodo, Sumbawa & Flores", beide Reise Know-How. Wer sich für weitere Inseln interessiert, ist mit dem „Indonesien Travel Handbuch" aus dem Stefan Loose Verlag gut bedient. Im selben Verlag sind auch das „Bali & Java Travel Handbuch", mit Lombok und Singapur, sowie das sehr ausführliche „Sumatra Travel Handbuch", mit Singapur und Jakarta, erschienen. Einen Blick hinter die Kulissen erlauben „Reisegast in Indonesien", Iwanowskis Reisebuchverlag, und das Sympathie-Magazin „Indonesien verstehen" vom Studienkreis für Tourismus. Viele weitere, auch englische Reiseführer.

Äqua-Tour-Radler *Tilmann Waldthaler* kam bei seiner Weltumradlung durch Sumatra, Java und Bali, beschrieben sind seine Erlebnisse in seinem Buch „Die Äqua-Tour". Frank Mrotzek widmet in seinem Buch „Auf nach Asien!" zwei Kapitel den Inseln Sumatra und Sulawesi. Beide Bücher RKH.

Karten: Von Reise Know-How: „Bali, Lombok, Komodo" (1:150.000). Von Nelles: „Sumatra" (1:1,5 Mio.), „Java und Nusa Tenggara" (1:1,5 Mio.), „Bali" (1:180.000), „Java und Bali" (1:650.000) und zur Übersicht „Indonesien" (1:4 Mio.). Die beste Karte von Bali ist die „Bali Path Finder", auf Bali in Buchläden und Tourist Offices erhältlich.

Internet, Telefon

In Indonesiens Touri-Zentren ist es gar kein Problem, eine eMail abzuschicken. Auf den anderen Inseln, mit Ausnahme von Java, sind Online-Stationen weniger dicht. Internationale Gespräche von den Telefonzentralen („Wartels") oder größeren Hotels.

Radfahren im Straßenverkehr Südostasiens

Den Haupt- bzw. den gravierenden Denkfehler, den ein Radfahrer aus dem europäischen Kulturkreis beim Radfahren im Straßenverkehr südostasiatischer Länder machen kann, ist die Annahme, daß er im Straßenverkehr ein gleichberechtigter Verkehrsteilnehmer ist – dies sollte man ganz schnell vergessen! Als Radfahrer auf den Straßen Indonesiens, Thailands, Malaysias oder Indiens gehört man zu den Rechtlosen, man ist ständig gefährdet.

Straßenverkehr auf den (überwiegend engen und löchrigen) Straßen Asien heißt: Außer den Autos, Lastwagen und Bussen auf der Straße gibt es auch noch Fußgänger, Rad- und Rikschafahrer, Pferde- und Ochsengespanne, Groß- und Kleinvieh mit und ohne Hirten, Hühner, Hunde und Enten, Verkaufsstände auf Rädern, Lastenträger und Karrenschieber und noch manches mehr. Alles fährt, schiebt, rast, quetscht und drängt sich mit den unterschiedlichsten Geschwindigkeiten vorwärts.

Wer zum ersten Mal, direkt aus Europa kommend, in solch einen Verkehr mit seinem Rad fährt, und das auch noch bei Linksverkehr, der hat meist einen Schock weg. Wenn überholende Autos, Busse und Lkw Abstände von 10 cm einhalten, wenn du geschnitten wirst und dir laufend die „Vorfahrt" genommen wird, hältst du all diese Fahrer entweder für betrunken oder verrückt und du meinst, es gebe überhaupt keine Verkehrsregeln.

Doch z.B. auf Java, wo die Menschen auch im „normalen" Leben wie die Sardinen aufeinandersitzen, gibt es naturgemäß auch auf den Straßen für den einzelnen Verkehrsteilnehmer weitaus weniger Platz als bei uns. Wir im Westen haben formale Straßenregeln, und jeder hält sich daran, weil beim Nichtbeachten harte Strafen folgen. Doch wer wollte Asiens brodelnden Verkehr kontrollieren und Strafen verhängen? Man verhält sich nach einem informellen Regelsystem: Die kleinen und langsameren haben die Bahn für die großen und schnelleren freizumachen. Dieses System ist für einen Westler auf den ersten Blick nicht sofort durchschaubar, selbst wenn man meint, genügend Verkehrserfahrung zu haben.

Und wie bei uns, so gibt es auch in Asien Irre auf vier Rädern: „Einmal hat mich ein Kleinbus überholt, sich vor mich gesetzt und dann abrupt gebremst. Ich habe mein Fahrrad gerade noch herumreißen können, und während ich knapp an dem Bus vorbeifahre, sehe ich im Seitenspiegel, wie der Fahrer lacht. Wie oft ist mir das jetzt schon passiert! Da habe ich eine derartige Wut bekommen, daß ich den Spiegel mit der Hand runtergerissen habe. Als Reaktion darauf hat mich der Busfahrer wieder überholt und angefahren. Er ist mir gegen die Packtaschen gefahren und hat mich damit in den Graben geboxt. Ich bin genau auf einen Stein geflogen. Als ich wieder aufstand, und mich säuberte, stellte ich fest, daß mir ein Zahn fehlte …"

So Weltumradler Tilmann Waldthaler bei seiner Fahrt durch Java. Er ging dann zum Gegenangriff über: „Ich kaufte mir einen Korb frischer Eier, und ist dann einer zu dicht aufgefahren, habe ich einfach ein Ei genommen und es so über den Kopf nach hinten geworfen. Plaaatsch! Da haben die aber dann schnell die Bremsen gezogen! Eierspeis' an der Windschutzscheib' – das war meine Rache! Aber was sollte ich denn auch sonst tun? Irgendwie mußte ich mich als Radfahrer doch behaupten, sonst hätten die mich noch umgebracht …"

Nochmals die wichtigsten Regeln:

Regel 1: Es gibt keine Gleichberechtigung, der Größere/Stärkere hat Recht.

Regel 2: Man muß jederzeit auf alles gefaßt sein weil sich jeder alles erlauben kann. Auf Vorfahrt zu bestehen ist lächerlich.

Regel 3: Allen Verkehrsampeln mißtrauen, sie sind eher Empfehlungen als Vorschriften. ROT gilt meist nur für diejenigen, die es nicht eilig haben.

Malaysia

Überblick

Malaysia besteht aus der Malaysischen Halbinsel und dem Nordwestteil der Insel Borneo (Provinzen Sabah und Sarawak). Doch Radeln wird man nur auf der Malaysischen Halbinsel wollen. Dieser lange Finger wird von bewaldeten Gebirgs- und Höhenzügen (bis knapp 2200 m) in Nord-Süd Richtung durchzogen, die schmalen Küstenebenen und der Süden sind flach. An ihrer Südspitze liegt auf einer Insel der Stadtstaat *Singapur*.

Malaysia hat einen relativ hohen Lebensstandard, es ist ein aufstrebendes Schwellenland mit einiger Industrie (Elektronikteile, Maschinen, Zinn, Kautschuk, Ölpalmen u.a.), und es bietet eine Vielfalt an Kulturen. Als Radfahrer erregt man in diesem Land relativ wenig Aufmerksamkeit, und es gibt mit allem wenig Probleme. Mancher gestandene Asien-Biker wird Malaysia als recht langweilig empfinden und andere Länder vorziehen, z.B. Indonesien oder die Philippinen; Radler aus Südasien (Indien, Pakistan etc.) dagegen können mal wieder so richtig „durchatmen".

Malaysia ist ein Vielvölkerstaat mit überwiegend (moslemischen) Malaien und mit einer starken chinesischen und indischen Minderheit. Beachtet die Verhaltensregeln des Islam und des Buddhismus. Wegen den verschiedenen Religionen gibt es viele Feste im Land. Die Sprache *Bahasa Malaysia* ist relativ einfach zu lernen, es lohnt sich, einige Brocken zu können (z.B. Kampong = Dorf). Englisch wird vielerorts verstanden. Straßenschilder sind in *Bahasa Malaysia* beschriftet, im unteren erwähnten Reise Know-How Führer werden Verkehrs- und Hinweisschilder erklärt.

Websites: „The Official Homepage of the Malaysia Tourism Promotion Board" (www.visitmalaysia.com) bietet einen ersten Hochglanzüberblick. Empfehlenswert mit einer überwältigenden Fülle von Links ist die Suchmaschine www.newmalaysia.com. Mehrere englischsprachige malaysische Zeitschriften haben einen Internetableger. „The Star", www.thestar.com.my listet viele Veranstaltungstermine und Festivitäten auf.

Reisezeit, Einreise, Währung

Klima tropisch. Die Ostküste und das Inland sind günstig von März bis September. Weniger günstig von Oktober bis Februar, dann ist Monsun-Regenzeit.

Die Westküste ist ganzjährig bereisbar, mit Ausnahme des südlichen Teils, dort gibt es von Mai bis September einen (kleinen) Monsunregen. In den Bergregionen ist es kühler. Südwest-Winde von April bis September, Nordost Winde von Oktober bis März.

Für Westmalaysia ist kein Visum nötig. Bei der Einreise bekommt ihr eine dreimonatige Aufenthaltsberechtigung in den Paß gestempelt. Der Paß muß allerdings noch mindestens 6 Monate über euren geplanten Aufenthalt hinaus gültig sein. Verlängerung nicht möglich. Wollt ihr länger bleiben, bleibt nur die Aus- und erneute Einreise, günstigstenfalls per Expreß-Bus von *Johor Bharu* nach Singapur (Fahrzeit eine Stunde, malaysische Grenzkontrolle direkt beim Expreß-Busterminal).

Währung ist der malaysische *Ringgit* (RM). Oft werdet ihr aber auch noch Preise in Malaysia-Dollar genannt bekommen, der alten Bezeichnung. Traveller-Schecks werden überall gewechselt, Kreditkarten werden gleichfalls akzeptiert, das Netz an Bankautomaten wird immer dichter. Die Lebens- bzw. Reisekosten sind nicht ganz so preiswert wie in Indonesien oder Thailand, vergleichsweise teuer ist das oben erwähnte Johor Bharu durch seine Nähe zu Singapur.

Gesundheit Malaysia ist ein relativ sauberes Reiseland, für Radler ist der Straßenverkehr bei weitem gefährlicher als alle herumschwirrenden Viren und Bakterien. Die an der Küste und auf den Inseln allgegenwärtigen Moskitos (Malaria!) bekämpft man am wirkungsvollsten mit einem feinmaschigen Moskitonetz. Gegen das große Krabbeln im Bett (Bettwanzen) ist man in aller Regel machtlos, selbst saubere Betten bergen juckende Überraschungen. Ihr könnt ja mal vor der Zimmermiete die Matratzen anheben und drunterschauen, aber man entdeckt nicht immer was.

Die üblichen Schutzimpfungen solltet ihr aber auf jeden Fall nötigenfalls auffrischen und beim Essen die übliche Sorgfalt walten lassen. Also „boil it, cook it, peel it or forget it" … Das Essen auf den Nachtmärkten wird allabendlich frisch zubereitet und kann bedenkenlos genossen werden.

Übernach- Es gibt sehr viele (chinesische) Hotels aller Standards und Preisklassen,
ten, Verpfle- etwas teurer als in Thailand. Einfach-Unterkünfte heißen *Rumah Tumpan-*
gung *gan* oder Guest Houses. Es gibt auch staatliche „Government Resthouses" *(Rumah Persinggahan)* und einige Youth Hostels. An der Ostküste finden sich zahlreiche Bungalow-Anlagen. Die staatliche Tourismus-Organisation, das „Malaysia Tourist Promotion Board" (MTPB), gibt die Broschüre „Budget Accommodation" heraus. Camping ist unzweckmäßig und kaum nötig (im Taman Negara Nationalpark kann man sich auch eine Ausrüstung leihen). Malaysische Ferienzeiten sind im April, August und im Dezember/Januar, dann kann manches voll sein.

In kulinarischer Hinsicht ist Malaysia ein Schlaraffenland! Wegen den vielen verschiedenen Bevölkerungsgruppen gibt es eine unglaubliche Vielfalt von Gerichten und Zubereitungsarten: malaiisch, chinesisch, indisch, indonesisch und Thai-Food. Überall warten Straßenküchen *(Food stalls)* und Nachtmärkte *(Hawker centres),* in modernen Einkaufszentren oft im unteren Stockwerk. Da setzt man sich an einen Tisch und ordert vom nächstgelegenen Stand sein Essen, ein anderer wiederum bietet Getränke und die Nachspeise oder tropische Früchte (bringt euer eigenes Besteck mit, das ist hygienischer und läßt die Müllberge nicht weiter anschwellen). Tee heißt *Teh* und Kaffee *Kopi.* Bier bzw. alkoholische Getränke sind nicht überall erhältlich (muslimisches Land), Softdrinks dagegen sind flächendeckend vertreten. Zum Mitnehmen werden die Getränke in Plastiktüten mit Strohhalm abgefüllt (und nach Gebrauch achtlos weggeworfen). Überall angeboten werden frisch gepreßte Fruchtsäfte. Gekühlte Kokosnuß-Milch ist bei schwülen 35 ˚C ein wahrer Genuß. Leitungswasser sollte selbst in Kuala Lumpur gefiltert bzw. desinfiziert werden.

Reiseziele Malaysia entwickelte sich rasant, die Spuren der Industrialisierung sind im ganzen Land sichtbar, ein Großteil des Regenwaldes in der Küstenregion wurde durch Palmöl- und Kautschukplantagen ersetzt. Selbst an der Ostküste der Malaysischen Halbinsel, die insgesamt ruhiger und urtümlicher als die Westküste ist, passiert ihr schon mal ausgedehnte, häßliche Industriegebiete. Dennoch findet ihr hier immer noch kleine Fischerdörfer, Palmen, Mangroven-Flußmündungen und endlose Strände. Badeinseln mit weißen Stränden sind die beiden Perhentian-Inseln bei Kota Bharu, Ostküsten-Hauptorte Kota Bharu, Kuala Terengganu und Kuantan, Traveller-Treffpunkte Marang, Rantau Abang und Cherating. An der Westküste liegen die touristisch erschlossenen Inseln Pangkor, Langkawi (nahe der thailändischen Grenze, ein Strand- und Schnorchelparadies) und Penang (malaiisch: *Pulau Pinang*), das durch einen Damm mit dem Festland verbunden ist (von Norden günstiger per Fähre von Butterworth zu erreichen, 15 Min.). Interessant ist der dortige Hauptort Georgetown, lohnenswert die 75 km lange Inselrundfahrt. Von Penang könnte man mit einem Fährschiff nach Medan auf Sumatra/Indonesien fahren.

Die Spuren einer wechselvollen Kolonialgeschichte findet man in der Hafenstadt Melaka, wogegen die Hauptstadt Kuala Lumpur relativ wenig interessant ist. Von Melaka kann man mit dem Schiff nach Dumai auf Sumatra übersetzen (bitte prüfen, ob für diesen Grenzübergang noch immer ein indonesisches Visum Pflicht ist!).

Im Zentrum von Malaysia liegen die *Cameron Highlands,* dort erstrekken sich Teeanbaugebiete, gibt es Riesenfarne, herrscht frühlingshaftes Klima – ein beliebtes Erholungsziel und ein starker Kontrast zum übrigen Land. Die Straße zweigt in Tapah vom Highway 1 nach Tanah Rata ab, sie ist schmal und kurvenreich und windet sich 60 km ins 1500 bis 2000 m hohe Bergland. Je höher man kommt, desto mehr wechselt die Vegetation (Farnbäume). Wer die Auffahrten nicht scheut, lernt ein ganz anderes Malaysia kennen.

In Zentralmalaysia liegt auch der große *Taman Negara Nationalpark* (Primärregenwald, faszinierende Fauna und Flora), in dem man mehrtägige (Fuß-)Touren machen kann. Anmeldung vor der Anreise in Kuala Tembeling nötig. Anfahrt von Norden, von Kota Bharu über Gua Musang, Kuala Lipis und Benta Seberang nach Jerantut. Von Jerantut nach Kuala Tembeling und dann mit dem Boot zum Park weiter. Kürzere Anfahrt von Westen, von Kuala Lumpur über Raub und Benta Seberang nach Jerantut, oder von Osten, von Kuantan (hinter Maran, 80 km von Kuantan, führt eine verkehrsruhige, idyllische Nebenstraße durch Regenwald nach Jerantut). In Jerantut mehrere gutsortierte Supermärkte, ein kleineres Angebot an Lebensmitteln auch im Park. Von Kota Bharu bzw. von Kuala Lumpur geht auch ein Zug nach Tembeling. Bringt genug Bargeld in den Nationalpark mit, keine Wechselmöglichkeit.

Wer in Singapur zu einer Rundreise startet, sollte die Ostküste bis Kota Bharu fahren, dann rüber bis Penang und über die Cameron Highlands, Kuala Lumpur, Melaka wieder nach Singapur. Oder in Kota Bharu über den Taman Negara Park nach Melaka zur Westküste und wieder zurück nach Singapur.

Straßen, Verkehr, Transport

Linksverkehr. Das Straßennetz ist gut bis sehr gut ausgebaut, doch auf allen Hauptstrecken und rund um die Großstädte herrscht starker Verkehr. Die *Ostküstenstraße* von Johor Bharu bis zur thail. Grenze Kota Bharu (770 km lang) ist anfangs hügelig bis Mersing, dann überwiegend flach, eintönig, viele Kautschukplantagen, nur wenige Reste Urwald. Letztes Drittel wieder etwas hügelig. Im Frühjahr weht der Wind meist von Süden. In Kuantan Abzweigung (Highway 2) nach Kuala Lumpur, ab da mehr Verkehr. Wer nach K.L. hochfährt oder von dort kommt, kann auf der 2 einen Abstecher zum Chini-See machen (Tasek Chini, 60 km südlich). An der Küste bei Rantau Abang lassen sich von Juni bis September die Schildkröten bei der Eiablage beobachten. Während der Monsunzeit von Oktober bis Februar ist hier tote Hose, das gilt auch für weitere Touristenziele an der Ostküste.

Auf der *Weststraße* von Alor Setar über Ipoh und Kuala Lumpur nach Singapur herrscht sehr starker Verkehr, sie ist auch hügeliger. Sofern möglich, auf Nebenstrecken ausweichen (direkt an der Küste entlang, Strecke etwas länger, z.B. Highway 5 von Kuala Lumpur über Melaka nach Johor Bharu, 500 km). Johor Bharu ist die malaysische Grenzstadt zu Singapur.

Im Norden (Kota Bharu – Georgetown) verbindet der bergige und breit ausgebaute *East-West-Highway* über Gerik und Pengkalan Hulu (in der Nelles-Karte *Keroh*) die Ost- mit der Westküste. Distanz rund 390 km, den höchsten Punkt erreicht ihr etwa 20 km vor dem riesigen Temengor-Stausee bei 1100 m (nicht von dem Schild „1050 m – Highest Point of the Highway" irritieren lassen, dahinter gehts weiter bergauf …). Lkw-weise wird auch hier der Dschungel abtransportiert, das Urwaldfeeling hält sich in Grenzen. Früh starten, an den schattenlosen Steigungen wird es mittags irre heiß!

Von Kota Bharu geht eine bergige Straße durch den tropischen Wald diagonal durchs Inland nach Kuala Lumpur.

Grenzübergänge nach Thailand s. „Thailand". Die Eisenbahnlinie von Johor Bharu (Singapur-Grenze) kommend verzweigt sich in Gemas in eine Ost- und Westlinie, beide gehen bis zur Grenze von Thailand (Kota Bharu im Osten). Radmitnahme in Normalzügen kein Problem. Falls ihr an Fahrplänen und Ticketpreisen interessiert seid: www.ktmb.com.my ist die Homepage der malaysischen Eisenbahngesellschaft. Das Busnetz ist ausgezeichnet, Expreßbusse nehmen keine Räder mit. Es gibt auch ein Binnenflugnetz.

Der moderne *Subang International Airport,* 24 km westlich von Kuala Lumpur, ist hervorragend mit dem Fahrrad zu erreichen. Vor der Einmündung in den vierspurigen Highway 2 beginnt eine „Bike Lane", die euch zusammen mit vielen knatternden Mopeds gefahrlos um jeden Kreuzungspunkt herumführt.

Fahrrad, Ausrüstung   Einfaches Touren- oder Trekkingrad genügt, breitere Bereifung empfehlenswert, schon wegen den unbefestigten Straßenschultern, auf die man oft abgedrängt wird. In Malaysia gibt es sehr viele Räder (alte englische Raleigh-Modelle, 27 Zoll) und Radreparaturläden, in den Städten auch Geschäfte mit High-Tech-Bikes. Aber die sind wohl eher „Geheim-Tips" und recht schwer zu finden. In Kuala Lumpur ist empfehlenswert das *Bike Pro Centre,* 27, Jalan SS 24/8, TMN Megah, 47301 Petaling Jaya (das ist ein Vorort von K.L., 15 km von Chinatown entfernt). Wegen den immer möglichen kurzen tropischen Güssen Regenschutz nicht vergessen, im hügeligen Inland wird es kühl! Camping-Gaz-Kartuschen sind in großen Städten erhältlich.

Infos, Führer, Karten   Die MTPB hat ein Büro in Frankfurt und auch in den größeren Städten Malaysias, in Kuala Lumpur, Johor Bharu, Penang, Kuala Terengganu. Dort gibt es alle Informationen. Homepage von Malaysia Tourism: http://tourism.gov.my, noch informativer ist www.visitmalaysia.com.

Reiseführer: „Malaysia, Singapur, Brunei", von M. Lutterjohann, ein ausgezeichnetes Buch, Reise Know-How. Im selben Verlag: Kauderwelsch-Sprachführer „Malaiisch", auch mit Cassette erhältlich. Ebenfalls gut das Travel Handbuch „Malaysia, Singapore, Brunei", Stefan Loose Verlag.
Karten: Reise Know-How „Malaysia". Malaysia F & B-Autokarte 1:1 Mio., mit Stadtplänen. „West Malaysia", 1:650.000, der Westteil der M.-Halbinsel, Nelles Verlag (trotz des großen Maßstabes viele kleinere Ungenauigkeiten bzgl. Streckenführung und km-Angaben). Straßenkarten sind in Malaysia auch von Tankstellen erhältlich.

Internet, Telefon Eine Übersicht der Internet-Cafés in Malaysia findet man online im Netcaféguide: http://netcafeguide.com/countries/asiaMA.htm. Viele dieser Stationen bieten auch Fax und internationale Gespräche im Selbstwähldienst. Diese sind auch recht problemlos von den Kartentelefonen verschiedener Gesellschaften und Fernsprechämtern möglich.

Singapur

Ein 1056 m langer Verbindungsdamm (Causeway) verbindet die Singapur-Insel (ca. 40 x 20 km) mit dem malaysischen Festland. Man kann in dem Stadtstaat mit dem Rad gut umherfahren, der Verkehr ist diszipliniert. Doch durch die Stadt kommt man am besten mit den hervorragenden öffentlichen Verkehrsmitteln (Busse, die U-Bahn heißt MRT). Singapur ist Südostasiens ehrgeizigste Handelsmetropole, hochmodern, perfekt, keimfrei und effizient, eine Kontraststadt zu den umliegenden Ländern (Flüge in alle Nachbarstaaten und weiter).

Man sollte die Stadt gesehen haben, wenn man schon in diesem Weltteil ist, ein paar Tage sind ausreichend (in der Regel bekommt man zwei Wochen Aufenthaltsdauer). Hier kann alles wichtige für die Weiterreise organisiert und gekauft werden – Filme, Kameras, Flug-Tickets, Landkarten von Nachbarländern (z.B. von China, falls ihr dorthin weiterreisen wollt) etc., und natürlich gibt es auch Räder und Radersatzteile aller Art (Adressen von Geschäften s. „Yellow Pages"). Die Preise (Währung ist der Singapur-Dollar, S$) erreichen allerdings locker westliches Niveau, man sollte schon die deutschen Preise genau kennen, um hier „Schnäppchen" zu machen (Feilschen nicht vergessen, Geschäftssprache ist Englisch). Relativ billige Unterkünfte sind vorhanden.

Das ganze Jahr über ist es heiß, feucht und schwül, der meiste Regen fällt zwischen November und Januar.

Über die kleine vorgelagerte Insel Batam kann man mit Booten nach Dumai (Pekanbaru) auf Sumatra übersetzen. Wer in Singapur mit dem Flugzeug ankommt und Malaysia beradeln will, fährt am besten die Ostküste hoch (s. „Reiseziele" bei Malaysia). Ein nervenschonender Einstieg unter Umgehung von Johor Bahru ist die Fährverbindung von Singapur (Fähranleger hinter dem „Changi International Airport") nach Desaru/ Kampong Penggerang am SO-Zipfel von Malaysia. Rund 70 km weiter erreicht ihr dann den Highway 3 Richtung Mersing.

Thailand

Sawaddee – Herzlich Willkommen in Thailand. Thailand, das ist das Land von dem Globetrotter und Pauschaltouristen schwärmen, das einfach alles hat, was Reisende sich wünschen: Prächtige Tempelbauten, sanftmütige, tolerante Menschen, bezaubernde Landschaften, traumhafte Strände, gutes Essen und viele andere kulturelle und exotische Attraktionen mehr. Und mit seinem guten Verkehrsnetz, den verkehrsarmen Nebenstraßen und seinen radtransport-tauglichen öffentlichen Verkehrsmitteln ist Thailand auch das richtige Land für Radfahrer. Allerdings muß man es wagen, sich richtig auf Thailand einzulassen, auf die Schwierigkeiten bei der Verständigung, auf die Thai-Mentalität, das nichtlesen können der Thai-Schrift und auf einige Besonderheiten mehr.

„… meine eindrucksvollsten Erlebnisse und Begegnungen machte ich jedoch in den ländlichen Gebieten, die vom Zug- oder Busfenster so gleichförmig erscheinen. Unvergeßlich sind für mich die Abende auf einer Veranda eines Holzhauses beim Plaudern mit einigen Dorfbewohnern oder eine kleine Feier bei einer Einheit der Grenzpolizei unweit von Laos, die einfachen Dorftempel, spielende Kinder in den Wassergräben etc. Jeden Tag gab es etwas Neues zu erleben".

Dies steht im Vorwort des – leider nicht mehr aktuellen – Radführers „Thailand per Rad" von *Matthias Thomes*, Kettler Verlag.

Natürlich muß man, wie schon angedeutet, die Begeisterung für das Land relativieren, denn nicht alles ist eitel Sonnenschein in Thailand. Der Verkehr in Bangkok ist z.B. mörderisch, die Luftverschmutzung furchtbar und der Verkehr auf den Überland-Hauptstraßen ganz schön nervig. Doch bei einer guten Planung kann man eventuelle Probleme schon von vornherein reduzieren.

Noch ein Hinweis: Die ethnischen Konflikte im benachbarten Myanmar haben auch auf Thailand übergegriffen und zu direkten Konfrontationen im Norden im sog. „Goldenen Dreieck" geführt. Erkundigt euch nach der neuesten Lage, bevor ihr dort durchfahrt (www.auswaertiges-amt.de)!

In Thailand bestimmt der **Buddhismus** das Leben. Eine große Minderheit sind die Chinesen. Mit Englisch kommt man nur in Touristenzentren weiter, beim Reisen durchs Land sollte man ein wenig Thai können. Das Übernachten und die Versorgung macht keine Probleme, zumindest nicht in besiedelten Gegenden. Ein Zelt und Kochgeschirr ist unnötig. Alle weiteren hier nicht aufgeführte Dinge – Preise, Flüge etc. – bitte einem guten, aktuellen Globetrotter-Handbuch entnehmen.

Websites: Das Thailändische Fremdenverkehrsamt in Frankfurt hat eine tolle Homepage, die schon viele Fragen beantwortet und zahlreiche weiterführende Links bietet: www.thailandtourismus.de. Vorablust auf die thailändische Küche macht www.leckerbisschen.de, hier auch viele allgemeine Links.

Geografie, Klima Thailand ist überwiegend ein Agrarland. Lebensader in der fruchtbaren Zentralebene ist der von Norden nach Süden fließende *Chao Phraya,* der mit seinen Nebenflüssen für die nötige Be- und Entwässerung sorgt. Im Norden und im ärmeren Nordosten steigt das Land an, im Süden erstreckt sich Thailand auf der schmalen Malaysischen Halbinsel. Deren Rückgrat ist eine langgezogene Bergkette, die zugleich die Wettergrenze darstellt. Dort liegen vor endlosen Küsten üppige tropische Inseln.

Tropisches Klima. Beste Reisezeiten von November bis Anfang März, Nord-Thailand und die Ostküste Südthailands auch von Mai bis August. Weniger günstig: Von April bis Oktober, mit Ausnahme der Ostküste und Nordthailands. Im Mai ist es sehr heiß, ab Juni Regenzeit, dann sind viele Straßen wegen Überschwemmungen nicht passierbar (die höchsten Niederschläge fallen im Süden).

Einreise, Währung

Keine Visumpflicht. Bei der Einreise erhaltet ihr eine Aufenthaltsgenehmigung von 30 Tagen in den Paß gestempelt, die nicht verlängert werden kann. Wer von vornherein eine längere Tour plant, muß ein Touristenvisum bei der Botschaft beantragen. Es gibt auch Re-Entry-Visa und viele weitere Sonderregelungen. Nachfragen bei der Botschaft lohnt, falls ihr weitere Nachbarländer besuchen wollt.

Währung ist der *Baht*. Am besten bedient seid ihr mit Reiseschecks in US$, dafür gibts auch einen besseren Kurs als für Bargeld, allerdings verlangen die Banken oder Wechselstuben unterschiedlich hohe Kommissionsgebühren. Ein Vergleich der Wechselkurse kann schnell ein paar Euro ausmachen. In den Touristenzentren auch Euro. Kreditkarten sind weit verbreitet, aus Bankautomaten kann Bargeld gezogen werden.

Verglichen mit anderen asiatischen Ländern ist das Preisniveau in Thailand recht hoch, nur Malaysia und Singapur sind noch teurer, verglichen mit Deutschland ist Thailand immer noch ein günstiges Reiseland.

Reisen, Sehenswertes

Bangkok ist Anlaufstadt und wirtschaftlicher Mittelpunkt des Landes – laut, stinkend, nervend – und nicht ungefährlich! Trotz der schönen Tempel immer aufpassen! Radfahren in den Zentren Bangkoks sollte vermieden werden.

Vom Flughafen zum Hotel (ca. 30 km) am besten ein Taxi nehmen. Vorausgesetzt, das Rad ist in der Box und ihr seid bereit, einen Gepäckzuschlag zu zahlen. Insgesamt immer noch billiger als die Airport-(Taxi-)Minibusse. Radlern ist es auch gelungen, außerhalb der Stoßzeiten mit einem der Flughafenbusse mitzukommen. Am günstigsten fährt man allerdings mit dem Vorortzug. Die Don Muang Station ist gleich gegenüber vom Flughafen auf der anderen Seite der Schnellstraße 1 und über eine Fußgängerbrücke zu erreichen. Der Zug fährt bis zum Hauptbahnhof, kann sehr voll werden und ihr müßt dann noch quer durch Bangkok zu den Hotels rund um die Khaosan Road radeln. Aus unserer Erfahrung eine nervige Sache … Sollte euer Ziel der Norden oder Nordosten sein, besser vielleicht gleich mit der Tour ab dem Flughafen beginnen (per Rad oder Zug), und einen Besuch Bangkoks für den Schluß der Reise einplanen.

Wer mit dem Rad in Bangkok nur zwischenlandet, kann seinen Drahtesel bei der Gepäckaufbewahrung auf dem Flughafen deponieren. Aus der Stadt raus ins Umland statt mit dem Rad am besten mit der Bahn oder mit einem Bus. Auf den (mautfreien) Schnellstraßen hat uns zwar nie jemand angehalten, aber es wird sehr schnell gefahren und die Ausfahrten sind schlicht lebensgefährlich. Auf den mautpflichtigen Expressways ist das Radeln verboten.

Chiang Mai ist das Zentrum des Nordens, die Stadt liegt rund 700 km nördlich von Bangkok. Durch die Höhenlage gemäßigtes Klima, Ausgangspunkt zu den beliebten Touren in das Bergland und zu den Bergstämmen. Dort droben liegt auch, am Zusammentreffen der Grenzen von

Burma und Laos, das berüchtigte „Goldene Dreieck". Auch wer nichts kaufen will: Der fotogene Handwerkermarkt in *Bor Sang* (9 km von Chiang Mai) ist ein interessanter Halbtagesausflug mit dem Fahrrad. Auf halbem Weg zwischen Bangkok und Chiang Mai liegt *Sukhotthai*, Thailands alte Hauptstadt mit vielen Tempelanlagen. Wer an schönen Stränden seinen wunden Hintern pflegen will, kann dies auf einer der zahlreichen Inseln im Süden tun. Bekannt sind z.B. *Phuket, Phi Phi* und *Ko Samui,* doch diese Orte sind schon seit langem dem Kommerz-Tourismus anheimgefallen.

Der **Osten** Thailands ist auf einigen Strecken schön, z.B. die Fahrt von Nakhon Ratchasima Richtung Nong Khai und dann entlang des Mekong Flusses nach Süden, dort wird man auch kaum auf westliche Touristen stoßen. Langzeit-Thailand-Radelnde sollten die Ostregion miteinplanen. Im dortigen *Surin* gibt es alljählich im November die bekannten Elefantenwettkämpfe.

Routenplanung

Fast jeder kommt in Bangkok mit dem Flugzeug an, und die meisten fliegen von dort auch wieder aus. Daraus ergibt sich das Problem, daß man in Thailand nur schlecht eine Rad-Rundreise durchs ganze Land planen kann. Man fährt entweder, wie üblich, in den Norden oder nach Süden. Will man eine Strecke bzw. eine Hauptrichtung nicht zweimal fahren, muß man mit Bus, Bahn oder Flugzeug wieder nach Bangkok zurück. Dabei ist besonders die Südstrecke zur malaysischen Grenze (1000 km) zwischen Bangkok und Chumphon eine richtige „Einbahnstraße". Hier wäre ein Gabelflug (Hinflug nach Bangkok, Rückflug von Kuala Lumpur/Malaysia, oder umgekehrt) eine Überlegung wert, und man eröffnet sich damit weitere vielfältige Routenmöglichkeiten.

Drei Routen sind für Biker besonders interessant (als Anregung für die Benutzung von Nebenstrecken ist auch der o.g. Radführer noch brauchbar):

Der Norden: Wer Richtung Norden radelt, denkt wohl zuerst an einen Besuch der Bergstämme im Grenzgebiet zu Myanmar. Auch ohne dieses touristisch eher zweifelhafte Vergnügen lohnt die wunderbare Landschaft jeden vergossenen Schweißtropfen. Von Bangkok (oder direkt nach der Ankunft vom Don Muang Airport) pedalt ihr über Sukhothai nach Mae Sot an die Grenze zu Myanmar. Die schönste Szenerie erlebt ihr auf der sehr bergigen und manchmal recht schlechten, aber verkehrsarmen Straße entlang der Grenze nach Mae Hong Son. Mae Sai ganz im Norden an der Grenze zu Myanmar ist einen Abstecher wert, auch wegen der anschließenden Fahrt ein Stück am Mekong River entlang und über Chiang Rai bis Chiang Mai (das „Goldene Dreieck" könnt ihr getrost auslassen, das ist ein touristischer Treppenwitz mit hunderten Souvenirständen, aber nichts zu sehen). Auf dem Rückweg nach Bangkok bieten sich einige Abstecher zu Nationalparks an. Oder ihr besteigt in Chiang Mai den Zug zurück nach Bangkok (Schlafwagen!), die Züge halten auch am Don Muang Airport. Hier könntet ihr bereits euer Fahrrad und anderes Gepäck zur Aufbewahrung geben und dann Bangkok unbeschwert besichtigen.

Der Nordosten: Das *Khorat Plateau* im Nordosten ist (immer noch) touristisch eher unbekannt und bietet neben einigen Nationalparks viel ländliches Flair. Startpunkt ist wieder Bangkok oder besser der Flughafen. Über Saraburi (hier läßt der Verkehr schon spürbar nach) und

Phetchabun radelt ihr dann nach Chiang Khan am Mekong River. In Nong Khai besteht die Möglichkeit eines Abstechers nach *Viangchan(Vientiane)/Laos* (weitere entlang des Mekong möglich). Die teils sehr einsame Straße folgt noch lange dem Mekong Fluß, über Ubon Ratchathani geht es dann nach Bangkok zurück, oder ihr wählt schon vorher Nebenstraßen quer übers Plateau und an einigen Nationalparks vorbei.

Der Süden: Habt ihr ein Rückflugticket von Bangkok, müßtet ihr den Streckenabschnitt bis Chumphon hin und zurück radeln. Kein angenehmer Gedanke, ist das doch einer der verkehrsreichsten Strecken in Thailand überhaupt (aber immerhin vierspurig mit breitem Seitenstreifen ausgebaut). Also besser für eine Strecke den Zug nehmen, am günstigsten bereits vom Don Muang Airport und am Hauptbahnhof dann gleich Richtung Chumphon umsteigen. Oder ihr habt einen Gabelflug von/nach Malaysia. Dann solltet ihr vom Highway 4 auf kleine Nebenstraßen am Meer entlang ausweichen, die allerdings nicht immer leicht zu finden und auch nicht durchgehend vorhanden sind. Ab Chumphon könnt ihr eine „kleine" Runde durch den wunderschönen Süden drehen, leider gibt es hier nur wenige verkehrsärmere Nebenstrecken, aber dafür umso mehr Möglichkeiten, sich auf Tropeninseln vom Radelstreß zu erholen.

Straßen, Verkehr   Linksverkehr! Das Straßennetz ist gut ausgebaut, doch im Norden weniger als im Zentrum des Landes. Die größte Verkehrskonzentration besteht um Bangkok, für Neulinge ist der Verkehr chaotisch, doch er ist weitaus disziplinierter als z.B. in Indien. Von Bangkok führen vier große Fernstraßen durchs Land: Nach Norden nach Chiang Mai, nach Nordosten nach Nong Khai, nach Südosten die Küste entlang über Trat bis zur Grenze von Kambodscha und eine nach Süden entlang der Westküste bis zur Grenze von Malaysia. In Chumphon gabelt sich diese, eine Abzweigung führt nach Westen nach Phuket und weiter an der Westküste entlang zur Grenze von Malaysia. Zwischen Phuket und Surat Thani gibt es eine West-Ost Verbindung. Ausweichen auf Nebenstrecken ist im Süden Thailands kaum möglich.

Fahrrad, Transport   In Touristenzentren kann man Räder leihen, doch die sind nur für Tagesausflüge gedacht, für lange Touren bringt man sein Rad mit. In Chiang Mai gibt es auch Verleih von MTBs. Räder kaufen kann man in Bangkok und auch in Chiang Mai, auch High-Tech, meist aus taiwanesischer und japanischer Fertigung. Ein wirklich empfehlenswerter Bike-Shop mit guter Auswahl an westlicher Fahrradtechnik (auch Reparaturen und sogar Radtaschen) ist *Probike Co.,* 237/2 Rajdumri Rd, Lumpinee, Patumwan, Bangkok 10330. Der Laden liegt etwas versteckt am Lumpinee Park. Oder wendet euch an den *Cycling Club of Thailand* in Bangkok, die Leute dort sollen sehr hilfsbereit sein. Adresse: Thailand Cycling Club, 94/11 Soi Rajkru, Phaholyothin Rd, Phyathai, Bangkok 10400, Thailand.

In Chiang Mai veranstaltet der *Sunday Bicycle Club* jeden Sonntag ab 7 Uhr Radtouren, Start am Platz vor dem Tha-Phae-Tor am östlichen Rand der Altstadt, Infos in Radshops. Mittlerweile soll es über hundert Radclubs in ganz Thailand geben, fragt in den Radläden nach deren Adressen, auch der bereits sehr viele Jahre bestehende, sehr engagierte *Thailand Cycling Club* sollte ein Verzeichnis der meisten Thai-Radclubs und Empfehlungen für gute Bikeshops haben.

Nur das Nötigste an Kleidung mitnehmen, in Thailand kann man alles nachkaufen. Auf ein Moskitonetz würde ich nicht verzichten. Viele Hütten lassen sich nur mit einem Vorhängeschloß sichern, immer das eigene benutzen! Für den Besuch der Nationalparks dicke Socken und dicht schließende Hosen (notfalls mit Gummi oder Riemen) einpacken, die Wälder wimmeln vor durstigen Blutegeln!

Eisenbahnen und Busse sind bequem und es ist kein Problem, das Rad aufzuladen, auch nicht auf Kleinbusse oder Kombis, die als lokale Taxis fungieren (**Achtung:** nicht alle Expreß-Züge haben Gepäckwagen, vor dem Ticketkauf abchecken!) Alle Bahnen starten und enden in Bangkok, die Linien gehen hoch bis nach Chiang Mai, runter bis nach Malaysia und auch nach Osten führen zwei Linien (Nong Khai und Warin Chamrap). Seid bei den kurzen Stopps in kleinen Orten rechtzeitig im Gepäckwagen, um das Rad auszuladen. Fahrpläne der „State Railway of Thailand" unte www.srt.motc.go.th.

Fast jedes Nest in Thailand ist mit den staatlichen Bus-Transportgesellschaften mit der Außenwelt verbunden. Daneben gibt es noch viele private Gesellschaften. Meidet mit dem Rad die Luxusbusse. Thai-Airways hat ein dichtes Inland-Flugnetz. Weitere Infos, auch zu preisgünstigen Coupons für mehrere Inlandsflüge unter www.thaiair.com. Bangkok Airways ist eine noch relativ junge Fluggesellschaft, die u.a. Direktflüge nach Ko Samui und weiter nach Phuket anbietet. Verkehrsknotenpunkt für alle Transportarten ist Bangkok, darüber läuft alles.

Weitereisen Nachbarländer   Die freie Weiterfahrt in die vier Nachbarländer Thailands ist nur eingeschränkt möglich, so sind z.B. in **Myanmar** (Burma) weiterhin nur Tagesbesuche erlaubt, die bereits in der ersten Stadt auf Myanmar-Seite enden (s. „Myanmar").

Wer nach **Kambodscha** will, sollte wegen unsicherer Grenzgebiete auf der Hauptstraße bleiben (über Aranyaprathet). Bei der Einreise wird ein Visum für vier Wochen gewährt. Ein weiterer Grenzübergang wäre Ban Hat Lek – Koh Kong mit einer anschließenden Bootsfahrt nach Sihanoukville (Visum vorher bei der Botschaft besorgen). Sehenswert sind in Kambodscha die berühmten Angkor-Wat-Ruinen. In Bangkok über die Visabestimmungen und die Lage im Land erkundigen.

Nach **Laos** muß man in Ostthailand über den Mekong, für Nichtthailänder sind folgende Grenzübergänge geöffnet: Nong Khai – Viangchan (Vientiane) („Freundschaftsbrücke"), Nakhon Phanom – Thakkek, Mukdahan – Savannakhet und Chongmek – Vangtao nahe der kambodschanischen Grenze. Derzeit gibt es nur an der Freundschaftsbrücke ein Visum für 15 Tage, wie Radler berichteten, und nur gegen bare US$! Ansonsten die Botschaft in Bangkok oder das Konsulat in Khon Kaen aufsuchen, da ist das Visum auch billiger. Ganz im Norden ist die Grenze offen bei Chiang Khong – Ban Houayxay, ein weiterer Übergang, ca. 100 km nördlich der Provinzhauptstadt Nan, ist Houay Kone – Xaignabouri (furchtbare Bergpiste auf laotischer Seite). Laos ist zwar nach der zögerlichen Landesöffnung kein touristisch „unbeschriebenes Blatt" mehr, aber noch wohltuend weit von der touristischen Perfektion Thailands entfernt.

Unkompliziert geht es nach **Malaysia:** Im geschäftigen Hat Yai im Süden muß man sich entscheiden, ob man nach Malaysia östlich oder westlich weiter will. Westlich gibt es vier Übergänge (Wangprachan,

Padang Besar, Sadao und Betong), auf der Ostseite zwei (Sungai Golok
und Tak Bai). Die Ostroute von Kota Bharu durch Malaysia entlang der
Küste ist im allgemeinen empfehlenswerter, doch man sollte dort zur
richtigen Jahreszeit pedalen. Falls man von Thailand zuerst zur Westküste Malaysias will (nach Penang) könnte man in Nordmalaysia anschließend auch noch zur malaysischen Ostküste überwechseln (Routen s.
„Malaysia").

**Literatur,
Karten**
Empfehlenswert sind: „Thailand-Handbuch" und „Thailands Süden mit
Bangkok" von R. Krack, Reise Know-How, sowie das Thailand Travel-
Handbuch, Stefan Loose Verlag. Zum Verstehen des Landes und der
Thais: „KulturSchock Thailand", von Rainer Krack, RKH, und das Sympa-
thie-Magazin „Thailand verstehen", Studienkreis für Tourismus. Ein paar
Thai-Kenntnisse schaden nie: Kauderwelsch-Sprachführer „Thai" von
RKH.

Karten: Reise Know-How „Thailand". Als Überblick reicht die Nelles-
Karte „Thailand" 1:1,5 Mio. (Überraschungen bzgl. des Straßenzustandes
sind allerdings nicht ausgeschlossen und viele Nebensträßchen auf
Grund des Maßstabes nicht aufgeführt). Weitere Karten in Bangkoks
Buchläden, so soll die „Thailand Highway Map", 1:1 Mio., auch bzgl. der
Nebenstraßen recht aktuell sein.

**Telefon,
Internet**
Internationale Gespräche lassen sich von Kartentelefonen führen, die Te-
lefonkarten sind bei Postämtern und Kiosken erhältlich. Viele Internetca-
fés bieten auch sehr günstige Internettelefonate an, dazu Fax-Service.
Internetcafés findet man in ganz Thailand, selbst auf den kleineren Inseln.

Japan

Überblick
Japan ist der direkte Gegensatz eines asiatischen 3.-Welt-Landes (von
denen hier im Asien-Teil überwiegend die Rede ist), und auf den ersten
Blick erscheint es auch nicht gerade sinnvoll, dieses hochindustrialisierte
Land als ein Radreiseziel auszuwählen. Doch jenen, die dort radelten, hat
es gefallen, und ein radelnder Tourist kommt in diesem seit jeher recht
schwierigen Reiseland vielleicht noch eher zurecht als jemand, der ausschließlich auf öffentliche Verkehrsmittel angewiesen ist.

Doch auch für Radfahrer ist in Japan High-Tech und futuristische Zukunft angesagt, Funktionalität und Ordnung statt unwägsamen Rad-
Abenteuern.

Japan ist bekanntermaßen sehr teuer, besonders das Übernachten
und auch das Essen, doch wer geschickt vorgeht, wird auch mit schma-
lem Etat durchkommen, und über Sprach- und Schriftbarrieren hilft viel
gutgemachtes Info-Material von der *Japan National Tourist Organisation*
(JNTO, www.jnto.go.jp/english/index.html) hinweg (zur Ergänzung sei
noch der „Japan-Guide" empfohlen, www.japan-guide.com/d-index.hts).
Viele Japaner – Studenten – können übrigens recht gut Englisch lesen
und schreiben, aber kaum sprechen, doch mit Papier und Bleistift lassen
sich Sprachprobleme oft schnell lösen. Ein paar Brocken Japanisch und
die Zahlen sollte man aber schon können. Hilfreich ist ein Englisch-/Ja-
panisches Wörterbuch (mit japanischen Schriftzeichen). Ein Problem in
Städten ist das Auffinden von Adressen.

Neuseeland – verirren schlecht möglich

Südinsel, Straße zum Milford-Sound

USA – Staatsgrenze zu Arizona

Utah – schieben auf der Cottonwood Road

San Francisco – über die Golden Gate Bridge

Oregon – Highway 101 südl. von Astoria

Canada, Columbia Icefield Parkway

Hawaii, Regenwald nördl. von Hilo

Mexiko

Nicaragua, schattiges Radlercamp

Argentinien, einsamer Biker auf der Ruta 40

Tierra del Fuego, argentin.-chilenische Grenze

Bolivien, gleißender Salar de Uyuni

An der chilenisch-bolivianischen Grenze

Chile, Atacama-Wüste, stundenlang geradeaus ...

Paraguay, Sandpiste zur brasilian. Grenze

Peru, von Arequipa nach Puno (Titicaca-See)

Durchquerung des Darién Gap zw. Kolumbien und Panama

Ägypten, Cheops-Pyramide

Äthiopien – schwitzend bergauf, Kinder helfen schieben

Tanzania, Mikumi National Park

Äthiopien, Sonnenuntergang am Lake Langano

Namibia, Sandsturm auf dem Weg nach Lüderitz

Südafrika, Radfahrer vor Gewitterfront

Indonesien, durch den Schlamm Sumatras

Indien, im Suru-Tal auf dem Weg nach Zanskar

Indonesien, Toraja-Bauten auf Sulawesi

Kirgistan, durch das Susamyr-Tal

China, Nachtbiwak in der Kumtagh-Wüste (südl. Seidenstraße)

China – Verständigung Glückssache

Australien, Vorsicht vor Road Trains ...

Südsee-Träume: Biken auf Fiji (Insel Vanua Levu)

Vielleicht hat mancher auch die Idee, in Japan sein Traum-Rad zu kaufen. Nur sollte man dann keine allzugroße Körpergröße haben, denn die japanischen Modelle sind nicht auf „lange Kerls" eingestellt! Vielleicht können euch da Mitglieder vom *Japan Adventure Cycling Club (JACC)* helfen (Kontakt s.u. „Routen und Touren").

Was bietet Japan? Zunächst mal eine zweieinhalbtausendjährige Geschichte, festverwurzelte Traditionen und verschiedene Kulturepochen, die überaus vielschichtig und facettenreich sind. Japan hat die wohl homogenste Bevölkerung der Welt, und deren hochentwickelter Kunstsinn begleitet und umfaßt das ganze allgemeine Leben. Stichworte wie Schinto-Religion, Tempel, Samurai, Geisha, Fujijama, Kirschblüte, Shogun, Sumo-Ringer, Ikebana, Kimono etc. sind auch bei uns bekannt, doch es bräuchte sehr viele Seiten, um die spezielle japanische Kultur und die japanische Seele zu erklären. Informiert euch durch entsprechende Literatur (z.B. bei „KulturSchock Japan", Reise Know-How).

Den Radfahrer erwarten mannigfaltige, z.T. sehr erlebenswerte Landschaften, die besonders im Frühling und Herbst herrlich sind (besonders lohnenswert zum Radfahren ist die Nordinsel Hokkaido). Es gibt 27 Nationalparks und über 350 Naturparks mit Wandergebieten mit Heißquellengebieten, kochenden Seen, Schlammkratern etc. Berühmt ist natürlich die japanische Kirschblütenzeit, und auch die feurig-bunten Herbstwälder sind geradezu touristische Synonyme für Japan.

Anreise, Geografie Nach Japan gelangt man nicht nur mit dem Flugzeug auf diversen Routen und mit diversen Airlines, sondern auch mit der Transsib: Von Europa in 6 Tagen nach Wladiwostok, dann nach Nakhodka, und von dort mit dem Schiff nach Yokohama. Es gibt auch Fährschiffe von Pusan (Südkorea) und von Shanghai (China) nach Nagasaki.

Die japanische Inselkette ist 2900 km lang, die Hauptinseln Hokkaido, Honshu, Shikoku und Kyushu liegen auf der Höhe München – Marokko. Die Inseln sind die Spitzen eines untermeerischen Gebirges, sie sind sehr berg- und schluchtenreich, es gibt kaum Ebenen, dafür ausgedehnte Waldbestände mit Laub- und Nadelbäumen. Im Süden, auf der Insel Kyushu, wachsen auch Palmen. Die Küsten sind stark gegliedert. Die größten Städte sind Tokyo, Yokohama, Osaka, Nagoya, Sapporo und Kyoto. Die Inseln sind in 47 Präfekturen bzw. Bundesländer unterteilt.

Klima, Reisesaison Die große Nord-Südausdehnung hat ein entsprechend vielfältiges Klima zur Folge. Radfahren ist in Japan das ganz Jahr über möglich, doch die schönsten Monate sind (wegen der Kirschbaumblüte) der April und Mai und wegen der bunten Herbstbäume der Oktober und November. Allgemeine Touristen-Saison ist Herbst, Schulferien sind von Mitte Juli bis Mitte August.

Die Regenzeit – die wirklich eine ist! – beginnt in Zentraljapan anfangs Juni und sie dauert bis Mitte Juli, ihr folgt Hitze und Schwüle bis zum Ende des Augusts. Von Dezember bis März ist wegen Kälte und Schnee Radfahren im nördlichen Teil der Hauptinsel Honshu nicht empfehlenswert, und auf Hokkaido ist es dort schon zu kalt! Im September können Taifune drohen.

Einreise, Geld Bei Reisen bis zu sechs Monate ist ein Visum nicht erforderlich. Allerdings müßt ihr euch bei Aufenthalten über 90 Tage bei der Immigration registrieren lassen. Daß Japan ein teures Land ist, davon war schon die Rede, auch die Besichtigung der Tempel, Schreine, Kulturschätze etc. kostet viel Eintrittsgeld! (Radler berichten von etwa 60 Euro pro Tag bei sparsamer Lebensweise). Währung ist der Yen, unterteilt in 100 Sen, Reisewährungen sind Euro und Dollars, Reiseschecks werden angenommen. Niederlassungen deutscher und schweizerischen Banken sind allesamt in Tokyo stark vertreten. Zahllose Bankomaten.

Bevölkerung Mit 126 Mio. Einwohner auf einer relativ kleinen Landmasse gehört Japan zu den am dichtest besiedelten Ländern der Welt. Doch auf Grund des überwiegend gebirgigen Landesinnern konzentrieren sich die Ballungzentren und die Megastädte überwiegend nur in Küstennähe. Auf Honshu leben etwa 80% aller Japaner, und auf Hokkaido gibt es noch etwa 50.000 *Ainus,* die alte Urbevölkerung, die sich deutlich von den Japanern unterscheidet. Sprichwörtlich ist die Hilfsbereitschaft der Japaner, wenn sie merken, daß der Gast aus fernen Landen Hilfe braucht; und wenn der *gaijin* dazu noch aus dem befreundeten Deutschland stammt, genießt man einen extra Bonus.

Umgangs-formen In Japan ist alles geregelt, man sollte die japanischen Sozial- und die Benimm-Regeln kennen und beachten (daß man z.B. vor dem Betreten eines Hauses und der Räume die Schuhe auszieht, daß man sich verbeugt statt die Hand schüttelt, daß man nur sauber gewaschen ins Gemeinschafts-Bad steigt, u.v.a.m.). Sauberkeit, saubere Kleidung und allgemein ein ordentliches Erscheinungsbild ist in Japan oberstes Gebot! Einen hohen Stellenwert hat auch die zwischenmenschliche Harmonie: Man ist zueinander immer sehr höflich, freundlich und zurückhaltend. Überaus nützlich sind englisch/japanische Visitenkarten (*meishi,* schon hier drucken lassen). Für zu erwartende Einladungen kleine Gastgeschenke mitnehmen (Einladungen sind in Japan eine Auszeichnung!).

Falls es doch mal Probleme geben sollte: Stimmt doch einfach ein deutsches Lied an, die mögen Japaner gerne (Vorschlag: „Ännchen von Tharau" oder „Am Brunnen vor dem Tore" …). Oder ihr wählt die Nummer des (gebührenfreien) Touristen-Telefons an, das „Travel Phone", und laßt euch von einem englischsprechenden Berater telefonisch aus der Klemme helfen!

Übernach-ten Ist in Japan teuer, doch mit etwas Planung kommt man zurecht. Da wären zum einen die in jeder wichtigen Stadt oder Region befindlichen *Jugendherbergen* („yusu hosuteru", es gibt mehr als 500), sie sind auch gut zum Info-Austausch (in Städten liegen sie oft nahe von Bahnhöfen oder Metro-Stationen). Aufgelistet sind sie wie immer im „Guide to Budget Accommodation", erhältlich in Buchhandlungen oder über das DJH in Detmold. Wichtig: Man benötigt das Handbuch mit japanischen Schriftzeichen, also das „Japan Youth Hostel Handbook", mit Lagekarten, Fotos, etc., das man mit etwas Glück auch beim DJH oder aber beim japanischen Hostel Verband erhält: Suidobashi Nishi-guchi Kaikan, 2-20-7, Misaki-cho, Chiyoda-ku, Tokyo 101, Japan (www.jyh.or.jp). In den Ferienzeiten sind die Hostels oft voll, Anmeldung ratsam!

Familienpensionen heißen in *Minshuku,* meist in japanischem Stil, also mit papierenen Schiebewänden, *tatami*-Schlafmatten oder Futons (auch manche Juhes sind so ausgestattet). Ein Minshuku-Verzeichnis erhält man vom Minshuku Center, 2-10-1 Yurakucho, Chiyoda-ku, Tokyo 100. Eine echt japanische, traditionelle Übernachtungsstätte ist ein *Ryokan* (meist teuer, doch es gibt auch preiswerte, Liste unter www.ryokan.or.jp/ english/index.html). In einigen Städten findet man auch YMCA-Hotels, doch die sind gleichfalls nicht billig.

Unterkommen kann man zudem in den *Cycling Centers* (s. „Routen und Touren") oder in Übernachtungsstätten und Hotels von öffentlichen Organisationen wie Krankenkassen, Versicherungen, Studentenorganisationen etc. Sogar *Tempel* bieten oft eine Möglichkeit zum Übernachten an – sehr eindrucksvoll! Gut zum Kennenlernen der Japaner und zum Übernachten bei gastfreundlichen Japanern ist die im Teil 1, A. 3. erwähnte „Servas"-Institution (s.S. 107). Die japanische Tourist Information gibt eine Liste mit preiswerten Übernachtungsstätten heraus.

Camping Auch Japaner lieben Outdoor-Life, es gibt über 2000 Campingplätze in Japan, viele in den National- und Naturparks. Die meisten werden von öffentlichen Einrichtungen bzw. von Gemeinden und Städten betrieben. Auf den Campingplätzen kann man oft auch Hütten, Bungalows oder Zelte mieten. Am besten, man läßt sich eine Campingplatz-Liste von der JNTO kommen. Auskunft über die Plätze können die Touristenbüros in Städten und Orten geben. Wild Campen ist selten ein Problem. Für Kocher gibt es Petroleum und Reinbezin zu kaufen (Sportgeschäfte, Tankstellen). Nehmt ein Mittel gegen aufdringliche Schnaken mit. Campen hilft viele Yen sparen und sollte bei einer Radtour in Japan miteingeplant werden, Ausrüstung mitnehmen oder dort kaufen.

Verpflegung Hauptnahrungsmittel sind Reis, Nudelsuppe, Fisch, Gemüse etc., bekannt sind *Sukiyaki* und *Sushi* (roher Fisch), Fleisch ist teuer. Speisenmodelle aus Wachs und Plastik machen das Bestellen einfach (nehmt halt euer Besteck, wenn das Essen mit Stäbchen zu langsam geht …). Es gibt auch Fast-Food-Ketten. Doch da Sparen angesagt ist, wird man weniger in Restaurants essen wollen, kocht euch selber was, die Supermärkte sind gut bestückt. Billiger essen gehen kann man an Ständen in Bahnhöfen, Kaufhäusern etc. Brot und Brötchen sind lecker. Großes Angebot an Soft Drinks und auch Bier. Das Nationalgetränk *Sake,* gebraut aus vergorenem Reis, wird warm getrunken. Und natürlich gibt es immer viel Tee, eine japanische Tee-Zeremonie ist ein ästhetischer Genuß!

Verkehr, Straßen Linksverkehr! Gut ausgebautes Verkehrsnetz, die Straßenqualitäten sind sehr gut, doch die Straßen sind in den Ballungsräumen total überlastet und die Landstraßen oft recht eng. Ein Horror sind Stadtdurchfahrten! Wegen dieses starken Verkehrs sollte man sich nicht allzu große Tagesdistanzen vornehmen. Gerast wird weniger, denn auf Landstraßen gilt Tempolimit 40 bis 70 km/h, auf den Expreß-Straßen 100 km/h. Schaut, daß ihr die Verkehrszeichen versteht. Ein Fahrrad muß in Japan eine Lichtanlage haben, Tandems dürfen übrigens nur auf extra ausgewiesenen Straßen fahren.

Transport Die öffentlichen Transportmittel sind bestens ausgebaut, Busse fahren überall hin. Die Großstädte verfügen über Metros. Zwischen den Inseln gibt es Fährenverkehr. Das Binnenflugnetz ist gleichfalls bestens. Für die Mitnahme im Flieger muß ein Rad in der Regel auseinandergebaut und verpackt werden, es besteht ein 15-kg-Gewichtslimit.

Bevorzugtes Massenverkehrsmittel sind in Japan die Eisenbahnen, es gibt sowohl private als auch staatliche Linien (Japan National Railway, JNR). Berühmt sind die (teuren) Super-Shinkansen-Expreßzüge (Kodari, Hikari) von Tokyo über Kyoto, Osaka, Hiroshima nach Fukuoka (1200 km), eine zweite Linie nach Norden nach Morioka (500 km), und eine dritte Linie nach Nordwesten über Takasaki nach Nagano (Fahrpläne unter www.asahi-net.or.jp/~ev7a-ootk/time/etime_01.htm). Es gibt auch Netzkarten (Japan Rail Pass) mit verschieden langer Gültigkeit (muß außerhalb Japans gekauft werden). Vielleicht plant man auch einen Teil der Tour ohne das Fahrrad, dazu bietet der Japan Rail Pass beste Voraussetzungen.

Um ein Rad mit in den Zug zu nehmen, muß es in der Regel auseinandergenommen und in einer Tasche/einem Karton verpackt werden. Nach dem Kauf einer Fahrkarte geht man zum Gepäckschalter und löst ein Tikket für das Rad.

Routen und Touren
In Japan gibt es ausgewiesene Radstrecken und -Touren von Städten aus, ein- oder mehrtägig. Die Touristenbüros haben von diesen Touren Karten und Broschüren. In manchen Städten, wie Tokyo, Nagoya u.a., gibt es kurze Rad-Rundkurse und Radwege durch Parks und Grünanlagen (z.B. in Tokyo den „Palace Cycling Course", ca. 3,5 km um den Kaiserpalast, oder den „Jingu Gaien Cycling Course", 2 km, Räder können dort auch gemietet werden).

Wie erwähnt, ist Japan überaus bergig und hügelig, auf dem Land radelt man vorbei an Reisfeldern, Flüssen, Bergen und alten Dörfern. Und Japan ist, ungeachtet der vielen Autos, auch aufs Radfahren eingestellt (alles andere wäre bei der rührigen japanischen Radindustrie ja auch verwunderlich), eine durchorganisierte Strecken- und Tourenlogistik für Pedalritter ist vorhanden. Daneben gibt es computerüberwachte Parkhäuser für Räder an Bahnhöfen, in denen Tausende von Rädern parken, und landesweit verstreut findet man rund 60 **Cycling Terminals** und **Cycling Centers,** wo man Räder mieten, kaufen und auch günstig übernachten und essen kann! Eine Liste dieser Häuser und eine Karte mit ihrer Lage und wie man sie erreicht kann man anfordern vom: Japan Bicycle Promotion Institute, Nihon Jitensha Kaikan Building, 1-9-3 Akasaka, Minato-ku, Tokyo 107, Japan (nahe der US-Botschaft). Tel. (03) 583-5444, Fax (03) 582 1099.

Der JACC beantwortet auf seiner Homepage „Japan Cycling Navigator" (www.t3.rim.or.jp/~sayori) viele Fragen rund ums Radeln auf den Inseln, beantwortet auch eure eMails auf englisch, informiert über Übernachtungsmöglichkeiten, macht Tourenvorschläge und bietet viele weitere Links. Empfehlenswert ist auch die Homepage www.cycle-info.bpaj.or.jp/english/index.html der Bicycling Popularization Association of Japan. Hinter dem Button „Sports Facilities" verbergen sich in dem Untermenu „Cycling Facilities" **Listen aller Radwege** und – noch viel interessanter – aller Cycling Terminals in Japan!

Von Tokyo nach Süden
Zunächst nach Kamakura mit seinen Tempelanlagen und dem großen Buddha an der *Sagami-Bucht,* 40 km südl. von Tokyo. Weiter zum Berggebiet um Hakone am *Ashinoko-See,* ein gleichfalls bekanntes Ausflugsziel. Dann die Izu-Hanto Halbinsel umrunden, die zum großen *Nationalpark Fuji-Hakone-Izu* gehört, eine Mischung aus Wald-, Berg-

und Küstenlandschaften. Anschließend weiter zum berühmten Vulkanke-
gel *Fuji* (3776 m), Japans Wahrzeichen, ca. 120 km südwestlich von Tokyo, er wird sommers von Hunderttausenden bestiegen.

Die alte (touristenreiche) Kaiserstadt *Kyoto* mit ihren Hunderten von
schönen Tempelanlagen, Schreinen und Palästen ist die kulturell und
geistig wichtigste Stadt Japans. Sie liegt ca. 450 km südöstlich von Tokyo. *Nara,* 40 km südlich von Kyoto, gilt als die Wiege der japanischen
Kunst, gegründet 710, gleichfalls viele bedeutende historische Bauwerke, ältester Tempel Japans. Auch *Hikone,* 60 km nördlich von Kyoto am
Biwa-See, kann mit seiner Burganlage gleichfalls lohnend sein.

Von Tokyo　Nordwestlich von Tokyo liegen die japanischen Alpen mit Stadt *Takaya-*
nach Nor-　*ma* (zahlreiche Tempel, Schreine, Paläste) und dem historischen *Matsu-*
den　*moto,* Ausgangspunkt für Bergtouren. Weiter hochpedalend sollte man
dann *Nikko* (mit dem Toshogu-Schrein) nicht versäumen („Man soll nicht
sagen, etwas wäre schön, wenn man Nikko nicht gesehen hat …", jap.
Sprichwort). Schönstes Gebiet im Nordosten von Honshu ist die *Tohoku-*
Region: viele Nationalparks, Seen, Urlaubsorte, Freizeitmöglichkeiten,
Mineralbäder, Kirschbäume, Strände und wilde Küsten, malerische Landschaften.

Hokkaido　Die Nordinsel ist etwa doppelt so groß wie die Schweiz, es gibt dort
schöne Landschaften, viel Landwirtschaft, zahlreiche Natur- und Nationalparks mit Urwäldern, Vulkanen, Küstenstraßen, heiße (Bade-)Quellen
(sento), Seen und Berge über 2000 m Höhe. Im Winter viel Schnee. Die
Insel hat ein gutes Straßen- und Schienennetz, Nebenstraßen sind teilweise unbefestigt. Zum Übernachten bietet Hokkaido genügend Jugendherbergen und auch sechs Cycling Terminals bzw. Cycling Centers (9-7
Higashi Shichijo-kita in Shibetsu. 14-4 Tokachigawa Onsen-kita, Otofu-
ke-cho, in Kato-gun. 3-119-6 Higashi Ninosaka-cho in Takikawa. 367-1
Ni-ni-u Shimukappu-mura, in Yufutsu-gun. 19-1 Takaoka in Tomakomai.
18 Shako, in Yubari). Auch freies Campen ist überall sehr gut möglich.
Hokkaido ist weniger teuer als die Hauptinsel, sommers gibt es frisches
Obst und Gemüse, gute Wandermöglichkeiten. Radläden gibt es in größeren Orten, wichtigste Ersatzteile sollte man jedoch an Bord haben.

Wer nicht die ganze Strecke durch den Norden Honshus hochradeln
will, kann von Tokyo auch mit dem Fährschiff nach Hokkaido fahren
(Kushiro). Auch von der Westküste der Hauptinsel (Niigata, Tsuruga, Mai-
zuru) gibt es Fährschiffverbindungen nach Otaru. Oder man fliegt gleich
nach seiner Ankunft in Tokyo nach *Sapporo* weiter (Hauptstadt von Hokkaido) und läßt dann auf dem Sapporo-Flugplatz (der südöstlich in Chito-
se liegt) bei der Gepäckaufbewahrung evtl. seine Radverpackungs-
Tasche.

Eine Rundreise um die Insel am besten entgegen dem Uhrzeigersinn
angehen, die Strecke entlang der Küste ist ca. 2500 km lang (im Norden
– ab Abashiri – kann man auch ins Inland). Unterwegs sind Abstecher in 5
Nationalparks möglich (der Daisetsuzan ist der größte NP von Japan: 3
Vulkane, heiße Quellen, Flüsse). Zeitbedarf: Etwa 4 bis 5 Wochen. August
ist der beste Monat, doch dann gibt es auch viele japanische Touristen.
Auf Regen muß man eingestellt sein!

Die *Ostküste* ist wild, zerrissen, mit Klippen und Buchten (die Ostseite
der nördlichen Shiretoko-Halbinsel mit dem gleichnamigen Nationalpark

ist weniger interessant). An der Nordwestspitze kann man auf die beiden Inseln Rishiri und Rebun übersetzen und dann mit dem Schiff runter nach Otaru (bei Sapporo) fahren. Im Süden ist der Toya-See attraktiv.

Shikoku Shikoku ist die kleinste der japanischen Hauptinseln. Ein bis zu 2000 m hoher Gebirgszug bildet ihr Rückgrat. Vor allem die Südküste ist wild zerklüftet mit Klippen und Buchten, die am besten abseits der stark befahrenen Hauptrouten auf Nebenstraßen und Cycle Paths erkunden kann. Harte und zahlreiche Steigungen, verträumte Fischerdörfer, gute Campingmöglichkeiten, einige Jugendherbergen, Radshops in den größeren Städten und nicht so touristisch wie Hokkaido. Der Norden ist weniger interessant, mehr Industrie, flacher. Shikoku eignet sich auf Grund seiner Größe ideal für einen kürzeren Biketrip, in drei Wochen kann man die Insel locker umrunden (ca. 1200 km), besser im Uhrzeigersinn, da tendenziell der Wind aus Osten kommt. *Osaka* eignet sich gut als Ausgangspunkt, Fähren legen direkt vom Kansai Int. Airport Richtung Tokushima ab (alternativ auch Fährverbindung von Tokyo, Richtung Kyushu Fähren von Yawatahama).

■ *Fotostop bei Osaka*

Reiseführer, Karten Reiseführer: „Japan", von Lonely Planet, im Stefan Loose Verlag ist die deutsche Übersetzung als „Japan Travel Handbuch" erschienen. „Tokyo mit Yokohama", Reise Know-How. „Hiking in Japan", ein englischer Wanderführer, Lonely Planet. Die Japan National Tourist Organisation gibt umfangreiches und hilfreiches Material über Regionen, Städte, Sehenswürdigkeiten, Unterkünfte etc. ab, auch Führer für spezielle Gebiete. Das kleine engl./japanisches Wörterbuch von der JNTO, „The Tourist's Handbook", ist sehr nützlich! In Japan (Tokyo) gibt es „Tourist Information Centers" (TIC), Adressen stehen in Reiseführern. Ein interessantes Buch, um die japanische Gesellschaft und Kultur besser verstehen zu lernen, ist „KulturSchock Japan", von M. Lutterjohann, dazu Kauderwelsch „Japanisch", beide Reise Know-How.

Karten Zur Vorbereitung reicht die Nelles-Karte „Japan", 1:1,5 Mio, die ITM-Karte oder die K+F-Karte 1:1,5 Mio. Radfahrkarten in Japanisch (mit *kanji-*

Schriftzeichen) gibt es für die Distrikte *Kanto* (Präfekturen Tokyo, Kanagawa, Saitama, Chiba, Ibaraki, Yamanashi, Gunma und Tochigi), *Chobu* und *Hokuriku* (Nagano, Toyama, Ishikawa, Fukui, Gifu, Aichi und Shizuoka), *Kansai* (Osaka, Kyoto, Shiga, Hyogo, Okayama, Tottori, Nara, Mie und Wakayama). Diese Karten enthalten empfohlene Strecken für Radfahrer, Straßen nur für Radfahrer, Jugendherbergen und Geschäfte, wo man Räder leihen kann. Da nur die größeren Städte in Englisch geschrieben sind, braucht man zusätzlich, zum Anfahren kleinerer Orte, auch Autokarten in japanisch. Diese Radkarten sind erhältlich beim Bicycle Culture Center, gleiche Adresse wie das oben erwähnte Japan Bicycle Promotion Institute. Falls ihr in Tokyo seid: Fünf Minuten von der Toranomon Subway Station, Ginza-Linie. Das Center hat außerdem alles rund ums Fahrrad. Ein anderes Geschäft für Straßen- und Radkarten: Buyodo, 3-8-6 Nihonbashi, Chuo-ku, Tokyo 103, gleich neben der Nihonbashi Subway Station, ebenfalls auf der Subway-Ginza-Linie. Sayonara.

Myanmar (Burma)

Überblick

Myanmar (früher Birma oder Burma) ist eines der ursprünglichsten (buddhistischen) Länder Asiens. Jahrzehntelang schottete es sich konsequent vom Lauf der Welt ab, man bekam immer nur eine oder zwei Wochen Aufenthaltserlaubnis. Das Land am Fluß Ayeyarwady (Irrawaddy) besitzt große Kulturattraktionen, wie z.B. die *Pagodenlandschaft von Bagan,* die „Goldene Stadt" *Mandalay,* die Gegend um den *Inle-Lake* oder das *Hochland von Maymyo.* Wer einmal Burma gesehen hat, wird es nicht vergessen!

Nach den restriktiven Jahren öffnet sich nun das Land, die Aufenthaltsdauer, auch für Individualtouristen, wurde auf vier Wochen erhöht, mehrere Grenzübergänge sind geöffnet, und selbst Tourenradler sind inzwischen kein ganz so seltener Anblick mehr (früher nahm der Zoll das Rad bis zur Wiederausreise unter Verschluß und man mußte auf öffentliche Verkehrsmittel ausweichen).

Außerhalb der Touristenzentren ist die ländliche Infrastruktur immer noch sehr einfach, die Straßen sind teils katastrophal und in der Regenzeit unpassierbar, aber vieles ist hier noch mit etwas Improvisation und einem Lächeln machbar, was in den Nachbarländern schon lange reguliert ist. Das Reisen in Myanmar bleibt schwierig und die Verhältnisse können je nach politischer Wetterlage schnell wieder ins Gegenteil umschlagen. Noch hält die Militärjunta das Land eisern im Griff und bekämpft die nach Unabhängigkeit strebenden Karen im Grenzgebiet zu Thailand. Etwa ein Drittel der Bevölkerung gehört ethnischen Minderheiten an, wie die Shan, Karen, Mon oder Chin. Der Buddhismus ist Staatsreligion, Birmanisch die Landessprache. Mit Englisch kommt man nur in den Touristenzentren durch. Zahllose Orts- und Straßennamen wurden/ werden geändert, teils neue oder frühere Namen wieder eingeführt (die Hauptstadt Rangun heißt nun *Yangon*). Manche Karte zeigt noch die alten Namen und auch die Bevölkerung ist sich – und damit wird das Durcheinander perfekt – nicht immer einig.

Websites: Schön bunt, mit vielen Fotos und einigen englischen Infos: www.burmaguide.net. Die recht gute Homepage www.pmgeiser.ch/myanmar bietet neben ersten Informationen auch viele Fakten wie Flugpläne, Reisemöglichkeiten im Land etc., ist aber nicht immer aktuell. Eine weitere private Homepage mit vielen, nicht immer brandaktuellen Tips: www.1000traveltips.org/myanmar.htm.

Anreise

Auch wenn das offizielle burmesische Fremdenverkehrsbüro *Myanmar Tours and Travel (MTT)* Gegenteiliges behauptet: Die Grenzübergänge von und nach China/Thailand sind für Ausländer nur im Rahmen eines Tagesbesuchs, der bereits in der nächstgelegenen Stadt endet, zugänglich! Alle Grenzübergänge liegen in Unruhegebieten, das Militär hat die Gebiete abgesperrt und verwehrt Radlern (auch in deren Interesse!) ohne spezielles Permit die Durchfahrt.

Die durchgehende Route von Europa bis nach Singapur bleibt also ein Traum, ihr müßt weiterhin über Tibet/China ausweichen. Vielleicht ändert sich das ja in den kommenden Jahren, dann hättet ihr folgende Möglichkeiten, von und nach Thailand zu kommen: Kawthaung - Ranong im Süden des Landes, der Three Pagoda Pass, Myawaddy – Mae Sot und Tachilek – Mae Sai im „Goldenen Dreieck". Nach China die Grenzübergänge Mong La und Muse. Der Grenzübergang Mong La befindet sich ca. 140 km nördlich von Kengtung, Muse ist über das ca. 200 km entfernte Lashio zu erreichen. Voraussetzung: Ein gültiges China- bzw. Myanmar-Visum. Die Grenzen nach Indien sind hermetisch abgeriegelt!

Einzige Anreisemöglichkeit für Reiseradler bleiben die Internationalen Flughäfen von Yangon und Mandalay. Yangon wird von allen Nachbarstaaten zumindest einmal die Woche angeflogen, die meisten Flüge von Bangkok bestreiten „Myanmar Airways" und „Thai Airways". Mandalay hat einen neuen int. Flughafen fast 40 km außerhalb, im Moment landen da hauptsächlich Flieger aus Chiang Mai/Thailand.

Geografie

Myanmar hat gemeinsame Grenzen mit Bangladesh, Indien, China, Laos und Thailand. Grob läßt sich das Land in drei Regionen einteilen: Die Reiskammer um das riesige Mündungsdelta des Ayeyarwady im Süden des Landes mit der Hauptstadt Yangon, im Zentrum die großen Ebenen um die alten Königsstädte Bagan und Mandalay und das unzugängliche Bergland im Norden (höchster Berg: Hkakabo Razi, 5881 m) mit dichten Wäldern.

Klima, Reisesaison

Myanmar liegt im Einflußbereich des Südwest-Monsuns, je nach Höhenlage wirkt sich dies unterschiedlich stark auf die Regenhäufigkeit aus. So wird Yangon und das Mündungsdelta des Ayeyarwady von kräftigen Regenfällen heimgesucht, die flußaufwärts immer mehr nachlassen. Mandalay ist relativ trocken. Nördlich von Mandalay in den Ausläufern des Himalaya nimmt die Regenwahrscheinlichkeit dann wieder kräftig zu.

Beste Reisezeiten sind von Mitte Oktober bis März, dann ist es kühl und die Luft klar. April und Mai sind sehr heiß, Monsunregen im Juni bis September mit unangenehmer Schwüle und grauem Himmel. Natürlich könnt ihr auch während der Monsunzeit radeln, müßt aber dann mit überschwemmten Straßen und eingeschränktem Flugverkehr rechnen. Andererseits kann während der Trockenzeit der Bootsverkehr durch Niedrigwasser beeinträchtigt werden. Nachts kann es in den Bergregionen empfindlich kalt werden! Zu jedem Vollmondtag finden Feste in den Pagoden statt, erkundigt euch bei MTT nach den Terminen.

Einreise, Währung, Infos

Visumpflicht. Max. Aufenthaltsdauer vier Wochen, das Visum kann nicht verlängert werden. Visa sind auch in Bangkok und anderen asiatischen Hauptstädten erhältlich.

Myanmar ist ein sehr günstiges Reiseland. Währung ist der inflationsgeplagte *Kyat* (gesprochen: „Tschat"), unterteilt in 100 Pyas. Für Individualtouristen gilt ein Zwangsumtausch von 300 US$ (im Moment 200 US$), dafür erhält man *Foreign Exchange Certificates (FEC)* in gleicher Höhe. Viele Leistungen der Staatsbetriebe (Busse, Flug- und Bahntickets, Fähren, Eintrittsgelder, Hotels etc.) werden in FEC abgerechnet. Da FEC nicht zurückgetauscht werden können, sollten die zuerst ausgegeben werden. Der US-Dollar hat sich zur dritten akzeptierten Währung entwickelt, sehr gute Kurse auf dem Schwarzmarkt gegen Kyat. Offiziell ist der Schwarztausch illegal, wird aber offensichtlich toleriert. Bedenken solltet ihr, daß auch viele Billighotels, Mietwagenfirmen etc. inzwischen in US-Dollar abrechnen, eure Kyats also hauptsächlich nur für Essen und Trinken benötigt werden.

Reiseschecks könnt ihr nur bei MTT und bestimmten Banken gegen FEC tauschen, Kreditkarten werden nur in teuren Hotels und für Flugtikkets akzeptiert (AmEx, Visa, aber *keine* MasterCard). Keine Bankautomaten.

Die meisten Reisenden wird es nach der Ankunft zuerst in das Büro der MTT in Yangon ziehen (77–91, Sule Pagoda Road). Dort gibt es vielfältige Infos, angefangen von Fahrplänen über Prospekte und Stadtpläne bis zum Veranstaltungskalender, ihr könnt (überteuerte) Ausflüge und Hotels sowie alle Tickets buchen, aber das geht jetzt an Ort und Stelle billiger und ebenso einfach. Wichtig sind Auskünfte über gesperrte Gebiete!

Bevölkerung, Sprache

Myanmar ist ein Agrarland. Ein Großteil der 45 Mio. Einwohner siedelt im fruchtbaren Mündungsdelta des Ayeyarwady und entlang der Flüsse in den zentralen Ebenen. Immerhin 30% der Landesbewohner zählen zu den Minderheiten, die hauptsächlich in den bergigen, bewaldeten Grenzgebieten leben und ihre eigenen Sprachen sprechen.

Jens und Silke Dietrich: „Englisch ist nur in den Touristenorten wie Bagan, Mandalay und Yangon verbreitet. Auf dem Land ist oftmals nur die Zeichensprache möglich. Die Menschen sind aber sehr freundlich und hilfsbereit und freuen sich über jeden erfüllten Wunsch! Auch nicht jeder Immigration-Officer kann Englisch." (Der Kauderwelsch-Sprachführer „Burmesisch" ist hilfreich).

Übernachten, Verpflegung

In Myanmar gibt es zwischenzeitlich die üblichen touristischen Vorzeigeprojekte, meist Luxushotels und Resorts, erstellt mit dem Geld ausländischer Investoren und superteuer. Ihr werdet aber keine Mühe haben, ein günstiges und für Touristen zugelassenes Guesthouse oder Hotel zu finden. In Yangon sind die Preise allgemein höher. Ein Zelt ist nicht unbedingt nötig, wild Zelten aber auch kein Problem.

Die burmesische Küche konnte sich dem Einfluß der großen Nachbarn Indien und China nicht entziehen. Das bedeutet in erster Linie einmal Schärfe und Essen mit den Fingern (wem es nicht gefällt, der bringt sein eigenes Besteck mit). Grundlage ist immer Reis, dazu werden scharfe Curries mit Fisch oder Fleisch serviert, je nach Saison auch Gemüse. Getrunken wird viel Tee und Wasser. Garstände findet ihr überall an der Straße, andere verkaufen Limos und Trinkwasser in Flaschen. Unbedingt probieren solltet ihr den köstlichen, frischgepreßten Zuckerrohrsaft.

Gefahren, restriktive Gebiete

Jens und Silke Dietrich meinen dazu: „In den größeren Städten kam oft sofort ein Vertreter des Immigration Office auf uns zu, notierte aber nur die Angaben aus Paß und Visum und war um unsere Sicherheit besorgt. Einmal erlebten wir gar, daß uns so ein Officer in der Nacht regelrecht hinterherlief, über 12 km, nur um uns auf unserem „Zeltplatz" in einer Bananenplantage zu registrieren. Sogleich wollte er uns einen nächtlichen Wachschutz abstellen, den wir nur mit Mühe abwehren konnten ..."

Das klingt nun alles nach großer Gefahr, richtig ist aber das Gegenteil, daß man noch recht unbesorgt durchs Land pedalen kann – leider aber nur durch die für Touristen geöffneten Gebiete. Wer es genau wissen möchte, sollte nach der Ankunft gleich das MTT-Büro in Yangon aufsuchen. Grob gesagt sind die Gebiete südlich von Mandalay/Bagan für den Tourismus freigegeben, tendenziell werden es auch ständig mehr, aber die Grenzgebiete bleiben wegen schwelender ethnischer Konflikte mit den Minderheiten gesperrt. Manche Gegenden sind nur auf dem Luftweg und mit Führer zu besuchen. Es gibt sehr viele Kontrollen, praktisch jede Brücke wird von den Militärs bewacht und ein ggf. erforderliches Permit kontrolliert. So endete für Jens und Silke der Versuch, mit dem Fahrrad nach Mae Sot/Thailand auszureisen, bereits in Thaton: „Beim Immigration Office hieß es, wir dürften nicht mit unseren Rädern in das Gebiet der Karen einreisen, möglich wäre es mit dem Pickup bis Kawkareik. Ohne Pickup wären wir sicherlich 15 km östlich an einem großen Militärcheckposten herausgezogen worden, in Hpa-an gibt es riesige Kasernen und weitere Militärposten stehen an der Strecke."

Fahrrad, Ausrüstung

In den Touristenzentren kann man nun auch Fahrräder leihen, meist „Lastesel" aus indischer oder chinesischer Fertigung, MTBs sollen aber auch schon gesichtet worden sein. Für lange Strecken besser das eigene Fahrrad mitbringen. Breite Reifen sind ein Muß, weniger viele Gänge, denn die meisten Routen folgen den Ebenen. Ausnahme: Die Hillstations westlich von Mandalay und der 900 m hoch gelegene Lake Inle. Ersatzteile für westliches Rad-High-Tech sind nicht erhältlich! Dinge des täglichen Bedarfs gibt es in allen größeren Städten, die Ausrüstung sollte den Temperaturen entsprechen. Empfohlen seien ein Moskitonetz und ein Vorhängeschloß. Genügend Filme einpacken!

Straßen, Verkehr, Transport

Das Verkehrsnetz entspricht noch bei weitem nicht dem Standard der asiatischen Nachbarländer (das Verkehrsaufkommen aber auch noch nicht). Die Straßen sind löchrig, Flüsse werden, insbesondere auf Nebenstrecken, häufig mit Fähren gequert. Und das kann neue Probleme bedeuten ... Jens und Silke: „Das Ein- und Aussteigen gestaltet sich besonders mit den Rädern etwas schwierig, denn es gibt keine Stege oder Auffahrten. Gestoppt wird direkt an der steilen Böschung oder an der Seite eines anderen Bootes." Entfernungsangaben sind in Meilen, Kreuzungen – wenn überhaupt – in Birmanisch ausgeschildert.

Bevorzugtes Massen-Verkehrsmittel sind altersschwache, unkomfortable und überfüllte **Busse,** zwischen den Touristenzentren Yangon, Mandalay, Bagan und Taunggyi (Inle-Lake) verkehren auch neuere Expreßbusse. Die sind auf Grund der miesen Straßen nicht unbedingt schneller, aber immerhin komfortabler. Radmitnahme möglich.

Auf langen Strecken ist zweifellos angenehmer die **Bahn,** Fahrradmitnahme kein Problem. Zumindest in Yangon und Mandalay wird euch der weit teurere Touristenpreis abgeknöpft, steigt man unterwegs zu, z.B. in Thazi, wird meist nur der Einheimischenpreis fällig. Verkehrsknotenpunkt ist Yangon, von hier starten Züge nach Pyay (Prome), dreimal täglich nach Mandalay mit Anschluß nach Lashio im NO und Myitkyina im N, nach Mawlamyine (Moulmein) im SO, ein weiterer Zug verkehrt zwischen Mandalay und Bagan.

Das **Binnenflugnetz** unterliegt einem steten Wandel und hängt auch von der Ersatzteilverfügbarkeit ab. „Air Mandalay" soll die besseren Flugzeuge haben und fliegt u.a. zwischen Yangon und Mandalay (www.air-mandalay.com). Die meisten Binnenflughäfen sind für Touristen nicht zugänglich.

Auf dem Ayeyarwady verkehren auch **Passagierboote,** ein komfortableres Touristenboot zwischen Mandalay und Bagan. Mehrere Verbindungen rund um Yangon, eine weitere zwischen Yangon und Pathein (Bassein).

Wer es eilig hat, kann auch einen Pickup mit Fahrer mieten und sein Fahrrad auf der Ladefläche transportieren. Dort ist Platz für bis zu vier Räder und Passagiere. Preise sind Verhandlungssache, aber gemessen an der Entfernung immer noch günstig. Weitere Details in guten Reiseführern, s.u.

Routen und Touren

Vier Wochen sind verflixt wenig Zeit, um all die Kulturschönheiten des Landes zu sehen und dazu auch noch das Leben der Menschen auf dem Land kennenzulernen. So wird man doch die eine oder andere Strecke mit öffentlichen Verkehrsmitteln zurücklegen müssen, vorzugsweise mit Bahn oder Schiff. Die alten Königsstädte *Bagan* und *Mandalay* mit ihren unzähligen Pagoden sind die Hauptattraktion des Landes, man kann allein hier Wochen zubringen. In der heißen Jahreszeit lohnen Ausflüge in die Berge östlich und südöstlich von Mandalay.

Eine **Rundreise** von Yangon könnte so aussehen: Per Zug nach Pyay (ca. 300 km), weiter mit dem Fahrrad über Taungdwingyi nach Bagan (420 km). Zwischen Bagan und Mandalay fahren regelmäßig Linienboote. In Mandalay eignet sich ein Fahrrad ganz besonders als Nahverkehrsmittel. Nach Mandalay wird die Zeit wahrscheinlich schon knapp. Entweder ihr schwingt euch auf die Bikes und radelt nach Yangon zurück, oder macht noch einen Abstecher zum Inle-Lake und steigt in Toungoo in den Zug nach Yangon. Mit individuellen Pickups läßt sich die Route noch wesentlich flexibler gestalten. Von Mandalay besteht auch eine Flugverbindung nach Chiang Mai/Thailand.

Reiseführer, Karten, Internet

Empfehlung: Brigitte Blume, „Myanmar/Burma", dazu der Kauderwelsch-Führer „Burmesisch", und zur Vorbereitung zwingend das hervorragende Buch „Myanmar – Reisen im Land der Pagoden" von Klaus R. Schröder, alle Reise Know-How. Bewährt hat sich auch der Lonely Planet-Guide „Myanmar (Burma)". Als Übersichtskarte: Nelles „Burma (Myanmar)", 1:1,5 Mio.

Offiziell ist der Zugang zum **Internet** noch immer verboten, einige teure Hotels und Geschäfte in Yangon und Mandalay bieten aber die Möglichkeit, zumindest eMails zu verschicken.

Laos

Überblick

Laos bietet auch heute noch, lange nach der Öffnung seiner Grenzen, einen unverfälschten Blick hinter den Bambusvorhang. Die *Demokratische Volksrepublik Laos,* so der offizielle Name, gehört zu den ärmsten Ländern der Erde, z.T. abhängig heute vom Geld der Nationen, die Jahrhunderte mit dem alten Königreich ihre machtpolitischen Spielchen getrieben hatten. Der Tourismus brachte bislang nur der **Hauptstadt Viangchan (Vientiane,** unterschiedliche Schreibweisen/Namen für Städte etc.) den erhofften Aufschwung. Fast jeder zehnte Laote lebt in dieser „Metropole", die im Vergleich zu anderen asiatischen Großstädten eher den Charme eines zu groß geratenen Dorfes besitzt. 4 Mio. Laoten verlieren sich in einem Land von der Größe Großbritanniens und siedeln hauptsächlich in den fruchtbaren Ebenen entlang des Mekong-Flusses. Für den entdeckungsfreudigen Radler bedeutet das eine in Asien ungewohnte Weite und Leere, abgeschieden lebende Bergstämme, eine starke kulturelle Identität und – knüppelharte Bergpisten.

Den „Laoten" an sich gibt es nicht, die Bevölkerung setzt sich aus über 70 Volksgruppen und Stämmen zusammen, mit ihren eigenen Sprachen und Gebräuchen, aber doch tief verwurzelt im Buddhismus. *Lao* hat sich zur Verkehrssprache in Laos entwickelt, vor allem die Bildungsschicht spricht heute noch Französisch, Englisch ist stark im kommen.

Nach einer recht restriktiven Tourismuspolitik kann sich der Radler nun frei im Land bewegen, die Grenzen setzen nur die knappe Aufenthaltsfrist und die eigene Leidensfähigkeit. Einige Straßen werden zwar kontinuierlich ausgebaut, die restlichen verwandeln sich dagegen regelmäßig zur Monsunzeit in schmierige Lehm-Achterbahnen und stellen die übrige Zeit hohe Ansprüche ans Material. Entlang der Touristenpfade ist die Infrastruktur hervorragend ausgebaut, hier kann man getrost Zelt und Kocher zuhause lassen. Auf Nebenstrecken bewährt sich eine autarke Ausrüstung.

„The Official Website For Visit Laos", http://visit-laos.com, gilt als guter Einstieg. Hier findet man auch die aktuellsten Visabestimmungen. Eine weitere ist http://visit-mekong.com/laos. Wen das Sprachenthema mehr interessiert, der sollte mal auf die Website des „Summer Institute of Linguistics" (USA), www.sil.org/ethnologue/countries/Laos.html, klicken.

Anreise, Geografie

Am einfachsten ist Laos auf dem Landweg von **Thailand** zu erreichen (Grenzübergänge s. „Thailand"). Die int. Flughäfen in Viangchan und Luang Prabang werden von allen asiatischen Nachbarn angeflogen. Allerdings kann hier die recht niedrige Freigepäckgrenze von z.T. nur 15 kg einigen Verdruß bereiten. Die nationale Fluglinie *Lao Aviation* hat sich in den letzten Jahren einen zweifelhaften Ruf bzgl. ihrer Sicherheit erworben.

Von **China:** Mengla – Botene. Von **Vietnam:** Cau Treo (rund 100 km südwestlich von Vinh) an der *Route National* (RN) 8 von Vinh nach Laksao sowie Lao Bao an der RN 9. Über den Grenzübergang nach/von **Kambodscha** gibt es widersprüchliche Angaben von Behördenseite und Radreisenden, am besten die laotische und kambodschanische Botschaft kontaktieren (die kambodschanische RN 7 bis Phnom Penh soll weiterhin sehr unsicher sein, s. „Kambodscha").

Laos hat gemeinsame Grenzen mit Thailand, Myanmar, China, Vietnam und Kambodscha, aber keinen Zugang zum Meer. Die Nord-Süd-Ausdehnung beträgt fast 1000 km, gut 70% des Landes bestehen aus zerklüfteten Gebirgen und isolierten Hochebenen bis über 2000 m, höchster Berg ist der Phou Bia (2819 m). Nördlich davon, in der Provinz Xiang Khoang, liegt die *Ebene der Tonkrüge,* eine der herausragenden Sehenswürdigkeiten von Laos. Längster Fluß ist der Mekong, traditionell die Hauptverkehrsachse des Landes mit regem Bootsverkehr. In den nächsten Jahren wird sich das aber im Zuge des Straßenausbaus schnell ändern, schon heute fährt praktisch kein Passagierboot mehr zwischen Viangchan und der einstigen Königsstadt *Luang Prabang.* Entlang des Mekong liegen mehrere fruchtbare Ebenen, die überwiegend für den Reisanbau genutzt werden. Weite Teile des Berglandes sind noch von Wäldern bedeckt, viele Bergstämme leben von der Opiumproduktion.

Reisezeit, Einreise, Währung

Tropisches Klima. Der Monsun diktiert die Reisezeiten (s. „Kambodscha"). In der Trockenzeit kann es in den Bergen sehr kühl werden, während des Monsuns sind viele Straßen unpassierbar.

■ *Laos, Staubpiste Paksan – Thaket*

Visumpflicht. Leider sorgt Laos durch ständig widersprüchliche Meldungen über die Ausstellung von „visa upon arrival" an der Freundschaftsbrücke zu Thailand (Nong Khai/Viangchan) und in den beiden int. Flughäfen in Viangchan und Luang Prabang für Konfusion. Sicherheitshalber sollte man sich bereits bei der Botschaft in Deutschland oder z.B. in Bangkok ein Visum ausstellen lassen. Zwar bieten in Nong Khai eine größere Zahl thailändischer „Visabüros" ihre (überteuerten) Dienste an, aber diese Visa sind im Prinzip wertlos, weil nicht offiziell, funktionieren aber merkwürdigerweise dennoch … wenn nicht, Pech gehabt! Das Visum wird für 15 Tage ausgestellt und kann einmalig beim Immigration Office in Viangchan gegen Gebühr maximal um weitere 15 Tage verlängert werden.

Währung ist der *Kip* – aber das ist nur noch ein theoretischer Wert, der US-Dollar hat sich zur Zweitwährung entwickelt, gefolgt vom thailändischen Baht. Reisechecks in US$ werden gegen Kommission von allen Banken gewechselt, Kreditkarten (Visa, AmEx und MasterCard) werden akzeptiert. Manche Banken zahlen gar Bargeld auf die Kreditkarte aus. Keine Bargeldautomaten. Wechselstuben auf dem Markt und Hotels geben einen geringfügig besseren Kurs für bare US$. Beim Schwarztauschen auf der Straße sollte man sich des Risikos bewußt sein, die Jungs sind echt trickreich und ihr schnell ein paar Dollars zuviel los.

Laos ist ein günstiges Reiseland, die Übernachtung je nach Konkurrenz vor Ort aber etwas teurer als in Thailand.

Übernachten, Verpflegung

Die Laoten haben sich schnell auf den Touristen„ansturm" eingestellt, innerhalb weniger Jahre hat sich das Bettenangebot der Guesthouses und Hotels verzigfacht. Abseits der Touristenzentren *Viangchan, Luang Prabang* und neuerdings auch *Vang Vieng* (an der RN 13 nördlich von Viangchan) und entfernt der wenigen Städte sieht es da nicht so gut aus, dann muß man häufig zelten oder mit einer sehr einfachen Bleibe vorlieb nehmen.

Übliches Angebot an Traveller Food: Pancakes, Pizza und Spaghetti. Grundlage eines jeden laotischen Gerichts ist Kleberreis, dazu werden Fleisch (oft Huhn) oder Fisch, verschiedene meist recht scharfe Soßen, Gemüse und erfrischend-säuerliche Suppen serviert. Kräuter in allen Variationen gehören immer dazu (ungedünstet, nichts für sensible Mägen!). Gegessen wird traditionell mit den Fingern, aber für Touristen liegt Besteck bereit. Die laotische Küche ist sehr abwechslungsreich, lecker ist z.B. *Khao Phun,* Reisnudeln mit einer scharfen Kokosnußsoße und kleingehacktem Gemüse. Es lohnt, einmal eines der teureren laotischen Spezialitätenrestaurants in Viangchan oder Luang Prabang zu besuchen. Laoten bestellen immer viele kleine Gerichte, die sie dann gemeinsam essen. Viele Garküchen bieten chinesische, vietnamesische und thailändische Küche, falls keine englische Speisekarte aushängt, muß man halt in die Töpfe schauen. Nicht vom Äußeren abschrecken lassen, viele Etablissements ähneln eher einer umfunktionierten Garage, bieten aber oft bessere Qualität als protzige (Hotel-)Restaurants. Empfehlenswert ist ein Rundgang über den Markt in Viangchan für einen ersten Überblick, hier gibt es neben recht exotischen Zutaten auch sehr viele Früchte. Morgens kann man sich in den Städten ofenfrische Baguettes oder Croissants direkt in den Bäckereien besorgen oder sie in den Cafés mit Milchkaffee, Eiern oder gefüllt mit Paté essen. Pepsi und Co. sind in ganz Laos erhältlich, auch in Flaschen abgefülltes Trinkwasser und Bier.

Wer Touren abseits der Touristenzentren plant – und dazu gehört schon die Fahrt entlang des Mekong von Viangchan Richtung Süden –, sollte Lebensmittel mitnehmen. Das Angebot in den Dörfern ist sehr kärglich, auch wenn man nirgends gleich verhungern wird.

Gefahren, restriktive Gebiete

Die Sicherheitslage hat sich erheblich gebessert, die Hauptstraßen sind gefahrlos benutzbar. In den Bergregionen treiben teilweise noch Hmong-Rebellen ihr Unwesen, das gilt vor allem für die Region um die „Ebene der Tonkrüge" und deren Anfahrtswege, vor allem die RN 7. Hier kann es zu kurzfristigen Reisebeschränkungen kommen. Bitte schaut diesbezüglich auf die Homepage des Auswärtigen Amtes (www.auswaertiges-amt.de) und des US-Außenministeriums (http://travel.state.gov). Im Nordwesten in der Grenzregion zu Myanmar wird traditionell Opium geschmuggelt, in der Grenzregion zu Vietnam muß man mit explosiven Relikten aus dem Indochinakrieg rechnen! Hier sollte man besser nicht abseits der Straße zelten und Ausflüge erst nach Absprache mit den Einheimischen unternehmen.

Tips zu den beliebten „Speedbooten" s. bei Kambodscha (auch in Laos gab es bereits mehrere tödliche Touristen-Unfälle durch Kentern; nun verteilt man Helme, am Steuer sitzen aber weiterhin meist jugendliche Draufgänger. Und der ohrenbetäubende Lärm ist geblieben. Wegen Beschwerden wurden die Anlegestellen bereits aus den Stadtzentren verbannt, so z.B. in Luang Prabang geschehen).

Fahrrad, Ausrüstung

Euer Fahrrad sollte stabil sein, breite Profilreifen (ab 47 mm) und Gänge für extreme Steigungen besitzen. Das Terrain ist unglaublich gebirgig! In den Touri-Zentren vermietet bald jedes zweite Guesthouse sog. „Mountain Bikes" aus chinesischer oder vietnamesischer Fertigung (schwer, primitiv, nachlässig zusammengeschraubt). Zu mehr als zu einer Stadtrundfahrt taugen die nicht. Alle Ersatzteile mitbringen, zur Sicherheit zumindest einen (Falt-)Reifen in Reserve haben! Flickzeug ist in fast jedem Dorfladen erhältlich.

Außer in den höchstgelegenen Regionen ist Malaria in ganz Laos ein Problem. Ein intaktes Moskitonetz ist Pflicht. Abgesehen von speziellen Campingartikeln wie Zelt, warmer Schlafsack und Iso-Matte (auf den Hochebenen kann es nachts empfindlich kalt werden) sind alle Artikel aus chinesischer oder thailändischer Produktion in Viangchan erhältlich (Läden und auch Markt).

Straßen, Verkehr, Transport

Jeder Radler kann auf einer Tour durch die Berge seine eigene Leidensfähigkeit testen. Ohne Schnörkel und Kurven erobern die Pisten jeden Hang und jede Bergflanke, steigungsmindernde Kurven scheinen für laotische Straßenbauer verzichtbarer Luxus zu sein. Roter Staub hat bald auch den hintersten Winkel in den Radtaschen erobert, Sandabschnitte und grober Schotter zwingen zu Schiebeeinlagen. Nur Mut, Asphalt gibt es auch: die RN 13 von Viangchan nach Luang Prabang ist komplett asphaltiert, von Viangchan den Mekong abwärts bis Pakse sollten die Arbeiten nun auch abgeschlossen sein (zuletzt fehlten noch die Brücken). Die RN 9 von Savannakhet zur vietnamesischen Grenze bei Lao Bao glänzt durch Abwechslung von Asphalt bis Schotter. In der Regenzeit mutieren die Gebirgspisten zu roter Schmierseife.

Rechtsverkehr. In den Städten scheinen alle Verkehrsregeln, wenn es sie denn überhaupt gibt, aufgehoben zu sein. Radler auf der falschen Straßenseite, fünf Leute auf einer Honda, nächtliche Autofahrten ohne Licht, ungesicherte Baustellen, alles ist möglich und auf alles müßt ihr gefaßt sein! Aber das ist im restlichen Indochina auch nicht viel anders. Immerhin kann sich Laos mit dem bei weitem gefährlichsten Verkehr (doppelt so viele Verkehrstote wie im restlichen SO-Asien!) brüsten. Außerhalb der Städte rollt nur wenig Verkehr, und wenn, dann sind es nur Busse und Pickups. Auf beide kann man sein Fahrrad problemlos aufladen. Von Viangchan nach Luang Prabang verkehren moderne japanische

Busse, Richtung Süden und im restlichen Land unkomfortable Busse auf Lkw-Fahrgestellen. Am schönsten sind natürlich die Flußtouren, aber nicht in den Speedbooten (s.o.), die sind eh' zu eng für ein Fahrrad, sondern in den langsam dahintuckernden Lastenkähnen. Interessante Routen: Houayxai (Thailand) – Luang Prabang, Luang Prabang – Viangchan (ganzjährig), Viangchan – Savannakhet (während der Regenzeit). In den nächsten Jahren und mit weiterem Ausbau der Straßen wird die Flußschiffahrt sicherlich weiter eingeschränkt werden.

Routen und Touren

Laos bietet noch viel Platz für Entdecker isoliert lebender Bergstämme und Liebhaber einsamer Bergpisten. Abgesehen von den Tiefebenen entlang des Mekong und einzelner Hochebenen ist das Land praktisch unbewohnt, und das macht neben der verheerenden Pistenqualität die Hauptschwierigkeit aus. So liegen uns auch keine Berichte von Biketrips durch das Bergland im Osten vor.

Eine gelegentlich befahrene Strecke ist die von *Houayxai* (Thailand) über *Luang Namtha* und *Luang Prabang* nach *Viangchan,* Ausreise über die Freundschaftsbrücke nach Thailand. Länge ca. 900 km.

Vor allem die ersten etwa 200 km ab Houayxai bis nahe an die chinesische Grenze sind sehr schwierig und wohl nur in der Trockenzeit machbar, viele Sandabschnitte und harte Steigungen! Von Luang Namtha bietet sich ein Abstecher nach *Muang Sing* an (nette Guesthouses, Trekkingtouren zu Bergvölkern). Von Botene könnte man mit chinesischem Visum in die Provinz Yunnan einreisen und weiter Richtung Dali und Tibet pedalen (s. China). Die Straße bis *Luang Prabang* wird graduell besser. Die einstige Königsstadt verzaubert durch ihre Atmosphäre (UNESCO-Weltkulturerbe). In den Tempelanlagen und in der herrlichen Umgebung kann man locker eine Woche verbringen, die Infrastruktur ist inzwischen hervorragend. Die größte Gefahr ist jetzt das ablaufende Visum. Bis Viangchan auf der Neubaustrecke sind es gut 400 km, die Strecke ist sehr bergig. *Vang Vieng,* 160 km vor Viangchan in wunderbarer Bergszenerie gelegen, hat sich zu einem neuen Touristenziel entwickelt.

Von Viangchan Richtung Süden folgt die RN 13 dem Lauf des Mekong, wobei man den Fluß nur selten zu Gesicht bekommt. Bis zur vietnamesischen Grenze bei Lao Bao sind es 730 km (Pakxan 150 km – Thakhek 185 km – Savannakhet 130 km – Lao Bao 265 km).

Laos läßt sich durch die oben beschriebene Route hervorragend in eine Indochina-Biketour einbauen. Möglich wäre es auch, einen der Grenzübergänge nach Ost-Thailand zu benutzen und so nach Bangkok zurückzuradeln.

Reiseführer, Karten, Internet

Empfehlenswert ist der Lonely-Planet-Guide „Laos" und das „Laos-Handbuch" von Reise Know-How (mit dem Kauderwelsch-Sprachführer „Laotisch"; in Viangchan werden auch Sprachführer Englisch/Laotisch mit laotischen Schriftzeichen angeboten). Kann man die Wörter schon nicht aussprechen, so kann man doch zumindest auf die Schriftzeichen zeigen.

Karten: „Laos, Kambodscha, Vietnam", 1:1,2 Mio, RKH. Für Touren im Land ist die „Cambodia and Laos Travel Map", 1:800.000, ITM Publishing geeignet.

Internetcafés beschränken sich auf die Touri-Zentren Viangchan, Luang Prabang und Vang Vieng.

Kambodscha

Überblick Das Königreich Kambodscha erholt sich immer noch vom furchtbaren Schreckensregime der Roten Khmer (1975–1991) mit ca. 1,7 Millionen Toten, die Spuren des Krieges sind noch überall sichtbar und die politische Vergangenheitsbewältigung ist noch nicht abgeschlossen. Kambodscha ist sehr arm, und es ist kein „leichtes" Land für Individual- bzw. Radtouristen. Alle Straßen, die Nationalstraßen eingeschlossen, sind in miserablem Zustand und wegen der Minengefahr solltet ihr auf keinen Fall von den Wegen abweichen. Die meisten Touristen reduzieren das Land auf einen Besuch der weltberühmten **Angkor Wat-Tempelbauten** (bei Siem Reap) und fliegen danach schnell zurück in die **Hauptstadt Phnom Penh** oder gleich weiter zu den asiatischen Nachbarn. Der eigentliche Reiz des Landes, seine freundlichen und hilfsbereiten Menschen, seine Ursprünglichkeit und Unberührtheit, wird sich aber nur demjenigen erschließen, der sich viel Zeit nimmt.

Größte Volksgruppe sind die Khmer, gefolgt von Vietnamesen und Chinesen. Im Bergland im Nordosten leben noch ca. 75.000 *Khmer-Loeu* mit eigener Sprache und Religion. Staatsreligion ist der Buddhismus. Französisch ist heute noch die Handels- und Bildungssprache, wird aber auf dem Land so gut wie nicht gesprochen und allmählich von Englisch und Thai verdrängt. Der Einfluß der früheren Kolonialmacht Frankreich ist auch heute noch im Alltag zu spüren (z.B. beim Essen), wirtschaftlich gibt dagegen Thailand heute den Ton an. Kambodscha ist ein Agrarstaat (Reisanbau) mit nur wenigen städtischen Zentren (Phnom Penh, Battambang, Siem Reap und Sihanoukville). Aber auch in den Dörfern findet man Stände mit kühler Limo und ein Bett für die Nacht. Aufs Zelten sollte man wegen der Minengefahr ganz verzichten. Alle weiteren Details bitte einem aktuellen Reiseführer entnehmen.

Eine Fülle weiterführender Links bietet die „Cambodian Information Center Homepage", www.cambodia.org. Sehr informativ ist auch die Site „Tourism of Cambodia", www.tourismcambodia.com. Zum Einlesen mit vielen englischsprachigen Reisestories: www.travel-library.com/asia/cambodia/index.html.

Anreise, Geografie Innenpolitisch ist Kambodscha weitgehend stabil, die Grenzen sind offen, einer (Rund-)Tour durch das frühere französische Indochina (Kambodscha, Laos, Vietnam) steht nichts mehr im Wege, in jedes Nachbarland führt zumindest ein Grenzübergang (s.u. bei „Reisezeit"). Die meisten Radtoureros kommen aber überland von Bangkok und benutzen die Grenze bei Poipet. Kambodschas Fluggesellschaft *Royal Air Cambodge* fliegt täglich zwischen Bangkok und Phnom Penh, Bangkok Airways steuert von Bangkok aus Siem Reap an. Weitere Flüge nach Kambodscha von Ho-Chi-Minh-Stadt (Saigon), Kuala Lumpur, Shanghai, Guangzhou, Hongkong und Singapur mit verschiedenen Fluglinien. Reisebüros in der Khao San Rd in Bangkok verkaufen auch Touren im Minibus (Problem der Radmitnahme) und offenen Pickup bis nach Siem Reap, doch sollte man bedenken, daß die Straßen in Kambodscha katastrophal sind und die Fahrt zur Tortur werden kann.

Kambodscha hat gemeinsame Grenzen mit Thailand, Laos und Vietnam, im Südwesten grenzt es an den Golf von Thailand. Dominiert wird das Land vom riesigen und sehr fruchtbaren Kambodschanischen Bekken, das nur wenige Meter über dem Meeresspiegel liegt und während des Monsuns zu weiten Teilen überschwemmt ist. Hier lebt ein Großteil der Bevölkerung, hier wird traditionell Reis angebaut. Im Zentrum der äußerst fischreiche, große See *Tonle Sap,* der durch den gleichnamigen Fluß mit dem mächtigen Mekong verbunden ist. Alljährlich zur Monsunzeit schwillt der See durch Rückstaueffekte des Mekongs auf ein Vielfaches seiner Größe an, viele Fischer leben in schwimmenden Dörfern. Umrahmt wird das Tiefbecken von mehreren Gebirgszügen, im Norden das Dangrek-Gebirge, im Südwesten das Kardamom-Gebirge mit dem 1771 m hohen Phnom Aoral, im Süden die Elefantenberge.

Reisezeit, Einreise, Währung

Tropisches Klima. Günstig ist die Trockenzeit von Mitte November bis Mitte März, von März bis Mai heiß und schwül. Ab Juni bis November Monsun mit z.T. starken, tagelangen Regenfällen. Viele Straßen sind dann unpassierbar (allerdings ist die beste Zeit, um Kambodscha auf den Flüssen kennenzulernen).

Visumpflicht. Die Visa-Regeln wurden in der Vergangenheit mehrmals geändert, bitte vor der Reise nach dem aktuellen Stand erkundigen. Momentan wird bei der Einreise an den int. Flughäfen in Phnom Penh und Siem Reap ein Visum für die Dauer von vier Wochen ausgestellt, gleiches gilt für den Landweg von Thailand (Aranyaprathet/Poipet). Paßfoto mitbringen! Für alle anderen Grenzübergänge muß man sich das Visum vorab besorgen: Hat Lek/Koh Kong (Thailand), Bavet/Moc Bai (Vietnam) und Veun Kham (Laos). Eine Verlängerung soll in Phnom Penh problemlos möglich sein.

Währung ist der inflationsgeplagte *Riel.* US-Dollar und thailändische Baht werden aber gleichermaßen akzeptiert. Es kann also passieren, daß ihr in Baht bezahlt (vor allem in den Provinzen, die an Thailand angrenzen), und als Rausgeld Riel und US$ bekommt. Reiseschecks in US$ werden in den Städten von den Banken gegen Kommission gewechselt. Auf dem Land zählen bare Dollars, Geldwechsler findet man auf den Märkten. Kreditkarten, am ehesten noch Visa, werden nur sporadisch akzeptiert, bei Bargeldauszahlungen fallen astronomische Gebühren an. Keine Bankautomaten. Idealerweise reist man also mit baren US$ in kleinen Scheinen, wenn man damit bezahlt, bekommt man eh' Riel als Wechselgeld. Kambodscha ist ein sehr günstiges Reiseland, mit Ausnahme der Eintrittsgelder zu den Ruinenstädten.

Übernachten, Verpflegung

Das Angebot an günstigen Guesthouses ist derzeit noch eher dürftig und beschränkt sich auf die Touristenzentren. Bei Mittelklassehotels besteht dagegen teils ein Überangebot mit kräftigem Preisverfall. Im Moment ist die Szene so schnell im Umbruch, daß selbst aktuelle Globetrotter-Handbücher bei Erscheinen schon wieder veraltet sind. Grundsätzlich wird man in jedem Dorf auf dem Land ein Bett für die Nacht finden (wegen der **Malaria-Gefahr** sollte Wert auf ein gutes, natürlich lochfreies Moskitonetz gelegt werden; am besten selbst mitbringen, zur Not in Phnom Penh erhältlich).

Auf dem Essenstisch stellt die Khmer-Küche alles, was das Land hergibt, also in erster Linie Reis und Fisch. Gegessen wird mit Stäbchen. Bereits morgens schlürft der Khmer seine Nudelsuppe und trinkt dazu wäßrigen, kostenlosen Tee. Globetreter werden da lieber zu den knusprigen Baguettes mit oder ohne Belag greifen, die viele Marktstände morgens ofenfrisch anbieten. Überhaupt sind diese Stände auf Märkten und an vielen Straßen eine ergiebige Quelle für kleine Leckereien, für Fruchtsäfte und Früchte in Hülle und Fülle. Limos und Trinkwasser in Flaschen sind überall erhältlich. Kambodscha braut verschiedene Biersorten, eines der besten ist „Angkor Beer". In den Touristenzentren hat sich auch Traveller Food durchgesetzt. Supermärkte gibt es nur in den Städten.

Gefahren, restriktive Gebiete

Für aktuelle Warnhinweise sei auf die Homepage des dt. Auswärtigen Amtes verwiesen (www.auswaertiges-amt.de), auf die des US-Außenministeriums (http://travel.state.gov/cambodia.html) und die des englischen (www.fco.gov.uk/travel).

Versprengte Einheiten der Roten Khmer haben sich in die Grenzgebiete zu Thailand zurückgezogen, wiederholt kam es hier zu Scharmützeln mit kambodschanischen Truppen. Unterbezahlte Soldaten betätigen sich als Wegelagerer, verlangen vom Verkehr „Zoll" oder beschießen auch mal die Flußboote. Waffen sind nach dem langen Bürgerkrieg allgegenwärtig, man weiß nur nie so recht, ob sie dem Schutz oder der Unterstreichung eigener Forderungen dienen …

Generell sollte man nur tagsüber radeln und bereits vor Einbruch der Dunkelheit ein Dorf erreicht haben. Nicht im Freien übernachten! Achtung **Minen-Gefahr**, Schätzungen gehen von 4 bis 6 Millionen vergrabener und bisher unentdeckter Minen aus! Außerhalb der Touristenzentren nie die Wege verlassen (auch nicht fürs „Geschäftchen"!), die Minen-Warnschilder und die Warnungen der Bevölkerung ernst nehmen. Wie im restlichen Indochina sind Fahrten mit **Speedbooten** auf dem Tonle Sap-Fluß eine geile Sache, aber mitunter auch lebensgefährlich! Bei Geschwindigkeiten über 80 km/h reicht ein übersehenes Hindernis, ein langsameres Boot für die direkte Fahrt ins Jenseits … Rettungswesten etc. sind eigentlich nie an Bord. Aber das gilt auch für die langsameren Transportboote. Die können schon einmal kentern oder nach Motorschaden manövrierunfähig in Ufernähe getrieben und dann ausgeraubt werden. Bei Touristentouren fährt immer ein Soldat als Wache mit (der dann meist ein Nickerchen macht …). Von der Benutzung der **Eisenbahn** wird mal generell abgeraten, mal wird ein Platz im hinteren Teil des Zuges empfohlen, für den Fall nämlich, daß der Zug auf eine Mine der Roten Khmer fährt … (noch vor die Lok wird deshalb ein Güterwaggon gehängt, der die Wucht einer Minenexplosion abfangen soll; früher waren Fahrten in diesem Waggon angeblich kostenlos … Auch Züge erden von Soldaten eskortiert.

Fahrrad, Ausrüstung

Bei den Straßenverhältnissen (Details s.u.) kommen nur robuste Räder mit breiten Reifen in Frage, vernünftig dimensionierte Felgen sind wichtiger als viele Gänge. Alle nötigen Ersatzteile sollten mitgeführt werden. Flickzeug gibt es an Straßenständen. In Touristenzentren können auch einfache Mountain Bikes aus chinesischer Fertigung gemietet werden. Sinn macht das rund um Siem Reap, aber gewiß nicht im mörderischen Verkehr von Phnom Penh.

Straßen, Verkehr, Transport

Rechtsverkehr! Die Straßen, auch die **Routes Nationales** (Nationalstraßen, RN), sind eher Naturpisten, viele Brücken fehlen oder wurden nur notdürftig repariert. Und was der Bürgerkrieg noch nicht zerstört hatte, das waschen die Monsun-Regenfälle weg. Reiseradler haben von bis zu metertiefen Löchern in der Fahrbahn berichtet, von riesigen Steinen im Weg und vom Verkehr, der von den Straßen auf die Felder ausweicht … Relativ gut sind die Straßenverhältnisse nur im Umkreis von etwa 50 km von Phnom Penh.

RN 1 Phnom Penh – Moc Bai/Vietnam: Zustand verschlechtert sich zur vietnamesischen Grenze hin kontinuierlich, aber asphaltiert und passabel zu radeln.

RN 3 und RN 4 Phnom Penh – Kampot bzw. Sihanoukville: Das sollen die besten Straßen in ganz Kambodscha sein, aber nicht zu viel erwarten!

RN 5 Phnom Penh – Sisophon: Belag soll verbessert und Brücken stabilisiert worden sein, ist aber immer noch weit vom Idealzustand einer nationalen Überlandstraße entfernt.

RN 6 Phnom Penh – Poipet/Thailand: Die ersten ca. 50 km ab Phnom Penh recht gut, bis Siem Reap und Sisophon eine Herausforderung für stabile MTBs (üble Dreckpiste, zur Monsunzeit verschlammt), Sisophon bis Poipet passabel (Asphalt und Schlaglöcher).

RN 7 Phnom Penh – Kampong Cham – Kratie – Stung Treng – Laos: Die Route soll auch heute noch sehr unsicher sein (Banditenüberfälle), Radeln ab Kampong Cham nicht empfehlenswert, besser das Linienboot nehmen.

An allen Straßen wird seit Jahren – teils mit internationaler Hilfe – gearbeitet, aber schnell schreiten die Verbesserungen nicht voran. Die Verhältnisse werden sich wohl noch auf Jahre hinaus nicht grundlegend ändern.

Mit richtig dichtem Verkehr werdet ihr nur in **Phnom Penh** konfrontiert. Zigtausend Honda-Mopeds rasen da als modernes Statussymbol durch die staubigen Straßen, stinken zum Himmel, sind laut und nervig. Sie haben die *Cyclos,* die traditionellen, umweltfreundlichen Rikschas fast vollständig verdrängt. Verkehrsregeln gibt es offenbar nicht, es herrscht pure Straßenanarchie.

Passagierboote bieten sich noch am ehesten als Ausweichmöglichkeit für schlechte Straßenabschnitte an. Eine der lohnendsten Sehenswürdigkeiten, der See Tonle Sap mit seinen weitverzweigten Kanälen und pittoresken Stelzendörfern, läßt sich auch nur vom Boot aus erleben. Und wer von Thailand über Hat Lek einreist, muß ein Boot von Koh Kong nach Sihanoukville benutzen. Radmitnahme kein Problem, Sicherheitshinweise s.o.

Wichtige Bootsrouten sind: Auf dem Tonle Sap von Phnom Penh nach Siem Reap (nur während der Monsunzeit machbar, bei Niedrigwasser wird von Kampong Chhnang gestartet). Weiter per Expreßboot nach Battambang. Täglich fahren Boote von Phnom Penh den Mekong aufwärts nach Kampong Cham, weiter über Kratie und Stung Treng zur laotischen Grenze (Ausreise soll mit laotischem Visum möglich sein, Ausreisestempel bei der Polizei in Stung Treng erhältlich, unbedingt vorher in Phnom Penh auf der Botschaft erkundigen).

Routen und Touren Viele Touristen setzen Kambodscha gleich mit den Angkor Wat-Tempeln. Das ist bisher auch das einzige Touristenzentrum mit entsprechender Infrastruktur. Andere Touri-Ziele sind per Fahrrad nur sehr beschwerlich oder gar nicht erreichbar. Rund um Sihanoukville laden weiße Traumstrände zum Relaxen und Mangrovenwälder zum Entdecken ein, hier wurde auch ein Nationalpark eingerichtet, die gesamte Infrastruktur ist aber zum Glück noch weit von thailändischer Perfektion entfernt. Trekkingtouren in das Kardamom- und Elefantengebirge sollten aus Sicherheitsgründen nur mit einheimischem Führer unternommen werden.

Die meisten Radler werden Kambodscha auf dem Weg von Thailand nach Vietnam durchqueren. Poipet ist sicherlich der unkomplizierteste Grenzübergang dafür, danach nach Siem Reap radeln. Hier kann man locker eine Woche mit Besichtigungstouren in den Angkor-Wat-Ruinen und mit Bootstouren auf dem See Tonle Sap zubringen. Weiter nach Phnom Penh auf der RN 6, alternativ mit dem Expreßboot über den Tonle Sap. Oder man pedalt bis Kampong Cham und fährt dann mit dem Linienboot auf dem Mekong in die Hauptstadt hinein.

Die Strände um Sihanoukville könnte man von Phnom Penh aus auf einer Rundtour (RN 3 und RN 4) erreichen, allerdings ist die Straße von Kampot nach Veal Renh in miserablem Zustand. Alternativ bieten sich Busse und Lkw an, Radmitnahme möglich.

Vietnam ist nur zwei oder drei Tagesetappen von Phnom Penh entfernt, der Einfachheit halber sollte man sich bereits in Bangkok das Vietnam-Visum besorgen. Kambodscha ließe sich auch in eine Rundtour von Bangkok in Thailands Osten einbauen: Poipet – Siem Reap – Phnom Penh – Sihanoukville, mit dem Boot nach Koh Kong, Ausreise nach Hat Lek, vielleicht mit einer Stippvisite auf Ko Samet zurück nach Bangkok (Re-Entry-Visum für Thailand erforderlich).

Reiseführer, Karten, Internet „Kambodscha", von Andreas Neuhauser, als Ergänzung den Kauderwelsch „Khmer", beide Reise Know-How.
Karten: „Laos, Kambodscha, Vietnam", 1:1,2 Mio., RKH. „Vietnam, Laos, Cambodia", 1:1,5 Mio., Nelles (zeigt das Gebiet von Bangkok bis Ho-Chi-Minh-Stadt). Im Land ist die „Cambodia and Laos Travel Map", 1:800.000, ITM Publishing, besser geeignet. Straßenhändler und Kinder verkaufen in den Touristenzentren Karten aus vietnamesischer Produktion. Auslandstelefonate sind in Kambodscha recht teuer, **Internetcafés** findet man derzeit nur in Phnom Penh, Siem Reap, Sihanoukville und Battambang.

Vietnam

Überblick Vietnam ist und bleibt das Synonym für einen der schrecklichsten Kriege der jüngeren Geschichte. Die Folgen sind auch heute noch in der „Sozialistischen Republik Vietnam", so der offizielle Name seit 1980, spür- und sichtbar, es ist immer noch ein armes Agrarland. Nach einer ersten behutsamen Öffnung des Landes hat der Tourismus schnell Fuß gefaßt und inzwischen eine Eigendynamik entwickelt, wie sie wohl selbst von der Regierung nicht erwartet worden ist. Die Infrastruktur hat sich enorm verbessert, Vietnam ist mittlerweile die Touristendestination mit den höchsten jährlichen Zuwachsraten ganz Südostasiens. Der Tourismus beschränkt sich bisher auf einige wenige Punkte im Land: Auf die wirtschaftliche (und heimliche) **Hauptstadt Ho-Chi-Minh-Stadt** (früher Saigon) und das *Mekong-Delta* im Süden, auf das Strandleben rund um *Nha*

Trang, auf das klimatisch angenehme Dalat in den Bergen, auf das alte Handelsstädtchen *Hoi An* sowie die Kaiserstadt *Hué.* In Nordvietnam sind Anziehungspunkte die alleengesäumte Regierungshauptstadt Hanoi und Haiphong mit der wunderschönen *Halong-Bucht* und dem National-park *Cat Ba.*

Für Globetreter ist da noch viel Platz, das „wahre" Vietnam kennenzu-lernen, das „Land der 100.000 ‚Hellos'", wie es *Clemens Carle* und *Silvia Rüger* nach einer Vietnam-Tour tauften. Fast schon beklemmend in An-betracht der Vergangenheit empfanden sie die Herzenswärme und die Offenheit, „mit der die Vietnamesen uns ‚Langnasen' gegenübertraten".

Vietnam ist aber beileibe kein „leichtes" Reiseland. Die Überlandstra-ßen sind in desolatem Zustand (Vorsicht wer sie verläßt, es liegen noch viele Blindgänger aus dem Vietnam-Krieg herum!), die Infrastruktur „mit-tendrin" läßt oft noch Raum für Verbesserungen, und auch Schrift und Sprache bringen einen manchmal zur schieren Verzweiflung. Man trifft zwar öfter auf deutschsprechende DDR-Vietnamesen, und in Südvietnam ist Französisch und Englisch geläufig, aber ansonsten wird nur Vietname-sisch gesprochen, und in der NW-Region leben noch über 60 ethnische Minderheiten mit eigenen Sprachen. Buddhismus, Konfuzianismus und viele Sekten (z.B. der Caodaismus mit dem farbenprächtigen Pilgerzen-trum in Tay Ninh im NW von Ho-Chi-Minh-Stadt) bestimmen das tägliche Leben.

Interessante **Websites:** www.indochina-services.com ist die Homepa-ge eines Reiseveranstalters, berichtet sehr informativ auch über allge-meine Themen und bietet einen tagesaktuellen Nachrichtenservice. www.viettouch.com befaßt sich mit Themen wie Architektur, Kunst, Tanz und Musik, sehr empfehlenswert. Die offizielle Website der Nationalen Tourismusbehörde (www.vietnamtourism.com/e_pages/e_index.htm) lädt elend langsam, aber man findet einen kompletten Überblick über all-gemeine Themen wie Einreisebestimmungen, Transport, Flugpläne, Tele-fonnummern, Reiseveranstalter etc. Die Site www.vietnamonline.net ist öffentlich, sie ermöglicht Zugriffe auf Reisebüros, Airlines, Hotels etc. Jan Dodd, einer der Autoren des Reiseführers „The Rough Guide to Viet-nam", hat eine eigene Website unter www.jandodd.com/vietnam.

Anreise, Geografie

Vietnam hat zwei int. Flughäfen, Ho-Chi-Minh-Stadt und Hanoi, die regel-mäßig von int. Fluggesellschaften angeflogen werden. Vor allem das frü-here Saigon entwickelt sich allmählich neben Bangkok zu einer Drehscheibe für innerasiatische Flüge. Die staatliche Fluggesellschaft *Vi-etnam Airlines* (www.vietnamairlines.com) hat praktisch das Monopol auf Inlandsflüge und baut auch ihr Flugnetz im asiatischen Raum, z.B. Rich-tung China, aus. Die meisten Flüge gibt es jedoch von Bangkok, teils mit Zwischenlandung in Siem Reap/Kambodscha. So könnte man einen Be-such der berühmten Angkor-Wat-Ruinen in den Vietnam-Trip einbauen (weiteres s. „Kambodscha").

Reiseradler, die die Küstenroute von Hanoi nach Ho-Chi-Minh-Stadt oder anders herum unter die Räder nehmen wollen, sollten sich nach Ga-belflügen erkundigen. Das Angebot ist hier im Vergleich zu Direktflügen recht eingeschränkt und die Preise sind höher, aber ihr erspart euch eine Überlandfahrt mit der Eisenbahn oder Ärger wegen Übergepäck bei ei-nem Inlandsflug.

Vietnam hatte früher restriktive Visabestimmungen, alle offiziellen Grenzübergänge in die Nachbarstaaten Kambodscha, Laos und China sind nun uneingeschränkt für Radler offen (zu den Grenzübergängen s. die Nachbarländer). **Busverbindungen:** Von Phnom Penh/Kambodscha über Moc Bai nach Ho-Chi-Minh-Stadt, von Viangchan bzw. Vientiane/Laos über Vinh nach Hanoi, von Savannakhet/Laos über Lao Bao nach Hué und Da Nang. **Bootsverbindung:** Von Phnom Penh/Kambodscha nach Chau Doc, weiter mit Boot oder Fahrrad nach Ho-Chi-Minh-Stadt. **Zugverbindung:** Von Nanning/China über Dong Dang (nördlich von Lang Son) nach Hanoi. Die Radmitnahme sollte kein Problem sein. Saigoner Reisebüros, wie das bei Travellern beliebte *Sinh Café,* bieten täglich preiswerte Bustouren von Ho-Chi-Minh-Stadt nach Phnom Penh an.

Vietnam ist etwas kleiner als Deutschland, erstreckt sich aber über knapp 2000 km von Nord nach Süd. An seiner schmalsten Stelle mißt es gerade mal 50 km! Wie ein Rückgrat zieht sich das Annamitische Hochland entlang der Grenze zu Laos und Kambodscha und läuft im Osten zum Südchinesischen Meer hin in einer fast flachen Küstenebene aus. Für alle von Hanoi nach Ho-Chi-Minh-Stadt Radelnde stellt denn auch der 500 m hohe Wolkenpaß nördlich von Da Nang die einzige „ernstzunehmende" Barriere dar (abgesehen von den schlechten Straßen ...). Die höchsten Gipfel findet man im Gebirge Hoang Lien im Nordwesten, der bei Trekkern beliebte *Fan Si Pan* mißt immerhin 3143 m.

Das fruchtbare Mündungsdelta des *Song Hong* (Roten Flusses) im Norden und des Mekong im Süden prägen das Land ganz besonders. Diese Schwemmlandgebiete sind dicht besiedelt, hier steht ein Dorf neben dem anderen, viele Stelzenhäuser auch im Wasser, man lebt vom Fischfang und vom Reisanbau, die Gezeiten und jährlichen Überschwemmungen bestimmen den Lebensrhythmus der Menschen.

Reisezeit, Einreise, Währung

Tropisches Klima. Vietnam liegt im Einflußbereich des SW- und NO-Monsuns. Günstig ist die Trockenzeit von Dezember bis März. Im Norden und vor allem im Bergland sinken die Temperaturen dann schon einmal unter den Gefrierpunkt, selbst an den Stränden der Halong-Bucht sind dann Pullover angesagt. Ab März steigen Temperatur und Luftfeuchtigkeit, von Mai bis Oktober regnet es häufig und stark. Nicht so stark, daß Radeln nicht möglich wäre, aber Touren in das Mekong-Delta können buchstäblich ins Wasser fallen. Zwischen September und Anfang Dezember suchen immer wieder schwere Taifune die Küstenregionen von Zentral- und Südvietnam heim.

Für Trekkingtouren im nordwestlichen Bergland sind Oktober/November und März/April günstig.

Für Vietnam besteht Visumpflicht. Die Visaregeln sind schwer durchschaubar und wurden wiederholt geändert, bitte nach dem neuesten Stand erkundigen. Ein Visum wird in der Regel für 30 Tage ausgestellt und gilt für alle Grenzübergänge und Landesteile mit Ausnahme der unmittelbaren Grenzgebiete (Sondergenehmigung erforderlich). Verlängerung im Land über ein Reisebüro möglich. Es gibt auch Re-Entry-Visa.

Vietnamesische Botschaften/Konsulate bestehen in Bangkok, Phnom Penh, Viangchan (Vientiane), Kuala Lumpur, Singapur und Guangzhou, Bearbeitungsdauer hier etwa eine Woche. Kein Visum an den Grenzübergängen erhältlich! Die einzige Ausnahme sind „visa upon arrival" an den int. Flughäfen in Hanoi, Da Nang und Ho-Chi-Minh-Stadt, die Prozedur ist aber recht kompliziert.

Währung ist der vietnamesische *Dong,* Zweitwährung der US-Dollar. Reiseschecks in US$ werden in allen Städten in der Regel von Filialen der staatlichen *Vietcom-Bank* gegen Kommission gewechselt. Auch Kreditkarten, allen voran Visa, gefolgt von MasterCard, setzen sich immer mehr durch, man erhält auch Bargeldvorauszahlungen. In Hanoi und Ho-Chi-Minh-Stadt gibt es Bankautomaten.

Vietnam hat ein perfektes, zweigleisiges Preissystem etabliert. Touristen zahlen, angefangen für Hotelübernachtungen über Flug- und Bahntickets bis hin zu allen Eintrittsgelder ein Vielfaches als Einheimische (Einheimische bemessen auch sonst die Preise gern nach der Länge der Nase …). Viele Leistungen werden in US$ angegeben und dann zum aktuellen Kurs in Dong umgerechnet, Hotels und Reisebüros akzeptieren auch bare US$. Das Preisniveau ist mit dem in Thailand vergleichbar.

Übernachten, Verpflegung

In keinem anderen Land wurden in so kurzer Zeit so viele neue Hotels hochgezogen. Das gilt für Luxus-Resorts wie für Billighotels gleichermaßen. Eine gemütliche Guesthouse-Kultur wie in anderen südostasiatischen Ländern konnte sich da nicht entwickeln, zumal die Regierung gutzahlende Pauschaltouristen immer noch klar favorisiert. In Billighotels habt ihr meist die Wahl zwischen Zimmern mit Deckenventilator und solchen mit Klimaanlage. Viele Billighotels in den Küstenorten vermieten ihre Zimmer auch stundenweise, was nur selten für ungestörten Schlaf sorgt … Am günstigsten übernachtet man bei Familien: Jeder will am Wirtschaftsboom und den Touristendollars teilhaben und räumt dafür einfach ein Zimmer frei. In Ho-Chi-Minh-Stadt gibt es ganze Viertel mit solchen Unterkünften. Zelten ist, außer im bergigen Nordwesten, nicht nötig und auch selten möglich.

Auffallend wenige Hotels bieten Moskitonetze, hier solltet ihr auf jeden Fall vorsorgen, denn Vietnam gehört zu den stark malariagefährdeten Regionen.

Essen: Grundlage der vietnamesischen Küche ist Reis, gegessen wird mit Stäbchen. Als Beilagen gibt es Fisch und Fleisch (meist vom Huhn oder Schwein, selten auch Exotisches wie Fledermaus oder Schlange), dazu verschiedene Soßen und Gewürze. *Nuac Mam,* die traditionelle Fischsoße, riecht schon unangenehm streng. Beliebt als Frühstück ist *Pho,* eine Nudelsuppe mit verschiedenen Gemüse- und Fleischsorten. Touris werden lieber den nächsten Straßenstand mit knusprigen Baguettes aufsuchen und dann Schmelzkäse oder Marmelade vom Markt draufschmieren. Man findet Vegetarisches, man muß sich nur verständlich machen können. Lecker fanden wir *Nem Rau,* Frühlingsrollen ohne Fleisch und in Reispapier eingewickelt.

Saisonal schwankend ist das Früchtegebot, probieren sollte man mal die grünen Bananen, die aromatischer als die gewohnt gelben sind. Trinkwasser in Flaschen ist überall erhältlich ("La Vie"), Softdrinks gibt es in allen Farben und Geschmacksrichtungen, *Nuac Dua* (Kokosmilch), am besten gut gekühlt, ist eine Köstlichkeit.

Gefahren, restriktive Gebiete

Vietnam ist ein relativ sicheres Land, allerdings hat sich in den Touristenzentren zwischenzeitlich die übliche Kleinkriminalität (Diebstähle, Betrügereien) ausgebreitet. Räder sollte man grundsätzlich mit aufs Zimmer nehmen, bei Besichtigungstouren gut anschließen oder vom Angebot eines bewachten Fahrradparkplatzes Gebrauch machen. Das kostet nur ein paar Dong. Grenznahe Gebiete dürfen nur mit einer Sondergenehmigung besucht werden. Hier und entlang der ehemals hart umkämpften Demarkationszone am 17. Breitengrad (etwas nördlich der RN 9 von Lao Bao bis Dong Ha) liegt auch heute noch viel Explosives herum. Man schätzt, daß seit dem Ende des Vietnam-Krieges weitere 5000 Vietnamesen durch Minen etc. getötet oder verstümmelt wurden …! Also keine Touren durch unbekanntes Terrain! Bei Trekkingtouren im Winter mit Kälteeinbrüchen rechnen!

Auch wenn die Temperaturen noch so angenehm sind – nie nachts radeln! Viele Autofahrer fahren ohne Licht, weil sie glauben, sie könnten damit Benzin sparen … Zu den Gefahren auf Vietnams Straßen s.u.

Fahrrad, Ausrüstung

In allen Städten kann man Fahrräder mieten oder kaufen. Das sind dann schwergängige Damenräder mit Lenkerkörbchen oder sog. Mountainbikes mit billiger Kettenschaltung und quietschenden, gefährlich wirkungslosen Bremsen, nachlässig verarbeitet und sehr reparaturanfällig. Kaufpreis etwa 100 US$. Für Tagesausflüge vielleicht ja noch ganz gut geeignet, aber gewiß nicht für längere Strecken und schon gar nicht für Bergetappen (z.B. nach Dalat). Bringt euer eigenes Bike mit! Für Touren auf der RN 1 Hanoi – Ho-Chi-Minh-Stadt sollte es zumindest breite Reifen und ein paar Gänge haben. Für den gebirgigen Nordwesten und die dortigen „Straßen" ist dann schon richtig robuste Technik mit einer breiten Gangvielfalt vonnöten. Dort wird auch eure Ausrüstung anders aussehen, vielleicht mehr Ersatzteile beinhalten, die es in Vietnam in westlicher Qualität nicht gibt (selbst die Reifen und Schläuche sind mies).

Vietnam ist ideal geeignet fürs Reiseradeln mit leichtem Gepäck. Man braucht weder Zelt noch Kochausrüstung, weder einen dicken Schlafsack noch Lebensmittel für mehrere Tage. Dinge des täglichen Bedarfs sind überall erhältlich, mit Ausnahme vielleicht von Klopapier in kleineren Dörfern.

■ *Vietnamesischer Radladen – wir sind auf der Suche nach einem Reifen*

Straßen,   Rechtsverkehr. Wie in China ist auch in Vietnam das Fahrrad für die Men-
Verkehr,   schen das wichtigste Verkehrs- und Transportmittel. In den Städten wer-
Transport   den sie allerdings in rasantem Tempo von den stinkenden Honda-
Mopeds verdrängt. Neuankömmlinge tun sich anfangs schwer mit den
Verkehrsregeln, die es so auch gar nicht gibt. Da wälzt sich ein unabläs-
siger Strom von quietschenden, klappernden Fahrrädern in die Orte hinein und wieder hinaus, alle Aktionen wie Abbiegen und Überholen
erfolgen ohne Rücksicht auf die anderen Verkehrsteilnehmer. Aber die
Geschwindigkeit ist gering, und die häufigen Zusammenstöße gehen
glimpflich aus. Das Schlimmste wäre abruptes Bremsen, damit rechnet
kein Vietnamese, und der Zusammenstoß ist vorprogrammiert. Also einfach gemächlich im Rad-Bandwurm mitschwimmen und nicht versuchen,
in der Straßenmitte zu überholen. Das ist nämlich die Spur der ständig
hupenden Autos und Lkw/Busse, die im Zentimeterabstand mit dem
Recht des Stärkeren an den Radlern vorbeibrausen.

Manchmal nervt auch ein Verhalten, wie wir es schon in Indien oft erlebt hatten: Da überholt man ein paar Radler und wird sie nicht mehr los.
Schnaubend und prustend holen sie aus ihren scheppernden Einheitsrä-
dern ungeahnte Geschwindigkeiten heraus, überholen, lassen sich wieder zurückfallen, überholen wieder, bis eine Steigung endlich für Ruhe
sorgt (Steigungsschilder sind übrigens immer mit „10%" markiert, ob
man nun eine Gangwechsel den Berg hinaufliegt oder
schweißüberströmt im Berggang ächzt …). In acht nehmen sollte man
sich auch vor älteren Lkw, die kein hermetisches Kühlsystem haben. Dort
läuft Kühlwasser aus einer Tonne über dem Fahrerhaus durch den Motor-
block und tritt als kräftiger und an Steigungen kochendheißer Strahl unter
dem Fahrerhaus wieder aus, genau auf Beinhöhe …!

Die Nationalstraßen sind recht gut ausgebaut, im Süden tendenziell
besser als im Norden mit teils breiten Seitenstreifen, aber eigentlich nie
frei von Schlaglöchern und Bodenwellen (Vorsicht bei schnellen Abfahrten!). Der Abschnitt Ho-Chi-Minh-Stadt – Nha Trang wurde ausgebaut
und ist derzeit der beste Teil der RN 1 überhaupt. Nebenstraßen rangie-
ren von Beton-Rüttelpisten bis zu Erdpfaden, vor allem die Pisten im
NW-Gebirge sind verboten schlecht!

Vietnam Airlines unterhält ein recht eng gestricktes **Flugnetz**. Eine
zweite Fluggesellschaft ist *Pacific Airlines,* die hauptsächlich die Routen
Ho-Chi-Minh-Stadt – Da Nang und – Hanoi bedienen. Radfahrer berichteten, daß die Radmitnahme problemlos möglich war. Auf der Strecke
Saigon – Hanoi könnte man so einen Urlaubstag im Vergleich zur Bahnfahrt sparen.

Viele Radtoureros legen langweiligere Teilstrecken mit der **Eisenbahn**
zurück. Es besteht eine durchgehende Zugverbindung von Hanoi nach
Saigon. Empfehlenswert sind aber nur die recht komfortablen Expreßzü-
ge mit Schlaf- und Liegewagen (Fahrtdauer ca. 32 Stunden, Tickets und
Plätze einige Tage vorher reservieren!). Weitere Gleise von Hanoi zur chinesischen Grenze bei Lang Son und Lao Cai. Radtransport im Gepäckwagen. Abklären, ob die Räder im gleichen Zug mitreisen, sonst andere
Verbindung wählen.

Mit **Booten** kommen Radler eigentlich nur auf zwei Strecken in Berührung: Das ist einmal die Tour von Saigon ins Mekong-Delta über My Tho
und Can Tho nach Chau Doc (von hier Bootsverbindung nach Kambo-

dscha), und zum zweiten die Verbindung Haiphong – Cat Ba (Nationalpark Cat Ba). Es gibt weitere Verbindungen, z.B. von Mong Cai an der
chinesischen Grenze nach Bai Chay (Halong-Bucht). Oft werden russische Tragflügelboote eingesetzt („Hydrofoils" oder „Speedboats" genannt), Radler berichteten von Problemen bei der Radmitnahme. Beim
Ticketkauf abklären! Ins Mekong-Delta tuckern auch langsamere Fracht-
kähne mit wesentlich mehr Flair. Da kann man sich für ein paar Dong extra eine Hängematte mieten und ganz entspannt das Flußleben an sich
vorbeiziehen lassen.

Die einzigen für langbeinige Radler akzeptablen **Busse** werden von Reisebüros in sog. *Open Tours* eingesetzt. Die bekanntesten Veranstalter in
Ho-Chi-Minh-Stadt sind *Sinh Café* und *Kim's Café*. Die modernen Busse
fahren von Saigon bis Hanoi, entweder über Dalat oder Phan Thiet, halten
an allen Sehenswürdigkeiten am Weg und man kann auch nur Teilstrecken
buchen und später wieder zusteigen. Die Möglichkeit der Radmitnahme
wäre noch zu klären, uns liegen keine Erfahrungsberichte vor.

**Routen und
Touren**

Die Mehrzahl aller Radler nimmt die RN 1 von Hanoi nach Ho-Chi-Minh-
Stadt (oder umgekehrt) unter die Reifen, viele überbrücken auch längere
Strecken mit dem Zug (s.o.). Das gilt vor allem für den recht ereignislosen
Abschnitt von Ninh Binh bis Hué. Gesamtdistanz knapp 1800 km. Die
Strecke ist bis auf gelegentliche Hügel und den Wolken-„paß" mit etwa
500 m Höhe nördlich von Da Nang eben und meist dicht besiedelt mit
entsprechend viel Verkehr um die Städte. Wer noch die Halong-Bucht
einbaut, kann so die größten Sehenswürdigkeiten (Hué und Hoi An) abradeln und noch ein wenig Strandleben in Nha Trang genießen. Ob sich ein
Abstecher nach Dalat lohnt, sei dahingestellt. Hier nehmen alle Reiseführer den Mund meiner Meinung nach zu voll. Dalat liegt rund 1500 m hoch,
das Klima ist angenehmer als an der Küste. Phan Rang – Dalat 130 km,
auf dem Weg liegt der Deo-Song-Paß mit 980 m, dahinter folgt ein liebli-
ches Hochtal, bevor es auf der RN 20 nochmals 22 km bis Dalat kräftig
zur Sache geht. 1500 Höhenmeter an einem Tag bei drückender Schwüle
empfanden wir schon als ziemlich harte Nuß. Zumindest ist die RN 20 bis
Ho-Chi-Minh-Stadt wesentlich verkehrsruhiger als die RN 1, und auch
landschaftlich weit interessanter.

◼ *Ententrans-
porter …*

Von Ho-Chi-Minh-Stadt aus (oder als kleine Rundtour von Phnom Penh) lohnt der Besuch des Mekong-Deltas. Hier gibt es schwimmende Märkte und Dörfer, die komplett im Wasser stehen, außerdem Fischer und viel ländliche Idylle. Eine mögliche Route wäre: Saigon – My Tho – Vinh Long – Can Tho – Chau Doc, etwa 300 km, per Boot zurück oder weiter nach Phnom Penh.

Landschaftlich hat Vietnam nicht übermäßig viel zu bieten. Was der Krieg an Wald übrig gelassen hat, wird nun langsam von der Bevölkerung vollends abgeholzt, jeder noch so kleine Wasserfall und noch so kümmerliche Urwaldrest zählt als „Sehenswürdigkeit" und verdient ein Kassenhäuschen … Das gilt aber nicht für den unzugänglichen Nordwesten, Lebensraum von annähernd 60 Bergstämmen. Radler sind hier noch sehr selten, mit gutem Grund, denn die Pisten fordern einen hohen Schweißtribut. Interessante Orte sind *Dien Bien Phu*, das das Ende des französischen Indochina-Engagements markiert, dann *Sa Pa* im Schatten des Phan Si Pan (3143 m), Ausgangspunkt vieler Trekkingtouren, sowie *Bac Ha* mit lebhaften Minoritätenmärkten. Über schlechte Bergpisten sind diese Orte miteinander verbunden, man könnte aber auch die Bahnverbindung von Hanoi bis Lao Cai in die Planung integrieren. Achtung: Im Winter wird es hier richtig kalt, während der Monsunzeit ist manche Piste unpassierbar verschlammt! Die Samstagsmärkte meiden, dann ist halb Hanoi hier versammelt.

Reiseführer, Karten, Internet

Gut ist das „Vietnam-Handbuch" von Bühler/Kothmann, Reise Know-How. Viel Insider-Wissen bietet der Band „KulturSchock Vietnam", gleichfalls RKH. Für Trekking- und Biketouren im bergigen NW hat sich „The Rough Guide to Vietnam", Penguin Books, bewährt. Es gibt eine Vielzahl weiterer deutsch- und englischsprachiger Reiseführer und Bildbände zu Vietnam. Der Kauderwelsch „Vietnamesisch", von RKH, hilft bei Sprachproblemen weiter. Stellvertretend für viele weitere Bücher, die sich mit Vietnams jüngerer Geschichte befassen, sei hier das Taschenbuch von Marc Frey, „Geschichte des Vietnamkrieges", Beck'sche Reihe, erwähnt.

Radführer: „Cycling Vietnam", von Lonely Planet.

Karten: „Laos, Kambodscha, Vietnam", 1:1,2 Mio., RKH. Zur Vorbereitung und für Touren auf der RN 1 (Hanoi – Ho-Chi-Minh-Stadt) reicht die Nelles-Karte „Vietnam, Laos, Cambodia", 1:1,5 Mio. vollkommen. Detaillierter und empfehlenswert für Ritte durch den wilden Nordwesten ist die „Vietnam Travel Map", 1:1 Mio., ITM Publishing. Im selben Maßstab, aber unhandlicher, der „Thailand, Vietnam, Laos & Cambodia Road Atlas", von Lonely Planet.

Internetcafés findet man mittlerweile in allen größeren Städten, meist in der Nähe der Touristenhotels. In manchen Zimmerpreisen sind bereits Gratisminuten enthalten. Leitungen brechen aber schon mal öfter zusammen.

Iran

Überblick

Religiöse Eiferer, Golfkrieg, Frauen im schwarzen Tschador, Revolutionswächter, Gebetsrufe der Muezzins, Studentenrevolten – das ist die eine Seite des Iran. Und nur die halbe Wahrheit. Wie der Name „Islamische

Republik Iran" schon andeutet, ist das gesamte öffentliche und mehr oder weniger auch private Leben von der Religion durchdrungen. Wer sich damit arrangieren kann, und das gilt ganz besonders für Radlerinnen, lernt aber ein Land kennen, das so gar nicht zu den Klischees der Zeitungsmeldungen paßt: Gastfreundliche Menschen, eine jahrtausendealte Kultur, wundervolle Moscheen, beeindruckende Gebirgslandschaften – und die besten Straßen in ganz Asien!

Ein Visum für Einzelreisende und selbst für unverheiratete Pärchen (dennoch besser ein wenig schwindeln …) ist relativ problemlos erhältlich. Damit ist Transasien-Bikeroute von Europa nach Indien nach langer Zeit endlich wieder offen! Mitte der 1980iger Jahre wurde *Clemens Carle* noch an der türkisch-iranischen Grenze die Einreise verwehrt, damals ein bitterer Moment nach mehreren 1000 km im Sattel …

Erstaunlich viele Iraner sprechen Englisch oder Deutsch, Amtssprache ist Neupersisch – *Farsi* –, obwohl nur die Hälfte der Bevölkerung tatsächlich persischer Abstammung ist. Die andere Hälfte besteht aus Aserbaidschanern, Kurden, Luren, Bachtiaren und Turkmenen mit ihren eigenen Sprachen. Viele Straßenschilder sind zweisprachig in Farsi und unserer Schrift, wenn nicht, hilft eine Straßenkarte, oder das Problem wird bei einer Tasse *Çay* (Tee) mit den Einheimischen ausführlich und gestenreich erörtert.

Websites: Die Suchmaschine www.iranmania.com läßt eigentlich keine Frage offen. „The Iranian Cultural & Information Center" (http://tehran.stanford.edu) ist gut für einen ersten Überblick. Die offizielle Homepage der iranischen Tourismusbehörde (www.itto.org) könnte mehr Infos bieten. Die private Site von Pierre Flener („Iran: An Independent Travel Guide"), www.dis.uu.se/~pierref/travel/iran.guide.html) ist wirklich ganz hervorragend und enthält viele weiterführende Links und Beiträge anderer Iranreisender.

Anreise, Geografie

Der int. Flughafen von Teheran ist die Drehscheibe für alle europäischen und asiatischen Flüge. Weitere Flughäfen in Esfahan, Mashad, Shiraz und Bandar-e Abbas mit mehr regionalem Charakter (Flüge in Nachbarländer). Viele Flüge von/nach Istanbul. Keine Flüge in die USA! Bei Flügen mit *Iran Air* gelten bereits an Bord islamische Sitten (kein Alkohol) und Bekleidungsvorschriften!

Die Zugverbindung von Istanbul über Ankara und Van nach Teheran ist nach Jahren der Kurdenkonflikte wieder geöffnet! Einmal pro Woche rumpelt der Expreßzug bis Tatvan am Van-See, per Fähre geht es nach Van an das Ostufer und dann weiter bis Teheran. Diese Eisenbahnstrecke ist auch interessant für alle Biker, die das im Winter schneebedeckte Zagros-Gebirge auf iranischer Seite umgehen wollen.

Vom Hafen Bandar-e Abbas verkehrten in der Vergangenheit Fährschiffe der staatlichen Gesellschaft „Valfajr-8" über den Persischen Golf nach Dubai/Vereinigte Arabische Emirate (bitte prüfen, ob die Verbindung noch besteht). Das gilt auch für Bandar-e Abbas – Karachi/Pakistan und die einmal wöchentliche Passage über das Kaspische Meer von Baku/Aserbaidschan nach Bandar-e Anzali. Die Homepage der Tourismusbehörde (www.itto.org) listet die Telefonnummern verschiedener Reedereien auf.

Die meisten Radler werden den Iran eher als Durchgangsland betrachten und auf dem Landweg ein- und ausreisen. **Am günstigsten für Radler** gelegen ist der türkische Grenzübergang bei **Bazargan** in Ostanatolien (35 km südwestl. von Dogubayazit; man könnte aber auch mit dem Zug durch die Türkei bis Van reisen und dann den Übergang Yüksekova – Serou benutzen).

Ausreisepunkte: *Pakistan* über Mirjaveh; *Turkmenistan* über Bajgiran, Lotfabad und Sarakhs; *Armenien* über *Jolfa* nach *Noordoz,* rund 200 km ab Tabriz; *Aserbaidschan* über Astara, Jolfa (Enklave Nakhichevan). Bitte vorher die Botschaften kontaktieren! Weiterhin hermetisch abgeriegelt sind die Grenzübergänge in den Irak, nach Afghanistan besteht mit dem Ende der Taliban 2001 Hoffnung auf Grenzöffnungen.

Der Iran ist fast fünfmal so groß wie Deutschland, hat gemeinsame Grenzen mit dem Irak und der Türkei im Westen, mit Armenien, Aserbaidschan und Turkmenistan im Norden, mit Afghanistan und Pakistan im Osten. Im Süden grenzt der Iran an den ölreichen Persischen Golf. Rund die Hälfte der Fläche sind menschenleere Wüsten, Steppen und Gebirgszüge. Das zentraliranische Hochplateau besteht aus vielen Becken zwischen 200 und 800 m Höhe, eine unattraktive Salz- und Steinwüste, die irgendwann jeder Iranradler hassen wird. Berüchtigt ist vor allem die große Salzwüste *Dasht-el-Lut* zwischen Kerman und Zahedan, im Sommer wird es dort irrsinnig heiß!

Markant ist das regenreiche Alborz-Gebirge, das das zentrale Hochplateau von der fruchtbaren Küstenebene am Kaspischen Meer trennt und als Klimascheide wirkt. Lagen über rund 2000 m sind im Winter schneebedeckt, dann wird hier in mehreren Resorts sogar Ski gefahren, der höchste Gipfel (Damavand, 5671 m) ist vergletschert. Im Westen dominieren die steil gefalteten Gebirgsketten des Zagros-Gebirges mit Gipfeln über 4000 m.

■ *Schattiger Pausenplatz im Iran*

Reisezeit, Einreise, Währung   Im Iran herrscht ausgeprägtes Kontinentalklima mit heißen Sommern und kalten Wintern, allerdings mit großen regionalen Schwankungen. Günstig: März bis Mai und Oktober/November mit angenehmen Temperaturen im Zentraliran, Schneefälle sind allerdings im Zagros-Gebirge auch im Mai noch möglich. Der Sommer ist extrem heiß, am Persischen Golf sehr unangenehm schwülheiß. Im Winter müßt ihr im Zagros-Gebirge mit tagelangen Schneefällen und eingeschneiten Straßen rechnen, in der Wüste kann das Thermometer nachts bis zur Frostgrenze fallen.

Anfahrt zum **Karakorum Highway** (s. „Pakistan"): Optimal wäre März (aber Schneegefahr!), dann im April durch Pakistan zum Karakorum-Gebirge, der KKH wird Anfang Mai geöffnet.

Anfahrt nach **Indien:** Optimal wäre Mitte September. Im Iran wird es euch noch gut warm werden, das Industal im Oktober ist angenehm, November in Nordindien ist dann optimal.

Visumpflicht. Überhaupt ein Visum zu erhalten, war in der Vergangenheit die höchste Hürde für die Radtour durch den Iran. Meist gelang das nur durch Einschaltung eines Reise- oder Visabüros. Nach unserer Erfahrung wird ein Touristenvisum von den Botschaften und Konsulaten recht problemlos für 30 Tage ausgestellt. Kein Visum an den Grenzen erhältlich! Radler berichteten, daß sie das Visum auch noch in Istanbul, Ankara, Erzurum oder Islamabad erhalten hätten, aber ich würde mich nicht darauf verlassen. Das Visum kann in Provinzhauptstädten (z.B. Esfahan oder Mashad) um eine oder mehrere Wochen verlängert werden, vorausgesetzt, es ist nur noch wenige Tage gültig. Die Behörden in Teheran sind außerordentlich unkooperativ! Die Bearbeitung der Visa-Anträge kann mehrere Wochen oder sogar Monate dauern, dies bei der Tourenplanung berücksichtigen. Radlerinnen müssen auf den einzureichenden Paßfotos den islamischen Vorschriften entsprechend gekleidet sein (Kopftuch, Schultern und Arme bedeckt!). Je nach politischer Wetterlage sind Änderungen/Reisebeschränkungen kurzfristig möglich, auf jeden Fall die iranische Botschaft und die Website des Auswärtigen Amtes (www.auswaertiges-amt.de) kontaktieren.

Währung ist der *Rial*, unterteilt in 100 *Dinars.* Viele Preise werden in *Tuman* genannt, was 10 Rial entspricht und anfangs ganz schön verwirrend sein kann. Der US-Dollar hat sich – was eigentlich erstaunlich ist – zur bevorzugten Fremdwährung entwickelt (vielleicht erhält er nun Konkurrenz durch den Euro). Man kann problemlos Bar-Dollars in Banken, Wechselstuben oder gar in Läden zu momentan annähernd gleichen Kursen tauschen. Geldwechsler auf dem Schwarzmarkt bieten nur wenig bessere Kurse und lohnen das Risiko nicht (berüchtigt für ihre Tricks sind die an der Ferdosi Ave. in Teheran!). **Achtung:** Reiseschecks sind wertlos, American Express-Kreditkarten werden nirgends akzeptiert (Visa und MasterCard auch nur sporadisch)! Keine Bankautomaten.

Der Iran ist ein sehr günstiges Reiseland, vor allem Tickets für Inlandsflüge, Bahn und Bus sind spottbillig, solange sie im Land gekauft werden. Auch Übernachtungen reißen kein tiefes Loch in die Reisekasse, es sei denn, man steigt in einem Touristenhotel mit staatlich verordneten Mindestpreisen in US$ ab. Die Eintrittspreise zu kulturellen Stätten sind dagegen lachhaft hoch, bis zum zehnfachen der Einheimischenpreise!

Übernachten, Verpflegung   Verglichen mit den Ländern in SO-Asien ist das Angebot günstiger Übernachtungsplätze im Iran eher dürftig. In vielen Provinzstädten gibt es nur ein Hotel. Und da ist noch die Sprachbarriere, denn Hotels der unteren Kategorie sind meist nur in Farsi beschriftet und entsprechend schwer zu finden. Die Iraner helfen aber gerne bei der Suche. Um unangenehme Besuche der **Pasdaran**, der „Revolutions-Wächter" zu vermeiden, sollten sich auch unverheiratete Pärchen, vor allem in der Provinz, als verheiratet ausgeben! Manchmal wird auch eine Heiratsurkunde verlangt. Radlerinnen werden das eigene WC schätzen lernen, denn sonst muß bei jedem Gang zum Örtchen der islamischen Kleidersitte entsprochen werden, auch mitten in der Nacht! Zelten empfanden wir da als angenehme Alternative, auch weil Billighotels nicht unbedingt sauber und schon gar nicht leise sind.

Die iranische **Alltagsküche** überzeugte uns nicht eben durch kreative Vielfalt. Brot, Reis und *Kebab*, Hammel- oder Lammfleisch sind die Grundnahrungsmittel und kommen in Variationen auf den Tisch. *Abgusht* und *Xoresht* sind ziemlich fettige Fleisch-Gemüse-Eintöpfe, *Celo kebab* gegrillte Fleischspieße mit Reis. Viel beliebter scheinen Kebab-Hamburger zu sein, die teils richtig gut schmecken. Viele Lokale sind unbeschildert, Speisekarten oft nicht vorhanden. Dennoch wurden wir nie übervorteilt, eher gab es noch einen Nachschlag auf Kosten des Hauses. Bäckereien backen mehrmals täglich frisches Brot *(Nan),* oft stehen die Leute schon Schlange und warten auf *Lavash*, *Taftan* und *Sangak,* die sich hauptsächlich in der Dicke unterscheiden und nur ofenwarm richtig lecker sind (Rezepte vieler iranischer Gerichte zum Nachkochen unter www.itto.org/foods/index.htm).

■ *Straßenstand verkauft getrocknete Früchtepaste*

Lebensmittel werden in kleinen Tante-Emma-Läden verkauft, einen Supermarkt mit Selbstbedienung fanden wir nur in Teheran. Gemüse, Obst und Früchte auf den Märkten sind hervorragend (feilschen nicht vergessen!), *Cay* wird eigentlich den ganzen Tag getrunken. Daneben gibt es eine große Vielfalt von Limos, selbst Coca Cola. Lecker, aber oft sehr süß, sind die Milchshakes. Bier bieten nur teure Hotels an, natürlich alkoholfreies …

Gefahren, restriktive Gebiete

Der Iran ist ein recht sicheres Reiseland. Lediglich in den Grenzgebieten zu Afghanistan und Pakistan (Provinzen Kerman und Sistan-Balutschestan) ist nach mehreren Entführungen von Touristen erhöhte Vorsicht geboten. Nicht wild Zelten, notfalls bei einem Polizeiposten nach einem Schlafplatz fragen.

Als überaus nervig empfanden wir die häufigen Kontrollen der Pasdaran. Vor allem in der Provinz wird noch sehr streng auf die Einhaltung der islamischen Vorschriften geachtet und vieles geahndet, was in den Großstädten und bei (Pauschal-)Touristen toleriert wird. Zu den Kleidervorschriften für Radler: Kurzärmliges T-Shirt und lange Hosen sind okay (obwohl ich zwei einheimische Rennradler mit Radshorts sah). Für Radlerinnen: Kopftuch, langärmliges T-Shirt und lange Hosen auf dem Fahrrad (auch bei über 40 °C!), ansonsten ein Mantel in gedeckten Farben, der mindestens übers Knie reicht (aber selbst Silvis knielanger Mantel sorgte in besonders religiösen Regionen für hitzige Debatten mit den Wächtern, wir wurden auch einmal zurück ins Hotel geschickt, ein anderes Mal wegen angeblich abgelaufener Visa mehrere Stunden auf einer Polizeistation festgehalten!).

■ *Iran: Frauen unters Kopftuch! (Ardabil)*

Die Iraner suchen förmlich das Gespräch mit den Ausländern und beklagen sich erstaunlich offenherzig über das schikanöse System. Denkt dran, daß Geheimpolizisten und Spitzel mithören könnten, provoziert nicht solche Gespräche, die Folgen für euren Gesprächspartner könnten verheerend sein!

Unbedingt meiden sollte man die Zeit des **Ramadan!** Tagsüber sind alle Restaurants und Lebensmittelläden geschlossen, Fastenbrecher werden vom Pasdaran verfolgt. Vorsicht mit dem Fotografieren von „Militärischem" und vermummten Frauen! Demonstrationen und Menschenaufläufe meiden!

Fahrrad, Ausrüstung   Radfahren gilt im Iran als eher exotische Sportart. Das Angebot der Läden beschränkt sich auf Kinderräder, besseres Material, so erzählte ein Iraner, würden die Rennradler selbst aus dem Ausland mitbringen. Also alle erforderlichen Ersatzteile einpacken. Breite Stollenreifen sind auf den guten Asphaltstraßen nicht unbedingt notwendig, aber eine Handvoll Gänge sollte man für die Steigungen im Zagros- und Alborz-Gebirge schon zur Auswahl haben. Zelt und Kocher sind nicht unbedingt notwendig, aber eher würde ich auf den Kocher als auf das Zelt verzichten.

Straßen,
Verkehr,
Transport

Rechtsverkehr! Die Überlandstraßen sind für asiatische Verhältnisse hervorragend asphaltiert, glatt und breit, teils gar mit Seitenstreifen. Leider nimmt auch der Verkehr rapide zu, oft wird man von Lkw auf den sandigen Seitenstreifen abgedrängt oder in dichten Dieselqualm gehüllt. Nebenstrecken weisen viele Schlaglöcher auf. Viele Polizeikontrollen. Fürchterlich ist der Verkehr in Teheran, man sollte als Radler einen weiten Bogen um die uninteressante Hauptstadt machen oder notwendige Dinge per Taxi erledigen. Teheran ist aber der Knotenpunkt für alle Inlandsflüge, Bus- und Zugfahrten.

Zug: Im Moment keine durchgehende türkisch-iranische Verbindung (s.o., „Anreise"). Die interessanteste Strecke führt von Tabriz nach Teheran und weiter über Yazd nach Kerman. Am letzten Teilstück von Kerman nach Zahedan wird offenbar immer noch gebaut, von Zahedan besteht wieder Gleisanschluß nach Pakistan. Das wäre evtl. eine Möglichkeit, das Land schnell zu durchqueren, wenn man ein Visum für nur wenige Tage bekommt. Weitere Strecken von Teheran nach Mashad, von dort weiter nach Turkmenistan radeln, und an den Persischen Golf bei Ahvaz. Erfahrungsberichte über den Radtransport liegen uns nicht vor. Sehr niedrige Fahrpreise. Radlerinnen sollten, vor allem bei Nachtfahrten, auf Plätze im sog. Frauenabteil bestehen.

Bus: hervorragendes Busnetz in alle Landesteile, die Busse sind bequem, bei Fernfahrten werden nur so viele Tickets verkauft wie Plätze zur Verfügung stehen. Spottbillige Fahrpreise. Die Geschlechter sitzen getrennt, Ehepaare immer nebeneinander. Die Fahrräder müssen in den Laderaum, das könnte je nach Gepäck Probleme bereiten. Die Busgesellschaften sind in Kooperativen organisiert und numeriert (von 1 bis 15). Je nach Fahrtziel starten die Busse in den Städten von unterschiedlichen Busterminals, großer Andrang.

Flug: Die staatliche Fluggesellschaft *Iran Air* hat einen sehr guten Ruf und die meisten Flüge. Eigentlich alle Provinzhauptstädte sind über das Drehkreuz Teheran miteinander verbunden. Von einigen Städten (s.o. „Anreise") auch Flüge in die Nachbarländer. Im Land gekaufte Flugtickets sind wesentlich günstiger.

Routen und
Touren

Die Mehrzahl aller Radtouros wird den Iran nur durchqueren wollen, auf dem Weg nach Pakistan oder Turkmenistan.

Türkei – Pakistan: Wer von der türkischen Grenze (Bazargan) einreist, fährt auf gebirgiger und auch wüstenhafter, eintöniger Straße über Tabriz bis nach Teheran. Tabriz – Teheran ist öde und verkehrsüberlastet. Viel schöner ist die etwas längere und teils sehr gebirgige Alternativroute über Ardabil am Kaspischen Meer entlang bis Calus und dann über einen 2800-m-Paß quer durchs Alborz-Gebirge nach Teheran. Von da geht es südlich über Qom nach Yazd und weiter über Kerman nach Zahedan (alternativ könnte man auch zwischen Qom und Yazd einen lohnenden Abstecher nach Esfahan machen; oder von Esfahan über Shiraz nach Bandar-e Abbas am Persischen Golf, um dort mit einem Schiff nach Karachi zu gelangen). Dann über den Grenzort Mirjaveh zum pakistanischen Nok Kundi.

Distanzen: Bazargan – Teheran 900 km, alternativ am Kaspischen Meer entlang 1180 km. Teheran – Mirjaveh 1650 km, über Esfahan ca. 80 km mehr.

■ *Straßenschild
bei Tabriz*

Türkei – Turkmenistan: Bis Teheran wie oben, besser gleich am Kaspischen Meer entlang radeln und gar nicht nach Teheran abbiegen. Auf gebirgiger Straße folgt man von Calus dem Pilgerstrom nach Mashad (eine der faszinierendsten Städte Irans!). Die Piste bis Sarakhs an der turkmenischen Grenze ist stellenweise grauenhaft, aber landschaftlich reizvoll. Die Grenzübergänge Bajgiran und Lotfabad lohnen nicht, man verpaßt Mashad, und die turkmenische Straße von Ashgabat nach Mary führt durch öde Wüste.

Distanzen: Bazargan – Calus 980 km, bis Mashad 900 km, bis Sarakhs 205 km.

Reiseführer, Karten, Internet

Aktuell und gut: „Iran", von Greenway/Vincent, Lonely Planet. „Iran Reisehandbuch", von H. Berger, Conrad Stein Verlag (z.T. recht oberflächliche Orts- und Wegbeschreibungen). „KulturSchock Iran", „KulturSchock Islam", „Islam erleben", alle Reise Know-How, Sympathie-Magazin „Islam verstehen", Studienkreis Tourismus. Jeder der o.g. Reiseführer enthält einen kleinen Sprachführer. Kauderwelsch-Sprachführer „Persisch (Farsi)", RKH.

Karten: „Iran" 1:1,6 Mio. RKH; ITM-Karte „Iran", 1:2,5 Mio.

Internet: Das Angebot ist für ein solch großes Land eher dünn. Nur wenige Städte wie Teheran, Tabriz, Mashad, Qom, Yazd und Zanjan hängen bisher am Netz (s. Internetguide www.netcafeguide.com/countries/iran.html). Oft liegen die Cybercafés versteckt außerhalb der Stadtzentren.

Mongolei
Bike & Ski Mongolia – Auf den Spuren Dschingis-Khans
Eine Reisestory von *Tobias Fischnaller*

Ich schließe die letzte Schnalle an meinem großen Expeditionssack. Daneben steht noch eine flugtaugliche Bikebox, vollgestopft mit Ausrüstung für die nächsten drei Monate. Nach der zweimonatigen intensiven Vorbereitungszeit ist es nun endlich soweit: In wenigen Stunden werde ich in einem russischen Flieger mit dem Ziel Ulaanbaatar sitzen, Hauptstadt der Mongolei.

Ich starre auf meine Ausrüstung und gehe im Kopf nochmals jedes Detail durch. Im Bauch ein kribbelndes Gefühl: Das erste Mal wirklich allein und auf mich gestellt. Was mich wohl erwarten wird? Und wird es mir gelingen, die Mongolei wie geplant in drei Monaten von Ost nach West mit dem Mountainbike zu durchqueren, die höchsten Berge mit Skier zu besteigen und abzufahren?

■ *Tobias Fischnaller unterwegs in der Mongolei*

Es ist der 26. März, Mittagszeit und noch Winter in Ulaanbaatar. Die alte Iljuschin setzt mit einiger Verspätung hart auf dem Asphalt des Flughafens auf. Ich hole ganz tief Luft und schlucke, als der Flugkapitän die derzeitige Temperatur bekanntgibt: minus 16 °C!

Die Mongolei liegt zwischen Rußland und China und ist ein selbständiger Staat. Heute ist es Individualtouristen erlaubt, das Land frei zu bereisen. Das mag schön klingen, aber das Radeln in der Mongolei wird einem nicht leicht gemacht: In einem Land, das viereinhalb mal so groß ist wie Deutschland, gibt es gerade mal 475 km asphaltierte Straßen, der Rest sind Fahrspuren ... Statistisch verlieren sich auf jedem Quadratkilometer 1,5 Einwohner. In neun von zwölf Monaten herrscht Winter, die Jahresdurchschnittstemperatur beträgt schlappe –2,5 °C. Die weite, abwechslungsreiche und farbenfrohe Landschaft mit ihren weichen Linien ist eine der schönen Seiten der Mongolei. Weitere die 260 Sonnentage pro Jahr, der immer blaue Himmel und die interessante und einzigartige Lebenskultur der mongolischen Nomaden.

Tatsächlich kurbele ich dann 3000 km mit dem Bike durch die Mongolei, besteige zwei Berge. Ich konnte mir hier in Europa sehr wenig Information über dieses Land beschaffen, geschweige denn von Straßenverhältnissen und Berganstiegen. So muß ich mich unterwegs auf meine Erfahrung verlassen. Sehr schnell lerne ich zu improvisieren und spontan zu handeln, denn in diesem Land kommt vieles alles anders als man denkt. Zum Glück war ich auf die Temperaturen vorbereitet, die zwischen –30 und + 20 °C schwanken, oft innerhalb weniger Stunden. Kein Tag vergeht ohne Wind, und der ist wahrlich eisig bei diesen Temperaturen. Jeden Morgen ist das Wasser in den Radflaschen gefroren. Die Fahrspuren sind morgens noch vereist und recht gut zu befahren, gegen Mittag verwandeln sie sich dann aber in tief zerfurchte Schlammpisten. Häufig beträgt die Distanz zum nächsten Dorf und zum nächsten Lebensmittelladen bis zu 400 km!

Zwischendurch treffe ich nur Nomaden, die in ihren *Ger* genannten Zelten weit verstreut in der Steppe leben. Kein Tourist weit und breit, niemand, der Englisch spricht. So bin ich immer froh, wenn mich die Nomaden in ihr Zelt einladen. Bei einer Schale gesalzenem Milchtee und einigen Stücken hartem Ziegen- oder Schafskäse „diskutieren" wir dann oft stundenlang in mongolisch und hauptsächlich in Körpersprache über Gott und die Welt, oder ich lasse mir den weiteren Weg erklären. Meist wird auch für mich gekocht. Essen ist ein sehr einfaches Thema für die Nomaden: Es gibt nur Fleisch. Meist gekochtes Hammelfleisch ohne Beilagen. Dazu bekommt man ein schönes Stück reines Fett, das einem, wie die Mongolen glauben, Wärme schenkt. Gemüse oder sogar Früchte gibt es in diesen Gefilden nicht, die Vegetationsperiode ist viel zu kurz. Die fehlenden Vitamine und Nährstoffe holen sich die Mongolen aus *Kumys,* gegorener Stutenmilch, die einem Gast selbstverständlich aus der größten Schale gereicht wird. Lustig wird es dann für alle Beteiligten einer Kumys-Runde nach der dritten Schale. Da Kumys die Verdauung kräftig anregt, muß dann einer nach dem anderen das Zelt verlassen und, wie die Mongolen sagen, „nach den Pferden schauen" ...

Die Gastfreundschaft der Mongolen verblüfft mich immer wieder. So hilft mir ein mongolischer Grenzbeamter mit sehr viel Zeitaufwand und Umständen alle Papiere aufzutreiben, um in das Gebiet des Tavan Bogd Uul, des höchsten Berges der Mongolei, zu kommen. Und bei Orientierungsproblemen tauchen oft Reiter wie einst das Heer von Dschingis-Khan aus dem Nichts auf und bringen mich auf den richtigen Weg zurück. Alles lebensnotwendige Dienste in einem Land wie der Mongolei.

Der Begriff „Abenteuer" hat in der Mongolei wahrlich seine Bedeutung behalten, selbst für erfahrene Globetreter ist dieses Land noch eine wirkliche Herausforderung! Falls ihr mehr über mich und meine Touren erfahren wollt: Bitte schaut nach bei www.tofisch.com.

Anreise, Geografie, Bevölkerung Die nationale Fluggesellschaft „MIAT – Mongolian International Air Transport" bietet regelmäßig Flüge an, u.a. von Berlin, Beijing, Osaka, Seoul, Moskau und Irkutsk zum internationalen Flughafen Bujant-Ukhaa, ca. 17 km westlich von Ulaanbaatar (Flugpläne www.miat.com.mn). Weitere Flüge von Beijing mit Air China, von Seoul mit Korean Air und von Moskau mit Aeroflot. Eine sehr interessante Alternative wäre die Transsibirische Eisenbahn von Moskau über Irkutsk nach Ulaanbaatar oder aus der Gegenrichtung von China, von Beijing bzw. Hohhot. In der Regel fahren die Züge zweimal pro Woche. Die mongolisch-chinesische Grenze (Ereen – Zamyn-Uud) kann auch mit dem Fahrrad überquert werden, über die mongolisch-russische Grenze (Naushki – Sükhbaatar) liegt mir noch kein Bericht vor.

Die Mongolei ist ein Binnenland und wird von der Russischen Föderation und China vollständig umschlossen. Etwa 85% des Landes liegen über 1000 m Höhe, der Norden besteht aus Hochland-Taiga, der Westen ist von bis über 4000 m hohen Gebirgen geprägt (höchster Berg: Tavan

Bogd Uul, 4374 m). Im Osten erstreckt sich ein Hochplateau mit der typischen Kurzgras-Steppe, und im Süden liegt die Wüste Gobi. Von Nord nach Süd nehmen die Niederschläge und damit auch die Üppigkeit der Vegetation ab. Einzige Großstadt ist die **Hauptstadt Ulaanbaatar** (Ulan-Bator), hier leben über ein Viertel aller Mongolen.

Knapp 90% der Bevölkerung sind Mongolen, davon der größte Teil Ostmongolen („Chalcha"). Weitere mongolische Volksgruppen sind die Bajat, Burjat, Dariganga, Dsachtschin, Durwut, Öölt und die Torgut. Etwa 7% der Bevölkerung zählen zu den Turkvölkern (vor allem Kasachen). Die größten Ausländergruppen bilden die Russen und Chinesen. Verbreitetste Religion ist der tibetische Buddhismus. Mit Englisch kommt man kaum durch, erste Fremdsprache ist Russisch. Etliche Mongolen, die in der DDR studiert haben, sprechen jedoch Deutsch.

■ Nasses Vorankommen ... (Zentral-Mongolei)

Reisezeit, Einreise, Währung

Extremes Kontinentalklima mit außerordentlich kalten, langen Wintern und nur mäßig warmen Sommern. Beste Reisezeit im Norden von Juni bis September, im Süden (Wüste Gobi) eher September/Oktober. Immer mit kühlen Nächten rechnen. Der Permafrostboden taut auch im Sommer nur oberflächlich auf, viele Pisten sind dann sehr schlammig. Wer Kälte und eisige Flußdurchquerungen nicht scheut, radelt besser im späten Frühjahr durch die Mongolei, die Pisten sind dann noch gefroren. Die Winter sind unerbittlich kalt (mittlere Januartemperatur minus 20 Grad, gelegentlich bis minus 50 Grad!). Schnee fällt zwar nur selten, aber das Land wird jeden Winter von heftigen Schneestürmen heimgesucht.

Visumpflicht. Keines bei der Ankunft erhältlich. Touristenvisa werden von den mongolischen Botschaften für 30 Tage ausgestellt. Das soll auch in Beijing möglich sein, wichtig, falls man mit der Transsib aus China anreist! Für Visaverlängerungen um weitere 30 Tage ist ein Empfehlungsschreiben erforderlich, man könnte sich aber auch eins von einem Guesthouse in Ulaanbaatar ausstellen lassen. **Achtung:** bei einem Aufenthalt über 30 Tage müßt ihr euch innerhalb von sieben Tagen bei der Ausländerpolizei („Citizens Information and Registration Bureau") in Ulaanbaatar registrieren lassen! Vor eurer Ausreise muß die Registrierung bei derselben Stelle wieder gelöscht werden! Auch diese Vorgabe könnte im Zuge der Liberalisierung fallen, bitte erkundigt euch nach dem aktuellen Stand.

Währung ist der *Tugrik,* der 100 *Mongo* entspricht. Banken tauschen bare US-Dollar, aber auch Euro und Schweizer Franken, Reiseschecks in US$ werden ebenfalls (gegen Kommission) gewechselt. Wechselstuben bieten etwas bessere Kurse als Banken. Kreditkarten werden nur vereinzelt von Geschäften, Hotels und Fluggesellschaften in Ulaanbaatar akzeptiert, Bargeldauszahlungen sind bei Banken, wie z.B. der „Trade and Development Bank", möglich. Bei Touren abseits der Städte sollte man genügend Bargeld in nicht zu großen Scheinen mitführen. Auf Märkten das Feilschen nicht vergessen, ihr werdet auch so mehr als die Einheimischen zahlen müssen.

Gesundheit Keine Impfungen vorgeschrieben. Empfohlen wird ein Schutz gegen Tetanus und Polio. Tollwut (s. „Gefahren"), Hepatitis sowie Diphtherie kommen vor. Malariaschutz nicht erforderlich, jedoch treten in den Sommermonaten an Gewässern massive Stechmückenschwärme auf – Mückenschutzmittel nicht vergessen! In der Mongolei sind viele Medikamente, selbst gegen harte Devisen, sehr schwer zu bekommen. Reiseradler, die regelmäßig Medikamente einnehmen müssen, sollten diese in ausreichender Menge mit sich führen.

Übernachten, Verpflegung Wie bei vielen anderen Dingen auch besteht auf dem Hotelsektor ein immenses Gefälle zwischen der Hauptstadt und den Provinzen *(Aimags).* In Ulan-Bator konkurrieren zahlreiche Hotels und auch private Guesthouses um die Touristen. Man könnte sich aber auch in einem Apartement einmieten oder seine Nächte in einer *Ger* (Jurte; im Sektor des Gandan Klosters) sehr angenehm verbringen. Außerhalb der Kapitale werdet ihr nur in den Aimag-Hauptstädten einfache Hotels und bei touristischen Sehenswürdigkeiten (recht teure) Ger-Camps finden. Ansonsten empfiehlt sich eine gute Campingausrüstung, Platz zum wild Zelten ist in der weiten Landschaft ja genug vorhanden. Camping in den mittlerweile fast 50 Nationalparks ist nur eingeschränkt möglich, erkundigt euch vorher bei der entsprechenden Parkverwaltung (meist in der Aimag-Hauptstadt).

Die Versorgung mit **Lebensmitteln** hat sich spürbar verbessert. In Ulaanbaatar wurden einige Supermärkte eröffnet, viele kleine Straßenkioske verkaufen Dinge des täglichen Bedarfs, und auf dem Mercury-Markt werden Gemüse und Obst angeboten. Der State Department Store verkauft auch importierte Lebensmittel (Schokolade!). Außerhalb der Hauptstadt bestehen in vielen Bereichen immer noch große Versorgungsdefizite. Grundnahrungsmittel sind hauptsächlich Fleisch und Milch, Joghurt und Käse. Strenge Vegetarier finden nur ein geringes Angebot. Leitungswasser nur entkeimt oder abgekocht trinken oder besser auf abgefülltes Wasser zurückgreifen! Auch „offene" Milch, die an Ständen oder in den Städten frisch verkauft wird, wegen der Brucellose-Gefahr meiden, besser nur abgepackte Milch und Milchprodukte aus der Molkerei kaufen. Ein traditionelles mongolisches Gericht, das mir besonders gut schmeckte, ist *Khorkhog* („Milchkanne mit Fleisch und heißen Steinen"). Hierzu werden glühend heiße Steine mit frischem Fleisch vom Schaf oder Rind in eine Milchkanne gegeben und diese verschlossen. Nach einer Stunde Garzeit ist das leckere Mahl zubereitet. Zu dem saftigen Fleisch werden verschiedene Soßen und Kartoffeln gereicht. Einfacher ist *Guriltai Shul*

(„Mongolischer Eintopf"), eine kräftige Nudelsuppe mit viel Fleischeinlage. Seit Dschingis-Khan sind verschiedene Arten der Zubereitung von Fleisch berühmt. Das in dünne Streifen geschnittene Fleisch wird an der Luft getrocknet. Zu Fleischpulver verrieben und mit Wasser und Salz vermischt, ist im Nu eine einfache und stärkende Mahlzeit fertig. Auch die uns bekannten Maultaschen gibt es in der Mongolei. Die heißen hier *Booz*. Nationalgetränk der Mongolen ist *Airag* – gegorene, saure Stutenmilch, die exakt 3000mal geschlagen werden muß ... schmeckt wie saure alkoholisierte Milch, ist jedoch sehr nahrhaft und reich an Vitaminen und gilt als Lebenselixier. Guten Appetit!

Gefahren, restriktive Gebiete

Die Mongolei gilt generell als sicheres Reiseland, nur in Ulaanbaatar hat die Kleinkriminalität mit dem Ansteigen der Touristenzahlen zugenommen. Achtung vor Taschendieben auf dem Mercury-Markt, in Bussen und Zugstationen! Auf dem Land ist bei der geringen Bevölkerungsdichte jeder Mongole froh, mal wieder einen Menschen zu treffen und wird ihn nicht gleich beklauen. Betrunkenen Mongolen besser aus dem Weg gehen, um nicht versehentlich mit einem Russen verwechselt zu werden. Die liegen den Mongolen nicht sonderlich am Herzen!

Reiseradler sind auf dem Land noch ein seltener Anblick, auch für alle mongolischen (Hirten-)Hunde. Um die „Treibjagden" abzukürzen, eine weiche Fahrradflasche als Wasserspritze oder einen derben Holzstock griffbereit am Rahmen montieren. Tollwutgefahr! Das Gesundheitssystem auf dem Land ist miserabel, nennenswerte Hospitäler gibt's nur in Ulaanbaatar (Adressen bei den Botschaften erfragen).

Wiederholt kam es in der Vergangenheit in einzelnen Provinzen zu Ausbrüchen der Maul- und Klauenseuche. Die Gebiete wurden großräumig abgesperrt und konnten auch von Radlern nicht besucht werden. Bei der Tourenplanung die neuesten Infos einholen, z.B. auf der Homepage des britischen Außenministeriums (www.fco.gov.uk/travel) und bei den mongolischen Botschaften.

Fahrrad, Ausrüstung

Fahrrad und Ausrüstung sollten den harten Straßen- und Witterungsbedingungen angepaßt sein. In Frage kommt nur hochwertiges Material, breite Offroad-Reifen helfen auf verschlammten Pisten. Sämtliche Ersatz- und Verschleißteile mitbringen, es gibt nur billiges Material aus chinesischer Fertigung zu kaufen, und das auch nur in Ulaanbaatar. Zur Not könnte man sich auch Ersatzteile per Kurierdienst (DHL, TNT, FedEx) in die Mongolei schicken lassen, aber das ist sehr teuer. Mit extremen Temperaturschwankungen rechnen, den Schlafsack ruhig eine Stufe wärmer wählen und Klamotten für naßkaltes Wetter einpacken. In Ulaanbaatar kann man chinesische 18-Gang-MTBs kaufen oder auch mieten. Die reichen für Ausfahrten in die Umgebung, nicht aber für eine Fahrt über Land und auf unwegsamen Pisten. Genügend (Dia-)Filme einpacken!

Straßen, Verkehr, Transport

Straßen im eigentlichen Sinn sind in der Mongolei eine Seltenheit, eine Asphaltdecke gilt noch als mittlere Sensation. Nur die Nord-Süd-Verbindung von Sühkbaatar an der russischen Grenze über Ulaanbaatar bis Erdene nahe der chinesischen Grenze ist asphaltiert oder wird zumindest darauf vorbereitet. Auch Teilstücke der West-Ost-Hauptroute von Bajan Ulgji nach Ulaanbaatar werden momentan ausgebaut, fertig asphaltiert ist Arvaykheer– Ulaanbaatar. Ansonsten nimmt man Pisten oder Jeepspuren unter die Stollenreifen oder fährt einfach wie die Mongolen quer durch die Steppe. Mit nennenswertem Verkehr ist nur auf den breiten Alleen der Hauptstadt zu rechnen, auf dem Land fließt er nur spärlich.

Die MIAT fliegt von Ulaanbaatar fast alle Provinzhauptstädte an, allerdings fallen oft Flüge wegen schlechter Witterung oder Pannen aus. Viele der Start- und Landebahnen sind noch nicht asphaltiert. Radtransport möglich, ein Problem wird sicherlich die Gewichtsbeschränkung auf 15 kg sein. Auf Hauptrouten kommen recht moderne Minibusse *(Furgons)* und klapprige Staatsbusse zum Einsatz, Sammeltaxis rumpeln auch noch in den hintersten Steppenwinkel, sofern sich nur genügend Mitfahrer finden. Viel Geduld mitbringen, manche Orte werden nur alle paar Tage angesteuert. Für Extratouren können in Ulaanbaatar auch russische Jeeps gemietet werden, fragt mal in den Guesthouses nach, oft suchen Traveller noch Mitfahrer. Manchmal nehmen auch Lkw-Fahrer Radler mit, am besten probiert man es an den Tankstellen an den Ausfallstraßen.

Die Bahn hat keinen sonderlich hohen Stellenwert im Transportsystem. Die Trans-Mongolian durchquert die Mongolei auf dem Weg von Irkutsk nach Beijing. Auf derselben Strecke fahren auch lokale Züge bis zur mongolischen Grenze, weitere Stichstrecken in die Industriezentren Baganuur und Erdenet.

Routen und Touren Nachfolgend drei Routenvorschläge, die natürlich ganz nach Belieben erweitert werden können: **Gobi Loop** (UB = Ulaanbaatar – Mandalgov – Dalanzadgad – Elyn Am – Khongoryn Els – Bayanzag; unendliche Weiten, Einsamkeit, Dünen, Gletscher in der Wüste). **Zentraler Westen** (UB – Kharakorum – Orkon Wasserfall – Arvaykheer – UB). **Natural Tour** (UB – Bulgan – Tulga Mountain Reserve – Moron – Khövsgol See).

Reiseführer, Karten, Internet Empfehlenswert: „Mongolei", von Forkert/Stelling, Reise Know-How, sowie „Mongolia", von Bradley Mayhew, Lonely Planet. „Reisehandbuch Mongolei", Verlag Ute Schiller. Gegen Verständigungsprobleme gibt's die Kauderwelsche „Mongolisch" und „Russisch", beide RKH.

Karten: Als Übersichtskarte eignet sich die „Mongolia Travel Reference Map", 1:2,5 Mio., ITM Publishing. Landkarten (in kyrillisch) kann man auch in den Straßen von Ulaanbaatar kaufen, eine gute Ergänzung, um die Einheimischen nach dem Weg zu fragen oder um einfach ins Gespräch zu kommen. Wer Touren abseits der Pisten plant, sollte sich die überaus detaillierten sowjetischen Generalstabskarten zulegen, Maßstab 1:500.000 und 1:1 Mio. Im selben Maßstab, aktueller und etwas günstiger, allerdings nicht ganz so genau die ONC- bzw. TPC-Fliegerkarten. Beide Kartensets erhältlich z.B. bei Schrieb (www.Karten-Schrieb.de) oder bei Därr, München (www.daerr.de).

Infos: Auskünfte über das Land erteilen die mongolischen Botschaften. Auch in Ulaanbaatar fehlt bisher noch ein staatliches Tourismusbüro, ein Heftchen über Ulaanbaatar liegt gratis am Info-Schalter im Int. Flughafen, in Guesthouses etc. aus. Am besten informiert man sich über das Internet (s.u.) über lokale Veranstaltungen.

Internet: In Ulaanbaatar recht zahlreiche Internetcafés und Terminals in Guesthouses sowie in Ger-Camps im Gandan Distrikt. Telefonieren kann man in UB und in den Aimag-Zentren von der Post aus, zumindest in UB werden auch zunehmend Kartentelefone in den Hotels installiert, am wenigsten umständlich sind Direkttelefonate von großen (teuren) Hotels. Das Mobiltelefonnetz funktioniert in UB und immer mehr in den Aimag-Zentren.

**Internet-
adressen**

Die private Homepage www.mongolei.de eignet sich gut als Startseite für die Online-Recherche (viele Links auch zu Projekten und Organisationen, Reiseberichte von Radlern, gute, leider manchmal nicht mehr ganz aktuelle Infos). Oliver Corffs „Infosystem Mongolei" (www.userpage.fu-berlin.de/~corff/infomong.html) bietet einen Link zu Literatur über die Mongolei und beantwortet auch sonst vielerlei Fragen (englisch). Die offizielle Website des „Mongolian Tourism Board" (www.mongoliatourism.gov.mn) berichtet erstaunlich objektiv über das Land, empfehlenswert. Mehr kulturelle und aktuelle Aspekte werden bei „MongoliaOnline" (www.mol.mn) und beim „Mongolia Today Online Magazine" (www.mongoliatoday.com) angesprochen, hier erfährt man auch etwas über Veranstaltungstermine. Der „Mongol Messenger" (www.mongolnet.mn/mglmsg/index.html) ist die Online-Ausgabe der ersten englischsprachigen mongolischen Tageszeitung mit eher politischem Bezug. Zu guter Letzt sei noch die Website von Andreas von Heßberg genannt, er pedalte 1996 knapp zwei Monate durch die Mongolei: www.mountainbike-expedition-team.de/Mongolia/mongo.html (viele schöne Dias zur Einstimmung, Reisebericht).

Taiwan

Überblick

Taiwan rangiert unter den stärksten Wirtschaftsmächten der Welt. Eine unglaubliche Entwicklung, bedenkt man, daß die „Republik China" erst 1950 von Chiang Kai-schek, dem Führer der Kuomintang, nach der Flucht aus der VR China gegründet wurde und seitdem eine erbitterte Rivalität um den Anspruch der Alleinvertretung Chinas besteht. Taiwan, die Wiege der weltweit größten Fahrradindustrie, soll nach den Erfahrungen einiger Radler trotz seiner hohen Bevölkerungsdichte und seinen vielen Städten ganz gut zum Radreisen geeignet sein, zumindest ist es einen Stopover wert.

Die gut ausgebaute Infrastruktur erleichtert das Reisen erheblich, allerdings bleibt, wie in der Volksrepublik China, die Sprach- und Schriftbarriere eines der Haupthindernisse für alle Radler. Amtssprache ist Hochchinesisch (Mandarin), Umgangssprache aber Taiwanesisch, die Sprache der chinesischen Einwanderer. Englisch etabliert sich zunehmend als erste Fremdsprache und wird vor allem in den Städten verstanden. Ein Kauderwelsch-Sprachführer im Gepäck (s.u.) und viel Fantasie bei der Zeichensprache wirken immer noch wahre Wunder. Das Alltagsleben ist noch tief im Daoismus und Buddhismus verwurzelt, den beiden Hauptreligionen in Taiwan. Buddhistische Tempel, Feste und Prozessionen (am schönsten in *Tainan* im SW) sind dann auch neben den landschaftlichen Schönheiten, vor allem entlang der Ostküste, die Hauptattraktionen für jeden Reiseradler.

Websites: Das „Tourism Bureau" hat eine ziemlich unspektakuläre Website: www.tbroc.gov.tw. Weiterführende Links unter www.travel-library.com/asia/taiwan/index.html. Aktuelle Nachrichten: www.taipeitimes.com.

Anreise, Geografie

Taiwan hat zwei internationale Flughäfen, der wichtigere liegt nahe der Hauptstadt Taipei, der andere bei Kaohsiung im Süden. Kaohsiung wird auch regelmäßig von Fährschiffen aus Okinawa/Japan und Macao angelaufen.

Taiwan liegt am Südausgang des Ostchinesischen Meeres und ist durch die 170 km breite Taiwanstraße von Südchina getrennt. Flächenmäßig läßt sich die Insel mit Baden-Württemberg vergleichen, zählt aber zu den zehn am dichtest besiedelten Staaten der Erde! Der Westen wird von einem breiten und fruchtbaren Schwemmlandgürtel dominiert, hier wird Reis und Zuckerrohr angebaut, stehen die Millionenstädte, boomt die Wirtschaft. Im Osten und getrennt durch einen Waldgürtel erstreckt sich das wild gefaltete und weitgehend unzugängliche *Chungyang-Gebirge* bis auf knapp 4000 m Höhe. Höchster Gipfel ist der *Yü Shan* mit 3997 m im gleichnamigen Nationalpark. Nur wenige Kilometer von den Millionenmetropolen entfernt findet man hier zahlreiche schöne Wanderwege.

Reisezeit, Einreise, Währung

Die günstigsten Radelmonate sind März bis Mai und Oktober/November. Dann ist es nicht so heiß und feucht wie im Sommer, im Winter wird es im Gebirge empfindlich kalt. Achtung: Taiwan wird im Sommer (Juli bis Oktober) regelmäßig von Taifunen heimgesucht, ein weiterer Grund, den Sommer zu meiden!

Die Einreisebestimmungen sind offensichtlich auf Geschäftsreisende ausgelegt, kommen aber auch euch bei einem Stopover zu gute. Für einen Aufenthalt bis zu 14 Tage braucht ihr nämlich nur einen Reisepaß, der noch mindestens 6 Monate über das Ausreisedatum hinaus gültig ist, ein Lichtbild und ein Rück-/Weiterflugticket. Für einen Aufenthalt bis zu 30 Tage gibt es dieses sog. „Landing Visa" nur am int. Flughafen Taipei, keine Verlängerungsmöglichkeit. Bei über 30 Tagen müßt ihr vor der Einreise ein Visum beantragen. Weitere Infos: Taipeh Vertretung in der Bundesrepublik Deutschland, Markgrafenstr. 35, 10117 Berlin, Tel. 030-203610.

Gezahlt wird in *Neuen Taiwan-Dollar* (NT$). US-Dollar in bar oder als Reiseschecks werden von Banken gegen Kommission getauscht, auf Kreditkarten (Visa, MasterCard etc.) sind Barauszahlungen möglich, auch an Bankautomaten. Bei Fahrten ins Gebirge oder an die nicht so dicht besiedelte Ostküste sollte man allerdings vorher einen kleinen Bargeldvorrat anlegen. Dem hohen Lebensstandard entsprechend ist Taiwan ein recht teures Reiseland.

Übernachten, Verpflegung

Keine „Guesthouse-Szene", aber eine Reihe günstiger Jugendherbergen oder unabhängiger Hostels in den größeren Städten. Meist werden Schlafsaalbetten, Einzel- und Doppelzimmer gleichermaßen angeboten, dem internationalen Publikum entsprechend spricht auch immer jemand vom Personal englisch. Viele Hostelbetten sind von Austauschstudenten etc. auf Wochen oder Monate ausgebucht. Ein weiteres Problem ist die Sprachbarriere, denn oft sind die Hostels neueren Ursprungs und der Bevölkerung noch unbekannt. Am größten ist das Angebot an Mittelklassehotels, aber die Preise … Entlang der dicht besiedelten Westküste ist Zelten praktisch unmöglich und wegen der geringen Entfernungen auch nicht nötig. Ausnahme: Touren ins fast gänzlich unbesiedelte Chungyang-Gebirge.

Verpflegung s. „China". Läden versch. amerikanischer Filialketten (z.B. „7-Eleven" oder „Family Mart") sind über die gesamte Insel verstreut zu finden.

Gefahren, restriktive Gebiete

Erdbebengefahr! Taiwan liegt am Rand der eurasischen Kontinentalplatte, leichtere Erdbeben sind fast schon alltäglich und schwere nie ganz auszuschließen. Neuere Gebäude müssen heute erdbebensicher gebaut werden. Im Gebirge auch im Sommer immer mit Wetterstürzen rechnen. Taifune sind von Juli bis Oktober eine Gefahr, für die ganze Insel. Für die Besteigung einiger Gipfel (z.B. Yü Shan) und Trekkingtouren sind Permits der örtlichen Polizei erforderlich. Erste Infos bei der Ausländerpolizei („Foreign Affairs Police") in Taipei, 96 Yenping S Road.

Fahrrad, Ausrüstung

Für eine Inselumrundung reicht ein Trekkingbike mit ein paar Gängen und mittelbreiten Reifen. Bei Touren ins Landesinnere und auf dem „Central Cross Island Highway" sollte man ein Ritzelpaket mit breiterem Übersetzungsbereich montieren. Bei der Ausrüstung kann man sich aufs Notwendigste beschränken, i.d.R. wird man in Hostels übernachten und in Restaurants oder an Straßenständen essen. Alle erforderlichen Werkzeuge mitnehmen, auch Ersatzschlauch und ggf. Faltreifen. Wer noch kein Bike hat, könnte sich eines direkt ab einem der vielen bekannten taiwanesischen Hersteller kaufen. Mehr Radel-Infos sind erhältlich bei: „Chinese Taipei Amateur Cycling Association", 3, Lane 153, Chang An East Rd, Sec. 2, Taipei 104 Taiwan, China. Tel. 886-2-721-0459.

Straßen, Verkehr, Transport

Rechtsverkehr. Das Straßennetz ist gut ausgebaut und besteht primär aus einem Highway rund um die Insel. Der *West Coast Highway* und alle Großstädte leiden unter Verkehrsüberlastung, besser meiden (Taipei hat eine U-Bahn). Der *East Coast Highway* soll nach den Erfahrungen einiger Reiseradler dagegen gut zum Radeln geeignet sein, spektakulär und gebirgig ist der *Central Cross Island Highway* durch das Chungyang-Gebirge (85 Tunnels, 112 Brücken! Näheres s.u.). Während der Regenzeit häufige Erdrutsche!

Fünf Gesellschaften (Mandarin Airlines, TransAsia Airways, Uni Air, Far Eastern Air Transport und Daily Air) halten den **Inlandsflugverkehr** zwischen allen Provinzhauptstädten und den vorgelagerten Inselgruppen (P'enghu Ch'üntao u.a.) aufrecht, Tickets sind nur am Flughafen erhältlich. Radtransport möglich. Die Züge der **Taiwan Railway** sollen – mit Ausnahme der 4. Klasse – recht komfortabel sein, es gibt sogar Schlafwagen. Für die Überbrückung kürzerer Strecken besser als ein Flugzeug geeignet. Eine Rundstrecke verbindet alle Städte entlang der Küste, weitere kurze Stichstrecken in das Chungyang-Gebirge, z.B. Chiayi – Alishan. Die Website der „Taiwan Railway Administration" (www.railway.gov.tw/taiwan/indexe.html) gibt über Streckennetz, Ticketkauf und vieles mehr Auskunft. Vor dem Ticketkauf über die Radmitnahme informieren. Auch **Überlandbusse** verbinden alle Ecken der Insel, die Unfallstatistik spricht aber klar für die Bahn, und die Radmitnahme ist teilweise problematisch, da nur die engen Gepäckabteile zur Verfügung stehen. Dasselbe gilt für die Sammeltaxis.

Routen und Touren

Achtung bei Fahrten ins Chungyang-Gebirge: Durch das verheerende Erdbeben am 21. Sept. 1999 (Epizentrum südlich von Puli) wurden einige Straßen und viele Wanderwege durch Erdrutsche verschüttet, ganze

Städte dem Erdboden gleichgemacht. Die Angaben aller unten genannten Reise- und Radführer zu Hotels, Wanderungen etc. sind deshalb mit Vorsicht zu genießen, besser sich vor Ort (z.B. in einem Hostel) nach der aktuellen Lage erkundigen. Der Central Cross-Island Highway bleibt bis auf weiteres zwischen Lishan und Kukuan gesperrt! Mehrere Routenvorschläge in „China By Bike", von Roger Grigsby, The Mountaineers, Seattle, WA, USA.

Reiseführer, Karten, Internet

Empfehlenswert: Reise-Handbuch „Taiwan", von Werner Lips, Reise Know-How. Gleichfalls gut der englische Lonely Planet-Guide „Taiwan". „KulturSchock China", „Daoismus erleben", Kauderwelsch „Hochchinesisch" alle RKH. Gut zum Radeln eignet sich die Nelles-Karte „Taiwan", 1:400.000.

Internetcafés sind zahlreich. Nach dem nächsten am besten bei anderen Travellern in den Hostels erkundigen.

Südkorea

von *Gaby Hönig* und *Peter Bär*

Überblick

Seit über einem halben Jahrhundert ist Korea geteilt in die (kommunistische) *Demokratische Volksrepublik Korea* und die *Republik Korea*, auch Südkorea genannt. Südkorea gehört heute zu den wohlhabendsten und dichtest besiedelten asiatischen Staaten, gut zu erkennen auch am Bild der Städte (hypermoderne Konsumtempel, Wolkenkratzer, weite Betonsiedlungen am Stadtrand) sowie an den überdimensionierten Verkehrsachsen mit starkem Verkehr. Dem gegenüber blieb das ländliche Bergland sowie die Inselwelt entlang der Südküste „unverbraucht schön" erhalten. Trotz der Technisierung hat sich, jedoch nicht so deutlich wie in Japan, die Tradition und Religion behaupten können. Etwa ein Drittel der Bevölkerung sind protestantische Christen, es folgen Buddhisten (25%) und Konfuzianer (25%). Etwa 5% sind Anhänger des Chundo Kyo, eines koreanischen Schamanismus.

Abseits der Millionenmetropolen findet der Südkorea-Radler noch wenig befahrene, allerdings sehr bergige Straßen, dazu kulturelle Höhepunkte wie buddhistische und konfuzianische Kloster- und Tempelanlagen, entspannende Badehäuser sowie zahlreiche sehenswerte Nationalparks.

Websites: www.koreatour.de ist die deutsche Website der „Korea National Tourism Organization" (KNTO), hier könnt ihr Info-Material (Reiseführer, Stadtpläne, Karten etc.) bestellen. Die englische Website findet ihr unter www.knto.or.kr/english/index.html (gute Infos, z.B. Fahrplan aller Fähren). Die private Homepage des Holländers *Jan Boonstra* läßt eigentlich keine Frage *rund ums Radeln* in Südkorea offen; interessant seine Survival Tips für alle Reiseradler und allgemeine Informationen, umfangreiches Linkverzeichnis (http://bora.dacom.co.kr/~boonstra/korea/index.htm). „Mountain Bike Korea" (www.angelfire.com/ga/achamtb) ist die private Website eines amerikanischen Bikekuriers, ein Muß für alle Stollenliebhaber und Trailgurus, gibt aber auch allgemeinere Radeltips.

Geografie, Anreise

Südkoreas Landschaft wird von Gebirgen dominiert: Entlang der Ostküste zieht sich das mächtige *Taebaek-Gebirge* von Nord nach Süd, Bergzüge und tief eingeschnittene Täler reichen bis weit in die breite Küstenebene im Westen hinein, West- und Südküste sind wild zerklüftet. Im flachen Westen boomt die Wirtschaft, leben 85% aller Südkoreaner, findet man Megastädte wie die Hauptstadt Seoul im Nordwesten oder die Hafenstadt Pusan im Südosten. Weitere Großstädte verteilen sich in den Niederungen des hügeligen Landes. Gemeinsame Amtssprache und noch verbindendes Element zwischen Nord- und Südkorea ist Koreanisch, die Schrift heißt *Hangul,* ein vereinfachtes Chinesisch. Im Alltag werden Koreanisch (bzw. Hangul) und Chinesisch bunt gemischt, was das Überleben für Reisende nicht eben erleichtert. Handelssprachen sind Englisch und Japanisch.

Aufgrund der isolierten Lage haben Schiffs- und Flugverbindungen eine überragende Bedeutung und sind entsprechend gut ausgebaut. Preisgünstige Flüge z.B. mit den lokalen Fluggesellschaften „Korean Air" oder „Asiana" von Europa oder SO-Asien nach Seoul (der int. Flughafen liegt rund 50 km westlich von Seoul). Der 8spurige Highway ins Zentrum ist für Radler gesperrt, bleibt nur einer der zahlreichen Busse (Probleme s.u., „Transport") oder ein Taxi. Pusan wird lediglich von China (Shanghai, Peking) und Japan (Osaka, Tokio) angeflogen.

Von China kommend sind Fähren eine interessante Alternative zum Flugzeug. Sie verkehren von Tianjin (aus Richtung Beijing, alle 4 Tage), Weihai (3x wöchtl.), Qingdao (nördl. von Shanghai, 2x wöchtl.), Shanghai (wöchtl.), Dandong oder Dalian (je 2x wöchtl.) nach Incheon, der Hafenstadt nahe Seoul.

Wer weiter nach Japan will, dem sei die tägliche Nachtfähre von Pusan nach Shimonoseki (südlichster Ort der Hauptinsel Honshu) zu empfehlen. Das Rad fährt auf dieser Strecke sogar kostenlos mit! Wenn man es sich einrichten kann, sollte man das restaurierte und wesentlich sauberere japanische Schiff dem koreanischen vorziehen. Weitere Verbindung nach Japan: Pusan – Hakata (tägl.); nach China: Pusan – Yantai (wöchtl.).

Reisezeit, Einreise, Währung

Angenehmste Radelzeit ist der Herbst (Oktober und November). Dann zeigt sich die Natur von ihrer schönsten Seite, die Luft ist kühl und klar, Niederschläge sind selten und das Laub strahlt in den herrlichsten Herbstfarben. Im Frühjahr (April und Mai) muß man mit häufigeren Niederschlägen rechnen, die Sommer sind unangenehm feucht-heiß, die Winter kalt und schneereich.

Keine Visumpflicht. Bei Einreise erhalten deutsche, österreichische und schweizerische Staatsbürger eine Aufenthaltsgenehmigung bis zu drei Monate. Will man länger bleiben, sollte man bereits vor Reisebeginn ein Visum bei der Botschaft beantragen. Keine Impfungen vorgeschrieben.

Bezahlt wird in Südkorea wie im Norden mit dem *Won,* ein Won entspricht 100 *Chon.* In größeren Geschäften und Restaurants werden alle gängigen Kreditkarten akzeptiert, für den Bargeldnachschub sind fast alle Geldautomaten geeignet (EC-Karte/Maestro). Reiseschecks in US-Dollar können bei den Banken eingelöst werden, doch hohe Gebühr. Währungsrechner: www.oanda.com. Das Preisniveau ist höher als in vielen asiatischen Nachbarstaaten, nur Japan und Taiwan sind noch teurer.

Übernach-
ten, Verpfle-
gung

In nahezu jeder Ortschaft findet man ein *Yogwan,* eine traditionelle korea-
nische Herberge mit einfachen Zimmern mit Fernseher und Bad/WC,
frisch bezogener Matratze auf dem Boden, in größeren Städten auch mit
einem „westlichen" Bett. Preise variabel, ob ländlich oder städtisch. Einfacher und preisgünstiger sind die *Yoinsuk* (Dusche öfter auf dem Gang).
Interessant sind die *Minbak,* Zimmer in Privathäusern. Sie sind allerdings
schwer zu finden (meist nur im ländlichen Raum), bieten aber den besten
Blick hinter die Kulissen des koreanischen Alltags. Hier habt ihr noch am
ehesten die Möglichkeit, die authentische Landesküche kennenzulernen,
da man oft das Abendessen mitbestellen kann (die Hausfrau kocht
selbst).

Die meisten der momentan 51 *Jugendherbergen* findet man im Nord-
westen und Westen, im restlichen Land ist das Netz sehr dünn, und sie
sind oft von Schülergruppen belegt. Also reservieren, sofern möglich.
Adresse: Korea Youth Hostels Association, Rm 408, Juksun Hyundai
Bldg 80, Juksun-Dong, Jongro-Ku, Seoul 110-052, Südkorea (auf der
Website www.kyha.or.kr sind alle Juhes mit Lage und Preis aufgelistet).
Wie oben beschrieben, gibt es genügend Alternativen, die nicht unbe-
dingt viel teurer sind. In Städten haben wir die beste Erfahrung mit den
Yogwans gemacht, die meist in der Nähe von U-Bahn-Stationen, Buster-
minals oder Verkehrsknotenpunkten liegen. **Tip:** wenn einen die vielen
Schriftzeichen „erschlagen", nach *bii-sa-gii ahn-nuun-baang* fragen (gün-
stiges Hotel), oder nach dem Symbol für Warmwasser (dampfendes ova-
les Becken) Ausschau halten! Nützlich ist der Kauderwelsch-
Sprachführer „Koreanisch" von Reise Know-How.

Organisierte *Campingplätze* gibt es nur in den Nationalparks, wildes
Campen in den Bergen sollte aber kein Problem sein. Schaut auf die Homepage der Nationalparkverwaltung („National Parks of Korea",
www.npa.or.kr), da sind alle fürs Camping freigegebenen Gebiete aufgeführt.

Das **Essengehen** ist in Südkorea nicht so einfach. Wir haben kein einziges Lokal mit einer Speisekarte in unserer Schrift und auch keine
Nachtmärkte wie in anderen asiatischen Ländern entdeckt … Generell ist
das Essen, wie in nahezu allen asiatischen Staaten, relativ scharf, Gewürze haben einen hohen Stellenwert, und oft wird Fleisch oder Fisch serviert. Uns schmeckte recht gut *Bibimbap* (meist fleischloses Allerlei aus
verschiedenen Gemüsesorten) oder *Kamtscha Patschim* (Pfannkuchen
aus Kartoffeln mit Sojasauce). Fleischfreunden ist *Pulgogi* (marinierte
Beef-Streifen, die man dann selbst auf dem Holzkohlegrill braten kann)
zu empfehlen. Zu fast allen Gerichten wird *Kimchi* serviert (gut gewürzter
Kohl), an welchem jeder koreanischer Koch gemessen wird. Außerdem
überzieht ein dichtes Netz von Fast-Food-Ketten amerikanischer und koreanischen Firmen das Land. Für den späten Hunger oder Durst gibt es
zahlreiche „convenience stores", kleine Läden, wie z.B. Seven-Eleven,
die bis spät abends geöffnet haben.

Gefahren,
restriktive
Gebiete

Die größte Gefahr geht vom schnellen und rücksichtslosen Verkehr aus
(s.u. „Verkehr"). Im Bergland haben viele Hotelzimmer „Fußbodenhei-
zung". Hier unbedingt das Fenster offenlassen, damit das Kohlenmon-
oxid der Holzkohle-Verbrennung abziehen kann (Vergiftungsgefahr!).
Südkorea ist ohne Einschränkungen zu bereadeln, mit Ausnahme des

Grenzgebiets zu Nordkorea. In die Nähe des Eisernen Vorhangs kommt man nur mit Sondergenehmigung. Es gibt allerdings geführte Touren zu ausgewählten Stellen an der Grenze.

Fahrrad, Ausrüstung

Südkorea ist ein Land der Autofahrer, Fahrräder werden nur noch in der Freizeit und dann auch nur abseits der Straßen eingesetzt. Noch am ehesten erhältlich sind Billig-MTBs aus chinesischer Fertigung und Ersatzteile entsprechender Qualität. Gute Fahrradläden sind selten. Südkorea-Biker sollten alle Verschleißteile wie beispielsweise Bremsklötze und Ersatzkette mitbringen, zur Sicherheit vielleicht auch einen Faltreifen. 28-Zoll-Radler sollten zudem genügend Schläuche im Gepäck zu haben (wir hatten in Südkorea die meisten Plattfüße! Keine Ersatzteile für 28er erhältlich!). Ein MTB wird nur selten nötig sein, eher schon eine Schaltung mit einem „Rettungsring" für steile Rampen. Jan Boonstra empfiehlt auf seiner Homepage (s.o.), ein LED-Rücklicht wegen der vielen unbeleuchteten Tunnel.

Straßen, Verkehr, Transport

Wie China Rechtsverkehr. Das **Straßennetz** ist sehr gut ausgebaut, für Radler fast zu gut! Generell dichter Verkehr und dicke Luft rund um die Metropolen im Tiefland, es wird schnell, rücksichtslos und aggressiv gefahren. Für Reiseradler ist da kein Platz mehr, also äußerst vorausschauend fahren. Vorsicht vor allem vor den Taxi- und Busfahrern! Die stoppen ohne zu schauen am Straßenrand, wenn sie einen potentiellen Fahrgast entdecken. Es gibt nur wenige Radwege, z.B. in Seoul den 35 km langen asphaltierten *Han River Bikeway,* eine der besten Möglichkeiten, von West nach Ost durch die Hauptstadt zu kommen. Am besten meidet man die vielspurigen Super-Highways in den Tälern ganz, fährt mit Bus oder Zug aus Seoul heraus und rettet sich schnell ins landschaftlich schönere Bergland mit seinen nur schwach befahrenen Straßen.

Das **Busnetz** ist hervorragend, die Busse sind schnell, pünktlich und preisgünstig. Nahezu jede Ortschaft hat direkte Verbindungen nach Seoul und im Süden des Landes auch nach Pusan. In den großen Städten gibt es oft mehrere Busterminals, die die Orte in den jeweiligen Himmelsrichtungen bedienen. Die Fahrradmitnahme erfordert allerdings viel Verhandlungsgeschick, da die Busse nicht über Dachgepäckträger verfügen. Die **Bahn** ist nur eine Alternative für das Reisen zwischen den größten Städten. Es gibt schnelle Züge mit AirCon *(sämol-ho),* langsamere mit AirCon *(mugungwha)* und langsame ohne AirCon *(tongil).* Reservierungen bekommt man in der Regel noch einige Stunden vor Abfahrt (abgesehen von Ferien und Feiertagen). Das Fahrrad kann man am Bahnhof aufgeben, jedoch nicht in den Zügen mitnehmen. In Seoul und Pusan gibt es außerdem moderne U-Bahnen mit hoher Taktfrequenz (Radtransport verboten). Zwischen den Inseln im Süden zahlreiche Schiffsverbindungen. **Inlandsflüge** lohnen in einem Land, das nicht viel größer als Portugal ist, wegen der geringen Entfernungen nicht, am ehesten noch zwischen Pusan und Seoul oder zur Insel Cheju.

Routen und Touren

Sehr reizvoll ist die südliche Küstenlandschaft, jedoch sind dort kleinere Straßen schwer zu finden. Von der vielleicht interessantesten Stadt Kjongju (ca. 100 km nördlich von Pusan) mit ihren Tempelanlagen (Pulguksa) bieten sich mehrere Möglichkeiten: Die Küstenstraße nach Norden sowie nach Pusan mit einigen „schwach" befahrenen Straßen oder

nach Westen ins Bergland. Dort befinden sich einige landschaftlich reizvolle Nationalparks mit eingestreuten Klosteranlagen. Den dichter besiedelten nordwestlichen Raum zwischen Taejon und Seoul sollte man mit
dem Rad besser meiden.

Reisefüh-
rer, Karten,
Internet

Empfehlenswert: „Korea", von Robert Storey, Lonely Planet. Zur Einstimmung „Reisegast in Korea", Iwanowski Reisebuchverlag. Kauderwelsch
„Koreanisch", Reise Know-How. Nelles-Karte „Korea", 1:1,5 Mio. In Korea sind nur Straßenkarten mäßiger Qualität und in Hangul (Koreanisch)
erhältlich, einige Touristenbüros der KNTO (z.B. am Int. Flughafen) haben
auch eine Gratis-Straßenkarte, 1:1 Mio., auf Lager.

Philippinen

Überblick

Die philippinische Inselwelt scheint auf den ersten Blick nicht gerade zum
Radfahren prädestiniert. Doch ist Radfahren auf Luzon und einigen anderen Inseln gut möglich, wenngleich es dabei oft über sehr bergiges (!)
Land geht und die Straßen meist nicht übermäßig gut sind. Es gibt auf
den philippinischen Inseln herrliche Fleckchen, Traumstrände, gutes Essen, die Menschen sind freundlich und der für das Land wichtige Tourismus hat überall genügend preiswerte Hotels geschaffen. Die Philippinen
sind stark europäisch/amerikanisch ausgerichtet. Weltberühmt sind die
Banaue-Reisterassen. Der entscheidende Vorteil auf den Philippinen
aber ist, daß der überwiegende Teil der Filipinos Englisch spricht und somit die für einen Radfahrer wichtige tägliche Kommunikation keinerlei
Probleme verursacht.

Websites: Die offizielle Homepage des „Department of Tourism Philip-
pines" findet ihr unter www.tourism.gov.ph/welcome.htm. Eine Fülle von
Links zu Fluglinien, Reedereien u.v.m. bietet die Homepage des Verlages
„Jens Peters Publikationen", www.jenspeters.com, s.u. „Reiseführer".
Des weiteren empfehlenswert: Die private Homepage www.filipinas.at
(Linkliste in der Rubrik „Reporter"), die Linklisten www.filexplorer.de/lp,
http://home.t-online.de/home/andreas.kinas/#Links und www.filipino-
links.com. Tagesaktuelle Nachrichten, Veranstaltungen und mehr auf der
Website der englischsprachigen Tageszeitung „Philippine Star",
www.philstar.com.

Anreise,
Geografie,
Bevölkerung

Der int. Flughafen von Manila ist die Drehscheibe für Flüge aus aller Welt.
Cebu City und Davao/Mindanao bedienen eher den innerasiatischen
Markt. Die nationale Fluggesellschaft für Interkontinentalflüge heißt „Phi-
ippine Airlines" (www.philippineair.com). Interessant sind die mehrmals
wöchentlichen Flüge von Davao nach Manado auf Nord-Sulawesi/Indo-
nesien (Indonesien verlangt für einen Aufenthalt bis zu zwei Monaten kein
Visum und ihr könntet über Sulawesi und die Sunda-Inseln Richtung Bali
radeln, optimale Reisezeit Mai bis Oktober, weiteres s. „Indonesien").

Die Philippinen sind flächenmäßig etwa so groß wie Italien, bestehen
aber aus 7107 Inseln, von denen nur ca. 860 bewohnt sind. **Luzon mit
der Hauptstadt Manila** im Norden und *Mindanao* im Süden sind die beiden größten Inseln des Archipels, andere messen nicht einmal einen
Quadratkilometer. Alle sind vulkanischen Ursprungs und die Gipfel eines
unterseeischen, von Nord nach Süd verlaufenden Gebirges. Mehr als 20

Vulkane sind auch heute noch aktiv, Vulkanausbrüche und Erdbeben eine alltägliche Gefahr. Nur auf Luzon und Mindanao findet man einige breitere Täler entlang der Flüsse, die Topografie der restlichen Inseln ist durchweg gebirgig und steigt bis auf 2954 m an (Mt. Apo auf Mindanao).

Die Filipinos sind überwiegend malaiischen Ursprungs, daneben leben noch Chinesen, Inder und viele ethnische Minderheiten auf den Inseln. Es gibt zwei Amtssprachen, Englisch und Pilipino. Pilipino wurde aus dem Tagalog auf Luzon abgeleitet und soll die Verständigung im gesamten Inselreich erleichtern (insgesamt zählte man 988 versch. Sprachen). Als einzige Nation in Asien sind die Filipinos überwiegend christlichen Glaubens.

Reisezeit, Einreise, Währung

Tropisches, schwül-heißes Klima mit ausgeprägter Regenzeit (SW-Monsun) von Juni bis Oktober. Überschwemmungen sind möglich, Gefahr von Taifunen. Beste Radelsaison ist die Trockenzeit (NO-Monsun) von Dezember bis Mai, die berühmten Reisterrassen rund um Banaue sind März/April am fotogensten.

Keine Visumpflicht. Für einen Aufenthalt bis zu 21 Tagen reicht ein Reisepaß, der bei der Einreise noch mind. 6 Monate gültig sein muß. Eine (gebührenpflichtige) Verlängerung um bis zu 59 Tage ist möglich beim „Philippine Bureau of Immigration and Deportation", Magallanes Drive, Intramuros, Manila oder den Regionalbüros in Cebu City und Davao. Oder gleich bei der philippinischen Botschaft ein Visum beantragen, nähere Infos dort.

Währung ist der *Philippinische Peso*. Bare US-Dollar und Reiseschecks in US$ mitbringen, die werden von Banken und Wechselstuben überall problemlos getauscht. Bargeldauszahlungen auf Kreditkarten (Visa, MasterCard), sehr viele Bankautomaten. Feilschen ist angesagt, denn meist ist das erste Angebot auf Märkten, für Hotelzimmer, Jeepney-Fahrten etc. überhöht.

Übernachten, Verpflegung

Übernachten stellt generell kein Problem dar, es gibt eine weite Bandbreite von Billigsthotels bis hin zu Nobelschuppen. Viele Hotels der unteren Preiskategorie fungieren allerdings gleichzeitig als lokales Bordell, nervtötende Karaoke-Bars in der Nachbarschaft sind ein weiterer Grund, vorab gezielt auszuwählen. In kleinen Orten werdet ihr auch mal bei Privatleuten unterkommen können, zelten wird kaum notwendig werden.

Amerikanische Truppen, Einwanderer und ethnische Minderheiten haben allerorten ihre kulinarischen Spuren hinterlassen. In Touristenorten und größeren Städten werdet ihr die ganze Bandbreite, vom Standard-Travellerfood über die chinesische, malayische u.a. bis hin zur einheimischen Küche genießen können. Reis kommt immer auf den Tisch, dazu Fisch, Hühnchen, Rind- oder Schweinefleisch. Beliebt sind auch Fleischspieße. Nationalgericht ist *Adobo*, ein süß-saurer Fleischeintopf mit Huhn oder Schwein und ganz viel Knoblauch. In den Garküchen – sie heißen „*Carinderia*", könnt ihr in die Töpfe schauen und auswählen. Märkte bieten leckere Früchte in großer Vielfalt. Das Leitungswasser ist stark gechlort, Trinkwasser in Flaschen aber überall erhältlich, dazu Limos in allen Sorten und Farben und auch recht gutes Bier („San Miguel"). In Großstädten findet ihr gut sortierte Supermärkte. Bei Touren auf Nebenstrecken, z.B. auf Luzon, sollte man zumindest Proviant für einen Tag bunkern.

Gefahren, restriktive Gebiete

Entführungen, Vulkanausbrüche, Erdbeben, bewaffnete Auseinandersetzungen mit Separatisten, Bombenanschläge, gelegentliche Taifune und die alltägliche Kleinkriminalität in den Touri-Zentren – oft genug stehen die Philippinen in den Schlagzeilen der Weltpresse. Reiseradler sollten sich sehr genau die Sicherheitshinweise des Auswärtigen Amtes, www.auswaertiges-amt.de, anschauen! Prinzipiell zu meiden sind momentan Nord-Luzon und West-Mindanao (Kämpfe mit der kommunistischen „Neuen Volksarmee", NPA, bzw. der islamischen „Moro Islamic Liberation Front", MILF). Gefahr von Entführungen. Häufig gewarnt wird vor „netten" Einheimischen, die euch erst mit Präparaten versetzte Getränke anbieten und dann ausrauben. Auch Kreditkarten-Betrügereien kommen vor (sie nie aus den Augen lassen!).

Fährüberfahrten sind wegen starker Strömungen und plötzlicher Wetterumschwünge nicht ungefährlich, Fährunglücke keine Seltenheit. Plant ihr Fahrten mit Auslegerbooten, sollte man bei Schlechtwetterprognosen den Trip verschieben! Weitere Websites zur Sicherheit: http://travel.state.gov/philippines.html (US-Außenministerium) und www.fco.gov.uk/travel/countryadvice.asp?PH (brit. Außenministerium).

Fahrrad, Ausrüstung

Kein Filipino würde in Anbetracht der hügeligen Topografie auf die Idee kommen, mit dem Fahrrad zum nächsten Markt radeln zu wollen – gibt es dazu doch überall die klapprig-bunten, US-amerikanischen Armeejeeps nachempfundenen „Jeepneys". Radfahren wird nur als Sportart betrieben, und das hauptsächlich auf den relativ gut asphaltierten (und ebenen) Highways rund um Manila. Radgeschäfte werdet ihr dann auch nur hier finden (Rennradler fragen). Das Radeln in den Großstädten ist laut, nervig und gefährlich, gebt acht auf die zahllosen Jeepneys, die sorgen mit riskanten Fahrmanövern für brenzlige Situationen. Eingehüllt in Dieselqualm findet ihr euch mit Fußgängern, Hühnern und Hunden auf der untersten Stufe der Verkehrshierarchie wieder und werdet entsprechend behandelt (s. „Radfahren im Straßenverkehr Südostasiens", s.S. 517). Euer Rad sollte robust und einfach zu warten sein, am besten bringt ihr alle erforderlichen Werkzeuge und Ersatzteile mit. Für steinige Pisten breite Reifen aufziehen. Unbedingt empfehlenswert ist ein Rückspiegel.

Eigentlich kann man auf den Inseln mit leichtem Gepäck touren. Zelt, Schlafmatte und Kochausrüstung bleiben zuhause, ein leichter Schlafsack reicht bei den Temperaturen allemal und ein Moskitonetz sorgt für ruhigen Schlaf. Denkt an Malariaprophylaxe und schützt eure Fotoausrüstung vor dem feinen Staub. Eine **Interessenvertretung für Radler** ist: Cycling Advocates (CYCAD), 1563 Pasaje Rosario, Paco 1007, Philippinen.

Straßen, Verkehr, Transport

Zumindest auf den beiden größten Inseln Luzon und Mindanao rollt man gelegentlich auf glattem Asphalt, das restliche Straßennetz besteht aus Betonplatten in allen Stadien der Auflösung sowie Stein- und Staubpisten. Die Großstädte, allen voran Manila, sind Radlers Alptraum. In den Vororten nimmt der Verkehr aber schon spürbar ab, und auf den kleineren Inseln werdet ihr nur ab und zu von einem Jeepney eingestaubt werden.

Transport: Die Jeepneys holpern selbst in die hintersten Winkel der Inselwelt, Radtransport ist kein Problem, Fahrpreis Verhandlungssache. Überlandbusse bewältigen die größeren Strecken auf Luzon und Mindanao, über die Radmitnahme liegen uns aber kein Erfahrungsbericht vor. Vor allem zwischen Luzon und Cebu verkehren recht moderne Schnellfähren (www.cebuferries.com). Eigentlich alle bewohnten Inseln sind mit Fähren oder einfacheren Auslegerbooten erreichbar, Radmitnahme immer möglich. Zu abgelegeneren Zielen können auch private Boote, sog. „bankas", gemietet werden. Homepages mit Fahrplänen, Tarifen etc. unter www.supercat.com.ph und www.wgasuperferry.com.

Manila ist die Drehscheibe des gut ausgebauten Flugnetzes. Es gibt nur eine intakte Eisenbahnstrecke von Manila Richtung Süden nach Naga, alle anderen Gleise wurden durch Erdbeben zerstört und nicht wieder instandgesetzt.

Routen und Touren

Für die meisten Biker wird die Hauptstadt Manila der erste Berührungspunkt mit den Philippinen sein. Eine mögliche Reiseroute ab Manila ist im u.g. Bikebuch von Frank Mrotzek beschrieben. Eine kürzere Tour könnte von Manila zu den weltberühmten Reisterrassen um Banaue und zum „Hundred Islands National Park" führen. Oder ihr beradelt die „Visayas" genannte Inselwelt zwischen Luzon und Mindanao. Ob wilde Mountainbike-Pisten, palmengesäumte Traumstrände, landschaftliche Highlights wie die Chocolate Hills auf der Insel Bohol oder wunderbare Tauchreviere – es gibt vieles zu entdecken!

Reiseführer, Karten, Internet

Bewährt und gut ist das „Philippinen Reise-Handbuch" von Jens Peters im gleichnam. Verlag. Empfehlenswert auch der Lonely Planet-Guide „Philippines" sowie „Philippines Handbook", Moon Travel Handbooks. Viele weitere Reise-, Natur- und Tauchführer. Zum Einlesen: „Reisegast auf den Philippinen", Iwanowski Reisebuchverlag, und das Sympathie-Magazin „Philippinen verstehen", Studienkreis Tourismus. Hilfreich auf dem Land der Kauderwelsch „Tagalog (Pilipino)" von Reise Know-How. *Frank Mrotzek* hat mehrere Inseln der Philippinen durchradelt, u.a. Luzon, Mindoro, Panay, Negros, Cebu, Bohol und Mindanao. Nachzulesen in seinem Buch „Auf nach Asien!", Reise Know-How Verlag.

Karten: Nelles „Philippines", 1:1,5 Mio, ITM-Karte 1:1,2 Mio.

Internet: Generell könnt ihr in allen Großstädten und Touristenzentren online gehen.

Rußland, GUS-Staaten

Überblick

Die meisten der ehemaligen Staaten der Sowjetunion haben sich – nach der Auflösung der UdSSR im Dezember 1991 – zur GUS, zur Gemeinschaft Unabhängiger Staaten zusammengeschlossen. Touristisch sind diese Länder zwar keine „weiße Flecken" mehr, wer aber eine oder gleich mehrere dieser neuen selbständigen Republiken mit dem Rad bereisen will, läßt sich sicherlich immer noch auf ein Abenteuer ein. Das beginnt schon mit den bürokratischen Problemen, denn jedes dieser Länder hat eigene Einreise- und Touristikbestimmungen geschaffen, oder es gelten noch die alten, restriktiven UdSSR-Bestimmungen, wo es ein Einzelreise-Visum nur durch eine private bzw. durch eine Geschäftseinladung gab. Den neuesten Stand der Dinge können die Botschaften der GUS-Länder sagen, oder man kontaktet ein Visumbüro, das sich auf die GUS spezialisiert hat, wie z.B. Vostok-Reisen, Ackerstr. 157, 10115 Berlin, Tel. 030-

30871022, oder Visa Dienst Bonn GmbH, Koblenzer Str. 85, 53177 Bonn, Tel. 0228-367990, www.visum.de. Bestimmungen für individuell Radreisende gibt es wohl kaum, doch unklare Gesetze haben auch den Vorteil, daß man sie für seine Zwecke ausnützen kann (früher nutzten ostdeutsche Reiseradler diesen Umstand, indem sie auf gut Glück, ohne entsprechenden *Marschrutni*-Plan in der Tasche, Touren durch die mittelasiatischen Sowjetrepubliken unternahmen). Die Mitnahme des Fahrrades war aber auch bei diesen Unternehmen aus Sicht der damaligen UdSSR meistens illegal. Erfahrungen besagen, daß es entscheidend ist, ein Einreisevisum zu bekommen, das Fahrrad hat man dann eben nur so als „Gepäck" mit dabei. Diese Variante klappt vor allem bei der Einreise mit dem Flugzeug problemlos. In Moskau, St. Petersburg oder sonstwo angekommen, packt man sein Fahrrad aus und radelt einfach los.

In den neuen GUS-Ländern wird überall noch russisch verstanden und gesprochen. Mit Englisch kommt man nur in wenigen Hauptstädten und Touristenzentren weiter. Zumindest ein wenig Russisch sollte man also schon sprechen und die kyrillischen Schriftzeichen auf Wegweisern und Fahrplänen entziffern können, um in den GUS-Ländern zurechtzukommen. Wer deshalb lieber mit Gleichgesinnten losradeln möchte: Der „Russian Cycle Touring Club" veranstaltet regelmäßig Biketrips, Infos unter www.geocities.com/TheTropics/8640.

Hier nun jedes GUS-Land vorzustellen, würde zu weit führen und wäre auch nicht möglich, es gibt zu manchen Ländern kaum Reise- und Info-Quellen und schon gar keine Radreise-Erfahrungen. Einige Radtouren-Tips können dennoch geliefert werden, nämlich zu den mittelasiatischen Republiken **Turkmenistan, Usbekistan** und **Kirgistan,** und natürlich auch zum größten Land der GUS, zur **Russischen Föderation,** wie Rußland jetzt offiziell heißt. In **Tadschikistan** wurde der Bürgerkrieg zwar offiziell beendet, die Lage bleibt aber instabil und Reisen in diese Region, wie auch in die Kaukasus-Länder **Georgien, Aserbeidschan** und **Armenien** sind nicht empfehlenswert oder auch gar nicht möglich. Für die **Ukraine** hat der ADFC ein Länder-Info.

Da jeder zentralasiatische Staat sein eigenes „Visumsüppchen" kocht und die Visumsregeln eher restriktiv auslegt, sind Rundtouren durch alle Staaten nur schwer durchführbar. Ideal wäre deshalb ein Gabelflug, z.B. hin nach Aschgabad/Turkmenistan, zurück von Almaty/Kasachstan. Dann könntet ihr alle kulturellen und landschaftlichen Sehenswürdigkeiten in eine Tour einbauen, ohne einige Strecken zweimal fahren und manche Visa doppelt einholen zu müssen. Erkundigt euch in einem Flugreisebüro nach Fluggesellschaften, die solche Flüge anbieten. Denkbar wäre auch ein innerzentralasiatischer Flug, dies ist aber mit größeren bürokratischen Problemen wegen eures Fahrrades verbunden. Stellt euch dann auf „Extragebühren" ein.

Günstige Reise- und Radelzeiten für die überwiegend kalten Gegenden (Sibirien) oder Hochgebirgsregionen (Tadschikistan, Kirgistan) ist der Sommer. Für Mittelasien sind Frühjahr und Herbst am besten, soweit die Hochgebirgsregionen nicht berührt werden. Einige 3000er Pässe, z.B. Ansob (Duschanbe-Samarkand) und Chabu-Rabot (Duschanbe-Chorog) sind in manchen Jahren von September bis Mai total zugeschneit!

Das Rad, die Ausrüstung, das Werkzeug und alle mitzuführenden Ersatzteile müssen sorgfältigst zusammengestellt werden, weil es weder in

Rußland noch in den anderen GUS-Staaten Radläden nach unseren Vorstellungen gibt. Die Vorgabe heißt Stabilität, Robustheit und Einfachheit.

Rußland

von *Heidi* und *Werner Reichen*

I. PLANUNG, VORBEREITUNG, WISSENSWERTES

Anreise, Geografie

Mancher wird evtl. eine Radreise nach Moskau planen. Für die Fahrt durch Polen gibt es den Fahrrad-Reiseführer „Polen per Rad" von H. Lindenberg, Kettler-Verlag (zweiteilig). Gängiger Grenzübergang von Polen nach Bela(Weiß-)Rußland ist Terespol/Brest. Man könnte jedoch auch evtl. über Suwalki nach Litauen fahren, doch muß dann vorher klar sein, ob diese (und die nachfolgenden) Grenzen auch wirklich offen sind und ob Visa für die Transitländer erforderlich sind. Visa sind i.d.R. nicht an der Grenze erhältlich! Von Brest geht es dann über die (schlechte) Europastraße 8 nach Minsk und Smolensk nach Moskau.

Die int. Flughäfen in Moskau und St. Petersburg werden von vielen europäischen Fluglinien angeflogen. Moskau hat eine eigene Website unter www.moscow-guide.ru und St. Petersburg unter www.spb.ru/index.html mit vielen weiteren Links.

Rußland hat durch den Zerfall der früheren UdSSR rund ein Viertel seiner Fläche eingebüßt. Dennoch bleibt es das größte Land der Erde. Das Ural-Gebirge bildet die Wasser- und die Kontinentenscheide. Der westliche Teil wird zu Europa gezählt, die Gewässer fließen ins Kaspische und ins Schwarze Meer, der östliche Teil gehört zu Asien, die Flüsse strömen gen Norden ins Nordpolarmeer.

Der größte Teil Rußlands ist eher flach, mit Ausnahme von wenigen markanten Gebirgszügen. Im Süden zieht sich der **Kaukasus** vom Schwarzen zum Kaspischen Meer mit einigen Vier- und Fünftausendern (höchster Gipfel ist der *Elbrus* mit 5642 m). Ungefähr dem 60. Längengrad folgend erstreckt sich auf einer Länge von über 1500 km der **Ural**, welcher aber selten eine Höhe über 1500 m erreicht. An der Grenze zur Mongolei wachsen die Berge wieder auf über 4000 m an, und um den Baikalsee erreichen die Bergspitzen 2500 m Höhe. Wichtig als Transportwege sind in Sibirien die großen Flüsse: Im Sommer dienen sie der Schiffahrt, im Winter werden zahlreiche zugefrorene Gewässer mit Lastwagen befahren.

Einreise, Währung

Visumpflicht. Vorausgesetzt, euer Reisepaß ist noch mind. 6 Monate über das Ende des Aufenthalts hinaus gültig und ihr habt eine obligatorische Auslandskrankenversicherung abgeschlossen, dann könnt ihr ein Visum beantragen. Am einfachsten geht das über ein spezialisiertes Visumbüro (s.o.), das auch gleich eine ggf. erforderliche Einladung mitbesorgt. Es gibt Touristenvisa für max. 3 Monate, die aber im Land selbst nicht verlängert werden können, und es gibt Langzeitvisa („Business-Visa"), für die eine offizielle Einladung erforderlich ist. Dem Visumantrag müßt ihr den Versicherungsschein eurer Auslandskrankenversicherung beilegen. **Achtung:** Auch für die Ausreise ist ein Visum erforderlich! Ihr sollltet euch innerhalb von 3 Tagen nach der Einreise beim **Ausländeramt**

„OVIR" registrieren lassen! Bitte klärt die aktuellen Vorgaben vorher mit dem Visumbüro ab. Für Destinationen östlich des Ural gilt immer noch die Regelung, daß die zu besuchenden Orte im Visum eingetragen sein müssen („Marschrut"). Im Prinzip ist eine Einreise per Fahrrad nach Rußland nicht gestattet. Das wird jedoch (wie so vieles in Rußland) nicht strikt gehandhabt. Gerade in *Karelien* trifft man häufig Touristen aus Finnland, die ihre Angehörigen mit dem Rad besuchen. Die Einreise von der Krim (Ukraine) über die Meerenge von Kertsch ging bei uns problemlos.

Währung ist der *Rubel* (Rbl), unterteilt in 100 *Kopeken*. Lange Zeit, auch während unserer Reise, war der Rubel an den US-Dollar gekoppelt. Heute ist der Rubel „im Keller" und es bleibt abzuwarten, ob sich in den Städten der US-Dollar oder auch der Euro als Zahlungsmittel durchsetzt. Eines ist sicher: Auf dem Land werden nur Rubel akzeptiert. In jeder Stadt tauscht mindestens eine Bank bare US-Dollar, Reiseschecks dagegen nur selten. Kreditkarten werden immer häufiger akzeptiert (Master-Card vor Visa, American Express ist erheblich schwieriger!) Viele Touristenhotels haben heute Kreditkartenautomaten, wo ihr Bargeld (sogar US-Dollars) ziehen könnt (z.B. in Irkutsk, in Wladiwostok und natürlich in den beiden Metropolen Moskau und St. Petersburg). Auf dem Schwarzmarkt ist außer einem beträchtlichen Gefahrenpotential kaum ein besserer Kurs rauszuholen – Hände weg!

■ *Heidi und Werner Reichen auf ihrer Rußland-Tour im Burjaten-Land (Baikalsee)*

Reisezeit   In den Steppengebieten kann es im Sommer ganz schön heiß werden. Auf der Strecke Wolgograd – Samara hatten wir eine ganze Woche Tagestemperaturen von über 40 Grad (Juli). Gemäßigtere Temperaturen sind im Ural und im Gebiet des Baikalsees anzutreffen. Ab Oktober bis etwa April ist Radfahren in Rußland nur etwas für Masochisten. Dann fällt die Temperatur weit unter 20 Grad unter Null. Regenreich ist der Frühling, im Sommer stehen kurze, aber heftige Gewitter und Schauer an. Irgendein leichter Wind bläst fast immer, es war aber nicht so, daß wir eine eindeutige Tendenz hätten feststellen können.

Gesundheit   Im Sommer sind die Mücken in Sibirien mörderisch, man muß aufpassen, vom Kratzen keine Infektion zu bekommen (Malariagefahr besteht gemäß WHO keine). In abgelegenen, gebirgigen Gebieten kann das Wasser direkt aus den Bächen getrunken werden, ab und zu finden sich sogar

Quellen. Meistens hält man sich jedoch in Ebenen auf, und dort steht oft nur Zisternenwasser zur Verfügung, das unbedingt gefiltert, chemisch behandelt oder abgekocht werden sollte. Ein paar Vitamintabletten im Gepäck können auch nicht schaden – die Versorgung mit frischem Obst und Gemüse ist bei weitem nicht sichergestellt.

Die medizinische Versorgung ist, wenn überhaupt vorhanden, weit unter dem europäischen Standard. Russische Spitäler haben einen zweifelhaften Ruf.

Übernachten Wenn Russen reisen, übernachten sie eigentlich nie in Gasthäusern, sondern bei irgendwelchen Verwandten oder Freunden von Freunden von Verwandten … Gastfreundschaft wird unter Russen groß geschrieben. Gegenüber Fremden sind sie anfangs eher reserviert, was oft als Unfreundlichkeit fehlinterpretiert wird. Tatsache ist, daß fremde Reisende nicht auf diesen Verwandtendienst zählen können und auf Gasthöfe angewiesen sind. Während der Sowjetzeit gab es in allen Distrikthauptorten hotelähnliche Bauten, die den Funktionären bei Besuchen als Unterkunft dienten. Heute sind diese Herbergen mangels Geld und Interesse meist heruntergewirtschaftet, wenn nicht gleich ganz geschlossen, d.h., daß oft einfach keine Unterkunft zu finden ist und ansonsten der Standard für europäische Begriffe sehr tief liegt. Wenn überhaupt fließendes Wasser im Gebäude vorhanden ist, dann sicher nur kalt, Heizung gibt's meist nicht, elektrisches Licht oft nur stundenweise und das Plumpsklo ist irgendwo hinter dem Haus im Freien, folgt einfach eurer Nase …

Wer mit dem Rad unterwegs ist, kommt um ein Zelt nicht herum. Zelten ist zwar offiziell nicht erlaubt, doch kümmert sich kein Mensch um diese Regel. Die Russen sind begeisterte Camper und während der Ferienzeit mit ihren „Ladas" und „Wolgas" unterwegs, um ihr Zelt irgendwo in der Wildnis aufzustellen. Zeltplätze, wie wir sie in Europa kennen, gibt es in Rußland nicht. Unter dem irreführenden Begriff „Kemping" findet man Feriensiedlungen mit festinstallierten Wohnwagen oder Baracken. Stellplätze für Zelte sind dort in der Regel nicht vorhanden.

Verpflegung Radler müssen auch in abgelegenen Gebieten in Rußland nicht hungern, es ist nicht nötig, Proviant für Wochen mitzuschleppen. Allerdings ist das Angebot sehr beschränkt und kulinarische Höhenflüge dürft ihr nicht erwarten. Wir hatten immer eine Reserve von etwa fünf Tagesrationen dabei und stockten diese in jedem Dorfladen wieder auf. Gemüse und Früchte gibt's oft nur in Dosen. Bier, teils von hervorragendem Geschmack, ist heute auch auf dem Lande sehr verbreitet und verdrängt allmählich den traditionellen *Kwas,* ein Getränk aus vergorenem Getreide. Brot gibt es fast überall, allerdings schmeckt es nicht überall gleich gut und ist nicht immer frisch. Das Versorgungssystem mit Brot stammt noch aus der Sowjetzeit: An einem zentralen Ort wird in einer Großbäckerei Brot gebacken und dieses dann mit speziellen „XLEB"-Lkw bis weit über hundert Kilometer in die Dörfer gekarrt. Restaurants aufzuspüren artet oft in Detektivarbeit aus, meistens ist nichts angeschrieben. An den faden Einheitsgeschmack in den oft kantinenartigen Verpflegungsstätten gewöhnt man sich bald – immerhin stillt es den Hunger! Gerechterweise muß erwähnt werden, daß inzwischen zahlreiche kleine private Kneipen nach westlichem Vorbild entstanden sind, in denen Gastlichkeit auch bei schwieriger Versorgungslage groß geschrieben ist.

Wir hatten zum Zelten einen Benzinkocher dabei, Benzin ist überall erhältlich. Wer Gewicht sparen möchte kocht mit Holz, davon gibt es meist mehr als genug.

Gefahren, restriktive Gebiete

Fernab der Großstädte besteht nur geringe Diebstahlgefahr. Selbst Kinder bleiben auf Distanz zum beladenen Fahrrad. Polizeikontrollen, für westliche Autotouristen regelmäßig mit einem Griff zum Geldbeutel verbunden, brauchen Radfahrer nicht zu fürchten. Man wird eher mitleidig belächelt und als Spinner abgestempelt. Kein Mensch versteht, wie ein reicher Westler mit einem Armeleutegefährt durch die Gegend strampeln kann … In Hotels Fahrrad mit aufs Zimmer nehmen oder zumindest in irgendeinen Raum einschließen lassen.

Vorsicht im Ural! Bis vor wenigen Jahren galt der gesamte Ural als Sperrgebiet, und heute noch befinden sich hier geheime Fabriken und Rüstungsbetriebe. An einem Ort wurden wir im Hotel von Beamten dreier verschiedener Polizeieinheiten über Reiseroute und Ziel und Zweck der Reise ausgefragt. Die Befragung verlief absolut korrekt, ein Offizier sprach sogar fließend Englisch. Uns war es jedoch nicht so recht wohl in der Haut. Des weiteren ist der ganze asiatische Teil Rußlands, also östlich des Urals, viel restriktiver. Einige Provinzregierungen handeln teilweise in eigener Regie und machen einem das Reisen fast so schwer wie während der Sowjetzeit. Eine positive Ausnahme ist die Gegend um den Baikalsee und die Stadt Irkutsk, da dort recht viel Tourismus herrscht. Aktuelle Sicherheitshinweise unter www.auswaertiges-amt.de.

Fahrrad, Ausrüstung

Wie oben erwähnt sollte euer Fahrrad einfach, stabil und robust sein. Ihr müßt alle Service- und Reparaturarbeiten selbst erledigen können. Ersatzteile für westliche Räder gibt es kaum, nicht mal Reifen, denn die russischen passen weder auf 28er- noch auf 26er-Felgen! Allerdings werden nun auch Mountainbikes aus Japan und China verkauft, so daß mit einer Verbesserung der Ersatzteilversorgung, speziell von 26er-Reifen, gerechnet werden kann. 1998 gab es in Sibirien eine gute Fahrradwerkstatt in Irkutsk, die nächste erst wieder in Wladiwostok, 4098 km weiter! Wir hatten für beide Fahrräder je eine Ersatzkette dabei, welche wir jeweils nach 1500 bis 2000 km austauschten. So nutzten sich Zahnkranz, Ritzel und Kette gleichmäßig ab, wir fuhren 7000 km ohne daß die Kette anfing zu springen. Es versteht sich von selbst, daß die Komponenten am Rad von höchster Qualität und am Anfang der Reise praktisch neu sein sollten. Für das Werkzeug gilt: Weniger ist mehr. Nur das nötigste Werkzeug mitschleppen, dafür erstklassige Ware. Je ein Ersatzreifen pro Fahrrad ist ein guter Kompromiß. Ein Zweikomponentenkleber wirkt unterwegs bei zahlreichen Notreparaturen Wunder.

Straßen, Verkehr, Transport

Die **Straßen** in Rußland sind je nach Gegend gut bis katastrophal, Hauptverbindungsstraßen asphaltiert und oft überlastet. Die Gefahr auf solchen Straßen sollte nicht unterschätzt werden. Russische Lkw-Fahrer sind es gewohnt, daß die einheimischen Radfahrer Platz machen und auf den Schotter oder gar in den Straßengraben ausweichen. Wir hatten das Glück, daß die Trucker uns mit den bepackten Rädern und den Sturzhelmen von weitem oft für Motorradfahrer hielten und uns deshalb auf der Fahrbahn akzeptierten. Am besten eignen sich noch Nebenstraßen zum Vorwärtskommen, obwohl sie meist eher unasphaltierten Feldwegen gleichen. In Städten ist höchste Vorsicht geboten. Rechtsabbieger

NESS

---

schneiden einem dauernd den Weg ab, und fehlende Schachtdeckel führen öfter zu einem Adrenalinschub.

Das Rad bei den riesigen Strecken Rußlands zeitweise in einen Zug zu verladen ist nötig und möglich. Je nach Ort, Schaffner oder Zugtyp muß jedoch mit größeren oder kleineren Schwierigkeiten gerechnet werden. An den Bahnhöfen werden nur Personenfahrscheine verkauft. Fast alle russischen Fernverkehrszüge führen aber einen Gepäckwagen („Bagaschni-Waggon") mit. Der Gepäckschaffner im Zug legt dann den Preis für den Fahrradtransport fest, meist 10 bis 20 Prozent des Personenfahrpreises. Andere Radler warnten dagegen vor Raddiebstählen aus den Gepäckwagen. Sie raten, unbedingt auf die Mitnahme in dem Wagen, für den man seine Fahrkarte hat, zu bestehen. Am besten geht das in den 1.-Klasse-Abteilen der Schlafwagen. Probleme lassen sich neben den beiden Kojen auch noch zwei Fahrräder unterbringen. Ansonsten Räder gut ab- oder besser anschließen!

Die bekannteste Zugfahrt Rußlands ist natürlich die **Transsibirische Eisenbahn** zwischen Moskau und Wladiwostok (fast 9500 km!). Es gibt verschiedene Züge, jedes (Asien-)Reisebüro kann Details, Reisedauer, Visumsbestimmungen und Preise nennen. Man kann auch über die Mongolei nach China fahren. Die Transsib ist meist stark belegt im Juli/August. Abfahrten gibt es ab Helsinki, Berlin, Warschau, Prag oder Budapest. Bücher s.u., Infos auch unter www.russia-travel.com/train.htm und – besonders empfehlenswert – unter www.trans-sib.de.

Wie erwähnt, ist es nun auch möglich, **mit der Eurasia-Eisenbahn von Europa (über Almaty) bis nach China zu fahren.** Zwischenstopps unterwegs (z.B. in Tschimkent/Taschkent) sind evtl. möglich, Reisebüros nennen Details.

Auf Schiffen, Lastwagen und Bussen ist die Radmitnahme praktisch immer möglich, der Transportpreis muß ausgehandelt werden. Regelmäßiger Schiffsverkehr zwischen Moskau und St. Petersburg und von Moskau auf Wolga und Don bis zum Kaspischen Meer. Moskau ist auch die Drehscheibe für innerrussische Flüge, praktisch alle größeren Städte, vor allem in Sibirien, besitzen einen Flughafen. Radtransport möglich, der Tarif variiert je nach Fluggesellschaft, meist muß nur ein Übergewichtsanteil bezahlt werden.

Reiseführer, Karten, Infos

Der wahrscheinlich umfassendste Reiseführer über Rußland, die Ukraine und Weißrußland ist „Russia, Ukraine & Belarus" von Lonely Planet. Trekkingfans sei „Rußland – Abenteuer Trekking", von Lumir Pecold, Bruckmann-Verlag, empfohlen. **Transsibirischen Eisenbahn:** Die Strecke Moskau – Wladiwostok beschreiben Doris Knop in „Reisen mit der Transsib", von Hans Engberding und Bodo Thöns im „Transsib-Handbuch", Trescher Verlag. Reise Know-How brachte von Pia Thauwald Transib – von Moskau nach Peking" heraus (PRAXIS). Die **BAM** (Baikal–Amur-Mainline) ist die nördliche Variante der Transsib und führt 3100 km von Bratsk über Komsomolsk nach Chabarowsk. Viele Hintergrundinfos über diese kaum bekannte Eisenbahnalternative in: „Siberian BAM Railway Guide", Trailblazer Publications. Einen Blick hinter die Kulissen ermöglichen: „KulturSchock Rußland", Barbara Löwe, Reise Know-How, und „Reisegast in Rußland", Iwanowski Reisebuchverlag. Sprachführer: Kaudwelsch „Russisch", Reise Know-How.

Karten: Aus irgendwelchen Gründen hatten wir „Hildebrands Urlaubskarte" im unglaublichen Maßstab von 1:15,7 Mio. im Gepäck. Zuhause hätten wir uns nicht träumen lassen, wie ideal sie sich für die grobe Übersichtsplanung unterwegs erweisen würde. Bei verschiedenen Verlagen in Moskau sind fast flächendeckend Karten im Maßstab 1:500.000 oder gar 1:100.000 erhältlich. Unterwegs ist es schwierig, an brauchbares Kartenmaterial heranzukommen, am ehesten sind noch Schülerkarten zu ergattern. Achtung: Alle in Rußland produzierten Karten gibt's nur in kyrillisch! Ein GPS-Gerät mitzunehmen macht keinen Sinn, da die russischen Karten sehr ungenau und überhaupt nicht aktuell sind.

Websites: „The Official Guide to Russia" (www.interknowledge.com/russia) bietet nicht übermäßig viele Infos. Besser ist „The Official Website of the Russian National Tourist Office" unter www.russia-travel.com. Alles rund um Rußland unter www.nachRussland.info.

II. ZIELE, ROUTEN, STRECKEN

Hier 4 Ziele, welche sich auch für kürzere Radlerferien eignen würden.

Region Baikalsee

Die Region um den Baikalsee eignet sich ausgezeichnet für Radtouren. Ausgangspunkt ist Irkutsk, die bedeutendste Stadt in Sibirien mit der besten Infrastruktur. Nach Irkutsk gehen zahlreiche Flüge aus dem Westen und es ist eine wichtige Station an der Transsibirischen Eisenbahn.

■ *Campen im Gebiet Baikalsee*

Russische Schwarzmeerküste

Früher war die Krim das Touristenparadies der Russen. Doch seit die Ukraine ein selbständiger Staat ist, brauchen die Russen ein Visum und das wertete die russische Schwarzmeerküste auf. Überall wird gebaut, auch die Straße gegen Süden ist eine einzige Baustelle. Es herrscht ein unglaublicher Transitverkehr, gespickt mit uralten stinkenden Baustellenfahrzeugen. Obschon die Küste sehr abwechslungsreich ist, finde ich die Strecke zur Zeit nicht sehr geeignet zum radeln, denn eine Ausweichroute gibt's nicht. Es könnte sich lohnen, wenn die Straße endlich fertiggestellt ist. Erreichen kann man dieses Gebiet am besten von der Krim aus über die Meerenge von Kertsch. Täglich mehrere Fähren.

Der Ural   In der Gegend von Samara bis Jekaterinburg bieten sich zahlreiche Nebenstraßen zum Befahren an. Die Topografie ist stark hügelig, viel Wald, Bäche, kleine Seen – Natur pur! Im Ural befinden sich aber auch wie erwähnt geheime Fabriken und Militärstationen. Solche Anlagen sollten auf keinen Fall fotografiert werden, zu schnell kann man in der bis vor wenigen Jahren gesperrten Zone als Spion gelten. Samara ist eine wichtige Hafenstadt an der Wolga und Jekaterinburg liegt an der Transsibirischen Eisenbahn. Beide Städte haben internationale Flughäfen.

Karelien   Nordöstlich von St. Petersburg befindet sich Russisch-Karelien. Das Gebiet grenzt an Finnland. Wer Finnland, Einsamkeit und Mücken mag, wird von Karelien begeistert sein. Verwegene Abenteurer können der in russischen Karten verzeichneten Ost-West-Verbindung P20 folgen. Die Piste existiert noch, nur ein paar Brücken fehlen. Es gibt aber auch zahlreich neuere Verbindungspisten, die von finnischen Holzfällertrupps angelegt wurden. Nach Karelien gelangt man entweder von Sankt Petersburg oder von Helsinki aus. *Natalie Hesse* und *Markus Müller* tourten 1999 durch Karelien, ihren Reisebericht gibt es auch als Download im Internet unter www.onfoot.de in der Rubrik „Galerie".

■ *Eingestürzte Brücke in Karelien – entweder durchwaten oder 200 km Umweg fahren ...*

Zwei Extremtouren zum Davonträumen (oder Nachfahren ...):

Petersburg– Sibirien – Wladiwostok   Diese gewaltige Tour wurde 1991 von dem Amerikaner Howard Cooper, dem Engländer Simon Vickers und dem Franzosen Gilles Minggasson zusammen mit russischen Begleitradlern gemacht (die mußten mitfahren, sonst wäre keine Genehmigung zu bekommen gewesen, das Gruppenvisum kostete 10.000 US-Dollar!). Die Gruppe startete im April im noch damaligen Leningrad, es ging über Moskau, den Ural, Altai-Gebirge, Krasnoyarsk, Irkutsk, Ulan Ude, Chita, dann (weil es keine Straßen mehr gibt) entlang der Transsib-Gleise und der chinesischen Amur-Grenze durch Wildnis und Sümpfe nach Blagoveshchensk, wo wieder die Straße nach Wladiwostok beginnt. Das war das schwierigste Teilstück. Dann über Chabarowsk und nach Wladiwostok. Sie brauchten für die 11.500 km fünfeinhalb Monate!

■ Sibirische Weite und Einsamkeit

Wladi-wostok Sibirien – Petersburg

Genau in die andere Richtung, von Ost nach West und so ziemlich auf der gleichen Route fuhren schon 1989 die Amerikaner Tom Freisem und Mark Jenkins mit ihrer Begleiterin Torie Scott. Auch sie mußten insgesamt vier russische Begleiter/innen mitnehmen. Schwierigstes Teilstück waren wieder die straßenlosen 1200 km zwischen Blagoveshchensk und Chita. Über diesen Trip gibt es ein Buch: „Infernalische Reise", von Mark Jenkins, Piper-Verlag. Mark Jenkins und seine Freunde brauchten je 6 Reifen und 3 Ketten für ihre MTBs. Wer so einen Trip planen sollte, kann sich in dem genannten Buch Anregungen holen (hoffentlich ist das Visum jetzt billiger …).

Turkmenistan

von *Gaby Hönig* und *Peter Bär*

Überblick

Turkmenistan ist einer der südlichsten Staaten der ehemaligen Sowjetunion und grenzt im Westen an das Kaspische Meer, im Süden an den Iran und Afghanistan, im Norden und Osten an die zentralasiatischen Staaten Usbekistan und Tadschikistan. Reich an Bodenschätzen – vor allem riesige Ölvorkommen im Kaspischen Meer – wird das karge Land in Zukunft eine wichtige Rolle spielen! Flache Wüstenlandschaften (Karakum-Wüste) dominieren den Staat, der etwa so groß wie Spanien ist. Nicht gerade ein klassisches Fahrradland. Auch aus Visa-Gründen (s.u.) beschränken Radler ihren Aufenthalt deshalb in der Regel auf ein bis zwei Wochen und sehen Turkmenistan eher als Transitland. Beeindruckend sind die farbenfrohen Märkte und Basare in den Städten.

Etwa drei Viertel der Bevölkerung sind Turkmenen, viele Russen haben nach der Unabhängigkeit 1991 das Land verlassen, stellen aber weiterhin die größte Minderheit, gefolgt von Usbeken und Kasachen. Amtssprache ist das dem Türkischen verwandte Turkmenisch, Russisch wird überall verstanden und auch gesprochen. Nur selten werdet ihr dagegen englisch- oder gar deutschsprechende Turkmenen treffen. Beschilderung hauptsächlich noch in kyrillisch, wird aber nach und nach durch das turkmenische Alphabet ersetzt. Staatsreligion Islam.

Zur Stärkung der nationalen Identität hat man damit begonnen, viele russische Ortsnamen durch turkmenische zu ersetzen. Je nach Auflagejahr der Karten oder Reiseführer werdet ihr auf die alten oder neuen Namen treffen, und auch die Einheimischen verwenden mal den einen und mal den anderen Namen. So wurde bspw. aus dem Hafenort Krasnovodsk *Turkmenbaschi* und aus Sarakhs das ähnliche *Saraghs*. Konsequenter verfuhr man mit den alten Leninstandbildern: Sie wurden fast ausnahmslos gegen goldene Büsten des fast diktatorisch auf Lebenszeit regierenden Präsidenten Nijasow ausgetauscht.

■ *Begegnung in Turkmenistan ...*

Anreise

Flugzeug: Recht günstige Flüge mit Turkmenistan Airlines von Deutschland, die auch als Stopover auf dem Weg nach SO-Asien interessant sein könnten. Weitere Flüge vom Iran (Teheran, Mashhad), von Istanbul, Damaskus und Moskau. Einziger internationaler Flughafen nahe der Hauptstadt Aschgabad.

Schiff: Aus der Kaukasusregion (Georgien, Aserbaidschan) kommend ist der einzige und abenteuerlichste Weg die Nachtfähre von Baku nach Turkmenbaschi (früher: Krasnovodsk). Von dort per Bahn 3x täglich nach Aschgabad bzw. Tschardschou.

Zug: Mehrmals täglich von Usbekistan (Taschkent via Samarkand und Buchara) nach Tschardschou, dort müßt ihr in einen turkmenischen Zug umsteigen. Von Moskau über Daschkhovuz (früher: Tashauz) nach Tschardschou. An der Bahntrasse vom Iran (Mashhad via Sarakhs nach Mary) wird seit einigen Jahren gebaut.

Überland vom Iran: Bajgiran//Gaudan und Sarakhs//Saraghs. Von Usbekistan: Alat//Farab (Tschardschou), Urgentsch//Daschkhovuz, Nukus//Konye-Urgentsch.

Reisezeit, Einreise, Währung

In Turkmenistan dominiert Wüstenklima mit irre heißen Sommermonaten (bis 50 °C!), im Winter kann es in den höheren Lagen schneien. *Günstigste Reisezeit* im Frühjahr (April bis Juni) und Herbst (September bis November). Radler mit Ziel Usbekistan sollten beachten, daß im Sommer ein relativ starker Wind aus nordöstlicher Richtung weht, der einem das Leben ganz schön schwer machen kann. Dieser kontinentale Wind zieht sich über die gesamte zentralasiatische Ebene von Kasachstan bis Turkmenistan!

■ *Oasen-Rast in der Karakum-Wüste bei 47 °C im Schatten ...*

Für Reisende aus D, A und CH **Visumpflicht.** Das recht teure Visum muß vorab bei einer turkmenischen Auslandsvertretung beantragt werden, es ist nicht an den Grenzen erhältlich. Auch die einzige Ausnahme, die Ankunft auf dem int. Flughafen Aschgabad, wurde lt. Auswärtigem Amt zwischenzeitlich abgeschafft (da gleichzeitig die Einladung einer privaten oder offiziellen turkmenischen Stelle vorgelegt werden muß, empfiehlt sich die Einschaltung einer der o.g. Visa-Agenturen). Darauf achten, daß das Visum für ganz Turkmenistan gültig ist. Für Trans-Asien-Biker empfehlen sich die Botschaften in Istanbul oder Taschkent (Hauptstadt Usbekistans). I.d.R. werden dort aber nur max. zwei Wochen (in Taschkent nur drei Tage!) gültige Transitvisa ausgestellt, deren Zeitraum im voraus festgelegt werden muß. Dieser Umstand macht die Tourenplanung äußerst schwierig. Die „72-Stunden-Transit-Regel", die Inhabern eines Visums eines Landes die visumfreie Durchreise durch ein weiteres Land ermöglichte, wurde mittlerweile von allen zentralasiatischen Staaten abgeschafft. Wie in allen GUS-Staaten muß bei der Einreise eine Zolldeklaration ausgefüllt (und abgestempelt!) werden, die man auf keinen Fall verlieren sollte. Bei der Ausreise kann es passieren, daß alle Angaben geprüft und Differenzbeträge bei Devisen einbehalten werden! Gleichfalls sollte sich man innerhalb von 3 Tagen bei der OVIR (Paß- und Meldebehörde) registrieren lassen, bei Fehlen des entsprechenden Stempels im Paß kann es bei der Ausreise gleichfalls Probleme geben.

Auskunft über die Visabestimmungen erteilt die Botschaft von Turkmenistan, Langobardenallee 14, 14052 Berlin-Charlottenburg, Tel. 030/30102452, Fax 030/30102453, eMail Botschaft-Turkmenistan@t-online.de.

Währung ist der Manat, Reisewährung der US-Dollar. Reiseschecks und Kreditkarten könnt ihr getrost zuhause lassen, hier zählt nur Bargeld. **Achtung:** Möglichst neue Scheine mitbringen! Abgenutzte, zerknitterte Scheine werden gar nicht oder nur mit Kursabschlag akzeptiert! Der Kurs auf dem Schwarzmarkt ist rund ein Drittel höher als der offizielle Bankenkurs. Möglichst auch kleine Scheine mitbringen, um schnell mal zwischendurch wechseln zu können. Natürlich wissen die Einheimischen, daß jeder Tourist seine gesamte Reisekasse in bar mit sich herumträgt ...

verteilt das Geld an mehreren Stellen am Körper, im Gepäck und im Fahrradrahmen, um bei Überfällen den Verlust zu minimieren. Nehmt einen zweiten Geldbeutel mit, in dem ihr nur Geld für ein oder zwei Tage habt. Insgesamt ist das Diebstahlsrisiko in Zentralasien bisher nicht höher als in anderen asiatischen Ländern, es ist halt nur ein ungutes Gefühl, einen Batzen Bargeld durch die Gegend zu fahren.

Für Touristen gilt ein teureres zweigleisiges Preissystem für Bus- und Bahntickets, Hotels und Eintrittskarten.

Übernach-ten

In den Städten meist Hotels aus der Sowjetära, deren Preis-Leistungs-Verhältnis völlig überteuert ist. Billige Hotels nehmen oft keine Ausländer auf. In besseren Hotels muß in Devisen bezahlt werden. Rechnet mit lekkenden Toilettenspülungen, fehlenden Duschköpfen, schmutziger Bettwäsche, zerschlissenen Polstermöbeln, Mäuseplage und unfreundlichem Personal. Zimmer immer besichtigen, oft stellt auch die Fahrradunterbringung ein großes Problem dar. Nehmt eine starke Glühbirne mit, die ihr gegen die müde Funzel austauschen könnt. Hotelalternativen – Gästehäuser, Privatpensionen, Hostels an Universitäten oder in Stadien – sind noch selten und schwer zu finden, am besten schaut ihr in einem aktuellen Reiseführer wie dem Lonely Planet (s.u.) nach.

(Verstecktes) wildes Zelten ist die bei weitem bessere Alternative und auf dem Land problemlos möglich. Im Zweifelsfall fragt ihr die Einheimischen nach einem Platz. Jede Stadt hat zumindest ein öffentliches Bad, da könnt ihr euch stundenlang für wenig Geld in heißem Wasser suhlen.

Silvia Rüger und Clemens Carle berichten: „Endlich liegt die iranische Grenze bei Sarakhs hinter uns. Stundenlang wurden wir von den iranischen Grenzern erst gar nicht beachtet – eine ganz neue Erfahrung für uns –, und dann, nach etlichen Protesten, „durften" auch wir unsere Radtaschen ausleeren … Die turkmenischen Zöllner dagegen waren korrekt und effizient. Verkehrte Welt, alle Iraner hatten uns vor den Turkmenen gewarnt. Vorbei, vergessen. Die Reifen surren auf dem rissigen Asphalt. Wir wollen uns heute etwas Gutes tun, nach dem seit Jahrzehnten heißesten Sommer im Iran im Rücken und der Karakum-Wüste vor uns lechzt unser Körper nach wenigstens einer kühlen Nacht. Nach langem Suchen (keine Hinweisschilder) finden wir das „Saraghs District Hotel", man bietet uns gegen Aufpreis ein kahles Zimmer mit Klimaanlage an. Die Vorfreude auf die schweißfreie Nacht sinkt jäh: Das Ding funktioniert nicht! Die Verwalterin beruhigt uns, verweist auf die handwerklichen Künste ihres Mannes, der abends vorbeischauen will. Das tut er auch, zieht einen beeindruckenden Schraubendreher aus der Tasche, schraubt mal hier, mal da an der AC herum, rüttelt auch mal kräftig. So, das Gerät wäre jetzt repariert, jetzt müßte nur noch der Strom in Sarakhs eingeschaltet werden, das werde so gegen 21 Uhr der Fall sein. Sonderlich beruhigend klingt das nicht. Die Luft im Raum wird immer stickiger, wir öffnen die Fenster, Moskitos summen aggresiv, wir schließen sie wieder. Duschen hilft vielleicht. Die Verwalterin drückt uns eine halbgefüllte Schüssel in die Hand, erhöht nach meinen ungläubigen Blicken die Wasserration um einen gnädigen Wasserschwall aus ihrer Kanne. Abends herrscht im Hinterhof reger Fußgängerverkehr. Keine Hotelgäste, nein, alle steuern die zwei stinkenden, hoteleigenen Wellblech-Plumpsklos an – offensichtlich die einzigen Toiletten im weiten Umkreis.

21 Uhr. Kein Strom. Keine AC. Aber stickige Luft. Moskitos im Blutrausch. 22 Uhr. Herrliche Dunkelheit und Ruhe, kein Auto knattert vorbei, nicht einmal die Klimaanlage rattert vor sich hin. 23 Uhr. Herrliche Ruhe und Dunkelheit. Stickige Luft. Jetzt sind Entscheidungen gefragt. Auf dem Gehsteig vor dem Haus ist zwischen den Schlafenden noch ein Platz für unser Innenzelt frei. Eine herrliche Nacht. Ruhig, dunkel und – kühl!"

Verpflegung Gute Lebensmittelauswahl auf den Märkten, auch eine für dieses karge Land üppige Auswahl an Obst und Gemüse. Plastiktüten o.ä. mitbringen, da Mangelware! Eine beschränkte Auswahl von Westprodukten findet ihr zu entsprechend höheren Preisen in Delikateß-Läden. Essen könnt ihr auch in kleinen Straßenrestaurants oder an den Hauptstraßen in Fernfahrerkneipen, die sind meist bereits von weitem an der Kühltruhe im Coke-Design und den Betten zu erkennen. Man speist dann im Liegen oder im Schneidersitz auf diesen Betten. Schuhe ausziehen! Serviert werden bevorzugt Lammgerichte, z.B. das Nationalgericht *Plov,* ein Eintopf aus Reis, Lamm, Zwiebeln und Karotten. Vielleicht werdet ihr einmal von einer Familie zum Plov-Essen eingeladen werden, dann könnt ihr feststellen, wie gut Plov wirklich schmecken kann … Beliebt sind auch Suppen wie *Laghman,* eine kräftig gewürzte Nudelsuppe mit Lamm, Tomaten, Zwiebeln. Es gibt viele regionale Spezialitäten und Milchprodukte. An Gewässern (Kaspisches Meer, Karakum-Kanal oder Amu-Darja) auch Fisch. Zu allen Mahlzeiten wird leckeres, ofenfrisches Fladenbrot *(Nan)* serviert, die russische, kastenförmige Variante *(Khleb)* schmeckt fade und verdirbt schnell. Softdrinks sind überall erhältlich. Leitungswasser wird oft mit Kohlensäure versetzt oder mit Cola vermischt in Plastikflaschen angeboten. Das ist okay, solange die Flasche versiegelt ist. Ansonsten Leitungswasser *immer* desinfizieren (Tabletten, Wasserfilter).

Fahrrad, Wegen der teils sehr schlechten Straßen ein robustes Fahrrad mit breiten
Ausrüstung Reifen (ab 50 mm) wählen, das größere Luftvolumen dämpft die nervenden Fugen zwischen den Betonplatten spürbar besser. Profilreifen sind nicht nötig. Nur wenige Steigungen, auch mit einer 5- bzw. 7-Gang-Schaltung müßte man auf den Hauptstraßen klarkommen. Alle Verschleißteile und Spezialwerkzeuge mitnehmen! Es sind nur Teile für sowjetische Räder erhältlich, brauchbar für Reiseradler sind wohl einzig die 28-Zoll-Schläuche und -Reifen. In den Großstädten werden auch schon mal einfache Shimano-Komponenten und 26-Zoll-Schläuche angeboten. In Notfällen bleibt bloß der Ersatzteilversand durch einen teuren Kurierdienst.

Ob man unbedingt Kocher und Zelt für eine Turkmenistan- bzw. Zentralasien-Tour braucht, hängt von eurer Routenwahl ab. In Turkmenistan selbst sicherlich nicht, obwohl man mit einem Kocher und den guten Angebot auf den Märkten bei weitem schmackhaftere Mahlzeiten zubereiten kann als in den Restaurants angeboten werden. Im Sommer und in der Wüste reicht ein Moskitonetz statt eines Zeltes, in Gebirgsregionen (Usbekistan/Kirgistan) würde ich auf ein Zelt nicht verzichten.

Für die Wüstenregionen mindestens 5 Liter Wasser pro Person mitnehmen und früh starten, die Etappen bis zum nächsten Dorf/Brunnen können unvermutete 60 km betragen!

Wer einige Monate in Zentralasien unterwegs sein wird, sollte sich ein kleines Kurzwellenradio zulegen. Es gibt keine englischsprachigen Tageszeitungen, die Presse wird zensiert.

Straßen, Verkehr, Transport

Turkmenistan hat eigentlich nur eine einzige Hauptstraße, sie führt von Turkmenbaschi über Aschgabad nach Tschardschou. Weitere Verbindungen am Amu-Darja entlang nach Tashhauz und Khiva (Usbekistan) im Norden sowie nach Saraghs (und weiter in den Iran) im Süden. Die Grenzgebiete zu Afghanistan sind für Touristen gesperrt.

Die Hauptstraßen sind in der Regel betoniert oder asphaltiert, jedoch von minderer Qualität. Bei großer Hitze weicht der Asphalt auf und bleibt an den Reifen kleben. Günstigstenfalls fällt das Radeln nur schwerer, schlimmstenfalls – bei größeren Batzen – blockieren die Räder!

Abseits der Städte meist nur schwacher Verkehr. Nur ab und zu röchelt einmal ein Lada oder ein Bus vorbei. Geparkt wird möglichst an einer Böschung, um Startprobleme aufgrund des miesen Benzins zu vermeiden, und öfter sieht man auch einen Pulk Passagiere ihren Bus anschieben. Auf der Hauptroute Turkmenbaschi – Aschgabad – Tschardschou/Turkmenabad sind nun verstärkt türkische und iranische Lkw unterwegs. Iranische Trucker haben gekühltes Wasser an Bord, das man auch trinken kann, sofern es aus dem Iran kommt. Wir bekamen auf den längeren Wüstenetappen öfter mal einen kräftigen Schluck ab!

Bahn, s. „Anreise". An den Bahnhöfen häufig längere Prozeduren mit Paß- und Visumkontrolle (erst dann dürft ihr ein Ticket kaufen!). Der Tikketkauf kann zum stundenlangen Albtraum werden, häufig sind die Fahrkarten ausverkauft. Am besten Zugfahrten einige Tage im voraus buchen und dann auch gleich abklären, ob der Zug einen Gepäckwagen für den Radtransport mitführt! Reisende haben berichtet, daß das größte Problem die mangelnde Hilfsbereitschaft, ja schon Feindseligkeit des Personals gegenüber auskunftssuchenden Touristen ist. Züge sind sehr voll und stickig (sowjet. Bauart).

Es gibt bisher keine durchgehende Busverbindung entlang der Hauptstraße. **Busse** sind relativ gut zu nutzen, wenn man von der Hauptstrecke abweichen will (z.B. nach Saraghs zur iranischen Grenze). In den Städten ist das Bussystem gut, es ist allerdings nicht ganz einfach, den richtigen zu finden.

Aschgabad ist auch die Drehscheibe für alle nationalen Flüge. Turkmenistan Airlines fliegt in alle größeren Städte (Turkmenbaschi, Tschardschou, Mary und Dashkhovuz).

Sehenswertes, Routen und Touren

Solltet ihr zufällig gerade am Wochenende in Aschgabad eintrudeln, dann laßt euch den sonntäglichen Tolkuchka Bazaar keinesfalls entgehen! Ansonsten ist Turkmenistan ein reines Transitland, das gut als Einstimmung für die nördlichen (interessanteren) Staaten dienen kann. Als Radstrecken bieten sich eigentlich nur die Hauptverkehrsachsen an (besonders Turkmenbaschi – Tschardschou – Buchara aus dem Kaukasus/ Aserbaidschan, Saraghs – Tschardschou – Buchara aus dem Iran). Turkmenistan im Sommer ist nur etwas für Hartgesottene. Das ist unsere Erfahrung, wir haben ein Stück mit der Bahn eingeschoben.

Reiseführer, Karten, Internet

Erste Wahl für Reiseradler, aktuell und wirklich empfehlenswert ist der Lonely Planet-Guide „Central Asia" von Bradley Mayhew u.a. Der Reiseführer umfaßt neben Zentralasien auch ein Kapitel zum Karakorum Highway und zur chinesischen Provinz Xinjiang. Viele private Hostels lassen sich nur mit diesem Reiseführer finden. Der Wanderführer „Trekking in Russia & Central Asia", Verlag The Mountaineers Books, Seattle, WA, USA, enthält ein Kapitel zum Tian-Shan-Gebirge. Hilfreich fanden wir den Kauderwelsch-Führer „Russisch", Reise Know-How.

Karten: Ausreichend für die Hauptstraßen ist die Nelles-Karte „Central Asia", 1:1,75 Mio. Die F & B-Karte 1:1,75 Mio. ist ebenfalls gut. Wir hatten außerdem noch Kopien eines sowjetischen Autoatlasses dabei, der dank der kyrillischen Zeichen sehr hilfreich war. Ihn besorgt man am besten in einer größeren Buchhandlung vor Ort. Als Detailkarten (in Turkmenistan nicht nötig) empfehlen sich die sowjetischen Generalstabskarten im Maßstab 1:1 Mio. und 1:500.000. Erhältlich z.B. bei Därr, München.

Webadressen: Sehr informativ, mit einer Vielzahl von Links für alle zentralasiatischen Staaten, ist die Website des Interactive Central Asia Resource Projects (www.icarp.org). Aktuelle Nachrichten zu allen Ländern auf der Website www.eurasianet.org. „Turkmenistan Chaihana" ist die Homepage zweier ehemaliger Peace-Corps-Mitarbeiter und gut geeignet für einen ersten Überblick (www.chaihana.com).

■ *An der Grenze Turkmenistan/ Usbekistan*

Usbekistan
von *Gaby Hönig* und *Peter Bär*

Überblick   Das Kernland Zentralasiens besticht durch die alten Seidenstraßenstädte *Buchara* und *Samarkand* sowie das abseits der Hauptroute gelegene *Chiva*. Schon die Namen dieser Orte rufen fast mystische Bilder von Bauwerken aus Tausendundeiner Nacht hervor, und man wird nicht enttäuscht werden!

Taschkent nahe der kasachischen Grenze ist nicht nur die Hauptstadt Usbekistans, sondern mit über 2 Mio. Einwohner gleichzeitig die größte Stadt in Zentralasien. Doch hier sucht man, anders als in Samarkand und Buchara, vergeblich nach alter Seidenstraßenromantik. Die Stadt besteht größtenteils aus Gebäuden sowjetischer Bauart und superbreiten Alleen, eine Folge des verheerenden Erdbebens von 1966, das die alten Viertel fast vollständig zerstörte.

Russen stellen die größte Minderheit in Usbekistan, Amtssprache ist Usbekisch. Russisch wird überall verstanden, mit Englisch oder Französisch wird man dagegen auch hier – trotz steigender Touristenzahlen – nicht viel weiter kommen. Die usbekische Regierung hat mit ihrer Anordnung, alle russischen Namen durch usbekische zu ersetzen, eine heillose Verwirrung gestiftet. Teils wurden Straßen mehrmals umbenannt, da blicken auch viele Einheimische nicht mehr durch und verwenden weiterhin die alten russischen. Die usbekischen Beamten stehen im Ruf, bei jeder Gelegenheit die Touristen abzukassieren. Wir haben jedoch während der gesamten Reisezeit keine einzige negative Erfahrung gemacht. Vielleicht haben wir Weltradler, wie so oft, einen kleinen Bonus ...

Gefahren, restriktive Gebiete: Das Fergana-Tal im Osten war wiederholt Schauplatz erbitterter Kämpfe zwischen Regierungsgruppen und aus Tadschikistan einmarschierten Rebellen der IMU (Islamic Movement of Uzbekistan). Die Grenzübergänge nach Tadschikistan wurden zeitweise geschlossen (Tadschikistan ist definitiv kein Radelland!). Erkundigt euch vor einer Fahrt ins Fergana-Tal bzw. nach Osch/Kirgistan nach der aktuellen Sicherheitslage, z.B. bei der Deutschen Botschaft in Taschkent oder auf der Homepage des AA (www.auswaertiges-amt.de).

Anreise, Geografie

Der Flughafen von Taschkent ist Zentralasiens Drehscheibe für alle internationalen Flüge. Uzbekistan Airways fliegt von hier zu vielen Städten in Usbekistan und in den Nachbarstaaten. Für Rundtouren durch Usbekistan und/oder weitere Nachbarstaaten liegt Taschkent eher ungünstig. Steht ein Besuch der sehenswerten Seidenstraßenstädte **Samarkand** und **Buchara** bzw. das fruchtbare Fergana-Tal auf eurem Tourenplan, solltet ihr öffentliche Transportmittel – bevorzugt die Bahn – einbeziehen. Die Straßen sind zu schlecht und zu langweilig, um sie sich zweimal antun zu müssen.

Bahn: Mehrmals die Woche bestehen Zugverbindungen von/nach Duschanbe/Tadschikistan, Almaty/Kasachstan und Bischkek/Kirgistan, mehrmals täglich von Aschgabad/Turkmenistan (umsteigen in Tschardschou). Mindestens einmal täglich rollen auch Züge von Moskau in Taschkent ein (via Kzyl-Orda quer durch Kasachstan oder südlich um den Aralsee via Urgentsch und Tschardschou, mehr dazu s.u.).

Überland sind alle Grenzübergänge in die Nachbarländer offen, Radler Richtung Tadschikistan sollten sich vorher nach der aktuellen Lage an den Grenzen erkundigen. Beachtet, daß die Hauptverbindung von Taschkent nach Bischkek (Kirgistan) für einige hundert Kilometer über kasachisches Gebiet führt. Ihr braucht dafür nun – nach Abschaffung der „72-Stunden-Regel" – zumindest ein Transitvisum (gilt für 3 Tage, aber recht knapp für rund 450 km). Alternativ verkehren auch Busse zwischen Almaty (Kasachstan) bzw. Bischkek und Taschkent.

Usbekistan ist geprägt von großen Wüsten- und Steppengebieten im Westen und Ausläufern des Tian-Shan- und Pamir-Gebirges im Osten. Das fruchtbare und wegen seiner Seidenraupenzucht bekannte *Fergana-Tal* liegt abgetrennt durch den 2267 m hohen Kamtschik-Paß im Osten des Landes. Die großflächigen künstlich bewässerten Baumwollplantagen haben Usbekistan zu einem der weltgrößten Baumwollexporteure gemacht. Durch die Umleitung seiner einzigen Zuflüsse Syr-Darja und Amu-Darja, die im Pamirgebirge entspringen, wurde eine der verheerendsten Umweltkatastrophen ausgelöst: Der **Aralsee,** einst das viertgrößte Binnengewässer der Welt und 120 mal so groß wie der Bodensee, trocknet langsam aus.

Reisezeit, Einreise, Währung

Beste Reisezeit s. Turkmenistan. Für Trekkingtouren ist auch der Sommer angenehm. Touristenvisa mit einer Gültigkeitsdauer von bis zu einem Monat werden jetzt auch ohne Einladung und nachgewiesener Hotelbuchung von allen Botschaften bzw. Konsulaten ausgestellt (für Trans-Asien-Biker gut geeignet: Istanbul, Aschgabad oder Almaty). Der Zeitraum muß bereits beim Antrag genau festgelegt werden. Für längere Aufenthalte ist weiterhin die Buchungsbestätigung einer usbekischen Agentur (z.B. per Internet oder mit Hilfe eines speziellen Visumbüros, s.o.) erforderlich. Achtet darauf, daß auf eurem Visum die landesweite Gültigkeit vermerkt ist. Früher mußte jeder größere Ort, durch den man reisen wollte, angegeben werden – einige Beamten nutzen diese Regelung noch heute, um damit ihre Brieftasche zu füllen! Innerhalb von 2 Tagen nach der Ankunft müßt ihr euch beim OVIR (Otdel Vis I Registratsii, der für Schikanen bekannten Ausländerbehörde) registrieren lassen, das kostet weitere Dollars. Auskünfte erteilt die Botschaft der Republik Usbekistan, Perleberger Str. 62, 10559 Berlin, Tel. 030/3940980, Fax 030/39409862, weitere Konsulate in Bonn und Frankfurt/M.

Währung ist der Sum, Reisewährung – wie in Turkmenistan – der US-Dollar. Auf dem Schwarzmarkt bekam man bisher einen um rund ein Drittel besseren Kurs, durch Verordnungen versucht die Regierung, den Schwarzmarkt auszutrocknen. Alles weitere s. Turkmenistan.

Übernachten, Verpflegung

s. Turkmenistan. In Buchara und Samarkand gibt es neben den schäbigen Sowjet-Hotels oder teuren Touri-Hotels auch einige nette, bei Backpackern beliebte Privatpensionen und -hostels, die allerdings manchmal recht schwer zu finden sind. Schaut in den Lonely Planet-Guide oder fragt herum.

Wir zelteten oft in der Nähe kleiner Ortschaften (meist in bewässerten Gebieten) und machten nie negative Erfahrungen, ganz im Gegenteil: Oft brachten uns die eher zurückhaltenden Menschen frisches Wasser und Obst in Massen (und sogar einmal zwei Stühle und einen Tisch, so daß wir nicht auf dem Boden essen mußten). Gut ist das Lebensmittelangebot in Taschkent, es gibt mehrere Supermärkten im westlichen Stil. Ansonsten bieten Märkte die beste und frischeste Auswahl. Alles weitere s. Turkmenistan.

Straßen, Verkehr, Transport

Usbekistan ist wesentlich dichter besiedelt als Turkmenistan, der Verkehr auf den Hauptstraßen rund um die Städte mithin auch spürbar stärker. Besonders in Taschkent braucht man als Radler einiges Durchsetzungsvermögen im dichten Verkehr. Hauptstraßen sind die Nord-Süd-Verbindung von Taschkent über Samarkand und Buchara an die turkmenische Grenze bei Tschardschou sowie die West-Ost-Verbindung von Taschkent über den Kamtschik-Paß nach Andischan im Fergana-Tal. Die öde Wüstenstrecke von Buchara westwärts nach Nukus wird wohl kaum ein Radler freiwillig unter die Reifen nehmen wollen. I.d.R. erwarten euch rissige, holprige Betonfahrbahnen und gelegentliche Steigungen. Über den Kamtschik-Paß steigt die Straße ab Taschkent erst über zig Kilometer durch das Angren-Tal kontinuierlich an, um sich dann die letzten Kilometer in Serpentinen zur Paßhöhe zu schrauben. Hier solltet ihr schon ein robustes Trekking-/Mountainbike mit bergtauglicher Übersetzung haben.

Das nationale **Flugnetz** der Uzbekistan Airways ist recht engmaschig und verbindet alle größeren Städte miteinander. Die **Eisenbahn** folgt mehr oder weniger den Hauptstraßen, wichtigste Linien sind die von Tschardschou via Buchara und Samarkand nach Taschkent (mit Anschluß nach Bischkek/Kirgistan, Almaty/Kasachstan und Moskau; von Moskau kommend über Nukus nach Tschardschou und von Taschkent ins Fergana-Tal nach Andischan). Momentan wird an einer neuen Trasse von Nukus quer durch die Kyzylkum-Wüste über Utsch Kuduk nach Taschkent gebaut, dann fiele der Umweg über Tschardschou (und das ggf. erforderliche Transitvisum!) weg. Ebenfalls dichtes **Busnetz,** das sich von Taschkent sternförmig übers Land ausbreitet. Bisher war der Kauf von Bahn- und Bustickets mit einigen Problemen verbunden: Man mußte sich im OVIR-Büro unter Vorlage von Paß, Visum und Einladungsschreiben eine Autorisierung ausstellen lassen und konnte erst damit dann sein Tikket kaufen. Hoffentlich hat sich das mittlerweile geändert. Außerdem müssen Flug- und Bahntickets nun in harten Dollars bezahlt werden.

■ *Moschee-bauten in Buchara / Usbekistan*

Sehenswertes, Routen und Touren Empfehlenswert sind zwei Hauptrouten, die alle wichtigen Sehenswürdigkeiten streifen: Von Buchara über Samarkand nach Taschkent (ggf. weiter nach Bischkek/Almaty) sowie von Samarkand ins Fergana-Tal, von dort weiter nach Osch/Kirgistan.

Die erstere, klassische **Seidenstraßenroute** ist durchgehend asphaltiert/betoniert, teilweise sogar mit getrennten Richtungsfahrbahnen. Links und rechts der Straße wird man von endlosen Baumwollfeldern begleitet. Obwohl Hauptschlagader, ist der Verkehr angenehm. Die Durststrecken durch unbewässertes Gebiet sind die einzigen unangenehmen Seiten dieser Route, absolute Höhepunkte die Städte **Buchara** (wunderbare Altstadt mit Dutzenden von Moscheen, Medresen, Karawansereien und Basaren, Minaretten und Pools) und **Samarkand** (Registan, der größte Platz in Zentralasien). Plant für die Besichtigung beider Städte jeweils mehrere Tage ein. **Taschkent** lohnt nur, falls man noch Visa für die Nachbarländer benötigt.

Um ins **Fergana-Tal** zu kommen, gibt es zwei Möglichkeiten: Sicher vor behördlichen Attacken über die Berge von Taschkent aus oder durch den tadschikischen Korridor bei Khojand, dann solltet ihr euch aber nach der aktuellen Situation an den Grenzübergängen erkundigen! Außerdem braucht ihr für Tadschikistan ein Visum, ein weiteres je nachdem auch für die Wiedereinreise nach Usbekistan.

Kauderwelsch-**Sprachführer** „Usbekisch", Reise Know-How.

Webadressen: „Uzbekistan & Kyrgyzstan: An Independent Travel Guide" heißt die private Website von Pierre Flener (www.dis.uu.se/~pierref/travel/uzbekistan.guide.html). Viele Tips hauptsächlich zu Usbekistan.

Kirgistan

von *Gaby Hönig* und *Peter Bär*

Überblick   Kirgistan oder Kirgisien, oft als „zentralasiatische Schweiz" bezeichnet, liegt am östlichen Rande Zentralasiens und grenzt an die chinesische Provinz Xinjiang. Anders als seine durch Hitze, Staub und Steppe gekennzeichneten Nachbarländer beherrschen mächtige Berge und schneebedeckte Gipfel das Landschaftsbild. An der Grenze zu China liegt der *Pik Pobedy,* mit 7439 m Kirgistans höchster Punkt und zweithöchster Gipfel in der ehemaligen Sowjetunion. Die Straßen sind eine Herausforderung für jeden Reiseradler und jedes MTB, ein kleines Paradies für abenteuersuchende Bergradler.

Pferde gehören in Kirgistan zu den alltäglichen Fortbewegungsmitteln und sind tief in der kirgisischen Kultur verwurzelt. Für die Halbnomaden in ihren runden Filzzelten bzw. *Jurten* im Hochland immer noch ein wichtiges Fortbewegungsmittel. Wenn ihr Glück habt, könnt ihr ein traditionelles Reiterfest erleben, oder werdet einmal in eine Jurte zu einer Tasse *Kumus,* vergorener Stutenmilch, eingeladen. Der Tourismus steckt hier wirklich noch in den Kinderschuhen, das Land ist noch weit davon entfernt, ein Ziel für den Massentourismus zu werden.

Kirgistan ging wesentlich souveräner mit seinem sowjetischen Erbe um als die anderen „-stan"-Staaten. Wie eh' und je schauen riesige Lenin-Büsten in die grandiose, schneebedeckten Berglandschaft hinaus, die Russen wurden nicht mit Haß und Gewalt aus dem Land getrieben und stellen heute noch vor den Usbeken, Ukrainern und Tataren die größte Minderheit. Landessprache ist Kirgisisch, eine Turksprache wie Turkmenisch, Verkehrssprache Russisch. Eine kleine Minderheit spricht heute noch deutsch, die meisten Deutschstämmigen haben allerdings mittlerweile das Land in Richtung alter Heimat verlassen.

Gefahren, restriktive Gebiete: Wie bereits erwähnt kam es im Fergana-Tal (Osch, Dschalal-Abad) wiederholt zu religiös motivierten Spannungen, im usbekischen Teil gar zu Kämpfen zwischen Regierungstruppen und radikalislamischen Kämpfern. Vorher informieren! Beim Zelten im Hochland Diebstahlsgefahr, also Fahrrad gut sichern und alle Sachen ins Zelt!

Anreise, Geografie   *Manas Airport,* der int. Flughafen in Bischkek, hat bei weitem nicht dieselbe Bedeutung wie der in Almaty/Kasachstan oder der in Taschkent/Usbekistan. Viele Airlines fliegen deshalb nur nach Almaty und befördern die Flugpassagiere mit Pendelbussen nach Bischkek (Achtung: Bei Landung bzw. Start in Kasachstan ist zumindest ein Transitvisum erforderlich!). Selbst Kyrgyzstan Airlines fliegt fast ausschließlich nationale Ziele an. Interessant könnte der Gabelflug von British Airways sein: Anflug nach Bischkek und Rückflug von Islamabad. Dann könnte man die schönsten Bergpisten in Kirgistan und den Karakorum Highway gleichermaßen unter die Stollenreifen nehmen. Erkundigen, ob es den Flug noch gibt. Der Grenzübergang nach China ist weiterhin problematisch, s.u.

Bahn: Mehrmals wöchentlich Direktzüge aus Moskau, von Almaty und Taschkent. **Überland von Kasachstan/Usbekistan:** Bischkek liegt an der Fernstraße Taschkent – Almaty. Weiterer Übergang von Kasachstan westlich des Issyk-Kul-Sees (teils furchtbare und steile Schotterpiste), interessant für Radler, die von Urumqi/China kommen und lediglich ein dreitägiges kasachisches Transitvisum erhalten haben. Mehrere Übergänge von Usbekistan im Fergana-Tal (Osch, Dschalal-Abad, Kotschkor-Ata), aber gelegentlich religiöse Unruhen, s.o.

Von China (Kashgar) führt der traumhaft schöne Torugart-Highway über Naryn zur Hauptstadt. Die Paßhöhe (3752 m) sowie die 170 km ab Kashgar sind allerdings weiterhin **für Radler gesperrt,** das Rad muß in einen Jeep verladen werden, und das lassen sich chinesische Agenturen teuer bezahlen (etwa 250 Euro für 2 Personen!). Transport unbedingt bereits in Bischkek bzw. Kashgar (z.B. caravan_cafe@yahoo.com) vorbuchen! Gelegentlich gelingt es Reiseradlern auch, bei Reisegruppen mitzufahren, aber ich würde mich nicht darauf verlassen. Dieselbe Problematik erwartet euch am neu eröffneten *Irkeschtam-Paß,* der Osch mit Kashgar verbindet. Nach chinesischer Verlautbarung ist der Paß für Ausländer gesperrt. Erkundigt euch in Osch oder Kashgar nach der aktuellen Lage!

Kirgistan ist etwa halb so groß wie Deutschland, 94% der Landesfläche liegen über 2750 m hoch. Im Südwesten bilden die bis über 7000 m hohen Gipfel des Tian-Shan-Gebirges eine natürliche Grenze zu China, im Süden nehmen die fast unbesiedelten Fergana- und Pamir-Gebirgszüge das fruchtbare Fergana-Tal in die Zange und teilen das Land in zwei Hälften. Nur eine abenteuerliche, teils unasphaltierte Bergstraße über den Alabel-Paß verbindet die nördl. und südl. Landesteile. Ist der Paß wegen Schnees gesperrt, bleibt nur der weite Umweg über Taschkent. Westlich von Bischkek liegt der große **Issyk-Kul-See** in alpiner Umgebung, zu Sowjetzeiten waren die Thermalquellen an seinen Ufern ein beliebtes Ausflugsziel.

Reisezeit, Einreise, Währung

Beste Reisezeit in den Bergen im Sommer (etwa Ende Mai bis Ende August), ab Anfang September wird es schon sehr kalt und man muß jederzeit mit Schneefällen rechnen. Die Pässe sind i.d.R. von Ende Oktober bis Ende April gesperrt. Im tiefer gelegenen Fergana-Tal und rund um Bischkek sind Frühjahr und Herbst die besseren Reisezeiten, im Sommer wird es dort sehr heiß.

Visumpflicht. Das Visum ist leicht erhältlich und für einen Monat für Reisen im ganzen Land gültig, aber nicht billig (wir bezahlten in Istanbul 40 US$). Es ist hilfreich, sich innerhalb von 3 Tagen beim OVIR (Meldebehörde) registrieren zu lassen. Visaauskünfte erteilt die Kirgisische Botschaft, Otto-Suhr-Allee 146, 10585 Berlin, Tel/Fax 030/34781337.

Währung ist der *Som,* Reisewährung sollten US-Dollars sein, s. Turkmenistan. Manche Banken akzeptieren gegen Kommission Dollar-Reise-schecks, große Hotels auch Kreditkarten, auf dem Land ist aber Bargeld (in neuen Scheinen und kleiner Stückelung) bei weitem unproblematischer. Es gibt keinen Schwarzmarkt, dafür zahlreiche Wechselstuben. Vergleichen lohnt!

■ *Aufstieg zum Alabel-Paß*

Übernachten, Verpflegung

Die touristische Infrastruktur ist noch im Aufbau begriffen, Hotels gibt es bisher nur in größeren Orten. Viele der riesigen Hotelkomplexe am Ufer des Issyk-Kul-Sees wurden wegen ausbleibender Urlauber aus der ehem. Sowjetunion geschlossen und verfallen nun langsam. Meist sind die Hotelzimmer einfach, ohne warmes Wasser und fast immer etwas heruntergekommen. Jedoch haben diese Unterkünfte zum Großteil eine ureigene Atmosphäre. Gefördert durch meist schweizerische Partnerorganisationen gibt es seit nicht allzu langer Zeit wirklich empfehlenswerte „Homestays", das sind einfache, günstige und sehr saubere Unterkünfte im Bed & Breakfast-Stil bei Bauern oder Privatpersonen (z.B. „Shepherd's Life" rund um Dschalal-Abad und Kotschkor im Fergana-Tal, weitere Unterkünfte am Issyk-Kul-See). Fragt auf den Basaren oder holt euch eine Liste bei den Touristeninformationen.

In Kirgistan ohne Zelt zu reisen, hieße, sich die Hauptattraktion dieses Landes entgehen zu lassen: Seine herrliche Landschaft und Natur. Zeltplätze in wunderschöner Lage finden sich z.B. am Issyk-Kul-See, in dünnbesiedelten Tälern und auf Hochebenen. Oder fragt die Einheimischen, nicht selten gibt es dann neben einem Zeltplatz selbstgebackenes Brot, Milch oder leckere Johannisbeermarmelade als Zugabe. Wenn man plant, evtl. in abgelegeneren Regionen in der Nähe von kleinen Ortschaften oder bei Nomaden zu campieren, sollte man immer etwas zum „da lassen" dabei haben, was auch von den Menschen verwendet werden kann und auf 3000 m Höhe schwer zu bekommen ist (Tee, Zucker, Salz, Streichhölzer etc.). Wir trafen überall auf unglaublich nette und angenehme, eher zurückhaltende Menschen, die sehr interessiert und gastfreundlich waren, wenn wir auf sie zugingen. Nicht selten bekamen wir als Besucher das letzte Stück Fleisch aus der Vorratskammer vorgesetzt.

Lebensmittel und Dinge des täglichen Bedarfs gibt es auf Basaren in fast jedem Ort, teils sogar importierte Ware wie deutsche Marmelade, Schokolade oder Schokocreme. Delikateß-Läden haben eine noch größere Auswahl (ein Gaumenparadies für Trans-Asien-Biker!). Für Überlandtouren Proviant für mehrere Tage bunkern (bspw. Nüsse und Trockenfrüchte), in den Bergen gibt es zwischen den Ortschaften nichts. Für ofenfrisches Fladenbrot früh aufstehen, notfalls unterwegs bei Familien fragen und dort abkaufen.

Straßen, Verkehr, Transport

Dünnes Netz an asphaltierten Hauptstraßen. Durchgehend asphaltiert ist nur die Straße von Bischkek am Nordufer des Issyk-Kul-Sees entlang nach Karakol (teils sehr holpriger Belag). Die Straße von Bischkek Richtung Süden ins Fergana-Tal weist im Bereich der Pässe und um den Toktogul-Stausee einige üble Schotter- und Staubabschnitte auf. Ab Karakul bis Osch ist die Straße dann wieder (relativ) gut. Neben- und Paßstrecken sind in aller Regel nur geschottert und in teils speichenbrechendem Zustand. Keine Ausschilderung. Sehr wenig Verkehr, ein Traum für Bergradler. Nach starken Regenfällen muß mit Bergrutschen gerechnet werden. Immer genügend Proviant mitnehmen, im Zweifelsfall für einen Tag extra. Wasser sollte immer gefiltert werden (viel Viehwirtschaft).

Die **Flüge** mit Kyrgyzstan Airlines von Bischkek nach Osch, Dschalal-Abad und anderen Orten sind wegen der spektakulären Szenerie bekannt. Auf den Hauptstraßen fahren (klapprige) **Busse** und private Minibusse, zwischen Osch und Bischkek allerdings gibt es noch keine durchgehende Verbindung (Umsteigen/Übernachten in Toktogul). **Züge** von Bischkek nach Osch nehmen den zeitraubenden Umweg über Taschkent (Transitvisum für Usbekistan erforderlich!). Für Fahrradtransporte lassen sich problemlos Taxen anmieten.

Sehenswertes, Routen und Touren

Die Hauptstadt *Bischkek* (unbedingt eine Fahrt mit dem altersschwachen, aber stabilen Riesenrad machen, geniales Bergpanorama!). *Osch* (schönster und farbenprächtigster Basar in ganz Zentralasien, aber Vorsicht vor Taschendieben). *Dschalal-Abad* (Thermalbad in herrlicher Umgebung). Der alpine Bergsee *Issyk-Kul,* der aufgrund seines leichten Salzgehalts niemals zufriert und sich im Sommer trotz seiner Höhenlage (1600 m) und zum Baden eignet.

■ *Kirgistan, Jurten auf dem Weg zum Torugart-Paß*

Atemberaubende Szenerien könnt ihr auf allen Bergstrecken erleben, eine der schönsten und mittlerweile bei Bikern sehr beliebten führt zum **Torugart-Paß** (3752 m) und weiter nach China hinein (Grenzübertritt und Weiterfahrt nach Kashgar aber nur per Jeep, s.o.). Spektakuläre Berglandschaft auch auf dem Weg von Osch zum Irkeshtam-Paß, der leider bisher nur für organisierte Gruppen geöffnet ist – auch wenn kirgisische Offizielle das Gegenteil behaupten.

Die einzige – landschaftlich sehr lohnende, aber anstrengende – Route aus dem Fergana-Tal nach Bischkek führt am *Toktogul-Stausee* vorbei und über den Alabel-Paß (3184 m). Man kann allerdings bereits vor Bischkek Richtung Osten nach Kotschkorka abbiegen, kommt am einsamen **Song-Köl-See** vorbei und biegt dann entweder Richtung Naryn und Torugart-Paß ab oder holpert weiter zum Issyk-Kul-See. Sehr anspruchsvolle und teils miese Strecke, lange Steigungen, nur minimale Versorgungsmöglichkeiten (die Alternativroute von Dschalal-Abad über den Fergana-Rücken und Kazarman nach Naryn ist in noch schlechterem Zustand!)

■ *Kirgistan, in der Nähe des Song-Köl-Sees*

Eine Umrundung des riesigen **Issyk-Kul-Sees** ist mit Sicherheit ein Erlebnis, die Straße am Südufer entlang allerdings ganz gewiß kein Genuß. **Tips:** farbenprächtiger *Sonntagsmarkt in Karakol;* Tagesausflug (ca. 80 km, teils nicht asphaltiert) von Karakol nach *Dscheti-Öghüz* (Sandsteinklippen), und weiter durch den gleichnamigen Canyon ins *Dolina Svetov* (Tal der Blumen, herrliche Berglandschaft auf 2200 m Höhe). Oder per Jeep nach *Altyn Arashan,* einer alpinen Szenerie auf 3000 m Höhe mit Nadelwäldern, heißen Quellen, Gletschern und unzähligen Trekkingmöglichkeiten (Zelt und alle Lebensmittel mitbringen!). Außerdem bietet sich die Möglichkeit, am östlichen Ende des Sees die schöne, aber anstrengende Bergstrecke nach Kegen in Kasachstan unter die Räder zu nehmen (eine lohnende Alternative zur vielbefahrenen Bischkek-Almaty-Route, s.o.).

Dan Prior: „The Bishkek Handbook", erhältlich in Bischkek in einigen Buchläden. Für Trekkingtouren und Nebenstrecken leisten die sowjetischen Generalstabskarten wertvolle Dienste. Russische Topo- und Trekkingkarten im Maßstab 1:200.000 gibt es auch bei der Kyrgyz Cartographic Agency, Kievskaya 107, zwi. Togolok Moldo und Koyenkozov, in Bischkek.

Weitere empfehlenswerte Bücher und Karten s. Turkmenistan.

Internet: Wer einen Trekkingurlaub in Kirgistan plant, sollte unbedingt einen Blick in die hervorragend gemachte und deutschsprachige Website „Wandern in Nordkirgistan (http://rambling.online.kg/index.ger.html) werfen. Auch die private Website von Pierre Flener („Uzbekistan & Kyrgyzstan: An Independent Travel Guide", www.dis.uu.se/~pierref/travel/uzbekistan.guide.html) enthält eine Menge interessanter Tips, Links und FAQs zu Kirgistan.

Tadschikistan

Die folgende Routenbeschreibung wurde ohne redaktionelle Bearbeitung aus der ersten Auflage übernommen, in der Hoffnung, daß dieses landschaftlich so herrliche Land bald wieder gefahrlos für Touristen bereisbar ist. Bis sich die Lage – auch in Afghanistan – beruhigt hat, muß vor Reisen nach Tadschikistan jedoch eindrücklich gewarnt werden!

Für Hochgebirgsradler und MTB-Freaks bietet sich eine besondere Tour an, nämlich von der Hauptstadt Tadschikistans, Duschanbe, entlang des Pamirs bis nach Sary-Tasch in Kirgistan. Von dort wieder zurück nach Duschanbe oder weiter nach China! Von Duschanbe bis Sary-Tasch sind es etwa 1400 km. Tadschikistan gehört zu den ärmsten der GUS-Staaten und es ist sehr gebirgig (90% der Fläche, Pamir und Tien-Shan-Gebirge), die Tadschiken sind das älteste Volks Zentralasiens. Kirgistan wird gleichfalls vom Tien-Shan-Gebirge geprägt, dessen durchschnittliche Höhe 5000 m beträgt. Kirgistan gehörte einst zum chinesischen Mandu-Reich, es gibt Spannungen zwischen Kirgisen und Usbeken.

Der sog. **West-Pamir-Trakt** führt von Duschanbe nach Kalaichumb an die afghanische Nordgrenze, und dann immer entlang dieser Grenze bis Chorog (Khorugh), der Hauptstadt der dortigen autonomen Provinz Gorno-Badachschan (Badakhshoni Kuhi). Hier beginnt der **Ost-Pamir-Trakt,** der nördlich des afghanischen Landfingers verläuft, der ja am Hindukusch zwischen Tadschikistan und Pakistan nach China hineinragt. In seinem Anfangsbereich überragen die schneebedeckten Fünf- und Sechstausender die Straße um 2000–3500 Meter. Mit dem Koitesek-Paß (4271 m) beginnt die Hochebene des Ostpamirs, und eine Zeit von mehreren Tagen, an denen eine Höhe von 3700 Meter nicht unterschritten werden kann (Höhenakklimatisation erforderlich!!) Die Straße geht von Chorog weiter über Vir, Dshilandu, Dsharty-Rabot nach Murgab, danach wendet sie sich nach Norden, immer an der chinesischen Grenze entlang. Es geht über den Akbaital-Paß (4655 m), am Karakul-See vorbei, über den Kysylart-Paß (4280 m) bis nach Sary-Tasch im Alaital, das bereits in Kirgistan liegt. Von hier kann man den Pik Lenin (7134 m), die höchste Erhebung des Transalai-Gebirgskammes sehen.

Von Sary-Tasch könnte man nach China einreisen, und zwar führt die Straße nach Kashgar (Kashi), ein Zielpunkt für diejenigen, die über den Karakorum Highway oder via Urumqi in diesen Ort im äußersten Westen Chinas gelangen (s. „Karakorum Highway" bei Pakistan, s.S. 471, und „Route 2" bei China, s.S. 501). Man könnte von Sary-Tasch aber auch bis Alma Ata in Kasachstan hochfahren und dann über Panfilov/Huocheng nach China rüber, anschließend kommt man nach Urumqi.

Der Pamir-Trakt fällt unter die Kategorie „sehr schwierig" (6 Viertausender-Pässe), man muß komplett alles an Bord haben, auch Lebensmittel für viele Tage. Zum Teil auf den Pässen nur Schotterpiste. Alle Höhen- und Hochgebirgs-Vorsichtsmaßnahmen sind zu beachten (s. „Bolivien"). Beste Zeit im Sommer. Doch das schwierigste ist, die Genehmigung für dieses Gebiet zu bekommen.

Kontakt   Dr. Lutz Gebhardt (der an diesem Artikel mitarbeitete) und Jens Ulrich Groß aus Thüringen/Sachsen waren zwischen 1986 und 1989 viermal mit dem Fahrrad in Mittelasien: 1986: Duschanbe – Aini – Pendschikent – Samarkand – Buchara. 1987: Duschanbe – Dshirgatal – Daraut-Kurgan – Fergana – Toktokul – Rybatsche – Kegen – Alma Ata. 1988: Frunze – Kara-Balta – Talas – Dshambul – Frunze. 1989: Chorog – Murgab – Sari-Tasch – Osch. Die mehrseitigen Reiseberichte können gegen einen Kostenbeitrag (5 Euro in Briefmarken) angefordert werden bei Dr. L. Gebhardt, Postfach 153, 98682 Ilmenau.

Durch die GUS-Staaten nach China, Nepal und Indien

Theoretisch müßte die Strecke von Deutschland folgende sein: Schweiz (oder Österreich), Bari oder Brindisi in Italien, per Fähre nach Igoumenitsa in Griechenland, Istanbul in der Türkei, Tabriz, Teheran und Mashhad im Iran, Saraghs in Turkmenistan, Kara-Kum Sandwüste (500 km!), Buchara und Samarkand in Usbekistan, Taschkent, Bischkek in Kirgistan, Almaty in Kasachstan, Korgos (oder von Taschkent ins Fergana-Tal nach Osch, Issyk-Kul-See, Kegen in Kasachstan, Korgos). Von dort über die Grenze nach Urumqi in China, und dann über Golmud nach Lhasa und weiter nach Kathmandu in Nepal.

Alternativ: Tschechien, Slowakei, Ukraine (oder Polen – Ukraine), Rostov in Rußland, Baku, Fähre nach Turkmenbaschi (Krasnovodsk) in Turkmenistan, Aschgabat, Kara-Kum Sandwüste, weiter wie oben. *Martin Moschek* hat diese Variante ausprobiert – allerdings unter Umgehung der GUS-Staaten –, seine Abenteuer kann man auf der sehr schön gemachten Homepage www.biketour.lda.de nacherleben.

Nach Fertigstellung und Eröffnung des letzten fehlenden Teilstückes zwischen Almaty und Urumqi könnt ihr nun auch Teilstrecken (oder die gesamte Strecke) von Deutschland bis in die GUS-Staaten (und weiter nach China) mit der **Eisenbahn** zurücklegen. Es gibt mehrere Alternativrouten: Die Direktroute wäre von Deutschland nach Moskau und weiter via Samara quer durch Kasachstan nach Taschkent/Bischkek/Almaty mit Anschluß über Urumqi an das chinesische Schienennetz bis Beijing. Denkbar wäre ab Moskau auch die Route südlich um den Aralsee herum nach Tschardschou in Turkmenistan. Von hier könnte man den schönsten und interessantesten Teil von Zentralasien mit dem Fahrrad erkunden und ab Almaty wieder in den Zug steigen. Als dritte Möglichkeit könnte man ab Moskau auch die „Transsib" bis Novosibirsk nehmen und hier in die „Turksib" nach Almaty steigen.

Weitere Routen führen von Deutschland nach Istanbul und durch die Türkei und den Iran nach Mashhad. An der Verbindung zum turkmenischen Schienennetz wird bereits seit Jahren gearbeitet.

E. Naher Osten

Türkei

Überblick Die Türkei ist die Brücke zwischen Europa und Asien. Für viele Reiseradler die erste Erfahrung mit dem asiatischen Kulturkreis, die Lust auf mehr macht. Und wer von Europa nach Indien oder noch weiter biken möchte, kann (und muß) sich bereits hier ein wenig an die asiatische Lebensweise gewöhnen. Das gilt auch für den Stellenwert der Religion im täglichen Leben. Die Türkei ist ein islamisches Land – die Kenntnis und die Beachtung islamischer Sitten ist notwendig, besonders wenn die Route durch (konservative) ländliche Gebiete führt (s.S. 123). Radlerinnen sollten nicht alleine fahren.

Die Menschen sind sehr gastfreundlich („hoz geldiniz" – „herzlich Willkommen"), und in fast jedem Dorf gibt es jemanden, der einen deutschen Dialekt kann. Dann wird eine Runde *Cay* (Tee) bestellt und über Gott und die Welt geplaudert. Schulkinder können oft auch etwas Englisch. Es lohnt sehr, einige türkische Worte und Sätze zu erlernen (praxisnah: Kauderwelsch-Sprachführer!).

Größte Minderheit sind die *Kurden* (ca. 12 Mio.), die von der Türkei offiziell kaum zur Kenntnis genommen wird (ihre Sprache darf z.B. nicht verbreitet werden). Ihr Streben nach einem eigenen Staat (auch im Iran und im Irak) wird von den türkischen Militärs immer wieder blutig niedergeschlagen.

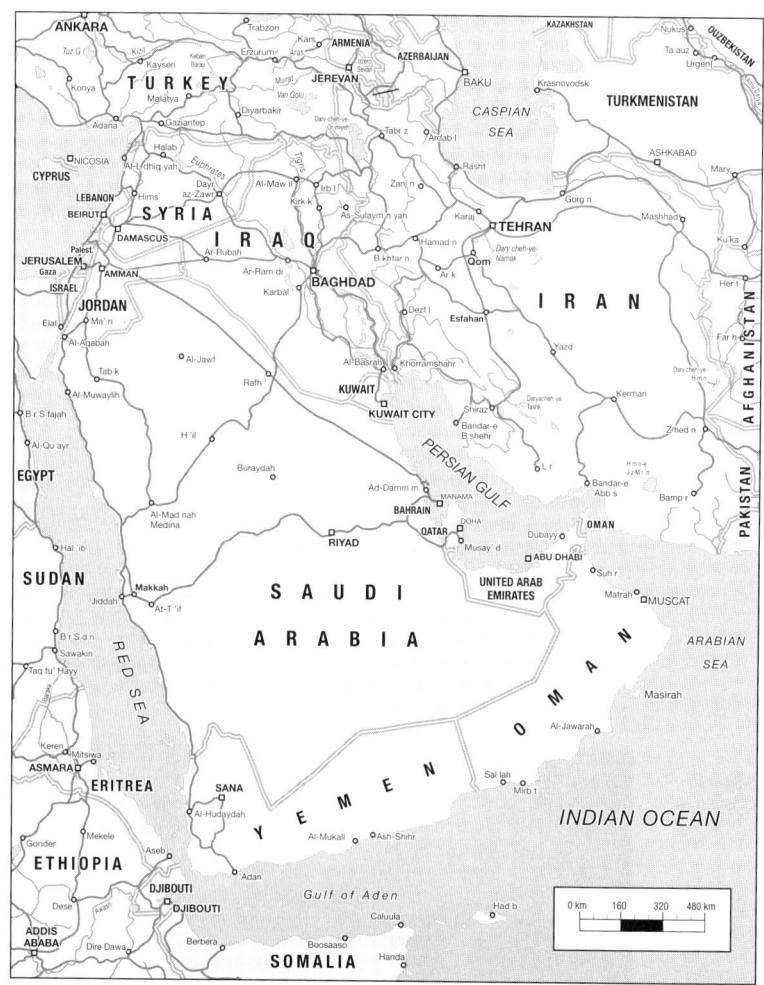

Websites: Die Homepage der Türkischen Botschaft in Berlin beantwortet viele Fragen (www.tcbonnbe.de/de/index.htm), im Unterkapitel
„Tourismus" hält sie eine Vielzahl weiterer Links parat. „Turkey: A Gateway to Paradise" ist die offizielle Seite des Türkischen Tourismusministeriums und gut für einen schnellen Überblick (www.tourismturkey.org). Die
englischsprachige Website www.travel-library.com/middle_east/turkey/
index.html bietet viele weiterführende Links, Reisestories etc. Tote Hose
in Istanbul? Nicht mit www.istanbulcityguide.com. Informativ, aber text-

lastig ist www.exploreturkey.com/exptur.phtml, eine der besseren privaten Homepages www.turkeytraveller.org.

Anreise, Geografie

Istanbuls „Atatürk Havalimani"-Flughafen ist die Drehscheibe für Flüge in alle Welt. Viele internationale Linien- und Charterflüge landen auch in Ankara, Izmir, Antalya, Adana, Trabzon und Dalaman. Günstige Tarife in der Zwischen- und Nebensaison, auch zahlreiche „Last-Minute"-Angebote. Informiert euch nach weiteren Sparangeboten (z.B. Jugend- und Studententarifen) bei *Turkish Airlines* (THY; www.turkishairlines.com) und den anderen Fluggesellschaften. Für den Radtransport wird meist eine Pauschale verlangt.

Der „Istanbul-Expreß" fährt täglich ab München über Rumänien und Bulgarien (Rad zerlegt ins Abteil nehmen). Endstation ist der „Sirkeci"-Bahnhof in Istanbul. Züge Richtung Anatolien starten auf der anderen, „asiatischen" Seite des Bosporus im Bahnhof „Haydarpasa". **Achtung:** Für Bulgarien ist ein Transitvisum erforderlich, das nicht an der Grenze erhältlich ist! Zugverbindung von Teheran/Iran s. dort. Des weiteren einmal wöchentlich am Dienstag ein Zug von Damaskus/Syrien über Aleppo und Gaziantep nach Istanbul.

Busse in die Türkei nehmen keine Fahrräder mit. Autofähren von Italien (Venedig, Ancona, Brindisi und Bari) und Griechenland (Piräus und einige Ägäis-Inseln).

Die Türkei ist mehr als doppelt so groß wie Deutschland, sie mißt von West nach Ost immerhin knapp 1600 km. Nur 3% der Fläche, die Provinz Thrakien im NW, zählt noch zu Europa. Das türkische Hauptgebiet, Anatolien, ist ein mit Senken, Becken, Bergen und vielen Seen gegliedertes 800 bis 1000 m hohes Hochplateau, das zum Osten stetig ansteigt (höchster Berg an der Grenze zum Iran ist der 5165 m hohe Ararat). Es wird eingeschlossen von Randgebirgen, die bis zu 3000 m ansteigen und die zu den Küsten hin steil abfallen (Schwarzmeer- und das Taurus-Gebirge).

◼ *Vor der Hagia Sophia in Istanbul*

Reisezeit, Einreise, Währung

Beste Radreisezeiten sind an den Küsten von April bis Juni und von September bis November (mediterranes Klima), an der Schwarzmeerküste auch von Juni bis September mit gelegentlichen Regenfällen und schwüler Hitze. Das Landesinnere (Zentralanatolien) ist wegen der höheren Lage nur günstig in den Sommermonaten (kontinentales Steppenklima). In Ostanatolien fällt im Winter viel Schnee. Winde meist aus Meeresrichtung.

Für die Einreise reicht ein Reisepaß. Früher wurde noch das Fahrrad mit der Rahmennummer im Paß registriert, aber diese Zeiten scheinen nun vorbei zu sein.

Zahlungsmittel ist die (inflationsgeplagte) *Türkische Lira* (TL). Auf Grund der aktuellen Wirtschaftskrise und der starken Lira-Abwertung solltet ihr erst in der Türkei und dann auch immer nur kleinere Beträge tauschen. Euro- und Reiseschecks werden von Banken und Wechselstuben weitgehend akzeptiert, auch bare Euro und US-Dollar sowie alle Kreditkarten. Sehr dichtes Netz von Bankautomaten. Viele Hotels und Pensionen schreiben ihre Preise mittlerweile in Euro und Dollar aus und sind froh, wenn ihr damit bezahlt. Auf den Märkten ist Handeln üblich.

Übernachten, Verpflegung

Es gibt sowohl staatliche Campingplätze („milli parki") als auch private, diese sind meist einfacher, billiger, aber auch schlechter zu finden. An den Küstenorten bzw. in touristisch erschlossenen Gebieten sind die Plätze zahlreich, im Landesinnern spärlich, im Osten gibt es kaum welche. Meist nur zur Touristensaison von Mai bis Oktober geöffnet. Wildes Campen ist möglich, möglichst die Leute fragen. Radlerinnen sollten nicht frei campen! In SO-Anatolien aber generell nicht ratsam bzw. in den Notstandsgebieten verboten! Es gibt nur eine Handvoll offizieller Jugendherbergen, doch ein sehr gutes Angebot an Hotels aller Kategorien, viele davon sehr preiswert („Pansiyon", „bos odar var" = „Zimmer frei"). Oft wird man auch zum Übernachten in ein Haus eingeladen werden.

Die türkische Küche ist überaus vielfältig, ein kulinarisches Paradies auch für Radler, sie bietet mehr als nur „döner kebab" – z.B. Joghurt, Ayran, Hammelfleisch, Gemüse, Fisch und leckeres, sonnenverwöhntes Obst. Und immer wird viel „cay" (Tee) getrunken, die Biere und Weine sind gut. Leitungswasser schmeckt oft stark nach Chlor, kann aber bedenkenlos genossen werden. Abgefülltes Trinkwasser überall erhältlich. Wer nicht querwegein touren will, braucht kaum eine Kochausrüstung.

Gefahren, restriktive Gebiete

Die Gefahren im Straßenverkehr sind selbst dem AA (www.auswaertiges-amt.de) eine Notiz wert. Weiteres s.u. Wegen der weiterhin schwelenden Kurdenproblematik in der Osttürkei gelten verschärfte Sicherheitsbestimmungen, über mehrere Provinzen ist immer noch der Notstand verhängt (Diyarbakir, Hakkari, Sirnak und Tunceli). Das heißt nicht, daß Radeln dort nicht möglich wäre, man sollte nur nicht bei Nacht fahren (auch in der restlichen Türkei ein eher zweifelhaftes Vergnügen) und auf keinen Fall wild Campen und jederzeit mit Militärkontrollen rechnen! Und haltet euch über den Konflikt auf dem Laufenden. Steinewerfende Kinder, früher der Schrecken jedes Anatolien-Bikers, haben sich nach unseren letzten Erfahrungen dagegen neuen Herausforderungen gestellt (wahrscheinlich üben sie jetzt ihre Treffsicherheit an Gameboy und Co.).

Auf dem Land kaum Diebstahlsgefahr, doch aufpassen in den Städten und in touristischen Orten. Vorsicht vor neuen „Freunden", die euch mit präparierten Drinks betäuben und ausrauben. Radlerinnen sollten sich bewußt sein, daß sie sich in einer islamischen Männerwelt bewegen, die nach dem Konsum zu vieler amerikanischer Seifenopern einen recht verkorksten Eindruck vom (westlichen) weiblichen Geschlecht hat. Wie gesagt – nicht wild Campen und in ländlichen Gebieten möglichst nicht allein radeln!

Weitere Infos in guten Reiseführer (s.u.) und auf den Websites des US- und britschen Außenministeriums (http://travel.state.gov/turkey.html und www.fco.gov.uk/travel/countryadvice.asp?TK).

Fahrrad, Ausrüstung

Ein stabiles Reiserad ist ausreichend, breite Reifen (mind. 37 mm) sind für schlechte Nebenstrecken von Vorteil, eine Berguntersetzung hilft über die zahllosen Steigungen hinweg. Höherwertige Radersatzteile haben wir nur in Istanbul entdeckt: Mehrere Radshops mit Shimano-Teilen verstekken sich im Gassengewirr gegenüber dem Eingang zum Sirkeci-Bahnhof. In Ankara bzw. in den Städten des Westens fragt ihr am besten in den Touristenämtern nach Rennradvereinen, manchmal trifft man auch einen Rennradler auf der Straße, die wissen auf jeden Fall, wo es Teile zu kaufen gibt. Allgemein fahren die Türken sehr wenig Rad. Für längere Touren in den Osten und auf Nebenstrecken alle wichtigen Werkzeuge (z.B. Ritzelabzieher) und Ersatzteile mitführen, nebst Kette auch Schläuche und einen Ersatzreifen. Sollte im fernen Ostanatolien ein wichtiges Teil den Dienst quittieren, werdet ihr es ziemlich wahrscheinlich nur in Istanbul erhalten (Transport s.u.).

Straßen, Verkehr, Transport

Überland- und Hauptstraßen sind gut ausgebaut, doch sehr verkehrsreich, voller Busse und Lkw, die Radlern kaum Chancen lassen, teils sehr gefährlich, immer ausweichbereit sein und vor allen Dingen nicht nachts fahren! Ein Rückspiegel erhöht deine Überlebenschancen beträchtlich. Der Straßenbelag der Hauptstraßen besteht meist aus sehr grobem Asphalt, Nebenstrecken sind oft nur geschottert oder Naturpisten. Gute und schlechte Straßenabschnitte wechseln häufig. Die allgemeine Verkehrsfrequenz nimmt nach Osten hin ab, wie auch die Qualität der Straßen.

Von Istanbul und Ankara bietet Turkish Airlines preiswerte **Flüge** in viele Provinzhauptstädte. Konkurrenz macht ihr *Istanbul Airlines* mit einem nicht ganz so dichten Streckennetz. Erkundigt euch nach Sondertarifen (z.B. für Studenten). Die Sicherheit soll nun internationalem Standard entsprechen (während eines Inlandsfluges 1988 von Erzurum nach Ankara standen die Passagiere noch im Gang …).

Gut funktionierendes, dichtes **Busnetz,** Räder können mitgenommen werden. Auch fahren private Sammeltaxis (dolmusch) reichlich. Komfortable Überlandbusse (Radtransportmöglichkeiten beschränkt auf den Laderaum, bei der fünften Tasche auf dem Rad kommen euch garantiert die Tränen, also vorher klären). Leider ereignen sich immer wieder schwere Busunfälle, an denen überhöhte Geschwindigkeit und übermüdete Fahrer gleichermaßen schuld sind. Die Konkurrenzsituation unter den Busgesellschaften ist brutal, und solange diesen Wettrennen nicht staatlicherseits ein Riegel vorgeschoben wird, solltet ihr besser auf einen Zug nehmen.

Zuglinien gibt es relativ viele, vor allem zwischen Istanbul und Ankara, aber auch von Ankara Richtung Osten nach Erzurum, Diyarbakir und Van, von Ankara zur Schwarzmeerküste (Samsun) und zwischen Izmir und

Istanbul bzw. Ankara. Teils werden auch Schlafwagen eingesetzt. Die „Ekspresi" sind wesentlich langsamer als Busse, und nur selten kann das Rad im gleichen Zug mitkommen. Ticketkauf und Reservierungen gestalten sich recht unproblematisch, irgendeiner der Angestellten kann bestimmt ein paar Brocken Deutsch.

Ab Istanbul und entlang der Küsten regelmäßiger Schiffsverkehr mit den *Turkish Maritime Lines* (TML) nach Izmir (ganzjährig), Samsun und Trabzon bis Rize (Mai bis Oktober). Weitere Linien über das Marmara-Meer. Interessant für alle, die von Istanbul Richtung Südküste wollen, wäre z.B. die Verbindung Istanbul – Bandirma.

Sehens-
wertes
Bekannt sind die Naturwunder *Pamukkale,* Thermalbecken, gut für verkrampfte Radlerwaden und Muskeln (eine Wohltat für verspannte Radlermuskeln sind in der Türkei übrigens auch die Dampfbäder, die „hammams") und *Göreme,* einzigartige Höhlenlandschaften. Weitere interessante Orte sind z.B. *Amasya* (Felsengräber), *Tokat* (28türmige Burg), *Sivas* (Kreuzungspunkt der alten Karawanenstraßen), *Ürgüp* (unterirdische Katakomben) u.v.m.

■ *Schwarz-*
meerküste
bei Amasra

Routen und
Tourn
An der buchtenreichen türkischen Westküste (Ägäis) liegen viele Ferienzentren mit bedeutenden antiken Stätten (Troja, Pergamon, Ephesus u.a.). Wer es ursprünglicher mag, hält gleich Kurs zur Südküste. Im Großraum Istanbul ist Radfahren weniger empfehlenswert (in Istanbul über den Bosporus nicht über die Brücken, sondern besser mit den Personenfähren).

Richtung Osten, Iran: Die große transanatolische Straße führt von Istanbul über Ankara, Sivas nach Erzurum und weiter bis zur iranischen Grenze (Gürbulak/Bazargan), ca.1500 km. Je weiter östlich man kommt, desto karger und trockener wird es. Diese Straße (E 5) hat einen überaus starken Lastwagenverkehr und ist weniger zu empfehlen. Es gibt auch eine schwächer befahrene Südroute über Konya, Kayseri, Maltaya, Elazig nach Mus. Von da weiter südöstlich am Van-See (schönes Gebiet) entlang in den Iran (Esendere). Als dritte Ost-Alternative an der Schwarzmeerküste entlang bis Trabzon (bis dahin auch Schiffsverbindung), weiter nach Erzurum und Dogubayazit (Grenzübergang Bazargan). Distanz: 2000 km. Vor allem die ersten 800 km von Istanbul bis Sinop sind wunderschön, verschlafene Schwarzmeerstädtchen und eine teils einspurige Straße, die sich das Küstengebirge rauf- und runterschraubt. Ab Samsun bis Trabzon wird es hektisch, ab Trabzon Richtung Erzurum und Iran dann richtig gebirgig.

Im Osten sind die Entfernungen zwischen den Orten groß, die Besiedlung ist spärlich, einsame Etappen. Überwiegend gebirgig (s. das Buch von Herbert Lindenberg). Aufpassen muß man vor den scharfen anatolischen Hirtenhunden (sie greifen gerne Einzelfahrer an)!

Literatur, Karten, Internet

Empfehlenswert: „Türkei", Michael Müller Verlag. Wer von Deutschland über Italien und Griechenland radelt, findet im selben Verlag weitere gute Reiseführer. Sympathie-Magazin „Türkei verstehen", Studienkreis Tourismus; KulturSchock Türkei, Reise Know-How. Sehr nützliche Sprachführer: „Türkisch" und „Kurdisch, RKH. „Mit dem Fahrrad in die Türkei", von H. Lindenberg, Frederking u. Thaler (Route entlang des Schwarzen Meers über Erzurum ins Van-See-Gebiet), ein Raderlebnisbuch mit Tips. „Radwandern Türkei", von Buttkereit, Hayit-Verlag. Beide nur noch im Antiquariat.

Karten: Zur Reiseplanung für den Westteil „Türkei", 1:800.000, RV-Verlag, mit Stadtplänen von wichtigen Städten, für den West- und Ostteil „Turkey Travel Atlas", 1:800.000, Lonely Planet. Sehr gute Erfahrungen habe ich mit den Reisekarten aus dem Ryborsch-Verlag gemacht: Türkei in sieben Blättern, je 1:500.000.

Internet: Wie in anderen asiatischen Staaten findet ihr hauptsächlich in Touristenzentren und Studentenstädten gute Internetmöglichkeiten, die besten im Stadtteil Sultanahmet in Istanbul. Im wilden Osten sind dagegen die Cybercafés dünn gesät.

„güle, güle!"

Mit dem Rad durch Syrien, Jordanien, Jemen, Oman
von *Dieter Rahmann*
(Ein Bericht aus den 1990-Jahren, zum Nachempfinden so belassen)

Allgemeine Dinge

Radreisen im Nahen Osten – ist das möglich? Schieben über kilometerlange Sandpisten, Schwitzen unter stechender Sonne, leere Wasserkanister und trostlose Wüstenlandschaften, das sind die Assoziationen, die sich den zweifelnden Leser/innen wohl aufdrängen.

Weit gefehlt!

Nach einem gut halbjährigen Radelaufenthalt im Nahen Osten hat sich das Rad für mich als das ideale Transportmittel herausgestellt. Tramptouren, Bus- und Zugreisen stellt es weit in den Schatten.

Die einzige Bedingung für einen gelungenen Radelaufenthalt ist jedoch, daß man auch genügend Zeit für die Kontaktaufnahme mit der Bevölkerung mitbringt. Sicherlich kann man die hier beschriebenen Länder Syrien, Jordanien und Jemen in einer Woche (Jemen 2) locker von Grenze zu Grenze durchradeln. Einen richtigen Eindruck vom Nahen Osten bekommt man jedoch erst, wenn man auch mal vom Rad absteigt und zum Beispiel fünf Stunden in einer Teestube abhängt. Deshalb empfehle ich, für Syrien mindestens drei, für Jordanien mindestens zwei und für den Jemen mindestens sechs Wochen einzuplanen.

Die ideale Reisezeit für Radtouren in Syrien und Jordanien ist der Oktober und die erste Hälfte des Novembers. Bei überwiegend sonnigem Wetter und Tagestemperaturen um 20 °C hat uns das Radeln sehr viel Spaß gemacht. Lediglich in Jordanien wurden wir von einem überaus kräftigen Wintereinbruch überrascht.

Problematisch für das Radeln ist sicherlich der zeitige Sonnenuntergang schon um halb fünf. Die danach schlagartig einsetzende Kälte zwingt zu einem Radeln fast ausschließlich bei Tageslicht, doch sie bescherte uns jedoch auch lange und manchmal auch sehr interessante Abende bei der einheimischen Landbevölkerung. Speziell in Syrien kann man sich als radelnder Europäer vor Einladungen kaum retten, und wir hatten damit nie schlechte Erfahrungen gemacht. Hält man sich an bestimmte Grundregeln (dreimaliges Ablehnen der Einladung, höfliches und den Sitten angepaßtes Auftreten) und stellt so fest, welche Einladungen wirklich ernst gemeint sind und welche nicht, können sich die nächtlichen Teetrink-Orgien wirklich zur beiderseitigen Zufriedenheit entwickeln und hochinteressante Einblicke in das alltägliche Leben der Araber abgeben.

Syrien

Wir sind in einer Gruppe von drei Männern Ende August in Deutschland gestartet, fuhren über den Balkan und den türkischen Highway in den Nahen Osten. Obwohl wir unterwegs einige alleinreisende Radler getroffen haben, hätte ich mir die Tour aus Gründen der Angst vor plötzlich auftretenden schweren Krankheiten allein nicht zugetraut.

Auf unserer Tour halten wir uns an die vor allem in Syrien teilweise 4spurig ausgebaute Nord-Süd-Achse der A 5 von Halab über Hamah, Homs, Dimaschq, Dera'a nach Amman, und von dort über den Desert-Highway A 15 nach Aqaba. Die Hauptstraßen entsprechen vom Standard mindestens deutschem Landstraßenniveau. In Jordanien sind die Straßen bis zum Dschebel al Batra mit einem Randstreifen versehen, auf dem sich leidlich gut radeln läßt, wenn man vorsichtig ist und den darauf rumliegenden Scherben, Eisenbolzen, zerfetzten Autoreifen und Tierkadavern ausweicht. Allerdings weisen die von uns benutzten Nebenstrecken eine Straßenoberfläche auf, die einen erkennbar höheren Reibungsverlust zur Folge hat. Schmale Bereifung ist hier zu empfehlen. Trotzdem sind diese schlaglocharmen Straßen gut befahrbar und mit dem Niveau deutscher Gemeindestraßen durchaus vergleichbar. Das Radeln selbst ist wesentlich angenehmer, ruhiger und gefahrloser als auf dem türkischen Highway. Den berüchtigten Bleifuß türkischer Busfahrer – der mir heute noch Angst einjagt – gibt es hier nicht.

Die syrischen Kraftfahrzeugfahrer behandeln Radfahrer sehr solidarisch – wundern braucht einen das nicht, denn schließlich stellt doch das Rad in **Syrien** das Hauptverkehrsmittel dar, zumindest in den Städten und dicht besiedelten Gegenden. Das Land ist flach, meist eintönig und die Straßen sind gut mit meist breiten Seitenstreifen. Die Verkehrsdichte auf der A 5 ist längst nicht so hoch wie in der Türkei. Auf den Nebenpisten schließlich kann man stundenlang ganz für sich allein herumradeln und die Landschaft in vollen Zügen genießen.

Unseren ersten Abstecher von der Hauptroute machten wir vor der nicht sehr ergiebigen Ruine Ebla in Richtung **Aphamia.** Das dort befindliche römisch-griechische Ruinenfeld, das Amphitheater, das Mosaikmuseum und die auf einem Felsen erbaute Kreuzfahrerburg, die heute einem ummauerten Wehrdorf ähnelt und die noch bewohnt wird, macht einen kompakten Streifzug durch die Geschichte Syriens möglich.

Danach fuhren wir südöstlich durch die fruchtbare Orontes-Ebene mit ihren mittelalterlich anmutenden Wasserrädern, den 20 Meter großen Norias, nach **Hamah.** Diese Stadt mit ihren sehr gut erhaltenen Uferanlagen hat mir von den syrischen Städten am besten gefallen. Dort gelangten wir dann wieder auf die Hauptstraße, verließen diese aber hinter Homs wieder in **Richtung Antilibanon.** Die dort existierenden Christenenklaven Ma'lula und Saydnaya mit einem noch bewohnten Nonnenkloster geben einen Eindruck von der religiösen, kulturellen und ethnischen Vielfalt Syriens. Die Steigungen in dieser 1000 bis 1700 Meter hohen Gegend sind gut zu schaffen. (Man könnte übrigens von der Türkei auch an der Mittelmeer-Küste entlang fahren, über Latakia, und so Homs erreichen. Wer Wüste pur erleben will: die eindrucksvolle römische Ruinenstätte Palmyra liegt ca. 180 km weiter östlich von Homs in der Wüste, eine Asphaltstraße führt dorthin).

Hinter Dimaschq fuhren wir direkt nach **Bosra**, einer eindrucksvollen, noch bewohnten Ruinenstadt mit dem größten nahöstlichen Amphitheater. Danach ging es wieder westlich entlang der syrisch/jordanischen Grenze zum einzigen **Grenzübergang Dera'a**. Hinter der lohnenswerten jordanischen Ruinenstadt Dscharasch verließen wir die A 15, die von hier aus bis Amman erneuert wird und derzeit nur einen Schotterbelag aufweist. Der Umweg über Zarqa' ist zeitraubend und beschwerlich.

Jordanien In **Amman** angekommen warten wir drei Tage auf unsere Besuchsgenehmigung für die Westbank und nutzen die Zeit zum Rad reparieren, für diverse Behördengänge und für einen kulinarischen Stadtrundgang. Amman hat nicht viel zu bieten. Es ist eine moderne Stadt mit westlichem Antlitz – die Schweiz von Arabien, wie die Einheimischen sagen.

Dann brechen wir in **Richtung Westbank** auf und können allen Gerüchten zum Trotz mit dem Fahrrad in die Westbank einreisen. Man muß lediglich zwischen Asch Schouna und Jericho (dem einzigen Grenzübergang) Bus und Taxis benutzen. Mit dem Pkw ist die Einreise in die Westbank definitiv nicht möglich.

In der Westbank besuchten wir fünf Tage lang **Ostjerusalem, Bethlehem** und **Ramallah**. Aber in dieser vergleichsweise kurzen Zeit wurden wir überschüttet von Erlebnissen wie kein zweites Mal auf dieser Radtour! Mitten im Zentrum der Intifada erlebten wir hautnah den täglichen Generalstreik der Palästinenser und den brutalen Krieg der israelischen Besatzungstruppen gegen palästinensische Kinder. Wir erlebten jüdische Siedler, hin und hergerissen zwischen der auch ihrer Meinung nach gerechten Forderung „Land gegen Frieden" und ihrem Wunsch, auch in Zukunft weiter in ihren Siedlungen leben zu können. Meine Befürchtung, dieser 5-Tages-Trip könnte in einen Polit-Voyeurismus ausarten, wurde schnell zerstreut. Von den Palästinensern wurden wir sehr freundlich aufgenommen und regelrecht herumgereicht. Alle waren sehr interessiert an unserer Meinung bezüglich des israelisch-arabischen Konfliktes und sie hatten ein großes Interesse daran, daß wir unsere Erlebnisse in Deutschland weitergeben.

Das Fotografieren einer Militärpatrouille führte dann zur Ausweisung und zum Ende unseres West-Bank-Aufenthalts. Angst vor steinewerfenden Kindern, die uns fälschlicherweise für Israelis halten, brauchten wir nicht zu haben, lediglich in Jerusalem passierten wir einen Steinhagel – nichts im Gegensatz zu den Steinwürfen in Ägypten oder im Jemen!

Nach dem sehr schweißtreibenden Anstieg von der 300 m unter Null liegenden Jordantalebene bis zum 900 m über Null liegenden Amman ging es weiter auf dem Desert-Highway direkt von Amman 400 km südlich liegenden **Aqaba**. Es ist eine gut befahrbare ebene Strecke, lediglich am Paß vom Dschebel al Batra erstickt man im Lkw-Gedränge. Hinter dem Abzweig nach Wadi Ram wird die Straße sehr schmal und ist auch nicht ganz ungefährlich. Ein lohnenswerter Abstecher von der in Fels gehauenen phantastischen Ruinenstadt **Batra**. Man sollte sich jedoch davor hüten, mit dem Fahrrad die letzten Kilometer zwischen dem Wadi-Eingang und den Ruinen zurückzulegen, es sei denn, man hat Spaß daran, sein Fahrrad durch den Sand zu schieben.

In Aqaba angekommen, holte ich mir schnell noch mit dem Bus die sudanesischen Visa aus Amman ab, die werden hier in nur 10 Tagen ausgestellt, dann schifften wir uns nach **Nuveiba** ein, Räder gehen umsonst mit.

Wir legten dann die sehr schöne Wüstenstrecke mit überaus bizarren Felsformationen über das **Katharinenkloste**r und Abu Rudeis nach **Suez** zurück
und von dort die eher langweilige Strecke nach **Kairo.** Eine mir unvergeßlich
bleibende Fahrt entlang des **Niltals** schloß sich an – eine wunderbare, über
1000 km lange Oasenstrecke. Unser dreiwöchiger Aufenthalt im **Sudan** war
nicht sehr schön. Er war geprägt von täglichen Behörden- und Botschaftsbe-
suchen, mit dem Ziel, hier überhaupt wieder rauszukommen. Alles war über-
schattet vom sudanesischen Bürgerkrieg und der unsicheren Situation in
Eritrea und Äthiopien, was uns zu guter Letzt zur Abreise mit dem Flugzeug
nach Sanaa im Jemen bewog. Geradelt sind wir im Sudan nicht, teils wegen
fehlender Genehmigungen, teils aufgrund von Diarrhöe bedingter Schwäche.

Jemen   Welch einen Unterschied bietet **Sanaa** zu den anderen orientalischen Städten!
Wenn man durch die Gassen der jemenitischen Hauptstadt geht, fühlt man
sich augenblicklich wie ins Mittelalter zurückversetzt. Links und rechts türmen
sich bis zu zehn Stockwerke hohe, reich verschnörkelte und mit weißen Farb-
mustern verzierte Lehmhäuser auf. In den Marktgassen taucht man ein in einen überwältigenden Trubel mit bunten Tüchern bekleideten Händlern und
Marktschreiern, alle mit dem Krummdolch im Gürtel. Nachmittags zieht man
sich zurück zum Qat-Kauen, dann erstirbt das öffentliche Leben.
    Auch die anderen Städte entlang unseres Weges nach Aden weisen dieses
Flair auf, besonders gefallen haben mir **Dschibblah** und **Taiz.** Das Radeln im
ehemaligen Nordjemen hat seinen besonderen Reiz, es geht durch wilde Berg-
schluchten, man sieht phantastische Hügelpanoramen und die bäuerlichen
Terrassen, die das Wasser sammeln, läßt die Landschaft um Ibb zu einer sehr
fruchtbaren Gegend werden. Abgesehen von einem kurzen Stück 30 km vor
Taiz sind die Straßen nur wenig befahren.
    Aufpassen sollte man generell im ehemaligen Nordjemen, speziell südlich
des 2800 Meter hohen Naqil-Sumra-Passes, vor steinewerfenden Kindern.
Auch wenn sie es als Spiel ansehen, es ist doch sehr gefährlich – wir haben ein
verdammtes Glück gehabt, daß uns nichts passiert ist. Manchmal legten die
Kinder auch regelrechte Straßensperren an, einmal sogar eine Barrikade. Einfach durch die Sperren durchfahren gelingt sicher öfter. Ich habe jedoch meistens angehalten und die Kinder sind in der Regel durch einen Smalltalk zu
besänftigen.
    Eine schöne Strecke ist die Fahrt durch das **Wadi Wasazan** kurz vor der al-
ten innerjemenitischen Grenze. Fruchtbare Terrassen wechseln sich mit grün
leuchtenden, oberirdischen Kupfervorkommen ab und sorgen so für berau-
schende Farbspiele. Die folgenden 110 km bis **Aden** sind sehr trist und auch
die Städte an der Strecke haben durch die sozialistische Bauweise viel von ihrem alten architektonischen Flair eingebüßt.
    Östlich von Aden ist die alte Bauweise jedoch noch voll erhalten. Das Ra-
deln auf der Strecke Aden – Mukallah – Sayhut ist jedoch sehr anstrengend,
speziell der Anstieg hinter Shuqra auf 1000 m hat es in sich. Diese Strecke
längs des Indischen Ozeans tagsüber in den heißesten Stunden zu befahren
ist jedoch sehr problematisch. Mit permanenten 30 °C im Januar/Februar, stechender Sonne und einer extrem hohen Luftfeuchtigkeit kann das Fahren mittags zur Qual werden – trotz des obligatorischen Kopftuches. Zwischen 11
und 16 Uhr sind wir eigentlich nur selten geradelt. Es wäre auch viel zu gefährlich, ohne genügenden Wasservorrat loszufahren und unterwegs zu merken,
daß man es doch nicht schafft und verzweifelt nach einem schattigen Plätzchen zu suchen, weil die nächste Teebude vielleicht noch 50 km entfernt ist.
Man stirbt dann zwar nicht gleich, aber der Wasserverlust ist unheimlich hoch
und die Laune geht in der prallen Sonne ziemlich schnell in den Keller. Nachfolgend gebe ich eine Auswahl der Orte an, in der wir rasteten, dazwischen findet sich in der Regel kaum was: Aden, Zinjibar, Shuqra, Am 'Ain, Am Furaid,
Fort vor Al Hamijah, Al Mahfidh, Habban, Azzan, Ain ba Nabett, Bi'r Ali, As

Sufah, Mukallah, Asch Schehir, Ghaidah, 30 km vor Qusha'ir, Raidat, Saihut.

Es war tatsächlich unsere größte Sorge, unseren Wasservorrat aufzufüllen, an den Raststellen, die es nur alle 50 km mal gibt, gibt es nur Kekse, Zigaretten, Cola und Tee und sehr süßen Mangosaft, Mineralwasser findet man nicht immer. Da die Benutzung unseres mechanisch chemischen Wasserfilters nach ein paar Pumpschlägen zur absoluten körperlichen Erschöpfung führte, haben wir eigentlich im ganzen Jemen immer Durst gehabt. Auf wässriges Obst muß man hier ebenfalls verzichten. Wer ein gesundes Naturvertrauen in Micropurtabletten hat und an den Placeboeffekt glaubt, sollte sich damit über Wasser halten, meine Tabletten haben sich selbst nach einem Tag noch nicht im Wasser aufgelöst [Flüssigmittel sind besser, s.S. 68; Anm. des Verlags]. Der landschaftliche Reiz dieser südjemenitischen Strecke und auch die Begegnung mit der einheimischen Bevölkerung und deren Kultur entschädigt jedoch vollständig für die körperlichen Strapazen.

In **Saihut** ist fürs Radeln erst mal Endstation. Erst in einigen Jahren wird die projektierte Straßenverbindung nach Salalah im Oman wohl fertig sein. Aber auch ohne Rad ist es schwierig, auf dem Landweg in den Oman hineinzukommen. Zunächst kommt man noch mit Trucks weiter, dann kann man gerüchteweise versuchen, sich mit Militärjeeps zur Grenze bringen zu lassen, dort wird man dann den omanischen Militärs übergeben, die einen dann vielleicht weiter befördern. Eventuell soll es auch mit Kamelen machbar sein. Wir verlegten uns aufs **Trampen über den Seeweg von Saihut nach Salalah** (Oman). Hier gibt es natürlich keine Fährverbindungen. Nach acht Tagen hatten wir Erfolg und ein Frachter nahm uns mit. Man kommt von hier aus übrigens auch gut nach Somalia, Abu Dhabi und Indien weiter. Nur sollte man sich schon in Mukallah Ausreisepapiere (wirklich Papiere und keine Stempel, weil man die Papiere bei einem möglichen Mißerfolg im Gegensatz zu Stempeln im Paß bei einem mißglückten Ausreiseversuch einfach wegschmeißen kann) besorgen. In Saihut gibt es keine Ausreisebehörde.

Weitere Jemen-Tips
von *Helmut Hermann*

Wie man aus dem Bericht von Dieter Rahman ersehen kann, ist Jemen ein wirklich faszinierendes Land. Es ließe sich noch sehr vieles erzählen, über die unvergleichliche Lehmarchitektur der Städte, die Terrassen-Landschaften, die Männer mit ihrem Krummdolch vor dem Bauch, die uralte Kultur dieses Landes an der Weihrauchstraße. Für mich ist Jemen das schönste arabische Land. Unbedingt vorab etwas Arabisch lernen, zumindest die wichtigsten Worte und Sätze und Zahlen. In den vergangenen Jahren kam es leider immer wieder zu Entführungen von Touristen zur Lösegelderpressung, die, soweit uns bekannt, alle glimpflich abliefen. Bitte aktuelle Einschätzung des Auswärtigen Amtes berücksichtigen (www.auswaertiges-amt.de).

Anreise, Radelzeiten, Regionen (heutiger West- bzw. ehemaliger Nordjemen) — Sofern möglich einen Direktflug nach Sanaa wählen, Egypt-Air fliegt über Kairo. Beste Radelzeit: Oktober bis März (doch dann kalte Nächte in den Höhenlagen über 1200 m!). Regenzeit ist im April/Mai und Juli/August. In den Sommermonaten von Mai bis Oktober ist es an der Küste des Roten Meers wahnsinnig heiß (50 °C!), dunstig und staubig! Sehr schön ist es Spätherbst, wenn die Terrassenfelder noch grün sind. Beachtet auch den Ramadan-Monat und die Ihd-Feierwoche, denn dann erstirbt das öffentliche Leben.

Der westliche Jemen wird geprägt von drei großen Landesregionen: Von der Küstenebene *Tihama,* vom inneren Gebirgsland (Berge bis zu 3000 m, stechende Sonne und kühler Wind) und von der den Osten beherrschenden Sandwüste.

Übernachten

Hotels mit europäischem Standard nur in Städten und in touristisch interessanten Orten, im ehemaligen Südjemen nur sehr beschränkt. Auf dem Land gibt es die *Funduks,* einfache bis einfachste jemenitische Herbergen mit Gemeinschafts-Schlafsaal (oft lagert man auf dem Boden, Nächte zwischen katkauenden Männern und glucksenden Wasserpfeifen sind mir unvergeßlich, die Kalaschnikows und die Messer waren beim „Herbergsvater" abzugeben …!). Campingplätze gibt es keine im Jemen, bei Touren abseits der Straßen benötigt man jedoch ein Zelt. In der Nähe von Dörfern bei Bauern um Erlaubnis fragen, mit Unverständnis und Neugierde der Kinder ist zu rechnen, doch ernste Probleme sollte es keine geben. Häufig wird man auch zum Übernachten eingeladen werden. Tips für Frauen s.S. 123, „Als Frau mit dem Rad in islamisch/hinduistischen Ländern".

Verpflegung

Jemenitisches Essen (Fladenbrot, Eintopf, Reis, Gemüse etc.) ist schmackhaft und wenig scharf. Es gibt kaum Restaurants in unserem Sinne, dafür viele billige Garküchen (doch findet man kaum welche in kleinen Dörfern) mit schneller „Massenabfertigung". Gegessen wird mit der (rechten) Hand. In den Souks und in kleinen Läden kann man zur Selbstversorgung Konserven, Kekse, Fischdosen, Obst, Nudeln etc. kaufen. Getrunken wird Tee, auch Softdrinks und Mineralwasser sind erhältlich, Alkohol gibt es nur in größeren Hotels. Salate meiden, Leitungswasser vorher behandeln.

Straßen, Verkehr, Rad

Zu allen wichtigen Städten gibt es (manchmal schmale) Asphaltstraßen, zum berühmten Schahaara führt nur eine Piste (Anfahrt nicht immer problemlos, Lage erkundigen!). Auf Bergstrecken viele Serpentinen, enge Kurven, moderater Verkehr. Ausschilderung nur auf den Straßen. Zu den Dörfern führen nur Pisten mit Erd-, Kies- und Lehmbelägen oder ausgetrocknete Flußtäler. An der Küste vielfach Sandstrecken. Das Finden von abgelegenen Orten und Dörfern ist nicht einfach, unterwegs gibt es viele Abzweigungen, Umwege, Kreuzungen, und in offener Landschaft kann man niemanden fragen, man muß warten, bis ein Fahrzeug kommt (und das kann dauern). Auf den Straßen defensiv fahren, Vorsicht in dem dichten Verkehr in Städten, Autofahrer sind Radfahrer nicht gewöhnt! Streunende Hunde können gleichfalls zu einem Ärgernis werden.

Auf Grund der ständigen Steigungen im Landesinnern und wegen der schlechten Pisten abseits der Asphaltstraßen kann man im Jemen selten mehr als 100 km pro Tag schaffen. Gute Kondition ist vonnöten. Notfalls das Rad auf einen der vielen jemenitischen Pickups oder auf Sammeltaxis verladen. Es gibt auch „fahrradtaugliche" Busse (meist immer voll), wenn man große Distanzen überbrücken will.

Wegen der vielen Pisten und den nicht immer guten Hauptstraßen sind breite Reifen und ein stabiles Rad erforderlich, Typ Trekking oder MTB. Übliche Radersatzteile, einen Reifen, Werkzeug, evtl. Kocher, mehrere Trinkflaschen, Entkeimungsmittel, Notproviant, kleiner Rucksack zum Wandern. Nur einfachste Radwerkstätten.

Routen, Touren, Orte	Von Sanaa bietet sich eine Rundreise über Dhamar, Ibb, Taiz, Mocha, Hocha, Hais, Bait al Fakki, Hudaida, Menaacha, Sanaa an. Nach Norden hin ist Saada interessant, mit einem Abstecher nach Schahaara. Lohnenswert sind im Norden auch Abstecher nach Schibam, Machwiet und Hadscha. Geschichtsbewußte machen einen Abstecher nach Osten nach Marib („Königin von Saba"). Sehens- und erlebenswert sind im Jemen die kleinen Dörfer, oft hoch oben auf Bergspitzen, nur durch Fußwege erreichbar. Ein Erlebnis sind die Märkte (z.B. in Bait al Fakki – Markttage beachten), die Souks und Altstädte (Sanaa, Sada). Radelt also hauptsächlich im ehemaligen Nordjemen, der ehemalige Südjemen ist heiß und bietet für Radfahrer relativ wenig. Doch sehr schön und lohnenswert ist dort das Wadi Hadramaut (Schibam und Sejuhn, Hinfahrt von Mukalla aus, nähere Beschreibung im u. erwähnten „Jemen"-Buch).
Literatur	Alle anderen Fragen – wie Krankheitsvorsorge, Geld, Einreiseformalitäten (Visum notwendig) etc. – stehen ausführlich in dem mit Abstand besten Reiseführer über den Jemen: Gerd Simper und Petra Brixel „Jemen", Reise Know-How. Dort auch weitere Literaturhinweise. Als Ergänzung: RKH-Kauderwelsch-Sprachführer „Jemenitisch-Arabisch". Unter den englischsprachigen Reiseführern sei „Yemen" erwähnt, von Pertti Hämäläinen, Lonely Planet. Empfehlenswert ist auch das Sympathie-Magazin „Jemen verstehen" (Studienkreis für Tourismus, Starnberg). Weitere Informationen erhält man von der Deutsch-Jemenitischen Gesellschaft, Kronenstr. 11 in 79100 Freiburg, dort ist auch eine Jemen-Karte 1:1 Mio. erhältlich, die für den Normal-Radler ausreichend ist (doch km-Angaben, Abzweigungen, Höhen und Orte sind nicht immer richtig eingezeichnet!). Andere Karten: „Jemen", von RKH, „Jemen", 1:1,5 Mio., F & B. Wer querbeet Pisten fahren will, sollte ONC- bzw. TPC-Karten mitnehmen (s.S. 40).

Oman

von Dieter Rahmann

Derzeit ist die Einreise in den Oman problemlos (Visa gibt's in Sanaa), die Einwanderungsbehörde ist sehr freundlich. Auch wenn man offiziell nur mit dem Flugzeug nach Maskat einreisen darf, gab es bei der Frachtschiff-Einreise nach Salalah keine Probleme (ebenso nicht bei der Frachtschiff-Ausreise nach Indien, wieder 12 Tage Trampen). Unser Visa war sogar schon 2 Tage überfällig. Die problemlose Einreise mag vielleicht auch daran gelegen haben, daß die Behörden mit unkonventionell einreisenden Touristen noch keine Erfahrung haben. Der Oman ist erst seit zwei Jahren für Touristen geöffnet und wir waren wohl die ersten, die mit einem Frachter nach Salalah einreisten.

Fahrräder	Wir benutzten drei Reiseräder unterschiedlicher Größe der Bremer Fahrradmanufaktur. Neben den üblichen Ersatzteilen und Werkzeugen (Schlüssel, Zangen, Schrauben, Muttern, Speichen, Flickzeug, Reifen, Schläuche, Bautenzüge etc.) nahmen wir auch einen Lagersatz und spezielle Flachschlüssel mit. Während unserer achtmonatigen Reise haben die Lager alle gehalten und selbst die Kettenschaltung funktionierte noch

wie am ersten Tag. Nebenbei bemerkt, hätte ich mir diese Tour ohne die 3 x 6 Kettenschaltung nicht vorstellen können, 15% Steigungen hatten wir des öfteren zu bewältigen. Bei zwei Rädern hat sich der Lenker immer wieder gelockert. Ein extra angebrachtes Sicherungsblech schaffte vorzügliche Abhilfe. Ein anderes Problem waren die dauernden Speichenbrüche am Hinterrad auf der Zahnkranzseite – 40 Kilo Gepäck war wohl doch zuviel. Allerdings kann man z.B. in Syrien problemlos Speichen mit Überlänge (über 500 mm) bekommen. Gewindeschneideisen gab es auch, so daß wir sie auf die richtige Länge stutzen konnten.

Ersatzteile   Generell ist die Ersatzteilbeschaffung im Nahen Osten ein großes Problem (gängige Räder gibt es nur in Israel). In Syrien, Jordanien, Ägypten, Sudan und im Jemen gibt es lediglich indische und chinesische Modelle und entsprechende Ersatzteile. So waren zum Beispiel deren Reifen von 27-, 28-, 29-Größe nicht mit unseren 28er Reifen kompatibel. Wir halfen uns jedoch, als die Schwalbe Reifen abgefahren waren, damit, einen 28er Ersatzreifen zu kaufen (unser Ersatz wurde im Sudan geklaut), die Eisenverspannung hinauszuschneiden und diesen dann mit Angelschnur auf den abgefahrenen Schwalbereifen draufzunähen! Er hielt die nächsten 1000 km ohne Probleme, sicherte den Schlauch auch noch besser gegen Löcher und auch die Rolleigenschaften wurden nicht spürbar beeinträchtigt. Das größte Problem für uns war jedoch die Ersatzbeschaffung von Bremsklötzen für Cantilever-Bremssysteme. Diese waren nirgendwo aufzutreiben, es hilft nur die Installation eines komplett neuen Bremssystems.

Auch die Lichtanlage des Rades ist zu speziell und bruchanfällig. Vielfach, besonders im Jemen, gab es nur 12-V-Versionen, die mit einem 6-V-Dynamo nur sehr wenig Licht abgeben. Jedoch ist eine gute Beleuchtung gerade auf den südjemenitischen Strecken empfehlenswert. Von unschätzbarem Vorteil ist auch eine Hupe, je größer das Kaliber ist, desto besser, es empfiehlt sich, eine pumpenbetriebene Hupe zu nehmen. Meine Klingel habe ich allein aus Scham nicht benützt.

Ausrüstung   Die sonstige Ausrüstung hängt von der Reisezeit und dem persönlichen Bedarf ab. In Syrien und Jordanien sind wir nur in europäischer Straßenkleidung geradelt, es empfiehlt sich, regen- und windgeschützte Kleidung dabeizuhaben. Bei den hohen Temperaturen im Jemen hat sich der Jalabah oder die Futah als Radelkleidung bewährt. Natürlich fährt man in arabischen Ländern nicht mit kurzer Hose rum. Unser Kocher war während des Aufenthalts im Nahen Osten völlig unnötig und wir konnten es gut verschmerzen, daß er uns im Sudan geklaut wurde.

Problematisch war die Wasserversorgung. In den größeren Städten ist es in der Regel gechlort und je schlechter es schmeckte, desto tiefere Züge habe ich genommen. Wasser aus der Leitung haben wir getrunken in Halab, Hamah, Homs, Maloula, Dimaschq, Amman, Jerusalem, Batra, Aqaba, St. Kathrin, Kairo, Luxor, Aden und im Oman. Leider konnte man dieses Wasser nur wenige Tage in unseren 10 Liter Wassersäcken aufbewahren, bevor es verkeimte, die Säcke sind sehr gut zu handhaben, es sind jedoch zwei kaputtgegangen, also ist ein Ersatzsack von Vorteil. Die Strecke bis zur nächsten Stadt übersteht man mit eventuell verfügbarem Obst. Ansonsten heißt es abwarten und Tee trinken bis der Sonnenuntergang das Fahren wieder erträglich macht.

Reiseführer, Karten	zu Syrien, Jordanien und Jemen s. dort. Reiseführer/Karten zu **Oman:** Kabasci/Franzisky: „Oman", Reise Know-How (auch empfehlenswert: „Oman", von Röhl, Peter Meyer Verlag). „Islam erleben", „KulturSchock Islam" und „KulturSchock Golf-Emirate-Oman", alle von RKH. Oxford Map Oman 1: 1,3 Mio.

Karten sollte man alle von zuhause mitnehmen, denn gute Karten gibt es im Nahen Osten nicht zu kaufen. Wichtig sind Karten mit eingezeichneten Raststellen und auch kleinsten Dörfern auf Wüstenstrecken. Unsere Flugnavigationskarte (ONC bzw. TPC) für den *Südjemen* hat uns viel geholfen, während man in Syrien und Jordanien durchaus mit den gröberen Übersichtskarten des Tourismusministeriums oder mit der Syrien- bzw. der Jordanien-Straßenkarte von F & B (1:800.000) zurechtkommt. Auch Hildebrands Urlaubskarte Jordanien/Syrien/Libanon 1:1,25 Mio. ist gut.

Syrien

von *Thomas Longin* und *Peter Smolka*

Überblick	Während der Tourismus in der Türkei boomt, bleibt Syrien ein Geheimtip, obwohl es eine ähnliche Fülle von antiken Stätten aus der Römerzeit, von Burgen, Schlössern, Klöstern und Moscheen aufzuweisen hat. Vielleicht liegt es auch daran, daß die Mühlen der Bürokratie in diesem sozialistisch geprägten Land noch langsamer als in den Nachbarstaaten mahlen, daß die Einreisebestimmungen (und Entfernungen!) bereits viele Nahostradler auf die Direktfähre von Italien nach Israel oder Ägypten getrieben haben. Reiseradeln ist in Syrien nicht ganz einfach, die arabische Bevölkerung spricht nur wenig Englisch oder Französisch, die Ausschilderung der Straßen ist verbesserungsbedürftig, der Geldtausch bleibt ein Geduldspiel. Doch wer einmal hier war, berichtet begeistert von der Liebenswürdigkeit und Hilfsbereitschaft der Araber, den unzähligen Einladungen zum traditionellen Tee oder Kaffee, die manche Tagesetappe viel früher als geplant enden ließ.

Gesundheitlich bestehen keine Risiken, evtl. ab Mai im Euphrat-Tiefland geringe Malariagefahr. Da Syrien seit der Besetzung der Golan-Höhen durch Israel im Nahostkonflikt recht stark engagiert ist und immer noch Truppen im Libanon stationiert hat, sollte die politische Entwicklung genau verfolgt werden. Schaut vor der Reise z.B. auf die Website des AA (www.auswaertiges-amt.de). Das Grenzgebiet zu den Golan-Höhen bleibt für Touristen bis auf weiteres gesperrt.

Anreise, Geografie	Die Grenzübergänge von der Türkei, vom Libanon und von Jordanien sind geöffnet. Türkei: schnell und einfach bei Kilis//Azaz nördlich von Aleppo und bei Bab al-Hawa westlich von Aleppo (der Übergang am Euphrat bei Jarabulus ist nicht benutzbar!). Libanon: s. dort. Jordanien: zwei Übergänge, einer bei Dera'a und einer auf der Autobahn weiter östlich. Evtl. ist nun auch die Grenze in den Irak offen, erkundigt euch bei der Botschaft nach der aktuellen Lage für Individualreisende.

Syrien hat zwei internationale Flughäfen, einen bei Damaskus, den anderen bei Aleppo. Recht teure Linienflüge mit *Syrian Arab Airlines* u.a. Fluggesellschaften.

Wöchentlicher Fährdienst von Alexandria/Ägypten via Beirut nach Latakia. Auch ist die Anreise mit Bahn und/oder Bus aus den Nachbarländern möglich. Einmal die Woche fährt ein Direktzug von Istanbul über Aleppo nach Damaskus, alternativ mit Zug von Istanbul über Ankara und Adana nach Iskenderum und von hier mit dem Bus über die Grenze nach Latakia. Einmal wöchentlich (montags) verbindet ein Passagierzug Amman mit Damaskus, mehrere Busse fahren die Strecke dagegen täglich. Weitere von Beirut und Tripoli. Vor dem Ticketkauf unbedingt abklären, ob euer Rad überhaupt mitgenommen wird! Theoretisch könnte man auch mit dem Zug von Aleppo nach Mosul im Nord-Irak fahren (1x wöchentlich), bis zum Ende der UN-Sanktionen gegen den Irak bleibt die Strecke allerdings für Ausländer gesperrt.

Syrien ist etwa halb so groß wie Deutschland und besteht fast gänzlich aus kargem, wüstenhaftem Hochland. Entlang des Mittelmeeres erstreckt sich ein schmaler Küstenstreifen, unmittelbar dahinter steigt ein Küstengebirge an, dessen südliche Ausläufer, der Antilibanon, an der Grenze zum Libanon immerhin bis zu 2814 m Höhe erreichen. Im Südosten schließt sich die Syrische Wüste an. Syriens längster Fluß und wichtigster Wasserlieferant ist der *Euphrat*, er fließt in Nord-Ost-Richtung durch das versteppte Euphrattiefland. Seit dem Bau des Atatürk-Staudamms im Süden der Türkei ist er eine Quelle ständiger Dispute um Wasserrechte und -mengen.

Reisezeit, Einreise, Währung

Mediterranes Klima an der Küste mit heißen, trockenen Sommern und milden, feuchten Wintern. Im Hochland herrscht kontinentales Klima mit heißen Sommern und kalten Wintern, die sogar Schnee bringen können. Selbst in der Wüste müßt ihr dann mit Temperaturen unter dem Gefrierpunkt rechnen! Die Regengebiete erreichen im Frühjahr und Herbst durchaus auch Palmyra! Winde je nach Wetterlage aus wechselnden Richtungen, in der Wüste gelegentlich recht heftig, im Frühjahr drückend heiße Staubstürme aus südlichen Richtungen (Arabische Wüste)! **Beste Reisezeit** ist der Herbst, gerade auch für Radtoureros mit Ziel Ägypten oder Afrika. Der Frühsommer wäre eine Alternative, allerdings radelt ihr dann Richtung Süden direkt in den Glutofen.

Da die Visumbestimmungen nicht ganz einfach sind, bitte einen aktuellen Reiseführer (s.u.) zur Hand nehmen. Das **Visum** am besten in Deutschland besorgen. Es ist zwar auch noch beim Konsulat in Istanbul oder bei der Botschaft in Kairo oder Amman erhältlich, dann allerdings nur als „Single-Entry"-Version. Wollt ihr damit den Libanon besuchen, müßt ihr bei der Wiedereinreise nach Syrien an der Grenze ein neues Visum beantragen. Das „Multiple-Entry"-Visum ist sechs Monate gültig. **Achtung:** Euer Reisepaß darf weder einen Stempel von Israel aufweisen noch die Aus-/Einreisestempel einer Grenzübergangsstelle eines Nachbarlandes zu Israel. Das gilt für Visumantrag und Einreise gleichermaßen! Meldepflicht bei der Polizei *(Sûreté)* innerhalb von 15 Tagen. Solltet ihr vor Ablauf der 15 Tage ausreisen, z.B. in den Libanon, und mit demselben Visum (mehrere Reisen) wieder einreisen, beginnt die 15-Tage-Frist erneut!

Währung ist das Syrische Pfund, Reisewährung der US-Dollar oder Euro. Reiseschecks werden akzeptiert, Kreditkarten dagegen nur in teuren Hotels oder beim Kauf von Flugtickets. Das Geldtauschen ist nicht ganz einfach und bisher auf die staatliche Commercial Bank of Syria beschränkt. Weitere, auch ausländische, Banken sollen aber in naher Zukunft zugelassen werden. Keine Geldautomaten. Ggf. an der Grenze oder in Hotels tauschen, evtl. auch schwarz (z.B. in Damaskus im Sarudja-Viertel). Der Zwangsumtausch wurde abgeschafft. Beachtet, daß der Rücktausch von Syrischem Pfund in US-Dollar praktisch unmöglich ist! Devisendeklaration unbedingt korrekt ausfüllen, sonst kann es Probleme bei der Devisenausfuhr geben.

Die Eintrittspreise für Touristen sind stark überhöht, reduzieren sich bei Vorlage eines Internationalen Studentenausweises aber auf ein Zehntel oder weniger. Feilschen auf den Märkten nicht vergessen!

Übernachten, Verpflegung Es gibt viele sehr günstige Hotels und Hostels. Ein Tip ist die „Jugendherberge" in der Zitadelle von Bosra (teuer, aber sehr romantisch, s.u.). Weitere Hostels bitte einem guten Reiseführer entnehmen. Wenige organisierte Campingplätze (z.B. in Damaskus), wildes Zelten ist aber im Hochland gut möglich. Eine Erholung für schlappe Beinmuskeln und krumme Radlerrücken sind die öffentlichen Badeanstalten („Hammams"), die es in jeder Stadt gibt, auch für Frauen (sie sollten allerdings klar auf einen weiblichen Bademeister bestehen).

Die Versorgung mit Lebensmitteln ist überall gut und sehr günstig. Liebhaber von Schweinefleisch und Alkohol werden in dem vom Islam geprägten Land aber kaum auf ihre Kosten kommen. Gegessen wird, wie in anderen arabischen Ländern, mit der rechten Hand. Lecker und sättigend ist *Mezza,* eine Tafel aus vielen kleinen Gerichten (gewürztes Fleisch, eingelegtes Gemüse, Oliven, versch. Pasten, Brot). Weiteres s. „Jordanien" oder unter www.syriatourism.org/cuisine.htm.

Fahrrad und Ausrüstung Syrien ist kein Land zum Radfahren – das meinen zumindest die Einheimischen. So gibt es nur wenige und einfache Fahrradgeschäfte in Damaskus und Aleppo, alle nötigen Ersatzteile und auch Spezialwerkzeuge besser mitbringen.

Im Küstengebirge, aber auch im übrigen Hochland, teils starke Steigungen. Bergtaugliche Übersetzung montieren. Die Straßen sind gut und erfordern keine besonders breiten oder profilierten Reifen, mit 37 mm auf dem Trekkingbike bzw. 47 mm auf dem MTB müßtet ihr gut durchkommen.

Wasser ist in Syrien fast ganzjährig knapp, die Qualität nicht sonderlich gut. Entweder desinfiziert ihr alles Trinkwasser oder weicht auf Flaschenwasser aus.

Straßen, Verkehr, Transport Das Straßennetz ist relativ dünn, aber meist von guter Qualität. Dichter Verkehr nur im Umkreis der Städte, nur wenige Syrer haben bisher ein eigenes Auto. Die Regierung versucht nun mit verschiedenen Maßnahmen, den furchtbaren Smog in den Großstädten in den Griff zu bekommen. So sollen die bemerkenswert gut erhaltenen, wunderbaren Ami-Straßenkreuzer aus den 50ger Jahren verboten werden, die immer noch als Taxi oder Sammeltaxis unermüdlich ihren Dienst tun. Die Autobahn *(Autostrada)* Damaskus – Aleppo ist nur mittelmäßig befahren, Radeln darauf kein Problem. Weitere Autobahnabschnitte: Homs – Beirut, Homs – Tartus – Latakia, Latakia – Aleppo (in Teilen), von Damaskus zur libanesischen Grenze und zur jordanischen Grenze bei Dera'a. Neu ausgebaut (asphaltiert) wurden die Wüstenstrecken Palmyra – Deir ez-Zor und Palmyra – Damaskus. Mäßige Ausschilderung, manchmal auch in lateinischer Schrift. Legt euch einen kleinen Sprachführer (s.u.) zu, um die Leute nach dem Weg fragen zu können.

Fahrten mit der **Eisenbahn** sind empfehlenswert, pünktlich und sehr billig, allerdings ist es oft nicht leicht, Auskünfte über den Fahrplan zu bekommen. Hauptlinie von Damaskus via Homs, Aleppo, Deir ez-Zor und Al-Hassakah nach Kamechli mit täglichen Zügen zwischen Aleppo und Damaskus. Etliche Nebenlinien (z.B. 3x täglich Aleppo – Latakia mit Anschluß nach Banias, Tartus und Homs, 1x täglich Damaskus – Zabadani).

Komfortable und schnelle **Busse**, Sammeltaxis und Lkw fahren praktisch jeden Ort in Syrien an. Die **Flüge** zwischen Aleppo, Damaskus, Latakia und weiteren Städten sind im Vergleich zu den Bussen verhältnismäßig teuer.

Sehenswertes Die beiden größten Städte, Damaskus und Aleppo. Bosra ash-Sham, ein zu einer Zitadelle umgewandeltes perfekt erhaltenes römisches Theater (unbedingt in der Zitadelle übernachten und sich in der Nacht mal oben in das Theater setzen …). Die imposante Kreuzfahrerfestung Krak des Chevaliers (ausgeschildert „Al-Hosn" oder „Al-Hisn"). Von hier auf schmalen, sehr steilen Sträßchen weiter durch das Küstengebirge nach Masyaf. Lohnend ist auch die Strecke Damaskus – Palmyra durch die syrische Steppe/Wüste, der Norden ist aber ansonsten eher unspektakulär. Die griechisch-römische Ruinenstätte Palmyra. Viele weitere Burgen, Klöster und sehr viele antike und frühmittelalterliche Ausgrabungsstätten. Interessant ist auch die Gegend um den Drusenberg und die Wüstenberge nördlich Damaskus.

Reiseführer, Karten, Internet Muriel Brunswig: „Syrien", Reise Know-How. Sehr gut ist auch das „Syrien und Jordanien Reisehandbuch" von Bardorf. Humphreys und Simonis: „Syria", Lonely Planet. Wer mehrere Länder im Nahen bzw. Mittleren Osten beradeln und Gewicht sparen möchte, ist mit dem Lonely Planet-Guide „Middle East" am besten bedient. Kauderwelsch-Sprachführer: „Palästinensisch-Syrisch-Arabisch", Reise Know-How.

Karten: Empfehlenswert, aber nicht fehlerfrei, ist die Syrien-Straßenkarte von F & B, 1:800.000. Eine gute Übersichtskarte von Oxford Maps, „Syrien" 1:1 Mio. In Syrien beim Tourismusministerium und bei den Touristeninformationen erhältlich ist die „Map of Syria", Maßstab 1:1,25 Mio. Weitere Karten s. „Jordanien".

Internet gibt es bisher nur in Damaskus zu happigen Preisen. Eingeschränkte Dienste auch in Palmyra und Aleppo (das Internet soll in den nächsten Jahren stark ausgebaut werden, allerdings weiterhin unter staatlicher Kontrolle bleiben, na ja …). Die offizielle Website des Ministry of Tourism, www.syriatourism.org, ist recht informativ. Aktuelle Tagesnachrichten, unterteilt in versch. Rubriken wie Sport, Wirtschaft, Tourismus u.a. auf der Website der englischsprachigen Tageszeitung „Syria Times" (www.teshreen.com/syriatimes). Knappe Informationen zu vielen Aspekten rund um Syrien unter www.cafe-syria.com. Eine Vielzahl syrischer Websites, teils auch in deutscher Sprache, findet man auf www.syria-net.com.

„Al-salam!"

Jordanien

von *Thomas Longin* und *Peter Smolka*

Überblick

Das *Haschemitische Königreich Jordanien* ist nur etwa ein Drittel größer als Bayern und hat ca. 4,5 Mio. Einwohner, hauptsächlich Araber und weitere Minderheiten wie Tscherkessen, Kurden und Armenier. Fast die Hälfte der arabischen Bevölkerung sind Palästinenser, ein Großteil davon Flüchtlinge aus dem Westjordanland. Abgesehen von einigen traditionellen Nomaden im Osten und Süden lebt die restliche Bevölkerung in Städten, die größte ist die Hauptstadt Amman. Gesprochen wird Arabisch und in Beduinendialekten, Ziffern sind oft in Ostarabisch, in den Städten und in Touristenzentren sind Englischkenntnisse aber weit verbreitet.

Radtourer berichten begeistert von der Freundlichkeit und Herzlichkeit der Bevölkerung, das Klima ist angenehm trocken, die Versorgung problemlos, und es drohen keine besonderen Gesundheitsgefahren. Nur Steinewerfer, vor allem zwischen Tafila und Madaba (historische Landschaft Moab) steigern gelegentlich den Adrenalinspiegel, davon hat schon Dieter Rahmann berichtet (s.o.). Respektiert die religiösen Gefühle der Bevölkerung, kleidet euch entsprechend (keine kurze Hosen bei Besichtigungen!) und haltet euch während des Ramadan tagsüber mit öffentlichen Eßorgien zurück. Für einen tieferen Einblick in den Islam sei der „KulturSchock Islam" von Christine Pollok (Reise Know-How) empfohlen.

Einzigartige kulturelle Höhepunkte, wie die Felsenstadt Petra und wilde Berglandschaften, haben Jordanien zu einem sog. „Geheimtip" unter Globetrettern gemacht. Und wenn eine Straße schon „King's Highway" heißt, dann muß man da doch wohl hin …!

Anreise, Geografie

Linienflüge mit Royal Jordanian Airlines (www.rja.com.jo) u.a. Fluggesellschaften von Deutschland nach Amman oder per Charter nach Eilat (Israel, aber teure und evtl. langwierige Grenzabfertigungen bedenken). Von Ägypten (Nuweiba) pendelt 2x tägl. eine Fähre nach Aqaba, der Hafenort wird auch gelegentlich von Frachtschiffen angelaufen. Die Grenzen nach Israel, Syrien und den Irak sind offen, bedenkt aber bei einer Nahost-Tour, daß einige Länder die Einreise verweigern, solltet ihr ein Israel-Visum im Paß haben (s.u.). **Israel:** Aqaba//Eilat bzw. Sheikh Hussein im Norden (Jordantal). **Syrien:** Ramtha bzw. Jabber nördlich von Amman. **West Bank:** King Hussein (Allenby) Brücke (s.u.). Die Grenze nach Saudi-Arabien bleibt für Individualreisende weiterhin (fast) hermetisch geschlossen.

Jordaniens Topografie ist von Wüste und Gebirge geprägt. Der Jordangraben im Westen bildet die Grenze zu Israel und verläuft in Nord-Süd-Richtung vom See Genezareth zum Toten Meer, dem tiefsten Punkt der Erde (-397 m). Östlich steigen Gebirge bis auf etwa 900 m an und gehen an der Grenze zu Syrien, dem Irak und Saudi-Arabien in die Syrische Wüste über. Vor allem das Arabische Plateau im Süden mit Höhen über 1500 m und tiefeingeschnittenen Canyons begeistern Biker und Trekker gleichermaßen!

Reisezeit, Einreise, Währung

Beste Reisezeit im Frühjahr und Herbst. Während der Jordangraben ganzjährig trocken und warm bis extrem heiß ist, sinken die Temperaturen in der Syrischen Wüste und im Gebirge im Winter oft unter den Ge-

frierpunkt. Von Oktober bis April müßt ihr gar mit plötzlichen Temperatur-
stürzen und Schneefällen im Gebirge rechnen. Der Wind weht gelegentlich sehr heftig aus westlichen Richtungen.

Visumpflicht. Das Visum ist auch noch bei der Einreise erhältlich und
gültig für 14 Tage. Verlängerungen bis zu drei Monate sind einfach möglich. **Achtung:** Finden sich in eurem Reisepaß Hinweise auf einen Besuch
Israels, z.B. ein israelisches Visum oder ein jordanischer Aus- und Einreisestempel, wird euch die Einreise nach Syrien oder in den Libanon verweigert! Ein Israel-Visum deshalb in einen Zweitpaß oder auf ein
Extrablatt stempeln lassen und den **Abstecher nach Israel nur über die
Allenbybrücke bei Jericho** machen, da nur dort „verräterische" jordani-
sche Aus-/Einreisestempel vermieden werden (Stand 12/2000).

Währung ist der Jordan-Dinar, unterteilt in 1000 Fils. Als Reisewäh-
rung US-Dollar wählen, aber auch Euro werden akzeptiert. Zahlreiche
Geldautomaten. Reiseschecks, vor allem AmEx, werden von den meisten
Banken gegen Kommission akzeptiert. Jordanien ist ein relativ teures
Reiseland.

**Übernach-
ten, Verpfle-
gung**

Es gibt viele relativ günstige Hotels. Im Tondok-Führer (s.u.) stehen die
wichtigsten. Keine Jugendherbergen. Einige private „Zeltplätze", die Infrastruktur ist aber nur mäßig. Wildes Campen ist in der Wüste und am
Toten Meer gut möglich. Überlegt bei der Tourenplanung, ob ihr überhaupt zelten wollt (oder müßt), Radtouren in Jordanien sind auch gut
ohne Zelt möglich.

Die Versorgung mit Lebensmitteln ist überall problemlos und recht
günstig. Gegessen wird viel Reis, Fleisch (Lamm und Huhn) und Gemüse
(je nach Saison Tomaten, Zwiebeln, Kohl etc.), dazu gibt es immer frisches Brot, meist Fladenbrot. Nationalgericht ist *Mansaf,* Reis mit Lamm
und Joghurtsoße, das auf einer großen Platte für die ganze Tischrunde
serviert wird. Man ißt dann mit der rechten Hand von der Platte – die linke
Hand gilt als unrein. Beliebt ist auch *Kebab,* richtig lecker *Sakhan,* Huhn
in Olivenöl mit Zwiebeln und Gewürzen. Nach jeder Mahlzeit und zu jeder
Gelegenheit wird viel Kaffee aus kleinen Täßchen getrunken, entweder
stark und bitter wie bei den Beduinen oder mit viel Zucker wie bei den
Türken. Werdet ihr eingeladen, sollte ihr immer eine Rest der Mahlzeit
auf eurem Teller lassen. Das zeigt dem Gastgeber, daß ihr satt geworden
seid. Und noch etwas: Es ist üblich und gilt als höflich, Einladungen bis
zu dreimal abzulehnen, bevor man schließlich annimmt!

**Fahrrad und
Ausrüstung**

In Anbetracht der vielen, zum Teil extremen und sehr langgezogenen
Steigungen eine gute Übersetzung mit Berggang („Oma-Ritzel") wählen.
Ein Trekkingrad mit mittelbreiter Bereifung (mind. 37 mm) genügt, die
Seitenstreifen sind aber oft mit Scherben und Abfall übersät. Zieht ein
Schlauchschutzband ein oder wählt Reifen mit Pannenschutzeinlage.
Alle nötigen Ersatzteile mitbringen, je nach Länge der Tour neben einem
Ersatz(Falt-)Reifen auch Kette und Ersatzritzel. Es gibt nur einfache Fahr-
radgeschäfte.

Im Sommer genügt Bekleidung für heiße Tage und laue Nächte, im
Winter solltet ihr wegen der teils extremen Temperaturunterschiede „für
alle Fälle" vorsorgen. Kocher nicht nötig, Wasser desinfizieren (Filter oder
Tabletten, Wasser in Flaschen überall erhältlich).

Straßen, Verkehr, Transport

Das Straßennetz ist dünn, aber für die Verkehrsdichte ausreichend, und schwankt zwischen perfekt und erträglich. Gute Ausschilderung, auch mit lateinischer Schrift. Nur im Nahbereich der Städte ist der Verkehr richtig dicht, in Amman wird im Gegensatz zu Kairo sehr schnell gefahren.

Passagierzüge von Amman nach Damaskus (nur montags), ansonsten staatliche und private Busse (sehr billig), Sammeltaxis und Lkw. Trampen mit dem Fahrrad auf Pickups ist gut möglich. Das innerjordanische Flugnetz beschränkt sich auf die Verbindung Amman – Aqaba und wird von Royal Jordanian Airlines und Royal Wings (www.royalwings.com.jo) bedient.

Sehenswertes

Die Hauptstadt *Amman,* eine interessante Mischung aus Basaratmosphäre und moderner Metropole (Tip: besteigt das römische Amphitheater, herrlicher Rundblick!). *Aqaba* und die Küste am Roten Meer (angenehm trocken-heißes Klima). *Wadi Rum,* Ausgangspunkt zu Wüstenwanderungen, mehrtägigen Kameltouren etc. *Petra,* die 2000jährige Nabatäer-Felsstadt mit den Höhepunkten High Place of Sacrifice, Monastery, Djabal Al-Khubtha, Umm Al-Biyara (bereits morgens um 6 Uhr reingehen, extrem „gesalzene" Eintrittspreise! Zwei gigantische Canyons (*Wadi Hasa* und *Wadi Mujib*), Ausgrabungsstätten im NW (vor allem *Jerash*) und *Kreuzritterburgen* (Karak, Shawbak). *Totes Meer.*

Streckenvorschläge

Entlang dem *King Hussein Highway,* der sich in Nord-Süd-Richtung von Amman bis Aqaba durchs Bergland zieht, liegen die spektakulärsten Sehenswürdigkeiten. Sehr, sehr hügelig, aber auch immer wieder flach. Der parallel verlaufende *Desert Highway* ist die Hauptverkehrsachse mit starkem Lkw-Verkehr. Sehenswert u.a. Madaba mit einer antiken Mosaikkarte des Nahen Ostens, die großartige Kreuzritterfestung bei Karak und ein noch recht ursprünglicher Naturpark mit herrlichen Wanderwegen südlich von Tafila.

Vom Toten Meer führen mehrere Straßen ins Gebirge, z.B. vom Südufer nach Karak oder nördlich über die Allenbybrücke nach Salt (westlich Amman). Die neue Verbindung zwischen dem Wadi Araba und dem Hochland (südlich von Safi nach Tafila) ist auf den meisten Karten noch nicht eingezeichnet.

Um von Aqaba nach Norden Richtung Wadi Rum zu fahren, nicht den stark befahrenen Desert Highway Richtung Amman nehmen, sondern die neue „Aqaba Back Road", die einige Kilometer südlich am Containerhafen von der Küstenstraße in die Berge abzweigt (dann bei Einmündung in die neue Autobahn nach Saudi-Arabien nach links einbiegen). Zwar zusätzliche Höhenmeter, aber (noch) völlig verkehrsfrei.

Reiseführer, Karten, Internet

Sehr empfehlenswert, genau und ergänzt durch gute Karten ist das „Jordanien Handbuch", von Wil und Sigrid Tondok, Reise Know-How. Sympathie-Magazin „Jordanien verstehen", Studienkreis für Tourismus und Entwicklung e.V.

Radbuch: Bettina Selby: „Riding to Jerusalem – A Journey through Turkey and the Middle East", Richard Drew Publishing (1989), ISBN 0-86267-250-3.

Informationen auch beim Fremdenverkehrsbüro Jordanien, c/o Royal Jordanian Airlines, Münchener Straße 12, 60329 Frankfurt/M. Tel. 069/ 250869.

Karten: Wirklich exakt ist keine Straßenkarte, am besten nur zusammen mit dem Tondok-Reiseführer verwenden. F & B Jordanien 1:800.000. Für Nahost-Biker Hildebrands Urlaubskarte Jordanien/Syrien/Libanon 1:1,25 Mio. Zur Planung ausreichend: F & B Naher Osten (Türkei, Jordanien, Syrien, Irak) 1:2 Mio. Der Lonely Planet Travel Atlas „Jordan, Syria & Lebanon", 1:700.000 bzw. 1:200.000, ist unhandlich und weist ebenfalls viele Fehler auf.

Internet: In Amman günstige und schnelle Verbindungen, teurer in Wadi Musa (Petra) und Aqaba. Knapp, aber mit vielen Infos (z.B. zu den Grenzübergängen, zur Anreise mit dem Flugzeug oder zum Reisen im Land) wartet die Website des Jordan Tourism Board North America auf (www.seejordan.org). Die offizielle Homepage des Jordan Tourism Board (www.see-jordan.com) ist noch ausführlicher (interessant sind auch die Verhaltensregeln „Do's and Don'ts"). Die Website www.kinghussein.gov.jo widmet sich ganz dem Andenken an den 1999 verstorbenen König Hussein I.

Libanon

von *Thomas Longin*

Überblick

Seit dem Ende des Bürgerkrieges und dem Abzug der Israelis aus dem Südlibanon wieder ein Reiseland. Auf kleinster Fläche – der Libanon ist gerade halb so groß wie Hessen – gibt es hier für jeden Radler etwas: Schöne Strände, Hochgebirge mit atemberaubenden Gebirgspässen und verkehrsarmen Sträßchen, dazu eine Vielzahl antiker Stätten und einige hervorragende Museen.

Übernachten kann man in Hotels oder Pensionen, sie sind aber nicht unbedingt billig, und auf wenigen Campingplätzen (z.B. bei Amchit nördlich Jbail). Wildzelten in den Bergen möglich, ansonsten ist das Land meist zu dicht besiedelt. Gut überlegen, ob ihr überhaupt mit Zelt und Schlafsack reisen wollt/müßt. Die Versorgung mit Lebensmitteln ist überall hervorragend und günstig, es gibt sehr viel Frischobst.

Nur ein Fünftel aller Libanesen leben heute noch im Libanon, ein Viertel der rund 4 Mio. Einwohner sind Flüchtlinge, viele davon aus Palästina. Amtssprache ist Arabisch, Wirtschaftssprachen sind Englisch und Französisch. Ganz im Gegensatz zu den Nachbarstaaten hat der Islam nicht die gesellschaftlich allein bestimmende Rolle im Libanon, neben Schiiten und Sunniten gehören immerhin 40% der Bevölkerung christlichen Religionen an.

Anreise Überland nur von Syrien, z.B. auf der Hauptstraße von Damaskus, entlang der Beqaa-Ebene von Homs oder südwestlich des Krak des Chevaliers (Wiedereinreise nach Syrien nur mit Mehrfachvisum möglich!). Neben Bussen fährt auch einmal wöchentlich eine Fähre von Latakia via Beirut nach Alexandria/Ägypten. Flüge mit Middle East Airlines und einigen Fluggesellschaften mehr von Europa, Asien und Afrika nach Beirut.

Gefahren, restriktive Gebiete

Unsicher soll der Norden der *Beqaa-Ebene* sein, die Hauptstraße kann aber gefahrlos beradelt werden. Auch nach dem Abzug der israelischen Soldaten und dem Einzug der UNIFIL-Einheiten bleibt die Sicherheitszone im Süden des Landes für Touristen gesperrt! Minengefahr! Immer noch halten sich rund 35.000 syrische Streitkräfte im Libanon auf, die allgemeine Lage kann jederzeit wieder kippen. Erkundigt euch vor Reiseantritt bzw. bei einer Überlandfahrt spätestens in der Türkei unbedingt nach der aktuellen Sicherheitslage im Libanon, empfohlen sei die Website des AA (www.auswaertiges-amt.de).

Reisezeit, Einreise, Währung

An der Küste typisches Mittelmeerklima mit stets sehr hoher Luftfeuchtigkeit. Winter mild und regenreich, die Sommer unerträglich schwül. Im Libanon-Gebirge (auch Beqaa-Ebene und Antilibanon) trockeneres Kontinentalklima mit heißen Sommern und sehr kalten, schneereichen Wintern. *Beste Reisezeit* spätes Frühjahr (Mai) oder Herbst (Oktober), im Hochgebirge auch noch der Sommer. Im Winter kommen hier eher Skifahrer als Radler auf ihre Kosten.

Visumpflicht. Das Visum ist auch noch an der Grenze erhältlich (2 Tage Aufenthalt gibt's umsonst, bis zu 3 Monate sind möglich). Wegen Israelstempel s. „Syrien".

Währung ist das Libanesische Pfund *(livre libanais).* Das Tauschen von Bargeld oder Reiseschecks gehört in dem Land, das früher eines der wichtigsten Bankenzentren war, immer noch zu den leichteren Übungen. Zahlreiche Geldautomaten, viele Wechselstuben (alle Währungen) und Banken (US-Dollar/Euro). Wechselstuben geben bessere Kurse.

Straßen, Verkehr, Transport

In der Küstenebene sehr dichtes Straßennetz, die Qualität ist meist schlecht, in den Bergen sehr schlecht. Bergtaugliches, robustes Fahrrad wählen! Paß- und Gebirgsstraßen (außer den Hauptstraßen) nur im Sommer sicher befahrbar! Ausschilderung von mangelhaft bis nicht vorhanden, meist nur in arabischer Schrift.

In und um Beirut nervt dichter Verkehr, Radeln ist hier nur mit Einschränkungen möglich. Allgemein sind alle Hauptstraßen verkehrsreich, z.B. die Küstenautobahn, die Straße von Beirut nach Damaskus und in der Beqaa-Ebene, es wird schnell und rücksichtslos gefahren. Wo immer möglich, solltet ihr auf kleinere Nebenstraßen ausweichen, die in den Bergen noch eher als an der Küste zu finden sind und eine gute Straßenkarte und ggf. Arabisch-Kenntnisse erfordern.

Alle Orte in dem kleinen Land sind mit Bussen, Sammeltaxis oder Lkw gut erreichbar. Keine Zug- und Flugverbindungen.

Bikeshop in Beirut: La Bicyclette, Sin El Fil, gegenüber dem Futuroscope, (www.la-bicyclette.com); er führt überwiegend MTBs und vermittelt auch MTB-Touren in den Bergen.

Sehenswertes, Streckenvorschläge

Die Hauptstadt *Beirut* (Omari-Moschee, Nationalmuseum). *Byblos,* eine der am längsten bewohnten Städte der Erde (schöne Altstadt). Die beeindruckenden römischen Tempelruinen von *Baalbek* (gutes Museum!), daneben etliche weitere antike Stätten und Burgen.

Sehr schön ist der Küstenabschnitt nördlich von Batrun mit teilweise mediterranen Fischerdörfern. Trotz des Verkehrs kann man ab Beirut auch die Autobahn benutzen, sollte dann aber ab etwa Jounie auf Nebenstraßen ausweichen. Ebenfalls empfehlenswert ist eine Tour über die fruchtbare Beqaa-Ebene mit herrlichem Gebirgspanorama. Auf entdeckungsfreudige (und wg. der miserablen Straßen leidensfähige) Radtourer warten im Mittel- und Hochgebirge einige spektakuläre Gebirgs-pässe (z.B. von Baalbek nach Bcharré) und viele kleine und kleinste Gebirgs-straßen auf der Westseite des Libanongebirges. Zedernwälder, herrliche Täler und Karstgrotten laden zu Seitenabstechern ein.

Reiseführer, Karten, Internet

Laila Atrache: „Libanon", Reise Know-How. Dietrich Höllhuber: „Libanon", DuMont. Lonely Planet „Lebanon", von Siona Jenkins & Ann Jousiffe.

Karten: IGN Travel Map „Liban" 1:200.000. Weiteres s. Jordanien und Syrien.

Internet: Falls ihr auf der Suche nach speziellen Infos zum Libanon seid, versucht es erst mit der Suchmaschine www.lebhost.com.lb oder dem Linkverzeichnis www.lebanonlinks.net. Allgemeinere Infos über den Libanon auf der französischsprachigen Homepage des Ministeriums für Tourismus (www.lebanon-tourism.gov.lb), auf der Website des Arab.Nets (www.arab.net/lebanon/lebanon_contents.html), auf www.lebanon.com/tourism/index.htm und einige wenige auf www.libanon.de. Tagesaktuelle Nachrichten auf der Homepage der englischsprachigen Zeitung „The Daily Star" (www.dailystar.com.lb). Die empfehlenswerte Website „The Middle Eastern Cook Book", http://members.home.net/stoma, hat eine Vielzahl von Rezepten für Suppen, Hauptgerichte und Nachtische zum Vor- oder Nachkochen.

Australien

A. PLANUNG, VORBEREITUNG, WISSENSWERTES

1. Über-blick, Landesnatur

Die größte Insel der Welt ist gleichzeitig der kleinste Kontinent, und er besteht nur aus einem Staat, unterteilt in sechs Bundesstaaten, alle mit eigener Regierung und Verwaltung: *Western Australia* (WA), *South Australia* (SA), *Queensland* (QLD), *New South Wales* (NSW), *Victoria* (VIC), die Insel *Tasmanien* (TAS) und zwei Territorien, nämlich das *Northern Territory* (NT) und das kleine *Capital Territory* (ACT) der **Hauptstadt Canberra.** Sydney als Publikumsmagnet und die zweitgrößte Stadt Melbourne sind die zwei wichtigsten Handels- und Finanzplätze.

Die Nord-Süd-Ausdehnung Australiens beträgt etwa 3700 km, Ost-West 4000 km. Die drei großen Regionen sind das *westaustralische Tafelland,* die sehr trockene *inneraustralische Senke* und das *ostaustralische Hochland.* Der Süden und vor allem das Zentrum sind überwiegend trockenes Wüsten- und Steppengebiet (immerhin zwei Drittel des Landes!), mit Dornbüschen, Akazien und Eukalyptuswäldern. Im Norden Australiens wuchert tropische Vegetation. Der Ostküste vorgelagert ist das rund 2000 km lange *Great Barierr Reef* mit zahlreichen kleinen Inseln, ein nationales und internationales Sonne- und Strand-Touristenziel. Eine weitere Attraktion Australiens ist der **Ayers Rock,** der rote Felsmonolith im Zentrum, doch auch Australiens einmalige Flora und Fauna mit ihrer Artenvielfalt (Känguruhs, Koalas, Emus u.a.) sind weltbekannt.

Australien ist größtenteils ein flaches Tafelland, dessen Ränder wie eine Unterasse leicht aufgewölbt sind, diesbezüglich also ideal zum Radfahren. Als einzige nennenswerte Erhebung ziehen sich die *Great Dividing Range* an der Ostküste von Cairns – mit unterschiedlichen Höhen zwischen 1000 und 2000 m – bis runter nach Melbourne. Südlich von Perth an der Westküste ist noch das Hügelland der *Darling Range* erwähnenswert.

Hauptwirtschaftsgüter sind landwirtschaftliche Produkte wie Wolle und Getreide, aber auch Bergbau- und Industrieerzeugnisse. Weit verbreitet ist die Rinder- und Schafzucht.

Wenngleich auch Australien heutzutage mit einigen wirtschaftlichen und sozialen Problemen zu kämpfen hat, so bestimmen immer noch die Weite des Landes, die Unberührtheit der Natur und der alte Pioniergeist das Leben. Und dies besonders draußen im **„Outback",** im australischen Busch, in den rotsandenen, endlosen Weiten oder den anderen Gegenden jenseits der Zivilisation.

2. Ein-, An- und Rückreise

Es ist ein Visum erforderlich (möglich bis 6 Monate, bei einem „working holiday visa" bis 12 Monate, Altersgrenze 30 Jahre), Anträge sind erhältlich bei der austr. Botschaft (Adressen stehen in Reiseführern) und in Reisebüros. Beantragt ein „multiple entry visa" wenn ihr aus- und wieder einreisen wollt. Impfungen sind bei einer Einreise aus Europa nicht vorgeschrieben, aber evtl. nach einem Aufenthalt in asiatischen Ländern. Der Reisepaß muß nach Ablauf des Visums noch mindestens 3 Monate gültig sein. Bei einer Aufenthaltsdauer von nur 3 Monaten ist die Verlängerung auf 6 Monate in Australien nur mit Aufwand, Geldnachweis und hohen Gebühren möglich. Manchmal muß man auch ein genügend hohes Reisebudget nachweisen, besonders Überlandreisende aus Asien. Ein Ausreiseticket will die Immigration gleichfalls sehen.

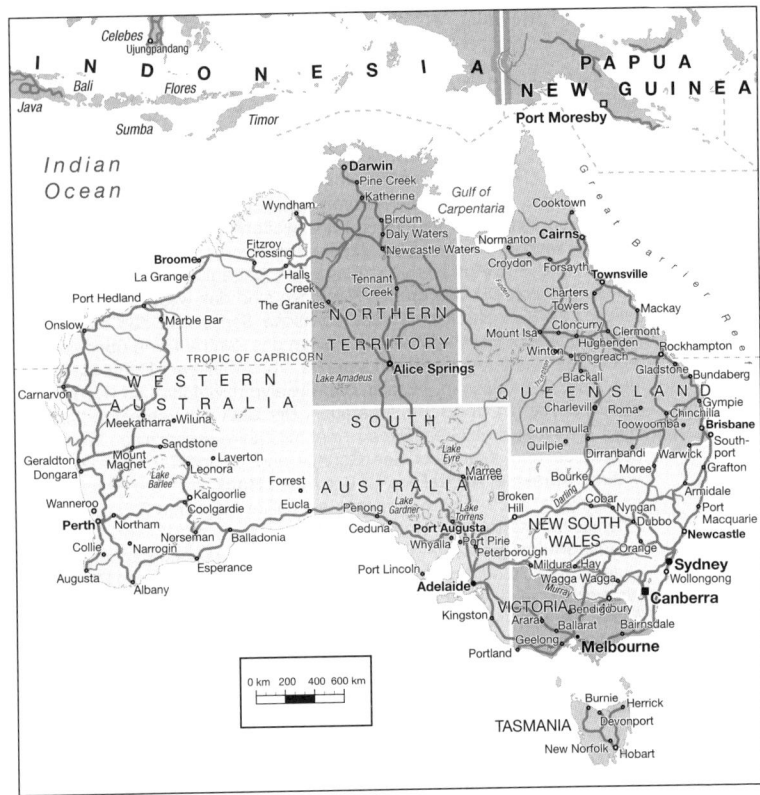

Räder dürfen zum persönlichen Gebrauch zollfrei eingeführt werden. Doch Achtung, der australische Kontrolleur nimmt es mit der Sauberkeit deines Rads (Reifen, Schutzbleche innen, Pedale) und auch der Ausrüstung (Schuhe) sehr genau! Es sollen nämlich keine Pflanzen- und Tierseuchen eingeschleppt werden, deshalb ist auch die Einfuhr von Lebensmitteln und Tierprodukten nicht gestattet (zwischen australischen Staaten gibt es zusätzliche Einfuhrreglementierungen von Obst und Gemüse!).

Anreise Von Deutschland aus gibt es sehr viele Flüge diverser Fluggesellschaften nach Australien, Reisebüros und Websites helfen weiter. Günstige Flüge gibt es von Billigflug-Reisebüros und Internet-Vermarktern (z.B. www.traveljungle.de, www.billiger-reisen.de u.v.a.). Prüft auch die Angebote in den Flugzeitschriften „fliegen & sparen" und „Reise & Preise". Flug-Hauptsaison ist von Oktober bis März, Nebensaison von April bis September. Hauptflugrouten gehen nach Sydney und Melbourne, doch werden international auch Perth, Brisbane, Adelaide, Cairns und Darwin angeflogen. Evtl. Stopover-Möglichkeit in asiatischen Ländern oder Weiterflug nach Neuseeland einplanen. Ein Gabelflug – z.B. hin Sydney, rück von Perth (Westküste) – gibt mehr Spielraum zur Routenplanung. Oder schließt Australien evtl. in ein günstiges Rund-um-die Welt-Ticket mit ein. Bei Fluganfragen immer gleich auch nach den **Radtransportbedingungen** und dem Freigepäcklimit erkunden (etwas Mehrgewicht ist beim Check-in meist immer noch verhandelbar). Wer viel Gewicht hat: Amerikanische Airlines mit Flugrouten über die USA lassen meist 2 x 32 kg Freigepäck zu!

Genügend und gute Flugverbindungen gibt es auch von Indonesien (Jakarta und Bali nach Darwin), von Neu-Guinea (von Port Moresby nach Cairns), von Neuseeland, den pazifischen Inselstaaten und von den USA. Weiteres über Flüge innerhalb Australiens steht bei „Transport". Beim Ausreisen wird eine Departure Tax fällig (derzeit 30.- A$).

Wichtiger Tip: Der Flug bzw. das Flugziel nach Australien muß so gewählt werden, daß in der dortigen Ankunftsregion – also z.B. in Darwin oder Sydney – auch das „richtige" Radwetter herrscht (siehe dazu „Klima, Reisezeit").

Schiffsreisen von Deutschland nach/von Australien gibt es, auch von/nach den USA, doch solche Reisen buchen nur wenige. Eine Container-Schiffslinie zum Anfragen für eine Rückreise: Columbus Overseas Service, 607 Bourke Street, POB 5107, Melbourne.

3. Währung, Geld

Währung ist der australische Dollar (A$). Zum Reisen Traveller-Checks mitnehmen, am besten auf Euro lautend, die kann man dann bei Banken in allen größeren Orten eintauschen. Zahllose Bankautomaten zum „Nachtanken", auch für **EC-Maestro-Card** (preisgünstiger). Australische Dollar-Schecks werden nicht nur bei Banken, sondern auch in größeren Geschäften, Hotels etc. eingetauscht. Alle Kreditkarten werden akzeptiert, am meisten verbreitet sind VISA und MasterCard. Eine – oder besser zwei – dabeizuhaben ist unabdingbar.

Für längere Aufenthalte lohnt es, ein Bank- oder Postsparkonto zu eröffnen. Die Commonwealth-Bank hat die meisten Zweigstellen, man kann als Kunde von ihr sein Geld auch von jedem Post-Office abheben, und ein Postamt gibt es in beinahe jedem Ort Australiens (zur Konto-Eröffnung muß man eine Adresse angeben, unter der man in Australien erreichbar ist, das kann auch eine Poste-Restante-Adresse sein).

Andere australische Großbanken sind die WESTPAC und die ANZ (die ANZ gibt es auch in Neuseeland), beide haben in Frankfurt Niederlassungen, somit könnte man schon hier sein australisches Konto einrichten. Man läßt sich dann eine australische Bankkarte aushändigen (mit persönlicher Geheimnummer für das Konto, meist erst nach vier Wochen möglich), und mit dieser kann man dann an den vielen Automaten des Landes (bei Banken, in Einkaufszentren, etc.) Geld ziehen (meist nicht mehr als 200 A$ auf einmal, und mit einem Wochenlimit).

4. Klima, Reisezeiten

Die Jahreszeiten sind in Australien den unsrigen entgegengesetzt, Sommer ist also von Dezember bis März, Winter ist von Juni bis September. Australien ist ganz überwiegend ein trockener, heißer Kontinent, der aber das ganze Jahr über bereist werden kann – man muß sich nur in der richtigen Zeit in der richtigen Gegend aufhalten, um der größten Hitze, den meisten Niederschlägen (Monsun) oder auch der Kälte bzw. dem ungemütlichen Wetter zu entkommen.

Nördliches Australien: Günstig von Juni bis September (dann weniger heiß und feucht). Meiden sollte man den Norden von November bis März, ganz im Norden auch bis Ende April, da dann Regenfälle (Monsun) sowohl die Naturstraßen als auch die Asphaltstraßen wegen Überschwemmungen unpassierbar machen können!

Südliches Australien: Günstige Reisemonate von November bis März.

Zentralaustralien: Günstig von April bis September. In den anderen Monaten wird es sehr, sehr heiß, besonders von Januar bis März! Kühle Nächte!

Ostküste, südlicher Teil: Günstig von Oktober bis Mai, doch sehr heiß und schwül im Januar und Februar. Dezember, Januar und Februar sind gute Radelmonate für Touren in den Gebirgsregionen von New South Wales und Victoria (Snowy Mountains). Weniger günstig ist die südliche Ostküste von Juni bis August. Dann wird es dort zum Teil kalt und regnerisch, besonders in Höhenlagen. Im nördlichen Teil der Ostküste ist es günstig von Mai bis Oktober, von November bis April herrscht Regenzeit.

Westküste, südlicher Teil: Günstig von Oktober bis April. Sehr heiß von Dezember bis Februar. Die Darling- und Sterling Range südlich von Perth sind günstig von März bis Mitte Mai und im September/Oktober. Weniger günstig an der Westküste ist es von April bis August, dann ist es kühl und regnerisch. Der nördliche Teil der Westküste ist günstig von Juni bis September.

Nordküste: Günstig von Mai bis Oktober, doch trotzdem heiß und tropisch. Weniger günstig: November bis März, dann Regen, Schwüle, Wirbelstürme.

Tasmanien: Viele Regenfälle von Mai bis August, an der Westküste das ganze Jahr über. Die Ostküste ist trockener. Dezember bis März sind in Tasmanien gute Radelmonate.

5. Bevölkerung

Die etwa 19 Millionen Australier verlieren sich auf über 7 Millionen Quadratkilometer, das macht eben mal ca. zweieinhalb Einwohner auf den Quadratkilometer (in Deutschland 230). Die meisten Australier – über 85% – leben in Städten, diese konzentrieren sich im fruchtbaren, halbmondförmigen Gebiet Südostaustraliens (auch „Bumerang" genannt) zwischen Brisbane und Adelaide. Der Rest des ländlichen Australiens ist äußerst dünn besiedelt.

Mehr als zwei Drittel der Australier sind britischer Abstammung, viele andere europäische Volksgruppen sind Minderheiten (Melbourne z.B. ist die Stadt mit den meisten Griechen außerhalb Griechenlands). Italiener, Portugiesen, Libanesen, Chinesen, Vietnamesen und andere sind gleichfalls vertreten. Sprache ist Englisch, durchsetzt mit vielen speziellen „Aussi"-Wörtern. Lernt den Aussi-Slang mit dem „Australian Slang"-Kauderwelsch-Sprachführer von Reise Know-How.

Von den etwa 360.000 Ureinwohnern, den **Aborigines,** leben nur noch wenige Stämme (Clans) in alter Tradition, und das nur in Reservaten, die über den Kontinent verstreut sind (Schwerpunkt ist das Arnhem-Land im Norden). Ihre Kultur ist vom Aussterben bedroht. Viele leben von Sozialhilfe oder Arbeitslosengeld, und weitgehend ohne Identität flüchten sehr viele in den Alkohol. Aborigines-Kunst sind Felszeichnungen und Bilder.

6. Lebens-kosten, Einkaufen

Australien ist kein Billigland, doch preiswert. Lebensmittel sind billiger als bei uns, besonders Früchte, Fleisch, Fisch, Gemüse. Die Supermärkte sind allerbestens bestückt. Kleine Läden (Eigentümer meist Chinesen und Inder) wiegen oft noch ab (ihr sonstiges Angebot ist jedoch meist teurer als in Supermärkten), sie sind eine gute Fundstelle für Radlers-Trockenfutter etc. Donnerstagabend ist länger geöffnet, ab Sonnabend 13 Uhr sind die allermeisten Läden bis Montagmorgens geschlossen.

Im einsamen Outback ist die Auswahl an Lebensmitteln beschränkt, dort sind sind die Preise auch höher. Auf abgelegenen Strecken immer genügend *food* mitführen (wenn es unterwegs auf Schildern heißt: „Last filling station for next xxx km", so ist dazwischen auch keine Einkaufsmöglichkeit zu erwarten!). Tankstellen haben eine kleine Auswahl an Konserven. Kochen draußen ist kein Problem, es gibt viele Picknickplätze *(rest areas)* mit Feuerstellen.

Achtung: Mitglieder des Jugendherbergswerks bekommen gegen Vorlage ihres gültigen Ausweises oder einer australischen YH-Concession-Card (in Youth Hostels erhältlich) auf viele Dinge in bestimmten Läden, Geschäften und Transportunternehmen 10% bis 30% **Rabatt!** Z.B. auf Outdoor-Equipment, Ausflugstouren, Mietautos, Filme, Restaurants, Eintrittspreise, auch auf Bus-Tickets! Die Adressen der partizipierenden Firmen und Läden stehen im australischen Youth Hostel Accommodation-Guide! Liste genau studieren, da läßt sich einiges an Geld sparen. Die Backpacker-Organisationen haben ein ähnliches Rabattsystem für ihre Mitglieder eingeführt, auch hier solltet ihr auf Preisnachlässe achten. Wer den Besuch mehrerer Nationalparks plant, sollte sich den Generalpaß besorgen. Der kostet einmalig derzeit A$ 60 gegenüber rund A$ 15 Eintritt pro Park! Nicht in allen Nationalparks erhältlich, also besser gleich nach der Ankunft in Sydney besorgen.

7. Essen und Trinken

Die original-australische Küche genießt nur einen bescheidenen Ruf, typisch sind *Barbies,* Rinder- und Lammsteaks vom Grill, auch Fisch ist beliebt. *Pies* (Gebäcktaschen, Kuchen), *Pastries, Fish & Chips, Hamburgers, Hot dogs* und *Sandwiches* gibt es an Essensbuden, sog. **Take-aways.** Doch zum Glück gibt es durch Einwanderer viel mehr als früher Schmackhafteres (asiatisches, euro-mediterranes oder mexikanisch/südamerikanisches), in immenser Auswahl in Städten in **Food-Centres.** Eine australische Spezialität ist *Vegemite,* eine hefeartiger Brotaufstrich. Richtige Speiserestaurants gibt es nur in größeren Orten. *Counter lunch* ist (preiswert) am Biertresen erhältlich. Essen und Trinken kann man unterwegs auch an einem *Roadhouse* (Tankstelle, Raststätte), allerdings oft weniger schmackhaft. Müsli, Brühwürfel und Trockensuppen sind ein Muß für jede Radlerküche, zum Ausgleich des Salzhaushaltes und als leichtgewichtiger Proviant.

Australier sind gewaltige Biertrinker, und das mögen sie am liebsten eiskalt, in den Pubs wird kräftig zugelangt. Nicht alle Restaurants haben eine Ausschankgenehmigung für alkoholische Getränke. „BYO" bedeutet „bring your own" (beer, wine) zum Essen mit. Alkoholische Getränke kann man oft nur in einem *bottle-* oder *liquor shop* kaufen (und die haben nicht immer geöffnet). Probiert auch mal einen der guten australischen Weine. In der Öffentlichkeit Alkohol zu trinken wird in Australien mißbilligt (was die Aborigines aber herzlich wenig stört).

8. Übernachten
Zum Übernachten verfügt Australien über alle Arten von Unterkünften, von kostenlosen Campgrounds bis hin zu teuren internationalen Hotels. Es gibt etwa 150 **Youth Hostels** (YH), überwiegend in den Städten an der Ost- und Südostküste, in oder nahe den Nationalparks und in Tourismusregionen. Ausweis erforderlich (hier schon besorgen, ist billiger). Das australische Hostel-Verzeichnis ist erhältlich bei der Australian Youth Hostel Association, Level 3, 10 Mallett St, Camperdown, NSW 2050, in allen Juhes und allen „Visitor Information Centres" (hier über das DJH in Detmold zu bekommen – „The Guide to Budget Accommodation", Volume 2). YHA-Mitglieder bekommen in Australien auf viele Dinge Rabatt (s.o., „Lebenskosten, Einkaufen"), mehr steht im „YHA Accommodation and Discount Guide". In den einzelnen Bundesstaaten gibt es auch YH-Regionalverbände. Nähere Infos zu Standorten, Rabatten etc. auch online unter www.yha.org.au.

Backpacker Hostels
Außerordentlich beliebt sind bei Travellern die preiswerten, YH-ähnlichen Backpacker Hostels, von denen es in Australien eine sehr große Anzahl gibt, man findet sie in allen größeren Städten. Für sie braucht man keinen Ausweis, mit einer Mitgliedskarte gibt es aber (nicht nur) beim Übernachten Rabatt. Fast alle Backpacker Hostels gehören einer Backpacker-Organisation an, die bekanntesten sind „VIP Backpackers" (www.backpackers.com.au/bpaus.htm) und „Nomads Backpackers" (www.nomadsworld.com/oz/index.html). Sie geben jeweils eigene kostenlose Broschüren heraus, in denen alle zugehörigen Hostels mit Adresse, Lage, Ausstattung etc. gelistet sind. Die Booklets liegen auch an allen Touristeninformationen aus, am besten besorgt ihr sie euch gleich nach der Ankunft auf dem Flughafen.

Studentenwohnheime
Eine weitere Möglichkeit wäre das Übernachten in Studentenwohnheimen, aber das ist meist nur während der Semesterferien möglich (Nov.–Febr.). Eine Voranmeldung ist nötig. Australische Unis liegen meist außerhalb der Städte, was für Radler kein Problem ist (sie sind aber auch gut mit Bussen zu erreichen). Eine (kostenpflichtige) Liste mit allen Universitäten in Nordamerika, Australien und Neuseeland und Europa, die während der Semesterferien Unterkünfte für Budget-Reisende anbieten, ist erhältlich bei „Campus Travel Service", POB 8355, Newport Beach, Ca. 92660, USA. Das Verzeichnis heißt „US and Worldwide Travel Accommodation Guide".

YMCA, YWCA
Eine weitere Möglichkeit, wenngleich nicht gerade billig, sind die YMCA- bzw. YWCA-Hotels (CVJM). Sie sind meist nur in Städten zu finden. In den YMCA kommen auch Frauen unter, in den YWCA jedoch keine männlichen Personen. In ländlichen Gegenden gibt es noch die Pensionen der **CWA** (Country- bzw. Christian Women Association), sie sind (meist nur) für Frauen.

Hotels
Einfache bzw. billige Hotels listen auch die hier am Schluß empfohlenen Reiseführer auf. In der Hochsaison empfiehlt es sich, bei allen Unterkünften vorher anzurufen, ob noch was frei ist (die Anfahrtswege sind meist lang).

Campen
Campen ist in Australien sehr verbreitet, die Aussis sind Outdoorer, und ein Zelt mitzuführen ist bei einer Radtour durch Australien sehr anzura-

ten. Zu den Campground-Einrichtungen gehören Waschräume, Toiletten, Duschen, Feuerstellen, Sitzbänke, Küche, Waschmaschinen und manchmal auch ein Gemeinschaftsraum. Die meisten Caravan-Parks haben auch sog. *on-site-vans,* vollausgestattete Wohnwagen, in denen man übernachten kann (2–4 Personen). Manchmal gibt es noch geräumigere, feste *cabins.* In der Regel zahlt man seine Campgebühr nicht nach Personenanzahl, sondern durch Belegung einer „site", d.h., es kostet für eine oder 6 Personen dasselbe, es lohnt daher, mit anderen Leuten eine Site und damit die Kosten zu teilen.

Die Campground-Übernachtungspreise sind recht unterschiedlich, je nach Staat, Ausstattung und Gegend (teuer in der Nähe von touristischen Attraktionen oder Städten). Ermäßigung gibt es bei längeren Aufenthalten. Einen dicken Campingführer mitzuschleppen ist nicht sinnvoll, besser ist es, entsprechend genaue Karten zu haben, auf denen auch Campgrounds verzeichnet sind.

Nationalpark- bzw. **State Forest Campgrounds** liegen oft sehr schön, von „basic" (die kostenlos sind), bis „luxury" gibt es alle Variationen. In manchen National Parks darf nicht gecampt werden, dann gibt es aber am Eingang eine „rest area", und die Ranger wissen im Notfall Rat und kennen Ausweichplätze. In manchen gibt es auch *Cabins* (kleine Hütten), in den State Forests von West Australia sind diese kostenlos. Wo sie stehen mußt du vorher in Städten beim *Forestry Department* oder beim *National Park and Wildlife Service* erfragen, diese Stellen geben Info-Material ab (auch Roadhouses haben meist eine Ecke für Camper, und an den meisten Tankstellen kann man gegen eine geringe Gebühr duschen!). Toiletten heißen in Australien übrigens „Comfort-Stations" oder „Rest-Rooms".

Wildes Campen ist außerhalb besiedelten Gebiets in Australien kein Problem, im Outback ist dies meist die einzige Übernachtungsmöglichkeit. Doch sollte man bei der Wahl seines Platzes wählerisch sein, daß er nicht gleich eingesehen werden kann, besonders in der Nähe von Siedlungen und Straßen (in einigen Bundesstaaten gibt es bezüglich des Wildcampens einige einschränkende Gesetze). Zur Not, obwohl nicht immer erlaubt, kann man auch auf Rest-Areas oder auf den Picnic Sites in Highway-Nähe übernachten. Rest Areas sind meist mit Feuerstellen („barbes", abgeleitet von „barbecue"), Tischen, Bänken und einem Sonnendach ausgestattet, im Northern Territory und in West Australia sind häufig auch Trinkwasser-Tanks vorzufinden.

Als Camper mußt du besonders auf dein **Feuer achten!** Der Grad der Buschfeuergefahr wird durch Tafeln angezeigt („low" bis „very high"). Wenn totaler „Fireban" besteht (meist im Spätsommer), ist jegliches offenes Feuer verboten und es muß auch total eingehalten werden! Da verstehen die Ranger keinen Spaß, sonst hohe Geldstrafen! „Fire Restriction" erlaubt ein Feuer an dafür erlaubten Plätzen unter ständiger Aufsicht und schneller Löschmöglichkeit. Vorsicht mit dem Wind! Es kann plötzlich, aus heiterem Himmel, eine Bö über deinen Platz fegen, den Kocher umwerfen oder das Zelt wegreißen! Deshalb das Zelt immer gut verankern, nichts herumliegen lassen und den Kocher von Brennbarem fernhalten.

Campen am Strand ist nur in wirklich unbesiedelten Gegenden anzuraten, wegen dem dauernden Seewind und der Salzluft sind Strände im allgemeinen auch keine guten Campplätze (an der Westküste gibt es sehr hohe Gezeitenunterschiede!). Vorsicht auch beim Campen in Creeks, den trockenen Flußbetten, die können plötzlich – durch weit entfernte Regenfälle – zu reißenden Flüssen werden! In der Nähe von Farmen oder Anwesen sollte man nachfragen, die Erlaubnis wird wohl nie verwehrt werden, oder es endet mit einer Einladung ins Haus. Die Nächte in Australien sind übrigens länger als zuhause, weil es früh dunkel wird (je nach Breitengrad und Jahreszeit zwischen 19 und 20 Uhr). Eine längere Sommer-Dämmerung hat nur Tasmanien.

9. Sicherheit, Gesundheit

Australien ist ein sicheres Land, auch für alleinfahrende Radlerinnen, wenngleich natürlich eine gesunde Vor- und Umsicht angebracht ist, besonders in den Städten und bei Begegnungen mit den Aborigines. Euer Rad sollte ankettbar sein, eine Beaufsichtigung während eurer Abwesenheit ist noch besser. Leitungswasser braucht in Australien nicht behandelt werden. Eine gesunde Ernährung stärkt die Abwehrkräfte. Aktive Vorsorge muß gegen Austrocknung, gegen Salzverlust (Mineralsalztabletten) und gegen die Sonneneinstrahlung getroffen werden. Durch das Ozon-Loch über der südlichen Hemisphäre hat Australien weltweit die höchste Rate an Hautkrebs. Im Wetterbericht für den nächsten Tag wird in Australien auch die Zeitspanne genannt *(burn time)*, für wie lange man sich ungeschützt in der Sonne aufhalten sollte (im Schnitt um die 20 Minuten; übrigens setzt die voll schützende Wirkung von Sonnenschutzmitteln erst nach etwa 40 Minuten ein – also rechtzeitig vorher eincremen!). Gönnt euch lange Mittagspausen. *„Wenn kein Schatten zu finden war, muß man sich ein Schattendach machen. Mein Innenbezug des Schlafsacks, den ich mir zuhause aus Seide genäht hatte, war mit Bändern versehen und konnte an das stehende Rad und mit zwei Heringen in der Erde festgesteckt werden. Wenn die Fliegen von meiner feuchten Haut auch ihre Mahlzeiten haben wollten, baute ich das Moskitonetz auf und band das Tuch darüber. So hatte ich mit wenigen Handgriffen ein schattiges, ungestörtes Plätzchen, um mein Essen genießen zu können"* (Australienradlerin Barbara Friese).

Vorsicht beim Baden im Meer, es ist fast immer eine Brandung vorhanden, und es gibt gefährliche Unterströmungen und „drifts"! Quallen *(jellyfish)*, deren Nesseln bei Berührung stark brennen können, kommen an der Ostküste von Oktober bis März vor. Über weitere gefährliche Tiere s.u., „Von Schlangen und Spinnen und anderen Tierchen".

10. Transport

Bus: Das australische Busnetz ist sehr dicht, modern und effizient. Große Gesellschaften (Greyhound Pioneer Australia, McCafferty's) operieren landesweit, kleinere Gesellschaften eher regional, doch auch oft über längere Strecken. **Buspässe** gibt es in vielen Ausführungen und mit verschieden langer Gültigkeitsdauer (4–90 Tage), auch Studentenermäßigung und Ermäßigung für YH-Card-Inhaber (Jugendherbergsausweis) bei normalen Fahrten (s. „Lebenskosten, Einkaufen")! Weitere Details zu Buspässen (z.B. evtl. notwendiger vorheriger Auslandskauf) stehen in Reiseführern, und auch Websites geben Auskunft (z.B. www.greyhound.com.au, www.mccaffertys.com.au/home1.html).

Im Normalfall wird aber ein Reiseradler ohne Bus-Paß zurechtkommen, für ihn werden eher manchmal Einzelfahrten nötig. Der Bike-Transport in Bussen ist kein Problem, wenngleich es – je nach Gesellschaft –

nicht immer erwünscht ist (bei Andrang werden Reisende ohne großes Gepäck bevorzugt; das Rad kann aber auch als Frachtgut nachkommen). Manchmal wird verlangt, es in einen Karton zu verpacken. Deshalb noch vor dem Kauf eines Tickets sich nach den Radtransport-Bedingungen erkundigen. Ein zerlegtes Rad (ausgebaute Räder, gedrehter Lenker, umgesteckte Pedale) kann weniger Fracht kosten als ein Komplettrad. Oft wird auch nichts verlangt, wobei die besseren Busgesellschaften (wie Greyhound) eher eine Gebühr für das Rad als die kleineren, billigeren Linien verlangen. Das zerlegte Rad entsprechend schützen (Schaltung), am besten selbst die Verladung überwachen. Vermeidet die Luxusbusse, die haben am wenigsten Gepäckraum. Wartet man irgendwo in einem kleinen Außenort, ist es nicht sicher, ob im Gepäckraum des ankommenden Busses noch Platz ist. Beim Start in einer größeren Stadt gibt es keine Probleme.

Eisenbahn: Die Railway of Australia (ROA) hat ein relativ dichtes Netz entlang der Süd- und Ostküste (http://people.enternet.com.au/~cbrnbill/maps/austrail.htm). „The Ghan" und weitere Züge der Great Southern Railway (GSR) verbinden Sydney über Melbourne und Adelaide mit Alice Springs oder Perth (www.gsr.com.au). Züge sind teurer und langsamer als Busse. Es gibt auch Austrailpässe und eine Kombination von Bus und Bahn („Road and Rail Pass"). Für einmalige Bahnfahrten sind sog. *Caperfares* (Frühbuchungen) merklich ermäßigt. Radtransport ist, außer bei den neuen, modernen Zügen (XPT-Service), kein Problem, rechtzeitig am Bahnhof sein. Ist kein Gepäckwagen am Zug, kann das Rad auch ins Abteil des ersten Wagen genommen werden, doch nicht zur *rush hour* von Montag bis Freitag (in den Frühstunden und am späten Nachmittag). Ermäßigung für YH-Card-Inhaber.

Flüge: Fliegen ist in Australien wegen den großen Entfernungen gang und gäbe, dichtes Routennetz. Mittlerweile machen einige Billigfluglinien wie Virgin Blue, Impulse Airlines und Spirit Airlines den etablierten Fluggesellschaften auf stark gefragten Ostküstenrouten kräftig Konkurrenz. Die australischen Fluglinien Qantas, Australian, Eastwest und Ansett offerieren Airpass-Rabatte von 30 bis 45% auf ihre Streckennetze. Es gibt viele Varianten („Explore Australia Airpass", „Discover Australia Airpass", „System-Airpass", „Ezi-Airpass" u.a., auch internationale Pässe in Zusammenarbeit mit der Lufthansa („Australian Airpass"), mit Singapore Airlines, Air Pacific etc.). Evtl. Weiterflug in die Südsee mit dem „Polypass" der Polynesian Airlines (Fiji, Samoa u.a.). Die Konditionen ändern sich häufig, am besten in einem Reisebüro nachfragen. Radtransport im Flugzeug möglich, erkundigt euch vorher nach billigeren Flügen (standby) und der kg-Freigrenze, die ist verschieden.

11. Fahrrad für Australien-Touren
Ein Reise- oder Trekking-Rad mit genügend vielen Gängen ist o.k., ein MTB bringt auf langen (asphaltierten) Strecken keine Vorteile, hat aber Vorzüge beim überwiegenden Pistenfahren. Stabilere Laufräder, breitere, dauerhafte Reifen, ein verschleißfestes Tretlager und verstärkte Speichen machen aber auch ein Reiserad outback-tauglich bzw. man kann es stärker beladen (der Wasservorrat bei Outback-Touren schlägt stark ins Gewicht! Evtl. Anhänger einsetzen!). Ein auf den jeweiligen Radtyp abgestimmtes Ersatzteilsortiment und passendes Werkzeug, Ersatzkette, Flickzeug und Pumpe sollten selbstverständlich sein.

In den Großstädten gibt es viele Radgeschäfte mit allen Ersatz- und Zubehörteilen, auf dem Land ist das Angebot spärlicher (schlagt wegen Adressen in den „Yellow Pages" nach oder sucht im Internet, s.u., „Australische Touring-Clubs und Rad-Organisationen"). Manche Radshops versenden Ersatzteile australienweit, Kreditkarte notwendig, Adressen online unter www.bicycles.net.au). Backpackers und manche Radläden vermieten Fahrräder stunden- oder tageweise, bei Langzeitmieten gibt es Rabatt, dennoch sind die Fahrradmieten unverhältnismäßig teuer. Alternativ könnte man ein gebrauchtes Fahrrad kaufen, vor allem in Sydney bieten viele Händler „Second-Hand Bikes" an. Dann solltet ihr aber von der Fahrradtechnik schon ein wenig verstehen, damit euch kein lahmendes Stahlroß angedreht wird. Wer sich erst in Australien ein Rad kaufen will, muß in etwa denselben Preis wie in Deutschland für ein Marken-MTB hinlegen (dann sollte aber wenigstens der „eingerittene" Sattel mitgebracht werden!).

Ersatzteile und Komponenten stammen meist aus taiwanesischer Herstellung. 26-Zoll-Räder, Mäntel und Schläuche für MTBs sind in Australien mittlerweile am verbreitetsten, 28er-Größen weniger und sie sind auch teurer. Schrauben und Muttern haben Zollgewinde! Ggf. Ventiladapter für Autoluftpumpen mitnehmen (Schrader-valves).

Sollte mal ein Ersatzteil nicht zu bekommen sein, muß man eben telefonisch von zuhause nachbestellen und das Päckchen als Expreß-Luftfracht an eine poste-restante-Adresse schicken oder z.B. an ein (Backpackers-)Hostel, das man diesbezüglich vorher verständigt hat. Am schnellsten kann man sein Päckchen in einer Stadt mit internationalen Flügen in Empfang nehmen. Übrigens: das Fahrrad heißt in Australien *push-bike, bicycle* oder spaßhalber auch *gride* (ein *bike* kann auch ein Motorrad sein).

12. Ausrüstung

Das Angebot an Touring-Equipment ist in Australien etwas spärlich, doch eine „Busch-Ausrüstung" – Kocher, Töpfe, Kleidung, Moskitonetz etc. – zu kaufen ist in „down under" kein Problem, es gibt viele Outdoor-Läden. Die Radpacktaschen sollte man jedoch von zuhause mitbringen, die australischen Angebote sind bescheiden und teuer. Einen Helm (Pflicht!) kann man noch in Australien kaufen.

Wegen den langen Touren muß man sich auf Selbstversorgung einstellen, ein Kocher ist also nötig. In Australien gibt es sowohl Petroleum-, Benzin- als auch Spirituskocher zu kaufen, z.B. den schwedischen Trangia. *Kerosene* ist Petroleum, Spiritus heißt *methylated spirits*. Reinbenzin (engl.: „*white gasoline*") ist erhältlich unter den Namen *Shellite* (Shell), *Britlite* (BP) oder *Ampolite* (Ampol), und es ist erhältlich bei Tankstellen und in Hardware-Stores, manchmal auch in Lebensmittelgeschäften. Es sind auch Camping-Gaz-Kartuschen erhältlich, doch sie sind verhältnismäßig teuer.

Ein leichtes Moskitonetz ist ein nützliche Sache, wer kein Zelt mitnimmt, sollte wenigstens eines dabeihaben. Ein wärmerer Schlafsack ist für die kalten Outback-Nächte nötig, besonders in den kühleren Monaten. Kunstfaserschlafsäcke vertragen Feuchtigkeit besser.

Langärmlige dünne Baumwollhemden sind gut gegen Sonne und Fliegen. Wichtig ist ein guter Sonnenhut mit Nackenschutz und eine Sonnenbrille mit Seitenschutz (Gletscherbrille) gegen Fliegen, Flugsand, Staub.

Ein kleine Reiseapotheke (Brandsalbe!) und auch eine Pinzette zum Herausziehen von Stacheln aus dem Reifen. Universalmesser.

Ohne Handschuhe lösen sich die Handrücken unter der australischen Sonne bald in Blasen auf. Sonnenschutzmittel sind billiger als bei uns. Wählt eines mit sehr hohem Faktor, einen Sun-blocker für die exponierten Stellen, für Nase, Oberschenkel, Ohren (auch eine Zink-Salbe hilft). Vorsicht, der kühlende Fahrtwind kann über die Intensität der Sonnenstrahlen hinwegtäuschen!

Ein Zelt zum Durchzug wegen der Hitze mit zwei Öffnungen wählen, es muß mit Moskitonetzen und einem stabilen Boden versehen sein! Harte, hammerfeste Heringe wegen des harten Outback-Boden. Trotz anderslautenden Behauptungen – auch in Australien regnet es! Deshalb auch Regenschutz nicht vergessen, zumindest eine (dunkle) Plane mitführen, die man auch als Unterlage und als Schattendach aufspannen kann. Ein kleiner Kompaß, Handspiegel und eine Trillerpfeife kann bei Outback-Pistenfahrten im Notfall wichtig werden, und mit einem kleinen Thermometer kannst du deinen Rekord-Hitzetag bestimmen. Statt vieler Wasserflaschen sind zusätzliche Trinkwasserbeutel praktischer. Für Kleidung, Kleinteile und für die Kamera-Ausrüstung staubdichte, verschließbare Plastikbeutel verwenden (zip-loc bags).

Dies und Das Überflüssige Kleidung und Ausrüstung kann man postlagernd vorausschicken. Vorsicht beim Feuermachen! Verbote und Einschränkungen beachten. Mit dem Fotografieren von Aborigines zurückhaltend sein, das ist selten erwünscht, es kann leicht zu Gewalttätigkeiten kommen! Australien hat 3 Zeitzonen. Die Sonne steht südl. des Wendekreises mittags im Norden, nicht im Süden! Wem die oft Radfahrer verfolgenden australischen Hunde zuviel werden, der legt sich zur Abwehr eine gute Wasserspritzpistole oder eine entsprechend einsetzbare Wasserflasche zu!

13. Literatur, Karten, Info-Adressen **Reiseführer:** Die englischen „Australia"-Führe sind die aktuellsten, erste Wahl jene von Lonely Planet (Australien-Gesamt und ca. ein halbes Dutzend regionale bzw. Teilstaaten-Bände). Speziell für Radfahrer von LP: **„Cycling Australia".** („35 mapped rides from one-day excursions to 30-day East Coast Ride"). Unter den Büchern zum Einstimmen sind der Polyglott-APA-Guide, das Merian- und Geo-Spezial-Heft „Australien" zu empfehlen. Viel Info-Material, Broschüren, Karten und einen Reiseführer bekommt man auch von der Australian Tourist Commission (ATC), Neue Mainzer Straße 22, 60311 Frankfurt, Tel. 069-27400620. Die wichtigsten australischen Bundesstaaten (NT, QSD, VIC, WA, SA) haben in Deutschland zudem noch eigene Vertretungen, die Adressen stehen in Reiseführern. ATC Schweiz: Eischtuz 11, 8634 Hombrechtikun. ATC Österreich: Postfach 72, 1183 Wien.

Karten: Reise Know-How „Australien". Nelles Australien, 1:4 Mio., gut als Überblick. Einzelne australische Staaten (mit nochmaligen Teilkarten) gibt es von UBD (Universal Business Directories), sie sind sehr gut, z.B. bei Schrieb, Därr- oder Woick-Versandhandel.

In Australien: Übersichtskarten von den Tourist-Offices in den Städten. Gute Straßenkarten vom Automobilclub, der *Australian Automobile Association* (AAA). In den Bundesstaaten geben die einzelnen Landes-Automobilclub-Verbände sehr gute Regionalkarten heraus. Automobilclub-Karten erhält man gegen Vorlage eines D-, A- oder CH- Automobilclub-

Ausweises kostenlos. Sehr nützlich sind die Shell-Karten, sie gibt es von allen Bundesstaaten, mit Stadtplänen, Umgebungskarten, Caravan Parks, erhältlich an Shell-Tankstellen. Karten in großem Maßstab sind für die Wüstengebiete nicht nötig.

Internet: Übersichtlich und sehr informativ die offizielle Website der Australian Tourist Commission (www.australia.com). Hier kann man auch weiteres Info-material anfordern. Die Vertretungen aller Staaten sind zudem mit eigenen Websites vertreten: New South Wales (www.tourism.nsw.gov.au), Victoria (www.visitvictoria.com), South Australia (www.southoz.com), Western Australia (www.westernaustralia.net), Northern Territory (www.insidetheoutback.com), Queensland (www.DestinationQueensland.com), Canberra (www.canberratourism.com.au) und Tasmanien (www.discovertasmania.com.au). Die kommerzielle Website www.australien-info.de ist übersichtlich gegliedert und enthält eine umfangreiche Linkliste zu privaten Homepages und Reiseberichten.

Fahrrad-Bücher

Christian Hannig: „Roter Kontinent Australien", Pietsch-Verlag 1990. MTB-Tour von Perth an der Südküste entlang (durch die Nullarbor) bis nach Cairns. Gut geschriebener Erlebnisbericht, doch ist leider nicht mal eine Karte mit der Reiseroute im Buch. Nur noch im Antiquariat.

Dieter Kreutzkamp: „12.000 km Australien und Neuseeland", Pietsch-Verlag 1989. Beschaulich-subjektive Reiseschilderung, muß man zur Vorbereitung nicht unbedingt besitzen, doch vermittelt es einen Einblick, was einen in diesen Ländern erwartet. Veraltet. Neu aufgelegt als „Traumzeit Australien" bei Frederking & Thaler.

Äqua-Tour-Welt-Radler *Tilmann Waldthaler* kurbelte in Australien von Darwin nach Alice Springs, Ayers Rock, Mount Isa, Cairns. Beschrieben in dem Buch „Die Äqua-Tour".

Roff Smith: „Eiskaltes Bier und Krokodile", Gruner + Jahr. Roff strampelte 1997 als Greenhorn 16.000 km rund um Australien, von seinen mit viel Selbstironie geschilderten Erfahrungen wird jeder Aussie-Biker profitieren. Eine lesenswerte Einstimmung in das Bike-Abenteuer Australien, viel besser als „Traumzeit Australien", leider mager bebildert.

Leider nur noch im Antiquariat erhältlich: **Bicycle Touring in Australia,** von L. Hemmings, The Mountaineers, Seattle, WA, USA. Beschreibt ausführlich acht Touren: Sydney/Gold Coast, Atherton Tablelands, Red Centre (Ayers Rock, Alice Springs), South West of Western Australia, South Australia, Victorian Coastal Tour, West Coast of Tasmania, High Country (südlich v. Canberra). Gut für Regionenfahrer.

„Bicycle Tours of Southeastern Australia", 1989, und „Pedalling Around Southern Queensland", 1991, beide von Julia Thorn, erhältlich bei „Bicycle Australia" (s.u.).

Australische Touring-Clubs und Rad-Organisationen

Bicycle Federation of Australia Inc., GPO Box 3222, Canberra, ACT 2601 (www.bfa.asn.au). Der nationale Dachverband, sie vertreten die Interessen der Mitgliedsverbände auf politischer Ebene und geben das zweimonatlich erscheinende Magazin „Australian Cyclist" heraus. Keine Touren-Tips oder Bike-Guides erhältlich!

Bicycle Australia, POB 1047, Campelltown, NSW 2560 (www.woa.com.au/ba). Die größte nationale Touring-Organisation, dort kann man die oben erwähnten Bike-Guides bestellen, sie haben auch weitere Führer und Regional-Karten mit Radwegen (z.B. Barossa Valley) und sie geben das Magazin „Bicycle Australia" heraus.

Bicycles Network Australia – Australian Focused Bicycle Resource (www.bicycles.net.au) ist ein Internetverzeichnis aller Radclubs und -organisationen, listet die im Internet vertretenen Radgeschäfte und Versandhändler auf und bietet eine Diskussionsforum für alle Fragen rund ums Radeln in Australien.

Bicycle Industries Australia Ltd (www.bikeoz.com) ist der Dachverband der Radimporteure und -großhändler. Interessant an der Homepage ist die Suchfunktion, man kann damit die Adressen aller Bikeshops in einer Provinz, Stadt etc. finden!

Von allen folgenden Adressen kann man Informationen, Broschüren, Karten und Bücher anfordern, die Homepages bieten Links zu vielen weiteren Radorganisationen und teils recht umfangreiche Tourenvorschläge:

Bicycle Institute of New South Wales, GPO 272, Sydney, NSW 2001 (www.bicyclensw.org.au). – *Bicycle Queensland,* P.O.Box 8321, Woolloongabba, QLD 4102. – *Bicycle Institute of South Australia,* GPO Box 792, Adelaide, SA 5001 (www.bisa.asn.au). – *Bicycle Victoria,* GPO Box 1961R, Melbourne, VIC 3001 (www.bv.com.au). – *Cycle Touring Association of Western Australia,* POB 174, Wembley, WA 6014. – *Bicycle Tasmania,* 102 Bathurst St, Hobart, TAS 7000 (www.netspace.net.au/~dmurphy/bt.htm). – *Pedal Power* (ACT) Inc., GPO Box 581, Canberra, ACT 2601 (http://sunsite.anu.edu.au/community/pedalpower).

B. RADFAHREN IN AUSTRALIEN

Radfahren wird in Australien populärer, die MTB-Welle ist schon längst auch an Australiens Küsten geschwappt. Doch was gestern noch ein unkalkulierbares Abenteuer war, nämlich mit dem Rad durch Australien zu fahren, wird heute von vielen als sportliche Herausforderung angesehen. Man trifft sehr viele deutsche und auch japanische Radtoureros. Nicht wenige brechen von Perth durch die berüchtigte **Nullarbor-Wüste** (s.u.) Richtung Osten auf, andere kurbeln gleich ins Zentrum zum **Ayers Rock**. Weniger Rad-befahren ist die Strecke hoch bis nach **Darwin** oder der Barkly Highway zwischen Townsville und Tennant Creek. Doch wenngleich das Rad in den Städten inzwischen ein beliebtes Fortbewegungsmittel geworden ist, so hat es doch noch nicht das ganze Land erobert, und der Fall wird wohl auch nie eintreten, dazu ist Australien einfach zu heiß. Es herrscht **Helmpflicht** in allen Staaten des Landes.

Trampen mit dem Rad ist nicht so einfach, besonders bei Truckern, die dürfen meist niemand mitnehmen. Mehr Glück mag man evtl. bei den (weniger zahlreichen) privaten Lkw-Fahrern haben. Es ist besser, einen Fahrer an einem Roadhouse anzusprechen als sie unterwegs stoppen zu wollen. Viele (Pickup-)Fahrer bieten aber auch unterwegs von sich aus einen *lift* an, besonders auf einsamen oder schwierigen Strecken – sie haben Mitleid mit so einem „mad guy" ...

Wer mal ein paar Tage ohne Rad unterwegs sein will (wandern, Ausflug) kann sein Rad auch im (Backpacker-)Hostel unterstellen (doch vorher klären, teils kostet das was).

1. Straßen-netz, Verkehr

Die großen, wichtigen Überlandstraßen und Hauptverbindungsstrecken durch und um Australien herum sind alle asphaltiert. Sie werden mit Namen bezeichnet, wie z.B. **Stuart Highway** (zwischen Adelaide und Darwin), oder **Princess Highway** (Küstenstraße zwischen Sydney und Melbourne) oder **Eyre Highway** (durch die Nullarbor-Wüste).

■ *Mit Anhänger auf dem Stuart Highway*

In Australien existieren sehr unterschiedliche Straßenverhältnisse, von besten bis äußerst schlechten. Abhängig ist die Qualität und die Anzahl der Straßen in erster Linie von der Besiedlungsdichte – wo niemand wohnt oder nur wenige, braucht es auch keine (guten) Straßen. Gute Straßen gibt es im Einzugsbereich von Großstädten und im bevölkerten Südwesten an der Ostküste. Doch die sind, gemessen am Verkehrsaufkommen und der Möglichkeit einer großzügigen Straßenplanung, eher dürftig. „Je mehr Verkehr, desto schlechter oft die Straße" (Australien-Radler *Elke Hildenbrand* und *Jürgen Schwarz*). Zur Ferienzeit (Dezember/Januar) herrscht auf dem Pacific- und Bruce Highway von Sydney bis rauf nach Cairns starker Verkehr, und auch in Victoria sind dann viele Autofahrer unterwegs.

Auf autobahnähnlich ausgebauten Highways darf man als Radfahrer fahren, doch in Stadtnähe können dich Radverbotsschilder plötzlich von der Straße verbannen. Wenn man auf keine andere ausweichen kann, bleibt man eben drauf, die Polizei wird schon ein Auge zudrücken. Oder man fährt in Großstädte gleich mit dem Bus oder mit dem Zug rein bzw. wieder raus.

Die **Oberflächenqualität** australischer Straßen schwankt stark – mal sind sie „smooth", mal mit zahlreichen „pot holes" gespickt. Wegen der Hitze wird dem Belag weniger Asphalt bzw. mehr Kies zugemischt, was eine sehr rauhe Straßenoberfläche mit hohem Rollwiderstand und entsprechendem Reifenabrieb ergibt!

Die Highways sind nicht allzubreit und haben schmale „shoulders" (Randstreifen), so daß es bei Gegenverkehr eng wird. Zudem bestehen zwischen Fahrbahn und unbefestigtem Randstreifen oft starke, gefährliche Höhenunterschiede. Bei sich überholenden Autos wird so das Radfahren zum Balanceakt. Australier fahren recht schnell, mit teilweise noch wenig Verständnis und Aufmerksamkeit für Radfahrer. Die großen Entfernungen zwischen den Orten verleiten zum Rasen und zur Unaufmerksamkeit, die Hitze wirkt auf die Fahrer einschläfernd. Deshalb immer die sich von vorne und hinten nähernden Fahrzeuge im Auge behalten (Spiegel), evtl. auffallende Farben tragen.

Doch im allgemeinen sind die australischen Auto-, Lorry-(=Lkw) und *ute*-(=Kleinlaster mit Ladepritsche)-Fahrer meist sehr hilfsbereit, besonders auf einsamen Strecken – sie stoppen und fragen, ob du o.k. bist, bieten Wasser oder etwas zum Essen an, offerieren einen Lift, weil sie es nicht fassen können, daß sich da jemand unter der heißen Sonne Australiens mit einem Rad abquält.

2. Verkehrs-regeln, Rad-fahren in Städten

In Australien herrscht Linksverkehr (ach ja, die Briten waren da … alles über den Linksverkehr s.S. 130). Die Verkehrsregeln sind in Australien auch nicht viel anders als bei uns, der Schilderwald ist kleiner. An **STOP-Schildern muß immer angehalten werden,** es fährt derjenige zuerst weiter, der zuerst eintraf. *„Give Way"* heiß Vorfahrt lassen. Doch auch bei Linksverkehr hat bei unbeschilderten Kreuzungen und Einmündungen der von *rechts* kommende Vorfahrt!

Radfahren in Städten läßt es sich teils gut, teils weniger gut, besonders in den älteren Großstädten Melbourne und Sydney, wo es noch enge, krumme Straßen mit entsprechend vielen Autos gibt. Städte wie Adelaide, Canberra oder Cairns sind im Schachbrettmuster erbaut, dort macht das Radfahren und die Orientierung keine Probleme. Um dem City-Rush von Sydney, Melbourne oder Brisbane zu entkommen, empfiehlt es sich, mit dem Zug bis zu ruhigeren Vororten oder noch ein Stück weiter rauszufahren. Dazu ein Radticket lösen und mit dem Rad in den ersten Waggon einsteigen (nicht gestattet zu Zeiten des Berufsverkehrs frühmorgens und am späten Nachmittag).

Radwege **(Bike Paths)** existieren nur in einigen Städten wie Canberra, Perth und in Ausflugsgebieten. Für Melbourne, Sydney und Perth gibt es Radkarten, erhältlich bei den dortigen Rad-Organisationen. In den Städten können Räder auch gemietet werden, doch diese sind nur zum Gebrauch in und um die Städte gedacht.

3. Radfahren im Outback

Ins Landesinnere bzw. durch weniger besiedelte Regionen führen nur wenige asphaltierte Straßen, und auf diese wenigen ist man dann angewiesen. „Secondary roads" bzw. Nebenstraßen wie in stärker besiedelten Gegenden, auf die man ausweichen könnte, existieren im Outback so gut wie keine!

Mit dem Rad durch die Weiten Australiens ist eine Herausforderung, die gut geplant sein will. Abseits der Asphaltstraßen gibt es im Outback *tracks* bzw. *gravel-, dirt-* und *dust-roads*. Und wenn dich auf diesen ein Auto oder gar ein **„Road Train"** (s.u.) überholt, stehst du minutenlang in einem Staubschweif, dann hilft nur noch ein Tuch vor Mund und Nase. Das andere Extrem: Nach plötzlichen heftigen Regengüssen verwandelt sich der Staub in zähen Morast – dann wird Weiterradeln unmöglich, man muß warten, bis alles wieder abgetrocknet ist, und das kann Tage dauern! Sieht es nach Regen aus, nicht auf unbefestigte Tracks gehen bzw. zurück zur Straße fahren, sonst kann es sein, daß ihr im Schlamm steckenbleibt. Monsunregen im nördlichen Australien können wie die Sintflut sein!

Sollte es im Inland einmal kräftig geregnet haben (was selten vorkommt), ist vieles grün, die Outback-Strecken sind dann nicht mehr so monoton. Allerdings kann es nach heftigen Regengüssen auch Probleme sowohl auf den befestigten wie auch unbefestigten Straßen geben – sie werden unterspült, weggerissen, sind verschlammt.

Wenn ihr im Busch mit dem Rad von der Straße geht paßt auf die Dornen auf. Es gibt ganz eklige, kleine, mit drei langen Spitzen, und die schaffen es immer, im Reifen steckenzubleiben.

Doch nicht die Hitze oder der Staub, die **Fliegen sind** im Outback Australiens **die wahre Plage,** so sagen viele! Bei jedem Halt versuchen sie, dir in Nase, Ohren und Augen zu kriechen (Sonnenbrille mit Seitenschutz tragen). Ein Mückenschutzmittel, hautbedeckende Kleidung oder eine Kopfbedeckung mit herabhängendem Moskitonetz bieten evtl. Schutz gegen die Plagegeister. Fliegen treten auch immer dort auf, wo es Schafe gibt. Apropos Mückenmittel: Wenn ihr die Flüssigkeit mit der Hand auf die Haut aufgetragen habt, sollte man anschließend die Hände reinigen, weil das darin enthaltene Lösungsmittel Kunststoffe, z.B. die Griffpolster am Lenker, auflösen kann!

Bei **Ortsnamen** auf der Karte im fast menschenleeren Outback darf man sich nicht täuschen lassen, oft sind es nicht mehr als ein paar Hütten oder eine Tankstelle, und die Entfernungen zwischen solchen Minisiedlungen betragen leicht 80, 100 oder 150 km, also meist auch eine Tagesetappe. Tankstellen sind im Outback für Radfahrer deshalb so wichtig wie für Autofahrer! Das sind wichtige Stationen für Wasser- und Verpflegungsnachschub, für Schatten und Campen.

Wenn du auf eine besonders einsame und schwierige Strecke oder Piste gehst, solltest du dir zuvor Streckenauskunft bei den Tourist-Offices oder beim Automobilclub einholen. Dies kann sehr wichtig werden vor zu erwartenden hohen Niederschlägen (tropisches Nordaustralien) oder gar drohenden Sturm- und Taifun-Gefahren! Auf Wunsch drucken manche Automobilclub-Büros Streckenbeschreibungen auch aus.

Wenn Outback-Straßen repariert werden, dann kann es sein, daß kilometerlange **Detours** (Umleitungen) über Schotter, Sand und Staub führen, und das kostet Zeit, Kraft und Wasser! Mitbedenken! **Road Trains** – die Aussis sagen auch *„semis"* – sind Lkw-Monster mit zwei, drei oder auch manchmal vier Anhängern (Länge um die 50 m!), und sie benötigen meist die ganze Straße bzw. die ganze Piste. Deshalb Platz gemacht, wenn ein solches Ungetüm herandonnert. Die vielen Räder können Steine und Geröll durch die Luft schleudern und dich treffen! Ihr Seitenwind und starker Sog sind gleichfalls gefährlich!

Aufpassen sollte man auch vor den so interessant anzusehenden *Willy-Willies,* Mini-Wirbelstürmen, denn größere von ihnen können einen Radler ohne weiteres von der Fahrbahn wegdrücken, und auch sie decken dich mit Staub und Dreck zu.

Auf Strecken mit Gegenwind immer sehr früh starten, wenn es noch windstill ist, oder abends, wenn er vielleicht nicht mehr so stark bläst.

Fahrtips   Im Outback immer **genügend Wasser und Verpflegung** dabeihaben! Das Rad und die Ausrüstung müssen erprobt und verläßlich sein, längere bzw. schwierige Outback-Strecken nur mit einem stabilen Rad angehen. Nicht in der größten Mittagshitze radeln, besser Schutz suchen: Unter einer Brücke, im Schatten von Bäumen, bei einem Roadhouse. Der Wasserverbrauch beim Radeln in heißen Wüstengebieten liegt bei etwa zehn Liter pro Tag. Immer auf der markierten Piste bleiben.

Radfahrten im Outback sollte man nicht auf die leichte Schulter neh-men, die Hitze, die Entfernungen und Anstrengungen können den Körper aufs Äußerste strapazieren. Kommt dann Überraschendes hinzu – Umlei-tungen über Sandstrecken, Sandsturm oder ein defektes Radteil, kann es kritisch werden! Die **Nächte** können in der Wüste **kalt** werden!

„Eine gute Kondition, autarke Versorgung und gesicherte Wasserauf-nahme und auch die richtige Jahreszeit sollten selbstverständlich sein, je abgelegener und einsamer die Strecke. Dann wird u.U. auch eine Durch-fahrtsgenehmigung nötig, da deine Route evtl. Aborigines-Land berührt (erhältlich von den jeweiligen Community Councils). Erwarte von den Aussis bzw. den Rangern auch nicht immer Verständnis für dein Rad-Abenteuer, denn die Ranger sind „tired of all the tourists", die nicht wis-sen, wie man sich im Outback verhält. Das Wagnis von Unabhängigkeit und Abenteuer sollte für dich kalkulierbar bleiben und Leichtsinn sollte nicht mit Mut verwechselt werden" (Australien-Radlerin Barbara Friese).

Nur wüstenerprobte Extrem-Tourer sollten eine **West-Ost-Durchque-rung** Australiens wagen. Selbst Tilman Waldthaler konnte manche Strek-ke, wie den *Gunbarrel Highway* in WA, eine üble, 580 km lange Schotterpiste von Laverton nach Warburton, trotz Anhänger nur mit Was-serdepots im 70 km-Abstand und der Hilfe der Polizei bewältigen. Weite-re Streckenabschnitte in SA: Der *Oodnadatta Track* von Marla am Stuart Highway bis nach Marree südöstlich vom Lake Eyre (612 km Staub und Steine), und der *Birdsville Track* von Marree durch die Sturt Stony Desert bis nach Birdsville (500 km). Nur machbar nach akribischer Vorbereitung! Wer im Notfall auf Hilfe von außen zählt, hat schon verloren!

Weitere wichtige Tips beim Radfahren durch Wüsten und in extremer Hitze stehen im Abschnitt „Durch Wüsten", s.S. 112).

Von Schlan-gen und Spinnen und anderen Tierchen
Es gibt in Australien einige giftige Schlangen und Spinnen, auch Stiche von Skorpionen können sehr unangenehm werden. Giftig ist die kleine *redback*-Spinne, die im Outback verbreitet ist, sie verbirgt sich mit Vorlie-be in dunklen Ecken, z.B. in Außentoiletten unter der Brille … Die gleich-falls giftigen *funnelweb* und *trapdoor* fnden sich im Sommer überwiegend in den Küstengebieten.

Australiens giftige **Schlangen** halten sich vorzugsweise im tropischen Norden und im trockenen, wüstenhaften Inneraustralien auf. Ungiftige haben ein größeres Verbreitungsgebiet. Schlangen flüchten normalerwei-se beim Herannahen oder bei festem Auftreten, paßt halt auf (s.a. „Ge-fahr durch Schlangen", s.S. 131).

Skorpione leben auf trockenem, steinigem und sandigem Untergrund. Laß eure Schuhe nicht vor dem Zelt stehen, kickt Steine mit dem Fuß weg, wenn ihr z.B. euren Lagerplatz säubert. Überhaupt gilt im Busch die Regel: In keine Löcher greifen (z.B. in Kaninchenlöcher oder Baum-stümpfe), und alles, was auf dem Boden liegt, nur mit Umsicht berühren oder aufheben, z.B. Feuerholz. Ein Stock oder eine Zeltstange leistet zum Herumstochern gute Dienste. Man setzt sich auch nicht einfach irgendwo hin, sondern inspiziert zuerst mal den Boden oder den Baumstamm, der zum Sitzen einlädt.

Bull ants sind riesige rote **Ameisen,** denen man aus dem Weg gehen sollte, weil ihr Biß ganz schön schmerzt. Respektiert auch das Hoheits-gebiet von **Termiten** bei eurer Lagerplatzsuche und meidet vor allen Dingen plattgetrampelte Wildwechselpfade (Känguruhs). Echsen – *lizards* – sind normalerweise harmlos, doch es gibt auch ein paar giftige darunter. *Leeches* – Blutegel – kommen im feuchten, tropischen Australien vor, genauso wie Moskitos und Krokodile.

Verstaut nachts alle Lebensmittel in dichten Behältern und in den Packtaschen, daß nicht irgendwelche Ameisen oder andere Tierchen angelockt werden, z.B. ein **Opossum,** die nachtaktive australische Beutelratte. Wer draußen unter dem Moskitonetz schläft, muß darauf achten, daß keine kleine Öffnungen zwischen Boden und Netz bleiben. *Dingos,* die australischen Wildhunde, sind ungefährlich und scheu. Dafür können aber Hunde recht aggressiv sein, aufpassen, offensichtlich sind sie noch keine Radfahrer gewöhnt. Anhalten und mit Wasser anspritzen hilft fast immer (s.a. „Gefahr durch Hunde", s.S. 131).

4. Touren-Gebiete Australiens

Bei der Planung einer Radreise durch Australien sollte man sich immer die ungeheure Weite, die großen Abstände zwischen Ansiedlungen und das wüstenhafte Inneraustralien vor Augen halten. Eine „Quer-durch-Australien"-Radtour erfordert eine gute Streckenplanung, die richtige Jahreszeit und natürlich auch Kondition. Wer nur ein paar Wochen im Land ist, kann nur Schwerpunkte setzen.

Die **besten Radelgebiete Australiens** befinden sich in der östlichen und südöstlichen Ecke, von Adelaide über Melbourne und Sydney bis hoch nach Cairns. Das Gebiet südlich von Perth an der Westküste ist gleichfalls ein gutes Touring-Gebiet, und natürlich auch die immergrüne **Insel Tasmanien.**

Wer seine Route nicht selber ausarbeiten will, kann auf eines der vielen Touren-Bücher, die es von Australien inzwischen gibt, zurückgreifen (s. bei „Bücher"). *Bicycle Australia* (s. „Adressen"), die nationale *Bicycle Touring Association,* hat eine Reihe von gutgemachten Bicycle Guide Books herausgebracht, und zwar beschreiben sie Routen von

Cairns nach Cape York
Brisbane nach Rockhampton (Capricornia Route)
Brisbane nach Sydney (Pacific Bicycle Route)
Sydney nach Melbourne (Southern Cross Route)
Melbourne über Canberra n. Adelaide (Southern Ocean Road Route)
Adelaide nach Perth (Nullarbor Route)
Tasmanien (Emerald Isle Route).

Die Exemplare enthalten Kartenskizzen, touristische Hinweise, Unterkünfte etc. Die Organisation vertreibt auch noch einige regionale Rad-Guide Books mehr, z.B. Touren durch die Blue Mountains. Wer es jedoch abenteuerlich haben will, fährt ins Inland zum Ayers Rock oder vollends hoch bis Darwin.

C. RADZIELE IN AUSTRALIEN

1. Western Australia

WA ist der größte Bundesstaat Australiens – trocken, heiß, sandig und kaum besiedelt (doch wenn es einmal regnet, dann blüht sehr vieles). Haupt- und größte Stadt ist **Perth** (1,4 Mio. Ew.), in ihrer Nähe die Hafenstadt Fremantle. Perth hat ein gutes Radwegenetz, Radkarten gibt es von Tourist-Offices (empfohlen wurde auch der Chart & Map Shop, 14 Collie

St, Fremantle). Radladen: Gordonson Cycles P/L, 374 Murray St, und einige andere mehr. Als letzte Wildnis Australiens gelten die im Norden von Western Australia gelegenen, schwer zugänglichen Kimberley-Berge.

Ein gutes Touring-Gebiet ist die fruchtbare südwestlichste Ecke von WA (die beste Zeit dort: März bis Mitte Mai und September/Oktober), da kann man gut ein-, zwei- oder dreiwöchige Touren machen. Von der Cycle Touring Association of Western Australia, POB 174, Wembley, WA 6014, Australia gibt es über dieses Gebiet – und über andere Touren in WA – Informationen.

Folgende Tour schließt dieses Südwest-Gebiet mit ein: **Von Perth nach Süden an der Küste entlang bis Augusta** (waldreiche Gegend), und dann übers Inland (Nannup, Northcliffe, Walpole) nach Osten bis Albany. Von hier zurück über die Stirling Ranges (National Park) nach Perth oder Rückfahrt mit der Bahn oder weiter an der Küste radelnd bis Esperance und dann hoch nach Kalgoorlie (Bike-Shop: Johnston Cycles, 78 Boulder Road). Kalgoorlie und Coolgardie sind sehenswerte alte Goldgräberstädte. Von hier aus zurück nach Perth. Wer durch die Nullarbor will, durch die „Null-Baum"-Wüste, biegt in Norseman auf dem Eyre Highway nach Osten ab.

Durch die Nullarbor-Wüste

Die Nullarbor-Wüste auf dem Eyre Highway mit dem Rad zu durchqueren ist möglich, doch diese Tour nicht gerade im Sommer planen! Es ist ein Wüstenerlebnis besonderer Art. Norseman markiert das westliche Ende, und von dort bis Ceduna im Osten sind es etwa 1210 km. Es ist besser, von West nach Ost zu radeln, wegen den überwiegend vorherrschenden östlichen Winden. Es kann sein, daß euch vor der Durchquerung die Polizei checkt (in Balladonia bzw. Ceduna), ob ihr auch richtig ausgerüstet seid. Der Verkehr ist gering.

Der **Eyre Highway** ist asphaltiert, entlang an ihm gibt es nur etwa ein Dutzend Tankstellen mit Restaurants, Motels und Campmöglichkeiten. Die Entfernungen zwischen den Stationen betragen ca. 80 bis 180 km. Die Einkaufsmöglichkeiten sind unterwegs beschränkt, deshalb genügend mitnehmen (z.B. Dehydriertes). Es gibt in der Nullarbor kein Oberflächenwasser – nur Salzwasser, die Duschen der Roadhouses spenden gleichfalls nur salzhaltiges Wasser. Trink- bzw. Mineralwasser ist dort erhältlich (nicht billig), und verkauft werden meist nur Fruchtsäfte. Auf die aufgestellten Wassertanks entlang der Strecke kann man sich nicht verlassen, sind meist leer oder das Wasser ist stark verschmutzt.

Unterwegs kann man Wüste pur erleben, man sieht viele von Lkw totgefahrene Känguruhs, Vögel und die Kleinigkeiten im Wüstensand, wie Wildblumen und spezielle Wüstenpflanzen. Westlich von Cocklebiddy tauchen dann wieder einige schattenspendende Bäume bzw. Dornbüsche auf.

Viel Wasser mit auf die Strecke nehmen. Versucht, möglichst früh, noch einige Stunden vor Sonnenaufgang, loszufahren und dann in der Tageshitze auszuruhen. Dann wieder spätnachmittags weitere Kilometer machen (weitere Tips für das Fahren in der Wüste s.a. Abschnitt „Durch Wüsten", s.S. 112). Details zum Nullarbor-Streckenverlauf s. „Nullarbor-Bike-Guide" von *Bicycle Australia* (Adresse s.o.)

2. Northern Territory

Diese Region ist ein gewaltiges großes Natur- und Wildnisgebiet. Das NT hat extreme Landschafts- und Klimazonen – Busch, Wüste, Tropen. Außer den zwei größeren Städten **Darwin** an der Nordküste und **Alice Springs** im Zentrum ist das NT äußerst schwach besiedelt und die Entfernungen zwischen den kleinen Orten und Roadhouses sind gewaltig. Dazwischen meist nichts als nur Monotonie. Es empfiehlt sich, die großen Distanzen per Bus zu überbrücken.

Der nördliche Teil, ab etwa Katherine, ist tropisch und feucht, der **Kakadu-** und der **Katherine Gorge National Park** sind einmalige Natur- und Tierparadiese. In den Kakadu Park kann man mit dem Rad rein, aufpassen wegen den vielen Krokodilen!

Radläden in Darwin: Wheelman Cycle Stores P/L, 64 McMinn Street und Sportsmart (NT) P/L, 9A Casuarina Square.

Das **Landesinnere** von NT ist rotsandig, endlos, heiß und trocken. Hauptattraktion dort ist natürlich der kuppelartige Felsmonolith **Ayers Rock** (wer den *Stuart Highway* heraufpedalt, muß noch vor Alice Springs in Erldunda auf den Lasseter Highway abbiegen, von dort sind es noch ca. 250 km). Bei den Aborigines heißt der Ayers Rock **Uluru**, es ist ihr heiliger Berg. Wenn, dann sollte man ihn noch in der Dunkelheit vor Sonnenaufgang besteigen, dann kann man von oben den Wüsten-Sonnenaufgang erleben. Die **Olgas,** eine andere Felsformation, liegen 35 km westlich vom Ayers Rock.

Um **Alice Springs** gibt es einiges zu sehen und anzuradeln: Nationalparks, Kamelfarmen, Meteoritenkrater, Täler und Schluchten etc., deshalb sollte man für den Ayers Rock und die Umgebung von Alice Springs mind. eine Woche Zeit einplanen.

In Alice Springs gibt es zwei Radläden: The Penny Farthing Bike Shop NT und Centre Cycles. Unbedingt einen Besuch verdient das von Aborigines betriebene „Aboriginal Art & Culture Center" (AACC) mit angeschlossenem Campground. Aborigine-Guides zeigen euch auf Touren, was sie alles an Eßbarem in der nur scheinbar unwirtlichen Natur finden können („bushtucker"). Infos unter www.aboriginalart.com.au, das Projekt hat im Jahr 2000 den Tourismuspreis des Studienkreises für Tourismus gewonnen.

Eine Asphaltstraße führt von Alice Springs westlich zum **Glen Helen Gorge Nature Park,** ca. 130 km, eine Abzweigung unterwegs (Jay Creek) geht zur alten Missionsstation Hermannsburg. Zu anderen Ausflugsorten führen meist nur unbefestigte Pisten, man muß sich entsprechend vorbereiten (oder man mietet sich mal zur Abwechslung mit anderen ein Allrad-Auto und erkundigt damit die Gegend). Umgebungskarten kann man vom NT Government Tourist Bureau in Alice Springs bekommen, auch Infos über die Outback-Pisten, desgleichen beim Automobilclub AANT, Gregory Terrace. Unterlagen und Karten zu Natur- und Nationalparks gibt es auch von der Conservation Commission of NT, gleichfalls in Alice.

Der **Stuart Highway** führt weiter bis nach Darwin, das sind noch ca. 1500 km. Nach 500 km wird Tennant Creek erreicht, etwa 25 km weiter zweigt der **Barkly Highway** nach Mt. Isa ab, eine nicht endenwollende, monotone Strecke. Ab Mt. Isa in Queensland heißt die Strecke **Flinders Highway,** sie geht bis nach Townsville an die Ostküste. Harte Burschen kürzen das Dreieck Alice Springs – Tennant Creek – Mt. Isa ab und pedalen auf dem **Plenty Highway** ca. 800 km diagonal nach Mt. Isa. Unasphaltiert! Wasser gibt es unterwegs bei den Wasserstellen in großen

Abständen, vorher Road-Verhältnisse beim AANT einholen, es gibt beim Autoclub und in Buchläden auch eine Karte: „Westprint Plenty Highway"!

Wer von Mt. Isa nach Cairns will, kann auch 118 km weiter östlich in Cloncurry nach Norden, nach Normanton abbiegen (Asphaltstraße) und in Normanton nach Osten nach Cairns fahren. Diese Strecke soll nun auch durchgehend asphaltiert sein.

Die Monate **Mai bis September** sind die besten für Inneraustralien.

3. South Australia

Der nördliche Teil dieses Staates ist wüstenhaft, doch im Süden an der Küste gibt es gute Touring-Gebiete, nämlich in den **Adelaide Hills** und z.B. ins bekannte Barossa-Wine-Valley (Touri-Attraktion). Dort Weinbau und Restaurants mit deutschen Speisen („Snitzel"), Cafés, älteren Häusern etc., Anfahrt auf dem Barossa Highway.

Auch die Küstenstrecke von der Hauptstadt Adelaide (sie liegt inmitten einer schönen Parklandschaft) via Hahndorf (wieder mit deutschen Läden, Restaurants, Bäckereien etc.) entlang der Corrong-Peninsula und weiter auf dem **Princess Highway** nach Mount Gambier (dort einige Radläden, z.B. Bruce Dowdells Cycles, 46 Gray Street) ist eine empfehlenswerte Strecke. Auf der tollen **Great Ocean Road** geht es dann weiter nach Melbourne. Zwischen Adelaide und Murray-Bridge ist es sehr bergig. Man könnte natürlich auch das Barossa-Valley und die Weiterfahrt nach Süden kombinieren. Besuchenswert ist auch die **Kangoroo-Island,** ein Natur- und Tierparadies.

Nach Alice Springs/Ayers Rock fährt man auf dem Stuart Highway. Dazu in Port Augusta vom Princess Highway nach **Cooper Pedy,** der berühmten Opalstadt unter der Erde, abbiegen. Das Landschaftsbild zum Zentrum Australiens ändert sich kaum: Büsche und Bäume, Termitenhügel, roter Sand und ab und zu Känguruh-Kadaver auf der Straße … Die Entfernungen zwischen den Roadhouses sind wieder sehr groß!

Eine Rad-Organisation in Adelaide: South Australian Touring Cyclists' Association, 1 Sturt Street, Adelaide, SA 5000 (www.bikesa.asn.au), sie haben Karten und Radbücher über South Australia („Cyclists' Handbook of SA"), machen Touren, Besucher sind willkommen. Unterlagen zum 600 km langen Mawson-MTB-Trail sind gleichfalls erhältlich. Ein Bike-Shop in Adelaide: Wheels in Motion, Rundle Mall, Promenade Level, Myer Centre, Rundle Mall.

4. Victoria

Ist ein guter Staat zum Radeln (was man schon an der Vielzahl von Radläden in den Städten und Ortschaften ersehen kann), der überwiegende Teil der Landesfläche besteht aus Buschland und Weidefläche. Es gibt etliche Nationalparks und interessante Orte, wie z.B. Ballarat und Bendigo, die zwei Zentren der Goldregion Victorias.

Melbourne ist die Hauptstadt mit vielen Park- und Gartenanlagen. Zwei Bike-Shop-Adressen: Cecil Walker Cycles, 395 Elizabeth Street und Wheels in Motion, Shop 201-206 Centrepoint, 283-297 Bourke Street. Rad-Organisation: Bicycle Victoria, GPO Box 1961R, Melbourne 3001, für Infos über Radfahren in Victoria. Über diese Adresse erreicht man auch den Melbourne Bicycle Touring Club, der regelmäßig an Wochenenden Ausfahrten unternimmt. Wer also mal ein paar australische fellow-biker kennenlernen will, sollte Kontakt aufnehmen.

Adresse des Royal Automobile Clubs of Victoria (RACV) in Melbourne: 360 Bourke St. Von Melbourne nach Sydney führt der **Hume Highway.**

■ *Aussichts-
plattform bei den
„Zwölf Apostel"*

Sehr schön ist die **Great Ocean Route** von Melbourne über Geelong ans Meer (Nr. 100), eine abwechslungsreiche und kurvige Küstenstraße, vorbei an
einsamen Stränden und Klippen, durch Naturparks
und nette Badeorte bis Mount Gambier und weiter bis
nach Adelaide. Die 100 sollte man, wenn immer möglich, in sein Routenprogramm miteinbeziehen. Unterwegs kommt man auch beim Port Campbell National
Park an den Küstenkliffs der **„Zwölf Apostel"** vorbei.
September bis Dezember ist die beste Zeit für die
Südküste von Victoria.

Andere lohnenswerte Radziele sind das *Kiewa-* und
Kings-Valley, etwa 250 km nordöstlich von Melbourne.
Dort gibt es Wälder, Berge und historische Orte
(Beechworth). Kann in die Route Melbourne – Canber-
ra – Sydney eingebaut werden.

Man kann aber auch von Melbourne nach Sydney
am Meer entlang dem **Princess Highway** folgen. Dabei kommt man durch das recht schöne *Gippsland*
(bei Bairnsdale). Ab Orbost jedoch sehr bergig und viele anstrengende
Steigungen (und erholsame Gefällstrecken) bis Sydney! Doch die Strecke
ist trotzdem schön. Radladen in Bairnsdale: Marriotts Bairnsdale Bicycles, 227 Main St.

Auch das Gebiet der **Snowy Mountains** in den „Australischen Alpen"
mit dem höchsten Berg Australiens, dem 2228 m hohen Mt. Kosciusko,
ist einen Side-Trip wert (Alpine Way), sofern man es gerne bergig mag
und Aussichten liebt. Die Snowy Mountains liegen auf der Strecke Melbourne – Sydney (s. Tour-Tips bei „Canberra"). Weitere schöne Land-
schaftsziele wären die *Grampians* und die *Little Desert.*

Im Landesinnern von Victoria gibt es viel Obst- und Gemüseanbau,
zwischen Februar und Mai werden meist Obstpflücker gesucht – doch
Vorsicht, arbeiten mit einem Touristenvisum ist in Australien illegal und
wird bestraft bzw. hat die Ausweisung zur Folge!

■ *Im
Grampians
National Park,
Victoria*

5. Tasmania
von *Maike Riesenberg*

Urwüchsig, wild und ungezähmt, mit üppigem Grün und tropischen Wasserfällen, im Zentrum die Tasmanischen Alpen (Mt. Ossa, 1617 m), so stellt sich Australiens einziger Inselstaat dar. Tasmanien ist ca. 350 x 400 km groß, was in etwa der Fläche Bayerns entspricht. Nahezu die Hälfte der Insel ist von Wald bedeckt, ein Drittel steht unter Naturschutz. Vor allem der Westteil der Insel (South West NP und Franklin Gordon Wild Rivers NP) ist heute noch fast unberührt und kaum zugänglich. Ein Traumgebiet für Wanderer (weltberühmt ist der „Overland Track"), aber auch für Radler ein absolut einmaliges Erlebnis. Deshalb habe ich in den letzten Jahren gut 6 Monate hier verbracht. Viele Straßen sind asphaltiert und in gutem Zustand, allerdings lohnen sich landschaftlich gerade viele unasphaltierte Straßen, wie z.B. die recht neue (unasphaltierte) Straße zwischen Marrawah und Corinna. Viele Steigungen, die aber weder besonders steil noch lang sind.

Man könnte die Insel grob in **5 Radelregionen** einteilen: Die einfach zu fahrende sonnige **Ostküste** mit den beiden Nationalparks Freycinet Peninsula und Maria Island. Der geschichtsträchtige **Süden** mit der Tasman Peninsula, der Hauptstadt Hobart und der schönen Insel Bruny Island. Die wilde **Westküste** mit Sehenswürdigkeiten im Mount Field Nationalpark, der Gegend um Queenstown und der abenteuerlichen Fahrt zwischen Corinna und Marrawah. Der belebte **Norden** mit vielen Badeorten und viel Verkehr sowie der anspruchsvollen **Inlandsroute** nach Cradle Mountain. Nicht zu vergessen die beiden Inseln King Island und Flinders Island, die aber nur selten besucht werden.

Beste Radelzeit von Mitte November bis Ende Februar – doch auch da ist mit Regen- und frischen Tagen zu rechnen. Die Insel ist recht windig, der Wind dreht oft und so ist die Empfehlung, ob man sie nun im oder gegen den Uhrzeigersinn umrunden soll, eher eine Glaubensfrage. Ich habe „Tassie" jedenfalls von beiden Seiten umrundet.

Überfahrt von Melbourne mit der Nachtfähre nach Devonport (ca. 350 km), 3x wöchentlich, ca. 15 Stunden, in der Ferienzeit von Dezember bis Ende Januar oft ausgebucht. Von Dez. bis April fährt zusätzlich täglich eine Schnellfähre morgens von Melbourne nach Georgetown, ca. 6 Stunden. Es gibt aber auch Flüge von Sydney, Melbourne oder Christchurch (Neuseeland) nach Hobart. Ich bin zunächst immer die einfachere Ostküste entlanggefahren, um genügend Kondition fürs Inland und die Westküste zu sammeln.

Viele Campingplätze und etwa 20 Youth Hostels, freies Campen kein Problem. Plätze in YHs oder Backpackers sind in der Hauptsaison oft überfüllt. Tankstellen-Roadhouses bieten ein nahezu lückenloses Netz an Verpflegungsmöglichkeiten, und auch Radgeschäfte sind nicht allzu weit entfernt und immer per Bus erreichbar, die auch Fahrräder mitnehmen. Durch die südliche Lage hat man sommers längeres Tageslicht.

Karten von Tourist-Offices („Atlas of Tasbureaus Tasmania" und „Tasmania Touring Map") oder vom Royal Automobile Club of Tasmania (RACT), Cnr Patrick and Murray St, Hobart, TAS 7000, oder an Tankstellen. Es gibt auch einen speziellen Radführer für Tasmanien, den „Bicycle Touring Guide for Tasmania", erhältlich von Bicycle Tasmania, 102 Bathurst St, Hobart, TAS 7000. Ich arbeite momentan an einem umfangreichen deutschen Radführer. Infos hierzu unter Maike.Riesenberg@gmx.net.

Reiseführer: „Tasmania", von Lyn McGaurr, Lonely Planet. Räder vermieten: *Rent-a-Cycle,* 36 Thistle Street, Launceston, TAS 7250 und *Peregrine Adventures,* 164 Liverpool St, Hobart, TAS 7000 oder *Trevor Goss,* 51 Raymond Ave., Devonport.

6. New South Wales NSW ist der dichtestbesiedelte Staat Australiens, besonders die Region Wollogong, Sydney, Newcastle.

Sydney ist größte Stadt Australiens (4 Mio. Ew.), es ist die Mutterstadt des 5. Kontinents und ein Publikumsmagnet. Weltberühmt ist die Bauform der Oper. Zahlreiche Strände und Cycling Areas in Stadtnähe und Umgebung, allerdings ist der Verkehr in und um die Stadt sehr stark.

Ob die Flughafenmetro Fahrräder mitnimmt, konnte noch nicht in Erfahrung gebracht werden. Die Airport-Busse transportieren jedenfalls nur verpackte Räder. Wer es nicht wagt, sich nach langem Flug von Europa, Zeitumstellung und Müdigkeit in den Linksverkehr und in den Verkehr von Sydney zu stürzen, sollte besser ein Taxi in die Innenstadt bzw. zu seinem Hostel oder Hotel nehmen (Station-Wagon-Taxi können Räder laden). In der Gegend um Kings Cross (Victoria Street) gibt es viele Backpacker-Hostels.

Rad- und Touring-Infos über Sydney und New South Wales gibt es vom *Bicycle Institut of New South Wales,* 802 George Street (nahe Central Station, oder andere Adresse: 82 Campell Street, Surry Hills), sie haben eine große Auswahl an Bike-Guides, Karten und Info-Sheets australienweit. Touri-Infos vom NSW Travel Centre, 19 Castlereagh Street. Für Sydney-Infos zuständig ist das City Visitor Centre, 106 George Street, gleich nebenan erhält man den Generalpaß für alle Nationalparks: National Park & Wildlife Service, 110 George Street. Adresse des Automobil-Clubs (Karten): NRMA, 151 Clarence Street. Ein Bike-Shop ist gleich in der Nähe: *Clarence Street Cyclery,* 104 Clarence Street. Ein weiterer wäre *Cheeky Monkey Cycle Company,* 456 Pitt Street.

Wenn über die Sydney Harbour Bridge inzwischen noch keine Spur für Fahrräder eingerichtet worden ist, muß man den Fußgängerweg nehmen, was sehr schwierig ist, denn dazu muß man das Rad 266 steile Treppen hoch- und auf der anderen Seite wieder runtertragen! Also besser gleich die Hafenfähre nehmen.

Östlich von Sydney liegen die **Blue Mountains,** eine zerklüftete, ca. 60 km lange und 1200 m hohe Bergkette mit schroffen Sandsteinklippen, Wasserfällen, Wäldern und Schluchten mit subtropischer Vegetation. Schöne Ausblicke, sollte man nicht auslassen, beste Reise- und Radelzeit ist September bis Oktober. Wandermöglichkeiten, Campingplätze, Hütten, Hotels u.a.

Nördlich von Sydney beginnt der **Pacific Highway** (Number One), auf der Strecke bis nach Brisbane kann man durch einige schöne Nationalparks fahren. Das Buch „Bicycle Touring in Australia" liefert eine gute Routenbeschreibung und weicht, wenn immer möglich, von dem vielbefahrenen, gefährlichen Pacific Highway auf Nebenstraßen (backroads) aus. Für die ca. 1000 km bis Brisbane sind lt. Buchroute etwa zwei Wochen anzusetzen. Es wird auch empfohlen, statt mit dem Rad durch den dichten Verkehr von Sydney zu radeln, zunächst mit dem (Newcastle-)Zug von der Central-Station ca. 40 km nach Norden bis nach Cowan zu fahren und erst ab dort mit dem biken zu beginnen.

Wer nicht an der Küste entlang will, biegt etwa ab Newcastle nach Westen in die **New England Region** ab, ein hochgelegenes, fruchtbares Agrargebiet mit Tälern, Flüssen und Wäldern. Bekannte Ort sind Armindale (Uni) und Tamworth (Country-Music). Bike-Shop in Tamworth: *Tamworth Bicycle Co,* 280 Peel Street.

Der **Princess Highway** an der Küste entlang nach Süden ist sehr bergig! Die Hauptstraßen nördlich von Sydney sind sommers und besonders während der Ferienzeit stark befahren!

Canberra liegt inmitten einer offenen Landschaft mit Weizenanbau und Schafweiden. Die auf dem Reißbrett entstandene Hauptstadt Australiens bietet nichts Außergewöhnliches, wegen ihrer offenen Bauweise und den Bike Paths ist sie jedoch gut zum Radfahren. Bike-Shops: *Canberra Bicycle Centre,* 11 Woolley St, Dickson, sowie *Canberra Cycles,* 70 Newcastle St, Fyshwick. Die *Pedal Power ACT,* GPO Box 581, Canberra, ACT 2601, hat das Buch „40 Bicycle Rides Around Canberra and Southern NSW" herausgebracht.

Die Gegend südlich von Canberra ist hügelig-bergig, südwestl. der Stadt liegt der landschaftlich schöne und bergige **Kosciusko National Park**. Dort lassen sich sehr gut Radtouren machen. Eine Rundtour wäre: Canberra – Cotter Dam – Brindabella – Kosciusko National Park – Kiandra – Tumut Ponds – Khancoban – Geehi – Thredbo – Jindabyne und über den Lake Eucumbene und Cooma sowie den Namadgi National Park zurück nach Canberra (oder unterwegs Weiterfahrt Richtung Melbourne durchs Inland bzw. an der Südküste entlang).

7. Queensland

Ist Australiens „Sunshine-State", berühmt durch endlose Strände und vor allem durch das **Great Barrier Reef,** ein über 2000 km langes Korallenriff mit tropischen Inseln und klarem Wasser zum Baden, Schnorcheln, Tauchen.

Angenehm ist radfahren in Queensland im Winter bis Frühling, also von Juni bis Dezember. Das Outback von Queensland ist kaum besiedelt und wie immer trocken, voller Staub und Fliegen und im Norden gibt es auch viele Moskitos.

Brisbane ist die subtropische Hauptstadt, südlich davon liegt die **Gold Coast** mit ihren Hotels und Freizeitzentren. Der Küstenabschnitt nördlich von Brisbane, die **Sunshine Coast,** ist diesbezüglich weniger lebhaft. Ein Bike-Shop in Brisbane: *Lifecycle,* 276 Petrie Terrace, Normanby 5Ways. Rad-Organisation: *Brisbane Bicycle Touring Associations,* POB 315, Ashgrove 4060.

Die Hauptstraße entlang der Küste heißt **Bruce Highway,** als Rad-Guide sollte man sich „The Pacific Bicycle Route" (Brisbane to Sydney) zulegen, von „Bicycle Australia" (Adresse s.o.). Je nördlicher man kommt, desto tropischer wird es und desto weniger Straßenverkehr. Viel Zuckerrohranbau. Meist hat man guten Rückenwind, wenn man von Süd nach Nord fährt. Auf der verkehrsarmen Strecke zwischen Rockhampton und Mackay liegen die Roadhouses weit auseinander, etwa im Abstand von 30–40 km. Bike-Shops: *Thommos Bike Shop,* 118 Elphinstone St, North Rockhampton; in Mackay: *Rock N Road Cycles,* 164 Victoria St, und *Bullet Bikes* P/L, 89A Gordon St. In **Townsville** zweigt der **Flinders Highway** nach Osten nach Mt. Isa ab, man muß dazu die Great Dividing Range übersteigen (man könnte auch noch von Cairns nach Normanton fahren – doch diese Strecke ist nur teilweise asphaltiert –, und von Normanton südlich über eine Asphaltstraße über Cloncurry nach Mt. Isa. Von Mt. Isa geht auch diagonal der unasphaltierte **Plenty Highway** nach Alice Springs; s.a. „Northern Territory").

Nördlich von Townsville gibt es einige Wälder und schöne Plätze, und auch westlich von Cairns wartet eine sehens- und radelswerte Region, das **Atherton Tableland,** tropisch grün mit Wasserfällen und Kraterseen – keinesfalls ein flaches Tafelland –, sondern bergiges Terrain. Dazu noch vor Erreichen Cairns bei Innisfail Richtung Millaa Millaa abbiegen (nach 60 km steile Auffahrten), und über Malanda, Lake Eacham, Atherton, Mareeba und Kuranda nach Cairns fahren. Man könnte aber auch von Cairns eine Rundtour machen oder die Strecke südwärts pedalen.

Cairns ist ein internationaler Traveller-Meetingpoint, zwei Youth Hostels, einige Backpacker-Hostels. Bike-Shops: *Pump N Pedals,* 117 Sheridan St und *Trinity Cycles Works,* 40 Aplin St. Das Cape York nördlich von Cairns ist die letzte große Wildnis in Australien – kein Gebiet für Radfahrer. Doch die Fahrt von Cairns bis nach Daintree bzw. zum Cape Tribulation National Park lohnt! Und die Inlandsroute bis Cooktown ist jetzt auch nahezu komplett asphaltiert.

West-Queensland ist eine riesige, einsame, offene Fläche mit Rinder- und Schaffarmen.

8. Rund um Australien

Ganz ambitionierte Biker nehmen sich die (überwiegend monotone, eigentliche kaum lohnende) Umrundung Australiens vor, ein Unternehmen, das gut geplant sein will. Wegen den vorherrschenden südöstlichen Winden am besten entgegen dem Uhrzeigersinn fahren, also von Sydney nach Norden, dann nach Westen (mit einem eventuellen „Abstecher" zum Ayers Rock oder nach Darwin) bis Broome am Indischen Ozean, anschließend pedalt man die Küste runter bis Perth und zum Schluß geht es nach Osten zurück, durch die Nullarbor-Wüste, nach Sydney. Startmonat in Sydney sollte Anfang April oder noch früher sein, je nach Reisegeschwindigkeit. Darwin sollte etwa Anfang Juli erreicht werden, die Nullarbor-Wüste kann man dann etwa im September durchqueren. In Melbourne/Sydney wird man so gegen Jahresende eintreffen. In Perth, wo man um August sein sollte, kann man sein Visum verlängern lassen. Das Ganze wird mind. 9 Monate dauern, die Streckenlänge beträgt ca. 20.000 km (incl. Ayers Rock-Abstecher). Zum Einlesen der Erlebnisbericht von Roff Smith, s. „Fahrrad-Bücher".

G'day mate, and no worries!

Ozeanien

Biker Stephan Schulze auf Fiji

Neuseeland

I. PLANUNG, VORBEREITUNG, WISSENSWERTES

Überblick
Es gibt kaum ein zweites Land auf der Welt, das wegen seiner ursprünglichen Natur (die aber immer mehr verkommerzialisiert wird), den landschaftlichen Schönheiten, seiner Überschaubarkeit und wegen des geringen Verkehrs so fürs Radfahren geeignet ist wie Neuseeland. Einsame Meeresbuchten wechseln ab mit immergrünem Weideland, mit Thermalquellen, Geysiren und rauschenden Gebirgsbächen, mit Fjorden und Gletschern, schneebedeckten Bergen, Regenwäldern, Wasserfällen und palmenbestandenen Stränden. Neuseeland ist voll mit extremen Kontrasten und mit bester Radel-Luft! Das wissen natürlich etliche Tourenfreaks schon lange, und deshalb machen sich immer mehr auf den Weg nach „down under".

In Reisezeitschriften ist Neuseeland ein Dauerthema, Reiseführer und Bücher über das Land gibt es meterbreit. Deshalb macht es an dieser Stelle wenig Sinn, all die ganzen Besonderheiten hier zu wiederholen. Ein Vorzug sei noch genannt: Neuseeland ist auch ein Land, in dem wegen seines mitteleuropäischen Klimas und einer sehr gut ausgebauten touristischen Infrastruktur auch der schon etwas ältere oder nicht so abenteuerlich veranlagte Reiseradler bequeme und schöne Touren machen kann. Kombinieren könnte man seine NZ-Radreise noch gut mit Trekking und anderen Outdoor-Aktivitäten. Nur einen Nachteil hat das „Schönste Ende der Welt" – es liegt viel zu weit weg ...

Geografie
Neuseeland besteht aus zwei Hauptinseln, der überwiegend gebirgigen **Südinsel** mit den Neuseeländischen Alpen (Mt. Cook, 3754 m) und vielen Gletschern, und der flacheren und gebirgsärmeren **Nordinsel**, die aber für Radler immer noch hügelig genug ist (mit etlichen ehemaligen oder noch tätigen Vulkanen). Getrennt sind die beiden Inseln durch die 23 km breite *Cook Strait*. Die Entfernung von der Nord- zur Südspitze zwischen beiden Inseln beträgt 1600 km, doch beide sind selten breiter als 200 km. Neuseeland ist überwiegend ein Agrarland mit viel Weidewirtschaft, Rinder- und Schafzucht (ungefähr 50 bis 60 Mio. Schafe). Die zwei größten Städte auf der Nordinsel sind **Auckland** (ca. 1 Mio. Ew., Verkehrs- und Handelszentrum) und die Hauptstadt **Wellington** (ca. 350.000 Ew.). Auf der Südinsel liegen das viktorianisch anmutende *Christchurch* (350.000) und das schottisch geprägte *Dunedin* (120.000).

Klima, Reisezeit
Die Jahreszeiten sind den unseren entgegengesetzt. Subtropisch im Norden, gemäßigt bis kühl im Süden, mildes Seeklima, doch sehr schneller und häufiger Wetterwechsel (längere Wetterprognosen sind auf Neuseeland nicht möglich!), und auch reichlich Regen. Die Ostküsten sind meist etwas sonniger und wärmer als die Westküsten.

Günstig zum Reisen ist es von November bis April, wobei der Sommer/Herbst (Januar/März) besser ist als der Frühling/Sommer, da wehen auch die Winde weniger stark. Sommers ist es angenehm warm, ganz im Norden der Nordinsel auch heiß. Doch regnen kann es immer, in besonders großen Mengen und oft an der Westseite („wetside") der Südinsel.

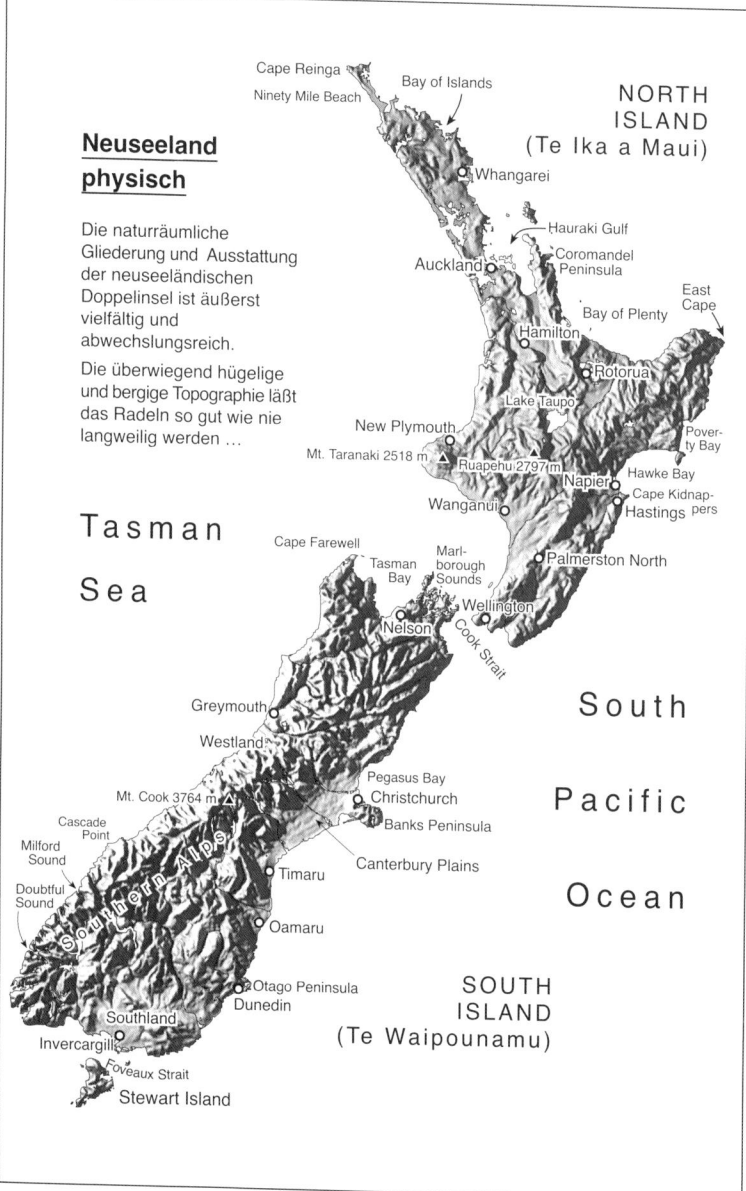

Cape Reinga
Ninety Mile Beach
Bay of Islands

NORTH
ISLAND
(Te Ika a Maui)

Whangarei

Neuseeland
physisch

Die naturräumliche
Gliederung und Ausstattung
der neuseeländischen
Doppelinsel ist äußerst
vielfältig und
abwechslungsreich.

Die überwiegend hügelige
und bergige Topographie läßt
das Radeln so gut wie nie
langweilig werden ...

Hauraki Gulf
Coromandel
Peninsula
Auckland

East
Cape

Bay of Plenty

Hamilton

Rotorua

Lake Taupo

New Plymouth

Pover-
ty Bay

Mt. Taranaki 2518 m
Ruapehu 2797m

Napier
Hawke Bay
Cape Kidnap-
pers
Hastings

Wanganui

T a s m a n

S e a

Cape Farewell
Tasman
Bay
Marl-
borough
Sounds

Palmerston North

Wellington

Nelson
Cook Strait

Greymouth

Westland

S o u t h

Mt. Cook 3764 m
Pegasus Bay
Christchurch
Banks Peninsula

Cascade
Point
Milford
Sound

Timaru

Canterbury Plains

P a c i f i c

Doubtful
Sound

Oamaru

O c e a n

Otago Peninsula
Dunedin

SOUTH
ISLAND
(Te Waipounamu)

Southland
Invercargill
Foveaux Strait
Stewart Island

Im Hochsommer am besten auf der Nordinsel radeln, da hat man warme Abende und man kann auch im Meer schwimmen. Die Südinsel ist im Herbst (März und April) fast noch reizvoller als im Sommer, denn dann färben sich die (allerdings wenigen) Laubbäume bunt und man stößt auf weniger Touristen in den Touri-Zentren. Mit erstem Schnee auf den Pässen muß allerdings bereits im Spätherbst gerechnet werden.

Weniger günstig sind die Wintermonate von Juni bis September. Auf der Nordinsel (Auckland) ist es dann regnerisch und kühl, auf der Südinsel kalt, auch in tieferen Lagen gibt es dann Schnee. Doch im Herbst (Mai/Juni) kann es auf der Nordinsel gleichfalls sehr schön sein, die Touristen sind weg.

Die Neuseeländer selbst reisen hauptsächlich in der Ferienzeit von Dezember bis Ende Januar, dann kann es bei beliebten Zielen eng werden.

Wind   Neuseeland ist generell windig, die Südinsel dabei mehr als die Nordinsel. Stellt euch also schon mal auf heftigen „head-" oder „tail-wind" ein! Starken Wind gibt es zwischen den beiden Inseln (um/in Wellington!). Morgens möglichst immer früh losfahren, dann ist man ihm weniger ausgesetzt. Doch wegen dem Wind atmet man auch immer frischeste, klare Luft, und er verbläst die lästigen *sandflies*.

Anreise   Flüge nach Auckland, Wellington oder Christchurch, von Australien auch nach Hamilton, Palmerston North, Queenstown und Dunedin. Die Ticketpreise variieren je nach Airline, Gültigkeitsdauer und Saison erheblich (Hochsaison ist von Dezember bis Februar). Billigflug-Anbieter und Flugzeitschriften („fliegen & sparen" u.a.) nennen neueste Preise und Sonderangebote, auch Internet-Vermarkter (www.traveljungel.de, www.billiger-reisen.de, u.v.a.). Bei Anflug über Asien sind meist nur 20 kg Freigepäck erlaubt, über Nordamerika mit amerikanischen Airlines meist 2 x 32 kg! Direktflüge von Frankfurt dauern mindestens 26 Stunden. Überlegenswert ist auch die Alternative, NZ in ein Round-the-world-Ticket miteinzubauen. Für Biker mit wenig Zeit, die aber trotzdem beide Inseln durchradeln möchten, könnte auch ein Gabelflug interessant sein (hin nach Auckland, zurück von Christchurch, oder umgekehrt). Je nach Preisaufschlag ist aber ein Inlandsflug günstiger.

Liniengesellschaften geben auch Airpässe aus, z.B. „Explore New Zealand-Pass", „Visit the South Pacific Pass" (bei Weiterflug zu pazifischen Inselstaaten, ein Gemeinschaftsangebot der meisten im Südpazifik beheimateten Fluggesellschaften), „Qantas South Pacific Pass" (Qantas u. Air Pacific) zwischen Australien, Neuseeland und Fidschi. Auch Flüge mit der franz. UTA sind immer noch eine gute Option (Indonesien, Australien, Noumea, Neuseeland, Tahiti, USA und vice versa).

Bei der Wahl des Tickets aufpassen, daß das Rad vom Abflugort bis nach Neuseeland durchgecheckt wird, sonst muß es evtl. bei Zwischenlandungen immer wieder neu eingecheckt werden, und weil ein Rad meist immer über den Sperrgepäckschalter läuft, besteht bei knappen Umsteigezeiten evtl. die Gefahr, daß man den Weiterflug verpaßt! Da kann dann ein Direktflug nach Neuseeland letztendlich billiger kommen als ein Billig-Ticket mit vielen Umsteigestationen.

Wer von den USA (Los Angeles) anfliegt, z.B. mit der United, kann oft Stopps in Hawaii, Fiji, Samoa, Australien u.a. einlegen. Per Schiff nach NZ ist so gut wie nicht möglich, es verkehren nur Frachtschiffe.

Einreise

Der Paß muß noch mindestens ein halbes Jahr gültig sein, bei der Einreise bekommt man eine dreimonatige Aufenthaltserlaubnis, die im Land gegen Gebühr auf 6 Monate verlängert werden kann. Doch will man so lange bleiben, ist es besser, gleich hier ein 6-Monats-Besuchervisum zu beantragen (Antrag von der hiesigen NZ-Botschaft, oder die „Application Forms" von der Website des NZ Immigration Service, www.immigration.govt.nz, herunterladen).

Wegen evtl. biologischer Schädlinge dürfen landwirtschaftliche und tierische Produkte (offene Lebensmittel) nicht eingeführt werden, auch das Rad und die Ausrüstung (Zelt, Häringe) werden evtl. auf Sauberkeit kontrolliert (vorher gut säubern: Pedale, Reifenprofil, Schutzbleche innen). Außerdem sind evtl. die Reisemittel für den geplanten Aufenthaltszeitraum (ca. 1000 Dollar/Monat) sowie ein Rück- oder Weiterflugticket vorzuweisen.

Währung, Finanzen

Währung ist der neuseeländische Dollar (NZ$). Devisentausch ist in NZ vorteilhafter. Euro-Reiseschecks sind am günstigsten und können gegen geringe Gebühr bei allen Banken eingetauscht werden. In vielen größeren Städten gibt es auch AmEx- und Thomas Cook-Wechselstuben. Kreditkarten (VISA, MasterCard, American Express) sind alltäglich, Bankautomaten sind nahezu überall anzutreffen (zum „Nachtanken" funktioniert auch die günstige **EC-Maestro-Card).** Langzeit-Pedaler sollten in NZ evtl. ein Bank- oder Postgiro-Konto eröffnen, sehr verbreitet ist die australische „Westpacbank" und die „Bank of New Zealand" (Bankautomaten-Karte). Das allgemeine Preisniveau ist mit dem deutschen vergleichbar, Übernachtungen sind preiswerter, Lebensmittel teurer. Mit Studentenausweis gibt es auf vieles Ermäßigungen.

Achtung: Mit einem Juhe-Ausweis bekommt man gegen Vorlage desselben (oder mit einer neuseeländischen YH-Concession-Card, in Y-Hostels in NZ erhältlich) auf viele Dinge in bestimmten Geschäften, Hotels und Transportunternehmen (Flüge, Mt. Cook Helicopter-Flights) 10%–20% Rabatt, oder noch höhere. Bei Bahn- und Busfahrten (Newmans, Mt. Cook Lines) über 20 NZ$ 30%, mit der YHA Intercity Travel Card für Bahn, Zug und Fähren sogar 50%! Weiterhin gibt es Rabatt z.B. auf Outdoor-Equipment, Ausflugs-Touren, Mietautos, Filme, Restaurants, Eintrittspreise etc.! Die Adressen der partizipierenden Firmen und Läden stehen im neuseeländischen bzw. im internationalen Youth Hostel Accommodation-Guide! Vorher genau studieren, da läßt sich einiges Geld sparen! Auch die VIP- bzw. BBH-Karte der Backpacker-Hostels (s.u.) bringt Rabatte.

Arbeiten ist für Touristen in NZ zwar verboten, doch besteht zur Erntezeit (Oktober und Mai) in den verschiedenen Landesteilen gegen (geringe) Bezahlung fast immer Bedarf an Obst-, Trauben- und Kiwi-Pflückern.

Bevölkerung, Sprache

Die nur etwa 4 Mio. Neuseeländer stammen zu etwa 75% von Briten ab, die ab dem 18. Jh. einwanderten. Die Urbewohner des Landes sind die **Maoris,** die ab dem 10. Jh. hauptsächlich das Thermal- und Seengebiet um Rotorua besiedelten. Geringe Minderheiten sind Mischlinge und auch Einwanderer aus Polynesien und Asien. Drei Viertel der Bevölkerung lebt auf der Nordinsel, konzentriert in Städten und an den Küstenstreifen. Wegen ihres Wappenvogels und wegen der bekannten Frucht heißen die Neuseeländer „Kiwis".

Neben Englisch wird auch Maori gesprochen, viele Orts- und Landschaftsbezeichnungen stammen von der Maori-Sprache ab (lernt einige Worte, Grüße und Begriffe in Maori – „kia ora" = Hallo, wai = Wasser, maunga = Berg etc.) Es gibt auch spezielle neuseeländisch-englische Ausdrücke (von Reise Know-How gibt es den Kauderwelsch-Sprachführer „Neuseeland Slang").

Am Wochenende und an Feiertagen klappen die Kiwis die Bürgersteige hoch, dann ist kaum was los, vieles bleibt geschlossen, eine Gewohnheit der puritanischen Zeit der ersten Einwanderer. Gegenüber Besuchern aus Übersee und Radfahrern sind die Kiwis sehr aufgeschlossen, mit Hilfe aller Art und öfteren Einladungen ist zu rechnen. Doch die vielen ausländischen Touristen machen den Kiwis langsam ihre Inseln streitig (z.B. überfüllte Wanderhütten in der Hochsaison).

Kultur und Sehenswertes

Neuseeland ist das „englischste" Land aller früheren britischen Kolonien, daneben existiert die Kultur der **Maori**. Berühmt sind ihre Tätowierungen, melodischen Lieder und ihre meisterhafte Schnitzkunst. Bestandteil der Tradition ist auch das Maori-Gesicht mit heraushängender, gebleckter Zunge und weit aufgerissenen Augen *(Pukana)*. Bekannt und sehenswert sind auf der Nordinsel bei **Rotorua** die dortigen Thermalquellen (gut um die Radlerwaden wieder zu entspannen) bzw. die **Geothermalfelder** mit brodelnden Schlammlöchern, Geysiren und heißen Seen (Whakarewarewa, Waimangu Valley und Waiotapu). Eine Attraktion sind auch die **Waitomo-Höhlen** mit ihren Glühwürmchen (bei Hamilton).

Auf der **Südinsel** sind Attraktionen die Südalpen mit dem **Mt. Cook**, die Wälder, die zahlreichen Seen (Te-Anau-See), **Fjordlandschaften** (Fjordland, der größte Nationalpark der Welt), der Fox Glacier und der Franz Josef Glacier, der **Milford Sound** und der Milford-Track, ein 53 km langer, einmalig schöner Wanderweg (nur organisiert möglich, teuer!), kurz, das ganze Naturspektakel der Südinsel (inclusive Steward Island, eine beeindruckende Wald- und Wanderlandschaft).

Auf beiden Inseln gibt es gut **ein Dutzend Nationalparks** und **zwei Dutzend Forest- und Maritime Parks** wo man wandern, klettern, Schlauch- und Bootsfahrten machen, baden und auch skifahren kann. In den Parks gibt es Visitor Centres mit Auskunft, Broschüren und Karten. Unterkünfte gibt es dort in Form von Hütten und Campgrounds (Motor Camps).

Gesundheit/ Sicherheit

Wie in Australien kann es in NZ durch das Ozonloch eine erhöhte UV-Strahlung geben („between one and three stay under a tree"), bei Sonnenschein sehr starkes Schutzmittel auftragen (in NZ billiger als hier). Es gibt keine giftige Schlangen oder anderes gefährliches Getier auf Neuseeland, doch Vorsicht bei dem rötlich gefärbten *Katipo-Spider,* diese Spinne sitzt manchmal an Stränden unter Treibholz. Achtung vor den aufdringlichen *Keas,* Bergpapageien, denn die haben eine Vorliebe für Gummi und Leder! Mit ihren scharfen Schnäbeln zernagen sie den besten Radsattel, Reifen oder Zelte (kommen auf der Südinsel in höheren Lagen vor, z.B. Arthur's Pass, nicht füttern)! Die *Wekas,* hühnchenähnliche Tierchen, sind sehr klaufreudig – beim Campen nichts rumliegen lassen, auch keine Verpflegung oder Essensreste, schon wegen der nächtlichen *Opossums* (Beutelratten), die bei der Futtersuche auch schon mal ein Zelt oder eine Radtasche aufreißen können.

An Seen und Stränden und in Feuchtgebieten sind die *Sandflies* und auch die Moskitos eine echte Plage, je südlicher man in die Feucht- und Regengebiete kommt (z.B. Fjordland), desto aufdringlicher werden sie. Sie lassen sich auch nur zum Teil mit Anti-Repellents abwehren, an windigen Plätzen ist man einigermaßen vor ihnen geschützt. Bei Wasser aus Flüssen und Seen besteht Gefahr von Durchfallerkrankungen durch *Giardialamblia* (Wasserparasiten). Fragt, ob es in Neuseeland ein Mittel dagegen gibt (in Outdoor Shops), ansonsten hilft ein Wasserfilter.

Auch wenn Neuseeland noch so schön ist, das Paradies ist es schon länger nicht mehr – das Rad nie ungesichert stehen lassen und immer auf seine Wertsachen aufpassen, es kommt vieles weg, auch auf Campingplätzen und Hostels! Neuseeland-Radbuchautor Reinhard Pantke: *„In Christchurch werden jährlich 3000 Fahrräder geklaut, und die Polizei kümmert sich kaum darum.“*

Kiwi-Autofahrer glänzen nicht unbedingt durch Rücksichtnahme gegenüber Radlern (weiteres dazu unter „Verkehr“).

Übernachten

Es gibt ein sehr dichtes Netz von momentan über 50 **Youth Hostels (YH)**, im Dezember und Januar jedoch oft voll, unterwegs deshalb vorher besser anrufen und reservieren. Das geht auch online, Homepage s.u. Ein Ausweis ist erforderlich (hier schon besorgen, ist billiger), Hausregeln und Öffnungszeiten werden flexibler gehandhabt als z.B. in Deutschland. Zahlung auch möglich mit MasterCard u. Visa. Das Herbergsverzeichnis „The Guide to Budget Accommodation“, Volume 2 ist hier erhältlich über das DJH in Detmold, in Neuseeland liegt der „YHA Accommodation Guide“ kostenlos in Hostels und in Touristenbüros aus. Ein Hostelverzeichnis findet man neben vielen weiteren Infos z.B. zu Rabatten auch auf der Homepage der YHA (www.yha.org.nz). Anschrift: Youth Hostels Association of New Zealand Inc, P.O.Box 436, 193 Cashel Street, 3rd Floor Union House, Christchurch, New Zealand. YHA-Mitglieder bekommen in NZ auf viele Dinge **Rabatt** (s.o. „Währung, Finanzen“). In vielen Hostels ist auch **Campen möglich** ((zum halben Preis, z.B. in Gisborne, Lake Tekapo, Opoutere, Tauranga, Te Anau, Wanaka u.a.). Da hat man seine Ruhe und kann trotzdem alle Einrichtungen im Haus benützen!

■ *Nicht mehr weit zu einem Hostel ...*

Beliebt sind besonders die preiswerten, YH-ähnlichen **Backpacker Hostels,** die es in nahezu allen Städten und Tourismus-Zentren gibt. Für sie braucht man keinen Ausweis (und es gibt auch keine Arbeiten zu verrichten). Von Flughäfen u. Bahnhöfen bieten sie mit Kleinbussen Abholservice an. Zwischenzeitlich konkurrieren zwei Unternehmen, deren Hostels sich nicht weiter unterscheiden: **„Budget Backpacker“** (280 Hostels, www.backpack.co.nz) und die allen Australienradlern bestens bekannten **„VIP Backpacker“** (über 60 Hostels, www.vip.co.nz/). Beide Organisationen bieten allen Inhabern ihrer „BBH Backpacker Card“ bzw. „VIP Discount Card“ teils erhebliche Rabatte bei Transportunternehmen (Busse, Bahnen, Flüge) und Sightseeing-Trips, VIP Backpackers zusätzlich Preisermäßigungen beim Übernachten, BBH dagegen eine vorbezahlte Telefonkarte. Kostenloses Verzeichnis erhältlich in allen Hostels und Tourist-Offices oder online unter o.g. Homepages. **Anschriften:** Budget Backpacker Hostels („BP Accommodation Guide"), Rainbow Lodge, 99 Titiraupenga Street, Taupo, New Zealand sowie VIP Backpakker Resorts Int. NZ, P.O.Box 80021, Greenbay, Auckland, New Zealand.

Dann gibt es noch einige **YMCA/YWCA,** allerdings nur in den vier Großstädten. Sie liegen preislich über den Hostels, doch immer noch eine bessere Wahl als ein teures Hotel.

Weitere Übernachtungsmöglichkeiten: **B&B** (Bed and Breakfast, bei Privatpersonen) und **Pub Beds,** gibt es bei Pubs (mit dem garantiert kürzesten Weg vom Biertisch ins Bett, oft eigenartige, altmodische Häuser). Schaut diesbezüglich mal in das „The New Zealand Bed & Breakfast Book" (www.bnb.co.nz).

Mittelklasse-Hotels oder **Motels** können recht teuer sein (doch Motels sind ideal zu viert oder für kleine Gruppen). Manche Hotels/Motels/Pensionen geben für Radfahrer eine Ermäßigung, achtet auf Hinweise.

Das beste Verzeichnis für billige Übernachtungsmöglichkeiten in Neuseeland ist das Buch **„Jason's Budget Accommodation",** mit Motorcamps, B&B, Lodges etc.

Hütten gibt es in den Nationalparks und im Gebirge, näheres erfährt man bei den Visitor Centers bei den Parkeingängen oder von den dortigen Rangern.

Wie in den USA gibt es auch in Neuseeland ein **Cyclists' Accommodation Directory,** das ist eine Liste von Personen (meist Leute, die selbst radeln), die Reiseradlern privat eine Übernachtungsstelle gewähren. Als Gegenleistung nimmt man gleichfalls Leute auf, und nur dann bekommt man das Verzeichnis. Fragt mal an bei: Bruce O'Halloran, 40 Army St, Ellerslie, Auckland 6 (fügt einige Internationale Antwortscheine bei). Oder erkundigt euch beim ADFC in Bremen (www.adfc.de), ob über ihn das Verzeichnis zu bekommen ist (dann muß vorher dem ADFC-Dachgeber beigetreten werden).

■ *Neuseeland-Landschaft (am Lewis-Paß Richtung Hanmer Springs)*

Campen   Obwohl es in NZ genügend Low-cost Übernachtungsmöglichkeiten gibt, wird es bei einer Radtour nicht ohne Campen abgehen, besonders dann, wenn man auf den langen Strecken auf der Südinsel unterwegs ist. **Deshalb unbedingt ein Zelt mitnehmen** oder in NZ kaufen. Am besten man kombiniert Hostels und Campen.

Campingplätze gibt es sehr viele, nahezu in jeder Stadt und auch in kleineren Orten, sie heißen in Neuseeland **Motorcamps.** Sie gehören der Stadt oder werden von Privateigentümern betrieben und sind mit Kochgelegenheiten, Aufenthaltsraum mit (nervendem) TV, Waschmaschinen, Shop, Duschen etc. gut ausgestattet. Meist gibt es dort auch Wohnwagen *(On-site-vans)* oder *Cabins,* kleinere, einfache Hütten, mit Betten und Kochgelegenheit, praktisch bei Regen und für kleine Gruppen, oder gar einen Schlafsaal im Backpackers-Stil. Ein Motorcamp- u. Campground-Verzeichnis bekommt man vom NZ-Automobilclub AA *(Outdoor Guide,* Nord- und Südinsel), weitere Broschüren von den Fremdenverkehrsämtern *(Where to stay,* u.a.). Natürlich sind die verschiedenen Motorcamp-Organisationen auch online mit einer Liste aller angeschlossenen Plätze präsent, z.B. „Holiday Accommodation Parks of NZ" (www.holidayparks.co.nz) und „Kiwi Holiday Parks of NZ" (www.kiwitravelchannel.co.nz).

Viele kleinere Orte haben auch **Domains** (danach fragen). Das ist ein öffentliches Stück Land, wo meist Campen erlaubt ist, es gibt auch Wasser und Toiletten dort, seltener Duschen oder einen Aufenthaltsraum. Meist nur geringe Gebühr. Auch auf den **Rest Areas** bzw. Picnic Areas nahe den Straßen ist zur Not (stilles) Übernacht-Camping möglich. Auf den AA-Karten sind diese Rest Areas eingetragen.

Wildes Campen („free-"oder „wild camping") ist in NZ in der Natur bis auf einige touristisch stark frequentierte Gebiete (z.B. Coromandel Peninsula) erlaubt und auch risikolos, auf der Südinsel ist Campen einfacher als auf der Nordinsel (dort ist das Land größtenteils eingezäunt). Respektiert Privatgrund, dort vorher fragen, meist wird man herzlich willkommen geheißen. In dichter besiedelten Gebieten sollte man aufs Wildcampen zugunsten organisierter Campgrounds ganz verzichten, die Kiwis sind meist eh' schon recht genervt durch die alljährliche Touristenschwemme. In den Nationalparks, State Forest Parks und Land & Survey Recreational Parks ist Campen nur auf den dafür vorgesehenen Plätzen erlaubt bzw. ganz verboten. Das **Department of Conservation (DOC)** gibt die Broschüre „Conservation Campsites" heraus, dort sind viele Zeltmöglichkeiten (auch halbwilde) in meist herrlicher Lage aufgeführt. Achtet auf die Feuergefahr in trockenen Regionen, *Fire risk areas* sind ausgeschildert. *And keep New Zealand clean!*

Verpflegung   Das Versorgungsnetz ist auf der Nordinsel sehr gut, in den Städten haben viele Läden länger geöffnet. In allen Städten findet man große, gut sortierte Supermärkte wie z.B. *New World*, *Pak'n Save* oder *Woolworth*, die oft auch leckere Salatbars und Essen zum Mitnehmen haben. Der typische neuseeländische Tante-Emma-Laden ist der **Dairy,** der hat oft auch spätabends und sonntags noch offen (doch ist nicht immer billig). In NZ sind Milch und Milchprodukte (Käse, Butter, exzellente Eiscreme, Milchshakes), auch Fleisch (Lamm!) sowie Fisch billig und sehr gut, Früchte sind nur preiswert in den Anbau-Regionen. Leider gab es bis vor kurzem nur pappiges Weißbrot, doch dunkles oder Vollkornbrot ist im Kommen, wenngleich teurer (in den Supermärkten meist an der Delikatessenbar). Ein guter Energieriegel und ein Notproviant ist *Scroggin.* Das Nötigste kann man auch an Tankstellen (Petrol Stations) kaufen. **„Take aways"** bieten die üblichen *Meat pies, Fish & Chips* und *Fast Food,* die Filialen amerikanischer Fast-Food-Ketten sind eine weitere Alternative. Beliebt bei Travellern sind die weit verbreiteten **„Tea Rooms",** wo es auch Kuchen gibt.

■ *Mittagsrast im Märchenwald am Lake Wilkie*

Richtige Speiserestaurants sind seltener zu finden und nicht billig. Ein **„BYO"-**Zeichen an einem Restaurant bedeutet „Bring Your Own" (Bier, Wein) zum Essen mit (man zahlt nur noch ein „Korkengeld"). Alkoholische Getränke kann man nur in einem *Bottle-* oder *Liquor Shop* kaufen! Das Bier ist ziemlich schwach, und die Kiwis dürfen sich erst ab 20 Jahre öffentlich dem Alkohol hingeben. *Steinlager* („Steinie") ist eines der beliebtesten. **Pubs** (oft urige Stimmung) machen werktags meist um 23 Uhr zu.

Selbstkochen kann man auch in den Küchen der Motorcamps (Geschirr und Töpfe mitbringen!). In den einsamen Südinsel-Regionen immer genügend *food* mitführen, vor Wochenenden, Weihnachten, Neujahr, Ostern, Feiertagen und „langen Wochenenden" genügend „bunkern", weil viele Läden dann über Tage geschlossen bleiben!

Verkehr   Es herrscht Linksverkehr! Man gewöhnt sich schnell dran (Linksverkehr-Tips s.S. 131). Außerhalb der Städte und abseits der (numerierten) State-Highways (SH) ist der Verkehr mäßig, auf der Südinsel ist der Verkehr noch dünner. Breite Seitenstreifen entlang den Straßen gibt es leider nur ganz wenige, und außer in Auckland und Christchurch existieren auch kaum Radwege *(Cycleways).* Doch die Ausschilderung ist gut bis sehr gut. In der Nähe von größeren Städten werden aus Einfallstraßen plötzlich für Radler verbotene Autobahnen (Motorways). Fahrt in oder verläßt Großstädte lieber auf Nebenstraßen, doch dazu bedarf es eines Stadtplans. Auckland und Wellington kann man auch schnell per Vorstadtbahn verlassen.

Kiwi-Autofahrer können manchmal ganz schön rücksichtslos gegenüber Bikern sein, das ist nicht nur unsere Erfahrung. Seid auf der Hut vor Bussen (die weichen selten aus) und Lkw (Sogwirkung). Achtung auch vor Schaf-Transportern und den Holzlastern in Waldgebieten! Vorsicht auf den sehr engen Straßen in den Bergen, immer hart links bleiben, und achtgeben sollte man zusätzlich bei Eisenbahnschienen, die manchmal parallel zur Straße verlaufen. Montiert einen Rückspiegel. Während der Hochsaison kurven sehr viele Touristen in Wohnmobilen herum, die mit Linksverkehr, engen Straßen und den Dimensionen ihrer Fahrzeuge ihre liebe Not haben (besonders gefährlich um die Großstädte mit internat. Flughäfen und Fährhäfen).

Straßen   Wie gesagt, ist das Radfahren im Kiwiland überwiegend eine ziemlich bergige bzw. hügelige Angelegenheit, besonders auf der Südinsel. Lange, ebene Straßen sind rar (und dann gibt es da auch noch den Wind …). Die Hauptstraßen sind durchweg asphaltiert *(sealed, tarsealed),* oft sehr rauh und in gutem bis wechselhaftem Zustand (geflickt, hoppelig). Die Nebenstraßen sind von sehr unterschiedlicher Beschaffenheit, werden zunehmend asphaltiert, bestehen aber häufig noch aus festen Schotter- und Erdpisten (die im Sommer dann ganz schön staubig werden können). Mit dem *grader* werden sie von Zeit zu Zeit ebengehobelt. Auffällig ist die große Zahl toter Tiere auf den Straßen (Opossums).

     Eine *Metalled Road* ist eine asphaltierte Straße, eine *Shingled Road* eine Kiesel- bzw. Schotterstraße (Gravel Road), eine *Slick Road* eine Pflasterstraße und *Slips* sind Steinschläge. „*New Seal*" meint frisch asphaltiert, und damit lockeren, gefährlichen Splitt! Vorsicht, den Autofahrern ist es egal, wenn der Splitt auf euch niederprasselt! Paßt auf, wenn die Straße voller Schafdung ist, der klebt an die Reifen und spritzt dann auf den Rücken!

Transport   **Bus:** Das Bussystem ist sehr gut ausgebaut, es gibt viele Verbindungen zwischen den größeren Städten. Gesellschaften sind *Mount Cook, InterCity* (das ist die staatliche), *Newmans* und etliche neue mehr, die sich einen Preiskampf liefern (Christchurch – Queenstown allein sieben Gesellschaften). Auf der Südinsel fahren die Busse weniger häufig. Ermäßigungen mit den o.g. Discountkarten, dazu vielerlei Travelpässe, die aber für Radler weniger interessant sein dürften. „Cook" und „Newmans" nehmen Räder gegen Aufpreis oder auch kostenlos mit, sofern Platz ist, eng wird es in der Hochsaison Dezember – Februar. Sonst per Fracht voraus oder hinterherschicken. Manchmal muß der Lenker gerade gestellt, die Pedale abgeschraubt und die Kette mit Papier umwickelt werden. Schwierig ist die Mitnahme eines Rades in Intercity-Bussen und Intercity-Bahnen, hängt von eurer Überredungskunst und dem Personal ab. Kooperativer, wenn auch nicht jedermanns Geschmack, sind da die „Backpacker-Busse", die während der Hochsaison auf festen Routen fahren, an Sehenswürdigkeiten stoppen und oft einen Anhänger/Gepäckträger haben. Man kann auch nur Teilstrecken fahren und später wieder zusteigen (vorher reservieren). Busse auf Langstrecken sind billiger als Bahnfahrten.

     Eisenbahn: Das Schienennetz ist ca. 4500 km lang. Linien auf der Nordinsel gibt es von Auckland nach Tauranga, Auckland – Rotorua, Auckland – Wellington und von Wellington entlang der Ostküste nach Napier. Auf der Südinsel verläuft die Bahnlinie entlang der Ostküste von Picton über Christchurch, Dunedin nach Invercargill. Eine landschaftlich spektakuläre Strecke ist auch die von Christchurch über die Neuseeländischen Alpen nach Greymouth an die Westküste („The TranzAlpine", auf dieser Strecke kann es sein, daß das Rad erst im nächsten Güterzug mitkommt).

Die Züge haben Namen, fahren täglich und die Radmitnahme ist kein Problem, es wird meist in den vordersten Waggon verladen. Am besten einen Tag vorher buchen. Es gibt auch Vorortzüge (*Commuters* oder *City-Rails*) nach/aus Wellington (Paraparaumu, Johnsonville und Upper Hutt) und Auckland (Swanson, Papakura und Hamilton). So gelangt man schnell in diese Städte oder aus ihnen heraus. Doch diese Züge nicht zur Rush-hour benützen! Angeboten werden auch Bahn-Touristenpässe verschiedener Gültigkeitsdauer. Infos online: www.tranzrailtravel.co.nz.

■ *Straßen-brücke mit Schienen (bei Greymouth) – Sturzgefahr für Biker!*

Flüge: Im Inland fliegen Air New Zealand (www.airnz.co.nz), Mt. Cook und Qantas New Zealand (www.qantasnz.co.nz). Es werden relativ viele und auch sehr günstige Flüge angeboten, besonders bei rechtzeitiger Buchung oder wenn man *Stand-by* oder zu ungünstigen Tageszeiten fliegt (sog. „red-eye-flights") oder eine der o.g. Rabattkarten besitzt. Air New Zealand verlangt in der Regel das Rad in einer *Box,* bei kleineren Maschinen kann ein Rad nicht immer mitkommen. Details bei der Buchung. *„Fliegen mit Fahrrad ist nur unwesentlich teurer als mit Bus/Bahn/ Fähre. Wir flogen z.B. mit den Rädern und Studenten-Ermäßigung von Auckland nach Nelson billiger als dies mit Zug und Fähre möglich gewesen wäre"* (Christoph u. Doris Schneider-Travnicek).

Die **Fähren** zwischen der Nord- und Südinsel verkehren ca. 5x täglich („Interislander"), die Überfahrt mit einem Rad ist nicht ganz billig. Immer voll an den Feiertagen. Während der Hochsaison wird zusätzlich 2x täglich eine (teurere) Schnellfähre („Lynx") eingesetzt. Fahrpläne und -preise: www.tranzrailtravel.co.nz/interislander und www.tranzrailtravel.co.nz/ theLynx. Geld sparen bei öffentlichen Verkehrsmitteln: s.o. bei „Währung, Finanzen"!

Fahrrad   Ein MTB ist nicht erforderlich, wenn man überwiegend auf dem Asphalt bleibt. Ein robustes, normales Trekking- oder Reiserad mit großer Übersetzungsbandbreite wegen der vielen Hügel und Berge ohne „State-of-the-art-"-Komponenten erfüllt voll den Zweck. Je nach Tourverlauf bzw. Routencharakter und Zuladung sind jedoch auch breitere Reifen (ab 37 mm) und stabilere Gepäckträger ratsam. Wegen öfterem Regen sind Schutzbleche notwendig!

Standardgröße für Schläuche, Felgen und Reifen sind in Neuseeland mittlerweile 26er, doch auch 28er Größen sind erhältlich.

In Neuseeland kann man auch **Räder mieten oder kaufen** (gebraucht oder neu, evtl. mit „Buy-Back"-Garantie), das wird vielleicht jene interessieren, die NZ mit dem Auto (Mietwagen, evtl. das Rad auf dem Dachgepäckträger) oder per Daumen kennenlernen wollen. Rechnet pro Monat an Mietkosten mit ca. 220 NZ$. Wer eine mehrmonatige Radtour plant, sollte aber sein eigenes *Pushbike* mitbringen. Qualitäts-Räder sind etwa so teuer wie in Deutschland, gleichfalls Qualitäts-Ersatzteile. Komponenten stammen hauptsächlich von Shimano und von taiwanesischen Herstellern, und es gibt sie in guter Auswahl nur in größeren Städten. Die üblichen Ersatzteile sind in jeder Kleinstadt erhältlich. Doch meist ist man ja im Bedarfsfall irgendwo weit ab, deshalb wichtige und spezielle Ersatzteile immer mitführen. Manche Radläden versenden auch Radteile (meist per Bus), ihr müßt aber eure Kreditkartennummer parat haben.

Man könnte sein Rad nach der Tour auch verkaufen, durch Inserate in der Zeitung, Anschläge in Hostels etc. (das Rad wird bei der Einreise nicht in den Paß eingetragen bzw. muß nicht deklariert werden). Die *Penny Farthing Cycles Shops* gibt es in Auckland Ecke Khyber Pass Road/Symonds Street. In Wellington 89-95 Courtenay Place. In Christchurch Ecke Tuam/Manchester Street (sie sind jedoch nicht die billigsten!). Viele weitere Bikeshops auch in Kleinstädten, man findet sie in dem Bike-Guide „Pedallers' Paradise" (s.u.) und in den Telefonbüchern. Oder klickt auf www.mountainbike.co.nz/shops/index.htm.

Ausrüstung   Mit Zelt durch Neuseeland sollte selbstverständlich sein, wegen dem Wind und Regen muß es stabil und dicht sein, und wegen Sandflies und Moskitos braucht es auch ein Moskitonetz. Robuste, wasserfeste Packtaschen sind gleichfalls vonnöten. Ein etwas wärmerer Schlafsack (Kunstfaser) und wetterfeste Kleidung ist für überwiegende Touren in kühleren Bergregionen von Vorteil. Und natürlich einen Regenschutz nicht vergessen! Helmpflicht. Ein Kocher ist nur bei längeren Wanderungen erforderlich und vorteilhaft, Töpfe sollten für die Küchen der Motor Camps mitgenommen werden.

Es gibt in Neuseeland einige hervorragende Outdoorläden (z.B. *Bivouaq* in Auckland in der 2 Wyndham Street) und renommierte Hersteller *(Macpac)*. Preise vergleichbar mit denen in Deutschland, Importartikel teils teurer. Die o.g. Bikeshops verkaufen auch (wasserdichte) Radtaschen und Radklamotten.

Karten, Reiseführer, Info-Stellen   „Neuseeland", von Reise Know-How, 1:1 Mio. Nelles New Zealand 1:1,25 Mio., mit Stadtplänen von größeren Städten. Die besten Karten für Radfahrer sind die 15 *District Maps*, 1:350.000, des Automobilclubs (AA) von NZ, gegen Vorlage eines nationalen Ausweises bekommt man sie kostenlos. Weitere brauchbare Karten der AANZ sind die *Touring Maps*,

1:550.000, je 4 Blätter für die Nord- und die Südinsel, und der etwas unhandliche DIN-A4-große *New Zealand Road Atlas,* 1:600.000. Adresse: The New Zealand Automobile Association Inc., AA Centre, 99 Albert Street, P.O.Box 5, Auckland.

Zahlreiche Karten in allen Maßstaben und Führer sind auch in Neuseeland noch erhältlich, und zwar in den **Visitor Information Centres (VIN)**, die es in allen wichtigen Orten gibt. (Auch Bike-Shops haben meist Karten). Achtet darauf, daß Autokarten auch Angaben zum Straßenbelag, zu Campingplätzen und Hostels enthalten. Shell-Tankstellen haben gleichfalls Autostraßenkarten. Gute kleine Stadtpläne gibt es von der Serie New Zealand Minimaps, in Buchhandlungen.

Die detailliertesten Karten (aber ohne km-Angaben!) sind die des *Department of Survey and Land Information* (NZMA, New Zealand Map Series). Adresse: Mayfair House, 4452 The Terrace, 6. Stock, Wellington. Die Karten-Nr. 265 stellt Neuseeland in zwei Blättern 1:1 Mio. dar (Touring-map series), die beiden sind fürs Radeln ausreichend. In Nr. 242 ist Neuseeland in vier Blättern dargestellt (1:500.000), und Nr. 262 teilt NZ in acht Blättern auf (1:250.000). Diese Karten sind bereits zu groß (wird mal eine für eine bestimmte Region nötig, kann man sie auch in städtischen Bibliotheken einsehen und kopieren). Erwerben kann man die Karten von den Verkaufsstellen des Survey and Land Department und auch in größeren Buchhandlungen.

Guide-Books für die National-Park-Tracks kann man – sofern man einen wandern will – auch noch an Ort und Stelle kaufen. Der Milford Track und Routeburn Track erfordern immer eine Voranmeldung (im Sommer für Monate ausgebucht!).

Internet: Unter www.newzealand.de kann man Broschüren etc. bestellen. Die offizielle Website von Tourism New Zealand läßt eigentlich keine Fragen offen, bietet unzählige Links und ist sogar auf deutsch abrufbar: www.purenz.com/indexnz.cfm. Jede Menge Links zu regionalen Visitor Information Centres bietet www.travel-library.com/pacific/new_zealand/index.html. Eine weitere gute Startseite: http://nz.com. Mit einer Fülle von Informationen zu Biketrails, Veranstaltungen, Radläden, Links etc. präsentiert sich das „New Zealand Mountain Bike Web": www.mountainbike.co.nz. Eine weitere Website ist „NZ Cycle Links", www.wvcc.org.nz/bikelinks.

Radbücher   Reinhard Pantke: „Das Neuseeland BikeBuch", Reise Know-How. Dies ist das umfangreichste und geeignetste für NZ-Tourer. Es gibt erschöpfend Auskunft über 10 Routen und Touren; mit Streckenbeschreibungen, Karten, Entfernungen, Unterkunftsmöglichkeiten, Outdoor-Aktivitäten, allgemeine Hinweise.

Nigel Rushton: „Pedallers' Paradise", DAB Hand Publishing, zwei Bände zur Nord- und Südinsel, in NZ in vielen Bikeshops, Infocentern und Buchläden erhältlich. Die ideale Ergänzung zum obigen BikeBuch, viele Nebenstrecken, Seitenabstecher, Höhenprofile, Entfernungen, Bikeshops und eine Fülle weiterer Infos in Stichworten. Besucht Nigel auf seiner Homepage (www.voyager.co.nz/~dabhand, regelmäßige Updates) oder in seinem Hostel „Pedallers' Paradise" in Lake Tekapo (Zeltplatz vor dem Haus mit wunderschönem Seeblick!).

Nicola Wells, „Cycling New Zealand", von Lonely Planet (1. Afl. 2000).

Immer noch gut: „New Zealand By Bike", 1997, von Bruce Ringer, The Mountaineers, Seattle. NZ in 14 Routen und Touren.

Bewährt haben sich auch die handlichen Cyclos-Fahrrad-Reiseführer aus dem Kettler-Verlag: „Neuseeland per Rad", 1996, von K. Clougher/ W. Zeyher. Da kann sich jeder seine individuelle Route aus 98 Streckenvorschlägen zusammenstricken.

Wer seinem MTB gelegentlich die Sporen geben möchte, sollte sich den Guide „Classic New Zealand Mountain Bike Rides" der drei Kennett Brothers zulegen. Beschrieben sind mehr als 400 Geländeritte auf der Nord- und Südinsel, erhältlich in NZ in Buchläden und vielen Bikeshops (www.kennett.co.nz/books/cnzmbr.html).

Weitere Broschüren der lokalen Rad-Organisationen, Faltblätter zu lokalen Radrouten (in Auckland z.B. die „The 50 km Cycle Route") u.a. liegen oft in den Visitor Centres oder beim DOC aus.

Erzählungen: H. H. Schulz: „Mit dem Fahrrad durch Neuseeland", Mundo-Verlag 1988. Erfahrungen einer Radtour, veraltet, weitschweifig. Dieter Kreutzkamp: „12.000 km Australien und Neuseeland", Pietsch-Verlag 1989. Beschaulich-subjektive Reiseschilderung, muß man zur Vorbereitung nicht unbedingt besitzen, veraltet. Beide im Antiquariat. Klaus Offermann: „Tagebuch einer Neuseeland-Radreise", Agentur für moderne Kommunikation. Keine Bilder, wenig Informationen, ungeeignet zur Vorbereitung.

Reiseführer: „New Zealand", Lonely Planet, und viele andere mehr. Geht in eine gute Buchhandlung in Auckland oder Wellington, wenn ihr weitere spezielle NZ-Reisebücher und -führer sucht, es gibt da einiges. Das Neuseeländische Fremdenverkehrsamt in Frankfurt verschickt kostenlos gutes Info-Material. Einzel-Infos gibt es vor Ort bei den örtlichen Visitor Information Centres (VIN bzw. Public Relation Offices).

Rad-Organisationen, Magazine

Bicycle Association of New Zealand, POB 2454, Wellington, NZ. Bicycle Tour Services, POB 11-296, Auckland 5, Tel. (09) 276-5218, vermietet Räder und Ausrüstung. *Canterbury Cyclists' Association,* POB 2547, Christchurch. Karten, Guides und Hilfe für den Rad-Trip auf der Südinsel, Routen-Planung, Touren-Infos etc. – Rad-Zeitschriften: *New Zealand Cyclist Magazin,* vierteljährlich, von Southern Cyclist Inc., POB 5890, Auckland. Für Kontakte schau mal auf der Website „CyclingNZ" (www.cyclingnz.org.nz/index.phtml) unter der Rubrik „Clubs" nach.

II. ZIELE, ROUTEN, STRECKEN

Routenplanung

Bringt vor allem genügend Zeit mit! Mindestens sechs Wochen! Man will ja meist ein zweites Mal wiederkommen, doch wem gelingt das schon. Wer alles genau im Voraus wissen will, stellt seine Route mit dem oben erwähnten „Neuseeland BikeBuch" zusammen, oder man plant nur im Groben und läßt sich ansonsten treiben. Bike-Traveller gibt es in Neuseeland zuhauf (darunter viele Deutsche und Schweizer), die sind eine gute Info-Quelle. Man braucht sich allgemein nur wenig Sorgen zu machen, alles läuft mehr oder weniger in gewohnten und geregelten Bahnen (bis auf den Linksverkehr).

Plant zur Abwechslung evtl. auch einen der vielen Wander-Tracks mit ein, die fernab jeglicher Zivilisation 3 bis 10 Tage durch die schönsten und spektakulärsten Wildnis- und Nationalpark-Landschaften Neuseelands führen *(„go tramping")*, die Ausrüstung dazu läßt sich meist noch vor Ort mieten, mehr darüber in Reiseführern. Wenn keine Rundwanderungen möglich sind, kann man **Rad und Gepäck auch per Bus ans andere Ende des Tracks schicken.** MTB-Biker dürfen in den Nationalparks nur auf den dafür bestimmten Tracks fahren.

Die **Südinsel** ist, wie erwähnt, landschaftlich schöner und abwechslungsreicher und verkehrsärmer, wer nur wenig Zeit hat, sollte überwiegend dort radeln und zur Überbrückung uninteressanter Distanzen in Busse und Züge steigen (von Christchurch kann man gut nach Auckland zurückfliegen). Eine beliebte Rundtour auf der Südinsel ist die **Westküstenroute von Nelson nach Westport** und weiter bis Haast, dann ins Inland nach Queenstown (Abstecher zum Milford Sound), und anschließend über Christchurch wieder die Ostküste hoch. Oder vice versa.

Wer nach langem Flug übermüdet ist und sich nicht gleich in den Linksverkehr wagt, sollte nach der Ankunft in Auckland ein Backpacker-Hostel anrufen (z.B. City Garden Lodge, 25 Georges Bay Road), sie haben einen Kleinbus-Abhol-Service. Überflüssiges Gepäck kann man in Hostels aufbewahren oder recht günstig postlagernd vorausschicken (wird 12 Wochen aufbewahrt).

■ *Landschaft im Norden der Nordinsel*

Empfehlenswerte Touring-Gebiete auf der Nordinsel

Coromandel Peninsula Diese Halbinsel mit einer subtropischen, kontrastreichen Vegetation und mit malerischen (zahllosen!) Hügeln und Bergrücken ist ein sehr gutes Cycling-Gebiet. Kleine Farmen, schöne Strände, Kauri-Bäume und verschlafene Fischerdörfer wechseln sich ab mit Walking-Tracks, abgelegenen Schotterpfaden und alten Minenstrecken. Zum Übernachten gibt es viele Motorcamps, Hostels und einige Touristenresorts. Man kann da leicht 500 und mehr Kilometer zusammenbekommen und eine Woche oder länger bleiben. Am besten man pedalt an der Küste entlang und macht Abstecher ins Innere. Anfahrt Auckland – Thames (am Firth of Thames entlang ist vorzuziehen), beschrieben im RKH-BikeBuch. Für viele Strecken (Trail-Bike-Routen) und Abschnitte (z.B. zum Nordkap nach Port Jackson) wäre ein MTB das richtige (doch schwierige Strecken kann man ja auch auslassen). Dazu unbedingt die Karte „Leisure Map of Coromandel Peninsula" vom AA dabeihaben, denn man kann sich leicht verfahren, im Bruce-Ringer-Buch und im „Pedallers' Paradise" (s. „Bücher") sind gleichfalls Coromandel-Touren beschrieben. Coromandel ist auch ein Naherholungsgebiet für die Auckländer, im Dezember und Januar sind dort viele unterwegs, das restliche Jahr ist es ruhig.

Rotorua und Ostküste
Rotorua ist das obligatorische, sehr touristische Ziel für NZ-Touristen. Entlang der **Bay of Plenty** schöne Strände und meist gutes Wetter. Ganz draußen im East-Cape-Gebiet viel Einsamkeit, gutes Radfahren, schöne Strände, Maori-Kultur. Wenig Übernachtungsmöglichkeiten. Der **Urewera-Nationalpark** besteht überwiegend aus Wildnis, es ist ein Wandergebiet mit dem „schönsten See Neuseelands", dem Lake Waikaremoana. An der **Hawke-Bay** gibt es Obst- und Früchteplantagen. Weiter südlich ist die Ostküste bis Wellington runter eher uninteressant, überwiegend Farmland.

Northland
Heißt das Gebiet nördlich von Auckland, mit viel Maori-Kultur und geschichtlichen Orten **(Waitangi).** Recht bevölkert, Straßen sind gut, aber stark befahren. Überwiegend Farmland und Busch. Der Highway 1 läuft an der Hibiskusküste entlang: Grüne Buchten, sanfte Hügel, gelegentlich riesige Kauri-Bäume und hohe Palmen, dann wieder gemäßigte Zonen mit Kiefern und *Christmas Trees.* Um **Kerikeri** nahe der **Bay of Islands** breitet sich ein riesiges Orangen- und Obstanbaugebiet aus. Wer will, kann von Kaitaia bis zum nördlichsten Punkt, dem **Cape Reinga** und zum Ninety Mile Beach fahren (120 km, viele Touristenbusse). Landschaftlich jedoch nicht attraktiv, Küstenlinie ist nur selten zu sehen. Rückfahrt von Kaikohe auf dem Highway 12 durch teils dichte Waldgebiete mit riesigen Kauri-Bäumen (Waipoua Kauri Forest), viele Steigungen. Nach einem kurzen Intermezzo auf dem Hwy. 1 bis Wellsford dann vollends auf dem verkehrsärmeren Hwy. 16 nach Auckland radeln, oder bereits in Swanson in den Vorortzug steigen.

Auckland – Wellington
Ist die Hauptstrecke aller, die zur Südinsel wollen. Der Verkehr auf den SH 1 und 3 ist recht heftig, das (touristische) **Rotorua** sollte man trotzdem besuchen. Der **Lake Taupo** ist bekannt für gutes Forellenangeln. Am SH 1 liegt auch der **Tongariro Nationalpark,** bekannt für seine teilweise noch aktiven Vulkane. Ab Palmerston North vollkommen flach und langweilig und stark befahren, deshalb bis **Wellington** besser den Zug oder den Bus nehmen.

Bei einer Rückfahrt von Wellington nach Auckland könnte man auch den SH 3 nehmen, am Vulkan **Mt. Taranaki** vorbei (Nationalpark, Besteigung möglich). Wo die SH 3 und die 4 wieder zusammenkommen liegt bei Te Kuiti die **Waitomo-Glühwürmchen-Grotte.**

Empfehlenswerte Touring-Gebiete auf der Südinsel

Die Südinsel, das sind ruhige Straßen, hügelige und bergige alpine Landschaften mit zahlreichen Pässen und große Entfernungen zwischen Orten und Siedlungen – manchmal 100 bis 150 km!

Nachdem man von Wellington in Picton mit der Fähre angekommen ist, erreicht man mit der nordöstlichen Ecke der Südinsel um Blenheim gleich eine schöne Radelregion (**Marlborough Sounds Maritime Park und Wairau River Valley**) mit Obstplantagen und Weinanbau.

In Picton hat man die Wahl, ob es zunächst zur Westküste gehen soll oder ob man die Ostküste Richtung Christchurch runterfährt. An der Westküste weht bei schönem Wetter der Wind meist von Süd-West, deshalb dort eher nordwärts pedalen (für die Tourplanung weniger ausschlaggebend).

Fährt man nach Westen oder kommt dort den Highway 6 hoch, kann man in Motupiko bzw. in Richmond zur **Golden Bay** und zum **Abel Tasman National Park** abbiegen. Ein hügeliges Waldgebiet mit einer fantastischen Küste mit idyllischen Buchten und schöner Vegetation (Riesenfarne). Wandern kann man dort auf dem **Coastal-Track** (in der Ferienzeit stark überlaufen). Alternativ könnte man den 4–5 tägigen **Heaphy-Track** wandern und das Rad die Westküste vorausschicken.

Fährt man von Blenheim nach Christchurch, könnte man auch noch von dort über die Alpen (**Arthur's Pass**) gleichfalls zur Westküste gelangen (steile Aufstiege). Um **Christchurch** gutes Radeln (Akaroa-Peninsula, hügelig).

Zwischen Christchurch und Dunedin liegt im Regenschatten der Neuseeländischen Alpen die **Canterbury-Ebene,** mit dem langgezogenen, ebenen und langweiligen Highway Nr. 1. Wer von Christchurch nach Queenstown will, sollte die abwechslungsreichere, doch bergige 73/77/79 radeln. In Fairlie stößt man dann auf den Highway 8, der nach **Queenstown** führt. Unterwegs kann man bei Twizel die ca. 60 km zum **Mount Cook** abbiegen – sehr schöne Landschaften, Seen, Bergpanoramen, Gletscher. Mount Cook ist das Zentrum zum Skifahren, Bergsteigen und für Gletscherwanderungen (Mt. Cook National Park; auf der Strecke dorthin meist Gegenwind, da der Wind das Tal hinabbläst).

Die Strecke zwischen **Dunedin** und **Invercargill** durchs Inland bietet nichts Besonderes, viel interessanter ist es an der Küste entlang, die 92 ist zwischen Balclutha und Invercargill bis auf wenige Kilometer zwischenzeitlich asphaltiert (teils kräftige Steigungen).

Die Attraktionen an der **Westküste** sind der Franz Josef- und der Fox Glacier und die **Pancake Rocks.** Während am nördlichen Teil des Highway 6 noch recht viele Orte liegen, wird es nach Süden zu immer einsamer („Beförderungsloch" zwischen Hokitika und Wanaka). Von **Haast** geht es dann den supersteilen Haast-Paß hoch. Über **Wanaka** kommt man nach **Queenstown,** zur Haupttouristenregion der Südinsel. Der Hwy. 34 von Wanaka nach Arrowtown über die **Cardrona-Range** wurde mittlerweile asphaltiert, der Verkehr hat seitdem spürbar zugenommen.

Zum berühmten **Milford Sound** führt dann der Highway 94, eine streckenweise einmalige Straße mit dem Homer-Tunnel, doch zur Hochsaison auch starker Verkehr (evtl. zwischen 11 und 16 Uhr, da dann fast alles am Sound ist)! Recht harte Strecke mit dem Bike, es ist ratsam, per Bus von Te Anau zum Homer Tunnel zu fahren und von Milford Sound bis hinter den Tunnel wieder mit dem Bus zurück, da man so bis zu 20 km bergab rollen kann. Der Homer Tunnel ist grausig, eng, abgasverpestet und hat 10% Gefälle Richtung Milford Sound (besser einen Pickup anhalten oder gleich mit dem Bus vollends durchfahren). Ein anderes Highlight ist die

Backcountry-Road zwischen der **Walther's Peak Station** und **Te Anau**. Da man diese Strecke nur per Schiff von Queenstown erreichen bzw. nach Queenstown verlassen kann, ist sie entsprechend verkehrsarm. Und last but not least verbindet der „**Otago Central Rail Trail**" auf 150 km Länge von Middlemarch bis Clyde den Komfort fast steigungslosen Radelns mit einer herrlichen Hügellandschaft (einige spektakuläre Viadukte und Tunnels, Schotterbelag)! Zu erreichen von Dunedin auf dem Hwy. 87, von Queenstown über den Hwy. 8. Infos und ein Faltblatt beim DOC oder online unter www.otagocentralrailtrail.co.nz.

Have a nice ride!

Südsee-Inselstaaten

Überblick   Südsee-Inselräume mit dem Fahrrad verwirklichen – geht denn das? Nun, man wird wohl kaum extra mit dem Rad auf einen der Inselstaaten der Südsee fliegen, doch wer gerade zwischen Australien, Neuseeland und den USA unterwegs ist, kann versuchen, mögliche Zwischenstopps auf Südsee-Inseln einzulegen.

Auf internationalen Flügen werden meist Hawaii, Westsamoa, Amerikanisch-Samoa, Tahiti und Neukaledonien angeflogen. Tonga kann meist nur indirekt bzw. durch Umsteigen angeflogen werden, oder man bucht eine Rundreise (z.B. von Neuseeland aus) nach Tonga, Fiji und/oder Samoa. Der Gang in ein Reisebüro klärt die möglichen Verbindungen bzw. Routen. Flugdrehscheiben sind Sydney, Auckland, Fiji-Inseln. Alle wichtigen Radersatzteile muß man dabeihaben, da es auf den Inseln – außer auf Hawaii – kaum Radläden gibt.

Alles hier nicht genannte kann man aus den unten empfohlenen Reiseführern erfahren. Die South Pacific Tourism Organisation (SPTO), Petersburger Str. 94 in 10247 Berlin (Tel. 030-42256026, Fax 030-42256287) verschickt Info-Material zu Fidschi, Samoa, Tonga u.a. Südsee-Inseln. Ihre Homepage www.spto.org hat leider außer ein paar Bildchen von jeder Insel nichts zu bieten, aber das kann sich ja noch ändern.

Welche   Hier sollte man nicht die Insel-Größen oder mögliche Strecken- bzw.
Inseln?   Straßenlängen als Maßstab heranziehen, sondern die Wahl sollte vielmehr nach Kosten (Anflug), touristischer Infrastruktur, Grad der Entwicklung, Besonderheiten oder der Landessprache getroffen werden. Wer eine noch heile Südsee-Welt sucht, ist z.B. auf Hawaii fehl am Platz (obwohl es sich dort prima radeln läßt), und wer kein Französisch kann, wird auf Tahiti oder Neukaledonien schlecht zurechtkommen. Überhaupt wird man auf den Südsee-Inseln nicht jenen Südsee-Mythos finden – außer bei Vorführungen für Touristen –, wo unter rauschenden Palmen an türkisen Stränden die Mädchen mit Blumen bekränzt sind, die immer nur tanzen und Musik machen. Unsere moderne Zeit hat dieses Traumbild – das so sowieso nie real existiert hat – längst überwuchert. Nüchtern geht es zu, auf den Südsee-Inseln herrschen Arbeitslosigkeit, viele sind überbevölkert, ethnische Konflikte schwelen, gravierende Umweltzerstörungen (Meeresverschmutzung) machen die Lebensgrundlagen der Bewohner zunichte (von manchen radioaktiv verseuchten Inseln Französisch-Polynesiens ganz zu schweigen).

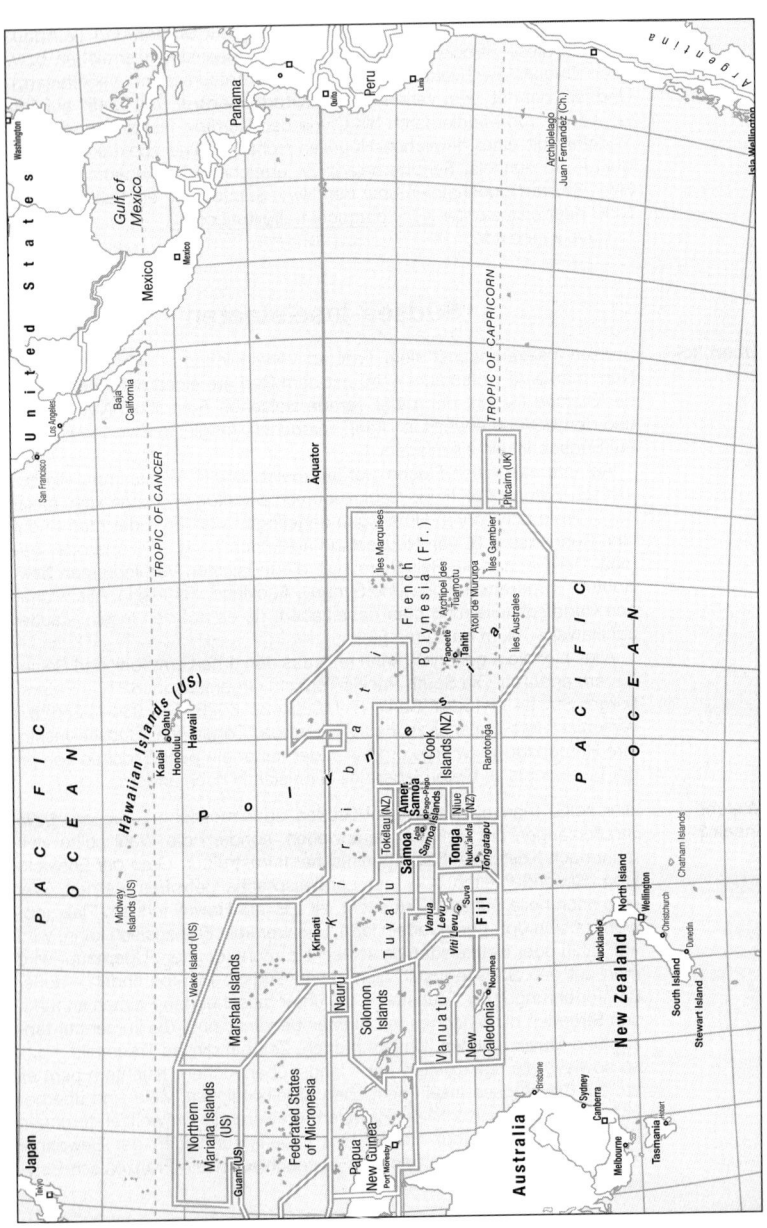

Da die Übernachtungs-, Transport- und Lebenskosten für „Normal"-Touristen auf allen Südsee-Inseln ziemlich hoch bis sehr hoch sind (z.B. auf Tahiti), ist das Reisen mit Rad und Zeltausrüstung eine gute Möglichkeit, Südsee-Inseln unabhängig und relativ preiswert zu bereisen. Auf manchen Inseln können Räder auch geliehen werden (meist von Resorts oder Hotels). Reisewährung sind US-Dollars und Schecks von American Express (viele Niederlassungen), auf Tahiti Euro. Touristisch erschlossene Gebiete akzeptieren alle gängigen Kreditkarten, Bargeldauszahlung darauf ist möglich.

Unsere persönliche Rangfolge: **Western Samoa, Tonga, Fiji, Tahiti.** Die **Hawaii-Inselgruppe** ist ein Sonderfall, und American Samoa, das ca. 130 km östl. von Western Samoa liegt, ist wie Hawaii gleichfalls amerikanisiert, was aber keine Bewertung sein soll, sondern nur der Hinweis, daß man dort, wie auf Hawaii, nicht mehr jene Welt erwarten kann, wie sie z.B. Westsamoa noch bietet. Außerdem ist Amerikanisch-Samoa (Hauptinsel Tutuila, Hauptstadt Pago Pago) für Radtouren nun wirklich zu klein (195 qkm!), während **Westsamoa der ursprünglichste Staat Polynesiens ist.** Dort konnte sich das traditionelle Sozialgefüge gegenüber westlichen Einflüssen bislang noch behaupten.

Das französische **Neukaledonien** (Hauptort: Nouméa) ist gleichfalls weniger ein speziell anzuratendes Ziel, doch wenn man schon mal da ist, (z.B. bei der Zwischenlandung des UTA-Flugs), könnte man sie natürlich auch erkunden, es gibt schöne Ecken, die Hauptinsel Grande-Terre ist 400 km lang und ca. 50 km breit. Auf den **Cookinseln,** die zu Neuseeland gehören, mag man Billig- bzw. Rucksack-/Radtouristen weniger.

Es gibt natürlich noch einige Südsee-Inselstaaten mehr, hier sind nur die wichtigsten aufgeführt. Da fast alle Südsee-Inseln vulkanischen Ursprungs und im Innern gebirgig sind, muß man sich neben flachen Küstenstraßen auch auf relativ starke Steigungen einstellen (sofern über-haupt Wege ins Inland führen). Manches Inselinnere durchziehen nur Wanderwege, eine weitere reizvolle Möglichkeit, auf Entdeckung zu gehen.

Einreisebestimmungen, Gesundheit

Fast alle Länder Poly- und Melanesiens verlangen für einen Aufenthalt bis zu 30 Tagen (manchmal auch bis zu drei oder gar sechs Monaten) den Nachweis der bezahlten Weiter- oder Rückreise. Polynesien ist frei von Malaria, doch nicht frei von vielen Moskitos. Es gibt keine giftigen Schlangen oder gefährliche Tiere (außer ein paar im Wasser). Vorsicht beim Schwimmen (nie in der Nähe einer Riff-Öffnung schwimmen, dort herrscht ständig eine starke Strömung), beim Schnorcheln und Tauchen und auch aufgepaßt vor der starken Sonne!

Reisezeiten

Auf den polynesischen Inseln südlich des Äquators herrscht das ganze Jahr über feucht-heißes Tropenklima, ausgeprägte Jahreszeiten gibt es nicht. Man reist und radelt **am besten im Südwinter,** also von etwa Mai bis Oktober, weil es da vergleichsweise kühler und trockener ist. Doch es kann immer wieder regnen und schwül ist es trotzdem. Touristische Hochsaison ist im Juli und August, die Zeit eventueller Taifune von Dezember bis März. Für die Inseln nördlich des Äquators (Mikronesien) sind die günstigen Reisezeiten umgekehrt, also von Oktober bis Mai.

Flüge

Fluggesellschaften, die in die Südsee (oder nur dort) fliegen: Die australischen Airlines *Qantas* (sie geben den „Qantas South Pacific Pass" zwischen Australien, Neuseeland und Fiji heraus) und die *Qantas New Zealand*. Die *Fiji Air* offeriert den „Discover Fiji Pass" für alle Fiji-Inseln und sie hat einen Dreiecksflug Fiji, Samoa und Tonga (http://airfiji.net/passanz.htm). *Air Tahiti* und *Air Moorea* (Airpass für franz. Polynesien). *Solomon Airlines* („Discover Solomons Pass" für viele Inseln der Salomonen, www.solomonairlines.com.au). *Polynesian Airlines* („Discover Samoa Pass" für Upolu, Savaii und American Samoa). *Air Nauru* („Explorer Pacific Pass" zwischen Australien, Nauru, Fiji, Mikronesien und Manila, www.airnauru.com.au). Fliegen tun weiter: *Garuda Indonesia, Air New Zealand, Aloha Airlines* (Hawaii-Rundreisen) und *UTA,* seit langem eine gute Möglichkeit, ab Paris über Singapur, Indonesien, Australien, Neuseeland, Neukaledonien, Tahiti nach Los Angeles zu fliegen (auch in umgekehrter Richtung möglich). Der Flug ist billiger ab Asien bzw. von Los Angeles aus.

Von Australien oder Neuseeland evtl. Weiterflug in die Südsee mit dem „Polypass" der Polynesian Airlines (Fiji, Samoa u.a.). Mit dem „Visit the South Pacific Pass" sind ab Australien/NZ fast alle Inseln der Südsee erreichbar, ein Gemeinschaftsangebot der meisten im Südpazifik beheimateten Fluggesellschaften (weitere Infos zu den beiden o.g. Airpässen unter www.polynesianairlines.co.nz).

Weitere aktuelle Flugangebote und Airpässe in den Flugzeitschriften „fliegen & sparen", „Reise & Preise" sowie in Reisebüros. Airpässe sind meist nur außerhalb des Geltungsbereichs erhältlich! Es lohnt, alle die Südsee anfliegenden Airlines danach zu fragen, wenn man möglichst viele Südsee-Inseln besuchen will. Ansonsten ein Ticket mit möglichst vielen Inseln-Zwischenstopps kaufen. Einige der o.g. Airpässe werden auf der Website www.pacificislands.com/air_passes/air_passes.html kurz vorgestellt. Während bei der Anreise über die USA mit Linie meist 2 x 32 kg Gepäck erlaubt sind, gilt auf den Strecken innerhalb der Südsee-Inselstaaten meist nur das 20-kg-Freilimit. Ist aber vor Ort meist noch verhandelbar.

Reiseführer, Bücher   Das ausführlichste Südsee-Handbuch mit allen Inseln des gesamten Südseeraums ist das „South Pacific Handbook" von David Stanley, Moon Publications, USA. Des weiteren „South Pacific" von Hunt/Wheeler u.a., Lonely Planet. Beide Verlagshäuser haben weitere Einzel-Reiseführer von fast allen Südsee-Inseln im Programm. Ein Sprachführer: „South Pacific Phrasebook", Lonely Planet. Karten von den Inselstaaten gibt es gleichfalls hier im Fach- und Versandhandel oder vor Ort, dort meist in größerem/besserem Maßstab. Zur Planung eignet sich die Nelles-Karte „South Pacific Islands", 1:13 Mio. mit Detailkarten der größten Inseln.

Weitere empfehlenswerte Bücher: „Reise-Handbuch Südsee", von Karl-Wilhelm Berger, Iwanowski Reisebuchverlag 1998. Übersichtlicher Reiseführer mit allem Wissenswertem und vielen Tips über Tahiti, die Cookinseln, Samoa, Tonga, Fidschi, Neu-Kaledonien, Vanuatu und die Salomonen. Gunnar Ortlepp: „Südsee, das verlorene Paradies", Spiegel-Buch über die Südsee, Fidschi, Tonga, Samoa, Tahiti, Neukaledonien, Neuseeland, gleichfalls sehr empfehlenswert. GEO-Special: Südsee. Reinhard Pantke stellt in seinem „Neuseeland BikeBuch", Reise Know-How Verlag, mehrere Südsee-Inseln (Fiji, Western Samoa und Tonga) kurz vor.

Der Verlag und Versand „Pacific Islands Books" führt (englischsprachige) Bücher zu allen Themenbereichen, soweit sie nur irgendwas mit dem Pazifischen Raum zu tun haben (www.pacificislandbooks.com).

Western Samoa

Von *Ralf Schröder* liegt uns ein Radreisebericht von Western Samoa vor, und Ralf hat es mit seinem Rad auf Samoa sehr gefallen, er berichtet von netter Bevölkerung, großer Gastfreundschaft (Gastgeschenke dabeihaben!) und schönen Touren auf der **Hauptinsel Upolu.** Straßen jedoch teils schlecht, man kommt nur langsam voran, Dörfer verlangen in einigen Fällen Durchquerungsgebühren. Rund eine Woche braucht man für die Umrundung beider Inseln.

Die Nebeninsel **Savaii** ist weniger besiedelt, hat aber eine Rundstraße und noch traditionelle Dörfer. Typisch für Samoa sind die *fale,* auf Holzpfählen ruhende Hütten. Das im Südpazifik weit verbreitete (nicht alkoholische) *Kava-Trinken* wird noch besonders auf Samoa (aber auch auf Fiji und Tonga) gepflegt (Kava wird aus der Wurzel eines Pfeffergewächses zubereitet). In den Dörfern wird der *Sulu,* ein Wickelrock, getragen.

Auf beiden Hauptinseln herrscht üppige Vegetation (auf Upolu an der Nordküste schöne Palmenstrände), es ist ganzjährig sehr warm und schwül, und das eindrucksvolle Bergland ist mit dichtem Regenwald überzogen. Rund 170.000 Einwohner, Sprache Samoanisch, doch Englisch wird verstanden. Hauptstadt ist Apia auf Upolu. Man kann noch Relikte aus der kurzen deutschen Kolonialzeit entdecken. Hotels und Guesthouses aller Kategorien auf Upolu, auf Savaii ist das Angebot dünner, großes (Unabhängigkeits-)Fest in der ersten Juniwoche. Regelmäßiger Fährverkehr zwischen beiden Inseln, aber auch nach Amerikanisch-Samoa.

Empfohlener Reiseführer: „Samoa, Independent and American", von Lonely Planet. Karten: „Western Samoa", University of Hawaii Press, erhältlich in der Hauptstadt Apia. „Samoa Islands", 1:250.000, Infomap, erhältlich in Neuseeland oder hier im Versandhandel. Wer den Reisebericht von Ralf Schröder lesen möchte: Ralf Schröder, Grossheidestr. 4, 22303 Hamburg.

Die Website des „Samoa Visitors Bureau" (www.samoa.co.nz) ist sehr informativ und übersichtlich, lohnt als Einstieg. Mehr zur Kultur und aktuelle Nachrichten verrät www.samoa.co.uk. Die umfangreichen allgemeinen Hinweise verstecken sich in der Rubrik „Main Sections/Visiting Samoa".

Tonga

Ist das letzte Königreich der Südsee. Die **Hauptinsel Tongatapu** mit dem **Hauptort Nukualofa** (34.000 Ew., recht viele Europäer und auch Deutsche) ist eine ca. 30 km lange und max. 15 km breite, flache Koralleninsel, die sich gut zum Radfahren eignet, wenngleich es kaum asphaltierte Straßen gibt. Die Straßen- bzw. Pistengesamtlänge beträgt ca. 250 km. Alles geht einen recht gemächlichen Gang, die Menschen sind sehr freundlich. Mit Englisch kommt man gut durch, Amtssprache ist Tongaisch. Genügend einfache Guesthouses. Ein großes Fest Anfang Juli.

In Tonga beginnt die Zeit, es liegt an der Datumsgrenze. Wie auf Western Samoa trifft man auch auf Tonga auf Überbleibsel der kurzen deutschen Kolonialzeit, und wie auch andere Südseestaaten hat auch Tonga einen enormen Bevölkerungszuwachs (insgesamt auf allen Inseln ca.

105.000 Menschen). Viele Tonganer arbeiten in Neuseeland oder Australien. Wegen wetteifernden zahlreichen Konfessionen und Sekten ist jedoch von der kulturellen Identität der Inselbewohner nicht viel übriggeblieben. Zu den nördlich gelegenen Nachbarinseln bestehen regelmäßige Schiffs- und Flugverbindungen (mit „Royal Tongan Airlines"), sehr schön ist die Insel Vavau. Reiseführer: „Tonga", Lonely Planet.

Weitere Informationen von der SPTO in Berlin (Adresse s.o.) oder erste virtuelle Eindrücke auf der Homepage des „Royal Kingdom of Tonga" (www.vacations.tvb.gov.to/index.htm).

Fiji

Viti Levu ist die Hauptinsel dieses großen Archipels (332 Inseln, davon 105 bewohnt, gut 800.000 Ew.). Von Nadi, der Stadt mit dem intern. Flughafen an der Westküste (eine Drehscheibe des Südsee-Luftverkehrs), geht es entlang der Nordküste auf der **Kings Road** bzw. entlang der Südküste auf der **Queens Road** zur **Hauptstadt Suva.** Die Südroute ist im Gegensatz zur Nordroute vollständig asphaltiert und auch landschaftlich reizvoller („Coral Coast"). Die gesamte Insel-Rundstrecke ist 480 km lang, mit mind. 8 Radtagen rechnen. Die wenigen anderen Strecken ins tropisch-bewaldete, gebirgige Landesinnere sind geschottert oder sehr sandig. Breitere Reifen erforderlich!

Nur die Nachbarinseln **Vanua Levu** und **Taveuni** lohnen ansonsten noch zum Biken, sind landschaftlich ebenso schön wie die Hauptinsel, aber wesentlich dünner besiedelt. Meist nur grobe Schotter- oder Sandpisten. Von Viti Levu zu erreichen mit Booten oder auch mit dem Flugzeug. Radmitnahme im Flieger ohne Aufpreis möglich, sofern Platz ist.

Neben den melanesischen Fijianern (dunkler als Polynesier, krause Haare) sind die **Inder** die zweite Hauptbevölkerungsgruppe, mit 350.000 übertreffen sie heute die alteingesessene melanesisch/polynesische Bevölkerung, was zu ständigen, teils gewaltsamen Spannungen führt. Die Inder waren einst von den Engländern als Zuckerrohrarbeiter ins Land gebracht worden. Informiert euch vor der Anreise, ob Fiji momentan gefahrlos bereist werden kann. Schaut z.B. auf die Website des Auswärtigen Amtes (www.auswaertiges-amt.de) oder – ausführlicher – auf die des US-Außenministeriums (http://travel.state.gov/fiji.html). Amtssprachen sind Fiji und Englisch.

Die Fiji-Inseln sind nicht billig, es gibt einige teure Touristen-Ressorts an der Südküste, doch auch sind preiswerte Backpacker-Unterkünfte vorhanden, und mit einem Juhe-Ausweis bekommt man bei einigen privaten Unterkünften Rabatt. Zelten ist auf der Hauptinsel aus Sicherheitsgründen nicht ratsam, doch ansonsten problemlos, wenn man vorher gefragt hat oder dazu eingeladen wurde.

Reiseführer: „Fiji", Lonely Planet, und „Fiji Islands Handbook", von David Stanley, Moon Publications. Ein kleiner Sprachführer wäre „Fijian Phrasebook", Lonely Planet. Karten: „Fiji Islands", 1:500.000, Infomap und „Fiji Islands Map", 1:625.000, Hema, erhältlich im Versandhandel. Weitere Infos von der SPTO in Berlin (s.o.), Touristenämter gibt es im int. Flughafen und in der Hauptstadt Suva.

Alle folgenden Homepages bieten eine schnelle Übersicht, können aber einen guten Reiseführer nicht ersetzen: „The Official Fiji Islands Homepage" (www.fiji-online.com.fj), die Website des Fiji Visitors Bureaus (www.bulafiji.com) und der „Pacificnavigator" (www.pacificnaviga-

tor.com). „Rob Kay's Fiji Travel Guide" (www.fijiguide.com) hat uns allein
schon wegen der vorzüglichen Bilder noch am ehesten überzeugt. Aktuelle Meldungen, Veranstaltungen und mehr auf den Websites der beiden
englischsprachigen Tageszeitungen „Fiji's Daily Post" (www.fijilive.com)
und „Fiji Times" (www.fijivillage.com).

Tahiti Das Inselarchipel Französisch-Polynesien (insgesamt 120 Inseln) ist eine
autonome Kolonie Frankreichs und die Hauptinsel Tahiti ist ganz bestimmt kein Südseetraum, alles ist sehr, sehr teuer, die **Hauptstadt Papeete** (ca. 80.000 Ew.) ist weit eher eine lärmende französische Stadt als
der Inbegriff eines Südsee-Ortes.

Tahiti hat die Form einer liegenden Acht, um den größeren Inselteil (Tai-
arapu) führt eine asphaltierte Rundstraße, der kleinere (Tahiti Nui) ist nicht
ganz umrundbar. Auf dem Rundkurs (ca. 115 km) gibt es einige interessante Dinge zu sehen, ein paar Stichwege führen ins sehr gebirgige, unzugängliche Innere, das mit üppiger Vegetation überwuchert ist (höchste
Gipfel über 2200 m hoch, Aussicht auf die Insel und Moorea). Die Strände
sind wegen des Vulkangesteins schwarz- bzw. dunkelsandig.

Die gleichfalls schroff-gebirgige Nachbarinsel Moorea (ca. 17 km entfernt) ist schöner, sie hat herrliche Buchten und weiße Strände, die durch
ein fast geschlossenes Saumriff gegen die Brandung geschützt sind. Einige (unfreundliche) Campingplätze, auch die Menschen sind reserviert
bis unfreundlich, so wird berichtet. Hauptort der Insel ist Afareaitu. Moorea kann man gleichfalls umrunden (ca. 70 km). Von Papeete aus gehen
Boote. Schiffs- und Flug-Verbindungen auch zu *der* „Trauminsel" der
Südsee, nach Bora-Bora (beneidenswert, wer die Übernachtungen dort
bezahlen kann …).

Reiseführer: „Tahiti & French Polynesia", Lonely Planet. „Tahiti – Polynesia Handbook", von David Stanley, Moon Publications. Karte: „Tahiti
Travel Map", 1:100.000, IGN.

Professionell aufgemacht und sehr informativ ist die „Official Tahiti
Tourism Web Site" (www.tahiti-tourisme.com). Reinschauen könnt ihr
auch einmal beim „Tahiti-Explorer" (www.tahiti-explorer.com), „The Internet Guide to Tahiti and its Islands Web Sites" klingt anspruchsvoll, ist es
aber nicht (www.tahitiweb.com/a/main.html).

Hawaii

Maui ist die schönste – Radeln im Paradies
Eine Bikestory von *Andreas Bugdoll*

Schon beim Anflug auf Maui begeistert uns der Anblick des gigantischen,
über 3000 m hohen erloschenen Vulkans Mt. Haleakala, der die Inselsil-
houette beherrscht. Beim Blick zum Gipfel kommen uns insgeheim doch
leichte Zweifel: Ist das trotz der Hitze bis ganz nach oben überhaupt zu
schaffen? Nach Umrundung des Flughafens steuern wir zunächst das
Städtchen Lower Paia an, um uns in einem Straßenrestaurant ein wenig
zu stärken. Der Ort ist ein richtiges Szenekaff für Windsurfer mit entsprechend vielen Lokalen. Einige Wellenreiter empfehlen uns das „Peace of
Maui" als preiswerte Bleibe.

Bald darauf sitzen wir wieder im Sattel, um die letzten 10 km bis zur
Unterkunft hinter uns zu bringen. Bei starkem Gegenwind quälen wir uns
fast 300 Höhenmeter zum Haus hinauf. Wir sind begeistert, denn das
Peace of Maui hat eher den Charakter einer kleinen Jugendherberge, mit
wenigen einfachen Zimmern und einem Aufenthaltsraum mit Küche. Hier
treffen wir beim Abendbrot neben Carlos aus Rio auch andere nette Globetrotter aus aller Welt. Selten haben wir an einem Abend so viel Reise-
garn gesponnen, erst spät fallen wir müde ins Bett.

Nur mit nötigstem Gepäck kurbeln wir am nächsten Morgen Richtung
Vulkan. Auf erträglicher Steigung erreichen wir bald das „Westernstädt-
chen" Makawao, wo wir nochmals Getränke und Proviant für die nächsten zwei Tage bunkern. Auf dem *Haleakala Highway* geht es dann durch
eine wunderschön grüne Weidelandschaft weiter bergauf. Bereits jetzt,
am frühen Vormittag, ist es über 25 °C warm, aber die Sonne versteckt
sich zum Glück öfter hinter dünnen Wolken. Der Haleakala ist seit Sonnenaufgang frei zu sehen, und so können wir bereits unser Ziel, die Gip-
felstation, erkennen.

Nach 16 km liegt die Kula Lodge am Weg und wir beschließen spontan, uns hier ein zweites Frühstück zu gönnen. Doch Toast und Eier werden zur Nebensache, der Blick über halb Maui ist einfach zu
phantastisch. Kaum treten wir wieder in die Pedale, zieht sich der Himmel auch schon zu, bald befinden wir uns in dicker Nebelsuppe mit vielleicht 100 m Sicht. Leichter Nieselregen setzt ein, mehrere Stunden
pumpen wir ohne jegliche Aussicht in endlosen Kehren durch die Waschküche weiter bergauf. So haben wir uns die Fahrt eigentlich nicht vorgestellt. Immerhin lassen die entgegenkommenden offenen Cabrios auf ein
baldiges Ende der Waschküche hoffen. Doch erst kurz vor dem National-
parkeingang stoßen wir fröstelnd durch den Nebel und sehen wieder
stahlblauen Himmel über uns. Wir berappen 5 US$ Parkeintritt und freu-
en uns, daß die nasse Kleidung in der Sonne schnell wieder trocken wird.
Auf dem wunderschön gelegenen „Hosmer Grove Campground" bauen
wir das Zelt im Schatten hoher Bäume auf und sinken erschöpft in die
Daunen.

Schon bei den ersten Anzeichen der Dämmerung sitzen wir anderen-
tags wieder auf den Rädern. Die kühlen 4 °C lassen trotz der Steigung
dem Schweiß keine Chance. In weiten Kehren schwingt die gute Straße
den kahlen Vulkanhang hinauf. An einer Kehre genießen wir den spektakulären Sonnenaufgang, die Temperatur steigt gleich wieder in angenehme Regionen. Bald kommen uns die ersten Gruppen johlender
Downhillbiker entgegen – das kann ja jeder, 100 US$ zahlen, sich in aller
Herrgottsfrühe mit dem Pickup zum Sonnenaufgang auf den Kraterrand
karren lassen und nun ohne jegliche Anstrengung übermütig ins Tale
rauschen ... Auf den letzten 3 Meilen spüren wir die dünner werdende
Höhenluft, die Pausenabstände werden immer kürzer. Endlich geschafft!
Noch ganz außer Atem genießen wir das wunderbarste Panorama, das
wir jemals von einem Berg aus erblickten: In der Ferne sieht man deutlich
Big Island mit den alles überragenden Vulkanen Mauna Kea und Mauna
Loa, beide sind über 4000 m hoch. Lange bleiben wir sitzen und staunen.
Aber auch die Vulkanlandschaft im Bereich des Gipfels ist wirklich se-
henswert. Im Gegensatz zum dreistündigen Aufstieg ist die Schußfahrt
zurück zum Zeltplatz viel zu kurz. Nach dem Abbau des Zeltes erfreuen

wir uns auf dem Rückweg zum Peace of Maui an der schönen Landschaft, die auf dem Hinweg im Nebel verborgen blieb.

Nach einem Tag Pause wollen wir den nächsten Höhepunkt der Insel unter die Räder nehmen. Vor uns liegen die 600 Kurven des *Hana Hwy.* Richtung Ostküste. In Makawao packen wir die Radtaschen voll mit Proviant und biegen auf die *Baldwin Ave.* ab Richtung Küste. Der Haleakala ist heute wolkenlos und bildet die majestätische Kulisse für die nächsten Kilometer. Bald stoßen wir auf den Hwy. 36. Ab den Twin Falls fühlt man sich wie in einem tropischen Garten, die wuchernde Vegetation des *Koolau Forest Reserve* zur Rechten und der blau schimmernde Pazifik zur Linken. Die Straße besteht wirklich fast nur aus aneinandergereihten Kurven. Zahllose Wasserfälle neben der Strecke platschen in kleine in den Felsen modellierte Pools, eingerahmt von großen lianenbehangenen Bäumen. Dazwischen entdecken wir riesige Blumen, die zuhause ein kümmerliches Dasein fristen würden. Ab und zu laden Obststände zur Rast ein, und immer wieder suchen wir vor einem Regenschauer Schutz unter dem Blätterdach. Der Wald wird dichter und ist mit großen Farnen durchsetzt, einmal rollen wir gar durch einen Bambushain. Dann ist der einmalig gelegene *Waianapanapa State Park* erreicht, wo wir unser Zelt für die nächsten Tage in Sichtweite der hellgrün bewachsenen, brandungsumtosten Lavaklippen aufschlagen. Nach einem ausgiebigen Bad im warmen und klaren Meer lassen wir den Tag am tiefschwarzen Strand langsam ausklingen.

Die nächsten Tage verbringen wir mit Radtouren in die Umgebung und einer Wanderung zum nahegelegenem *Heiau,* einer heiligen Stätte der Ureinwohner. In Hana versorgen wir uns mit Lebensmitteln und statten dann dem Hamoa Beach einen Besuch ab. Im Schatten fotogener Palmen genießen wir ein letztes Mal das unbeschreibliche Wasser und die tropische Traumkulisse, bevor es zurück zum Flughafen geht. Ein kurzer Stopp noch bei den Windsurfprofis am *Hookipa Beach*, dann heißt es auch schon Abschied nehmen von Maui, der für uns schönsten Insel Hawaiis.

I. PLANUNG, VORBEREITUNG, WISSENSWERTES

Überblick   Der 50. Bundesstaat der USA besteht nicht nur aus Honolulu und dem Strand bzw. der Hotelzone von Waikiki, sondern aus einigen Inseln mehr. Die fünf wichtigsten von etwa 20 größeren Inseln sind: *Big Island* (Hawaii), *Maui, Oahu, Kauai* und *Molokai,* und alle lassen sich mehr oder weniger gut mit dem Rad erkunden. Charakteristisch für die Inseln sind steil aufragende Regenwaldberge (mit noch aktiven Vulkanen), tiefe Schluchten, Wasserfälle und weiße Sandstrände (surfen!). Daß die Hawaii-Inseln ein Urlaubsparadies „mit allem" sind, braucht hier nicht weiter ausgeführt zu werden, man muß nur den Kommerz auf Oahu verlassen, dann kommt man als Biker auf seine Kosten.

Radfahren auf Hawaii ist nichts für reine Kilometerfresser. Das liegt auch an der Größe der Inseln, deren Durchmesser zwischen ca. 60 km (Kauai) und 150 km (Big Island) liegt. Außerdem sollte man bei einem Aufenthalt unbedingt einige Tage zum Schnorcheln (oder Surfen) und Wandern abzweigen.

Doch auch im vermeintlichen Paradies gilt: Wo viel Licht, da auch

Schatten. Man muß sich damit abfinden, daß die Traumkulisse auf den Inseln auf bestimmte Bereiche begrenzt ist, daß die Temperaturen bei hoher Luftfeuchtigkeit den Schweiß in Strömen rinnen lassen, und daß das Preisniveau deutlich über dem des Festlands liegt. Außerdem gibt es neben dem Luxusleben der Reichen immer wieder unerwartete Armut.

Anreise, Geografie

Die Hawaii-Inseln erreicht man am besten und billigsten von Los Angeles, San Francisco, San Diego oder Las Vegas aus, und wer gerade an der Westküste der USA tourt oder von Australien bzw. Neuseeland in die Staaten will, sollte sich nach einem günstigen bzw. einem Flug mit Zwischenstopp umsehen. Transpazifikflüge landen fast alle in Honolulu auf Oahu, daneben gibt es aber von der US-Westküste aus auch Flüge nach Kailua-Kona auf Big Island und nach Kahului auf Maui.

Zur Orientierung auf dem Flughafen von Honolulu eignen sich gut die Flughafenpläne in den Bordmagazinen vieler Fluggesellschaften. Die Hotels in Waikiki und andere Unterkünfte liegen ca. 20 km vom Flughafen entfernt.

Bei Ankunft am späten Nachmittag und Weiterflug zu einer Nachbarinsel am nächsten Morgen empfiehlt sich wegen der früh einsetzenden Dunkelheit eine Übernachtung im kleinen Airporthotel (8 Stunden für 35 US$), das im Flughafengebäude innerhalb der Sicherheitszone liegt. Reservierung unbedingt erforderlich, da es stark frequentiert wird (Tel. 808-836-3044; die Übernachtung im Flughafengebäude wird geduldet, jedoch stört das fortwährende Hawaii-Gedudel). Die Räder dürfen nicht mit in diesen Bereich des Flughafens. Man kann sie aber problemlos im bewachten „Baggage Storage" im Parkhaus gegenüber für 6 US$ pro Nacht deponieren.

Die Inseln Hawaiis sind geprägt von hohen Gebirgen vulkanischen Ursprungs. Die durch häufige Regenfälle verursachte Erosion hat steile und wilde Schluchten aus der erstarrten Lava modelliert. Besonders sehenswerte Beispiele hierfür sind die *Na Pali Coast* und der *Waimea Canyon* im Westen von Kauai. Wegen der Passatwinde und hohen Bergzüge fällt Regen hauptsächlich auf die nordöstlichen Teile der Inseln. Daher ist hier die tropische Vegetation besonders üppig, während die übrigen Bereiche vergleichsweise trocken wirken.

Reisezeit, Einreise

Das Klima auf Hawaii ist das ganze Jahr über ausgeglichen und schwül-warm. Die Lufttemperaturen bewegen sich tagsüber zwischen etwa 27 °C und 30 °C. Selbst nachts und bei Regen, der auch ohne Regenkleidung oft eine Wohltat ist, fällt das Thermometer kaum unter 21 °C. Immer mit Schauern rechnen. Die häufig aufziehenden Wolken sind besonders den Radlern als Schattenspender willkommen. Erträglich wird die Wärme durch den dauernd wehenden Wind. Für guten Sonnenschutz sorgen! Zum Jahresende ist es etwa von 6.30 bis 18 Uhr hell. Touristenhochsaison von Dezember bis Januar.

Für Reisen bis 90 Tage Dauer reicht der Reisepaß, der noch mind. sechs Monate über den Aufenthalt hinaus gültig sein muß, und ein Rückflugticket. Weiteres im Kapitel „Die USA".

Übernachten, Verpflegung

Die Übernachtungen werden wohl das größte Loch in eure Reisekasse reißen. Das Angebot an Hotels und Ressorts ist ganz klar auf das gehobene Urlauberklientel ausgerichtet, preiswerte Unterkünfte wie Jugendherbergen der „American Youth Hostel Association" (www.hiayh.org) findet ihr nur auf Oahu (Honolulu, Waikiki) und Big Island (Volcano). Am günstigsten sind noch die Campingplätze in den State Parks und Beach Parks, oft traumhaft gelegen, von der Ausstattung europäischer Anlagen jedoch vielfach weit entfernt. Die Duschen liegen häufig außerhalb von Gebäuden, teilweise am Strand, und die sonstigen sanitären Anlagen sind nicht gerade üppig. Duschwasser ist selten heiß und wird fast immer nur durch die Tageswärme auf laue Temperaturen gebracht. Ein Manko für spontan Reisende sind die Anmeldeformalitäten für die Campingplätze: Auf jeder Insel muß man im voraus bei den betreffenden staatlichen Büros buchen oder sich Permits besorgen. Einige Plätze sind sogar an bestimmten Wochentagen geschlossen. Eine Ausnahme bilden die wenigen privaten Campgrounds. Wer viel zelten möchte, sollte sich unbedingt das u.g. Buch von Klaus Kaufmann oder einen anderen Reiseführer besorgen, der alle Plätze und die Lage der Buchungsbüros beschreibt! Wildes Zelten ist auf Grund der Bevölkerungsdichte nur selten möglich, in State und Nationalparks außerhalb ausgewiesener Campgrounds strikt verboten. **Achtung:** Gebiete oder Grundstücke mit dem Schild „Kapu" sollten auf keinen Fall betreten werden!

Die US-amerikanische Eßkultur dominiert zu spürbar höheren Preisen als auf dem Festland. Hervorzuheben ist die Fülle an tropischen Früchten, die vielfach an kleinen Straßenständen angeboten werden. Coffeeshops fürs Frühstück und kleinere Supermärkte gibt es fast in jedem Ort. Restaurantempfehlung: *Mamas Fishhouse,* Kuau Cove, Tel. 808-579-8488; tolles Ambiente, super Essen, aber sehr teuer. Reservierung empfehlenswert.

Rad und Ausrüstung　Man braucht auf die Hawaii-Inseln nicht unbedingt sein Rad mitnehmen, da es in Honolulu (Bikefactory Sportshop, 740 Ala Moana Blvd.) und Kailua (Hawaiian Pedals, 75-5744 Alii-Drive, Kailua-Kona), auf Maui (Island Biker, 415 Dairy Rd, Kahului) und auf Big Island (in Hilo) etliche Bike-Shops mit Ausrüstung und Rad-Leihmöglichkeiten gibt. Oder evtl. eins gebraucht kaufen, s. Zeitungsanzeigen. Hier sind auch alle Ersatzteile erhältlich, bei Touren in abgelegenere Gebiete besser einen Faltreifen und Ersatzschlauch einpacken.

Die *Hawaii Bicycling League* ist mit Infos behilflich und organisiert jeden Samstag und Sonntag Ausfahrten (jährlich im September auch ein großes Rennen, der Honolulu Century Ride). Adresse: 3442 Waialae Ave. 1, Honolulu, HI 96816, Tel. 808-735-5756; Termine und viele Links unter www.hbl.org. Nicht nur für Mountainbiker interessant ist die Website der *Big Island Mountain Bike Association,* http://www.interpac.net/~mtbike, mit einem recht ausführlichen Trail Guide. Adresse: P.O.Box 6819, Hilo, HI 96720-8934, Tel. 808-961-4452. Auch die private Homepage „Tom's Maui Mountain Biking" (www.maui.net/~tomg/mauimtb.html) enthält neben einem guten Tourenteil viele weitere Infos, z.B. Bikeshops in Maui und Links.

Die Straßen sind exzellent bis schlecht, wenn sie ins Hinterland bzw. zu abgelegenen Stellen führen. Radfahren auf den Interstates ist verboten! Für Schotterstrecken breite Bereifung (mind. 32 mm) aufziehen. Wasserdichte Radtaschen empfehlen sich wegen der regelmäßigen Niederschläge. Eine winddichte Jacke und Beinlinge sind für Ausflüge in die

Berge sinnvoll. Für die teils starken Steigungen im Innern der Inseln eine Übersetzung unter 1:1 wählen.

Straßen, Verkehr, Transport

Starker Verkehr in den Städten, außerhalb ein wenig schwächer. Einsame Abschnitte findet man jedoch nur auf Nebenstrecken oder reinen Touristenrouten. Die Autofahrer nehmen viel Rücksicht auf Radler, Lkw sind eher selten.

Auf Oahu fahren Busse bis in den hintersten Winkel der Insel („TheBus", http://thebus.org/index.html), Radtransport ist auf Bikeracks an Busheck möglich. Auf allen anderen Inseln ist der öffentliche Nahverkehr auf wenige Strecken beschränkt (Big Island) oder einfach nicht existent (Maui). Als Alternative könnte man sich auch ein Auto mieten.

Der Schiffsverkehr beschränkt sich auf ein paar Fähren zwischen den Inseln Maui, Molokai und Lanai, der Transport wird ansonsten ausschließlich mit Flugzeugen abgewickelt. Lokale Fluggesellschaften sind „Aloha Airlines" (www.alohaairlines.org) und „Hawaiian Airlines" (www.hawaiianair.com), die sich preismäßig nicht groß unterscheiden. Die Flüge werden mit Coupons bezahlt, die einzeln oder als Coupon-Heft mit sechs Tickets erhältlich sind. Schaut ein wenig herum, die beim Tikketdiscounter gekauften Einzeltickets können billiger sein als die aus dem Coupon-Heft! Frühbucher werden mit Preisabschlägen belohnt. Die angebotenen Airpässe, z.B. der „Island Pass" von Aloha Airlines, lohnen nur für Vielflieger (bis zu vier Flüge täglich für einen bestimmten Zeitraum, meist zwischen fünf Tagen und zwei Wochen). Fliegen auf Hawaii ist ähnlich einfach wie Busfahren in Deutschland. Buchungen sind im allgemeinen außerhalb der Ferien und der Weihnachtszeit nicht notwendig, bereits in Deutschland vorgebuchte Flüge zwischen den Inseln können ohne Probleme vor Ort umgebucht werden. Hinzu kommt noch eine Transportgebühr von 20 US$ für jedes Rad. Aloha Airlines verlangen im Gegensatz zu Hawaiian Airlines keine Verpackung (Pedale abschrauben und den Lenker um 90° drehen). Die Flugzeit zwischen den Inseln beträgt ca. 15–45 Min.

Reiseführer, Karten, Internetadressen

Reiseführer zu Hawaii oder einzelnen Inseln gibt es fast so viele wie Sandkörner am Strand von Waikiki. Empfohlen sei „Hawaii" von Klaus Kaufmann, JOE-Verlag 1996. Ein Reise-, Camping- und Wanderführer mit Beschreibung aller Zeltplätze und Angabe der Buchungsbüros. Nicht mehr in allen Punkten aktuell, aber unentbehrlich für die Planung preiswerter (Zelt-)Übernachtungen. Aktueller ist „Hawaii", von Alfred Vollmer, Reise Know-How. Ganz hervorragend sind die englischsprachigen Travel Handbooks von Moon Publications, Chico, USA, auf Hawaii in jedem gut sortierten Buchladen erhältlich („Hawaii Handbook", von J. D. Bisignani, eine dicke Schwarte mit über 1000 Seiten, weitere zu Big Island, Kauai und Maui). Zum Träumen mit Schwerpunkt auf schönen Bildern: GEO-Special „Hawaii", Globo Sonderheft „Südsee und Hawaii" und HB-Bildatlas Special „Hawaii", Band 24.

Radführer: „Hawaii by Bike", von Nadine Slavinski, The Mountaineers, Seattle, USA. Beschreibt ausführlich 20 ein- bis fünftägige Touren auf Maui, Molokai, Lanai, Oahu, Kauai und Big Island, die auch zu größeren Touren kombiniert werden können. Weitere Infos zu Camping, Radmitnahme, Wanderungen etc. DAS Standardwerk für alle Toureros. Liebhaber von Singletrails und rasanten Downhills werden bei John Alford's „Mountain Biking the Hawaiian Islands" eher auf ihre Kosten kommen. Erhältlich in Buchläden auf Hawaii oder online unter www.bikehawaii.com.

Karten: Vom AAA („Triple A") gibt's eine vollkommen ausreichende Straßenkarte mit Detailkarten von Big Island, Maui, Molokai, Lanai, Kauai und Oahu sowie Stadtplänen. Dazu viele weitere Broschüren, Tour-Books, Campingführer etc., alles kostenlos für Mitglieder der hiesigen Automobilclubs. Zur Vorbereitung: Nelles-Karte „Hawaiian Islands", versch. Maßstäbe, und vier weitere Detailkarten (Bl. 1: Kauai, 1:150.000; Bl. 2: Honolulu, Oahu, 1:125.000; Bl. 3: Maui, Molokai, Lanai, 1:150.000; Bl. 4: Hawaii, 1:330.000). „Hawaiian Islands", 1:150.000, ITM Publishing. Hawaii 1:200.000 von RKH.

Internetadressen: Der „Information Guide" ist hervorragend aufgemacht und bietet eine Fülle präziser Informationen zu den großen Inseln (www.hawaii.com). Nach meiner Einschätzung die beste Website zu Hawaii! Wer hier nicht fündig wird, kann ja mal die Regierungs-Website www.state.hi.us aufrufen oder zu den offiziellen Homepages der Visitor's Bureaus surfen: für ganz Hawaii: www.gohawaii.com; für Big Island: www.bigisland.org; für Oahu: www.visit-oahu.com; für Kauai: www.kauaivisitorsbureau.org. Weitere interessante Websites: www.kauai.com, www.waikiki.com, www.mauimapp.com (mit einem Campingguide für alle State Parks auf Maui!). Und viele, viele mehr, jede der obigen Sites enthält zahlreiche Links zu speziellen Themen. Alles Wissenswerte über die National Parks in Hawaii unter www.us-national-parks.net/state/ha.htm.

II. ZIELE, ROUTEN, STRECKEN

Von Oahu kann man sich in wenigen Tagen einen guten Einblick verschaffen. So bekommt ihr bei einem kurzen Stopover auf eurem Transpazifikflug schon einen ersten Eindruck von Hawaii. Bringt ihr mehr Zeit mit, würde ich die meisten Tage auf den Inseln Maui und Kauai verbringen. Big Island würde ich bei eingeschränktem Zeitbudget zugunsten der drei erstgenannten Inseln zurückstellen, insbesondere wenn der Kilauea gerade mal keine Vulkanologen durch vulkanische Aktivität erfreut.

Maui　Diese Insel bietet dem Radler einmalige Sehenswürdigkeiten und viel Abwechslung. Neben sehenswerten Orten wie Lahaina oder der Surferstadt Lower Paia ist vor allem die Straße nach Hana mit ihren über 600 Kurven durch den Regenwald und die Bezwingung des 3050 m hohen Vulkans Haleakala ein absolutes Muß! Daneben gibt es viele tolle Strände zum Baden und Schnorcheln.

Tourenvorschlag für 8 Tage (450 km): Fahrt von Kahului über Wailuku (Iao Valley) auf dem Hwy. 30 nach Mopua (Zeltplatz „Camp Pecusa"). Weiter über Lahaina zur Napili Bay mit schöner Bade- und Schnorchelmöglichkeit (Appartements im „Napili Beach Resort"). Ab Lahaina könnte man auch per Fähre einen Abstecher zu den Inseln Molokai (Kaunakakai) und Lanai (Manele Bay) machen. Umrundung der einsamen Nordwestküste und Weiterfahrt über Kahului und Lower Paia, dort auf den Hwy. 390 abbiegen bis kurz vor Haliimaile (Hostel „Peace of Maui", einfach und sauber). Hier überflüssiges Gepäck deponieren und am nächsten Morgen über Makawao in Richtung Haleakala aufbrechen. Auf dem Hwy. 377 nach ca. 16 km unbedingt beim Restaurant Kula Lodge fürs zweite Frühstück stoppen. Tolle Aussicht auf West-Maui! Dann beginnt die kurvenreiche, aber gute Straße auf den Haleakala. Nach etwa 40 km Übernachtung auf dem schön gelegenen „Hosmer Grove Campground". Am nächsten Morgen früher Aufbruch ohne Gepäck, nach weiteren 20 km kräftiger Steigung irre **Aussicht vom Gipfel des Haleakala** auf 3050 m Höhe. Downhill zum Hosmer Grove Zeltplatz, Zelt abbauen und zurück zum Peace of Maui Hostel. Über die Hwys. 365 und 36 auf kurvenreicher Traumstraße (Road to Hana) bis zum Waianapanapa State Park (schöner Zeltplatz an schwarzen Lavaklippen). Von hier aus Tagestrip nach Hana und evtl. nach Kipahulu. Unbedingt Abstecher zum Hamoa Beach unternehmen (Traumstrand). Am nächsten Tag zunächst auf gleicher Strecke vorbei am Hookipa Beach (Windsurfing) zurück nach Lower Paia (mehrere Unterkünfte). Weiter nach Kahului und Abflug. Zum Baden eignet sich gut die Gegend südlich von Kihei, besonders schön sind die Strände am Kamaole Beach Park 2 und 3 sowie Mokapu Beach Park.

Alles zu Camping, Hiking etc. im Haleakala National Park erfahrt ihr auf der Website www.haleakala.national-park.com.

Kauai　Kauai ist ähnlich sehenswert wie Maui und bietet mit dem *Waimea Canyon* und der wilden *Na Pali Coast* ebenfalls unvergleichliche Sehenswürdigkeiten. Besonders im Norden fährt man durch eine tolle Südseekulisse mit vielen Traumstränden, die zu einer längeren Radpause einladen. Radfahrer sollten auf die Hühner achten, die zu Hunderten frei umherlaufen (kein Witz!). Die Insel kann nicht umrundet werden, daher sind einige Strecken doppelt zu fahren. Teilweise haben die Hauptstraßen einen Seitenstreifen.

■ *Coconut Grove westlich Kauai*

Tourenvorschlag für 5 bis 6 Tage (ca. 360 km): Von Lihue nach Hanapepe, Camping im Salt Pond Beach Park (ca. 60 km). Bei Waimea auf den Hwy. 550 ins Landesinnere abbiegen (Steigungen!), an der Straße viele Lookouts mit grandiosem Blick in den gewaltigen Waimea Canyon,

Übernachtung auf dem Kokee State Park Campground oder in Cabins in der nahen Kokee Lodge (über 1000 m hoch), nachmittags noch durch Regenwald zum Kalalau-Aussichtspunkt (ca. 60 km). Zurück über Lihue zum Hanamaulu Beach Park (ca. 95 km). Nächstes Ziel ist der Haena State Park im Norden, den man nach einer Fahrt durch Kokospalmenhaine und Passieren des Hanalei Lookout erreicht (ca. 70 km). Hier tolle Südseeflora und ruhiger Zeltplatz „YMCA Camp Naue". Einen Tag Pause mit Strandwanderung oder Kurztrip per Rad zum Kee Beach ist sehr zu empfehlen. Dann zurück nach Lihue, „Tiptop Motel" bei frühem Weiterflug.

Oahu

Für Oahu empfiehlt sich eine 4tägige Rundtour (ca. 220 km) durch den mittleren und östlichen Teil der Insel. Bitte beachtet, daß die Interstates (H1 bis H3) für Biker tabu sind! Von Honolulu Richtung Nordwesten nach Haleiwa (Camp Mokuleia), weiter zum Sunset Beach mit Riesensurfwellen und nach Laie (Zeltplatz „Friends of Malaekahana"). Bis Kailua folgt der schönste Teil der Rundtour, Übernachtung dann im Waimanalo Beach Park. Zurück nach Honolulu. Unterwegs kann man das Polynesian Cultural Center und, wenn Oahu das einzige Ziel ist, den Hanauma Beach am frühen Morgen zum Schnorcheln besuchen. Der krönende Abschluß jeder Hawaii-Tour ist natürlich ein Sonnenuntergang bei einem tropischen Drink und leisen Hawaiiklängen auf einer Hotelterrasse am Strand von Waikiki. Preiswerte und zentrale Unterkunft: Waikiki Prince Hotel.

Big Island

Für die Umrundung der Insel mit kurzen Abstechern ca. 500 km voranschlagen. Hauptsehenswürdigkeit auf Big Island ist der nur Wanderern zugängliche aktive Teil des **Vulkans Kilauea (Lavafluß).** Aber auch sonst gibt es im Hawaii Volcanoes National Park reichlich schwarznackten Lavafels, Canyons und Regenwälder, eine Herausforderung für jedes MTB (viele Infos rund um den National Park unter www.hawaii.volcanoes.national-park.com). Die Insel ist über weite Strecken von öden Lavafeldern geprägt, die Landschaft fällt nach meinem Empfinden gegenüber den vorgenannten Inseln doch sehr ab. Im Norden von Hilo lohnt für Regenwaldfreunde der Peepekeo Scenic Drive einen kurzen Abstecher. Gut für ein paar Tage zum Baden und Schnorcheln eignet sich die Stadt des Ironmans, Kailua-Kona (auch Direktflüge von der USA-Westküste). Bemerkenswert ist der nahe Kahaluu Beach Park, wo man mit leuchtendbunten Fischen und Riesenschildkröten im glasklaren Wasser schwimmen kann … *Aloha!*

Weltumradlungen

7 Jahre querweltein: Claude Marthaler

„Der kürzeste Weg zu sich selbst führt um die Welt herum"

– Hermann Graf Kayserling in seinem „Reisetagebuch eines Philosophen"

Stimmt dieser Satz, dann kommt man sich um so näher, je weiter man von zuhause wegreist ... Doch muß man dazu ein Fahrrad nehmen? Monate-, gar jahrelang pedalen, über endlose Straßen, auf Pisten und Pfaden durch feuchtheiße Tropen und hitzeflirrende Wüsten, in prasselnden Monsunregen und in dünner Höhenluft, in Einsamkeit und durch brodelnde Millionenstädte?

Wer zu einer Rad-Weltreise aufbricht, muß zweifellos körperliche Qualen durchleiden. Doch globale Strampeltouren oder langdauernde, interkontinentale Radreisen können auch „geistige Kuren" sein – man strampelt sich frei für das jetzt und heute und auch für das Leben danach. Das berichten fast alle, die es machten. Nur einige seien hier genannt:

Heinrich Horstmann (1895–97). Gustav Sztavjanik und F. J. Davar (1924–31). Heinz Helfgen (1951–53). Bernard Magnouloux, Frankreich (1980–85). Alan Thompson, USA (1985–86). Bernd Schubert (1985–89). Roland Hübler (1986–90). Werner Sandholzer und Armin Schirmaier (1986/87). Tilmann Waldthaler, Südtirol (1990–92). Axel Brümmer und Peter Glöckner (1990–95). Alexandre Poussin und Sylvain Tesson (1993/94). Walter Martin (1995–99). Mike Störmer (1997–99). Winfried Stelzer und Jan Prinz (1999/2000). Claude Marthaler (1994–2001). Heinz Stücke (1962 bis heute).

Frauen: Anne Mustoe, England (1987–88). Heidi Triet, Schweiz (1987–91).

Paare: Barbara und Larry Savage, USA (1979–81). Alain Guigny und Babeth Le Pajolec, Frankreich (1980–83). Wolfgang Reiche und Gudrun Bradt (1981–85). Sabine und Hans Podolsky (1987–91). Elke Hildenbrand und Jürgen Schwarz (1991/92). Cyndy und Willi Dahinden, Schweiz (1989–91). Peter Materne und Elena Erat (1994–96).

■ *Überraschende Begegnung in den bolivianischen Anden: Panamericana-Fahrer Helmut Hermann trifft Weltumradler Bernard Magnouloux*

Ich weiß, es gibt noch etliche bekannte und unbekannte mehr. Zum absoluten „King of the Roads", zum Weltradler **Heinz Stücke** noch einige Worte mehr:

Es war 1962, als ich – damals 15jährig und wegen Heinz Helfgens Bücher den Kopf schon voll mit eigenen, späteren Radweltreise-Plänen – eine Zeitschrift in die Hände bekam (ich hielt nach allem Ausschau, was mir nur irgendwie für meine Radreise-Pläne verwertbar schien), in der ein untersetzter, kräftiger, etwa 21jähriger Mann abgebildet war, der von Hövelhof bei Hannover mit seinem Rad zu einer Weltreise aufbrach. Immer wieder betrachtete ich das Bild, und noch heute sehe ich es vor mir: Mich beeindruckten die seitlich zu schnürenden Packtaschen (die ich mir dann für meine ersten Touren gleichfalls kaufte), das einfache Dreigang-Rad und die soliden Gepäckträger. Dann verging viel Zeit, um es genau zu sagen, 31 Jahre, und alles schien vergessen. 1993 bekam ich von der in diesem Buch vertretenen Co-Autorin Barbara Friese erzählt, sie und ihre Partnerin hätten auf dem Karakorum Highway einen ganz „irren Typ" getroffen, der sei beinahe 30 Jahre unterwegs. Sofort fiel mir wieder Heinz Stücke ein, und als ich das Foto dieser Begegnung sah, erkannte ich ihn gleich wieder! In einer Postkarte an Barbara schreibt Heinz: „*I have not arrived at the end of my travels yet. I am still strong and eager and I want to see more. That may be impossible but anyway that is the engine which keeps me going. Until recently I had only six countries to go, now with so many new states in the former USSR the number is up again to sixteen*"...

Die Story ist noch nicht zu Ende: Für die 2. Auflage dieses Buchs stieß ich im Internet auf die Webadresse von Heinz Stücke, auf ihr kann man nachlesen (und eindrucksvolle Fotos sehen), was sich zwischen 1993 und 2002 abspielte – er hat inzwischen fast alle seine „fehlenden" Länder bereist: www.bikechina.com/heinzstucke1.html.

Heinz Stückes Bilanz eines Lebens auf und mit dem Fahrrad („*Facts & figures*"):

1999 59 years old – 415,000 km cycled – 192 countries seen – 37 years on the road – 80 to 120km/day – Same 25 kg 3-speed bike – 40 to 50 kg luggage – 15 passports filled – Never returned to Germany – 1995 to 99 Guinness Book of Records: „Most Travelled Man in History" – „You are invited to prove me wrong ..."

Wer weiteres über extreme Radreisen lesen und (Welt-)Touren online nachverfolgen möchte, sollte die sehr gute Homepage von **Michael Schmitz** aufrufen: www.radtouren4u.de. Interessant ist auch „Radtourer-Liste" mit vielen Fernreise-Experten.

Weltum-radlungs-Routen

Die Route von Europa nach Osten über die Türkei, Iran und Pakistan nach Indien ist seit der Wiedereröffnung der iranischen Grenzen erneut einer der beliebtesten Trans-Asien-Biketrips. Eine Alternativ-Route wäre über die Türkei, Iran, GUS-Staaten, China und Pakistan nach Indien. Eine weitere über den Vorderen Orient nach Ägypten, Sudan, Äthiopien und von Kenia nach Indien (s. „Afrika"). Oder von Europa nach Osten in die Ukraine, Kasachstan, China und Pakistan.

Von Indien dann nach Südostasien, Australien, USA, Europa. Oder von Südostasien über die Nordroute über Japan in die USA und von da wieder Europa. Wohl nur ganz harte Velomanen radeln von den USA noch nach Südamerika, und wer dann immer noch nicht genug hat, setzt nach Südafrika über und kurbelt dann durch Afrika hoch nach Europa (wie **Claude Marthaler; www.explora.ch**).

Kaum einer machte bisher die „Langroute" von Europa durch Afrika nach Kapstadt, dann rüber nach Südamerika und die Panamericana hoch bis Kalifornien. Von dort nach Australien und Asien zurück nach Europa (eine kürzere Variante wäre ohne die Afrikadurchquerung, von Marokko gleich nach Brasilien). Wer eine solche bzw. ähnliche Tour mitverfolgen möchte, sollte die Homepage von **Peter Smolka** anklicken **(www.lemlem.de).**

Wer von Europa nach Westen aufbricht, den führt der Weg zunächst durch die USA, dann geht es durch Australien und Asien. Oder man fährt von den USA die Panamericana hinab bis nach Chile, setzt anschließend nach Australien über und fährt weiter durch Asien nach Europa. Wer sich nicht entscheiden kann, wirft eine Münze.

Solche Mammut-Touren sind natürlich nicht ohne entsprechend lange Vorbereitung, überlegte Logistik, Willensstärke, Gesundheit, Zeit und genügend Geld durchzuführen. Bei langdauernden Transkontinental- und Rad-Welttouren ist es oft so, daß mit der Zeit Seele und Geist überfüttert und überlastet werden. Deshalb ist es evtl. eine bessere Lösung, eine Weltreise in zwei großen Etappen zu planen und dazwischen nach Hause zurückzukehren. Wer eine Weltumradlung plant, sollte sich auch darauf einstellen, daß die Route unterwegs aus vielerlei Gründen geändert werden muß, man sollte also auch „Ausweich"- und „Abkürzungs"-Routen einplanen. Flexibilität ist aber eh' eines der ersten Dinge, die man auf der „langen Meile" lernen wird/muß. Sich „nur so", treiben zu lassen, ist selbstverständlich auch möglich, doch ein Ziel, einen Reise-Endpunkt zu haben ist psychologisch wesentlich besser.

Interviews mit Weltumradlern

Gespräch mit dem „Velosoph" und „Yakman" Claude Marthaler

*Interview: Daniel B. Peterlunger,
erschienen im GLOBETROTTER-
Magazin in Zürich/Schweiz;
der Verlag dankt für die freundliche
Genehmigung des Abdrucks*

**Zuhause wird man es selten
gefragt, auf Reisen immer wieder:
„Woher kommst Du, wohin gehst
Du, wer bist Du?"**

In der Schweiz hat mich tatsächlich
noch niemand danach gefragt!
(lacht) Ich bin im Spital in Genf geboren und bin jetzt 41 Jahre alt. Ich
bin Claude Marthaler, und ich gehe
nach Oberdiessbach, Freunde besuchen!

**Du hast als Sozialarbeiter mehrere Jahre gearbeitet. Hat das eine
Bedeutung oder einen Einfluß auf Deine Reise gehabt?**

Nein, außer daß es die gleiche Person ist, die beides gemacht hat.

Ursprünglich wolltest Du nach Japan fahren. Weshalb Japan?

Ich wollte durch Eurasien radeln, in die Berge, durch den Kaukasus,
dann ins Tien-Shan-Gebirge, zum Pamir und in den Himalaya. Am Ende
dieser Linie liegt halt Japan.

Weshalb wolltest Du in die asiatischen Gebirge?

Schon als Kind war ich mit den Eltern oft in den Alpen, zu Fuß und auf
Skitouren. Da ist man der Natur ganz nahe, man wird zum Sohn der
Landschaft. Berge sind ein Teil meines Lebens geworden, es sind meine
Fixpunkte. Ich suche sie immer wieder. Den Himalaya hatte ich schon auf
einer früheren Reise besucht, vor allem den südlichen Teil, Pakistan, Indi-
en und Nepal. Diesmal wollte ich den nördlichen Teil – Tibet – besuchen.
Schließlich bin ich nach drei Jahren in Japan gelandet. Geplant waren
zwei Jahre. Aber das macht nichts.

Wie hast Du Dich auf diese Reise materiell und geistig vorbereitet?

Für Velo und Ausrüstung habe ich Sponsoren gesucht. Ich wußte von
früheren Reisen, was ich brauche. Ich nahm viel Literatur mit, geistige
Nahrung für unterwegs, Bücher von Bruce Chatwin und Nicolas Bouvier.
Unterwegs lese ich am liebsten die Schriftsteller des jeweiligen Landes,
das ich gerade besuche. In Indien zum Beispiel den Autor Salman Rush-
die. Reiseführer nehme ich nie mit, aber viele Landkarten. Ich sehe diese
Reise als die logische Fortsetzung meines Lebens, das kontinuierlich ist.
Irgendwie war ich innerlich immer bereit für diese Reise. Vielleicht bin ich
dafür programmiert!

Und wie wurdest Du programmiert?

Ich weiß es nicht genau. In der Kindheit hört man Geschichten, sieht Fotos, trifft jemanden und das prägt. Der Großvater erzählt von einem Land, und plötzlich transformiert es sich in ein Fantasie- oder Wunschland. Das wird so stark, daß man dorthin gehen muß. Auch wenn die Eltern sagen: „Du bist verrückt." Aber man stellt sich keine Fragen. Man muß es tun. Es ist wie bei einem Maler. Weshalb malt er? Man sagt ihm vielleicht: „Arbeite auf einer Bank, da verdienst du besser!" Aber er muß malen. Das ist für mich das Gleiche. Ich muß reisen, ich muß in die Berge. Dort fühle ich mich gut.

Gibt es eine besondere Geschichte aus einem fernen Land, die Dich besonders beeindruckte?

Ich kann mich an keine erinnern, aber mein Großvater war oft – bevor es Skilifte gab – mit Skis und Fellen in den Bergen. Und er erzählte mir davon. Diese generelle Atmosphäre meiner Kindheit wirkt auf mich, besonders die Bergtouren: Das sind gute Momente in meinem Leben.

Ist das Reisen eine Suche nach der Wiederholung der guten Momente?

Ja. Die Suche oder die Verlängerung dieser Momente.

Was hast Du von der Reise erwartet?

Nichts! Ich wollte nur meinen Traum verwirklichen. Ich mußte gehen.

Für die Reise hast Du Unterstützung gesucht. Was hast Du potentiellen Sponsoren erzählt, damit sie Dich unterstützen?

Wind! (lacht)

Das reicht aber in der Regel nicht!

Die Sponsorensuche war ein lustiges Abenteuer. Ich mußte ein Projekt beschreiben, das ich selber noch nicht kannte! Aber beim Schreiben des Reisekonzepts wurde mir bewußt, was ich eigentlich will. Den Firmen, die ich anschrieb, konnte ich die Erfahrung aus früheren Reisen, Zeitungsartikel und Diavorträge vorweisen. Das hat geholfen. Ich habe 140 Dossiers verschickt und 40 Antworten erhalten. Sieben waren positiv. Geld gabs keines. Dafür erhielt ich per Post Käsefondues und Gutscheine für Mineralwasser! Und Bisquits. Im Begleitschreiben stand, daß sie mir leider finanziell nicht helfen können, aber ich solle unterwegs diese Bisquits essen! (krümmt sich vor Lachen)

Du wärst auch ohne Sponsoren losgefahren …

Unbedingt! Aber die Sponsorensuche hat sich gelohnt. Ich habe etwas Geld für Fotokopien und Briefmarken ausgegeben und ein Fahrrad erhalten! Zudem unterstützte mich „Veloplus" während zwei Jahren mit Ausrüstung.

Hast Du darüber nachgedacht, was Du nach der Reise tun würdest?

Danach wollte ich ein Buch schreiben und eine Diashow gestalten, das gehörte zum Konzept. Weiteres hatte ich nicht geplant. Und was die Zeit betrifft: Die Reise würde so viel Zeit beanspruchen, wie sie braucht, nicht wie ich brauche.

Auf dieser Reise wurdest Du zum „Yakman". Wie bist du zu diesem Namen gekommen?

Im Westtibet traf ich Fahrradfahrer aus Europa. Ich war unterwegs zum Berg Kailash. Weil ich viel Gepäck dabei hatte, sah ich von weitem aus wie ein Yak, sagten sie. Der Name war plötzlich da und ist mir haften geblieben. Zudem hatte ich damals ziemlich lange Haare, ich sah tatsächlich aus wie ein Yak. Zwei Amerikaner, die ich in Peking traf, gestalteten mir eine Website fürs Internet und verwendeten den neuen Namen. Japaner hatten Schwierigkeiten mit meinem normalen Namen, sie nannten mich deshalb einfach „Yak" oder „Yakman". Ich mag den Namen und das Tier. Yaks sind sehr nützlich. Tibeter können ohne sie nicht überleben. Gleichzeitig können Yaks sehr stur sein. Genau wie ich. Wenn ich etwas entschieden habe, dann ziehe ich es durch.

Du hast auf dieser langen Reise viele Begegnungen gehabt, welche war die bedeutungsvollste?

Alle!

Welche kommen Dir als erstes in den Sinn?

Die Liebesgeschichten und die Freundschaftsgeschichten. Alles was mit starken Emotionen verbunden ist. Wie in Tibet, als plötzlich auf einer windigen Ebene, auf über 4000 Metern Höhe, ein winziger Punkt auf mich zu kam: Ein Mann, zu Fuß. Er hatte die Füße um 180 Grad verdreht, seit Geburt. Seine Schuhspitzen zeigten uns hin hinten. Zuerst dachte ich: Ein Clown. Dann trafen wir uns, und sahen uns in die Augen. Das war ein sehr spezieller Moment. Wir umarmten uns, ganz instinktiv! Später saßen wir mit tibetischen Straßenarbeitern zusammen und tranken Tee. Die Tibeter haben den Mann respektiert, obschon er Chinese war. Er war Buddhist und trug langes Haar. Ein chinesischer Sadhu! Er war in fünf Jahren 40000 Kilometer zu Fuß gewandert und wollte noch fünf Jahre weiterwandern. Es war für mich eine der schönsten, berührendsten Begegnungen.

Und die Liebesgeschichten?

Sicher, ich habe Liebesgeschichten gehabt. Wenn man lange reist, intensiv das macht, was man liebt, dann hat man eine bestimmte Ausstrahlung: Man trägt die Landschaft, die Natur, die man durchquert, in sich. Man ist sonnengebräunt, die Lippen verbrannt, man bewegt sich anders, intensiver – das gefällt vielleicht den Frauen. Und ein Reisender ist frei. Man ist ein Symbol absoluter Freiheit – das wirkt attraktiv!

Gab es auch unangenehme Begegnungen?

Zweimal wurde ich in der Ukraine überfallen, einmal in Uganda.

Was geschah?

In der Ukraine überholte mich ein Auto und zwang mich anzuhalten. Dann griffen mich drei Männer an. Ich rannte los, weg. Meine Papiere und zirka 10.000 Dollar (es war am Anfang meiner Weltreise) waren auf dem Velo. Aber die Männer klauten mir nur drei Ersatzschläuche. Ein Schlauch pro Mann! Zwei Tage später erlebte ich den zweiten, ähnlichen Überfall. Die Polizei faßte die Täter. Und in Uganda reiste ich zusammen mit einer deutschen Reisekollegin. In der Nacht wurde ihr Fahrrad und meine Fotoausrüstung gestohlen. Mein Fahrrad war noch da, denn es schützt sich selber: Es ist so schwer, daß ich es nicht mit einer Kette sichern muß. Am Tag nach dem Diebstahl organisierten wir zusammen mit Freunden eine Verfolgungsjagd. Wir haben das Meiste zurückerhalten!

Gab es auf der Reise Momente, in denen Du Angst hattest?

Ja. Nach den Angriffen in der Ukraine hatte ich fast während eines ganzen Jahres in bestimmten Situationen Angst. Im Gebiet der ehemaligen Sowjetunion gibt es viele alte Autos. Manchmal halten sie am Straßenrand an, weil sie vielleicht eine Panne haben oder weil die Leute ein Picnic veranstalten wollen. Ich wußte nie, ob es eine Falle ist. Wenn ich Frauen und Kinder sah, fuhr ich bedenkenlos weiter, an ihnen vorbei. Ansonsten habe ich in sicherer Entfernung angehalten und abgewartet. Es war sehr schwierig, die Überfälle zu verdauen. Es war eine Prüfung, die mir zeigte, ob ich mit dem Erlebten umgehen und weiterfahren kann. Oder ob ich die Reise abbrechen muß! Ich habe es glücklicherweise überwunden, und reise weiter.

Autos sind auch eine potentielle Gefahr für Radler. Verschiedene Völker fahren auf verschiedene Weise Auto. Verrät das Autofahrverhalten etwas über die Mentalität?

Ja. Japan ist ein gutes, aber extremes Beispiel. Dort ist sowieso alles extrem, die Landschaft, die Gesellschaft. Die Straßen sind schmal, aber von bester Qualität. Wenn Autofahrer von hinten kommen, überholen sie nicht sofort. Manchmal stauten sich zwanzig Wagen hinter mir. Erst an breiteren Stellen überholten sie mich in einem weiten Bogen. Das ist sehr rücksichtsvoll. Das andere Extrem ist Alaska: Auf breiten Landstraßen, aber auch auf Boulevards in der Stadt, wurde ich von Auto- oder Lastwagenfahrern grundlos beschimpft und abgedrängt. Innerhalb der USA gibt es aber große Unterschiede. Die indianischen Truckdriver sind lustig: Sie benutzen den Rückspiegel nur zum Rasieren. Sie schauen nur nach vorne. Das kann man als Lebensphilosophie auffassen, die sich auch aus dem Velofahren ableiten läßt, denn ein Velo hat keinen Rückwärtsgang!

Auch der Typus der Straße verrät viel: Autobahnen kann man nicht verlassen, alle bewegen sich in die gleiche Richtung, gleichzeitig ist man isoliert, reist wie in einer Kapsel. Alles wird eindimensional. Und das macht depressiv. In armen Ländern sind die Straßen voller Löcher, sind kurvig und haben Relief, auch die Menschen.

Menschen mit Relief ... wie die Yogis im Himalya, die Du getroffen hast. Wie war das?

Ich kenne sie nicht! (lacht) Was soll ich dazu sagen? Du mußt sie fragen! Es sind beeindruckende Menschen. Ihre Augen strahlen intensiv. Die Yogis haben viel Energie. Man spürt die Wärme, ja sogar die Hitze, die sie ausstrahlen. Sie können still und in Ruhe dasitzen, einfach dasein, und trotzdem haben sie eine Funktion.

Was denkst Du, ist ihre Funktion?

Sie haben keine soziale Funktion, keinen sozialen Status. Sie leben in der Natur, zurückgezogen und asketisch. Sie haben nichts und trotzdem

698   Weltumradlungen

alles. Das hat mich beeindruckt. Irgendwie habe ich sie verstanden, sie gespürt – es läßt sich nicht mit Worten beschreiben …

Du hast in Asien auch Mönche getroffen …?

Ja, einmal traf ich drei Mönche auf der Straße. Ich hatte ein Kilo Äpfel dabei und gab jedem einen. Ungefähr einen Monat später besuchte ich ein Kloster in der Region, und plötzlich waren die drei Mönche da. Ich erinnerte mich nicht mehr an ihre Gesichter, aber sie erkannten mich sofort! Sie nahmen mich auf wie ein Familienmitglied. Vier Tage blieb ich bei ihnen. Wir hatten keine gemeinsame Sprache zur Verständigung, trotzdem haben wir uns verstanden.

In Deinen Texten verwendest Du manchmal Ausdrücke aus dem Buddhismus. Hast Du dich intensiv mit dieser Philosophie auseinandergesetzt?

Ich habe mehrere buddhistische Freunde, deshalb weiß ich ein bißchen etwas. Aber in einem Kloster lebte ich nie. Das Fahrrad ist meine Gebetsmühle! Ein Klosterleben wäre nichts für mich. Ich bin ein geselliger Mensch, ich muß unter Menschen sein.

Bei der Ankunft in Japan war Dein Geld nahezu aufgebraucht. Wie hast Du Arbeit gefunden?

Man kann als Sprachlehrer arbeiten, da findet sich leicht Arbeit. Aber ich wollte das nicht. Dann fand ich, als ich schon etwas verzweifelt war, einen Job in einem Hotel in Nagano, in den japanischen Alpen. Aber Nagano ist ziemlich abgelegen und ich mußte für die Weiterreise Sponsoren suchen. Ich brauchte Ausrüstung und Kleidung. Das war, dachte ich, nur in einer großen Stadt wie Tokyo möglich. Also gab ich Kleinanzeigen auf. Eine nette Schweizerin, die in Japan lebt, rief mich an und vermittelte mir die Unterstützung der japanischen Direktorin einer Schule für Blumenarrangements! Gleichzeitig kümmerte ich mich um die Sponsorensuche und versuchte Reisereportagen an Zeitungen zu verkaufen.

War es schwierig Reportagen zu verkaufen?

Am Anfang schon, denn ich hatte nur den Namen irgendeiner Zeitung und eine Telefonnummer, den Rest konnte ich nicht lesen. Also rief ich an und sagte: „Hallo, hier ist Claude Marthaler, ich bin seit drei Jahren mit dem Fahrrad unterwegs, komme aus Europa und bin jetzt in Japan eingetroffen. Und ich habe Fotos." Dann mußte ich meine Geschichte auf Englisch schreiben. Die Redaktion übersetzte sie auf Japanisch. Neun Artikel wurden publiziert. Manchmal gab ich auch Interviews. Mit den Honoraren konnte ich zwei weitere Jahre reisen!

Aber das war ursprünglich nicht geplant?

Irgendwie doch, denn bereits in Tibet hatte ich das Gefühl, daß ich nach dem Japanbesuch weiterreisen würde – nach Amerika. Ich sprach schon in Tibet von Alaska und Afrika. Die Reise hat sich entwickelt, sie wurde zur Weltreise.

Wenn Du jetzt zurück und rund herum blickst, wie ist aus Deiner Sicht der Zustand der Erde?

Eine Bilanz? Die Welt dreht sich immer (lacht), aber es ist traurig zu sehen, wie die Wüste wächst. Besonders in Schwarzafrika, in der Sahelzone, aber auch in Mexiko. Und in Osttibet oder in Peru wird viel Wald zerstört. Das sind irreversible Prozesse, damit tötet man das Leben, es ist Selbstmord. Wir Menschen sind eine Gefahr für die Erde!

Aber es gibt auch eine positive Seite der Weltbilanz: Es gibt sehr viele gute Menschen! Deshalb fühle ich mich überall wohl. Ich habe jetzt auch keine Angst mehr vor Überfällen. Aber in Genf hat man mir zweimal ein Fahrrad gestohlen! Nun, schlechte Menschen gibt es natürlich auch. Ungefähr einen auf Tausend. Das Verhältnis ist also recht gut!

Sieben Jahre bist Du unterwegs gewesen. Hat Dich die Reise verändert?

Für meine Freunde und meine Familie bin ich der Gleiche geblieben. Auf dieser Reise war ich mir selber, meinem Wesen, sehr treu. Ich denke, daß ich mich eigentlich nicht verändert habe. Aber in den ersten Wochen in der Schweiz ist mir aufgefallen, daß ich mich beinahe nur mit Ausländern unterhalte, wie im Ausland, wo man leicht Kontakt findet, miteinander spricht. Dieses Aufeinander-zugehen-können hat sich bei mir im Laufe der Reise entwickelt. Ich habe viele Erfahrungen gesammelt, und bin sieben Jahre älter geworden – sogar ein paar graue Haare habe ich (lacht).

Mein Blick auf die Welt ist umfassender geworden, panoramisch. Deshalb ist auch mein Verhältnis zu den Medien sehr kritisch geworden. Einen bestimmten Aspekt hasse ich geradezu: Die Medien informieren uns manchmal völlig unrealistisch über ferne Länder.

Ein wichtiger Punkt ist die Gastfreundschaft, die ich unterwegs erlebt habe. Meine Wohnung in der Schweiz soll auch ein offenes Haus sei. Wenn jemand anklopft, kann er hier schlafen. Das Teilen, der Wunsch nach Austausch hat sich durch die Reise verstärkt. Mein Diavortrag, der in Vorbereitung ist, sehe ich unter diesem Gesichtspunkt: Austausch und Verständnis. Wenn es gut geht, verdiene ich auch etwas Geld damit, aber es soll, wie auf der Reise, ein Geben und Nehmen sein. Und das muß im Gleichgewicht sein. Es ist wie auf dem Fahrrad: Ich finde das Gleichgewicht nur, wenn ich in Bewegung bin.

Du hast unterwegs viele Menschen kennengelernt, besucht, ein weltweites Beziehungsnetz geknüpft. Aber wohl die meisten Menschen, die Du in armen Ländern getroffen hast, können Dich, aus finanziellen Gründen, nicht besuchen …

Ja, man könnte sagen, das sei ungerecht. Aber ich sehe es nicht so, es ist einfach die Realität. Ich habe Glück gehabt, weil ich hier in der reichen Schweiz geboren bin. Ich kann auf andere Weise helfen, punktuell und persönlich. Zum Beispiel traf ich einen Marokkaner, der Kinderlähmung hatte, und seine Beine nicht gebrauchen konnte. Er besaß ein Spezialvelo und radelte mit den Händen, 17.000 Kilometer hat er zurückgelegt! Ich habe über ihn einen Artikel für ein englisches Bike-Magazin geschrieben. Sein Foto wurde sogar zum Titelbild. Das Honorar habe ich ihm geschickt. Ich denke, daß es nicht immer sinnvoll ist, wenn Menschen anderer Kulturen hierher kommen, denn für sie ist es extrem schwierig hier zu leben.

Wenn ich wieder unterwegs sein sollte, werde ich den Leuten Dinge mitbringen, die sie zum Leben brauchen. Menschen zu helfen, zu denen man eine individuelle, persönliche Beziehung hat, ist sinnvoll. Die „offizielle" Entwicklungshilfe betrachte ich mit großer Skepsis.

Durch Deine Texte entsteht der Eindruck, daß das Velo wie eine Droge wirkt ...

Sport ist eine Droge, Reisen auch! Für viele ist das Velo ein Mittel der Fortbewegung, für mich ist es ein Ausdrucksmittel. Mit ihm hinterlasse ich aber keine physische Spur auf der Erde. Aber in meinem und den Herzen der Menschen, die ich traf, ist die Spur wie ein roter, aber unsichtbarer Faden um die Welt herum gelegt. Im Moment ist der Faden in meinem Inneren wie ein riesiger Knäuel mit vielen Knoten, als hätte eine Katze mit einem Wollfaden gespielt.

Was wäre, wenn man Dir das Velo wegnähme?

Oh, das Velo ist für mich heilig! Denn es hat mir eine Entwicklung ermöglicht, es hat meine Wahrnehmung erweitert. Nicht die zurückgelegte Distanz zählt, sondern die Tiefe des Erlebten. Das Velo ist meine Leidenschaft.

Du hattest sehr viel Gepäck: 80 Kilogramm! Ist das nicht ein bißchen viel?

Vielleicht, aber diese Reise war eine Etappe meines Lebens. Was ich dabei hatte, benötigte ich auf diesem Lebensabschnitt. Das Beladen war mein tägliches Ritual. Das Velo war mein rollendes Haus. Ich hatte Kleider für alle Klimazonen, Essen und Bücher. Ich kann keine Ratschläge erteilen, was man mitnehmen muß, denn das ist eine sehr persönliche Angelegenheit. Auf einer anderen Lebensetappe brauche ich vielleicht weniger.

Wirst Du später wieder mit dem Velo reisen?

Reisen ist Teil meines Lebens, und das wird es wohl auch bleiben. Ich werde aber nie mehr auf eine so lange Reise gehen ...

Nie mehr so lange ...

Ja, ich bin ganz sicher ... (lacht), einige Dinge weiß ich genau. Das ist vielleicht das einzige, das ich wirklich weiß. Ich genieße es, hier zu sein. Ich bin jetzt bei meinen Freunden, die ich vermisste. Zudem ist die Schweiz sehr exotisch, und ich treffe interessante Leute. Es ist mir wohl.

Jetzt arbeitest Du an Deinem Buch. In einer TV-Sendung sagtest Du, es sei schwieriger zu schreiben als eine Reise zu machen. Weshalb?

Weil das Schreiben ein Reduzieren der Realität ist. Reisen ist Leben, das totale Leben. Leben ist vielleicht das einfachste! Schreiben ist harte Arbeit. Allerdings Arbeit in der Ruhe, in der Stille. Doch manchmal ist es für mich etwas flach.

Meine Straßen unterwegs waren nie flach! Meine Reise war ein riesiger Umweg um nach Hause zu kommen. Mein Ziel war nie Japan, ich fuhr nach Genf, wo ich herkomme, das war mein Ziel. Niemand wußte es – nur ich und mein Yak!

2. Weltumradler-Interview (aus 1. Buchauflage)

Dazu stellten sich freundlicherweise zur Verfügung: **Heidi Triet** aus der Schweiz, **Tilmann Waldthaler** aus Südtirol und als Paar **Cindy Heppelmann/Willi Dahinden,** gleichfalls aus der Schweiz.

■ *Cindy Heppel-mann in Indien*

Wie war die Route deiner/eurer Weltreise mit dem Fahrrad, durch welche Länder führte sie und wie lange dauerte sie?

Heidi: Meine Reise dauerte von Mai 1987 bis Juli 1991, es waren 57.000 km geradelte Kilometer. Die Route: Schweiz – Italien, Frankreich, Deutschland, Lichtenstein, Luxemburg, Holland, Belgien, England. Flug nach New York, dann Canada, USA, Mexiko, Guatemala, El Salvador, Honduras, Nicaragua, Costa Rica, Panama, Kolumbien, Ecuador, Peru, Bolivien, Paraguay, Brasilien, Uruguay, Argentinien, Chile, Neuseeland, Australien, Singapur, Japan, Taiwan, Hongkong, China, Nepal, Indien, Pakistan, Iran, Türkei, Griechenland, Italien, Schweiz.

Tilmann: Die Äqua-Tour führte 1990/92 rund um die Welt immer nahe des Äquators zwischen den beiden Wendekreisen, vom westlichsten Punkt Afrikas bis zum östlichsten Punkt Südamerikas. Insgesamt waren es 27 Länder in 660 Tagen und es wurden über 35.000 km geradelt.

Cindy u. Willi: Schweiz, USA (Oststaaten, Canada), Hawaii, Neuseeland, Australien (Ostküste, Tasmanien), Indonesien (Bali, Lombok, Java), Singapur, Malaysia, Japan, Taiwan, Hongkong, Thailand, Indien, England, Frankreich, Basel. Es wurden über 25.000 km geradelt und wir waren von 1989 bis 1991 21 Monate unterwegs

Was hat dich/euch zu dieser Weltreise mit dem Fahrrad bewogen? Was war der Grund?

Heidi: Das Lied von Bob Geldof „We are the world". Klingt zwar komisch, ist aber wahr. Wollte schon immer etwas für die Kinder der Dritten Welt bewirken, und das Lied gab mir dann den Tritt in den Hintern!

Tilmann: Der Auslöser für meine Weltreisen mit dem Rad sind einige Faktoren: 1. Ich hatte schon immer ein Bedürfnis, meine Körperenergie nicht zu verschleudern, sondern einzusetzen. 2. Das Abenteuer, „grenzenlos" unterwegs zu sein, und 3. Selbstbewußt das zu tun, was ich machen will. Dahinter steckt letztendlich grenzenlose Freiheit.

Cindy u. Willi: Wir hatten Erfahrungen mit Veloreisen in Europa gemacht. Diese Fortbewegungsart gefiel uns: Direkter Kontakt zur Bevölkerung, gutes Tempo, um Landschaft und Erlebnisse aufnehmen zu können.

Hattest du/hattet ihr eure Reiseroute vorher genau geplant? Welche Vorbereitungen muß man treffen, und wie lange vorher wurde geplant?

Heidi: Die Reiseroute wurde so ungefähr geplant, ich rechnete zuerst so mit zweieinhalb bis drei Jahre. Genau ein Jahr vor der Abfahrt kam mir in den Sinn, es mit Sponsoren zu versuchen, hatte dann ziemliches Glück und ich bekam alles Material, was man für so eine Reise braucht.

Tilmann: Die Äqua-Tour wurde ziemlich genau geplant, es war ein Projekt von vierjähriger Dauer. 1 Jahr Vorbereitung, 2 Jahre Radfahren und 1 Jahr für die Verarbeitung der Reise. Die Vorbereitungen unterteilten sich in Kostendeckung, Reiseinformationen über die Länder, Papierkram und Gesundheit. Den Rest betrachte ich als sinnvolles Abenteuer.

Cindy u. Willi: Außer der Route in den USA hatten wir wenig vorausgeplant. Wir informierten uns aber genau über Jahreszeiten, Wetterverhältnisse (Regenzeiten). Danach entschieden wir uns für bestimmte Routen und Länder. Bevor wir ins nächste Land weiterfuhren, informierten wir uns darüber und legten eine grobe Route fest. Die Planung umfaßte auch die Fragen der Berufs- und Wohnungsaufgabe, Impfungen, Art des Rades und des Gepäcks, Geld etc. Erste Ideen entstanden ein Jahr vor der Abreise.

Welche Eindrücke und Erlebnisse sind bis heute noch in besonderer Erinnerung?

Heidi: Meine Schwangerschaft am Ende der Reise werde ich wohl nie vergessen, es war die härteste Zeit. Die tolle Gastfreundschaft hat bei mir tiefen Respekt und tiefe Ehrfurcht hinterlassen, besonders in den Dritt-Welt-Ländern. Auch viele Landschaften gehören dazu: Die Australische Wüste, der Norden Chinas und die beißende Kälte an der iranisch-türkischen Grenze.

Tilmann: Eindrucksvoll war meine Radreise nach INNEN, um mich selbst besser zu verstehen und zu kennen. Ich erinnere mich gut an das Erlebnis Natur, an die Menschen, an die Freiheit und auch an die Gefahren, obwohl sie immer nur kurz waren. Besonders jedoch ist mir in Erinnerung geblieben, daß es mir, verglichen mit dem was ich unterwegs sah, eigentlich sehr gut geht.

Cindy u. Willi: Lebendige Straßen in Indien und Indonesien, Kontakte und Gespräche bzw. Einladungen von Einheimischen, herrliche Landschaften in allen Ländern.

Welchen Fahrrad-Typ hattest du/hattet ihr, wieviele Gänge?

Heidi: Ich fuhr ein Koga Miyata Tourenrad, das ich einfach allen empfehlen kann. Es hatte 18 Gänge.

Tilmann: Ich hatte ein MTB mit 21 Gängen, doch ich habe festgestellt, daß selbst ein Rad mit 58 Gängen nicht ausreichen würde, denn es fehlt immer der „letzte".

Cindy u. Willi: Tourenräder, 18 Gänge, Kettenblatt 28-38-48, Ritzelsatz 13-17-20-24-28-32.

Was wog etwa die Ausrüstung beim Start und unterwegs?
Heidi: Beim Start hatte ich etwa 40 kg Gepäck, dann nach einiger Zeit so 30 kg. Kommt auf die Länder an. In Australien schleppte ich viel Wasser und Essen mit. Vom 8. Monat meiner Schwangerschaft nur noch 6 bis 10 kg. Den Rest ließ ich mir schicken.
Tilmann: Meine Ausrüstung wog ca. 50 kg, ich sehe meine umfangreiche Ausrüstung als eine konzentrierte Form eines Haushaltes, den ich zum Überleben brauche.
Cindy u. Willi: Cindys Ausrüstung wog etwa 20 kg, Willis etwa 25 kg (bis Japan hatten wir ein Zelt dabei, in den anderen Ländern hatten wir 3 bis 5 kg weniger).

Hattest du/hattet ihr sehr viele Ersatzteile für das Rad dabei, was ging kaputt?
Heidi: Ich hatte immer Speichen, Seilzüge, Bremsklötze etc. dabei, kaputt ging mein Alu-Gepäckträger, 2x der Shimano-Gangschaltungshebel.
Tilmann: Ersatzteile nehme ich immer weniger mit, da die Teile immer besser werden. Es gingen nur Dinge kaputt, die dem normalen Verschleiß unterworfen waren.
Cindy u. Willi: (Ausrüstung s. unten). Es ging nur wenig kaputt, wir hatten keinen Speichenbruch. An Cindys Rad mußte die Gabel zweimal gerichtet werden, an Willis Rad mußte der Steuersatz ersetzt werden. Und natürlich einige Schaltungs- und Bremsseile.

Welche speziellen Marken waren es bei den Packtaschen, dem Kocher, dem Zelt, dem Rad?
Heidi: Meine „Cannondale"-Taschen waren super, das einzigste, was mir nicht paßte, waren die Reißverschlüsse, denn wenn viele Leute um das Fahrrad stehen, wird das Klauen sehr einfach. Also mein Fahrrad Koga-Miyata Randonneur war einfach unsterblich, wenn ich daran denke, wieviel Gewicht ich damit schleppte.
Tilmann: Packtaschen von Karrimor, Markill Wilderness Kocher oder MSR-Kocher, Fjällräven, Salewa oder Kössler-Zelt. Meine Tourenräder habe ich immer in Belgien bei L. Crahay anfertigen lassen. Meine Mountainbikes waren bis zum Abschluß der Äqua-Tour von Kettler.
Cindy u. Willi: Packtaschen: Madden. Zelt: Rei. Kocher: MSR Whisper-Lite. Rad: Einzelanfertigung, Fahrradbau Stolz.

Welche Länder sind deine/eure Radfahr-Lieblingsländer gewesen, welche weniger?
Heidi: Zu meinen Fahrrad-Lieblingsländern gehören Costa Rica, Ecuador, Peru, Bolivien, Uruguay, Neuseeland, Taiwan und China. Für eine Frau kann z.B. Italien sehr lästig sein, diese ewige Anpöbelei kann sehr stressen. Osttürkei fand ich mir gegenüber sehr aggressiv – Steine, Stökke und diese ewigen Sex-Angebote.
Tilmann: Lieblingsländer Australien, Indien, Kenia, Zaire. „Pfui"-Länder (bezogen auf den Verkehr): Indonesien, Mexiko.
Cindy u. Willi: Unser Lieblingsland war wohl Indonesien. Wir waren vor unserer Ankunft verschiedentlich gewarnt worden, wie schwierig es wegen des Verkehrs zum Velofahren sei. In Wahrheit stellte es sich als fast problemlos dar. Indonesien war zudem unser erster Besuch in einem

Dritt-Welt-Land mit einer faszinierenden Kultur.

Uns gefielen jedoch alle Länder, überall gab es etwas Außerordentliches. Einzig von Malaysia waren wir von Beginn an enttäuscht. Straßen, Autos, teilweise der Lebensstil kamen uns recht verwestlicht vor, besonders an der Westküste.

Bist du/seid ihr konsequent alle Strecken per Rad gefahren oder habt ihr auch auf öffentliche Verkehrsmittel, Lkw, Autos verladen, wenn es galt, schwierige Teile zu überbrücken?

Heidi: Bin konsequent alles gefahren, nicht, um hier als Held zu stehen, sondern einfach ... – ich weiß es selbst nicht, vielleicht einfach weil ich elend gerne radle oder wegen meinem Schweizer Dickschädel? Ein Pickup nahm mich einmal in Peru mit, als ich krank am Straßenrand saß, ein zweites Mal war in Iran/Türkei wegen eines Sandsturms und Männerverfolgung (während der Schwangerschaft).

Tilmann: Ich lade nicht gerne auf und benütze öffentliche Verkehrsmittel nur, wenn mit dem Rad wirklich nichts mehr geht oder wenn ich krank geworden bin.

Cindy u. Willi: Wir verluden unsere Räder in jedem Land, und zwar auf Bahn, Bus und oft auch auf Pickups (Autostop). Hauptgründe waren verkehrsreiche oder eintönige Strecken.

Wie sind deine/eure Erfahrungen bei der Rad-Mitnahme in Flugzeugen?

Heidi: Eigentlich hatte ich nie große Schwierigkeiten damit, wenn man die Pedale abnahm und den Lenker herumbog waren sie meist zufrieden damit.

Tilmann: Überwiegend ohne Probleme, doch noch immer gilt das Motto: Mal so und mal so. Der Radtransport in Flugzeugen gehört endlich einmal weltweit positiv-einheitlich geregelt.

Cindy u. Willi: Meist keine Probleme, Radbeschädigungen oder Diebstahl kamen nicht vor. Zu Beginn verpackten wir die Räder gut in Kartons, später gaben wir die Velos vollbepackt auf, unter dem Motto: Was gesehen wird, wird vorsichtig behandelt. Bei einem einzigen Flug mußten wir für die Räder je 20 Dollar extra bezahlen.

Wie reagiert die Bevölkerung in sogenannten Globetrotter-Ländern, wie z.B. Indonesien, inzwischen auf europäische Radfahrer? Verhalten sich die Leute anders als gegenüber Rucksack-Travellern?

Heidi: Ich glaube, man wird irgendwie bewundert und auch mehr akzeptiert, da man ja die Reise mit eigener Kraft bewältigt.

Tilmann: Die Bevölkerung in anderen Ländern mit anderer Kultur sieht den Radreisenden meist als den absoluten Exoten, als alles mögliche oder gar als einen Verrückten. Wir sollten uns ein Beispiel nehmen an der Toleranz der Leute in fernen Ländern. Der Rucksack-Traveller hat ein anderes Image als der Radreisende, denn jeder Mensch weiß, welche Mühe und Arbeit es ist, ein beladenes Rad zu bewegen. Als Radler hat man schnelleren Kontakt mit den Menschen. Oft sogar zu viel.

Cindy u. Willi: Freundlich, neugierig. Auf den meisten von uns gewählten Strecken scheinen Tourenvelofahrer noch ein ungewohntes Bild zu sein, d.h., wir durchquerten viele Gebiete, in denen selten Touristen durchkommen.

Hast du/Hattet ihr unterwegs viele europäische bzw. amerikanische Radfahrer getroffen? In welchen Ländern, auf welchen Routen? Wo viele, wo keine?

Heidi: Also verhältnismäßig wenige. Die meisten Radfahrer traf ich auf Neuseeland und Kalifornien, in den restlichen Ländern traf ich bis auf ein paar so gut wie keine.

Tilmann: Ich traf nicht sehr viele, in Afrika und Asien je 2, in Australien etwa 6 Leute, in den USA sehr viele, in Mexiko etwa 8, in Zentralamerika einen, in Südamerika 3.

Cindy u. Willi: In den USA fast keine (in drei Monaten zwei Paare und zwei Einzelfahrer aus den USA), auf Hawaii in drei Wochen ein Paar und ein Einzelfahrer. Auf Neuseeland wenige auf der Nordinsel, unzählige auf der Südinsel, hauptsächlich Europäer. In Australien fast gar keine, in Indonesien drei, Malaysia zwei, Japan einer, auf Taiwan keine, in Thailand einige Amerikaner und Europäer, in Indien ein europäisches Paar. Wir trafen wohl deshalb so wenig, da wir meist auf Nebenstraßen und z.T. auch außerhalb der Hauptsaison fuhren.

Wurde dir/wurde euch unterwegs etwas gestohlen? Wie kann man sich schützen?

Heidi: Gestohlen wurde mir sehr wenig: Eine Apotheke in China, ein Messer in Nepal, ein Swiss Army Knive in Pakistan und zuletzt ein Kilo Bananen in der Iranischen Wüste. Schützen kann man sich durch richtiges Verhalten, auch habe ich nicht versucht, über die Preise meines Rades und meiner Sachen zu diskutieren.

Tilmann: Nein, überhaupt nichts, ich habe gelernt, auf meine Sachen aufzupassen.

Cindy u. Willi: Nichts gestohlen; gesunden Menschenverstand walten lassen

Wo hast du/habt ihr größtenteils übernachtet?

Heidi: Meistens im Zelt oder sonst in billigen Hotels, natürlich auch viel privat.

Tilmann: Übernachten ist für mich meist kein Problem, im Zelt, in der Hängematte, wo immer es ruhig und weg von den Leuten ist, da fühle ich mich am wohlsten, ich habe keine Angst im Wald, im Dschungel oder in der Wüste. Aber ich bin sehr vorsichtig in Städten und ich übernachte aus diesem Grund dort meist in Herbergen oder Hotels. Billigabsteigen benutze ich nur im Notfall, ich habe früher schon zu viel in diesen Dreckbuden übernachtet, heute graust es mich davor.

Cindy u. Willi: USA, Neuseeland, Australien, Japan, Frankreich im Zelt und bei Freunden und Bekannten, in Südostasien und Indien in einfachen Hotels bzw. in Guest Houses.

Was geht in einem vor, wenn man tagelang durch Einöden radelt, gegen Wind und Regen kämpft? Da gibt es doch auch Totpunkte, nicht wahr, und man hat doch wohl auch einmal Probleme miteinander, oder?

Heidi: Ich liebe einsame Strecken, da hat man richtig Zeit um nachzudenken. Ich habe Sachen entdeckt von meiner Jugend, Familie etc. Wenn ich nie eine solche Reise unternommen hätte, wäre ich nie darauf gekommen. Als ich noch anfänglich mit meinem Freund unterwegs war, gab es schon Schwierigkeiten, besonders weil wir ganz verschiedene Arten hatten zu reisen. Er haßte den Gegenwind, es störte ihn auch wenn ich mit jemand zu lange quatschte etc. Also radle ich am liebsten alleine!

Tilmann: Ich liebe die Einöde, den Wind, den Regen, die Hitze, die Berge, die Wüste, ich bin wirklich ein extremer Typ. Die besten Gedanken für neue Projekte, Ideen, Entwicklungen, auch Rezepte für Speisen – ich bin Koch – habe ich während diesen einsamen Tagen gehabt.

Cindy u. Willi: Durch Einöden radelten wir selten bzw. wir überbrückten sie mit öffentlichen Verkehrsmitteln. Mit dem Wetter hatten wir insgesamt großes Glück gehabt. Gab es zu heftigen Wind oder Regen, machten wir eine Pause oder übernachteten. Bei Wind machten wir auch Autostop. Miteinander hatten wir selten Probleme, es war für uns eine wunderschöne Zeit zusammen.

Wie ist diese tägliche Menschen-Dauer-Konfrontation in bevölkerungsreichen Ländern, wie z.B. Indien oder Indonesien, auszuhalten? Da hat man ja kaum eine Rückzugsmöglichkeit.

Heidi: Also, die ersten zwei Wochen in China z.B. fand ich sehr amüsant, dann kam der Tag, wo ich niemand mehr ausstehen konnte. Ich schloß mich einen ganzen Tag in ein Hotel ein. Brauchte einfach Ruhe. Nachher gings viel besser. Es kann schon stressig sein, wenn man nach einem mühsamen Tag sich ausruhen will und eine ganze Meute vor dem Hotel steht, ruft, Steine ans Fenster wirft oder dauernd an die Tür klopft. Am besten Ruhe bewahren. Sie können ja nicht wissen, daß man einen mühsamen Tag hinter sich hat.

Tilmann: Ja, manchmal ist das kaum mehr auszuhalten, wenn einem schon beim Zeltaufbauen oder beim Kochen 30, 40 oder 50 Leute zuschauen, Privatsphäre ist in vielen Ländern Asiens z.B. einfach unbekannt. Wenn es gar zu schlimm kommt, kann man des abends nur noch in Hotels übernachten, zelten wird dann unmöglich. Andererseits: Ist es nicht der Sinn des Reisens, die Welt und die Menschen kennenzulernen?

Cindy u. Willi: Solange wir auf dem Rad saßen, war diese Menschen-Dauer-Konfrontation kaum ein Problem, da hatten wir den Freiraum, welcher einem bei der Benützung öffentlicher Verkehrsmittel in diesen Ländern sicherlich fehlt. Sobald wir anhielten, wurden wir dafür um so schneller von interessierten Menschen umzingelt. Manchmal genossen wir das, manchmal regten wir uns auf, entsprechend unserer Verfassung und Müdigkeit. Der „human factor" war ein Hauptgrund, daß wir in diesen Ländern nicht zelteten, so daß wir wenigstens im Hotelzimmer unsere Privatsphäre hatten.

Würdest du/würdet ihr die Tour nochmals so machen? Was anders?

Heidi: NEIN! Wenn ich nochmals das Glück hätte zu starten, würde ich mir mehr Zeit nehmen, weniger Länder befahren und die Schwangerschaft in Ruhe genießen, vielleicht unterwegs auch mal arbeiten, zur Abwechslung.

Tilmann: Ich würde sie ähnlich machen, da ich ja nicht wieder die gleichen Sachen sehen möchte. Manchmal müßte man auch das Verkehrsmittel wechseln, z.B. wäre am Amazonas ein Kleinboot besser.

Cindy u. Willi: Wir würden sie nochmals so machen.

Kann man so eine Reise hinterher auch noch auswerten, Artikel für Zeit-schriften schreiben, ein Buch verfassen, Vorträge machen? Oder spielte das bei der Planung weniger einer Rolle?

Heidi: Man kann sehr viel verwerten: Fotoausstellungen, Zeitungsarti-kel etc. Momentan präsentiere ich mit Erfolg Diavorträge und später möchte ich gerne ein Buch schreiben. Also, während meiner Planung dachte ich eigentlich nur an ein Buch. Auch unterwegs lohnt es sich, Zei-tungsartikel zu veröffentlichen.

Tilmann: Ja, ich werte meine Reisen hinterher finanziell auch aus, für mich ist diese Angelegenheit wichtig, denn ich lebe ja von meinen Rad-reisen. Unterwegs habe ich dafür sehr viel Zeit zum Nachdenken.

Cindy u. Willi: Vor der Reise hatte ich Kontakte mit einigen Zeitschrif-ten und Zeitungen aufgenommen, doch die Redaktionen zeigten sich we-niger interessiert, so unter dem Motto: Schicken Sie uns mal was, dann können wir schauen. Ich verfaßte ein paar Artikel während der Reise, z.T. wurden sie veröffentlicht, aber Aufwand und Ertrag standen in keinem Verhältnis. Wäre ich die ganze Sache professioneller angegangen, hätte ich wohl mehr Erfolg gehabt. Wir hatten aber entschieden, unsere Reise ohne jegliche Verpflichtung gegenüber Zeitungen und Sponsoren durch-zuführen. Nach unserer Rückkehr machten wir einige Diavorträge und ich schrieb weitere Artikel. Wir verwarfen bald die Idee, ein Buch zu schrei-ben. Der Aufwand und das Risiko erschien uns zu groß.

Was würdest du/würdet ihr Nachfolgern einer Rad-Welt-Tour in kurzen Worten empfehlen?

Heidi: Eine gute Ausrüstung ist sehr wichtig, und was sehr, sehr wich-tig ist: Bitte nützt die Gastfreundschaft nicht aus. Ich mußte mich manch-mal für Radpartner schämen, wie sie sich bei Familien einnisten und denen regelrecht alles wegfraßen. Kocht doch was typisches aus eurem Land für sie oder hinterlaßt ein kleines Souvenir.

Tilmann: Zuerst DENKEN, dann LENKEN, und dann ... just do it!

Cindy u. Willi: Nimm dir genug Zeit, hetze nicht von einem Ort zum anderen. Bevor du auf die lange Reise gehst, mache ein paar Kurztouren von einigen Wochen. So kannst du Material und Velo testen, aber auch dich, um rauszufinden, ob dir diese Art des Reisens gefällt. Überfordere dich nicht gleich zu Beginn, laß deinem Körper Zeit, sich an die neue Um-gebung, an die möglicherweise ungewohnte Belastung zu gewöhnen.

Ausrüstunglisten von globalen Radtouren

Ein weiteres Beispiel einer Ausrüstungsliste für eine längere Tour steht bei „Traumstraße Panamericana" s.S. 309). Hier die Ausrüstungsliste von Willi und Cindy Dahinden für ihre 21monatige Radweltreise:

Persönliches/ Wäsche	Je zwei Velohosen je 1 Paar Velo-Tourenschuhe je ein Paar Jogging-Schuhe je eine Paar Sandalen je 1 Paar Velohandschuhe je eine lange Unterhose je ein Paar Jeans und Shorts Unterhosen, Badehose je drei Paar Socken je 3 T-Shirts je 1 Sweat-Shirt je 1 Hemd je ein paar Fingerhandschuhe Taschentücher, Frottiertuch Goretexjacke, Goretexhose je 1 Brille je 1 Helm Säcke für Kleider
Schlafen	Zelt, Zeltunterlage Daunenschlafsack/Leintuchschlafsack je eine Air-Schlafmatratze Moskitonetz regensichere Packsäcke für Zelt und Schlafsäcke
Rad	je ein Fahrradschloß u. Kette je zwei Packtaschen hinten einmal Fahrradtaschen vorne Taschen-Regenüberzüge dazu
Ausrüstung/ Ersatzteile	Kompaß Wassersack Luftpumpe 2 Ersatzschläuche Flickzeug 10 Ersatzspeichen 2 Ersatzketten 2 lange Bremsseile 2 Schaltungsseile Ersatzlampen 1 bis 4 Ersatzreifen
Werkzeuge	Zange Schraubenzieher verstellbarer Schraubenschlüssel Zehnlochschlüssel

Satz Inbusschlüssel
Ritzelabnehmer
Kettennietendrücker
Speichenspanner
div. Schrauben, Nieten, Muttern
Plastikklebeband
Sattelfett, Kettenöl
Lappen
Schere

Kochen

MSR-Kocher
Benzin in der Flasche
zwei Pfannen mit Deckel
Teller, Besteck, Streichhölzer

Sonstiges

Photoausrüstung
Schreibpapier, Schreibzeug, Tagebücher
Reisebücher und weitere Literatur
wasserdichte Tasche für Dokumente
Adressbüchlein, kleines Photoalbum
zwei kleine Rucksäcke
Taschenmesser, Stirnlampe, Schnur
Geldgürtel
Sonnencreme, Toilettenartikel
Reiseapotheke
evtl. einen sehr kleinen Weltempfänger

Ausrüstung von Elke Hildenbrand und Jürgen Schwarz bei ihrer einjährigen Radweltreise

Rad-Ausrüstung

Gepäckträger hinten und Low Rider vorne von Blackburn,
vorne „Norco"-Satteltaschen, hinten Kompaktsatteltaschen
Lenkertasche
Schwalbe Marathon-Reifen (32-622)
Flickzeug, Schläuche
1 Ersatzreifen

Ausrüstung

Wasserdichter Kanu-Beutel für Schlafsack und Zelt
Bauchgurt für Geld und Papiere
Radhandschuhe
Helm
2 Flaschen 0,75 l
Sonnenbrillen
Taschenmesser
Schnur
Klebeband
Klettband
Landkarten
Reiseführer
Kamera
Bücher

Walkman
Kleines Solar-Radio
2 Tassen und Besteck
Gaskocher
großes Messer
Kochtopf mit Deckel
Wasserfilter (nur einmal benötigt)

Medizin   Pflaster, Binden, Alkoholtupfer
3 sterile Kompressen
Desinfektionsmittel
Aspirin
Antibiotikum
Braunovidonsalbe
Micropur
Mückenmittel
Immodium
Mittel gegen Halsschmerzen
Labello-Lippenpflege

Kleidung   Jeans
(pro Person) 2 T-Shirts
1 Sweatshirt
2 Paar Socken
3 Unterhosen
2 Radlerhosen
2 Radlertrikots
1 Paar Turnschuhe
Radlerschuhe (nur Jürgen)
Anorak mit Kapuze
Halstuch
Regenjacke (K-way)

Schlafen   Tunnelzelt (3,5 kg) mit Häringen
Bundeswehrponcho (als Zeltboden und Sonnensegel)
Zeltunterlage
2 Leicht-Luftmatratzen
2 Alu-Matten (Wärmeschutz unter den Luftmatratzen)
2 Daunenschlafsäcke
2 Inlets (Juhe-Schlafsäcke)

Bücher von globalen Radtouren

Auf zwei Fahrrädern ans Ende der Welt
Alain Guigny, Pietsch-Verlag 1985. Gute, abenteuerliche Schilderung einer dreijährige Fahrrad-Weltreise, die den Autor und seine Freundin 1980–83 von Frankreich durch Amerika, Japan und China führten. Schwerpunkt ist Südamerika. Im Antiquariat.

Miles from Nowhere
Barbara Savage, The Mountaineers, Seattle1983. Von den USA nach Europa, Ägypten, Indien, Nepal, Thailand, Malaysia, Neuseeland, USA. Ein sehr unterhaltsam geschriebenes Erlebnisbuch der „ersten Jahre". Als das Buch in den Druck ging, starb Barbara zuhause an den Folgen eines Radunfalls.

Abenteuer ohne Grenzen
Bernard Magnouloux, Hayit-Verlag. Fünf Jahre 1980 bis 1985 mit dem Rad um die Welt. Nach Helfgens Buch für uns das zweitbeste Buch einer Radweltreise. Bernard ist ein Unikum, genau das Gegenteil eines Technik-Freaks. Sein unbändiger Humor und die Dinge so zu nehmen wie sie kommen macht aus diesem Buch ein Lesevergnügen besonderer Art. Im Antiquariat.

A Bike Ride: 12.000 Miles Around the World
Anne Mustoe, Virgin Books, 1993 (beziehbar über den CTC, den engl. Radclub). Als Frau 17 Monate alleine durch Europa, Asien und Nordamerika. Daß und wie es geht, beweist Anne mit diesem gut geschriebenen Buch. Das Erstaunlichste: Anne war bei ihrer Abreise 1987 aus England schon 54 Jahre!

Ich radle um die Welt
Neuauflage 1988, Bielefelder Verlagsanstalt. Heinz Helfgens legendäre Radtour um die Welt von 1951 bis 1953, der unerreichte Radreise-Klassiker und der Bestseller aller Radbücher (Auflage 600.000). Geschrieben voller Spannung, von der ersten Zeile an ein Abenteuer-Kunstwerk und ein großartiges Zeitdokument. Helfgen starb 1990.

Die Äqua-Tour
Tilmann Waldthaler, Reise Know-How 1993. 660 Tage, 35.400 km durch 27 Länder und 4 Kontinente zwischen den Wendekreisen am Bauch der Erde entlang. Afrika: Dakar – Nairobi. Asien: Mumbai – Bali. Australien: Darwin – Cairns. Amerika: Los Angeles – San José und Caracas – Recife. Nach der ersten großen Radreise von der Antarktis bis zum Nordkap Tilmanns zweiter großer Wurf.

Weltsichten
Axel Brümmer und Peter Glöckner, Verlag Weltsichten 2000. Sie kannten sich vor der Tour nicht und starteten 1990 vor der Währungsreform in der ehemaligen DDR Richtung Afrika. 5 Jahre später hatten sie gemeinsam 80.542 km in allen Kontinenten abgekurbelt. Spannend geschrieben, ein

Muß für alle, die ähnliches planen. Beziehbar über ihre Homepage www.weltsichten.de (mit Vortragsterminen und weiteren Büchern).

Rad-Abenteuer Welt
Peter Materne und Elena Erat, Frederking & Thaler, 2 Bände (Band 1 bis an den Ganges/Indien). Auf Mountainbikes in zwei Jahren 45.000 km um die Welt (1994–96), zu Besuch bei der Königin von Jordanien, bei Mutter Teresa u.a. Persönlichkeiten.

Paris – Auckland und zurück
Alexandre Poussin und Sylvain Tesson, Bastei-Verlag 1998. In 365 Tagen mit Fahrrädern rund um die Welt und als Budget lediglich 6000 Franc, so lautete die Wette ... 25.000 km bikten die beiden jungen Franzosen durch 31 Länder. Afrika: Tanger – Dakar. Südamerika: Buenos Aires – Valparaiso. Asien: Singapur – Bangkok – Lhasa – Kathmandu – Delhi – Teheran. Ein erfrischend lockerer Tourenbericht.

Meine Radreise um die Erde
Heinrich Horstmann, Hrsg. Hans-Erhard Lessing, Verlag Maxi Kutschera 2000. Bereits vor Heinz Helfgen waren Rad-Globetrotter unterwegs (nur fehlte ihnen der gekonnte Schreibstil eines Heinz Helfgen): Heinrich Horstmann startete 1895 nach einer Wette zu einer zweijährigen Radtour um die Welt, verbrachte allerdings die meiste Zeit in den USA. Wer kann sich heute noch vorstellen, daß frühere Trans-America-Biker ihr Fahrrad wochenlang über Bahndämme schieben mußten, weil es keine Highways gab?

Mit dem Zweirad um die Welt
Die sensationelle Reise des Gustav Sztvanik, Hrsg. Hermann Härtel und Maria Rennhofer, Haymon-Verlag 2000 (Österreich). Selten zuvor hat uns ein Erlebnisbericht so fasziniert wie dieser: Da treten, schieben und tragen der Österreicher Gustav Sztvanik und der Inder (!) F.J. Davar ihre Eingangräder sieben Jahre um die Welt. Geld verdienen sie durch die Teilnahme an örtlichen Radrennen und treffen natürlich auch allerlei illustre Leute. Schade, daß der Original-Reisebericht nur noch fragmentarisch erhalten ist. Aber auch so nehmen einen die Fotos weit zurück in die Anfangsjahre des Reiseradelns.

Durchgedreht – 7 Jahre im Sattel
Claude Marthaler, Reise Know-How 2002, ISBN 3-89662-305-2. Claude tourte von 1994 bis 2001 um die Welt: GUS-Republiken, Indischer Subkontinent, China, Südkorea, Japan, von Alaska über Feuerland, von Südafrika durch Ost- und Westafrika zurück nach Europa (Genf). Das Besondere an seiner Reise ist die damit verbundene Philosophie bzw. die von ihm selbstkreierte **„Velosophie"**. Das Buch war schon in der französischen Ausgabe ein großer Verkaufserfolg („Le Chant de Roues", Olizane, Genf).

Das Ende einer langen Reise - Heimkehr

„Der ganze Gewinn einer Reise liegt in ihrem letzten Tag"
– Paul Nizon, franz. Schriftsteller

Du bist durch Asien, Australien, auf der Panamericana, um die Welt geradelt – und nun? Das Radfahren war ein Teil von dir, jetzt bist du wieder zuhause. Ankommen am Ausgangspunkt ist so wichtig wie das Wegfahren ...

Bevor man losfährt, sollte man auch an seine Rückkehr denken. Nach den ersten Wochen der Wiedersehensfreude kommen vielleicht andere: Plötzlich erkennst du, wie sehr du dich verändert hast, nicht jedoch – oder nur wenig –die alte Umgebung. Den Nerven fehlt plötzlich der tägliche Reiz des Unterwegs- und Ungebundenseins, du mußt dich wieder in einen genormten Alltag ohne die gewohnten Freiräume eingliedern. Und mancher braucht zu seiner „Resozialisierung" fast so lange, wie seine Reise dauerte, bis er endlich wieder „ganz da" ist (und mancher kommt auch nie wieder an ...). Jeder, der lange genug weg war, wirden sog. „Kulturschock" erfahren.

Letzter Tip: Legt eure Ankunft so, daß ihr wenigstens im Sommer nach Hause zurückkommt. Zum Rückkehrschock auch noch Dauerkälte und Nieselregen ertragen zu müssen, das kann ganz schön frusten ...

Jemand schrieb einmal: Für das Heimkommen braucht man Mut, nicht für das wegfahren. Wir wünschen euch beides. Kommt wieder gut nach Hause!

Anhang

Parts of the bicycle

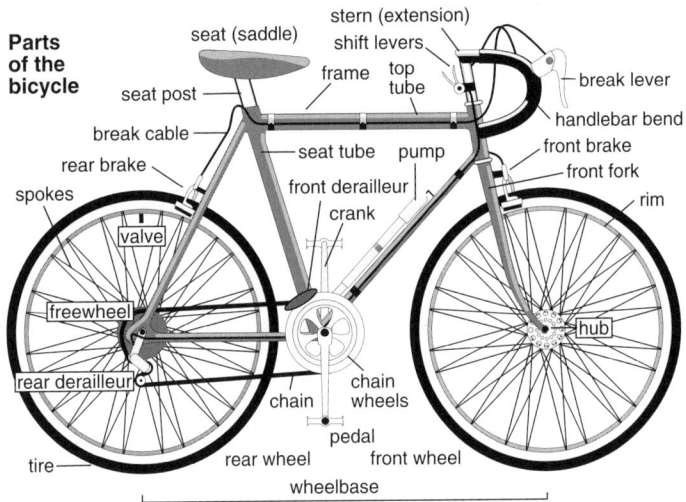

Weitere englische Radbegriffe

Birne .... bulb	Bremsgummi .... brake pads
Bolzen .... bolt	Dynamo .... generator
Draht .... wire (best: brass wire)	Ersatz .... spare
Erste Hilfe Ausrüst. .... first aid kit	Fett .... grease
Felgenband .... rim strip	Flickzeug .... repair kit
Freilaufabzieher .... freewheel cog remover	Gepäckträger .... carrier, rack
Gummiflicken .... rubber patch	Handschuhe .... gloves
Helm .... helmet	Kettenglied .... chain link
Kettenöffner ....chain link braker	Klingel .... bell
Kugellager .... (ball) bearing	Kurbelkeil .... cotter pin
Leuchtend .... luminescent, reflective	Mutter .... nut
Nietendrücker .... priprivet	Packtaschen .... panniers, bike bags
Platten / Loch .... flat tire / puncture	Regenzeug .... raingear
Rückspiegel .... handlebar mirror	Ritzel .... sprocket
Schloß .... lock	Schlauch .... inner tube
Schraube .... screw, bolt	Schlüssel .... spanner, wrench
Schutzblech .... mudguard, fender	Schraubenzieher .... screw driver
Speichenschlüssel .... spoke wrench	Spanner m. Haken .... straps with hooks
Ventiladapter .... shrader/presta adapter	Umwerfer .... changer
Zange .... pliers	Werkzeuge .... tool kit

Register

Die Fotos sind von ...

Peter Bär u. Gaby Hönig	Seite 455, 458, 469, 470, 534, 563, 590, 595, 598, 602, 603, 604, 608, 611, 663, 664, 666, 668
Andreas u. Marion Bugdoll	Seite 171, 197, 199, 423, 425, 2x 652. Farbe: Nr. 6, 7, 8
Clemens Carle u. Silvia Rüger	Seite 16, 41, 99, 147, 177, 178, 249, 268, 286, 292, 298, 446, 447, 448, 459, 462, 463, 478, 488, 490, 492, 500, 501, 541, 553, 555, 558, 560, 561, 591, 601, 604. Farbe: Nr. 1, 3, 4, 5, 10, 12, 16, 18, 26, 28, 30
Erika Därr	Seite 311
Tobias Fischnaller	Seite 564
Lutz Gebhardt, Jens-Ulrich Groß	Seite 723. Farbe: Nr. 13, 14
Michael Giefer u. Sebastian Burger	Seite 438, 502, 503, 504. Farbe: Nr. 29

Helmut Hermann Seite 213, 221, 225, 229, 237, 279, 630, 672, 691. Farbe: Nr. 15, 24

Steffen Honzera Farbe: Nr. 20, 21, 22, 23

Thomas Kaiser Seite 113

Gudrun Kreutz Seite 135

Michael Kristl Seite 195

Robin u. Sabine Lippmann Seite 311, 414, 416

Annette Maier Seite 350, 369, 371, 421, 426, 435

Claude Marthaler Umschlag-Titelbild, 690, 694

Martin Moschek Seite 320, 325, 336, 356, 357, 382, 383, 386, 387

Frank Mrotzek Farbe: Nr. 25, 27

Reinhard Pantke Farbe Nr. 2, 32

Werner u. Heidi Reichen Seite 583, 587, 588

Sascha Rochhausen Seite 472, 473, 474, 475

Steve Seal Seite 256

Lars Schneider Seite 230, 235, 264, 284

Peter Smolka Seite 366, 370, 395. Farbe: Nr. 19

Andreas Wever Seite 76, 467, 566, 644. Farbe: Nr. 31

Wiegers, Raphaela u. Harald Seite 103, 141, 148, 158, 260. Farbe: Nr. 9, 11

Joachim Wirges Seite 274, 484

Co-Autoren/Beiträge

Clemens Carle

und ...

Redakteur und Co-Autor und zurzeit der Drucklegung dieses Buchs mit dem Rad zusammen mit Silvia Rüger in Afrika Richtung Kapstadt unterwegs, sagt auf seiner Homepage www.clemens-carle.de:

Ich wurde 1959 in Stuttgart geboren und lebe heute im benachbarten Sindelfingen. Studierte Betriebswirtschaftslehre, fühlte mich aber mehr von der Ferne als von Zahlen und Bilanzen angezogen. Nach kürzeren Biketrips durch Europa folgte 1988 mein erster sechsmonatiger Rad-Überlandtrip von Sindelfingen **nach Pakistan.** Drei Jahre und 45.000 km verbrachte ich im harten Fahrradsattel auf der **Panamericana von Feuerland nach Alaska,** weitere 18 Monate tourte ich **mit meiner Lebensgefährtin Silvia Rüger von Delhi** quer durch die Himalaya-Staaten über den welthöchsten Straßenpaß **bis nach Jakarta** (Indonesien). Der letzte **15monatige Biketrip** führte uns Rad-Abenteurer entlang der legendären Seidenstraße **von Sindelfingen nach Hongkong und weiter nach Neuseeland und in den Südwesten der USA.**

Zwischenzeitlich habe ich fast 50 Länder mit dem Bike bereist und mehr als 100.000 km abgekurbelt. Dazwischen jobbe ich in einem Computerunternehmen, arbeite als selbständiger Journalist, Fotograf und Vortragsreisender, um mir weitere Bike-Träume erfüllen zu können. „Auch nach der Rückkehr in meine alte, geregelte Welt fühle ich mich dem Leben *on the bike* verbunden. Zu sehr habe ich die Freiheit und Unabhängigkeit eines Lebens als Radnomade lieben und schätzen gelernt."

Silvia Rüger

Silvia Rüger: Ich wurde 1964 in Bad Hersfeld und lebe in Sindelfingen. Lernte Sekretärin und war selbständige Kauffrau in der Tourismusbranche. Meine Reiseradler-Karriere begann 1989 mit einem Paukenschlag: Zum ersten Mal seit meiner Kindheit wieder auf einem Fahrrad, mit 21 Gängen (das waren anfangs 20 zu viel), und das im brausenden Verkehr von Rio de Janeiro! Nach vier Monaten durch Brasilien, Argentinien, Chile, Paraguay und Uruguay hatte ich 8410 km selbst erstrampelt und andere „Verrückte" kennengelernt. Zum Beispiel *Clemens Carle* an einem stürmischen Tag im Park Torres del Paine in Patagonien. Der radelte gerade von Feuerland nach Alaska. Nächste Radtour 1990/91 (Venezuela, Kolumbien, Ecuador), derselbe Radler: Clemens auf Panamericana-Trip, mittlerweile in Ecuador. Eine Solo-Rucksacktour durch Mexiko, Guatemala und Belize folgte, dann 1993 die „Feuerprobe", ein erster gemeinsamer Biketrip nach Thailand. „Radpartnerschaften können Himmel oder Hölle sein, meist gleichzeitig oder im kurzen Wechsel. Aber sie schweißen zusammen: Wer einmal die lange Meile gemeinsam begonnen und auch beendet hat, den kann im normalen Leben wohl nichts mehr erschüttern ..."

Peter Bär und Gaby Hönig

Marstall L9, 71634 Ludwigsburg, gphoenigbaer@web.de

Zahlreiche Reisen führten uns (Gaby, Jg. 71, Psychologin, Peter, Jg. 68, Geograf und Stadtplaner) durch Europa und Asien, bevor wir im April 1999 unsere bisher längste Reise antraten: Es sollten 18 Monate – einmal rund um den Globus – werden. In dieser Zeit prägten unzählige Erlebnisse und Begegnungen in 26 Ländern unsere Reise. Reisen und Fahrräder werden uns wohl auch zukünftig begleiten. Unser nächstes Fahrradziel soll erneut der asiatische Raum werden: Die Gebirgsregion zwischen

Tien Shan und Himalaya, oder auch, als Alternative, das südliche Afrika. Unsere Jobs haben uns (gebürtige Schwaben) nun nach vielen Jahren Berlin ins bergige und wenig fahrradfreundliche Wuppertal verschlagen. Aber immerhin haben unsere 7 Fahrräder endlich ein eigenes Zimmer bekommen!

Andreas und Smetanastr. 42, 45772 Marl, m-a.bugdoll@t-online.de, www.bikedoll.de
Marion   Er (Jahrgang 60, Dipl. Ing. Maschinenbau) wohnt mit ihr (Jahrgang 62,
Bugdoll   Dipl. Geografin, Radverkehrskoordinatorin Kreis Recklinghausen) in Marl/Westf. Beide radeln seit 1991 im Urlaub durch die Welt und sonst mit dem Rennrad durchs Münsterland. Verfaßten zwei Bücher (Radwandern und Kanadische Rocky Mountains, beide Stein Verlag), mehrere Reiseberichte (u.a. im BikeBuch Europa, Reise Know How), etliche veröffentlichte Fotos.

Jens u. Silke tourten mit ihren Rädern in Myanmar und steuerten viele Tips und Infos
Dietrich   über dieses Land bei.

Tobias   Guggenbergstr. 10/B, I-39030 Vintl, Italien
Fischnaller   tobias.fischnaller@rolmail.net, www.tofisch.com
                   Ich bin 1974 in Vintl, Südtirol geboren, lebe und arbeite dort als staatl. geprüfter Berg- und Skiführer und MTB-Guide. Expeditionen: 1995 Umrundung aller 14 Achttausender mit dem Bike, 1997 Australien Bikeexpedition, 1999 Durchquerung der Mongolei mit Bike &Ski, 2000 Canning Stock Road, Malaysa und Thailand-Reise. Geplant sind noch Abenteuer in Kombination mit Bike & Ski in Ländern, die noch weiße Flecken auf der Abenteuerlandkarte sind. Infos und News auf www.tofisch.com ... feel the adventure ...

Lutz Geb-   stammen aus Weimar bzw. Chemnitz. Die erste gemeinsame Tour führte
hardt, Jens- die beiden – Lutz ist Elektrotechniker (Dr.-Ing.) und heute Verleger, Jens-
Ulrich Groß   Ulrich Dipl.-Bauingenieur – 1986 in die damaligen mittelasiatischen Sowjetrepubliken Tadschikistan und Usbekistan. 1989 befuhren sie als erste Ausländer auf Testrädern des DDR-Radherstellers MIFA den Ostpamiktrakt mit Überquerung des 4655 m hohen Akbaital-Passes. Beide verfaßten mehrere Radführer, ihr Buch „Faszination in Südamerika" basiert auf mehreren Radreisen durch Argentinien, Chile, Bolivien und Peru (Verlag Grünes Herz, www.gruenes-herz.de, ISBN 3-929993-46-5.

Michael   Windenweg 2, 53902 Bad Münstereifel
Giefer   michael-giefer@gmx.de, www.michaelgiefer.de
                   Der Sonderpädagoge (geb. 1974) aus Bad Münstereifel begann bereits im Alter von 16 Jahren Radreisen in verschiedene Länder zu unternehmen. Seine letzte Radtour von Deutschland nach Peking war dabei seine bisher größte Herausforderung, wobei er zusammen mit **Sebastian Burger** (Homepage: www.globetreter.de) die 14400 km lange Strecke in 120 Tagen zurücklegte. Auch in Zukunft plant er weitere Rad- und Wanderreisen, die er gerne mit einem historischen Aspekt verbindet.

Steffen   Magstadter Str. 37, 71263 Weil der Stadt, steffen.honzera@t-online.de
Honzera   Steffen ist Fotojournalist (u.a. für die Stuttgarter Zeitung) und schreibt: 18 Monate ging es der Länge nach durch den „Schwarzen Kontinent", von Tunesien über Äthiopien und Ostafrika bis zum Kap der Guten Hoffnung.

Eineinhalb Jahre in Afrika, dem lebendigsten Kontinent unserer Erde, und wir (mit Beate Brigant) mit unseren Fahrrädern mittendrin im Alltag ... – nichts ist passiert, kein Überfall, kein Diebstahl, keine schwere Krankheit ... verliebt in einen Erdteil und seine Menschen ging es von Kapstadt zurück in die Heimat ...

Robin und Sabine Lippmann

rb.lippmann@tesonmail.de

Robin (Jg. 1965, Betriebswirt) und Sabine (Jg. 1963, Fremdsprachenkorrespondentin) sind aus Bietigheim-Bissingen. Bisher durchgeführte Radtouren: Durch Neuseeland, Canada, USA, Madagaskar, Island, Toskana, Korsika und weitere europäische Länder. Derzeit pausieren sie wegen ihres 8 Monate alten (2002) Tim-Joscha.

Thomas Longin

thlongg@yahoo.com

Jg. 1967, Betriebswirt und Gärtner. Schaut sich sehr gern, oft und gründlich interessante Gegenden – meist gebirgig und/oder wüstenhaft – vom Fahrradsattel aus an. Besonders die (im weiteren Sinne) arabischen Länder Nordafrikas und des Nahen Ostens mit ihrem ganz speziellen Charme haben es ihm angetan. Außerdem findet er Osteuropa zurzeit (noch) sehr „radlersympathisch", vor allem die Landschaften des Balkans. Erweiterungen in Afrika und im westlichen und zentralen Asien stehen in Aussicht – aber immer nur „inscha allah" ...

Annette Maier

Wisseredstr. 18a, 79286 Unterglottertal, annettemaier69@hotmail.com

Verschieden lange Radtouren, 1997/98 (13 Monate) Deutschland – Frankreich – Spanien – Marokko, von dort mit dem Flieger nach Kenya, dann – Tansania – Malawi – Sambia – Simbabwe – Südafrika – Namibia. 1999–2001 (17 Monate) Afrikadurchquerung „von unten", von Kapstadt nach Kairo: Südafrika – Lesotho – Namibia – Botswana – Swaziland – Simbabwe – Moçambique – Malawi – Sambia – Tansania – Kenya – Uganda – Äthiopien – Sudan – Ägypten – Deutschland. Meine nächste Tour wird mich vermutlich im Jahre 2004 durch Südamerika führen.

Claude Marthaler

stammt aus Genf, Schweiz; mehr über ihn unter www.explora.ch

Claude tourte von 1994 bis 2001 um die Welt, wobei das Besondere an seiner Reise die damit verbundene Philosophie oder die von ihm selbstkreierte **„Velosophie"** ist, nachzulesen in seinem Buch „Durchgedreht" – 7 Jahre im Sattel (Reise Know-How 2002, ISBN 3-89662-305-2). Auch auf Französisch unter dem Titel „Le Chant de Roues" (Olizane, Genf).

Martin Moschek

Lindenhof 4, 15831 Mahlow

martinmoschek@web.de, www.biketour.lda.de

M. Moschek kommt aus Leipzig (geb. 75) und arbeitet in Berlin im politischen Bereich. Reiseerfahrungen in Europa, Türkei, Naher Osten, Rußland, Kasachstan, China, Tibet, Indien, Nepal, Westafrika und Transasien (Ukrainie, Rußland, China, Tibet Nepal, Indien, Jun–Nov 98), Timbuktu (Marokko, Mauretanien, Mali, Feb. 2000).

Stephan Löw, gleichfalls Leipziger (geb. 74), lebt als Physikstudent in Greifswald (www.biketour.lda.de). Reiseerfahrungen in Europa, Türkei, Naher Osten, Rußland, Kasachstan, China, Tibet, Indien, Nepal.

Seit ihrem 16. Lebensjahr reisen die beiden jährlich für ein bis sechs Monate um die Welt. So können sie inzwischen auf über 45.000 internationale Fahrradkilometer an Erlebnissen und Erfahrung zurückblicken. Dabei hatten sie nie vor „auszusteigen". Ziel war ihnen immer, Regionen und Menschen mit eigenen Augen zu sehen und persönliche Erfahrungen zu sammeln.

Markus Müller Schulenburgstr. 19, 44803 Bochum, cyclist@cityweb.de
tourte mit *Natalie Hesse* durch Karelien, ihren Reisebericht gibt's als Download unter www.onfoot.de in der Rubrik „Galerie".

Werner und Heidi Reichen Sonnrain 1, CH 3532 Zäziwil, werner.reichen@hta-bu.bfh.ch
Werner (Jg. 1951, Elektrotechniker, freier Journalist) und Heidi (Jg. 1954, Wirtschaftsinformatikerin) machten ihre erste große gemeinsame Reise 1977–79 mit Unimog in Nordamerika/Alaska und mit öffentlichen Verkehrsmitteln in Südamerika. 1981–83 mit Geländewagen auf der Westroute quer durch Afrika bis Kapstadt und auf der Ostroute zurück. 1985–87 mit der Transsib nach Südostasien und weiter in den Südpazifik. Erste Erfahrungen mit Fahrrad während 3 Monaten in Neuseeland. Vom Radlervirus infiziert mehrere ein- bis zweimonatige Radtouren in Kuba, Rumänien, Portugal, Baltikum und als Höhepunkt 1998 sechs Monate durch Sibirien. Zukunftsvisionen: Madagaskar mit dem Rad und Wüste Gobi mit dem Geländewagen.

Maike Riesenberg mriesenberg@gosch.com
schrieb das Kapitel „Tasmanien", er arbeitet momentan an einem umfangreichen Radführer über diese Insel südlich Australiens. Informationen hierzu unter Maike.Riesenberg@gmx.net.

Sascha Rochhausen Bremer Str. 17, 48155 Münster, cj-96@t-online.de
Aufgewachsen in Münster (Jg. 1974), Studium der Geografie, Sport und Biologie. Interessensschwerpunkt Asien. Neben dem Radfahren begebe ich mich gerne auf ausgedehnte Rucksacktouren. Naturwissenschaftliche Aspekte und die Fotografie bilden häufig den Mittelpunkt der Reiseunternehmungen. Eine sportliche Herausforderung – wie das Befahren des Karakorum Highways – rundet für mich dabei den Auslandsaufenthalt richtig ab. Weitere Informationen von mir zu bereisten Ländern unter www.karakorum-highway.de, www.ussurien.de.

Sybille und Thomas Schröder www.bikeamerica.de
Thomas Schröder, Jahrgang 1955, Lehrer, wohnt in Hemmingen nahe Stuttgart und war zusammen mit seiner Frau Sybille neben zahlreichen Gepäckradtouren in Europa per pedales vor allem in den USA unterwegs. Von ihm stammen die Bücher „Cycling 66 – Mit dem Fahrrad von Chicago nach L.A." und „Go South – mit dem Fahrrad auf dem Pacific Coast Highway von Seattle nach San Diego". Als nächstes soll es auf die Baja California und ins mexikanische Kernland gehen.

Peter Smolka Postfach 3231, 91020 Erlangen, PeterSmolka@Web.de, www.lemlem.de
Mein „Biker-Lebenslauf": Geb. 25.08.1960 in Osterode/Harz, aufgewachsen in Hildesheim, 1982–1990 Studium in Erlangen (Informatik), seit 1991 (mit Unterbrechungen) Entwicklungsingenieur bei Philips und Siemens. Radreisen in unregelmäßigen Abständen seit 1978, insgesamt etwa 100.000 Kilometer – zunächst Europa (Nord-, Südost- und Südwest-Europa), später Naher Osten und Afrika. 1978: Hildesheim – Däne-

mark – Schweden. 1979: Hildesheim – Liechtenstein. 1981: Hildesheim – Monaco. 1982 von Hildesheim zur Fußball-WM nach Spanien und zurück. 1984: Erlangen – Ungarn – Jugoslawien – Griechenland – Italien. 1985 als „Kurier zum Nil" mit einem offiziellen Grußschreiben um das Mittelmeer herum zu Hildesheims ägyptischer Partnerstadt El Minia (und über den Balkan wieder zurück nach Hildesheim). 1988 über Südeuropa, Nord- und Westafrika bis nach Togo. 1993 Erlangen – Kapstadt (21.000 km Nord-Süd durch den Schwarzen Kontinent). 2000–2003 Welttour: Erlangen – Naher Osten – Afrika – Süd- und Nordamerika – Asien – Erlangen ...

Veröffentlichung von Reiseberichten, außerdem das Buch „Fahrrad-Abenteuer Westafrika" im Pietsch Verlag. Seit der Westafrika-Tour ist Peter auch mit Dia-Reportagen in Deutschland unterwegs.

Tilmann Waldthaler wohnt, wenn er nicht gerade in der Welt unterwegs ist, in Sarnthein in Südtirol. Auf seiner seiner Homepage www.tilmann.com ist zu lesen:

Seit **1977** habe ich knappe **400.000 Fahrrad- und Bikekilometer** zurückgelegt und dabei bin ich in **108 Ländern** gewesen. Durch die erlebten Eindrücke sind logischerweise viele Ideen entstanden. Während meinen Reisen habe ich erlebt, gelebt und überlebt. Ich will Euch jetzt nicht meinen gesamten und langen Lebenslauf mit dem Fahrrad und dem Bike erzählen, dies könnt ihr bei meinen Vorträgen erfahren und in meinen **Büchern** und **Berichten** nachlesen. Was ich Euch allerdings hier gerne mitteilen möchte ist etwas ganz anderes: Ich fühle mich sehr priviligiert reisen zu dürfen und die Möglichkeit zu haben immer wieder neu aufzubrechen in der Hoffnung, auf den Strassen und Pisten der Welt meinen eigenen Pfad „nach innen" zu finden. Wir Menschen sind einem kontinuierlichem Wandel der Zeit ausgesetzt, und es wird immer schwieriger, mit diesem Wandel Schritt zu halten. Somit ist es umso wichtiger sich selbst Zeit zu schenken, um in Ruhe zu überlegen und realistische Entscheidungen treffen zu können. Diese Ruhe und Kraft bekomme ich durch meinen Lebensstil in den **Bergen Südtirols** und durch meine Reisen in andere Länder. Meine Biketouren bringen mich immer wieder zurück auf den Boden der Realität und so lerne ich unterwegs mit den einfachen Dingen des Lebens umzugehen und in der **Schönheit der Natur** meine **Träume** zu realisieren.

Besucht meine Homepage, und ihr werdet viel über mich, meine Touren und Reisen erfahren. Ich möchte meine Ideen gerne mit euch teilen. Wir **Tourenradler** sind eine wachsende Gruppe, die sich umweltbewußt, menschenfreundlich und respektvoll in der Natur bewegt. Auf den Pisten und Straßen der Welt erfahren wir nicht nur unsere eigenen Träume, wir leben auch ein bißchen die Träume unserer Mitmenschen, die vielleicht auch gerne reisen möchten, aber nicht können ...

Andreas Wever Burgstr. 56, 57518 Betzdorf, andiwever@yahoo.de, www.lonelytrack.de

Andreas Wever, Jahrgang 1967, aus Betzdorf/Westerwald, schreibt: „Aus einer Schnapsidee kaufte ich mir im Frühjahr 1995 ein einfaches Mountainbike, um damit im Himalaya zu radeln. Dieses Vorhaben setzte ich im Sommer des gleichen Jahres um und radelte durch die Bergwelt von Kaschmir und Ladakh. Diese meine allererste Radtour war der Beginn einer Leidenschaft: Von nun an radelte ich Jahr für Jahr in den entlegendsten Winkeln auf unserem Globus, durch China, Australien,

Mongolei, Tasmanien, Pakistan, Sibirien und Bolivien sowie zweimal durch Tibet und Patagonien auf verschiedenen Routen. Immer für jeweils drei Monate, ermöglicht durch Ansammeln von Überstunden. Ich hoffe, noch viele Gegenden der Welt für mich erfahren und erradeln zu können denn ‚wenn die Zeit kommt, in der man könnte, ist die Zeit vorbei, in der man kann ...'".

Joachim Wirges

Mönchsgartenweg 16, 97084 Würzburg, j_wirges@yahoo.de

Joachim Wirges, Jg. 1965, ist Krankenpfleger. Nach Touren durch europäische Länder (Portugal, Griechenland, Irland und Ungarn) zog es ihn auch auf andere Kontinente: nach Kuba (1999), Venezuela (2000), Sri Lanka (2001) und Marokko (2002). Am schönsten fand er es in Venezuela.

- Notizen -

Alles drin, alles dran.
Bike Alpin 35.

Leichter hochfunktioneller Bike-Rucksack mit längen-
verstellbarem Schultersystem F.L.A.S.H. und VENT-TEX
Trägersystem für die optimale Trageposition. Ideal für
Tages- und Mehrtagestouren: enganliegend mit aktiver
Belüftung, gibt Gepäck sicheren Halt. 35 l Volumen,
1200 g Gewicht, Seiten- und Fronttaschen, incl. Regen-
hülle und Helmhalterung. In vier attraktiven Farbkom-
binationen.
Bike Alpin 35. Passt alles rein, was mit muss.
Ist alles dran, damit's passt.

Mehr Infos dazu unter:
www.vaude.de

VENT TEX

F Floating
L Length
A Adjustable
S Shoulder
H Harness

Bike Gear   Bike Gear   Bike Gear   Bike Gear

VAUDE Bike   VAUDE

Helmut Hermann

Traumstraße Panamericana

Romantik und Realität der längsten Straße Amerikas

Mit einem VW-Bus 100.000 km auf der „Traumstraße der Welt", vom sturmumheulten Feuerland über die Hochanden bis nach Alaska. Helmut und Anita Hermann erfüllten sich diesen Traum. Zwei Jahre lang reisten sie frei und ungebunden durch süd-, mittel- und nordamerikanische Länder.

Spannend und einfühlsam geschrieben, ein „Klassiker" unter den Panamerikana-Büchern und nach wie vor erhältlich. Mit vielen praktischen Reisetipps.

254 Seiten, 70 Farb- und s/w-Fotos, € 12,50 · ISBN3-980075-3-6

Rudi und Bettina Kretschmer

Südwärts
durch Lateinamerika

Eine Familie mit Wohnmobil auf ungewöhnlicher Route von San Francisco nach Feuerland

Hautnah erzählt das Buch von einer fantastischen Reise in die „Neue Welt". Zwischen San Francisco und Santiago de Chile erlebt die Familie mit zwei Kindern den Dschungel Amazoniens, die unendlichen Steppen Patagoniens und die Metropolen ihrer Reiseländer. Zwei Jahre lang führen die vier ein Leben, das einzig dazu bestimmt ist, die nord- und südamerikanische Welt anzusehen und ihre Wunder zu bestaunen. Ein einfühlsamer und spannender Reisebericht mit einem überraschenden Ausgang ...

288 Seiten, viele Farb- und s/w-Fotos, € 14,90
ISBN 3-89662-308-7

Claude Marthaler

Sieben Jahre im Sattel:

DURCHGEDREHT

Claude Marthaler ver-
ließ seine Heimat-
stadt Genf am 12. März
1994, Kurs Ostasien. Er
radelte durch die süd-
lichen Länder der ehemaligen Sowjetunion, durch Indien, Tibet,
China und Südkorea. Über Japan erreichte er Alaska, von dort ging
es durch Nord-, Mittel- und Südamerika, und beim Kilometerstand
87.750 wurde Ushuaia auf Feuerland erreicht. Von Buenos Aires
gelang ihm der Sprung nach Südafrika, und danach rollte der
»Yak«, wie Claude sein Fahrrad in Asien getauft hatte, weitere
Zehntausende Kilometer über die staubigen Pisten Ost- und
Westafrikas zurück nach Europa ... der Kreis einer beispiellosen
Bike-Odysee hatte sich geschlossen - nach 7 Jahren, 60 Ländern
und 122.000 Kilometern ...

*»Seit meiner Kindheit in der Schweiz habe ich davon geträumt,
um die Welt zu fahren, sie mit eigenen Augen zu sehen und mit
menschlicher Geschwindigkeit zu reisen ... ich wollte nah dem
Erdboden reisen, so dass ich ihn schmecken konnte ... und das
bedeutete, mit dem Rad zu gehen ... es war meine* **Velosophie.**

*Meine freundliche, langsame und lautlose Fortbewegungsart zog
alle möglichen Leute unterwegs an: indische Bauern und chinesische Parteikader, Tagelöhner und nadelbestreifte Manager, verlebte
Alkoholiker und ekstatische Mystiker ... sie alle nahmen mich bei
ihnen auf, in ihrem Heim, ihrer Schule, ihrem Heiligtum. Nach einem
langen Tag auf einem großen Planeten wissen sie genau, was ich
brauche: eine warme Mahlzeit, ein trockenes Bett und Menschen,
die mich zum Lächeln bringen ... man merkt, daß die einzigen
Grenzgänge, auf die es ankommt, die des eigenen Geistes und der
Seele sind ...«*

330 Seiten, 16 Seiten Farbfototeil,
Hardcover mit Schutzumschlag

ISBN 3-89662-305-2

Claude Marthaler
REISE KNOW-HOW
Sieben Jahre im Sattel:
DURCHGEDREHT
Weltanschauung
auf Rädern

Alle Reiseführer von Reise

Reisehandbücher
Urlaubshandbücher
Reisesachbücher
Rad & Bike

Know-How auf einen Blick